殷墟卜辭研究

島邦男著

自序

殷墟出土の甲骨版上の所謂卜辭は單に占の言葉を書いてゐるものではなく、辭末には殷王が占を判斷した繇辭、及び占を行った年月日を記してゐるものが習見であるから、これは殷王室に於ける占卜の記錄であって、これによって殷代の史實を明かにすることが出來るのである。本研究は卜辭により殷室の祭祀及び國家の狀態を考察し、以って殷人の精神的、社會的環境を明かにしたものであって、序論と本論より成ってゐる。序論は卜辭の時期を決定する基準である「貞人」と「父母兄子の稱謂」を研討し、前者に在っては董作賓氏・陳夢家氏の貞人說を檢討批判して五期貞人說を補正し、後者に在っては卜辭上の父母兄子の稱謂を、世代每に識別してその統屬關係を明かにしてゐる。本論は第一篇「殷室の祭祀」・第二篇「殷代の社會」より成てゐて、前者は殷室の祭祀を內祭・外祭・祭儀の三方面より考察したものであり、後者は殷代の社會を地域・方國・封建・官僚・社會・產業・曆法の七方面より考究したものである。古代に於いては國の大事は祭祀と征伐であると謂はれてゐるやうに、卜辭に在ってもこの兩者が大半を占めてゐて、殷王室の宗廟の祭祀には五祀と禘祀とがあり、五祀は先王・先妣を五種の祀典によって整然と定例に祀るもの、禘祀は父王を尊祀して五世の先王に及ぶ祭祀であって、前者に於いてはこの祭祀の體系と先王先妣が祭られる祀序とを卜辭より歸納し、この歸納に本づいて、史記殷本紀の世系を修正し、又第二期・第五期の祀譜を復原し、これによって帝乙の在位は二十年、帝辛紂王の在位は三十一年であることを立證して居り、後者に於いてはこの祭祀の意義を明確にすることによって、漢儒以來聚訟の府とされてゐる禘禮說を解決してゐる。又宗廟外の祭祀は農事と戰勝を祈ることが主要目的であって、上帝・自然神・高祖神・先臣神が祭られて居り、これに於いては上帝の祭祀・諸神の神格・禘祀と郊祀・上帝と天などの問題を解明し、更に祭儀に就いては祭祀用語の意義を明かにすることによって、內外二祭祀の祭禮を考察してゐる。第二篇の「殷代の社會」に於いては、卜辭の地名五四二のうち、兩地間の行程日數を明かにし得る一〇五の地名によって、殷の地域を考定し、この四周には例へば武丁時には二十二の敵國があって、武丁は之を征伐して居り、就中、帝乙王十年の盂方征伐・帝辛王八年・王十年の夷方征伐、及び殷・周の關係については特に之を精密に論證し、又內外の諸侯、及び官僚の組織を考察することによって、氏族制が殘存してゐる中央集權的封建國家であることを證し、且つ奴隸制社會說の論據を逐一檢討して、この說の信ずるに足らざることを明かにし、更に農耕が全地域に行はれ、王が耤田の禮を以って天下の豐穰を祈ってゐて、農業が社會の基盤をなしてゐること、及び曆法は董說の如き四分術が行はれて居らず、帝乙以前はなほ太陰暦であって、帝辛時に及んで太陰太陽暦が行はれ、暦年を三六〇日・太陽年を三六五日前後とするやうになったことを明かにして、周の暦法研究の基礎を確立してゐるのである。

この研究は次の資料によるものであって、これは我國に於いて見ることが出來る既刊拓本著錄の全部であり、

			(略稱)
鐵雲藏龜	劉　鶚	一九〇三年	鐵
殷虛書契前編	羅振玉	一九一二年	前
殷虛書契菁華	羅振玉	一九一四年	菁
鐵雲藏龜之餘	羅振玉	一九一五年	餘
殷虛書契後編	羅振玉	一九一六年	後
殷虛卜辭	明義士	一九一七年	明
戩壽堂所藏殷虛文字	姫佛陀	一九一七年	戩
龜甲獸骨文字	林泰輔	一九二一年	林
簠室殷契徵文	王　襄	一九二五年	簠
鐵雲藏龜拾遺	葉玉森	一九二五年	拾
新獲卜辭寫本	董作賓	一九二八年	寫
殷虛文字存眞	關百益	一九三一年	存
福氏所藏甲骨文字	商承祚	一九三三年	福
殷契卜辭	容　庚	一九三三年	卜
卜辭通纂	郭沫若	一九三三年	通
殷虛書契續編	羅振玉	一九三三年	續
殷契佚存	商承祚	一九三三年	佚
鄴中片羽初集	黃　濬	一九三五年	鄴
庫方二氏藏甲卜辭	方法斂	一九三五年	庫
柏根氏舊藏甲骨文字	明義士	一九三五年	柏
甲骨文錄	孫海波	一九三七年	文
殷契粹編	郭沫若	一九三七年	粹
鄴中片羽二集	黃　濬	一九三七年	鄴
甲骨卜辭七集	方法斂	一九三八年	七
天壤閣甲骨文存	唐　蘭	一九三九年	天
鐵雲藏龜零拾	李旦丘	一九三九年	零
殷契遺珠	金祖同	一九三九年	遺
金璋所藏甲骨卜辭	方法斂	一九三九年	金
鄴中片羽三集	黃　濬	一九三九年	鄴
甲骨叕存	曾毅公	一九三九年	叕
誠齋殷虛文字	孫海波	一九四〇年	誠
殷虛文字甲編	董作賓	一九四〇年	甲
河南安陽遺寶	梅原末治	一九四〇年	安
殷契摭佚	李旦丘	一九四一年	摭
廈門大學甲骨文字	胡厚宣	一九四四年	廈
龜卜	金祖同	一九四八年	龜

殷虛文字乙編	董作賓	一九四九年	乙
戰後寧滬新獲甲骨集	胡厚宣	一九四九年	寧
殷契摭佚續編	李亞農	一九五〇年	摭續
甲骨綴合編	曾毅公	一九五〇年	綴
戰後南北所見甲骨集	胡厚宣	一九五一年	南
殷契拾掇	郭若愚	一九五三年	掇
東方學報（京都二十三冊）		一九五三年	東方

戰後京津新獲甲骨集	胡厚宣	一九五四年	京
書道全集（巻一）	平凡社	一九五四年	書道
殷虛文字綴合	郭若愚	一九五五年	綴合
甲骨續存	胡厚宣	一九五五年	續存
殷虛文字外編	董作賓	一九五五年	外
巴黎所見甲骨錄	饒宗頤	一九五六年	巴

胡厚宣の「五十甲骨文發現的總結」・陳夢家の「殷虛卜辭綜述」によれば、右の外になほ若干の既刊拓本集があるが、主要なものは右に網羅されてゐる。

本研究は昭和廿五年・廿六年・廿九年度の文部省科學研究費の補助によるものである。

一九五八・一一・二六

島　邦　男　識

殷墟卜辭研究　目次

自序

序論　頁

第一　貞人補正……一

第二　卜辭上の父母兄子の稱謂……三五

本論

第一篇　殷室の祭祀

第一章　先王・先妣に對する五祀……五五

第一節　先王に對する五祀……五五

第一項　貞旬卜辭の祭祀と甲名先王の祀序……五六

一　第五期貞旬卜辭の五祀……五六

二　第二期貞旬卜辭の五祀……六一

第二項　第五期及び第二期の先王の祀序……六三

一　第五期卜辭による祀序……六三

二　第二期卜辭による祀序……六六

三　殷室先王の祀序……六八

第三項　先王の王名・世系・稱謂……七〇

一　卜辭の王名と殷本紀の王名……七〇

二　卜辭による先王の世系……七五

三　卜辭に於ける先王の稱謂……八〇
第二節　先妣に對する四祀……九二
第一項　先王の配祀……九三
第二項　先妣の祀序……九九
第三節　第一期・第三期・第四期の五祀と祀序……一〇四
第一項　五祀の有無……一〇四
第二項　祀序の存否……一〇六
第四節　祀　譜……一一一
第一項　五祀の週期……一一一
一　第二期の五祀週期……一一一
二　第五期の五祀週期……一一二
第二項　殷暦譜・祀譜の批判……一一六
第三項　第二期の祀譜……一二〇
一　祖庚時の祀譜……一二二
二　祖甲時の祀譜……一二七
第四項　第五期の祀譜……一三〇
一　帝乙時の祀譜……一三一
二　帝辛時の祀譜……一四一
第五項　祀譜表の検討……一五二
第二章　禘　祀……一七七
第一項　口　神……一七七
第二項　口　祭……一八三

第三章　外　祭 …… 一八九
第一節　上　帝 …… 一八九
第一項　上帝の神格 …… 一八九
第二項　上帝の祭祀 …… 一九八
第三項　帝説餘論 …… 二一二
一　禘郊説について …… 二一二
二　帝と天について …… 二一六
第二節　自　然　神 …… 二一九
第一項　[illegible]　神 …… 二一九
第二項　[illegible]　神 …… 二二三
第三項　[illegible]　神 …… 二二七
第四項　其他の自然神 …… 二三一
第三節　高　祖　神 …… 二三五
第一項　[illegible] …… 二三六
第二項　[illegible] …… 二三八
第三項　[illegible]・[illegible]・[illegible]・[illegible] …… 二四〇
第四項　[illegible]・[illegible]・[illegible]・[illegible]・[illegible]・[illegible] …… 二四三
第四節　先　臣　神 …… 二四七
第一項　[illegible]・[illegible] …… 二四七
第二項　[illegible]・[illegible]・[illegible] …… 二五二
第五節　自然神・高祖神・先臣神の祭祀 …… 二五三
第四章　祭　儀 …… 二五八

第一節　五祀の祭儀……二五八
第一項　〓の祭儀……二五八
第二項　〓の祭儀……二八五
第三項　〓の祭儀……二八八
第四項　彡の祭儀……二九六
第五項　〓の祭儀……三〇七
第二節　王賓卜辭の祭儀……三一一
第三節　其他の祭儀……三二八
第一項　〓祀……三三一
第二項　人牲説の檢討……三三三
第三項　〓……三四〇
第四節　外祭の祭儀……三四三

第二篇　殷代の社會

第一章　殷の地域……三四九
第一節　卜辭の地名……三四九
第二節　地名の位置……三六〇
第一項　東南地域の地名……三六〇
第二項　殷東地域の地名……三七四
第三項　河南の地名……三七七
第四項　殷西地域の地名……三七八
第二章　殷の方国……三八四

第三章　殷の封建……四二四
第一節　侯……四二六
第二節　伯……四三四
第三節　子……四四二
第四節　[illegible]……四五一
第四章　殷の官僚……四六一
第五章　殷の社会……四七五
第六章　殷の産業……四九三
第七章　殷の暦法……五〇四
索　引……五三〇
書　後
英文要旨

編者注　本書の初版は、一九五八年、弘前大学内中国学研究会より発行された。次いで、一九七五年、その影印版を著者の許可を得て汲古書院が発行した。本書は名著の誉れ高く、品切後も入手希望が寄せられている。今回、著者未亡人のもとよりうっかり流失したと思われる、著者自筆の大版の原稿本を入手したので、本文はこの原稿本を底本として縮小印刷した。これにより鮮明な本文を提供することができた。原稿本に不足する「自序・目次・書後・英文要旨」は組み直した。

本書の重版に当たってご許可下さったご長男島有道氏に厚く御礼申し上げます。

（二〇〇四年八月）

序論

ト辞の時期を決定する重要な基準である「貞人」と、「父母兄子の稱謂」とはト辞研究の基礎であり、従つて先づこれを明確にしなければならない。

第一　貞人補正

董作賓氏は一九三一年に「大亀四版考釋」(安陽報告第三冊四三八頁)に於いて、ト辞の「ト」と「貞」との間に在る一字をト問命亀の人名として貞人となし、その翌年には「甲骨文断代研究例」(慶祝蔡元培先生六十五歳論文集所載)に於いて貞人集團による時代區分を創唱し、同一甲骨版上の貞人を同時代として之を三個の集團に分け、貞人と先王及び父母兄子の稱謂との關係から、貞人集團の供職の時期を推定して、これを次の五期に分類してゐる。

第一期　武丁時　(貞人集團)　賓・𡆥・㱿・爭・㕣・亘・韋・永・箙

第二期　祖庚・祖甲時　(貞人集團)　大・旅・即・行・口・兄

第三期　廩辛・康丁時　(貞人集團)　口・狄・彭・宂・卯・𠂤・宁・逆・旅

第四期　武乙・文丁時　(不錄貞人的時期)

第五期　帝乙・帝辛時　(王親ト貞的時期)　黃・泳

右に於いては第四期を不錄貞人的時期としてゐるが、一九三九年の「殷墟文字乙編」の自序に於いてはこれを改め、第四期にも貞人集團があるとして、次の貞人を第四期文武丁時の貞人となし、

第四期文武丁時貞人　扶・𠂤・余・子・𠂤𠂤・史・幸・卣・叶・勺・𠀠・我・㣈・𨊥・萬・𢓊・取

次いで一九五二年の「大陸雜誌」(四巻九期)に於いては、右の断代研究例の貞人に次の貞人を補足し、

第一期　而・中・君・吏・𢀛・偁・先・𣥠・羅・專・𡖊・内

第二期　喜・犬・洋・彘・荷・利・逐・涿・尹・出・陟・坙

第三期　顯・敎・旅・叧・䀠

第四期　乙編序の貞人

第五期　泳・黹・立

各期の貞人を第一期二十五人、第二期十八人、第三期十三人、第四期十七人、第五期四人となすことによつて一應の歸結に到達し、この貞人説は一九四五年の「殷曆譜」に於いては所謂舊派・新派の分派説（舊派―武丁・祖庚・文武丁　新派―祖甲・廩辛・康丁・帝乙・帝辛）に發展してゐる。この貞人説は劃期的な創見であつて根本的な反對説が提出されてゐないが、その分期と貞人については異説が提起されて居り、その「分期」については、胡厚宣は董氏の第三期・第四期を分け難しとして合併し、之を第三期として全期を四期に分け（戰後南北所見甲骨集自序・甲骨續存自序）、陳夢家は武丁と帝辛の間を七世九王として全期を九期とする説を提出してゐるが、「但在實際分辨時常有困難」として武丁・武丁晚期・祖庚・祖甲・廩辛・康丁・武乙・文丁・帝乙帝辛の九期に分けて居り（甲骨斷代學九頁・殷虛卜辭綜述斷代一三八頁・二〇五頁）、又「貞人」については、董氏の文武丁時貞人を貝塚・伊藤氏（甲骨文斷代研究法の再檢討　東方學報京都第二三冊）・胡厚宣（甲骨學商史論叢、及び寧滬・京津・甲骨續存自序）・陳夢家（殷虛卜辭綜述斷代上・下）は第一期貞人となし、就中陳氏は次の如く貞人の時期を定めてゐて董説と大きく對立してゐる。

武丁

賓組　賓・㱿・爭・亘・古・品・韋・永・內・𢀛・㞢・充・㠯・箙・掃・共

附屬　㐭・彶・邑・㲋・己・㚔・桼・亞・𠀠・中・征・𨙸・䩹・戕・何・名・耳・御・樂・㑌・卯・離・桒・昰

午組　午・凡

武丁晚期

𠂤組　𠂤・勹・扶

附屬　𢓊・夆・丁・㠯・由・取・𡧊・勿・𠰈

子組　子・余・我・𢓊・𢔶・史・帚

附屬　豕・車・𢔶

不附屬　吏・衛・陟・定・𡉈・𡧍・㓻・疋・㝷

祖庚　出組兄羣　兄・出・逐

出組大羣　中・丹・疋

祖甲　出組大羣　喜・矢・大

出組尹羣　冎・尹・行・旅

附屬　即・洋・犬・涿

不屬組　先・坙・寅・夼・凵

廩辛　何組　何・宁・𡆥・彘・彭・壴・口・狄・徉・逆・卯・紋・犮

不屬組　敎・弔・毗・大・晛

康丁卜辭　卜人不記名

武乙　歷

文丁卜辭　卜人不記名

帝乙帝辛　黄・泳・衛・仌・立・人

斯くの如く分期・貞人については異説が提出されて居り、且又董氏が大陸雜誌に補足してゐる前記の貞人については、それぐの期に屬すべき理由を闕いてゐるから、先づ董氏の貞人を檢討し、次に陳氏の貞人について考察する。

一、第一期　武丁時の貞人

史記の殷本紀に於いては陽甲・盤庚・小辛・小乙が武丁の諸父であつて、甲・庚・辛・乙の父名を稱し得るのは獨り武丁時だけであるから、卜辭に於いてこの四父名を稱してゐる貞人があれば、その貞人を武丁時となすことが出來る。之を卜辭について見れば次の如くであつて、貞人㱿・㞢・敝は父甲・父乙・父庚・父辛を稱して居り、その他の父名を稱することがなく、武丁時の貞人であることが最も明白であり、又亘には父辛を稱する例は未見であるが甲・乙・庚の父名を稱し得るのは武丁時以外にはないから、亘も亦この期の貞人であるが、その他の𡧊・内・出は父名からはこの期の貞人と定めることが出來ない。

貞人	父甲	父乙	父丙	父丁	父戊	父己	父庚	父辛	父壬	父癸
〓	鉄122.4 前1.24.2	鉄196.1 乙5222					前1.26.6	續1.34.2 南誠8		
〓	前1.24.3	續1.29.1 乙747					鉄133.1 乙7768	續1.34.2 乙7767		
〓	乙7438	鉄85.3 乙6744					乙6408 6700 6701	乙4516 6701 6744		
〓	甲3150	鉄254.2 乙1885					乙6724	なし		
〓	なし	乙1714 4600					なし	なし		
〓	なし	鉄153.3 乙3321					なし	乙918		
〓	なし	なし					京1160	なし		

（備考）

〓―父甲　前1.26.6　續1.27.9　南師2.42　續存283　241

　　父乙　鉄145.3　庫1701　續存下25

〓―父乙　遺971　乙1941　2036　3321　5408　5657　6739　拾掇2.110　南師1.43　外35

　　父庚　戩8.1　續1.39.6　乙7925　8668

〓―父乙　續1.28.6　2.21.5　佚524　鄴1.44.8　乙528　1714　1881　1983　2293　2494　2806　3383　3401　4516　4954　5317　6202　6408　6641　6732　7061　7183　8462　南師2.53　京807

〓―父乙　後上22.6　續1.28.4　1.29.3　1.29.5　1.35.7　乙3216　3394　6587　6927　7705　拾掇1.190　庫1020　續存289

右の〓・〓・〓・〓と同版上にある貞人は同期と考へられるから同版關係に在る他の貞人を求むれば次の如くであつて〓・〓・〓・〓・〓・〓・〓・〓・〓・〓・〓の十一貞人を得ることが出來る（字体は或は〓庫1511・〓前1.1.1・〓簠地4・〓續2.13.7にも作られてゐる）。

同版關係	〓	〓	〓	〓
〓	甲3339 京1184	鉄255.2	七T14	續5.9.1 乙5898
〓	前7.38.2 乙2533	甲2029 乙4057	前4.8.1 乙1277	佚98 前7.38.2
〓	鉄245.1 前5.1.7	前4.13.1 7.3.2	林1.16.4 2.30.8	佚982 前5.40.5
〓	庫1511	乙3174 菁4	後上30.4 金596	庫1511 金716
〓		乙811 2065	鉄153.3 乙811	乙3321 金710
〓		通大龜4		甲2122
〓		甲2122 通大龜4		甲3150 粹1419
〓		前6.9.6 佚396		林2.11.7
〓			乙8172	
〓	續1.23.3		續1.23.3 5.25.1	
〓			乙8167	

（備考）上記以外の同版關係

〓・〓―前4.26.2　7.9.2　7.10.1　7.40.2

〓・〓―鉄57.4　250.1　前4.13.1　7.43.1

〓・〓―鉄249.1　前6.2.1　7.38.2　庫1511

〓・〓―續1.53.1　乙4057

〓・〓―前4.44.4　7.2.3　7.28.3　7.34.2　續1.3.2

〓・〓―菁7　續1.53.1　5.11.1　天24

〓・〓―鉄241.3　佚42

〓・〓―續5.16.7

〓・〓―甲2122　3404

〓・〓―乙4540

〓・〓―甲2122

〓・〓―前6.39.7　甲2122

〓・〓―前6.16.1　戩14.5　續5.11.3

〓・〓―續存下53

〓・〓―續存下53

以上の稱謂及び同版關係から得た貞人十一人を、董氏が大陸雜誌に掲げてゐる二十五貞人と比較せば次の如くであつて

董氏貞人―〓・〓

檢出貞人―〓　〓　〓　〓　〓　〓　〓　〓　〓　〓　〓　〓　〓　〓　〓

・右の〓以上の貞人については問題はないが、董氏の擧げてゐるその他の貞人については檢討を加へねばならない。

(1) 〓（董氏引用卜辞）　丁酉卜〓貞小辟先隹丁古八月　亀一・二六・七

右の董氏が証擧してゐる卜辞と同例の辞があり（南坊1.73 口〓卜〓〓〓〓〓口〓―拾掇2.151同版）、この辞に於いては貞人が〓に作られて居り、又辞中の〓の文字が用ゐられてゐる卜辞の貞人を檢するに貞人〓となつてゐるものには右の外に前7.28.1・續2.18.1・簠人3があり、而して〓に作る貞人は右の董氏の引例以外には存しないから、〓に作るものは〓の粗刻に外ならない。

貞人〓は後述の如く第二期であるから之を「〓」と釋して第一期となすのは妥當でない。

(2) 〓（董氏引用卜辞）　乙亥卜中貞曰其出于丁〓三宰九月　續一・四五・五

〓は後述の如く第二期貞人の〓・〓と同版關係に在るから、之を第一期となすのは妥當ではない。

(3) 〓（董氏引用卜辞）　癸卯卜君貞旬亡〓　續五・二一・八

〓字の用例は十八版にあり（林1.26.10 1.26.11 1.27.10 續5.16.1 5.31.8 粹1424 1425 遺196 簠貞31 佚511 七W5 甲1806 3177 京1810 1821 2605 續存912 957）、その用法は次の如くであつて、

イ、〓〓卜〓〓〓〓〓　（同例）粹1425 甲3177 佚511 續存957

ロ、〓〓卜〓〓〓〓〓〓　（同例）粹1425 林1.26.10 1.26.11 1.27.10 續5.31.8 京1810 1821 簠貞31 遺196 七W5

ハ、其他

甲1806

鉄231.3 京2605

續5.16.1 簠貞29

續存912

最も多いのは(ロ)であり、この用法に於いては〓字が貞人〓（粹1424 林1.27.10 遺196 七W5 京1810 簠貞31）・〓（續5.31.8 京1821）・〓（林1.26.11）・内（林1.27.10）の下に記されてゐる。若し〓が貞人名であつてこれらが郭沫若の謂ふが如く「此爭與〓二人共卜」（粹編考釋）であるならば、〓が〓・〓などの上位に記されてゐる例があつて然るべきであるが、斯かる辞例の全くない事は〓が貞人名であることを疑はしめるものである。唐蘭は〓字に「〓〓」の用法があり（前6.33.4）、又兩者の字形の相近いことから之を同字となして「再」と釋し「〓〓者再貞也」（天釋一〜三）として貞人とは見做してゐない。例へば〓（後下37.8）は又〓（乙7312 續1.16.6 6.23.5）に作られてゐるから〓・〓は同文であり、而して次の版に於いては癸酉の日に「旬亡〓」を五回重卜してゐて、この際に「〓〓」と記されてゐるから

甲3177

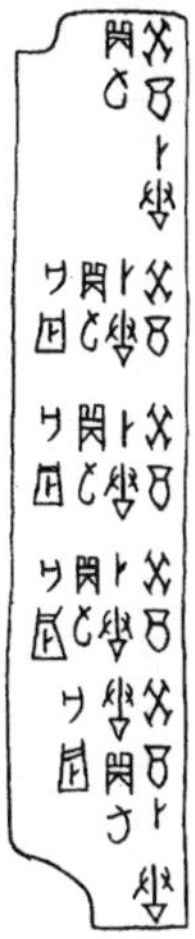

〓は再の義であり、従つて唐説が至確であつて〓は貞人名ではない。

(4) 〓（董氏引用卜辞）　庚子卜逆貞翌辛丑雨　前五・二六・四

〓の用例は右の外に後(下11.16・拾掇1.212・京3296)版にあるが、貞字上の用例は右の一版だけである。この版の字体は第一期に類し、且又第一期の後(下11.16)版には「〓〓〓〓」と人名として用ゐられてゐるから、〓を第一期貞人となす董説は妥當である。

(5) 〓(董氏引用卜辞)　壬寅卜〓貞乎侯〓〓十一月　續五・五・二

〓を人名として用ゐてゐる例にはなほ甲3113版があり、その版上の人名〓は第一期の版(甲3188・南坊4231・拾掇2.20・佚947)以外には用ゐられてゐないから〓も亦第一期であつて、〓を第一期貞人となす董説は妥當である。

(6) 〓(董氏引用卜辞)　庚午卜〓貞雨　續四・七・四(粹七四二の誤)

貞人〓の例は右の外に乙2042・6962版にあり、以上三版の字体は第一期であるから董説は妥當である。

(7) 〓(董氏引用卜辞)　己亥卜先貞今日雨　前六・三一・一(續四・七・四の誤)

貞人〓の例は右の外に林1.22.17・文21898・遺504版にあり、以上五版の字体は第二期に類して居り、例へば貞字は〓(續4.24)・〓(文898)、亡字は〓(林1.22.17・文21898・遺504)に作られてゐるから、〓は第二期とすべきである。

(8) 〓(董氏引用卜辞)　乙丑卜〓貞翌丙雨　乙八三一九

右の外になほ一例(拾掇2.134)あり、この二版の字体は第一期であつて董説は妥當である。

(9) 〓(董氏引用卜辞)　辛丑卜〓貞今月亡〓六月　前五・一二・四

右の外になほ八例(前5.12.2・續5.24.4・林1.28.8・1.28.9・明1592・遺1156・續存1687・下4.20)、以上の諸版の字体は皆第一期である。

(10) 〓(董氏引用卜辞)　丁巳卜〓貞今夕亡〓五月　前六・三一・一

貞人としての用例は右の一例以外にはなく、この辞の字体は第一期である。地名に〓(前6.30.7)あり、或は地名とも考へられるが姑く董氏に従ふ。

董氏が第一期貞人としてゐる右の〓は第二期貞人の〓、〓及び〓は第二期貞人、〓は貞人名ではないが、その他の〓・〓・〓・〓・〓を第一期となすのは妥當である。

以上の外にこの期に屬せしむべき貞人があり、次の如くである。

○ 〓　林2.22.9　己〓卜〓〓〓〓…　(同例　明1114・1948・南師2.174・京415)

吳其昌は前4.28.7版に貞人□と界とが同一版上にあるとして之を第一期貞人としてゐるが（書契解詁七續五三頁）、その辭は「□□卜□界□」とあつて貞人名としては用ゐられてゐない。貞人名でない用法は後期卜辭にも習見であるから（佚383 乙4911 京4769）、之を以つて直に第一期貞人となすのは早計であるが、貞人名として用ゐられてゐる右五版の字体は第一期に類してゐるから界を第一期貞人とする。

右二例の字体が第一期であるばかりではなく、辭中の「□□□□□」は貞人□・□の前5.13.1 乙2108 6692版にもあり、從つて□は第一期貞人である。

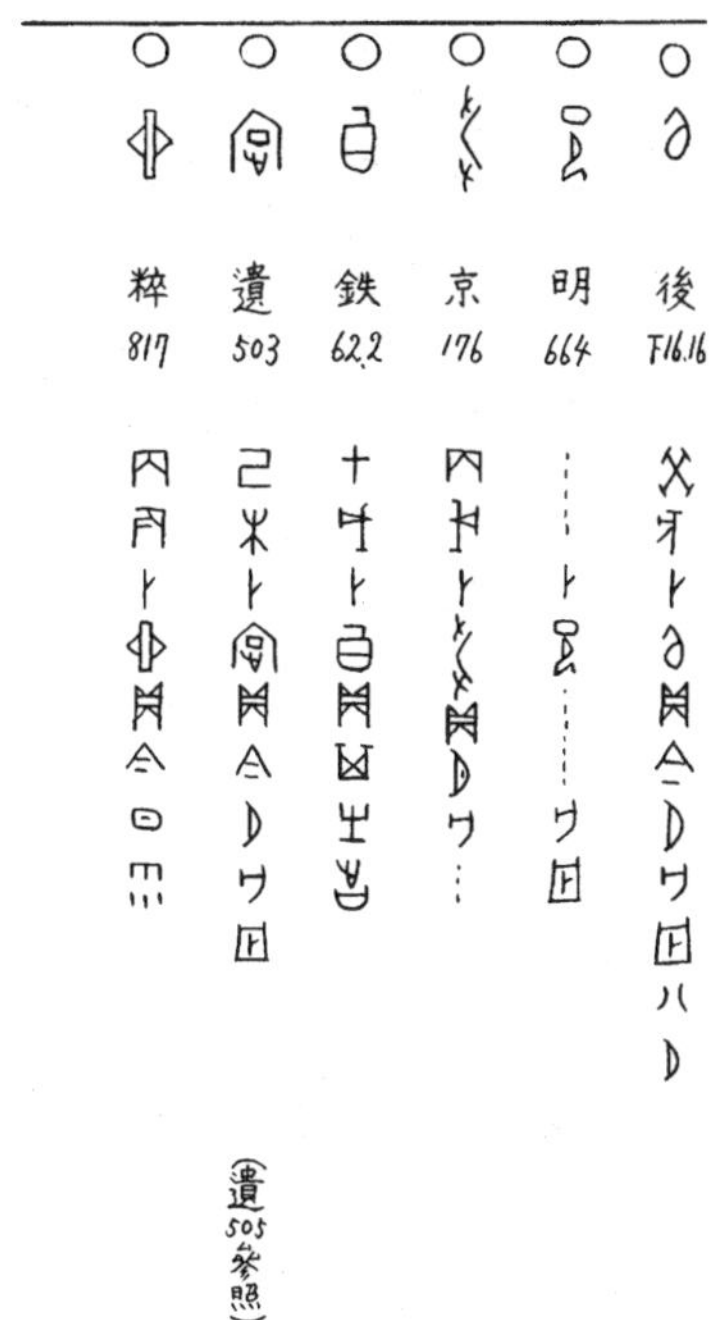

右十三貞人の字体は第一期である。

以上に於いて第一期の貞人は稱謂及び同版關係から認め得られる十五人、字体及び辭例から認め得られる二十一人（董氏の補足せる六人を含む）、計三十六人となる。董氏はこれらの第一期貞人中には盤庚・小辛・小乙時の貞人及び祖庚時まで存命した貞人が包括されてゐる可能性があるとしてゐるが（大陸雜誌四巻九期）、右貞人の卜辭に父丁（祖丁）・兄甲（陽甲）・兄庚（盤庚）・兄辛（小辛）・兄己（祖己）などの稱謂を見え出すことが出來ないから、この說には遽かに從ふことが出來ない。

次に陳氏の第一期貞人を考察しなければならない（陳說は甲骨斷代學丙篇・殷虛卜辭綜述第四章第五章斷代に詳述されてゐる）。

陳氏は武丁時の貞人を賓組及び附屬、午組・𠂤組及び附屬、子組及び附屬、並びに不附屬貞人に分けてゐる。このうち午組・𠂤組・子組及びこれらの附屬貞人は董氏の所謂第四期文武丁時貞人であつて、之を第一期となすことには問題があるから姑く別として（この問題については第四期貞人の項に於いて詳論する）、賓組及び附屬貞人並に不附屬貞人を前述の第一期三十六貞人と對比せば、

陳氏貞人ー賓殻爭亘古品韋永内充□箙掃□□邑□泰□中□□□□卯離□吏定□□專□㞢共□己亜□□何名耳御□衙陟□□

三十六貞人ー□

□

の如くであり、両者に共通な貞人は問題がないが、その他の貞人については検討しなければならない。

○□（□）　卜辞綜述一七六頁参照

陳氏は「干支卜□□貞……」を□・□並卜としてゐるが、□の貞人でないことは前記の如くである。

○㞢（□）　卜辞綜述一七六頁参照

陳氏が証據としてゐる乙1448版には「㞢」に、續5.31.8版には「□」に作られて居り、前者に於いては貞人でないばかりではなく、この版の「□」字は第三期・第四期特有の字体であるから証となすには足らない。又後者に於いてはこの版の上部が破砕してゐて□字は破損せる某字の下半であり、之を審諦するに「□」字の残痕であつて、この辞は「□」であり、従つて之は㞢字ではない。要するに二版共証となすことが出来ず㞢なる貞人は存しないのである。

○共（□）　卜辞綜述一七五頁参照

陳氏は續6.12.6版の「□……□……」を証としてゐるが、この辞の□が貞人であるためには更に確証を必要とする。

○□（□）　卜辞綜述一七八頁・一八一頁参照

陳氏は証とする文82版の背面に「□井丁」の三字があり、□井の稱謂が第一期の甲骨版以外には存しないとの前提に立つて□を第一期貞人となすのである。然しながら□井の稱謂は明かに後期の版である寧3.238版に「□」、京2004版に「□……□井……□」（□の稱謂は第四期以外の版には未見である）とあるから、之を以つて第一期の証となすのは早計であり、而してこの版の字体は「□」に作られて居り、未字が□に作られてゐる例は第一期の版には存しない。従つて□を第一期となすのは妥當ではないのである。

○己（巳）　卜辞綜述一八一頁参照

己に作る貞人は他に例がなく、陳氏の証としてゐる粋1239版の貞人己は巳に外ならない。

○亞（〓）　卜辞綜述一八三頁参照

陳氏は貞人亞の版として佚825・滬亜27・綴1.22・中大3を挙げてゐるが、この外に乙4677・七S27・鄴1.43.2・京1618・3042に見ることが出来る。これらの卜辞形式は干支卜・干支卜貞形式であり、その字体は孰れも第一期に類せず、例へば掇1.22版に於いては「〓〓卜亞〓」、佚825版には「〓〓卜亞〓」に作られて居り、第一期の〓（十干の字）字が〓・〓に作られてゐる例は第一期貞人〓・〓等の辞には絶無であるから、この亞を第一期となすのは妥當でない。

○〓（〓）　卜辞綜述一八三頁参照

陳氏の証としてゐるものは後下19.16〓〓卜〓、乙1121己〓卜〓であるが、之が貞人であるためには他証を必要とする。

○〓（〓）　卜辞綜述一八四頁参照

陳氏があげてゐる後下22.3〓〓卜〓〓〓〓の〓〓は第一期には〓〓に作られ、〓を〓に作るのは第三期であるからこの貞人〓は第三期の〓と同一人と考へられる。陳氏も一説として「可能與〓為一人」としてゐる。

○何（〓）　卜辞綜述一八四頁参照

陳氏は「此何字從戈、和廩辛卜人何的一般寫法略有不同」と、字体及び甲骨版の出土坑によつて、廩辛時の貞人〓と區別して武丁時にも〓名の貞人があるとしてゐるが、この説には遽かに信を措くことは出来ない。

○耳（〓）　卜辞綜述一八四頁参照

陳氏は「〓兩見」としてゐるだけで版名を示してゐない、姑く疑問とする。

○御（〓）　卜辞綜述一八四頁参照

陳氏は燕631〓〓卜〓〓〓〓…十〓…をあげ「字形を根據として武丁時代に屬するものとする」となしてゐるが、辞中の〓字は第三期特有のものであり、之を第一期とするのは妥當でない。

○豆（〓）　卜辞綜述一八四頁参照

陳氏の証としてゐる版師友1.75は續存1673・外111と同版であつて、これらの版では「〓」に作られて居り、〓は後述の如く第二期貞人である。

○衎（〓）　卜辭綜述一八三頁參照

後述（第四期貞人參照）の如く貞人〓は又〓に作られてゐる例に從へば貞人〓と貞人〓とは同一人であり、貞人〓は陳氏の所謂自組附屬貞人であつて、貞人〓署名の甲241版は陳氏によれば自組卜辭を多く出したF36坑より出土したとされてゐるから〓・〓の同一人であることは愈〻明かである。〓は董氏の文武丁時貞人である。

○陟（〓）　卜辭綜述一八五頁參照

陳氏は字形より判斷して武丁晩期乃至は祖庚時としてゐるが、後述の如く董氏は第二期となして居り、その字体がやや粗鋭である點からせば董說が妥當である。

○〓（〓）　卜辭綜述一八五頁參照

貞人〓の粹1388版に於いては六月が〓に作られてゐて、この書風は第二期であり、貞人〓は第二期貞人である。

○疋（〓）　卜辭綜述一八五頁參照

陳氏の証とする前6.24.2版には「口卜卜」と「〓」字があり、この兩者の字形には大小があつて一辭とは考へることが出來ない。又〓字が貞人とされてゐる例は他にはなく、この一版を以つて貞人となすのは早計である。

○名（〓）　卜辭綜述一八四頁參照

陳氏は前記の如く貞人〓を第一期となし、甲3399版に〓と同版上にある貞人〓を第一期となすのである。

以上の陳氏が第一期貞人としてゐるものは盡く之を第一期と見做し得ないのである。次に陳氏は三十六貞人中の〓・〓・〓・〓を第一期としてゐないが、〓・〓は見落により、〓・〓は之を自組附屬となすによるのである。

○〓・〓

○〓（〓）　卜辭綜述一四九頁參照

前記の如く〓は鐵622版に、〓は京176版にあり、共に字体上第一期に屬す。

陳氏は𠂤組貞人（陳氏は第一期とす）の証として次の乙124をあげてゐるものであり、董氏は乙124の〇字が貞人である証として更に次の後下16.16を引用してゐるが、その字体は第一期であるから之によつて第一期に貞人〇のあることが解るが、前者に在つては〇は單に人名の如く用ゐられてゐて貞人であるか否か疑問である。

乙124 〇〇卜〇〇〇〇

後下16.16 〇〇〇〇〇〇〇〇〇〇

この兩辭の字体は顯然と異つてゐて、前者は第一期の書風と遙かに異り、從つて後者を証として前者の〇を貞人と見做し、且つ第一期となすことは出來ない。要するに前者の〇が貞人であるか否か更に証明を要し、況んや𠂤組貞人・文武丁時貞人とする爲には確証が必要であり、後者の〇は第一期の貞人である。

〇 畀（〇）　卜辭綜述一八四頁參照

前述の如く貞人畀の卜辭は五例あり、その字体は皆第一期である。然るに陳氏は次の版を証として「貞字の方耳は𠂤組に同じ、妣壬は𠂤組子組に見る、當に武丁晩期の𠂤組に附屬すべし」としてゐる。然し〇の稱謂は𠂤組・子組に限らず例へば第三期（外429）・第四期（粹1545）にも存するものであり、又續存下320には「〇中〇〇〇畀〇〇〇〇」と畀〇の用例があり、貞人名でない畀字の用法は習見であつて（前4.28.7 佚383 39.2 甲2902 乙8661 京4769）、この版の畀が貞人であるかは甚だ疑問である。從つてこの版を証として畀を𠂤組貞人となすのは牽強である。

前1.37.6

以上に於いて稱謂・同版關係から第一期貞人を求め、之を基礎として董作賓・陳夢家が第一期貞人とするものを檢討したのであるが、第一期武丁時の貞人は次の三十六人である。

〇・〇・〇・〇・〇・〇・〇・〇・〇・内・〇・〇・〇・〇・〇・〇・〇・〇・〇・〇・畀・〇・〇・中・〇・〇・〇・〇・〇・〇・〇・〇・〇・〇・〇・〇

二、　第二期　祖己・祖庚・祖甲時の貞人

祖庚時に於いては父は武丁、兄は祖己であり、祖甲時に於いては父は武丁、兄は祖己、祖庚であるから、父丁・兄己・兄庚を稱する貞人はこの期の貞人であるとすることが出來る。これを卜辭について見れば次の如くである。

貞人	〓	〓	〓	〓	〓	〓	〓	〓	〓	〓	〓
父甲											佚266 甲2502
父乙											
父丙											
父丁	前5.4.5 佚881	續1.31.4 佚397	後上19.9 粹279	戩6.1 文319	卜278 佚397	なし	續存1506	なし	なし	明1211	なし
父戊		粹377 續存1509		後上5.11							
父己										甲2695	
父庚			通別2.4.6								甲2748
父辛											
父壬											
父癸											
兄甲											
兄乙											
兄丙											
兄丁											
兄戊											
兄己	なし	庫1204 明232	前1.40.5 粹309	簠帝196 續1.43.10	佚397 鄴1.27.1	遺358 京3293	なし	なし	なし	なし	京3417
兄庚	明15 742 粹325	明740 遺356	續1.44.2 遺381	後上7.8 粹329	佚557 粹111	京3293	なし	前1.41.5	南明356	なし	なし
兄辛											
兄壬		文334		後上7.11							
兄癸											

右の表に於いて〓・〓・〓・〓・〓は父丁・兄己・兄庚を稱して居り、父丁・兄己・兄庚を稱し得るのは獨り祖庚及び祖甲時だけであるから、これらの貞人はこの期の貞人となすことが出來る。又これらの貞人と同版關係に在る貞人を求むれば次の如く〓・〓・〓・〓・〓が得られる。

	〓	〓	〓	〓	〓
〓	庫1177	後下25.1		續存1532	
〓	前7.28.1 佚399				
〓	前3.22.6 佚322				遺491
〓	庫1248 金122				
〓		粹1348			遺491

（備考）上掲以外の同版關係

○〓・〓—鄴1.27.3 亀75 遺393 續4.49.5 續存1603

〓・〓—佚399 921 卜29 126 鄴1.27.3 遺315 393 粹1431 續1.44.5 3.34.2 3.34.5 3.35.1 後下7.12

○〓・〓—佚397 鄴1.27.1 戩28.8 續4.43.7

○〓・〓—粹509

○〓・〓—庫1634

〓・〓—庫

〓—庫1759 七P89

○〓・〓—佚399 遺393 粹1435 鄴1.27.3 金337 後下9.1.10.1 庫1115 續存下687

〓・〓—遺491

更に同版關係を求むれば次の如く〓・〓が得られ、同版關係から以上の七貞人を得ることが出來る。

〓	〓	〓	
		續 5.27.8 金 15	〓
劍 150	前 5.28.3 續存 1717		〓

右の稱謂及び同版關係から得られた十二貞人を、董氏のあげてゐる第二期十八貞人と對比せば次の如くであり、兩者に共通な貞人は問題がないが、その他の貞人は檢討しなければならない。

董氏貞人—〓・〓・〓・〓・〓・〓・〓・〓・〓・〓・〓・〓・〓・〓・〓・〓・〓・〓

十二貞人—〓・〓・〓・〓・〓・〓・〓・〓・〓・〓……………………〓・〓

(1) 〓

董氏は〓を第三期貞人としてゐるが第三期の稱謂及び同版關係とは何等の關聯もなく、右の如く兄己・兄庚を稱し、又〓・〓・〓と同版上の貞人であるから、第二期の貞人であることは明瞭である。

(2) 〓

董氏は第一期貞人としてゐるが第一期とは何等の關聯もなく、〓・〓と同版上の貞人であるから第二期である。

(3) 〓（董氏引用例）丙子卜〓貞王其往于田亡災在十二月　錄七二六

貞人〓は前記の如く稱謂に於いては父丁・父己を稱し、同版關係に於いては後述の如く第三期貞人の〓・〓・〓・〓・〓と同版上に在り、その字体は寧ろ第二期に近い。その父己(即祖己)を稱するのと第三期貞人と同版關係に在る點からせば第三期貞人であるが、父丁を稱するのと字体からせば第二期貞人であり、董氏が之を第二期・第三期の貞人としてゐるのは妥當である。

(4) 〓（董氏引用例）庚辰卜犬(貞)王賓〓亡尤　續一・三〇・一(續一・四一・五の誤)

貞人〓は兄庚を稱し(前1.41.5)、〓署名の諸版(前1.41.5 戩28.5 粹271 拾掇2.23 林2.29.5 京3523 3527 3716 文725 掇續171)の字体はすべて第二期の特色をもつてゐるから、之を第二期とする董說は妥當である。

(5) 〓（董氏引用例）丁亥卜洋貞王賓祖丁歲亡尤　續一・三〇・一(續一・二一・一の誤)

次の二例の用辭が殆ど同一であつて一は貞人〓一は貞人〓であり、〓は右の如く第二期貞人であるから〓も亦同期と

文629　□□卜□□□□□□□□□□□□□

拾掇2.487　□□卜□□□□□□□□□□□□□□

考へられる。安陽遺寶48版に□に作る貞人があり第二期の字体である。之は□の省文であらう。

(6) □（董氏引用例）丁卯卜□貞王往于勹不遘雨　前四・五一・一

(7) □（董氏引用例）丁卯卜荷貞王□叀□遘雨　前四・五一・一

右の二辭は一版上に併記されて居り、董氏が□を第二期となすのは□を第二期となすに由るものと考へられる。董氏は□を第三期貞としながら又之を第二期ともしてゐるが、その理由は之を述べてゐない。案ずるに董氏は「大乙」を「唐」と稱したのは第一期及び第二期祖庚時であつて、第二期祖甲時以降は「大乙」と稱したとする立場（殷曆譜上・三・一二 大陸雜誌四・八）から、□は「唐」を稱し（前1.47.3 續1.7.5）又「大乙」を稱してゐるから（粹157 甲2602）、之を第二期ともなすのであらう。或は□が「兄己」を稱してゐる例があるから（京3417 □□卜□□□□□□□□□）、第三期貞人であつて兄己（祖己を第二期祖甲時には兄己と稱す）を稱してゐるのは第二期貞人でもあるとなすのではあるまいか。然しながら「唐」の稱謂は第一期・第二期に限られてゐるものではなく後期卜辭にもあり（續1.7.6 甲2102）、又「兄己」の稱謂は第二期特有のものではなくして後述（父母兄子の稱謂）の如く第三期にも存するものであるから、之によつて□を第二期と考へるならば之は早計である。董氏が□を第二期とする理由はこの二者以外には考へることが出來ず、而して□が第二期に屬する證を求めることは更に困難である。

(8) □（董氏引用例）丁卯卜□貞王賓□亡尤　戩一九・二

□は父丁を稱して居り（續存1506）、又この貞人の諸版の字体は第二期の特色をもつてゐるから（戩19.2 28.4 續6.17.7 後下19.9 下27.16 下29.5 明135 粹1447 南明347 金119 京3312 3590）、これを第二期となすのは妥當である。

(9) 陟（董氏は「一時忘却見于何書」として擧例せず）

貞人陟は□であつて、この貞人の諸版の字体は第一期の雄健謹整なるには似ず粗鋭であり（佚448 明34 426 976 庫1188 卜694 林2.23.2 後下11.13）、之を第二期となすのは妥當である。

(10) 㘸（董氏は「一時忘却見于何書」として擧例せず）

貞人㘸は□であつて、この貞人の諸版の字体は第二期であり董説は妥當である。

之を要するに董氏は□を第三期、□を第一期としてゐるが、これらは第二期貞人であり、又□・□を第二期としてゐるが、之は第三期貞人である。その他の董氏指摘の貞人は妥當である。

右の外になほこの期に屬する貞人として次のものを擧げることが出來る。

○ □

□を董氏は第一期に擧げてゐるがこの期の貞人であることは前記の如くである。

○ □　續存1673　□□卜□□□□□（南師1.175同版）

□署名の版は右の外に金70版があり、右の六月が□に作られてゐる所にこの期の特色が示されてゐる。

○ □　粹1388　……卜□……□□……□

右の□の字体は第二期である。

○ □　林1.5.13　□□卜□□□□

□署名の例はなほト445版にあり、これらの字体はこの期の特色を持つてゐる。

○ □　金125　□□卜□□□□

右の外に明1258版にあり、これらの字体がこの期の特色を持つてゐるばかりではなく、右の版には第二期の特殊用語である「□□□□」の辭がある。

○ □　庫1062　□□卜□□□□□

右の字体にこの期の特色がある。

以上第二期の貞人は稱謂・同版關係から認められる十二人、及び字体・辭例から認められる十二人、計二十四人となるが、之を陳氏の第二期貞人に對比せば次の如くである。

陳氏貞人―兄・出・逐・中・疋・喜・失・大・冎・尹・行・旅・即・洋・犬・涿・先・坐・寅・夼・凸・舟

二十四貞人―□・□・□・□・□・□・□・□・□・□・□・□・□・□・□・□・□・□・□……□・□・□

右の両者に共通な貞人は問題がないが、その他の貞人については檢討しなければならない。

○冉（〓）　卜辞綜述一八二頁・一八六頁参照

陳氏の証とする文519版には「〓〓〓〓〓〓〓〓〓〓〓〓〓〓〓〓〓〓〓〓〓〓」とあり、陳氏はこの「卜〓」を卜人〓と解して〓を貞人と見做してゐるが、この卜〓の〓が貞人であるためには確証が必要である。又陳氏は貞人〓の卜辞が拾掇282版にもありとしてゐるが、この版の〓字が貞人名であるか否か甚だ疑問である。

○〓・〓・〓

陳氏は〓を第三期、〓・〓を第一期の貞人としてゐるが、第二期貞人であることは右の如くである。

以上に於いて稱謂・同版關係から得た貞人を本として董氏及び陳氏の第二期貞人を検討したが、第二期の貞人は次の二十四人である。

〓・〓

陳氏は第二期を祖庚時・祖甲時の二王朝として貞人をこの兩期に分けて居り（後述「先王の世系」に詳論せるが如く、祖己も王位に列してゐるから第二期は三王朝である）、之が分類に當つては兄庚を稱し得るのは祖甲時であり、周祭は祖甲時に興り（この説は董説を襲ぐものである）、歳祭は周祭制度の成立以降に通行したとして、この三者の有無を基準としてゐるが、兄庚の稱謂は他日に發現する可能性が無しとはせず、周祭・歳祭は後述の本論に詳述するが如く第一期に已に成立通行してゐるから、これらは基準となすには足らないものであり、陳氏のこの區分には遽かに従ふことが出來ない。

三、　第三期　康丁時の貞人

この期に於いては父は祖己・祖庚・祖甲であり、兄は廩辛であるから、父甲・父庚・父己・兄辛を稱する貞人は第三期の貞人となすことが出來る。之を卜辞について見るに次の如くである。

貞人	口	〓
父甲		佚266 甲2502
父乙		
父丙		
父丁	明1211	
父戊		
父己	甲2695	
父庚		甲2748
父辛		
父壬		
父癸		
兄甲		
兄乙		
兄丙		
兄丁		
兄戊		
兄己		京3417
兄庚		
兄辛	なし	なし
兄壬		
兄癸		

彭	何	〓
甲2779	甲3916 京4055	京4048
甲2779		
甲2622		
なし	なし	なし

右の貞人は父甲・父庚・父辛を稱してゐるが兄辛を稱して居らず、父甲・父庚・父辛の稱謂は第一期に於いても可能であるから、これらの稱謂からはこの期の貞人を定めることが出來ない。然し貞人口は父丁・父己を稱して居り、その父己（第三期に祖己は父己と稱さる）を稱してゐる點よりせば第三期貞人と見做し得、而してその父丁を武丁とせば第二期、康丁とせば第四期に亙ることになるが、口署名の卜辭は第二期の字体であるから貞人口は第二期及び第三期の貞人である。

貞人口と同版關係に在る貞人は次の如くであつて、口は右の如く第二・三期の貞人であるから同版上の貞人も亦第二・三期と考へられるが、稱謂及び同版關係から見て第二期とすることは不可であり、又父甲・父庚・父辛を稱してゐても、その字体が第一期と顯然異つてゐるからこれらの貞人を第三期と定めることが出來る。

同版關係	口
何	甲2439 3917
彭	甲2621 2839 誠443
壴	甲2839
〓	甲3390
徐	甲1271 佚267

これらの貞人と同版關係に在る貞人を更に求むれば次の如くであつて、

同版關係	何	彭	壴	〓	徐
中				甲2692 2880 佚266	
〓				前4.51.1 林1.30.14	
从	甲1998				
〓				佚406	

（備考）上揭以外の同版關係は次の如し

。彭・壴—甲2371 2578 2621 2640 2698 2784 2839

。彭・何—甲2853 掇356

。〓・壴—甲2657 2694 2770

。〓・彭—甲2407 2774 2813 掇385 京4828

同版關係	从
〓	前6.5.4
〓	甲1338

上揭の从と同版關係に在る貞人には次の如く〓・〓がある。

同版關係より求められた以上の十二貞人は之を第三期となすことが出來るのであつて、之を董氏が擧げてゐる第三期貞人と對比せば次の如くである。

董氏貞人—从・〓・彭・何・口・中・〓・逢・〓・〓・〓・〓・〓

十二貞人—从・〓・彭・何・口・中・〓・徐……………〓・壴・〓・〓

右の両者に共通の貞人は問題がないが、その他の貞人は検討しなければならない。

(1) 〓(〓)

董氏はこの貞人をあげてゐないが、右の如く貞人〓と同版上に在り、而して鄴1.29.1・南上105版にもその辞を見ることが出来る。又「〓」に作られてゐる一例があり(南坊2.7)、〓・〓は同一人であらう。

(2) 壴

董氏はこの貞人をあげてゐないが、或は彭と同一人とするためではあるまいか。右の備考の如く壴・彭は同一版上に区別されてゐるから二人としなければならない。

(3) 〓

董氏はこの貞人をあげてゐないのは前記の如く第二期貞人としてゐるからであるが、稱謂・同版關係に於いて第二期貞人と關聯がないから之は妥當ではなく、右の如く〓と同版上に在るからこの期の貞人とすべきである。

(4) 〓

董氏はこの貞人をあげてゐないが之は見落しによるものであらう。

(5) 逢(〓・〓)(董氏は「失其例」とす)

董氏は「原釋逆」と註してゐるから〓・〓を同一貞人とするのであらう。〓の卜辞は佚267・272甲1271京3593に、〓の卜辞は甲2011にあり、その字体は〓は稍々粗雑で〓は第二期に類して居り、同一人と見做すことが出来ない。〓は右の如く口と同版上にあるから第三期貞人であるが、〓は第二期貞人と考へられる。姑く董氏に従って同一人とする。

(6) 〓 (董氏引用例) 壬寅卜顯貞翌日癸卯王其〓 後下三三・一

〓は父甲(京4048)・祖甲(粹333)を稱して居り、父甲を稱し得る貞人は第一期(陽甲)及び第三期(祖甲)以外にはなく、又祖甲の稱謂は第二期・第三期には陽甲を、第四期・第五期には祖甲を謂ふのであるから、父甲と祖甲とを併せ稱し得る貞人は第三期以外にはなく、従って〓は第三期貞人であって董説は是である。

(7) 〓 (董氏引用例) 癸亥卜〓貞旬亡囚 甲二六四九

この貞人の卜辭は佚274粹1319甲1251 1597 1702 2649 2651にあり、これらの字体は第三期である。

(8) 〓 (董氏引用例) 癸未卜〓貞旬亡𡆥 甲二八〇〇

この貞人の卜辭は甲1033 1306 1311 1377 1384 1419 1818 2388 2510 2633 2652 2800 京4661 4662 4663 4836版にあり、その字体は第三期である。

(9) 〓 (董氏引用例) 丙辰卜〓貞其𢓊于妣辛 後上一九・一五

この貞人は前述の如く兄己・兄庚を稱して居り、又〓・出と同版關係にあるから第二期の貞人であつて、第三期の稱謂及び同版關係に於いては何等の關聯もなく董氏の誤である。

(10) 〓 (董氏引用例) 戊戌卜旅貞祖戊歲叀羊 前一・二二・二

董氏は〓を第二期にあげ、又この期にもあげてゐるのは武丁の兄に兄戊があり(大陸雜誌四・九 及断代研究例)、この兄戊は第三期には祖戊と稱される者であるから、祖戊を稱してゐる貞人〓は第三期に及ぶとなすのである。然し「祖戊」の稱謂は第三期以外の各期に用ゐられて居り(第一期―鉄80.2 通別2.4.7 續3.47.7・第二期―續存1813・第四期―乙2603 4521 4745・第五期―後上5.2)、明かに第二期の版である續存1813版に稱されてゐるから第二期貞人〓が之を稱し得、而して第三期の版に稱されてゐる例がないから董説には從ふことが出來ない。

以上の外にこの期に屬する貞人があり次の如くである。

○ 〓

この貞人は第二期貞人であるが次の版に〓〓を稱してゐる。後述の「先王の稱謂」に見る如く〓〓は第三期及び第四期に武丁を謂ふものであるから、之を稱してゐる〓は第三期に及ぶ貞人としなければならない。

粹295

○ 〓

この貞人は第二期貞人であるが次の版に父庚を稱してゐる。父庚を稱し得るのは第一期に父盤庚を、第三期に父祖庚を謂ふ以外はなく、而して第二期貞人〓が之を稱してゐるから〓は第一期乃至は第三期に亘る貞人であることが解る。〓は第一期とは他に關聯がないから、この父庚は第三期に祖庚を謂ふものとして姑く第三期に及ぶ貞人とする。

通別2.4.6

○ 〓　甲3399　〓〓〓〓〓〓〓〓〓

右の版には貞人〓と考へられる貞人名がある。

○ 〓　甲3515　〓〓〓〓〓〓〓〓〓

○ 〓　甲1576　〓〓〓〓〓〓〓〓〓（甲1870参照）

○ 〓　卜631　〓〓〓〓〓〓〓……十〓…

○ 〓　後下22.3　〓〓〓〓〓〓〓〓

右四辞の〓・〓・〓・〓字は孰れも第三期の字体である。

以上第三期の貞人は同版關係から認められる十二人、及び稱謂、字体などから認められる十一人、計二十三人となり、次に之を陳氏の第三期貞人に對比せば次の如くである。

陳氏貞人―何・宁・〓・彘・彭・壴・口・狄・〓・逆・卯・紋・〓・敎・弔・〓・晛・大

二十三貞人―〓・中・〓・〓・彭・壴・〓・〓・〓・〓・〓・〓・〓・〓・〓・〓・〓……〓・〓・〓・〓・〓・〓

この兩者に於いて齟齬してゐる貞人について考察する。

○ 大（〓）　卜辞綜述一九九頁参照

陳氏は第三期貞人の大と第二期貞人の大とは書法が異るとして之を區別してゐる。陳氏のあげてゐる諸版の字体は第三期の特色を持つてゐるから、この期に貞人大のあることは認め得るが、第二期の大と別人であるか否かは後考に俟たねばならない。

○ 〓・〓・〓・〓・〓・〓

〓・〓・〓の第三期貞人であることは右の如くであり、〓・〓・〓を陳氏は第一期貞人にあげてゐるが第三期貞人とすべきである。

以上に於いて董氏、陳氏の第三期貞人を検討したが、この期に屬する貞人は次の二十四人である。

〓・〓・彭・壴・〓・〓・〓・〓・〓・〓(〓)・〓・〓・〓・〓・〓・〓・〓・〓・大・〓・〓・〓・〓・〓

第三期の時期について董氏は廩辛・康丁時となし、陳氏は右の貞人は廩辛時の貞人であり康丁時には卜辞に貞人名を記さないとしてゐるが、後述の「先王の祀序」によれば廩辛が王位に即かないから、第三期は一王朝であつて右の貞人はすべて康丁時の貞人である。

四、第四期　武乙・文武丁時の貞人

董氏は最に第四期を「不錄貞人的時期」としたが、後に文武丁時の貞人として十七人をあげてゐることは前述の如くであり、而して武乙時の貞人としては一人も擧げず不錄貞人的時期となすものの如くである。特に文武丁時貞人については異說が提出されて紛糾して居り、貞人說中最も重要な問題點である。

(イ)　武乙時の貞人

武乙時に於いては父は廩辛・康丁であり、父辛・父丁を稱し得るのは獨り武乙時だけであるから、斯かる稱謂を有する貞人はこの期の貞人となすことが出來る。之を卜辭について見れば次の如くであり、彭・[illegible]・[illegible]は父辛を稱してゐるが父丁を稱して居らず、父辛は第一期に父小辛を謂ふ場合もあるから、これだけの稱謂からはこの期の貞人を定めることは出來ない。然し他の條件を考慮して、次の如く武乙時の貞人を定めることが出來る。

貞人	父甲	父乙	父丙	父丁	父戊	父己	父庚	父辛	父壬	父癸
彭	甲2779						甲2779	甲2622		
[illegible]		佚599 甲2907			甲2907 乙409			京2934 東方八.1		
[illegible]								甲488		

(1) 彭

彭は前記の如く第三期貞人であり、而も右の如く父辛を稱してゐる。この父辛は第一期に小辛を謂ふものとするよりは、第四期に父廩辛を指すものとする方がより自然であり、從つて彭は第三期より武乙時に及ぶ貞人である。

(2) [illegible]

[illegible]は右の如く父乙・父戊・父辛を稱して居り、父乙・父辛を稱してゐる點よりせば第一期貞人の如く考へられる。然しながら父戊を稱してゐて、この父戊の稱謂は三十三版（「父母兄子の稱謂」參照）に存するが第一期の版は一例も存せず、第四期のものが多数を占め居り（乙979 4521 4603 4925 5321 5327 5328 5384 5394 5399 5162 6690 庫189 1038 後上5.10 京774）、從つて父戊の稱謂よりせば寧ろ第四期貞人とすべきである。又後下5.14版に「十党卜[illegible]自[illegible]」と、[illegible]署名の卜辭に「党」字が用ゐられて居り、この字体は後期特に第五期習用のもの

であつて、第一期に用ゐられてゐる例は絶無であり、第一期には□字を用ゐ□↓□↓□↓□↓□と演變してゐるものであるから、□字が習用されてゐる第一期に□字が用ゐられる道理がない。この父戊の稱謂と「□」字の使用は□の後期貞人である確証であつて、その父乙を稱してゐる點からせば文武丁時に父武乙を稱するもの、或は帝辛時に父帝乙を稱するものとしなければならず、その父辛を稱してゐる點からせば武乙時に父廩辛を稱するものとしなければならない。而してその帝辛時でないことは□の卜辭の文法・書体より見て明瞭であり、従つて武乙時及び文武丁時の貞人としなければならず、後述の如く文武丁時の貞人であるから武乙時に既に供職の貞人である。

(3) □

□は□と同版關係に在り（後下24.10 南無156）、又右の如く父辛を稱してゐるから武乙時供職の貞人である。

(4) □

□は□及び□と同版關係に在り（佚9 586 甲3045）、又金415版に於いては兄甲を稱してゐるが、兄甲の稱謂は後述（父母兄子の稱謂）の如く第一期には存せず、武乙時には存するから、□が武乙時の貞人である傍証をなしてゐる。

(5) □

□の卜辭は後下11.5 下11.6 庫1678 寧1.446 甲544 金396 南坊2.200 京4387 4710 續存2202 下832の諸版に在り、その辭はすべて卜字を省いた干支□貞に作られて居り、董氏の所謂「干支貞形式」であつて、この卜辭形式は第四期卜辭の一特色であることは董氏の指摘してゐる所であり（断代研究例）、従つて□は第四期貞人と考へられる。更にその字体を見るに未字は□（後下11.5 寧1.446）、巳字は□（寧1.446）、酉字は□（甲544）、□字は□・□（後下11.6 庫1678 寧1.446）に作られて居り、その孰れもが後期卜辭の特色を示してゐる。又貞字は次の版に見るが如くに

京4387

甲544

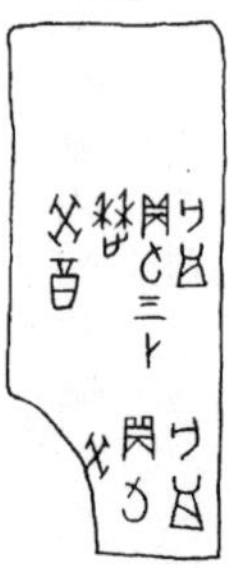

佚988

□・□に作られて居り、貝塚氏の説によれば□字を用ゐてゐる貞人は「□」、□字を用ゐてゐる貞人は「□」であるとして居り、之によれば□は□と同期とせざるを得ない。然しながらその書体は□・□の卜辭の纖細であるのに比して雄大であつて、文武丁時の書風とは顯然と異つてゐる。佚988版では□字が□字と一辭を成してゐて、□字の字体は第二期

・第三期に習用されてゐるものであるから冎字は第三期末乃至第四期早期に始まるものと考へられる。斯くの如く文法・字体・書風及び冎字の使用より見て、歷は第四期の早期武乙時の貞人と断ずることが出來る。

第四期武乙時の貞人として右の五貞人があり、この期も亦不錄貞人的時期ではなく、陳夢家も亦武乙時を「卜人不記名」としながら例外として歷を武乙時貞人としてゐる。武乙時の貞人は次の如くである。

彭・⿱乂大・⿰口人・𠂤・歷

(ロ) 文武丁時の貞人

文武丁時に於いては父は武乙であり、而して父乙を稱することは他期にも存するから、稱謂上からはこの期の貞人を定めることが出來ない。董氏がこの期の貞人を定めた方法は、甲2907版に「于來丁酉父乙祝」・「求又大乙」の二辭があり、大乙の稱謂は第一期には存しないとしてこの版を第一期に非ずとし、從つてこの父乙は小乙を謂ふものではなく武乙を指すものであり、この版は文武丁時のものであるから、同版上に記されてゐる貞人⿱乂大は文武丁時貞人であるとなし、而して更に同版關係から他の十六貞人を求めて文武丁時の貞人集團を成してゐるのである（殷虛文字乙編序十頁・十三頁）。然し大乙の稱謂は第一期にも稱されてゐるから（佚570零1）、右の大乙・父乙が稱されてゐる版は他証のない限り第一期に非ずとすることが出來ず、從つてこの大乙の稱謂は貞人⿱乂大の時期を決定する鍵とはならないのである。

この董説に對して貝塚・伊藤氏は反對論を提出して、董氏の所謂十七貞人のうち貞人として認め得るものを二集團に分け、一を⿱乂大以下の王族貞人、一を子以下の多子族貞人となし、この兩者には同版並存の例はなく且つ前者は冎字後者は冎字を用ゐる異つた集團であり、而してこの兩集團は共に第一期の貞人集團であるとなすのである。貝塚氏が之を第一期貞人となす理由は⿱乂大以下の王族貞人に在つては、「父と稱せられるものは父甲・父辛・父乙である、そのうち父乙がもつとも頻繁に現れ、同じ様に現れる母庚と並んで祭られる例があり、また時に母庚は兄丁とも同時に祭られている例がある。その他に兄戊兄丁らのどれも、第一期武丁時代卜辭に通有の稱謂と解することができるものが多いことは著しく人目をひいてゐる。（中略）もしこれらの貞人の時代が董作賓氏の主張するように文武丁時代であるとすると、父乙は武乙を父として祭つたと解しうるだけで、他の父辛・父甲・母庚などすべて殷代の世系に佚した祖妣があつたと假定せねばならない。父乙母庚の組合せの如きはあるひは世系に佚したとする蓋然性は多少はあるかも知れないが、母庚に加へて父辛父甲が組合せて在世したといふこと、そのような暗合が現れる蓋然性が非常に少い。」（東方學報京都二十三冊四九頁）と論じ、且つ次の版に王族貞人の一人である「甴」が武丁時の貞人「甴」と同版上に並記されてゐるとして、「この甴のぞくする王族貞人集團が第一期に在世し在職したことは確証されたといつてもよいのである。」（同上五五頁）

ト 141

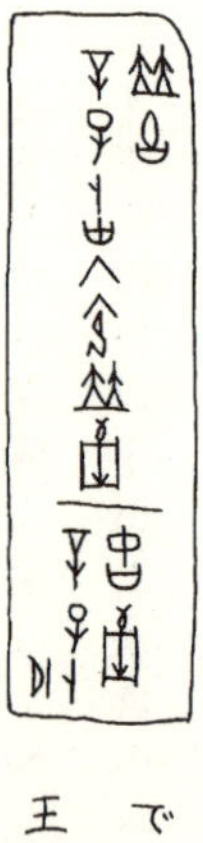

前 8.10.1

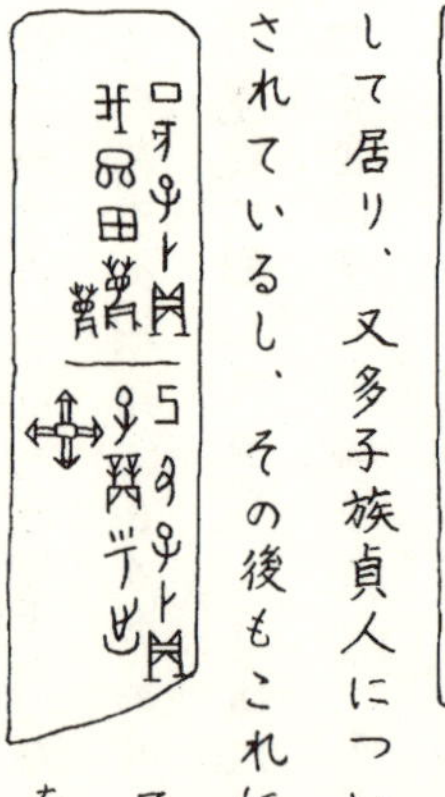

となして居り、又多子族貞人については次の版を証據として「子𦉢はすでに董作賓氏によつて武丁の王子の一人であると確認されているし、その後もこれにたいして何の反証も上げられていないから、このト辞が第一期にぞくすることを認めても、今のところ何の支障はない。」（同上六一頁）として、貞人子が武丁の王子とされてゐる子𦉢を稱してゐるから、之を第一期としてゐるのである。

胡厚宣・陳夢家も亦董説に反對して居り、胡氏は之を第一期貞人となし（甲骨學商史論叢婚姻考三・七、寧滬・京津・甲骨續存自序參照）、又「疑皆當屬於武丁以前即盤庚小辛小乙時之物」（甲骨續存自序）と、武丁時以前の貞人であらうとして居り、陳夢家は夶を第三期、𠃌・𠂤を第一期となし（考古學報第八冊商王廟號考七頁・十三頁）、後に之を改めて兩者を第一期武丁晩期となしてゐる（殷墟卜辞綜述、断代上下）。陳氏の論據は父母兄子の稱謂・甲骨版の出土坑位・及び辞例に亘つてゐて、稱謂については「試比較𠂤與賓組、則知兩者相同之多、兩組所同的父甲父庚父辛父乙、賓即武丁所以稱其父輩陽甲盤庚小辛小乙者、所以兩組都是武丁時代卜辞」（同上一四七頁）とし、坑位については「我們認為子組𠂤組和賓組常常出於一坑、而同坑中很少武丁以後的卜辞、則子組𠂤組應該是武丁時代的」（同上一五八頁）とし、辞例については𠂤が稱してゐる「子代」・「子族」・「子犀」は武丁時にも稱されてゐるとして「子代見於賓組字体的卜辞（乙2236）、子族見於鉄14.2・𠂤所卜和甲2315＋2374、凡此都是武丁字体、續1.41.5子犀和母庚同版、母庚當是小乙的配偶」（同上一四七頁）と謂ひ、又貞人子が「子𦉢」を稱してゐることを擧げ（同上一六一頁）、夶が「侯㪉」を稱してゐて「侯㪉」は武丁時の字体である續5.5.2版にも稱されてゐるとして（同上一四七頁）、𠂤・夶・子組貞人を武丁時となすのである。

斯くの如く董氏の文武丁時貞人に對して反對説が述べられてゐるが、これらの反對説が妥當であるか否かを檢討する。

胡厚宣の之を武丁以前とする説については陳夢家が「都是沒有充分的証據的」（同上一三九頁）としてゐるのは妥當であつて、胡氏は確証を提出してゐないから姑く論外とし貝塚説・陳夢家説について考察する。

父母兄子の稱謂については、貝塚氏は武丁時と文武丁時の稱謂の暗合する蓋然性が非常に少いと謂ひ、陳氏は武丁時の稱謂と𠂤組貞人の稱謂とに同じものが多いから兩者は同一時期であるとしてゐて、兩氏の立論は同軌であり、文武丁時に於いては父は武乙一人であつて、文武丁時の貞人とされてゐる〓・〓・〓等は父甲父庚父辛等を稱する道理がなく、父名として甲・庚・辛・乙を稱してゐることは寧ろ第一期貞人である証であるとなすのである。然しながら次の如くこれらの貞人が父乙(武乙)の外に父甲父庚父辛を稱し得、母名としては母丙母庚母壬、兄名としては兄丁兄戊を稱し得るのであつて、父乙・父甲・父庚・父辛・母庚、兄丁を稱するを以つて第一期貞人となし得ないのである。

(父甲)　父甲は第一期に陽甲を、第三期に祖甲を稱するのであるが、卜辞にはこの兩期の孰れにも屬せざる若干の父甲があり(前1.24.4 8.5.4 後上5.4 柏14 庫715 文311 乙456 掇2.170 京4056 4058 勳1.3)、例へば上揭の如くであつて、柏14版の〓字は前述の如く貞人〓によつて用ゐられ第三期末乃至第四期武乙時に始まる字体、〓字は第一期には〓に作られてゐて〓に作る用例は絶無であり、又掇2.170版の〓・〓・〓の字体は決して第一期ではなく、第三期でもなく、十二月を〓・〓に作るは第一・第二・第四期文武丁時以外にはない(殷曆譜参照)から第五期のものでもない。この版が第一期・第三期・第五期のものではないから、この父乙は武乙を謂ふ以外にはなく、従つてこの版は文武丁時のものであり、その父甲は武乙の兄弟に甲名の者があつて之を謂ふのである。武乙に甲名の兄弟のあることは次の版の兄甲の稱謂が之を証して居り、この版に於いては貞人〓が兄甲を稱してゐるが、〓を假に董氏に従つて文武丁時とせば文武丁時には王字がこの版に見るが如く王字に作られることはなく、又この兄甲は次の第五期には父甲と稱される者であるが第五期には父甲の稱謂は絶無であり、〓を假に貝塚氏に従つて武丁時とせば第一期卜辞には他に兄甲の例がなく、又第二期卜辞に父甲の例も存しないのである。前述の如く〓は武乙時貞人であるからこの兄甲は武乙の兄弟であり、文武丁時には父甲と稱されるものである(武乙時に王字が用ゐられる例としては佚988参照)。斯くの如く武乙時の版に兄甲があり、文武丁時の版に父甲があるから、武乙に甲

柏14 七 B38

拾掇2.170 續存下206

金415

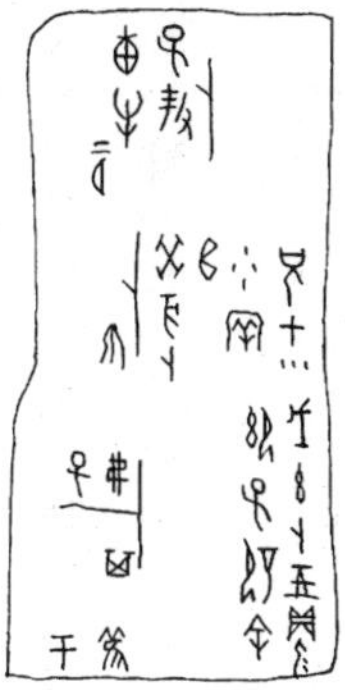

名の兄弟があるのであつて、父甲を稱し得るのは第一期・第三期のみではなく文武丁時に於いても可能であり、右の第一期・第三期に屬せざる父甲の稱謂は之に屬するのである。

（父庚）　父庚は第一期に盤庚を、第三期に祖庚を稱するものであるが、卜辭にはこの兩期に屬せざる若干の父庚の稱謂があり（續1.33.5 鄴1.39.11 3.42.3 庫1083 1135 1714 粹449 甲2207 遺530）、例へば次の如くであつて、この版には父庚の外に父丁・父辛・父癸の稱謂

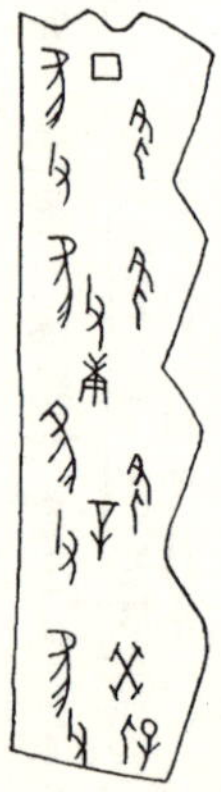
鄴1.39.11

があり、父丁(康丁)と父辛(稟辛)を稱し得るのは獨り武乙時だけであり、武乙に父癸のあることは後述(父母兄子の稱謂)の如くであるからこの版は武乙時のものであつて武乙に父庚のあることが解る。而して武乙時の父庚は康丁時に於いて兄庚と稱された筈であり、果して康丁時の版に兄庚の稱謂の存することは之を傍証してゐる(父母兄子の稱謂參照)。遺530版に「…〓〓〓…〓〓〓〓〓」と貞人〓が父庚を稱してゐるが、〓は前記の如く武乙時貞人であるから右の父庚を稱し得るのは亦當然であり、父庚を稱してゐる〓は必ずしも第一期の貞人ではないのである。

（父辛）　父辛は第一期に小辛を、第四期武乙時に稟辛を稱するものであり、武乙時の父辛は甲488 2622 乙8936 南誠8 京2934 粹277 續1.34.2 鄴1.39.11 東方1.1の諸版にあり。貞人〓は京2934版に、貞人〓は甲488版に於いて父辛を稱してゐるが、この二貞人は前記の如く武乙時であるから父辛を稱するのは當然である。

（母丙）　第一期貞人〓が母丙を稱して居り（乙7130）、又甲3047版に「〓〓〓〓〓〓」と貞人〓が母丙を稱してゐるから、〓は第一期貞人の如く考へられるが、第一期以外に母丙の稱謂があり例へば前1.28.4 京805版の母丙がそれであつて、その字体は文武丁時と考へられるから、母丙を稱してゐる〓は必ずしも第一期貞人ではない。

（母庚）　第一期に母庚の稱謂があり（鉄127.1 前1.29.3 林1.13.14 續1.3.1 遺371 續存下224 外6）、又貞人〓は續存下593 甲2356版に、〓は柏10版に、〓は京3123版に於いて母庚を稱してゐるからこれらの貞人は第一期の如く考へられるが、次の版の第一期・第五期でないこ

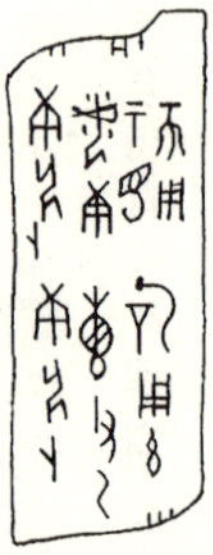
南明613

とは一見して明瞭であつて、この版に母庚と父乙が稱されてゐる。父乙を稱し得るのは第一期武丁時に父小乙を、第四期文武丁時に父武乙を、第五期帝辛時に父帝乙を謂ふのであるが、この版は第一期・第五期でないから文武丁時に父武乙を謂ふものであり、從つてこの母庚は武乙の配であつて、文武丁

時に母庚を稱し得るのであつて、母庚を稱し得るのは第一期貞人だけではない。

（母壬）　第一期貞人〓が母壬を稱して居り（乙5269）、又貞人〓・〓は甲3045版に、〓は前8.14.3版に母壬を稱してゐるからこれらの貞人は第一期の如く考へられるが、第一期以外には第二期（前1.30.8 後上7.2 上7.3 明123）・第四期（甲2902 乙1329 8661）にも稱されてゐるから、〓・〓・〓は必ずしも第一期ではない。

（兄丁）　第一期に兄丁の稱謂は習見であり（鉄145.3 254.2）、又貞人〓は甲2356版に、〓は鉄54.2版に、〓は後上7.6版に於いて兄丁を稱してゐるからこれらの貞人は第一期と考へられるが、文武丁時に於いても兄丁を稱し得ることは次の版に明瞭である。こ

粋373

の版の「干支貞」形式及び「〓」字は決して第一期及び第五期のものでないから、この版の父乙は文武丁が父武乙を謂ふものに外ならず、從つてこの兄丁は文武丁の兄に當り、文武丁時に兄丁を稱し得るのである。

（兄戊）　兄戊の稱謂は第一期に習見であり（鉄121.3 157.1 乙4626）、又貞人〓は乙409版に於いて兄戊を稱してゐるから第一期の如く考へられるが、例へば甲182版の「〓〓〓〓〓〓〓〓」、乙9071版の「〓〓〓〓〓〓〓〓」の兄戊は第一期のものではなく、〓字は貞人〓に始めて見られるものであるから、これらは武乙時以降のものである。

斯くの如く父母兄の稱謂上からはこれらの貞人を第一期に屬するものと確証することが出來ないのである。

次に甲骨版出土の坑位について考察するに、陳氏は子組・𠂤組貞人の版が第一期の賓組貞人の版と同坑に出で、その坑より武丁以降の版の出土することの少いことを述べてゐるが、董作賓の甲編自序によれば、一區第九坑よりは一・二・五期の卜辭が出土、二區第二六坑よりは一・二・四期の卜辭が出土、三區第二四坑よりは三・四期の卜辭が出土したことを報じて居り、陳氏も之を認めて第九坑よりは一・二・五期と廩辛時の卜辭及び子組卜辭が出で、第二六坑よりは武丁時・祖庚時の卜辭と𠂤組の卜辭が出でたとしてゐる（卜辭綜述 斷代）。然らば右の陳氏の所説は大体の論であつて、固より之を以つて𠂤組子組貞人が第一期に屬する根據となすことが出來ないのである。

次に辭例については貝塚氏が二証をあげ、陳氏が六証をあげてゐるから之を考察する。前記の如く貝塚氏は卜141版に王族貞人の一人である「由」が武丁時の貞人「〓」と同版上に併記されてゐるとして由を第一期としてゐるが、卜辭に於い

て㞢字は貞人名の外に例へば「〓〓卜〓〓㞢一〓」（甲2128）・「〓〓〓〓㞢」（甲2121）・「〓〓卜〓〓㞢子」（京2097）の如く用ゐられてゐるから、卜141版の㞢は必ずしも貞人名と見做すことが出來ず、從つて貞人㞢との同版關係が成立しないのである。又貝塚氏及び陳氏は前8.10.1版に貞人子が「子〓」を稱して居り、この子〓は武丁時の人名であるから貞人子が第一期であるとしてゐるが、「子某」の稱謂は第五期以外の各期に用ゐられてゐて（後述「殷の封建」第三節參照）、これを盡く武丁の王子と見做すことは不適當であり、又第一期習見の「子某」が後期卜辭にも稱されてゐて、例へば子〓（粹1263）・子〓（京3974）・子〓（前6.19.3 京2069）・子〓（寧1.494 誠350 掇1.432）・子〓（甲786）・子〓（京2094 3130）・子〓（粹410）の如きはそれであり、これらは第一期に稱されてゐると共に右の版に於いては卜辭形式・字体上第四期に屬する版上に稱されてゐる（「殷の封建」第三節參照）。從つて子〓が後期に稱されることも可能であり、この稱謂によつて之を稱してゐる貞人を第一期となすのは早計である。陳氏は貞人〓・〓が稱してゐる「子〓」（甲3047）・「子〓」（甲3047）が同版上に母丙と共に記されて居り、貞人〓が稱してゐる「子〓」（甲3013）が母庚と同版上に在り、子〓は第一期の版乙2236に、子〓は第一期の版鐵1.41.5 甲2315+2374に稱され、母丙、母庚は第一期の稱謂であるから、以上の四子は第一期であつて之を稱してゐる〓・〓は第一期であるとしてゐるが、子某が第一期の外に後期に稱されることは右の如くであり、母丙、母庚の稱謂が第一期特有のものではなく文武丁時に於いても稱し得ることは前記の如くであるから、これらの証も亦証據となすには足らない。又陳氏は貞人〓の稱してゐる「〓〓」が第一期の續5.5.2版に稱されてゐることを証としてゐるが、某〓・〓某が第一期と後期とに稱されてゐる例は枚擧に堪へないから（「殷の封建」第一節侯參照）、これも亦証據となすことが出來ないのである。

斯くの如く貝塚・陳夢家二氏の第一期說を稱謂・坑位・辭例に亘つて檢討したが、兩氏があげて証としてゐるものは一として証據として成立するものはなく、この說に從へば却つて卜辭形式・字体の演變に混亂が生ずるのである。

前述の如く董氏の証としてゐる大乙の稱謂は第一期に既に存するから（佚570零1）、その論証は不完全であり、貝塚・陳氏の反對說は右の如く不確實であるから、董氏の所謂文武丁時十七貞人は之を何期とすべきであらうか。

これらの貞人が習用してゐる〓・〓字は前述の如く武乙時貞人〓がこの兩者を用ゐて居り、又卜辭形式上第四期と考へられる佚988版に「〓西〓〓〓田〓〓」（〓字が武乙時に用ゐられてゐる例は前記「父甲」の金415版參照）とあるから、〓字の使用は第三期以前に溯ることは出來ない。

この〓字を用ゐてゐる貞人〓・〓・〓は前述の如く武乙時の貞人であり、而して〓は父乙母庚兄丁を、〓は母庚兄丁を、〓は父乙(甲3046)兄甲兄丁を稱してゐて、文武丁時に於いては父は武乙であつて庚名の母・丁名の兄のあることは前記の如くであり、又武乙時には甲名の兄のあることも右の如くであるから、〓〓〓は文武丁時に及ぶ貞人であつて、武乙・文武丁の二王朝に亘る貞人であるから、これらの貞人は父甲・父乙・父庚・父辛・母丙・母庚・母壬・兄甲・兄丁・兄戊を稱し得るのである(前述、及び後述の「父母兄子稱謂」参照)。〓字の使用及び稱謂上から、文武丁時に及ぶ貞人であることが解り、結論的には董說が是である。〓・〓・〓は文武丁時に及ぶ貞人であるから、更に同版關係から貞人を求むれば次の如く〓・〓・〓・〓・〓を得ることが出來る。

同版關係	〓
後下24.10 南無156	〓
佚9 586	〓
乙8686	〓

同版關係	〓
乙4758 4949	〓
乙4949 4758	〓
乙4758	〓

同版關係	〓
續存下585	〓

(備考)
〓・〓—甲3045
〓・〓—乙4814 4758
〓・〓—乙4758 4856 後下42.5
〓・〓—乙4949 後下41.9 菁11.19

董氏の十七貞人は以上の八貞人の外に更に九人をあげてゐるが、その中で〓・〓字を用ゐてゐるものは由・〓であり、就中由は父乙(前6.19.5)を稱してゐて、この二貞人の字体・書風が右八貞人のそれと類似してゐるから文武丁時と見做し得るが、その他については檢討を加へねばならない。(〓は乙5123 〓・乙3350 〓・乙4856 〓・粹1566 〓・前4.12.8 〓・京3123 〓に作る)

(1) 〓(董氏引用例) 癸酉卜史貞東若 乙八三。

董氏は右の辭が貞人〓と同版上に在るから〓を〓と同期としてゐるが、この辭の貞字と釋されてゐるものは〓に作られてゐて〓ではないから、この〓が貞人であるか否か疑問であり、〓字が貞人とされてゐる例は第一期以外には右の一例より無く恐らくは貞人名ではないであらう。

(2) 〓(董氏引用例) 戊辰卜車允吹貝今生〼 乙三二四
(3) 〓(董氏引用例) 丙午卜萬〼 乙三六七
(4) 〓(董氏引用例) 己酉卜幸今夕其雨 乙三八
(5) 〓(董氏引用例) 庚子卜臣出不丕鬼 乙四四

右三貞人の辭はその引例以外にはなく果して貞人であるか疑問であり、〓を萬としてゐるのは理解に苦しむ。

董氏は佚502版に「十〓卜〓由〓」とあるを以つて〓と同期とし、又〓の署名がある前8.6.1版に「〓〓卜〓〓〓〓〓〓」とあるを証として〓と同期としてゐる。〓と〓とが同字であるか否かは姑く論外として、斯かる論法が許されるならば甲1654版に「十〓卜〓〓大〓〓八〓」とあるから第一期の〓と同期ともなし得るのである。〓字はその下に〓字を伴ふ用例が絶無であり、右の如く第一期にも用ゐられてゐるから貞人名ではない。

(6) 〓 (董氏引用例)　癸亥卜𠀠貞今夕亡囚八月　後下一六・一六

庚辰卜𠀠從糸囚　乙一二四

右二例の書風・文法が異り前者は第一期、後者は後期であり、董氏が前者を引用してゐるのは〓が貞人名として用ゐられてゐる例としてである。後期に〓が貞人名の如く用ゐられてものは右の一例以外にはなく、姑く疑問とする。

(7) 〓 (董氏引用例)　庚寅卜衙王品司祭巳不二月　新三五一 (甲二四一同版)

〓の卜辞はなほ京3051版にもあり、又〓に作られてゐる貞人の卜辞は鉄14.2 佚454 581 816 新351 338 甲241 250 3003 乙79 159 234 8505 京2520 3051 續存1285版にある。この両者は例へば貞人〓(乙3350)・〓(乙4856)が〓(粹1566)・〓(京3123)に作られてゐるに見れば同一人と考へられ、その文法、字体が第四期であるから姑く董氏に從つて文武丁時となす。

之を要するに董氏があげてゐる十七貞人のうち、文武丁時貞人として認め得るものは〓・〓・〓・〓・〓・〓・〓・由・〓・〓の十一人であり、その他は疑問である。以上の他になほこの期に屬すと考へられる貞人があり、

○ 〓　拾掇1.22　〓〓卜〓〓〓　(佚825 鄴1.43.2 乙4677 七S27 京1618 3042)

○ 〓　乙43　十〓卜〓〓……〓……〓……　(乙100 107)

○ 〓　拾掇1.284　〓〓卜〓〓

○ 口　乙443　〓〓卜口〓〓〓

○ 〓　佚108　〓〓卜〓〓大〓……〓一〓

○ 〓　甲3014　〓〓卜〓〓〓

○ 〓　乙4860　〓〓卜〓〓〓〓

○ 〓　文82　〓〓卜〓〓〓〓〓

これらの貞人は〓或は〓を用ゐ、その字体はいづれも纖細であつて、この期の書風の特色をもつてゐる。

文武丁時の貞人は以上の十九人であつて、之を陳夢家が第一期としてゐる午組・𠂤組・子組、及びその附屬貞人と對比せば次の如くである。

陳氏貞人ー午·𠘧·㞢·勹·扶·徃·𡉚·丁·𠧟·由·取·㽙·勿·㕧·子·余·我·彳·彳史·帚·豕·車·衍
十九貞人ー……□·□·□·□……□·由·□……子·余·□·□……□……□·□·□·□·□·□·□

この両者に共通な貞人は問題がないが、その他の貞人について次に検討する。

○午（□）　卜辞綜述一六二頁参照

陳氏の証例は「□□卜□□干自甫□□□」（乙4521）・「□□卜□□□□」（乙7512）であるが、その字体は到底第一期のものと認め得ないばかりではなく、乙4521版には父丁、祖庚の稱謂があつて明かに武乙時のものであることが示されて居り、又この版には子甫の稱謂があり、これも亦この版が武乙時のものであることを証して居り（父母兄子の稱謂参照）、この□が貞人ならば武乙時の貞人としなければならない。

○𠘧（𠘧）　卜辞綜述一六二頁参照

陳氏の証例は「十□卜𠘧□□□□□□□」（乙5328）であり、この版の字体は決して第一期のものではなく、この辞中の父戊の稱謂は第一期には絶無であつて第四期に習見であるから（父母兄子の稱謂参照）、この版は後期のものであつて、𠘧が貞人ならば武乙時の貞人と考へられる。

○𡉚（□）・𠧟（□）・史（□）・車（□）　卜辞綜述一六六頁参照

これらは董氏のあげてゐるものを踏襲してゐるのであつて、これらが貞人であるか否かは前述の如く疑問である。

○㽙（□）　卜辞綜述一六六頁・一八四頁参照

林2.22.9明1114 1948南師2.174京415の諸版の貞人㽙は第一期貞人であるが、陳氏の証版としてゐる前1.37.6版の㽙は貞人名ではなく、これを以つて𠂤組貞人となし得ないことは前述の如くである。

○勿（□）　卜辞綜述一六六頁参照

陳氏のあげてゐる諸版中には「□」名の貞人を發見することは出来ない。姑く疑問とする。

○㕧（□）　卜辞綜述一六六頁参照

陳氏の証版は「□□卜□□□□」（南坊4.155）であるが、□字が用ゐられてゐる前6.16.5簠文16續4.12.5卜229甲141掇1.328南坊4.155外457版に於いては〓が貞上に用ゐられてゐる例がなく、例へば「〓〓」(續4.12.5 掇1.328)・「〓〓〓〓〓〓〓〓」(外457)の辞よりせば人名乃至地名であつて貞人名ではないと考へられる。

○〓(〓)・〓(〓)　卜辞綜述一六六頁參照

陳氏は〓・〓・〓を三貞人としてゐるが、同一人であることは前記の如くである。

○豖(〓)　卜辞綜述一六六頁參照

陳氏の証例は「〓〓〓〓〓〓〓〓〓」(乙33)であるが、これが貞人であるためには他証を必要とする。

○〓・〓・〓・〓・〓・〓・〓

陳氏は〓・〓を第一期としてゐるがその誤であることは前述の如くであり、陳氏は〓・〓・〓・〓・〓をあげてゐないがこの期の貞人であることは右の如くである。

之を要するに兩者に共通な貞人以外に陳氏のあげてゐる貞人は、之をこの期の貞人と認めることが出來ないのである。

以上に於いて貞人説中最も議論のある文武丁時貞人について諸説を檢討したが、この期の貞人は次の如くである。

〓・〓・〓・〓・〓・〓・〓・〓・〓・〓・〓・〓・〓・〓・〓・〓・〓・〓

五、第五期　帝乙・帝辛時の貞人

帝乙時に於いては父は文武丁、帝辛時に於いては帝乙であるが、父丁、父乙の稱謂からはこの期の貞人を檢出し得ないから、董氏は卜辞形式に着眼して「干支王卜貞」・「干支卜王貞」の形式を王親卜貞形式としてこの期の特色となし、この形式の卜辞の字体が他期とは顯然と異ることから之を第五期と定めてゐる。

董氏の第五期卜辞中には例へば次の如く父丁・父乙を稱してゐるものがあり、この父丁は帝乙時に父文武丁を、又父乙

續1.32.1

遺391

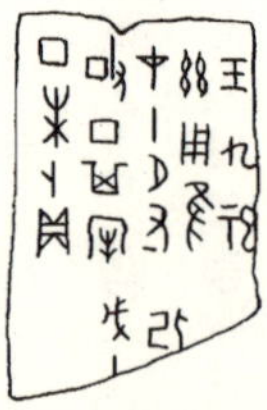

前1.26.1

は帝辛時に父帝乙を謂ふものと考へられるから董説は妥當である。然し父乙の稱謂がこの一例以外にないから、董説の第五期卜辞に帝辛時のものがあるか否かが問題とされて來たが、後述の「第

五期の祀譜」に明かなるが如く帝辛時卜辭が含まれてゐる。但だこの兩者は文法、字体から之を區別することは困難である。董氏はこの期の貞人として次の四人をあげて居り、陳氏は更に二人を補足してゐる。

（董氏）〓（董氏引例）　癸亥卜黄貞王旬亡猷在九月征人方在雇彝　前二・六・六
〓（董氏引例）　癸酉卜在云奠河邑泳貞王旬亡猷惟王來征人方　金二七八
〓（董氏引例）　癸丑卜〓貞王旬亡猷在三月甲寅祭虎甲嘗𢦔甲劦羌甲　珠二四五
〓（董氏引例）　乙酉卜在洮立貞王步于淮亡災　金五七四
（陳氏）〓（陳氏引例）　癸未卜〓貞王旬亡猷在十月甲申翌日小甲　金七四三
〓（陳氏引例）　己亥卜〓貞王賓……歲亡尤　甲二七

右の貞人が帝乙、帝辛のいづれに屬するかについては董、陳二氏が之を謂つてゐないが、次の如く考へられる。

○〓　右の引用例に於いては九月癸亥に人方征伐のために雇地に在ることが記されて居り、後述の「夷方征伐歴譜」によれば夷方征伐は帝辛王八祀・王十祀に行はれてゐて、この九月癸亥在雇は王八祀である（第二篇第二章）。從つて貞人〓は帝辛時の貞人である。

○〓　右の引用例に人方征伐の記事があり、この征伐は帝辛王十祀のものである。又前1.19.5版に「癸未卜〓貞王旬亡猷在正月甲申祭祖甲劦陽甲」と正月甲申の祭祀が記されて居り、後述の「祀譜の檢討」によればこの祭祀は帝辛王廿祀の正月甲申の祭祀に符合してゐるから、〓は帝辛時の貞人であることが解る。

○〓　右の金574版は前2.16.3・前2.16.4版と接合し、この接合版の干支及び記事は庫1672版と一致してゐて同時卜であり、而して庫1672版には王十祀十二月甲午彡祀の記事があつて、之は帝辛王十祀の祭祀と符合してゐるから、金574版も亦帝辛時のものであり、〓は帝辛時の貞人であることが解る。

○〓　〓の卜辭は前1.42.1後下2.8珠245續存下966等にあり、「祀譜の檢討」によれば前1.42.1版の祭祀は帝辛王廿祀に、後下2.8・續存下966・遺245版の祭祀はそれぐ帝乙王四祀、王八祀、王九祀の祭祀と考へられる。從つて〓は帝乙、帝辛時の貞人である。

○〓　右の金743版の祭祀は「祀譜の檢討」によれば、帝乙王八祀乃至九祀のものであるから、貞人〓は帝乙時に屬す。

○ 　右の一例以外にはなくいづれとも定めることが出来ない。姑く帝辛時となす。

第五期の貞人は次の六人である。

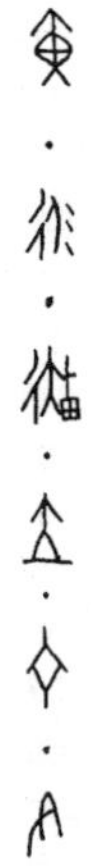

以上武丁より帝辛に至る九王朝を董氏に従つて五期とし、各期の貞人を父の稱謂及び同版關係から檢出し、之を基礎として董氏の貞人を檢討し、その結果を更に陳氏の貞人と對比して之を討究したのであつて、各期の貞人を表示せば次の如くである。

（貞人表）

第一期	武丁時	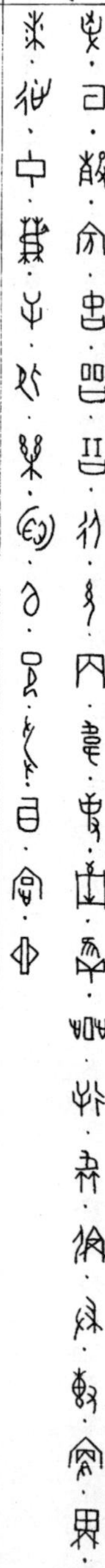	三六
第二期	祖己時・祖庚時・祖甲時	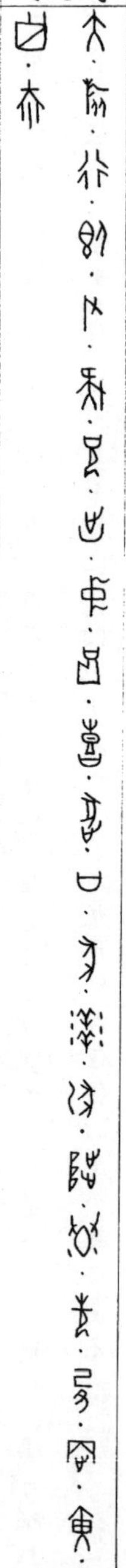	二四
第三期	康丁時	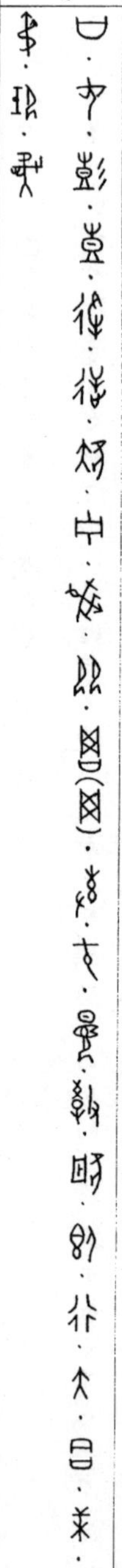	二四
第四期	武乙時	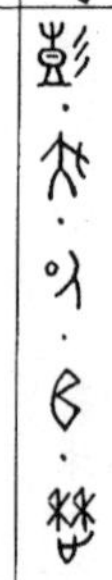	五
	文武丁時		一九
第五期	帝乙時	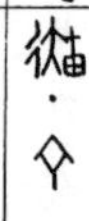	二
	帝辛時		五

第二　卜辭上の父母兄子の稱謂

各期卜辭の父母兄子の稱謂には同名が多く、之を識別することは必ずしも容易ではないが、この識別は卜辭を取扱ふ上に於いて基礎的な事項であるから之を明かにしなければならない。この問題について董作賓は斷代研究例・小屯乙編序・大陸雜誌に於いて、陳夢家は殷虛卜辭綜述に於いて述べてゐるが、そのいづれも之を解き盡してゐないから、次に父兄子の稱謂と母の稱謂に分けてこれらの稱謂の系列・歸屬の關係について考察する。

一、父・兄・子の稱謂

前述に於いて貞人の屬する時期が明かとなつたから、貞人の用ゐてゐる父兄子の稱謂を檢討せば稱謂と時期との大体の關聯が解り、又父兄子の稱謂相互の關係を考察することによつて、何如なる關係に於いてその稱謂が用ゐられてゐるかが解るから、次にこの二方法によつて考察する。

(1)　貞人と父兄子の稱謂

貞人と父兄子の稱謂との關係は次の如くである(擧例は一版とする)。

時期	第一期						
稱謂＼貞人	亘	爭	㱿	賓	古	內	[illegible]
父甲	鉄122.4	前1.24.3	乙7438	甲3150			
父乙	鉄145.3	續1.29.1	鉄85.3	乙1885	乙1714	鉄153.3	
父丙							
父丁							
父戊							
父己							
父庚	前1.26.6	鉄133.1	乙6408	乙6724			京1160
父辛	南誠8	乙7767	乙6744			乙918	
父壬							
父癸							
兄甲							
兄乙							
兄丙							
兄丁	鉄145.3	京777	卜288	鉄254.2			
兄戊			鉄121.3				
兄己							
兄庚							
兄辛							
兄壬							
兄癸							
子甲							
子乙							
子丙							
子丁							
子癸							

第四期						第三期				第二期									
[illegible]	[illegible]	[illegible]	[illegible]	[illegible]	[illegible]	[illegible]	[illegible]	[illegible]	[illegible]	[illegible]	[illegible]	[illegible]	[illegible]	[illegible]	[illegible]	[illegible]	[illegible]	[illegible]	[illegible]
						甲 2779	京 4048	甲 3918	甲 2502										
		前 6.19.5	甲 3046		佚 599														
										明 1211	戩 6.2			ト 278	戩 6.1	續存 1506		後 上5.8	前 5.4.5
					甲 2907										後 上5.11			粹 377	
										甲 2695									
			遺 530			甲 2779			甲 2748		通別 2.4.6								
				甲 488	京 2934	甲 2622													
			金 415																
	乙 1650		後 上7.6	鉄 54.2	甲 2356														
					乙 409														
									京 3417		前 1.40.5		遺 358	佚 397	續 1.43.10			明 232	
											粹 310	前 1.41.5	京 3292	粹 111	粹 329		南明 356	遺 356	粹 325
															後 上7.11			文 334	
庫 1988																			
																			明 21

右は既刊資料に於ける貞人と稱謂との關係の全体であつて、之によつてト辭のすべての父兄子稱謂を説明することは出

來ないが、その大体を窺ふことが出來る。第一期武丁時の貞人は父として父甲・父乙・父庚、父辛、兄として兄丁・兄戊を稱して居り、之を史記の殷本紀に參照せば父甲は陽甲、父乙は小乙、父庚は盤庚、父辛は小辛に當り、兄丁・兄戊は史記には記載されて居らず、卜辞によつて武丁に兄丁・兄戊のあることが解る。第二期の貞人は父として父丁・父戊・父己・父庚、兄として兄己・兄庚・兄壬、子として子癸を稱して居り、その父丁は武丁及び武丁の兄である兄丁、父戊は武丁の兄である兄戊を指し、父己・父庚は貞人曰と㸚が稱して居り、この二貞人は第三期に及ぶものであるから祖己・祖庚を謂ふものであり、その兄己・兄庚は祖甲の兄である祖己・祖庚を指し、兄壬は史記にない兄であり、その子癸を稱してゐることによつて第三期の康丁に癸名の兄弟のあることが解る。第三期康丁時の貞人は父として父甲・父丁・父己・父庚・父辛、兄として兄己を稱して居り、その父甲・父己・父庚は康丁の諸父の祖甲・祖己・祖庚を指し、父丁は第二期にも屬する貞人曰が武丁を謂ふものであり、父辛は第四期に及ぶ貞人彭が康丁の兄廩辛を謂ふものであつて、その兄己は康丁に兄己があつて(後述(2)參照)之を指すのである。第四期の貞人は父として父甲・父乙・父戊・父庚・父辛、兄として兄甲・兄丁・兄戊・、子として子丁を稱して居り、その父甲・父庚は第三期にも屬する彭が祖甲・祖庚を謂ひ、父乙は文武丁時に父武乙を、父辛は武乙時に廩辛を謂ふものであるが、父戊・兄甲・兄丁・兄戊及び子丁は貞人の關係からは説明することが出來ないものであつて、次の稱謂相互の關係の考察に待たねばならない。

(2) 稱謂相互の關係

父・兄・子の稱謂の相互の關係を時期を媒介として考察せば、その間の關係を明瞭にすることが出來る。

(一) 父甲・兄甲

父甲は第一期に父陽甲、第三期に父祖甲を稱し、卜辞の父甲は殆どこの兩期のいづれかに屬してゐるが、この兩期のいづれにも屬せざる若干の父甲の稱謂があり、又兄甲の稱謂は鉄179.2(前1.38.7)金415掇1.60の三版にあるが、盤庚以降に於いて兄甲を稱し得るのは小乙時に兄陽甲を謂ふ以外にはなく、而して小乙時の甲骨版の存在は未だ證明されてゐないから、兄甲の稱謂については嘗つて解答が提出されてゐない。次に第一期・第三期に屬せざる父甲と兄甲の稱謂について考察する。

(父甲)第一期・第三期に屬せざる父甲の稱謂は前1.24.4 8.5.4・後上5.4・柏14・庫715・文311・乙456・掇2.170・京4056 4058・東方1.3の諸版にあり、例へば次の如くであつて、柏14版の冎・𢆶、掇2170版の㞢・酒・晉の字体は第一期にはなく、前1244版の彡字は第一期・第三期には絶

柏14 七B38

拾掇2.170 續存下206

前1.24.4

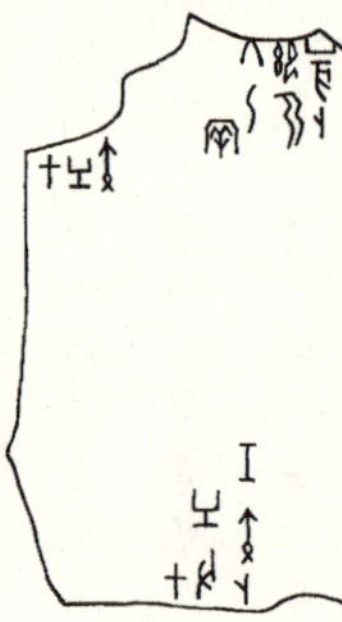

無であり、父甲の稱謂は第一期・第三期以外にも存するのである。

この掇2170版は右の如く第一期ではなく、又父乙の稱謂があるから第三期でもなく、十二月が〓に作られるのは第一・二・四期以外にはないから(殷暦譜)第五期でもない。第一・三・五期以外に於いて父乙を稱し得るのは文武丁時に父武乙を謂ふ以外にはないから、この版は文武丁時のものであつて、その父甲は武乙の兄弟に甲名の者があり之を謂ふものと考へられる。而して右の柏14版・前1244版は之を傍証して居り、柏14版の冎字は武乙時貞人〓に始まるものであるからこの版も亦文武丁時のものであり、前1244版の「𢆶彡」の用語は續187・林1124版にもあるが、この版と同じく干支卜形式であつて第四期であるから、前1244版も亦文武丁時のものである。斯くの如く右三版は第四期であり、就中掇2170版は文武丁時のものであつて、之によれば武乙に甲名の兄弟があつて文武丁時には父甲と稱されてゐることが解る。然し武乙に甲名の兄弟のあることは史記にはないから、更に兄甲の稱謂によつて之を証明しなければならない。

(兄甲)兄甲の稱謂は次の三版にあり、陳夢家は鉄1792版を第一期(卜辞綜述一四七頁)、金415版・掇160版を𠂤組貞人のものとしてゐる(同上四五三頁)。

鉄179.2 前1.38.7

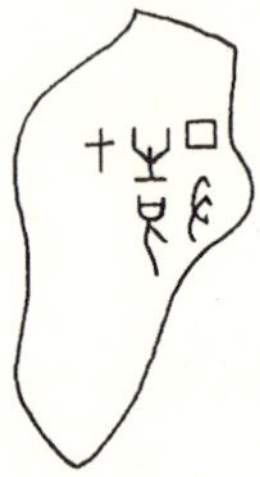

金415

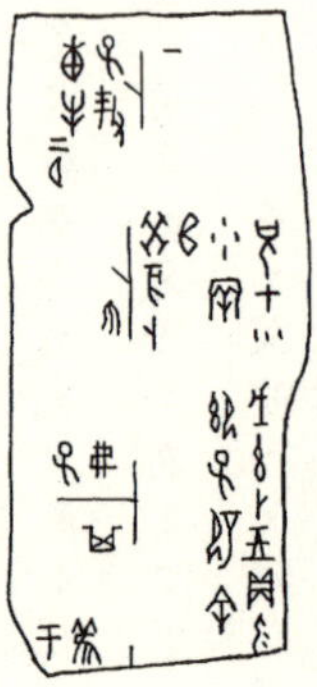

拾掇1.60

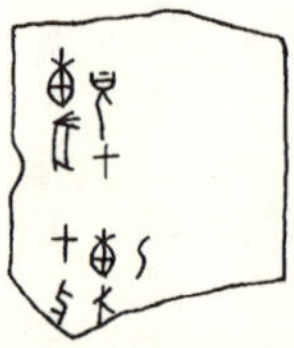

この鉄1792版の㞢字は第一期には㞢に作られ、㞢に作るものは第四期に習見であり、又この版の書風は第一期の雄健であるのとは異つて纖弱であるから後期のものであり、金415版には貞人𠂤の署名があり、掇160版の書風も纖弱であつて陳氏の謂ふが如く𠂤組貞人のものであるから、右三版はいづれも第四期のものである。金415版に於いては貞人𠂤が兄甲を稱して居り、𠂤は武乙時及び文武丁時の貞人であるからこの兄甲は武乙の兄或は文武丁の兄を謂ふものであるが、第五期卜辞には父甲の稱謂がないから文武丁に兄甲があるとすることが出來ず、従つてこの兄甲は武乙の兄を謂ふものとしなければならない。武乙の兄甲は文武丁時に於いては父甲であつて、前記の文武丁時版の掇2170の父甲と正に符合してゐるのである。

斯くの如く武乙時版に兄甲、文武丁時版に父甲があるから武乙に甲名の兄のあることは明瞭であり、史記は之を逸してゐるのである。從つて父甲を稱し得るのは第一期・第三期以外に文武丁時にも可能であつて、第一期、第三期に屬せざる父甲の稱謂は之に屬することが明かとなつたのである。陳夢家は第一期に父甲・兄甲ありとしてゐるが（卜辭綜述四三二～三頁）、之は𠂤組貞人を第一期となし、又右の父甲・兄甲の諸版をすべて第一期となすがためである。然し第一期貞人𠂤・余等の卜辭に父甲・兄甲の稱謂が一例も存しないことは、この說の據るべからざることを示してゐる。

第一期父甲—鉄1.4 37.4 122.4・前1.24.2 1.24.3 1.26.6・後上25.9・林1.2.8・簠帝176 177 178 197 180・續1.27.8 1.27.9 1.28.2 1.34.1・庫584 1816・粹1254・七P33・甲3150・乙2523 2680 2693 2739 3189 3476 7263 7438 8068・南無37 師2.42・京773 1147・續存241 283 284 285 307 997 1000 1001 下182 下207

第三期父甲—後上5.3・戩6.13・通別2.10.6・續1.28.1 1.34.3・佚166 266 541 891・鄴3.38.6 3.47.1・庫975 1633・粹92 314 332 334 335 336 337 338 339 571・文312・遺625・誠169 264・金202・甲801 803 1292 1569 2376 2502 2692 2779 2799 3652 3918・摭續36 70・拾1.389・南明428 586 588 589 590 606 607 608 609 610 611 612 631・寧1.199 1.200 1.201・京4034 4048 4049 4050 4051 4052 4053 4054 4055・續存1814 下762 下763

文武丁時父甲—前1.24.4 8.5.4・後上5.4・柏14・庫715・文311・乙456・掇2.170・京4056 4058・東方1.3

武乙時兄甲—鉄179・金415・掇1.60

(二) 父乙

父乙は第一期に父小乙を、第四期文武丁時に父武乙を、第五期帝辛時に父帝乙を謂ふものであり、卜辭上の父乙の稱謂はこの三期に屬して居り、他に兄乙・子乙の稱謂のないことも亦父乙は右以外にないことを示してゐる。

第一期父乙—鉄25.1 37.2 85.3 124.2 145.3 153.3 157.2 171.3 196.1 239.2 254.2 262.2・前1.24.5 1.25.1 1.25.2 1.26.2 1.38.3 7.33.1・後上22.6 上23.7・戩5.14 23.8・明1566・林1.8.16 1.8.17・續1.28.3 1.28.4 1.28.6 1.28.7 1.28.9 1.29.1 1.29.2 1.29.3 1.29.4 1.29.5 1.29.7 1.30.4 1.35.7 2.21.5 5.34.6・簠帝182 183 184 185 186・卜402 573 614 645・佚524 844 866 889・鄴1.38.6 1.44.8 3.35.6・庫483 1020 1288 1616 1701・文313 314 315 316・七130・遺524 882 971・誠159・金391 625 637・乙528 554 646 747 869 956 1091 1264 1369 1588 1714 1857 1881 1885 1920 1941 1983 2003 2036 2040 2171 2181 2277 2280 2293 2494 2509 2525 2709 2732 2833 2806 2910 2977 3068 3200 3216 3321 3337 3344 3375 3381 3383 3394 3401 3402 3655 3900 3933 3995 4054 4511 4516 4600 4626 4671 4821 4954 5010 5222 5243 5317 5408 5469 5473 5657 5839 6055 6202 6215 6235 6265 6344 6396 6408 6424 6587 6691 6732 6744 6774 6739 6927 7061 7087 7183 7231 7233 7262 7282 7309 7422 7431 7487 7594 7705 7706 7745 7809 7815 7862 7908 8008 8278 8298 8462・甲3511・掇1.64 1.189 1.190 1.191 2.110 2.474・南輔7 明615 師1.43 2.53 坊5.42・京757 758 759 760 761 762 763 764 766 767 768 769 770 807 1157 1156 1466 2088・續存39 48 119 287 288 289 286 995 1002 1003 下25 下187 下209 下210 下211 下212 下213 下214・外35 302・零32

文武丁時父乙—前1.25.3 4.26.7 6.19.5・後上7.5 下11.10・續1.28.8 1.29.6・簠帝181・佚214 599・柏8・粹119 373 375 1039・七B29 X3・甲231 611 1013 2423 2889 2907 3046・乙405 7900 8566・摭續76・拾掇1.65 2.170・南明499 507 613 614・京765 2939 3072・東方1.2 1.6 2.3・書道8.4・續存262 下206 下742 下764・外425

帝辛時父乙―前1.26.1

(三) 父丙・兄丙

(父丙) 父丙の稱謂は次の一版にあり、この版は干支卜形式でありその字体は纖細であつて、殆ど貞人扶等の辞に類してゐる。陳夢家はこれを「午組」のものとして第一期となし(卜辞綜述一六三頁・四五三頁)、第一期の父丙は第二期には祖丙と稱されるのであつて、第二期祖庚時の前1.22.8版に「祖丙」の稱謂のあるのは之が証據であるとしてゐる(同上・四五四頁・四五八頁)。然し陳氏の所謂午組は第一期ではなく第四期であることは前述の如くであるから、この父丙は第四期の稱謂であり、而して次の如く第三期康丁時に「兄丙」があり、又第五期に「祖丙」があつて(續2.8.7.3)、この第四期の父丙の稱謂と相應じてゐる。從つてこの父丙は武乙時に父康丁の兄丙を謂ふものに外ならない。

乙3521

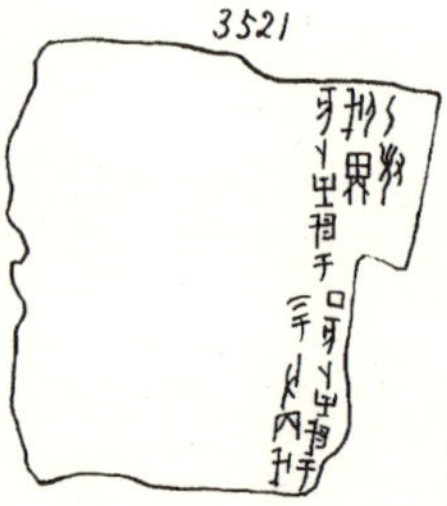

(兄丙) 兄丙の稱謂は次の二版にあり、これらの字体は第三期である。甲680版には兄丙が子癸と共に祀られて居り、子癸は後述の如く第二期・第三期の稱謂であり、この版は第二期ではないから兄丙は第三期に康丁の兄を謂ふものであつて、第四期武乙時に父丙と稱されてゐるものである。

甲680 

粹379 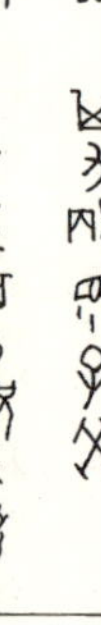

武乙時父丙―乙3521

第三期兄丙―甲680・粹379

(四) 父丁・兄丁・子丁

(父丁) 父丁は第二期に父武丁を、第四期に父康丁を、第五期に父文武丁を謂ふものであり、卜辞の父丁はこのいづれかに屬してゐる。各期の例は上揭の如くであつて、佚881版には第二期貞人大の署名があり、乙5405版には「祖庚」(祖庚は第二期には兄庚、第三期には父庚、第四期に祖庚と稱さる)の稱謂がある外に、卜辞形式、㞢字使用から見て武乙時であり、通別2.4.9版には「王九祀」の第五期特有の用法があり、父丁の稱謂はこの三期以外にはない。然るに陳夢家は第一期に父丁の稱謂があるとしてが(卜辞綜述一六三頁・四五三頁)、陳氏の証版は所謂午組であつて午組を第一期としてゐるから斯かる結果になるので

佚881 

乙5405 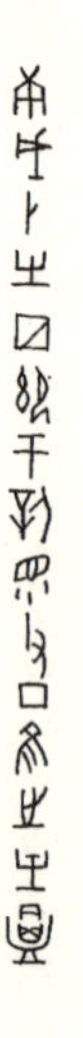

通別2.4.9 

あつて、第一期貞人㱿等の版に一例も父丁が稱されてゐないのはこの説の非を証してゐる。

（兄丁）　兄丁は第一期・第四期の貞人が稱してゐることは前記「貞人と父兄子の稱謂」の如くであり、從つて第一期武丁に兄丁があり、又第四期貞人〔甲骨文〕・〔甲骨文〕・〔甲骨文〕が稱してゐるから、董作賓は文武丁に兄丁があるとしてゐる（小屯乙編自序）。例へば次の後上7.5版の卜辭形式・字体は第一期・第五期ではないから、この版の父乙は武乙を謂ふのであつてこの版は文武丁時のものであり、又甲2356版には貞人〔甲骨文〕の署名があり、この版には右の辭の外に母庚の稱謂があつて、後述の如く文武丁には母庚があるが武乙には母庚がないから、この版も亦文武丁時のものであり、從つてこの二版の兄丁は文武丁時の稱謂であつて董説は妥當である。陳夢家は第三期に兄丁があるとして甲2092・2093・3154版を証としてゐるが（卜辭綜述四五六頁）、前の二版には兄丁の稱謂がなく後の一版は字体上第四期であつて証とするに足らない。

後上7.5　〔甲骨文〕（粹373略同文）

甲2356　〔甲骨文〕

（子丁）　子丁の稱謂は左記の諸版にあり、その子字はすべて〔甲骨文〕・〔甲骨文〕に作られてゐて殆ど第四期の字体である。次の貞人〔甲骨文〕署名の庫1988版に子丁が稱されて居り、貞人〔甲骨文〕は文武丁時であるからその子丁は帝乙の兄弟にして帝辛の諸父に當る譯であるが、帝乙時に兄丁帝辛時に父丁の稱謂を見ることが出來ない。前記の如く文武丁には兄丁があり、右の字体が第四期である子丁はこの文武丁の兄丁を謂ふものであつて武乙の子と考へられる。果して然らば子丁を稱してゐる貞人〔甲骨文〕は武乙時に既に供職してゐる貞人であらう。

庫1988　〔甲骨文〕

第二期父丁―前1.26.3　1.26.4　1.26.5　5.4.5・後上5.6　5.7　5.8　19.8　19.9　19.14　25.14　下20.7・戩3.8　6.1　6.2　6.3　6.4　6.5　6.6　6.7　18.10　18.14・明32　92　240　293　447　698　740　836　877　954　1211　1556　1644　1733　2360・林1.21.5・通別2.4.8　2.7.6　2.8.7・卜67　278・續1.19.4　1.30.1　1.30.2　1.30.3　1.30.5　1.30.6　1.30.7　1.30.8　1.31.2　1.31.3　1.31.4　1.31.5　1.31.6　1.32.2　1.32.3　1.32.4　2.9.3・簠帝144　188・佚172　395　397　567　881　893・鄴1.27.1　1.30.4　1.42.13　1.44.12・庫1054　1175　1180　1190　1198　1206　1223　1291　1316　1328　1344　1388　1694・粹279　299　300　301　302　305　306　307　309　376　484　1212・文275　317　318　319　320　321　322　323　324　325　326　327　329　378・七W3　20　32　65・遺38　360　380　725　848　889　890・金76　414　540・誠157　160　162・甲317　2869・乙7136　8939・南明352　353　354　355　618　坊2.62　4.363・寧3.192　3.193・京3245　3248　3273　3280　3281　3282　3283　3284　3285　3286　3287　3288　4076　續存1497　1504　1505　1586　下624

武乙時父丁―後上4.17　5.5　5.9　21.13　25.7　27.10　29.6　下38.9・戩5.15　6.8　23.7・續1.31.1　1.31.5　1.31.6　1.32.5・佚195　415　875・鄴3.40.6　3.42.5　3.44.6　3.44.9　3.44.10　1.39.11・庫1095　1644・粹20　55　99　237　330　363　364　365　366　367　368　369　370　372　374　506　933・遺634　637・金530・甲413　635　690　754　795　810　840　729　851・乙766　4521　4603　4719　4925　5399　5405　8922　8188・摭續2　64　84　91　111・拾掇1.421　2.34・南輔60　明417　477　481　515　528　531　556　616　617　619　620　621　622　623　624　625　626　655・寧1.93　1.116　1.119　1.170　1.193　1.207　1.208　1.209　1.210　1.346　1.347・京3803　3991　4065　4066　4067　4068　4069　4070　4071　4072　4073　4074　4075・書道8.6・續存1458　1804　1815　1816　下747

第五期父丁―續1.32.1・簠帝187・通別2.4.9・遺391

第一期兄丁ー鉄101.3 145.3 176.2 254.2・前1.38.1 1.39.1 1.39.2 1.39.3 1.39.4 1.39.6 6.64.7・後上22.6・卜288・續1.13.1 1.43.7・簠帝194 195・佚132・明1682・鄴1.39.5・庫214 231 301 513・甲3083・乙1754 3251 3651 3662 4684 5338 6408 6761 7353 7371・拾掇1.198 2.9 2.140・京775 777 778・續存291 下41 下209・外183

文武丁時兄丁ー鉄54.2・前1.39.5・後上7.5 7.6・林1.14.5・佚449 850・鄴3.46.1・粹843・文332・遺843・甲611 2292 2356 3576・乙5797・寧1.314・南無126 師254・京776

武乙時子丁ー庫1988・佚425・文377・乙8713 8826 9043

(五) 父戊・兄戊

（父戊） 父戊は第一期・第五期以外の各期にあつて例へば次の如くである。

第一期　未見

第二期　文331 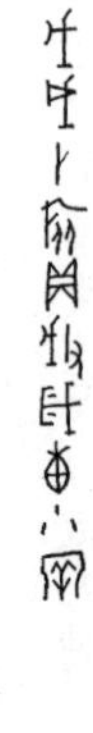

第三期　粹311 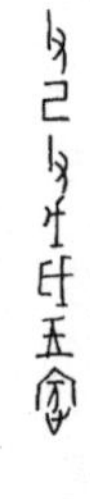

第四期武乙　乙5399 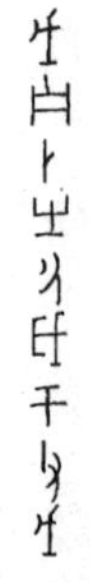（同版上に父丁あり）

第四期文武丁　甲2907 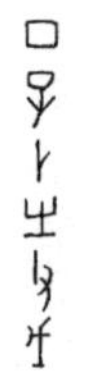（同版上に扶・父乙あり）

第五期　未見

文331版には貞人旅の署名があるから第二期、粹311版には父己(祖己)の稱謂があるから第三期、乙5399版は干支卜形式であつて父丁の稱謂があるから武乙時、甲2907版には貞人扶の署名及び父乙の稱謂があるから文武丁時である。然るに陳夢家は第一期にも父戊の稱謂がありとして、陳氏が「賓組及其他」として第一期としてゐる諸版をあげてゐるが(卜辭綜述四五三頁)、これらはいづれも第一期ではなく、又陳氏が第一期とする自・子・午組貞人の諸版をあげてゐるが、これらの第一期でないことは前述の如くであつて、第一期には父戊の稱謂は存しない。

（兄戊） 兄戊は第一期及び第四期文武丁時にあり例へば次の如くである。然るに陳氏は文武丁時の兄戊を認めてゐない

第一期　鉄121.3 

第四期文武丁　乙409 

が、これは貞人扶を第一期となすからであつて、その非なることは再述を要しない。

第二期父戊ー後上5.11・粹377・文330 331・拾掇125・南上32・京3291・續存1509

第三期父戊ー粹311 378・寧1.79・南明627 628・京4077・續存下579 下580

第四武乙父戊ー甲2907 3123・庫1038・京774・乙6690

第四文武父戊ー後上5.10・庫189・乙409 979 4521 4603 4925 5162 5321 5327 5328 5384 5394 5399

第一期兄戊ー鉄121.3 157.1・前1.40.1 1.40.2 1.40.4・明1728 2067 2168・續1.43.8・佚62 174・遺844 973・乙1898 4578 4626 5853・拾掇1.199

第四・文武兄戊―前1.40.3・庫234・甲182・乙409 9071・京779

（六） 父己・兄己

（父己） 父己は次の如く第三期・第四期武乙時、及び文武丁時に稱されてゐる。甲803版には父己の外に父甲の稱謂があり、父己・父甲を稱し得るのは第三期だけであるから、この父己は康丁の諸父に當る祖己を謂ふ。乙4857版は卜辭形式・字体上第四期であり、次述の如く第三期には兄己の稱謂があつて、之は第四期武乙時に於いては父己と稱し得るものであり、この版の父己はそれである。前3.23.4版に於いては「小示祖辛二牛父己二牛」と祖辛と父己を小示即ち傍系の父祖としてゐるが、後述（先王の世系）に詳論するが如く、祖乙の子の祖辛は直系であつて傍系ではないからこの祖辛は祖乙の子を謂ふものではなく、而して康辛は文武丁時には祖に當るから祖辛と稱され王位に即かない者であるから小示であつて、この祖辛は之を謂ふものであり、その父己は次述の如く武乙に兄己があつて、これは文武丁時には父に當るから之を謂ひ、この辭中の祖丁は文武丁時に祖に當る康丁を謂ふものであつて、この辭は文武丁時に直系の祖丁（康丁）と傍系の祖辛（康辛）及び父己（武乙の兄己）を祀るものである。斯くの如く第三期・第四期武乙時、及び文武丁時に父己が稱されてゐるが、陳夢家は文武丁時に父己の稱謂がなく第一期に有りとしてゐる。これは文武丁時に屬せしむべき版（陳氏の所謂午組版）を第一期となし、又右の前3.23.4版の辭を解き得ざるに因るのである（卜辭綜述、四五三頁・四五八頁を參照）。

第三期　甲803 （同版上に父甲あり）

第四期武乙時　乙4857 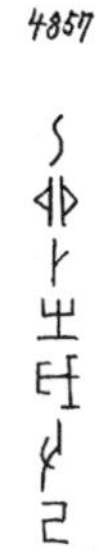

第四期文武丁時　前3.23.4 

乙4857

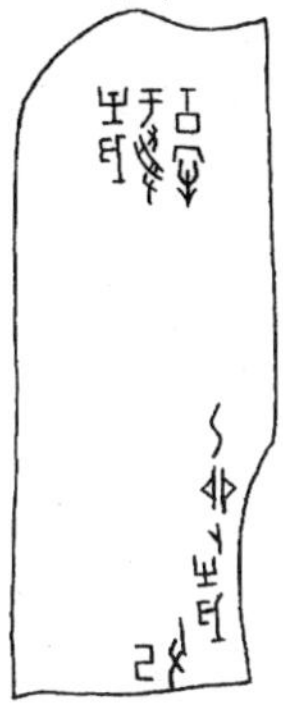

（兄己） 兄己は次の如く第二期・第三期・第四期武乙時に稱されてゐる。佚397版には貞人卜の署名があるから第二期であり、これは祖庚・祖甲時に兄祖己を謂ふものである。南明639版は次の如くであり、このイ・叀字に第三期の特色が顯然として居り、陳氏も第三期に兄己のあることを認めてゐる（同上四五六頁）。第四期武乙時に兄己のあることは例へば次の二版の兄己がそれであつて、乙4544版の卜辭形式及び冎・叀字に第四期の特色があり、又乙8188版に

第二期　佚397 

第三期　南明639 

第四期武乙時　乙4544 

南明639

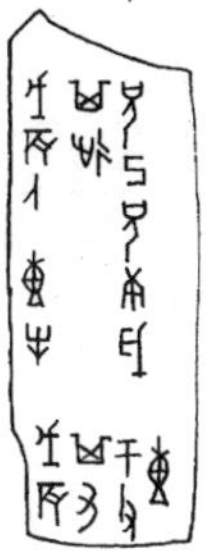

乙4544

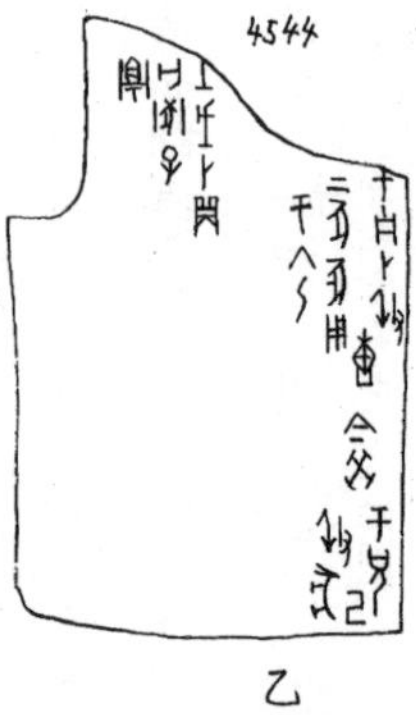

乙8188

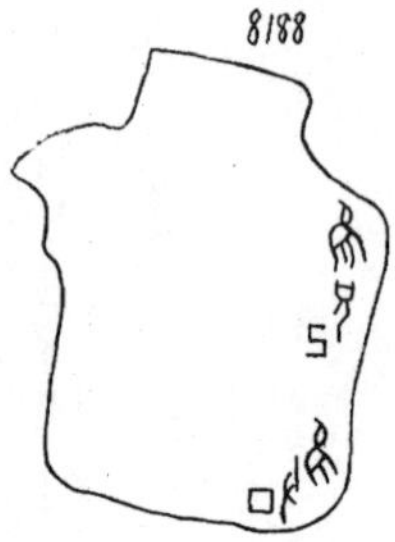

は父丁の稱謂があるから第二期の如くであるが、小屯乙編には第二期の貞人署名版は一例もなく、且つ第二期に〓字が「〓」に作られることがないから第二期ではなく、而して第二期以外に父丁を稱し得るのは武乙時或は帝乙時であるが、この版の帝乙時でないことは明瞭であるから武乙時のものに外ならない。斯くの如く第二期・第三期・第四期武乙時に兄己の稱謂があり、右の父己の稱謂と併せ考へれば、第二期の兄己は第三期に父己、第三期の兄己は武乙時に父己、武乙時の兄己は文武丁時に父己と稱されてゐることが解る。然るに陳氏は第一期に兄己があるとしてゐるが(卜辭綜述四五三頁)、これは陳氏が第一期とする𠂤組・午組版にあるのであつて、未だ証となすに足らないばかりではなく、第一期貞人〓等の版に一例も稱してゐるもののないことは、この説の據るべからざることを示してゐる。

第三期　父己—後上5.12 6.1・戩6.9 6.10 6.11・續1.32.6 1.32.7 1.33.1・鄴1.40.9・粹311 312 313 314 315 316 317 318・甲400 803 1227 2695・南明629 630 631 634・寧1.20.3 1.20.4 1.20.6・京4060 4061 4062 4063 4064・書道8.5

第四期武乙時　父己—乙4857 5455

第四期文武丁時父己—前1.27.1 3.23.4・續存下956

第二期　兄己—前1.40.5 1.41.1 1.41.2・後上7.7 19.14・明232・續1.43.9 1.43.10・簠帝196・佚397・鄴1.27.1・庫1204・粹309 310・遺358・南明358・京3293 3417

第三期　兄己—續2.20.4・戩23.4・粹308・拾掇1.422・寧1.213・南明637 638 639 640

第四期武乙時　兄己—續1.44.1・乙1006 4333 4544 8188

(七)　父庚・兄庚・子庚

(父庚)　父庚の稱謂は第一期・第三期・第四期武乙時にあり、第一期のものは例へば「己卯卜〓貞〓〓〓〓〓〓〓〓」(乙8668)であつてこの父庚は盤庚を謂ひ、第三期のものは例へば「…卜彭貞〓〓〓〓…〓〓〓〓〓」(甲2779)であつてこの父庚は祖庚を謂ふ。第四期武乙時のものは例へば次の版の父庚がそれであり、鄴1.39.11版には父庚の外に父丁・父辛・父癸の稱謂があるが、父癸は後述(父癸・子癸)の如く武乙時に稱し得、而して父丁と父辛を稱し得るのは獨り武乙時(父康丁・父廩辛)だ

鄴1.39.11

粹277

遺530

けであるからこの版は武乙時のものであり、粹277版の〓字上には父字を缺きこの辞は「父庚父辛父☐」であって、庚字が〓に作られることは第一期には絶無であるから後期のものであり、第一期以外に父辛を稱し得るのは武乙以外にないからこの版も亦武乙時のものであり、遺530版には〓の署名があり、〓は武乙時・文武丁時の貞人であるが文武丁時には父庚を稱する一例もないから、この版も亦武乙時のものであって、この三版によって武乙時に父庚の稱謂の存することが明かであり、而して武乙時の父庚は次の如く第三期に兄庚があるから之を謂ふのである。(陳氏も武乙時に父庚があるとして鄴三・四六・三及び粹三二一版をあげてゐる(四五七頁)。然し前者は武乙時版であるが後者は第三期版である)

父庚は斯くの如く第一期に盤庚を、第三期に祖庚を、第四期武乙時に父康丁の兄庚を謂ふのである。

(兄庚)　兄庚の稱謂は第二期・第三期・第四期文武丁時にあり、第二期のものは例へば「工㞢卜大〓五〓〓〓〓〓」(明742)であってこの兄庚は祖庚を謂ふ。第三期のものは例へば次の版の兄庚がそれであって、佚560版の〓・〓、南明640版の〓〓は

佚560

南明640

この期の特色を示して居り、この兄庚は武乙時に父庚とされてゐることは右の如くである(陳氏も亦この期に兄庚があるとしてゐる(四五六頁))。第四期文武丁時のものは次の版の兄庚がそれであり、次述の如く武乙に庚名の子があってこれは當然文武丁の兄弟であるから文武丁時に兄庚の称のあるのは之が

京3073

遺90

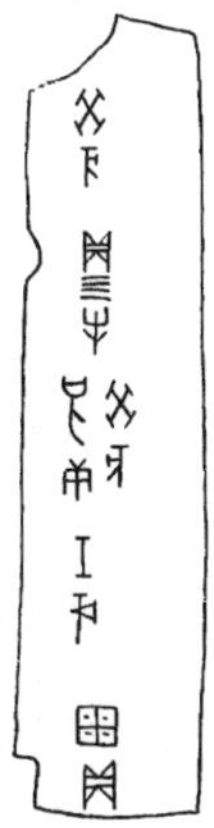

為である。陳夢家は第一期に兄庚があるとして鄴138.4版をあげてゐるが(卜辞綜述四五四頁)、第一期の兄庚は第二期には父庚と稱されてゐる筈であるのに第二期には父庚の稱謂が絶無であり、陳氏のあげてゐる版の字体が第一期に似てゐるから第二期の兄庚を第一期と誤るものである。

(子庚)　子庚の稱謂は第二期・第四期武乙時にあり、第二期のものは次の版の子庚がそれであって、この版は第一期に

南坊44

續存1456

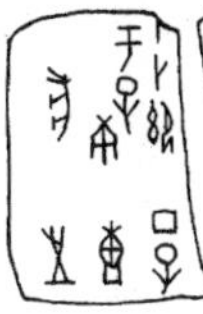

乙1464

類してゐるが武丁在世中に子祖庚が祀られることはあり得ないから、この版は第二期であり、この第二期の子庚が第三期には右の如く兄庚、第四期には右の如く父庚と稱されてゐるのである。第四期武乙時のものは例へば上掲版の子庚がそれであり、又大亀版乙4521には子庚が父丁・祖庚の稱謂と共に記されてゐて、父丁と祖庚を稱し得るのは武乙時だけであるから、武乙時に子庚

の稱謂のあることは最も明かであり、この子庚は文武丁時には右の如く兄庚と稱されてゐるのである。陳氏は第一期に子庚があるとしてゐるが（同上四五四頁）、之は例へば右の乙1464版を所謂午組とし午組を第一期となすに因るのである。

之を要するに父庚は第一期・第三期・第四期武乙時に、兄庚は第二期・第三期・第四期文武丁時に、子庚は第二期・第四期武乙時に稱されてゐて、第二期の兄庚は第三期に父庚、第二期の子庚は第三期に兄庚第四期に父庚、第四期武乙時の子庚は文武丁時に兄庚と稱されてゐる。

第一期　父庚―鉄103.1 133.1・前1.26.6 1.27.2 1.27.3・後上25.9・戩8.1・續1.33.2 1.33.7 1.39.6・簠帝189 190 191・庫229・遺274・乙721 1063 2030 2172 2523 2589 2676 3862 6408 6700 6701 6724 6744 6768 7412 7435 7594 7767 7925 7926 7980 8668・京753 1160・續存54 1005

第三期　父庚―戩6.12 6.13・通別2.4.6・續1.33.3 1.34.3 1.33.4・粹312 313 315 321 322 323 453・甲1641 2748 2779・南明634 636・寧1.205 1.206・京4043 4060 4044・簠帝192・續存下760 761

第四期武乙時父庚―續1.33.5・鄴1.39.11 3.42.3・庫1083 1135 1714・粹449・遺530・甲2207

第二期　兄庚―前1.41.3 1.41.4 1.41.5・後上3.5 7.7 7.8 7.9・戩8.5 8.8・明15 27 126 355 740 742 825・文333・通別2.4.4・庫984 1021・續1.44.2・佚548 557 568・粹111 310 324 325 326 327 328 329・遺356 372 381・南明356 357・京3292 720・拾掇2.137・鄴1.38.4・續存314 1510 1511 下626 下627 下628 下629

第三期　兄庚―佚560・遺636・南明639 640・拾掇1.422・寧1.213・京4097

第四期文武丁時兄庚―遺90・京3073

第二期　子庚―南坊4.4

第四期武乙時子庚―乙1464 4064 4521 4549 4763 5156 5327 5399・京2942・續存1456

（八）　父辛・兄辛

（父辛）　父辛の稱謂は第一期・第四期武乙時にあり、第一期のものは例へば「[illegible]」（續1.34.2）であつてこれは父小辛を謂ひ、第四期武乙時のものは例へば次の版の父辛がそれであつて、鄴1.39.11版には父辛の外に父丁・父庚、父癸の稱謂があり、父庚が武乙時に稱されることは前記の如く、又父癸が武乙時に稱されることは後述の如くであつて、父丁と父辛を稱し得るのは武乙時だけであるからこの版は武乙時のものであり、甲488版には貞人[illegible]の署名があり、[illegible]は武乙時・文武丁時の貞人であるが、文武丁時の他の版に父辛の例がないからこの版は武乙時のものであつて、この二版の父辛は武乙の諸父廩辛を謂ふのである。卜辭上の父辛の稱謂はこの二期に屬し、その他の期には存しない。然るに陳夢家は第一期の父辛の

鄴1.39.11

甲488

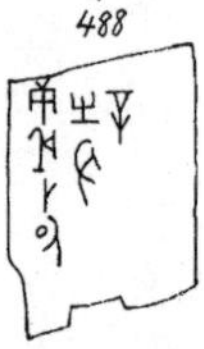

中に所謂午組・𠂤組の諸版にある父辛を包含せしめて、武乙時には父辛の稱謂がないとしてゐる（卜辭綜述一四六・一六三・四五七頁）。陳氏の貞人説に於いては斯かる歸結となるのは當然であつて、武乙に辛名の父稟辛のあることを認めながら、その貞人説が斯かる結果となることについて疑問を起してゐないのは甚だ不可解である。又陳氏は第三期に父辛の稱謂があるとして甲2622版の「……〓〓彭〓〓〓〓〓〓〓」を証としてゐるが、この貞人彭（第三期及び武乙時貞人）の辭を第三期とせばこの父辛は前後の時期と何等の關聯のない遊離の稱謂となり、第三期にこの版以外に父辛の稱謂がないから、この父辛は武乙時に稟辛を謂ふものと見做すべきであり、彭が第三期の貞人であることを知つて武乙時の貞人であることを知らざるに由る誤である。

（兄辛）　兄辛は小乙時に兄小辛を謂ひ得るが、卜辭の兄辛の稱謂はすべて第三期であり、從つて小乙時の版は存せずと考へられ、而して第三期の兄辛は康丁時に兄稟辛を謂ふのである。

第一期　父辛—前1.27.4・後上25.9・續1.33.7 1.34.1 1.34.2・簠帝193・金335・乙918 2030 2040 2523 2589 2676 3189 4052 4516 6701 6744 7435 7767 7968・續存1004 下208

第四期武乙時父辛—續1.33.6・鄴1.39.11・粹277 278・甲185 488・乙2622 4718 5797 8936・南誠8・京754 755 2934 2935・東方1.1

第三期　兄辛—後上7.10・佚203・粹340 342・甲2489 2589・南明590 641 642 643・京4080 4082・續存1818

(九) 父壬・兄壬

（父壬）　父壬の稱謂は第一期に「〓〓〓〓〓〓〓」（乙2033）の一版以外にはなく、この〓は習見の〓〓（伯〓）と考へられるから父壬は伯〓の父であつて、殷室のものではないであらう姑く疑を存す。

（兄壬）　兄壬の稱謂は第二期にあり例へば「〓〓〓〓〓〓〓〓」（後上7.11）の如くである。乙5327版には「祖壬」の稱謂があつて祖庚、子庚と共に記されてゐるから、この版は武乙時のものであり、武乙時には第二期の兄壬は祖に當るから之を謂ふものであらう。

第一期　父壬—乙2033

第二期　兄壬—後上7.11・文334・京3294・續存1914

(一〇) 父癸・兄癸・子癸

（父癸）　父癸の稱謂は第四期武乙時にあり、例へば次の版の父癸がそれであつて、この版が武乙時であることは父丁・

父辛の稱謂が之を証してゐる。この父癸は次述の第三期に兄癸の稱謂があつて、これは武乙の父に當るから之を謂ふのである。

鄴 1.39.11

父癸の稱謂は左記の四版にあつていづれもこの期に屬してゐるが、陳夢家は乙108・B119版を証として第一期にあり、甲2589版を証として第三期にありとなし、而して武乙時には無しとしてゐる(四五三頁 四五六頁)。陳氏が第一期に存する証版としてゐる乙108・B119は所謂𠂤組版とされてゐるものであつて、𠂤組版を第一期であるとして第一期に父癸があるとなすのである。然し所謂𠂤組の第一期でないことは前述の如くであり、これらの版を武乙時のものとなす方が妥當である。又陳氏が第三期に存する証版としてゐる甲2589版に於いては父某の字は不明晰であつて、果して父癸であるか否か識別することが出来ないものであり、遽かに信を措き得ない。

(兄癸) 兄癸の稱謂は第三期にあり、例へば次の版の兄癸がそれである。董作賓はこの版を武乙時のものとして兄癸を

後 上7.12

武乙の兄としてゐるが(乙編序一八頁)、五・叀・〓・及び〓數の字に第三期の特色があつて、陳氏もこの版を第三期として居り、この兄癸は康丁の兄とせざるを得ない。陳夢家は兄癸が第二期にもあるとして普88版をあげてゐるが、自ら註して「兄字摹本不清或是子字」としてゐるから問題としない。

(子癸) 子癸の稱謂は第二期・第三期にあり、第二期のものは次の版の子癸がそれであつて(貞人旅 第二期)、この子癸は第三期の

明 21

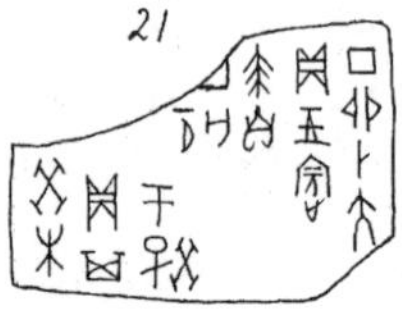

康丁の兄弟であるから、右の如く第三期には兄癸を以つて稱されてゐる。第三期のものは次の版の子癸がそれであつて、この版の第三期であることは叀字によつて明かである。卜辭の子癸の稱謂はこの兩期

南 明650

のいづれかに屬してゐるが、陳夢家は第一期にもあるとして𠂤組とする一版(甲454)・賓組とする三版(乙2961・庫75・明339)を証としてゐるが(四五四頁)、甲454版の〓と〓との二字が果して人名であるか否かこの版の下部が破損して不明であり、乙2961・庫75・明339版に於いては〓・〓に作られその字体は第一期に類してゐるが、第一期の稱謂の記し方は縱に並べ斯くの如く横に並べるのは第二期の記し方であるから、右三版は第一期ではなくこの子癸は第二期である。

之を要するに第二期の子癸は第三期に兄癸、第四期武乙時に父癸と稱されてゐるのである。然し第三期の子癸が武乙時に兄癸、文武丁時に父癸と稱されてゐないのは、斯かる稱謂版の未發現に因るのであらう。

第四期武乙時父癸－鄴1.39.11・乙108 9054・B119（殷曆譜下三・三所收）
第三期　兄癸－後上7.12・南明644 645坊5.61
第二期　子癸－明21 339・庫75・乙2961
第三期　子癸－粹340 381・南明650・甲680

以上各期の父・兄・子の稱謂、及びその關係を表示せば次の如くである。

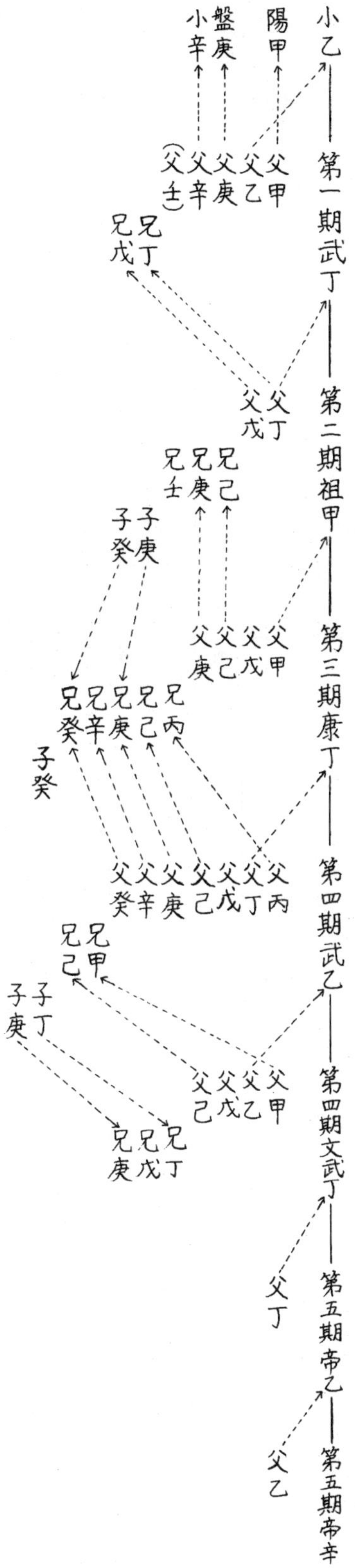

二、諸母の稱謂

(1) 貞人と諸母の稱謂

各期貞人が稱してゐる母の稱謂は次表の如くであり、これによれば第一期には母丙・母己・母庚・母壬、第二期には母己・母辛・母壬・母癸、第四期には母丙・母己・母庚・母壬があるが、第三期貞人の母を稱してゐる例は絶無であるから之を知ることが出來ない。この各期の諸母を小乙より武乙までの各王の配妣と對比せば（後述「先王の配妣」參照）、第一期の母己・母庚は小乙の配妣己・妣庚に當り、第二期の母辛・母癸は武丁の配妣辛・妣癸に當つてゐるが、その他の諸母が配妣であるか否かは速斷することが出來ない。貞人の母の稱謂からは各期の大体を知ることが出來るに過ぎず、卜辭の母の稱謂が盡くされてゐないから、次に卜辞について之を考察して何期に屬するかを明かにする。

(2) 各期の母の稱謂

(一) 母甲

母甲の稱謂は第四期武乙時にあり、次の四辞の母甲がそれである。佚383 393・掇2.400 三辞の書風が相等しく

佚383 癸巳卜㞢母甲十[illegible]

佚393 甲…卜㞢…[illegible]母甲十[illegible]

拾掇2.400 …辛壞…（墨書）

寧1.228 [illegible]巳[illegible]母十（寧一・二二八版では甲字を欠く、陳夢家は「摹失甲字、據清華藏骨」（卜綜・四五一頁）として甲字を補ふ）

文武丁時の纎細なると異つて粗大であり、干支卜形式・㞢字の使用・母字に二點を加へる字体は武乙時の特色を示してゐて、陳氏も掇2.400・寧1.228を武乙時のものとしてゐる（卜辞綜述四五一頁）。然らばこの母甲は父康丁或は康辛の配と考へられ、而して後述の如く康丁には辛名の配妣以外にはないから康辛の配としなければならない。果して掇2.400版には「…辛壞」と母甲の上字が辛であつて、母甲は辛名の者の配とされてゐるのは之が傍証をなして居り、康丁の兄康辛の配に外ならない。（陳氏は第一期に母甲ありとして善三六四四版をあげてゐるが、之は未刊行の版であるから姑く論外に措く。前一・二六・二に[illegible]字あり母甲なるか否か後考に俟つ。）

第四期武乙時　母甲―佚383 392・拾掇2.400・寧1.228

時期	第一期						第二期									第四期				
貞人	韋	爭	賓	㱿	古	內	兄	出	大	旅	即	喜	卜	行	[illegible]	子	[illegible]	[illegible]	[illegible]	[illegible]
母甲																				
母乙																				
母丙	乙7130																			甲3047
母丁																				
母戊																				
母己		卜253	乙6269				前1.28.8	佚170						粋395		乙4507				
母庚		遺351	林1.13.14 明2008	鉄127.1 遺371	前1.29.3	乙3205											甲2356 續存下593	京3123	柏10	
母辛							前5.48.1 後上7.11	續1.43.2 粋384	前5.47.5 文343	通別2.8.4	續1.42.6 1.43.1	庫1189	庫1958							
母壬			乙5269 安陽4.1							明123								前8.14.3	甲3045	甲3045
母癸															京3309					

(二) 母乙

母乙の稱謂は第四期武乙時にあり、次の二辭の母乙がそれである。佚383の母乙は右の母甲と同版上に在つて武乙時のものであることは明かであるが、寧1.227の母乙はその字体が第三期に類してゐるが姑く武乙時となす。この母乙は第三期の何某の配か考ふべからず。陳氏は母乙の稱謂に言及せず。

佚383 

寧1.227 

第四期武乙時　母乙―佚383・寧1.227

(三) 母丙

母丙の稱謂は第一期・第四期文武丁時にあり、例へば次の如くであつて卜辭上の母丙はこの兩期のいづれかに屬してゐる。𠂤組貞人を第一期とする陳氏は甲3047版の母丙を第一期としてゐるが、その非なることは前述の如くである。これらの母丙が何某の配か後考に俟たねばならない。

乙7130 

甲3047 

第一期　母丙―鉄97.2 251.3・前1.28.3・後上6.10 6.11 6.12・戩7.3・明1980 2041・續1.40.7 1.40.8 1.41.1・簠帝232・佚143・庫419 540 1629・乙1670 1926 2701 7130・南師1.48・京806・續存下435

第四期文武丁時母丙―前1.28.4・甲3047・京805

(四) 母丁

乙1089版に「」に作るものがあり陳氏は母丁としてゐるが疑問であり、又陳氏は乙412 3478 5394版をあげてゐるがいづれも確証となすには足らない（卜辭綜述四八頁）。卜辭には母丁の稱謂は未見である。

(五) 母戊

母戊の稱謂は第三期にあり、左記の十八版に見ることが出來る。これらの字体はすべて第三期であつて他期のものは一版もない。「先王の配妣」によれば祖甲の配に妣戊があり、第三期の母戊は之を謂ふのである。戊辰彝に「隹王廿祀𢆶日遘于妣戊武乙奭一」と武乙に配妣戊のあることを示してゐるが、文武丁時の卜辭に母戊の稱謂は未だ發見されてゐない。陳氏は第一期に母戊があるとして乙2343 762 1479版をあげてゐるが（同上四九頁）、いづれも確証とするには足らない（戊辰彝は帝乙廿祀のものであることは帝乙祀譜に述ぶ）。

第三期　　母戊―後上6.13・粹380 381 383・誠164 167・甲1945 2215・乙762 1479・南無133 明764・寧1.224 1.225 1.521・掇1.388・京4096 4097

(六) 母己

母己の稱謂は次の如く第一期・第二期・第三期・第四期武乙時・及び文武丁時にある。乙6269版には□の署名、佚170版には□の署名、粹340版には兄辛の稱謂があり、甲2426版の書体は前記の母甲の佚383版と同一であり、乙4507版には□の署名があるから、それ〴〵上記の時期に屬することが明かである。然るに陳氏は右の甲2426・乙4507版を第一期となして武乙・文武丁時に母己を認めてゐないが（同上四九頁）、これは陳氏の貞人説に本づく誤である。「先王の配妣」によれば小乙の配に妣己があるから第一期の母己は之を謂ふものであるが、その他の母己は後考に俟たねばならない。

第一期　乙6269  （同版上に□署名）

第二期　佚170 

第三期　粹340  （同版上に兄辛あり）

第四期武乙　甲2426 

第四期文武丁　乙4507 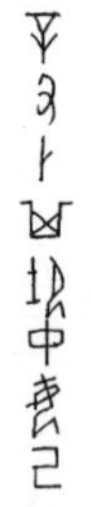 （同版上に□署名）

第一期　母己—鉄106.1・前1.28.6 1.28.7 1.39.1・後上6.15・林1.22.1・卜253・續1.41.3・乙4627 6269・南無134 135・庫640・續存下225

第二期　母己—前1.28.8・後上6.14・續1.41.2・佚170・粹395・南坊2.63・京3307

第三期　母己—鄴3.38.6・甲636 3592・寧1.226・粹340・金191

第四期武乙時　母己—甲2426・庫986

第四期文武丁時　母己—乙4507・拾掇1.195・京3043

(七)　母庚

母庚の稱謂は次の如く第一期・第四期武乙時、及び文武丁時にある。鉄127.1版には□の署名があり、甲2902版の書体は前記の母甲の佚383版と同一であり、南明613版の干支卜形式・□字の使用・字体は第一期ではなく、父乙の稱謂があるから文武丁時のものである（陳氏もこの版を文武丁時とす（四五三頁））。卜辭の母庚はこの三期のいづれかに屬してゐるが、陳氏は第二期にもありとして「□□□□□」（京3304）をあげ、□を貞人□と見做してゐるが、第二期の版は他に例がないから從ふことは出來ない。又陳氏は武乙時の母庚が左記の如くあるにも拘らず之を認めてゐない。「先王の配妣」によれば小乙の配に妣庚があるから第一期の母庚は之を謂ふものであるが、その他は後考に俟つ。

第一期　鉄127.1 

第四期武乙　甲2902 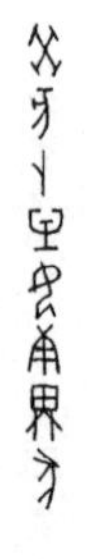

第四期文武丁　南明613 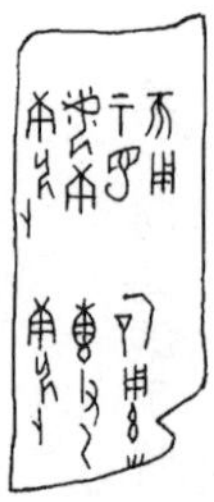

第一期　母庚—鉄80.3 84.2 127.1 210.1 261.1・前1.29.1 1.29.2 1.29.3 1.29.4 1.29.6 1.30.1 1.30.2 5.47.4・後上27.9・戩7.5 7.6 7.7・林1.13.14・明2008・通2.11.1・續1.3.1 1.40.8 1.41.4 1.41.6 1.41.7 1.41.8 1.42.1 1.42.2・七B34・遺343 351 371・簠帝234 236 237・佚143 153・鄴1.44.8・柏9・庫157 481 493 1580・粹389 390・甲3078・乙496 1378 1183 3205 3384 3388 3765 6269 6425 7436 7661 8394・南師1.21・寧3.38・京807 809 810・安陽2.1・續存下224・外6

第四期武乙　母庚—鉄94.3・前1.29.5 1.29.7 1.30.3・續1.42.3・佚573・林1.13.19・卜279・鄴3.34.7・庫986・甲2902・乙8714 8808 8941・南明102 師1.49 坊4.203・京3076 3304・書道8.3・福28・東方1.8・續存321

第四期文武丁　母庚ー柏10・甲2356・乙8897 9029・續1.41.5・金357・南明613・京808 3123・續存下593

(八)　母辛

母辛の稱謂は次の如く第二期・第四期武乙時にあり、後述の「先王の配妣」によれば、武丁に配妣辛があるから第二期の母辛は之を謂ひ、又康丁に配妣辛があるから武乙時の母辛は之を謂ふものである。

第二期　前5.48.1 

第四期武乙　乙5384 

第二期　母辛ー鉄257.4・前1.30.4 1.30.5 1.30.6 1.30.7 5.47.5 5.48.1・後上7.1 7.11・戩7.8 7.9・續1.42.6 1.43.1 1.43.2 2.9.9 1.42.4・明13 185 503 1634・通別2.8.4・粹384・文343 344 345 347・庫1189 1233 1958・七P49 P80・金59 462 694・誠165・京813・續存1519

第四期武乙　母辛ー乙5384 5574 8714・摭續77・甲397・寫221・通新1・京811

(九)　母壬

母壬の稱謂は次の如く第一期・第二期・第四期武乙時・及び文武丁時にある。乙5269・明123・前8.14.3版にはそれ〲の時期の貞人名があり、甲2902版の書風は前記の母甲の佚383版と同じであつて武乙時である。陳氏は武乙時・文武丁時の母壬を認めず之を第一期としてゐるが、前述の如く妥當ではない。これらの母壬が何某の配であるかは後考に待たねばならない。

第一期　乙5269 

第二期　明123 

第四期武乙　甲2902 

第四期文武丁　前8.14.3 （同版上に㣇あり）

第一期　母壬ー乙5269・安4.1・南無201

第二期　母壬ー前1.30.8・後上7.2 7.3 7.4・明123

第四期武乙　母壬ー甲2902・乙8661

第四期文武丁　母壬ー前8.14.3・乙1329 3045

(一〇)　母癸

母癸の稱謂は文武丁時以外の各期にあり、乙6404版の「」、京3309版の貞人、續1.34.3版の父甲・父庚の稱謂はそれ〲の期に屬することを示して居り、佚383版は母甲と同版であつて武乙時、前1.31.2版の第五期であることは明瞭である。然るに陳氏は武乙時の母庚を第一期に包含せしめてゐるが之は非である。後述の「先王の配妣」によれば、武丁に配妣癸があるから第二期の母庚は之を謂ひ、文武丁の配は帝

第一期　乙6404 

第二期　京3309 

第三期　續1.34.3 （同版上に父甲・父庚あり）

第四期武乙　佚383 

第五期　前1.31.2 [illegible]一　辛時に妣癸と稱されてゐるから（寧2.125 林1.13.18 前4.4.5）、第五期の母癸は之を謂ふものであるが、その他の母癸は後考に俟たねばならない。

第一期　母癸―戩7.10・續1.43.3・乙2168 4834 6404 7420

第二期　母癸―佚170・庫109・前1.31.4・遺885・京814 3309

第三期　母癸―戩6.13・續1.34.3

第四期武乙時　母癸―佚383・鄴1.26.4・甲2902・乙8661

第五期帝乙時　母癸―前1.31.2 1.31.3 2.25.5・林1.13.15・明1884・卜280 281 282・續1.25.7 1.25.8 1.43.4 1.43.5 1.43.6・簠帝239 240 241 242 243・拾掇2.236・京5087 5086・安陽3.6・摭續105

以上各期の母の稱謂は次の如くである。

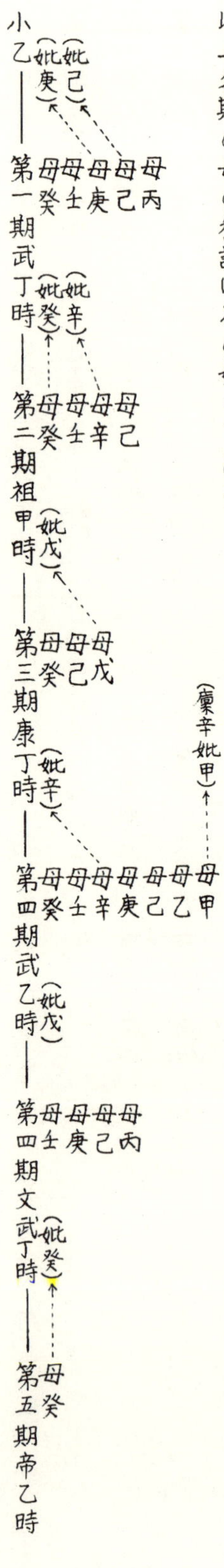

（父母兄子稱謂表）

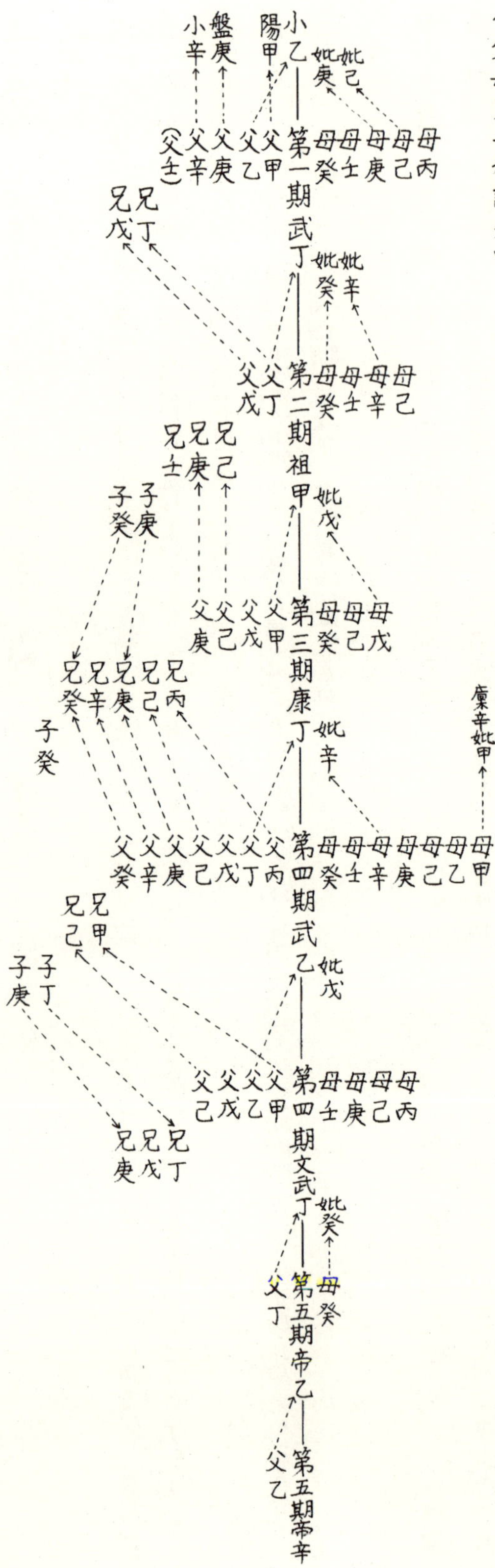

本論

第一篇　殷室の祭祀

殷王室の祭祀を先王・先妣に對する內祭と自然神・高祖神・及び先臣神に對する外祭とに大別し、先づ內祭を敘し次に外祭に及び遂に祭儀について述べる。

第一章　先王・先妣に對する五祀

內祭には祭・壴・劦・彡・翌の五祀と口祀なる祭祀とがあつて、この兩者は殷室の內祭の中核を成してゐるから、五祀を述べ次章に於いて口祀を考察する。

第一節　先王に對する五祀

王國維は「殷周制度論」に於いて「殷人祭其先無定制」としてゐるが、貞旬卜辭・王賓卜辭を整理せば先王・先妣に對して整然とした體系の祭祀が行はれてゐることが解る。貞旬卜辭とは王氏が「卜辭凡云貞旬亡𡆥者、皆以癸日卜、殷人蓋以自甲至癸為一旬、而於上旬之末、卜下旬之吉凶」(戩釋四九)と謂つてゐるやうに、癸日に次旬の吉凶を卜してゐる辭であるが、この卜辭には應々甲日に行はれる甲名の先王の祭祀が記載されて居り、又王賓卜辭には先王・先妣の祭祀が記されてゐるから、この兩者を考察することによつて先王・先妣の祭祀と祀られる順序が解り、この先王を祀る順序から王位の序列を決定することが出來、王位の序列から卜辭上の王名を容易に確定し得、又その祭祀の究明によつて祀譜の復原と曆法を明かにすることが出來るのである。貞旬卜辭に先王の祭祀が記載されてゐる例は第二期・第五期には習見であるが、その他の期には稀であるから、先づこの兩期について先王の祭祀とその祀序を考察し、その他の第一期・第三期・第四期の五祀及び祀序は第三節に於いて考察する。

第一項　貞旬卜辭の祭祀と甲名先王の祀序

一、第五期貞旬卜辭の五祀

貞旬卜辭に記載されてゐる祭祀は「祭・𩰫・劦・彡・翌」の五祀と「工典」以外にはなく、このうち「祭・𩰫・劦」は一類をなし、「彡」・「翌」はそれぞゝ又一類をなしてゐて、五祀はこの三類より成る複合的祭祀であり、「工典」はこれら三類の祭祀の初頭に行はれる行事である。次にこの三類の祭祀のそれぞゝについて先王と祀序の關係を考察する。

(1) 祭・𩰫・劦

第五期貞旬卜辭上の祭・𩰫・劦の記載例は次の十二例以外にはなく、記載例がこの十二例に一定してゐることは斯かる記載がなされてゐる實際の祭祀が一定してゐることを示してゐる。

1 祭田　後上20.13　癸未卜貞王旬亡𡆥在十月又二甲申〓酒祭二田

2 𩰫田　續1.5.1　□□王卜□□亡𡆥□□曰吉□□月又二□□𩰫二田

3 祭大十劦田　續1.9.9　癸巳王卜貞旬亡𡆥王占曰大吉在九月甲午祭大十劦二田

4 祭小十𩰫大十　庫1661　癸酉王卜貞旬亡𡆥王占曰吉在三月甲戌祭小十𩰫大十隹□□□

5 𩰫小十劦大十　遺247　癸卯王卜貞旬亡𡆥在四月甲辰𩰫小十劦大十

6 祭戔十劦小十　遺247　癸丑王卜貞旬亡𡆥王占曰吉甲寅祭戔十劦小十

7 祭羌十𩰫戔十　續1.50.5　癸酉王卜貞旬亡𡆥大吉在十月甲戌祭羌十𩰫戔十

8 祭象十𩰫羌十劦戔十　續1.50.5　癸未王卜貞旬亡𡆥王占曰大吉在十月甲申祭象十𩰫羌十劦戔十

9 𩰫象十劦羌十　前1.42.2　癸巳王卜貞旬亡𡆥在正月王占曰大吉甲午𩰫象十劦羌十

10 祭且十劦象十　前1.19.5　癸未卜永貞王旬亡𡆥在正月甲申祭且十劦象十

11 𩰫且十　佚545　癸未王卜貞旬亡𡆥王占曰吉在五月𩰫且十隹王七祀

12 劦且十　佚545　癸巳王卜貞旬亡𡆥王占曰吉在五月甲午劦且十

この記載例によれば甲日に祀られる先王は二田・大十・小十・戔十・羌十・象十・且十の甲名の七王に限られて居り、これらの先王にはそれぞゝ祭・𩰫・劦が行はれてゐるが、この三祀中には彡・翌の混入する例がないから、この三祀は彡・翌の祭祀とは異る系統のものであることが解る。この三祀が何如に行はれ、又その場合の先王を祀る順序が何如であったかに就いては、一版上に二旬以上の祭祀が記されてゐるものについて、その關係を考察することによつて之を明かにすることが出來る。次に三祀の相互關係、及び三祀に於いて甲名の七王が祀られる順序を知り得る版を掲ぐれば左の如くである。

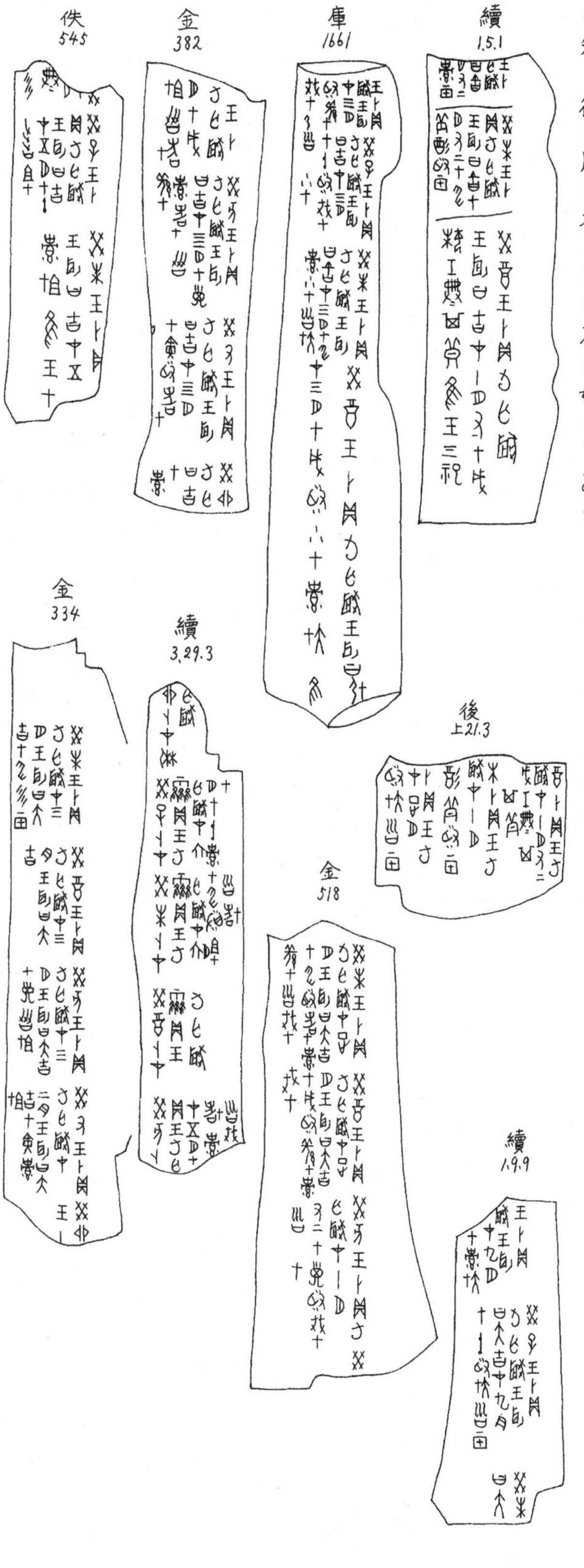

右九版に記載されてゐる祭祀相互の關係を表示せば次の如くである。

版名	續一・五・一	後上・二一・三	續一・九・九	庫一六六一	金五一八	金三八二	續三・二九・三	佚五四五	金三三四	綜合
一旬	工典	工典								工典
二旬	祭上甲	祭上甲								祭上甲
三旬	𢦔上甲									𢦔上甲
四旬		祭大甲𧟹上甲	祭大甲𧟹上甲							祭大甲𧟹上甲
五旬			□□甲𢦔大甲	祭小甲𢦔大甲						祭小甲𢦔大甲
六旬				𢦔小甲𧟹大甲						𢦔小甲𧟹大甲
七旬				祭戔甲𧟹小甲	祭戔甲𧟹小甲					祭戔甲𧟹小甲
八旬				祭羌甲□戔甲	祭羌甲𢦔戔甲	□□□𢦔□□				祭羌甲𢦔戔甲
九旬					祭陽甲𢦔羌甲𧟹戔甲	祭陽甲□□□□□	□陽甲𢦔□□𧟹戔甲			祭陽甲𢦔羌甲𧟹戔甲
十旬						𢦔陽甲𧟹羌甲				𢦔陽甲𧟹羌甲
十一旬						□祖甲𧟹陽甲	祭祖甲𧟹陽甲			祭祖甲𧟹陽甲
十二旬							𢦔□甲	𢦔祖甲	𢦔祖甲	𢦔祖甲
十三旬								𧟹祖甲	𧟹祖甲	𧟹祖甲
十四旬								彡工典		彡工典
十五旬									彡上甲	彡上甲

右の表は第五期に於いて田より自十に至る甲名の七王に對して、祭・𢼸・劦の三祀が何如に行はれたかを示してゐる。これによれば三祀は工典に始まり、各王に對してそれぐ〵三旬に亘つて祭祀が行はれ、第一旬には祭祀、第二旬には𢼸祀、第三旬には劦祀が行はれ、而して各王の祭祀は前王の劦祀が終つた後に始るのではなくして、前王の三祀が終了しないのに後王の祭祀が始まつて居り、從つて同日に前王と後王の祭祀が行はれることが起つてゐて、斯かる場合の卜辭の記載法は先づ後王の祭祀を記し次に前王の祭祀が記されてゐる。この三祀の記載例は右の十二例以外になく、その記載法は右の如く一定してゐるから、各王の祭祀の始り方は恣意によるのではなくして、或る一定の規律に據るものとせざるを得ない。この規律が何如なるものかは更に彡祀・翌祀及び王賓卜辭の先王の祀序を檢討した後に決定することにして、ここでは右表より各王の「祭」祀の位置を抽出して置くに止める。

一旬	二旬	三旬	四旬	五旬	六旬	七旬	八旬	九旬	十旬	十一旬	十二旬	十三旬	十四旬	十五旬
工典	祭田		祭大十	祭小十		祭戔十	祭羌十	祭𢀛十		祭自十			彡工典	彡田

(2) 彡祀

前表に明かなるが如く祭祀が劦自十を以つて終了せば、引き續き彡祀が工典を以つて始るのであつて、彡祀に於ける甲名の先王が祀られる狀況を知り得る版は次の如くである。

綴合附69

遺243

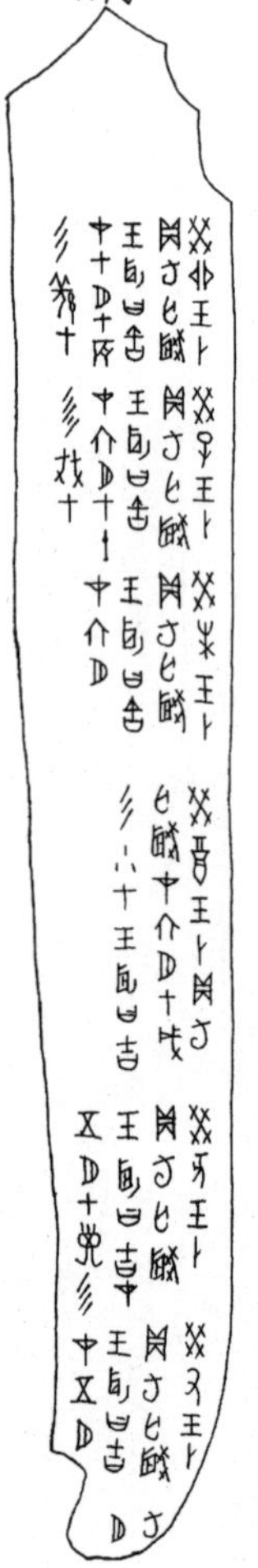

前1.42.1

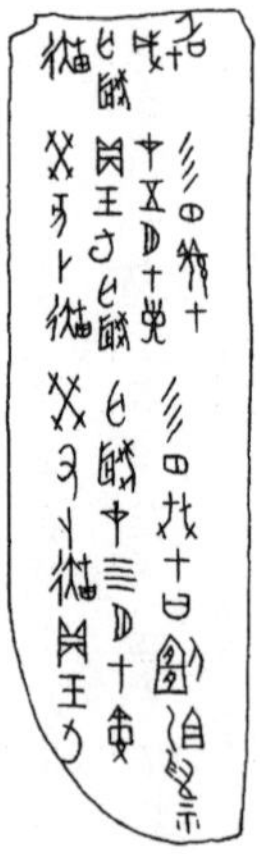

後上19.4

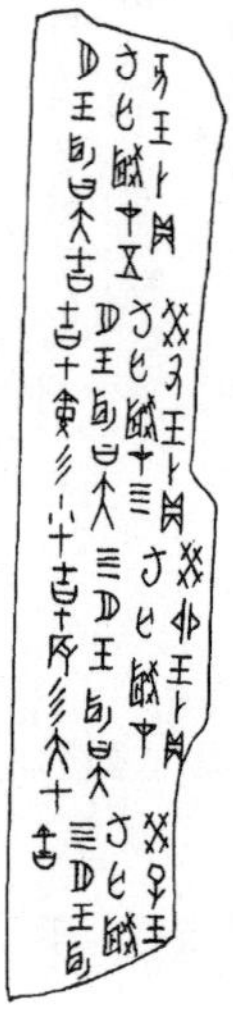

遺244

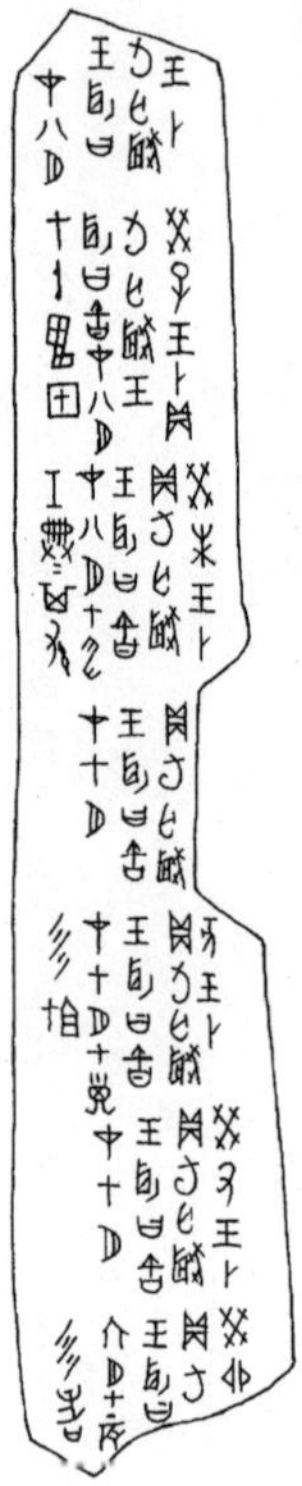

右五版の關係を表示せば次の如くである。

版名	一旬	二旬	三旬	四旬	五旬	六旬	七旬	八旬	九旬	十旬	十一旬	十二旬	十三旬	十四旬	十五旬
摭合・附六九	工典	彡二⊞	彡(大乙)												
後上・九・四			彡祀記載なし	彡大十	彡小十	彡祀記載なし									
遺二四三			彡祀記載なし	彡口口	彡小十	彡祀記載なし	彡戔十	彡羌十							
前一・四三・一							彡戔十	彡日羌十	口𠮷十						
遺二四四									彡𠮷十	彡祀記載なし	彡且十	彡祀記載なし	工典	翌二⊞	祭祀記載なし
綜合	工典	彡二⊞		彡大十	彡小十		彡戔十	彡羌十	彡𠮷十		彡且十		工典	翌二⊞	

この表は二⊞より且十に至る甲名の七王に對して甲日に彡祀が何如に行はれたかを示して居り、これによれば彡祀は工典に始まり彡且十に終り、彡祀が終了せば引き續き翌祀が工典を以って始ることが解る。この彡祀に於ける甲名先王の祀序は祭祀の場合と全く符合してゐて、之によって先王の祀序の固定してゐることが愈〻明かである。彡祀の期間は彡祀の工典より翌祀の工典までは十二旬を要して居り、之は次の一版に於いても同様であり、この版の下辭の「工…凶彡」は工典

遺495

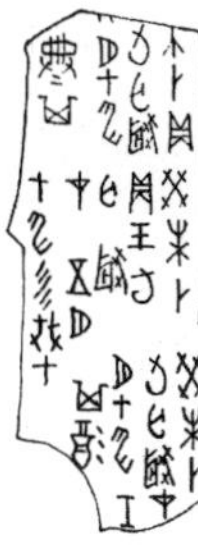

の辭が多く「工典凶彡」と記されてゐるから工典であって、從ってこの版の三辭は五月甲申の彡戔十を挾んで上辭も下辭も共に甲申に工典を行ったことを記してゐるのである。之を右の表に見れば彡戔十の六旬前には彡工典、彡戔十の六旬後には翌工典が行はれてゐるから、彡工典・彡戔十・翌工典の三者は同一干支に行はれ、この版の三辭が共に甲申にそれ〲が行はれてゐることと一致してゐる。從って下辭の工典は彡祀のもの、上辭の工典は翌祀のものであって、この間は十二旬を要してゐて前表と符合してゐるのである。なほ前揭摭合・附69版の彡⊞の次旬には彡大乙が記されてゐるが、他版ではこの旬には彡祀の記載がないのが常であって之は異例であるが、これによって彡祀が甲名以外の先王にも行はれたことが解り、而してこの辭は「甲戌彡夕大乙」であることは後述に詳論するが如くである。

(3) 翌祀

前表に見るが如くに彡祀が終了せば引き續き翌祀が工典を以って始るのであって、次に翌祀に於ける甲日に甲名先王が祀られる狀況を知り得る版をあげ、且つ之を表示せば左の如くである。

版名			一旬	二旬	三旬	四旬	五旬	六旬	七旬	八旬	九旬	十旬	十一旬				
遺二四四	彡自十	彡祀記載なし	工典	𦉢二甲	𦉢祀記載なし												
續存二六五二		彡祀記載なし	工典	𦉢二甲													
續存下九六六				𦉢二甲	𦉢祀記載なし	𦉢大十	𦉢小十										
遺二一七						𦉢口口	𦉢小十	𦉢祀記載なし	𦉢戔十								
佚四二八						𦉢口口	𦉢田小十	𦉢祀記載なし	𦉢戔十	口口十							
續存二六八九								𦉢祀記載なし	𦉢戔十	𦉢羌十							
後下二・八									𦉢田戔十	𦉢羌十							
前五・一六・二										𦉢羌十	𦉢咢十	𦉢祀記載なし					
續一・五〇・六										𦉢口口	𦉢咢十	𦉢祀記載なし	𦉢自十				
哲庵藏拓											𦉢咢十		𦉢自十				㞢大十
綜合	彡自十		工典	𦉢二甲		𦉢大十	𦉢小十		𦉢戔十	𦉢羌十	𦉢咢十		𦉢自十				㞢大十

右の表によれば𦉢祀は彡祀に次いで工典に始まり𦉢自十に終り、この七先王を祀る順序は全く㞢・彡二祀と一致して居

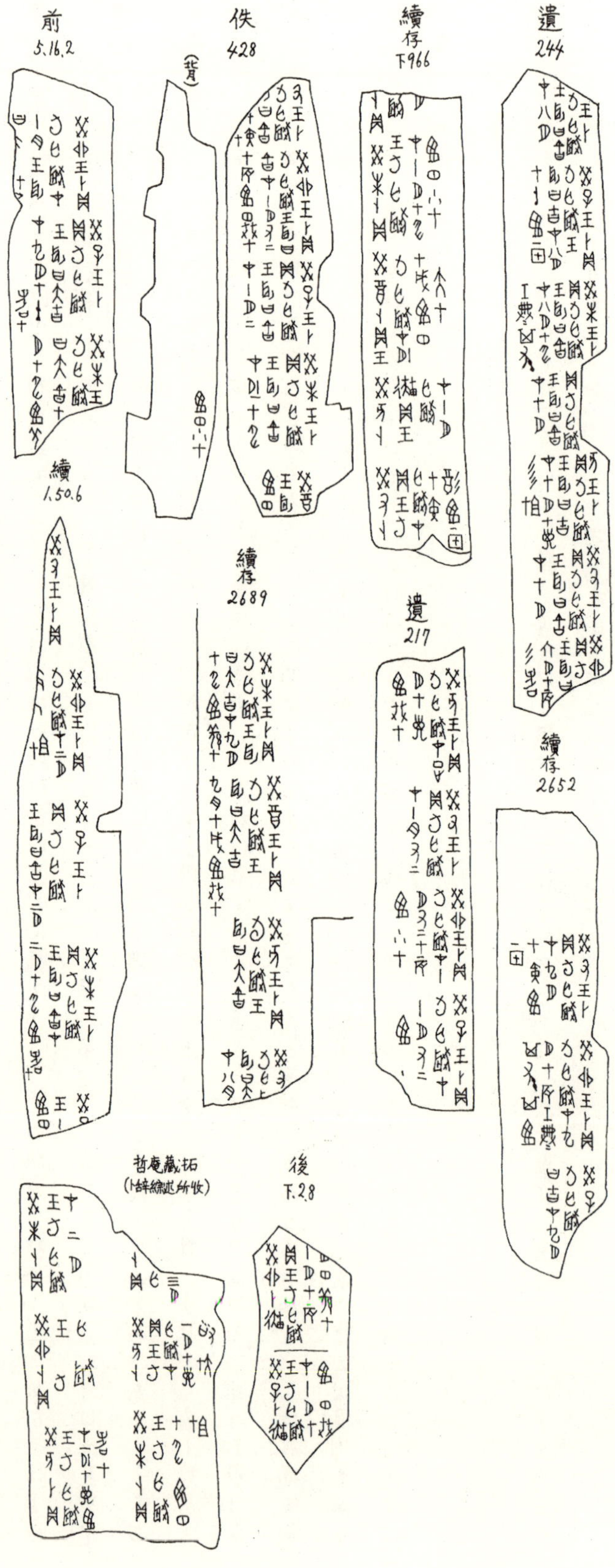

り、先王を祀る順序は客觀的に固定してゐることが解るのである。翌祀が終了せば又祭祀の行はれることは右表の如くであるが、次の二版も之を証してゐる。この二版の上辭には「□」字があり、この字は祭祀以外に用ゐられることがなく例へば「□彡祭⊞」(續1.5.1)・「□彡祭⊞」(後上20.13)・「□□祭⊞」(前6.59.3)・「□祭⊞」(明789)・「□祭⊞」(前4.19.3)の如く用ゐられてゐるから、續1.5.6版の⊞字の上の闕字は祭字であることが解り、又前記(1)に掲げてゐる續1.5.1版とCTL版とを較ぶれば、CTL版の工典は祭祀のものであることが解る。この二版の下辭は翌祀(翌は□・□・□・翌の筆法の異。翌日は翌祀、彡日は彡祀である。)であるから、翌祀より祭祀に移行することは明かであつて、CTL版によれば翌伯の次旬に祭工典が行はれることが解るのである。(CTL版は殷暦譜・帝辛祀譜四九葉所載による)

續 1.5.6

CTLos

之を要するに「祭・壹・劦」・「彡」・「翌」三祀は各々獨立の祭祀であり、三祀は各々工典を以つて始まり、祭祀に於いては各先王に對して次旬には壹祀、第三旬には劦祀を行ひ、祭祀が終了せば彡祀に移行し、彡祀が終了せば翌祀が行はれ、翌祀が終了せば又祭祀に還るのであつて、この五祀は複合的祭祀であり、而してこの五祀に於いて甲名の先王が祀られる順序が固定してゐて次の如くである。

第一旬	第二旬	第三旬	第四旬	第五旬	第六旬	第七旬	第八旬	第九旬	第十旬	第十一旬
工典	二⊞		大十	小十		戔十	□十	□十		且十

二、第二期貞旬卜辞の五祀

貞旬卜辞に祭祀が記載されてゐるものは第五期の外になほ第二期にもあり、この期に屬するものは次の九版であつて、祭祀四版・彡祀四版・翌祀一版である。

○祭祀に關するもの

佚 318

前 1.2.6

庫 1294

後 下20.7

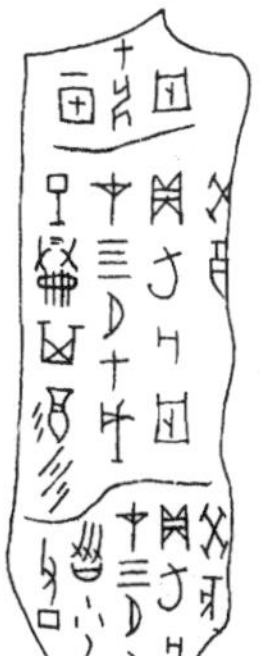

○彡祀に關するもの

掇合21

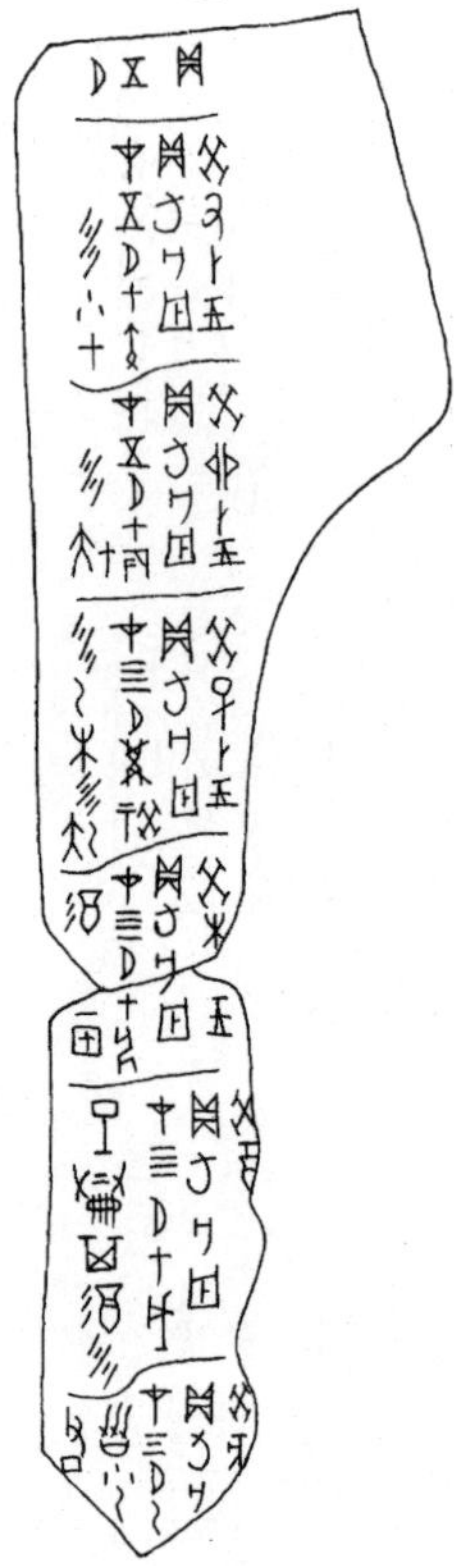

後上10.9

粹1447

零7

○翌祀に關するもの

佚906

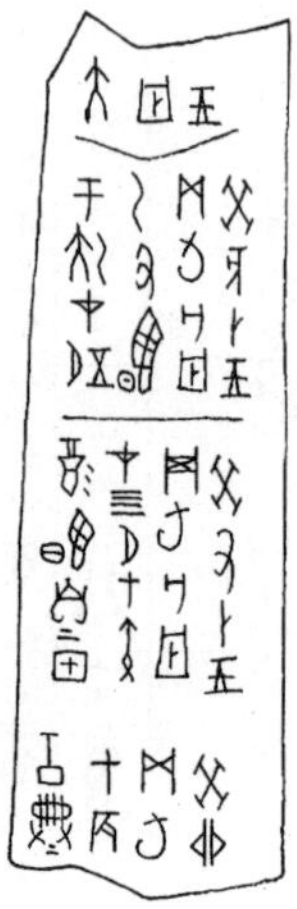

第五期の貞旬卜辭に祭祀の記載されてゐるものは殆ど百版以上に及んでゐるが（前1.5.7 1.6.6 1.6.8 1.7.1 1.19.5 1.20.4 1.41.7 1.42.1 1.42.2 2.40.7 3.28.5 4.6.5 4.19.1 4.19.3 4.43.4 5.16.2 5.59.3・後上11.10 18.6 18.7 19.4 19.12 20.13 21.3 下2.8・續1.4.3 1.5.1 1.5.6 1.9.9 1.23.2 1.23.4 1.23.5 1.25.9 1.50.5 1.50.6 1.51.2 2.6.2 3.19.2 3.29.3 6.1.8 6.5.2 菁9.2 明789 遺217 243 244 245 246 247 248 249 250 376 495 庫1619 1661 通別2.8.3 林1.2.9 1.2.17 1.11.9 1.11.10 1.11.15 1.11.16 1.12.9 1.13.7 2.14.3 2.14.4 粹1463 1464 佚428 545 卜106 111 簠帝7 36 115 117 145 146 147 149 150 151 典24 鄴1.43.1 3.49.18 南上113 153 明782 783 師2.234 2.235 2.237 坊5.64 京5482 5487 5488 5489 5490 5491 5496 5497 5499 5500 5551 拾掇2.491 掇合63 65 附69 誠183 金334 382 454 455 518 579 691 743 龜27 摭續226 260 甲54・CTL・續存2652 2689 下966）、第二期に屬するものは右の九版に過ぎない。この九版について見るに劦祀の前旬に工典が行はれてゐる例は未見であるが、彡祀及び翌祀には行はれてゐるから第五期と同樣に劦祀にも行はれ、偶〻その例が未發現であるに因るものと考へられ、又翌祀が彡祀に續いて行はれてゐる版はないが、彡祀が劦祀に次いで行はれてゐるから、之も亦第五期と同樣に行はれたものと考へられる。次に先王の祀序は工典の次旬に甲、その次々旬に大十、その次旬に小十を祀り（掇21・佚906）、戔十の次旬に羌十を祀つてゐて（零7）、これらの祀序は第五期のそれと符合してゐる。斯くの如く兩期の祭祀と祀序が一致してゐるから、五祀の祭祀と祀序は傳統的なものであることが解るのである。又この第二期版に於いては甲名以外の先王の祭祀が記載されて居り、例へば第五期版の彡祀、劦祀の場合には甲と大十の間の一旬には祭祀の記載がないのが通例であるが（掇附69は異例）、第二期に於いては掇21・佚906版に見るが如く甲名に非ざる先王の祭祀が記載されてゐる。これは五祀が獨り甲名の先王にのみ行はれるものではなくして、先王全

体に行はれたことを示して居り、掇21版について考へれば「[illegible]」とは、この記載がなされてゐる癸巳の日は甶を祀つた同旬の末日であつて、この日は示癸の彡祀の日に當り、その二日後の乙未の日には[illegible]の彡祀の日に當ることを記してゐるのであり、佚906版の甶と[illegible]の關係も亦同様であつて、この事から[illegible]は甶と同旬の癸日、[illegible]は甶の次旬の乙日がその祀日であることが解る。同様に前1.26版の「[illegible]」は旬の吉凶を卜した日は[illegible]の[illegible]祀の日に當り、その明日の甲午は甶の[illegible]祀（第二期には[illegible]に作る）の日に當ることを記してゐるものであり、而して之は甶の[illegible]祀と[illegible]祀との關係に符合してゐる。又前記の祀序によればこの[illegible]の[illegible]祀が行はれる明日の甲日には[illegible]の[illegible]祀が行はれるのであつて、果して庫1294版には「[illegible]甲寅[illegible]」と記されてゐるのである。斯くの如く五祀は甲名以外の先王にも行はれてゐるから、全先王に行はれるものであることが解り、次に全先王の祀序が何如なるものであつたかを考察しなければならない。

第二項　第五期及び第二期の先王の祀序

前述の如く甲日に祀られる先王の祀序が固定して居り、且つ全先王は一定の祀序によつて祀られてゐることが豫想されるから、一版上に二先王以上の祭祀が記載されてゐるものについてその祀序を考察する。

一、第五期卜辭による祀序

左記の甲骨版上の先王は第一表の如き關係に於いて祀られてゐる。

第一表

日＼旬	一旬	二旬	三旬
甲	上甲		大甲
乙	報乙	大乙	
丙	報丙		卜丙
丁	報丁	大丁	
戊			
己			
庚			大庚
辛			
壬	示壬		
癸	示癸		

粋113

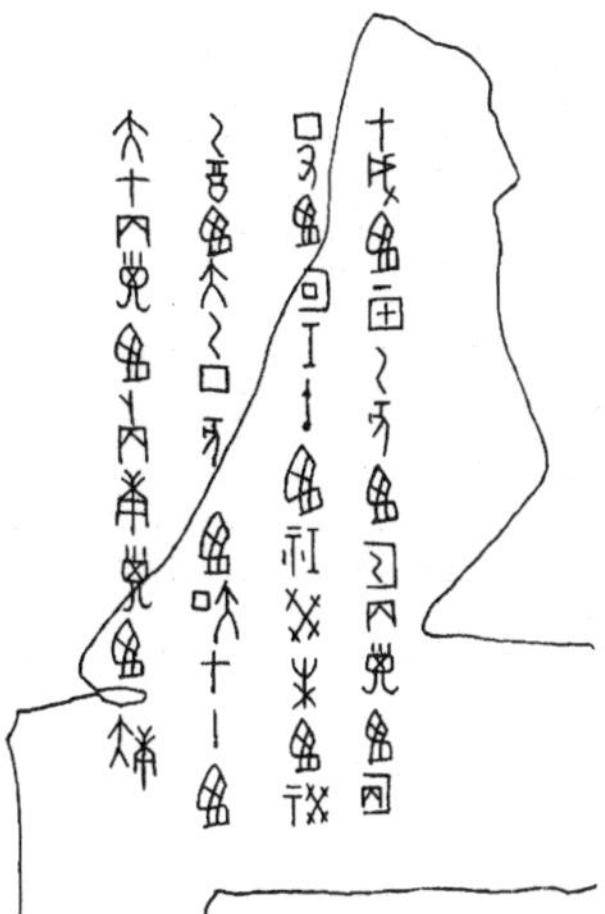

前1.5.1

掇合附69

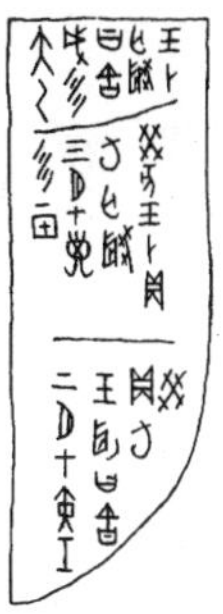

前1.6.3

續1.11.4

前1.5.2

右の粋113版の闕文を補へば、第二行目は丙子と壬午の間の丁日と[illegible]字であることは一見明瞭であるから「[illegible]」であり

、第三行目の闕文は、𠄎と知の間の先王が次の辞によれば𠄎、その祀日は癸未と甲午の間の乙日即ち乙酉、而して知の祀日は癸未と甲午の間の丁日即ち丁亥であるから、この闕文は「乙酉𠂤𠄎日方」であり、第四行目の闕文は、知の次に甲午

粋112　乙未酒𢆶𢆶𠂤田一匚三匚三匚三丅工三丅父三大乙一大口一大十一大甲十米三……

に𠂤祀される甲名の王は右の粋112版によれば𠄎であり、この𠄎と𠄎の間に郭沫若が「丁酉翌汱丁」の五字を補つて、その確證のないことに苦んでゐるが（粋二三考釋）、これは郭氏の誤謬であつて𠄎と𠄎の間の王の𠄎であることは前揭の前1.5.1・前1.6.3・續1.11.4・前1.5.2の諸版が之を証してゐる。即ち𠄎は前1.5.1版に於いては𠄎の二日後に祀られ（彡日祀の場合は卜日と王名と同日、彡夕祀の場合は卜日は王名の前日である。從つてこの版の𠄎の彡日祀は乙酉の明日丙戌に行はれたのであつて、その日は大甲の甲申より二日後に當るのである。）、而して前1.6.3・續1.11.4・前1.5.2によれば𠄎は𠄎の四日前に祀られてゐるから、𠄎は𠄎と𠄎との間に祀られて、その間の丙日がその祀日であることが解り、從つて甲午に𠄎に𠂤祀し二日後の丙申に𠄎に𠂤祀し、𠄎の𠂤祀は四日後の庚子となるから、この闕文は「𠄎丙𠄎𠂤𠄎𠄎」となる。粋113版の闕文を補つて祀序を表示したものが右の第一表であるが、右の掇附69版の「…𠄎彡…大乙」の闕文を補へば「十𠄎彡𠄎大乙」であることは、彡𠄎祀が王名の前日祀であるから干支は十𠄎であつて祭祀は彡𠄎でなければならず、而して之は第一表と符合するものである。

次に揭げる甲骨版上の先王は第二表の關係に於いて祀られてゐる。

第二表

日/旬	一旬	二旬	三旬	四旬	五旬
甲				𠄎	
乙					
丙					
丁		中𠄎		𠄎	
戊	大戊				
己	𠄎				
庚					𠄎
辛			𠄎		
壬					
癸					

粋203

前1.8.5
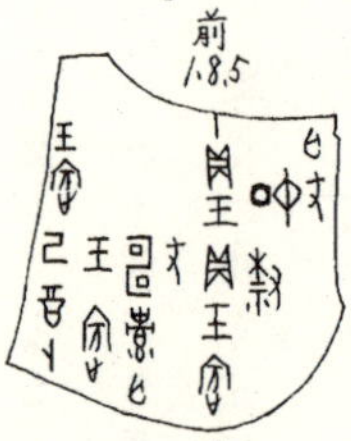

粋204

續1.21.1
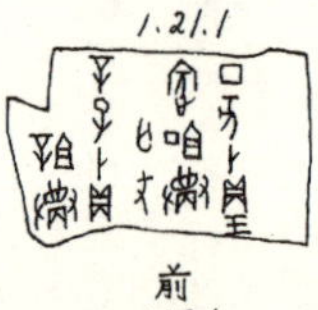

前1.42.4
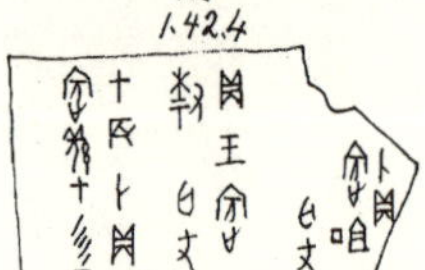

前1.42.5
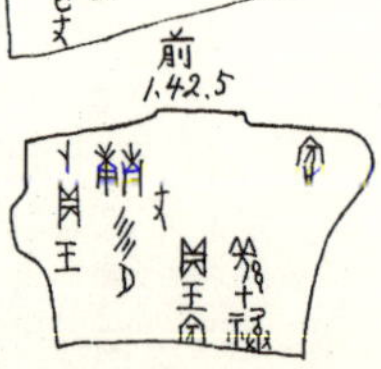

叕11
前1.14.7　前1.16.3
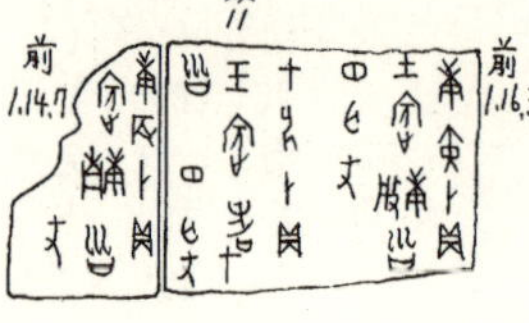

右の粋203・前1.8.5版の𠄎・𠄎の卜日が己日であつて、王賓卜辞の通例として卜日は王名の日と一致してゐるから𠄎𠄎は己名の先王であり、粋203版に於いては𠄎の𠂤祀の前日戊日に某王の祭祀が卜されてゐるが、戊日に卜される者は戊名の王であつて、戊名の王は先王中に於いて大戊以外にはないから之は大戊の𠂤祀を卜したものであり、この版によつて𠄎と大戊

の關係が解る。前1.8.5版の啚と口中との關係は、卜辭記載法の通例として上辭は下辭の後日であるから、啚を卜してゐる己酉の後の丁日即ち丁己に口中を卜してゐるのであつて、これによつてこの兩者の祀序の關係が解る。粹204版の畐と且辛との關係は、この版に於いては啚を卜してゐる己丑以後の辛日に且辛を卜して居り、而して續1.21.1版に於いては且辛を卜した次旬の丁日に且乙がトされてゐるから且辛は啚と且乙との間の辛日に祀られ、右第二表の第二旬乃至第三旬の辛日と考へられるが、次の第二期版の粹176によれば且辛は中口の次旬の辛日となつてゐるから第三旬がその位置であり、從つて次旬の丁日が且乙の祀日である。前1.42.4版の且丁と羌十の關係は、次の辭に羌十が豠と且丁の間に列し

粹176

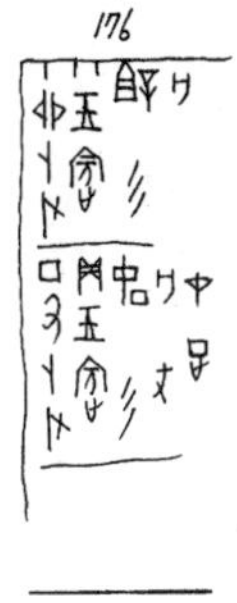

佚536

てゐるから、羌十の祀日は豠と且丁の間の甲日即ち右表の第四旬の甲日である。前1.42.5版には爿庚と且庚が同版上にあるが卜日を闕き、叕11版には且庚・嵒十・般庚の卜日が瞭然としてゐるからこの三王の關係は明かであつて、羌十と嵒十の關係は前述の貞旬卜辭上の甲名先王の祀序に於いて明かであるから、羌十・嵒十・且庚・般庚の關係が明かとなる。以上大戊・啚・口中・豠・羌十・且丁・且庚・嵒十・般庚の祀序の位置は第二表の如くである。

次に揭げる甲骨版上の先王は第三表の如き關係に於いて祀られてゐる。

第三表

旬/日	甲	乙	丙	丁	戊	己	庚	辛	壬	癸
一旬				中丁		且己	且庚			
二旬	且十			新且丁						
三旬				父哉						

前1.18.4

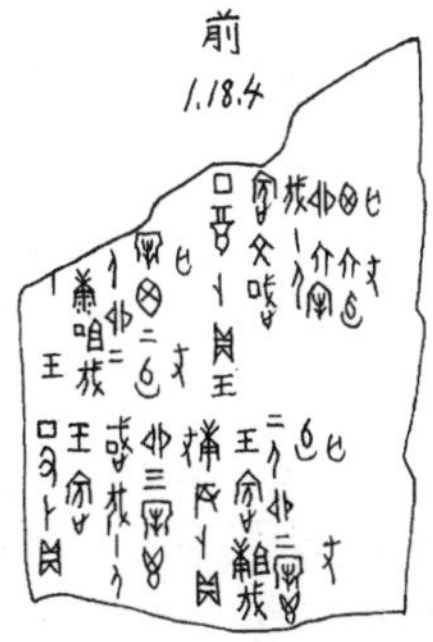

前1.19.1

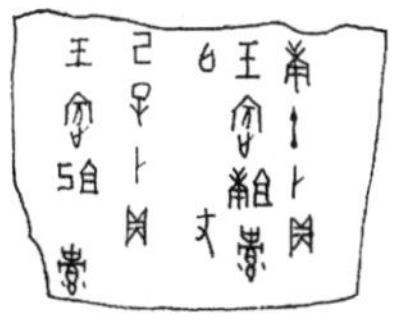

續1.25.4

前1.24.1

右の前1.18.4版に於いては丁日に哉、三日後の庚日に新且、次々旬の丁日に父哉の祀を卜して居り、前1.19.1版に於いては新且の前日に且丁、續1.25.4版に於いては新且の次旬の甲日に且甲、前1.24.1版に於いては且甲の三日後に餹の祀がトされてゐる。これらの關係は第三表の如くである。

第五期に於ける先王間の祀序を知り得る版は略ゝ以上の如くであつて、右の三表は先王の總てを網羅してはゐないが、

試みにこの三表を接合して之を前述の甲名先王の祀序と對比せば、兩者に於ける甲名王の祀序が符合してゐるから三表は

日/旬	第一旬	第二旬	第三旬	第四旬	第五旬	第六旬	第七旬	第八旬	第九旬	第十旬	第十一旬
甲	上甲		大甲	(小甲)		(戔甲)	羌甲	象甲		祖甲	
乙	報乙	大乙									
丙	報丙		卜丙								
丁	報丁	大丁			中丁		祖丁		武丁	康祖丁	文武丁
戊				大戊							
己				雍己					祖己		
庚			大庚				南庚	般庚	祖庚		
辛						祖辛					
壬	示壬										
癸	示癸										

之をそのまま綴合することが出來る。之に甲名王の祀序によって小甲・戔甲を補へば上掲表の如くなるのである。

この表によって略〻第五期に於ける先王の祀序を知り得るが、更に第二期卜辭によって得られる祀序と參驗し、先王の遺漏を補足することによって、始めて完璧を期し得るのである。

二、第二期卜辭による祀序

第二期に於ける先王の祀序を窺ふことが出來る版は次の如くである。

掇合編 21

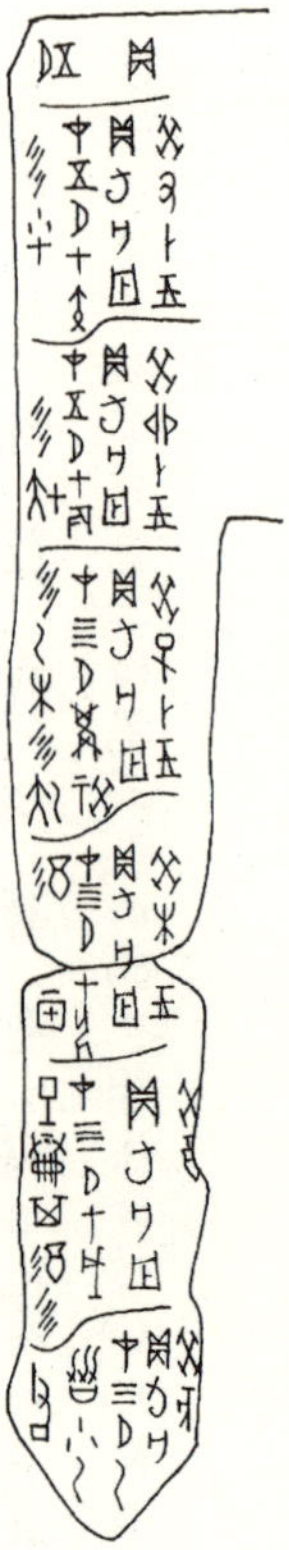

前 1.2.6

庫 1294

右の掇合21版に於いては甲申に上甲を、同旬の癸巳に示癸、次旬の乙未に大乙、第三旬の甲辰に大甲、第四旬の甲寅に小甲を祀つたことを記してゐる。前1.2.6版に於いては貞旬を卜した癸日に於ける示癸の祭祀と明日の甲日に上甲の壹祀を記して居り、上甲の祭祀の同旬の癸日に示癸の祭祀、その明日の甲日に上甲の第二旬の壹祀が行はれるものであるから、この版の祀序は掇21版の上甲・示癸の祀序と符合してゐる。庫1294版に於いては貞旬を卜した癸日は示癸の劦祀の日に當り、明日は大甲の壹祀に當ることを記して居り、示癸に第三旬の劦祀が行はれる明日の甲日には大甲に第二旬の壹祀が行はれるのであるから、この版の祀序も掇21版と一致する。

前 1.1.7

佚 906

續存 607

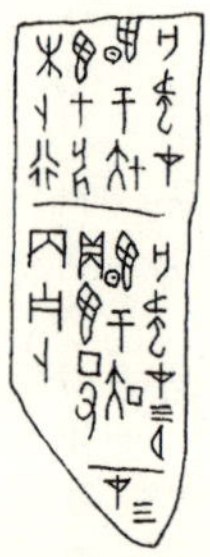

右の前1.1.7版には示壬の明日に示癸、佚906版には上甲の次旬の乙日に大乙、續存607版には大丁の次旬の甲日に大甲が祀られてゐる。

通別2.10.2

續1.10.2

粋176

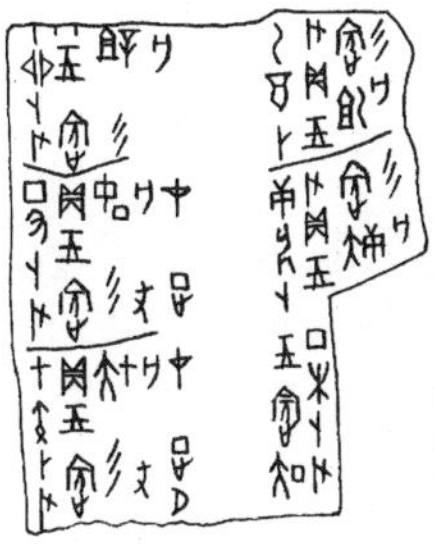

續1.12.3

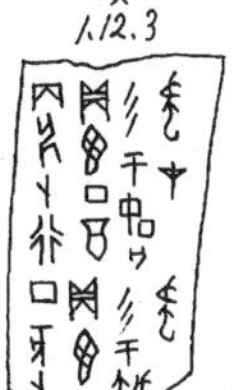

續存下606

右の通別2.10.2と續1.10.2とは接合し大甲・且乙・且辛の祀序が粋176版のそれと符合して居り、この接合版及び粋176版によれば大甲を祀る前旬の丁日には大丁、同旬の庚日には大庚、次々旬の丁日には中丁(粋176)、大甲を祀る次旬の戊日には大戊(續1.10.2)、大甲より三旬後の乙日に且乙、辛日には且辛(粋176・接合版)が祀られて居り、從つて大戊と中丁との關係は大戊を祀る次旬の丁日に中丁が祀られることになり、續1.12.3・續存下606版の大戊と中丁との關係は正にそれである。

續1.18.5

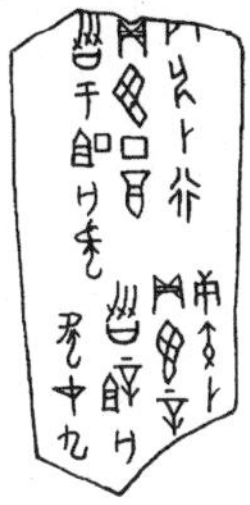

續1.18.3

庫1032

粋307

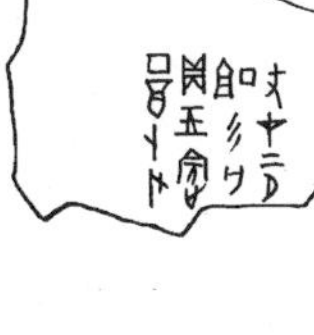

右の續1.18.5 1.18.3版に於いては且辛の次旬の丁日には且丁を、庫1032版に於いては且丁の前旬の乙日に且乙を、粋307版に於いては且丁の次々旬の丁日には武丁を祀つてゐる。

粋279

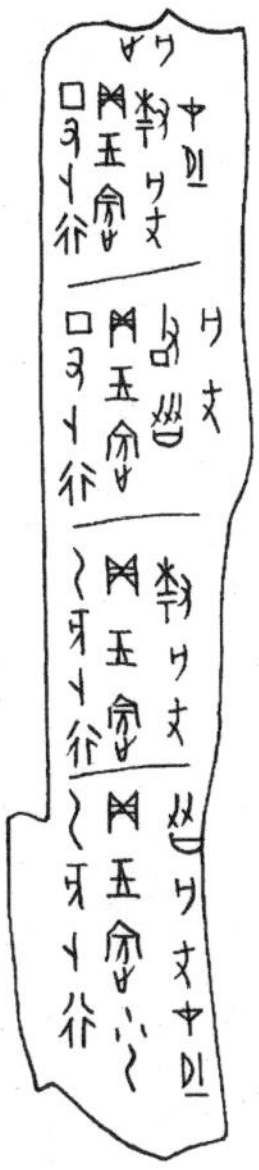

粋288

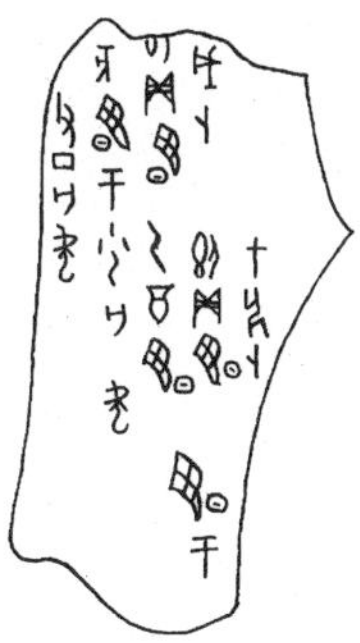

右二版に於いては武丁を祀る同旬の乙日には小乙が祀られてゐる。

前1.16.6

粋275

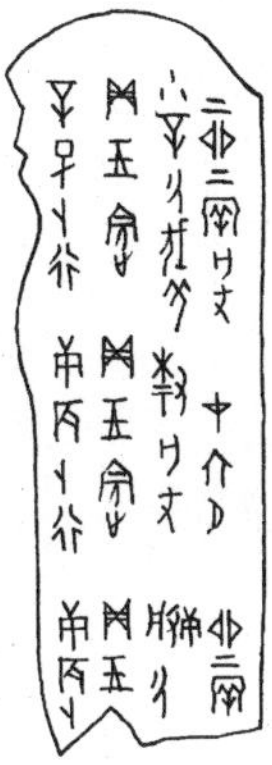

明412

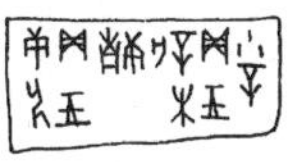

續1.51.1

右の四版に於いては〓を祀る前旬の辛日には〓（前1.16.6）、〓の前日には〓（粋275）、〓の前旬の庚日には〓（明412）、〓の次旬の甲日には〓（續1.51.1）が祀られてゐる。

遺381　粋309

右の遺381版と粋309版の接合することは、粋310版の祀序に見て明かであり、これによれば〓を祀る旬の己日には〓、庚日には〓が祀られてゐる。

粋310

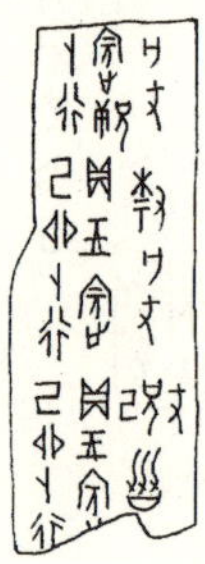

以上の諸版の先王を祀る關係は次の表の如くであつて、この表は第二期に祀られる先王の總てを含んではゐないが、これによつて第二期の祀序の大略を知ることが出來る。

ここに第五期と第二期の祀序の大体が明かとなつたから、次にこの兩者を比較參驗して先王の祀序を確定する。

旬＼日	甲	乙	丙	丁	戊	己	庚	辛	壬	癸
第一旬	二⊞								示壬	示癸
第二旬		大乙		大丁						
第三旬	大甲						大庚			
第四旬	小甲				大戊					
第五旬				中丁						
第六旬		且乙						且辛		
第七旬				且丁			〓庚			
第八旬	〓甲						般庚	小辛		
第九旬		小乙		〓丁		〓己	且庚			

三、殷室先王の祀序

第五期の表と第二期の表とを比較せば第五期表には〓・〓・〓を缺き、第二期表には〓・〓・〓・〓・〓・〓十・〓十を缺いてゐるが、兩者に於ける先王相互の關係は符合してゐるから、この兩期に於いては同一祀序によつて先王を祀つたことが解り、而して表に缺けてゐる右の先王は次の如く兩期に於いてそれぞれ五祀を以つて祀られてゐるから、兩期の祀序に列してゐることが解る。

（第五期）

〓　京5029　十〓卜貞王〓〓〓〓〓

〓　林1.13.3　……卜貞王……〓〓……

〓　前1.17.1　〓〓卜貞王〓〓〓〓〓

（第二期）

〓　明145　〓〓卜〓貞王〓〓〓〓

〓　金34　〓〓卜〓貞王〓〓〓〓〓

〓　金42　〓〓……貞……〓……（同版貞人〓あり）

〓　續1.5.7　〓〓卜〓貞王〓〓〓〓〓

〓　續1.51.3　〓〓卜〓貞王〓〓〓〓〓

〓　後上3.18　〓〓……貞王……〓〓〓……

斯くの如く祀られる先王及びその祀序が同一であるから、この兩表を綴合することが出來る。斯くして得られる表を見るに武乙・卜壬の二王を缺いて居り、武乙は第四期の王であるから當然第二期表には上り得ないが、第五期には「乙[illegible]卜貞王賓武乙[illegible]亡尤」(前1.22.4)の如く五祀を以つて祀られ、又次の版には[illegible]丁の次旬の乙日に祀られてゐるからその祀序が明かである。

＝卜丙　粹180　乙[illegible]卜[illegible]貞王賓卜丙彡夕亡尤[illegible]

粹365

卜壬は第二期には「壬[illegible]卜旅貞王賓卜壬[illegible]亡尤」(金79)、第五期には「壬[illegible]卜貞王賓卜壬[illegible]亡尤」(前1.9.3)と五祀を以つて祀られて居り、卜辭の卜丙が史記に外丙と記されてゐる例によれば史記の外壬であつて河亶甲の先王であり、河亶甲は後述の如く戔甲であるから、次の二版に於ける卜壬と戔甲の祀序は卜壬が戔甲の前に祀られ、

前1.9.3

林1.11.8

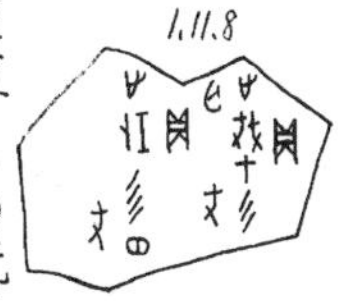

前1.9.3版では壬午に卜壬を卜してゐるから戔甲は次旬の甲日即ち甲申に卜されてたことが解り、戔甲と卜壬との關係を知ることが出來る。

卜辭に五祀を以つて祀られてゐる先王は以上の外にはないから、右の武乙・卜壬の祀序を補へば五祀の祭祀を享くる先王の祀序は次の如くなる。この表の甲日の祀序は前述の貞旬卜辭の甲名先王の祀序と一致して居り、從つて貞旬卜辭に於ける祭祀の記載はもとく斯かる祀序に基づくものであることが解るのである。

（先王祀序表）

日/旬	第一旬	第二旬	第三旬	第四旬	第五旬	第六旬	第七旬	第八旬	第九旬	第十旬	第十一旬	第十二旬
甲	工典	上甲		大甲	小甲		戔甲	羌甲	[illegible]甲		祖甲	
乙		匚乙	大乙				祖乙			小乙		武乙
丙		匚丙		卜丙								
丁		匚丁	大丁			中丁		祖丁		武丁	康祖丁	文武丁
戊					大戊							
己					雍己					祖己		
庚				大庚				南庚	般庚	祖庚		
辛							祖辛		小辛			
壬		示壬				卜壬						
癸		示癸										

この表によれば先王の祀序は次の二原則によつて成立してゐることが解り、

一、先王はその名の日に祀られる。

二、先王は世系の序列に從つて祀られる。

春秋左氏傳に「子雖齊聖、不先父食」(文公二年)と子(後王)は父(前王)に先んじて祀られないの原則が述べられてゐるが、これは實に殷代以來の原則であつてこの祀序は王位の序列に外ならないのである。

第三項　先王の王名・世系・稱謂

先王の祀序は王位の序列に從ふものであるから、これを殷本紀と對比せばト辭の王名が史記の何王に當るか、殷本紀の世系はト辭によつて何如に修正されねばならないかは容易に之を明かにすることが出來、又ト辭上の王名の各種の稱謂を識別することが出來るのである。

一、ト辭の王名と殷本紀の王名

祀序に於ける先王の序列と殷本の王位の序列とを並記せば次の如くであつて、

（祀序）上甲・報乙・報丙・報丁・示壬・示癸・大乙・大丁・大甲・卜丙・大庚・小甲・大戊・□・中丁・卜壬・戔甲・且乙・且辛・羌甲・且丁・南庚・象甲・般庚・小辛・小乙・武丁・且己・且庚・且甲・康且丁・武乙・文武丁（文武丁まで三十三王）

（殷本紀）微・報丁・報乙・報丙・主壬・主癸・天乙・太丁・外丙・中壬・太甲・沃丁・太庚・小甲・雍己・太戊・仲丁・外壬・河亶甲・祖乙・祖辛・沃甲・祖丁・南庚・陽甲・盤庚・小辛・小乙・武丁・祖庚・祖甲・廩辛・康丁・武乙・太丁・帝乙・帝辛（太丁まで三十五王）

ト辭の王名が殷本紀の何王に當るかに就いての論考には、羅振玉の「殷虛書契考釋・帝王第二」、王國維の「殷ト辭中所見先公先王考」・「同續考」（觀堂集林卷九）、「古史新証第三章」、吳其昌の「ト辭所見殷先公先王三續考」（燕京學報第十四期）、董作賓の「甲骨斷代研究例・世系」・「甲骨文斷代研究的十個標準」（大陸雜誌四卷八期）、陳夢家の「商王名考」（燕京學報第二十七期）があり、ト辭の「上甲」が史記の「微」に當り、同様に報乙が報乙、報丙が報丙、報丁が報丁、示壬が主壬、示癸が主癸、大乙が天乙、大丁が太丁、大甲が太甲、卜丙が外丙、大庚が太庚、小甲が小甲、大戊が太戊、中丁が仲丁、卜壬が外壬、且乙が祖乙、且辛が祖辛、且丁が祖丁、南庚が南庚、般庚が盤庚、小辛が小辛、小乙が小乙、武丁が武丁、且庚が祖庚、且甲が祖甲、康且丁が康丁、武乙が武乙、文武丁が太丁であることは諸家の論が略〻一致してゐるが、ト辭の□・戔甲・羌甲・象甲・且己、殷本紀の中壬・沃丁・廩辛については衆説が紛然としてゐる。然るに右の祀序はこれに對して直截に解答を與へてゐる。

「□」について

□は第一期・第三期ト辭には未見、第二期には□・□・□・□に、第五期には□・□に作られて居り、王國維は「□即司、从己與从□同」と司と同字となし（戩釋五葉）、吳其昌は字釋上から「□者雍己」と雍己となしてゐる（殷虛書契解詁續六七五頁）。この殷本紀の雍己に對しては王國維が卜辭の㠯を當て(先王考・觀九・一〇)、董作賓が卜辭の中己を當てて居り(断代研究例)、郭沫若は之に從って㠯(通釋二〇九)・中己(通釋二一〇)を雍己としてゐるが粹209版の考釋に於いて吳説に從ひ、董氏も大陸雜誌に於いては㠯を呂己と釋して雍己としてゐる(四・八・二五三)。

卜辭に於ける㠯の祀日は己日であるから己名の王であって、その祀序は「八十・灶・㠯・㚖」であって小甲と中丁の間に列して居り、而して殷本紀に於いて小甲と中丁の間の己名の王は雍己以外にないから、㠯は雍己であり吳説は是である。

「戠十」について

第一期・第三期卜辭には未見、第二期には戠十・工十、第四期には㫃十、第五期には戠十に作られて居り、羅・王二氏は未釋、郭沫若は「戠亦二戈相向、亦戔字也、戔甲當河亶甲、河亶者戔之緩言也」とし、且つ卜辭の𦍋を本紀の陽甲、𢀛を沃甲に當てて戠十を河亶甲となし(通釋一七六)、董作賓は「陽甲卜辭作羌十、沃甲卜辭作𦍌十、只有河亶甲不見、疑戠甲即河亶甲本名」としてゐて(断代研究例)、郭・董二氏の立論は異るが戠十を河亶甲に當てる點は同一である。

戠十の祀序は「工・戠十・且」であって、殷本紀では外壬と祖乙の間の王が河亶甲であるから戠十は河亶甲である。

「羌十」について

第一期には𦍋十、第二期には羌十、第三期には羌十、第四期には𦍌十、第五期には𢀛に作られて居り、之を殷本紀の陽甲に當てる説と沃甲に當てる説とが對立してゐて、陽甲説は羅・王に始まり諸家多く之に從ひ、沃甲説は郭沫若之を唱へて李旦丘が從ってゐる。羅氏は𦍋十を羊甲と釋して「羊甲即史記之陽甲、羊陽古通」(殷釋上・四)となし、王氏も羊甲と釋して「卜辭前1433有曰南庚曰羊甲六字、羊甲在南庚之次、則其即陽甲審矣」(先公先王考)としてゐるが、この釋羊説は曩に孫詒讓が𦍋を羌と釋して「羌字皆作𦍋、从丫从人、即从羊省也」(契文擧例上廿八丁)としてゐるものを羅、王に至って之を改めたものであり、その後は葉玉森が從ふ外には支持者がなく(集釋七)、却って孫詒讓の釋羌説が董作賓・唐蘭・商承祚・孫海波・陳夢家によって支持されて居り、董氏は釋羌説と羅、王の陽甲説を結合して「羌甲即陽甲」(断代研究例三三五)とし、孫海波は釋羌説に立って「羌甲於殷代先公先王世系中無考、不知誰屬」(文釋三六九)となし、商氏は釋羌説に從って釋羊、釋芍説を排してゐる(佚釋二〇一)。この釋羌説、釋羊説に對して郭沫若は釋芍説を立て「此𦍋字乃芍字、非羊字也、芍乃狗之象文、芍甲乃沃甲」(通釋二四〇・粹二五〇考釋)となし、又「

殷契餘論の申論芍甲」に於いて釋羌説、陽甲説を駁し自説の論証に努めて居り、而して李氏は之を支持してゐる（重釋十二丁・據佚七九）ここに於いて吳其昌は釋羌陽甲説と釋芍沃甲説とを折衷して、王名としては陽甲説をとり、字釋としては釋芍説に従ってゐるのである（解詁二二）。

斯くの如く〓十の王名は久しく諸家を苦しめて來たものであるが、卜辞の祀序は「〓・〓十・〓」であって殷本紀に於いては祖辛と祖丁の間の先王は沃甲であるから、〓十の沃甲であることは明瞭である。従って郭氏の沃甲説が當ってゐるのであって、最近に至り董氏は自説を改めて「羌甲方是沃甲」（大陸雜誌四八）とし、陳氏も沃甲としてゐる（卜辞綜述三七九頁）。

「〓十」について

第一期〓、第二期〓、第三期〓十、第四期〓、第五期〓に作り、羅・王は未釋、董作賓は沃甲説を立てて「卜辞中常見〓一名、疑虎沃音近相通、即是沃甲」（断代研究例二三三）となし、郭沫若は陽甲説を立てて「〓乃象字、象甲若喙甲即陽甲矣、証以此片、喙甲在南庚之次、小辛之上、考之史記、南庚與小辛之間、為陽甲盤庚、此喙甲正自陽甲」（通釋二八）としてゐる。〓の祀序は「〓・〓・〓」であって、殷本紀に於いては南庚と盤庚の間の王は陽甲であるから、〓の陽甲であることは明瞭であり郭説が當ってゐる。董氏は後に説を改めて「虎甲乃陽甲」（大陸雜誌四八）と陽甲としてゐるが、字釋についてはなほ問題が残ってゐる。

以上に於いて〓は雍己、〓十は河亶甲、〓十は沃甲、〓は陽甲であることが明かとなり、王國維が「先王考」に於いて有商一代三十帝、其未見於卜辞者、沃丁・雍己・河亶甲・沃甲・陽甲・廩辛・帝乙・帝辛八帝也、而卜辞出於殷虚、乃盤庚至帝乙時所刻辞、其先王中自無帝乙帝辛之名、則不見於卜辞者、二十八帝中僅六帝耳、としてゐる六帝中に於いて、沃丁・廩辛及び王氏の見落しによる中壬を除く外は、盡く卜辞に存し祀序に列してゐることが解るのである。

次に殷本紀に於いては王位に在るが卜辞にその名のない中壬・沃丁・廩辛、及び卜辞の祀序に列してゐるが殷本紀は之を王位に列せしめてゐない〓・〓について考察する。

「中壬」について

史記正義に「尚書孔子序云、成湯旣沒、大甲元年不言有外丙仲壬、而太史公採世本有外丙仲壬、二書不同、當是信則傳信、疑則傳疑」と中壬の存在について疑念を挿んで居り、卜辭にも未だその名は發見されてゐない。然るに董作賓は前1.45.4版の「南壬」を之に當てて「南壬疑即中壬、…卜辭中帝王名稱、日干上一字、多與後世所傳者異、春秋經傳集解後序引紀年「仲壬即位居亳」、亳在殷南、稱曰南壬、或即以此」(斷代研究例三三二)としてゐる。

中壬は史記に於いては大乙の子にして外丙の弟であつて外丙に次いで即位したことになつてゐるから、中壬の祀序は外丙の次に祀られ、その祀日は外丙と同旬の壬日の筈であつて、之を前述の祀序表に按ずれば第四旬の壬日に當る。然るに祀序表に於いてはその前々日に炥が祀られてゐるから、中壬は大庚の子か弟と見做さねばならず、これは史記に大乙の子としてゐることと牴觸する。假に史記に謂ふが如く大乙の子とせば祀序表の大庚は第五旬の庚日に祀られねばならなくなり、これは卜辭による祀序の關係を破ることになつて、史記の記載のままではこの祀序表に列し得ないのである。又殷室の王名を見るに小甲の前王には大甲があり、中丁の前には大丁があり、從つて中壬に對しては大壬或は小壬が豫想されるが、大壬・小壬の王名がなく中壬の王名そのものにも疑問がある。斯くの如くその存在は甚だ疑はしく、董氏の一版の南壬を之に當てる說は信ずることは出來ず、董氏も最近自說を改めて「祀典中無中丁」(大陸雜誌四八、丁字は壬の誤植)として居り、中壬は正義の所謂疑を傳へるものであらう。

「沃丁」について

沃丁は卜辭には未だ發見されてゐない。董作賓は「[illegible]祖丁」なるものを沃丁としたが(斷代研究例三三四)、後に說を改めて「虎祖丁不為沃丁」(大陸雜誌四八)となし、郭沫若は後上21.13版に沃丁があるとしたが(通三〇九片考釋)、後に之を修正して「通纂三〇九片余所釋為芍丁者、乃父丁之誤」(殷契餘論申論芍甲)としてゐるが、吳其昌は「有大丁之後有沃丁、沃丁者二大丁之誤文也、今戩壽堂殷虛文字二葉十片有「二大丁」作「二知」、其堅證也」(先公先王三續考)と、二大丁なるものを沃丁としてゐる。然しこの版以外には斯かる稱謂がなく、この二知の数字は王名とは關係のないものであつて王國維も之を單に「大丁」と釋してゐる。

次項に述ぶるが如く卜辭に於いては祖丁が「四祖丁」とも稱されて居り、之を四祖丁と稱するのは司第一、知第二、巾口第三、自口第四であつて祖丁が第四位の丁名の王に當るからである。假に沃丁が王位に在つたとせば祖丁は「五祖丁」と稱されてゐなければならない。斯くの如く沃丁の稱謂は卜辭にはなく、四祖丁の稱謂から見ても之を容れることが出來ないから、沃丁は史記の誤謬と考へられる。董氏も亦「祀典中無二沃丁一」（大陸雜誌四八）としてゐる。

「廩辛」について

廩辛の名は卜辭にはなく但だ康丁時に「兄辛」の稱謂のあることは前述の如くである。この兄辛を董作賓は「兄辛即廩辛」（斷代研究例三三五）となし、郭沫若も「康丁之祭二其兄廩辛一」（粹編。考釋）として廩辛となしてゐる。

史記は廩辛を父祖甲に繼いで王位に即いたとしてゐるが、之を祀序の上から考察するに、祖甲の子にして康丁の兄であるからその祀日は祖甲と同旬の辛日であり、而して弟康丁は兄に先んじて祀られない原則に從つて次旬の丁日に祀られる筈である。然るに前記の祀序表に於いては康丁が父祖甲と同旬の丁日に祀られてゐて、祖甲と康丁の間に辛名の王が祀られる餘地がなく、從つて康丁の兄辛は祀序に列してゐないことが解る。序論の「父母兄子の稱謂」に見るが如く各期に兄の稱謂があるが、これらの兄が盡く王位に列してゐる譯ではなく、その王位に列したものは祀序に列してゐて例へば祖甲の兄己・兄庚は之であり、從つて祀序に列してゐない康丁の兄辛は王位に即かないものとしなければならない。廩辛を即位したとしてゐるのは史記の誤謬であり、董作賓が「祖甲之子廩辛・康丁承二繼王位一」（中國古代文化的認識三頁）とするものは非であるが、「廩辛不レ見二祀典一、但在二康丁時一稱二兄辛一」（大陸雜誌四卷八期）としてゐるのは妥當である。

「知・卲」について

史記は大丁については「未レ立而卒」とし、祖己については「武丁崩、子帝祖庚立、祖己嘉下武丁之以二祥雉一爲上徳、立二其廟一」として王位に即いたことを謂はない。然るに卜辭に於いては、共に五祀を以つて祀られ、祀序に列してゐて他の先王と異らず、廩辛の五祀を以つて祀られず又祀序にも列してゐないのとは類を異にしてゐるから、王位に即いたものとせざるを得ない。王國維は武丁に「孝己」があり、今本竹書紀年に「武丁二十五年王子孝己卒二于野一」とあるに由つて史記を承認し（先王考）、董作賓も「祖己早死、故承二繼武丁王位一的、只有二祖庚祖甲兄弟一」（中國古代文化的認識三頁）としてゐるが、戰國諸書の孝己傳説、及び今本竹書の記事が立証されない限りこの説に從ふことが出來ない。況や史記は祖己が父武丁のために廟を立てたとしてゐて武丁在世時に早死したとはしてゐない。陳夢家は「孝己於二卜辭一稱二小王一、他當下是選中了爲二王而未一レ及二王位一、即已亡故上」（卜辭綜述三七三頁）

としてゐるが、小王の呼稱は第五期以外の各期に存して居り之は臆説に過ぎない。

以上之を要するに〓は雍己、〓十は河亶甲、〓十は沃甲、〓十は陽甲であつて、史記の中壬・沃丁・廩辛は王位より削り、大丁・祖己は王位に列すべきことが解るのである。

二、卜辭による先王の世系

殷本紀の世系の修正を要することは前述の所論から明かであるから、次に卜辭によつて先王の世系を構成する。この爲には先づ卜辭の先王の直系か傍系かの別を明確にしなければならないが、卜辭には先王名を列記してゐるものがあつて、その中には殷本紀の直系のみを記してゐるものがあり、又配妣が祀典に列してゐる先王は卜丙・〓十を除けばすべて殷本紀の直系に當る王であるから、この二者によつて直系・傍系の別を知ることが出來る。直系・傍系の別が明かとなれば祀序表に從つて世系を構成することは容易である。（先王の配妣は第二節參照）

(1) 上甲より示癸に至る先王

卜辭に例へば次の如く王亥を高祖亥と稱して先王の筆頭に記してゐるものがあり、史記によれば王亥は上甲微の父である

南明477 

るから、この卜辭よりせば王亥を始祖とすべきが如く考へられるが、王亥は五祀を以つて祀られず、五祀の祀典は上甲に始まり、且つ先王を列記してゐるものの多くは上甲を筆頭としてゐるから上甲を始祖となし、王亥はそれ以前の高祖とされてゐる者であることが解る。

史記は上甲に次いで報丁が王位に即いたとしてゐるが、祀序表は〓―〓―〓―〓となつてゐるから之は史記の誤である。この上甲より示癸に至る先王について董作賓は「在㆓武乙文武丁之世㆒、以㆓上甲大乙㆒爲㆓大宗㆒、〓至㆓示癸㆒爲㆓小宗㆒」（大陸雜誌四・八）と、又「舊派以㆓上甲一人㆒爲㆓大宗㆒、〓至㆓示癸㆒爲㆓小宗㆒、新派則上甲以下六世均爲㆓大宗㆒」（同上）と、舊派即ち第一期・第三期・第四期に在つては上甲より示癸に至る六王中に於いて上甲のみを直系となし、新派即ち第二期・第五期に在つては六王を盡く直系としてゐるとなしてゐるが、例へば次の舊派の辭を見れば、

乙5303  （第一期）

鉄214.4 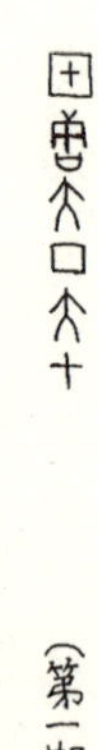 (第一期)

佚986  (第四期)

粋112 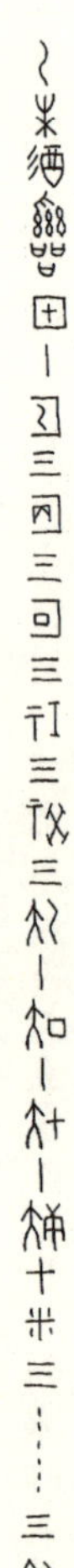 (第四期)

續1.2.4 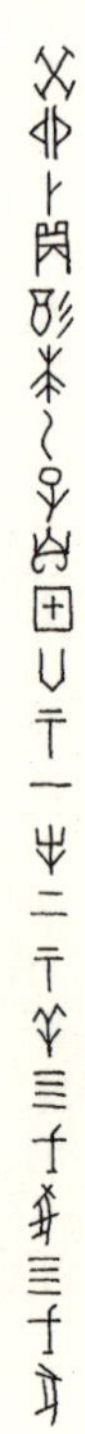 (第四期)

粋221 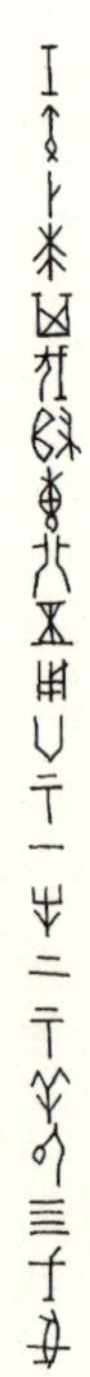 (第四期)

乙5303・鉄214.4・佚986に於いては上甲に次いで大乙(唐―大乙の別名、咸―大乙の別名)が記されてゐるから、舊派は六王中上甲のみを大宗としたとする見方が成立するが、粋112に於いては祀序表によれば大甲と大庚との間には卜丙が祀られてゐるのにこの辞には記されてゐないから、この辞は直系のみを記してゐるものであつて、この中に三匚二示の五先王が列記されて居り、又續1.2.4・粋221には「[illegible]」(自上甲廿示)とあつて、これは後述の如くこの二辞が記された文武丁時に於いては、直系先王は三匚二示を含むことによつて廿示となるから自上甲廿示の直系中に数へられてゐる。斯くの如く舊派と雖も必ずしも上甲のみを直系としてゐないのである。又董氏は新派に在つてはこの三匚二示を直系としたとしてゐるが、之は何如なる証據によるか之を明かにしてゐない。匚以下の五先王は右の如く或は直系に入れられ、或は入れられてゐないが、その配妣が祀典に列してゐるか否かの觀點からせば上甲・匚・匚・匚には配妣の祀られる例がなく、示壬・示癸の配妣は祀典に列してゐるから、この點からせば上甲及び三匚は直系でなく、示壬、示癸を直系としなければならない。次の辞に祖神を類別してゐて、

東方2.2 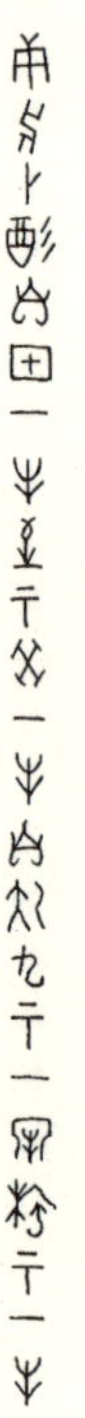

「上甲」・「匚より示癸」・「大乙より祖丁に至る直系九示」・「[illegible]神」の四種となしてゐる。之によれば上甲より示癸までの祖神は大乙以下の直系九神(前掲佚九八六版参照)とは明かに同格ではなく、その供牲は上甲に一牛、匚以下示癸の五神に一括して一牛、大乙以下九神に一牢であつて六神中特に上甲を重んじてゐる。之は前掲の粋112版に於いても同様であつて、上甲には十、匚以下には各三、大乙以下の直系には各十であり、六神中上甲だけが直系と同格の供物が用ゐられてゐる。上甲は次の如く王亥のために河伯の軍を借りて有易を伐つた殷主とされて居り、五祀が上甲に始まる點からしても殷室に於いて

殷王子亥賓於有易而淫焉、有易之君綿臣殺而放之、是故殷主甲微假師於河伯以伐有易、克之、(山海經大荒東經、郭璞注所引竹書紀年)

は特に尊崇して始祖としてゐることが解る。これに較べて三匚・二示はその王名が技巧的であり、供享が直系先王より少く、或は直系に入れられ或は除かれてゐて特殊な存在をなして居り、配妣の祀典が示壬の配妣に始るにしても直系傍系を考へることが出來ない先王であり、從って直系・傍系の論は大乙以下について考へるべきである。

(2) 大乙より祖丁に至る先王

東方2.2
拾掇2.166
粹149
佚986

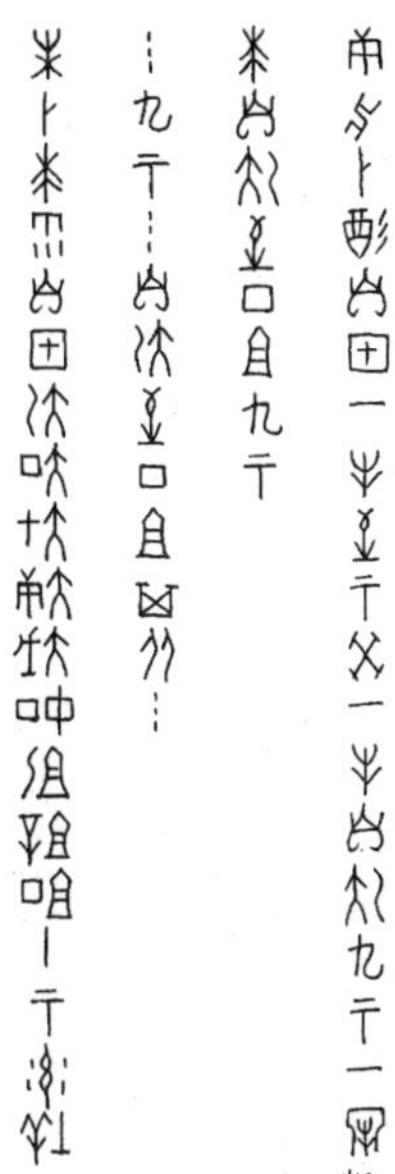

上揭の卜辭を對比せば「𠂤九丁」は「大乙・大丁・大甲・大庚・大戊・中丁・祖乙・祖辛・祖丁」であって、この九示は大乙・大丁・大甲・大庚・大戊・中丁・祖乙・祖辛・祖丁であり、この中には史記に傍系とされてゐる先王が含まれてゐないから、これらの先王は直系とされてゐることが解る。

大乙　卜辭に「自大乙……」の如く大乙を筆頭とする例は習見であって、右の例に於いても大乙は直系九示の第一とされてゐるから、殷室に於いては第一王としてゐるのである。

大丁　史記に於いては「未立」とされてゐるが右の如く直系列記卜辭に列し、又後述の如く配妣が祀典に列してゐて、他の直系先王と毫も異らないから、殷室に於いては直系王としてゐることが解る。

卜丙　史記は外丙とし王位繼承については、大乙の後は大丁の弟外丙が之を繼ぐとしてゐる。然るに陳夢家は孟子・左傳・書序によって「太甲必即位於外丙之前、故卜辭祭序先二太甲一而後二外丙一、下列二事、可下以助二証太甲放逐期間由二外丙・中壬一相繼爲上王」（卜辭綜述三七六頁）と結論し、王位繼承は大乙(1)↓大丁(2)→外丙(3)↓仲壬(4)↓大甲(5)の如く行はれたとしてゐるが、前述の祀序表に於いては、卜丙は大甲と大庚の間に祀られてゐるから大甲の子乃至は弟に當り、而して直系先王列記卜辭に列してゐる例がないから直系と見做し得ず、從って卜丙は大甲の弟とせざるを得ないのであって、王位は大乙(1)↓大丁(2)↓大甲(3)↓大庚(5)（↳外丙(4)）と承繼されてゐるのである。史記は外丙に次いで中壬、大甲に次いで沃丁が即位したとして居り、陳夢家は之を承認してゐるが（同上三七七頁）、卜辭には中壬、沃丁のないことは前述の如くであり、卜辭は大甲の次に大庚を直系としてゐるから、王位の繼承は外丙より大甲の子の大庚に移ったのである。

小甲　史記は小甲を大庚の子にして大庚に次いで即位したとしてゐるが、三代世表に於いては「小甲太康弟也」としてゐる。陳夢家は「小甲爲二大庚之子一抑弟、在二卜辭中一無レ從決定一」（燕京學報四十期甲骨斷代學十四頁）として史記に從つてゐるが（卜辭綜述三九頁）、祀序表に於いては大庚と大戊の間に祀られてゐて大庚の子乃至弟に當り、而して直系列記卜辭に列してゐる例はなく、又その配妣も祀典に列してゐない。從つて小甲は直系ではなくして大庚の弟とせざるを得ず世表の説の正しいことが解る。

雍己　史記は雍己を小甲の弟、大戊の兄にして小甲に次いで即位したとしてゐるが、祀序表に於いては大戊と中丁の間に祀られてゐて大戊の子乃至弟に當り、而して直系列記卜辭に記されてゐる例はなく、又その配妣も祀典に列してゐないから直系ではないが、大戊は直系列記卜辭に記され配妣も祀典に列してゐるから直系であり、從つて大戊は大庚の子にして直系、雍己は傍系にして大戊の弟であつて、王位は大庚[1]（小甲[2]）―大戊[3]（雍己[4]）の如く承繼されてゐることが解る。

中丁　史記は中丁を大戊の子、外壬・河亶甲の兄にして大戊に次いで即位し、王位は外壬・河亶甲に移つて河亶甲の子祖乙が繼ぐとしてゐて、中丁が直系ではなくして河亶甲が直系とされてゐる。然るに直系列記卜辭に中丁が記されてゐるが河亶甲（戔甲）は記されず、中丁の配妣が祀典に列してゐるが河亶甲の配妣は列してゐない。從つて中丁が直系であつて河亶甲は傍系であり、王位は中丁より弟外壬・弟河亶甲に移り、中丁の子の祖乙に承繼されてゐることが解る。

沃甲　史記は沃甲を祖乙の子、祖辛の弟にして祖辛に次いで即位し、次いで祖辛の子祖丁が王位に即いたとしてゐる。祀序表に於いては祖辛と祖丁の間に祀られてゐるから祖辛の子乃至弟に當り、右の直系列記の佚986版には記されてゐないから傍系であり從つて祖辛の弟と考へられる。然るに次の第二期版に「丁（即ち父丁武丁）・祖乙（即ち祖小乙）・祖丁・沃甲・祖辛」と、祖辛

佚536　　――以降の直系中に列記されて居り、又佚878・粹255・京3299版にはその配妣が祀られてゐるから直系とも考へられるのである。或は右の佚986版は第四期であるから第二期までは直系とされ第四期に及んで傍系と見做されたものか疑問であり、姑く史記及び佚878版に從つて傍系として祖辛の弟となす。

(3)　南庚より文武丁に至る先王

佚536　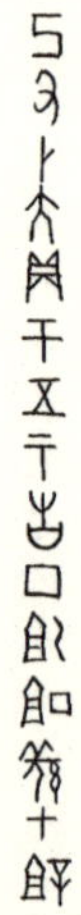

後上20.5　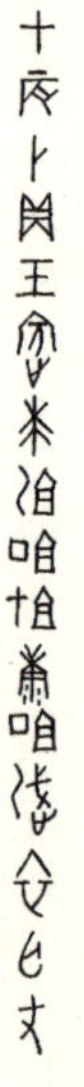

右の佚536版は第二期であるから口は父武丁、㑁は小祖乙即ち小乙であり、後上20.5版は第五期であるから㑁は小乙、咱は武丁であつて祖甲・康祖丁・武乙と列記されてゐる。史記に於ける祖丁以降の直系と右二版の王名とが一致してゐるから、之によつて殷室に於いても祖丁以降の直系は小乙・武丁・祖甲・康丁・武乙とされてゐることが解る。

南庚　史記は南庚を沃甲の子にして、沃甲の兄祖辛の子祖丁に次いで即位したとしてゐる。南庚は祀序表に於いては祖丁と陽甲の間に祀られてゐて祖丁の子乃至弟に當り、直系列記卜辞に記れることもなく配妣も祀典に列してゐないから傍系であつて、從つて祖丁の弟とせざるを得ない。然るに史記は右の如の沃甲の子であつて弟の子にして王位を繼ぐものとしてゐる。史記に於いて小乙以前に在つて弟の子が王位を繼ぐものとしては太庚、大戊、河亶甲をあげることが出來るが、前記の如くこれらは盡く史記の誤謬であつて、斯かる例は次の如く武丁に始まる。從つて南庚を弟の子にして王位に即くものとする史記の記事は疑はしく、卜辞の示すが如く祖丁の弟とすべきである。

陽甲　史記は陽甲・盤庚・小辛・小乙を祖丁の子にして南庚に次いで順次に即位したとしてゐる。祀序表に於いては南庚・陽甲・盤庚・小辛・小乙の順に祀られ、而して右の直系列記卜辞に於いては祖丁の次に小乙が直系とされてゐるから、陽甲・盤庚・小辛は傍系であり、小乙以前に祀られてゐるから小乙の諸兄であつて、史記は卜辞と一致してゐる。

武丁　武丁は祀序表では小乙の次に祀られ、右の直系列記卜辞では小乙の次に直系とされてゐるから小乙の子であり、弟の子にして王位を承繼するの例は武丁に始まる。

祖己　史記は武丁に次いで祖庚が即位したとして祖己の即位を謂はないが、殷に於いては祖己を王としてゐることは前記の如くである。祖己・祖庚は祀序表に於いては武丁と祖甲の間に祀られ、直系卜辞に記されてゐる例及び配妣が祀典に列する例がなく、右の直系列記卜辞は武丁に次いで祖甲を直系としてゐるから、この二王は傍系にして祖甲の兄である。

稟辛　史記は稟辛を祖甲の子、康丁の兄にして祖甲に次いで即位したとし、陳夢家は之を承認して「稟辛・康丁也是兄弟先後及位、康丁卜辞曰「𢀛且丁父甲・父甲以兄辛」(明續590)、此父甲是稟辛・康丁之所以稱祖甲、此兄辛是康丁所以稱稟辛、由此可知稟辛是康丁之兄、先及王位」(卜辞綜述三七八頁)(甲骨断代學二七頁)としてゐる。然し康丁に兄辛のあることを以つて直に之が王位に即いたとすることは不可であり、前述の如く康丁の兄辛が王位に即かないことは祀序表の示してゐる所であつて、祖甲に次いで弟康丁が即位したのである。

文武丁　直系列記卜辞は康丁に次いで武乙を直系としてゐるが、文武丁が直系列記卜辞に記されてゐる例がなく、従つて武乙の子か弟かは他辞に據らねばならない。第五期に於ては後述の如く武乙は又武祖乙（前1.10.3 4.38.3）と稱され、文武丁は父丁（續1.32.1 遺391）と稱されてゐるから、文武丁は武乙の子にして帝乙の父であることが解る。

以上上甲より文武丁に至るまでの直系・傍系による王位の承継を考察したが、之を要するに直系は上甲より示癸に至る六示、大乙より祖丁に至る九示、小乙より武乙に至る五示（帝辛時までは八示である）、従つて合計二十示（帝辛時までは二十三示）となり、これは文武丁時の「[illegible]」（續1.2.4）・「[illegible]」（粹221）に「自上甲廿示」とあるものと符合してゐる。而して傍系は卜丙、小甲、雍己、卜壬、戔甲、沃甲、南庚、陽甲、盤庚、小辛、祖己、祖庚の十二示であつて、有殷一代は三十五王であり、その世系は右の所論によれば次の如くなるのである。

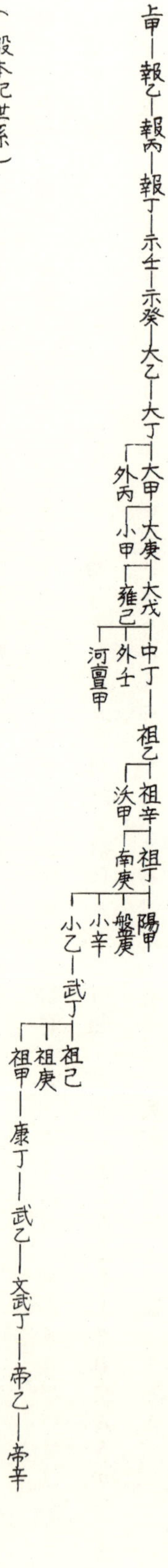

（殷本紀世系）

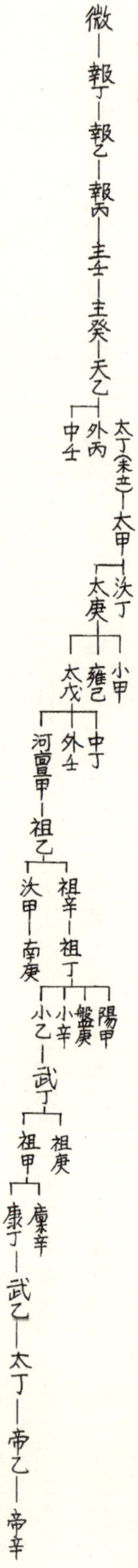

右の世系によれば王位の継承は兄より弟に及び、小乙以前に在つては兄の子が之を承け小乙以後に在つては弟の子が之を承けて居り、王國維の「如商之継統法、以弟及兄為主、而以子継輔之、無弟然後傳子、其子継父者、亦非兄之子、而為弟之子」（殷周制度論）とする説は修正されねばならない。

三、卜辞に於ける先王の稱謂

卜辞の先王の稱謂は時期によつて異同があり、これは卜辞研究上の基礎的事項であるから詳かにしなければならない。

前記の世系を構成してゐる先王の各期に於ける稱謂は次の如くである。

王名	第一期	第二期	第三期	第四期武乙	第四期文武丁	第五期
上甲	〓 鉄9.4 249.1	〓 前1.2.6 戩1.7	〓 粹94 甲2622	〓 後上5.9 21.13	〓 庫1056 乙8683	〓 前2.25.1 2.25.2
報乙	〓 後上8.12 薑帝17	〓 明145 寧3.189	〓 後上8.11	〓 續1.5.8 粹112	〓 粹116 京2934	〓 林2.4.14 卜20
報丙		〓 後上8.13 金34	〓 甲2693	〓 後上8.14 粹112		〓 林2.10.10 2.10.11
報丁		〓 續2.9.5 庫1206		〓 後上8.14 粹112		〓 前1.53.4 後上8.15
示壬	〓 鉄147.1 前1.1.1	〓 前1.1.3 七P104	〓 粹121 甲3587	〓 續1.6.2 鄴1.32.8	〓 乙9087 9092	〓 前1.1.2 1.1.6
示癸	〓 京657	〓 前1.2.2 1.2.6	〓 鄴3.41.12 庫1220	〓 粹126 127	〓 乙8684	〓 前1.2.3 後上1.9
大乙	〓 零1 佚570	〓 佚557 粹137	〓 後上22.2 甲2602	〓 甲754 南明477	〓 佚917 911	〓 前1.3.5 1.3.6
大乙	〓 續1.6.6 1.6.7	〓 鉄229.2 京3232	〓 前1.47.3 甲1556	〓 甲2102	〓 東方1.4 柏19	
大乙	〓 乙4761 5303	〓 前5.5.7 文361	〓 南明508 佚891	〓 拾掇1.412 寧1.232	〓 甲280 誠371	
大丁	〓 粹172 續5.31.1	〓 戩2.9 粹170	〓 甲1902	〓 粹177 甲754	〓 續1.8.8 通新3	〓 前1.4.4 1.4.5
大甲	〓 鉄270.1 後上27.6	〓 續1.10.2 粹176	〓 後上20.14 粹192	〓 粹112 甲754	〓 柏8 京3990	〓 前1.5.1 1.5.6
卜丙	〓 乙6715	〓 粹180 南明338	〓 明384			〓 前1.2.1 1.5.1
大庚	〓 續1.11.7 乙6664	〓 明357 續1.11.3	〓 拾掇2.26 京3993	〓 乙5384 6690	〓 乙238 粹200	〓 前1.5.2 1.6.2
小甲		〓 遺378 七P78		〓 寧1.174	〓 乙426	〓 前1.6.6 1.6.7
大戊	〓 林1.12.10 乙4682	〓 前1.7.5 粹213	〓 甲2881 2687	〓 前4.16.4 佚986	〓 粹218	〓 前1.7.4 1.7.6
雍己		〓 續1.5.7 佚871		〓 寧1.175		〓 前1.8.5 林1.8.6
中丁	〓 菁1 後上17.1	〓 前1.8.8 續1.12.3	〓 甲628 京3998	〓 粹733 佚986	〓 粹200	〓 前1.8.3 1.8.4
中丁			〓 佚260 拾掇1.457	〓 南明623		
卜壬		〓 林2.29.5 金79				〓 前1.9.1 1.9.3
戔甲		〓 續1.51.3 粹226			〓 寫195	〓 前1.42.1 4.6.5
祖乙	〓 鉄135.1 前1.3.4	〓 前1.1.3 明130	〓 鄴1.40.12 甲1264	〓 佚875 粹237	〓 南上28 拾2.3	〓 前1.42.1 卜250
祖乙	〓 乙1983 續1.46.3			〓 乙4549 5327 〓 乙4549 5328		
祖乙			〓 南明534 粹163	〓 庫1742		
祖乙			〓 甲1264 南明555			
祖辛	〓 鉄176.3 戩4.11	〓 鉄48.4 前1.12.2	〓 甲2766 南明576	〓 粹341 佚986	〓 甲2903 京709	〓 前1.11.7 1.12.1

○上甲・報乙・報丙・報丁・示壬・示癸

この六先王の稱謂は五期に亘って異らないが但だ〓の二は第一期・第四期には省略、第三期には省と不省の二様があり、〓・〓の示は第三期には〓に作られてゐるものがあって、之は聽て史記に主壬、主癸とされる因をなすものと考へられる。

○大乙

史記には天乙とされてゐるが卜辭に天乙の例はなく、〓・〓・〓の稱謂が用ゐられてゐる。〓を大乙の稱とする説は王國維に始まり、「卜辭又屢見唐字、如上末二條、唐與大丁大甲連文、而又居其首、知唐即湯之本字」（古史新証）としてゐる。例へば次の二例を較ぶれば〓の大乙であることは明かであつて之は定説となつてゐる。

鉄2144 卜……〓〓〓〓……

佚986 卜〓〓〓〓〓〓〓〓〓〓〓〓―〓〓

〓の稱謂を董作賓は第一期・第二期に用ゐられ、第二期祖甲時以降には大乙が用ゐられたとし（陳氏之に從ひ「大乙從祖甲起」とし、且「但早於此的也有稱大乙的例子」として前一四三・明續五一七六・前一四一を証とす（下述四二頁）この例は吟味を要す）

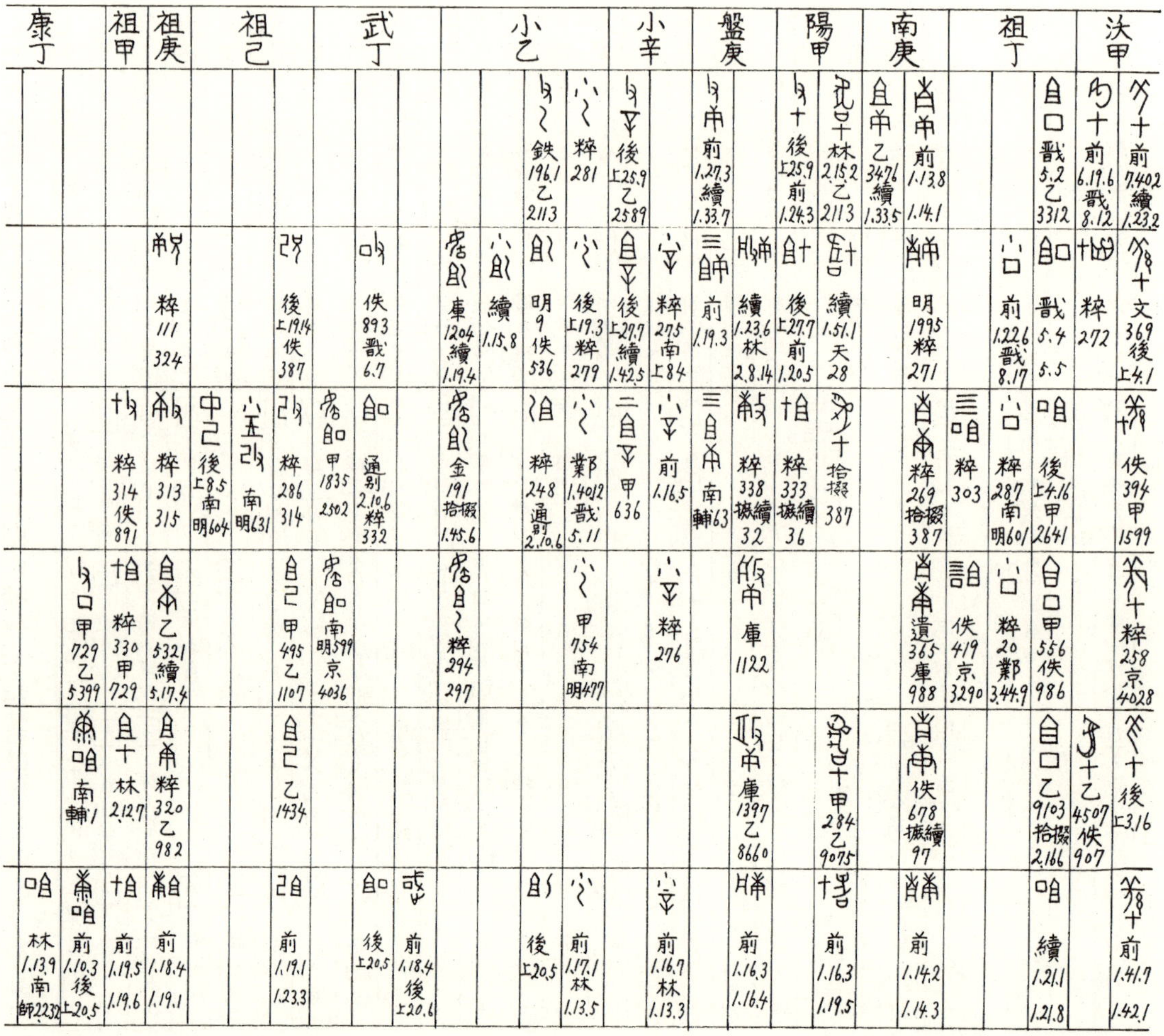

、之を所謂舊派・新派を分つ一基準としてゐるが（殷暦譜上・三・一三 大陸雜誌四・八）、これは大体の論であつて〓は第一期習見、第二期二十版（鉄229.2 後下39.4 餘10.2 戩14.3 續1.7.3 1.7.4 文260 265 遺656 841 庫1271 明84 273 鄴2.28.1 甲932 京3232 續存240 1489 1490 下605）、第三期五版（前1.47.3 續1.7.5 1.7.6 甲1556 南明433）、第四期七版（甲2107 2924 乙118 柏19 東方1.4 1.5 1.7）の如く用ゐられ、而して大乙は上掲表の如く既に第一期に用ゐられてゐるから、これらの稱謂は新派・舊派を分つ基準とはなり得ない。

〓が大乙の稱であることは次の二辞を較ぶれば明かであるが、更に一証をあぐれば乙2508版には乙未に〓を丁酉に大丁を祀つて居り、之を祀序表に按ずれば大乙と大丁の關係であつて〓の大乙であることが解る。

乙5303 〓〓〓〓〓〓〓〓〓

佚986 〓〓〓〓〓〓〓〓〓〓〓〓〓

曩に王國維は「咸戊」とし（古史新證）、吳其昌之に從つてゐるが（解詁續 四四九頁）、咸戊は先王名中に列記されてゐる例がなく、〓には「〓〓〓〓」（林1.13.17）と〓祀が行はれてゐるが咸戊に先王を享する五祀が行はれる譯がなく又その例もないから〓は咸戊ではない。〓字は〓・口に从ひ、咸戊の〓字は

						[illegible] 後上4.14
						[illegible] 前1.37.1 粋355
武乙					[illegible] 粋373 甲2907	[illegible] 前1.10.3 4.38.3
						[illegible] 前1.13.1 後上20.5
文武丁						[illegible] 續1.32.1 遺391
						[illegible] 續1.24.1 前3.23.1
						[illegible] 前1.18.1 1.18.4
帝乙						[illegible] 前1.26.1

[illegible]・[illegible]に从つてゐて口(丁)と曰(口)とは異る。説文に「成就也从戊丁聲」とあつて史頌敦の「成」字は「[illegible]・[illegible]」に作られ[illegible]・[illegible]に从つてゐるから、[illegible]は正に「成」字であつて大乙を「成湯」(酒誥・多士)と稱するのは之が爲である。

斯くの如く大乙が唐(唐大也)・成(成就也)と稱されて居り、而して前述の如く直系先王の筆頭に記されて第一王とされてゐることからせば、大乙は殷王朝を成した大王とされてゐることが解るのである。

○大丁・大甲・卜丙・大庚・小甲・大戊・雍己

右の先王は大甲・大庚・大戊が稀に[illegible]十・[illegible]・[illegible]に作られ、雍己の字体に多小異同がある外には他の稱謂がない。

○中丁

中丁は第三期・第四期には稀に三祖丁とも稱されてゐるが、先王の丁名のものは[illegible]第一、[illegible]第二、[illegible]第三、[illegible]第四であつて中丁は第三位の祖丁であるが爲である。陳氏は大丁第一、沃丁第二、中丁第三としてゐるが(卜辞綜述四二三頁)、沃丁は卜辞に存しないことは前述の如くであるからこれは誤である。

○卜壬・戔甲

この二先王には他の稱謂はなく、但だ[illegible]十は第四期に[illegible]十に作られてゐるが、陳氏は之を祖甲としてゐる(商王廟號考三七頁)。

○祖乙

祖乙の稱謂は第二期以後には小乙をも稱してゐるから、中丁の子の祖乙と小乙である祖乙とがあるが、全般的には前者は祖乙・中宗祖乙・中宗・高祖乙・下乙、後者は小乙・小祖乙・[illegible]祖乙と稱されてゐる。

中宗祖乙或は中宗(金363甲1203)の稱謂は第三期のみに行はれてゐるが、今本竹書紀年に「祖乙之世殷道復興、號爲中宗」と説明されてゐる。然し祖乙を殷道復興の故に中宗と稱するものならば第三期のみならず第四・五期にも用ゐられて然るべきであるが、第三期のみに用ゐられてゐるのは何故であらうか。蓋し武丁の父小乙は第一期には父乙と稱されたから祖乙との混淆が起らないが、第二期以降に於いては之を祖乙と稱したから兩者の間に混淆が起り、これを避けるために兩者に異稱が生じ、小乙である祖乙は毓祖乙・小祖乙・小乙と稱され、又中丁の子の祖乙は乙名の王としては大乙に次ぎ、小乙に先んずる中位の直系宗主であるから中宗祖乙と稱されたのであって、小乙の稱謂が確定するに及んで祖乙を中宗として區別することが自ら廢れたのであり、之を中興の宗主となす紀年の説は中宗の稱に本づく假托に過ぎない。

高祖乙は王國維が之を大乙の稱としてより（觀堂集林九・一四）郭・董二氏之に從つてゐるが、高祖乙は高且〜と記されてゐる例がないから、高祖乙であつて高祖・乙ではなく、次の二版に高且が毓且と對してゐるのはその明証であり、從つて之を高祖・乙として大乙に比定するのは妥當でない。後述の如く毓且は小乙であるから之と對してゐる高且は大乙が祖乙と稱されないから中丁の子の祖乙に外ならず、祖乙を高祖乙と稱してゐるのは小乙である祖乙と區別するためである。

拾掇 1.456

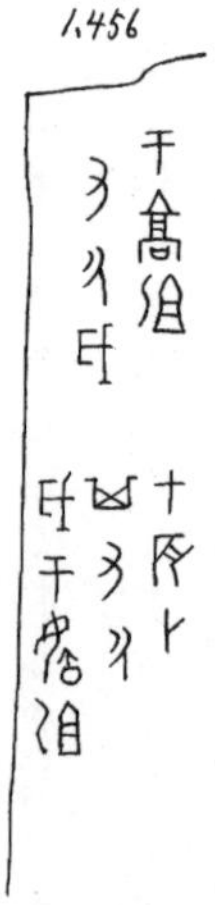

庫 1742

下乙は胡厚宣が祖乙の稱としてより（燕京學報三七期商王名號考附記）、董・陳二氏は之を支持してゐるが（中國古代文化的認識一八頁、殷墟卜辞綜述四一三頁）、于省吾は之に反對して卜辞に「。〓〓二〓〓。〓二〓〓〜〓」（雙劍附1）の辞、及び「二〜」（雙劍附2）の稱謂のあることを証とし、二〜を祖乙として「下乙即小乙斷可識矣」と小乙としてゐる（雙劍誃殷契駢枝三續・上乙下乙）。然しながら第一期の版（乙1983・6408貞人㱿署名）に「下乙」と「父乙」（即ち小乙）が同版上に記されてゐるから、下乙の小乙でないことは明かであり、而して先王列記卜辞に於ける下乙の位置と祖乙の位置が等しいから下乙は祖乙であつて胡説は至確である。下乙の稱謂は第一期・第四期に用ゐられて居り、

甲 754  （同例佚873 913 明2350 前3.23.3 後上4.17 27.6 28.3 續1.10.4 粹188 189 甲754 乙3153 7016）

乙 5303 

而して第四期には又「ヘ〜」の稱謂があつて、陳夢家は次の版に據つて「ヘ〜與下乙（祖乙）弁卜、所以他不是祖乙」（卜辞綜述四一七頁）として

乙 4549 

之を小乙としてゐるが、この版に於いては二〜とヘ〜が同日に卜されて居り、二〜（祖乙）と小乙が同日に祀られる場合のないことは祀序表に明かであるから小乙ではなく、ヘ〜は〓〜の略体で下乙に外ならない。又「二〜」に作るものがあり（雙劍附2・甲3598）、右の如く于省吾は祖乙とし陳夢家は大乙（卜辞綜述四一四頁）としてゐるが、乙4549版には〓〜が二〜に作られてゐるから〓〜の粗契に外ならない。

○祖辛

祖乙の子祖辛は五期を通じて且辛と稱されて他の稱謂がないが、第二期には小辛をも祖辛と稱し、又第四期文武丁時には康丁の兄辛(稟辛)をも祖辛(前3.23.4 父己の稱謂の項參照)と稱してゐる。

○沃甲

□甲の□字は時期によつて異同があり、又□甲・□甲・□に作られてゐる。卜辭に□甲・□甲・□甲・□甲・□甲があるが、□・□・□・□(粹1266)・□(簠文42)・□(粹483)・□(前5.38.3)・□(後下6.14)の一字であることは陳氏も亦繁簡の異にして同字として居り(卜辭綜述一六〇頁)、從つて□甲・□甲・□甲は同一稱謂である。陳氏はこの□甲を巴甲と釋して小甲或は河亶甲としてゐるが(商王廟號考三七頁)、次の版に於いては□甲を卜してゐる前に辛日に辛名の王の祭祀が卜されてゐるから、□甲は辛名の王に次いで甲日に祀られるものであり、この關係を祀序表に按ずれば唯ゞ祖辛と沃甲の場合のみであるから□甲は正に□甲に外ならず、從つて□甲・□甲は沃甲であつて陳説は當つてゐない。この粹272版では□字と□字、又乙2092版では□字と□字が區別されて用ゐられてゐるから、□甲を□甲・□甲・□・□甲と記するのは假借である(□は虯字、□は羌字であることは祭儀□項)。

粹272

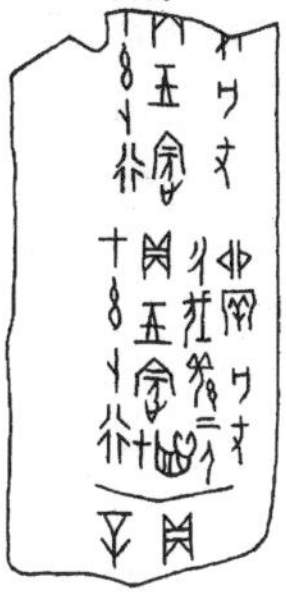

○祖丁

祖辛の子の祖丁は五期を通じて咱と稱されてゐるが、この稱謂は第三期には武丁を、第五期には康丁を稱する場合もあり、之を區別するために祖丁は又三祖丁・小丁と稱され、武丁は□祖丁、康丁は康祖丁と稱されてゐる。

三咱を祖丁の稱としたのは王國維であつて「商諸帝以丁名者、大丁第一、沃丁第二、仲丁第三、祖丁第四、則四祖丁即史記之祖丁也」(觀堂集林九.二〇)としてより、王襄(簠帝八釋)・郭沫若(通釋九五)・陳夢家(卜辭綜述四二三頁)は之に從ひ、吳其昌は之に反對して文武丁としてゐる(解詁一二三片考釋)。次の版に於いては己丑に四祖丁の配妣己の□祀、庚戌に小乙の配妣庚の□祀を卜して居り、後述の配妣の祀序によれば斯かる關係に在るものは祖丁の妣であるから四祖丁は祖丁に外ならない。從つて王説が當つてゐるが、祖丁が「四祖丁」と稱されるのは卜辭に沃丁がないから□第一、大丁第二、中丁第三、祖丁第四であるからである。

前1.17.2

・己丑卜貞王賓三咱□□□□亡尤
・貞王賓□□亡尤
・庚戌卜貞王賓小乙□□□□亡尤

小口を王國維は「小丁當謂沃丁武丁等」（考釋八七）と沃丁乃至は武丁としてゐるが、沃丁は卜辭に存せず、次の明740版には

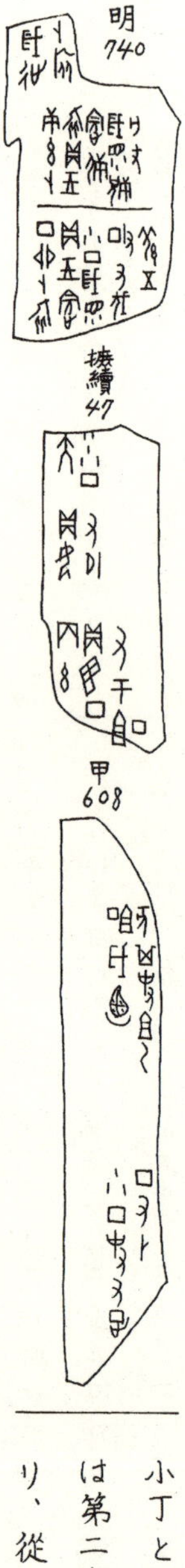

小丁と父丁が併記されてゐてこの版は第二期であるから父丁は武丁であり、從つて小丁は武丁でもない。この版に於いては小丁と父武丁とは同日に祀られて居り、祀序表に按ずるに武丁の劦祀の日には祖丁の劦祀が行はれるのであつて、第二期に於いて武丁と同日に祀られる丁名の王は祖丁以外には存しないから小丁は祖丁に外ならない。然るに右の據續47版・甲608版には小丁と祖丁が同一版上に在るから小丁は祖丁でないかの如く考へられるが、前者に在つては小丁と祖丁が「貞賓亡尤」の卜辭を挾んで上下に在り、斯かる場合は上下二辭は同一人の祭祀をトするものであつて例外はないから（續1.12.4 1.31.8 1.42.5 鄴1.27.5 2.38.1 佚401參照）、下辭の祖丁と上辭の小丁は同一人であり、又後者は第三期の版であつて第三期には武丁が祖丁とも稱されるからこの祖丁は武丁と考へられ、小丁を祖丁とすることを害しないのである。

○南庚

南庚は五期を通じて南庚と稱され、又第一期には武丁の祖に當るから祖庚とも稱され（前1.33.5 乙3476）てゐる。

○陽甲

陽甲は五期を通じて羌甲（異体多し）と稱され、又第一期には父甲、第二期・第三期には祖甲と稱されてゐるが、第四期以降には康丁の父が祖甲と稱されるやうになつて、陽甲を祖甲と稱することがない。

○盤庚

第一期には父庚と稱され、盤庚の稱は第二期に始まり、又三師とも稱されてゐるが庚名王としては大庚第一、南庚第二、盤庚第三であるからである。

○小辛

第一期には父辛と稱され、小辛の稱は第二期に始まり、又次の如く第二期には祖辛、第三期には二且辛とも稱されてゐる。續1.42.5版は第二期であるからこの母辛は武丁の配妣辛であり、後述の配妣の祀序によれば武丁の配妣辛を祀る日には小

續 1.42.5

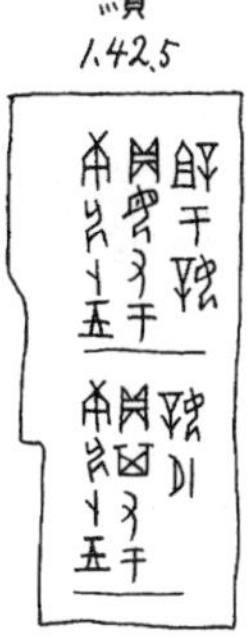

甲 636

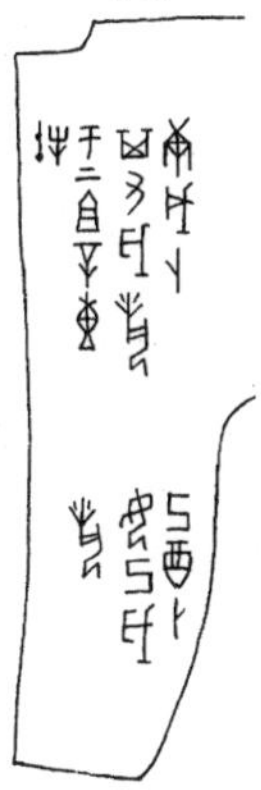

辛の祟祀が行はれるが、武丁の配妣辛と祖辛とは同日に祀られることがないからこの祖辛は小辛に外ならない。又甲636版は第三期であるからこの母己は祖甲の配妣己であり、配妣の祀序によれば祖甲の配妣己を祀る同旬の辛日には小辛の㞢祀が行はれるのであつて、この二辭の祀日は正に斯かる關係にあるからこの二祖辛は小辛に外ならず、而して之を二祖辛と稱するのは辛名の王の第二に當るからである。

〇小乙

第一期には父乙・小乙、第二期には祖乙・小祖乙・毓祖乙・小乙、第三期には祖乙・毓祖乙・小乙、第四期には毓祖乙・小乙、第五期には祖乙・小乙と稱されてゐる。その祖乙と稱されてゐるものは例へば次の如くであつて、佚536版の口は

(第一期) 佚 536

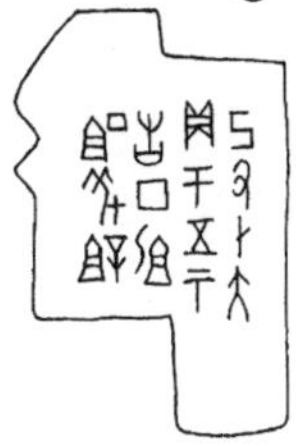

(第二期) 明 9

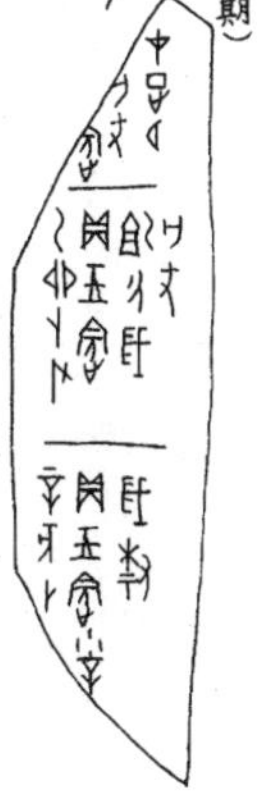

(第三期) 粹 248

(第五期) 後上20.5

武丁、且の小乙であることは一見して明瞭であり、明9版の毓乙と小辛の祀序は小乙と小辛の關係に在るから毓乙は小乙であり、粹248版の毓祖丁は後述の如く武丁であつてこれは武丁と小乙を並記してゐるもの・後上20.5版の且は小乙、咱は武丁であることは一見して明かである。小乙の稱謂は續1.15.8版に「癸丑卜[illegible]貞王賓祖乙[illegible]亡尤于小[illegible]」とあり、例へば康丁が康祖丁、武乙が武祖乙と稱されてゐる例に從へば小乙に外ならない。

毓乙が小乙の稱であることは次の版に明かであつて、續1.19.4版に於いては毓乙が祖辛と父丁(武丁)の間に記されて居り、祖

續 1.19.4

庫 1204

林 1.21.5

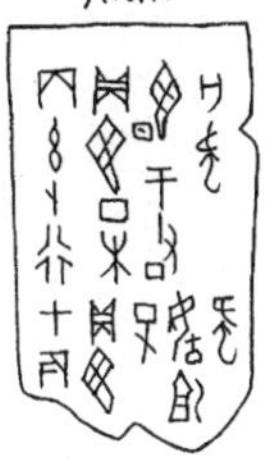

辛と武丁の間の乙名の王は小乙以外にはないから毓乙は小乙であり、又庫1204版の毓乙と兄己、林1.21.5版の毓乙と父丁の祀序を祀序表に按ずれば、前者は小乙と兄己後者は小乙と武丁の關係に在るから毓乙は小乙である。

小乙の稱謂として以上の外に、吳其昌は卜253版の「…卜亞祖乙…」(同版上に貞人㞢あり)の亞乙を小乙として「乃㞢貞之卜辭、而所祭之先王爲亞祖乙、亞祖乙即小祖乙、亦即小乙也」(解詁一九釋)として居り、陳夢家が之に從つて「就字体說、此辭不能晚於祖

庚時代」、「亞有次義、小乙亞於祖乙」、故曰亞祖乙」、但亞祖乙也有可能是祖乙」」（卜辭綜述四一八頁・商王廟號考一九頁）としてゐる。然し陳氏がこの版を祖庚以前としてゐるが、吳氏が指摘してゐるが如く同版上に貞人㱿の署名があるから第一期の版であつて、第一期武丁時に「父乙」と稱されてゐる小乙が亞祖乙と祖乙を以つて稱されることは理に合はない。亞字は例へば「亞𡆥𤕫十𨍏」（京4183）・「丙午卜㞢亞囚𩔃囚豊」（南明445）・「㞢亞𠂤𠬝」（前5.2.5）の如く用ゐられてゐるから、右の辭は「ここに㞢す祖乙王に㞢するか」と解讀し得るから之を小乙となすのは早計である。

○武丁

第二期には父丁、第三期には祖丁・𡧊祖丁、第四期には𡧊祖丁、第五期には祖丁・武丁と稱されて居り、武丁の稱は第五期に始まる。祖丁の稱は次の第三期・第五期の版に明かであつて、掇49版に於いては祖丁は父己と小乙の間に記され、

掇存49

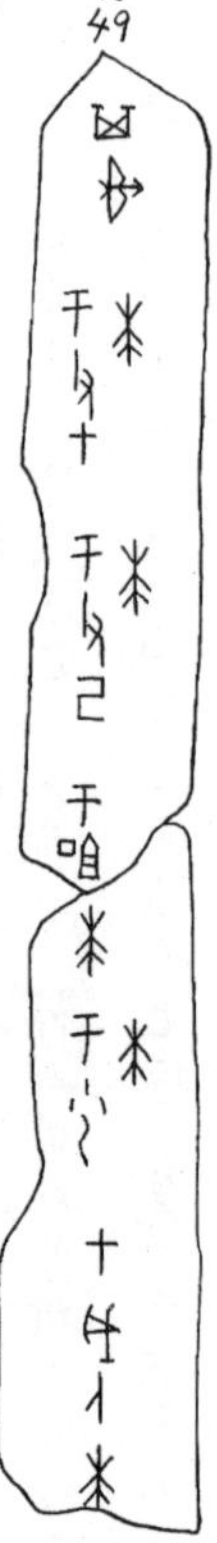

後上20.5

後上20.5版に於いては祖丁は祖乙(小乙)と祖甲の間に記されて居り、これらの祖丁の武丁であることは一見して明かである。

𡧊祖丁を武丁の稱とする說は董作賓に始まり（斷代研究例三三七頁）、郭沫若が之に從つてゐるが（通纂別二八）、郭氏は後に說を改めて「祖乙之父中丁也」（粹釋二四八）とし、陳夢家は「祖丁」（燕京學報一七期一三三頁）とする說を立て近來更に之を強調して、次の三版の王名を下記の如く排列し「若依此順序、則右且丁是小乙父祖丁」、と斷じてゐる（卜辭綜述四二四頁）。斯くの如く𡧊祖丁には武丁說・中丁說・祖丁說があるが

甲1836

粹248

金363

（祖乙）　（祖丁）　（小乙）　（武丁）
甲1835 ……… 且乙 ―― 右且丁
粹248 ………………… 右且丁 ―― 且乙
金363 ……… 中宗 ―― 右且丁

、次の第三期版甲2502に妣辛・父甲・点祖丁（𡧊の省文）の祭祀が記されて居り、祖甲（父甲）と同旬の丁日に𡧊祖丁が祀られてゐる

甲2502

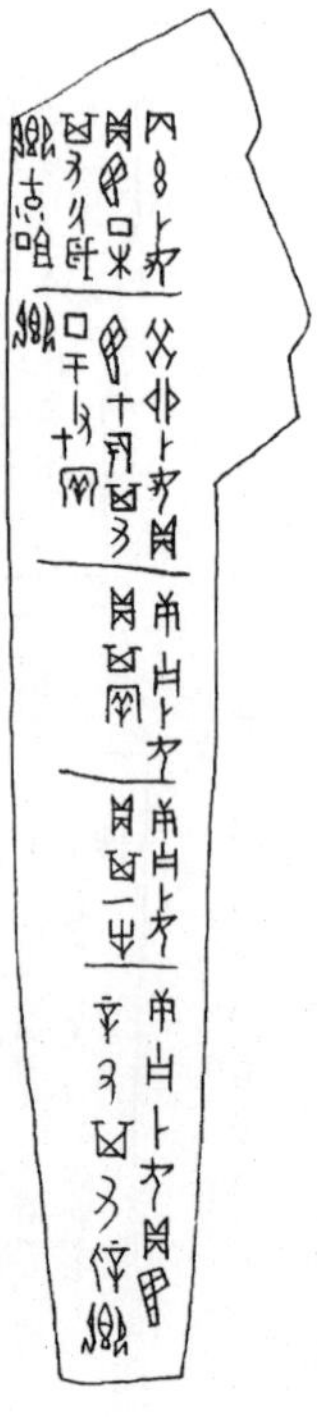

。祀序表によれば祖甲の𢼸祀（或は𦎫祀）の同旬の丁日には武丁の𢼸祀（或は𦎫祀）が行はれるが、祖甲と祖丁とは斯かる關係になく、從つてこの祖甲と同旬の丁日に祀られてゐる𡧊祖丁は武丁に外ならない。小乙を𡧊祖乙と稱する例からしても祖丁の次の丁名王である武丁が𡧊祖丁と稱さるべきであつて、右の証明と

相侯つて𡧊祖丁の武丁であることは明かである。斯くの如く𡧊祖丁は第三期以降に武丁を稱するものであるから、次の版

粹295

は第三期であつて、貞人[illegible]は第三期まで職に在つたことが解るのである。

○祖己

第二期には兄己、第三期には父己、第四期以降には祖己と稱され、第三期には又「⺌五父己」・「中己」とも稱されてゐる。その中己と稱されることに就いては先人の説がなく、董氏は中己を雍己に比定し(斷代研究例)、郭氏は之に從ひ(通釋二〇)、而して陳氏は「中己不是孝己(即ち祖己)」(商王廟號考三八頁)となしてゐて久しく疑問視されてゐる稱謂である。

中己は第三期以外の用例がなく(後上8.5 粹319 摭續73 甲3631 南明604 寧1.202 京3995 3996 皆第三期)、例へば「[illegible]卜[illegible]干中己五[illegible](南明604)」の如く王賓を以つて祀られる先王の異稱であつて、己名の王は雍己・祖己以外には存しないからこの二王のいづれかである。第三期には康丁に兄己があり(父母兄子の稱謂參照)、從つて己日に於ける祭祀は雍己第一、父己(祖己)第二、兄己第三であつて、父己(祖己)は雍己と兄己の中間に祀られてゐる。從つて父己を中己と稱したのであつて、祖己が中位の己日に祀られるのは第三期以外にはないからこの稱謂が後期に用ゐられないのは當然であり、中己は第三期獨特の祖己の別稱である。

○祖庚

第二期兄庚、第三期父庚、第四期以降祖庚と稱されてゐる。但だ第一期には南庚も亦祖庚と稱されてゐる。

○祖甲

第三期父甲、第四期以降祖甲と稱されてゐる。但だ第二期・第三期には陽甲も亦祖甲と稱されてゐる。

○康丁

第四期父丁、文武丁時康祖丁、第五期祖丁・康丁・康祖丁・康と稱されてゐる。第五期に祖丁と稱してゐる例は口祀卜辭の林1.13.9・南師2.232版にあり、後述の如く口祀卜辭には祖丁が卜されないものであつて武丁は[illegible]と記されてゐるから、この祖丁は康祖丁に外ならない。

○武乙

第四期文武丁時父乙、第五期武乙・武祖乙と稱されてゐる。

○文武丁

史記に太丁とされてゐるが卜辭にはこの稱謂がなく、第五期には父丁・文武・文武丁と稱されてゐる。近時陳夢家が卜辭の文武帝は文武丁ではなくして帝乙であるとする説を提出して居り、その説は次の如くである（卜辭綜述四二二頁 考古學報八冊三三頁）。

續2.7.1 (甲)子卜貞王其又彳于文武帝升其去夕又戠于來乙丑令酒王弗每
乙丑卜貞王其又彳于文武帝其以羌五人正王受又
前4.17.4 乙丑卜貞其又彳(于)文武帝囗囗三牢正(王受)又
前1.22.2 囗囗卜貞大乙日王其又彳(于)文武帝升正王受又
簠帝140 甲申卜貞……………文武(帝)升……

粹363 ……又彳于文(武)帝升正……
存1.2295 ……(文武)帝宗正王受又
林2.25.3 ……姷其(吉)文武帝乎𠂤姷于癸宗若王弗每
明308 囗囗卜貞丁卯……文武帝……姷……
前4.38.2 王其宜文武(帝)

以上凡干支未殘者、皆於乙日祭文武帝、僅有一辭卜於甲日、則可能是牢祭。如此文武帝應是帝乙、則舊說以文武帝為文武丁是不確的、帝乙的宗廟則稱「文武帝升」・「文武帝宗」、所以文武帝與帝甲之帝不同、帝甲之帝是「措之廟立之主曰帝」、猶徼之稱上甲、文武帝既非文武丁之省、和文武(即文丁)也非一、他和武王之王、實有帝王之義、他在帝辛金文中、則作「文武帝乙」、安陽近出邲其卣云「乙巳王曰隮文武帝乙宜、才召大廍、遘乙羽日(中略)才四月隹王四祀羽日」、此記帝辛四祀四月乙巳周祭帝乙、遘乙羽日、即逢帝乙受羽祭之日、文武帝與乙是一、故上稱文武帝乙、下稱乙、文武帝是王名、乙是廟名、此卣拓本殷曆譜後記曾摹錄、但因求合于殷曆譜、誤將帝字上一短畫摹作丁字、遂讀為文武丁帝乙、又誤讀乙為大乙、作者曾借觀原器於固始張氏、一九五二年並將器形銘文攝景、始知後記所摹大有錯誤、後讀丁山關于卣文的攷釋、並其摹文、不但糾正了後記的誤摹、並正確的讀文武帝、爲卜辭的文武帝、亦即帝乙、周祭文武帝的卜辭尚沒有出現、

陳氏の説は重大であるから敢て所論の全文を掲げたのであつて、この中には多くの議すべきものが含まれて居り、この説の前半については後述の「囗祀」に於いて、後半については「帝辛祀譜」に於いて詳論するが、陳氏が文武帝の祀日を乙日としてゐるのは誤であつて丁日であり、従つて文武帝は丁名の王であり、陳氏が銘文の遘乙羽日の乙を大乙とする説を非としてゐるが、帝辛四祀四月乙巳に大乙の劦祀が行はれてゐて銘文と符合してゐるから陳氏の銘文の解釋は妥當ではない。従つて文武帝は帝乙ではなく文武丁であつて陳説は成立し得ないものである。

○帝乙

帝辛時には父乙と稱された筈であるが、第五期の版には次の一版以外に見ることが出來ない。（この版の第五期であることは

前1.26.1

一「〓」の書体がこれを示してゐる）

卜辭上の先王の稱謂は略〻以上の如くであるが、なほ次の如き稱謂があり備考として附記す。

○〓十・〓口　〓十は後上4.16・粹259・庫1772・、〓口は粹376・南輔62にあり、前者は祖甲後者は武丁・康丁を謂ふ（後述「口祀」の項參照）。

○〓・〓・〓十・〓　これらの甲名の稱謂は次の版にあり、姑く疑問を存す。

前8.8.4

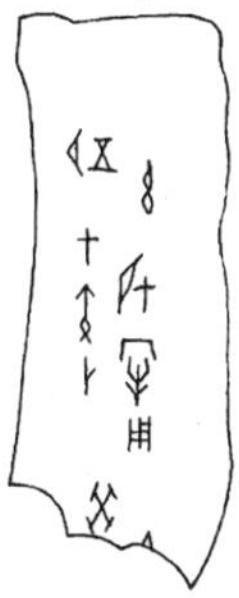

乙5327

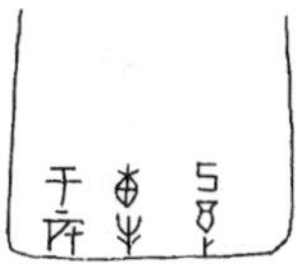

前6.10.7

前5.28.5

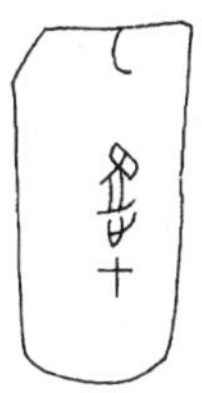

京4000

○自丙　次の第二期の前1.22.8版、第五期の續存下873版にあり、第二期の祖丙の稱謂は小乙に丙名の兄弟があつて之を謂ふものであり、第五期の祖丙は前述「父母兄子の稱謂」の如く、康丁に兄丙があつて第四期には父丙と稱されてゐるから、之を謂ふのである。

前1.22.8

續存下873

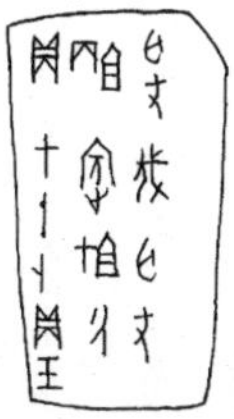

○且〓　祖戊の稱謂は第一期（鉄80.2 前1.23.1 續3.47.7 通別2.4.7 乙1048）、第二期（前1.23.2 續存1813）、第四期（粹216 乙33 597 4521 2603 4745 5328 寧1.189 京2933 3119）、第五期（後上5.2）にあり、第一期の祖戊は南庚に戊名の兄弟があつて之を謂ひ、第二期の祖戊は小乙に戊名の兄弟があつて之を謂ふものと考へられるが第一期に「父戊」の稱謂が未だ發見されて居らず、第四期武乙時の祖戊は祖甲に戊名の兄弟があつて第三期には「父戊」と稱されてゐるから之を謂ふものであり、第五期の祖戊は武乙に戊名の兄弟があつて文武丁時には「父戊」と稱されてゐるから之を謂ふものである。これらの祖戊は五祀の祭祀を以つて祀られてゐないから王位に列しないことは言を要しない。

○卜壬　第四期の乙5162版に「〓」と「卜壬」の稱謂がある。

○〓　甲2769版にあり、董氏は「虎祖丁」としたが（斷代研究例）、後に之を改めて「虎祖丁一辭、諦審之、亦覺不甚可靠、〓

形不類虎、三期于沃丁亦不應稱祖、是必當是祭名、而祖丁門為一辞」(卜辞通纂後記所載)としてゐる。

○〓己　第四期の乙1434版に「〓〓〓〓〓〓〓〓」と祖己の次に記されてゐる。(〓が〓に作られてゐる例に従へば〓己は下己であつて、第三期には己日に祀られる者は前述の如く、雍己・祖己、兄己であり、祖己が中己と稱されてゐるから、第四期に及んでこの兄己即ち父己を下己と稱したものと考へられる。

○〓〓　遺622版に「〓〓〓〓〓〓〓〓」とあり後考に俟つ。

○三且〓　粹341版に「〓〓〓〓〓〓〓〓」とあつて郭沫若は「準四祖丁為祖丁之例、此三祖辛當是稾辛、其前有祖辛小辛、此居第三位也」と釋して居り、陳氏は之に従つて「世本稱稾辛為祖辛、實是正確的」(卜辞綜述四三三頁)と讃してゐる。稾辛が祖辛と稱されてゐる例には次の辞があり、この版は文武丁時のものであつてこの祖丁は康丁、父己は武

前3.23.4　〓〓〓〓〓〓〓〓〓〓〓〓〓〓〓〓〓〓(續存下756同版)――

乙の兄己であるから祖辛は康丁の兄辛である(祖辛を小辛としてゐる)。稾辛は文武丁時には祖に當り祖辛と稱されてゐるが、右の粹341版は文武丁時のものではなく、その字体は第三期乃至は武乙時であるから(陳氏は文武丁時のものとす)、この期には祖辛と稱される筈がなく、姑く疑問とする。

○〓　乙5327版に「十〓〓〓〓」とあつて、この版には祖庚の稱謂があり又干支卜形式・字体上から見ても第四期武乙時のものである。前述の如く第二期の祖甲に兄壬があり、これが武乙時には祖に當るからそれを謂ふのである。

○〓　前1.45.4版に「〓〓〓〓〓…〓…」とあり後考に俟つ。

○〓　甲2764版に「〓〓〓〓〓〓〓〓〓」とあつて、王賓の祭祀を享ける先王の稱謂である。先王の辛名の者は示壬・卜壬・祖辛・小辛であつて、示壬が最も〓の音に近いから之を謂ふものであらう。

○〓〓　粹537・538二版にあり後考に俟つ。

第二節　先妣に對する四祀

先王に對する祭祀が整然たる定制のもとに行はれてゐることは前述の如くであるが、これは獨り先王に對して然るばかりではなく、直系の先王の配妣に對しても亦同樣であり、この兩者は個別に行はれたのではなくして同一祭祀の体系中に

行はれてゐる。次に先生の配妣、及びその祀序を考察し、更に先王の祀序との關係を明かにする。

第一項　先王の配妣

卜辭に例へば「〓王賓〓〓奭〓〓〓〓〓」(南明660)・「〓〓〓〓奭〓〓」(南明659)の如く王名と妣名の間に奭字が用ゐられてゐるものは習見であり、この字は「于〓〓奭〓〓」の如く妣名を上に記する場合にも王名の下に置かれて居り、この字を羅振玉は「赫」と釋して妃の義ありとし、斯かる卜辭を祖妣合祀卜辭としてゐる(書契考釋中五一及上八)。然るに王國維はこれを先妣專祭卜辭として「其云貞王賓某奭妣某云云者、皆某妣之專祭、殷人祭其先公先王、皆以其名之日祭、亦以其名之日卜、此卜辭之通例也、(中畧)此數條中並見祖妣名者、皆以妣名之日卜、而不以祖名之日、其餘類此者、數十條無不然、知爲妣之專祭、而非祭祖以妣配矣」(戩釋六葉)と論じて居り、この王說は妥當であつて吳其昌(解詁一續四四六頁)・郭沫若(通釋六〇)・唐蘭(天釋三七丁)・董作賓(殷曆譜大陸雜誌)・陳夢家(燕京學報四〇期甲骨斷代學二八頁)は之に從ひ、これは先妣專祭卜辭であることに論定つて異說がない。その「奭」の字義を配偶の意とすることには異論がないが、羅氏は赫(考釋中五一)、葉玉森は夾(集釋一二五)、郭沫若は〓(通釋六〇・金文叢考釋〓・青銅器銘文研究一五葉)、唐蘭は〓(天釋三七丁)、于省吾は爽(雙劍初四一)、張政烺は奭(集刊十三釋奭)、陳夢家は奭(燕京學報四〇期二八頁)と釋し、吳其昌、王襄、商承祚、瞿潤緡、孫海波は羅釋を採り、朱芳圃は葉釋に從つてゐる。就中郭氏の「就其字形而言、則分明於人形之胸次左右各垂一物、其所垂者、乃是乳房也、是則字之結構亦與母同意、此必母之古文」、とする說に對しては、吳其昌が「郭說甚荒」(解詁二四七頁)、葉玉森が「郭氏之說亦新奇太過」(集釋一二六)として却けてゐるが、獨り唐蘭は「郭氏立說雖誤、然卜辭王賓祖夾妣某之辭、或作祖某母某、自可注意」と郭氏の奭字と母字が通用する說に注意し、遂に母・妾・奭通假說を立てて「余謂此三字中、母妾屬於早期、而奭屬於後期、其變異必由於語音之轉移」(天釋三九丁)として居り、奭の字釋は今に至るまで定說を見ないが、母・妾・奭通假說は近來陳夢家も之を認めてゐる(卜辭綜述三八一頁)。この說は郭氏に始まり「余案此字(奭)有與母字通用之例、如祖丁之配爲妣己、他辭均言奭妣己、而有一例言祖丁母妣己、又大乙之配爲妣丙、他辭均言奭妣丙、而有一例言大乙母妣丙」(通釋六〇)と謂ひ、郭氏の指摘する二例は次の二辭である。唐蘭は更に次の二例文271・餘10.1を附加してゐるが、斯かる例はなほ次の如く存し(甲460・續1.6.1・乙1916・拾1.8・粹182)、示壬の配妣甲、示癸の配妣庚、大甲の配妣辛は他辭には「〓〓奭〓」・

後上26.6　〓〓〓〓〓〓〓〓〓〓

通新3　〓〓〓〓〓〓〓〓〓〓

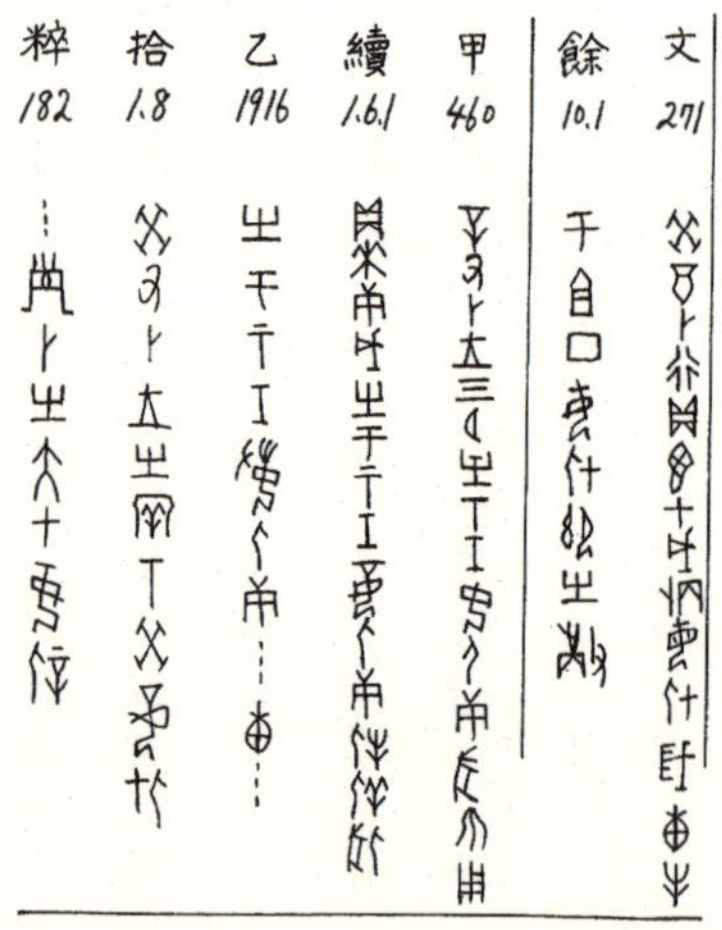

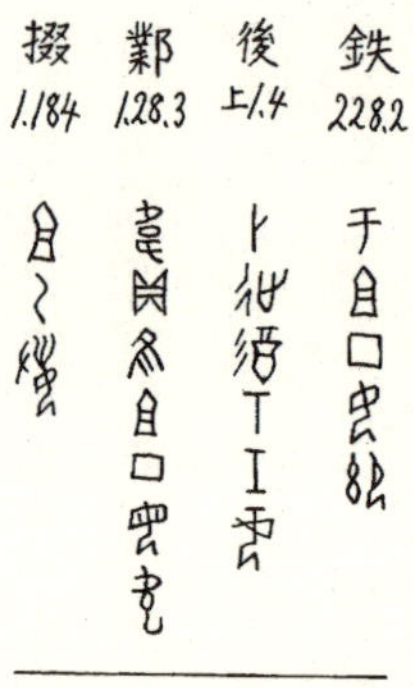

「〓〓〓〓」・「〓十〓〓」に作られてゐるから（第二期〓 第五期〓）、〓・〓・〓は〓と同義に用ゐられてゐて郭・唐二氏の説は妥當である。從つて次の用法の〓・〓・〓も亦同様であり、この用法は第一期には〓（餘10.1 鉄228.2 鄴1.28.3）・〓（續1.6.1）・〓（乙1916 掇1.184）、第二期には〓（文271）、第四期には〓（後上26.6 粹182 甲460 通新3）・〓（拾1.8）が用ゐられて居り、第二期に〓字が用ゐられる以前に既に〓・〓・〓が用ゐられてゐるから〓は〓・〓・〓の假借に外ならないことが解るのである。

斯くの如く〓・〓・〓が同字乃至は通假の字として用ゐられて居り、而して之は「〓某」の場合に於いても亦同様であつて例へば〓〓（簠帝237）が〓〓（乙3429）に、〓〓（林1.20.17）が〓〓（乙105）・〓〓（菁6）に作られてゐる。從つて〓・〓・〓・〓・〓・〓及び〓は同義に用ゐられてゐて、〓は〓の假借であつて〓は母字であるから同音の「婦」の義として用ゐられてゐるものと考へられる。而してその字形は次の如く作られて居り、〓〓（乙4534）・〓〓（粹828）とも用ゐられ、これは又次の如く記されてゐる。

第二期	第三期 第四期	第五期			
〓（前1.34.2 佚878）・〓（通175）・〓（庫984）	〓（甲2799）・〓（南明659 660）・〓（南明660）	〓（前1.34.2）・〓（前1.33.5 粹255）・〓（前1.3.2）	〓（前1.31.8）・〓（前1.17.2 1.37.4）・〓（前1.24）	〓（前1.1.5）・〓（前1.41.6 乙468）・〓（前1.8.1）	〓（前1.3.7）・〓（前1.5.8）・〓（前1.37.3）

〓〓―〓〓（庫471 1533 乙5317）・〓〓（前6.21.3 續2.19.1 乙4642）

〓〓―〓〓（後上22.4 南明422）・〓〓（甲828）

從つて〓・〓・〓・〓・〓・〓・〓・〓・〓・〓などに作られることが解り、之を乳房に从ふ（郭説）とか或は火の變形に从ふ（葉説）とか見るのは妥當ではなく、その〓・〓・〓に作られてゐるものは金文の〓字に近く、〓・〓に作られてゐるものは金文の〓・〓の从ふものであり、郭沫若が〓を舞と釋し（粹釋三三二）、〓を舞の假借としてゐる（通釋三五九）のは妥當であつて、この字音が無（文甫切）・舞（文撫切）と考へられることも亦右の用法は「婦」の假借であることを示してゐる。

先王の配妣のト辞に見ることの出来るものは殆ど直系の配妣であつて、示壬の配妣庚に始まり文武丁の配妣癸に終り、而して直系先王にして配妣がト辞にないものは上甲・報乙・報丙・報丁であり、傍系先王にして配妣がト辞に存するものは卜丙の配妣甲、沃甲の配妣庚である。次に配妣の一覧表を掲げ、羅振玉・郭沫若・董作賓・陳夢家の考定せる配妣を記してその異同を考察する（羅氏は殷虚書契考釋上、郭氏は粹編附圖、董氏は殷曆譜上・三・五（大陸雑誌四八同）、陳氏は殷虚卜辭綜述三八三頁による）。

王名	妣名	第一期	第二期	第三期	第四期武乙時	第四期文武丁時	第五期	羅氏考定	郭氏考定	董氏考定	陳氏考定	著者考定
示壬	妣庚	續1.6.1 乙1916	庫1221	粹122		甲460	後上1.6 1.7 林1.13.11 前1.5.1 京5076	示壬之配妣庚	妣庚	妣庚	妣庚	妣庚
示癸	妣甲		明283 續存下879			拾1.8 寧2.124	前1.2.4 1.31.7 1.31.8 1.32.1 後上1.8 1.10 遺83	示癸之配妣甲	妣甲	妣甲	妣甲	妣甲
大乙	妣丙			甲1609 1642		甲248	後上1.12 1.13 下41.8 明959 續1.8.2 前1.3.2 1.3.7 乙470	大乙之配妣丙	妣丙	妣丙	妣丙	妣丙
大丁	妣戊		戩2.11 遺63				後上1.13 2.1 南明2236 坊1.85 乙468 京5077	大丁之配妣戊	妣戊	妣戊	妣戊	妣戊
大甲	妣辛		後上2.7			粹182	前1.5.8 1.37.2 後上2.4 2.5 林1.12.6 續1.9.7 乙468	大甲之配妣辛	妣辛	妣辛	妣辛	妣辛
卜丙	妣甲		文271									妣甲
大庚	妣壬		後上2.7 明420 846 通別2.123				前1.6.5 後上2.6 明424 南明1.195 乙469 拾掇2.413	大庚之配妣壬	妣壬	妣壬	妣壬	妣壬
	（妣庚）						卜294					
大戊	妣壬		後上2.3 2.9 明1255 粹209				後上2.8 2.11 續1.11.11 1.12.2 拾掇2.414 2.415 京5078	大戊之配妣壬	妣壬	妣壬	妣壬	妣壬
中丁	妣己						續1.12.5（佚178）		妣己	妣己	妣己	妣己
	妣癸		金6 遺39 續存1513 1514				前1.8.1 1.8.2 後上2.11 2.12 2.13	中丁之配妣癸	妣癸	妣癸	妣癸	妣癸
祖乙	妣己		後上3.4 京4083 續存1512	七W8 南明659 660 661			前1.34.2 後上3.2 3.3 續1.15.2 1.17.3 遺721 京5080	祖乙之配妣己	妣己	妣己	妣己	妣己
	（妣庚）		後上3.5 庫1131	南明660 661			後上2.17 3.1 續1.16.8 拾掇2.214 遺374 京5079	又曰妣庚			妣庚	
祖辛	妣甲		後上4.1 佚566	南明659 661			續1.17.7 遺62 佚353 京5080		妣甲	妣甲	妣甲	妣甲
	妣庚						後上3.8	祖辛之配妣庚	妣庚	妣庚		妣庚
	妣壬		卜辭綜述圖版24									妣壬
沃甲	妣庚		佚878 京3299	粹255				羌甲之配妣甲	妣庚			妣庚
祖丁	妣甲	續1.35.1							妣甲			妣甲
	妣己		前1.34.3 續存1513		後上26.6		前1.17.2 後上3.10 3.11 3.12	祖丁之配妣己	妣己	妣己	妣己	妣己
	妣庚						續1.17.7		妣庚	妣庚	妣庚	妣庚
	（妣辛）						卜274 京4023			妣辛		
	（妣癸）						後上3.13 3.14	又曰妣癸	妣癸	妣癸		
小乙	妣庚		粹292 續存1513	甲905 2799 南明662			前1.17.2 後上4.4 4.5 4.6 續1.17.7	小乙之配妣庚	妣庚	妣庚	妣庚	妣庚
	妣己		後上3.4									妣己
	妣辛						前1.17.4 1.37.4 後上4.6 4.7	武丁之配妣辛	妣辛	妣辛	妣辛	妣辛

王	卜辭						出典	備考				卜辭
武丁	[illegible]						前1.17.4 後上4.9 4.10 續1.25.2 粹298 續存2294	又曰妣癸	妣癸	妣癸	妣癸	[illegible]
(武丁)	[illegible]						後上4.8 拾掇2.215 京5077	又曰妣戊	妣戊	妣戊	妣戊	[illegible]
祖甲	[illegible]						前1.20.2 1.33.5 後上4.13 京5083	祖甲之配妣戊	妣戊	妣戊	妣戊	[illegible]
康丁	[illegible]						前1.37.1 後上3.9 4.14	康丁之配妣辛	妣辛	妣辛	妣辛	[illegible]
武乙	妣戊						戊辰彝		妣戊	妣戊	妣戊	[illegible]
文武丁	[illegible]						妣癸寧2.125 母癸前1.31.2 卜280 續1.25.7 1.25.8			妣癸	妣癸	[illegible]

右の如く四氏の間に於いても多少の相違があり、次に異論のある配妣について考察する。

○卜丙配妣甲　四氏はこの配妣を認めてゐないが次の版にあり、この辭の「[illegible]」は前記の如く配妣の義であるから卜丙に

文271　[illegible]——配妣甲のあることは明かである。然し傍系と考へられる卜丙の配妣の卜辭に存するのは、同じく傍系である戔甲の配妣庚と共に異例であつてここにはなほ問題が殘る。

○大庚配妣庚　四氏はこの配妣を認めてゐないが次の版にあり、但だこの辭の卜日は妣名と相稱はず、卜日よりせば妣

卜294　[illegible]——壬でなければならない。陳氏は「誤作妣庚」(讀)となしてゐる。

○祖乙配妣己・妣庚　羅・陳二氏は妣己・妣庚を認め、郭・董二氏は妣己を認めるが妣庚を認めてゐない。羅、陳二氏が妣己妣庚を認めるのは「[illegible]」・「[illegible]」の祖乙を直に中丁の子の祖乙となすによることは、その證據としてゐる版から明かであり、而して郭・董二氏が妣庚を認めないのは、小乙に配妣庚があり、小乙が第二期以降には祖乙とも稱されてゐるとして「[illegible]」の祖乙を盡く小乙となすによるのであり、又妣己を認めるのは小乙に配妣己がないとして「[illegible]」の祖乙を小乙に非ずとするによるのである。然しながら後述の如く小乙に配妣己があるのであるから、祖乙に配妣己、妣庚があるか否かを決定することは必ずしも容易ではない。祖乙に配妣己のあることは次の版が之を證してゐる。假に祖乙に配妣己があるとせば、後述の「配妣の祀序表」に於いては祖乙の配妣己

京5080

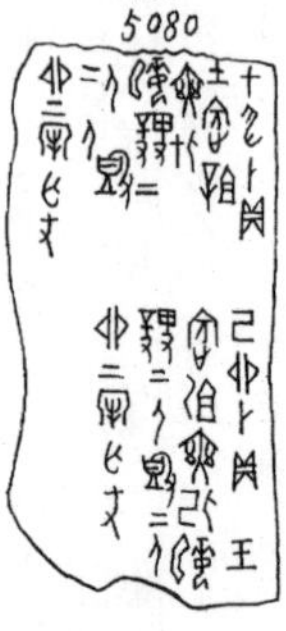

が祖辛の配妣甲の前旬の己日に祀られる筈であり、小乙の配妣己と祖辛の配妣甲とは斯る關係にはない。上掲版に於いては祖乙の配妣己が祖辛の配妣甲の前旬の己日に祀られてゐるから、この祖乙は小乙ではなく祖乙に配妣己のあることが解る。次に祖乙

に配妣庚があるか否かを決することは更に困難であつて、前表所載の卜辭から之を證することは出來ない。例へば「[illegible]」(南明661)と妣己、妣庚が祖乙の配とされてゐるが、この祖乙が小乙でないことを證することは困難であり、その他の版に於いても同樣であり、姑く祖乙の配妣庚は疑問とする。

○祖辛配妣甲・妣庚・妣壬　祖辛の配に妣甲・妣庚、妣壬のあることは次の如くであるが、陳氏は妣庚を認めず四氏は

妣甲—南明659　[illegible]

妣庚—後上3.8　[illegible]

妣壬—卜辭綜述圖版　[illegible]

妣壬を認めてゐない。陳氏が妣庚を謂はないのは後上3.8版は第五期であるからこの祖辛は亶辛である可能性があるとするによるのであらう。然し亶辛は直系でもなく王位にも即かぬ者であるから、その配妣が祀典に列することはなく、この祖辛は亶辛である可能性は全くない。四氏が妣壬を謂はないのはこの版が卜辭綜述の圖版として始めて公表されてゐるからである。祖辛の配として吳其昌は妣己をあげて「一曰妣己」、卜辭云戊辰其求㞢于祖丁母妣己、準前辭例、知亦爲祖辛之[illegible]」(解詁三續二五二頁)と論じてゐるが、これは王名と妣名との間の「[illegible]」字が配妣の義であることを知らざるに因る誤である。

○沃甲配妣庚　羅氏は沃甲の配として妣甲をあげてゐるが他の三氏は之を謂はず、恐くは羅說は佚566版の誤讀に因るものであらう。妣庚のあることは郭氏のみ指摘してゐるが前記の如く三版に之を見ることが出來る。後述の「配妣の祀序」に論じてゐるやうにこの妣庚は祀典に列してゐるが、第五期の版には一例もないことは卜丙の配妣甲と同じであり、從つて「卜丙沃甲は第二・三期までは直系と見做されそれ以後は傍系とされた」といふ假說が考へられる。

○祖丁配妣　祖丁の配として妣甲・妣己・妣庚を認めることは出來るが妣辛・妣癸を認めることは出來ない。妣甲は郭氏のみあげてゐるがこれは次の版の「[illegible]」を配偶とすることによるものであり、この版は第一期であるからこの祖

續1.35.1

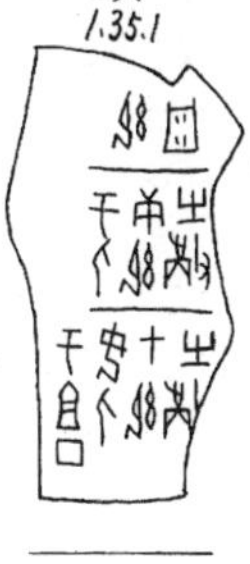

丁は武丁ではなく之は郭氏の卓見である。妣己・妣庚のあることは祖丁が第五期には四祖丁とも稱され、四祖丁の配として妣己(前1.17.2 後上3.10 3.11 3.12)・妣庚(續1.17.7)が稱されてゐることによって明かである。妣辛のあることは董氏の外に吳其昌も亦之を謂ひ(解詁七續五二八頁)、妣癸のあることは羅・郭・董氏の外に唐蘭も亦之をあげてゐるが(清華學報十・三)、諸家の證としてゐるものは總て第五期の版であり、第五期には武丁も亦祖丁と稱さ

れてゐるから、それらの版の祖丁が武丁でないことが立証されない限り從ふことが出來ない。第五期に祖丁の配妣己・妣庚を稱する場合には祖丁とせず四祖丁奭妣己としてゐるが、妣辛・妣癸の場合には四祖丁奭妣辛の例はなく單に祖丁とされてゐる。武丁は第五期に祖丁と稱され、而して武丁には配妣辛・妣癸があるから、これら第五期版の祖丁配妣辛・妣癸は武丁の配に外ならない。

○小乙配妣己　小乙に配妣庚のあることは問題がないが、妣己のあることは嘗て謂ふ者がない。次の版に於いては己巳

後上3.4

に祖乙の配妣己の翌祀が卜され、その二旬前の甲辰に祖辛が卜されてゐるが、王賓卜辭の通例として辛名の王は辛日に卜されるものであるから、この甲日に卜されてゐるものは祖辛ではなくして祖辛の配妣甲に外ならない。「配妣の祀序」によれば祖乙の配妣己は祖辛の配妣甲の前旬の己日がその祀日であるが、この版に於いては祖辛の配妣甲の二旬後の己日となつてゐる。假に小乙に配妣己があるとしてその祀日を祀序表に按ずれば、祖辛の配妣甲の二旬後の己日がその祀日であつて正にこの版と符合してゐる。從つてこの翌奭祀は祖乙の配妣己ではなくして小乙の配妣己であり、この版によつて小乙に配妣己のあることが解るのである。第一期に「母己」の稱謂があつて父小乙に己名の配妣のあることが解つてゐたが、「小乙奭妣己」の辭のないことは異とされて來たものであり、この版によつて小乙は祖乙と稱されてゐることが解り、從つて從來祖乙の配妣己を卜するものとされてゐる前表所載の版中には小乙の配妣己のものの存することが解るのである。

○武乙配妣戊　郭沫若は戊辰彝の「在十月一隹王廿祀翌日遘于妣戊武乙奭彘一」によつて武乙に配妣戊があるとしてゐるが(通釋七五)、卜辭には徵すべきものがなく文武丁時に母戊第五期に妣戊の稱謂がない。ここに於いて吳其昌は「武乙之奭蓋亦甚老壽矣」と帝辛時まで存命したとしてゐるが(解詁三續三三～三四)、右の王廿祀の翌祀は後述「祀譜檢討」によれば帝乙廿祀であるからこの說は信ずることが出來ない。

○文武丁配妣癸　第五期に母癸・妣癸の稱謂があるから文武丁に配妣癸のあることが解る。但だ吳其昌は四祖丁を文武丁として、四祖丁の配妣己・妣庚を文武丁の配としてゐるが、この說の誤であることは言を要しない(解詁一三三疏及び一三〇疏)。

第二項　先妣の祀序

先王には祭・𠭯・翌・彡・劦の五祀が供されてゐるが、先妣には祭祀の例がなく𠭯・翌・彡・劦の四祀が用ゐられて居り、この祭祀を缺くことは陳夢家も之を指摘してゐるがその理由については言及してゐない（燕京學報四〇期三五頁）。これは偶〻その例が未發現であるためか、或は兩者の祭祀に輕重があるためか、なほ後考に俟たねばならない。

先妣の祀序を知り得る版が少いから時代を別けて考察することは困難であり、從つて第二期版、第五期版を分けずに祀序を考察する。

（一）

通220

後上2.3

後上2.7

後上2.11

續存1513

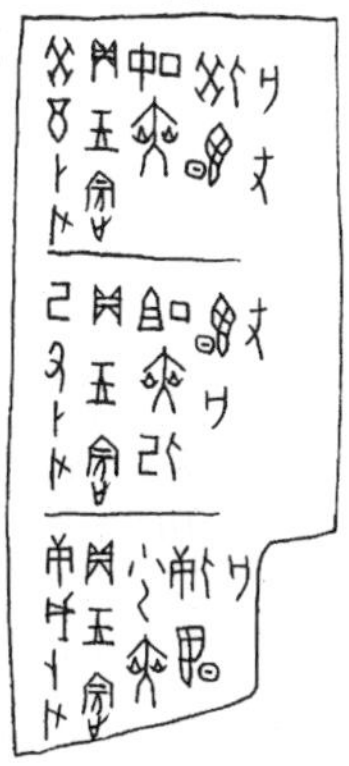

右の通220版に於いては、丙申に卜丙の翌祀・辛丑に大甲の配妣辛の翌祀・壬寅に大庚の配妣壬の翌祀・壬巳に大戊の配妣壬の翌祀が卜され、後上2.11版に於いては大戊の配妣壬の次旬の癸日に中丁の配妣癸が祀られ、續存1513版に於いては中丁の配妣癸の次々旬の己日に祖丁の配妣己、その次々旬の庚日には小乙の配妣庚の劦祀が卜されてゐる。

（二）

後上4.10

前1.17.4

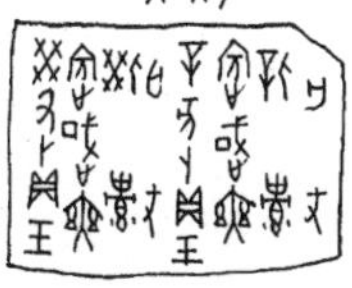

後上4.6

前1.17.2

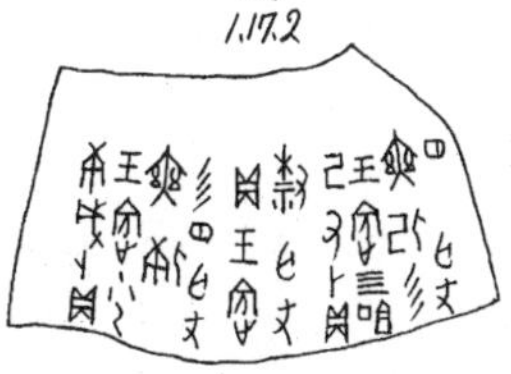

續1.17.7

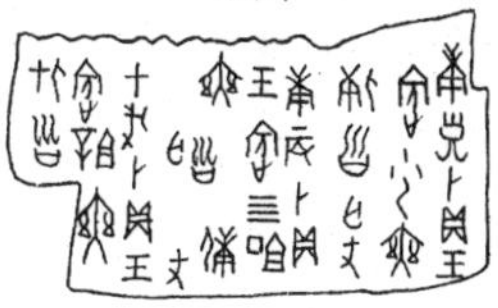

京5080

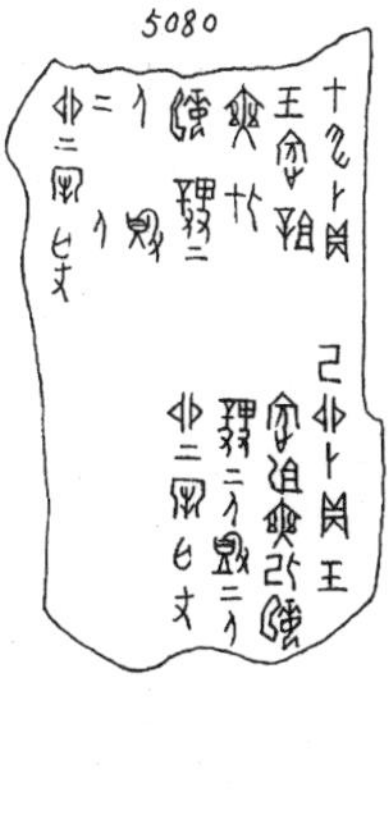

右の後上4.10版に於いては康祖丁の劦祀の前旬の癸日には武丁の配妣癸の劦祀、前1.17.4版に於いては武丁の配妣癸と同旬の辛日には武丁の配妣辛、後上4.6版に於いては武丁の配妣辛の前日には小乙の配妣庚、前1.17.2版に於いては小乙の配妣庚の前々旬の己日には祖丁の配妣己、續1.17.7版に於いては小乙の配妣庚の前々旬の庚日には祖丁の配妣庚、又甲日には祖辛の配妣甲、

京5080版に於いては祖辛の配妣甲の前旬の己日には祖乙の配妣己の祭祀が卜されてゐる。

(一)の續存1513版は第二期、(二)の前1.17.2版は第五期であるが、この兩版に於ける祖丁の配妣己と小乙の配妣庚の祀序が同一であるから、兩期の配妣の祀序は同一であることが解り、從つて(一)と(二)の配妣の關係を次の如く一表となすことが出來る。

日	甲	乙	丙	丁	戊	己	庚	辛	壬	癸
一旬			卜丙					大甲妣辛	大庚妣壬	
二旬									大戊妣壬	
三旬										中丁妣癸
四旬						祖乙妣己				
五旬	祖辛妣甲					祖丁妣己	祖丁妣庚			
六旬										
七旬							小乙妣庚	武丁妣辛		武丁妣癸
八旬				康祖丁						

右の後上2.7版及び後上4.10版に於いては先王と先妣とが同一版上に記されてゐて、兩者の祭祀が同一であることは先王と先妣が同一祭祀の体系中に祀られる明証である。然るに董作賓は後上2.7版の卜丙について「此外丙之㞢祭、殆亦誤入卜祀先妣之版上」(殷曆譜上・三・一三)とこれを誤入とし、その結果先王と先妣の祭祀の關係の判斷を誤り、「知五種祀典、各有祖妣兩祀系、然在實際擧行時、又爲如何之關係則未由知之」(殷曆譜上・三・三八)と實際に擧行される時には如何なる關係に在つたかは知るに由なしとし、又大陸雜誌に於いては先王と先妣の祭祀は別系統に行はれたとしてゐる(四期八卷)。之は卜丙を誤入と獨斷せるに因る誤謬である。この表の卜丙と康祖丁との關係は「先王の祀序表」の卜丙と康祖丁との關係に一致してゐるから、この表を次の如く先王の祀序表中に合載することが出來る。

日	甲	乙	丙	丁	戊	己	庚	辛	壬	癸
第一旬	上甲	報乙	報丙	報丁					示壬	示癸
第二旬		大乙		大丁						
第三旬	大甲		卜丙				大庚	大甲妣辛	大庚妣壬	
第四旬	小甲				大戊	雍己			大戊妣壬	
第五旬				中丁					卜壬	中丁妣癸
第六旬	戔甲	祖乙				祖乙妣己		祖辛		
第七旬	沃甲 祖辛妣甲			祖丁		祖丁妣己	南庚 祖丁妣庚			
第八旬	陽甲						盤庚	小辛		
第九旬		小乙		武丁		祖己	祖庚 小乙妣庚	武丁妣辛		武丁妣癸
第十旬	祖甲			康祖丁						
第十一旬		武乙		文武丁						

この表によつて先妣の祀序の原則を知ることが出來る。即ち

配妣はその配偶である王が祀られる日より以後の名の日に祀られる

のであつて、周易小過の爻辭に「過其祖遇其妣」とは之を謂ふものである。

この原則から次の版を解讀することが出來、示壬の配妣庚の祀序を定めることが出來る。この版に於いては示壬の配妣庚の五旬後に某丁の配妣己が卜さ

庫1221

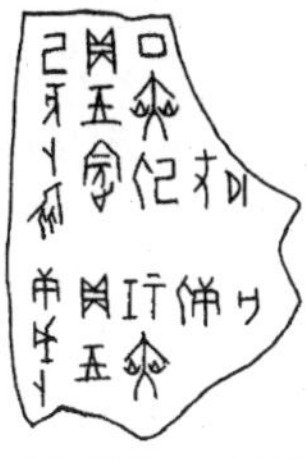

れて居り、妣己を配とする丁名の王は中丁・祖丁以外にはなく、假に之を中丁とせば、右の原則から中丁の配妣己は中丁と同旬の丁日に祀られ表の第五旬の己日である筈であり、而してこの妣己より五旬前に示壬の配妣庚が祀られるのであるから、妣庚は示壬よりも前に祀られることになつて右の原則を破る結果となる。假に之を祖丁とせば、祖丁の配妣己（表の第七旬己日）より五旬前の庚日が示壬の配妣庚の祀日であるから表の第二旬の庚日であり、之は示壬以後の最初の庚日であつて右の原則と一致してゐる。從つてこの妣の丁名の王は祖丁であり、祖丁の配妣己より五旬前の庚日、即ち原則から推定される表の第二旬の庚日が示壬の配妣庚の祀日であることが解る。之によつて右の原則の正しいことが愈々明かとなつたから、この原則に從つて直系先王の配妣を前表に補足せば、ここに先王先妣の祀序を復原することが出來るのである。

（先王先妣祀序表）

日	甲	乙	丙	丁	戊	己	庚	辛	壬	癸
第一旬	工典									
第二旬	上甲	報乙	報丙	報丁					示壬	示癸
第三旬		大乙		大丁			示壬妣庚			
第四旬	大甲 •示癸妣甲		卜丙 •大乙妣丙		大丁妣戊		大庚	大甲妣辛	大庚妣壬	
第五旬	小甲				大戊	雍己			大戊妣壬	
第六旬				中丁		•中丁妣己			卜壬	中丁妣癸
第七旬	戔甲	祖乙				祖乙妣己		祖辛	•祖辛妣壬	
第八旬	沃甲 •祖辛妣甲			祖丁		祖丁妣己	南庚 •祖辛妣庚 祖丁妣庚			
第九旬	陽甲 •祖丁妣甲						盤庚	小辛		
第十旬		小乙		武丁		祖己 •小乙妣己	祖庚 小乙妣庚	武丁妣辛		武丁妣癸
第十一旬	祖甲			康丁	•武丁妣戊 •祖甲妣戊			•康丁妣辛		
第十二旬		武乙		文武丁	•武乙妣戊					•文武丁妣癸

（備考）

一、•印のものは補足せる配妣。

二、第二期には沃甲の配妣庚が祀典に列し（京3299）その祀日は第八旬の庚日であり、同様に卜丙の配妣甲の祀日は第五旬の甲日である。

次に右の表によれば容易に解讀出來る數例を附記して、この表が卜辭と符合する傍證となす。

七 P104

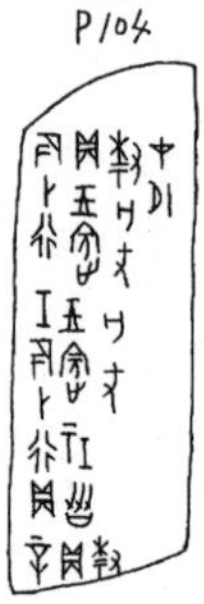

金6

この版に於いては示壬の彡祀の前に辛日に某の祭祀がトされてゐる。前表によれば示壬の彡祀(第三旬祀)は第四旬の壬日であり、その前日には大甲の配妣辛が祀られてゐるから、この辛日のトは大甲の配妣辛の祀をトするものである。

この版に於いては癸酉に中丁の配妣癸をトし、前旬の壬戊に某の祭祀がトされてゐる。前表によれば中丁の配妣癸の前旬の壬日には大戊の配妣壬が祀られてゐるから、これをトするものである。

甲2799

この版に於いては癸丑に妣癸、五旬後の甲午に父甲、更に次旬の丁未に小乙の配妣庚がトされてゐる。この版は第三期であるから父甲は祖甲であり、而して前表によれば祖甲の五旬前の癸日には中丁の配妣癸が祀られてゐるからこの妣癸は中丁の配であり、又次旬の庚日には小乙の配妣庚の彡祀が行はれるから、丁未のトは之を早期にトするものであらう。

京3299

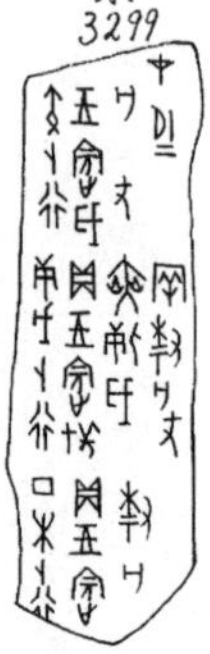

この版に於いては庚戌に甲名の王(明瞭を欠く)の配妣庚、その三日前の丁未及び四日後の甲寅にはそれぞれ某の祭祀がトされてゐる。庚名の配妣を有する甲名の王は獨り沃甲のみであるからこの甲名王は沃甲であり、前表によれば沃甲の配妣庚が祀られる第八旬の庚日より三日前の丁日に祖丁が祀られ、四日後の甲日に陽甲及び祖丁の配妣甲が祀られてゐるから、この版の上下の二辞は之をトするものである。

佚566

後上4.1

上掲の二版に於いては沃甲と妣甲が同日に祀られてゐる。前表によれば沃甲と祖辛の配妣甲とは同日に祀られてゐるから、この妣甲は祖辛の配であつて、後上4.1版の辛は自辛の殘字であることが解る。

七 P80

この版に於いては辛卯に母辛(武丁配妣辛)、次旬の乙未に小乙が祀られてゐる。前表によれば武丁の配妣辛と小乙とは同旬に祀られ、而して右の如く祀られるのは小乙の祀が壴祀の場合である。前述の如く配妣には翌祀を行はず壴祀に始まるから、この版は辛卯に武丁の配妣辛に壴祀し乙未に小乙に壴祀するものである。

後上3.5

粋327

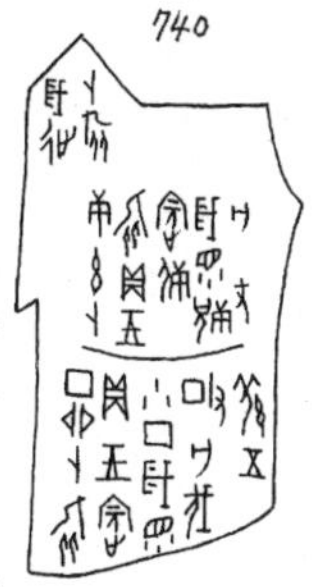

明740

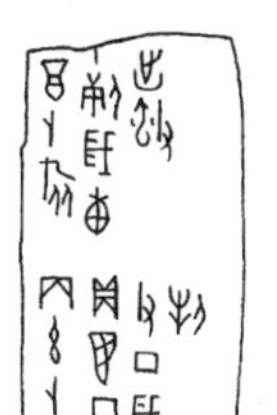

明2360

右の第二期の四版に於いて後上3.5粋327明740に在つては妣庚と兄庚が同日に祀られてゐる。第二期の兄庚は祖庚であり、前表によれば小乙の配妣庚と祖庚は同日に祀られてゐるからこの妣庚は小乙の配であることが解り、果して後上3.5版には祖乙奭妣庚と記されてゐて、この祖乙が小乙であることをも併せて知ることが出來る。明740明2360に在つては妣庚の三日前に父丁がトされて居り、これは前表と符合してゐる。又明740版に於いては父丁と小丁が同日に祀られて居り、前表によれば武丁の祭祀の日には祖丁の劦祀が行はれるから小丁が祖丁であることが解るのである。

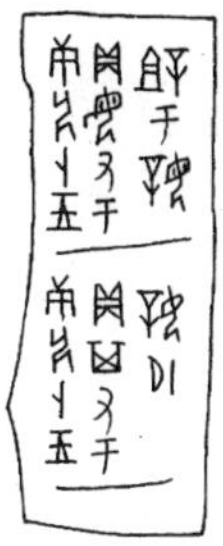

續1.42.5

前1.12.2

上揭の二版は共に第二期であつて續1.42.5版に於いては祖辛と母辛が同日に祀られてゐる。前表によれば祖辛と母辛（武丁配妣辛）とが同日に祀られることはなく、而して小辛の壹祀と母辛の祭祀とは同日に行はれるからこの祖辛は小辛を謂ふことが解る。然らば前1.12.2版に於いては祖辛と「奭」が同日に祀られてゐるが、これも亦小辛と母辛と解すべきであつて、この辭は「貞翌辛酉又于祖辛又(卜下二)奭」であり、之によつて奭が母字の代りに用ゐられることが解る。羅振玉はこの又奭を有妃として「卜辭又云有奭猶言有妃也、是奭有妃之誼」（殷考中五）としてゐるが、これは望文生義に過ぎない。

以上は祀序表によつて始めて解し得る數例に過ぎないが、卜辭と祀序表の一致してゐる一斑を窺ふことが出來る。なほこの祀序表が甲骨版の接合の是非を辨ずる規準となることは當然であつて、例へば曾毅公の甲骨掇合編に就いて見るに、二四の後上3.4の接合、二九及三二の接合、七一・七二及び七三の接合は盡く非、六八の丙と丁、戊と己の接合は是なるも、甲と乙、乙と丙、丁と戊の接合は非、七四の後上47.48.49の接合、及び前1.33.5 1.37.1の接合は是であるが、この兩者の接合は非である（その理由は煩を避けて省略する）。

以上に於いて第二期及び第五期に於ける先王・先妣の祀序を明かにしたから、次に第一期・第三期・第四期について五祀及び祀序の有無を檢討しなければならない。

第三節　第一期・第三期・第四期の五祀と祀序

董作賓が「彡日𦎫日翌日之祭、皆不常見於前四期」（断代研究例）としてゐるやうに、五祀の卜辞は第一期・第三期・第四期には尠く、貞旬卜辞に祭祀が記載されてゐる例は僅かに第一期に一例（菁1）、第四期に一例（粹193）に過ぎず、第二期・第五期とは甚しく趣を異にしてゐる。ここに於いて董氏はこの兩者の間に祀典上の變化があるものと考へて舊派（第一・三・四期）・新派（第二・五期）の假説を立て、「新派中彡翌祭壹𦎫五種祀典之嚴容組織、舊派中未嘗見之」（殷暦譜上三・三）・「五種之祀典、創自祖甲」（上三・五）と、五祀は舊派には行はれず又祖甲時に創るとして祀典上に於ける兩派の相違を述べてゐる（上・三・四）。陳夢家はこの董説に從つて「武丁時周祭（五種祀典）制度、還沒有成立」（商王廟號考二頁）としてゐるが、果して二氏の見解が妥當であらうか。次に右の三期について㈠五祀の有無、㈡祀序の存否を檢討する。

第一項　五祀の有無

第一期・第三期・第四期に五祀を卜してゐる例は少いが、次の如くこれを見ることが出來る。

（第一期）

祭　未見

壴　未見

𦎫　後下34.1　[illegible]　（同版上㱿署名）

佚887　[illegible]

拾掇2.98　[illegible]　（同版上㱿署名）

前4.2.4　[illegible]　（同版上㱿署名）

彡　鉄249.1　[illegible]　（粹107異版同文）

文536　[illegible]

林1.13.7　[illegible]

翌　寧3.30　[illegible]　（通塊1略同文）

甲3484　[illegible]　（前6.51.2 [illegible]）

乙3323　[illegible]

第一期には祭・壴の例はないが𦎫・彡・翌の三祀が行はれてゐる。祭字は「[illegible]」（乙5317）・「[illegible]」（南誠30）・「[illegible]」（掇1.516）と方國名として用ゐられてゐるから、祭祀の一例も存しないことは壴祀と共に未だこの期に行はれてゐないとせざるを得ない。

（第三期）

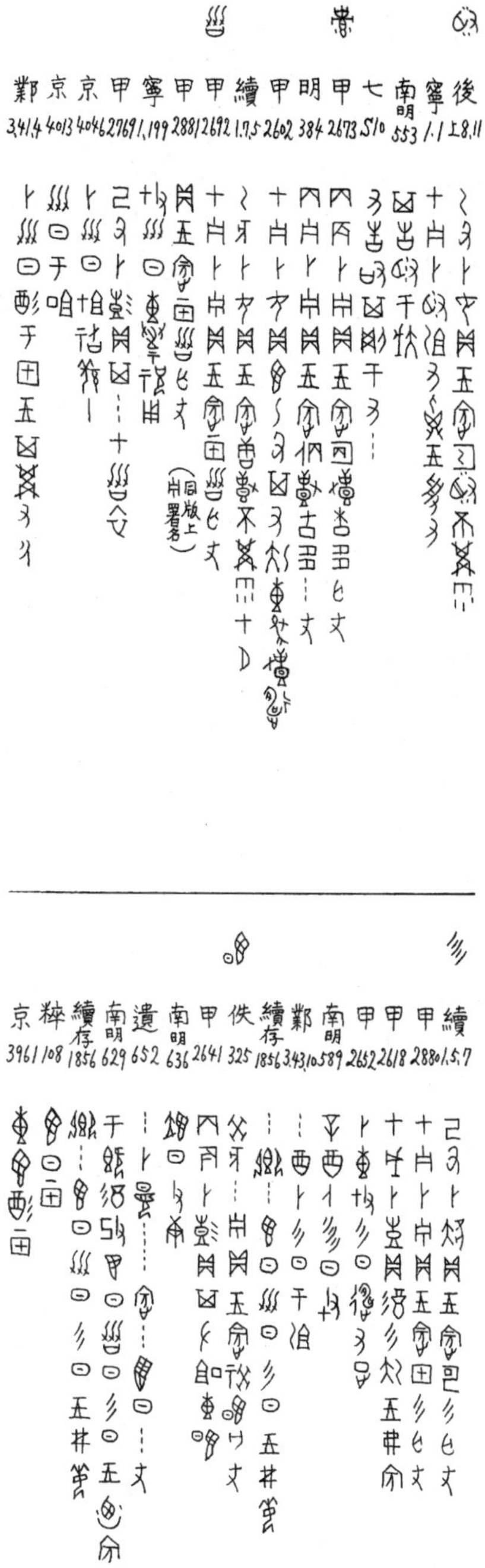

後上8.11　寧1.1　南明553　七S10　甲2673　明384　甲2602　續1.7.5　甲2692　甲2881　寧1.199　甲2769　京4046　京4013　鄴3.41.4（同版上に……署名）

續1.5.7　甲2880　甲2618　甲2652　南明589　鄴3.43.10　續存1856　佚325　甲2641　南明636　遺652　南明629　續存1856　粹108　京3961

第三期には□・□（第二・三期には□に作る）・□・□・□の五祀が王賓を以つて行はれてゐて、第二期と異らない。

（第四期　武乙時）

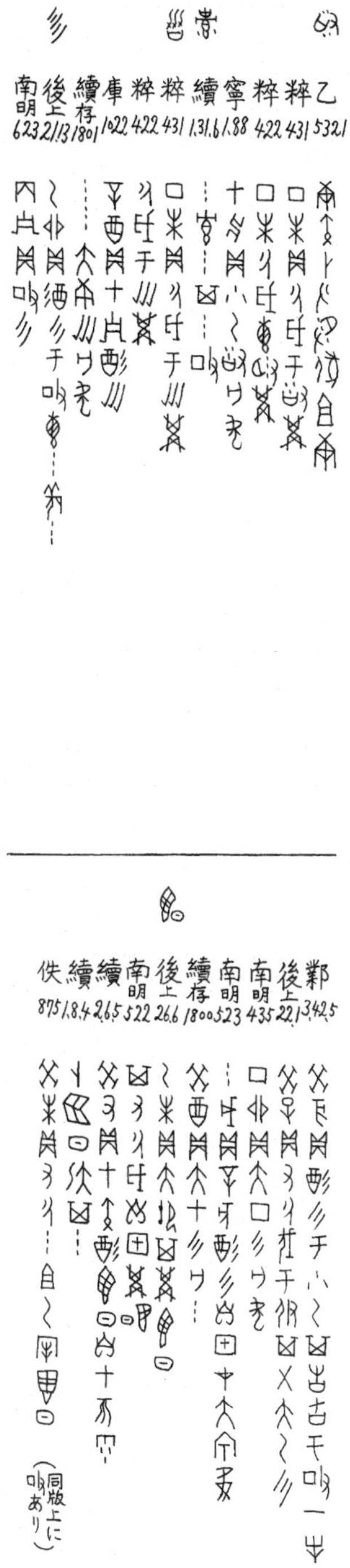

乙5321　粹431　粹422　寧1.88　續1.31.6　粹431　粹422　庫1022　續存1801　後上21.13　南明623

鄴3.42.5　後上22.1　南明435　南明523　續存1800　後上26.6　南明522　續2.6.5　續1.8.4　佚875（同版上に□あり）

武乙時には第三期の□・□が□に作らて居り、この期にも五祀が行はれてゐる。從つて陳夢家が「武乙的周祭卜辭很少、明續六二六父丁劦、是一例、」（卜辭綜述二〇二頁）としてゐるのは妥當ではない。

（第四期　文武丁時）

翌　未見
𠷎　未見
劦　未見

文武丁時には彡・祭の例を見るだけである。

要するに第一期には翌・𠷎の二祀の例がないが劦・彡・祭三祀が行はれ、第三期及び第四期武乙時には五祀の祭名が備つてゐて、第三期には王賓を以つて行はれ、文武丁時には僅かに彡・祭二祀の例を見るのみである。従つて第一期には劦・彡・祭の三祀が行はれ、第二期より殷末に至るまでは五祀が行はれたものと考へられる。

彡　續存下589　[甲骨文]　（同版上有署名）
　　甲483　[甲骨文]
祭　後上20.15　[甲骨文]
　　後上3.16　[甲骨文]

第二項　祀序の存否

この三期に祀序が存するか否かは二方面より考察しなければならない。その一は卜辞版に祀序を検出し得るか否かであり、その二は祀序は先王を名の日に祀る原則と王位の序列に従つて祀るの原則より成立してゐるから、この三期に斯かる二原則が行はれてゐるか否かであつて、次にこの二方面について考察する。

一、祀序の検出

（第一期）

乙2508

この版に於いては乙未に唐を祀り、同旬の丁酉に大丁を祀つてゐる。唐は大乙であつてこの祭祀の關係は祀序表の大乙と大丁の祀序に符合してゐる。

（第三期）

鄴2.36.11
京704

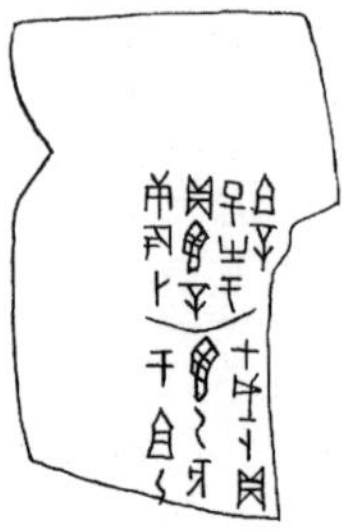

この版を胡厚宣は京津所見甲骨集に於いて第一期としてゐる。乙亥に祖乙を祀り同旬の辛巳に祖辛を祀つて居り、この關係は祀序表の祖乙と祖辛の祀序と符合してゐる。

甲2502

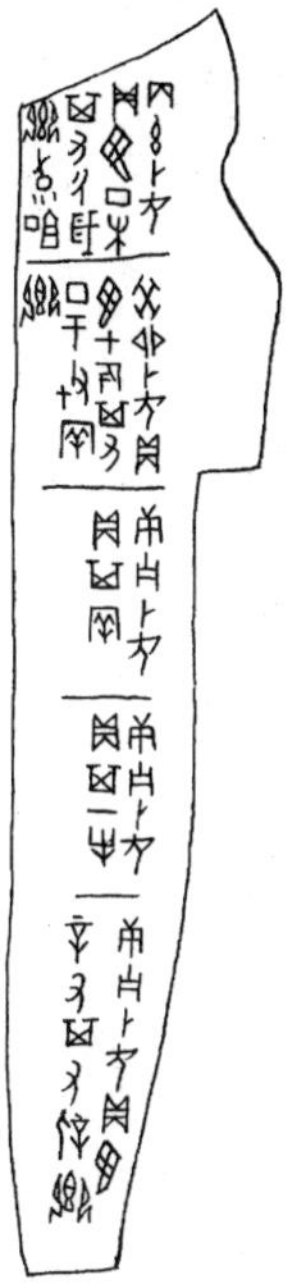

この版に於いては辛丑に妣辛を祀り、次旬の甲辰に父甲（祖甲）を祀つてゐる。この關係は祀序表の武丁の配妣辛と祖甲の祀序と符合してゐる。

甲2693

この版に於いては丙辰に報丙に祟祀し、次旬の甲子に上甲に甾祀を行つてゐる。この關係は祀序表の報丙と上甲の祀序に符合してゐる。

甲2616

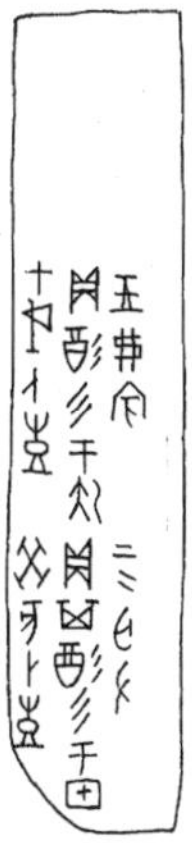

この版の辞は前日卜であるから上甲は甲子に、大乙は次旬の乙亥に彡祀されてゐるのであつて、この關係は祀序表の上甲と大乙の祀序に符合してゐる。

甲2880

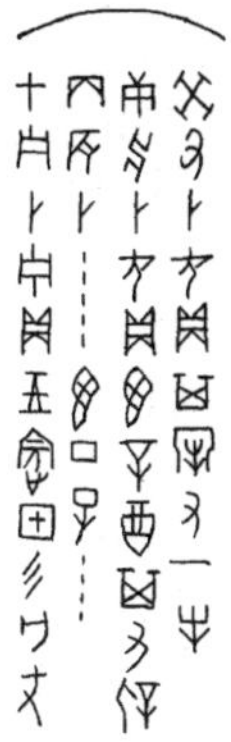

この版の四辞を甲子の上甲の彡祀を基として考察せば、癸丑の明日甲寅に祖甲の祟祀、丁巳に武丁の甾祀、辛酉に武丁の配妣辛の甾祀を行つたものと解されるのであつて、この關係は祀序に合してゐる。

甲2799

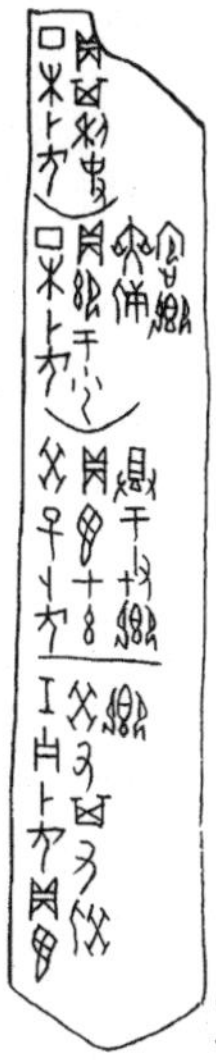

この版に於いては甲午に父甲、五旬前の癸丑に妣癸を祀つてゐるが、祀序表によればこの妣癸は中丁の配妣癸に當り、又父甲の次旬には小乙の配妣庚が祀られてゐて、祀序表によれは妣庚の祀は甾祀に當るのである。

（第四期　武乙時）

寧1.9

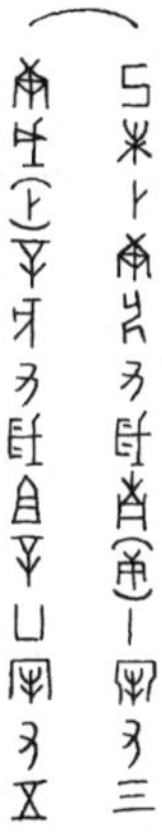

この版に於いては庚申に南庚、その前旬の辛亥に祖辛を祀ることを卜してゐるが、この關係は祀序表の南庚と祖辛の祀序と符合してゐる。

甲3374

この版に於いては大戊が丁日に卜されて居り、この例に從へば丙午に卜されてゐる王は大丁であり、丙午の明日丁未に大丁を、丁卯の明日戊辰に大戊を祀るものであつて、この關係は祀序表の大丁と大戊の祀序に符合してゐる。

拾掇1.456

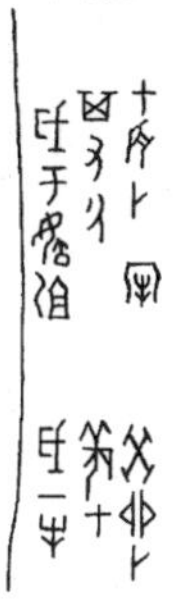

この版に於いては癸卯の明日甲辰に沃甲の甾祀、甲辰の明日乙巳に害祖乙の酘祀が卜されたものと解せば、この關係は祀序に合す。

寧 1.88

粹 297

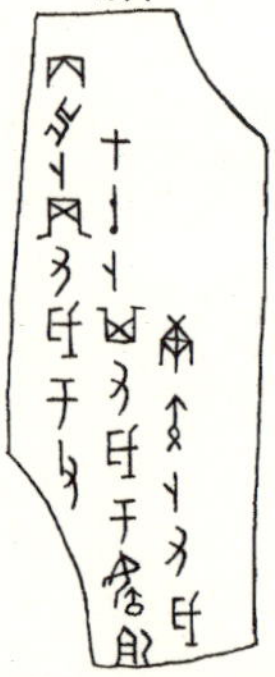

この版に於いては甲申に小乙の祭祀、次々旬の甲辰に小乙の日祀が卜されてゐる。この祭に對する日は翌日・彡日・劦日のいづれかであつて、祭祀の次々旬に行はれてゐるから翌日祀であり、甲申に祭祀、次々旬の甲辰に翌祀を行つたものである。

この版は前日卜であるから丙申に卜されてゐる王は父丁（康丁）であり、庚寅に卜されてゐる者は辛名の王であつて、乙未に𢓍祖乙の祟祀、丁酉に父丁の祭祀、辛卯に小辛の祟祀が行はれたものと解せば、この關係は祀序に合してゐる。

（第四期　文武丁時）

通 新3

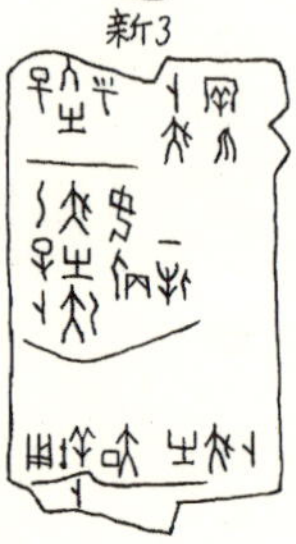

この版に於いては乙巳に大乙の配妣丙を、その前に大丁を卜してゐる。祀序表に於いては大丁の祀は大乙の配妣丙の前に行はれてゐるから、この版は祀序表と一致してゐる。

庫 1016

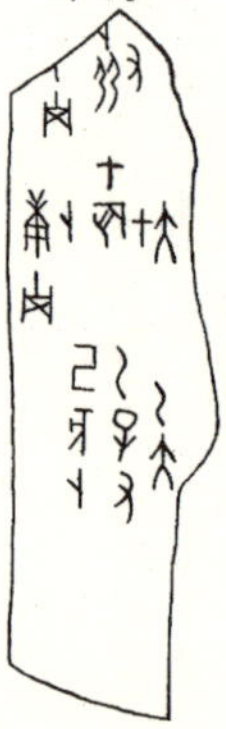

この期には倒書の例が習見（粹218 193 149 908 佚38 七W4）であつてこの「〜大」は大乙であり、乙巳に大乙の祟祀、甲辰に大甲の祭祀を行ふものと解せば、この關係は祀序に合してゐる。

佚 897

この版に於いては甲子に祖乙、次旬の戊寅に妣庚を卜してゐる。祀序表に於いては祖乙の次旬の庚日に祖辛の配妣庚と祖丁の配妣庚が祀られてゐるから、この版の祖乙と妣庚は祀序表と符合してゐる。

右の十五版に於ける王妣間の祀序の關係は第二期・第五期の祀序と一致して居り、右の如く五祀祭名の存することと相俟つて、先王先妣の祀序の存することを窺ふことが出來る。次に之を理論の方面から檢討する。

二、祀序の二原則の有無

祀序は前述の如く二原則によつて成立するものであるから、この三期に二原則が存在せば必然に祀序が存するものとしなければならない。

(1)　先王を名の日に祀る原則の有無

先王の祀日が明記されてゐる卜辭について、先王と祀日の關係を調査せば次の如くである。

○王名の日に祀られてゐる例

王名	第一期	第三期	第四期武乙時	第四期文武丁時
上甲	後下34.1 粹98 明125 卜235 拾1.2 甲1500 3651 乙3297 3418 4747 5272 5305 5983 8165	甲2692 2693 2880 2881	後上21.13 粹81 遺623 庫1051 1022 佚78 拾掇1.414 甲191 2667 南明432 478 516 續存1787	
報乙		後上8.11		
報丙		甲2693		
報丁				
示壬				
示癸		佚325 前1.1.7		
大乙	前5.26.3 續1.48.3 6.23.6 遺45 庫1398 乙753 2508 3021	續1.7.5 摭續42 甲2602 南明539	續1.7.7 寧1.164 拾掇1.415 續存1787	庫1016 粹150 金365 409 七W4
大丁	乙3094 4510		粹188 摭續109	續1.8.8
大甲	鐵115.1 270.1 前4.7.6 庫1645 乙3334 6664 6681 7258 續存247		庫1645 甲387 寧1.171 南明432 粹193	庫1016 粹186 京3990 續1.9.8
卜丙		明384		
大庚	乙6273 6661	京3993	後下40.11	乙238
小甲				
大戊	遺378	甲2881 遺387	粹217	
雍己		續1.5.7		
中丁	後上17.1 菁1 續存564		寧1.9	
卜壬				
戔甲				
祖乙	前1.10.2 4.51.4 7.30.3 續1.12.8 1.13.1 1.17.1 通大龜3 文278 310 林2.11.1 鐵63.3 84.3 庫1749 寧2.35 3.29 3.34 後上19.2 明860 拾掇1.57 1.58 甲3 3510 乙710 813 2556 2557 2728 3317 3469 4057 4590 5386 5896 6664 6703 7774 南明81 無113 114 京679 697 續存下176 下197	甲2407 鄴1.40.12	甲903 697 佚883 寧1.9 1.185 鄴3.45.12 遺639 續存254	拾掇1.358 甲899 京687
祖辛	前4.51.4 鄴2.36.11 乙710 2113 2556 2557 2728 5265 5313 5896 6664 6703 拾掇1.185		寧1.9	
沃甲	續1.23.2			
祖丁	鐵156.2 粹262 續1.21.7 南輔15 寧3.31 乙2113 2222 2973 3173 3453	甲2600		前3.23.4
南庚	乙1500		寧1.9	

一 ○王名の日に祀られざる例

第一期

續存237 乙4770 乙4815 前7.31.1 粹96 續1.13.3 續1.13.5 鐵252.1 遺345 乙4593 乙3216 乙7852 乙3337 京659

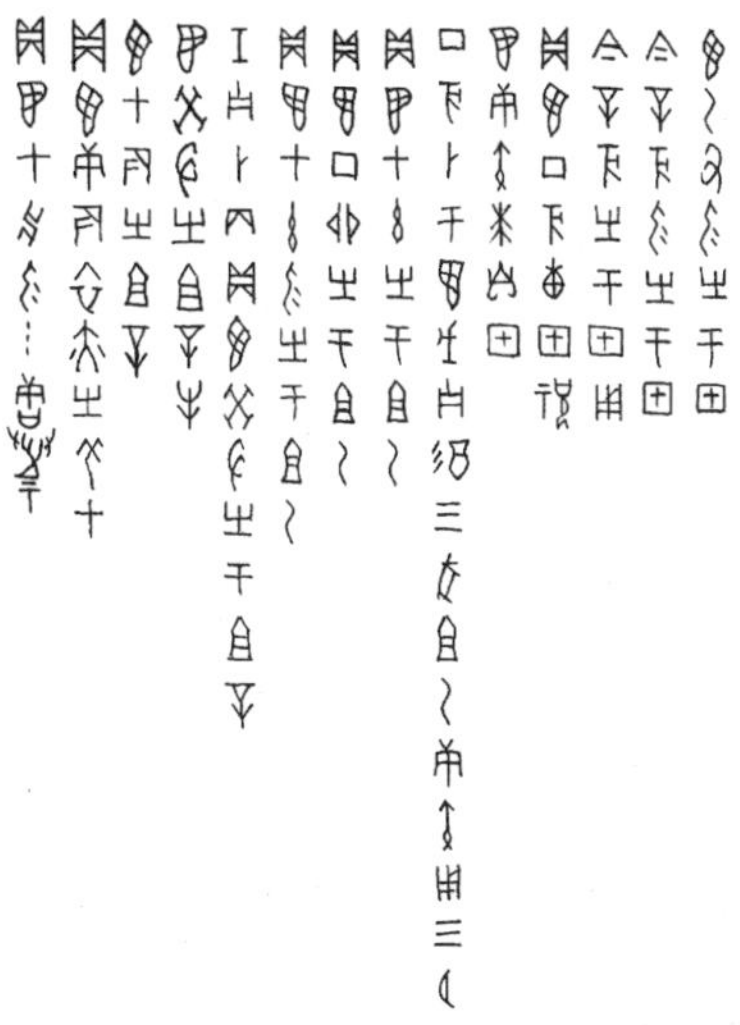

第三期

未見

第四期

後上29.5 京709 乙6690 乙108 南明523 戩1.9 南明526

祀日が明記されてゐるものは少く略ゝ以上の如くであつて、王名と祀日が一致してゐるものは二〇六例、一致してゐないものは廿一例であ

陽甲	盤庚	小辛	小乙	武丁	祖己	祖庚	祖甲	康丁
			鉄196.1 京757 續1.28.9 1.29.1 1.30.4 1.8.17 鄴1.38.6 乙1885 2293 卜614					
			鄴1.40.12	甲2502	粋313	通中村6	甲2502 2797 佚266	
			粋290					甲795 635 後上27.10 戩6.4
拾掇1.59				續存下756				

り、その比率は十對一であるから、王名の日に祀られないのが寧ろ異例であり、従ってこの三期に於いても先王が名の日に祀られる原則の存することが解るのである。

(2) 王位の序列に従って祀る原則の有無

この三期に於ける先王の祭祀が無秩序に行はれたものでないことは、前記の「祀序の檢出」に見て明かであり、而して次の如く王位の序列が定まってゐるから、右の祀序はこの序列に従ってゐることが解るのである。

第一期　乙5303　粋173
第三期　續存下601　甲158
第四期(武)　佚986　粋112
第四期(文)　捨掇2.166　東方2.2

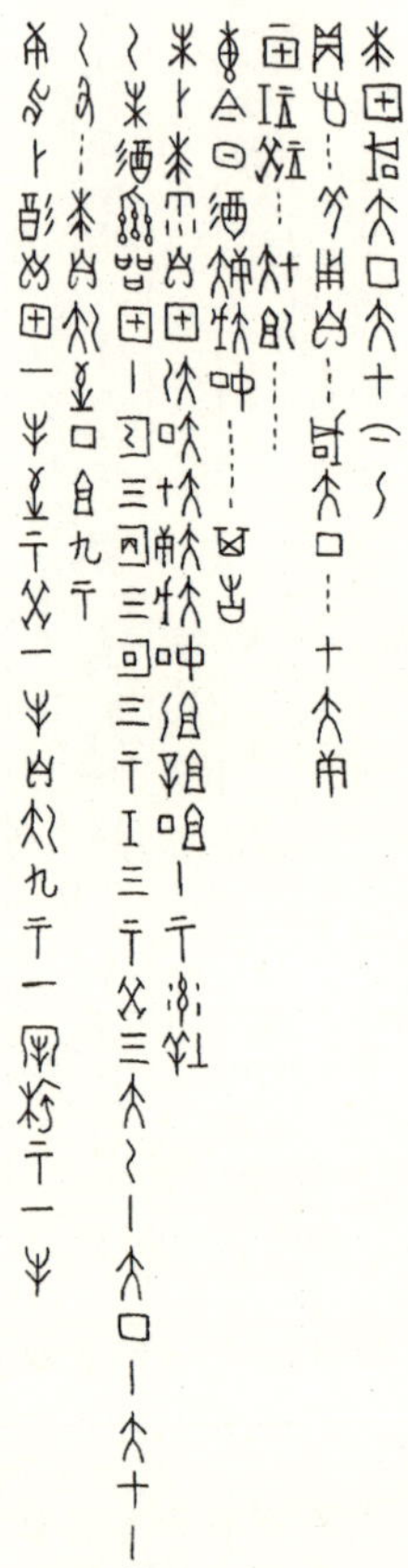

右の如く名の日に祀るの原則、及び王位の序列に従って祀るの原則があるから、この三期にも當然祀序が存してゐたとせざるを得ず、而して一版中にこの祀序を檢出し得る例を各期に見ることが出來、又五祀の祭祀が各期に行はれてゐるのであるから、五祀が祀序によつて行はれてゐることは疑ふ餘地がないのである。

五祀のうち翌・彡・劦の三祀は「日」を以って稱されるが、祭・壹の二祀が祭日・壹日と稱されることのないのは、元來この翌・彡・劦三祀が一連の祭祀であり、第一期に祭字があるが未だ祭名として用ゐられてゐないことと相俟つて、祭・壹の二祀は第二期に附加されたものと考へられる。第一期には翌・彡・劦の三祀、第二期以降は祭・壹・翌・彡・劦の五

祀が行はれてゐるから、董氏の新・舊兩派説は信を措くことが出來ない。（第三章第五節參照）

第四節　祀譜

五祀は先王の祀序に從つて翌祀（第二旬𡔷祀第三旬甾祀）・彡祀・劦祀の順に行はれ、劦祀に次いで又翌祀に始まることは前述の如くである。この五祀の一周に要する期間は祀るべき先王の数によつて異り、後期に及ぶに從つて祀るべき先王が増加するから多くの期間を要したのであつて、甲骨版によつて之を明かにし得るものは第二期と第五期であるから、先づこの兩期の五祀の週期を確定し、次に卜辞によつて五祀が實際に行はれた祀譜を復原する。この兩期の祀譜の研究には董作賓の殷暦譜があるが、本論考は全く之に據らざるものであり、董氏とは異つた結果に到達してゐる。

第一項　五祀の週期

五祀の期間を考察するに當つて最も重要なことは翌・彡・劦三祀の初旬に行はれる「工典」（第二期𢀛典）の位置を確定することである。翌・彡・劦三祀のそれぐの期間は前述の祀序表から容易に求めることが出來、例へば第二期に在つては翌祀には兄庚（祖庚）の甾祀を終るまでに十二旬、彡祀には十旬、劦祀には十旬を要したことは祀序表から明瞭であるが、この三祀の期間の合計が直に五祀の期間ではなくして、三祀の初旬の工典を前祀が終了した同旬に行ふか、或は次旬に行ふかによつて五祀の期間が三旬に亘つて動揺する。從つて工典の在り方を確定しない限り期間を決定し得ず祀譜を定めることが出來ないのである。董氏の祀譜はこの工典の檢討に徹底を缺き甚だ曖昧であるから、遂に五祀の期間を適當に伸縮して祀譜を構成する結果となつてゐる。

一、第二期の五祀週期

第二期に於いては左記の如く彡・劦二祀には𢀛典が用ゐられてゐるが、翌祀の𢀛典を知り得る版は未だ發見されてゐない。然し第五期には翌祀にも行はれてゐるから、この期に於いても翌祀に用ゐられ偶〻祭祀記載貞旬卜辞版の發現数が少いために（版十）、その例を見ることが出來ないものと考へる。この𢀛典の在り方を考察するに、左記の掇合21版に於いては、

掇合21

佚906

後上10.9

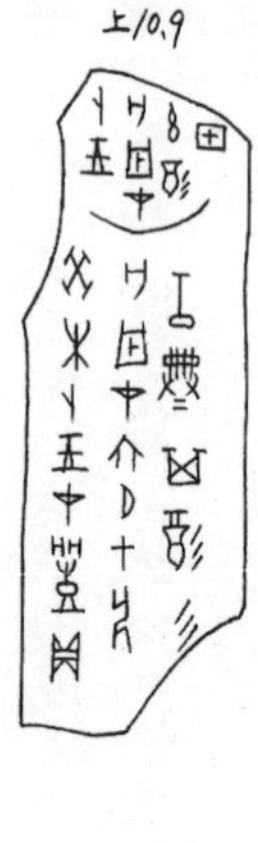

彡祀の工典が小乙の翌祀の次旬の甲日に行はれてゐる。祀序表によれば小乙の翌祀が行はれる旬には父丁、兄己、兄庚の翌祀が行はれて、第二期に於いてはこの旬を以つて祭祀を終了するのであるから、彡工典は祭祀を終了した次旬に行はれて居り、而してこの工典を行ふために特に一旬を設けて上甲の彡祀は工典の次旬に行はれてゐる。工典のために一旬を置くことは佚906版の劦祀の場合も同様であり、従つて祭祀の場合も同様と考へられる。斯くの如く第二期に於いては祭・彡・劦の各祀が終了した次旬に次の祭祀の工典が行はれて、この工典のために一旬が置かれてゐるから、祭祀には十二旬、彡祀には十旬、劦祀には十旬を要し（祀序表参照）、五祀の一週には三十二旬を要したことが解る。従つて董氏が「祖甲時祭祀先祖妣一週、需時僅三十旬」（殷暦譜上三・三）となしてゐるのは誤としなければならない。

この第二期の例に準じて他期の五祀週期を推測せば次の如くである（祀序表参照）。

第一期には祭・壹二祀がないから翌祀に十旬、彡祀に十旬、劦祀に十旬、計三十旬。

第三期は祖甲の翌祀を終了するまでに十三旬、彡祀に十一旬、劦祀に十一旬、計三十五旬。

第四期武乙時は康丁の翌祀を終了するまでに十三旬、彡祀に十一旬、劦祀に十一旬、計三十五旬。

第四期文武丁時は武乙の翌祀を終了するまでに十四旬、彡祀に十二旬、劦祀に十二旬、計三十八旬。

第五期帝乙時は文武丁の翌祀を終了するまでに十四旬、彡祀に十二旬、劦祀に十二旬、計三十八旬。

第五期帝辛時は帝乙の翌祀を終了するまでに十五旬、彡祀に十三旬、劦祀に十三旬、計四十一旬。

然しながら實際に果して右の如くであつたか否かは第五期以外には之を確定し得る甲骨版がなく、而して第五期の週期は次述の如くであつて、右の推測とは異り三十六旬乃至は三十七旬を要してゐるのである。

二、第五期の五祀週期

第五期に於いては祭・彡・劦三祀の工典はそれぞれ三祀の初旬に行はれてゐて次の如くである。

(1) 翌祀の工典

續1.5.1

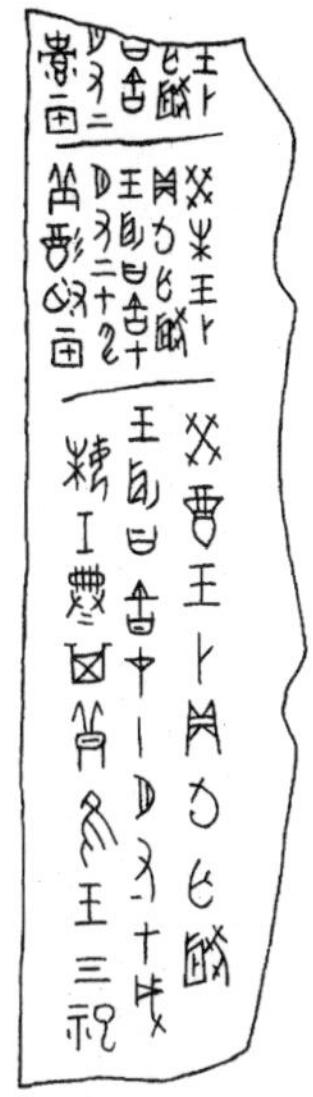

後上21.3

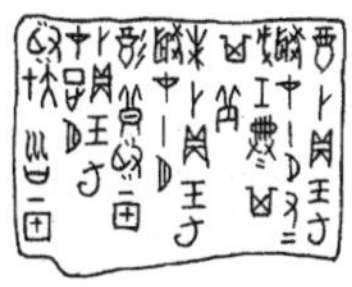

金579

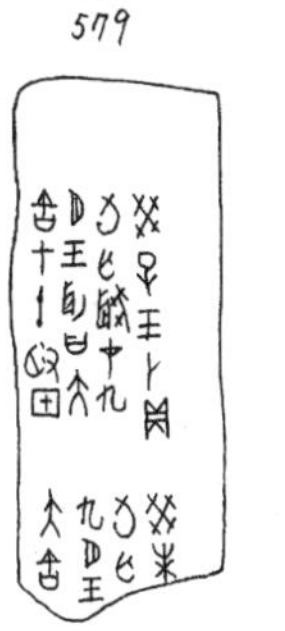

右の續1.5.1版・後上21.3版に見るが如く翌祀の工典は上甲に翌祀する前旬の甲日に行はれてゐる。又金579版に於いては上甲の翌祀の前旬には祭祀の記載がないが、この旬に工典が行はれてゐることは次の彡祀の金334版と同樣である(金334版參照)。

(2) 彡祀の工典

綴合附69

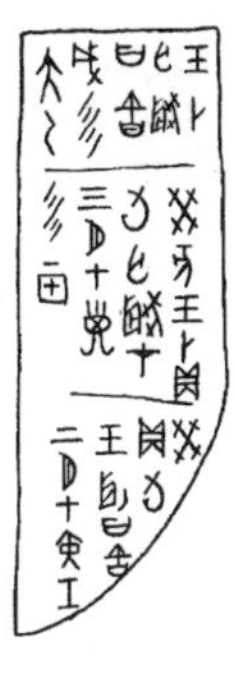

佚545

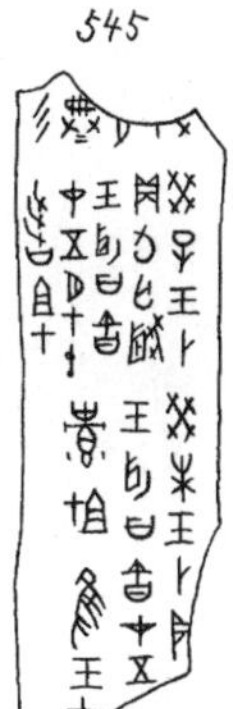

金334

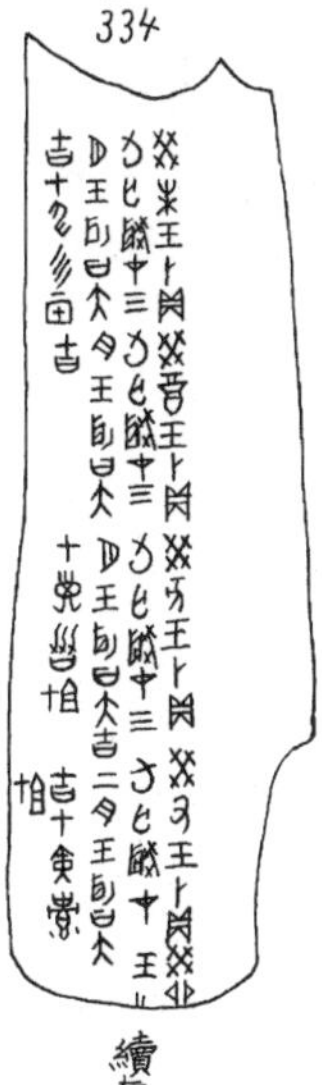

續存下968

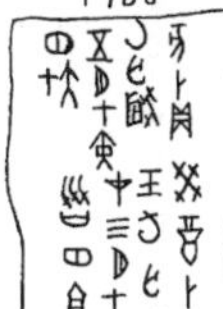

右の綴合附69版に於いては工典が上甲の彡祀の前旬に在り、佚545版に於いては祖甲の劦祀の次旬に行はれてゐる。この上甲の彡祀と祖甲の劦祀の關係は次の金334版の如き關係に在るから、彡祀の工典は彡亩と劦計の中間の旬に行はれることが解る。即ち第五期には祀序表によれば祖甲の次旬には武乙・文武丁の祀が行はれて居り、祖甲の劦祀の次旬には武乙・文武丁の劦祀が行はれるから、佚545版の劦計の次旬に行はれてゐる彡祀の工典は武乙・文武丁の劦祀と同旬に行はれるのであつて、彡祀の工典は翌祀の終了した次旬ではなく、翌祀の最終旬(武乙・文武丁の劦祀の旬)の甲日に行はれてゐるのである。而してこのことは次の續存下968版に於いても同樣であり、この版に於いては三月甲戌に祖甲の劦祀、五月甲寅に大甲の彡祀(曰上に彡字を欠く)を行つてゐるが、この間には「四月甲申彡工典(劦武乙の旬)」・「四月甲午彡上甲」・「四月甲辰(甲名王の祭祀なき旬)」の三旬があるのであつて、この場合に於いても彡祀の工典は祖甲の劦祀の次旬(劦武乙の旬)である。彡祀の工典が翌祀の最終旬(劦武乙の旬)に行はれる特殊性を理解してゐない陳夢家は、右の金334版をあげて「彡劦兩季之間不置工典」(卜辭綜述三九四頁)としてゐるのは大いに誤るものである。

(3) 祭祀の工典

摭續226

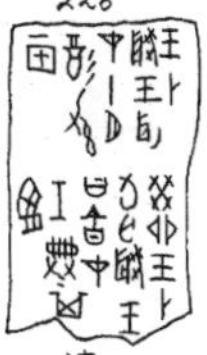

遺244

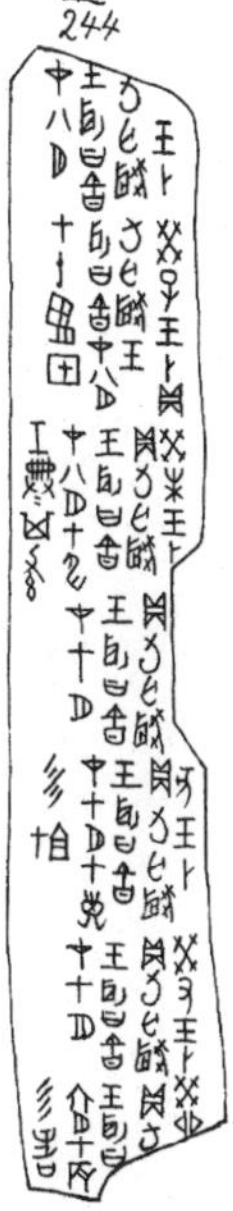

金455

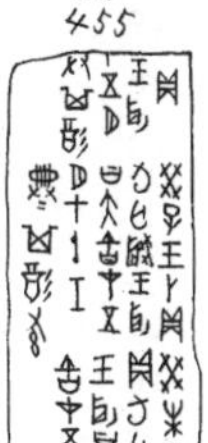

遺495

前3.28.5

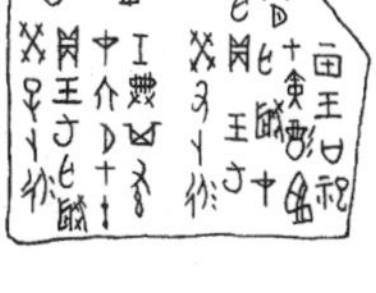

右の續226版・遺244版に於いては劦祀の工典が上甲の劦祀の前旬に行はれてゐる。又遺244版・金455版に於いては工典の前旬に祭祀の記載のない一旬があるが、この旬は遺244版に於いては祖甲の彡祀の次旬であつて、この旬には祀序表によれば武乙・文武丁の彡祀が行はれ、而して彡祀はこの武乙・文武丁を以つて終了するから、劦祀の工典は彡祀が終了した次旬の甲日に行はれ、工典の次旬に上甲の劦祀が行はれるのである。これは遺495版に於いても同樣であり、この版に於いては彡戠十を挾んで上下の二辭に工典が記されてゐるが、その祀日は三辭共甲申であつて下辭の工典は彡戠十の六旬前、上辭の工典は彡戠十の六旬後であつて、之を祀序表に見れば下辭の工典は彡祀のもの、上辭の工典は劦祀のものであることが解り、從つてこの版に於いても亦劦工典は彡祀終了の次旬に行はれてゐる。劦工典の次旬に上甲の劦祀が行はれることは右の如くであるが、前3.28.5版に於いては劦工典の次々旬に上甲の劦祀が行はれてゐるのは異例であつて、これについては後述帝辛祀譜王廿祀に詳述する。要するに劦工典は彡工典とは異つて前祀が終了した次旬の甲日に行はれるのである。

(4) 劦祀より祭祀へ

哲庵藏拓
(卜辭綜述圖版)

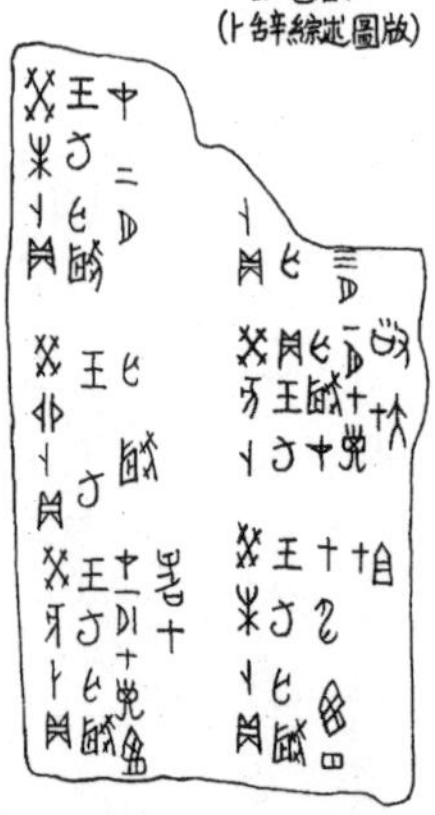

續
1.5.6

CTLの
殷曆譜
帝辛祀譜
四九葉所收

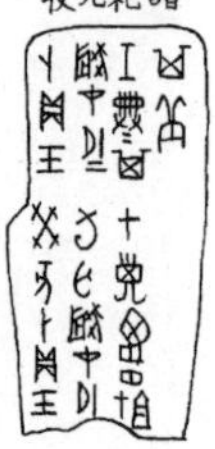

劦祀が終了せば祭祀が行はれることは上揭の三版に明かであつて、哲庵藏拓に於いては祖甲の劦祀の四旬後に大甲の祭祀が行はれ、CTL版に於いては祖甲の劦祀の次旬に祭祀の工典が行はれ、續1.5.6版に於いては某王の𢀛祀の六旬後に上甲の祭祀が行はれてゐる。CTL・續1.5.6版の「肖」字は例へば「彡肖祭⊞」(前6.59.3 續1.5.1 明789 前4.19.3 後上20.13)・「工典⊠肖」(續1.5.1 後上21.3 これらは祭祀の工典)の如く用ゐられ、而して祭祀以外には用ゐられないからCTL版の工典は祭祀の工典であり、續1.5.6版の缺字は「祭」であつて、十一月癸卯(甲辰)劦戔甲、十一月癸丑(甲寅)劦沃甲、十一月癸亥(甲子)劦陽甲、十二月癸酉(甲戌)(甲名王の祭祀なし)、十二月癸未(甲申)劦祖甲、十二月癸巳(甲午)祭工典、正月癸卯(甲辰)祭上甲である。從つてこの三版は次の如くであつて、祭祀の工典は祖甲の劦祀の次旬に行はれ

CTL	哲庵	續1.5.6
		劦(戔甲)
		(劦沃甲)
		(劦陽甲)
		(○)
劦祖甲	劦祖甲	(劦祖甲)
祭工典	(祭工典)	祭工典
	祭上甲)	祭上甲
	(○)	
	)祭大甲	

、祖甲の次旬には武乙・文武の劦祀が行はれるから祭祀の工典は劦祀の最終旬に行はれることが解る。

右の如く前3.28.5版の異例を除く外は、工典は祭・彡・劦三祀に於いて上甲を祀る前旬に行はれて居り、而して祭工典は武

乙・文武丁の劦祀と同旬の甲日、彡工典は武乙、文武丁の翌祀と同旬の甲日、劦工典は武乙・文武丁の彡祀の次旬の甲日に行はれてゐる。従つて祭工典より彡工典までは十三旬(彡工典が翌武乙と同旬)、彡工典より劦工典までは十二旬(劦工典が彡祀終了の次旬)、劦工典より祭工典までは十一旬(祭工典が劦武乙と同旬)であつて、五祀の一週に三十六旬を要して居り、前記推測の帝乙時三十八旬よりは二旬短縮されてゐる。斯くの如く祭祀と彡祀との工典を前祀の最終旬(武乙・文武丁の旬)に行ふことによつて短縮を計つてゐるから、劦祀の工典を彡祀の最終旬に行へば更に一旬を短縮し得て三十五旬ともなし得る譯であり、又この方法によつて短縮することも行はれてゐるが(帝辛祀譜王廿祀参照)、三十五旬を以つて五祀を終了してゐる例はなく、更にこれ以上に短縮しようとせば前祀と後祀とを重疊せざるを得ず、斯かる例も亦絶無であるから三十六旬以下に短縮しなかつたのである。然し三十六旬週期のみ行はれたのではなくして、次の如く三十七旬週期も用ゐられて居り、この場合には祭工典を劦祀の終了した次旬に行ひ、彡工典のみを祭祀の最終旬に行ふ方法が採られてゐる。

月	干支	王三祀	
1	甲寅 甲子 甲戌		祭小甲 ○ 祭戔甲
2	甲申 甲午 甲辰		祭汱甲 祭陽甲 ○
3	甲寅 甲子 甲戌	彡工典	祭祖甲 ○ ○
4	甲申 甲午 甲辰	[彡上甲] ○ 彡大甲	彡工典 彡上甲 ○
5	甲寅 甲子 甲戌	彡小甲 ○ 彡戔甲	彡大甲 彡小甲 ○
6	甲申 甲午 甲辰	彡汱甲 彡陽甲 ○	彡戔甲 [彡汱甲] 彡陽甲
7	甲寅 甲子 甲戌	彡祖甲 ○ 劦工典	○ 彡祖甲 ○
8	甲申 甲午 甲辰	劦上甲 ○ 劦大甲	劦工典 劦上甲 ○
9	甲寅 甲子 甲戌	劦小甲 ○ 劦戔甲	劦大甲 劦小甲 ○
10	甲申 甲午 甲辰	劦汱甲 劦陽甲 ○	劦戔甲 劦汱甲 劦陽甲
11	甲寅 甲子 甲戌	劦祖甲 ○ [祭工典]	○ 劦祖甲 ○
12	甲申 甲午 甲辰	[祭上甲] ○ 祭大甲	祭工典 祭上甲 ○

前3.27.7

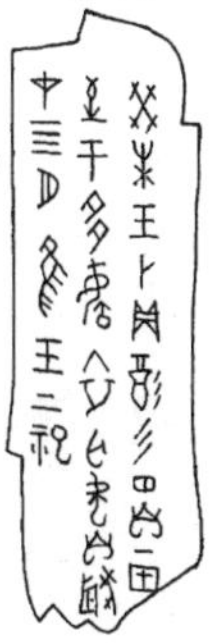

續1.5.1

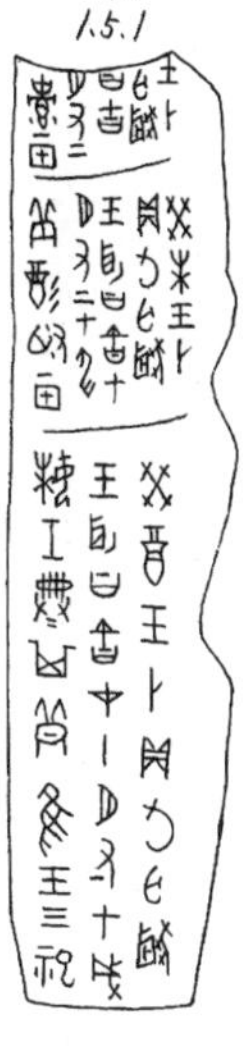

續1.23.5

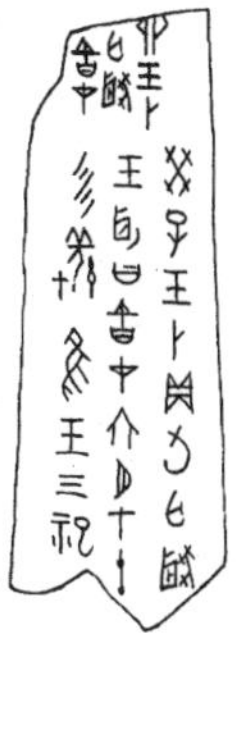

右の前3.27.7版には王二祀四月甲申に上甲の彡祀、續1.5.1版には王三祀十二月初旬甲申に上甲の祭祀、續1.23.5版には王三祀六月甲午に汱甲の彡祀が記されてゐるから、この關係は上掲表の如くなる。これによれば王二祀の四月甲申に上甲の彡祀が行はれ、而して王三祀の上甲の彡祀は四月甲午に行はれてゐるから、この間には三十七旬を要してゐて右の三十六旬より一旬多くなつてゐる。これは右の如く三十六旬の場合は祭工典が劦祀の最終旬即ち劦祖甲の次旬に行はれるのであるが、この表に於いては劦祖甲の次々旬に行はれてゐるから、多一旬はこれによることが解り、従つて三十七旬週期の際は祭工典を劦祀終了後即ち武乙・文武丁の劦祀を終了した次旬に行ひ、その他は三十六旬週期の場合と同様であることが解るのである。

之を要するに第五期には三十六旬週期・三十七旬週期が用ゐられ、三十六旬週期は祭工典を劦祀の最終旬、彡工典を彡祀終了の次旬に行ふことによるものであり、三十七旬週期は祭工典を翌祀終了の次旬、彡工典・翌工典は三十六旬週期の場合と同じく行ふことによるものであつて、この外に三十五旬・三十八旬・四十一旬などの週期は用ゐられてゐない。これは獨り帝乙時に於いて然るばかりではなくして帝辛時に於いても同様であり、帝辛時に於いては第二期法式に從へば父帝乙のために一旬を要するから四十一旬であつて、三祀の工典を前祀の最終旬に行ふことによつて三旬の短縮を計つても三十八旬以下には短縮し得ない筈であるが、實際には父帝乙の祭祀のために特に一旬を設けず、且つ短縮を計つて三十六旬・三十七旬の週期を用ゐてゐる。斯くの如く三十六旬・三十七旬週期に限られてゐるのは、五祀週期を一太陽年内に終了せしめようとする意圖によるものと考へられる。

第二項　殷曆譜・祀譜の批判

董作賓の殷曆譜は自ら謂ふやうに「帝乙帝辛兩譜、爲最先研究之成果、亦爲編著殷曆譜全書之總動機」(上・三)と、帝乙・帝辛祀譜の成果がその動機をなしてゐる。この殷曆譜に於ける殷代の曆法には幾多の問題があり、これについては後述(第二篇第七章)に詳論するが、次に帝乙・帝辛祀譜が構成されてゐる基礎について批判する。

一、彡祀を五祀の首とする説について

董氏は次の如く五祀の首を彡祀、尾を劦祀となし、五祀は彡祀・翌祀・祭祀の順に行はれたとして祀譜を構してゐる。

今以彡爲五種祀典之首、而以劦爲之尾、亦自有説、第一、五種祀典創自祖甲、其時無一祀系、需時九旬、五九四十五旬、爲一歲所不能容、故複登其祭壹劦之三種之祀典、使三十旬而一週、此彡翌所以單獨擧行、祭壹劦所以聯合擧行也、先疏後密、爲其原理、否則以祭爲首、而彡翌又何不聯合複重之、第二、以祀事言、彡爲鼓祭、翌爲翌舞、樂舞所以娯祖妣者也、祭者有酒肉、壹用黍稷、酒食所以享祖妣者也、終之以劦、更合他種祀典、總其大成而祀事畢矣、此亦事理之至順者也、(殷曆譜卷一・一六)

五祀は祭・彡・翌・祭と循環してゐてこのどれが首であるかを決定することは必ずしも容易ではなく、且つ之が決定を誤ればこれに基づく祀譜は空文となるのである。董氏は五祀の首を彡祀とする二理由をあげて居り、その一は祖甲の祀典改制時に在つては五祀の期間が四十五旬(董氏は第二期祖庚時には一祀に九旬を要したとす)であつて一歲以上を要してゐたから、之を一歲内に行ふために

祭・𩛥・劦三祀を複疊擧行・彡祀・翌祀をそれぐ\單獨擧行し、この際に「先疏後密」の原理によつて彡祀・翌祀を先にし祭・𩛥・劦三祀を後にしたとするのであり、その二は彡祀は鼓祭、翌祀は舞祭、祭・𩛥二祀は酒肉・黍稷祭、劦祀は劦祭即ち「合他種祀典」祭とし、祭祀は鼓、舞によつて娛ましめて酒肉黍稷を享し、劦祀によつて他種祀典を合せ行ひ、之を尾として祀事を畢つたとするのである。

　前述の如く第一期に於いては祭字が方國名として用ゐられてゐるが祭名としての用例がなく、𩛥・劦字も亦用ゐられて居らず、劦・彡・翌の三祀が行はれてゐる。この三祀は日を以つて稱され劦日・彡日・翌日と謂はれてゐるが祭・𩛥は日を以つて稱されることはなく、例へば「于□□□甲劦日彡日王□□」（南明629）・「翌……□日翌（日）彡日王□□」（續存1856）の如く劦日を以つて祭、𩛥・劦三祀（祭は第一旬祀・𩛥は第二旬祀・劦は第三旬祀）の總稱としてゐるから、元來この三祀が一類の祭祀を成してゐて第一期にはこの三祀以外にはなかつたのであり、從つて第一期には三祀の週期が三十旬であつてこれは一自然年との差が餘りに多いから之を自然年の期間に近づけるために延長が計られ、第二期に至つて劦祀の前祀として祭・𩛥を附加することによつて五祀として二旬を延長したものと考へる。而してこの劦・彡・翌の首として董氏は「疏を先にして密を後にする」の原理から彡祀を第一としてゐるが、彡祀は後述（五祀の祭儀）の如く前夕祀・當日祀・明日祀（彡夕・彡日・彡龠）の三祀より成り三日間に亘つて行はれるものであつて、斯かる例は他の四祀にはないから疏に屬する祭祀ではなくして寧ろ五祀中最重の祭祀であり、董氏の密を後にするの原理によれば後に行はれるべきものである。從つて之を疏として首となす説は妥當でない。彡祀の工典は三十六旬・三十七旬の兩週期に於いて祭祀の最終旬に行はれてゐて、祭祀と截然と分離することはないから彡祀は恒に祭祀に引き續くものであつて五祀の首ではなく、祭祀の工典（三十七旬週期の場合）・翌祀の工典（三十六旬・三十七旬兩週期の場合）は前祀の終了した次旬に行はれてゐて前祀と截然と分離されてゐるから、祭・翌のいづれかが五祀の首である。而して五祀の週期は祭祀の工典を前祀の最終旬に行ふか（この場合は三十六旬）、前祀終了の次旬に行ふか（この場合は三十七旬）によつて決定されてゐるから（彡・翌の工典は兩週期に於いて異らない）、祭祀が五祀の首であり、翌祀の祭名が又祭・翼祭であつて祭祀の祭（祭）が祭祀の總名とされてゐることも亦之を傍証してゐる。後述の如の祭・彡・翌の順に祭祀を首となすことによつて整然と緊密な祀譜を成すことが出來るが、彡祀を首とするがために董氏の祀譜は次述の如く支離に陷つてゐる。陳夢家は「周祭的三種主要祭法是依彡ー羽ー劦ー彡的次序、周而復始的輪番擧行的」(卜辞綜述三九二頁)としてゐるが、これは董氏の誤を襲ぐものである。要するに五祀は最重の彡祀を中心として、前祀に祭(壹・劦)祀後祀に翌祀が行はれてゐるのである。

二、壹祀・劦祀の工典について

董氏は工典が五祀の各祀に行はれるものとして次の如く論じ陳氏はこれに従つてゐる。

五種祭祀中獨不見壹祭之工典、彡與翌各單獨擧行、祭壹劦聯合擧行、而祭爲之首、若祭之工典可以貫之、宜劦與壹皆無工典之禮、今劦祭既有之、知壹祭亦必有工典、不見者有缺遺也、(殷暦譜上・二・二)

右に於いて董氏が劦祭に工典が行はれてゐるとなしてゐるのは次の例を証とし(陳氏もこの版を証とす、三九四頁)、上辞に巛字があつてこれは劦の省文であるから「工典其巛」を以つて劦祀に工典が行はれてゐるとするのである。然し劦を巛に作るは前記の如く第三期には習見であるが第五期にはこの例以外にはなく、而して上甲の祭祀の次旬は上甲の壹祀であるべきに、この版に於いては巛祀とされ居り、又工典には王名を記する例が絶無であるがこの版には田の名が記されてゐて、他版と著しく異つてゐる。従つてこの版は多分に疑はしく、假令疑作でないにしても其巛を劦祀と見做すことは出來ず、この例以外には劦祀に工典の行はれてゐる例がないから、この一版によつて劦祀に工典が行はれてゐると断定するのは甚だ早計である。董氏は右の如く劦祀に工典がある以上壹祀にも行はれてゐる筈であつて、これが卜辞に無いのは缺遺によるとしてゐるが、之は右の版に因つて判断を誤つた説に過ぎない。然るに陳氏は壹祀の工典の例であらうとして次の辞をあげて「壹在翌之前只是一種推定」(卜辞綜述三九四頁)と謂つてゐるが、これは固より臆説を出でないものである。

明789

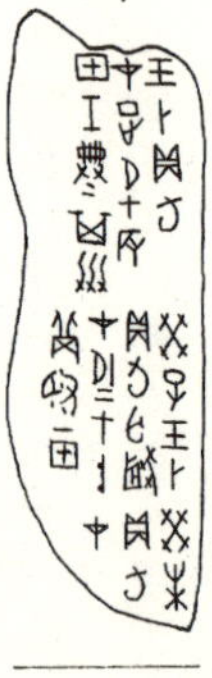

前4.43.4

要するに壹・劦二祀に工典が行はれてゐることを証し得る例は存しないのである。

三、五祀の週期について

董氏は第二期及び第五期に於ける五祀の週期を次の如き考定方法によつて定めて居り、五祀の首を彡祀として彡祀の工典を特に重視し、これには必ず一旬を設けてゐるが、祭・翌の工典には一旬を設けず、第二期の彡、翌を各々九旬、祭を十一旬、計三十旬とし、第五期の彡、翌を各々十一旬、祭を十三旬、計三十六旬としてゐる。

第二期

彡工典　一旬
彡祀　九旬（彡上甲より彡小乙まで）
劦祀　九旬（劦上甲より劦小乙まで）
祭𡧊劦祀　十一旬（祭上甲より劦小乙まで）

凡三十旬而祭祀一週

第五期

彡工典　一旬
彡系　十一旬（彡上甲より彡武乙の旬まで）
劦系　十一旬（劦上甲より劦武乙の旬まで）
祭𡧊劦系　十三旬（祭上甲より劦武乙の旬まで）

毎祀統總計三十六旬

前述の如く工典は祭・彡・劦三祀の初頭に行はれるものであるが、彡工典のみに一旬を設けて、他の二祀の工典に一旬を設けてゐないのは、卜辞を精査せざる獨断によるものである。第二期に在つては工典が三祀の初頭に各〻一旬を占めてゐて三十二旬週期であるが、董氏は祭・劦二祀の工典を削つて三十旬とし、又第五期に在つては三十六旬週期の場合は、祭・彡二祀の工典を前祀の最終旬に行つて為に一旬を設けず、劦祀の工典を彡祀の終了後に行つて為に一旬を設けて居り、又三十七旬週期の場合は祭・劦二祀の工典を前祀終了後に行つて為に各〻一旬を設け、彡祀の工典を祭祀の最終旬に行つて一旬を設けてゐないにも拘らず、董氏は第二期と同様に彡工典には一旬を設け、祭・劦二祀の工典を無視して週期を三十六旬に一定してゐる。これは結果的には三十六旬週期となつてゐるが、立論の過程には誤謬があり、従つて董氏は三十七旬週期の存することを知らないのである。斯くの如く董氏は工典の在り方を誤つてゐるから、五祀の週期をも誤る結果となつてゐるのである。

四、祀譜の構成について

董氏は右の如く祭・彡・劦三祀の順位、工典の在り方、及び週期を誤つてゐるから、その祀譜は當然卜辞と符合しない筈であるが、董氏はこれを無理に一致せしめようとして、次の如く伸縮自在な祀譜を構成してゐるのである。即ち帝乙三十五祀譜・帝辛五十二祀譜に於いて、彡工典には例外なく一旬を設けてゐるが、祭・劦二祀の工典には一旬を或は設け或は設けず、帝辛時には劦工典に全く一旬を設けてゐない。又週期には三十五旬より三十九旬までが用ゐられてゐて、董氏が考定してゐる三十六旬に一定して居らず、従つて董氏の祀譜には祭祀の行はれてゐない日が存するのである。斯くの如く恣意による支離な祀譜に、

・帝乙三十五祀

彡工典	廿五回
祭工典	十六回
劦工典	四回
三十五旬週期	九回
三十六旬週期	十二回
三十七旬週期	十一回
三十八旬週期	一回
三十九旬週期	二回

・帝辛五十二祀

彡工典	五二回
祭工典	七回
劦工典	零回
三十五旬週期	十五回
三十六旬週期	廿四回
三十七旬週期	十二回
三十八旬週期	一回

若干のト辞の祭祀記事が偶合するとしても・ここには何等の科學性をも認めることが出来ない。

第三項　第二期の祀譜

工典の在り方及び五祀の週期が明かとなつたから、卜辞の祭祀記事によつて祀譜を成すことが出來る。但だ暦法が明かでない限り暦日が確かではなく、從つて祭祀の日譜を成すことは不可能であるが、後述（第二篇第七章「殷代の暦法」参照）の如く殷代に於いては太陰暦を用ひてゐて月に大小があり、置閏法としては年末に十三月を置く十三月法・年間に一ヶ月を閏とする閏月法・及び月末に一旬を置く閏旬法が行はれ、第一期より第四期までは主として十三月法、第五期には十三月法を廢して閏旬法が行はれてゐるから、工典・週期・置閏の三者を勘考して祭神・祭祀・祀日・祀月の明白な祭祀卜辞を整理せば祀譜を構成することが可能であり、特に第五期には「王幾祀」の紀年があるから絶對祀譜を復原することが出來るのである。

第二期には紀年がないから相對祀譜であることを免れないが、この期には工典が𢦏・彡・劦三祀の初旬に一旬が設けられて居り、五祀の週期が三十二旬、置閏は十三月法であるから祀譜を推定することは困難ではない。

次のA・B二版に於いて、Aの祀序は三月乙丑（甲子の旬）に𩁹小乙、次旬の甲戌に彡工典、次旬の甲申に彡上甲、次旬の乙未（甲午の旬）に彡大乙、次旬の甲辰に彡大甲、次旬の甲寅に彡小甲が行はれて居り、又Bの祀序は四月中旬の甲辰に劦工典、次旬の甲寅に劦上甲、次旬の乙丑（甲子の旬）に劦大乙、次旬の甲戌に劦大甲が行はれてゐて、之を表示せば次の如くなる。

(A)
掇合21

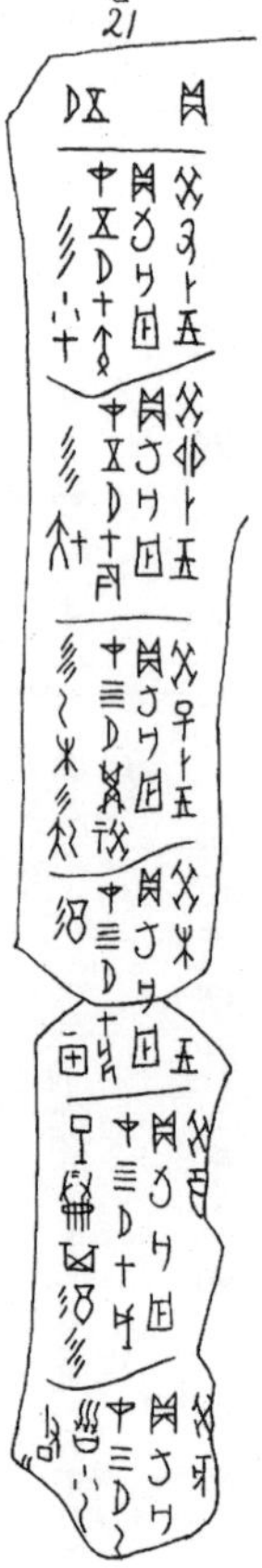

(B)
佚906

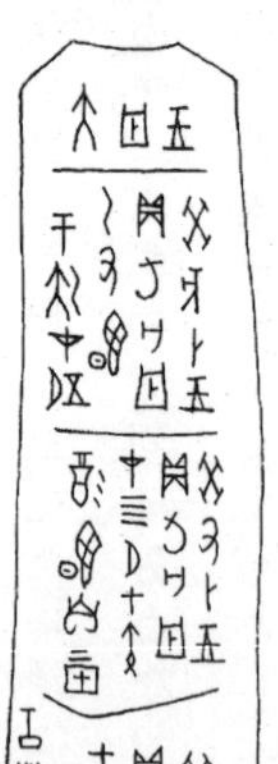

A

三月	四月			五月	
甲子	甲戌	甲申	甲午	甲辰	甲寅
𩁹小乙	彡工典	彡上甲	彡大乙	彡大甲	彡小甲

B

	四月		五月	
	甲辰	甲寅	甲子	甲戌
	劦工典	劦上甲	劦大乙	劦大甲

前記の如く第二期に於ける祀序・工典の位置、及び五祀週期が明かであるから、A・B二表の祭祀の前後に行はれる祭祀を補足することは容易であつて次の如くである（A表の祭祀は次表の三月甲子𩁹小乙より五月甲寅彡小甲までに當り、B表の祭祀は次表の四月甲辰工典より五月甲戌劦大甲までに當る。）。

この補足せる（A'）・（B'）二表の祭祀の系統の異同を檢する為に、𢦏祀の工典が行はれ

(A')

月	干支	祭祀
12	甲戌	祭工典
	甲申	祭上甲
	甲午	○
1	甲辰	祭大甲
	甲寅	祭小甲
	甲子	○
2	甲戌	祭戔甲
	甲申	祭沃甲
	甲午	祭陽甲
3	甲辰	祭小乙
	甲寅	壴小乙
	甲子	劦小乙
4	甲戌	彡工典
	甲申	彡上甲
	甲午	○
5	甲辰	彡大甲
	甲寅	彡小甲
	甲子	○
6	甲戌	彡戔甲
	甲申	彡沃甲
	甲午	彡陽甲
7	甲辰	○
	甲寅	翌工典
	甲子	翌上甲
8	甲戌	○
	甲申	翌大甲
	甲午	翌小甲
9	甲辰	○
	甲寅	翌戔甲
	甲子	翌沃甲
10	甲戌	翌陽甲
	甲申	○
	甲午	祭工典
11	甲辰	祭上甲
	甲寅	○
	甲子	祭大甲

(B')

月	干支	祭祀
9	甲子	祭工典
	甲戌	祭上甲
	甲申	○
10	甲午	祭大甲
	甲辰	祭小甲
	甲寅	○
11	甲子	祭戔甲
	甲戌	祭沃甲
	甲申	祭陽甲
12	甲午	○
	甲辰	○
	甲寅	○
1	甲子	彡工典
	甲戌	彡上甲
	甲申	○
2	甲午	彡大甲
	甲辰	彡小甲
	甲寅	○
3	甲子	彡戔甲
	甲戌	彡沃甲
	甲申	彡陽甲
4	甲午	○
	甲辰	翌工典
	甲寅	翌上甲
5	甲子	翌大乙
	甲戌	翌大甲
	甲申	翌小甲
6	甲午	○
	甲辰	翌戔甲
	甲寅	翌沃甲
7	甲子	翌陽甲
	甲戌	○
	甲申	祭工典
8	甲午	祭上甲
	甲辰	○
	甲寅	祭大甲

る干支を考察するに、週期が三十二旬であるから十二ヶ月三十六旬に於いては一祀毎に四旬を餘し、從つて(A')表の十二月甲戌の祭工典は次祀には十月甲午に行はれ、次には九月甲寅、八月甲戌、六月甲午の順に行はれて、甲午・甲寅・甲戌以外の干支に行はれることはなく、又(B')表の九月甲子の祭工典は次祀には七月甲申に行はれ、次には六月甲辰、五月甲子、三月甲申の順に行はれて、甲子・甲申・甲辰以外の干支に行はれることがない。斯くの如く祭工典が行はれる干支が齟齬してゐるから、この二表の祭祀は互に異る祭祀系統に屬することが解るのである。

次の佚318版・前1.2.6版の祭祀は(A')表に、後上10.9・零7版の祭祀は(B')表に合するが、その反對には合致しないから、二系統の祭祀の存することは愈〻明かであり、これらが祖己時・祖庚時・祖甲時のいづれに屬するものかを次に考察しなければならない。

佚318

前1.2.6

後上10.9

零7

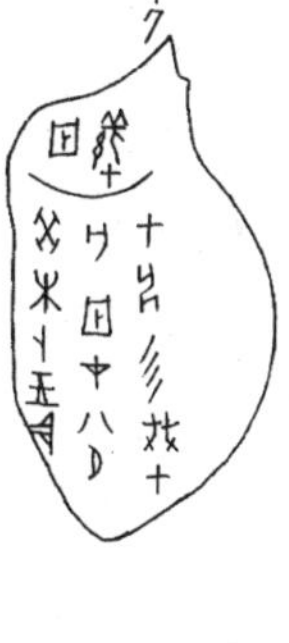

祖甲時に於いては兄己・兄庚を稱してゐるから、兄己兄庚の祀日、祭名の明かな次の辞が二表のいづれに合するかを考察するに(全部である)、

佚397 戊戌卜卜貞王賓兄己彡夕亡囚
庫1204 己卯卜旅貞王賓兄己彡亡尤在正月
粹310 己卯卜行貞王賓兄己劦亡尤

續存1510 庚辰卜旅貞王賓兄庚彡亡尤在二月
遺372 ……辰……貞王賓兄庚彡亡尤在二月
遺381 庚申卜行貞王賓兄庚翌……

兄己が戊戌(この辞は彡夕であるから彡日祀は己亥(甲午の旬))・己卯(甲戌の旬)に彡祀、己卯(甲戌の旬)に劦祀され、又兄庚が庚辰(甲戌の旬)に彡祀、庚申(甲寅の旬)に翌祀されて居り、これを(A')表に就いて見るに陽甲の次旬に祀られる兄己兄庚の彡祀は七月甲辰の旬に行はれてゐるから、この系統に於いては兄己兄庚の彡祀は甲辰・甲子・甲申の旬に行はれることが解り、又兄己の

翌祀は三月甲子の旬、兄庚の𢆶祀は十月甲申に行はれてゐるから、兄己の翌祀・兄庚の𢆶祀も亦甲辰・甲子・甲申の旬に行はれることが解る。然るに右の諸例の兄己・兄庚の彡・翌・𢆶祀は甲午・甲戌・甲寅の旬に行はれてゐて、(A′)表のそれと一致しないから右の諸例の祭祀が(A′)表系統に屬さぬものである。之を(B′)表に就いて見るに、兄己兄庚の彡祀は四月甲午の旬、翌祀は十二月甲寅の旬、𢆶祀は七月甲戌の旬に行はれてゐるから、この系統に於いては甲午・甲戌・甲寅に行はれることが解り、これは右の諸例と合致してゐるから、(B′)表は祖甲時の祭祀であることが解り、従つて(A′)表は祖庚時の祭祀であることが解るのである。第二期の祭祀はこの二系統以外には存しないから（兄己・兄庚の祭祀は甲午・甲戌・甲寅でなければ甲辰・甲子・甲申であり、これ以外の在り方がない）、祖己時の祭祀はこの二者のいづれかであるが、祖己時の甲骨版が証明されてゐないから之を決することは出來ない。ここに祖庚時・祖甲時の祭祀系統が明かとなつたから、次に兩時期の祀譜を構成することが出來るのである。

一、祖庚時の祀譜

董氏は五祀の祀典が祖甲時に創るとして祖甲時の祀譜を成してゐるが祖庚時の祀譜を成してゐない。その祖甲時の祀譜の構成に當つては先づ第二期の年曆を定め、これに五祀週期を三十旬（前述の如く第二期は三十二旬）として卜辞の祭祀の干支と年譜の干支とが偶合してゐるものを配列してゐるに過ぎず、斯かる方法ではその祀譜に祖庚時の祭祀の混入を免れ得ず、又祖庚時の祀譜を成し得ないのも亦當然である。

右の(A′)表は祖庚時の或る時期の祀譜であるから、この表に本づいて卜辞の祭祀記事を整理することによつて祀譜を成すことが出來る。然しこの期には王幾祀の紀年の辞がないから絶對祀譜を成し得ず、殷曆の明白にされる他日を俟たねばならない。(A′)表に合致する卜辞によつて祀譜を成すためには之を次の如く整理する。例へば次の卜辞の祀月は十月、祀日は

七 P104　壬辰卜行貞王賓示壬翌……
　　　　……辰卜行貞王賓斜亡尤十月

——壬辰（甲申の旬）、祭祀は翌祀、祭神は示壬であり、(A′)表に於いて示壬の翌祀が行はれる場合は一月甲辰の旬であるから次祀には十一月甲子の旬、次には十月甲申の旬に行はれて、右の翌示壬の壬辰（甲申の旬）は(A′)表に屬することが解り、而して(A′)表は祭祀体系の中間の祀譜であるから、之を基準とする場合は右の翌示壬が表の以前の祭祀である場合と、表の以後の祭祀である場合とを考慮しなければならず、之を表前・表後とし、表後の場合は表の干支を四旬づつ溯り、表前の場合は反對に四旬づつ降るのであつて（表の十二ヶ月は三十六旬、五祀週期は三十二旬であるから、一祀毎に四旬を餘すからである）、右の翌示壬は表後に於いては二

祀・五祀・八祀（これを+2・+5・+8を以って表はす）などに行はれ（一月甲辰の旬の劦示壬を本として、四旬溯ったところには甲申がなく八旬溯ったところに甲申があるから、表後に於いては劦示壬が二祀に行はれる）、表前に於いては一祀・四祀・七祀（これを-1・-4・-7を以って表はす）などに行はれる（一月甲辰の旬を本として、次に劦示壬が甲申に行はれる日を求めて四旬づつ表を降って行けば四旬目（二祀）・十六旬目（四祀）・二十八旬目（七祀）に得ることが出来る）。更に劦示壬の甲申が卜辞の如く十月である可能性を考察するに、表後の二祀に於いてはこの間に置閏がないか或は一旬の置閏、五祀に於いては二十三旬の置閏、八祀に於いては十一旬の置閏が行はれることの必要であることは(A')表より容易に推測し得（表後の置閏は干支を降って考へる。これを0~1/2・23/5・11/8を以って表はす）、表前の一祀に於いては二十三旬の置閏、四祀に於いては十一旬の置閏、七祀に於いては置閏がないか或は一旬の置閏の行はれることが必要であり（表前の置閏は干支を溯って考へる。これを23/-1・11/-4・0~1/-7を以って表はす）、而してこのうち最も可能性のあるものは表後に於いては二祀の場合（0~1/2）、表前に於いては七祀の場合（0~1/-7）であるが、二者のうち前者はより可能性が高いから、右の劦示壬は(A')表後二祀の甲申であって、この間に置閏がないか或は一旬の閏のある場合であることが解るのである。

第二期卜辞の祀月・祀日・祭神・祭祀が明かであって(A')表の祭祀系統に屬するものを、右の方法を以って整理せば

			（表以前）	（表以後）
1	前1.2.6	……卜旅……旬亡囚……十二月遘示癸[illegible]甲午[illegible]上甲……	0/0・23/-3・11/-5・0~1/-8	0/0・23/3・11/5・0~1/8
2	七P104	壬辰卜行貞王賓示壬劦(亡尤)十月……	23/-1・11/-4・0~1/-7	0~1/2・23/5・11/8
3	粋85	癸亥……甲子三酒𢆶自上甲衣至于多后亡囚三月……	10/-3・0/-6・21/-9	0~2/3・22/6・12/9
4	金7	丙子卜行貞翌丁丑𢆶于大丁不遘雨在三月……	9/-3・33/-6・21/-9・9/-12	2~3/3・25/6・13/9
5	續存下607	丙子卜行貞翌丁丑𢆶于大丁亡𡆥在三月……	21/0・9/-3・33/-6・21/-9	13/0・2~3/3・25/6・13/9
6	續存下606	丁酉卜行貞翌戊戌𢆶于大戊亡𡆥在四月 丙午卜行貞翌丁未𢆶于中丁亡𡆥在四月……	21/0・10/-3・34/-6	12/0・1~2/3・24/6・12/9
7	粋288	甲申卜即貞翌乙酉𢆶于小乙亡𡆥五月……	8/-3・32/-6・20/-9・8/-12	2~4/3・24/6・14/9
8	金34	丙戌卜行貞王賓報丙彡亡尤在十一月……	8/-3・32/-6・20/-9・8/-12	2~4/3・24/6・14/9
9	京3261	……旅貞翌辛酉𢆶于祖辛亡𡆥在四月……	8/-3・32/-6・20/-9・8/-12	2~4/3・24/6・14/9
10	金6	癸酉卜行貞王賓中丁奭妣癸𢆶亡尤在三月……	10/-2・0/-5・22/-8	12/1・0~2/4・24/7
11	粋180	乙酉卜尹貞王賓卜丙彡夕……囚十二月……	17/-1・5~7/-4・17/-10・5~7/-13	5~7/2・29/5・17/8・5~7/11
12	明158	丙午卜……貞王賓報丙彡亡……在正月……	18/-2・6~8/-5・30/-8・6~8/-14	4~6/1・27/4・15/7・4~6/10

	版	卜辞	表前	表後
13	戩5.5	丙戌卜行貞翌丁亥劦于祖丁亡…在十二月	0~1/-2 · 23/-5 · 11/-8	23/1 · 11/4 · 0~1/7
14	前1.2.2	癸酉卜尹貞王賓示癸彡亡尤在十月	13/-1 · 1~3/-4 · 25/-7 · 13/-10	9/2 · 35/4 · 20/8 · 9/11
15	粹137	甲戌卜尹貞王賓夕祼亡𡆥在六月 乙亥卜尹貞王賓大乙祭亡𡆥	12/-1 · 0~2/-4 · 24/-7	10/2 · 0/5 · 22/8 · 10/11
16	南明339	甲戌卜尹貞王賓大乙彡夕亡𡆥 甲戌卜尹貞王賓大乙⊠亡𡆥在十月	12/-1 · 0~2/-4 · 24/-7	10/2 · 0/5 · 22/8 · 10/11
17	庫1041	乙亥卜…貞王賓祖乙口劦亡尤在四月	0~2/-5 · 25/-8 · 12/-11 · 0~2/-14	10/1 · 0/4 · 22/7 · 10/10
18	通別2.11.4	庚子……貞翌辛丑壹于祖辛亡它在九月	7~9/-3 · 31/-6 · 19/-9 · 7~9/-12	3~5/3 · 27/6 · 15/9 · 3~5/12
19	粹280	……貞翌乙巳祭于小乙亡它在九月	6~8/-3 · 30/-6 · 16/-9 · 6~8/-12	4~6/3 · 26/6 · 16/9 · 4~6/12
20	庫1032	甲戌卜行貞翌乙亥祭于祖乙亡它在八月 丙戌卜行貞翌丁亥祭于祖丁亡它在九月	8/-3 · 33/-6 · 2/-9 · 8/-12	4/3 · 28/6 · 16/9 · 4/12
21	金26	乙酉卜行貞王賓報乙彡亡尤在十月	5~7/-3 · 29/-6 · 17/-9 · 5~7/-12	5~7/3 · 29/6 · 17/9 · 5~7/12

の如くであり、その最も可能性のある場合を表前・表後より採れば次の如くである。この両者を比較して更に可能性の高

	版名	卜辞内容	表前	表後	祀譜上の位置
1	前一・二六	十二月甲申祭示癸	0/0	0/0	(A')の十二月中旬
2	七P一二四	十月壬辰壹示壬	0~1/-7	○0~1/2	後二祀十月中旬
3	粹八五	三月甲子劦上甲	0/-6	○0~2/3	後三祀三月上旬
4	金七	三月丁丑口劦大丁	9/-12	○1~2/3	後三祀三月中旬
5	續存下607	三月丁丑口劦大丁	9/-12	○2~3/3	後三祀三月中旬
6	續存下606	四月戊戌口劦大戊	10/-3	○1~2/3	後三祀四月上旬
7	粹二六八	五月乙酉劦小乙	8/-12	○2~4/3	後三祀五月下旬
8	金三二四	十一月丙戌彡報丙	8/-12	○2~4/3	後三祀十一月下旬
9	京三三六一	四月辛酉劦祖辛	8/-12	○2~4/3	後三祀四月下旬
10	金六	三月癸酉口劦中丁配妣癸	0/-5	○0~2/4	後四祀三月上旬
11	明一五八	正月丙午彡報丙	6~8/-14	○4~6/10	後十祀正月中旬
12	粹一八〇	十二月丙戌彡卜丙	5~7/-13	○5~7/11	後十一祀十二月下旬
13	戩五・五	十二月丁亥劦祖丁	○0~1/-2	0~1/7	前二祀十二月中旬
14	前一・二・二	十月癸酉彡示癸	○1~3/-4	9/11	前四祀十月中旬
15	粹一三七	六月乙亥祭大乙	○0~2/-4	0/5	前四祀六月下旬
16	南明三三九	十月乙亥彡大乙	○0~2/-4	0/5	前四祀十月下旬
17	庫一〇四一	四月乙亥口劦祖乙	○0~2/-5	10/8	前五祀四月下旬
18	通別二・一一・四	九月辛丑壹祖辛	•7~9/-12	3~5/12	前十二祀九月中旬
19	粹二八〇	九月乙巳祭小乙	•6~8/-12	4~6/12	前十二祀九月下旬
20	庫一〇三二	八月乙亥祭祖乙 九月丁亥祭祖丁	•8/-12	4/12	前十二祀八月下旬

いものに○印を施せば上記の如くなるが、最後の四例は粹180版によれば表後に於いては十一祀までに五旬の閏が必要とされてゐるから、庫1032版の十二祀までに四旬の置閏は成立し得ずこの版からは表前の場合を採らねばならない。従つて金26版の表前は成立し得ずこの版からは表後の場合を採り、通別2.11.4・粹280版はいづれを採つても適合するから假に表前を採る。ここに於いて表前、表後の祭祀回数が各々十二祀となり、祖庚時は略々二十五祀であつたことが解るのである。次に置閏を考察するに表前に於いては四祀までに一旬乃至二旬(前1.2.2 粹137)の閏、而して二旬の場合は二祀以後に置かれて居り(戩5.5)、五祀までは二旬以上であつてはならず(庫1041)、十二祀までに八旬の閏が置かれてゐる。又表後に於いては三祀までに二旬の閏があり、四祀までは二旬以上であつてはならず、十一祀までは五旬乃至七旬の閏が置かれ

21 金二六 十月乙酉彡報乙 5〜7/12 5〜7/12 後十二祀十月下旬

てゐる。これらを満足させる閏の在り方は次の如くであつて、第二期には12祀・11祀・10祀・9祀・8祀・7祀・6祀・5祀・4祀・3祀・2祀・1祀・(A')表)・1祀・2祀・3祀・4祀・5祀・6祀・7祀・8祀・9祀・10祀・11祀・12祀

十三月置閏法であるから之を十三月の閏月に改むれば、表前に於いては三祀に二旬の閏旬、七祀・十一祀にそれぐ閏月、表後に於いては二祀に二旬の閏旬、九祀に閏月があることになるのである。置閏の位置が明かとなつたから(A')表の祀譜を基にして祖庚時二十五祀の祀譜を次の如く構成することが出来る（右の二十一版の祭祀の祀譜中に在る位置は、前表下欄「祀譜表上の位置」の如くである）。

祖庚時祀譜一 （(A')表前十二祀）

干支	甲戌・甲申・甲午	甲辰・甲寅・甲子	甲戌・甲申・甲午	甲辰・甲寅・甲子	甲戌・甲申・甲午	甲辰・甲寅・甲子	甲戌・甲申・甲午	甲辰・甲寅・甲子	甲戌・甲申・甲午	甲辰・甲寅・甲子	甲戌・甲申・甲午	甲辰・甲寅・甲子
月				6	7	8	9	10	11	12	1	2
前十二祀					祭工典 祭上甲 ○	祭大甲 祭小甲 ○	祭戔甲 祭沃甲 祭陽甲	○ ○ ○	彡工典 彡上甲 ○	彡大甲 彡小甲 ○	彡戔甲 彡沃甲 彡陽甲	○ 翌工典 翌上甲
月	3	4	5	6	7	8	9	10	11	12	⑬	1
前十一祀	○ 翌大甲 翌小甲	○ 翌戔甲 翌沃甲	翌陽甲 ○ 祭工典	祭上甲 ○ 祭大甲	祭小甲 ○ 祭戔甲	祭沃甲 祭陽甲 ○	○ ○ 彡工典	彡上甲 ○ 彡大甲	彡小甲 ○ 彡戔甲	彡沃甲 彡陽甲 ○	翌工典 翌上甲 ○	翌大甲 翌小甲 ○
月	2	3	4	5	6	7	8	9	10	11	12	1
前十祀	翌戔甲 翌沃甲 翌陽甲	○ 祭工典 祭上甲	○ 祭大甲 祭小甲	○ 祭戔甲 祭沃甲	祭陽甲 ○ ○	○ 彡工典 彡上甲	○ 彡大甲 彡小甲	○ 彡戔甲 彡沃甲	彡陽甲 ○ 翌工典	翌上甲 ○ 翌大甲	翌小甲 ○ 翌戔甲	翌沃甲 翌陽甲 ○
月	2	3	4	5	6	7	8	9	10	11	12	1
前九祀・前八祀	祭工典 祭上甲 ○	祭大甲 祭小甲 ○	祭戔甲 祭沃甲 祭陽甲	○ ○ ○	彡工典 彡上甲 ○	彡大甲 彡小甲 ○	彡戔甲 彡沃甲 彡陽甲	○ 翌工典 翌上甲	○ 翌大甲 翌小甲	○ 翌戔甲 翌沃甲	翌陽甲 ○ 祭工典	祭上甲 ○ 祭大甲
月	2	3	4	5	6	7	8	9	10	11	12	⑬
前七祀	祭小甲 ○ 祭戔甲	祭沃甲 祭陽甲 ○	○ ○ 彡工典	彡上甲 ○ 彡大甲	彡小甲 ○ 彡戔甲	彡沃甲 彡陽甲 ○	翌工典 翌上甲 ○	翌大甲 翌小甲 ○	翌戔甲 翌沃甲 翌陽甲	○ 祭工典 祭上甲	○ 祭大甲 祭小甲	○ 祭戔甲 祭沃甲
月	1	2	3	4	5	6	7	8	9	10	11	12
前六祀	祭陽甲 ○ ○	○ 彡工典 彡上甲	○ 彡大甲 彡小甲	○ 彡戔甲 彡沃甲	彡陽甲 ○ 翌工典	翌上甲 ○ 翌大甲	翌小甲 ○ 翌戔甲	翌沃甲 翌陽甲 ○	祭工典 祭上甲 ○	祭大甲 祭小甲 ○	祭戔甲 祭沃甲 祭陽甲	○ ○ ○
月	1	2	3	4	5	6	7	8	9	10	11	12
前五祀	彡工典 彡上甲 ○	彡大甲 彡小甲 ○	彡戔甲 彡沃甲 彡陽甲	○ 翌工典 翌上甲	○ 翌大甲 翌小甲	○ 翌戔甲 翌沃甲	翌陽甲 ○ 祭工典	祭上甲 ○ 祭大甲	祭小甲 ○ 祭戔甲	祭沃甲 祭陽甲 ○	○ ○ 彡工典	彡上甲 ○ 彡大甲
月	1	2	3	4	5	6	7	8	9	10	11	12
前四祀	彡小甲 ○ 彡戔甲	彡沃甲 彡陽甲 ○	翌工典 翌上甲 ○	翌大甲 翌小甲 ○	翌戔甲 翌沃甲 翌陽甲	○ 祭工典 祭上甲	○ 祭大甲 祭小甲	○ 祭戔甲 祭沃甲	祭陽甲 ○ ○	○ 彡工典 彡上甲	○ 彡大甲 彡小甲	○ 彡戔甲 彡沃甲
月	1	2	3	4	5	6	7	8	9	10	11	12
前三祀	彡陽甲 ○ 翌工典	翌上甲 ○ 翌大甲	翌小甲 ○ 翌戔甲	翌沃甲 翌陽甲 ○	祭工典 祭上甲 ○	祭大甲 祭小甲 ○	祭戔甲 祭沃甲 祭陽甲	○ ○ ○	彡工典 彡上甲 ○	彡大甲 彡小甲 ○	彡戔甲 彡沃甲 彡陽甲	○ 翌工典 翌上甲
月	⑬	1	2	3	4	5	6	7	8	9	10	11
前二祀	○ 翌大甲 翌小甲	○ 翌戔甲 翌沃甲	翌陽甲 ○ 祭工典	祭上甲 ○ 祭大甲	祭小甲 ○ 祭戔甲	祭沃甲 祭陽甲 ○	○ ○ 彡工典	彡上甲 ○ 彡大甲	彡小甲 ○ 彡戔甲	彡沃甲 彡陽甲 ○	翌工典 翌上甲 ○	翌大甲 翌小甲 ○
月	12	1	2	3	4	5	6	7	8	9	10	11
前一祀	翌戔甲 翌沃甲 翌陽甲	○ 祭工典 祭上甲	○ 祭大甲 祭小甲	○ 祭戔甲 祭沃甲	祭陽甲 ○ ○	○ 彡工典 彡上甲	○ 彡大甲 彡小甲	○ 彡戔甲 彡沃甲	彡陽甲 ○ 翌工典	翌上甲 ○ 翌大甲	翌小甲 ○ 翌戔甲	翌沃甲 翌陽甲 ○
月	12	1	2	3	4	5	6	7	8	9	10	11
(A')表祭祀	祭工典 祭上甲 ○	祭大甲 祭小甲 ○	祭戔甲 祭沃甲 祭陽甲	○ ○ ○	彡工典 彡上甲 ○	彡大甲 彡小甲 ○	彡戔甲 彡沃甲 彡陽甲	○ 翌工典 翌上甲	○ 翌大甲 翌小甲	○ 翌戔甲 翌沃甲	翌陽甲 ○ 祭工典	祭上甲 ○ 祭大甲

この表は甲日の祀譜であり、乙日以下の祀譜は祀序表を用ゐて容易に検出することが出来る。

祖庚時祀譜二（(A')表後十二祀）

甲子 甲寅 甲辰	甲午 甲申 甲戌	甲子 甲寅 甲辰	甲午 甲申 甲戌	甲子 甲寅 甲辰	甲午 甲申 甲戌	甲子 甲寅 甲辰	甲午 甲申 甲戌	甲子 甲寅 甲辰	甲午 甲申 甲戌	甲子 甲寅 甲辰	甲午 甲申 甲戌	干支
11	10	9	8	7	6	5	4	3	2	1	12	月
祭大甲 ○ 祭上甲	祭工典 ○ 翌陽甲	翌沃甲 翌戔甲 ○	翌小甲 翌大甲 ○	翌上甲 翌工典 ○	彡陽甲 彡沃甲 彡戔甲	○ 彡小甲 彡大甲	○ 彡上甲 彡工典	○ ○ ○	祭陽甲 祭沃甲 祭戔甲	○ 祭小甲 祭大甲	○ 祭上甲 祭工典	後一祀（(A)表祭祀）
11	10	9	8	7	6	5	4	3	2	1	12	月
祭沃甲 祭戔甲 ○	祭小甲 祭大甲 ○	祭上甲 祭工典 ○	翌陽甲 翌沃甲 翌戔甲	○ 翌小甲 翌大甲	○ 翌上甲 翌工典	○ 彡陽甲 彡沃甲	彡戔甲 ○ 彡小甲	彡大甲 ○ 彡上甲	彡工典 ○ ○	○ 祭陽甲 祭沃甲	祭戔甲 ○ 祭小甲	後二祀
10	9	8	7	6	5	4	3	2	1	⑬	12	月
○ ○ ○	祭陽甲 祭沃甲 祭戔甲	○ 祭小甲 祭大甲	○ 祭上甲 祭工典	○ 翌陽甲 翌沃甲	翌戔甲 ○ 翌小甲	翌大甲 ○ 翌上甲	翌工典 ○ 彡陽甲	彡沃甲 彡戔甲 ○	彡小甲 彡大甲 ○	彡上甲 彡工典 ○	○ ○ 祭陽甲	後三祀
10	9	8	7	6	5	4	3	2	1	12	11	月
彡大甲 ○ 彡上甲	彡工典 ○ ○	○ 祭陽甲 祭沃甲	祭戔甲 ○ 祭小甲	祭大甲 ○ 祭上甲	祭工典 ○ 翌陽甲	翌沃甲 翌戔甲 ○	翌小甲 翌大甲 ○	翌上甲 翌工典 ○	彡陽甲 彡沃甲 彡戔甲	○ 彡小甲 彡大甲	○ 彡上甲 彡工典	後四祀
10	9	8	7	6	5	4	3	2	1	12	11	月
彡沃甲 彡戔甲 ○	彡小甲 彡大甲 ○	彡上甲 彡工典 ○	○ ○ 祭陽甲	祭沃甲 祭戔甲 ○	祭小甲 祭大甲 ○	祭上甲 祭工典 ○	翌陽甲 翌沃甲 翌戔甲	○ 翌小甲 翌大甲	○ 翌上甲 翌工典	○ 彡陽甲 彡沃甲	彡戔甲 ○ 彡小甲	後五祀
10	9	8	7	6	5	4	3	2	1	12	11	月
翌上甲 翌工典 ○	彡陽甲 彡沃甲 彡戔甲	○ 彡小甲 彡大甲	○ 彡上甲 彡工典	○ ○ ○	祭陽甲 祭沃甲 祭戔甲	○ 祭小甲 祭大甲	○ 祭上甲 祭工典	○ 翌陽甲 翌沃甲	翌戔甲 ○ 翌小甲	翌大甲 ○ 翌上甲	翌工典 ○ 彡陽甲	後六祀
10	9	8	7	6	5	4	3	2	1	12	11	月
○ 翌小甲 翌大甲	○ 翌上甲 翌工典	○ 彡陽甲 彡沃甲	彡戔甲 ○ 彡小甲	彡大甲 ○ 彡上甲	彡工典 ○ ○	○ 祭陽甲 祭沃甲	祭戔甲 ○ 祭小甲	祭大甲 ○ 祭上甲	祭工典 ○ 翌陽甲	翌沃甲 翌戔甲 ○	翌小甲 翌大甲 ○	後七祀
10	9	8	7	6	5	4	3	2	1	12	11	月
○ 翌陽甲 翌沃甲	翌戔甲 ○ 翌小甲	翌大甲 ○ 翌上甲	翌工典 ○ 彡陽甲	彡沃甲 彡戔甲 ○	彡小甲 彡大甲 ○	彡上甲 彡工典 ○	○ ○ 祭陽甲	祭沃甲 祭戔甲 ○	祭小甲 祭大甲 ○	祭上甲 祭工典 ○	翌陽甲 翌沃甲 翌戔甲	後八祀
9	8	7	6	5	4	3	2	1	⑬	12	11	月
祭大甲 ○ 祭上甲	祭工典 ○ 翌陽甲	翌沃甲 翌戔甲 ○	翌小甲 翌大甲 ○	翌上甲 翌工典 ○	彡陽甲 彡沃甲 彡戔甲	○ 彡小甲 彡大甲	○ 彡上甲 彡工典	○ ○ ○	祭陽甲 祭沃甲 祭戔甲	○ 祭小甲 祭大甲	○ 祭上甲 祭工典	後九祀・後十祀
9	8	7	6	5	4	3	2	1	12	11	10	月
祭沃甲 祭戔甲 ○	祭小甲 祭大甲 ○	祭上甲 祭工典 ○	翌陽甲 翌沃甲 翌戔甲	○ 翌小甲 翌大甲	○ 翌上甲 翌工典	○ 彡陽甲 彡沃甲	彡戔甲 ○ 彡小甲	彡大甲 ○ 彡上甲	彡工典 ○ ○	○ 祭陽甲 祭沃甲	祭戔甲 ○ 祭小甲	後十一祀
9	8	7	6	5	4	3	2	1	12	11	10	月
○ ○ ○	祭陽甲 祭沃甲 祭戔甲	○ 祭小甲 祭大甲	○ 祭上甲 祭工典	○ 翌陽甲 翌沃甲	翌戔甲 ○ 翌小甲	翌大甲 ○ 翌上甲	翌工典 ○ 彡陽甲	彡沃甲 彡戔甲 ○	彡小甲 彡大甲 ○	彡上甲 彡工典 ○	○ ○ 祭陽甲	後十二祀
					4	3	2	1	12	11	10	月
					○ 翌陽甲	翌沃甲 翌戔甲 ○	翌小甲 翌大甲 ○	翌上甲 翌工典 ○	彡陽甲 彡沃甲 彡戔甲	○ 彡小甲 彡大甲	○ 彡上甲 彡工典	

例へば次の卜辞が右表のどこに位置するかを検するには、沃甲と同旬に祀られる祖丁（祀序表参照）の翌祀が丁亥（甲申の旬）に行

戩5.5　丙戌卜行貞翌丁亥翌于祖丁亡尤在十二月

――はれるのは(A')表・(B')表のいづれであるかを調べ、この(A')表に屬するならば、次に祖丁の翌祀が十二月甲申の旬の丁亥に行はれる場合を右表中に求むれば、表前の二祀の十二月甲申に沃甲の翌祀が行はれてゐるから、祖丁の翌祀はこの旬に行はれたことを容易に知ることが出来るのである。

二、祖甲時の祀譜

前述の如く(B′)表は祖甲時の或る時期の祀譜であるから、(B′)表の祭祀系統に屬するものを祖庚時の場合と同様な方法によって整理せば、祖甲時の祀譜を成すことが出來る。

番號	出典	卜辭	(B′)表前	(B′)表後
1	庫 1183	丁巳卜……貞王……祖丁……亡……在正月 / ……卜旅貞……賓……彡……尤……月	25/-1 . 13/-4 . 1~3/-7	33/2 . 21/5 . 9/8 . 9/17
2	通別 2 4.2	……尹……乙酉劦于大乙亡老在八月 / ……亥……于祖辛亡老在正月	25/-1 . 13/-4 . 1~3/-7	33/2 . 21/5 . 9/8 . 9/17
3	遺 372	……辰……貞王賓兄庚彡亡尤在二月	26/-1 . 14/-4 . 2~4/-7	32/2 . 20/5 . 8/8 . 8/17
4	粹 176	甲寅卜尹貞王賓大甲彡亡尤在正月 / 辛卯卜尹貞王賓祖辛彡亡尤 / 丁丑卜尹貞王賓中丁彡亡尤在正月	25/-2 . 13/-5 . 1/-8	33/1 . 21/4 . 9/7 . 9/16
5	金 124	癸丑卜王曰貞翌甲寅三酒劦自上甲至后余一人亡𡆥茲 / 一品祀在九月遘示癸〓	26/-2 . 14/-5 . 2~4/-8	32/1 . 20/4 . 8~10/7 . 8~10/16
6	粹 307	丁酉卜尹貞王賓祖丁彡亡尤在二月 / 丁巳卜尹貞王賓父丁彡亡尤在二月	24/-2 . 12/-5 . 0~2/-8	0/1 . 22/4 . 10/7
7	七 W35	……甲午彡上甲……在十二月	24/-2 . 12/-5 . 0~2/-8	0/1 . 22/4 . 10/7
8	金 123	乙酉卜旅貞王其田于……往來亡災在一月㞢乙酉彡于祖乙……	0/-8 . 22/-11 . 10/-14	0~2/1 . 24/4 . 12/7
9	粹 279	乙亥卜行貞王賓小乙劦亡尤在十一月	23/-2 . 11/-5 . 0~1/-8	0~1/1 . 23/4 . 11/7
10	南 上84	辛未卜即貞王賓小辛彡亡尤在正月	24/-1 . 12/-4 . 0~2/-7	0/2 . 22/5 . 10/8
11	後 上2.7	丙申卜行貞王賓卜丙劦亡尤在八月	24/-1 . 12/-4 . 0~2/-7	0/2 . 22/5 . 10/8
12	粹 201	己亥卜旅貞翌庚子劦于大庚亡老八月	24/-1 . 12/-4 . 0~2/-7	0/2 . 22/5 . 10/8
13	戩 2.9	戊辰卜旅貞王賓大丁彡〓〓亡尤在十一月	24/-1 . 12/-4 . 0~2/-7	0/2 . 22/5 . 10/8
14	文 305	甲戌卜王貞翌乙亥彡于小乙亡𡆥在正月	23/-1 . -11/-4 . 0~1/-7	0~1/2 . 23/5 . 11/8
15	庫 1204	己卯卜旅貞王賓兄己彡亡尤在正月	23/-1 . -11/-4 . 0~1/-7	0~1/2 . 23/5 . 11/8
16	京 3280	丙子……王曰貞翌丁丑彡于父丁亡𡆥在正月	23/-1 . -11/-4 . 0~1/-7	0~1/2 . 23/5 . 11/8
17	後 上19.3	甲戌卜即貞翌乙亥彡于小乙亡老在一月	23/-1 . -11/-4 . 0~1/-7	0~1/2 . 23/5 . 11/8
18	粹 224	丙辰卜旅貞翌丁巳劦于中丁衣亡老在八月	23/-1 . -11/-4 . 0~1/-7	0~1/2 . 23/5 . 11/8

	19	20	21	22	23	24	25	26	27
版名	零 7	後 上10.9	前 1.22.6	南 明343	粋 171	戩 5.4	粋 220	續 1.2.3	遺 370
卜辞	癸未卜王貞……亡囚在八月甲申彡戔甲……	癸未卜王在笠貞……亡囚在六月甲申工典其酒彡……	丁卯卜旅貞其𠭯于小丁四月……	癸卯卜王貞乙巳其酒祖乙彡亡尤在七月……	丙辰……貞翌丁未劦于大丁亡尤在八月……	庚寅卜行貞翌辛卯劦于祖辛亡尤在九月……	戊戌卜口貞王賓中丁彡𠦪亡囚十月……	丙申卜行貞翌丁酉彡于中丁亡尤在十月……	丙子卜尹貞翌丁丑劦于祖丁亡尤在七月……
表前	$\frac{7}{-2}$・$\frac{31}{-5}$・$\frac{19}{-8}$・$\frac{7}{-11}$	$\frac{7}{-2}$・$\frac{31}{-5}$・$\frac{19}{-8}$・$\frac{7}{-11}$	$\frac{9}{-10}$・$\frac{33}{-13}$・$\frac{12}{-15}$・$\frac{9}{-18}$	$\frac{8}{-1}$・$\frac{32}{-4}$・$\frac{19}{-7}$・$\frac{8}{-10}$	$\frac{5\sim7}{-6}$・$\frac{29}{-9}$・$\frac{17}{-12}$・$\frac{5\sim7}{-15}$	$\frac{16}{-3}$・$\frac{4\sim6}{-6}$・$\frac{28}{-9}$	$\frac{6\sim8}{-4}$・$\frac{30}{-7}$・$\frac{18}{-10}$・$\frac{6\sim8}{-13}$	$\frac{18}{-1}$・$\frac{6\sim8}{-4}$・$\frac{30}{-7}$・$\frac{6\sim8}{-13}$	$\frac{5\sim7}{-4}$・$\frac{29}{-7}$・$\frac{17}{-10}$・$\frac{5\sim7}{-13}$
表後	$\frac{15}{1}$・$\frac{3\sim5}{4}$・$\frac{27}{7}$	$\frac{15}{1}$・$\frac{3\sim5}{4}$・$\frac{27}{7}$	$\frac{13}{2}$・$\frac{1\sim3}{5}$・$\frac{25}{8}$	$\frac{14}{2}$・$\frac{2\sim4}{5}$・$\frac{26}{8}$	$\frac{29}{3}$・$\frac{17}{6}$・$\frac{5\sim7}{9}$	$\frac{30}{3}$・$\frac{18}{6}$・$\frac{6\sim8}{9}$	$\frac{4\sim6}{2}$・$\frac{28}{5}$・$\frac{16}{8}$・$\frac{4\sim6}{11}$	$\frac{4\sim6}{2}$・$\frac{28}{5}$・$\frac{16}{8}$・$\frac{4\sim6}{11}$	$\frac{5\sim7}{2}$・$\frac{29}{5}$・$\frac{17}{8}$・$\frac{5\sim7}{11}$

	版名	卜辞内容	表前	表後	祀譜上の位置
1	庫一六八三	正月丁巳彡祖丁	○$\frac{1\sim3}{-7}$	$\frac{9}{17}$	前七祀正月下旬
2	通別二四三	八月乙酉劦大乙	○$\frac{1\sim3}{-7}$	$\frac{9}{17}$	前七祀八月下旬
3	遺三七三	二月庚辰彡兄庚	○$\frac{2\sim4}{-7}$	$\frac{8}{17}$	前七祀二月中旬
4	粋一七六	正月甲寅彡大甲	○$\frac{1}{-8}$	●$\frac{9}{16}$	後十六祀正月上旬
5	金三四	九月癸丑𠭯示癸	○$\frac{2\sim4}{-8}$	$\frac{8\sim10}{16}$	前八祀九月中旬
6	粋三〇七	二月丁酉彡祖丁	$\frac{2}{-8}$	○$\frac{0}{1}$	後一祀二月上旬
7	七W三五	十二月甲午彡上甲	$\frac{0\sim2}{-8}$	○$\frac{0}{1}$	後一祀十二月上旬
8	金一三三	一月乙酉彡祖乙	$\frac{10}{-14}$	○$\frac{0\sim2}{1}$	後一祀一月下旬
9	粋二七九	十一月乙亥劦小乙	$\frac{0\sim1}{-8}$	○$\frac{0\sim1}{1}$	後一祀十一月中旬
10	南上八四	正月辛未彡小辛	$\frac{0\sim2}{-7}$	○$\frac{0}{2}$	後二祀正月上旬
11	後上二七	八月丙申劦卜丙	$\frac{0\sim2}{-7}$	○$\frac{0}{2}$	後二祀八月上旬
12	粋二〇一	八月庚子劦大庚	$\frac{0\sim2}{-7}$	○$\frac{0}{2}$	後二祀八月上旬
13	戩二九	十一月丁卯彡大丁	$\frac{0\sim2}{-7}$	○$\frac{0}{2}$	後二祀十一月上旬
14	文三五	正月乙亥彡小乙	$\frac{0\sim1}{-7}$	○$\frac{0\sim1}{2}$	後二祀正月中旬
15	庫三四	正月己卯彡兄己	$\frac{0\sim1}{-7}$	○$\frac{0\sim1}{2}$	後二祀正月中旬
16	京三六〇	正月丁丑彡父丁	$\frac{0\sim1}{-7}$	○$\frac{0\sim1}{2}$	後二祀正月中旬
17	後上九三	一月乙亥彡小乙	$\frac{0\sim1}{-7}$	○$\frac{0\sim1}{2}$	後二祀一月中旬
18	粋二三四	八月丁巳劦中丁	$\frac{0}{-7}$	○$\frac{0\sim2}{2}$	後二祀八月下旬
19	零七	八月甲申彡戔甲	$\frac{7}{-11}$	○$\frac{3\sim5}{4}$	後四祀八月下旬
20	後上一〇九	六月甲申彡工典	$\frac{7}{-11}$	○$\frac{3\sim5}{4}$	後四祀六月下旬
21	前一・二二・六	四月丁卯𠭯小丁	$\frac{9}{-18}$	○$\frac{1\sim3}{5}$	後五祀四月上旬
22	南明三四三	七月乙巳彡祖乙	$\frac{8}{-10}$	○$\frac{2\sim4}{5}$	後五祀七月中旬

右の表前、表後から最も可能性のあるものを採り、兩者を比較して更に可能性の高いものに○印を施せば上揭表の如くである。但だ粋一七六版の$\frac{1}{-8}$は表前の他の場合と兩立し得ないから、この版からは表後の場合を採らねばならない。この表によれば表前は八祀以上はなく、表後は十六祀以上はないから、祖甲時は略〻二十五祀と考へられるのである。

次に上揭表によつて置閏を考察するに、表前に於いては七祀までに二旬乃至三旬、八祀までも亦二旬乃至三旬であるから、七祀までの間に十三月の閏月を置けばいづれをも満足せしめ得、又表後に於いては二祀までには置閏がなく、四祀までに三旬、九祀までに六旬、十一祀までにも六旬、十六祀までに九旬の閏があるから、三祀・八祀・十三祀に十三月の閏月を置けばすべての場合を満足せしめ得ることが解る。

閏月の位置が明かとなつたから(B)表を基として祖甲時の祀譜を次の如く

	23	24	25	26	27
著録	粹一七二	戩五・四	粹三〇	續一・二・三	遺三七〇
卜辭	八月丁未翌大丁	九月辛卯翌祖辛	十月丁酉彡中丁	十月丁酉彡中丁	七月丁丑翌祖丁
	5~7/-15	4~6/-15	6~8/-13	6~8/-13	5~7/-13
	°5~7/9	°6~8/9	°4~6/11	°4~6/11	°5~7/11
	後九祀八月中旬	後九祀九月下旬	後十一祀十月上旬	後十一祀十月上旬	後十一祀七月中旬

構成することが出來る。これは甲日の祀譜であつて乙日以下の祀譜は祀序表と對照することによつて之を容易に知ることが出來る。又前記廿七版の祭祀の祀譜上の位置は上揭表の下欄の如くである。

祖甲時祀譜一（(B')表前八祀）

干支	前八祀	前七祀	前六祀	前五祀	前四祀	前三祀	前二祀	前一祀	(B')表祀譜
月		10	10	10	10	10	9	9	9
甲子		祭小甲	祭陽甲	彡工典	彡小甲	彡陽甲	○	翌戔甲	祭工典
甲戌		○	○	彡上甲	○	○	翌大甲	翌沃甲	祭上甲
甲申		祭戔甲	○	○	彡戔甲	翌工典	翌小甲	翌陽甲	○
月		11	11	11	11	11	10	10	10
甲午		祭沃甲	○	彡大甲	彡沃甲	翌上甲	○	○	祭大甲
甲辰		祭陽甲	彡工典	彡小甲	彡陽甲	○	翌戔甲	祭工典	祭小甲
甲寅		○	彡上甲	○	○	翌大甲	翌沃甲	祭上甲	○
月		12	12	12	12	12	11	11	11
甲子		○	○	彡戔甲	翌工典	翌小甲	翌陽甲	○	祭戔甲
甲戌		○	彡大甲	彡沃甲	翌上甲	○	○	祭大甲	祭沃甲
甲申		彡工典	彡小甲	彡陽甲	○	翌戔甲	祭工典	祭小甲	祭陽甲
月		1	1	1	1	⑬	12	12	12
甲午		彡上甲	○	○	翌大甲	翌沃甲	祭上甲	○	○
甲辰		○	彡戔甲	翌工典	翌小甲	翌陽甲	○	祭戔甲	○
甲寅		彡大甲	彡沃甲	翌上甲	○	○	祭大甲	祭沃甲	○
月		2	2	2	2	1	1	1	1
甲子		彡小甲	彡陽甲	○	翌戔甲	祭工典	祭小甲	祭陽甲	彡工典
甲戌		○	○	翌大甲	翌沃甲	祭上甲	○	○	彡上甲
甲申		彡戔甲	翌工典	翌小甲	翌陽甲	○	祭戔甲	○	○
月		3	3	3	3	2	2	2	2
甲午		彡沃甲	翌上甲	○	○	祭大甲	祭沃甲	○	彡大甲
甲辰		彡陽甲	○	翌戔甲	祭工典	祭小甲	祭陽甲	彡工典	彡小甲
甲寅		○	翌大甲	翌沃甲	祭上甲	○	○	彡上甲	○
月		4	4	4	4	3	3	3	3
甲子		翌工典	翌小甲	翌陽甲	○	祭戔甲	○	○	彡戔甲
甲戌		翌上甲	○	○	祭大甲	祭沃甲	○	彡大甲	彡沃甲
甲申		○	翌戔甲	祭工典	祭小甲	祭陽甲	彡工典	彡小甲	彡陽甲
月		5	5	5	5	4	4	4	4
甲午		翌大甲	翌沃甲	祭上甲	○	○	彡上甲	○	○
甲辰		翌小甲	翌陽甲	○	祭戔甲	○	○	彡戔甲	翌工典
甲寅		○	○	祭大甲	祭沃甲	○	彡大甲	彡沃甲	翌上甲
月		6	6	6	6	5	5	5	5
甲子		翌戔甲	祭工典	祭小甲	祭陽甲	彡工典	彡小甲	彡陽甲	○
甲戌		翌沃甲	祭上甲	○	○	彡上甲	○	○	翌大甲
甲申		翌陽甲	○	祭戔甲	○	○	彡戔甲	翌工典	翌小甲
月		7	7	7	7	6	6	6	6
甲午		○	祭大甲	祭沃甲	○	彡大甲	彡沃甲	翌上甲	○
甲辰		祭工典	祭小甲	祭陽甲	彡工典	彡小甲	彡陽甲	○	翌戔甲
甲寅		祭上甲	○	○	彡上甲	○	○	翌大甲	翌沃甲
月	8	8	8	8	8	7	7	7	7
甲子		○	祭戔甲	○	○	彡戔甲	翌工典	翌小甲	翌陽甲
甲戌		祭大甲	祭沃甲	○	彡大甲	彡沃甲	翌上甲	○	○
甲申	祭工典	祭小甲	祭陽甲	彡工典	彡小甲	彡陽甲	○	翌戔甲	祭工典
月	9	9	9	9	9	8	8	8	8
甲午	祭上甲	○	○	彡上甲	○	○	翌大甲	翌沃甲	祭上甲
甲辰	○	祭戔甲	○	○	彡戔甲	翌工典	翌小甲	翌陽甲	○
甲寅	祭大甲	祭沃甲	○	彡大甲	彡沃甲	翌上甲	○	○	祭大甲

祖甲時祀譜二（B'）表後十六祀）

干支	甲子 甲戌 甲申	甲午 甲辰 甲寅	甲子 甲戌 甲申	甲午 甲辰 甲寅	甲子 甲戌 甲申	甲午 甲辰 甲寅	甲子 甲戌 甲申	甲午 甲辰 甲寅	甲子 甲戌 甲申	甲午 甲辰 甲寅	甲子 甲戌 甲申	甲午 甲辰 甲寅
月	9	10	11	12	1	2	3	4	5	6	7	8
後一祀（B'表祀譜）	祭工典 祭上甲 ○	祭大甲 祭小甲 ○	祭戔甲 祭沃甲 祭陽甲	○ ○ ○	彡工典 彡上甲 ○	彡大甲 彡小甲 ○	彡戔甲 彡沃甲 彡陽甲	○ 翌工典 翌上甲	○ 翌大甲 翌小甲	○ 翌戔甲 翌沃甲	翌陽甲 ○ 祭工典	祭上甲 ○ 祭大甲
月	9	10	11	12	1	2	3	4	5	6	7	8
後二祀	祭小甲 ○ 祭戔甲	祭沃甲 祭陽甲 ○	○ ○ 彡工典	彡上甲 ○ 彡大甲	彡小甲 ○ 彡戔甲	彡沃甲 彡陽甲 ○	翌工典 翌上甲 ○	翌大甲 翌小甲 ○	翌戔甲 翌沃甲 翌陽甲	○ 祭工典 祭上甲	○ 祭大甲 祭小甲	○ 祭戔甲 祭沃甲
月	9	10	11	12	1	2	3	4	5	6	7	8
後三祀	祭陽甲 ○ ○	○ 彡工典 彡上甲	○ 彡大甲 彡小甲	○ 彡戔甲 彡沃甲	彡陽甲 ○ 翌工典	翌上甲 ○ 翌大甲	翌小甲 ○ 翌戔甲	翌沃甲 翌陽甲 ○	祭工典 祭上甲 ○	祭大甲 祭小甲 ○	祭戔甲 祭沃甲 祭陽甲	○ ○ ○
月	9	10	11	12	⑬	1	2	3	4	5	6	7
後四祀	彡工典 彡上甲 ○	彡大甲 彡小甲 ○	彡戔甲 彡沃甲 彡陽甲	○ 翌工典 翌上甲	○ 翌大甲 翌小甲	○ 翌戔甲 翌沃甲	翌陽甲 ○ 祭工典	祭上甲 ○ 祭大甲	祭小甲 ○ 祭戔甲	祭沃甲 祭陽甲 ○	○ ○ 彡工典	彡上甲 ○ 彡大甲
月	8	9	10	11	12	1	2	3	4	5	6	7
後五祀	彡小甲 ○ 彡戔甲	彡沃甲 彡陽甲 ○	翌工典 翌上甲 ○	翌大甲 翌小甲 ○	翌戔甲 翌沃甲 翌陽甲	○ 祭工典 祭上甲	○ 祭大甲 祭小甲	○ 祭戔甲 祭沃甲	祭陽甲 ○ ○	○ 彡工典 彡上甲	○ 彡大甲 彡小甲	○ 彡戔甲 彡沃甲
月	8	9	10	11	12	1	2	3	4	5	6	7
後六祀	彡陽甲 ○ 翌工典	翌上甲 ○ 翌大甲	翌小甲 ○ 翌戔甲	翌沃甲 翌陽甲 ○	祭工典 祭上甲 ○	祭大甲 祭小甲 ○	祭戔甲 祭沃甲 祭陽甲	○ ○ ○	彡工典 彡上甲 ○	彡大甲 彡小甲 ○	彡戔甲 彡沃甲 彡陽甲	○ 翌工典 翌上甲
月	8	9	10	11	12	1	2	3	4	5	6	7
後七祀	○ 翌大甲 翌小甲	○ 翌戔甲 翌沃甲	翌陽甲 ○ 祭工典	祭上甲 ○ 祭大甲	祭小甲 ○ 祭戔甲	祭沃甲 祭陽甲 ○	○ ○ 彡工典	彡上甲 ○ 彡大甲	彡小甲 ○ 彡戔甲	彡沃甲 彡陽甲 ○	翌工典 翌上甲 ○	翌大甲 翌小甲 ○
月	8	9	10	11	12	⑬	1	2	3	4	5	6
後八祀	翌戔甲 翌沃甲 翌陽甲	○ 祭工典 祭上甲	○ 祭大甲 祭小甲	○ 祭戔甲 祭沃甲	祭陽甲 ○ ○	○ 彡工典 彡上甲	○ 彡大甲 彡小甲	○ 彡戔甲 彡沃甲	彡陽甲 ○ 翌工典	翌上甲 ○ 翌大甲	翌小甲 ○ 翌戔甲	翌沃甲 翌陽甲 ○
月	7	8	9	10	11	12	1	2	3	4	5	6
後九祀 後十祀	祭工典 祭上甲 ○	祭大甲 祭小甲 ○	祭戔甲 祭沃甲 祭陽甲	○ ○ ○	彡工典 彡上甲 ○	彡大甲 彡小甲 ○	彡戔甲 彡沃甲 彡陽甲	○ 翌工典 翌上甲	○ 翌大甲 翌小甲	○ 翌戔甲 翌沃甲	翌陽甲 ○ 祭工典	祭上甲 ○ 祭大甲
月	7	8	9	10	11	12	1	2	3	4	5	6
後十一祀	祭小甲 ○ 祭戔甲	祭沃甲 祭陽甲 ○	○ ○ 彡工典	彡上甲 ○ 彡大甲	彡小甲 ○ 彡戔甲	彡沃甲 彡陽甲 ○	翌工典 翌上甲 ○	翌大甲 翌小甲 ○	翌戔甲 翌沃甲 翌陽甲	○ 祭工典 祭上甲	○ 祭大甲 祭小甲	○ 祭戔甲 祭沃甲
月	7	8	9	10	11	12	1	2	3	4	5	6
後十二祀	祭陽甲 ○ ○	○ 彡工典 彡上甲	○ 彡大甲 彡小甲	○ 彡戔甲 彡沃甲	彡陽甲 ○ 翌工典	翌上甲 ○ 翌大甲	翌小甲 ○ 翌戔甲	翌沃甲 翌陽甲 ○	祭工典 祭上甲 ○	祭大甲 祭小甲 ○	祭戔甲 祭沃甲 祭陽甲	○ ○ ○
月	7	8	9	10	11	12	⑬	1	2	3	4	5
後十三祀	彡工典 彡上甲 ○	彡大甲 彡小甲 ○	彡戔甲 彡沃甲 彡陽甲	○ 翌工典 翌上甲	○ 翌大甲 翌小甲	○ 翌戔甲 翌沃甲	翌陽甲 ○ 祭工典	祭上甲 ○ 祭大甲	祭小甲 ○ 祭戔甲	祭沃甲 祭陽甲 ○	○ ○ 彡工典	彡上甲 ○ 彡大甲
月	6	7	8	9	10	11	12	1	2	3	4	5
後十四祀	彡小甲 ○ 彡戔甲	彡沃甲 彡陽甲 ○	翌工典 翌上甲 ○	翌大甲 翌小甲 ○	翌戔甲 翌沃甲 翌陽甲	○ 祭工典 祭上甲	○ 祭大甲 祭小甲	○ 祭戔甲 祭沃甲	祭陽甲 ○ ○	○ 彡工典 彡上甲	○ 彡大甲 彡小甲	○ 彡戔甲 彡沃甲
月	6	7	8	9	10	11	12	1	2	3	4	5
後十五祀	彡陽甲 ○ 翌工典	翌上甲 ○ 翌大甲	翌小甲 ○ 翌戔甲	翌沃甲 翌陽甲 ○	祭工典 祭上甲 ○	祭大甲 祭小甲 ○	祭戔甲 祭沃甲 祭陽甲	○ ○ ○	彡工典 彡上甲 ○	彡大甲 彡小甲 ○	彡戔甲 彡沃甲 彡陽甲	○ 翌工典 翌上甲
月	6	7	8	9	10	11	12	1	2	3	4	5
後十六祀	○ 翌大甲 翌小甲	○ 翌戔甲 翌沃甲	翌陽甲 ○ 祭工典	祭上甲 ○ 祭大甲	祭小甲 ○ 祭戔甲	祭沃甲 祭陽甲 ○	○ ○ 彡工典	彡上甲 ○ 彡大甲	彡小甲 ○ 彡戔甲	彡沃甲 彡陽甲 ○	翌工典 翌上甲 ○	翌大甲 翌小甲 ○

第四項　第五期の祀譜

第五期には「王幾祀」の辞があつて時王の祭祀の回数を記してゐるものがあるから、第二期よりは更に確實な祀譜を復原することが出來る。次の二版には共に「王二祀」の上甲の彡祀が記されてゐて、前3.27.7版に於いては四月、前3.28.1版に於いては十二月とされてゐるが、王二祀に上甲の彡祀が四月と十二月とに行はれることはあり得ない。従てこの二版は同一王のものではなく、これによつて第五期の

前3.27.7

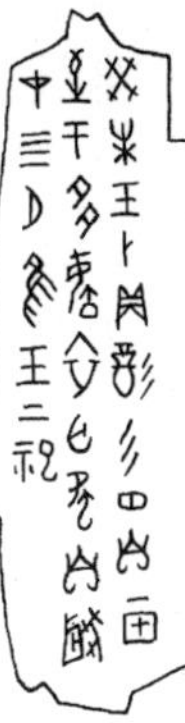

前3.28.1

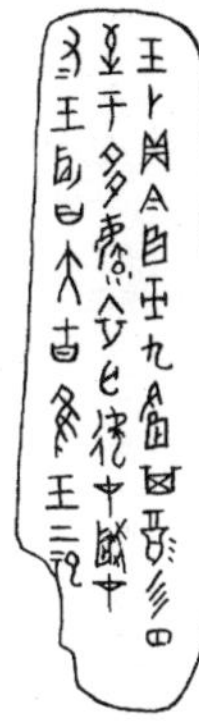

甲骨版には二王（帝乙・帝辛）のものが含まれてゐることが解る。

一、帝乙時の祀譜（帝乙時は平年を三五〇日としてゐることは「殷の暦法」参照）

第五期に於ける工典は、彡祀の場合は翌祀の最終旬（翌祖甲の三旬後）、劦祀の場合は彡祀終了の次旬（彡祖甲の次々旬）、翌祀の場合は三十六旬週期の際は劦祀の最終旬（劦祖甲の次旬）、三十七旬週期の際は劦祀終了の次旬（劦祖甲の次々旬）に行はれることは前述の如くである。又置閏は閏旬法が用ゐられてゐるから（第二篇「殷代の暦法」参照）、次の「王二祀三祀四祀五祀」・「王七祀八祀」・「王九祀十祀」の祭祀の關係を明かにして祀譜を成すことが可能であり、而してこの祀譜が帝乙時のものであることは帝辛時の祀譜と顯然と異つてゐて、明かに帝乙時の版である遺391版の月份・干支・王九祀が之と符合してゐることが之を証してゐる。

(イ)　王二祀・王三祀・王四祀・王五祀

次の王二祀（前3.27.7）・王三祀（續1.5.1　1.23.5）・王四祀（續1.51.2）・王五祀（前3.28.2　後上20.7）の五版について考察するに、

前3.27.7

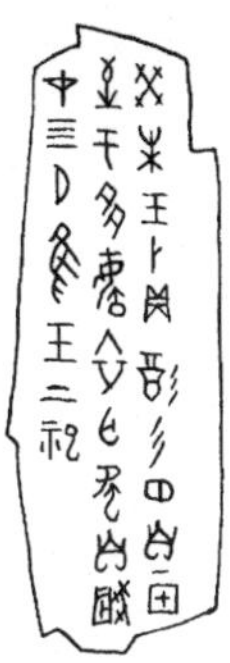

續1.51.2

續1.5.1

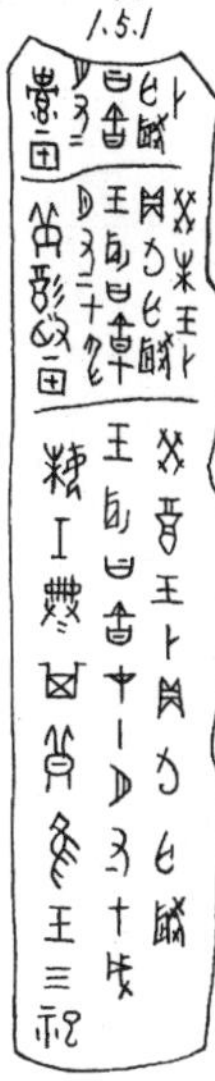

前3.28.2

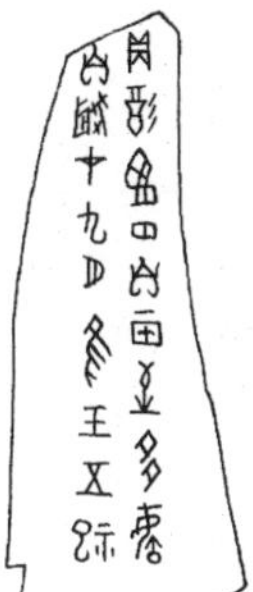

續1.23.5

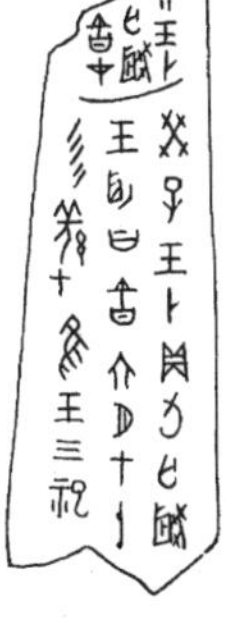

後上20.7

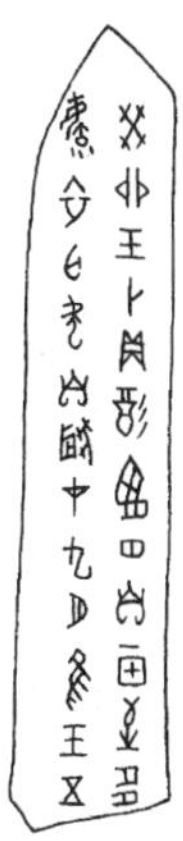

右の王三祀（續1.5.1）の版に於いては十一月甲戌に翌祀の工典、次旬の十二月甲申に上甲の翌祀が行はれてゐるから、これを基準として王三祀（續1.23.5）の沃甲の彡祀、王二祀（前3.27.7）の上甲の彡祀、王四祀（續1.51.2）の陽甲の彡祀、及び王五祀（後上20.7）の上甲の劦祀の位置を表上に求むれば次の如くである。次の(一)は續1.23.5版の王三祀十一月甲戌の翌工典・十二月甲申の翌上甲を基準とした三十七旬週期の場合であり、(二)は三十六旬週期の場合である。

(一) 三十七旬週期の場合

月	干支	王一祀	王二祀	王三祀	王四祀	王五祀	
1	甲寅			○	祭小甲	祭大甲	○
	甲子			祭戔甲	○	祭小甲	祭大甲
	甲戌			祭沃甲	祭戔甲	○	祭小甲
2	甲申			祭陽甲	祭沃甲	祭戔甲	○
	甲午			○	祭陽甲	祭沃甲	祭戔甲
	甲辰			祭祖甲	○	祭陽甲	祭沃甲
3	甲寅			○	祭祖甲	○	祭陽甲
	甲子			○	○	祭祖甲	○
	甲戌			彡工典	○	○	祭祖甲
4	甲申			〔彡上甲〕	彡工典	○	○
	甲午			○	彡上甲	彡工典	○
	甲辰			彡大甲	○	彡上甲	彡工典
5	甲寅			彡小甲	彡大甲	○	彡上甲
	甲子			○	彡小甲	彡大甲	○
	甲戌			彡戔甲	○	彡小甲	彡大甲
6	甲申			彡沃甲	彡戔甲	○	彡小甲
	甲午			彡陽甲	〔彡沃甲〕	彡戔甲	○
	甲辰			○	彡陽甲	彡沃甲	彡戔甲
7	甲寅			彡祖甲	○	〔彡陽甲〕	彡沃甲
	甲子			○	彡祖甲	○	彡陽甲
	甲戌			翌工典	○	彡祖甲	○
8	甲申			翌上甲	翌工典	○	彡祖甲
	甲午			○	翌上甲	翌工典	○
	甲辰			翌大甲	○	翌上甲	翌工典
9	甲寅			翌小甲	翌大甲	○	〔翌上甲〕
	甲子			○	翌小甲	翌大甲	○
	甲戌			翌戔甲	○	翌小甲	翌大甲
10	甲申			翌沃甲	翌戔甲	○	翌小甲
	甲午			翌陽甲	翌沃甲	翌戔甲	○
	甲辰			○	翌陽甲	翌沃甲	翌戔甲
11	甲寅	祭工典		翌祖甲	○	翌陽甲	翌沃甲
	甲子		祭工典	○	翌祖甲	○	翌陽甲
	甲戌		祭上甲	〔祭工典〕	○	翌祖甲	○
12	甲申		○	〔祭上甲〕	祭工典	○	翌祖甲
	甲午		祭大甲	○	祭上甲	祭工典	○
	甲辰		祭小甲	祭大甲	○	祭上甲	祭工典

(二) 三十六旬週期の場合

月	干支	王二祀	王三祀	王四祀	王五祀	
1	甲寅		祭小甲	祭小甲	祭小甲	祭小甲
	甲子		○	○	○	○
	甲戌		祭戔甲	祭戔	祭戔甲	祭戔甲
2	甲申		祭沃甲	祭沃甲	祭沃甲	祭沃甲
	甲午		祭陽甲	祭陽甲	祭陽甲	祭陽甲
	甲辰		○	○	○	○
3	甲寅		祭祖甲	祭祖甲	祭祖甲	祭祖甲
	甲子		○	○	○	○
	甲戌		○	○	○	○
4	甲申		彡工典	彡工典	彡工典	彡工典
	甲午		〔彡上甲〕	彡上甲	彡上甲	彡上甲
	甲辰		○	○	○	○
5	甲寅		彡大甲	彡大甲	彡大甲	彡大甲
	甲子		彡小甲	彡小甲	彡小甲	彡小甲
	甲戌		○	○	○	○
6	甲申		彡戔甲	彡戔甲	彡戔甲	彡戔甲
	甲午		彡沃甲	〔彡沃甲〕	彡沃甲	彡沃甲
	甲辰		彡陽甲	彡陽甲	〔彡陽甲〕	彡陽甲
7	甲寅		○	○	○	○
	甲子		彡祖甲	彡祖甲	彡祖甲	彡祖甲
	甲戌		○	○	○	○
8	甲申		翌工典	翌工典	翌工典	翌工典
	甲午		翌上甲	翌上甲	翌上甲	〔翌上甲〕
	甲辰		○	○	○	○
9	甲寅		翌大甲	翌大甲	翌大甲	翌大甲
	甲子		翌小甲	翌小甲	翌小甲	翌小甲
	甲戌		○	○	○	○
10	甲申		翌戔甲	翌戔甲	翌戔甲	翌戔甲
	甲午		翌沃甲	翌沃甲	翌沃甲	翌沃甲
	甲辰		翌陽甲	翌陽甲	翌陽甲	翌陽甲
11	甲寅	祭工典	○	○	○	○
	甲子		翌祖甲	翌祖甲	翌祖甲	翌祖甲
	甲戌		〔祭工典〕	祭工典	祭工典	祭工典
12	甲申	祭上甲	〔祭上甲〕	祭上甲	祭上甲	祭上甲
	甲午	○	○	○	○	○
	甲辰	祭大甲	祭大甲	祭大甲	祭大甲	祭大甲

これによれば王二祀の彡上甲が(一)に於いては四月甲申、(二)に於いては四月甲午であつて、前3.27.7版の王二祀の彡上甲は四月甲申であるから(一)の場合に符合して居り、王三祀の彡沃甲は(一)に於いては六月甲午、(二)に於いても六月甲午であつて、續1.23.5版の王三祀の彡沃甲は六月甲午であるから(一)(二)の場合に符合して居り、王四祀の彡陽甲が(一)に於いては七月甲寅、(二)に於いては六月甲辰であつて、續1.51.2版の王四祀の沃甲の祭祀は七月甲寅であるから(一)の場合に符合して居り(この版は祭名を缺いてゐるが、これによつて彡祀であることが解る。)、王五祀の翌上甲が(一)に於いては九月甲寅、(二)に於いては八月甲午であつて、後上20.7・前3.28.2版の王五祀の翌上甲は九月甲辰であるから、(一)・(二)のいづれにも合致してゐないが、(一)に於いて王五祀には三十六旬週期が用ゐられたとせばこの両者は符合する。

斯くの如く續1.5.1版の祭祀を基準とした三十七旬週期の(一)表上に王二祀・王三祀・王四祀の諸版が排列し、又この表に於いて王五祀には三十六旬週期が用ゐられたとすることによつて王五祀の二版も亦表上に排列する。従つて王二祀より王四祀までは三十七旬週期であり、王五祀は三十六旬週期であることが解る。次に月份を見るに王二祀より王四祀までの月份・干支は卜辞と(一)表とが一致してゐるから、この間には置閏がなく一年を三十六旬としてゐるが、王四祀と王五祀の間に於いては、王四祀の翌上甲は八月甲辰であるが王五祀の翌上甲は九月甲辰(後上20.7)であるから、この間の三十六旬には三旬の一ヶ月が十二回(表の如く)あるのではなくして十三回あることになり、これによつて月に大小のあることが解るのである(表(一)の王五祀の祭工典を一旬繰り上げ、月份を修正せば完全な祀譜表となる。)。

(三)(四)

王七祀・王八祀

月	干支	王六祀	王七祀	王八祀	
1	甲寅		祭大甲	○	○
	甲子		祭小甲	祭大甲	祭大甲
	甲戌		○	祭小甲	[祭小甲]
2	甲申		祭戔甲	○	
	甲午		祭沃甲	祭戔甲	
	甲辰		祭陽甲	祭沃甲	
3	甲寅		○	祭陽甲	
	甲子		祭祖甲	○	
	甲戌		○	祭祖甲	
4	甲申		○	[𡫶祖甲]	
	甲午		彡工典	[𠷎祖甲]	
	甲辰		彡上甲	彡工典	
5	甲寅		○	彡上甲	
	甲子		彡大甲	○	
	甲戌		彡小甲	彡大甲	
6	甲申		○	彡大甲	
	甲午		彡戔甲	○	
	甲辰		彡沃甲	彡戔甲	
7	甲寅		彡陽甲	彡沃甲	
	甲子		○	彡陽甲	
	甲戌		彡祖甲	○	
8	甲申		○	彡祖甲	
	甲午		翌工典	○	
	甲辰	[翌上甲]	翌上甲	翌工典	
9	甲寅	○	○	翌上甲	
	甲子	翌大甲	翌大甲	○	
	甲戌	翌小甲	翌小甲	翌大甲	
10	甲申	○	○	翌小甲	
	甲午	翌戔甲	翌戔甲	○	
	甲辰	翌沃甲	翌沃甲	翌戔甲	
11	甲寅	翌陽甲	翌陽甲	翌沃甲	
	甲子	○	○	翌陽甲	
	甲戌	翌祖甲	翌祖甲	○	
12	甲申	祭工典	○	翌祖甲	
	甲午	祭上甲	祭工典	祭工典	
	甲辰	○	祭上甲	祭上甲	

次の佚545版の王七祀には五月甲申に祖甲の𡫶祀が行はれ、庫1661版の王八祀には三月甲戌に小甲の祭祀が行はれてゐる。

佚
545

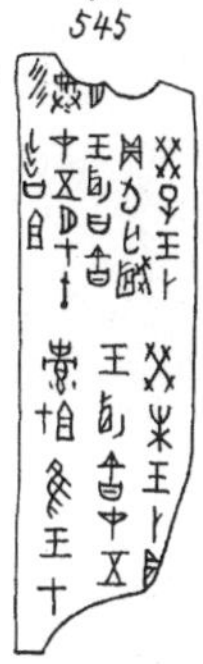

庫
1661

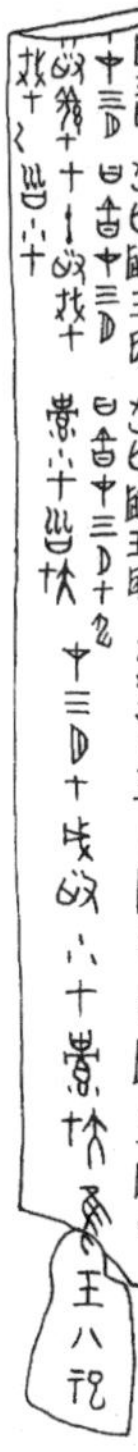

甲
297

前記の王五祀九月甲辰の翌上甲(後上20.7)を基準として、王七祀の𡫶祖甲の干支を考察せば、假に王六祀・王七祀に三十七旬週期が用ゐられたとせば王七祀の𡫶祖甲は甲午に行はれ、王六祀・王七祀のいづれかが三十六旬週期であれば甲申に行はれ、右の佚545版に於いては甲申であるから後者の場合であることが解る(上掲表は假に王六祀を三十六旬、王七祀を三十七旬週期とす)。この王七祀の𡫶祖甲を基準として王八祀の祭小甲の干支を考察するに、王八祀が三十七旬週期の場合は甲申、三十六旬週期の場合は甲戌であり、右の庫1661版に於いては甲戌であるから三十六旬週期が用ゐられてゐることが解る。次に月份を見るに、王五祀九月上旬甲辰の翌上甲より王七祀五月甲申の𡫶祖甲までの五十九旬間に於いて、三旬の一ヶ月が二十回置かれてゐるならば王七祀の𡫶祖甲は上掲表の如く四月でなければならないが、卜辞は之を五月としてゐるからこの間は二十一ヶ月とされてゐて月份が二旬前移してゐる。又王七祀五月甲申の𡫶祖甲より王八祀三月上旬甲戌の祭小甲までの三十旬間に於いて、三旬の一ヶ月が十回置かれてゐるならば王七祀の𡫶祖甲が五月上旬であるから王八祀の祭小甲は二月下旬でなければならないが、卜辞は之を三月上旬としてゐるから十一ヶ月が置かれてゐて月份が一旬前移してゐるのである。

右の如く王二祀の彡上甲より王四祀の彡陽甲までの八十一旬間に於いては、三旬を一ヶ月としてゐる表の月份と卜辞の月とは合致してゐるが、王四祀の彡陽甲より王五祀の𠚤上甲までの四十二旬間に於いては、表は十四ヶ月であるが卜辞は十四ヶ月と$\frac{1}{3}$月、王五祀の𠚤上甲より王七祀の祟祖甲までの五十九旬の間に於いては、表は十九ヶ月であるが卜辞は二十ヶ月$\frac{1}{3}$月、王七祀の祟祖甲より王八祀の劦小甲までの三十旬間に於いては、表は十ヶ月であるが卜辞は十ヶ月と$\frac{1}{3}$月を置いてゐて、表の月份よりも卜辞の月が前移してゐる。斯く三旬を一ヶ月としてゐる表よりも月が早く進むのは殷の暦法が一年十二ヶ月を三六〇日以下としてゐることを示して居り、而して王四祀と王五祀間の四十二旬、王七祀と王八祀間の三十旬に於いてはそれ〴〵卜辞の月が一旬早くなつて居り、又王五祀と王七祀間の五十九旬に於いては二旬早くなつてゐて、これらの平均値の三十四旬毎に月が一旬づつ早くなつてゐるのは、この暦法が太陰暦であることを示してゐる。斯くの如く三十四旬乃至三十六旬毎に卜辞の月が一旬早くなつてゐるから、王二祀より王四祀に至る八十一旬間に於いては二旬早くなつてゐなければならない筈であるが、右の如く卜辞と表とが一致してゐるから、この間に二旬の置閏が行はれてゐるとせざるを得ないのである。然らばこの置閏は閏月として置かれたか、閏旬として置かれたかを考察するに、右表の如く王二祀の彡上甲と王三祀の劦上甲の間は九ヶ月、王三祀の劦上甲と王三祀の彡沃甲の間は六ヶ月半、王三祀の彡沃甲と王四祀の彡陽甲の間は十二ヶ月であつて、この間のどこに三旬一ヶ月の閏月を假定しても、この四者のいづれかが表の如き關係を失ふから、閏月がありとすることが出來ず、又王二祀の彡上甲・王三祀の劦上甲・王三祀の彡沃甲・王四祀の彡陽甲が、右の如き間隔に於いて卜辞と表と一致してゐるから、この間に於いて適宜に一旬づつの閏が二回置かれたものとせざるを得ない。而して斯かる閏旬は右の王八祀の庫1661版上にも見ることが出來るのであつて、これは王五祀の𠚤上甲より王八祀の劦小甲までの略〻三年半には前述の如く置閏がないから、當然太陽年とは略〻三旬の齟齬を生じてゐる譯であつて、この置閏は之を補填する意圖によるものと考へられる。之を要するに帝乙初期には太陰暦が用ゐられてゐて、王二祀より王四祀までの二年餘に於いては閏旬が二回置かれたから卜辞と表とが符合し、王五祀より王八祀までの略〻三年半には置閏が行はれなかつたから、卜辞の月份が表の月份よりも略〻三旬前移してゐて、王八祀三月に於ける閏旬は之を救ふ意圖によるものと考

へられるのである。董作賓は次の如く

帝乙初年、二祀之三月當閏、四祀之十二月當閏、七祀之十月當閏、十祀之六月當閏、此四閏者、皆依祖甲改定閏制、置於無節之月、由帝辛十祀之閏九月、逆推而得之者也、今帝乙二祀四月至八祀四月無閏、是四祀與七祀再失閏也、（殷暦譜上・三・一八）

としてゐるが、これは第五期の置閏を閏月とし、帝辛王十祀の閏（董氏は閏月としてゐるが、この閏は閏旬である。後述参照）より逆算して帝乙初年の閏を推定してゐるものであって、右の如く王二祀より王四祀の間に二回の閏旬、王八祀の三月に一回の閏旬のあることを全く理解してゐないのである。

(四)(八) 王九祀・王十祀

月	干支	王八祀	王九祀	
2	甲寅 甲子 甲戌		○ 祭大甲 祭小甲	○ 祭大甲 祭小甲
3	甲申 甲午 甲辰		○ 祭戔甲 祭沃甲	- - -
4	甲寅 甲子 甲戌		祭陽甲 ○ 祭祖甲	- - -
5	甲申 甲午 甲辰		○ ○ 彡工典	- - -
6	甲寅 甲子 甲戌		彡上甲 ○ 彡大甲	- - -
7	甲申 甲午 甲辰		彡小甲 ○ 彡戔甲	- - -
8	甲寅 甲子 甲戌		彡沃甲 彡陽甲 ○	- - -
9	甲申 甲午 甲辰		彡祖甲 ○ 翌工典	- - -
10	甲寅 甲子 甲戌		翌上甲 ○ 翌大甲	- - -
11	甲申 甲午 甲辰		翌小甲 ○ 翌戔甲	- - 丁未
12	甲寅 甲子 甲戌		翌沃甲 翌陽甲 ○	
1	甲申 甲午 甲辰	祭工典 祭上甲	翌祖甲 祭工典 祭上甲	

次の第五期の遺391版には父丁の稱謂があって、これは父文武丁を謂ふものであるからこの版は帝乙時のものであり、これによれば王九祀の十一月に丁未の日がある。

遺391

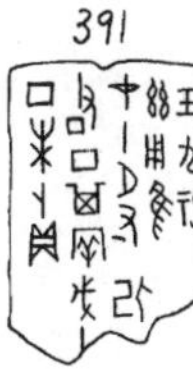

前記の王八祀三月の祭小甲を基準として（卜辞版は甲戌を上旬として四旬に亘る。）王九祀の十一月に丁未の日があるか否かを檢するに、上掲表の如く十一月の下旬に甲辰の旬があるから丁未の日があつて卜辞と表とは符合して居り、從つてこの表の祀譜が帝乙時のものであることが解る。次にこの間の置閏を考察するに、王八祀三月甲辰より王九祀十一月甲辰までの六十旬間に於いては、前記の王五祀と王七祀間五十九旬に卜辞の月が表よりも二旬前移してゐる例に從へば、一乃至二旬卜辞の月が早くなつてゐなければならぬ筈であるが、右の如く兩者が一致してゐるからこの間には一旬乃至二旬の置閏があるとせざるを得ない。而してこの置閏を假に閏月とせば十一丁の丁未は十二月上旬でなければならないから、これを閏月として置いたのではないことが解る。要するにこの版は上掲表の祀譜が帝乙時のものである明証であり、又王八祀三月より王九祀十一月までの間に一旬乃至二旬の閏のあることが解るのである。

次の四版には「𢀛方征伐」の記事と共に祭祀の記事があり、之が王何祀のものであるかは明瞭を缺いてゐる。その甲3939版については郭沫若は「在二月隹王十祀彡日」となし（通釋五七七）、董作賓も王十祀（殷暦譜・帝辛祀譜・王十祀）として

甲3939
獸頭骨文

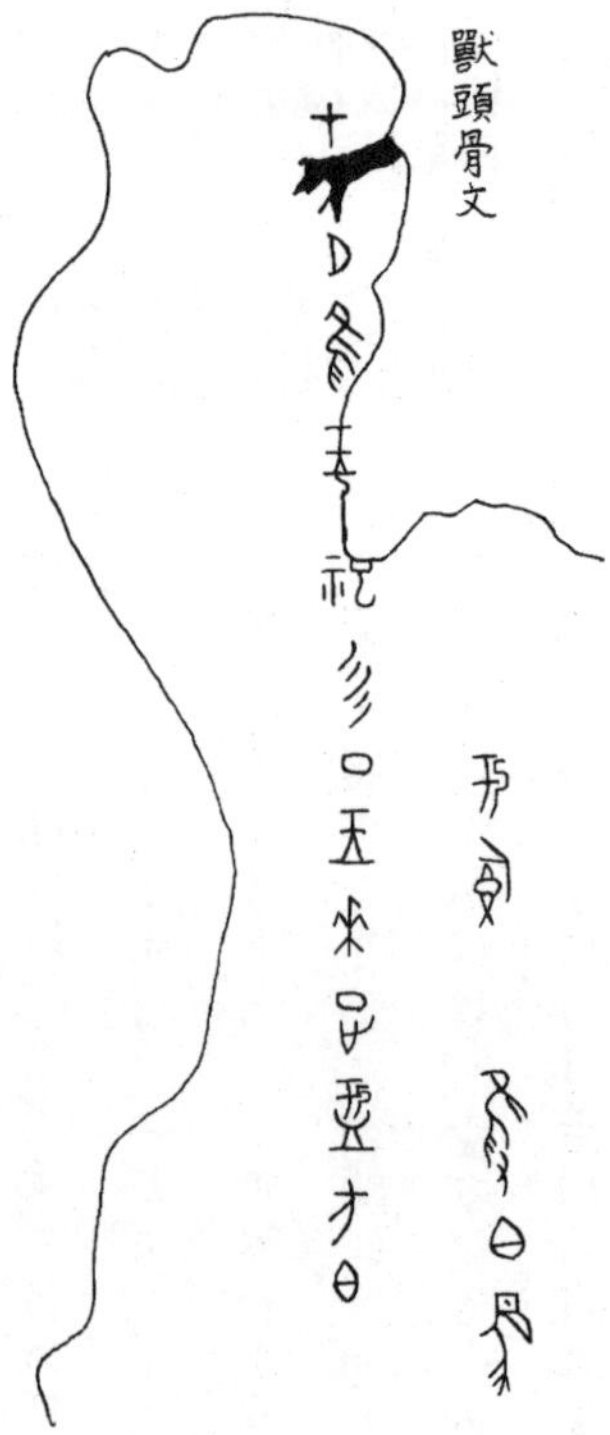

後上18.7

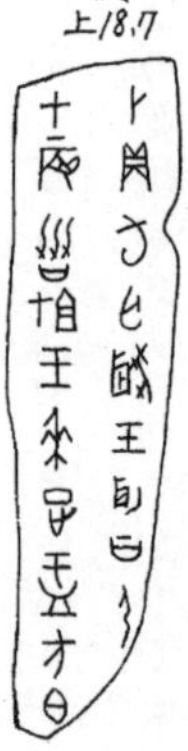

後上18.6

甲2416

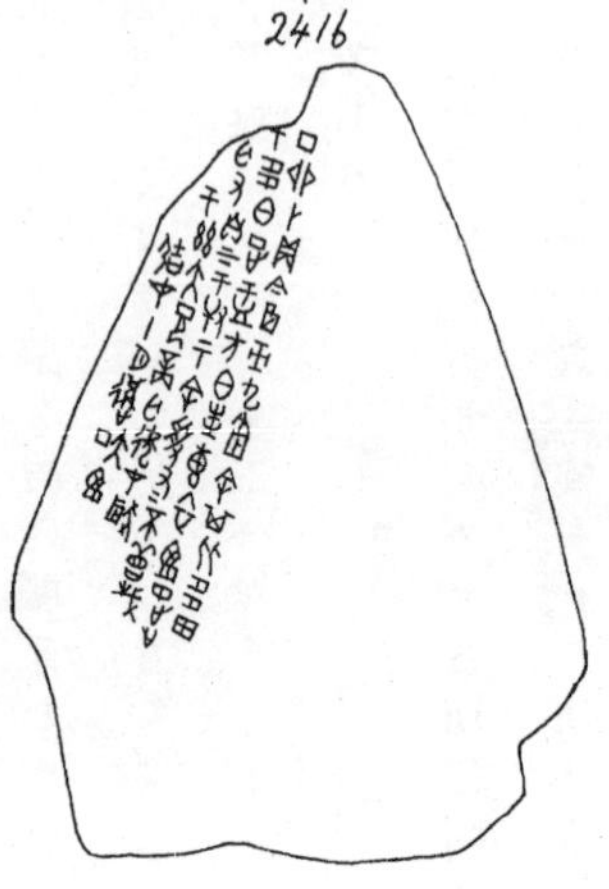

ゐるが、陳夢家は「在九月隹王六祀彡日」としてゐる（卜辞綜述三〇四頁）。又その月名については郭氏は右の如く「二月」としてゐるが陳氏は「九月」として居り、董氏は曩に九月としたが（獲白麟解）、後に二月と改説して「余舊釋在九月、商錫永氏以爲二月、以適合殘痕跡、今从商説」（殷曆譜）としてゐる。斯くの如く王何祀については十祀と六祀、祀月については二月と九月とする説があるが、王祀の殘痕を見るにこれを「王六祀」とするのは不適當であり、且つ「王十祀」以外はすべて適合しないから郭・董二氏の見解が至確であり、ここに於いて王八祀を基準として王十祀に彡日祀が行はれる月を檢すれば、上掲表の如く六月上旬より九月下旬までであつて、彡祀は九月には行はれるが二月には行はれない（この表は王九祀を三十六旬週期、王十祀を三十七旬週期としてゐる）。從つて之を二月とする説は誤であつて、董氏が曩に九月とした見解の正しいことが解り、この刻辭は「在九月隹王十祀彡日王來征盂方白……于𠂤獲白兕」である。

(五)

干支	月	王八祀	王九祀	月	王十祀	
甲寅 甲子 甲戌	2		〇 祭大甲 [祭小甲]	2	〇 祭大甲 祭小甲	祭上甲 〇 祭大甲
甲申 甲午 甲辰	3		〇 祭戔甲 祭沃甲	3	〇 祭戔甲 祭沃甲	[祭小甲] 〇 祭戔甲
甲寅 甲子 甲戌	4		祭陽甲 〇 祭祖甲	4	祭陽甲 〇 祭祖甲	祭沃甲 祭陽甲 〇
甲申 甲午 甲辰	5		〇 〇 彡工典	5	〇 〇 彡工典	祭祖甲 〇 [翌祖甲]
甲寅 甲子 甲戌	6		彡上甲 〇 彡大甲	6	彡上甲 〇 彡大甲	彡工典 彡上甲 〇
甲申 甲午 甲辰	7		彡小甲 〇 彡戔甲	7	彡小甲 〇 彡戔甲	彡大甲 彡小甲 〇
甲寅 甲子 甲戌	8		彡沃甲 彡陽甲 〇	8	彡沃甲 彡陽甲 〇	彡戔甲 彡沃甲 彡陽甲
甲申 甲午 甲辰	9		彡祖甲 〇 劦工典	9	彡祖甲 〇 劦工典	〇 彡祖甲 〇
甲寅 甲子 甲戌	10		劦上甲 〇 劦大甲	10	劦上甲 [劦大丁] 劦大甲	劦工典 劦上甲 〇
甲申 甲午 甲辰	11		劦小甲 〇 劦戔甲	11	劦小甲 〇 劦戔甲	劦大甲 劦小甲 〇
甲寅 甲子 甲戌	12		劦沃甲 劦陽甲 〇	12	劦沃甲 劦陽甲 〇	劦戔甲 劦沃甲 劦陽甲
甲申 甲午 甲辰	1	祭工典 祭上甲	劦祖甲 祭工典 祭上甲	1	劦祖甲 〇 祭工典	〇 劦祖甲

盂方征伐は王十祀の事件であるから右の三版も亦王十祀のものと考へられ、次にこれらの版の祭祀が上掲表の祀譜系統上に在るか否かを考察する。後上18.6版に於いては三月甲申に祭小甲が行はれてゐるから、王八祀三月甲戌の祭小甲（前記第一六六版）を基準として考察するに、王九祀或は王十祀のいづれかに三十七旬週期が用ゐられたとせば、王十祀の三月甲申に祭小甲が行はれることになるからこの版の祭祀は王八祀の祀譜に屬してゐ

る（五表は王九祀を三十六旬、王十祀を三十七旬としてゐる。之を王九祀が三十七旬、王十祀が三十六旬とせば𢦏小甲は王九祀・王十祀の両者に於いて三月甲申であり、又王九祀・王十祀を共に三十七旬とせば𢦏小甲は王九祀に於いのみ三月甲申であって王十祀は然らず。）。斯くの如く王十祀（或は王九祀）三月甲申に𢦏小甲が行はれてゐるから、𢀛祖甲は五月甲辰に行はれるのであって、これは右の後上18.7版の「甲辰𢀛祖甲」と符合して居り、又大丁の劦祀は王九祀十月甲子の旬の丁卯に行はれ、これは右の甲2416版の「十月丁卯遘大丁劦」と符合してゐる。而してこれは王九祀が三十六旬、王十祀が三十七旬の場合であるが、之を王九祀が三十七旬、王十祀が三十六旬とせば、𢦏小甲・𢀛祖甲は王九祀（或は王十祀）の事となるが、劦大丁は王九祀・王十祀に於いて十月甲戌の旬の丁丑に行はれることになってト辞と符合せず、従ってこの三版の祭祀がト辞の月份・干支に行はれるのは前者の場合以外にはなく（王九祀・王十祀の両者を三十六旬、或は三十七旬週期とせば愈〻符合せず）、これによって王九祀が三十六旬、王十祀が三十七旬週期であることが解るのである。

斯くの如く右四版の祭祀は帝乙祀譜である王八祀の祭祀系統上に於いて、王九祀十月甲子の旬丁卯に大丁に劦祀し（甲2416）、王十祀三月甲申に小甲に𢦏祀し（後上18.6）、王十祀五月甲辰に祖甲に𢀛祀し（後上18.7）、王十祀九月に彡祀する（甲3939）ものであるから、盂方征伐は帝乙王九祀より王十祀に亘ることが解る。然るに董氏はこの四版の祭祀を殷暦譜に於いて帝辛祀譜に排列し、帝辛時に在っては王十祀の彡祀が一月より三月に亘るとして、甲3939版の「在九月隹王十祀彡日」の九月を二月と改釋して二月に排列し、又帝辛王四十祀以降に三月甲申の𢦏小甲が行はれるとして、後上18.6・後上18.7・甲2416三版を四十祀・四十一祀に排列してゐるが、これは全く偶合によるものに過ぎない。従ってこの排列を陳夢家が疑って「它是否應排在帝辛四十祀也有問題」（卜辞綜述三一〇頁）として居り、董氏はこれによって盂方征伐を帝辛時の事としてゐるが之は明かに誤である（第二篇・第三章「盂方」参照）。

（二）王廿祀

戊辰彝（殷文存上一九・二）

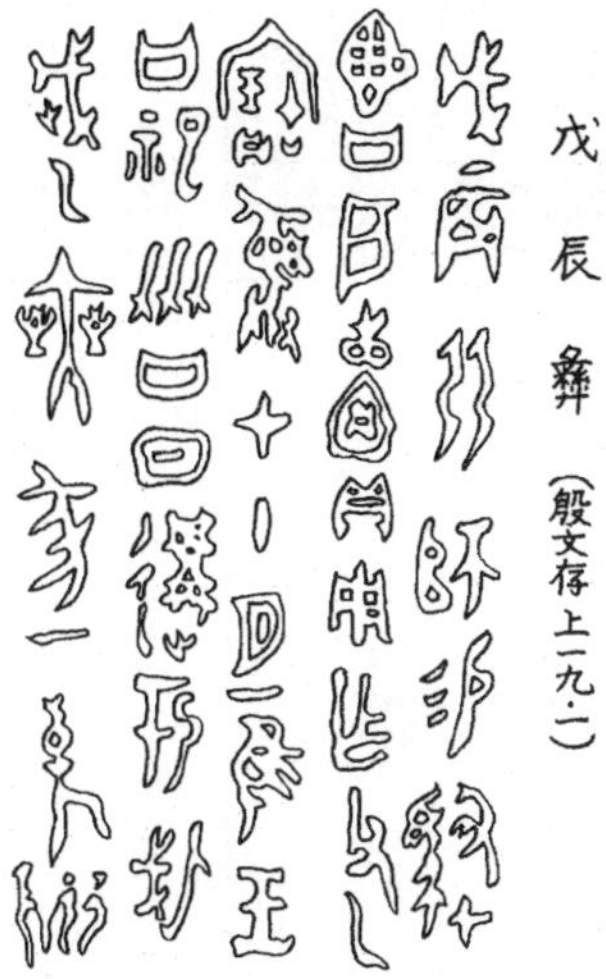

上掲の戊辰彝には王廿祀十一月戊辰に武乙の配妣戊の𢀛日祀が行はれたことが記されてゐる。祀序表によれば武乙の配妣戊の祀日は祖甲の次旬の戊日であり、右の祭祀は後述の帝辛祀譜王廿祀には符合しないから、これは帝乙時のものである。然らばこれが帝乙祀譜に符合するか否かを検討するに、王十祀に於ける武乙の配妣戊の𢀛祀は六月甲寅の旬（祀譜表に於いては妣戊の𢀛祀は彡工典と同旬の戊日に行はれる）であるから、これが銘文の如く王廿祀に於いて戊辰（甲子の旬）に行はれるためには、三十七旬週期が七

回用ゐられ、又この戊辰が十一月とされてゐるから、假に之を十一月上旬とせば王十祀と王廿祀の間に月份が八旬前移し、十一月下旬とせば十旬前移してゐることになることは次の如くである。

(六)

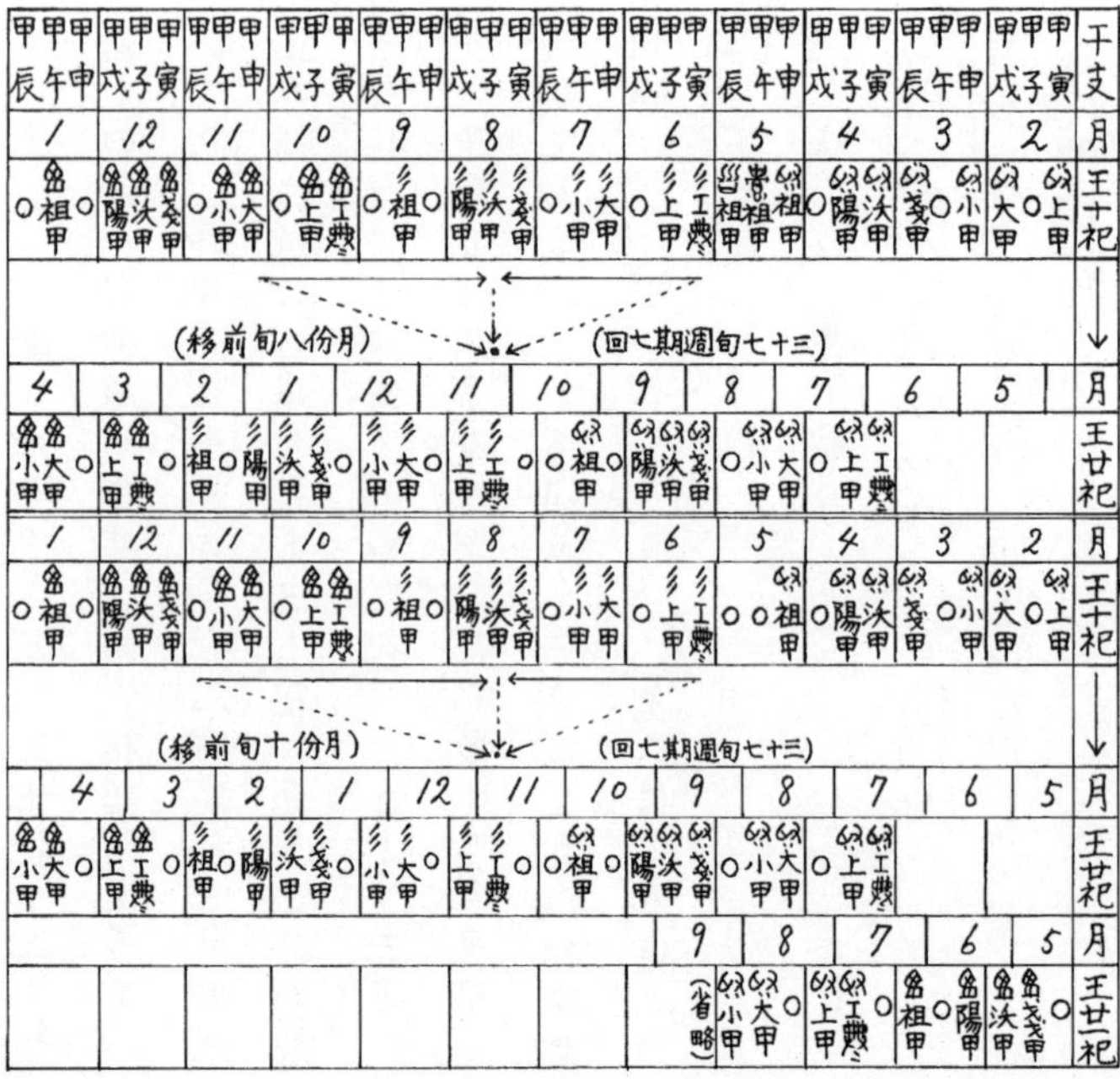

干支
月
王十祀
(月份八旬前移)
(三十七旬週期七回)
王廿祀
(月份十旬前移)
王廿一祀
(省略)

不當ではなく(後述の帝辛時には王十祀と王廿祀との間には九回用ゐられてゐる。)、又太陰暦を用ゐて置閏を行はなければ、月份が三十六旬を一年としてゐる表の月份よりも八旬乃至十旬前移するのは當然であるから、この銘文の祭祀は帝乙王十祀の祀譜に符合してゐる。王廿祀の武乙の配妣戊の𦎫祀が、月份が八旬前移の場合は十一月上旬に行はれ、十旬前移の場合は十一月下旬に行はれるから、王廿祀の終了は前者の場合は六月下旬甲寅の旬、後者の場合は七月中旬甲寅の旬であり、而して王廿一祀の始まりは三十六旬週期の場合は、前祀の最終旬に行はれるから六月下旬甲寅(月份八旬前移の場合)或は七月中旬甲寅(月份十旬前移の場合)、三十七旬週期の場合は、前祀終了の次旬に行はれるから七月上旬甲子(月份八旬前移の場合)或は七月下旬甲子(月份十旬前移の場合)に行はれることは、上掲表から容易に推測することが出來る。この王廿一祀が七月下旬甲子に始まることは(王十祀と王廿祀間に月份が十旬前移し、王廿一祀が前祀終了の次旬に始まる場合)、後述の如く帝辛王一祀が七月下旬甲子に始まつてゐることと正に符合して居り(帝辛祀譜參照)、而して帝乙祀譜に於いてこれ以後に、七月下旬甲子に祭祀が始まる場合を上掲表によつて推測するに、毎祀に三十七旬週期が用ゐられたとし、又毎祀に月份が一旬前移したとせば、十八祀後即ち王卅九祀に行はれるが、後述の祀譜表の檢討に見るが如く、帝乙王廿祀以降に屬する辭例が一版も存しないからこれは妥當ではない。從つて帝乙時と帝辛時の交替はこの七月下旬甲子に行はれたのであつて、帝乙時は王廿祀を以つて七月中旬甲寅の旬に終り、帝辛王一祀が帝乙王廿祀終了の次旬から始まる(帝辛王一祀は三十七旬週期となる)ことが解る。以上のことから王十祀と王廿祀との間には三十七旬週期が七回用ゐられ、月份が十旬前移してゐて、これは三六〇日を一年としてゐる表よりも一祀毎に一旬前移してゐることになるから、この間に於

ける暦は三五〇日を一年として置閏を行はなかつたことが解るのである。後述の如く帝辛王廿祀に於ける武乙の配妣戊の劦祀は二月下旬甲寅の旬戊午であるから、この銘文の十一月戊辰と符合せず、從つてこの器を帝辛廿年としてゐる郭沫若説（通纂考釋七五葉）は誤謬であり、又右の如く帝乙時は王廿祀を以つて終つてゐるから、帝乙在位三十七年としてゐる帝王世紀説（太平御覧八十三引）、及び三十五祀としてゐる董作賓説（殷暦譜祀譜）は妥當でない。

以上に於いて王二祀より王十祀までの祀譜と、王廿祀の祀譜とを明かにし得たのであつて、この間に於ける五祀週期・月份の前移及び置閏は次の如くである。三十六旬週期は五祀、六祀、八祀、九祀に（王六祀は假定）、三十七旬週期は三祀・四祀・七祀・十祀に用ゐられて居り（七祀は假定）、又卜辭は太陰月であるが右の諸表は三旬を一ヶ月としてゐるから、卜辭の月份が表の月份と一致してゐる場合と、表よりは前移してゐる場合とがあり、前者の場合は殷暦に置閏があるのであつて、王二祀彡上甲と王四祀彡陽甲の間に二旬、王八祀三月に一旬、王八祀祭沃甲と王九祀十月甲戌の間に一旬であり、後者の場合は失閏であつて、王四祀と王五祀、王五祀と王七祀、王七祀と王八祀の間に於いて月份が一旬乃至二旬前移して居り、王十祀と王廿祀の十祀間に於いては十旬前移してゐる。從つて帝乙時は太陰年を三五〇日とし、これを基盤として置閏を行つてゐることが解るのである。王二祀の彡上甲が四月甲申であるから、王二祀が三十六旬週期の際は王一祀の祭工典が十一月甲子、三十七旬週期の際は十一月甲寅であることは容易に推測することが出來、帝辛時の王一祀が甲子に始まつてゐるから帝乙時の王一祀も亦甲子に始まり、王二祀が三十六旬週期と考へられる。右に考定した祀譜表(一)・(三)・(四)・(五)・(六)を綴合して、

（期間）	（週期）	（卜辭記事）	（版名）	（月份）
81旬		王二祀四月甲申彡上甲	（前三・二七・七）	月份は表と合致し置閏二旬
	（三七旬）	王三祀十一月甲戌祭工典	（續一・五・一）	
		王三祀十二月甲申祭上甲	（續一・五・一）	
		王三祀六月甲午彡沃甲	（續一・三三・五）	
42旬	（三七旬）	王四祀七月甲寅彡陽甲	（續一・五・一）	一旬前移
59旬	（三六旬）	王五祀九月甲辰翌上甲	（後上二〇・七）	二旬前移
	（假三六旬）	王六祀		
30旬	（假三七旬）	王七祀五月甲申𢦔祖甲	（佚五四五）	一旬前移
4旬	（三六旬）	王八祀三月甲戌祭小甲	（庫一六六一）	置閏一旬
		三月甲申𢦔小甲		
		三月甲午祭戔甲		
		三月甲辰祭沃甲		
6旬		王九祀十一月丁未父丁	（遺三九一）	月份は表と合す、一旬の閏
18旬	（三六旬）	王九祀十月丁卯翌大丁	（甲二四一六）	
	（三七旬）	王十祀三月甲申祭小甲	（後上一八・六）	
		王十祀五月甲辰劦祖甲	（後上一八・七）	
10祀	（三七旬七回）（三六旬三回）	王十祀九月彡祀		十旬前移
		王廿祀十一月戊辰劦武乙妣戊	（戊辰彝）	

月份の前移に應じて表の月份を訂正せば（王五祀𢼄上甲・王七祀祟祖甲・王八祀祭小甲・王廿祀に於いて）、王二祀より王十祀までと王廿祀の祀譜を成すことが出來る。

帝乙時祀譜

旬	干支	甲寅	甲子	甲戌	甲申	甲午	甲辰	甲寅	甲子	甲戌	甲申	甲午	甲辰	甲寅	甲子	甲戌	甲申	甲午	甲辰	甲寅	甲子	甲戌	甲申	甲午	甲辰	甲寅	甲子	甲戌	甲申	甲午	甲辰	甲寅	甲子	甲戌	甲申	甲午	甲辰
	月																																11			12	
	王一祀																															(祭工典)	(祭工典)				
	月		1			2			3			4			5			6			7			8			9			10			11			12	
	王二祀																																祭工典	祭上甲	○	祭大甲	祭小甲
	月		1			2			3			4•			5			6			7			8			9			10			•11			12•	
37旬	王三祀	○	祭戔甲	祭沃甲	祭陽甲	○	祭祖甲	○	○	彡工典	彡上甲	○	彡大甲	彡小甲	○	彡戔甲	彡沃甲	彡陽甲	○	彡祖甲	○	𢼄工典	𢼄上甲	○	𢼄大甲	𢼄小甲	○	𢼄戔甲	𢼄沃甲	𢼄陽甲	○	𢼄祖甲	○	祭工典	祭上甲	○	祭大甲
	月		1			2			3			4			5			6•			7			8			9			10			11			12	
37旬	王四祀	祭小甲	○	祭戔甲	祭沃甲	祭陽甲	○	祭祖甲	○	○	彡工典	彡上甲	○	彡大甲	彡小甲	○	彡戔甲	彡沃甲	彡陽甲	○	彡祖甲	○	𢼄工典	𢼄上甲	○	𢼄大甲	𢼄小甲	○	𢼄戔甲	𢼄沃甲	𢼄陽甲	○	𢼄祖甲	○	祭工典	祭上甲	○
	月		1			2			3			4			5			6			7•			8			9			10			11			12	
36旬	王五祀	祭大甲	祭小甲	○	祭戔甲	祭沃甲	祭陽甲	○	祭祖甲	○	○	彡工典	彡上甲	○	彡大甲	彡小甲	○	彡戔甲	彡沃甲	彡陽甲	○	彡祖甲	○	𢼄工典	𢼄上甲	○	𢼄大甲	𢼄小甲	○	𢼄戔甲	𢼄沃甲	𢼄陽甲	○	𢼄祖甲	祭工典	祭上甲	○
	月		1			2			3			4			5			6			7			8		9•			10			11			12		
假36旬	王六祀	祭大甲	祭小甲	○	祭戔甲	祭沃甲	祭陽甲	○	祭祖甲	○	○	彡工典	彡上甲	○	彡大甲	彡小甲	○	彡戔甲	彡沃甲	彡陽甲	○	彡祖甲	○	𢼄工典	𢼄上甲	○	𢼄大甲	𢼄小甲	○	𢼄戔甲	𢼄沃甲	𢼄陽甲	○	𢼄祖甲	祭工典	祭上甲	○
	月	1			2			3			4			5			6			7			8			9			10			11			12		
假37旬	王七祀	祭大甲	祭小甲	○	祭戔甲	祭沃甲	祭陽甲	○	祭祖甲	○	○	彡工典	彡上甲	○	彡大甲	彡小甲	○	彡戔甲	彡沃甲	彡陽甲	○	彡祖甲	○	𢼄工典	𢼄上甲	○	𢼄大甲	𢼄小甲	○	𢼄戔甲	𢼄沃甲	𢼄陽甲	○	𢼄祖甲	○	祭工典	祭上甲
	月		1		2			3		4		5••			6			7			8			9			10			11			12			1	
36旬	王八祀	○	祭大甲	祭小甲	○	祭戔甲	祭沃甲	祭陽甲	○	祭祖甲	祟祖甲	甾祖甲	彡工典	彡上甲	○	彡大甲	彡小甲	○	彡戔甲	彡沃甲	彡陽甲	○	彡祖甲	○	𢼄工典	𢼄上甲	○	𢼄大甲	𢼄小甲	○	𢼄戔甲	𢼄沃甲	𢼄陽甲	○	𢼄祖甲	祭工典	祭上甲
	月	2				••3••			4			5			6			7			8			9			10			11			12			1	
36旬	王九祀	○	祭大甲	祭小甲	○	祭戔甲	祭沃甲	祭陽甲	○	祭祖甲	○	○	彡工典	彡上甲	○	彡大甲	彡小甲	○	彡戔甲	彡沃甲	彡陽甲	○	彡祖甲	○	𢼄工典	𢼄上甲	○	𢼄大甲	𢼄小甲	○	𢼄戔甲	𢼄沃甲	𢼄陽甲	○	𢼄祖甲	祭工典	祭上甲
	月		2			3			4			5			6			7			8			9			10•			•11			12			1	
37旬	王十祀	○	祭大甲	祭小甲	○	祭戔甲	祭沃甲	祭陽甲	○	祭祖甲	○	○	彡工典	彡上甲	○	彡大甲	彡小甲	○	彡戔甲	彡沃甲	彡陽甲	○	彡祖甲	○	𢼄工典	𢼄上甲	𢼄大丁	𢼄大甲	𢼄小甲	○	𢼄戔甲	𢼄沃甲	𢼄陽甲	○	𢼄祖甲	○	祭工典
	月		•2			3			4			•5			6			7			8			9			10			11			12			1	
		祭上甲	○	祭大甲	祭小甲	○	祭戔甲	祭沃甲	祭陽甲	○	祭祖甲	○	甾祖甲	彡工典	彡上甲	○	彡大甲	彡小甲	○	彡戔甲	彡沃甲	彡陽甲	○	彡祖甲	○	𢼄工典	𢼄上甲	○	𢼄大甲	𢼄小甲	○	𢼄戔甲	𢼄沃甲	𢼄陽甲	○	𢼄祖甲	
	月	5			6			7			8			9			10			11			12			1			2			3			4		
	王廿祀							祭工典	祭上甲	○	祭大甲	祭小甲	○	祭戔甲	祭沃甲	祭陽甲	○	祭祖甲	○	○	彡工典	彡上甲	○	彡大甲	彡小甲	○	彡戔甲	彡沃甲	彡陽甲	○	彡祖甲	○	𢼄工典	𢼄上甲	○	𢼄大甲	𢼄小甲
	帝辛王一祀	○	𢼄戔甲	𢼄沃甲	𢼄陽甲	○	𢼄祖甲	○	祭工典																												

二、帝辛時の祀譜（帝辛時は平年を三六〇日としてゐることは「殷の曆法」參照）

(イ) 王九祀・王十祀

次の王九祀（明61）・王十祀（前3.27.6 4.18.1接合・續3.29.6・庫1672）の四版は右の帝乙祀譜には符合せず、次の如き祀譜を成してゐる。

(一)

干支	月	王九祀	王十祀	
甲寅			○	祭祖甲
甲子	12		○	○
甲戌			彡工典	○
甲申			彡上甲	彡工典
甲午	1		○	[彡上甲]
甲辰			彡大甲	○
甲寅			[彡小甲]	彡大甲
甲子	2		○	彡小甲
甲戌			彡戔甲	○
甲申			彡沃甲	彡戔甲
甲午	3		彡陽甲	彡沃甲
甲辰			○	彡陽甲
甲寅			彡祖甲	○
甲子	4		○	彡祖甲
甲戌			翌工典	○
甲申			翌上甲	翌工典
甲午	5		○	翌上甲
甲辰			翌大甲	○
甲寅			翌小甲	翌大甲
甲子	6		○	翌小甲
甲戌			翌戔甲	○
甲申			翌沃甲	翌戔甲
甲午	7		翌陽甲	翌沃甲
甲辰			○	翌陽甲
甲寅			翌祖甲	○
甲子	8	祭工典	○	翌祖甲
甲戌		祭上甲	祭工典	
甲申		○	祭上甲	
甲午	9	祭大甲	[壴上甲]	
甲辰		祭小甲	祭大甲	
甲寅		○	祭小甲	
甲子	10	祭戔甲	○	
甲戌		祭沃甲	祭戔甲	
甲申		祭陽甲	祭沃甲	
甲午	11	○	祭陽甲	
甲辰		祭祖甲	○	

明61

續3.29.6

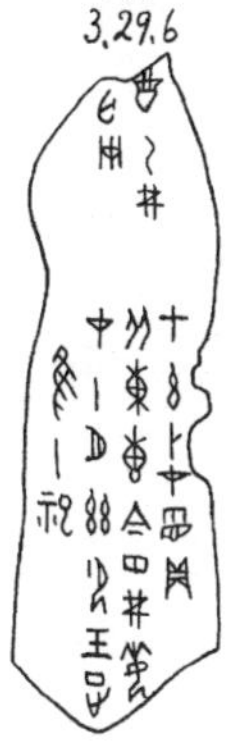

前3.27.6 4.18.1

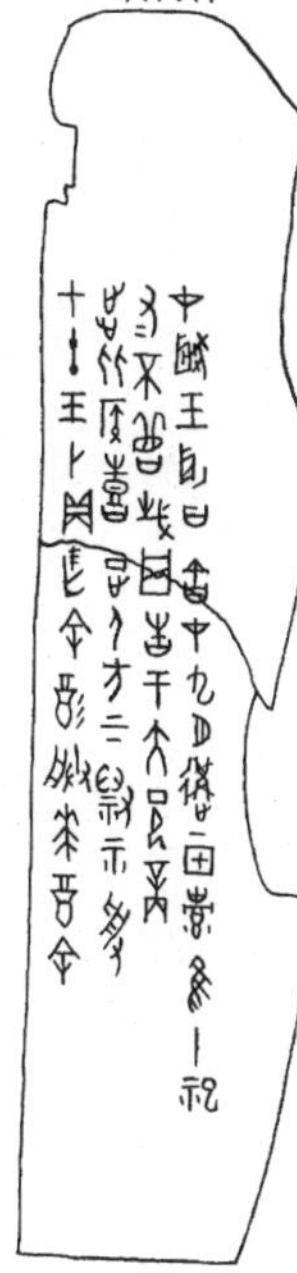

庫1672

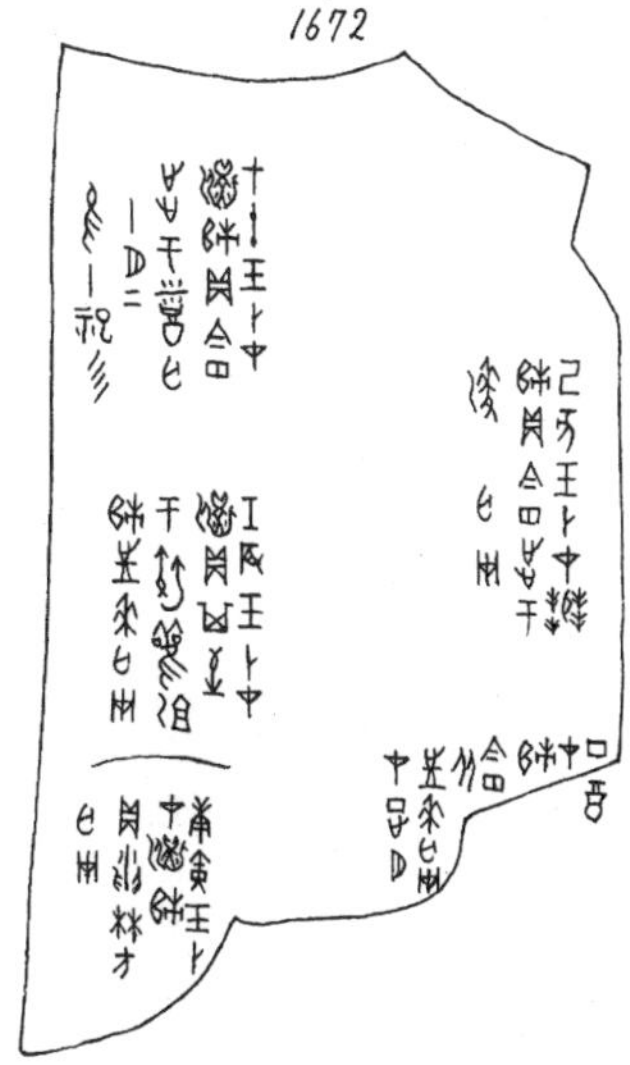

卜辞に於いて「来…不𡆥」の語法は慣用句であるから、明61版の下辞と上辞とは一連の辞であつて、これによれば癸丑に小甲の彡夕祀が行はれてゐるから王九祀の小甲の彡祀は正月甲寅であり、又前3.27.6 4.18.1版には王十祀九月甲午に上甲の壴祀の行はれたことが記されてゐるから、この両者は上掲表の如く王九祀の翌祀の終了した次旬に王十祀の祭工典が行はれるやうにし（王十祀を三十七旬）、月份は王九祀の彡小甲が正月下旬・王十祀の壴上甲が九月上旬とする以外にはない。次に庫1672版には王十祀の彡祀が十二月甲午に行はれてゐるからこれを上掲表に檢するに、右の如く王十祀の壴上甲が九月上旬甲午であつて、この祭祀が武乙・文武丁の劦祀を以つて終了するのは十二月下旬の甲申の旬であり、彡祀の工典は同旬の甲日に行はれて次旬に彡上甲が行はれるから一月甲午に行はれることになるが、庫1672版には王十祀の彡祀を十二月下旬甲午（同版に三旬後の丁酉を正月とす）としてゐるから、干支は一致するが月份は合致せず、從つてこの間に閏があるとせざるを得ない。

これは右の續3.29.6版に於いても同様であつて、この版には王十祀の十月に甲午があるが、前3.27.6版の如く王九祀の壴上甲は九月上旬の甲午であるから王十祀の十月には甲午のないことが明かであり、この十月に甲午があるためにはこの間に閏があるとしなければならない。ここに閏のあることは董作賓も之を指摘してゐて（殷曆譜卷九征人方日譜）「此閏九月爲無節置閏法之重要基點、可參看日譜、本譜自祖甲祀譜、下迄帝辛五十二祀、皆據之推求閏月」（帝辛祀譜王十祀九月）と、董氏の殷曆に於ける閏月の起點とし、而して之を閏月と見做して前表の九月甲辰・甲寅・十月甲子に當る三旬としてゐる。董氏に從つてこの三旬を閏九月とせば、前表の王十祀一月甲午の彡上甲は十二月甲午となつて庫1672版と合致し、又王十祀十月に甲午があることになつて續3.29.6版と合致するが、王九祀の彡小甲は二月中旬の甲寅に行はれることになつて明61版（正月甲寅彡小甲）とは符合しない。これは表の九月甲辰を閏九月の初旬とするがために、正九月は表の八月甲戌に始つて一月甲寅は二月中旬となり、五祀週期を無視して彡小甲を二旬前に移さぬ限り一月には行はれず、又之を二旬前に移せば干支がト辭と齟齬することになり、從つて明61版の王九祀の彡小甲と、前3.27.6版の王十祀の嘗上甲との關係を破る結果となるこの閏月は許容することが出來ない（董氏はこの彡小甲を正月甲辰としてゐるがこれは甚だ理解に苦しむ）。然らばこの王九祀の彡小甲に影響を及ぼさぬ閏月の在り方としては、表の九月以降に假定しなければならず、而して續3.29.6版によれば十月の間に閏があるから、表の十月を閏九月とするか或は十一月を閏十月とするか、この二者以外にはなく、この二者のいづれとしても、庫1672版に於いては十二月甲午の三日後の丁酉を正月としてゐるから、表の十月と一月との間に閏月を假定することは出來ない。斯くの如く閏月を九月に假定せば明61版と、又十月以降に假定せば庫1672版と抵觸するのであつて、王九祀正月と王十祀正月との間に一旬の一ヶ月を假定するか、或は二旬の一ヶ月が二回あるとしない限り、この間に閏月を挿入することは不可能である。從つてこの閏は九月或は十月に一旬の閏旬が置かれたものと見做さざるを得ず、ここに閏旬があるとすることによつてのみ、前掲の四版が緊密に一連の祀譜を成すことが理解されるのである。董氏は之を閏月となすがために、明61版の彡小甲を正月甲辰と附會し、又庫1672版の「隹十祀彡」を十一祀と曲解せざるを得ないのである。董氏が無節置閏法の起點としてゐるこの閏月の眞相は斯くの如くであるから、その置閏法は根本から修正されねばならず、而してこの閏は帝辛時に閏旬法が行はれてゐる明証である。

要するに右の四版は緊密な一祀譜を成してゐて、王十祀は三十七旬週期であり、王十祀の九月或は十月に一旬の閏のあることが解り、而してこの祀譜を帝乙王十祀の祀譜と對比せば明瞭に異る祭祀系統に屬することが解るのである。なほ庫1672版に於いては十二月甲午の三日後の丁酉を正月としてゐるから、月の交替は乙未、丙申、丁酉のいづれかであつて、月は必ずしも甲日に始らないことを示してゐる。

(ロ) 王一祀・王二祀

次の版には王二祀の十二月に上甲の彡祀が行はれたことが記されて居り(干支不明、上甲名を缺いてゐるが、「彡日[illegible][illegible]于多[illegible]」であることは他の同文例より解る)、帝乙祀譜の王二祀の彡上甲は四月であるからこの版の帝乙時でないことは明かである。然らば之は右の王九祀の祀譜(表(二))と符合するか否かを次に考察しなければならない。

前 3.28.1

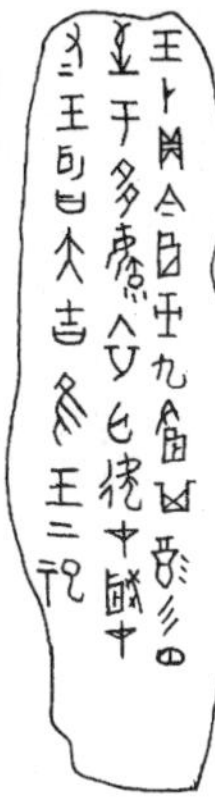

(二)

1月 12月

月	干支	王二祀	王九祀	王十祀
3	甲午 甲辰 甲寅			彡陽甲 ○ 彡祖甲
4	甲子 甲戌 甲申			○ 翌工典 翌上甲
5	甲午 甲辰 甲寅			○ 翌大甲 翌小甲
6	甲子 甲戌 甲申			○ 翌戔甲 翌沃甲
7	甲午 甲辰 甲寅			翌陽甲 ○ 翌祖甲
8	甲子 甲戌 甲申		祭工典 祭上甲 ○	○ 祭工典 祭上甲
9	甲午 甲辰 甲寅		祭大甲 祭小甲 ○	○
10	甲子 甲戌 甲申		祭戔甲 祭沃甲 祭陽甲	
11	甲午 甲辰 甲寅	(彡上甲) 彡大乙妣丙	○ 祭祖甲 ○	
12	甲子 甲戌 甲申		○ 彡工典 彡上甲	
1	甲午 甲辰 甲寅		○ 彡大甲 彡小甲	
2	甲子 甲戌 甲申		○ 彡戔甲 彡沃甲	

王二祀と王九祀の間七祀に於いて假に各祀に三十七旬週期のみが行はれたとせば、王九祀の彡上甲が十二月下旬の甲申であるから王二祀の彡上甲が十月甲戌であり、三十六旬週期のみが行はれたとせば十二月甲申に行はれ、兩週期が混用されたとせばこれらの中間であることは上揭表より容易に推測し得る。次に王二祀に於ける月份を推測せば、殷代は太陰暦であるから李節との調節を計るために閏が置かれてゐて、この七祀間の置閏は七乃至八旬必要であり(太陰年三五四日 太陽年三六五日)、假に斯くの如く置閏があつたとせば王二祀の十二月は表の十月甲申より十一月甲辰までに當る(表は一年を三六〇日としてゐて太陰年と太陽年の中間にあり、從つて八旬の置閏は表に於いては之を四旬と見做さねばならない)。

ここに於いて前3.28.1版の王二祀十二月の彡上甲が王九祀の祀譜に屬するか否かは、この祭祀が三十七旬週期のみの場合の十月甲戌と三十六旬週期のみの場合の十二月甲申の間に在るか否かを檢すればよいのであつて、王二祀の十二月は置閏のある場合には表の十月甲申・十一月甲午・甲辰であるから正にこの間に在り、從つてこの祭祀は王九祀の祭祀系統に屬することが解るのである。但だこの版に於いては干支が破粹してゐて右三旬のいづれの旬に行はれたかが明かでないが、次の「[illegible]卣一」(殷曆譜後記所載 集刊十三本所收)によつてこれが表の十一月甲午に行はれたことが解る。

(商周金文錄遺二七四・三所收)

この銘文の[illegible]の名は次の王四祀に引用してゐる「[illegible]卣二」の[illegible]と同一人であり

、妣㐫卣二は次述の如く帝辛時器であるからこの器も亦帝辛時のものである。この銘文には王二祀の正月丙辰に大乙の配妣丙の彡祀が行はれたことが記されて居り、祀序表によれば大乙の配妣丙は大甲と同旬の丙日に祀られるから、王九祀に於ける彡祀は右表に於いては一月甲辰の旬である。之に基づいて王二祀の彡祀を推測するに、この間に三十六旬週期のみ用ゐられたとせば王二祀に於いては表の一月甲辰、三十七旬週期のみ用ゐられたとせば十一月甲午、兩者が混用されたとせばその中間である。銘文はその日を正月丙辰(甲寅の旬)としてゐるから右の十一月甲午と一月甲辰の間の丙辰の日を求むれば表の十一月甲寅の旬に在り、而してこの日は王二祀に於いては正月とされてゐるからこの間に表上に於いて四旬(實際には八旬である)の閏のあることが解り、これによつて前記の前3.28.1版の解説に於いて推測した王九祀・王二祀間の置閏の誤らないことが解る。上甲は大乙の配妣丙の二旬前に祀られるから、王二祀に於ける上甲の彡祀は右の十一月甲寅の二旬前の甲午に行はれ、妣丙の彡祀の甲寅の旬は表上に於いて四旬の置閏によつて正月であるから、上甲の彡祀は四旬の置閏によつて十二月であり、これは前3.28.1版の彡上甲が十二月であることと符合して居り、而してこの彡上甲の甲午が十二月中旬であることは表を見れば自ら明かである。ここに於いて王二祀の祀譜を成すことが出來るのである。

斯くの如く王二祀に於ける大乙の配妣丙の彡祀は正月甲寅の旬(表の十二月甲寅)・彡上甲は十二月中旬の甲午(表の十一月甲午)であり、而して王九祀の彡妣丙は一月甲辰の旬・彡上甲は十二月甲申であるから、この七祀の間に於いては三十七旬週期が五回、三十六旬週期が二回であることは表によつて容易に知ることが出來、而してこの間の置閏は表上に於いて四旬である。

右の如く王二祀の彡上甲の祀譜上の位置が明かとなつたから、次の版によつて王一祀の祀譜を決定することが出來る。

續1.50.5

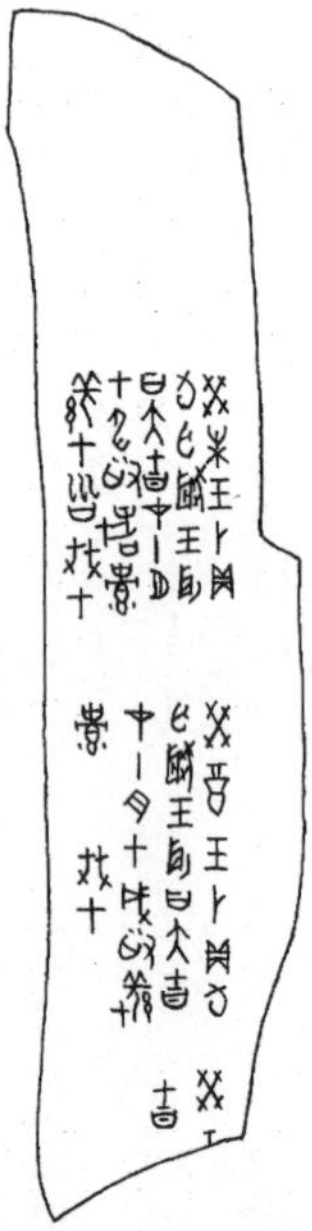

この版の十月甲戌の𢼸沃甲・十月甲申の𢼸陽甲は帝乙祀譜には符合しないものである。右の如く王二祀の彡上甲が十二月中旬の甲午であるから(表の十一月甲午)、王二祀の𢼸沃甲は十月上旬の甲申(表の八月甲申)であり、これに基づいて王一祀の𢼸沃甲の月份・干支を推測する。この間に三十六旬週期が用ゐられれば王一祀の𢼸沃甲は甲申、三十七旬週期が用ゐられれば甲戌であり、而してこの間に置閏が無ければこの甲申が十月上旬(表は八月)、甲戌は九月下旬(表は八月)であるが、置閏があれば甲申は十月中旬、甲戌は十月上旬であることは次表の如くである。從つて三十七旬週期にして一

(三)旬の置閏のある場合は、王一祀の祭汰甲が十月上旬の甲戌に行はれ、これは右の版の十月甲戌祭汰甲と符合してゐる。ここに於いてこの版は王一祀のものであることが解ると共に、王二祀の週期が三十七旬、王一祀と王二祀の間に閏のあること、及び祭汰甲が十月甲戌であるから祭工典が七月甲子(表は六月)であることが解る。帝辛王一祀が七月下旬の甲子に始まることは偶然としても興味があり、帝乙王一祀が甲子に始まると考へられることと相俟つて、時王の王一祀は甲子に始まるものであらう(帝乙王一祀の甲子に始まることは後述「祀譜表の検討」参照)。

干支	甲午 甲辰 甲寅	甲子 甲戌 甲申	甲午 甲辰 甲寅	甲子 甲戌 甲申	甲午 甲辰 甲寅	甲子 甲戌 甲申	甲午 甲辰 甲寅	甲子 甲戌 甲申	甲午 甲辰 甲寅	甲子 甲戌 甲申	甲午 甲辰 甲寅	甲子 甲戌 甲申
推定月			7			10						
月	3	4	5	6	7	8	9	10	11	12	1	2
王一祀				祭工典		↑祭汰甲						
推定月				7	8	9	10	11	12	1		
月	3	4	5	6	7	8	9	10	11	12	1	2
王二祀			○ 翌祖甲	○ 祭工典 祭上甲	○ 祭大甲 祭小甲	○ 祭戔甲 祭汰甲	祭陽甲 ○ 祭祖甲	○ ○ 彡工典	彡上甲 ○ 彡大乙妣丙	彡小甲 ○ 彡戔甲	彡汰甲 彡陽甲 ○	彡祖甲 ○ 翌工典
推定月							10					
月	3	4	5	6	7	8	9	10	11	12	1	2
王三祀	翌上甲 ○ 翌大甲	翌小甲 ○ 翌戔甲	翌汰甲 翌陽甲 ○	翌祖甲 祭工典 祭上甲	○ 祭大甲 祭小甲	○ 祭戔甲 祭汰甲	祭陽甲 ○ 祭祖甲	○ ○ 彡工典	彡上甲 ○ 彡大甲	彡小甲 ○ 彡戔甲	彡汰甲 彡陽甲 ○	彡祖甲 ○ 翌工典

(八) 王三祀・王四祀

次の版に王三祀の十月辛酉に翌祀を行つたことが記されて居り、この祭祀は帝乙祀譜に符合せず、従つて右の王二祀の祭祀系統に屬すと考へられる。

骨之文化圖一　辛酉王田……才十月隹王三祀翌日　(卜辞綜述三三四頁所載)

上掲表の如く王二祀の祭祀は七月下旬より十二月上旬まで行はれてゐるから、王三祀に於いては王三祀に三十六旬週期が行はれれば祭祀は王二祀と同一月份・干支に行はれ、三十七旬週期が行はれれば八月上旬より十二月中旬まで行はれ、而してこの間に閏がなければ月份に移動がないが、閏があればそれに従つて月份が繰り下がるのである。ここに於いて右の如く王三祀の十月甲寅の旬の辛酉に翌祀が行はれる場合を考察するに、王二祀に於いては甲寅の旬は十一月上旬であるが、王三祀に於いては之を十月としてゐるからこの間に閏のあることが解り、祀序表を按ずるに祭祖甲の旬の辛日には小辛の翌祀が行はれるが、祭祖甲の前旬の辛日には翌祀が行はれることがなく、王三祀に三十六旬週期が用ゐられれば祭祖甲が甲寅に行はれて辛酉には小辛の翌祀が行はれるが、三十七旬週期が用ゐられれば祭祖甲は甲子に行はれて辛酉には翌祀が行はれない。従つて右辞により王二祀と王三祀の間に閏があり、王三祀が三十六旬週期であることが解るのであつて、王三祀の祀譜は上掲の如くである。

董作賓は殷曆譜後記に次の王四祀の金文を載せてゐる。この辭中には文武・帝乙の稱謂があるから明かに帝辛時器であり、而して辭中に王四祀・四月・乙巳に乙名王の㕣祀を行つたことが記されてゐる。

乙巳王曰尊文武帝乙宜在召大庭遘乙翌日丙午𩠹丁未煮己酉王在梌𠨘其賜貝在四月隹王四祀翌日（𠨘其卣二）（商周金文錄遺二七五・二所收）

この乙名王を董氏が大乙となしてゐるが陳夢家はこれに反對して帝乙となし、文武丁が文武帝乙と稱されたとする說を提出してゐるからこの兩說のいづれが妥當であるか、又右の祭祀が帝辛時の祭祀系統に屬するか否かを考察する。陳氏は

此記帝辛四祀四月乙巳周祭帝乙、遘乙翌日即逢帝乙受翌祭之日、文武帝與乙是一、故上稱文武帝乙、下稱乙、文武帝是王名、乙是廟名、此卣拓本、殷曆譜後記曾摹錄、但因求合于殷曆譜、誤將帝字上一短畫摹作丁字、遂讀爲文武丁帝乙、又誤讀乙爲大乙、作者曾借觀原器於固始張、一九五二年並將器形銘文攝景、始知後記所摹大有錯誤、後讀丁山關于卣文的攷釋並其摹文、不但糾正了後記的誤摹、並正確的讀文武帝乙爲卜辭的文武帝、亦即帝乙、（卜辭綜述四二二頁商王廟號考二四頁）

と、「文武•帝乙」を文武丁帝乙と讀むのは誤であつて、原器には帝上に一短畫がないから「文武帝乙」であり、「文武帝」が王名、「乙」が廟名であつて下文の「乙」は之であり、文武帝乙は卜辭の文武帝であり亦即ち帝乙であるとしてゐる。然しながら卜辭に於ける文武丁の稱謂は文武丁・文武・父丁であり、又「文武帝」とも稱されてゐて（後述「㕣祀」の項參照）、その祀日は丁日に一定してゐるから文武帝は乙名の王ではなく、又帝乙は父乙と稱され通例によれば祀日が乙日であるから文武帝と帝乙とは二王であつて、之を同一王とすることは出來ない。陳氏は帝字上の一短畫の有無に拘泥してゐるが文武丁は單に文武とも稱されてゐるから、「文武帝乙」を文武丁・帝乙と解することは不當ではなく、寧ろ文武帝を王名、乙を廟名なりとすることこそ附會である。この辭の前半は乙巳の日に文武丁・帝乙に召地の大庭に於いて俎を供したが、この日は乙王の㕣祀の日に當つて居り、時は王四祀四月㕣日祀の行はれる候であるの意であるから、㕣祀される乙名王が帝乙でないことは明かである。更にこれを祀譜上から考察せば、前述の如く帝辛時に於いては帝乙のために一旬が設けられてゐないから、帝乙の㕣祀は最終旬に行はれたものと考へられる。假に銘文の「遘乙翌日」の乙名王を帝乙とせば王四祀四月乙巳に㕣帝乙が行はれたことになるが、前記の如く王三祀の十月は甲寅の旬（月表㈢の九甲寅）までであるから王三祀の㕣祀の最終旬は七月に當り、これに基づいて王四祀の㕣祀の最終旬の月份を推測するに、この間に閏の有無に拘らず四月であり得ないこと

は次の表(四)を見れば明瞭であり、從つて帝辛祀譜に於いては王四祀四月に帝乙の𧄸祀が行はれず、この乙名王の帝乙でないことは明かである。斯くの如く乙名王を帝乙とする陳說は稱謂上からばかりではなく祀譜上からも容認し得ないものであり、而して右の如く董氏は之を大乙としてゐるから次にこの說の當否を檢討しなければならない。

(四)

月	干支	推定月	王三祀	推定月	王四祀	推定月		王九祀
3	甲午/甲辰/甲寅				𧄸上甲/○/𧄸大甲	4	𧄸上甲/(𧄸大乙)/𧄸大甲	
4	甲子/甲戌/甲申				𧄸小甲/○/𧄸戔甲		𧄸小甲/○/𧄸戔甲	
5	甲午/甲辰/甲寅				𧄸沃甲/𧄸陽甲/○		𧄸沃甲/𧄸陽甲/○	
6	甲子/甲戌/甲申		/翌工典/翌上甲		𧄸祖甲/翌工典/翌上甲		𧄸祖甲//	
7	甲午/甲辰/甲寅		○/翌大甲/翌小甲		○/翌大甲/翌小甲			
8	甲子/甲戌/甲申	10	○/翌戔甲/翌沃甲		○/翌戔甲/翌沃甲			翌工典/翌上甲/○
9	甲午/甲辰/甲寅	10	翌陽甲/○/翌祖甲		翌陽甲/○/翌祖甲			翌大甲/翌小甲/○
10	甲子/甲戌/甲申		○/○/彡工典		○/○/彡工典			翌戔甲/翌沃甲/翌陽甲
11	甲午/甲辰/甲寅		彡上甲/○/彡大甲		彡上甲/○/彡大甲			○/翌祖甲/○
12	甲子/甲戌/甲申		彡小甲/○/彡戔甲		彡小甲/○/彡戔甲			○/彡工典/彡上甲
1	甲午/甲辰/甲寅		彡沃甲/彡陽甲/○		彡沃甲/彡陽甲/○			○/彡大甲/彡小甲
2	甲子/甲戌/甲申		彡祖甲/○/𧄸工典		彡祖甲/○/𧄸工典			○/彡戔甲/彡沃甲

乙名の王は報乙・大乙・祖乙・小乙・武乙・帝乙であり、祀序表によれば報乙は上甲と同旬の乙日に、大乙は上甲の次旬の乙日に祀られてゐる。右の銘文に於いては王四祀四月乙巳に乙名王の𧄸祀が行はれてゐるから、帝辛祀譜の王四祀四月乙巳(甲辰の旬)に𧄸祀される王を考察するに、上揭表の王三祀の𧄸上甲を基準として、王四祀に三十六旬週期が用ゐられた場合は王四祀に於いては三月甲辰の旬の乙巳に大乙の𧄸祀が行はれ、三十七旬週期の場合は三月甲辰の旬の乙巳に報乙の𧄸祀が行はれ、而してその月份は王三祀の九月甲寅が十月であるから、右の三月甲辰はこの間に一旬の閏がある場合及び閏の無い場合は四月である。從つて王四祀四月乙巳に𧄸祀される王は三十六旬週期の場合は大乙、三十七旬週期の場合は報乙であるが、その他の乙名王でないことは言を要しない。斯くの如く乙名王を大乙或は報乙とせばこの銘文の祭祀が王三祀の祭祀系統に屬し、而して銘文の祭祀は明かに帝辛時のものであるから、王三祀の祭祀系統が帝辛時のものである一証を爲して居り、董氏が之を大乙となす証據は明かでないが、兩者のいづれであるかを決定し得る資料の無いのは遺憾である。王四祀に三十六旬週期が用ゐられたとせば王四祀の祀譜は上揭の如くである。

右の表の如く王三祀と王九祀の翌工典の位置が明確であるから、この間の週期回数は三十六旬が一回、三十七旬が五回であることが解り、又王三祀の九月甲寅が實際には十月下旬であるから、王九祀までの間に表上三旬(實際は六旬)の閏が置かれてゐることは容易に推測することが出来る。而して王四祀四月乙巳の乙名王の劦祀が大乙に行はれたとせば、右の如く王四祀は三十六旬であり、従つて王五祀より王九祀までの各祀には三十七旬週期が行はれたことになり、前記の王二祀の三十七旬、王三祀の三十六旬、及び王十祀の三十七旬であることと相俟つて王十祀までの週期が明かとなるのである。又置閏は前記の如く王一祀と王二祀の間・王二祀と王三祀の間、王十祀に各〻表上一旬の閏があり、而して右の如く王三祀より王九祀までの間には表上三旬の置閏があるから、王十祀までの置閏は王一祀・王三祀・王五祀・王七祀・王九祀にあるものと考へられる。斯くの如く王一祀より王十祀までの週期及び置閏が明かとなつたから、表(一)を基準として帝辛王十祀までの祀譜を成すことが出来るのである(別表参照 この表の置閏は十月に假定してゐるが、「祀譜検討」に於いて之を修正してゐる。又置閏については後述第二篇第七章「殷の曆法」に詳述してゐる。)

(二) 王廿祀

次の三版は王廿祀のものであり、續 1.25.9 版には二月甲日に甾祖甲、續 2.1.3 版には三月甲子に彡上甲、前 3.28.5 版には六月甲午に劦工典・甲寅に劦上甲・七月甲戌に劦大甲・八月甲寅に劦沃甲の行はれたことが記されてゐて、これらは次表の如く整然と連續してゐる。但だ劦工典が上甲の劦祀の前旬に行はれるものであるが、續 3.28.5 版に於いては劦上甲の二旬前即ち彡祖甲の次旬の日に行はれてゐるのは異例であるが、この場合に於いても彡祖甲の次旬には武乙・文武丁の彡祀が行はれ彡祀がこれを以つて終了し、その次旬に劦上甲が行はれてゐるから彡祀と劦祀の混淆が避けられて居り、而して之によつて王廿祀の週期が一旬短縮されてゐることが解るのである。

(五)

旬	日	祀
2	甲午	崇祖甲
	甲辰	・甾祖甲
	甲寅	彡工典
3	甲子	・彡上甲
	甲戌	○
	甲申	彡大甲
4	甲午	・彡小甲
	甲辰	○
	甲寅	彡戔甲
5	甲子	彡沃甲
	甲戌	彡陽甲
	甲申	○
6	甲午	(彡祖甲 劦工典)
	甲辰	○
	甲寅	・劦上甲
7	甲子	○
	甲戌	・劦大甲
	甲申	劦小甲
8	甲午	○
	甲辰	劦戔甲
	甲寅	・劦沃甲

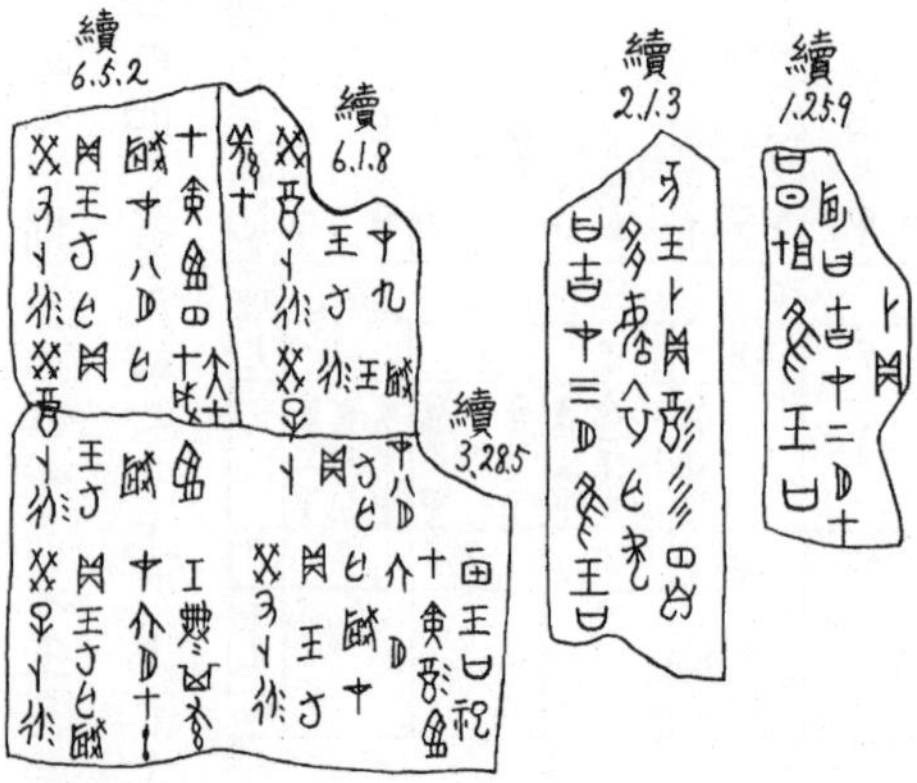

董氏はこの三版を帝乙祀譜に列してゐるが、前記の帝乙王廿祀に於いては彡上甲が十月に行はれてゐるがこれに於いては三月に行はれてゐるから帝乙祀譜に屬せず、次の如く帝辛祀譜に合致してゐる。

次の帝辛王十祀の表に於いては彡上甲が十二月甲午に行はれて居るから・これが王廿祀に行はれる場合を考察するに、この間に三十六旬週期のみが用ゐられたとせば王廿祀に於ける彡上甲は十二月甲午に行はれ、三十七旬週期のみが用ゐられたとせば四月甲戌に行は

干支	月	王十祀		王廿祀
甲戌 甲申 甲午	8	祭工典 ○ 祭上甲	↓	
甲辰 甲寅 甲子	9	祭大甲 祭小甲 ○		
甲戌 甲申 甲午	(10)	祭戔甲 祭沃甲 祭陽甲		
甲辰 甲寅 甲子	11	○ 祭祖甲 ○		
甲戌 甲申 甲午	12	○ 彡工典 彡上甲	↓ ↙	
甲辰 甲寅 甲子	1	○ 彡大甲 彡小甲		
甲戌 甲申 甲午	2	○ 彡戔甲 彡沃甲		
甲辰 甲寅 甲子	3	彡陽甲 ○ 彡祖甲		(彡上甲)
甲戌 甲申 甲午	4	○ 翌工典 翌上甲		
甲辰 甲寅 甲子	5	○ 翌大甲 翌小甲		
甲戌 甲申 甲午	6	○ 翌戔甲 翌沃甲		
甲辰 甲寅 甲子	7	翌陽甲 ○ 翌祖甲		

れ、兩者が混用されたならばこの中間に行はれることは上揭の如くである。而して右の續2.1.3版に於いては王廿祀の彡上甲が三月甲子に行はれてゐるから、この十二月甲午と四月甲戌の間に於ける甲子を求むれば一月甲子と三月甲子であつて、一月甲子が王廿祀に於いて三月であるためにはこの間に三十一旬の閏が必要であり、十祀間に三十一旬の置閏はあり得ないからこの場合は成立せず、三月甲子が王廿祀に於いて三月であるためにはこの間に置閏が無いか表上二旬までの閏がある場合であり、この置閏は不當でないからこれは成立する。從つて王十祀十二月甲午の彡上甲が王十祀と王廿祀の間に三十六旬週期が一回、三十七旬週期が九回用ゐられ、この間に二旬までの置閏がある場合は王廿祀に於いて三月甲子に行はれることが解り、この週期と置閏は不當でないから、右の王廿祀の祀譜(表五)は帝辛王十祀の祭祀系統に屬することが解るのである。

斯くの如く王十祀と王廿祀の間は三十六旬が一回、三十七旬が九回、置閏が表上二旬であるが、この一回の三十六旬週期が王何祀に行はれてゐるか、又二旬の置閏がどこにあるかを明かにし得る版がない。從つて一回の三十六旬週期を王十一祀と假定し、而して後述の「祀譜の檢討」によれば王十四祀九月までは置閏があつてはならず(王十四祀參照)、王十六祀十一月までには一旬の閏(王十六祀參照)、王十八祀一月までには二旬の閏(王十八祀參照)が必要であるから、表上二旬の置閏を王十四祀十月、王十七祀十月に假定せば別表の如き祀譜を成すことが出來る(王廿祀は翌工典を一旬早く行つてゐるから途中に於いて短縮)。

以上の推論によつて王一祀より王廿祀までの週期と置閏は次の如くであることが明確となつたから、王十祀の祀譜を基準として二十祀の祀譜を成すことが出來るのである。

(週期) 37旬 36旬 (假36旬) 37旬 37旬 37旬 37旬 37旬 37旬 (假36旬) 37旬 37旬 37旬 37旬 37旬 37旬 37旬 37旬 37旬 (36旬に短縮)

王一祀—二祀—三祀—四祀—五祀—六祀—七祀—八祀—九祀—十祀—十一祀—十二祀—十三祀—十四祀—十五祀—十六祀—十七祀—十八祀—十九祀—廿祀

(置閏) (假十月) (假十月) (假十月) (假十月) (假十月) 十月 (假十月) (假十月)

帝辛祀譜一（王一祀—王十祀）

干支	甲寅	甲子	甲戌	甲申	甲午	甲辰	甲寅	甲子	甲戌	甲申	甲午	甲辰	甲寅	甲子	甲戌	甲申	甲午	甲辰	甲寅	甲子	甲戌	甲申	甲午	甲辰	甲寅	甲子	甲戌	甲申	甲午	甲辰	甲寅	甲子	甲戌	甲申	甲午	甲辰	
月																			7			8			9			(10)				11			12		
王一祀																				祭工典	祭上甲	○	祭大甲	祭小甲	○	祭戔甲	祭沃甲	祭陽甲	○	祭祖甲	○	○	彡工典	彡上甲	○	彡大甲	(置閏)
月		1			2			3			4			5			6			7			8			9			10			11			12		
王二祀	彡小甲	○	彡戔甲	彡沃甲	彡陽甲	○	彡祖甲	○	翌工典	翌上甲	○	翌大甲	翌小甲	○	翌戔甲	翌沃甲	翌陽甲	○	翌祖甲	○	祭工典	祭上甲	○	祭大甲	祭小甲	○	祭戔甲	祭沃甲	祭陽甲	○	祭祖甲	○	○	彡工典	彡上甲	○	三十七旬
月		1			2			3			4			5			6			7			8			9			(10)				11			12	
王三祀	彡大甲	彡小甲	○	彡戔甲	彡沃甲	彡陽甲	○	彡祖甲	○	翌工典	翌上甲	○	翌大甲	翌小甲	○	翌戔甲	翌沃甲	翌陽甲	○	翌祖甲	祭工典	祭上甲	○	祭大甲	祭小甲	○	祭戔甲	祭沃甲	祭陽甲	○	祭祖甲	○	○	彡工典	彡上甲	○	三十六旬 (置閏)
月			1			2			3			4			5			6			7			8			9			10			11			12	
王四祀	彡大甲	彡小甲	○	彡戔甲	彡沃甲	彡陽甲	○	彡祖甲	○	翌工典	翌上甲	○	翌大甲	翌小甲	○	翌戔甲	翌沃甲	翌陽甲	○	翌祖甲	祭工典	祭上甲	○	祭大甲	祭小甲	○	祭戔甲	祭沃甲	祭陽甲	○	祭祖甲	○	○	彡工典	彡上甲	○	假三十六旬
月			1			2			3			4			5			6			7			8			9			(10)				11			
王五祀	彡大甲	彡小甲	○	彡戔甲	彡沃甲	彡陽甲	○	彡祖甲	○	翌工典	翌上甲	○	翌大甲	翌小甲	○	翌戔甲	翌沃甲	翌陽甲	○	翌祖甲	○	祭工典	祭上甲	○	祭大甲	祭小甲	○	祭戔甲	祭沃甲	祭陽甲	○	祭祖甲	○	○	彡工典	彡上甲	三十七旬 (置閏)
月	12			1			2			3			4			5			6			7			8			9			10			11			
王六祀	○	彡大甲	彡小甲	○	彡戔甲	彡沃甲	彡陽甲	○	彡祖甲	○	翌工典	翌上甲	○	翌大甲	翌小甲	○	翌戔甲	翌沃甲	翌陽甲	○	翌祖甲	○	祭工典	祭上甲	○	祭大甲	祭小甲	○	祭戔甲	祭沃甲	祭陽甲	○	祭祖甲	○	○	彡工典	三十七旬
月	12			1			2			3			4			5			6			7			8			9			(10)				11		
王七祀	彡上甲	○	彡大甲	彡小甲	○	彡戔甲	彡沃甲	彡陽甲	○	彡祖甲	○	翌工典	翌上甲	○	翌大甲	翌小甲	○	翌戔甲	翌沃甲	翌陽甲	○	翌祖甲	○	祭工典	祭上甲	○	祭大甲	祭小甲	○	祭戔甲	祭沃甲	祭陽甲	○	祭祖甲	○	○	三十七旬 (置閏)
月		12			1			2			3			4			5			6			7			8			9			10			11		
王八祀	彡工典	彡上甲	○	彡大甲	彡小甲	○	彡戔甲	彡沃甲	彡陽甲	○	彡祖甲	○	翌工典	翌上甲	○	翌大甲	翌小甲	○	翌戔甲	翌沃甲	翌陽甲	○	翌祖甲	○	祭工典	祭上甲	○	祭大甲	祭小甲	○	祭戔甲	祭沃甲	祭陽甲	○	祭祖甲	○	三十七旬
月		12			1			2			3			4			5			6			7			8			9			(10)				11	
王九祀	○	彡工典	彡上甲	○	彡大甲	彡小甲	○	彡戔甲	彡沃甲	彡陽甲	○	彡祖甲	○	翌工典	翌上甲	○	翌大甲	翌小甲	○	翌戔甲	翌沃甲	翌陽甲	○	翌祖甲	○	祭工典	祭上甲	○	祭大甲	祭小甲	○	祭戔甲	祭沃甲	祭陽甲	○	祭祖甲	三十七旬 (置閏)
月			12			1			2			3			4			5			6			7			8			9			(10)			
王十祀	○	○	彡工典	彡上甲	○	彡大甲	彡小甲	○	彡戔甲	彡沃甲	彡陽甲	○	彡祖甲	○	翌工典	翌上甲	○	翌大甲	翌小甲	○	翌戔甲	翌沃甲	翌陽甲	○	翌祖甲	○	祭工典	祭上甲	○	祭大甲	祭小甲	○	祭戔甲	祭沃甲	祭陽甲	○	三十七旬 置閏
月	11			12			1			2			3			4			5			6			7			8									
王十一祀	祭祖甲	○	○	彡工典	彡上甲	○	彡大甲	彡小甲	○	彡戔甲	彡沃甲	彡陽甲	○	彡祖甲	○	翌工典	翌上甲	○	翌大甲	翌小甲	○	翌戔甲	翌沃甲	翌陽甲	○	翌祖甲	祭工典	祭上甲	○	祭大甲	祭小甲	○	祭戔甲	祭沃甲	祭陽甲	○	假三十六旬

帝辛祀譜二（王十一祀—王廿祀）

甲辰	甲午	甲申	甲戌	甲子	甲寅	甲辰	甲午	甲申	甲戌	甲子	甲寅	甲辰	甲午	甲申	甲戌	甲子	甲寅	甲辰	甲午	甲申	甲戌	甲子	甲寅	甲辰	甲午	甲申	甲戌	甲子	甲寅	甲辰	甲午	甲申	甲戌	甲子	甲寅	干支	
		10			9			8			7			6			5			4			3			2			1			12		11		月	
○	翌陽甲	翌沃甲	翌戔甲	○	翌小甲	翌大甲	○	翌上甲	翌工典																											王十一祀	（假三十六旬）
		10			9			8			7			6			5			4			3			2			1			12		11		月	
翌陽甲	翌沃甲	翌戔甲	○	翌小甲	翌大甲	○	翌上甲	翌工典	○	劦祖甲	○	劦陽甲	劦沃甲	劦戔甲	○	劦小甲	劦大甲	○	劦上甲	劦工典	○	彡祖甲	○	彡陽甲	彡沃甲	彡戔甲	○	彡小甲	彡大甲	○	彡上甲	彡工典	○	○	翌祖甲	王十二祀	三十七旬
		10			9			8			7			6			5			4			3			2			1			12		11		月	
翌沃甲	翌戔甲	○	翌小甲	翌大甲	○	翌上甲	翌工典	○	劦祖甲	○	劦陽甲	劦沃甲	劦戔甲	○	劦小甲	劦大甲	○	劦上甲	劦工典	○	彡祖甲	○	彡陽甲	彡沃甲	彡戔甲	○	彡小甲	彡大甲	○	彡上甲	彡工典	○	○	翌祖甲	○	王十三祀	三十七旬
	(10)				9			8			7			6			5			4			3			2			1			12		11		月	
翌戔甲	○	翌小甲	翌大甲	○	翌上甲	翌工典	○	劦祖甲	○	劦陽甲	劦沃甲	劦戔甲	○	劦小甲	劦大甲	○	劦上甲	劦工典	○	彡祖甲	○	彡陽甲	彡沃甲	彡戔甲	○	彡小甲	彡大甲	○	彡上甲	彡工典	○	○	翌祖甲	○	翌陽甲	王十四祀	三十七旬（置閏）
	10			9			8			7			6			5			4			3			2			1			12			11		月	
○	翌小甲	翌大甲	○	翌上甲	翌工典	○	劦祖甲	○	劦陽甲	劦沃甲	劦戔甲	○	劦小甲	劦大甲	○	劦上甲	劦工典	○	彡祖甲	○	彡陽甲	彡沃甲	彡戔甲	○	彡小甲	彡大甲	○	彡上甲	彡工典	○	○	翌祖甲	○	翌陽甲	翌沃甲	王十五祀	三十七旬
	10			9			8			7			6			5			4			3			2			1			12			11		月	
翌小甲	翌大甲	○	翌上甲	翌工典	○	劦祖甲	○	劦陽甲	劦沃甲	劦戔甲	○	劦小甲	劦大甲	○	劦上甲	劦工典	○	彡祖甲	○	彡陽甲	彡沃甲	彡戔甲	○	彡小甲	彡大甲	○	彡上甲	彡工典	○	○	翌祖甲	○	翌陽甲	翌沃甲	翌戔甲	王十六祀	三十七旬
	(10)			9			8			7			6			5			4			3			2			1			12			11		月	
翌大甲	○	翌上甲	翌工典	○	劦祖甲	○	劦陽甲	劦沃甲	劦戔甲	○	劦小甲	劦大甲	○	劦上甲	劦工典	○	彡祖甲	○	彡陽甲	彡沃甲	彡戔甲	○	彡小甲	彡大甲	○	彡上甲	彡工典	○	○	翌祖甲	○	翌陽甲	翌沃甲	翌戔甲	○	王十七祀	三十七旬（置閏）
10			9			8			7			6			5			4			3			2			1			12			11			月	
○	翌上甲	翌工典	○	劦祖甲	○	劦陽甲	劦沃甲	劦戔甲	○	劦小甲	劦大甲	○	劦上甲	劦工典	○	彡祖甲	○	彡陽甲	彡沃甲	彡戔甲	○	彡小甲	彡大甲	○	彡上甲	彡工典	○	○	翌祖甲	○	翌陽甲	翌沃甲	翌戔甲	○	翌小甲	王十八祀	三十七旬
10			9			8			7			6			5			4			3			2			1			12			11			月	
翌上甲	翌工典	○	劦祖甲	○	劦陽甲	劦沃甲	劦戔甲	○	劦小甲	劦大甲	○	劦上甲	劦工典	○	彡祖甲	○	彡陽甲	彡沃甲	彡戔甲	○	彡小甲	彡大甲	○	彡上甲	彡工典	○	○	翌祖甲	○	翌陽甲	翌沃甲	翌戔甲	○	翌小甲	翌大甲	王十九祀	三十七旬
10			9			8			7			6			5			4			3			2			1			12			11			月	
翌工典	○	劦祖甲	○	劦陽甲	劦沃甲	劦戔甲	○	劦小甲	劦大甲	○	劦上甲	劦工典	○	彡祖甲	○	彡陽甲	彡沃甲	彡戔甲	○	彡小甲	彡大甲	○	彡上甲	彡工典	○	○	翌祖甲	○	翌陽甲	翌沃甲	翌戔甲	○	翌小甲	翌大甲	○	王廿祀	三十七旬（36旬に短縮）
10			9			8			7			6			5			4			3			2			1			12			11			月	
	○	劦祖甲	○	劦陽甲	劦沃甲	劦戔甲	○	劦小甲	劦大甲	○	劦上甲	○	劦工典 彡祖甲	○	彡陽甲	彡沃甲	彡戔甲	○	彡小甲	彡大甲	○	彡上甲	彡工典	○	○	翌祖甲	○	翌陽甲	翌沃甲	翌戔甲	○	翌小甲	翌大甲	○	翌上甲		

第五項　祀譜表の檢討

第五期甲骨版四千七百のうち月名が記されてゐる次の三二六版中、祭祀が記載されてゐるもの一四〇版（○印のもの）、及び彫骨刻辭・銅器銘文十二例、合計一五二例によつて祀譜表の正否を檢討する。

前				後	續			明	林	簠
○1.3.8	2.12.6	2.29.1	4.7.1	上	○1.4.3	3.18.4	6.1.3	60	1.9.12	帝12
○1.5.7	2.13.2	2.33.4	4.15.2	10.10	○1.5.1	○3.19.2	6.1.4	○61	○1.11.9	○100
○1.7.1	2.14.1	2.35.1	○4.19.1	10.16	○1.5.6	3.19.7	○6.1.8	66	○1.11.16	○116
○1.19.5	2.14.2	2.35.2	○4.19.3	11.11	○1.8.6	3.24.2	6.1.9	449	○1.13.7	○164
○1.20.4	2.14.4	2.36.7	○4.43.4	15.13	○1.9.9	3.27.3	○6.1.10	622	2.3.6	地10
○1.42.1	2.15.3	2.40.2	5.15.5	○18.2	1.12.6	3.29.2	6.4.4	○789	○2.14.3	游95
○1.42.2	2.17.3	2.40.3	○5.16.2	○18.6	○1.23.2	○3.29.3	6.4.6	○864	○2.14.4	○典24
2.2.4	2.17.5	○2.40.7	5.22.3	○18.7	○1.23.4	○3.29.6	○6.5.2	1729	2.16.11	雜17
2.3.5	2.18.1	○3.27.6	○6.59.3	○19.12	○1.23.5	3.30.7	6.5.4		2.19.11	19
2.4.1	2.19.3	○3.27.7	6.66.7	○20.7	○1.25.9	3.30.11			○2.20.1	21
2.4.4	2.20.4	○3.28.1		○20.13	○1.50.5	○3.31.1			2.22.2	22
2.4.5	2.22.1	○3.28.2		○21.3	○1.50.6	3.39.12				23
2.5.1	2.22.7	○3.28.4		下	○1.51.2	5.15.2				（續編になきもののみ）
2.6.6	2.23.2	○4.4.5		○2.8	○2.1.3	5.25.4				
2.8.5	○2.25.1	4.5.6		○19.4	3.16.1	5.31.4				
2.11.3	2.27.5	○4.6.5		21.9	3.16.10	6.1.2				

ト	遺		金	摭續	南	京		續存		
48	212	749	○334	153	上152	○4994 (續存2276)	5615	○2276	2590	○2653
51	○217	1122	○382	221	154		5633	○2347	2591	2685
102	○243	○1255	453	○226	155	○5482	○4995	2451	2592	2686
○106	○244	1267	○454	239	○明783 (佚545)	○5487 (摭續260)		2452	2593	○2687
110	○245	○1300	○455	259				2453	2594	○2689
○111	○246		470	○260	○784	○5488 (續存2602)		2454	2595	下
119	○247		492	262	786			2455	○2597	946
121	○248		493	263	834	○5489		2456	○2602	○964
424	○249		○518	266	○師2.234	○5491 (鄴3.49.18)		2457	○2603	○965
462	○250		543		○2.235			2458	2617	○966
	○376		○550		○2.236	5493		○2463	2647	○967
	○391		○579		2.237	○5497		2584	2648	○968
	490		584		○坊5.64 (拾掇2.491)	○5005		2585	2649	○970
	○495		608			○5550		2587	2650	971
	746		643			5552		2588	2651	○973
	748		742			○5554		2589	○2652	977
			○743							

	通	佚	鄴	庫	粹	天	菁	誠	甲	安陽
978	○2.4.2 (遺391)	○428	1.43.1	1569	896	○31 (續2.1.3)	○9.2	27	12	12.1
979		○545	2.39.5	○1619	1296			○183	○54	○12.6
980	○2.7.3	971	○2.39.19	○1661	1460				○109	12.10
981			○3.49.18	1664	○1463				302	
				○1672	○1464				○337	
				1779					○2416	
									3941	

亀卜	寧	拾掇	掇合（附圖）	書道	卜辭綜述（附圖）	殷曆譜	彫骨刻辭 佚	彫骨刻辭 甲
57	2.161	2.237	66	11.4	哲庵藏	○CTL	○518	○3939
○58	3.278	2.238	○69		○哲庵藏			○3940
	3.279	2.239			○陳氏藏			
		○2.491						
		2.489						

銅器銘文　小臣邑斝・豊彝・卲其卣一・卲其卣二・卲其卣三・菫卣・方彝・戊辰彝・宰椃角

卜辞の祀月・祀日・祭祀・祭神が祀譜表と符合するのは、祀譜表の週期・月份・置閏の推定が正しい場合にのみ可能であつて、これは決して偶合ではなく、その符合率の高いほど精確であることは言を要しない。又符合しない場合はその原因を検討することによつて、祀譜表を更に補正することが出来るのである。

一、帝乙祀譜表の検討

帝乙祀譜表は王幾祀の辞が記されてゐる次の諸版を整理することによつて構成されてゐる。

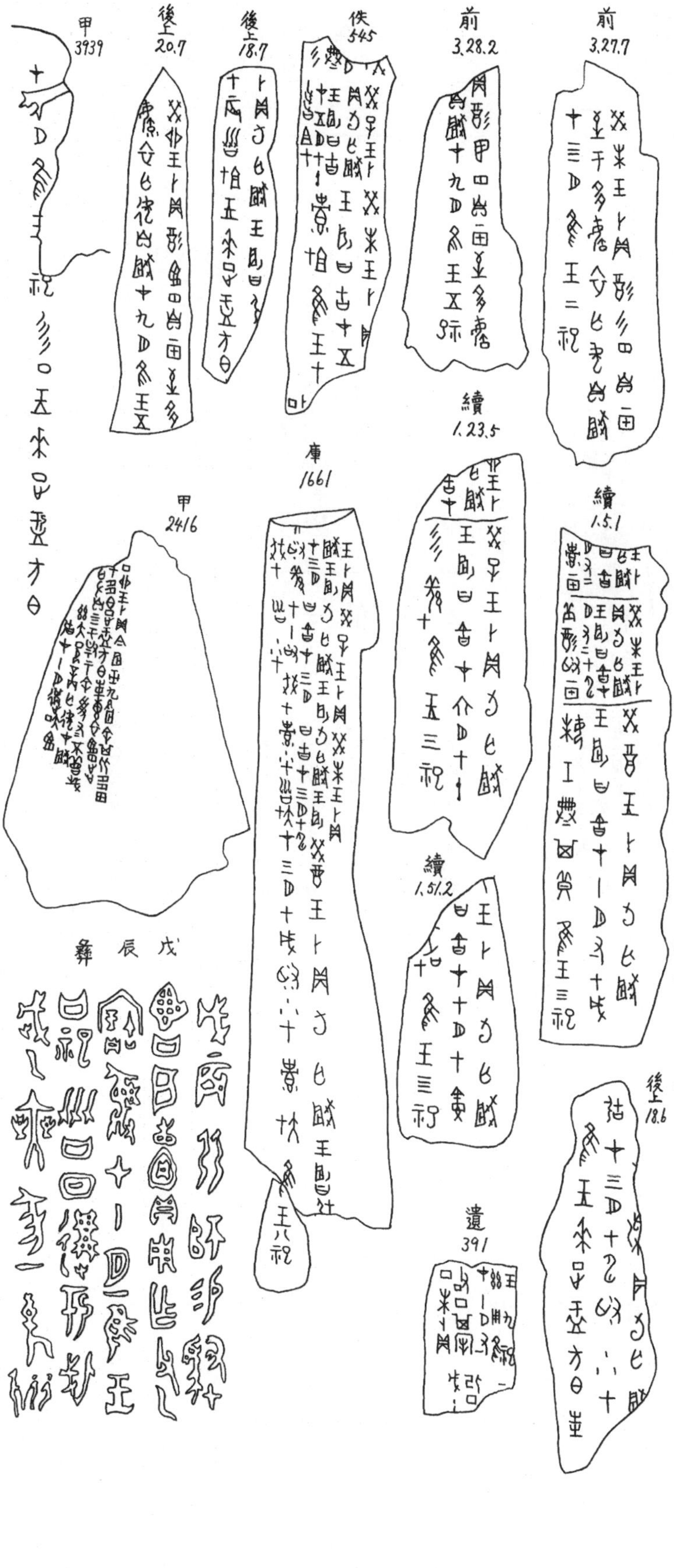

次に帝辛祀譜表には符合せざる辞例が、この帝乙祀譜表に符合するか否かを検討する。

○王一祀

干支	月	月	王一祀	月	月	王二祀
甲寅				1		○
甲子					1	祭戔甲
甲戌						祭沃甲
甲申				2		祭陽甲
甲午					2	○
甲辰						祭祖甲
甲寅				3		○
甲子					3	○
甲戌						彡工典
甲申				4		彡上甲
甲午					4	○
甲辰						彡大甲
甲寅				5		彡小甲
甲子					5	○
甲戌						彡戔甲
甲申				6		彡沃甲
甲午					6	彡陽甲
甲辰						○
甲寅				7		彡祖甲
甲子					7	○
甲戌						劦工典
甲申				8		劦上甲
甲午					8	○
甲辰						劦大甲
甲寅				9		劦小甲
甲子					9	○
甲戌						劦戔甲
甲申				10		劦沃甲
甲午					10	劦陽甲
甲辰		10				○
甲寅	11			11		劦祖甲
甲子			(祭工典)		11	祭工典
甲戌		11	祭上甲			祭上甲
甲申	12		○	12		○
甲午			祭大甲		小12	祭大甲
甲辰		小12	祭小甲			祭小甲

二月甲寅𠭰祖甲
三月甲子劦祖甲
三月
三月甲申彡上甲
（金334）

四月甲午
四月甲辰彡大甲
四月甲寅彡小甲
五月甲子
（後下19.4）

八月甲寅
九月甲子
九月甲戌劦戔甲
九月甲申劦沃甲
（續存2689）

前述の帝乙祀譜表の月份は三六〇日を一年とする月份を基盤として、卜辞の月份の前移に應じて表の月份を修正してゐるものであるが（上揭表の上方に記せる月份はそれである）、帝乙時は前述の如く太陰年を三五〇日としてゐて王二祀と王四祀の間に二旬、王八祀三月に一旬、王八祀と王九祀の間に一旬の置閏があるから、この檢討に於いては三五〇日一年の月份（假に三旬の一ヶ月十一回二旬の一ヶ月を一回とす）を基盤とし、而してこの月份の基點を王三祀十一月下旬甲戌祭工典と十二月上旬甲申祭上甲（續1.5.1）との間に置き、右の置閏を考慮して、辞例と祀譜表との合否を考察する（上揭表の下方に記せる月份はこれであり、以下皆これに從ふ）。

金334

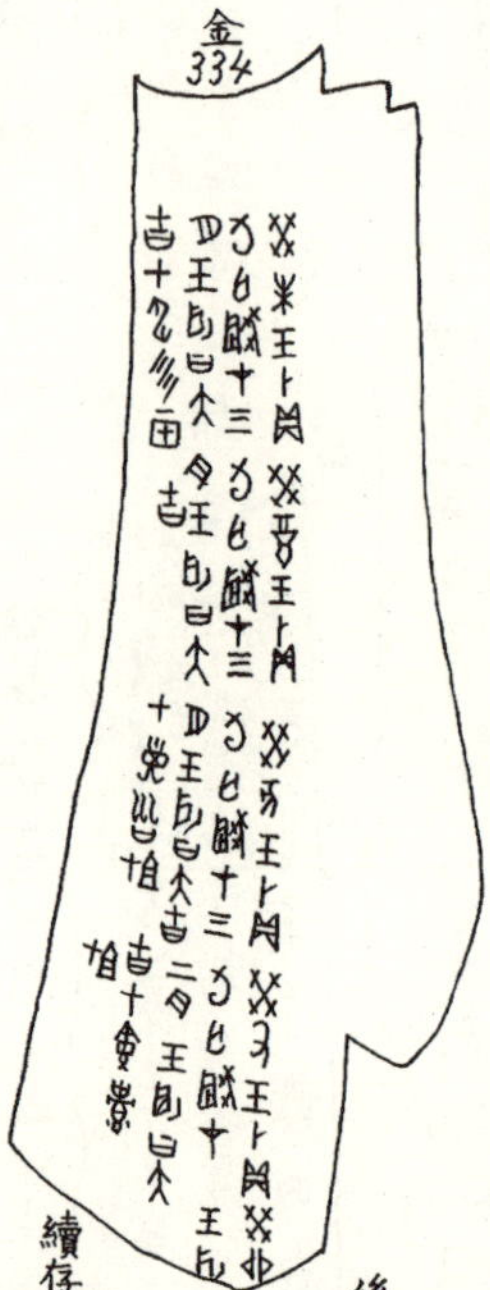

後下19.4

續存2689

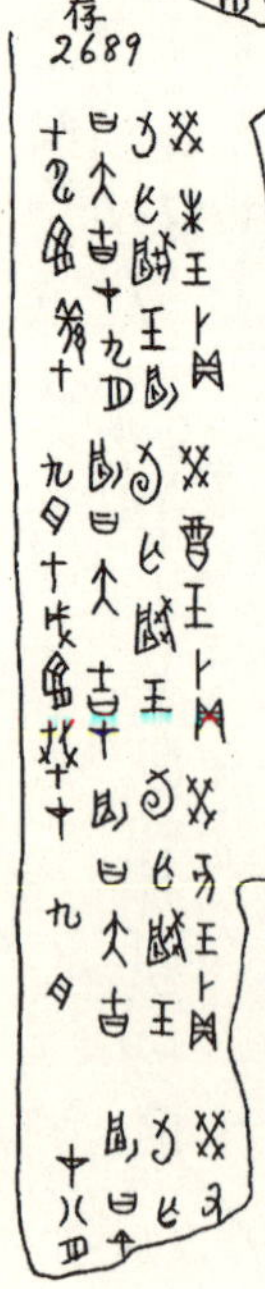

上揭表の兩月份は共に王三祀（續1.5.1）を基點として居り、三六〇日一年の月份の場合は三旬一ヶ月の月份を十二回（上方の月份）、三五〇日一年の月份の場合は三旬一ヶ月を十一回と二旬一ヶ月を一回（基點より十二回目に當る月を二旬とす）として居り（下方の月份）、又祀序は王二祀に三十六旬週期が用ゐられたとしてゐる（三十七旬週期の場合は祭祀の干支が一旬前の干支となる）。右の三版は三六〇日一年の月份とは一旬齟齬してゐるが、三五〇日の月份とは一致して居り、これによつて王一祀より三五〇日の太陰年が用

ゐられて、王一祀は十月下旬の甲子に始まり（帝辛王一祀も甲子に始まることは前述の如し）、又王二祀には三十六旬週期が用ゐられたことが解る。

○王二祀・王三祀

干支	甲寅 甲子 甲戌	甲申 甲午 甲辰	甲寅 甲子 甲戌	甲申 甲午 甲辰	甲寅 甲子 甲戌	甲申 甲午 甲辰	甲寅 甲子 甲戌	甲申 甲午 甲辰	甲寅 甲子 甲戌	甲申 甲午 甲辰	甲寅 甲子 甲戌	甲申 甲午 甲辰
月	1	2	3	4	5	6	7	8	9	10	11	12
月	1	2	3	4	5	6	7	8	9	10	11	小12
王二祀											祭工典 祭上甲	○ 祭大甲 祭小甲
											十一月甲戌祭上甲（前4.19.1）	
月	1	2	3	4.	5	6	7	8	9	10	.11	12.
月	1	2	3	4	5	6	7	8	9	10	11	12
王三祀	○ 祭戔甲 祭沃甲	祭陽甲 ○ 祭祖甲	○ ○ 彡工典	彡上甲 ○ 彡大甲	彡小甲 ○ 彡戔甲	彡沃甲 彡陽甲 ○	彡祖甲 ○ 翌工典	翌上甲 ○ 翌大甲	翌小甲 ○ 翌戔甲	翌沃甲 翌陽甲 ○	翌祖甲 ○ 祭工典	祭上甲 ○ 祭大甲
		二月甲辰祭祖甲（庫1619）		王三祀四月甲申彡上甲	五月甲戌彡戔甲（遺376）					十月甲申翌沃甲（續1.23.4） 十月甲辰（後上20.3）	王三祀十一月甲戌祭工典	十二月甲申祭上甲 十二月甲申祭上甲（後上20.3）
月	1	2	3	4	5	6.	7	8	9	10	11	12
月	1	2	3	4	5	6	7	8	9	10	小11	12
	祭小甲 ○ 祭戔甲	祭沃甲 祭陽甲 ○	祭祖甲 ○ ○	彡工典 彡上甲 ○	彡大甲 彡小甲 ○	彡戔甲 彡沃甲 彡陽甲	○ 彡祖甲 ○	翌工典 翌上甲 ○	翌大甲 翌小甲 ○	翌戔甲 翌沃甲 翌陽甲	○ 翌祖甲 ○	
	正月甲子劦小甲（後上29.13） 正月甲子劦小甲（後上19.12） 正月甲戌祭戔甲（遺1255）		三月甲戌劦祖甲（續存下968）	四月甲辰（前1.7.1）	五月甲寅彡大甲（續存下968） 五月甲子彡小甲（前1.7.1）	王三祀六月甲午彡沃甲 六月甲辰彡陽甲（遺244）	七月甲寅 七月甲子彡祖甲 七月甲戌	八月甲申翌工典 八月甲午翌上甲 八月（遺244）			十一月甲子翌祖甲（京5488） 十一月甲子翌祖甲（CTL）	十二月祭工典（CTL）

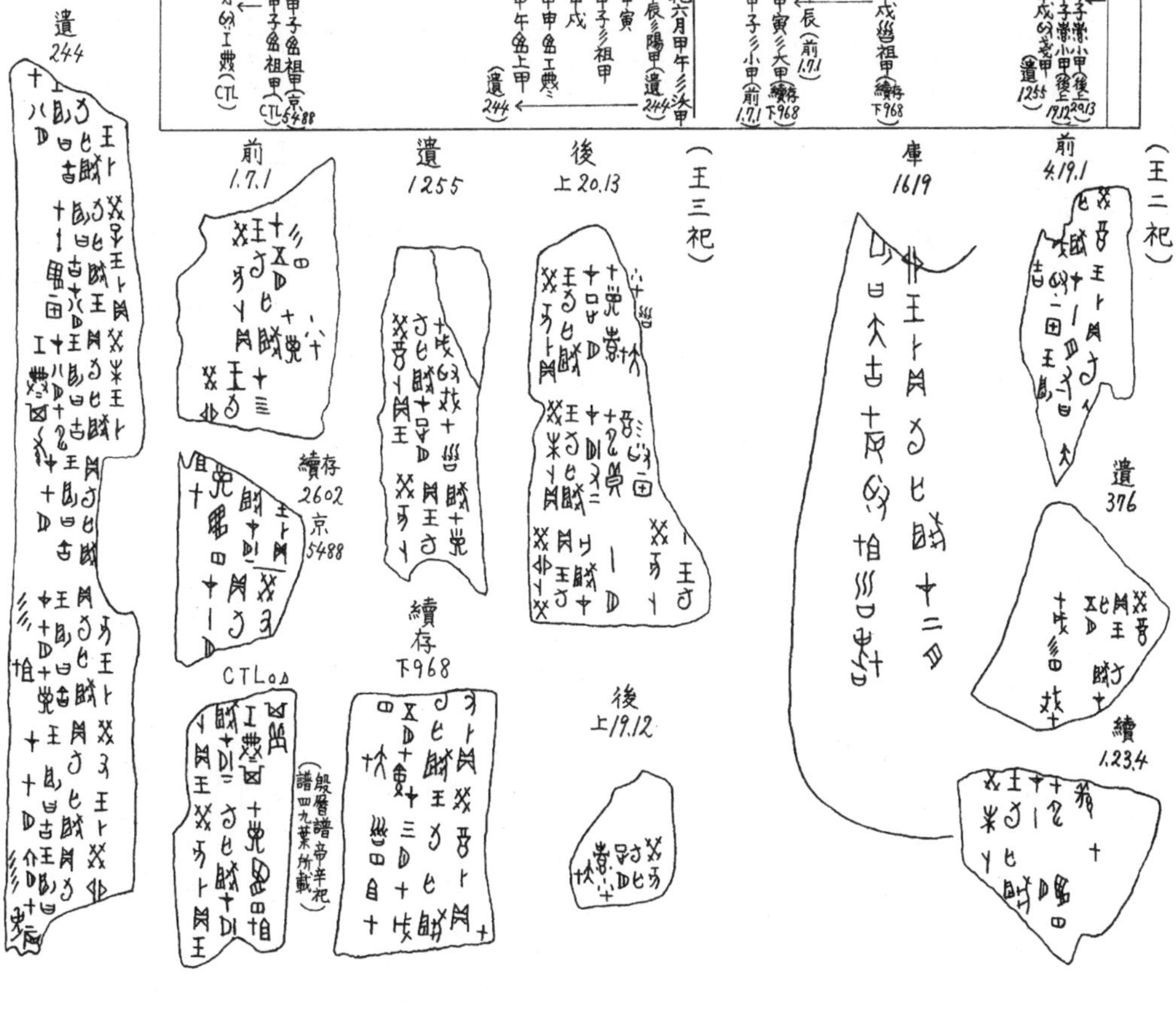

右の如く王二祀に屬する四版、王三祀に屬する八版の祭祀は三五〇日一年の月份に符合してゐる。

○王四祀・王五祀・王六祀

甲辰	甲午	甲申	甲戌	甲子	甲寅	甲辰	甲午	甲申	甲戌	甲子	甲寅	甲辰	甲午	甲申	甲戌	甲子	甲寅	甲辰	甲午	甲申	甲戌	甲子	甲寅	甲辰	甲午	甲申	甲戌	甲子	甲寅	甲辰	甲午	甲申	甲戌	甲子	甲寅	干支
	12																																			月
		12		小11																																月
○	翌上甲	翌工典																																		王四祀
正月甲辰	十二月甲午翌上甲（明789）																																			
	12			11			10			9			8			7 •			6			5			4			3			2			1		月
		12		小11				(10)		9				8			7			6			5			4			3		2				1	月
○	翌上甲	翌工典	祭祖甲	○	祭陽甲	祭沃甲	祭戔甲	○	祭小甲	祭大甲	○	祭上甲	祭工典	○	彡祖甲	○	彡陽甲	彡沃甲	彡戔甲	○	彡小甲	彡大甲	○	彡上甲	彡工典	○	○	翌祖甲	○	翌陽甲	翌沃甲	翌戔甲	○	翌小甲	翌大甲	王五祀
						十月甲辰祭沃甲	十月甲午祭戔甲（後下2.8）		十月甲戌祭小甲（京5489）								王四祀七月甲寅彡陽甲	七月甲辰彡沃甲（遺243）	六月甲午彡戔甲	六月甲申	六月甲戌彡小甲	五月甲子彡大甲	五月甲寅（遺243）													
		12			11			10			9 •			8		7			6			5			4			3			2			1		月
1			12		小11			10			9			8			7			6			5			4			3			2			1	月
○	翌上甲	翌工典	祭祖甲	○	祭陽甲	祭沃甲	祭戔甲	○	祭小甲	祭大甲	○	祭上甲	祭工典	○	彡祖甲	○	彡陽甲	彡沃甲	彡戔甲	○	彡小甲	彡大甲	○	彡上甲	彡工典	○	○	翌祖甲	○	翌陽甲	翌沃甲	翌戔甲	○	翌小甲	翌大甲	王六祀
												王五祀九月甲辰祭上甲																								
		12			11			10			9			8			7			6			5			4			3			2			1	月
	1			12		小11			10			9			8			7			6			5			4			3			2			月
		○	祭祖甲	○	祭陽甲	祭沃甲	祭戔甲	○	祭小甲	祭大甲	○	祭上甲	祭工典	○	彡祖甲	○	彡陽甲	彡沃甲	彡戔甲	○	彡小甲	彡大甲	○	彡上甲	彡工典	○	○	翌祖甲	○	翌陽甲	翌沃甲	翌戔甲	○	翌小甲	翌大甲	
														王六祀乙酉彡武乙（豐彝）							（王六祀五月壬午彡日）（彫骨刻辞）					王六祀四月癸巳彡祀（小臣邑斝）										

（假三十六旬週期）

明789

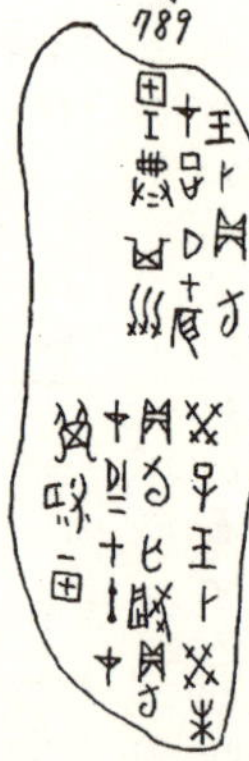

遺243

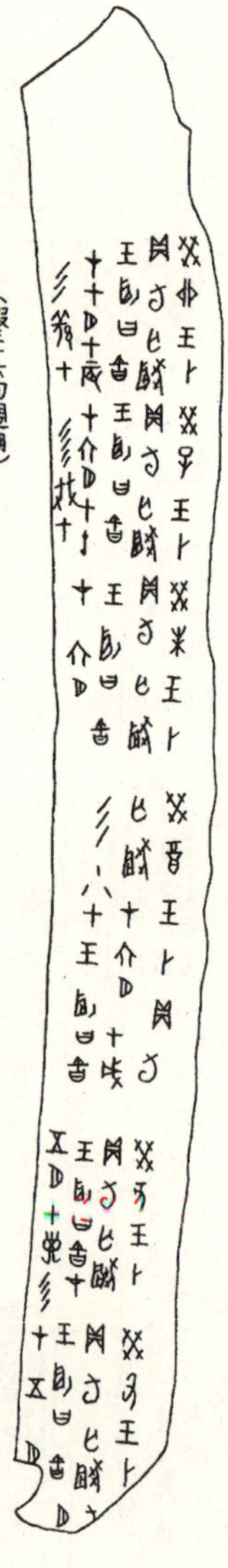

後下2.8

京5489

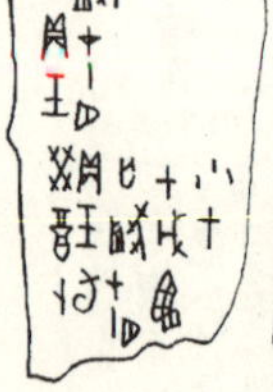

小臣邑斝（三代一三・五三）

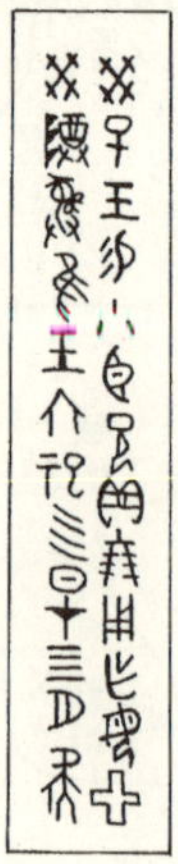

彫骨刻辞（佚存五一八）

豐彝（薛氏二・三八）

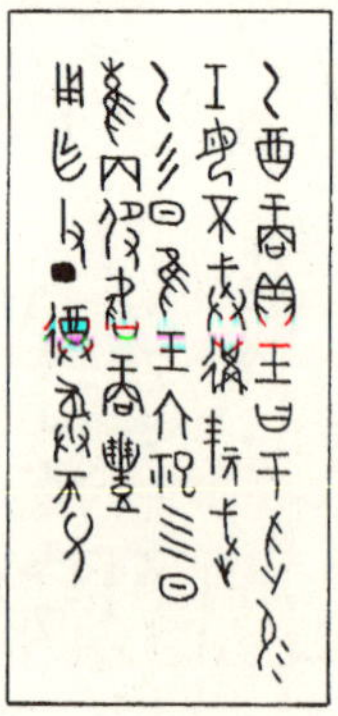

右の明789版は王四祀の十二月甲午翌上甲・正月甲辰と符合してゐるが、「工典𠚔⿰」の辞は前述の如く偽作である。遺

243版の五月甲寅から七月甲辰までの月份が、三五〇日一年の月份と一致してゐて、この月份では王四祀の十月は甲戌・甲申・甲午であって、次旬の甲辰は十一月であるが、後下2.8版に於いては「甲午㞢𢦏甲」を十月とし、又「甲辰㞢沃甲」を十月としてゐるから、兩者は一旬齟齬してゐて、十月が甲辰までであることが解り、從つて七月と十月との間に閏が置かれてゐることが解るのである。この置閏を假に二旬乃至三旬とせば、後上20.7・前3.28.2兩版の「王五祀九月甲辰㞢上甲」が八月のこととなつて九月とならないことは、右の表に見て明かであるから、この置閏は一旬以上ではない。前述の祀譜表の構成に當つて、王二祀と王四祀との間には二旬の置閏のあることを推定してゐるが、右の置閏はこの置閏二旬のうちの一旬に當つて居り、更に他の一旬の置閏の有無を考察するに、表の三五〇日一年の月份は王三祀の十一月と十二月との間を基點とし、月份の第十二回目を二旬とすることによつて三五〇日としてゐるから、基點の前後は三旬一ヶ月の月份が二十二回排列されることになり、從つてこの間の一年は三六〇日の月份であつて、結果的には既に一旬の閏があることに異ならない。即ち王一祀の十二月が二旬の小月とされてゐるから、之を起點として見れば、王二祀・王三祀の十二月が二旬の小月でなければならぬ筈であるが、表は王三祀の十二月を三旬とし、この王三祀はこれより十二ヶ月後の十一月に於いて短縮を計つて居り、從つて十二月には一旬の閏を置いてゐる結果となつてゐる。それにも拘らず、前記の如く王三祀の月份に八版の辭例が符合してゐるから、ここに一旬の置閏のあることが解る。然らばこれはどこに置かれてゐるであらうか。前述の如く王三祀十一月甲戌𢼄工典と王二祀四月甲申彡上甲は前者は十一月下旬、後者は四月上旬であり、而してこの王二祀四月上旬甲申と王一祀との間に二旬一ヶ月の小月を置くことによつて、前記の如く三版の辭例が王一祀に符合してゐるから、王一祀と王二祀の間には置閏を考へることが出來ず、從つて王二祀四月甲申と王三祀十二月甲辰の間に二旬の小月があつて、一旬の閏があるものとせざるを得ない。斯くの如く王二祀と王四祀の間には二旬の閏が置かれてゐるのである。次に小臣邑斝の王六祀四月癸巳(甲申の前日)彡日祀は彡工典の前日に當つてゐて、彡祀は前夕祀に始るから(祭儀彡祀參照)これは符合してゐるが、彫骨刻辭の王六祀五月壬午彡日祀は符合しない。帝辛王六祀の彡祀は五月に行はれないから、帝辛時のものでもなく、而してこの刻辭は小臣邑斝の四月癸巳より四十九日後の壬午を五月としてゐて、之はこの間に二旬の閏を假定しなければならず、ここに置閏を假定せば、王七祀五月甲申祟祖甲・五月甲午翌祖甲(佚545)が四月となつて、之と抵觸するから妥當ではなく、従つてこの刻辞の祭祀は帝乙・帝辛両祀譜に符合せず、偽作であるまいか姑く疑問とする。なほ京5489版の十月甲戌劦小甲は右の如く王四祀に符合してゐるが、又王五祀・王六祀の場合にも符合する。

○王七祀・王八祀

（王七祀）

續 1.5.6

續存 下964

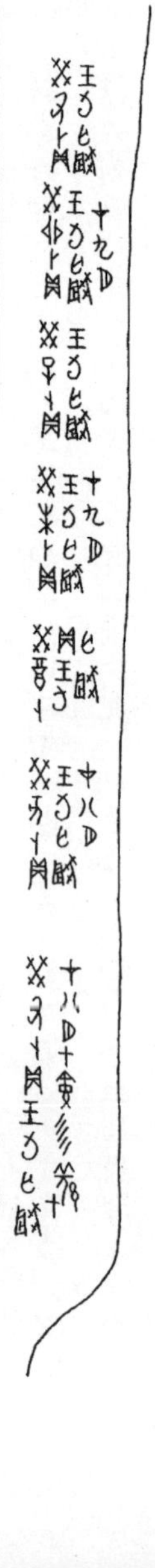

干支	月	月	王七祀（假三十七旬週期）		月	月	王八祀		月	月	王八祀	
甲寅					1	2	○		2	2	○	
甲子							翌大甲				翌大甲	
甲戌					2		翌小甲			3	翌小甲	王八祀三月甲戌翌小甲
甲申						3	○		.3..		○	王八祀三月甲申祭小甲
甲午							翌戔甲				翌戔甲	王八祀三月甲午翌戔甲
甲辰					3		翌沃甲				翌沃甲	王八祀三月甲辰翌沃甲
甲寅						4	翌陽甲	四月甲寅翌陽甲（金382）	4	4	翌陽甲	
甲子							○	四月甲子祭陽甲 ←			○	
甲戌					4		翌祖甲	四月甲戌翌祖甲（金382）			翌祖甲	
甲申					5.	5	祭祖甲	王七祀五月甲申祭祖甲	5	5	○	
甲午							壹祖甲	王七祀五月甲午壹祖甲			○	
甲辰							彡工典				彡工典	
甲寅					6	6	彡上甲		6	6	彡上甲	
甲子							○				○	
甲戌							彡大甲				彡大甲	
甲申					7	7	彡小甲		7	7	彡小甲	
甲午							○				○	
甲辰							彡戔甲				彡戔甲	
甲寅					8	8	彡沃甲	八月甲寅彡沃甲（續存下964）	8	8	彡沃甲	
甲子							彡陽甲	八月			彡陽甲	
甲戌							○	←			○	
甲申					9	9	彡祖甲	九月甲申	9	閏	彡祖甲	續存2652 ←
甲午							○			9	○	
甲辰							劦工典	九月甲辰劦工典（續存下964）			劦工典	
甲寅					10	10	劦上甲	十月甲寅劦上甲（掇續226）	10		劦上甲	續存下966
甲子							○			10	○	
甲戌							劦大甲				劦大甲	金743
甲申					11	小11	劦小甲	十一月甲申劦小甲（佚428）	11		劦小甲	
甲午							○	十一月甲午		11	○	
甲辰						12	劦戔甲	十二月甲辰劦戔甲			劦戔甲	
甲寅					12		劦沃甲	……甲寅……甲（佚428）←	12		劦沃甲	陳氏藏骨
甲子							劦陽甲			12	劦陽甲	哲庵藏骨
甲戌						1	○				○	
甲申	12	1	○		1		劦祖甲		1		劦祖甲	
甲午			翌工典				翌工典			1	翌工典	
甲辰			翌上甲	正月甲辰翌上甲（續1.5.6）			翌上甲				翌上甲	續存2687

右の五版の祭祀は三五〇日一年の月份の王七祀に符合してゐる。祀譜表の構成に當つては王六祀と王七祀のいづれかが三十六旬週期であるから、假に王六祀を三十六旬としたのであるが、右の如く王六祀には小臣邑斝、豊彝の祭祀が符合し、王七祀には右の五版が符合して居り、假にこの週期を逆にせばこれらは符合しなくなるから、この假定の正しいことが解るのである。

王八祀三月は三六〇日一年の月份では甲申に始

佚 428

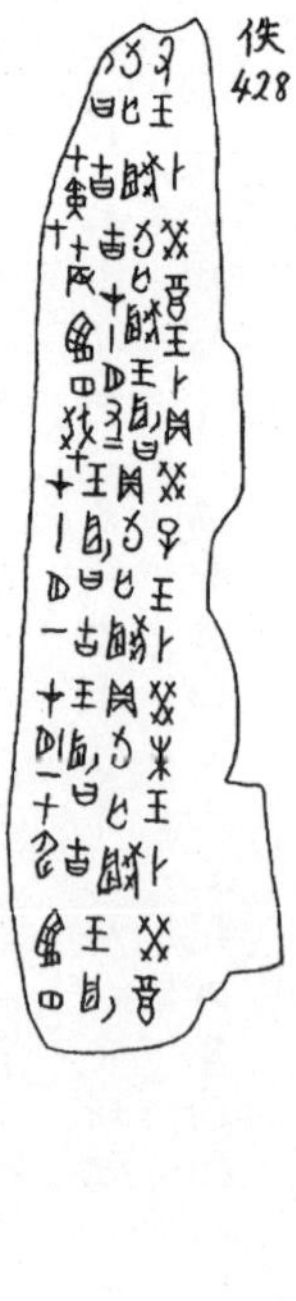

金 382

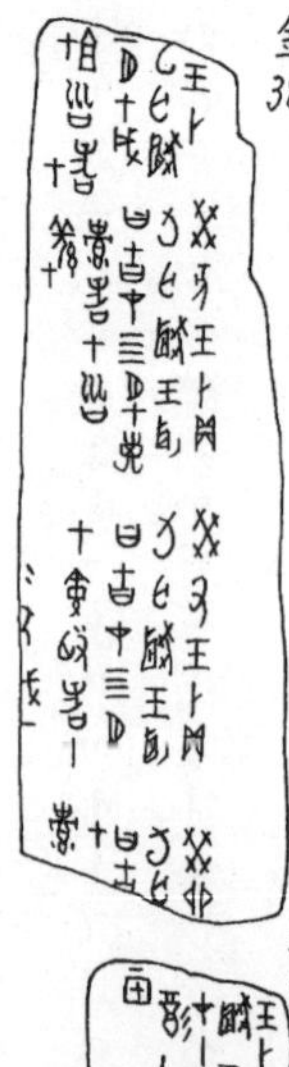

掇續 226

まるが、三五〇日一年の月份では甲戌に始まり、これは庫1661版の王八祀三月が甲戌に始まつてゐることと符合して居り、庫1661版はこの三月を四旬としてゐるから、表の月份も之に従つて一旬の閏を置くことにする。

次の五版は下記の如く、一連の緊密な祀譜を成して居り、これは次述の如く王八祀のものである。

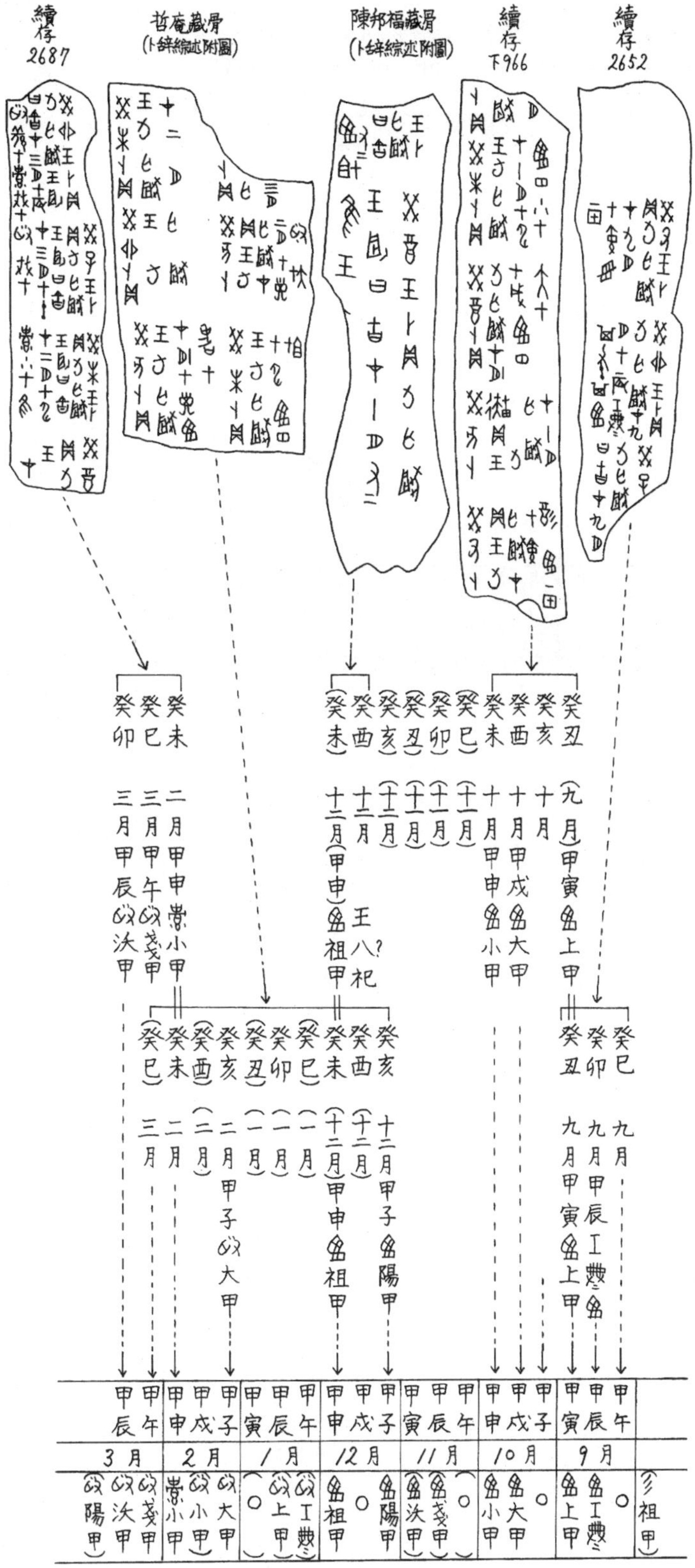

右に於いては𢦔工典が九月甲辰に行はれてゐるが、帝辛祀譜表に於いては王廿祀までに𢦔工典は九月に行はれることがなく、帝乙祀譜に於いては右の如く王七祀に九月甲辰に行はれて居り、又前述の祀譜表に於いては王八祀・王九祀にも九月甲辰に行はれてゐるから、この祀譜は帝乙時の王七祀・王八祀・王九祀のいづれかである。假に九月甲辰𢦔工典を王七祀とせば、この祀譜の一月甲午の𢦔工典は王八祀であつて、王八祀の三月は甲午に始まることになるが、右の如く王八祀

の三月は甲戌に始まつてゐてこれと一致せず、從つて王七祀ではなく、又王九祀と假定せば一月甲午の翌工典が王十祀となり、この祀譜では王十祀が三十六旬週期とされてゐることになるが、前述の祀譜表に於いては王十祀が三十七旬週期であり、從つて王九祀でもない。斯くの如く王七祀・王九祀と倣し得ないから王八祀に外ならず、果して右の陳邦福藏骨の「隹王囗祀」の王字下の殘字は七字或は九字の殘痕ではなくして、「八」字以外には符合しないことが之を傍証してゐる。この九月甲辰劦工典を王八祀として、この祀譜を右の王八祀の表と接合するに、劦工典の甲辰はこれに於いては九月中旬、右の表の三五〇日一年の月份に於いては九月下旬であつて、兩者は一旬齟齬してゐるが、この祀譜によつて王八祀の三月と九月の間に一旬の閏が置かれてゐることが解るのである。（ここに閏があるから、王九祀の二旬の小月を八月とする。又王十祀の小月を八月とせば王廿祀十一月までには小月が十一回あることになるから王十祀に於いては十二月とする。）

○王九祀・王十祀

干支	甲寅甲子甲戌	甲申甲午甲辰	甲寅甲子甲戌	甲申甲午甲辰	甲寅甲子甲戌	甲申甲午甲辰	甲寅甲子甲戌	甲申甲午甲辰	甲寅甲子甲戌	甲申甲午甲辰	甲寅甲子甲戌	甲申甲午甲辰
月												1
月												1
王九祀												/ 翌工典 / 翌上甲
月	2	3	4	5	6	7	8	9	10	.11	12	1
月	2	3	4	5	6	7	小8	9	10	11	12	1
王十祀	○ / 翌大甲 / 翌小甲	○ / 翌戔甲 / 翌沃甲	翌陽甲 / ○ / 翌祖甲	○ / ○ / 彡工典	彡上甲 / ○ / 彡大甲	彡小甲 / ○ / 彡戔甲	彡沃甲 / 彡陽甲 / ○	彡祖甲 / ○ / 劦工典	劦上甲 / 劦大丁 / 劦大甲	劦小甲 / ○ / 劦戔甲	劦沃甲 / 劦陽甲 / ○	劦祖甲 / ○ / 翌工典
		甲辰翌沃甲（遺245）→	三月甲寅翌陽甲 四月甲子嵩陽甲 四月甲戌翌祖甲 甲申（遺245）						十月丁卯劦大丁	（十月甲申劦小甲（金743）→ 王九祀十一月丁未（十月甲辰劦……（金743）		
月	2	3.	4	.5	6	7	8	9	10	11	12	1
月	2	3	4	5	6	7	8	9	10	11	小12	1
	翌上甲 / ○ / 翌大甲	翌小甲 / ○ / 翌戔甲	翌沃甲 / 翌陽甲 / ○	翌祖甲 / ○ / 壹祖甲	彡工典 / 彡上甲 / ○	彡大甲 / 彡小甲 / ○	彡戔甲 / 彡沃甲 / 彡陽甲	○ / 彡祖甲 / ○	劦工典 / 劦上甲 / ○	劦大甲 / 劦小甲 / ○	劦戔甲 / 劦沃甲 / 劦陽甲	○ / 劦祖甲
		三月甲申翌小甲在[?] 三月甲申翌小甲（前1.5.7）		甲辰壹祖甲 吕亡才						十一月甲申劦大甲（續存下967）		

（王九祀）

遺245

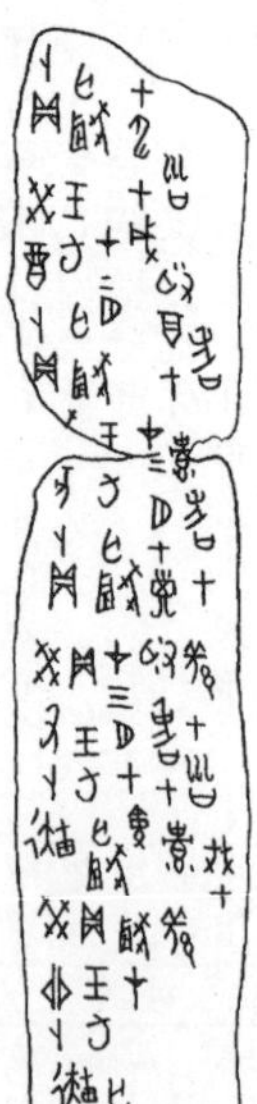

金743

（王十祀）

前1.5.7

續存下967

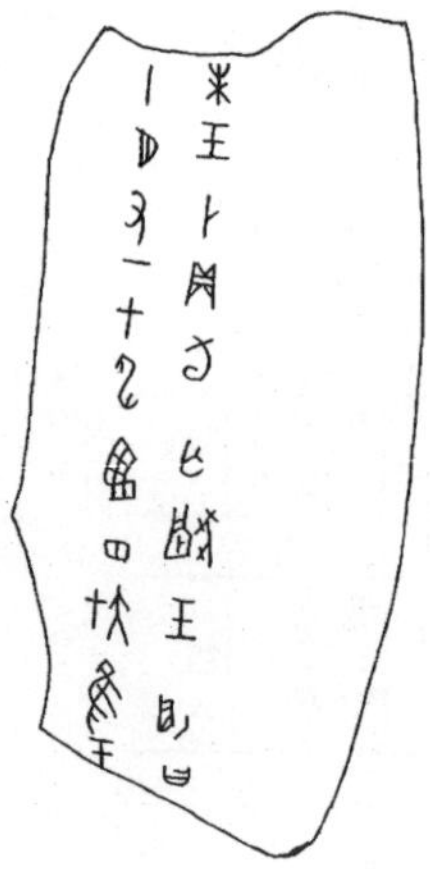

右の遺245版は王九祀、前1.5.7・續存下967版は王十祀の三五〇日一年の月份に符合す。但だ金743版は王八祀にも

合し、又王九祀の小二旬月を十一月以降とせば王九祀にも合するが、王九祀の十一月に甲辰の旬があるから（祀譜構成の遺三九一版參照）、この「十月甲辰𡆥」は「十一月甲辰𡆥」でなければならず、模寫の際に「一」字を脫してゐることが解る。

○王十祀以降

次の十三版は王十祀以降に屬して居り、前述の如く王十祀と王廿祀十一月との間には三十六旬週期が三回、三十七旬週期が七回用ゐられ、又月份は十旬前移してゐるから、王十祀の祀譜に基づいてこれらが王何祀に屬するかを推定することは容易であり、例へば遺217版に於いては𡆥小甲が十二月中旬甲辰に行はれてゐるから、之を王十祀の十一月の𡆥小甲を基準として考察するに、王十祀の𡆥小甲が甲辰に行はれるためには、三十七旬週期が一回必要であり、又これが十二月に行はれるためには月份が二旬前移しなければならず、即ち王十祀以降に於いて三十七旬週期が一回、月份が二旬前移する場合は、王十祀の𡆥小甲が十二月中旬甲辰に行はれることが解るのである。

卜111

（37旬週期なし 月份一旬前移）

續3.19.2
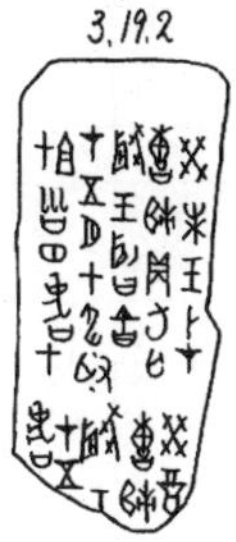
（37旬週期なし 月份一旬前移）

續1.23.2

（37旬週期なし 月份二旬前移）

前4.19.3
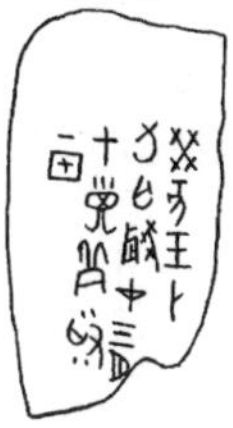
（37旬週期一回 月份二旬前移）

遺247
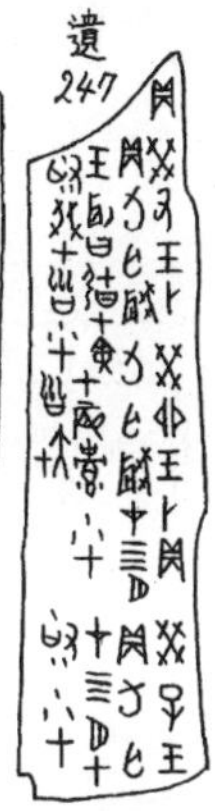
（37旬週期一回 月份二旬前移）

遺248

（37旬週期一回 月份二旬前移）

遺217
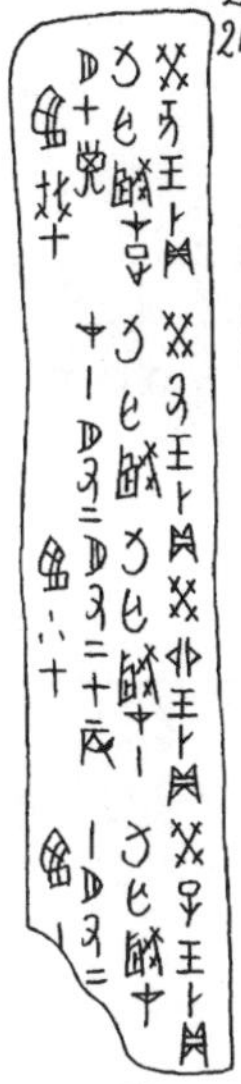
（37旬週期一回 月份二旬前移）

續1.50.6
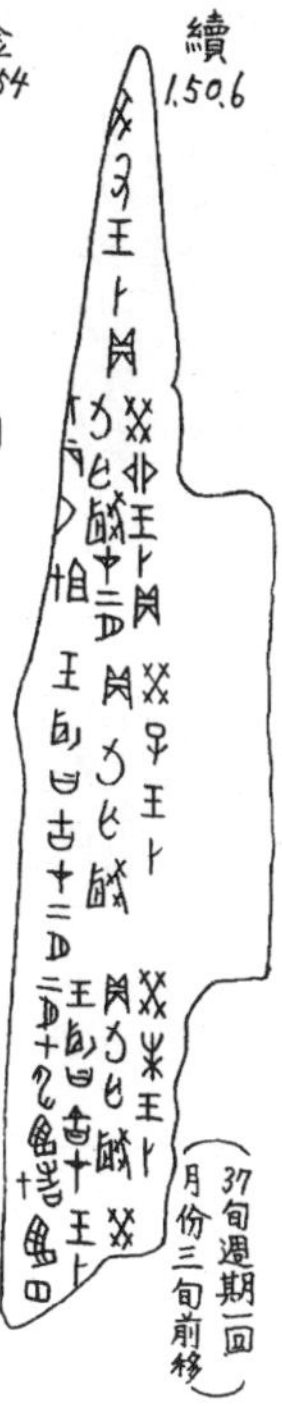
（37旬週期一回 月份三旬前移）

金454

（37旬週期一回 月份三旬前移）

南師2.235

（37旬週期二回 月份三旬乃至五旬前移）

續存2653

（37旬週期二回 月份四旬前移）

前1.20.4

（37旬週期二回 月份五旬前移）

京5550
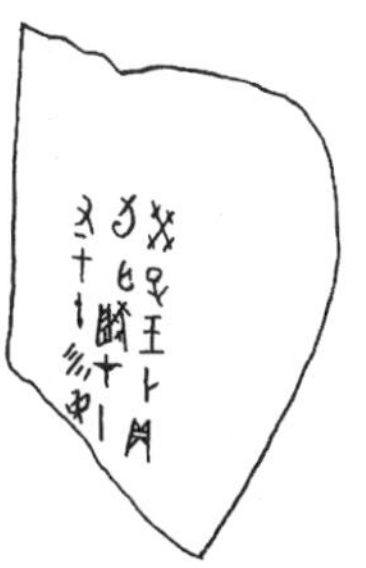
（37旬週期二回 月份五旬前移）

右十三版の週期・月份の前移を勘案せば、これらは次の如く排列し、これが王何祀に屬するかは明瞭である。

干支	甲寅	甲子	甲戌	甲申	甲午	甲辰	甲寅	甲子	甲戌	甲申	甲午	甲辰	甲寅	甲子	甲戌	甲申	甲午	甲辰	甲寅	甲子	甲戌	甲申	甲午	甲辰	甲寅	甲子	甲戌	甲申	甲午	甲辰	甲寅	甲子	甲戌	甲申	甲午	甲辰
月	2			3			4			5			6			7			8			9			10			11			小12		1			
王十祀	祭上甲	○	祭大甲	祭小甲	○	祭戔甲	祭沃甲	祭陽甲	○	祭祖甲	○	劦祖甲	彡工典	彡上甲	○	彡大甲	彡小甲	○	彡戔甲	彡沃甲	彡陽甲	○	彡祖甲	○	翌工典	翌上甲	○	翌大甲	翌小甲	○	翌戔甲	翌沃甲	翌陽甲	○	翌祖甲	祭工典
月	2		3			4			5			6			7			8			9			10			11			小12		1			2	
王十一祀（36旬）	祭上甲	○	祭大甲	祭小甲	○	祭戔甲	祭沃甲	祭陽甲	○	祭祖甲	○	○	彡工典	彡上甲	○	彡大甲	彡小甲	○	彡戔甲	彡沃甲	彡陽甲	○	彡祖甲	○	翌工典	翌上甲	○	翌大甲	翌小甲	○	翌戔甲	翌沃甲	翌陽甲	○	翌祖甲	○
卜111 續3.19.2 續1.23.2						甲辰祭戔甲（卜111）	甲寅祭沃甲	四月甲子祭陽甲	五月甲戌劦陽甲	五月甲申祭祖甲（續3.19.2）																						正月甲子翌沃甲（續1.23.2）				
月		3			4			5			6			7			8			9			10			11			12			小1		2		
王十二祀（37旬）	祭工典	祭上甲	○	祭大甲	祭小甲	○	祭戔甲	祭沃甲	祭陽甲	○	祭祖甲	○	○	彡工典	彡上甲	○	彡大甲	彡小甲	○	彡戔甲	彡沃甲	彡陽甲	○	彡祖甲	○	翌工典	翌上甲	○	翌大甲	翌小甲	○	翌戔甲	翌沃甲	翌陽甲	○	翌祖甲
前4.19.3 遺247 248 217 續1.50.6		三月甲子祭上甲（前4.19.3）			四月甲午祭小甲	四月甲辰劦小甲	甲寅祭戔甲（遺247）									七月乙酉彡大乙（遺248）													十二月甲午翌大甲	十二月甲辰翌小甲	十二月甲寅	正月甲子翌戔甲（遺217）		二月甲申翌陽甲	二月甲午	二月甲辰翌祖甲（續1.50.6）
月	3			4			5			6			7			8			9			10			11			12			小1		2			
王十三祀（36旬）	祭工典	祭上甲	○	祭大甲	祭小甲	○	祭戔甲	祭沃甲	祭陽甲	○	祭祖甲	○	○	彡工典	彡上甲	○	彡大甲	彡小甲	○	彡戔甲	彡沃甲	彡陽甲	○	彡祖甲	○	翌工典	翌上甲	○	翌大甲	翌小甲	○	翌戔甲	翌沃甲	翌陽甲	○	翌祖甲
金454																											十一月甲戌翌上甲（金454）	十二月甲申								
月	3		4			5			6			7			8			9			10			11			12			小1		2			3	
王十四祀（37旬）	○	祭工典	祭上甲	○	祭大甲	祭小甲	○	祭戔甲	祭沃甲	祭陽甲	○	祭祖甲	○	○	彡工典	彡上甲	○	彡大甲	彡小甲	○	彡戔甲	彡沃甲	彡陽甲	○	彡祖甲	○	翌工典	翌上甲	○	翌大甲	翌小甲	○	翌戔甲	翌沃甲	翌陽甲	○
南師2.235 續存2653																						十月甲申彡沃甲（南師2.235）			十一月甲寅彡祖甲（續存2653）	十一月甲子										
月		4			5			6			7			8			9			10			11			12			小1		2			3		
王十五祀（36旬）	劦祖甲	祭工典	祭上甲	○	祭大甲	祭小甲	○	祭戔甲	祭沃甲	祭陽甲	○	祭祖甲	○	○	彡工典	彡上甲	○	彡大甲	彡小甲	○	彡戔甲	彡沃甲	彡陽甲	○	彡祖甲	○	翌工典	翌上甲	○	翌大甲	翌小甲	○	翌戔甲	翌沃甲	翌陽甲	○
前1.20.4 京5550														八月甲子劦祖甲（前1.20.4）									十一月甲午彡陽甲（京5550）													
十六祀（37旬）	4			5			6			7			8			9			10			11			12			小1		2			3			
十七祀（37旬）	4		5			6			7			8			9			10			11			12			小1		2			3		4		
十八祀（37旬）		5			6			7			8			9			10			11			12			小1		2			3			4		
十九祀（37旬）	5			6			7			8			9			10			11			12			小1		2			3			4			
月	5		6			7			8			9			10			•11			12															
王廿祀（37旬）	翌戔甲	翌沃甲	翌陽甲	○	翌祖甲	○	祭工典	祭上甲	○	祭大甲	祭小甲	○	祭戔甲	祭沃甲	祭陽甲	○	祭祖甲	○	○	彡工典	彡上甲	○	彡大甲	彡小甲	○	彡戔甲	彡沃甲	彡陽甲	○	彡祖甲	○	翌工典	翌上甲	○	翌大甲	翌小甲
																				王廿祀十一月戊辰劦武乙妣戊（戊辰彝）																

王十二祀に屬する遺217版に於いては十二月が甲午・甲辰・甲寅、又續1.50.6版に於いては二月が甲申・甲午・甲辰とされてゐるから、一月は甲子・甲戌であつて、これにより二旬の小月は十二月ではなく正月であることが解り、小月の位置を修正することが出來る。斯くの如く十三版は王十祀以降の祀譜に整然と排列し、これによつて王十祀以降の三十六旬週期は王十一祀・王十三祀・王十五祀であつて、その他は三十七旬週期であることが解り、又王廿祀に於いて十一月戊辰（の甲旬）に

武乙の配妣戊の劦祀(劦祖甲の次旬、即ち彡工典と同旬)が行はれることも明瞭である。次の版は王十祀以降に屬するものであるが、右の祀譜に符合せぬ唯一の例である。これに於いては𠬝陽甲が五月甲子(中旬或は下旬)に行はれて居り、帝辛時には𠬝陽甲が十月甲申より十二月甲辰までの間に行はれて、五月に行はれることはなく、王廿祀以降に於いては四十祀以後であるが、帝乙時には王十祀に四月甲子に、王十五祀に六月甲申に行はれてゐるから、五月甲子の𠬝陽甲はこの間に行はれる可能性があり、從つてこれは帝乙祀譜に屬するものと考へられる。帝乙王十祀の𠬝陽甲に基づいて、これが五月中旬乃至下旬に行はれる場合を考察せば、王十祀以後に三十七旬週期が用ゐられずして、月份が三旬乃至四旬前移する場合であり、これは右の前4.19.3・遺247 248 217・續1.50.6版の三十七旬週期一回・月份二旬前移の場合と相容れず、この祭祀は王十二祀乃至は十三祀と考へられるが、後考に俟たねばならない。

續3.29.3

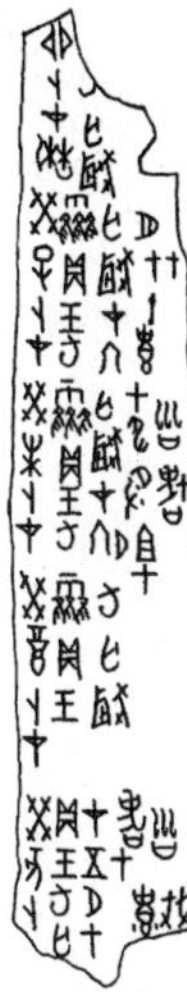

以上帝辛祀譜に符合せざる六四例によつて、帝乙祀譜を檢討したが、祀譜表は十四例(王十祀まで十三版、王廿祀は一器)を以つて成り、王十祀までに符合するもの三五例、王十祀以降に合するもの十三例であつて、以上の六二例は祀譜表に符合して居り、王六祀の彫骨刻辞(佚518)・王十三祀の一版(續3.29.2)は符合せず、なほ後考に俟たねばならないが、これによつて祀譜表の正確であることが解る。又戊辰彝により帝乙時は王一祀十月下旬甲子に始まつて、王廿祀七月中旬甲寅に終り、帝乙の在位は廿祀であつて、帝辛王一祀が七月下旬甲子に始まることが明かとなり、而してこの廿祀間の五祀週期は王二祀・王五祀・王六祀・王八祀・王九祀・王十一祀・王十三祀・王十五祀には三十六旬が用ゐられ、その他は三十七旬週期であり(但し王一祀不明)、月份は三五〇日を一年とする月份を用ゐてゐて、王二祀四月と十一月の間に一旬・王四祀七月と十月の間に一旬・王八祀三月に一旬・王八祀四月と九月の間に一旬の閏を置いてゐるが、王十一祀と王廿祀の間には置閏してゐない。從つてこの前半の十年間に四旬の置閏は太陰月を太陽年に合するための閏としては餘りに少く、寧ろ三五〇日一年を三五四日一年の太陰年に合するための置閏と考へられるのである。

右の檢討によつて、前記の祀譜表の月份を修正し、且つ王廿祀までの祀譜表を掲ぐれば次の如くである(二旬一ヶ月の小月は王十祀以前に於いては、王三祀の十一月と十二月の間を基点として居り、王十一祀以降は王十祀の十二月を起点と假定してゐる)。

（修正）帝乙祀譜表（一）（王一祀より王十祀まで）

干支	甲寅	甲子	甲戌	甲申	甲午	甲辰	甲寅	甲子	甲戌	甲申	甲午	甲辰	甲寅	甲子	甲戌	甲申	甲午	甲辰	甲寅	甲子	甲戌	甲申	甲午	甲辰	甲寅	甲子	甲戌	甲申	甲午	甲辰	甲寅	甲子	甲戌	甲申	甲午	甲辰	
月																															10				11	小12	
王一祀																																祭工典	祭上甲	○	祭大甲	祭小甲	
月			1			2			3			4			5			6			7			8			9			10			11		小12		
王二祀	○	祭羌甲	祭沃甲	祭陽甲	○	祭祖甲	○	○	彡工典	彡上甲	○	彡大甲	彡小甲	○	彡羌甲	彡沃甲	彡陽甲	○	彡祖甲	○	翌工典	翌上甲	○	翌大甲	翌小甲	○	翌羌甲	翌沃甲	翌陽甲	○	翌祖甲	祭工典	祭上甲	○	祭大甲	祭小甲	36旬
月		1			2			3			4.			5			6			7			8			9			10			. 11			12 .		
王三祀	○	祭羌甲	祭沃甲	祭陽甲	○	祭祖甲	○	○	彡工典	彡上甲	○	彡大甲	彡小甲	○	彡羌甲	彡沃甲	彡陽甲	○	彡祖甲	○	翌工典	翌上甲	○	翌大甲	翌小甲	○	翌羌甲	翌沃甲	翌陽甲	○	翌祖甲	○	祭工典	祭上甲	○	祭大甲	37旬
月		1			2			3			4			5			6.			7			8			9			10			小11		12			
王四祀	祭小甲	○	祭羌甲	祭沃甲	祭陽甲	○	祭祖甲	○	○	彡工典	彡上甲	○	彡大甲	彡小甲	○	彡羌甲	彡沃甲	彡陽甲	○	彡祖甲	○	翌工典	翌上甲	○	翌大甲	翌小甲	○	翌羌甲	翌沃甲	翌陽甲	○	翌祖甲	○	祭工典	祭上甲	○	37旬
月	1			2			3			4			5			6			?			8			9			(10)				小11		12			
王五祀	祭大甲	祭小甲	○	祭羌甲	祭沃甲	祭陽甲	○	祭祖甲	○	○	彡工典	彡上甲	○	彡大甲	彡小甲	○	彡羌甲	彡沃甲	彡陽甲	○	彡祖甲	○	翌工典	翌上甲	○	翌大甲	翌小甲	○	翌羌甲	翌沃甲	翌陽甲	○	翌祖甲	祭工典	祭上甲	○	36旬
月	1			2			3			4			5			6			7			8			9 .			10		小11			12			1	
王六祀	祭大甲	祭小甲	○	祭羌甲	祭沃甲	祭陽甲	○	祭祖甲	○	○	彡工典	彡上甲	○	彡大甲	彡小甲	○	彡羌甲	彡沃甲	彡陽甲	○	彡祖甲	○	翌工典	翌上甲	○	翌大甲	翌小甲	○	翌羌甲	翌沃甲	翌陽甲	○	翌祖甲	祭工典	祭上甲	○	36旬
月			2			3			4			5			6			7			8			9			10		小11			12			1		
王七祀	祭大甲	祭小甲	○	祭羌甲	祭沃甲	祭陽甲	○	祭祖甲	○	○	彡工典	彡上甲	○	彡大甲	彡小甲	○	彡羌甲	彡沃甲	彡陽甲	○	彡祖甲	○	翌工典	翌上甲	○	翌大甲	翌小甲	○	翌羌甲	翌沃甲	翌陽甲	○	翌祖甲	○	祭工典	祭上甲	37旬
月		2			3			4			5. .			6			7			8			9			10			小11		12			1			
王八祀	○	祭大甲	祭小甲	○	祭羌甲	祭沃甲	祭陽甲	○	祭祖甲	豊祖甲	甾祖甲	彡工典	彡上甲	○	彡大甲	彡小甲	○	彡羌甲	彡沃甲	彡陽甲	○	彡祖甲	○	翌工典	翌上甲	○	翌大甲	翌小甲	○	翌羌甲	翌沃甲	翌陽甲	○	翌祖甲	祭工典	祭上甲	36旬
月	2				. .3. .			4			5			6			7			(8)				9			10			11			12			1	
王九祀	○	祭大甲	祭小甲	○	祭羌甲	祭沃甲	祭陽甲	○	祭祖甲	○	○	彡工典	彡上甲	○	彡大甲	彡小甲	○	彡羌甲	彡沃甲	彡陽甲	○	彡祖甲	○	翌工典	翌上甲	○	翌大甲	翌小甲	○	翌羌甲	翌沃甲	翌陽甲	○	翌祖甲	祭工典	祭上甲	36旬
月			2			3			4			5			6			7			小8		9			.10			.11			12			1		
王十祀	○	祭大甲	祭小甲	○	祭羌甲	祭沃甲	祭陽甲	○	祭祖甲	○	○	彡工典	彡上甲	○	彡大甲	彡小甲	○	彡羌甲	彡沃甲	彡陽甲	○	彡祖甲	○	翌工典	翌上甲	翌大丁	翌大甲	翌小甲	○	翌羌甲	翌沃甲	翌陽甲	○	翌祖甲	○	祭工典	37旬
月		2			3 .			4			. 5			6			7			8			9			10			11			小12		1			
	祭上甲	○	祭大甲	祭小甲	○	祭羌甲	祭沃甲	祭陽甲	○	祭祖甲	○	甾祖甲	彡工典	彡上甲	○	彡大甲	彡小甲	○	彡羌甲	彡沃甲	彡陽甲	○	彡祖甲	○	翌工典	翌上甲	○	翌大甲	翌小甲	○	翌羌甲	翌沃甲	翌陽甲	○	翌祖甲		

帝乙祀譜表（二）（王十一祀より王廿祀まで）

甲辰	甲午	甲申	甲戌	甲子	甲寅	甲辰	甲午	甲申	甲戌	甲子	甲寅	甲辰	甲午	甲申	甲戌	甲子	甲寅	甲辰	甲午	甲申	甲戌	甲子	甲寅	甲辰	甲午	甲申	甲戌	甲子	甲寅	甲辰	甲午	甲申	甲戌	甲子	甲寅	干支	
		1		小12			11			10			9			8			7			6			5			4			3			2		月	
祭工典	翌祖甲	○																																		王十一祀	36旬
2			1		小12			11			10			9			8			7			6			5			4			3			2	月	
○	翌祖甲	○	翌陽甲	翌沃甲	翌戔甲	○	翌小甲	翌大甲	○	翌上甲	翌工典	○	彡祖甲	○	彡陽甲	彡沃甲	彡戔甲	○	彡小甲	彡大甲	○	彡上甲	彡工典	○	○	祭祖甲	○	祭陽甲	祭沃甲	祭戔甲	○	祭小甲	祭大甲	○	祭上甲		
	2		小1			12			11			10			9			8			7			6			5			4			3			月	
翌祖甲	○	翌陽甲	翌沃甲	翌戔甲	○	翌小甲	翌大甲	○	翌上甲	翌工典	○	彡祖甲	○	彡陽甲	彡沃甲	彡戔甲	○	彡小甲	彡大甲	○	彡上甲	彡工典	○	○	祭祖甲	○	祭陽甲	祭沃甲	祭戔甲	○	祭小甲	祭大甲	○	祭上甲	祭工典	王十二祀	37旬
		2		小1			12			11			10			9			8			7			6			5			4			3		月	
翌祖甲	○	翌陽甲	翌沃甲	翌戔甲	○	翌小甲	翌大甲	○	翌上甲	翌工典	○	彡祖甲	○	彡陽甲	彡沃甲	彡戔甲	○	彡小甲	彡大甲	○	彡上甲	彡工典	○	○	祭祖甲	○	祭陽甲	祭沃甲	祭戔甲	○	祭小甲	祭大甲	○	祭上甲	祭工典	王十三祀	36旬
3			2		小1			12			11			10			9			8			7			6			5			4			3	月	
○	翌陽甲	翌沃甲	翌戔甲	○	翌小甲	翌大甲	○	翌上甲	翌工典	○	彡祖甲	○	彡陽甲	彡沃甲	彡戔甲	○	彡小甲	彡大甲	○	彡上甲	彡工典	○	○	祭祖甲	○	祭陽甲	祭沃甲	祭戔甲	○	祭小甲	祭大甲	○	祭上甲	祭工典	○	王十四祀	37旬
	3			2		小1			12			11			10			9			8			7			6			5			4			月	
○	翌陽甲	翌沃甲	翌戔甲	○	翌小甲	翌大甲	○	翌上甲	翌工典	○	彡祖甲	○	彡陽甲	彡沃甲	彡戔甲	○	彡小甲	彡大甲	○	彡上甲	彡工典	○	○	祭祖甲	○	祭陽甲	祭沃甲	祭戔甲	○	祭小甲	祭大甲	○	祭上甲	祭工典	翌祖甲	王十五祀	36旬
		3			2		小1			12			11			10			9			8			7			6			5			4		月	
翌陽甲	翌沃甲	翌戔甲	○	翌小甲	翌大甲	○	翌上甲	翌工典	○	彡祖甲	○	彡陽甲	彡沃甲	彡戔甲	○	彡小甲	彡大甲	○	彡上甲	彡工典	○	○	祭祖甲	○	祭陽甲	祭沃甲	祭戔甲	○	祭小甲	祭大甲	○	祭上甲	祭工典	○	翌祖甲	王十六祀	37旬
4			3			2		小1			12			11			10			9			8			7			6			5			4	月	
翌沃甲	翌戔甲	○	翌小甲	翌大甲	○	翌上甲	翌工典	○	彡祖甲	○	彡陽甲	彡沃甲	彡戔甲	○	彡小甲	彡大甲	○	彡上甲	彡工典	○	○	祭祖甲	○	祭陽甲	祭沃甲	祭戔甲	○	祭小甲	祭大甲	○	祭上甲	祭工典	○	翌祖甲	○	王十七祀	37旬
	4			3			2		小1			12			11			10			9			8			7			6			5			月	
翌戔甲	○	翌小甲	翌大甲	○	翌上甲	翌工典	○	彡祖甲	○	彡陽甲	彡沃甲	彡戔甲	○	彡小甲	彡大甲	○	彡上甲	彡工典	○	○	祭祖甲	○	祭陽甲	祭沃甲	祭戔甲	○	祭小甲	祭大甲	○	祭上甲	祭工典	○	翌祖甲	○	翌陽甲	王十八祀	37旬
		4			3			2		小1			12			11			10			9			8			7			6			5		月	
○	翌小甲	翌大甲	○	翌上甲	翌工典	○	彡祖甲	○	彡陽甲	彡沃甲	彡戔甲	○	彡小甲	彡大甲	○	彡上甲	彡工典	○	○	祭祖甲	○	祭陽甲	祭沃甲	祭戔甲	○	祭小甲	祭大甲	○	祭上甲	祭工典	○	翌祖甲	○	翌陽甲	翌沃甲	王十九祀	37旬
		4			3			2			1			12			11			10			9			8			7			6			5	月	
翌小甲	翌大甲	○	翌上甲	翌工典	○	彡祖甲	○	彡陽甲	彡沃甲	彡戔甲	○	彡小甲	彡大甲	○	彡上甲	彡工典	○	○	祭祖甲	○	祭陽甲	祭沃甲	祭戔甲	○	祭小甲	祭大甲	○	祭上甲	祭工典	○	翌祖甲	○	翌陽甲	翌沃甲	翌戔甲	王廿祀	37旬
																													7			6			5	月	
																											祭上甲	祭工典	○	翌祖甲	○	翌陽甲	翌沃甲	翌戔甲	○	帝辛王一祀	（37旬）

二、帝辛祀譜表の検討

帝辛祀譜は王幾祀が記されてゐる次の諸版を整理することによつて構成されてゐる。

前3.28.1

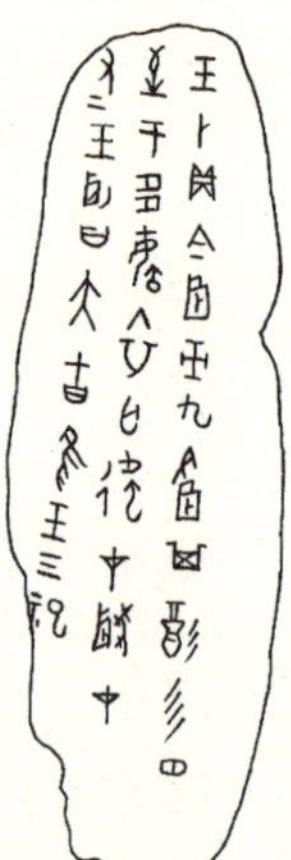

續3.29.6

續2.1.3

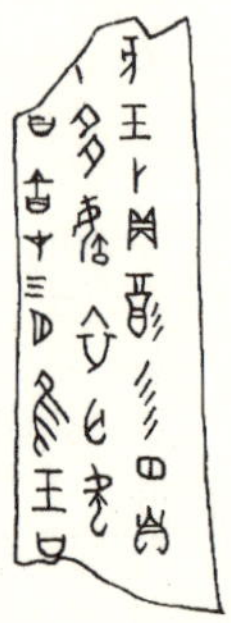

續1.25.9

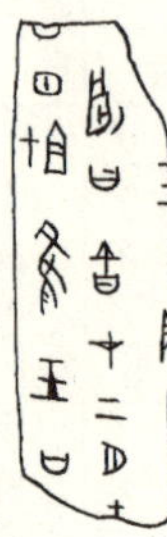

明61

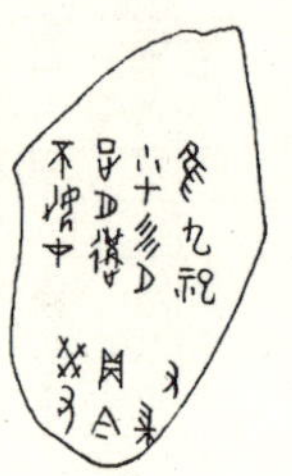

前4.18.1 3.27.6

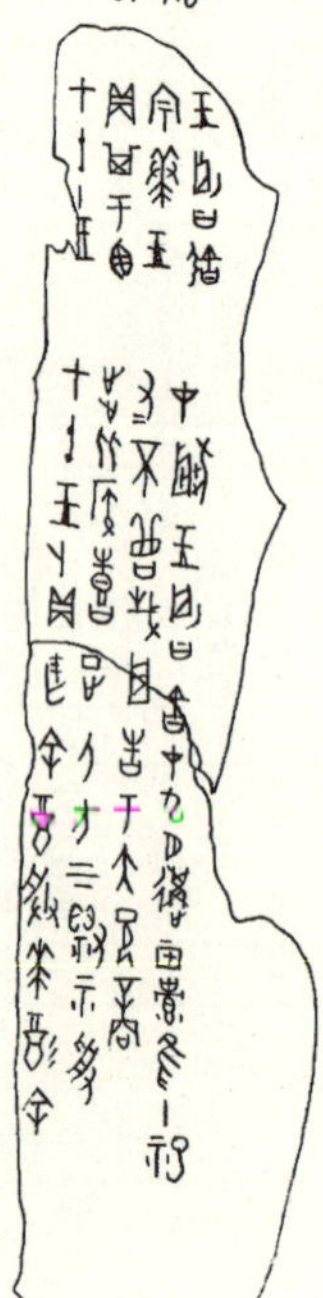

續6.5.2　續6.1.8　前3.28.4

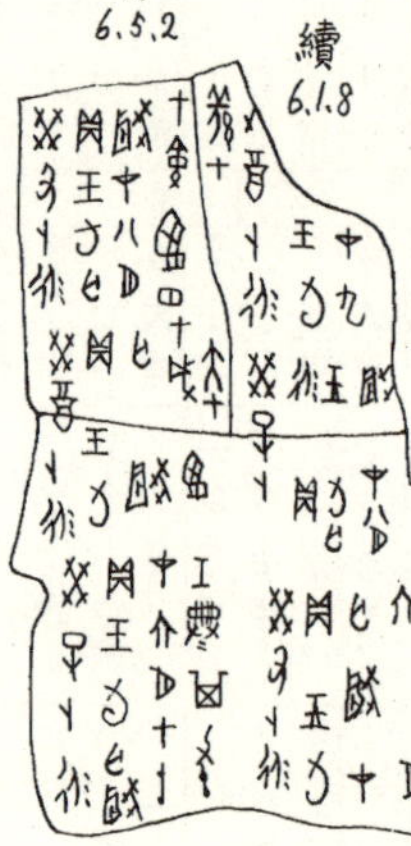

妣因卣一

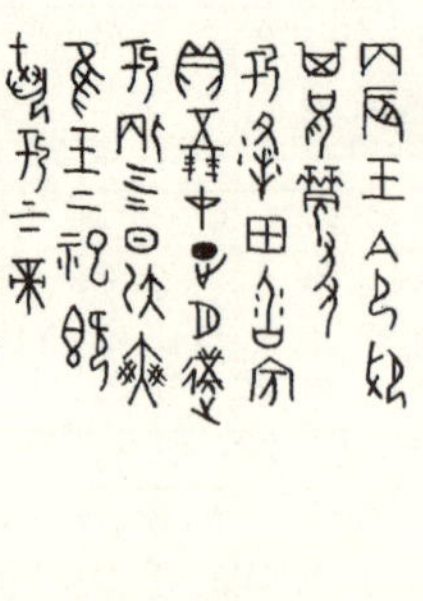

(殷曆譜後記所收)

妣因卣二

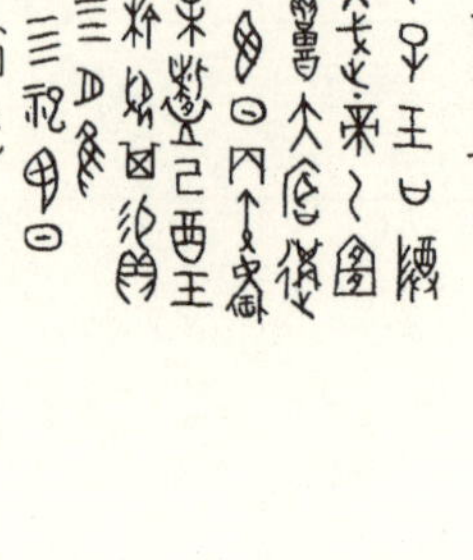

(同上)

次に帝乙祀譜には適合しない祭祀卜辞がこの帝辛祀譜表に符合するか否かを検討する。

○王一祀・王二祀・王四祀

續1.50.5版の祭祀は王一祀・王九祀、拾掇2491版の祭祀は王二祀・王十祀、京4994版は王四祀の四月甲午劦上甲に符合してゐる。

續1.50.5

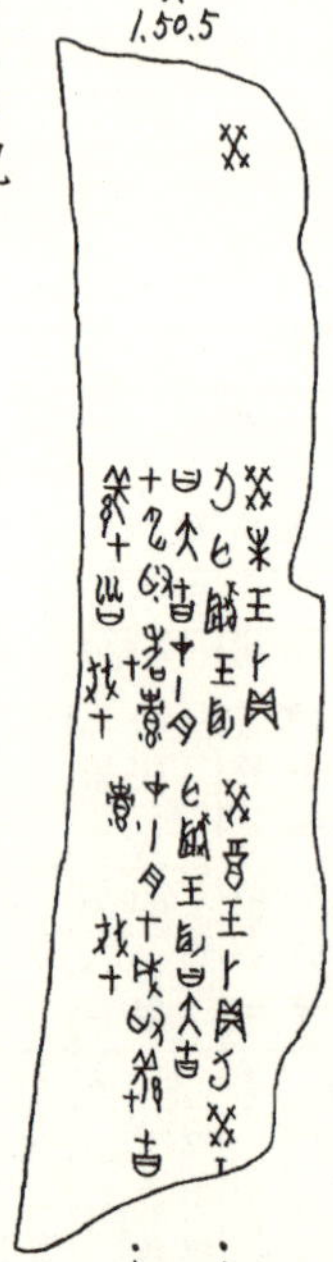

・十月甲戌祭沃甲
・十月甲申祭陽甲

拾掇2.491 南.坊5.64

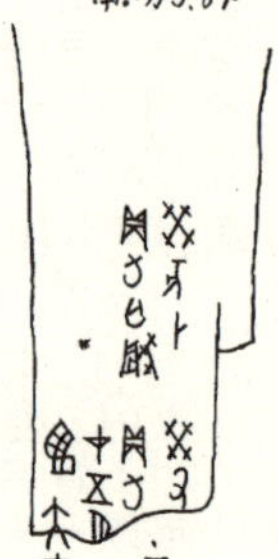

・五月甲寅劦大甲

京4994

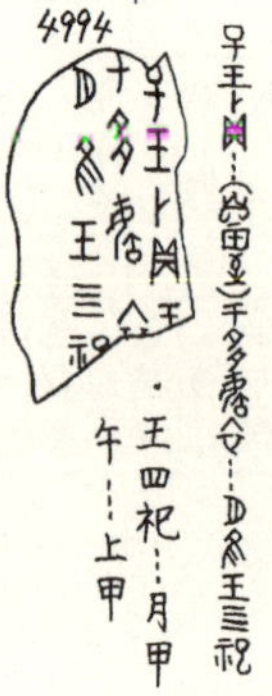

・王四祀…月甲午…上甲

○王六祀

次の版の祭祀は王六祀の六月甲寅劦沃甲と符合してゐる。次の妣因卣三の人名は前記の妣因卣の人名と同一人であるか

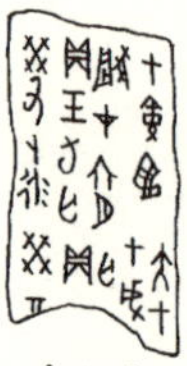

・(…月)甲戌(劦)大甲
・六月甲寅劦(沃甲)

ら、明かに帝辛時のものであり、これには王六祀六月乙亥(甲戌の旬)に劦祀の行はれたことが記されてゐる。表の王六祀六月は甲子の旬を以て終り、乙亥は七月であるから

銘文と祀譜表との月份は一旬齟齬してゐる。これは次の王七祀の遺246版の場合も亦同様であつて、遺246版と祀譜表とは一旬齟齬してゐる。之は王七祀の置閏を十月に假定してゐることに起因するのであつて、これを五月以前に假定せば王六祀の六月は甲戌(乙亥の旬)までとなり、銘文の如く六月乙亥に〓祀が行はれて銘文の祭祀は祀譜表と一致し(この〓祀は小乙に行はる)、この修正は次の如く遺246版の場合をも満足せしめるから、この銘文によつて王七祀の閏は王六祀の五月以前に置かれてゐることが解るのである。

〓〓卣三(商周金文録遺二七二・二所收)

○王七祀

次の版の〓沃甲・〓陽甲は王七祀の十月の祭祀と一致してゐるが、〓戔甲を卜辭は九月とし祀譜表は十月としてゐるから一旬齟齬してゐる。これは王七祀の置閏を十月に假定してゐることによるのであつて、之を右の如く五月以前とせばこの三辭は表と符合する。

遺246

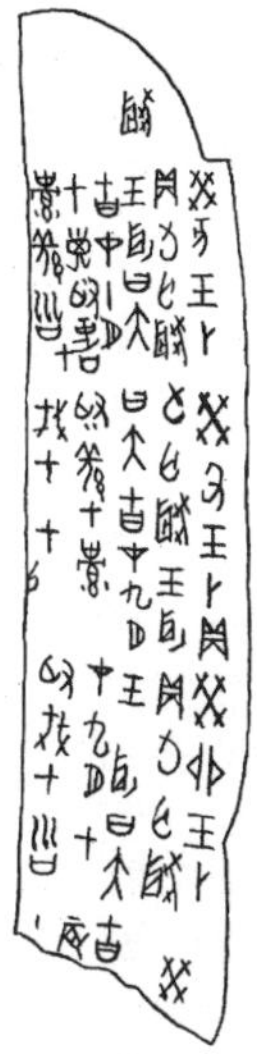

・九月甲辰〓戔甲

・……(甲寅)〓沃甲

・十月甲子〓陽甲

(待問)

次の版に正月甲寅彡戔甲とあり、この祭祀は帝辛王七祀以外に適合しない。然るに祀譜表は之を二月上旬甲寅彡戔甲としてゐるから、兩者の月份は一旬齟齬してゐる。表は月の交替を甲日と假定してゐるが、實際の月には大月・小月があつて必ずしも甲日に始らず、この版によつて表の二月は甲寅に始まるのではなく甲寅は一月に屬してゐることが解るが、なほ他証を俟つて敢て斷定せず。

粋1463

・正月甲寅彡戔甲

○王八祀

次の前2.40.7版が帝辛王八祀四月癸亥のものであることは後述(第二篇第三章夷方征伐)の如くであり、

前2.40.7

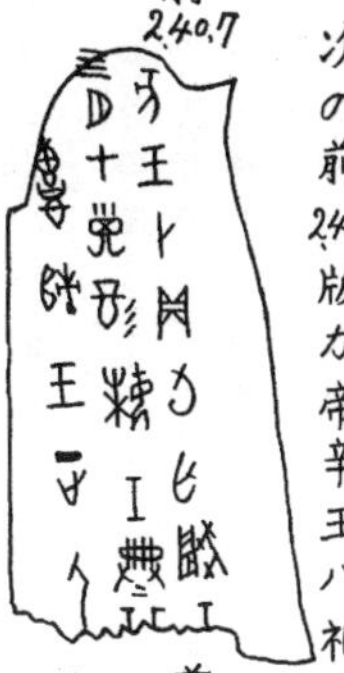

前2.25.1

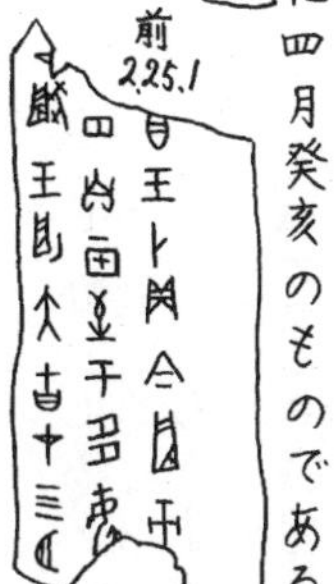

卜106

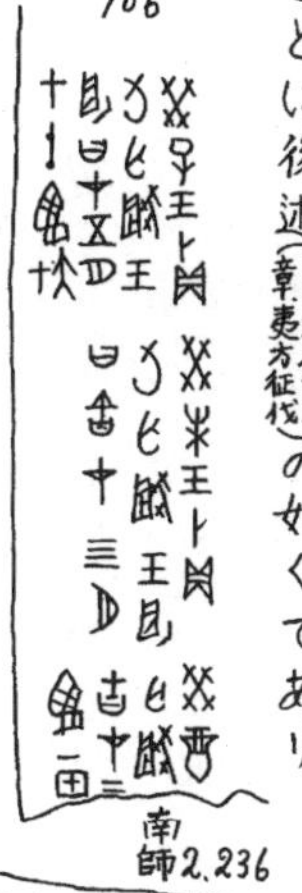

南師2.236

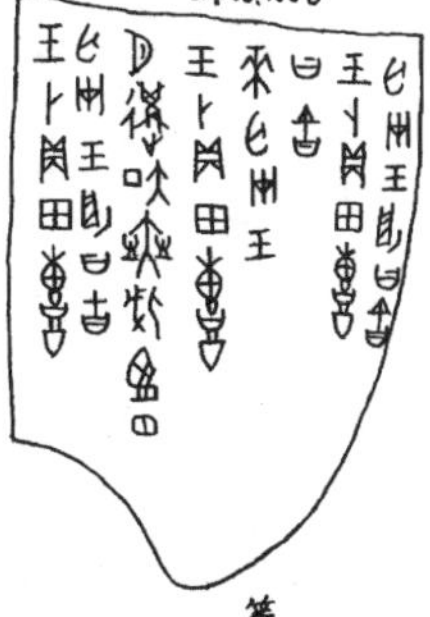

簠帝116

右の五版は次の如き祀譜を成してゐて、これらは王八祀の祀譜と符合してゐる。但だ四月甲戌翌上甲は卜106版は之を四月中旬、祀譜表は四月下旬としてゐるから兩者は一旬齟齬してゐる。之は王九祀十月に假定してゐる置閏に因るのであつて、これを五月以前とせば兩者は符合する。後述(帝辛八祀夷方征伐歷程)によれば、王八祀四月上旬に丁卯(の甲子旬)、五月上旬に癸卯があり、從つて四月甲戌は中旬であつて卜106版と符合して居り、又歷程によれば閏は三月以前でなければならない。

・(四)月甲子(翌)工典 (前1.24.0.7)
・四月(甲戌)(翌)上甲 (前2.25.1)
・四月甲戌翌上甲 } (卜106)
・四月 }
・五月甲午翌大甲
・(五)月(戊戌)翌大丁配妣戊 (南師2.236)
・七月甲辰翌祖甲 (簠帝116)

○王九祀

次の林1.13.7版は王九祀の七月甲寅翌祖甲、續1.9.9版は九月甲午祭大甲・九月甲辰祭小甲壴大甲に符合し、蓳卣の王九祀九月丁巳(の甲寅旬)は右の如く王九祀の置閏が三月以前にあるから、九月には丁巳があつて祀譜表と符合する。但だ銘文の九月丁巳は表に於いては祭小甲の次旬に當り、祀序表によれば祭小甲の次旬の丁日には中丁の祭祀が行はれるが劦日祀が行はれないから、銘文の劦日とは一致しない。これは次の王十祀の方彝の場合に於いても同樣であつて、銘末の祭名はその日の祭祀を記してゐるものの外に、その旬の甲日の祭名を祀してゐるものがあつて、この銘文及び方彝はそれであり、これに於いては丁巳の旬の甲日の祭祀を劦日祀とするのであるから、之を祀序表に見れば丁巳の旬の甲寅には大甲の劦祀が行はれてゐて、この劦日は之を記してゐるのである。

林 1.13.7

・七月甲寅(翌)祖甲

續 1.9.9 簠帝39

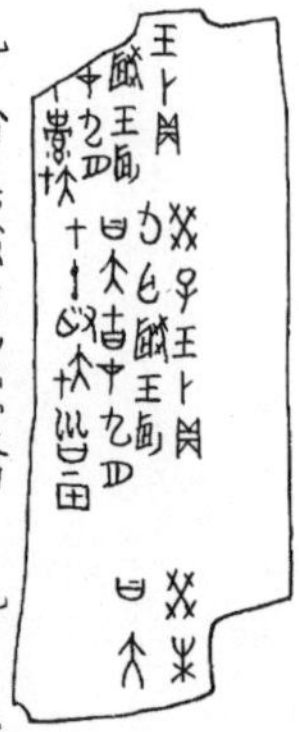

・九月(甲辰)(祭小甲)壴大甲 ・九月甲午祭大甲

蓳卣(薛氏三・四七)

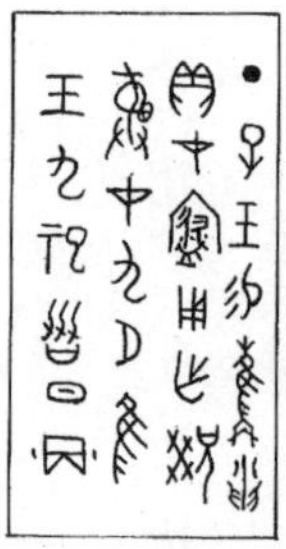

○王十祀

次の庫1672版は王十祀十二月甲午彡上甲に、方彝の王十祀九月己酉(の甲辰旬)は祀譜表の王十祀九月と符合してゐる。但だこの九月己酉には祀序表によれば祭祀が行はれないから、銘末の劦日は己酉の祭祀を記してゐるものではなく、「劦日五」としてゐるのはこの旬の甲日の劦祀より五日後の意であつて、己酉はこの旬の甲日に行

庫 1672

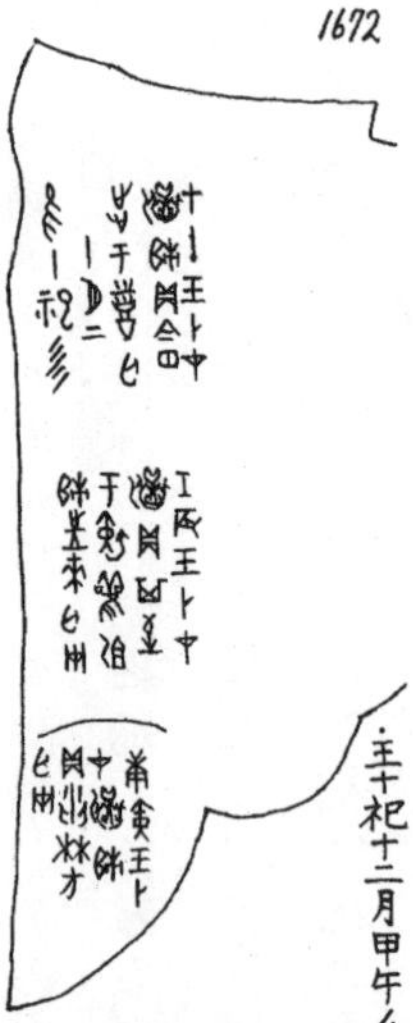

・王十祀十二月甲午彡

方彝(薛氏二・三八)

はれる𠙵上甲の日より五日後に當つてゐるのである。なほこの銘文の月日は王十祀の夷方征伐歴程に符合してゐて、銘末の「來東」は東夷征伐のために王が東方に來るの義である。

○王十三祀

粋1464

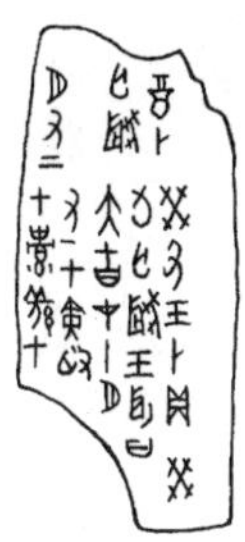

・癸丑　十一月甲寅祭(陽)甲𡩜沃甲
・(癸亥)
・癸酉　十二月(甲戌)(祭祖甲)

上掲版の祭祀は王十三祀の十一月甲寅祭陽甲・十二月甲戌祭祖甲と符合してゐる。

○王十四祀

京5482

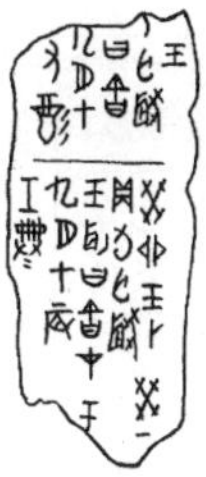

・九月甲辰工典
・九月甲(寅)祭(上甲)

上掲版の祭祀は王十四祀の九月甲辰祭工典・九月甲寅祭上甲と符合してゐる。

○王十六祀

遺250

・十月甲午祭大甲

通別2.7.3

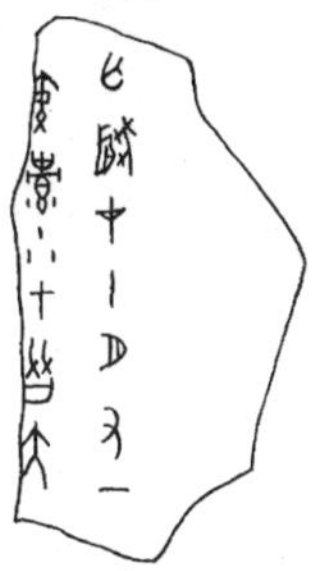

・十一月甲寅𡩜小甲

上掲の遺250版は王十六祀の十月甲午祭大甲、通別2.8.3版は十一月甲寅𡩜小甲に符合してゐる。

○王十八祀

次の三版は王十八祀の一月甲子祭祖甲(甲54)、八月甲寅劦陽甲(菁9.2)、十二月甲午祭沃甲(續存2597)と符合してゐる。

甲54

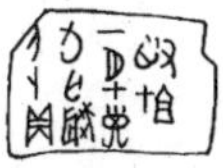

・一月甲子祭祖甲

菁9.2

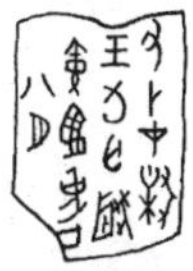

・八月甲寅劦陽甲

續存2597

・(十二月)甲午祭沃甲
・十二月

(待問)

次の二版の祭祀は王十八祀以外には適合しないが、王十八祀とは月份が一旬齟齬してゐる。記して後考に俟つ。

金579

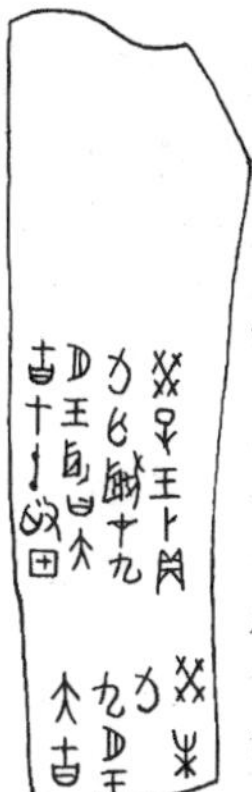

・九月(甲申)
・九月甲午祭上甲

金455

・五月(甲申)
・五月甲午工典其酒彡(其劦)

○王十九祀

次の版の祭祀は王十九祀の五月下旬甲申彡祖甲・六月中旬甲辰劦工典と符合してゐる。但だこの版に於いては工典が乙日に行はれて居り、これは王廿祀の𢦔工典が𢦔上甲の前々旬に行はれてゐるのと共に異例であつて、甲日に行ふためには何かの事故があつて明日に行つたのであらう。

○王廿祀

前 4.43.4

・癸未　五月
・(癸巳)
・癸卯　六月乙巳(甲辰の旬)工典

次の八版の祭祀は王二十祀の祭祀と符合してゐる。

林 2.14.4

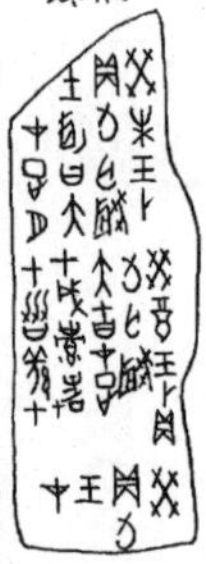

・正月甲申　・正月甲戌壴陽甲𠷎沃甲

續存 2463

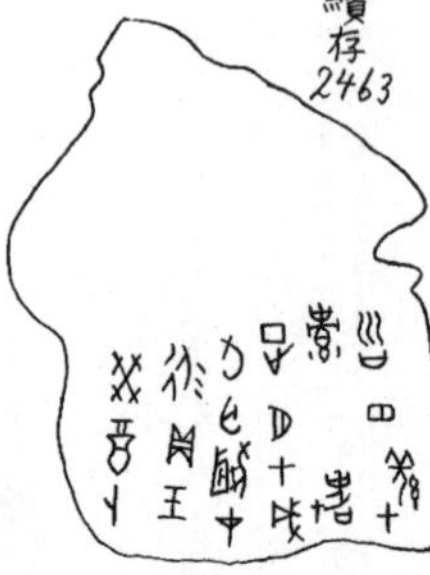

・正月甲戌壴陽甲𠷎沃甲

前 1.19.5

・正月甲申祭祖甲𠷎陽甲

掇合編 附69

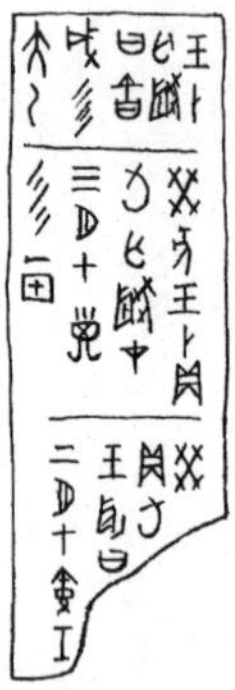

・二月甲寅工典
・三月甲子彡上甲
・(三月)甲戌彡(夕)大乙

簠 典24

・四月甲午彡小甲

前 1.42.1

・四月甲寅彡戔甲
・五月甲子彡沃甲
・(五月)甲戌彡陽甲

鄴 3.49.18 京 5491

・五月甲戌彡陽甲

擴續 260 京 5487

・六月甲午彡祖甲

次の二版の地名が相等しく、共に癸卯が十月とされてゐるから同時卜であつて、前2.14.4版には王廿司(祀の假借、前二・四・三及び前四・二八・二にも同例がある)、

前 2.14.4

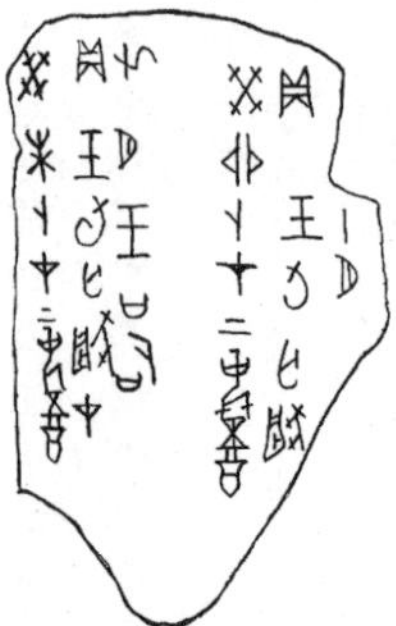

簠 地10

簠地10版には癸卯が十月の上旬とされてゐるから、王廿祀の十月上旬に癸卯がある

ことが解る。前述の如く王廿祀の㫃祖甲が二月中旬甲辰・彡上甲が三月上旬甲子・𠂤上甲が六月下旬甲寅であり、従つて王廿祀は十月中旬甲辰𠂤工典に始まり、十月上旬甲午の旬に終つて居り、この王廿祀に甲午ー癸卯の旬が上旬であることと、右の版に王廿司十月上旬を癸卯としてゐることとは正に符合してゐる。斯くの如く王廿祀の最後の月份に於いて卜辞と祀譜表とが一致してゐるから、祀譜表の月份・置閏が總体的に正確であることが解るのである。（備考）王十祀の彡上甲に本づいて週期を推測せば三十七旬週期が九回であるが、𠂤上甲に本づいて推測せば八回となる。これは王廿祀の㊄表の如く、𠂤工典を彡祖甲の日に行つてゐて、祭祀が中途から三十六旬週期とされてゐるに因るのである。

（待問）

宰椃角（三代一六・四八）

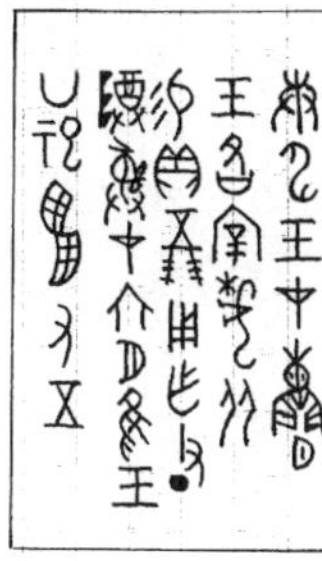

この器には王廿祀の六月に𠂤祀が行はれてゐて、これは祀譜表の王廿祀六月甲寅（庚申の旬）に𠂤上甲が行はれてゐることと一致してゐるが、前記の方彝の場合に従へば銘末の𠂤祀は庚申の旬の甲日に行はれる上甲の𠂤祀であり、而して「ヨ五」はそれより五日後の意である。然るに庚申は甲寅の六日後であるから「ヨ介」でなければならない。姑く記して後考に俟つ。

○王廿祀以降

帝辛時は二十祀間に表上一旬の閏が九回、即ち略〻二祀に一旬の割合を以つて閏が置かれ、月份が之に従つて後移してゐるから、王廿祀以降に屬するものは容易に之を推測することが出來る。

林 1.11.16

（37旬週期なし 置閏 一旬）

續 1.4.3

（37旬週期二回 置閏 一旬）

前 1.42.2

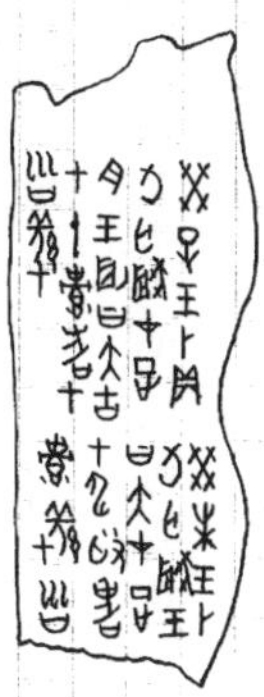

（37旬週期二回 置閏 一旬）

金 518

（37旬週期二回 置閏 一旬）

前
5.16.2
4.6.5

（37旬週期三回　置閏　一旬）

遺
495

（37旬週期三回　置閏　二旬）

續存
下965

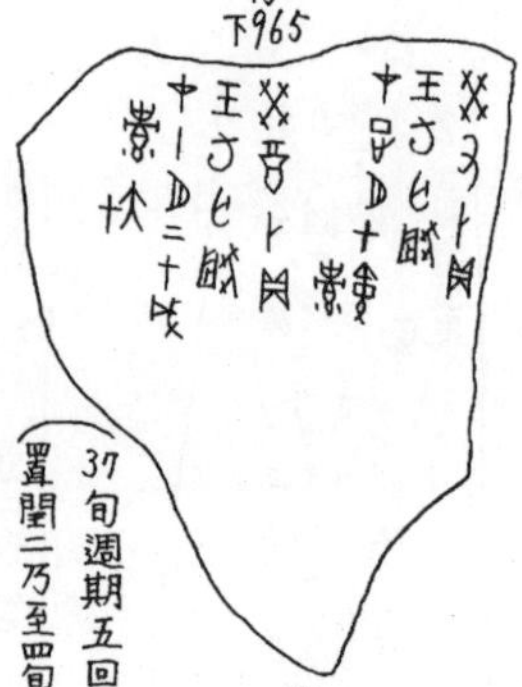

（37旬週期五回　置閏二乃至四旬）

後
上21.3

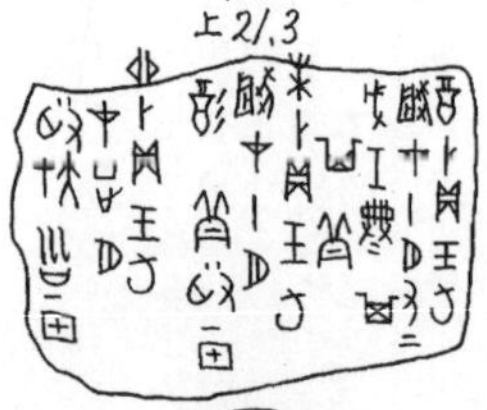

（37旬週期九回　置閏三乃至四旬）

右の九版について、王廿祀を基準として帝辛祀譜に符合する場合の三十七旬週期の回数と、その間の置閏の旬數を調べれば下記の如くであつて、例へば林1.11.16版に於いては五月上旬甲戌に砉甲の彡祀が行はれて居り、これは王廿祀の砉甲の彡祀が五月中旬甲戌に行はれてゐるのと、月份・干支が符合してゐるが、王廿祀に於いては甲戌を五月中旬とし、林1.11.16版に於いては五月上旬としてゐるから、月份が一旬齟齬して居り、從つてこの版の辭は王廿祀以降に於いて三十六旬週期が用ゐられて、王廿祀と王廿一祀彡砉甲との間に一旬の置閏がある場合に符合することが解る。又後上21.3版に於いては十二月甲戌砮工典・正月甲辰砮大甲であるから、正月甲辰は正月の上旬或は中旬であり、假に上旬とせば王廿祀砮大甲より三十七旬週期が九回用ゐられて、この間に置閏が四旬ある場合に符合し、又中旬とせば置閏が三旬ある場合に符合するのである。斯くの如く勘考せば、右の諸版は次の如き關係に在つて、王廿一祀までの間に整然と排列するものであることが解る。

王祀	週期	置閏	版名
廿一祀	36旬	一旬	林 1.11.16
廿二祀	37旬		金 5.18　前 1.42.2　續 1.4.3
廿三祀	37旬		
廿四祀	37旬		前 5.16.2 4.6.5
廿五祀	36旬		遺 495
廿六祀	37旬	一旬	
廿七祀	37旬		續存 下965
廿八祀	37旬		
廿九祀	37旬		
卅祀	37旬	一旬	
卅一祀	37旬		後 上21.3

この表に於いては後上21.3版に在つては置閏三旬の場合を採つたが、これは次の理由によるのである。

第五期卜辭を檢するに帝辛王卅一祀以降に屬するものがなく、帝辛時はこの王卅一祀を以つて終つたものと考へられる。帝辛の滅亡は漢書律曆志所引の眞古文の周書武成には、次の如く記されてゐて、これによれば殷は一月壬辰より二月甲子の間に亡んだことが解る。この曆日は周朝のものではなく、なほ殷室のものであるとして、帝辛王卅一祀に斯

惟一月壬辰旁死霸若翌日癸巳、武王廼朝步自周、于征伐紂、粤若來三(二)月既死霸、粤五日甲子、咸劉商王紂、

かる月份・干支があるか否かを檢するに、右の如く王廿一祀の大甲の劦祀が行はれる正月甲辰は、王廿祀と王廿一祀の間に置閏が三旬ある場合は正月中旬であつて、正月は甲午・甲辰・甲辰の旬、二月は甲子・甲戌・甲申の旬となり、又四旬の置閏の場合は正月上旬であつて、正月は甲辰・甲寅・甲子の旬となる。從つて武成篇の一月壬辰（甲申の旬）には兩者は共に符合せず、二月甲子には三旬置閏の場合は符合するが、四旬置閏の場合は符合しない。然し祀譜表は三旬を一ヶ月とし、假に甲日を朔日としてゐるものであり、實際には後述の「殷の曆法」に詳述するが如く、必ずしも甲日に朔が始らないから、祀譜表の朔日は之を前後五日移動して考察することは許されるのであつて、三旬置閏の場合の正月朔を甲午より三日溯つて考へれば、一月に壬辰があることになり、從つて三旬置閏の場合の王廿一祀には、一月に壬辰・二月に甲子があることになつて武成篇の記事と符合し、一月壬辰は一月上旬、二月甲子は二月上旬となる。武成篇には一月壬辰を旁死霸、二月甲子を旣死霸後の五日としてゐて、これについては飯島忠夫博士（支那曆法起原考四四四頁）と新城新藏博士（東洋天文學史研究一七六頁）との間に意見の相違があるが、右の歸結は飯島博士が武成の一月は朔辛卯旣死霸・二日壬辰旁死霸、二月は朔庚申旣死霸・五日甲子としてゐる說と一致してゐる。王廿一祀以降に於いて一月に壬辰、二月に甲子があるのは、更に六旬の置閏がある場合であつて、王十祀より王廿一祀までの置閏が五旬であることからせば、六旬の置閏のためには更に廿祀が必要であつて略〻王五十祀以降であり、卜辭には王廿一祀以後の例が存しないから、この場合は適合せず、從つて帝辛時は王廿一祀を以つて終り、王廿祀との間には三旬の閏が置かれてゐるのである。

之を要するに帝辛祀譜に屬する五十六例を檢するに、その三十三例の祭祀が王廿祀までの祀譜に屬し、待問の三版が祀譜表と一旬齟齬してゐる外は盡く符合して居り、而して王七祀・王九祀の十月に假定してゐる置閏は、それ〴〵五月以前・三月以前に置かれて居り、又王廿祀と王廿一祀の間には三旬の置閏があつて、九版が王廿一祀までの祀譜に符合し、帝辛時は王廿一を以つて終つたことが解るのである（嚴密には王廿一祀と次に置閏が行はるべき王祀との間に亡んでゐる。）。

以上に於ける帝乙・帝辛時の祀月・祀日・祭祀・祭神の明かな一二〇例のうち、祀譜表が構成されてゐる廿五例以外の九五例を檢するに、帝乙廿祀間に於いては一版、一器、帝辛廿祀間に於いては三版の祭祀が祀譜表と一旬の齟齬をなしてゐる外は、盡く兩祀譜に符合して居り、兩祀譜表の精確にして信憑するに足ることが解るのである。

（修正）帝辛祀譜表

（王十二祀以降は前表の如し）

干支	月	王一祀	月	王二祀	月	王三祀	月	王四祀	月	王五祀	月	王六祀	月	王七祀	月	王八祀	月	王九祀	月	王十祀	月	王十一祀	月	王十二祀
甲寅				彡小甲		彡大甲		彡大甲		彡大甲	12	○	12	彡上甲		彡工典		○		○	11	祭祖甲	11	祭祖甲
甲子			1	○	1	彡小甲		彡小甲		彡小甲		彡大甲		○	12	彡上甲	12	彡工典		○		○		○
甲戌				彡戔甲		○	1	○	1	○		彡小甲		彡大甲		○		彡上甲	12	彡工典		○		○
甲申				彡沃甲		彡戔甲		彡戔甲		彡戔甲	1	○	1	彡小甲		彡大甲		○		彡上甲	12	彡工典	12	彡工典
甲午			2	彡陽甲	2	彡沃甲		彡沃甲		彡沃甲		彡戔甲		○	1	彡小甲	1	彡大甲		○		彡上甲		彡上甲
甲辰				○		彡陽甲	2	彡陽甲	2	彡陽甲		彡沃甲		彡戔甲		○		彡小甲	1	彡大甲		○		○
甲寅				彡祖甲		○		○		○	2	彡陽甲	2	彡沃甲		彡戔甲		○		彡小甲	1	彡大甲	1	彡大甲
甲子			3	○	3	彡祖甲		彡祖甲		彡祖甲		○		彡陽甲	2	彡沃甲	2	彡戔甲		○		彡小甲		彡小甲
甲戌				劦工典		○	3	○	3	○		彡祖甲		○		彡陽甲		彡沃甲	2	彡戔甲		○		○
甲申				劦上甲		劦工典		劦工典		劦工典	3	○	3	彡祖甲		○		彡陽甲		彡沃甲	2	彡戔甲	2	彡戔甲
甲午			4	○	4	劦上甲		劦上甲		劦上甲		劦工典		○	3	彡祖甲		○		彡陽甲		彡沃甲		彡沃甲
甲辰				劦大甲		○	4	○	4	○		劦上甲		劦工典		○	(3)	彡祖甲	3	○		彡陽甲		彡陽甲
甲寅				劦小甲		劦大甲		劦大甲		劦大甲	4	○	4	劦上甲		劦工典		○		彡祖甲	3	○	3	○
甲子			5	○	5	劦小甲		劦小甲		劦小甲		劦大甲		○		劦上甲		劦工典		○		彡祖甲		彡祖甲
甲戌				劦戔甲		○	5	○	5	○		劦小甲		劦大甲		○	4	劦上甲	4	劦工典		○		○
甲申				劦沃甲		劦戔甲		劦戔甲		劦戔甲	5	○		劦小甲		劦大甲		○		劦上甲	4	劦工典	4	劦工典
甲午			6	劦陽甲	6	劦沃甲		劦沃甲		劦沃甲		劦戔甲	(5)	○		劦小甲		劦大甲		○		劦上甲		劦上甲
甲辰				○		劦陽甲	6	劦陽甲	6	劦陽甲		劦沃甲		劦戔甲		○	5	劦小甲	5	劦大甲		○		○
甲寅	7			劦祖甲		○		○		○	6	劦陽甲		劦沃甲		劦戔甲		○		劦小甲	5	劦大甲	5	劦大甲
甲子		祭工典	7	○	7	劦祖甲		劦祖甲		劦祖甲		○	6	劦陽甲		劦沃甲		劦戔甲		○		劦小甲		劦小甲
甲戌		祭上甲		祭工典		祭工典	7	祭工典	7	○		劦祖甲		○		劦陽甲	6	劦沃甲	6	劦戔甲		○		○
甲申	8	○		祭上甲		祭上甲		祭上甲		祭工典	7	○		劦祖甲		○		劦陽甲		劦沃甲	6	劦戔甲	6	劦戔甲
甲午		祭大甲	8	○	8	○		○		祭上甲		祭工典	7	○		劦祖甲		○		劦陽甲		劦沃甲		劦沃甲
甲辰		祭小甲		祭大甲		祭大甲	8	祭大甲	8	○		祭上甲		祭工典		○	7	劦祖甲	7	○		劦陽甲		劦陽甲
甲寅	9	○		祭小甲		祭小甲		祭小甲		祭大甲	8	○		祭上甲		祭工典		○		劦祖甲	7	○	7	○
甲子		祭戔甲	9	○	9	○		○		祭小甲		祭大甲	8	○		祭上甲		祭工典		○		劦祖甲		劦祖甲
甲戌		祭沃甲		祭戔甲		祭戔甲	9	祭戔甲	9	○		祭小甲		祭大甲		○	8	祭上甲	8	祭工典		祭工典		○
甲申		祭陽甲		祭沃甲		祭沃甲		祭沃甲		祭戔甲	9	○		祭小甲		祭大甲		○		祭上甲	8	祭上甲	8	祭工典
甲午	(10)	○	10	祭陽甲	(10)	祭陽甲		祭陽甲		祭沃甲		祭戔甲	9	○		祭小甲		祭大甲		○		○		祭上甲
甲辰		祭祖甲		○		○	10	○	(10)	祭陽甲		祭沃甲		祭戔甲		○	9	祭小甲	9	祭大甲		祭大甲		○
甲寅		○		祭祖甲		祭祖甲		祭祖甲		○	10	祭陽甲		祭沃甲		祭戔甲		○		祭小甲	9	祭小甲	9	祭大甲
甲子	11	○	11	○		○		○		祭祖甲		○	10	祭陽甲		祭沃甲		祭戔甲		○		○		祭小甲
甲戌		彡工典		○	11	○	11	○		○		祭祖甲		○		祭陽甲	10	祭沃甲		祭戔甲		祭戔甲		○
甲申		彡上甲		彡工典		彡工典		彡工典	11	○	11	○		祭祖甲		○		祭陽甲	(10)	祭沃甲	10	祭沃甲	10	祭戔甲
甲午	12	○	12	彡上甲		彡上甲		彡上甲		彡工典		○	11	○		祭祖甲		○		祭陽甲		祭陽甲		祭沃甲
甲辰		彡大甲		○	12	○	12	○		彡上甲		彡工典		○		○	11	祭祖甲		○		○		祭陽甲

第五期の月名・祭祀が記されてゐるもの一五二例中、以上の一二〇例についてはその所屬を明かにし得たが、次の三二例は祀月・祀日・祭祀・祭神の四者が完備してゐないから、なほ後考に俟たねばならず、姑く記して考に備へる。

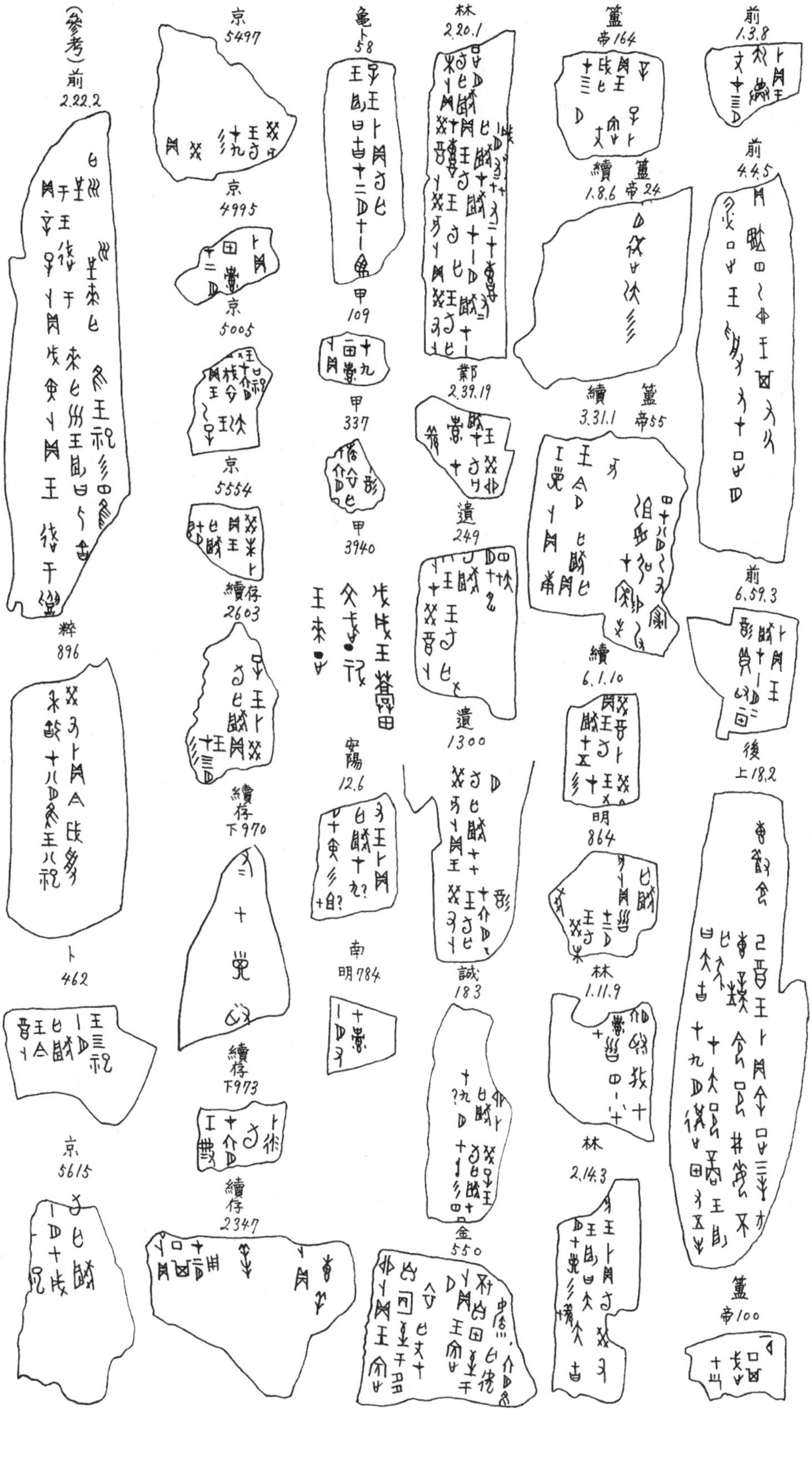

月名・祭祀記載の一五二例中、帝乙時のもの六四例、帝辛時のもの五六例、後考に屬するもの三二例であつて、各例の

所屬は次の如くである。（●印は帝乙祀譜表構成例、○印は帝辛祀譜構成例、乙一〇は帝乙王十祀、辛二〇は帝辛王廿祀、後考は後考に俟つべきものの意である。）

前：1.3.8(後考)　1.5.7(乙10)　1.7.1(乙3)　1.19.5(辛20)　1.20.4(乙15)　1.42.1(辛20)　1.42.2(辛20以降)　2.25.1(辛8)　2.40.7(辛8)　○3.27.6(辛10)　●3.27.7(乙2)　○3.28.1(辛3)　●3.28.2(乙5)　○3.28.4(辛20)　4.4.5(後考)　4.6.5(辛20以降)　4.19.1(乙2)　4.19.3(乙12)　4.43.4(辛19)　5.16.2(辛20以降)　6.59.3(後考)

後：上　18.2(後考)　●18.6(乙10)　●18.7(乙10)　19.12(乙3)　●20.7(乙5)　20.13(乙3)　21.3(辛20以降)　下　2.8(乙4)　19.4(乙1)

續：1.4.3(辛20以降)　●1.5.1(乙3)　1.5.6(乙7)　1.8.6(後考)　1.9.9(辛9)　1.23.2(乙11)　1.23.4(乙2)　●1.23.5(乙3)　○1.25.9(辛20)　1.50.5(辛1 辛9)　1.50.6(乙12)　●1.51.2(乙4)　○2.1.3(辛20)　3.19.2(乙11)　3.29.3(乙10以降 後考)　○3.29.6(辛10)　3.31.1(後考)　○6.1.8(辛20)　6.1.10(後考)　○6.5.2(辛20)

簠：帝100(後考)　116(辛8)　164(後考)　典24(辛20)

遺：217(乙12)　243(乙4)　244(乙3)　245(乙9)　246(辛7)　247(乙12)　248(乙12)　249(後考)　250(辛16)　376(乙2)　●391(乙9)　495(辛20以降)　1255(乙3)　1300(後考)

金：334(乙1)　382(乙7)　454(乙13)　455(辛18待問)　518(辛20以降)　550(後考)　579(辛18待問)　743(乙8 乙9)

京：4994(續存2276)　4995(後考)　5482(辛14)　5487(摭續260)　5488(續存2602)　5489(乙5)　5491(鄴3.49.18)　5491(後考)　5005(後考)　5550(乙15)　5554(後考)

續存：2276(辛4)　2347(後考)　2463(辛20)　2597(辛18)　2602(乙3)　2603(後考)　2652(乙8)　2653(乙14)　2687(乙9)　2689(乙1)　續存下　964(乙7)　965(辛20以降)　966(乙8)　967(乙10)　968(乙3)　970(後考)　973(後考)

林：1.11.9(後考)　1.11.16(辛20以降)　1.13.7(辛9)　2.14.3(後考)　2.14.4(辛20)　2.20.1(後考)

甲：54(辛18)　109(後考)　337(後考)　●2416(乙9)

南：明783(佚545)　784(後考)　師2.234(辛6)　2.235(乙14)　2.236(辛8)　坊5.64(拾掇2.491)

明：○61(辛9)　789(乙4)　864(後考)

卜：106(辛8)　111(乙11)

通：2.4.2(遺391)　2.7.3(辛16)

佚：428(乙7)　●545(乙7)

鄴：2.39.19(後考)　3.49.18(辛20)

庫：1619(乙2)　●1661(乙8)　1672(辛10)

粹：1463(辛7待問)　1464(辛13)

天：31(續2.1.3)

菁：9.2(辛18)

誠：183(後考)

安陽：126(後考)

龜卜：58(後考)

摭續：226(乙7)　260(辛20)

拾掇：2.491(辛2 辛10)

掇合：69(辛20)

綜卜述辞：哲庵藏骨(乙8)　陳氏藏骨(乙8)

譜般晉：CTL(乙3)

彫骨刻辞：佚518(乙6 後考)　●甲3939(乙10)　甲3940(後考)

銅器銘文：小臣邑斝(乙6)　豐彝(乙6)　○知其卣一(辛2)　○知其卣二(辛4)　知其卣三(辛6)　蘿卣(辛9)　方彝(辛10)　●戊辰彝(乙20)　宰椃角(待問辛20)

○帝乙時六四例
・祀譜表構成　一四例
・王十祀までに符合　三五例
・王十祀以降　一三例
・待問　二例

○帝辛時五六例
・祀譜表構成　一一例
・王廿祀までに符合　三三例
・王廿祀以降　九例
・待問　三例

之を要するに帝乙時は王一祀が十一月上旬甲子に始まり、王廿祀七月中旬甲寅を以って終り、引き続き帝辛時に移って帝辛時は王一祀が七月下旬甲子に始まり、王卅一祀を以って終る。以上により祀譜表の正確であることは明かである。

第二章　禘祀

卜辭に「㞢于□」と「貞㞢□⊠㓁」の辭が習見であつて、□字は前者に於いては祭祀の對象とされてゐるが、後者に於いては祭名とされて居り、前者は多く第一期に、後者は殆ど第五期に見られるものである。次に之を祭祀の對象である「□神」と祭名である「□祭」に分けて考察する。

第一節　□神

祭祀の對象とされてゐる□字の用例は次の如くである。

(1) 告于□	續 1.3.2	[illegible]
侑于□	前 6.39.8	[illegible]
侑于□	續 2.31.5	[illegible]
燎于□	前 1.46.5	[illegible]
報于□	甲 2127	[illegible]
析于□	遺 1092	[illegible]
用于□	續 2.16.3	[illegible]
(2) [illegible]□	乙 971	[illegible]
[illegible]□	前 1.36.3	[illegible]
(3) □[illegible]	粹 1265	[illegible]
□[illegible]	乙 4684	[illegible]
□[illegible]	文 650	[illegible]

載于□	林 1.20.3	[illegible]
禦于□	續 1.44.6	[illegible]
[illegible]于□	卜 13	[illegible]
[illegible]于□	後 上28.14	[illegible]
[illegible]于□	前 1.53.3	[illegible]
[illegible]于□	佚 912	[illegible]
[illegible]于□	甲 2402	[illegible]
[illegible]□	甲 3518	[illegible]
[illegible]□	南 明548	[illegible]
□[illegible]	簠 雜139	[illegible]
□[illegible]	前 5.8.5	[illegible]
□[illegible]	甲 2307	[illegible]

[illegible]于□	續 2.18.9	[illegible]
步于□	乙 170	[illegible]
[illegible]于□	佚 413	[illegible]
[illegible]于□	粹 1271	[illegible]
[illegible]于□	甲 1351	[illegible]
[illegible]于□	金 462	[illegible]
□載	續 2.1.7	[illegible]
[illegible]□	乙 8816	[illegible]
[illegible]□	南 明497	[illegible]
□[illegible]	後 下34.3	[illegible]
□門	林 2.2.15	[illegible]
□[illegible]	鄴 1.39.4	[illegible]

右の若干例を時代別に見れば次の如くであつて、これによれば「□」は五期に亘つて祭祀の對象とされてゐる。この□字

用例	第一期	第二期	第三期	武乙時	文武丁時	第五期
㞢于口	前6.39.8 後上25.6 續1.45.2	續1.45.5 文519 遺349	續2.31.5 甲2764	佚175		
古于口	續1.32 佚945 粹249	續1.45.6		粹529 南明602		
米于口	前1.46.5 2.21.4	庫96	續2.5.2	南明603		
ヨ于口	林2.11.1 甲2127	前1.44.5 4.34.1 佚413 庫476				
木于口	前7.34.2 續1.44.4 1.45.4					
口 畀	前5.4.7 6.33.6 7.28.2 林1.20.3 後上27.4	前1.40.5 文338 佚924	金87 遺850			前5.35.3 續2.1.7
口 亍	粹1265 卜721 京1155			粹530 甲2078 3343 乙8728	乙197 8861	
口 宗	續4.36.5 5.8.5 6.53.3			粹527	粹532	

を諸家は齊しく「丁」と釋してゐるが、何を祀るかについては説を闕き、但だ金祖同及び楊樹達は「祊」と釋して宗廟の祭祀の義とし、又陳夢家は「丁」と釋して「帝丁」を祀るとして居り、その説は次の如くであるが之については後述に改めて批判する。

金祖同説―口舊釋丁非、吳其昌釋祊、即郊宗石室、説文祏受主之器、コ其側視也、上甲則正視矣、口則代表一切普祭、與宗同意、（殷契遺珠考釋一九）

楊樹達説―佚存126片云「甲子卜㱿貞桒年于口㞢十勿牛冊百勿牛」、口者祊也、商承祚釋口為丁、非也、口為四方、又為宗祊、既如上述、然義猶不止此也、古人名動二義往往相因、宗廟謂之口、因而祭於宗廟亦謂之口、（積微居甲文説二七頁）

陳夢家説―卜辭丁和祊字都作口形、因此此致祭的丁、也有釋作祊的、我們今仍決定他為先公之主名、其理由是、(1)根據了粹249 250 乙3797 鄴1.38.4等片、則丁在成唐祖丁祖乙之後、在武丁的兄庚之前、似與兄丁帝丁為一人、(2)武丁和祖庚卜辭常於丁日祭丁、如珠19 20 京721 738 續1.44.5 庫476 甲3083 3510 3523 3600等、可以證丁之為人名、(3)武乙卜辭中「宗」「祊」相對、而上述武乙卜辭除第一例外、皆作扁形的丁字、與同時的父丁大丁小丁的丁字同形、與同時的祊之作正方形者有別、（卜辭綜述四三七頁 商王廟號考四〇頁）

抑〻卜辭に於いて口に作るものには干支の口字と上甲の口字があり、干支の口字については郭沫若の魚晴説、葉玉森の顚頂説、吳其昌の釘頂説、楊樹達の城郭説があり、

郭沫若説―爾雅釋魚曰、魚枕謂之丁、魚腸謂之乙、魚尾謂之丙、……余案「枕」或係字之訛、而丁則當係晴之古字、……丁之古文既象目瞳子、丁晴古音同在耕部、（甲骨文字研究釋支干、八葉）

葉玉森説―古鉥文魯丁之丁作个有尾象鐕、今言釘也、先哲造丁字果取象于鐕、似當作ዋዋ个形、方顯不應、僅象鋪首、予疑實象人顚頂也、故天子等字如是作、丁顚頂並一聲之轉、（前編集釋一、四〇）

吳其昌說―丁之本義「釘」也、……第一類字（金文の丁字の●▽↑▽に作るものをいふ）象釘之側視之形、……第二第三類字（金文の丁字の口■○●に作るものをいふ）則象自顚下視、但見鋪首之形、……又金文凡人形皆作大或子、至其元首之形之作●或○狀者、與丁字之作●或○狀者、正無二致、此蓋即原始之「頂」字也、……其象「碇」之義、亦至顯不可掩也、（金文名象疏証「說丁」文哲季刊六·一所收）

楊樹達說―丁字作口、作四方蔽障之形、殆城之初字也、城與丁同音、故得相通假矣、（耐林廎甲文說五六葉）

又上甲（田）の口字については王襄の幖識說、陳邦福・陳直の象天說、王國維の匰祏說があり、諸家王說に従つてゐる。

王　襄說―司字を釋して口加コ為幖識、與上甲之十加口意同、（簠釋帝一六）

陳　直說―卜辭於上甲加口、……魯語稱殷人報上甲微、甲稱上猶乙稱天、微故名甲、著上者報以祭天之禮而名之也、祭天於圓丘、故加甲以口識矣、口コ古圓方字、（殷契賸義二葉）

陳邦福說―口乃天象、殷人以上甲帥契德、配如天者也、（殷契辨疑一葉）

王國維說―至田〔乙〕〔丙〕〔丁〕四名所以从口或从コ者、或取匰主及郊宗石室之義、然不可得考矣、（戩壽堂殷虛文字考釋一·一〇）

葉玉森說―王國維氏匰主之說似較精塙、特為詳言之、說文匰宗廟盛主器也、从匚單聲、周禮曰祭祀共匰主、杜子春云匰器名主木主也、口象盛主之匰、故作口作凵竝可象匰、說文匚受物之器也、段注器蓋正方、如此作者、橫視之耳、直者其底、橫者其四圍、右其口也、是則匚亦不失為匰、象口則正視之耳、或口象掩匰表示最敬、置甲乙丙丁于口コ中作田〔乙〕〔丙〕〔丁〕、猶之置示于コ中作〔示〕、〔示〕所加之コ亦匰象也、（集釋一·二七）

傅斯年說―上甲之从口者必設位于中、報乙報丙報丁之从コ匚者必設位于旁、口與コ當即祏一類者、（新獲卜辭寫本後記跋）

唐　蘭說―蘭謂王說報乙報丙報丁即取報上甲微之意是也、報即鬃祊二字之雙聲、報祭即祊祭、……蓋殷人祊祭上甲于門內、故田字从口、而乙丙丁三人配兩旁焉、故从コ或匚以象之也、口匚皆象方形、（殷契卜辭考釋四一葉）

吳其昌說―口或コ乃郊宗壇墠石室之形、居中南向者為口形、居兩旁左右向者為コ及匚也、口即方亦即祊閍鬃報也、（解詁二六六頁）田即祊甲是也、或作匚作コ、〔乙〕〔丙〕〔丁〕即祊乙祊丙祊丁是也、溯其最初之義、蓋謂祭時納主于方形石室之中、故口コ匚意同方也、（解詁一續四三〇頁）

楊樹達說―余於一九四〇年九月撰釋口篇、以甲文假口為丁、及說文云口象國邑、合勘求之、釋口為城、然施之此文（田·〔乙〕をいふ）、義殊不合、甲文多同形異字、故當別釋、余疑口字象東南西北四方之形、今作方者、方為併船、乃同音借字、非本字也、口或作コ、則四方省為三方之省形字也、國字从口、…从コ、…知口匚本不異也、…吾人已知口為古方字、然則甲文田字所从之口為何字乎、曰、此即經傳之祊字也、國語周語云、「今將大泯其宗祊」、韋注云、「廟門謂之祊、宗祊猶宗廟也」、…余謂韋注「宗祊猶宗廟」之說最為得之、蓋祊即是廟、其訓廟門、又或訓廟門內、或訓廟門外、皆廟義之引申也、國語曰、「上甲微能帥契者也、般人報焉」、…行此報祭、必有其所、於是特立廟焉、故田从口从十者、謂特起一廟施行報祭上甲也、匚乙匚丙匚丁从乙丙丁在匚中者、亦謂特起一廟見祭之乙丙丁也、…上甲與報乙報丙報丁皆為特廟、口與匚乃特廟之標符、蓋無疑義矣、（積微居甲文說二七頁）

斯くの如く干支の口と田の口とは異るものとされてゐて、前者は「丁」後者は「祊」と釋されて居り、ここに於いて「出于口」の口を干支の口字と見做し、「丁」として神名と解する前記の陳夢家說と、これを田の口字と見做し、「祊」として宗廟と解する前記の金・楊二氏の說が生じてゐるのである。

卜辭に於ける口字の用例を檢するに祭祀の對象とされてゐる「口」には次の如く「祖神」を謂ふ場合と、「上帝」を謂ふ場合とがある。

(1) 祖神の場合

佚536

鄴1.38.4

遺656

庫44

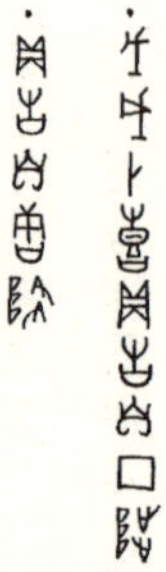

上揭の佚536版に於いては「口」が祖乙・祖丁と列記されて居り、祀序より之を見ればこの序列は武丁・小乙・祖丁・沃甲・祖辛であって「口」は武丁に外ならない。これによって第二期には父武丁が單に「口」とも稱されてゐることが解り、従って上揭の第二期卜辭に兄庚・唐・上甲と共に記されてゐる「口」も亦父武丁を謂ふものである。

斯かる例は次の如く第一期・第三期にも存するのであって、第一期に於いては例へば次の粋249版の「口」は祖乙の次に記されてゐて、第一期に在っては祖乙以後の先王は祖丁以外にはないから、この般將…の東土征伐（この版の…字は…(伐)の省文であり、斯かる例は乙1986・2000・8810にも見ることが出來る。）が報告されてゐる「口」

七W41

——は祖丁に外ならず、従って第一期の卜辭に於いて大甲の次に記され、或

粹249

後下18.9

簠帝41

乙3797

前5.9.8

は大父（第一期の大父は小乙）と並稱されてゐる「口」は祖丁であり、又第三期に於いては例へば次の甲2647版の「口」は妣己の前に記されて居り、前述の如く第一期の武丁には配妣己があつて第二期には「母己」と稱されてゐるから、この「其侑于口妣己」の口は武丁を謂ふものに外ならず、從つて第三期の卜辭に於いて父甲の上に記されてゐる「口」は武丁である。

甲2647
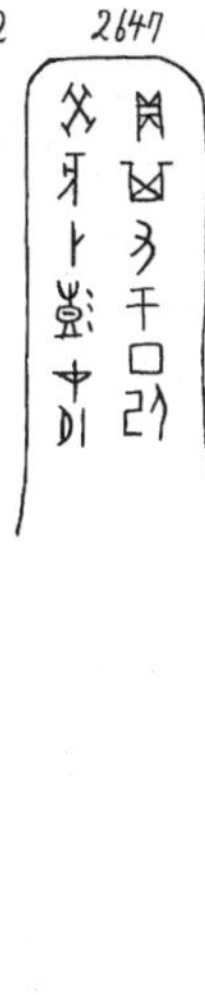

甲2502

斯くの如く「口」は第一期には祖に當る祖丁、第二期には父に當る武丁、第三期には祖に當る武丁を謂ふものである。然るに陳夢家が「口」の先王と併記されてゐるこれらの例に注目して、前記の如く人名と見做してゐる點は舊來の宗祊となす見解を一歩進めてゐるものであるが、これを武丁の兄の「兄丁」とし、又「帝丁」としてゐるのは妥當ではない。即ち陳氏は「根據了粹249 250 乙3797 鄴1.38.4等片、則丁在成唐祖丁祖乙之後、在武丁的兄庚之前、似與兄丁帝丁為一人」と、右の粹249、乙3797版は第一期、佚536（粹250）・鄴1.38.4版は第二期であることを無視してこれらの「口」を同一人と見做し、而して右の佚536（粹250）版は第二期であるに拘らずこの版の兄庚を武丁の兄として、兄庚の上に記されてゐる「口」を兄丁と獨斷して居り、武丁に兄庚のないことは序論の如くであつて、この「口」が兄丁である何の根據もない。又右の粹249・乙3797版の「口」を兄丁となすのは全く臆測に過ぎず、而して兄丁が帝丁と稱されたとしてゐるが（卜辭綜述四三五頁）、これも亦附會に過ぎないことは後述（口祭の項）の如くであつて、これらの「口」は兄丁、帝丁ではないのである。

(2) 上帝の場合

右の如く「口」を丁名の父祖の略稱であるから、前記用例中の㠯・古・𢆶・㚔・𡆥・𡿧の如き祖神に對してのみ用ゐられる祭儀の「口」に行はれてゐる所以が解るが、この用例中の「⺕于口」・「𠭴口」・「⺕口」の「口」は祖神名を以ては解することが出來ないから、丁名の父祖の略稱以外に「口」は某神の名として用ゐられてゐることが解る。

次の如く「口」は又「口亍」とも稱されて居り、「口亍」は又「亍口」とも稱されてゐるから、「口」は口亍・亍口の略稱として用ゐられてゐることが解る（亍は示即ち神）。而して特定の先王が「亍」を以つて稱されてゐる例は亍工・亍⺇以外にはなく、

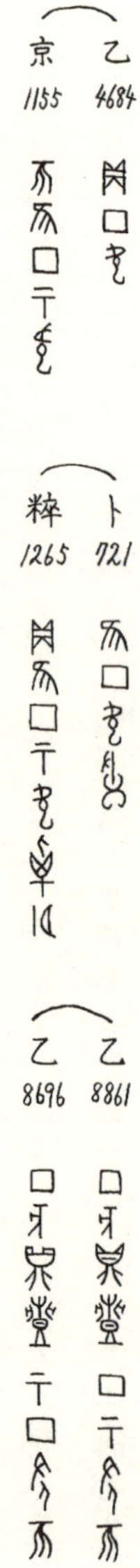

例へば甲名の王が甲示・示甲と稱されることは絶無であるから

この口亍・亍口を前述の祖丁武丁の別稱と見做すことは不可能であつて、これは次の如く上帝を謂ふものである。

卜辭に於いては同音の字が通假される例が多く、次の(イ)の如く口(丁)と鼎(貞)とが通假されてゐるから、口(丁)と同音の采(帝)

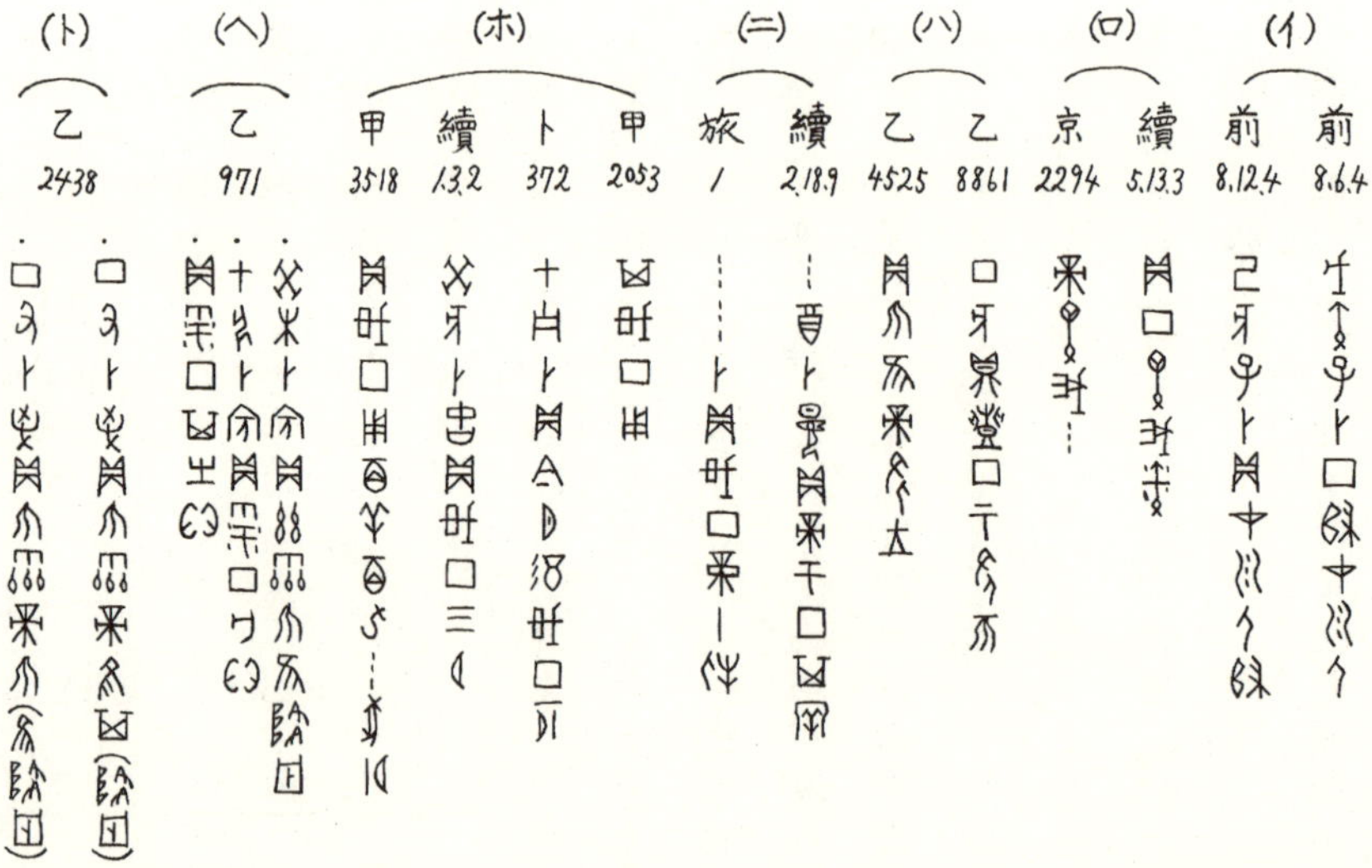

とが通假されることはあり得るばかりではなく、(ロ)の如く口と采とは通假されて居り、又(ハ)の如く口亍は采の別稱として用ゐられてゐるから、口・口亍は采に外ならない。更に傍証を擧ぐれば(ニ)の如く「口」に采祀が行はれ、又(ヘ)の如く「口」に𩃬祀が行はれてゐることである。即ち後述の如く采・采は通假の字であるから(第三章の采祀參照)、續2.11.9版の采字は采の假借であつて祭名であり、これは口に采祀するものである。又旅1版(この拓本は京都人文科學研究所にあり)の「𠬝口」は他版には(ホ)の如く記されてゐて、これによれば𠬝口は口に對して供牲して祀るものであつて、旅1版はこれを采祀として居り、これらの𠬝口は口に采祀するものであり、後述の如く采祀は上帝に對する祭祀であるから、この「口」は帝に外ならない。更に(ヘ)と(ト)とは略〻同文であつて、(ト)に於いては降尤(囗は尤の義)の主格が「帝」であるから(ヘ)の降尤の主格も亦帝であり、而してこの「茲に雨降らしめ尤を降さざるか」をトする明日の甲申に「𩃬口」をトして居り、𩃬字は羅振玉が「从雨从于、與古金文同」(考釋中七)としてゐるやうに雩であつて、この二辭は旱暵のために帝に對して降雨の有無をトし又祈雨の雩祀をトするものであり、從つて雩祀は帝を對象とするものであつて、「雩口」は月令の「雩帝」と同一語法であり、この「口」も亦帝に外ならない。斯くの如く「口」は「帝」と通假され、又「口亍」が「帝」の別稱とされてゐる外に、「口」に采祀・𩃬祀が行はれてゐて「帝」と同格とされてゐるから口・口亍・亍口は帝を謂ふものであり、

従つて次の如く「口」に對して百牛・三百豸が供されてゐるのも之が上帝であるが為であることが解るのである（「其犇口于大室」（前一・三六・三）・「王其犇口」（續二・九・八）の如く、口に犇祀即ち禋祀が行はれて居り、これは詩經生民に「克禋克祀、上帝居歆」と上帝に禋祀が行はれてゐることと一致してゐて、口が上帝である一証をなしてゐる。）。

續 1.44.4　粹 528

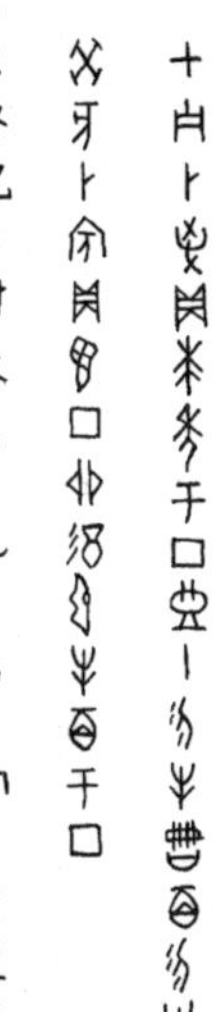

佚 570　續 2.16.3

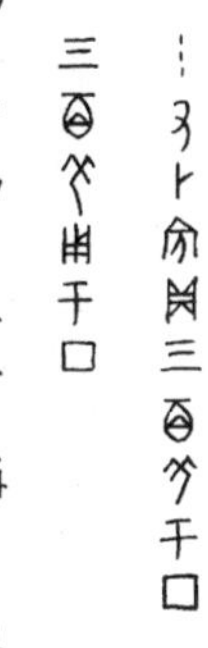

要するに祭祀の對象とされてゐる「口」は祖丁・武丁の如き丁名の父祖を稱する場合と、上帝を謂ふ場合とがあり、從つて之を武丁の兄の兄丁・帝丁とする説、之を「礿」と釋して宗廟とする説の妥當でないことが解り、祭祀卜辭に於ける一難問である祀られてゐる「口」を明かにすることが出來たのである。

第二節　口祭

第五期卜辭に「口」が次の如く祭祀名として用ゐられてゐる例は百数十版に及んで居り、而してその祭神は武丁・祖甲

前 1.21.3　續 1.26.1　前 1.12.7　前 1.21.1　卜 267　續 1.43.4　遺 391　南 明785

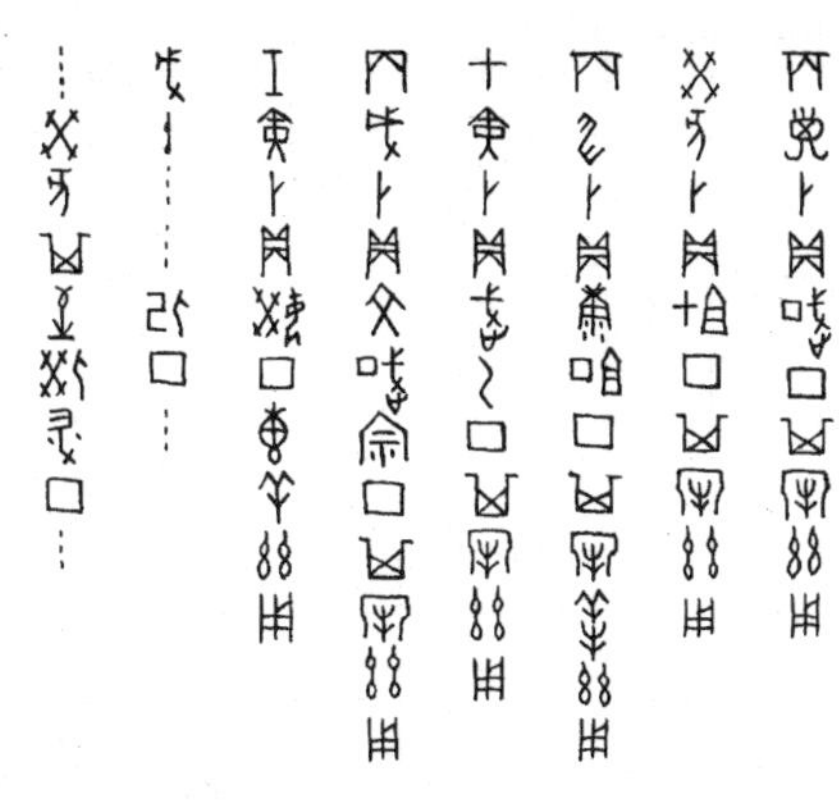

・康祖丁・武乙・文武丁の直系五先王、及び母癸・妣己・妣癸に限られてゐるから、この口祭はこれらの祖妣に對する特殊な祭祀である。

一般的には口祭は王名の前日に卜されてゐて、上掲の如く甲日には武乙、丙日には武丁・康祖丁・文武丁、壬日には母癸、癸日には祖甲が卜されてゐるが、又王名の日に卜されてゐる例（粹352 前1.31.3 續1.25.8 卜277 遺391）があり、上揭例南明785に於いては妣癸の𢀛口祭が癸日に行はれてゐるから、口祭は王名の日に行はれるものであることが解る。この口祭卜辭が一版上に数例あるものについて見れば次の表の如く卜されてゐて、毎旬之が繰返され前1.12.7版に於いては康祖丁の口祭が六旬に亙つて王名の前日に卜されて居り、從つて口祭は或る期間に亙つて右の直系五先王及び母妣に對して名の日に行はれる祭祀であることが解るのである。

この祭名の「口」は或は「𢀛口」・「宗口」とも記されて居り、又單に「𢀛」・「宗」とも記されてゐて、これらがいづれも口祭に屬することは次の版に見て明かであり、而して口祭に斯かる種別が用ゐられてゐるものは武乙・文武丁に限

旬	第一旬				第二旬				第三旬				
卜日	甲	丙	壬	癸	甲	丙	壬	癸	甲	丙	壬	癸	甲
續 1.24.10		文武丁		祖甲		武丁							
卜 264					武乙	武丁		祖甲	武乙				
續 1.25.8						武丁			武乙			祖甲 母癸	
前 1.21.1	武乙	康祖丁			武乙	康祖丁			武乙				
前 1.18.1	武祖乙	文武丁			武祖乙	文武丁			武祖乙				
前 2.25.5	武乙		母癸		武乙								
前 1.31.3		康祖丁	母癸		祖甲								
前 1.12.7		康祖丁				康祖丁				康祖丁			

口祭	口	宗口	彐口	彐	宗
武丁	前 1.17.3				
祖甲	前 1.19.6				
康祖丁	前 1.10.3				
武乙	前 1.21.1	續 1.24.9	續 1.26.7	前 1.18.1	
文武丁	遺 391	南 上119	前 1.18.1	前 4.38.3	前 4.38.4
母癸	續 1.25.8				
妣己	遺 391				
妣癸				林 1.13.18	

前 1.18.1

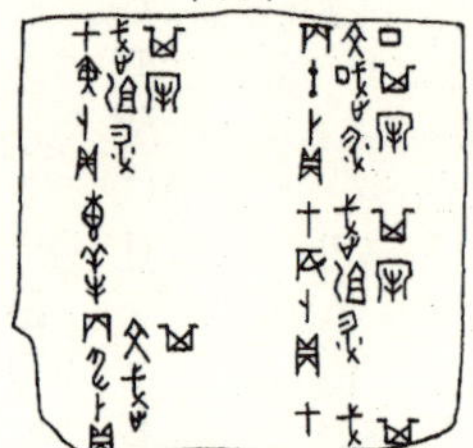

前 4.38.3

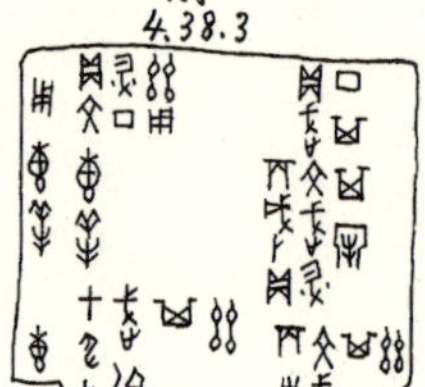

續 1.25.8

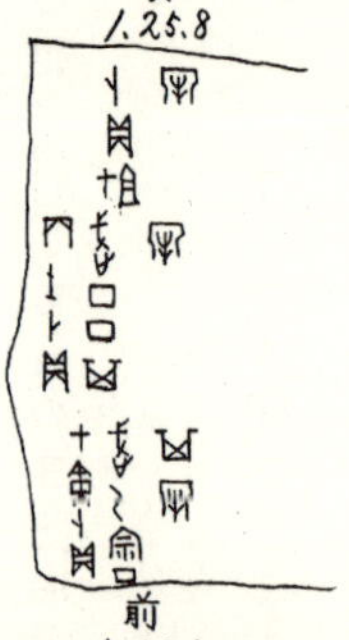

前 4.38.4

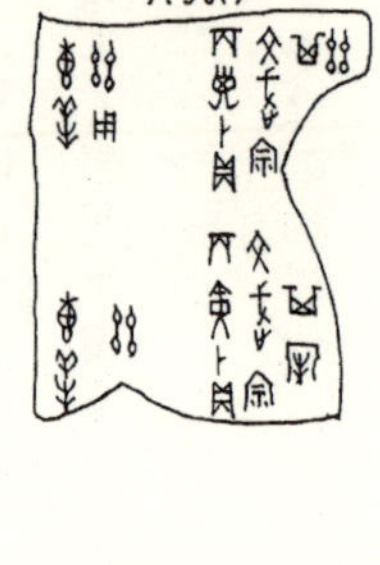

られ、武丁・祖甲・康祖丁及び母癸の場合には單に「口」、妣癸には單に「彐」と記されてゐて次の如くである（擧例は省簡に從つて一例に止む）。この「宗口」は宗即ち宗廟に口祭すること、「彐口」は彐即ち升鬯酒（祭儀參照）によつて口祭することと考へられ、斯かる口祭が獨り武乙・文武丁のみに行はれてゐることからせば、口祭の重點がここに置かれてゐるものと考へられるのであつて、換言すれば口祭は父文武丁・祖武乙に重點を置いて五世の祖武丁までの直系先王、及び母妣を数旬に亘つてその名の日に祀る祭祀と謂ふことが出來るのである。

この「口」字に對して王國維・葉玉森・王襄は「丁」、吳其昌・陳夢家・楊樹達は「祊」、董作賓は「日」と解して居り、

王國維―丁疑亦祭名（戩釋一四葉）

王　襄―考卜辭凡下文云其牢茲用・或叀羊叀牛茲用者、上文每有丁字、丁即丁日當即卜牲與日之禮、周時猶用其禮、以郊祀也、見春秋僖公三十一年左氏傳、（簠釋帝五二）

葉玉森―卜辭均就甲丙癸三日卜、或先丁一日或先丁三日四日、則丁必爲用牢之日、非祭名、（集釋一・六〇）

と、王國維は祭名としてゐるがその意義には言及せず、王襄は「卜牲與日之禮」、葉玉森は「丁必爲用牢之日」として之を祭名とは見做して居らず、

吳其昌―「武祖乙宗口（祊）」者、「宗祊」爲卜辭之成語、……「宗祊」者謂于宗廟之内、擧行祊祭也、（解詁三續二三五～二三六頁）

楊樹達―「口爲二四方一」又爲二宗祊一、既如二上述一矣、古人名動二義往往相因、宗廟謂二之口一、因而祭二於宗廟一、亦謂二之口一、卜辞云

癸巳卜貞祖甲口其牢兹用、是其例也、前人釋爲二丁非一也、(積微居甲文説巻上二七頁)

陳夢家―武乙卜辞中「宗」・「祊」相對、(商王廟號考四〇頁) 又曰、由二此可一レ見升・宗是相對、升是禰廟、宗是宗廟、(卜辞綜述四二一頁)

と、呉・楊・陳三氏は「祊」と釋して「祊祭」・「祭二於宗廟一」と解して居り、

董作賓―帝乙帝辛時對二于近祖五世一擧二行日祭一(這種日祭的「日」字ヽ舊解爲「丁」，故不レ得二其解一)(大陸雜誌十四巻九期四頁)

と、「口」字を「日」字と見做してゐる。

斯くの如く口字を丁・祊・日と解してゐるが口祭の意義については説を闕いてゐる。前記の如く口祭は武乙・文武丁の場合には「宗口」・「升口」と宗廟に口祭し、㞢酒を升して口祭してゐるが、更に文武丁に限つて「文武帝宗」・「文武帝升」とも記されてゐて次の如くである。この「〓」は次の版に於いては「武乙」の祭祀の次にトされて居り(前1.22.2)、又二旬に亘つてトされてゐて(簠帝143 この版に於いては一は乙丑、一は□子であり、この欠字を王襄は「甲子」となし、陳夢家は之に從つてゐるが―卜辞綜述四二二頁―乙丑の後に在るから甲子ではなくして、乙丑の次の「子」の日である丙子である)、斯かる卜法は前記の如く口祭卜辞の特色であるから口祭であることは明瞭である。

前1.22.2 / 前4.17.4 / 前4.27.4 / 後下32.15 / 簠帝143 / (同右) / 簠帝140 / 粹362 / 元245 / 續存2354

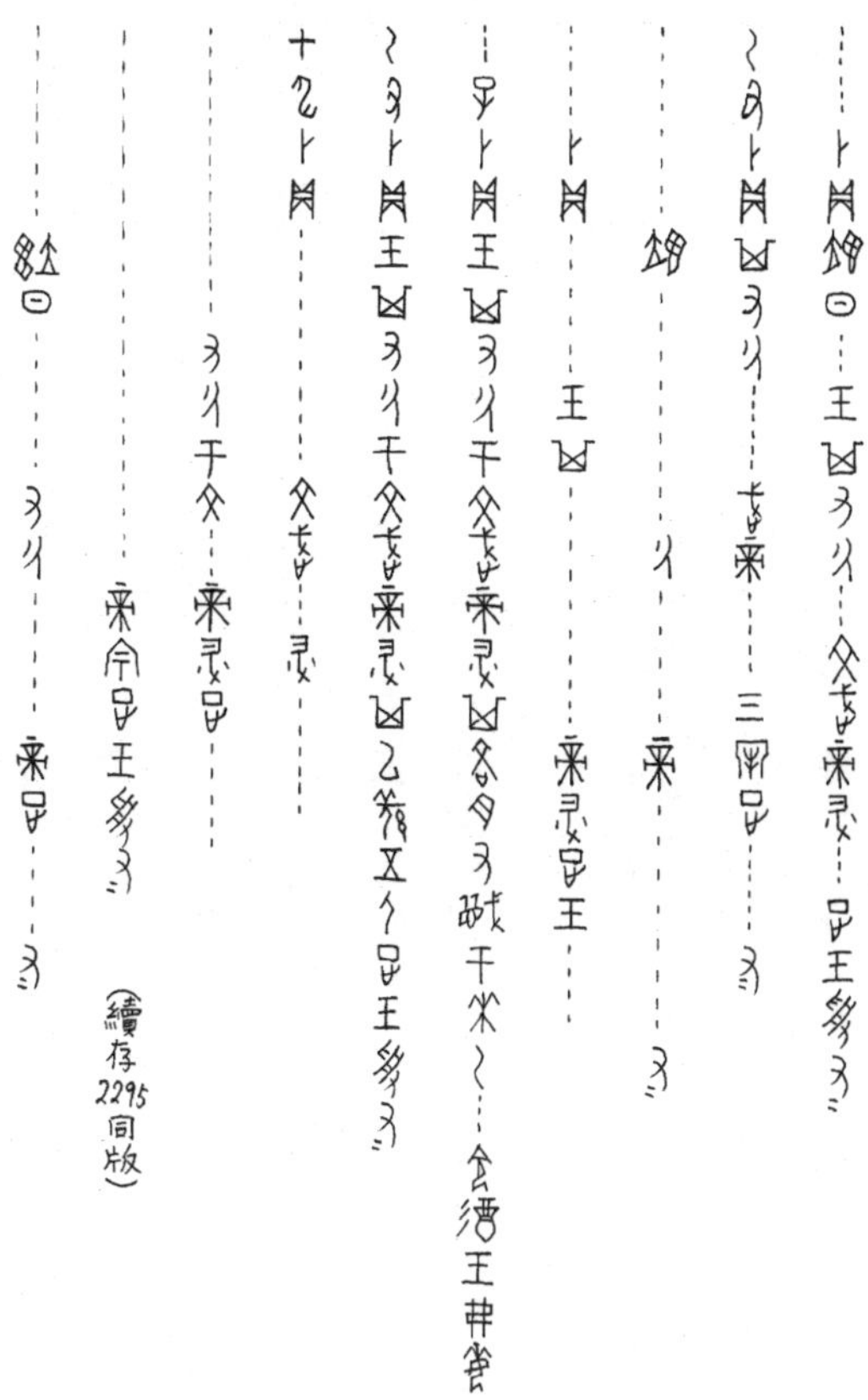

(續存2295同版)

前1.22.2

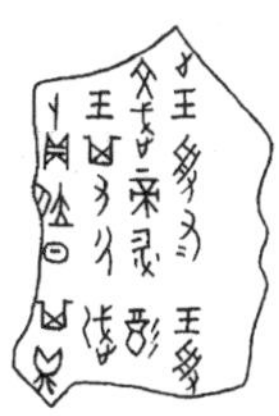

簠帝143

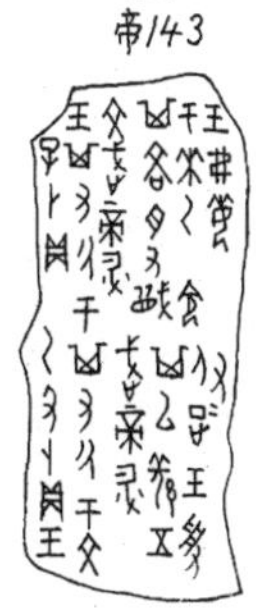

然らば「〓」の「帝」字は何如なる意義に於いて用ゐられてゐるものであらうか。右の版前1.22.2の帝字について郭沫若は「帝讀爲禘」(通釋三八片)とし、葉玉森も「卜辞之帝亦多假二作禘禮一、大傳不二王不一レ禘、惟王者宜レ禘」(集釋一・八二)と「禘」と解してゐるが、口祭卜辞の記載例を武乙・文武丁について檢するに次の如くであつて、「王名」と「〓」(或は叙)との間に祭名が記されてゐる例がなく、從つて

武乙	文武	文武丁
武乙口（前1.21.1）		父丁口（遺391）
武乙〓（前1.20.7）	文武〓（前4.38.3）	文武丁〓（通579）
武乙〓口（前1.22.3）	文武〓口（前4.38.3）	文武丁〓口（前1.18.1）
武乙宗口（粹358）	文武宗（前4.38.4）	文武丁宗（林2.25.4）
		文武丁宗口（南上119）

「武乙口〓」・「武乙口宗」或は「文武丁口〓」・「文武丁口宗」の如き例は絶無であるから、「文武帝〓」の帝字が口祭の口字と通假の字でもなければ又祭名として「禘」でもなく、寧ろ上揭表の第三段の「文武丁〓」の丁を帝と記したもの、乃至は第二段の「文武〓」の文武に尊稱として帝號を用ゐたものとする以外にはなく、而して次の如く他辭に「文武帝」の稱謂が用ゐられてゐるのは之が明證である（陳夢家はこの文武帝を帝乙として「如此文武帝應是帝乙、則舊說以文武帝爲文武丁是不確的、帝乙的宗廟則稱文武帝升・文武帝宗。所以文武帝與帝甲之帝不同」（卜辭綜述四二二頁）とし、この說を證するために〓其卣の「文武帝乙」の稱謂を曲解してゐるが、この說の非なること前述の帝辛祀譜の項と右の所論を併せ考へれば自ら明かである。）。

林2.25.3 ……〓〓〓〓〓〓于〓宗〓……王卌〓

明308 ……卜〓口〓……〓〓〓……〓〓……

父に帝號を附して稱することはこの帝乙時のみに行はれてゐるのではなく、帝辛時に於ても父乙を「帝乙」と稱して居り（帝辛祀譜の〓〓卣參照）、又次の如く各期にその例を見ることが出來るのであつて、

乙956（第一期）

粹376（第二期）

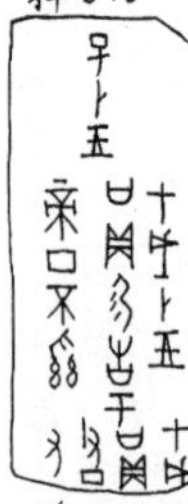

後上4.16（第三期）

粹259（第三期）

擴續167（第三期）

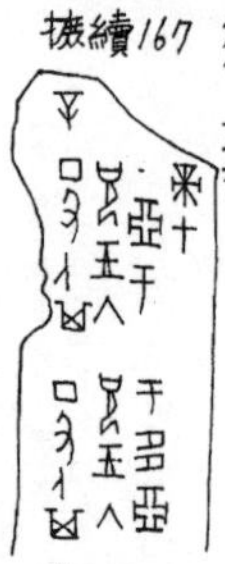

庫1772（第三期）

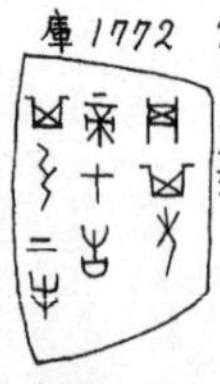

南.輔62（第四期）

右の第一期の乙956版では父小乙が「父乙帝」、第二期の粹376版では父武丁が「帝丁」（この帝丁を陳夢家は武丁の兄丁としてゐるが、武丁の兄丁に帝號が用ゐられる根據を提示してゐない（卜辭綜述四三五頁））、第三期の後上4.16・粹259・擴續167・庫1772版には「帝甲」の稱謂があつて、王國維は「帝甲爲祖甲」（戩釋一四）・「帝甲即沃甲」（觀堂集林九・一〇）とし、陳夢家は王氏の前說に從つて「帝甲可能仍是武丁子祖甲載」（卜辭綜述四〇八頁）となして居り、右の後上4.16版には「貞帝甲〓其〓祖丁」と記されてゐて、第三期には武丁が祖丁と稱されるから祖丁と併記されてゐる帝甲は、武丁以後の甲名の王即ち祖甲と考へられ、第四期の南輔62版の「帝丁」は右の例に從へば武乙時に父康丁を稱するものに外ならない。斯くの如く各期に於いて帝號を用ゐて父を稱して居り、而してこれは獨り卜辭ばかりではなく金文にも見られ、前記の〓〓卣の「帝乙」の外に例へば次の「帝考」がそれであつて、この帝考を劉心源は「帝考猶皇考」と釋して居り、尸子廣澤篇に「帝皇皆大也」（爾雅釋詁刑疏所引）とあつて皇考・帝考は大考即ち大父の義であり、これらの帝號は父の尊稱に外ならない。卜辭にも次の如く父の尊稱として「大父」の用例があり（大父は小乙を謂ひ、口は祖丁を謂ふ。口神の項參照）、從つて卜辭の帝號も亦金文の場合と同義に解し得るのであつて、右の文

仲師父鼎　用〓用孝于皇祖帝考

嬴王鼎　用〓于厥帝考

買敦　用追考于朕皇祖〓考

前5.9.8

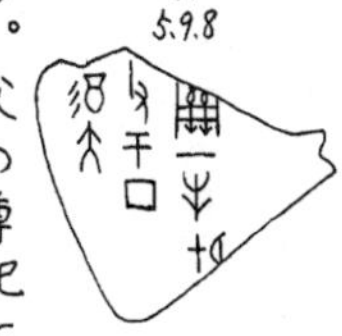

武帝の帝號は尊稱であつて、断じて「禘」の義となし得ないのである。

前述の如く口祭は父祖に重點が置かれてゐる祭祀であり、而して口祭に於いて帝號を以つて尊稱されてゐる者は獨り父文武丁だけであるから、口祭の中心的な意義が父を尊祀する所に在ることは明かである。父の尊祀に祭祀の重點が置かれ、口(丁)と同聲の後世の祭祀は「禘」以外にはなく、從つて口祭は「禘」に外ならないのであつて、卜辭の口祭と後世の禘とは次の如く符合してゐる。

「禘」は金文には「啻」に作られ次の如く周初の康王時器である小盂鼎に用ゐられて居り、矢段には「啻于乃考」と啻祭は

小盂鼎　用牲啻周王□王成王
剌鼎　用牲于大室啻卲王
矢段　用啻于乃考
大豊段　乙亥王又大豊、王凡三方、王祀于大室、降、天亡尤王、衣祀于王丕顯考文王、事憙上帝、文王監在上、丕顯王作德、丕緜王作唐、丕克三衣王祀、丁丑王饗大俎、

父を祀る祭名とされてゐる。又武王時器である大豊段には父文王を衣祀した記事があつて、乙亥に大室に祀り、翌丙子に文王と共に上帝を祀り、翌丁丑に大俎の饗禮を行つて居り、辭中に文王を讃美して「丕顯考文王」・「文王監在上」・「丕顯王作德」・「丕緜王作唐」と稱してゐる。これは武王或は周公が「考文王」を祀つたものであつて、銘文の内容は孝經の「孝莫大於嚴父、…昔者周公宗祀文王於明堂、以配上帝」(聖治章)と正に符合して居り、而して銘文は之を「啻祀」とはせず「衣祀」としてゐるが、王國維は「古殷衣同音」(戩釋五葉)・「大豊敦之衣殆皆借爲殷字」(殷禮徵文六葉)と「殷祀」となして居り、毛奇齢の「禘名殷祭、殷者大也」(郊社禘祫問)、鄭玄の「周以禘爲殷祭」(禮記王制注)によればこの「衣祀」即ち「殷祀」は「禘祀」に外ならないのである。これによつて衣祀即ち禘祀は父を祀る祭祀であつて、孝經の所謂「父を嚴にする」祭祀であることが解り、これは卜辭の口祭の意義が父を尊祀する所に在ることと一致してゐる。次にこの銘文及び孝經に於いては文王が上帝に配祀されて居り、禘祀には上帝が祀られることが解る。然るに口祭卜辭には直接的に上帝に配祀してゐる例はないが、第五期の卜辭に次の一例があり、これは口祭卜辭の版中に記されてゐて、この乙巳の一旬前には「甲午卜貞武乙宗口其牢」・「癸巳卜貞祖甲口其牢」と武乙・祖甲の口祭が卜されて居り、而して口祭卜辭の版中には他辭が記されないのが一般であるから、この卜辭は口祭と關係のあることが解る。郭沫若はこの辭の

通(河井大龜)　

「〓〓」を「帝使」即ち帝の使者と解してゐるが、王賓卜辭に於いては王〓の次には神名、神名の次には祭名が記されるのが原則であるから、この〓は神名であつて〓は祭名である。〓は例へば「〓〓〓〓」（粹91）・「〓〓〓〓〓」（後上6.1）・「〓〓〓〓〓」（南明44）・「〓〓〓〓〓」（後下42.7）の如く祭祀用語として用ゐられて居り、又右の大豊殷には「〓熹上帝」と上帝に用ゐられてゐて、後世の「有事武宮」（春秋昭十五年）・「有事于大廟」（宣八年）・「有事於上帝」（禮記禮器）の「事」に當り（右の後下四二・七に「〓〓」即「有事」の用法あり）、易震卦の「有事」の虞注には「事謂祭祀之事」と、又尚書大傳の「天子有事」の鄭注には「事謂祭祀」とあり、從つて右の「〓〓」は「有事於上帝」の義に外ならない。又「王〓」は後述の如く王が祭場に出御する意であつて（祭儀の「王〓」參照）、卜辭に於いては多く宗廟の祭祀の場合に用ゐられて居り、尚書洛誥に於いても亦「王賓殺禋咸格、王入太室祼」と宗廟の祭祀に用ゐられてゐる。從つて「王賓帝事亡尤」は王が宗廟に於ける帝の祭祀に出御することを卜するものであつて、この卜辭が右の如く口祭卜辭版中に記されてゐるから、この上帝の祭祀は宗廟に於ける口祭の際に行はれたものと考へられ、周初の禘祀に於いて太室に文王が上帝に配祀されてゐるのと同樣に、殷末に於いても父を尊祀して上帝に配祀したものと考へるのである。次に鄭玄は禮記王制の注に於いて禘禮を説明して「魯禮三年喪畢、而後祫於大祖廟、明年春禘於群廟、自爾之年、五年而再殷祭」として居り、「祫於大祖廟」は卜辭の「文武帝宗」・「文武丁宗口」に當り、「禘於群廟」は口祭に於いて五世までの直系の先王及び母癸・妣癸に口祭することに當り、而して「五年而再殷祭」の殷祭は父王歿後九年の禘祀であつて、これは次の帝乙時の版に王九祀に父文武丁の口祭を行つてゐるものと符合してゐて、鄭玄の禘説と卜辭とは一致してゐるのである。

遺391

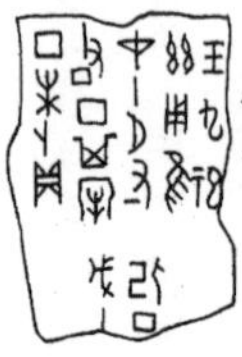

斯くの如く口祭と禘祀とはその祭祀の意義及び儀禮に於いて一致して居り、又口祭と禘祀とは同聲の祭名であるから、卜辭の口祭は周代の禘祀に外ならず、卜辭の「口」が周初には「〓」に作られ後世に至つて「禘」に作られてゐるのであつて、この父を尊嚴にする祭祀を「口」と稱するのは、父を口即ち帝に配祀する所に起因するものと考へられ（口を以つて帝を謂ふことは口神參照）、而して之を「口」と記するのは外祭に於ける上帝の祭祀である「〓」と區別するためと考へられる。

千古の聚訟と稱されてゐる禘禮は殷代の祭禮であつて、その溯義は實に「父を尊嚴にする」に在り、そのために上帝に配祀し、又五世の親廟に禘祀し、父王歿後九年にして再び殷祭するのである。或る人の禘説についての質疑に對して孔子は「知其説者之於天下也、其如示諸斯乎」と、その掌を指したのは孝經の所謂「孝莫大於嚴父」がためであり、又孔子は「禘自既灌而往者、吾不欲觀之矣」としてゐるのは、大豊毀の如く饗禮を以つて畢るからであらう。

第三章　外祭

卜辞に於いて祭祀の對象とされてゐるものは、自然現象を支配するもの乃至は自然物を神格化した自然神、殷室の遠祖と見做されてゐる高祖神、殷室の先王・先妣及び父母兄子、先臣を神格とする先臣神の四者である。前章に於いては先王・先妣及び父考の祭祀を明かにしたから、本章に於いてはその他の三者の祭祀について考察する。

第一節　上帝

卜辞に帝・帝の辞例は四百版を超え、この兩者は通用されて例へば「方帝」(佚236 乙1942 粹431)が「方帝」(前7.1.1 佚40 乙683)に、「上帝」(粹1036 甲216)が「上帝」(粹1311 拾1.1)に、又「帝其令風」(乙3282)が「帝其令風」(南輔15)に作られてゐるが、一般的には帝は主語帝は述語に用ゐられてゐるから、前者は神名後者は祭名である。次に帝即ち帝の神格・帝の祭祀・及び後世の禘郊説・敬天思想の起因について論述する。

第一項　上帝の神格

孫詒讓が「帝字皆作帝」(契文擧例上一八)としてより諸家之に從つて異説はないが、帝字の溯義については定説がなく、呉大澂・王國維・郭沫若の「花蔕説」、葉玉森・明義士の「束薪説」、内野台嶺・出石誠彦の「祭器説」、森安太郎の「標識説」が提出されてゐて次の如くである。

(花蔕説)

呉大澂説―嘗見潘伯寅師所藏拓本有一卣蓋、文曰▽己目口乂父、又甘泉毛子靜所藏鼎文曰▼己目■乂父、古器多稱且某父某、未見祖父之上、更有尊于祖父之稱、推其祖之所自出、其爲帝字無疑、許書帝古文作帝、與鄂不之不同意、象華蒂之形、周寈鼎作帝、聃𣪘作帝、戲狄鐘作帝、皆▽之緐文、惟▽■二字最古最簡、蒂落而成果、即艸木之所由生、枝葉之所由發、生物之始、與天合德、故帝足以配天、虞夏禘嚳、禘其祖之所從出故禘字从帝也、（字説一葉）

王國維説—帝者蒂也、不者柎也、古文作帝、但象花萼全形、未為審諦、故多于首加一、作帝帝諸形以別、（觀堂集林六、釋天）

郭沫若説—王謂象花萼全形者是也、分析而言之、其▽若▽象子房、一象萼、木象花蕊之雄雌、以不為柎説、始於鄭玄、小雅棠棣、棠棣之花、鄂不韡韡、箋云承華者曰鄂、不當作柎、柎鄂足也、古音不柎同、王謂不直是柎、較鄭玄、更進一境、然謂與帝同象萼之全形、事未盡然、余謂不者房也、象子房猶帶餘蕊、與帝之異、在非全形、房熟則盛大、故不引伸為丕、其用為丕、是字者乃假借也、知帝為蒂之初字、則帝之用為天帝義者、亦生殖崇拜之一例也、……古人固不知有所謂雄雌蕊、然觀花落蒂存、蒂熟而為果、果多碩大無朋、人畜多賴之、以為生、果復含子、子之一粒、復可化而為億萬無窮之子孫、所謂韡韡鄂不、所謂綿綿瓜瓞、天下之神奇、更無有過於此者矣、此必至神者之所寄、故宇宙之眞宰即以帝為尊號也、（先秦天道觀念之進展第一章）

右の如く吳氏は帝(帝)の▽を華蒂の象形、木を果實より生ずる枝根としてゐるが、王氏はこれを修正して帝を花萼の全形の象形となし、而して郭氏は王説を敷衍して▽を子房、一を花萼、木を花蕊とし、更に帝を以つて眞宰者を現はし得る所以は果實に賴り人畜が生を為し、果實の種子は無窮の子孫の源泉であるによると説明してゐる。然るに次の如く葉玉森は吳説を駁して、卜辭に帝字を▽・■に作つてゐる例がないからこれは帝字ではなくして「丁」即ち示字の肥筆であるとなして居り、又郭沫若は自説を批判して花蒂を借りて帝を象徵することの適切でないことを指摘してゐる。

葉玉森—■乃肥筆丁(示)字、即■卣之■、卜辭于父之上稱祖或稱示、如示丁示壬示癸、是示神也、稱示某猶後世稱神農神堯神禹也、容庚氏以鼎卣二文之■▼、不列入金文編帝字下、而存于附錄、洵為卓識、殆因卜辭中帝字恒見、無一作此形者、鼎卣竝為殷器、自不能獨異也、（前編集釋一・八二）

郭沫若—但蒂有成果實的、有不成果實的、與其拿蒂來象徵神、何不就假借果實或根元一類文字、這兒的確是一個問題（同前一五頁）

吳氏のあげてゐる「■己」・「▽己」の■▽字は、吳其昌が金文名象疏証説丁（文哲季刊六・一）に揭げてゐる丁字の異文であつて■己▽己は口己即ち丁己に外ならない。前述の如く（第二章第一節）口と帝とは通假の字であるから、この「口己」は「帝己」の假借であり、而して帝號は前記の如く禘祀を享ける父に對する尊稱として用ゐられてゐるから、この口己即ち帝己は禘祀される己名の父の尊稱である（矢段に「用啬于乃考」、羸王鼎に「啬于厥帝考」とあるによれば禘祀は必ずしも王者のみの祭に非ず）。從って〓・▽を帝字とするのは固より誤であるが、之を示字の肥筆となす葉説も亦非であり、畢竟右の花蔕説は字形に因る臆説に過ぎないものである（馬叙倫の説文解字六書疏証は花蔕説を採用してゐる）。

（束薪説）

葉玉森説—卜辭帝作「〓〓〓〓等形」、从「〓」與「〓」省同、即卜辭𡗝字〓字亦从此、〓象架形、⋈口象束薪形、禘必用𡗝、故帝从𡗝、帝為王者宜𡗝祭天、故帝从一象天、从二為譌變、非古文上、卜辭帝字亦有倒書者、如後編巻上第二十六葉之〓、下从一或象地、〓仍象積薪置架形、聃敦帝作「〓」、从二从〓、象誼彌顯、（集釋一・八二）

明義士説—按呉説未確、〓从一〓从〓、〓為〓省、〓象束形、一即古文上、𡗝束柴於上者帝也、故帝引伸為禘、（柏釋四頁）

束薪説は〓・〓の〓を〓(𡗝)の省、〓を架、口を束、一を天或は上となし、上帝を祀る𡗝祀よりこの字体が成るとしてゐる。後述の如く（上帝の祭祀参照）上帝は〓（烄 説文解字烄交木然也 玉篇交木然之以𡗝柴天也）を以って祀られて居り、〓祀は交木を燃して上帝を祀るものであることと、右の字形の説明とは表裏してゐる。

（祭器説）

内野台嶺説—東京文理大學文科紀要第九巻論禘祭考二十一頁参照——出石誠彦説—支那上代思想史研究一二七頁参照

（標識説）

森安太郎説—支那學第十巻殷商祖神考三十九頁参照

〓・〓の字説は右の如くであって、〓の字形の〓(乙1962)・〓(粹1036)・〓(粹12)に作るものは花蔕説に有利であるが、〓(庫720)・〓(甲1148柏29明2312)に作るものは束薪説に有利であり、而して又〓(明2137)・〓(京都人文科學研究所)・〓(粹1311)に作るもの、及び〓(京2566)・〓(京4363)に作るものがあって、字形上から帝の溯義を決することは困難であり、帝が何如なる神格であるかは卜辭より歸納せざるを得ない。

帝の神格について郭沫若・董作賓・胡厚宣・陳夢家は次の如く述べて居り、

郭沫若説—由卜辭看來、可知殷人的至上神是有意志的一種人格神、上帝能够命令、上帝有好悪、一切天時上的風雨晦冥、

人事上的吉凶禍福、如「年歳的豊嗇、戰爭的勝敗、城邑的建築、官吏的黜陟」、都是由「天所主宰」、（先秦天道觀之進展九頁）

董作賓説―帝也掌「上帝」、他的權能有「五種」、第一是命令下「雨」、第二是降以「饑饉」、第三是授以「福祐」、第四是降以「吉祥」、第五是降以「災禍」、（中國古代文化的認識一八頁）

胡厚宣説―一令「雨」、二授「年」、三降「暵」、四保「王」、五授「祐」、六降「諾」、七降「禍」、八降「𣪘」、（甲骨學商史論叢初集 殷代之天神崇拜）

陳夢家説―上帝所「管到」的事項是(1)年成(2)戰爭(3)作邑(4)王之行動、他的權威或命令所「及的對象是(1)天時(2)王(3)我(4)邑、（卜辭綜述五七一頁）

右の説には多少の差違はあるが、帝に(一)自然を支配する力、(二)人事に禍福を降す力のあることを述べてゐる點は同一であり、次にこの二項について卜辭を檢討する。

一、自然を支配する例

(1) 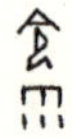（鉄123.1 前1.50.1 3.18.5 6.20.2 明1382 庫552 607 文118 遺791 乙835 851 1070 1157 1164 1312 1579 1894 2740 2693 3090 3682 3769 4628 4626 5329 5578 6406 6666 6951 7266 佚227 掇2.6 2.443 南坊5.3 安陽6.3 廈大12 續存108）

前3.18.5 

乙4828 

帝令「雨」・帝不令「雨」をトするものは右の如く甚だ多い。

(2) （乙2452 3094）

乙2452 

乙3094 

字は第三期に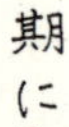に作られ「遘大」の卜辭が習見であつて、王國維は之を「風」と釋してゐる（戩釋六。葉、及書契考釋中三二）。

(3) 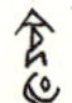（乙3282 6809 530 南輔15）

乙3282 

南輔15 

字を羅振玉は電（考釋中五）、葉玉森は雹（集釋三・三〇）、郭沫若は虹（通釋四二六）、于省吾は雷（駢枝三續二）、陳夢家は（雲霞之気）（卜辭綜述二四五・五六三）とす。例へば「」（後下1.12）・「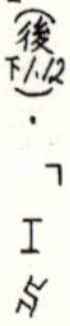」（前3.19.3）の如く用ゐられてゐるから雨と關係がある自然現象であり、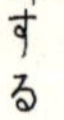（申）と雨滴に从つてゐるから電と釋する羅説が尤も妥當である。

(4) （鉄159.3 前3.24.4 林1.25.13 庫1811 卜785 乙953 7124 7793 甲766 南師1.31 甘庵177 續存168 480 下156）

前3.24.4 

乙953 

字の字釋には次の如く四説があつて堇・艱・饉・暵と釋されて居り、

孫詒讓・王襄・陳夢家の釋堇説（契文擧例上・二九、簠室殷契類纂、卜辭綜述五六四頁）

羅振玉・葉玉森・孫海波の釋艱説（殷契考釋中・七四、前編集釋三・二九、卜辭文字小記（考古五期））
郭沫若・董作賓の釋饉説（卜辭通纂考釋三七一、中國古代文化的認識一七頁）
唐蘭・胡厚宣の釋暵説（殷虛文字記、殷代天神崇拜四葉（甲骨學商史論叢））

例へば「卜貞不雨帝隹〓我」（林1.25.13）に於いては〓が雨降らざるによつて謂はれて居り、又第二期には〓に作られて「癸卯卜呂貞今日來〓
癸卯卜呂貞今日來雨」（河南98）の如く「來〓」が「來雨」と對貞されてゐるから、〓を旱暵の暵とする唐・胡説が妥當である。

(5) 〓〓（續4.21.7 鉄35.3 庫134 粹811 前5.38.7）

續4.21.7 〓〓(上)〓〓不〓〓〓〓
鉄35.3 〓〓(上)〓〓……〓〓不〓〓
庫134 ……〓〓〓〓〓〓〓

〓字を羅振玉は「異」と釋し（考釋中六二）、余永梁・葉玉森は之に從つてゐる（集釋五・四三）。庫134版に於いては帝〓が降禍とされて居り、公羊傳には「異大乎災」（定公元年）・「曷爲以異書、大旱之日短而云災、故以災書、此不雨之日長而無災、故以異書也」（文公二年）と長期の旱暵を「異」としてゐる。右例の〓は雨と共に謂はれ、就中續4.21.7版に於いては雨降らざるによつて「帝異するか」とトしてゐるのは公羊傳と符合してゐる。

(6) 〓〓（天24 掇1.464 南師1.16 前1.50.1）

天24 〓……〓……〓不〓〓〓〓〓二月
前1.50.1 〓〓〓〓〓

〓字を孫詒讓は「年」と釋してより（舉例上四〇）諸家之に從ふ。「年」は説文に於いては「从禾千聲」と「〓」に作られてゐるが、卜辭に於いては「〓」（誠262 佚928 甲1275 1516）と禾・人に从ひ、人が禾を荷ふの象意字であつて「穀熟也」の義である。右の例に見るが如く総穀は帝の授けるものとされてゐる。

(7) 〓〓（乙7456）

乙7456 〓〓〓〓〓
〓〓〓〓〓〓〓

〓を羅振玉は「〓」として災害の義とす（考釋中三四）。例へば「貞翌丁未彡于父丁亡〓」（續1.30.8）と「貞王賓兄己彡亡〓」（佚397）、或は「貞不祖辛〓〓」（乙4593）・「〓于祖丁亡〓〓」（文299）によれば〓は〓と同義語であり、〓は尤（〓）と同聲同義であるから（祭儀の出參照）「〓〓」は総穀に禍するの意である。

以上の如く帝は雨・風・電を命令し、旱暵・災異を降し、年穀の豊凶を支配するものであつて、斯かる自然現象を主宰する權能は「〓神」に一例（乙3121 貞翌甲戌〓不令雨）を見る以外には他神に認めてゐないものであり、陳夢家も亦「卜辭中帝是惟一降「暵降」雨的主宰、…而先祖與「河嶽」之神、也絶無「降禍降」雨的權能」、這是上帝與「先祖間、最緊要的分野」、(燕京學報二〇・五二六)と、自然現象を支配する權能を以つて帝と他神との最も緊要な分野であるとしてゐる。

二、人事に祐禍を降す例

(1) 〓〓 (前6.58.4 林1.11.3 續3.3.1 粹1073 1128 摭續145 續3.12.4 5.14.4 佚935 乙3262 3322 3787 5408 7826 續存479 627)

乙3787 〓〓〓〓〓〓〓〓〓〓〓〓〓〓

乙5408 十〓卜〓〓〓〓〓〓〓〓一〓

〓〓即ち授祐が征伐(〓)と出御(續5.14.4 粹1128)の場合にトされてゐるから、授祐の内容は戰勝である。

(2) 〓太 (後下24.12 南明186 庫561)

後下24.12 〓〓〓〓〓太

南明186 …〓〓〓〓…

〓字を郭沫若は「〓」の異文とし(通釋三七)、「〓」・「〓」に作るものを孫詒讓は「〓」(學例下一六)、郭沫若は「〓」(粹釋五一)、商承祚は「召」(佚釋六四)、王襄は「尊」(簠雜六九)と釋して居り、又地名の「〓」(龜1.10)・「〓」(續3.22.1)・「〓」(續3.22.5)・「〓」(前2.22.4)を羅振王は「召」と釋してゐる(考釋上六)。〓と〓(〓)とは共に酒尊を提持するの象意字であつて一字と考へられるから、商承祚は〓を「召」、郭沫若は〓を「〓」と釋するのである。右例の如く「帝〓王」は「〓方」につい謂はれて居り、これを「〓〓太〓〓〓〓〓」(粹1128)と較ぶれば〓太は〓〓に相當してゐるから授祐と同義語であり、而してこの字は右の如く「召」と釋されてゐるものであるから「祥」の假借と考へられ、「出〓〓」(文917)は「有祥年」であつて「〓〓王」は「帝祥王」であらう。

(3) 〓太 (鉄191.4)

鉄191.4 〓〓〓〓太

〓字を葉玉森は「吉」としてゐるが(集釋五・一五)、郭沫若・唐蘭は「缶」と釋してゐる(粹釋九三九 天釋五五)。胡厚宣は後者に従つて「缶讀爲寶、…寶者古通保、…猶言帝保王」」(殷代之天神崇拜四葉)とし、陳夢家も『缶即保、韓非子難勢篇「而勢位足以缶賢者也」』多士「惟時上帝不保」」と「保」と解してゐる(卜辭綜述五六九頁)。

(4) 〓〓・〓〓 (庫134 金496 佚36 乙3119 4861 5433 京1125)

佚36 〓〓〓〓

乙4861 〓〓〓〓太〓

〓は降、〓は作、〓を王國維は「咎」(戩釋四九)の義とし、陳夢家は「禍」と釋してゐるが(考古五期釋咼)、後述祭儀の〓の項に詳論せるが如く「〓」の假借である。この降〓・作〓の内容を知り得る辭としては「(不)〓〓〓〓〓〓〓」(庫134)・「〓〓〓〓〓〓〓〓〓〓〓三〓」(金496)があり、「〓〓」と「〓〓〓」について謂はれてゐる。〓は前記の如く旱暵の災異であり、〓は「〓」であつて説文に「〓傷」とあるから〓〓〓は方國の來寇を謂ふものであるから、降〓・作〓は帝が旱暵を降し、方國の喪乱を引き起すことを謂ふのである(方國の喪乱を「帝〓」となしてゐることについてはなほ第四章祭儀・〓〓の項を參照。)。

(5) 〓〓(乙5342)

乙5342 〓〓〓〓〓〓 ―

〓字は例へば「〓〓」(後下16.17 鉄2203)が「〓〓」(乙6750 7307)に作られてゐるから「〓」と通用の字である。〓字は孫詒讓が「〓」と一字として「辪」と釋してゐるが(舉例上二)、次の用例によれば又「〓」に作られ「〓」と通假の字で

乙1710 〓〓〓〓〓〓〓〓 ― 南明2148 〓〓卜〓〓〓〓〓〓〓

(同右) 〓〓〓〓〓〓 ― 前4.3.4 〓〓卜〓〓〓〓〓〓〓

庫1637 〓〓〓〓〓〓〓 ― 庫1637 〓〓卜〓〓〓〓〓〓〓

あり、〓は从であるからこの字音は「從」であつて、〓に作られてゐるから戈に从ふ字である。従つてこの字は「〓」と釋すべきであり、右は「帝其作我〓」である。

(6) 〓〓〓(續存485)

續存485 ・〓〓〓・〓〓〓 ―

〓字は〓であつてこの辞に於いては災の意である。

(7) 〓〓(續5.2.1 庫521 甲1431 乙575 續存下68)

續5.2.1 ・〓〓〓〓〓 ・〓〓〓〓〓〓 ―

〓字を胡厚宣は「鼓字見廣韻、日士咸切、饞鳥鼓物也、當為一災害之字也」(殷代之天神崇拜五葉)とし、陳夢家は「鼓字不識、或是鶵字假作潦、説文潦雨水大貌、卜辞毋鼓或即止潦」(卜辞綜述五六六頁)とし、孫詒讓は「雛」の省文(舉例下卅五)、商承祚は「與廣韻同、李鼓敦作〓與此同」(類編三二九)、楊樹達は「疑當讀為罪」(卜辞求義四三丁)としてゐる。卜辞に「〓〓〓〓〓〓」(乙7150)と「王疾不隹〓」の如く王の疾病について〓であるか否かが卜されてゐるから、疾病は帝の降す〓とされてゐることが解るのである。

(8) 〓〓(前7.15.2 後下30.2 續6.7.2 卜732 七B32 乙700 3170)

乙3170 〓〓〓〓〓〓 ―

乙700 〓〓〓〓〓〓 ―

〓字を明義士は「疑有災害意、猶帝災害此邑與否也」(柏釋二八)とし、羅振玉は「〓」字を疾、引伸して患苦の義としてゐる(考釋中七四)。〓即ち唐は大の義であつて〓〓は大邑であり、この〓〓は次の「〓〓」と同義であらう。

(9) [甲骨文]（乙4534・7171）

乙4534 ・[甲骨文]
乙7171 ・[甲骨文] —— [甲骨文]字を羅振玉は「自」（考釋中四二）、葉玉森は「冬」（集釋四・四二）、林泰輔は「終」（龜甲獸骨文字抄釋）と釋し、胡光煒は「古冬終多互段」（說文古文字）としてゐる。この「帝弗[甲骨文]茲邑」は井侯段の「帝無[甲骨文]命于右周」と同一語法であつて[甲骨文]は動詞であるから「終」の義であり、帝が殷邑を終らしめるか否かをトするものである。茲邑は或は酋邑とも記されてゐて殷の主都であり、茲邑を終るとは殷室の滅亡であるから、殷命を帝意に歸してゐることが解るのである。

(10) [甲骨文]（乙4525）

乙4525 [甲骨文] —— [甲骨文]字を陳氏は「[甲骨文]是動詞、或即說文咎災也之咎」（卜辭綜述五六九頁）としてゐる。記して後考に備ふ。

(11) [甲骨文]（乙7304・7913）・[甲骨文]（乙4832）・[甲骨文]（京2294・2566）・[甲骨文]（乙5323）・[甲骨文]（鉄87.4）・[甲骨文]（前5.25.1）・[甲骨文]（乙5241）・[甲骨文]（乙8207）

乙7304 [甲骨文] —— 乙4832 ・[甲骨文] —— 京2294 [甲骨文] —— 乙5323 [甲骨文] —— 前5.25.1 [甲骨文] —— 乙8207 [甲骨文]
乙7913 [甲骨文] —— ・[甲骨文] —— 京2566 [甲骨文] —— 鉄87.4 [甲骨文] —— 乙5241 [甲骨文]

右諸辞の意義についてはなほ後考に俟たねばならない。

以上の如く帝は祐禍を作すものとされてゐて、帝祐としては「授祐」・「祥王」・「保王」、帝禍としては「作尤」・「作戕」・「[甲骨文]」・「降[甲骨文]」・「疾邑」・「終邑」が謂はれて居り、その「授祐」・「祥王」の具体的内容は戰勝であり、「作尤」の內容は方國の侵寇であつて「作戕」・「[甲骨文]」も亦干戈による災禍であり、「降[甲骨文]」は王の疾病、「疾邑」・「終邑」は殷命の喪失である。要するに帝祐は戰勝興國、帝禍は喪乱・戰敗・疾病・喪命である。

三、帝の許諾をトする例

帝は自然を支配し王に祐禍を降す神格であるから、卜辞に帝の許諾をトするものの多いのは當然であり、例へば次の辞

鉄61.4 [甲骨文]
乙5786 [甲骨文]
乙5858 [甲骨文] —— の[甲骨文]字を孫詒讓・羅振玉は「若」と釋し（擧例上一四・考釋中五六）、諸家之に從つて異說がなく、爾雅釋言に「若順也」、詩經烝民・閟宮の毛傳、大田の鄭箋に「若順也」とあり、而して楚辞天問の「后帝不若」は「帝弗若」と同一語法であつて、これらは帝の許諾をトするものであり、「王繇曰吉帝若」は卜吉を得て帝の許諾を得たものと判断してゐるのである。帝の許諾は次の如く雩舞・爯册・作邑・配祀についてト

されてゐる。
(1) 雩舞（乙1937）
乙1937・[illegible]
―― 二辭は對貞されてゐて、前者は雩舞せば降雨があるか否かをトするものであり、後者は之に對する帝の許諾の有無をトするものである。
(2) 爯冊（乙1710 1399）
乙1710・[illegible]
―― 𢀛は殷に屬する西方の諸伯の一人であり、爯冊は書冊によつて王に進言することとであつて（後述「殷の社會」第二章參照）、之は王が𢀛の進言に從へば帝の許諾が得られるか否かをトするものである（[illegible]の假借である）。

(3) 作邑（鉄220.3 後下16.17 續6.13.12 庫146 186 乙570 7307 京1603 續存804）
乙6750・[illegible]
―― この辭は作邑について帝の許諾をトするものである。

(4) 配祀（前7.38.1 粹1113）
粹1113・[illegible]
―― [illegible]について陳夢家は「義不甚明」（卜辭綜述五六七頁）としてゐるが、葉玉森は「我其祀賓作禘則降若、我勿祀賓作禘則降不若」（集釋七・三七）と解し、郭沫若は通纂に於いては「我如儐祀鬼神、則帝降若、我如勿儐祀鬼神、則帝降不若」とし、粹編に於いては「㝉者、余謂即武丁時所習見之卜人㝉、巳㝉者、蓋謂罷免其官職、余舊解爲儐祀之事不確今正」と改めてゐる。後述の「帝の祭祀」に詳述するやうに「[illegible]」は帝に配祀することであるから、郭氏の「儐祀」の説が妥當であり、この辭は帝に配祀するについて許諾をトするものである。

右の如く帝の許諾は雩舞の乞雨・爯冊に從ふこと・作邑・帝に配祀することについてトされてゐる。

四、上帝の稱謂

帝は次の如く「上帝」と稱されてゐて、この稱謂は第一期・第二期・第三期に見ることが出來る。卜辭に「二」即ち

南師1.31 ……[illegible]（續存168）
後上28.14 ……[illegible]
甲1164 ……[illegible]

「下上」の用語は習見であつて、郭沫若は「謂上天下民」（粹釋一〇八四）、胡厚宣は「下上之上必爲上帝、而下者或指地祇百神而言」（殷代之天神崇拜八葉）、陳夢家は「上指上帝神明先祖、下或指地祇」（卜辭綜述五六八頁）としてゐるが、これを次の用例について考察するに、(イ)・(ロ)の

（イ）續 3.3.2 
前 6.58.4 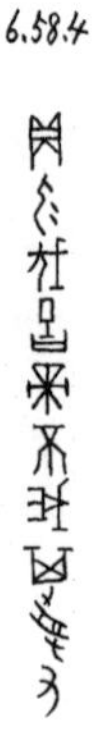

（ロ）乙 8069 
乙 7913 

（ハ）前 4.38.1 
乙 7826 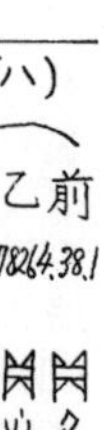
庫 1059 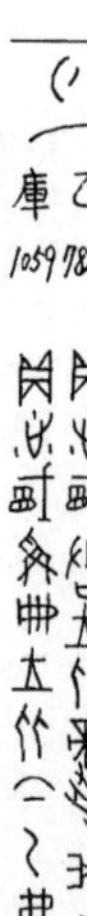

それぐの二辭は同一内容であつて、一は「下上」一は「帝」とされてゐるから、「下上」の上は上帝を謂ふものであることが解り、(ハ)の三辭は共に「[illegible]」に從ふべきか否か」を卜してゐて、前4.38.1版は[illegible]、乙7826版は[illegible]、庫1059版は[illegible]に對して授祐を貞ふてゐるから、「下上」の上は上帝、下は下乙（即ち祖乙）などの祖神を謂ふものであることが解るのであつて、從つて右の三説中胡厚宣説が略〻妥當である（なほ後述「祭儀の[illegible]の項參照」）。帝は斯くの如く第一期に於いて「上帝」と稱されてゐて下神即ち祖神の上に在る神と考へられて居り、而して自然を支配し王に祐禍を降し、王はその許諾を求めねばならない至上の主宰神である。果して然らば帝辛時器の[illegible]（帝辛祀譜王二祀參照）に「[illegible]」とあるから、第五期にも上帝が祀られてゐるのである。

第二項　上帝の祭祀

帝を祭祀の對象としてゐる卜辭例は甚だ少く、從つて帝に祭祀が行はれないとするのが通説であつて、例へば董作賓は「卜辭中全不見下祭祀上帝的記錄上」（中國古代文化的認識二〇頁）、胡厚宣は「其祭帝者、則絶未之有、蓋以帝之至上獨尊、不受人間之享祭」（殷代之天神崇拜六葉）、陳夢家は「絶無上帝享祭的卜辭」（燕京學報二〇期五三七頁）・「上帝…不享受生物或奴隸的犧牲、不是求雨祈年的對象」、（卜辭綜述五八〇頁）としてゐるが、次の如く上帝に祭祀が行はれてゐる。

(一)　通 河井大亀 

右の「[illegible]」は他辭に「[illegible]」（遺935）とあるによつて郭沫若が之を「帝使」と解してより（通釋考釋三九八・粹釋八二八・河井大亀）、諸家之に從ひ陳夢家は「帝史者謂上帝之史」（燕京學報一九期一三二頁・卜辭綜述五七二頁）、董作賓は「風是上帝的使者」（中國古代文化的認識一八頁）、胡厚宣は「帝史風、史讀爲使」、（殷代天神崇拜二一頁）としてゐるが、王賓卜辭は例へば「貞王賓[illegible]亡尤」（續1.5.9）の如く王賓の次には神名、神名の次には祭名が記されるのが原則であるから、右の「[illegible]」は神名にして「[illegible]」は祭名であり、之を「帝使」となすのは王賓卜辭の記載法を無視した訓法である。而して「[illegible]」は例へば次の如く祭祀用語として王賓卜辭（後上6.1）・内祭（粹91・後下42.7）・外祭（南明44・庫56）に用ゐられ

粹 91 
後上 6.1 

南明 44 
庫 56 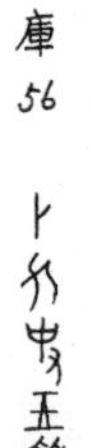

後下 42.7 
粹 544 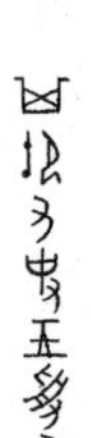

、又「[illegible]」（後下42.7・粹544）とも記されて居り、羅振玉・陳夢家は「事」・「史」と釋して卜辭に於い

では「事」「史」が一字であるとしてゐる（考釋中一九及六。葉玉森考古五期史字新釋）。從つて「㞢史」は「有事」であつて「有事于武宮」（春秋昭十五年）・「有事于大廟」（春秋宣八年）・「有事于祖」（禮記雜記）の「有事」に當り、易震卦の「有事」の虞注には「事謂祭祀之事」と、又尚書大傳の「天子有事」の鄭注には「事謂祭祀」とあり、大豊𣪘には「㞢熹上帝」と上帝の場合にも用ゐられゐるから、右の「帝史」は「有事於上帝」（禮記禮器）の意に外ならない。而してこの「王賓帝事」は禘祭に行はれてゐることは前記（口祭參照）の如くであつて、殷に於いても上帝が宗廟に祀られてゐるのである。

(二) 遺935　于帝史鳳三犬

右の「帝史鳳」を郭沫若は「帝使風」、董作賓は「風是上帝的使者」、陳夢家は「鳳鳥相當於卜辭的帝史鳳」（卜辭綜述五七二頁）としてゐる。帝と鳳とが一辭を成してゐる例は次の如くであつて、

(1) 乙2452　貞翌癸卯帝其令鳳
　　乙3094　貞翌癸卯帝不令鳳
(2) 乙4548　貞帝于西　于北　帝鳳
(3) 前4.17.5　貞帝鳳三羊三犬三豕
　　京都人文科學研究所　帝鳳凡
(4) 佚227　于帝史鳳二犬
　　前3.21.3　帝鳳不雨

(1)は帝が風を吹かしむるか否かをトするもの、(2)は風名乃至は帝名であるから、これらは姑く論外に措き(3)・(4)について考察する。(3)には牲數が記されてゐる點に於いて(4)とは異つてゐるが、(3)の帝鳳と帝鳳、(4)の帝鳳と帝凡の辭をそれぞれ比較せば鳳・鳳・鳳・凡は一字であり、而して(3)には牲數が記されてゐるからこの二辭に於いては帝（禘）が正用であつて帝は假借であり、(4)に於いても帝が用ゐられてゐて、これら四辭の三辭が帝であるから佚227の帝は帝の假借であることが解る。然らばこの帝鳳・帝凡は何如なる意義を有するものであらうか。帝祀は後述の如く鳳・凡・鳳・凡の災禍の寧止を祈る祭祀であつて、その鳳禍の寧止を祈るものは例へば次の如くであり、

續2.15.3　十月貞寧鳳三羊三犬三豕
庫992　辛酉卜寧鳳巫九犬

この「寧鳳」（寧風）は「…卜𡧊寧鳳于東方」（粹1182）の如く「方」に行はれて居り、一般的に「寧祀」は次の如く「方」・「四方」・「方帝」

粹1545　貞寧雨于方
南明487　[illegible]
甲1148　貞方帝寧凡

に行はれるものであるから「寧鳳」も亦「方帝」に行はれるものであり、從つて右の「帝鳳」は「貞方帝寧凡」の辭例によれば「方帝寧鳳」の省略であつて、(3)の二辭は「貞方帝寧鳳三羊三犬三豕」・「方帝寧鳳凡」の省文であることが解り、この辭の牲數が右の「寧鳳」（續2.15.3 庫992）の場合の牲數と符合してゐるのはこれが傍証である。斯くの如く「帝鳳・帝鳳」

は采祀に於いて風禍の寧止を祈るものであつて、この「冎采鳳三羊三犬三豕」と「于采史鳳三犬」とを比較せば、史は前記の如く「祭事」であるから「采史」は「采」に當り、「于采史鳳」は「帝の祭祀に於いて止風を祈る」ものであり、之を帝使風・帝史鳳と釋し、或は「殷人者又以風神亦屬帝故以帝禮祭之也」（胡厚宣の殷代之天神崇拜二頁）と解するのは臆説に過ぎない。この辞に於いては「采」とせず「于采史」として居り、従つて采祀は帝の祭祀であつて上帝は采祀に於いて「方」に祀られることが解るのである。

(三)　庫1738　壬午卜⊠桒年于采

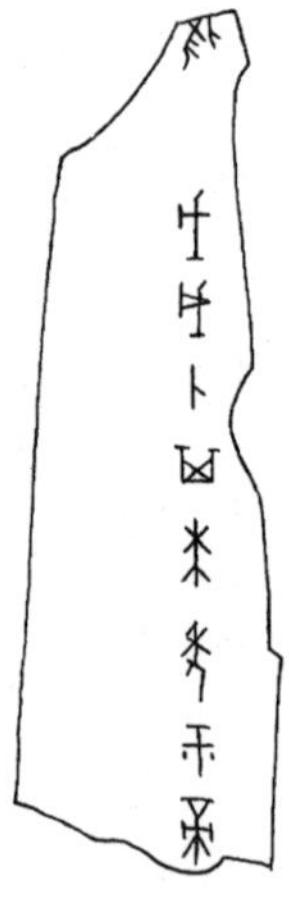

ト辞に「桒年于神名」の例は習見であり、この辞は祈年を上帝に致すことをトするものである。然るに陳夢家は「上帝…不是求雨祈年的對象」（卜辞綜述五八〇頁）とする立場から「于字摹寫不清、而帝下當泐處、似乎是帝甲的殘文、所以我們不得據此説有桒年于帝的卜辞」（同上五七九頁）としてゐるが、これは恣意による曲解に過ぎない。

(四)　庫985　〜子卜⊠丅采

この版の背面に「〜子卜⊠于」とあり、従つて「⊠丅采」は「⊠于采」であつて、⊠于はこの辞に於いては動詞であるから「其祀」の假借と考へられ、この辞は「其祀帝」をトするものであらう。

(五)　續2.18.9　…酉卜旨冎采于口⊠网

この辞の采字は動詞であるから采字の假借であり、口字は前述の如く「帝」字の假借として用ゐられて居り（口神参照）、前記の如く采祀は帝の祭祀であるから、この采祀を享けてゐる口は帝に外ならない。

右の如く「帝」は祀られてゐて、或は禘祀に於いて宗廟に、或は采祀に於いて四方の郊に祀られて居り、而して周の武王時器である大豊𣪘に「事喜上帝」と上帝が祀られてゐることも亦これが傍証である。次に上帝の祭祀である采祀について「祭神」・「場所」・「目的」・「祭儀」の四項を考察する。

一、采祀の祭神

采字が「采⊠𩚬𠱫」（南輔15）の如く主格に用ゐられてゐる例はこの一例以外にはなく、而して「采⊠𩚬𠱫」（乙3282）によればこの采は采の假借であり、これとは逆に采字を以つて采の假借としてゐるものには、采𢦏が采𢦏(佚227)・采蠆が采蠆(南明466)・王采が王采(甲216 掇1.448)・于采が于采(粹810 庫1050 乙2639)に作られてゐるものがあり、斯くの如く采・采は通假されてゐるが、一般的には采字は主格として采字は動詞として(粹895 文543 甲1345 2126 掇1.216 2.340 京330等)用ゐられて居り、又「貞采由?」(乙2252)・「貞由?采」(天47)の如く牲が記されてゐて祭名とされてゐる。

この采祀は前記の如く次の辞によつて上帝を祀る祭祀であることが明かとなつたが、卜辭に於いては次の如く𡆥・??・

遺935　于采虫?三?
續2.18.9　酉卜?貞采于口?宀

遺846　貞采于𡆥
乙5707　采于??
乙2844　?于𡆥宀?采(佚40 卜592 乙5278 拾1.1)
乙5272　貞?采?于𡆥?田
南明520　?酉采??田
續1.2.1　貞采于大下(後上19.1)
乙4549　父?卜采二?
前6.21.5　采黄尹三?

𡆥・?・大下・田・二?・黄尹に對しても行はれてゐる。この𡆥以下の諸神に采祀が行はれるのは何故であらうか。

卜辭に次の如く(イ)咸・大甲・下乙を帝に宀することをトするもの、(ロ)大甲・下乙・父乙・伊尹を大乙・祖乙・上甲に宀することをトするものがあり、而して「宀」は例へば「貞??宀」(乙1872 林2.7.8)・「??宀」(粹62)・「貞于??宀 ?于??宀」(乙2036)の如く用ゐられてゐる。この宀字を孫詒讓(舉例上九)・羅振玉(考釋中二一)は「賓」となし、王國維も「為「从」貝乃後起之字、古者賓客至、必有「物以贈」之、其「贈」之之事謂「之賓」、故其字从「貝」」(觀堂集林與林浩卿博士論洛誥書)と、賓字の貝に从ふは後起の字として宀を賓の本字としてゐる。宀字は上揭の南明513版では宀に作られ、又「王宀?(乙?)」(京5161)と「貞王宀?乙?」(京5160)、「卜王宀日・井宀日」(佚872)の如く宀・宀が通用されて居り、後述(祭儀・王宀)の如く「王宀」は王が祭場に出御することであつて、宀には往く、入る、格るの義があるから、右の「貞勿?作賓」は?神を或る祭祀に於ける客神として配祀する可否をトするものであり、「貞勿下于父乙賓上」は父乙の祭祀に客神を配祀する可否をトするものである。從つて(イ)・(ロ)の辞も同樣であつて例へば「下乙不賓于成」は祖乙を大乙に配祀するか否か、「下乙不賓于帝」は祖乙を帝の祭祀に配祀するか否かをトするものであつて、「下乙賓于帝」は楚辭天問の「商棘賓帝」と同一語法であり、陳夢家が「所謂賓帝發展為周人的配天」(卜辭綜述五七三頁)としてゐるのは略〻妥當である。斯く

(イ)
南明508　?咸?(宀)于采
乙7197　・貞咸?宀于采　・十月卜殻貞二?宀于(采)
乙7549　貞大(甲)宀(于)采
乙2293　・貞……宀(于)采　・貞(大)十(宀)于(采)
乙7434　貞二?宀于采

(ロ)
乙2455　・貞二?宀于咸　・貞大十宀于咸(京674略同)
乙869　??宀于且乙(乙2977 7309略同)
南明513　父?卜田?宀

の如く「賓于帝」は帝に配祀する意であつて、大乙・大甲・祖乙についてこれが卜されて居り、従つて次の辭の「巳賓」

佚119 甲辰卜殻貞王勿賓咸不若（續4.34.5 6.26.12 簠典35 粹1114 1115）

粹1113 ・……殻貞王勿巳賓帝降不若（前7.38.1）
・……殻貞王囟巳賓帝降若

（祀賓）はこの配祀をトするものであつて、粹1113版の場合は配祀の許諾を帝に貞ふものであり、郭沫若はこの辭を「巳穷者蓋謂罷免其官職」と解してゐるのは非であるが「我如儐祀鬼神則帝降若」（通纂考釋）としてゐる説は妥當である。右の「下乙賓于帝」・「下乙不賓于帝」は祖乙を帝に配祀することをトするものであり、従つて「禘下乙」は祖乙に禘祀するものとするよりは祖乙を上帝の禘祀に配祀するものと解するのが妥當であり、同様に「禘于岳」・「禘于河」・「禘于太下」・「禘杜内田」・「禘黄奭」は岳・河・王亥・上甲・黄奭（後述、黄尹参照 伊尹の別稱である）を禘祀に配祀するものに外ならない。但だ「土」の場合は之と少く異る。土には「禘于土」の用例が絶無であつて、右諸神の場合と異つた記載法が用ゐられてゐて次の如くであり、佚40版に於

佚40 ・（弗）吉卜毛禘三牢㞢女北于土方求雨
・弗吉卜求雨于岳

乙5272 壬午卜殻貞方禘求于土[illegible]北田

乙2844 求于土网方禘

拾1.1 工丨卜求土征方禘

卜592 貞禘[illegible]于[illegible]于土

乙1942（面）貞求于土（背）方禘

いては方禘の供牲と「土」に對する供牲とが區別されてゐて、この二祀によつて求雨（祈雨）が行はれて居り、乙2844版に於いては「求于土网」の次に「方禘」が記されて居り、拾1.1版に於いては「求土」の次に「方禘」が記されこの間に「征（征）」字が置かれてゐる。これらの記載法から「求于土」と「方禘」とは二祭祀であつて、これが同一祭事に行はれるものであり、土は禘祀に配祀されるのではなくして、方禘に際して特に求祀を以つて祀られるものであることが解り、詩經の甫田に「以社以方」と、社（土の祭祀）と方（祊）とを併稱して居り、又中庸に「郊社之禮、所以事上帝也」と、郊（後述参照 方禘をいふ）と社（土の祭祀）とを併稱して之を上帝を祀る方法であるとしてゐるのは之が傍証である。従つて右の佚40版の二辭を併せて考察せば、祈雨のために上帝に方禘し、又土神を祀つて岳神を方禘に配祀することをトするものであり、乙5272版の辭は上帝に方禘し土に求祀し[illegible]・田を配祀することをトするものであることは容易に理解することが出来る。ここに於いて禘祀は主神として上帝を祀り、土神に賁祀して、岳・河・[illegible]・王亥・上甲・祖乙等を配祀するものであることが明かとなつたのである。而して斯かる配祀が行はれるのは後述（禘祀の目的）の如く、これらの諸神に對して降雨と稔穀の災害の宥恕を祈るためであつて、胡厚宣の謂ふが如く「以其在帝左右」、「徳可以配天」（殷代之天神崇拜八頁）ではなく、又禘祀されるの

はこれらの諸神が陳夢家の謂ふやうに「天神」（燕京學報一九期二四頁）であるためではないのである。

二、帝祀の場所

「冃帝」（林1.11.18 鉄257.3）・「冃勿帝」（粹895 甲2126）は又「冃方帝」（前7.1.2 乙5576）・「冃勿方帝」（甲1157 文383）とも記されて居り、而して次例の如く

乙2639 冃□帝一□二□卯二牛

明718 十□卜□帝□一□一牛九□

「方帝」が「帝方」とも記されてゐるから（これらの帝は帝の假借）、「方帝」は「方に帝祀する」ことであつて、他辭の「冃帝于東方」（乙4548）・「冃帝于南方」（乙4548）の意であり、從つて陳夢家の「由於「方帝」與「勿方帝」的對貞、知方是動詞、即「方告于東西」（前1.48.5）之方、它和後世的「方祀」・「望祀」相當、即各以其方向祭祀四方之帝、小宗伯所謂「兆五帝於四郊」、」（卜辭綜述五七八頁）とする說は非である。帝祀が「方」即ち地方に行はれることは帝祀の特色であり、その地方の卜辭に記されてゐるものは次の如くであつて、東・西・南・北に行

東	續2.18.8	冃帝于東（遺612 庫213 乙4548 7693）
西	前5.13.3	帝于西（金362 乙2282 2399 4548 5329）
南	乙4548	冃帝于南方（掇2.6）
北	乙4548	冃帝于北方（掇2.6）
西南	乙5386	□于西南帝介卯
𦉫	遺647	勿帝于□

□	乙4158	帝于□（乙4157）
□	庫469	帝□勿□
□	前3.24.6	冃帝于□
□	乙4915	勿帝于出□
四	乙7537	于四帝
□	乙400	勿帝（于）□（乙45）

□	卜592	冃帝□于□于□
ナ	乙8896	帝ナ□門
□	京2286	帝□
□田	京969	帝于□田
羽	明2365	冃于羽帝
□	續存下463	勿□□帝
◯	乙2103	帝◯
□	前1.31.1	帝□

はれてゐる外に、𦉫地（前7.2.4 貞今□令□田从對至于𦉫獲□）・□地（後下10.8 貞王步于□亡災）・□地（甲1626 王□田□亡災）・□地（林1.30.1 勹呂方于受□・佚379 貞□勹呂方）・□・□地（卜130 受年于□）・□地（佚337 □于□）・□地（掇續181 □于□往來亡災）・ナ地（ナは□と一字であること祭儀に詳論 ナ地は□地）・□田（諸□の郊田）・◯地（乙6377 貞步◯□）・羽地・□地（詳未）及び□地（簠地1 冃中□卜□）に行はれてゐる。

斯くの如く帝祀は四方及び地方に行はれるから「方帝」と稱され、後世は之を「郊祀」と稱するのである（帝祀の祭儀參照）。

三、帝祀の目的

上帝は降雨・令風・授年・降禍を主宰するものであるから、帝祀は(1)□□・□□、(2)□□、(3)□□、(4)□□、(5)□禍のために行はれてゐて次の如くである。

(1) 𠦪雨・𧗸雨

𠦪字を孫詒讓が「求」と釋してより（舉例下一九）、羅振玉（考釋中四三）・葉玉森（集釋一・一〇七）・吳其昌（解詁一七九）は之に從つてゐるが、王國維（戩釋二葉）・王襄（簠釋歲一七）は之を疑ひ、而して郭沫若は之に據らずに「𠦪」と釋して「匄」と解し（通釋一六四、五七・一三六）、又「𠦪年猶祈年」（粹釋五）としてより、商承祚（佚釋一四三）・唐蘭（天釋三〇）・孫海波（文釋一四一）・陳夢家（卜辭綜述五七九頁）は之に從つてゐる。𧗸字は說文の「𧗸定息也、从血甹省聲、讀若亭」であつて、羅振玉が「甹」と釋してより（考釋中七二）諸家之に從ひ、潤緍は「甹風甹雨者、風定息雨定息也」（卜釋五八）、陳夢家は「甹風即止風、甹雨即止雨」（卜辭綜述五七六頁）としてゐる。雨については𠦪雨と𧗸雨とが謂はれてゐるが、年穀の場合には𠦪年があるが𧗸年の用語のないのは、𧗸が定息の意であつて願詞でないことを示してゐる。

帝祀に𠦪雨・𧗸雨がトされてゐる辭は次の如くであり、粹1545は例へば「〼𠦪雨于東方」（鄴3.38.4）と同一語法であつて、この

佚40 （帝）〼卜〼帝三〼〼〼于〼𠦪雨（乙5329參照）

粹1545 口〼〼〼𧗸雨于方（明166參照）

𠦪雨が東方に於ける帝祀に行はれることは「帝于東方」（乙4548）の辭が習見であることから容易に推測することが出來、從つて「𧗸雨于方」は方帝に𧗸雨を祈るものである。

斯くの如く祈雨・𧗸雨が「方帝」に於いて上帝に行はれてゐるが、又次の如く諸神についてもトされて居り、

（𠦪雨）〼 佚40 〼〼卜𠦪雨于〼（京434 435）
〼 乙8689 〼〼卜于〼𠦪雨〼
〼 南明420 …𠦪卜〼𠦪雨于〼（庫1141）
〼 粹15 〼𠦪雨于〼𠦪九〼

〼 佚519 〼〼〼〼〼𠦪雨〼〼〼
田 乙2508 𠦪雨于田〼（遺923 庫1049 甲715 鄴1.32.8 寧1.54）
示工 鄴1.32.8 〼〼卜𠦪雨于示工（南明422）
〼 金523 〼〼卜于〼〼𠦪雨〼

〼 南明422 𠦪雨于〼
九示 甲267 …〼卜𠦪雨…九示
十示 甲2282 …𠦪卜𠦪雨〼田〼〼〼
〼 〼〼〼〼〼

（右の外に「𠦪雨于〼」（甲891）・「𠦪雨于〼十？〼…」（甲753）・「𠦪于〼雨？」（文119）あり。）

（𧗸雨）〼 前5.18.4 〼〼卜〼𧗸雨（于）〼〼…
〼 後上19.7 己〼卜𧗸雨于〼

これは次の如くこれらの諸神が雨に禍するものと考へられてゐるからであり、「〼雨」を董作賓は「〼雨意思是阻撓下雨」

〼 金201 〼〼卜〼〼〼雨（粹792）
〼 乙920 〼〼卜〼〼〼雨

〼 金201 〼〼〼〼〼
〼 鄴3.39.1 〼〼卜〼〼〼雨

〼 粹75 〼〼〼〼雨
田 乙6299 〼田〼雨

〼 後下38.6 口〼卜〼〼〼雨

」(中國古代文化的認識八頁・二〇頁)としてゐるのは妥當である。右の諸神は前述の如く上帝に配祀されて居り、而して次の如く「〓」は

佚40・〓 ――「〓」と同日にトされてゐるから、これは〓に行はれるものと考へられ、從つて諸神に對する〓・〓は〓祀に配祀して行ふものと考へられる。(〓は〓の假借、高祖神〓參照。)

(2) 〓

祈雨は年穀の豐穰のためであつて〓祀に行はれてゐるから、〓が〓祀に行はれるのは當然であり、次例の〓・口及び〓ずに祈年が行はれてゐるものは〓祀である。(口・〓通假。地方に對する祈年も方〓に行はれる。)

庫1738 〓

佚126 〓 (佚46 粹26)

――

南明423 〓

粹808 〓

祈年は次の如く諸神にも行はれて居り、その例は甚だ多い。これはこれらの諸神が雨に禍すると同様に年穀の豐穰を阻撓するものと考へられてゐるからであつて、〓の場合と同じく〓祀に配祀して行はれるものと考へられる。この配祀に

〓 前1.50.1 〓 (鐵45.2 197.1 前1.50.1 6.24.4 7.5.2 續2.28.1 粹24 852 佚375 891 卜30 33 金589 寧1.119 1.126 1.76 乙6881 甲909 1671 2029 2130 南明424 426 448 449 450 451 457 師2.196 誠13 掇1.650 2.404 摭續2 京524 525 3892 3896 續存181 下745)

〓 戩7.15 〓 (鐵196.3 216.1 後上23.6 前7.5.2 續1.37.1 4.17.6 6.10.5 林2.198 簠帝222 通別2.11.6 佚375 376 886 粹9 45 834 856 庫62 86 1566 1715 甲1885 3640 3916 808 651 掇1.52 2.404 南明46 423 433 454 449 453 456 上26 寧1.119 1.120 京3891 3892 摭續2 110 續存下165 書道8.7)

〓 鐵216.1 〓

〓 金631 〓 (前1.50.1 摭續116 鄴1.37.2 南明448 書道8.7)

〓 佚886 〓 (前7.5.2 粹5 8 9 後上22.4 甲651 3512 通259 書道8.7)

〓 粹16 〓 (後上24.9 摭續115 續1.51.5 佚376 南明448)

〓 後上1.1 〓 (戩1.3 卜234 京609)

――

〓 遺393 〓 (佚259 粹857 甲785 南明451 453 摭續109 掇1.550)

〓 續1.3.1 〓 (林2.19.13 甲191 712 2905 3587 南明427 457 粹858 南師1.30 書道10.3)

〓 寧1.122 〓 (南明132 438 448 453 459 460 粹121 195 甲392 3587 拾2.9 佚892 庫1101 京3893)

〓 遺668 〓 (戩2.8)

〓 乙3094 〓 (南明47 後上27.6 京3895)

〓 京3895 〓 (戩2.8 後上27.6 乙3094)

〓 甲1275 〓 (甲3916 通別2 6.11)

〓 續存下747 〓

〓 掇2.404 〓

〓 粹854 〓

〓 乙7456 〓 ―― 〓 書道9.1 〓 (安陽3.1 續1.49.3) ―― 〓 庫407 〓 (粹11)

当って何神を祀るべきかをトするものが右の諸辞であり、従ってこの際に諸神が合祀されることが起るのは当然であって次の例はそれである。

[illegible] 粋11 [illegible] — [illegible] 乙4524 [illegible]

前7.5.2 [illegible] — 掇1.550 [illegible] — 甲712 [illegible]

粋9 [illegible] — 拾2.9 [illegible] — 戩2.8 [illegible]

甲3916 [illegible] — 甲2905 [illegible]

(3) [illegible]

前記の如く風は上帝の命令するものであり、而して次の如くこの風が尤をなすか否かがトされて居り、前8.14.1版によれば風禍は大風によるものであることが解る（[illegible]は尤の義。祭儀[illegible]参照）。

鉄188.1 [illegible] — 後上31.14 [illegible] — 粋1417 [illegible] — 前8.14.1 [illegible]

この風禍の寧息を次の如く[illegible]祀に祈って居り、これらの「[illegible]風」・「[illegible]風」・「于[illegible]風」が[illegible]祀に於ける寧風の祈願であることは前述の如くであり、又「其寧風方」が「方[illegible]」の寧風祈願であることは[illegible]・[illegible]の場合と同様である。

前3.21.3 [illegible] — 遺935 [illegible] — 前4.17.5 [illegible]

佚227 [illegible] — [illegible] — 粋1182 [illegible]

寧風が次の如く「[illegible]」（伊尹の別称）・「[illegible]」にも行はれて居り、これは[illegible]・[illegible]の場合と等しく配祀によるものであらう。

[illegible] 甲828 [illegible]（粋828）— [illegible] 寧1.118 [illegible]（摭續3）

(4) [illegible]

[illegible]字の用法は次の如く「[illegible]」・「[illegible]」・「[illegible]」・「[illegible]」・「[illegible]」と用ゐられて居り、葉玉森は「蟬」と釋し「夏」

（[illegible]）甲3531 [illegible] — 續存下463 [illegible] — 林2.26.13 [illegible]

南明466 [illegible] — （[illegible]）京3908 [illegible]（粋2.14.18 南明466 468 坊4.54）— （粋1151 寧1.593 後下12.14 乙3957 甲1792 京2.573 前2.5.3 天20）

ト592 [illegible] — 佚525 [illegible] — （[illegible]）文687 [illegible]

（寧䖵）掇1.550 〓

甲3642 〓

南明469 〓

粹4 〓（續存196）

續存196 〓

（今䖵）安陽416 〓

前5.25.1 〓

粹12 〓

の假借としてゐるが（鉤沈二葉）、商承祚は之を非とし（清華週刊三七・九・十 殷商無四時說）、唐蘭は「䖵」と釋して「秋」の假借としてゐる（古文字學導論下四〇葉）。郭沫若は「唐說甚是」として「告䖵」を「告秋、告一歲之收穫于祖也」（粹釋二葉）としてゐるが、掇1.550版には「乙亥卜其寧䖵于〓」と「辛未貞祈禾于〓」とがあつて、この兩辭は「祈禾」を卜した四日後に「寧䖵」を卜してゐるから、䖵を「一歲之收穫」と解することは不可能である。「寧」は定息の義であるから寧䖵は寧風・寧疾と等しく䖵の災害の定息を祈るものであり、從つて䖵は必ず災禍を齎らすものでなければならず、而してその字形は蝗に近く、又「貞今歲䖵不至茲商二月」（文687）と䖵の至るか否かがトされてゐるから、「寧䖵」は蝗禍の停息を祈るものであり、その「告䖵」は飛蝗の至るを告ぐるものであつて、「𠦪䖵」は𠦪疾と等しく𠦪祀に寧蝗を祈るものである。（今䖵は䖵を以つて蟲となし借りて「秋」とし「今秋」の義であらう）

(5) 寧疾

疾は前述の如く帝の降すものであり、「寧疾」の語法よりせば災害の字であつて「〓」（乙7150）の如く王の疾病について疾であるか否かがトされてゐるから、疾病の災禍を謂ふものである。次の如く「寧疾」が𠦪祀に祈られて居り、

甲1148 〓 ―又「㞢作𠦪」（董典28）と疾病あるによつて𠦪祀を行ふか否かがトされてゐる。

これを要するに𠦪祀は祈雨・寧雨・祈年・寧風・寧蝗・寧疾（疾禍）のために行はれるものである。

四、𠦪祀の祭儀

(1) 𠦪祀の月

𠦪祀が行はれる月を知り得るものは少く、次の如く二月・九月・十月・十二月にトされてゐる數例を見るに過ぎない。

甲3432 〓 ― 遺612 〓 ― 乙42 〓 ― 粹895 〓

(2) 〓・〓・〓・〓・〓・〓

𠦪祀卜辭には次の如く〓（燎）・〓（羽舞）・〓（沈貍）・〓（殺牲）・〓（禋）・〓（冊告）が記されてゐるが、これらの祭儀は必ずしも上

乙683 〓〓〓〓　續2.18.8 〓〓〓〓〓〓〓〓〓〓〓〓〓　佚46 〓〓〓〓〓〓〓〓〓〓〓〓

佚508 〓〓〓〓〓〓〓〓　乙2639 〓〓〓〓〓〓〓〓　佚40 〓〓〓〓〓〓〓〓〓〓〓〓〓

帝を對象とするものではなく、「〓」は例へば「〓〓〓〓〓〓」(乙2844)・「〓〓〓〓〓〓」(乙5272)の如く〓祀に於いては「〓」に行はれて居り、「〓」は後述の如く〓・〓以外には用ゐられない祭儀であり(外祭の祭儀参照)、「〓」は例へば「〓〓〓〓〓〓〓」(佚40)・「〓〓〓〓〓〓〓〓〓〓〓」(乙5272)の如く〓祀に於いては〓・〓に用ゐられて居り、從つて〓祀卜辭中の右の祭儀は配祀される神に對する祭儀が一辭に記されてゐるものであることが解り、例へば右の續2.18.8は東方に上帝に〓祀し、〓神を配祀して〓禮には〓犬(幽黑色の犬)を用ゐ、〓に燎祀して〓には〓牛を用ゐるものである。

(3) 〓

〓は次の如く〓祀に行はれ、又〓に用ゐられてゐるから、寧風の〓祀の祭儀である。

(〓祀) 拾1.1 〓〓〓〓〓〓〓〓〓

粹1311 〓〓〓

寧1.76 〓〓〓〓〓〓〓〓〓〓 (甲216 京2974)

粹1216 〓〓〓〓〓 (粹1036 掇1.448)

鄴3.46.5 〓〓〓〓〓〓

摭續91 〓〓〓〓〓〓〓

(〓) 後下42.3 〓〓〓〓〓

粹56 〓〓〓〓〓〓〓

明2944 〓〓〓〓〓〓

庫992 〓〓〓〓〓〓〓〓

天52 ……〓〓〓〓〓〓

〓字を唐蘭は詛楚文に「巫咸」が「〓咸」に作られてゐることを証として「巫」と釋し(古文字學導論下八)、上掲の「〓〓」を「謂祈寧風于巫也」(天釋四八)と解してゐる。郭沫若は之に從つてゐるが(粹釋五六)、陳夢家は「巫爲神名、但第一例(乙4628「妥其氏巫」)之巫、則地名或國名」としてゐる(卜辭綜述五七八頁)。粹1216版に「〓〓〓〓」と「〓〓」と「〓〓」の用法があり、又續5.26.11「〓〓〓〓〓〓〓〓〓」に「〓〓」、寧1.186「〓〓〓〓〓〓」に「〓〓」の用法があつて、〓と〓とは通假の字であることが解り、而して後述の如く(祭儀・人牲説の批判)〓は婦・母・舞と通假の字であるから「〓」の字音は「婦」であつて、詛楚文に之を「巫」としてゐることと字音に於いて一致してゐる。

上掲例の如く「〓」は特に止風のために用ゐられ、而して〓を用ゐる場合の供牲は「九犬」(庫992)・「三羊三犬三豕」(續2.15.3)・「二犬」(遺935)・「二犬」(京2974)・「一犬」(甲216)・「一豕一犬」(京都人文)・「一羊一犬」(寧1.76)の如く必ず「犬」が用ゐられて居り、婦音の「〓」なる祭儀は止風のために犬を牲とすることが解る。爾雅釋天に「祭風曰磔」とあつて郭璞注に「今俗當大道中磔犬以止風」と謂ひ、又周禮春官宗伯に「以疈辜祭四方百物」とあつて鄭司農は「披磔狗祭以止風」、鄭玄は「疈疈牲胸也、疈而磔之謂」として居り、犬を疈磔して止風を祈ることを爾雅は「祭風」、周禮は「祭四方」となしてゐて、斯かる風習が晉代まで行はれてゐるのである。卜辭の寧風の帝祀には犬が用ゐられる婦音の□が行はれて居り、止風のための祭風には狗を披いて磔する疈が行はれてゐて、□と疈とは祭儀に於いても字音に於いても符合して居り、□は即ち疈に外ならず、卜辭に「帝東□」・「帝北□」・「寧風北□」・「(□)帝南」の如く東・北・南に□が用ゐられ、又「庚戌卜寧于四方其五犬」(南明487)の如く五犬を用ゐて四方に寧風を行つてゐて、周禮の「以疈辜祭四方」と一致してゐる。從つて□の溯義は疈であつて詛楚文の巫の用法は假借であり、而してその字形は四方に磔狗を用ゐてゐる象意と考へられるのである。

(4) □

□は次の如く東・西・南・北、及び地名の□□・□(前5.24.8 鉄76.2 佚613 粹1318)・□(粹984 乙1980 5321 佚734)・□(庫383 乙2439 5798 7475 8144)に於いて行はれ、又□・上下・大□・大十・□□・□□に對して用ゐられてゐる。これは□□・□□が地方に行はれ又諸神に用ゐられてゐると同樣であつて、□□・□□が帝に於いて地方に行はれ諸神を配祀するものであるから、この「□」も亦帝の祭儀と考へられ、上揭の乙5386版「□于□□□□」に「帝」字(或は帝の假借)が用ゐられてゐるのは之が傍証である。

(地方)	乙4733	(□)□于東
		(□)□□于東
		(□)□□于□
		(□)□□于□□(南坊4.160)
	乙5386	□于□□□□
	乙4518	(□)□于□□
	佚613	□□于□
	掇1.67	□(于)□一□
	掇1.68	□□于□□□…

(神名)	續存下508	(□)□(于)□
	乙7161	□□上下一□
	前1.45.3	□□于大□
	粹158	□□于大十
	乙2572	□□于□□
	乙7248	□于□□(乙4534 5317 7171)
	乙3037	□于□□

□字を羅振玉は人名とし(考釋上十二)、商承祚は之に從つてゐるが(佚釋九)、郭沫若は「□字不識、當是動詞、且與紫𧶠諸字為近」(通釋三三三)としてゐる。□の字形は説文の「𢧵、有枝兵也」と殆ど一字であるから「𢧵」の初文であり、而して乙4534・7171二版に於いては「□于□□」が「□□□」と對貞されてゐるから、□(舞)と同類の祭儀であつて、周禮地官の「舞師掌敎兵舞、帥而舞山川之祭祀」の兵舞と

考へられ、而して次の如く舞は方帝に於いて行・岳に供されるに對して〓は行岳以外の右の諸神に供されるものである。

(5) 舞

舞は乙1937版に於いては「貞舞㞢雨」と「帝〓〓」とが對貞されて居り、又續2.15.3版に於いては「…〓…〓…方…舞雨」と「方」に行はれ、又次の如く〓地(遺1202在〓)・〓地(佚980在〓)・〓地(乙3214在〓)に行はれてゐるから方帝に行はれることが解る

乙8081 ・〓舞〓〓 ・舞〓〓〓 ——— 。舞を葉玉森が舞と釋して「舞象人執牛尾以舞」、「為舞之初字」(簠室殷契類纂五之一)としてより諸家之に從つて異說がなく、而して金638版には「〓舞㞢雨」と「〓舞〓雨」とが對貞され、又乙8518版には「〓〓

乙5278 貞〓舞〓〓

卜〓舞日〓雨〓雨」と、舞によつて雨が降るか否かが卜されてゐるから、舞は祈雨の祭儀であつて第三期には「〓」に作られてゐる(粹846 847 848 甲1179 1460 1893 寧1.115)。卜辭に於いては次の如く行・岳に用ゐることが卜されてゐるから、帝祀に於いては行岳に供されるものであり、而して舞には〓舞(乙8518)・〓舞(前6.26.2)・〓舞(前3.20.4)がある。

乙3899 〓〓卜〓貞舞〓(乙6857 7173) — 乙3449 舞岳(甲2334 佚83 乙5351 5644) — 粹51 卜今日舞〓岳

(6) 烄

烄が祈雨の祭儀であることは例へば「貞烄㞢雨」(乙5644)・「烄〓〓雨」(拾8.2)と、「〓烄〓〓雨」(乙5351)・「〓〓烄〓〓雨」(乙5836)の用例に見て明かであつて、郭沫若は「在卜辭乃是求雨之祭」としてゐる(粹釋六五八)。烄が帝祀に行はれてゐる例は未見であるが、次の如く東方・〓地(前2.12.3在〓)・〓地(前2.35.1田〓)・〓地(前6.1.8征于〓)・〓地(粹960在〓)・〓地(掇2.130往〓)・〓地(乙2170田方)・〓地(簠地20在〓)・〓地(後上15.7田〓〓)・〓地(南明2.189在〓)・〓地(柏13在〓)・〓・〓・〓(未詳)に行はれて居り、從つて地方に行はれる祈雨の祭儀と謂ふことが出來る。

甲410 …〓…烄…東 ——— 鄴3.48.3 〓烄〓 ——— 後下15.2 〓烄于〓 ——— 甲637 于〓烄雨

粹657 〓烄〓〓雨 ——— 寧1.116 烄〓于〓雨 ——— 甲799 〓〓烄 ——— 佚932 于〓烄

粹653 卜〓烄〓 ——— 粹10 〓〓卜于〓烄〓雨 ——— 甲637 于〓烄雨 ——— 後下15.8 〓〓烄

佚936 貞烄〓〓(鄴3.45.10略同) ——— 庫1047 于〓烄 ——— 甲799 〓〓烄

烄字を羅振玉は「烄」として「說文解字、烄交木然也、玉篇曰、交木然之以尞柴天也、此字从交下火、當即說文之烄

字」、(考釋中五〇)としてより諸家之に從ひ(商承祚類纂一〇・王襄簠釋天四四・郭沫若粹釋六五八・孫海波誠釋六九)、而して王襄は「後世因祭于郊、叚用郊而烄廢」となし、郭沫若は「余意以爲當即郊祀之郊之本字」と郊祀の郊の本字としてゐる。然るに胡厚宣は「今案卜辞之烄、專以求雨、字从交在火上、交者人也、蓋焚人以祭也」(甲骨學商史論叢殷代之農業一二三)とし、陳夢家は之に從つて「説文烄交木然也、與此是否一字尚不可必、……是以人立於火上以求雨、與文献所記「暴巫」・「焚巫」之事相同」(卜辞綜述六〇二頁)としてゐるが、この説は墨子以下の諸書に散見する湯王が身を犠牲として旱を救はんとした傳説と、春秋左氏傳・禮記檀弓にある焚巫・暴巫の記事に依るものであり、而してこの字体は□・□・□・□・□・□・□に作られてゐて、□・□・□は人の立つ貌である□とは遙かに異つて居り、□と火に从ふ説文の烄となす羅釋は至確である。

斯くの如く□は地方に行はれるものであつて、交木を燃やして降雨を祈る祭儀であり、その交木を燃やす點は□と同一であるが、□は□祀の際には□に專用されて上帝には行はれず、又□が□・□・祖神に用ゐられてゐる例は絶無である。之を前述の如く祈雨は地方に於ける□祀に於いて上帝に行はれてゐることと併せ考へれば、□は方□に於ける上帝に對する尞柴に外ならない。この烄祀が地方即ち郊に行はれるによつて、上帝を祀るを後世郊祀としてゐるのであつて、郊は烄の音と地方に祀るの義を兼ねてゐるものである。□祀にはなほ次の用例があり、

- 續5.14.2(□□□□□□□□□□□)
- 摭續3(□□□□□□□□□□)
- 乙3449 □□□□□□□□□(乙6319 簠雜67)
- 佚1000(□□□□□□□□□□□)

- 前5.33.2(□□□□□□□□□□□)
- 續存下744 □□□□□□□
- 簠雜67 □□□□
- 乙1228 □□□□□(乙4450 前5.33.3)

胡厚宣は右の□・□を女巫、□を男巫として巫を焚いて□祀するものとなし(同前一二四葉)、陳夢家は之に從つて「卜辞烄以求雨之妹𡜋等、係女字乃是女巫」(卜辞綜述六〇三頁)としてゐる。右の例に於いて「□□」は「□□」・「□□」・「□三□」とも記されて居り、□・□・□は後述(祭儀・人牲説の批判)の如く「巫」と用ゐられてゐるから□・□・□・□は巫名であるが、焚巫・暴巫であるか否かは後考に俟たねばならない。

之を要するに上帝は雨風電暵稔穀の自然を支配し、戰勝・戰敗・喪乱・疾病を主宰してゐて、王は帝意の許諾を卜して政治を行はねばならない至上神であつて、□祀(禘祀)に於いては宗廟に祀られて「父」が配祀され、□祀(後世の郊祀)に於いては地方に祀られて□に□祀し□・高祖神・祖神が配祀されて居り、前者は父を尊嚴にするためであるが、後者は祈雨・祈年・

𢀛雨・𢀛風・𢀛蟲・𢀛疾がその目的であり、而して特殊な祭儀としては王(䨓犬)・[illegible](兵舞)・[illegible](雩舞)・[illegible](烄)が用ゐられてゐるものである。

第三項　帝説餘論

(一)　禘郊説について

上帝は宗廟と地方とに祀られて居り、宗廟に之を祀るのは父を尊嚴にする口祀の場合であつて、口祀は五世の祖に及ぶものであり、これは金文の𠫑祀・後世の禘祀である。又地方に之を祀る柰祀は土に燎祀して行烄・祖神を配祀し、祈雨祈年を行ふものであり、これは後世の郊祀である。この兩者は共に上帝を祀り祖を配祀してゐて、同音の口祀・柰祀と稱されてゐるから、後世に及んで兩者の解釋に混乱を生じ、遂に「禘禮之説、千古聚訟」(論語正義)とされるに至つてゐる。

(1)　禘説

禘祀が何如なる祭祀であるかについては次の諸説があり、

(1)　大祭説　爾雅釋天―禘大祭也、　鄭玄―禘大祭也(喪服小記注・學記注・明堂位注・周頌雝注)

(2)　殷祭説　鄭玄―以禘爲殷祭(周禮大宗伯注・王制注・祭義注)

(3)　時祭説　祭統―凡祭有四時、春祭曰礿、夏祭曰禘、秋祭曰嘗、冬祭曰烝、　王制―宗廟之祭、春曰礿、夏曰禘、

(4)　諦祭説　説文―禘諦祭也、　賈逵―禘者遞也、審諦昭穆、(禮記疏引)

又禘祀が何を祀るかについては、天・祖・帝を祀るとされてゐて次の如くである。

(1)　祭天説　鄭玄―大禘郊祭天也(商頌長發注)、　禘謂祭天(喪服小記注)、　禘謂祭昊天於圜丘、(祭法注)

金榜―天地之祭名禘、(漢學師承記引)

左氏會箋―禘本天子祭天之大祭、(閔公二年)

(2)　祭祖説　鄭玄―魯禮三年喪畢、而後祫於大祖廟、明年春禘於群廟、(王制・大宗伯注)

金榜―王者禘其祖之所自出、…禮王者始受命、諸侯始封之君、皆爲大祖、(漢學師承記引)

爾雅正義―爾雅所記禘大祭、則專主宗廟之祭、

(3) 祭帝説　赫京山—祭帝曰禘、禮曰不王不禘、三王之始祖、皆古帝之苗裔、祭其始祖所自出之帝曰禘、

左氏會箋—禘之爲字、从示从帝、帝謂天帝也、

右の如く禮祀大傳及び喪服小記に「王者禘其祖之所自出、以其祖配之」とある其祖所自出を、鄭玄は「天」と解して禘祀は天を祀るものとなし、金榜は之を「大祖」と解して禘祀は大祖を祀るもの、赫京山は之を「古帝」と解して禘祀は古帝を祀るものとしてゐるのである。鄭説に於いては禘祀は天を祀るものであるが又祖を祀るものともされて居り、この兩者は天を祀り祖を配祀するものとすることによつて統一され、而して其祖之所自出を天となす根據は次の諸注の如く、王者の祖先は天の神靈に感じて生れたものであるから祖の出づる所は天であつて、この感生帝を祀るのが禘祀であるとしてゐる。

大傳注—凡大祭曰禘、大祭其先祖所由生、謂郊祀天也、王者之先祖、皆感大微五帝之精以生、蒼則靈威仰、赤則赤熛怒、黄則含樞紐、白則白招拒、黑則汁光紀、皆用正歳之正月、郊祭之、蓋特尊焉、孝經曰、郊祀后稷以配天、配靈威仰也、宗祀文王於明堂、以配上帝、汎配五帝也、

喪服小記注—禘大祭也、始祖感天神靈而生、祭天則以祖配之、自外至者、無主不止、而立四廟、

祭法注—禘郊祖宗、謂祭祀以配食也、此禘謂祭昊天於圜丘也、祭上帝於南郊曰郊、祭五帝五神於明堂曰祖宗、祖宗通言爾、下有禘郊祖宗、孝經曰、宗祀文王於明堂以配上帝、——郊祭一帝而明堂祭五帝、小德配寡大德配衆亦禮之殺也。

儀禮喪服注—始祖者感神靈而生、若稷契也、及始祖之所由出、謂祭天也、

從つて鄭説に於いては上帝を郊祀することも宗祀することも共に禘祭であり、禘・郊は本質的には區別が立たなくなるのであつて・ここに於いて郊祀と宗祀とを帝の数によつて區別し、郊祀には一帝宗祀には五帝を祀るとなし、又禘祀は圜丘に祀り郊祀は南郊に祭るとして居り・而して禘祀に祖を配祀する所以については「自外至者無主不止」と、公羊傳の「曷爲必以其祖配、自内出者無匹不行、自外至者無主不止」（宣公三年）の説を以つて説明してゐるに過ぎず、禘祀に祖が配祀される本質的な意義を理解してゐないのである。これに對して金榜は喪服小記の「王者禘其祖所自出、以其祖配之、而立四廟」を、周の廟制上から解釋して其祖を文武、其祖所自出を后稷となし、次の如く

喪服小記曰、王者禘其祖之所自出、以其祖配之、而立四廟、漢韋元成等四十四人奏議云、禮王者始受命、諸侯始封之君

、皆為太祖、以下五廟而遞毀、周之所以七廟者、以后稷始封、文王武王受命而王、是以三廟不毀、與親廟而七、然則周人祖文武、祖之所自出主稷也、稷為太祖廟、立文世室武世室配之、皆世世不毀、又下禘其親廟四、所謂以其祖配之而立四廟也、……曾子問七廟無虛主、虛主者惟祫祭於祖、而逸禮有七尸之文、禮器周旅酬六尸、鄭注云、后稷尸發爵不受旅、此經傳之言祫禘者、周公制禮之時、文武之主尚在親廟、故禘遷主於太廟而立昭穆二尸、

と、周の七廟は后稷・文王・武王の三廟と四親廟とであつて、祭時には七尸を立てて旅酬は六尸に行はれ、后稷の尸は始祖であるから發爵不受旅であり、從つて經文の「以其祖配之」の其祖を文王武王、「其祖所自出」を后稷となし、后稷の廟に禘祀が行はれて文王武王が配祀され、四親廟に禘祀が行はれるものと解してゐるのである。

斯くの如く鄭玄の「祭天説」は上帝を祀ることを説く所に重點が置かれてゐて、祖を配祀する意義を理解せず、この説は遂に禘・郊の本質的な區別を失ふに至つて居り、金榜の「祭祖説」は祖を配祀することを説く所に重點が置かれてゐて、上帝を祀ることを否定してゐる。禘祀が宗廟の祭祀であることは春秋に「禘于太廟」(僖八年)、禮記に「以禘禮祀周公於大廟」(明堂位)・「宗廟之祭、…夏曰禘」(王制)・「外祭則郊社是也、内祭則大嘗禘是也」(祭統)・「嘗禘之禮、所以仁昭穆也」(仲尼燕居)とあり、而して卜辞に於いては前述の如く上帝を宗廟に祀り、父を配祀して五世の親廟に口祀が行はれてゐる。從つて禘祀を上帝を圜丘に祀るものとする鄭説は固より非であるが、始封の祖を祀るものとして上帝を祀るものとしない金説も亦非であり、又上帝を宗祀するとしてゐる點に於いては鄭説は是であり、四廟(一般は五廟)の親廟に禘祀が行はれるとしてゐる點に於いては金説は是であつて、禘祀はこの兩者を兼ねて父を尊嚴にするために配祀する祭祀であることは、卜辞によつて始めて明かとなつたのである。

(2) 郊　説

桒祀は上帝を祀り土に尞祀して河岳及び祖神を配祀し、祈雨・祈年・寧雨・寧風・寧蟲・寧疾を目的とするものであるが、後世に於いては郊祀は上帝を郊に祀つて后稷を配祀し、祈穀・風雨節・寒暑時・祈福・事上帝・事天、定天位・制上下・升中于天・報天・明天道がその目的とされてゐて次の如くであり、

(1) 祀帝於郊(明堂位・禮器・禮運)、郊社之禮所以事上帝也(中庸)、郊之祭、大報天(祭法・郊特牲)

(2) 祀帝於郊、配以后稷、（明堂位・公羊傳宣三年・左傳襄七年・祭法・魯語）、思文后稷、克配彼天、（思文・生民）

(3) イ、祈穀于上帝（月令・周頌噫嘻序）

ロ、饗帝於郊、而風雨節、寒暑時、（禮器）

ハ、供皇天上帝名山大川四方、…以為民祈福、（月令）

ニ、郊社之禮所以事上帝也、（中庸）。天地者生之本也、故上事天、（荀子禮論）

ホ、祭帝於郊、所以定天位也、…禮行於郊而百神受職焉、（禮運）。天地之祭…君臣之義（禮器）。郊之祭…以制上下（祭法）

ヘ、因吉土以饗帝于郊、升中于天、而鳳皇降、（禮器）

ト、郊之祭也、迎長日之至也、大報天而主日也、兆於南郊、…郊所以明天道也、萬物本乎天、人本乎祖、此所以配上帝也、郊之祭也、大報本反始也、（郊特牲）。郊之祭大報天而主日、配以月、（祭義）

右の祈穀・風雨節・祈福は卜辞と略〻一致してゐて殷代の信仰を傳へてゐるが、定天位・升中于天・制上下・事上帝は受命思想により、報天・明天道は天道思想による解釋であつて、前者は周代、後者は戰國時のものであり、郊祀の意義の時代的變遷を窺ふことが出來る。

采祀に於いては土に賓祀され、[illegible]・[illegible]（河・岳）及び[illegible]・[illegible]・大下（契・重・王亥）等の高祖神、上甲・大乙・大甲・祖乙等の祖神が配祀されてゐるが、郊祀に於いては周は后稷を、有虞氏は堯（魯語）・嚳（祭法）を、夏は鯀（祭法・魯語・左傳昭七・晉語）を、殷は冥（祭法・魯語）を、杞國は禹（禮運）を、宋國は契（禮運）を配祀するものとして居り、而して祖を配祀する説明として次の如く「人本乎祖」或は「自外至者無主不止」の理由が擧げられてゐるが、后稷については「祈農事」るためとされてゐて、后稷が「貽我來牟」とか「周棄亦為稷」の理由がのべられてゐる。この「祈農事」としてゐる理由は殷代の信仰を傳へてゐるが、「人本乎祖」・

魯語―有虞氏郊堯、夏后氏郊鯀、殷人郊冥、周人郊稷、

祭法―有虞氏郊嚳、夏后氏郊鯀、殷人郊冥、周人郊稷、

禮運―杞之郊也禹也、宋之郊也契也、

イ、萬物本乎天、人本乎祖、此所以配上帝也、（郊特牲）

ロ、郊則曷為必祭稷、王者必以其祖配、王者曷為必以其祖配、自内出者無匹不行、自外至者無主不止、（公羊傳宣三年）

。夫郊祀后稷以祈農事也、（左傳襄七年）

○思文后稷、克配彼天、立我烝民、莫匪爾極、貽我來牟、帝命率育、（周頌思文・魯頌閟宮）

○有烈山氏之子曰柱、爲稷、自夏以上祀之、周棄亦爲稷、自商以來祀之、（左傳昭二九年・祭法、魯語）

「無主不止」とするものは後世の附會であり、而して周棄が郊祀に配祀されて祈年が行はれることを合理的に説明するために后稷説話が生じてゐるのである。之によつて祖神の神威（豊年）に對する信仰が薄くなり、配祀される意義が不明確になつて、合理的に之を説明しようとしてゐることが解るのである。

これを要するに殷の口祀・郊祀は周以降に継承されてゐるが、その本質的意義は次第に不明となり、上帝が天と理解されて上帝を祀ることが天を祀ることとなる戰國末には、郊祀の祈穀の意義が更に「升中于天」と變じ、遂に秦始皇の封禪となるのである。

(二) 帝と天について

郭沫若は「帝」が「天」と稱されたのは殷周の際であるとして「起初稱爲帝、後來稱爲上帝、大約在殷周之際的時候又稱爲天、因爲天的稱謂在周初的周書中已經屢見、在周初彝銘如大豐簋和大盂鼎上也是屢見、那是因襲了殷末人無疑」（先秦天道觀之進展九頁）と、周書・大豐毀・大盂鼎の「天」は殷人の呼稱を踏襲したものであるとしてゐるが、卜辭には次の如く「天」字が上天乃至は天神の義に用ゐられてゐる例はなく、從つてこの説には遽かに從ふことが出來ない。

説文に「天」は「」（天顚也、至高無上从一大）に作られ、金文の「天子」の天字は「」（追敦・大敦）・「」（邢侯尊）・「」（史頌敦）・「」（齊侯鐘）・「」（無异敦）に作られてゐるから、これらの字体を基準として卜辭に之を求むれば次の如くであり、

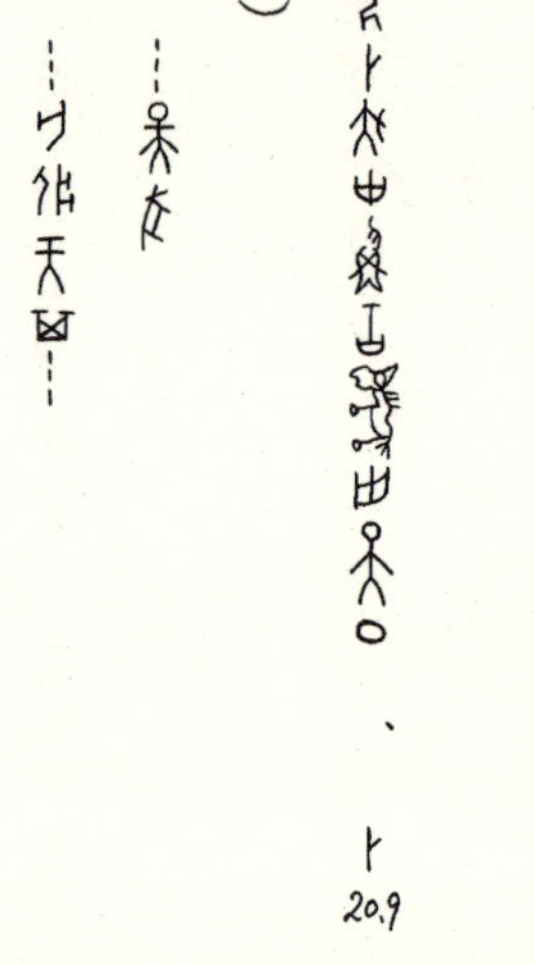

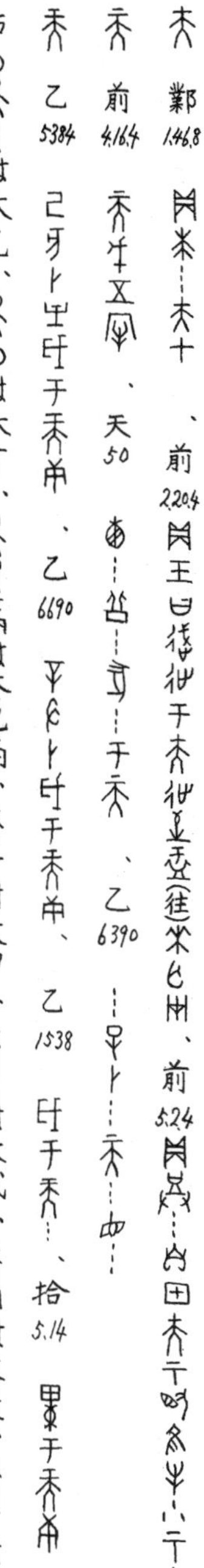

天　鄴1.46.8　[illegible]、前2.20.4　[illegible]、前5.24　[illegible]、前2.27.8　[illegible]

天　前4.16.4　[illegible]、天50　[illegible]、乙6390　[illegible]

天　乙5384　[illegible]、乙6690　[illegible]、乙1538　[illegible]、拾5.14　[illegible]、乙4505　[illegible]

右の天く は大乙、天○は大丁、天邑商は大邑商、天十は大甲、天戊は大戊、天庚は大庚、天示は大示であつて、天・天には又地名の用例(前2.20.4 2.27.8)があり、天・天の用法は未詳である(殷本紀の「天乙」、多士の「天邑商」はこの天くを天乙、天邑商を天邑商となす)。斯くの如く金文の天字はト辞に於いては「大」の意に用ゐられてゐて、一例も上天・天神の用例がなく、胡厚宣は「ト辞雖亦有天字、但天邑商天戊之天、皆用為大、與天帝之天無關」と、又陳夢家は「ト辞的天没有作上天之義的」と謂つてゐる(胡説は殷代之天神崇拝二四葉、陳説はト辞綜述五八一頁に見る)。然らば天字が至上神の稱號として用ゐられてゐる最初の用例は何に見得るであらうか。これについては郭沫若は「在周初彝銘如大豊簋和大盂鼎上」、胡厚宣は「稱帝為天、蓋自周武王時之大豊𣪘言天亡尤王始」(同上)として居り、これは大豊𣪘に「王祀于天室降天亡又王衣祀……」とある天を天神と解するに據るのであるが、天は金文に於いても「大」の意に用ゐられて例が多く、例へば次の如くであり、

天室　大豊𣪘の「天室」、天廟彝の「天廟」は他器習見の「大室」、「大廟」である。

天君　克尊の「對揚天君王伯休」、天君鼎の「天君鄉㶌酎」、父丁敦の「我天君鄉(㶌)酎」の天君は他器の「大君」である。

天命　班𣪘の「昧天命故亡父キ顯」、師倍敦の「嗣受天命」、彔伯敦の「弘天命」の天命は他器習見の「大命」である。

皇天　作册大鼎の「大揚皇天尹大保休」の皇天は皇大の義であり、毛公鼎の「皇天亡斁」の皇天とは異る。

天　曾伯簋の「用考用亯于我皇祖文考、天錫之福」の天は曾伯壺には「用受大福無疆」と大に作られてゐる。

従つて大豊𣪘の「天亡又」の天が「大」の義であるか「天神」の意であるかは遽かに決することが出來ない。然し天神としての用例も亦習見であつて、確實に至上神として用ゐられてゐる最古のものは康王時器大盂鼎の「天」がそれであり(陳夢家にもこの説あり、ト辞綜述五八一頁)銘文の「丕顯玟王受天有大命……故天翼臨子……畏天畏」の「天」は明かに天神である。この「天」が「帝」と同一神格であることは、毛公鼎に「肆皇天亡斁、臨保我有周」とある皇天が、師訇𣪘には「肆皇帝亡斁、臨保我有周」と皇帝に作られてゐるに見れば明瞭であり、「天」は「帝」の別稱に外ならないのである。

斯くの如く殷代には未だ天字を以つて上帝を表現することは行はれてゐないが、周初康王時には「天」を上帝の別稱として居り、周初の同時史料とされてゐる書經の五誥には「天」の稱號が習用されてゐるから、天の稱號は周初に既に行はれてゐるものとせざるを得ない。然らば斯かる稱號が何如にして生じたのであらうか。前記の如く卜辭の「天」字は「大」の義であるから「大」字の異体に外ならず、又金文の「大」字的用法の天字も亦「大」字の異体であつて、「大」義に非ざる「天」の用例は金文に於いては康王時の大盂鼎の上帝の別稱としての「天」、及び康王時器の羌伯段・麥尊・獻彝に初めて用ゐられてゐる王の別稱としての「天子」の天字である。天子の稱は康王以降の金文には習見であつて、周初には「王」或は「元子」と稱され、その「元子」の例は五誥中の召誥に「嗚呼有王雖小元子哉」・「皇天上帝改厥元子茲大國殷之命」（微子之命「王若曰獻殷王元子」）と用ゐられて居り、天子の稱はこの元子に本づくものであつて、天子の原義は元子であり、從つてこの「天」の義は元首の意であることが解り、說文に「天、顚也」とし、又郭沫若が「大盂鼎都是畫一個人形、特別顯示着有巨大的頭腦（〓・〓・〓）、那頭腦便是顚、便是天」（同上五頁）として「天」の原義を顚元としてゐるのは之が傍証であり、「天」字が最初に「帝」・「元」の義として用ゐられてゐることは注意しなければならない。卜辭に於いては前述の如く上帝の別稱として「口」・「口示」が用ゐられて居り、而して「口」の原義については吳其昌、葉玉森は次の如く「顚頂」の象形としてゐる。

吳其昌―金文凡人形皆作〓或〓、至其元首之形之作●或○狀者、與丁字之作●或○狀者、正無二致、此(丁)蓋即原始之「頂」字也。（文哲季刊六、一所收金文名象疏証說丁）

葉玉森―古鉩文魯丁之丁作〓有尾象鐕、今言釘、先哲造丁字果取象于鐕、似當作〓〓〓形、方顯不應、僅象鋪首、予疑實象人顚頂也、故〓〓等字如是作、丁顚頂並一聲之轉、（前編集釋一・四。）

卜辭の「口」が顚頂の義であつて上帝の別稱とされてゐることと、金文の「天」が元首と上帝の義に用ゐられてゐることとは符合して居り、而して「口」の字音は爾雅釋魚に「魚枕謂之丁」とあつて「枕」・「碪」と假借されてゐるから天の音に近く、從つて周初に上帝を「天」と稱するのは殷代に上帝を「口」と稱する慣習の傳承に外ならない。而して周初に「口」を「天」と記したのは干支の「口」字と區別し、且つ元顚の意を明かにするために「〓」に作つたのであつて、ここに於いて康王時以降には大字の異体である〓字と、上帝の意である〓字とが併用される結果となつたのである。

右の如く周初の上帝の意の「天」字は卜辞の「口」字の異体として發達したものであつて、元來「上天」を表はす字ではなく、之が上天の義に用ゐられるのは郭沫若が「因為頭腦在人體的最高處、故高處都稱之為顛、樹頂稱顛、山頂稱顛、日月星辰所運行着的最高的地方稱天」（先秦天道觀之進展五頁）としてゐるやうに、字義の引伸によるものであり、斯かる用法の「天」は詩經に例へば「蒼天蒼天、視彼驕人、矜此勞人」（巷伯）・「彼蒼者天、殲我良人」（黄鳥）の如く用ゐられてゐるのはそれである（易經の「登于天」（中孚）・「飛龍在天」（乾）の天は上天、「自天祐之」（大有）の天は上帝であつて、之によれば爻辞の成立は西周末以前に溯ることが出來ない）。ここに於いて上帝は上天と考へられるやうになり、殷以來の上帝信仰は西周末に及んで「敬天」の信仰に轉化したのであつて、詩經に至上神が「帝」とされ又「天」とされてゐるのはこれが為であり、又「敬天」思想の發展の背後に在つて「上帝」信仰が之を支えてゐるのはこれが為である。從つて敬天思想は蒼天の神格化乃至は自然の威力を天に象徴せしめることによつて興つたものでないことは言を要しない。

第二節　自然神

上帝は自然を支配する意味に於いて自然神であるが、卜辞には自然物を神格化してゐる自然神があり、次の[illegible]・[illegible]・[illegible]はそれである。

第一項　[illegible]神

この字体は[illegible]（粹41）・[illegible]（粹63）・[illegible]（前2.26.2）・[illegible]（後上9.8）・[illegible]（林2.20.12）、又は[illegible]（粹791）・[illegible]（續6.10.5）・[illegible]（甲743）・[illegible]（南明454）・[illegible]（甲2585）、或は[illegible]（粹45）・[illegible]（甲460）・[illegible]（南明471）・[illegible]（甲3640）などに作られて居り、これらがいづれも[illegible]の異文であることは次の用例に見て明かである。

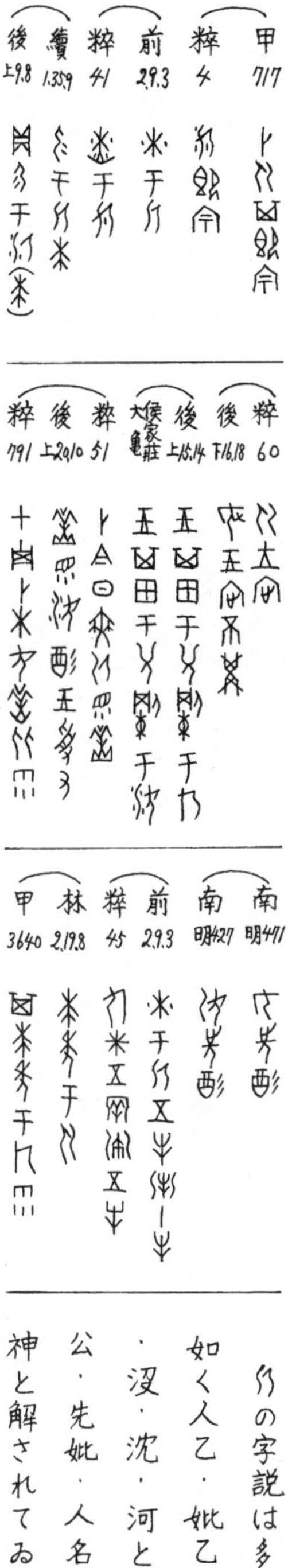

[illegible]の字説は多岐であつて、次の如く人乙・妣乙・沘・汱・[illegible]・斤・沒・沈・河と釋されてゐて、先公・先妣・人名・水名・水神・川神と解されてゐる。

孫詒讓	舉例下五〇	□	人乙	
羅振玉	考釋下一二	□	妣乙	
王國維	戩釋七・二	□	妣乙	
	戩釋一〇・四	□	沃	
王襄	類纂一四・六三	□	亇	
	類纂存疑五三	□	沃	
	同右	□	汅	
商承祚	佚釋六九六	□	汅	水名
	佚釋九	□		人名
葉玉森	集釋一・三・六	□	妣乙	
	同右六・六三・六	□	沘	水名
	同右二・二六・二	□	沘	沘水
容庚	卜釋二七	□		人名
郭沫若	通釋二五九	□	河汚	先公
	同右四二六	□	河	水名
	同右七七七	□	沈	高辛氏賓沈
	粹釋七九一	□	河	
陳夢家	燕京學報一九期	□	河	水神
唐蘭	天釋三五	□	河	
吳其昌	解詁續五〇六	□		先公
	解詁七續五〇六	□		地名
董作賓	中國古代文化的認識	□	河	地祇
	侯家莊大龜考釋		沈	
于省吾	駢枝三續	□□	汚	曹圍
李旦丘	零拾二九	□	沒	水名
孫海波	文釋三六二	□	其字則不可識	
胡厚宣	寧滬自序	□	河	高祖

（字釋）□は□に作られてゐるから□・□に从ふ字であつて、郭沫若は□を説文の「丂」とし、説文に「□」丂也讀若呵」とし、巧・可の旁として字音を呵としてゐるから、□は水に从ひ呵聲の「河」であると論じてゐる。甲2585版に「□□□□□□于□…」とある□は□・□に从ひ、□はこの辞の貞人名の□と同字であり、貞人名□は又□(粹728)に作られてゐて、郭沫若は之を「乃何(荷)之古文、象人荷戈形」(粹釋一三三)と荷の古文として居り、之に從へば□は水に从つて荷聲の字であることになり、□は水に从つて呵聲、□は水に从つて荷聲であつて、この兩者は□の異文であるから□を水に从つて可聲とする郭釋は至確であり、右の如く陳夢家・唐蘭・于省吾・董作賓・胡厚宣、及び楊樹達(積微居甲文說四一頁)は之に從つてゐる。

（用法）□・□の用法は次の如く貞人名・地名・水名、及び神名に用ゐられて居り、貞人名・地名としての用例はこれ以

貞人名　佚108　□□□□□□□…

地名　前2.4.8　□□□□□□□□□□

水名　前2.26.2　□□□□□□□□□□□□

神名　乙3121　□□□□□□□

外にはなく、而して地名としての「□」は次の如く「□」地と相去ること

前2.4.8

一日行程(今夕卜辞は毎日卜であつて、在□は壬戌卜在□は癸亥卜である)に在り、□地は□地(淮)を去る七日行程の北方に在るから(後述「殷の地名」參照)、□地は淮北八日行程に在ることになるが後世の何地に當るかはなほ後考に俟たねばならない。水名としての「□」の右の辞は他辞の「□□□□□于□□□」(後上15.8)と同一語法であるから□は□と等しく水名であり、又「□□□□」(鉄60.2)・「□□」(佚699)・「□□」(佚868)と用ゐられてゐて、□字は例へば「□□□」(董游34)・「□□□」(董游35)・「□□」(林2.15.16)の如く水を渉る意であるから「□」の水名であること

は愈〻明かである。その位置を考察するに左記の「其渉𢓊東𣲵」・「于ㄅ東𣲵」の例によれば、𣲵地は𢓊東に在つて𢓊を

前6.63.6

鄴3.45.2

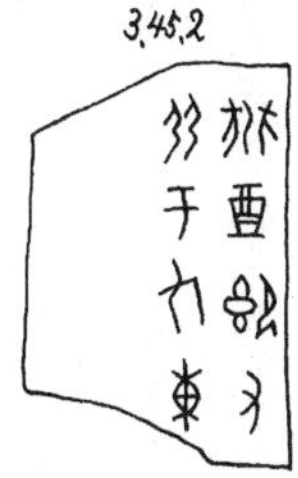

佚647

續3.30.5

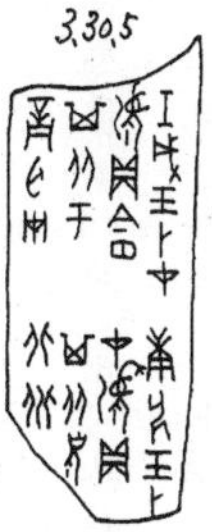

金728

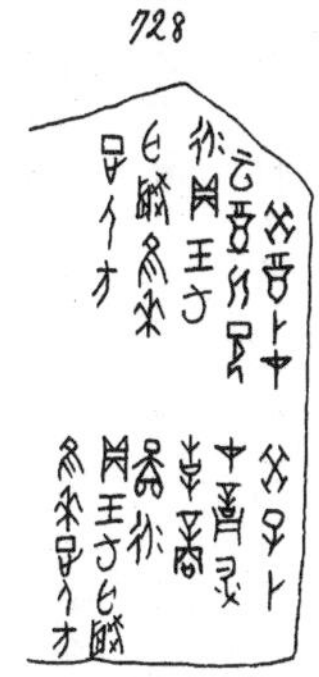

渉つて行く地であり、而してこの地は又「南𣲵」（續1.53.3 5.9.3 粹1286 甲623 3919 京4855）とも稱されてゐるから殷都の南方に當る地であり、右の續3.30.5版に於いては𣲵地と啚地とは一日乃至二日の行程に在り、啚地は金728版に於いては啚の鄙郊とされてゐるから𣲵地も亦啚の附近に在り、從つてこの地は殷都の南に在つて啚（商邑）とは一日乃至二日行程の地に當ることが解る。更に𣲵の字体は水・北に从つてゐて「水北の地」の意より起る地名であり、從つてこの地の南に水があつてこの水が𣲵地を貫流し、𣲵地は之によつて二分されてゐて、この水を渉つて東に東𣲵（佚647）の地があり、この水が右の辭に於いて「𢓊」と稱されてゐることが解るのである。以上のことからこの地は「邶」に當り、而して「𢓊」は黄河に當るのであつて、當時黄河は邶地を二分して東北に流れてゐたものと考へられる。卜辭には又「𢓊西」（掇1.408 寧1.599）・「𢓊東」（前4.46.4 ト673）の用例があり、例へば次の如く

前4.46.4

ト673

であつて、𢀛は殷將として𠮷方を征伐し（後述「殷代の社會」參照）「乎𢀛𠂤于𢓊」（簠人73）には往于𢓊とあるから𠮷方征伐のために𢓊東に赴いて居り、𠮷方は殷西に在つて西邊に侵寇した部族であるから、この𢓊東は後世の「河東」に當つてゐて、この「𢓊」も亦黄河に當るのである。

（神名）神名としての「𢓊」については右の如く人格神とする説と自然神となす説とがあり、人格神説は之を殷室の先公となすものであつて次の如くであり、

郭沫若—夒旣爲帝嚳、則𡿨與𢓊亦必爲殷之先人無疑、（通釋四五八）（通纂七七に𣲵を「實沈」となすも粹釋八三四に於いては之を訂正す）

吳其昌—綜上諸辭以觀、可以知在此名𢓊之先公之前後左右者、乃爲夋・土・若・羙・兒・王亥・田・伊尹諸人、由是可見與𢓊並祭同貞者、類多爲成湯以前之君臣、而尤以𢓊・羙同見爲最多數、則𢓊之世代雖未可碻考、而大畧可知其在上甲之先、羙・兒之次矣、（解詁二一五）

于省吾—綜上所述考、於𢓊𡿨二字之形体、徵於卜辭之世次、驗於聲韻之通借、𢓊之當爲根國、𡿨之當爲冥、昭然可覩矣、

……汅當為曹圉、（駢枝三續釋汅𡿨）

胡厚宣―由一卷一一九片言「高且河」、知河為祖先之名、（戰後寧滬新獲甲骨集自序）

楊樹達―甲文往往以河與殷先人之羔夒土連貞、有高祖汅之稱、其為殷之先公無疑、然其人為誰、治契諸家無質言之者、余按郭璞注山海經大荒東經引竹書云、殷王子亥賓于有易而淫焉、有易之君緜臣殺而放之、是故殷主甲微假師于河伯以伐有易、遂殺其君緜臣也、余疑汅為殷之先人、而實為河伯之嫡祖、上甲與河伯族屬雖或疎遠、要有同族之誼、故上甲從之乞師、……姑設一説于此、俟他日確証焉、（甲文説四〇頁）

郭、吳二氏は「先公」、于氏は「先公の曹圉」、胡氏は「高祖河」、楊氏は「河伯」としてゐる。然るに次の如く反對

孫海波―其字則不可識、其人亦非殷之先祖、（文釋三六三）

陳夢家―郭沫若始識為從水丂聲、疑為河之初文、然語焉未詳、且誤以河為之先世、（燕京學報一九期）

董作賓―或以為岳河皆是殷王的先祖、……我覺得岳河仍以解作山川為是、（中國古代文化的認識一八頁）

の説が述べられて居り、郭・吳・于三氏の説は推測に成るものであつて固より証據の見るべきものはなく、胡・楊二氏が「高祖」となす根據は次の掇1.550版（寧1.119 撥續2同版）に「〓〓高且〓于〓〓〓」とあるによるのであるが、この「祈禾高祖𠂤」は例へば「〓〓于〓〓〓」（前7.5.2）に〓・𠂤が高祖神〓と並記されてゐるのと同樣に、「高祖」と「𠂤」とが並記されてゐるものであり、而して上揭版に見るが如く、一辭には高祖に祈年を卜し他辭には𠂤に卜してゐるのは傍証であつて、この一例によつて𠂤神を高祖とするのは早計であり、𠂤神を人格神とする説には証據の認むべきものはないのである。次に自然神説は次の如く陳、董二氏によつて提出されて居り、

掇1.550

陳夢家―蓋認大河為水源之主宰、以年豊雨足為河神所賜、而災咎由河神為祟、卜辭有云「壬申卜㞢貞河希」（戩7.14）、又云「河弗𡆥我年」（庫407）、左哀六傳「昭王有疾、卜曰河為祟王、弗祭」、故祭河之文屢見左傳、卜辭祭河多以𡏳、河為水神、而農事收穫首賴雨水與土地、故河又為求雨求年之對象、卜辭祭河有三特色、一曰用沈、一曰用埋、一曰用王與奴、一、沈、周禮大宗伯以「貍沈祭山川林澤」、爾雅釋天「祭川曰浮沈」、覲禮「祭川沈」、皆以沈為祭川

之法」、左傳「祭川皆以沈」、……卜辭沈法幾全部用于祭河、（燕京學報一九期）

董作賓ー但卜辭又有「于岳求雨」或「于岳石有從雨」或「取岳雨」或「賓河岳有從雨」、我覺得岳河仍以解作山川爲是（中國古代文化的認識一八頁）、

と、陳氏は卜辭の語法と後世の語法の一致、及び祭川の祭儀と祭河の祭儀の一致から水神と断じてゐる。この説は妥當であり、「河」は水名としては黄河であつて、次の如く「河神」が「[illegible]」・「[illegible]水」に於いて祀られてゐるから水神であ

後上25.3 [illegible]（甲1152參）

南明493 [illegible]

り、その神名よりせば黄河が神格化された自然神である。

（神威）河神の神威としては[illegible]年・[illegible]雨・[illegible]王・[illegible]王、有祐が謂はれてゐて次の如くであり、[illegible]字は後述の如く「祟」の義である（祭儀[illegible]參照）。

（[illegible]年）庫407 [illegible]
粹11 [illegible]
續1.35.7 [illegible]

（[illegible]雨）乙920 [illegible]
金201 [illegible]
乙3121 [illegible]

（[illegible]王・[illegible]王・有祐）乙5265 [illegible]
乙5406 [illegible]
乙3343 [illegible]

斯くの如く年穀・降雨、及び王に[illegible]祟をなすものであるから、河神に對しても祈年・祈雨が行はれ、又上帝に配祀されるのであるが、その神格は上帝に比すれば言ふに足るものをもつてゐない。

河神の祭祀は第五期以外の各期に存し、第一期習見、第二期ー文362後上20.4卜7、第三期ー習見甲2091 2494 2585 2622 2880 3916、第四期武乙時ー後上22.7 23.4 23.6 續4.17.6 佚146 376 888 粹55 131 791、文武丁時ー佚9甲808續1.36.3東方3.1南明479 であるが、第五期の用例は「癸酉卜在[illegible]貞王旬亡[illegible]隹來征人方」（金728）の一例だけである。

第二項 岳神

（字体）岳の字体は次の如く多様に作られて居り、これらが異文であることは次の用例に見て明かである。

[illegible]（掇1.411 撥續14）・[illegible]（乙3338 4720）・[illegible]（金461）・[illegible]（甲361）・[illegible]（簠人23 戬47.1 乙6881 7506 7665 8288 拾2.10 前1.50.4 5.3.4）・[illegible]（前6.20.2 卜34 粹34 林2.21.1 遺147 846 乙740 1901 4149 4641）・[illegible]（續1.49.2）・[illegible]（遺707）・

[illegible]（鉄267.4）・[illegible]（續存1777）・[illegible]（文375）・[illegible]（乙7953）・[illegible]（庫83 628）・[illegible]（粹791 甲361）・[illegible]（後上24.2 寧1.90）・[illegible]（甲779 掇1.409）・[illegible]（前4.53.4）・[illegible]（佚891 甲2585 後下20.10）・[illegible]（甲649 909）・

[illegible]（甲2751）・[illegible]（粹27 724 佚74 寧1.314）・[illegible]（掇2.127）・[illegible]（後下16.5）

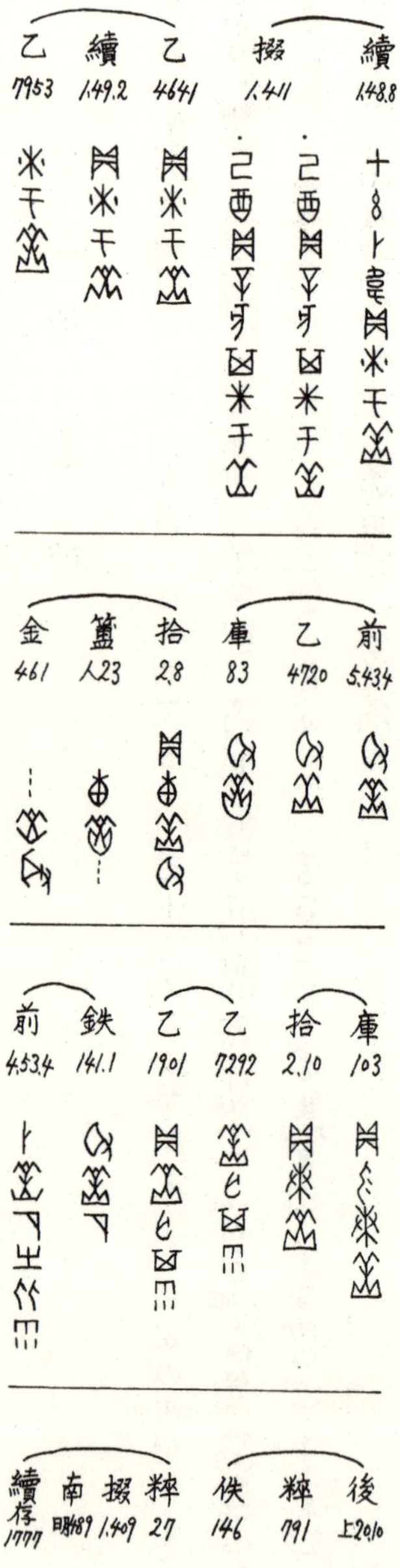

從つて陳夢家が〓と〓とを異字として「〓與〓應有所區分」、前者從〓、後者從羊、甲七八八・掇一・一五九〓羊並擧、甲三六一。〓羔並擧、可知其分別」（卜辭綜述三五八頁）としてゐるのは妥當ではない。右の如く最簡の字形は〓・〓・〓・〓に作られてゐて、上部が〓・〓・〓・〓・〓・〓・〓・〓・〓・〓・〓・〓・〓、下部が〓・〓・〓・〓・〓・〓・〓・〓・〓に作られてゐる。

（字釋）〓の字釋としては次の如く釋岳說・釋羔說・釋華說・釋芺說（釋𦍋說）がある。

○釋岳說

孫詒讓	擧例上廿 名原上廿	岳	嵩山
葉玉森	集釋一・三	岳	
陳夢家	燕京學報一九期	岳	山名
董作賓	中國古代文化認識	岳	山
李旦丘	零釋二九	岳	

○釋羔說

羅振玉	考釋中二八	羔	
王國維	戩釋二一	羔	人名
商承祚	類編四・八	羔	
容庚	卜釋七七。	羔	
王襄	類纂正一八	羔	
吳其昌	燕京學報一四期	羮	先公
胡光煒	文史哲季刊一・二	羔	昌若
朱芳圃	新中華復刊五四	羔	昌若
孫海波	文編三六七	羔	
張秉權	集刊二十本	羔	
丁山	集刊三・四・五九三	羔	帝嚳
楊樹達	甲文說釋羔	羔	帝嚳
聞一多	全集二釋羔		
唐蘭	天釋四三 導論下五七	羔（岳）	

○釋華說

郭沫若	通釋四四一	華	人名
	粹釋七三	𦬁（岳）	

○釋芺・𦍋說

于省吾	駢枝三續釋芺	芺	冥
陳夢家	卜辭綜述三四二	𦍋	冥

（釋岳說）

〓を〓と〓に从ふものとして〓については

孫詒讓−〓〓〓即象高形」……則象其高峻鐵陗」與亚形相邇」.

葉玉森−〓〓〓〓〓等形、亦無認爲从羊之理」

陳夢家−卜辭羊及從羊之字無作〓〓」者」、故釋「羔非」是、（卜辭綜述に於いては〓・〓を區別して後者を從羊とす。三四二頁）

と、孫氏は〓〓〓を高峻の貌となし、葉・陳二氏は〓・〓が羊字に用ゐられてゐないこと指摘して居り、その〓については

孫詒讓—从〓即形山字、…下即从古文山、（擧例上廿）
葉玉森—〓之从山無疑義、卜辭中此字凡数十見、無一飾火燄形之小點者、（集釋一・一三四）
陳夢家—下部是山、…我們只能把一切無火熖之點的認作山字、而不以爲火字、（卜辭綜述三四二頁）
と、孫氏は古文の山字となし、葉氏は火字の特徴である火燄を表はしてゐる小點のないことを指摘して孫説を証し、陳氏はこれに從つてゐる。從つて孫氏は〓を説文の「嶽古文作〓象高形」の岳となし、葉陳董李氏はこれに從つてゐるのである。
孫詒讓—蓋于山上更爲岳、再成重絫之形、正以形容其高、許書古文亦即此字、而變〓爲〓、
（釋羔説）
〓を〓と〓に从ふものとして〓を羊字となし、而してその〓に作るものをも羅、唐、吳、胡、張の諸家は直ちに羊字としてゐるが、商氏は〓の∧を羊の露頂とし、朱氏は鈇鉄の象形として羊を挾み火に炮くの意となしてゐる。
商承祚—∧象露頂
朱芳圃—〓上∧當爲鈇之初文、説文鈇鉄鉗也、用鈇挾羊以炮於火之意也、
然るに聞一多は〓を二分して〓と〓とし、〓を火燄剡上の形〓を草となして〓を「〓」字となし、譌して「羔」となるとし、
聞一多—或問羔從羊、何所取義、曰字本不從羊、〓當分爲二、上〓與〓同意、象火燄剡上之形、下〓即草、全字隸定之可作〓若〓、燒草之光不能大、故昭之爲明本訓小明、…〓之結體既易誤認爲〓、昭之音讀復與兆同、故字遂譌爲羔、而義則訓爲小羊也、
而してその〓については齊しく「火」となしてゐて、山字に非ざる証を提示してゐる説はなく、羊と火に从ふ字として羔となして居り、この説に於いては〓を王國維は「人名」、吳其昌は「先公」、胡光煒、朱方圃は「昌若」、丁山、楊樹達は「帝嚳」、聞一多は「昭明」に比定してゐる。
（釋華説）
郭沫若は前4.53.4版に「〓〓」が又「〓〓」と記されてゐるによつて「〓…从山〓省聲之字矣、以聲求之當即華字異文」とし、又「从山芣聲、或芣省聲、釋爲岳亦可通、蓋以雙聲爲聲也」となして、華・茁と釋し「人名」・「岳」と解してゐる。

（釋芺説・釋𡴀説）

于省吾は董作賓の「戊戌卜又伐〓」の〓を「芉」と釋する説（新獲卜辞写本三五八）に從つて、〓を芉と火に从ふ「芺」字となし、又陳夢家は之に倣つて芉と山に从ふ「𡴀」字として居り、而して于氏は説文に「芉羊鳴也」とあるによつて〓を「嗚」の字音として殷の先公の「冥」に比定し、陳氏は「〓應讀若芉、即楚姓之芉、廣韻紙部作綿婢切、……但是認〓為冥、是很可能的」と于説を支持してゐる。

以上の外に唐蘭は釋岳・釋羔の二説を折衷して「羔字本作〓、象炮羊火上、變成〓形、就誤為〓字了、卜辞裏所祀的羔即後世的岳」としてゐて、〓の字釋は歸する所を知らないのである。

次の續存1777版には〓が又「〓」に作られて居り、而して郭沫若の指摘してゐるが如く、前4.53.4版には〓〓が「〓〓」とも記されてゐるから、〓は〓を聲とし〓を形とする字であつて、〓（粋791）・〓（南明492）・〓（鉄197.1）・〓（粋24）・〓（甲361）・〓（掇續19）などに之を看取することが出來る。從つて〓は〓と〓に從ふものでないことは明瞭であり、而して〓・〓・〓に作るものは省文、〓・〓（2.13.3 篁24 16 天蔵 粋870 庫1019 遺163 936 乙1731 6519 6881）に作るものは繁文に外ならない。〓は例へば「〓」が「〓」に作られる例に從へば禾字であり（前1.27.2 3.30.2 6.30.3 6.30.4 7.30.1 續1.16.3 2.29.1 4.26.4 林1.24.6）、禾字と岳字とは雙聲であるから岳字の本字であつて、岳（〓）は〓の省文である〓・〓・〓に本づいて隷定されたものと考へられるのである。

續存1777

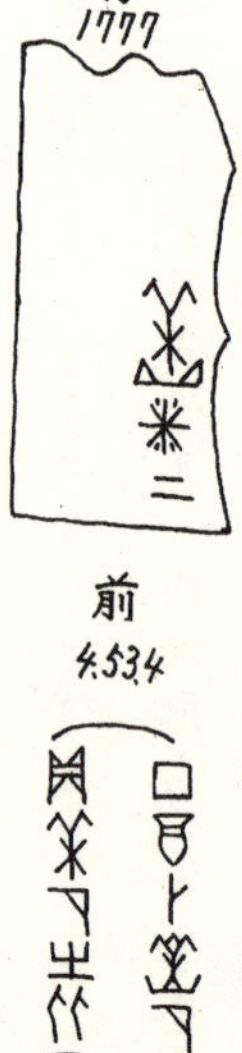

前4.53.4

（〓〓〓〓〓〓〓〓〓〓〓〓〓〓）

（神名）神名としては嵩山・華山・山名・人名・羔・昌若・冥・昭明・帝嚳・岳神とされてゐるが、次の版に於いては〓を〓山・〓山に𡚒祀することを卜して居り、これは〓神が水邊に祀られてゐるのと同様であつて、〓は山神に外ならず董作賓の「岳神」となす説が最も妥當である。その神威は次の如く𠦪年・𠦪雨・𠦪王・王亥について謂はれてゐて略〓神と異る所がない。

續1.49.4

佚708

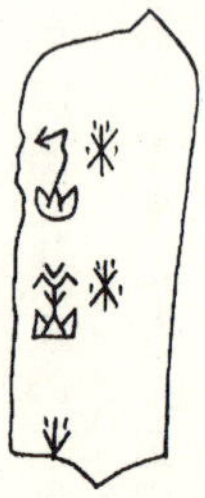

（𠦪年）安陽3.1 〓〓〓〓〓〓〓〓

續1.49.3 〓〓〓〓

書道9.1 〓〓〓〓〓〓〓

（𠦪雨）粋729 〓〓〓〓

金201 〓〓〓〓〓〓

（𠦪王・王亥）乙5271 〓〓〓〓〓〓〓〓〓

粋61 〓〓〓〓〓〓〓

鐵148.2 〓〓〓〓〓〓〓〓

𠂤神のト辞は第一期習見、第三期—甲2585 後上20.10 24.2 粋27 寧1.314、第四期—掇續19 後下36.3 前4.53.4 甲3365 粋791に存するが、第二期・第五期には未見である。

第三項　Ω神

Ωは次の如く第一期にはΩ（乙4733）・Ω（乙5242）・Ω（乙7009）・Ω（後下38.3）、第二期にはΩ（京530）、第三期にはΩ（佚928）・Ω（甲527）、第四期にはΩ（粋20）・△（甲249）、第五期には△（前2.13.5）・⊥（粋907）に作られてゐる。

（第一期）乙7009 [illegible]　後下38.3 [illegible]

（第二期）京530 [illegible]

（第三期）甲527 十…于Ω

（第四期）粋18 [illegible]　甲248 [illegible]

（第五期）粋907 [illegible]

（字釋）Ωを羅振玉は「古金文土作●」（考釋中八）と釋し「土」と釋してより諸家之に從つて異説がないが、何を象るものかについては王國維の土壤説と郭沫若の牡器説がある。

王國維説—土字作Ω者下一象地上、○象土壤也、（戩釋一葉）

郭沫若説—牡（⊥・⊥・⊥）・祖（且・且）、余所見土且士實同為牡器之象形、土字古金文作●、卜辭作Ω、與且字形近、由音而言、土且復同在魚部、而土為古社字、祀於内者為祖、祀於外者為社、祖與社二而一者也、（甲骨文字研究釋祖妣十一葉）

右の如く王國維は一を地上、○を土壤を象るとしてゐるが、後期卜辭の△・⊥に作られてゐるものは土壤の形に類しない。又郭沫若が指摘してゐる牡（⊥）の⊥を吳其昌も亦「凡陽性之生物、則旁增⊥以為符徽、陰性之生物、則旁標匕以為符徽、⊥匕皆象其生理体官別異之特狀也」（解詁七二號）として郭説を支持してゐるが、Ωを⊥に作るのは右の如く第五期に及んで△より遂に⊥に作られたのであつて、Ωを⊥に作ることは第五期以前には行はれて居らず、然るに牡字は第一期（續2.23.3）より各期に用ゐられてゐるから、Ωの⊥と牡の⊥とは同形であるが異文としなければならない。而してこれは牡が一例も牡に作られてゐる例がなく、間〻牡・牡（甲636 續存1508）に作られてゐることが傍証をなして居り（⊥・士は⊥であり、牡は牛に从ひ⊥（士）聲）、從つてΩを牡器を象るとなす説は妥當ではない。案ずるにΩはΩ・Ω・Ω・△・△に作られてゐて、Ω・△は封土の象形、小點は雨水であり、封土を以つて大地を象るものであらう。

（用法）土の卜辞上の用法としては五種あり、次にこれらの用法について考察する。

(1) 土方　簠征36　[illegible]

(2) 𢀛土　佚21　[illegible]

⿰土　京4359　[illegible]

(3) 東土　乙3287　[illegible]

南土　乙3409　[illegible]

西土　京530　[illegible]

北土　乙3925　[illegible]

三土　掇2.405　[illegible]

唐土　金611　[illegible]

中土　簠文69　[illegible]

亳土　鄴3.43.6　[illegible]

(4) 亳土　粹20　[illegible]

唐土　前4.17.3　[illegible]

(5) 土　鐵216.1　[illegible]

---

(1) 土方は殷の北方に在る方國である（後述「殷の社會」土方参照）。

(2) 𢀛土は「其至于𢀛土」とあり、又他辞に「貞乎王族征从𢀛」（乙5311）とあるから𢀛地の意、又⿰土は他辞にも「在⿰」（京1566）とあるから⿰地の意であつて、この土は土地の義である。

(3) 東土・南土・西土・北土の受年は他辞に「東受年」（粹903）・「南方受禾」（粹905）と東・西方の受年がトされて居り、又「貞令𢀛東土出于自〜于口八〜」（粹249）と「東土を伐つ」とあるから、この土も土地の意である。然るに郭沫若は「東土受年」の土を「社」、「南方受禾」の方を「祊」と解して「其曰東土南土之土、蓋假爲社、其曰西方北方之方、蓋假爲祊、均是動詞、詩甫田所謂以社以方也」（粹釋九〇七）としてゐるが、楊樹達は之を駁して「按東土南土義與通言東方南方等同、書大誥云有大艱於西土、西土人亦不靖、知東土西土等詞爲殷周間恒語」と謂ふてゐるのは是である。次の「三土」は他辞の「𢀛于四方」（南明487）・「其又于四方」（南明681）とある四方と同義であり、「唐土」の唐は「唐𠂤」（乙700）とも用ゐられ、唐𠂤は他辞の「大𠂤」と考へられるから（蛇大）、唐土は大土の意であり、「中土」は中土、「亳土」は鄗土の意であらう。

(4) 亳土の亳を羅振玉は「説文解字亳从高省乇聲、乙亳鼎作亳、父乙方鼎作亳」（考釋中〇）と「亳」と釋してより諸家之に従つてゐる。この亳土は右の𢀛土・⿰土の例に従へば亳地とも解されるが、商承祚は「其又𤈦亳土有雨」（佚928）に釋して「土讀社」とし、陳夢家も右の亳土を亳社と解し（燕京學報十九期一二八）、又郭沫若は「于亳土𠦪」に釋して「亳土自爲亳社」（粹釋二〇）としてゐる。之は春秋に「六月辛丑亳社災」（哀公四年）・「來獻于亳社」（左傳哀七）・「盟國人于亳社」（左傳定六）・「亳社者殷之社也」（穀傳哀四）と亳社とあり、又亳社は殷の社とされてゐることに據るのである。卜辞に於ける亳土の用例は次の如くであり、而して亳土の用例には地

粋21 〓〓〓〓　甲1640 〓〓卜〓〓〓〓〓

粋20 于〓〓〓　佚928 〓〓〓〓〓〓〓

粋22 〓〓〓〓　京3950 〓〓〓〓〓〓于〓〓三〓

名の用例がなくすべて祭祀の對象とされて居り、就中右の粋20版に於いては〓祀を小丁・父丁・〓と共に〓〓に行つてゐるから、〓〓は亳の〓神の意であり、之を亳社とする説は妥當である。

粋20

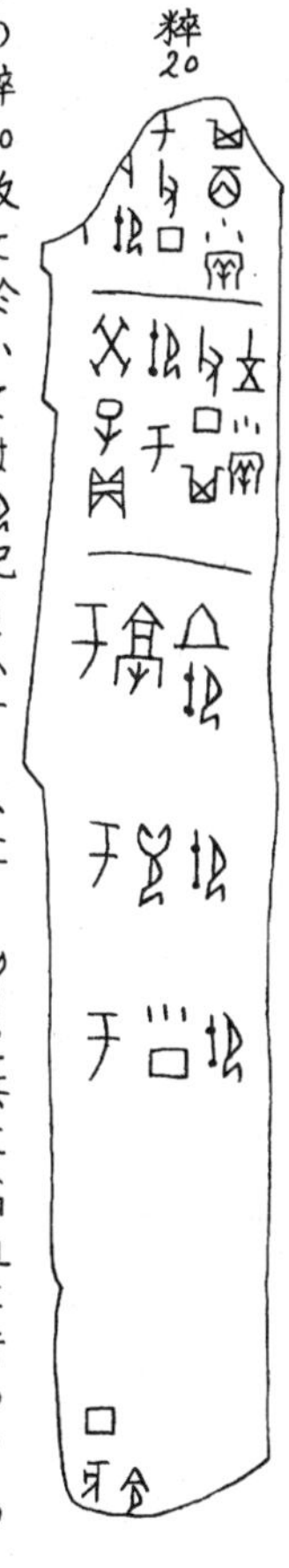

〓〓については王國維は「邦社」、陳夢家は「亳社」、郭沫若・吳其昌は「相土」と解してゐて次の如くであり、

王國維說―〓〓即邦社、說文解字邦古文作〓、其字从屮、不合六書之指、乃爲〓之譌、〓从田丰聲、與邦之从邑丰聲、籀文𡉚之从丰聲同、邦社即祭法之國社、漢人諱邦、改爲國社、古當稱邦社也、（殷禮徵文）

陳夢家說―〓亳結形相同、邦亳同聲、疑是一地、（燕京學報一九期二九）

郭沫若說―王（國維）初旣此（〓）爲邦社、遂於它辭土字、均說爲社、後於它辭之土、改說爲相土、而於此例、仍存其邦社之釋、余案釋〓爲邦甚是、然「邦土」殆即相土也、邦音雖在東部、然每與陽部爲韵、則邦相音相近、古人之爲邦土者後人音變而爲相土也、（通釋三三九）

吳其昌說―按卜辭相作〓、〓土〓土、乃形近而誤也、（燕京學報十四期）

卜辭には〓字の用例が次の四辭以外にはなく、その三例までが祈年の辭であつて〓〓は又單に〓とも記されてゐる。こ

前4.17.3 〓〓〓〓于〓〓　簠歲18 〓〓〓〓于〓

簠歲17 〓〓卜〓〓〓〓于〓　簠歲24 〓〓〓〓于〓〓八〓〓〓〓

の祈年の辭は「〓〓于〓」（庫133）・「〓〓于〓」（粋850）・「〓〓于〓」（粋851）と同例であり、〓・〓〓に祭祀が行はれてゐる例がないから地名と見做さざるを得ない。而して卜辭の地名として〓が習見であつて、これは又〓（乙5579）・〓（前4.55.7）・〓（乙6622）とも記され、「〓〓卜〓〓〓」（拾3.2）・「〓〓〓〓〓」（乙4638 5579 6513 6519）の如く祈年・受年が卜されてゐて、その字形が相近く共に祈年が卜されてゐるから、〓は〓（河東の蒲州）であつて〓〓は〓地と考へられる。從つてこれを邦社・亳社・相土とする說は妥當ではなく、この〓も亦土地の義に外ならないのである。

（神名）右の(5)の神名としての〓については相土說と社說があり、初め王國維は之を「社」と解したが後に「相土」と說を改めて居り、相土説に従ふ者は郭・王・于・董、社説に従ふ者は商・葉・陳・胡であつて、その説は次の如くである。

（相土説）

王國維―土疑即相土、史記殷本紀、契卒子昭明立、昭明卒子相土立、……卜辭之土當即相土、（觀堂集林九・二）

―卜辭中殷之先公有季、有王亥、有王恒、又自上甲至於主癸、無一不見於卜辭、則此土當相土、而非社矣、（古史新証戩釋一葉）

郭沫若―王氏の右二説について「案無可易」として之に従つてゐる（通釋三三四）

王　襄―近人多以土為相土之略稱從之、（簠釋帝四）

于省吾―粹二三己亥卜田ㄓ燎土犬㞢大河犬芸犬、土即相土、……土㞢河芸同列於一段之中、則土之為相土、較然明矣、（駢枝三續九葉）

董作賓―可信的是嚳為帝嚳、土為相土、（大陸雜誌四期八巻）

傅斯年―王君認相土之土、為最勝之義、（新獲卜辭寫本後記跋）

この説は卜辭の季・太丁が殷本紀の季・王亥に當つてゐるから、Ωを殷本紀の相土に比定するに過ぎないものであり、陳夢家は「然既名相土、何以不稱相而稱土」（燕京學報十九期二七）と疑つて居り、又郭沫若は後に説を改めて「凡卜辭所祀之土、王國維均説為相土、以此（Ω商）例之、殊未見其然」（粹釋二〇）と之を否定してゐる。「相土」は詩經に「相土烈烈」（商頌長發）とあるものが最も古く、これは「殷土茫茫」（商頌玄鳥）と語法が同一であつて相土は殷土に當り、相土は括地志の「相州安陽、本盤庚所都、安陽城即相州外城也」（殷本紀正義引）の「相州」を謂ふものであり、而して殷本紀に昭明（日月即ち天）に次いで相土（地）を列してゐるのは甚だ技巧的であつて、殷本紀の相土は商頌に發する相土傳説によるものと考へられる。從つて卜辭のΩを相土とするのは妥當ではないのである。

（社　説）

王國維―按Ω即●、今隸土字、卜辭段為社字、詩大雅乃立冢土、傳云、冢土大社也、商頌宅殷土茫茫、史記三代世表引作殷社茫茫、公羊僖二十一年傳、諸侯祭土、何注土謂社也、是古固以土為社矣、（殷禮徵文七頁）

傅斯年―王君認相土之土為最勝之義、惟謂為非社則誤、土即社、社即土、於經典中甚明、（新獲卜辭寫本後記跋）

商承祚―「卯于Ω宰」（佚40）を「祭于社」と釋す。（佚釋四〇）

葉玉森―土或仍邦社也（集釋一・八七）　―陳夢家―以土爲社（燕京學報十九期二八）　―胡厚宣―Ω即社（甲骨學商史論叢殷代之農業三四頁）

經傳に於いては「社」は土を祀るものとされてゐて例へば「社祭土」・「社所以神地之道也」（郊特牲）、「祀社於國所以列地利」（禮運）、「右土能平九州故祀以爲社」（祭法）、「土發而社」（魯語）とあり、春秋に「秋大水鼓用牲于社」（莊公二五）と大水の禁禦を社に祈つてゐるのは、卜辭に「辛酉𢆶水于Ω宰」（鐵144）と水害の禁禦をΩに祈つてゐることと符合してゐて（𢆶は禦祀、祭儀參照）、春秋の「社」は卜辭の「Ω」である明証であり、又前述の如く上帝の衆祀（後世の郊祀）には必ずΩに對して尞對して尞祀が行はれ、これを中庸は「郊社之禮、所以事上帝也」、と記してゐる。これによつて「社」はΩを祀るものであつて、卜辭のΩは後世の「社」の主神であることが解るのである。これは前記の亳Ωが亳社であることと歸結を一にして居り、Ωは元來土地を神格化したものであつて殷室の故都亳には古來からΩ神の祏室があり、ここがΩ神の本據とされてゐたものと考へられる。

（神威）Ω神には上帝の如き「令雨」・「令風」、河岳神の如き「壱年」・「壱雨」を卜する例が絶無であつて、上帝河岳に比して穩和な神と考へられてゐる。然し上帝の衆祀に當ては必ずΩ神に尞祀が行はれてゐるから、その尊崇は上帝に次ぐものと見做すことが出來る。

Ω神の卜辭は第一期―鉄216.1 前1.24.3 續1.1.5 甲3422 乙4733 7779・第三期―佚928 粹21・第四期―粹20 摭續3 南明423 に存するが、第二・第五期には未見。

第四項　其他の自然神

陳夢家は曩に日・月・風・旬・東母・西母が神格とされてゐるとして居り（燕京學報十九期）、胡厚宣はこれに從つて日・月・星・雲・風・四方の神のあることを謂ひ（殷代之天神崇拜）、陳氏は近時又前説を少しく修正して日・云・風・雨・雪・東母・西母神の存することを主張してゐる（卜辭綜述五七三頁）。次にこれらの諸神について考察する。

（日神）　卜辭に日神の存する證として陳・胡二氏は次の辭をあげて（陳氏は卜辭綜述胡氏は殷代天神崇拜）、陳氏は之を次の如く説明してゐる。

陳・胡擧例（○は陳氏、●は胡氏のみあげ、その他は両氏共にあげてゐる。）

（一）佚872・弗賓日・乙巳卜王賓日

明續338　丙子卜即貞王賓日叙亡尤

所祭者是日・出日・入日・各日・出入日、各日即落日、祭之法曰賓・御・又・叔・歲等、也都是祭先祖的祭法、説文暨日頗見也、於日暨叔日、即日出以後祭日、（胡氏の説も略これと同じであり・但だ胡氏は既を槩と解してゐる。）

(二)○乙2065 戊戌卜内乎雀𢦏于出日于入日宰
粹597 辛未卜又于出日
粹598 辛未又于出日玆不用
○明續124 (今)日出日尋
佚407 ・丁巳卜又出日 ・丁巳卜又入日
粹17 出入日歲三牛
○續存1829 癸酉又出(日)
(三)粹1278 御各日王受又
(四)菁10.10 貞今日既叔日王其蒿[illegible]雨
(五)・粹485 于既日
・龜1.10.5 貞日㞢食
・佚374 癸酉貞日夕又食非若

二氏は(一)の「王賓日」・「王賓日叙亡尤」の賓を祭名とし日を祀るものとなし、胡氏は「賓讀爲儐、禮運、禮者所以儐鬼神、蓋有禮敬之意、祭名也」としてゐる。然し「王賓」とは後述(祭儀主賓參照)の如く王が祭場に臨御することであり、而して「賓日」は例へば次の如く「[illegible]」と「日」との間に祭神名が記されてゐる

乙4151 [illegible]

粹125 [illegible]

鄴1.40.11 [illegible]

のが一般であつて、「[illegible]」(下535)・「[illegible]」(南明338)はこの祭神名を省いてゐる辭に外ならない。この祭神名の次の日は例へば次の京4050版に於いては「[illegible]日」の意であり(第一章第三節參照)、粹285版に

京4050 ・[illegible] ・[illegible]

粹285 [illegible]

於いては「[illegible]」(甲3652)によれば「彡日」の意であることが解る。從つて「王賓日」は王が某神の日祀([illegible]日・彡日・[illegible]日祀)に出御するの意であつて、之を日神を祀るものとなすのは附會に過ぎない。次に(二)の「又于出日」・「出入日歲三牛」の「又」・「歲」は祭名であるから、これらを出日・入日を祀るものとする說は郭沫若に始るのであつて、郭氏は粹17版に釋して「殷契佚存四〇七片有辭云「丁巳卜又(侑)出日、丁巳卜又入日」、此之「出入日歲三牛」爲事正同、唯此出入日之祭同(卜于一辭)、彼出入日之侑同(卜于一日)、足(見)殷人于日蓋朝夕礼拜之、書堯典「寅賓出日」又「寅餞入日」」してゐて、陳・胡二氏はこれに從ふのである。然し佚407版には「丁巳卜又出日 丁巳卜又入日」の同日に「丁巳貞酒彳歲于伊」と「伊尹」の祭祀がトされてゐて、「卜又出日 卜又入日」はこの祭祀を行ふべき時刻をトするものと解する方が妥當であつて、遽かにこの說に從ふことが出來ない。(三)の「御各日王受又」を日を祀るとする說も郭沫若の「各日殆猶(出日)、御各日猶(寅賓出日)也」(粹釋一二七八)に從ふものであるが、「各日」は例へば「[illegible]兄辛歲于各日[illegible]」(甲2489)は「兄辛歲叀[illegible]各于日[illegible]」(甲2589)と記されてゐるから、郭氏の如く出日、陳氏の如く落日と解するのは誤であつて「各(于日)」であり、而して之は兄辛の祭祀について謂はれてゐるから、日を祀るものでないことは明瞭である。(四)の「日既」・「既日」は他辭に「貞于既日二月」(明668)・「于日既」(京4194)とあ

り、之を「于既酒」(南明629)の用例からせば日を日神とするのは早計である。(五)の「日出食」・「日夕又食」は日中に職牛を薦めて祀る義であって(祭儀の項参照)、日を祀るものではない。斯くの如く陳、胡二氏の擧証は何れも日神の存在を証するものではないのである。

(雲神) 卜辞に雲神の存する証として陳、胡二氏のあげてゐる辞は次の如くであって、之を胡、陳二氏は次の如く

陳、胡擧例

・乙3294 貞丝云其出降其雨
・鉄172.3 東云自南雨
・前6.43.4 貞今丝云雨
・庫1331 貞丝云其雨
・卜553 丝云雨、不其雨
續2.4.11 尞于帝云
珠451 尞于云

乙5317 于雀尞于云犬
林1.14.18 尞于二云
庫972 尞豕四云
後上22.3 22.4 又尞于六云五豕卯五羊
。續4.18.8 …云豕出豚
。燕2 庚子酒三嗇云

胡氏―云作「云」、同於説文古文、其為云字至明顯、…因殷人常求「年祈」雨、故亦祭」云、…般人心目中之云者、乃屬「之上帝」、故言「帝云」、且以「帝禮」祭」之也、(同前十八葉)

陳氏―郭沫若説「卜辞之云是説文雲之古文」(卜通五九)、祀「雲則常用「尞祭」、于省吾讀「嗇為「嗇為色」、因謂「二云三云等乃指「二色雲三色雲等」(駢枝Ⅲ1)、我們則讀「嗇為牆」、假為祥、即祥雲、卜辞的帝云即帝雲、(同前五七五頁)

と説明してゐる。然し他辞に例へば「〓」(乙108)が「〓云」(甲256)に、「〓云」(京2920)が「〓」(續存下95)に作られてゐて、右の云が雲である確証がない限り従ふことが出来ない。

(風神) 風神の存する証として二氏のあげてゐる卜辞は次の如くであって、二氏は次の如く説明してゐる。

陳、胡擧例

通398 于帝史風二犬
燕558 寧于風
後下42.4 寧巫風
明續45 寧風北巫犬
庫992 寧風巫九犬
續2.15.3 其寧風三羊三犬三豕

粹828 其寧風伊奭一小宰
。粹56 …巫寧土河𡿧
。粹827 其寧大風
。輔仁14 勿于兇寧
。粹456 弜寧風
。佚227 賁風不用雨

。粹1182 其寧風方叀…
。撥續3 …土寧風
。明續487 寧于四方其五犬
・佚186 从寧鳳
・佚227 辛未卜帝鳳不用雨

胡氏―「从寧鳳」此寧風之祭也、「巫寧風」此令巫行寧風之祭也、…「于帝史鳳二犬」史讀為使、又言帝風、「帝鳳不用雨」、是殷人者又以風神亦屬於帝、故以帝禮祭之也、(同前二葉)

陳氏―除「賁風」一見外、其它祀風之法

為ㇾ甹、即後世的寧字、（同前五七六頁）

右の如く二氏は「甹」を風を祀る法としてゐるが、前述（日的の祭祀）の如く甹風は風の停息を祈るものであつて風を祭るものではなく、又「帝史風」が胡氏の謂ふが如く風神を以つて帝に屬せしめてゐるものでないことは前述（上帝の祭祀）の如くであり、陳氏が「𡦹風」（佚227）としてゐるものは、胡氏が之を「帝鳳」としてゐるのは是當であるが、「帝鳳」は胡氏の謂ふが如く帝禮を以つて風を祭るものでないこと前述（上帝の祭祀）の如くである。從つて右の擧例には一例として風を祀るものがなく、風は神格とされてゐないのである。

（雨神）　雨神を祀るものとする陳氏の擧例は次の如くであつて、これを陳氏は次の如く説明してゐる。

寧滬1.14	甹雨	後上19.7	甹雨于土
珠1161	勿甹雨	粹814	叀戈叙雨
粹1545	其甹雨于方	乙2001 2002 2019	・乎祭雨
前5.18.4	甹雨于盆		・勿祭不其雨

陳氏―甹雨即止雨、甹ㇾ雨於盆・土・方ㇾ、和ㇾ甹ㇾ雨於方・土・四方ㇾ是相同的、祭ㇾ雨以ㇾ叙、同ㇾ於祭ㇾ日、（同前五七六頁）

陳氏は「甹風」の甹を「祀ㇾ風之法」としてゐるが、「甹雨」については「止雨」として、「祭ㇾ雨以ㇾ叙、同ㇾ於祭ㇾ日」と「叙」・「祭」を祀雨の法としてゐる。この「同ㇾ於祭ㇾ日」とは前記の「今日既叙日」（菁10.10）をいふのであつて、これと「叀戈叙雨」の語法が等しいことによるのであるが、前者は日神を祀るものではなく、後者は「・乎祭雨 ・勿祭不其雨」の例に見るが如く「祭雨」が「勿ㇾ祭不ㇾ其雨ㇾ」と對貞されてゐるから祭雨の雨を祀るものでないことは明かであつて、從つて「叙雨」を雨を祀るとなすのは早計である。胡氏は「其寧雨于方」については雨を祀るとせず（同前三葉）、又雨を祀る卜辭を謂はず、雨神を認めてゐない。

（雪神）　陳氏は雪神を祀るものとして「其𡦹于霏又大雨」（金189）をあげ、「此祭ㇾ於雪神ㇾ以ㇾ求ㇾ雨」（同前五七六頁）と説明してゐるが、他辭に「𠕁竹氺（壬）霏の𩚬」（庫1533）とあつて、これに於いては𩚬（後述によれば伊尹の別稱。）が祀られてゐるから（のは以字、ここでは祀る意である）、この辭は霏地に𡦹祀を行つて伊尹を配祀するものであり、從つて霏は地名であつて地名の「羽」（粹863 簠歳4）と同一地であらう。

（東母・西母）　陳氏は次の卜辭をあげて「東母・西母可ㇾ能是日月之神、而天帝的配偶ㇾ」（同前五七四頁）としてゐる。

燕12	𡦹于東母三犬（上23.7 續1.53.2）	前7.11.1	㞢于東母	林1.22.2	于東母㞢匚
鉄142.2	尞于東母豕三犬三	後上28.5	㞢于東母西母若	粹195	又歳于伊西母

西母は粹195版に於いては西母（…）に作られてゐて（…と…が通假されることは前一・二八・二版に…甲・…辛が…に作られてゐる）、

この辞に於いては「伊」(伊尹)が祀られて居り、陳氏に從へば伊尹と西母を祀ることになる。前述の如く𡜈の音は婦であつて、これは㞢(䚄)と同聲であり、而して右の後上28.5版に於いては「㞢于東母西母若」と「若」を用ゐて、東母西母に祀る許諾を上帝にトしてゐるから、東母西母に於ける祭神は上帝であり、從つて右の伊尹は配祀されるものである。又右の諸辞の供牲は三犬(燕12)・三豕三犬(鉄142.2)・三牛(上23.7)・九牛(續1.53.2)であつて前述の上帝に㞢(䚄)祀する場合と似て居り、東母・西母は東方・西方に於ける㞢祀の義であつて、之を日月之神とするのは附會に過ぎない。胡氏も亦この説には從つてゐない。

以上の外に胡氏は月神・星神・虹神・四方神をあげてゐるが、陳氏が之を採らないのは根據の見るべきものがないとするからであらう。胡氏のあげてゐる例とその説を抄記せば次の如くである(甲骨學商史論叢・殷代之天神崇拜)。

(月神)庫1595 癸丑卜貞旬亡囚七日己未𡧊庚申月㞢食 (説)既以月食爲災禍、則其必以月爲天空之神、能與人間以禍福可知、

(星神)後下9.1 七日己巳夕𡧊囚㞢新大星竝大 (説)星即星字、…㞢新竝者皆爲祭名、

(虹神)前7.7.1 庚吉其囚㞢𧈢虹于西 (説)虹者虹之象形、…殷人以虹出爲有禍則必以爲神異可知也、

(四方神)院藏 𢦏于東・貞𢦏于南・貞𢦏于西北 (説)此祭東南西北四方者也、(楊樹達の積微居甲文説巻下五三頁に「四方神」の説あり、これは上帝を四方に𢦏祀して寧風を祈るものを誤解せるものである。)

之を要するに胡厚宣・陳夢家が指摘してゐる自然神はト辞に存在せず、從つて殷代に於ける自然神は上帝・土神・河神・岳神以外にはないのである。但だ次の㞢于・㞢于・于・于・門于・𣎴于は神名であるか否か後考に俟たねばならない。

乙7284 [illegible](後下5.5 林2.25.17)　明518 [illegible](後上28.6 續1.4.1 粹854)

後上28.6 [illegible](南明468)　南明495 [illegible](南明468 496 497)

鄴3.40.11 門于[illegible]

前7.32.4 [illegible]

第三節　高祖神

ト辞には次の如く「高祖」を祀るものがあつて、これは單に高祖と記されてゐる外に「高祖」・「高祖王亥」・「高祖乙」と稱されてゐる。この「高祖」は「高祖乙」と記されてゐる例は絶無であつて「高祖」・「高祖」とされてゐるから、「高祖なる乙」ではなくして「高なる祖乙」であり、「十𡆥卜𢀛高祖」の如く祖神以外には用ゐられない𢀛が供されて

遺393 口〓卜〓〓〓〓于高且三〓
粋162 〓〓〓于高且一〓〓〓
寧1.119 〓〓〓〓〓于高且〓一〓〓
粋166 十〓卜〓高〓
寧1.141 〓〓于高且〓〓三〓
粋1 〓高且〓 〓〓〓〓

ゐるから祖神であつて、前述の如く祖乙に比定されるものであり、従つて高祖と稱されてゐる者は王亥と〓だけである。然るに胡厚宣・楊樹達が「〓〓〓〓〓〓」（寧1.119）に據つて「高祖〓」のあることを主張してゐるが、この説の非なることは前述の如くである。この「高祖」と「祖」との關係は例へば次の卜辭に於いて、高祖王亥が大乙の前に記されてゐるから上甲以下の祖より以前の

南明477 〓〓〓高且〓…〓〓〓〓三且〓〓…〓〓〓三〓二〓口〓〓〓三〓〓

祖とされてゐることは明かであり、而して上甲以下の祖には定例の五祀が行はれるが、高祖はこの祭祀に與らず、〓祀を以つて祈雨、祈年が行はれてゐる點に於いては自然神と異る所がない。

殷本紀に於いては上甲以前の祖として「契―昭明―相土―昌若―曹圉―冥―振(亥)――(上甲微)」をあげてゐるが、卜辭に於いては王亥・〓以外に〓・〓・〓・〓・太〓・太〓・〓があり、次にこれらの諸神について考察する。

第一項 〓

〓の異文に〓・〓・〓・〓があり、これらが〓と一字であることは次の用例に見て明かである。

粋54 〓〓〓（甲3610 …〓〓〓）
福18 口〓〓〓于〓〓二〓（前1.50.3 〓〓于〓）
粋69 〓〓〓〓于〓〓一〓（前1.50.3 〓〓于〓）
拾2.12 〓〓〓〓…〓于〓（金631 〓〓于〓）

〓を羅振玉は「兇」と釋し、葉玉森（集釋一・二九）・董作賓・李旦丘は之に從つてゐるが、容庚は「若」、郭沫若は「皃」、吳其昌は「皃」、唐蘭は「頁」、陳夢家は「兇」と釋してゐて、次の如く契・昌若・叔豹・王倪・重に比定してゐる。

羅振玉―説文解字〓如野牛而青、古文作〓从儿、此殆即許書之兇字、（考釋中三〇）

董作賓―卜辭祭兇用燎、同於夋土王亥諸先祖、疑即是契、漢書古今人表契作卨、説文解字卨蟲也、段氏注云殷玄王以為名、按卨上所从之〓與兇首之〓、形近易訛、又或因契兇卨音同相假、（斷代研究例）

李旦丘―按契兇音同自可通、假兇實當為契、（零拾二九）

容　庚―〓即昌若、若作〓與〓形近而譌、（駢枝三續所引）

郭沫若―余意當是兒之古文、象小兒有總角之形、兒聲與豹聲相近、或即高辛氏之才子叔豹矣、（通釋二五九）

呉其昌―王倪實見莊子、（燕京學報十四期）

唐　蘭―卜辭〓爲頁字、〓爲頭字、（天釋六六）

陳夢家―此人名的兇決不是兒、我們今暫定爲兇字、亦即夋字、古音與重从相同、説文夓種也、兇可以是少皞氏四叔之重、（卜辭綜述三四四頁）

右の如く諸家は類似の字を以つて之に當ててゐるが、容氏の〓、郭氏の〓、呉氏の〓、唐氏の〓、陳氏の〓は必ずしも〓に近いとすることが出來ない。又郭沫若は羅説を駁して「卜辭自有夒字（見二三片與六八片）、與此不相紊、許書二文當以夒爲正、雖稍譌變、尚未盡失、〓形當有譌誤、未可據」（通釋二九五）と、卜辭の〓（通三片）・〓（通六八片）を夒として〓を夒と釋することを非となし、夒の字体よりして説文に於いては夒が正体であつて〓が譌誤であるとしてゐるが、〓が夒である確証を提示してゐないから遽かに從ふことが出來ない。

卜辭に於いては〓は〓に、〓は〓に、〓は〓に、〓方は〓方に作られてゐるから、〓・〓（乙3596 3599 拾2.12）は一字であり、〓は説文の古文〓と同字であるから、〓の兇字であることは明瞭である。兇（〓）の原義が野牛である夒でないことはこの字が〓・〓に從つてゐるに見て明かであり、その字形は〓と〓より成り、〓は又〓（福18 南明448）・〓（粹69）・〓（拾2.12）・〓（粹68 續4.21.10 續存1779）に作られてゐて契開の狀を成して居り、〓・〓は人の象形であつて、〓は契刻する人が原義であり〓即ち卩（子結切）を音とするものである。この兇字が夒に假借されるに及んで原義が失はれ、兇の从ふ「人」が改められて夒字となり、別に契契字が作られたものと考へるのである。

斯くの如く〓は兇字であつてその字音は子結切であり、これは殷室の始祖契と同音である。從つて神名としては始祖契であつて、董作賓・李旦丘が字音より契に比定してゐるのは當つてゐる。

〓に對しては祈年（前1.50.1 鄴1.37.2 南明448 金631）・祈雨（庫1141 南明420）・寧疾（粹607 拾2.13）が行はれて米祀が用ゐられて居り、又采祀に配祀され（乙5272）、或は自然神と合祀され（乙5272 甲3610 粹2354）てゐて、祭祀上に於いては自然神の場合と異る所がなく、この高祖神が采祀に配祀されることが後世の「祀帝於郊、配以后稷」（明堂位）の原形である。

第二項　〓

〓は立形と坐形とに作られてゐて各期の字体は次の如くであり、その字形は頭・手・足より成り、明瞭に尾を有してゐて動物の象形である。之を羅振玉は「兎」と釋してゐるが（考釋中三二）、王國維は前には「夋」と釋し、後に之を改め孫詒讓の〓・〓を「夒」とする説（名原上二〇葉）に倣つて「夒」と釋して「帝嚳」に比定してゐる。

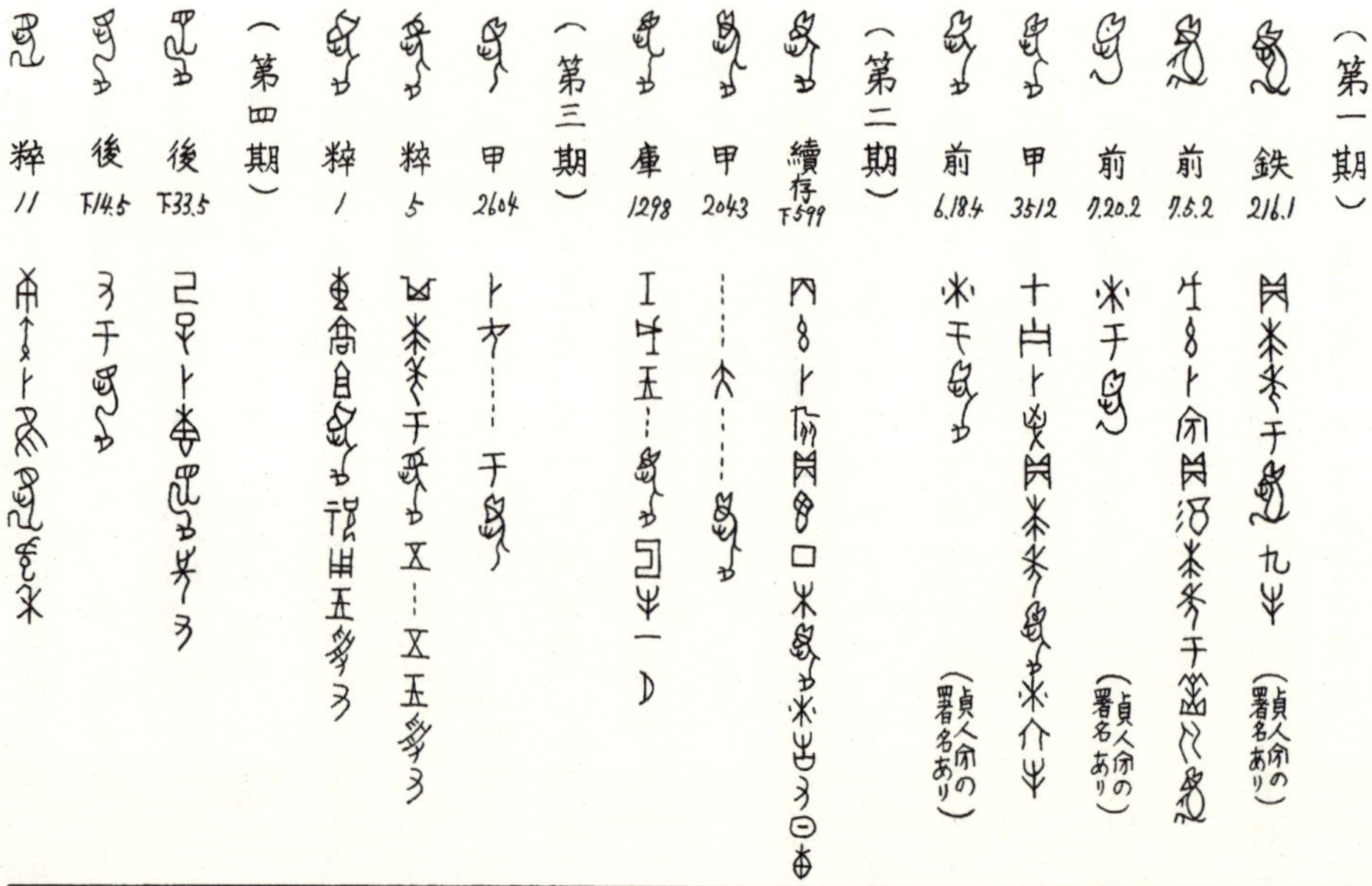

王國維―（釋夋説）案〓象二人首手足形一、疑即夋、説文解字夊部夋行夋夋也、一曰倨也、从レ夊允聲、考二古文允字一作レ〓或作レ〓、本象二人形一、〓字復于二人形下一加レ夊、蓋即夋字、（先公先王考）

（釋夒説）案〓〓二形、人首手足之形、説文夊部夒貪獸也、一曰母猴、似レ人从レ頁、巳止夊其手足一、毛公鼎我弗レ作二先王羞一之羞作レ〓、克鼎柔遠能邇之柔作レ〓、番生敦作レ〓、而博古圖薛氏欵識盄和鐘之柔燮百邦、晉姜鼎之用康柔綏遠廷、柔並作レ〓、皆是字也、夒羞柔三字古音同部、故互相通假、（古史新証）

王氏の釋夒説には諸家多く之に從ひ殆ど定説の觀を呈してゐるが（郭沫若通釋二五九・吳其昌燕京學報十四期・董作賓大陸雜誌四・八・商承祚類編五・八・唐蘭佚釋六四五・孫海波文釋三六四）、王襄は〓の異文として「卤」と釋し（類纂存疑）、徐仲舒・容庚・楊樹達が之に從ひ、陳夢家は「夒」（燕京學報十九期）・「夓」（卜辭綜述三三八頁）と釋してゐる。

〓は動物の象形であり、羅振玉は「長耳而厥尾象二兎形一」（考釋中三二）、商承祚は「此象二獸形長爪有二耳毛一、疑亦許書之夋」（類編五・八）、吳其昌は「鳥首銳喙之形」（燕京學報十四期）と、之を動物としてゐるのは是であるが、之を兎形・夋、鳥首銳喙

〓 後上22.4 工〓〓〓〓〓干〓

〓 續1.1.1 十〓卜〓〓干〓

となすことの非であることは上掲の諸例に見て明かである。これに反して孫海波は「猴」(文錄三六四)、葉玉森は「爲猿猴形」(拾釋六九)としてゐるが、之に對して唐蘭は「孫海波釋爲猴誤」(天釋五三)と評してゐる。然しながら拾遺6.9版に「其獲〓」、乙2934版に「網〓」、甲2336版に「〓」とあり、正に母猴であつて孫、葉二氏の見は妥當であり、而して説文犬部に「猴夒也」、夊部に「夒一曰母猴」とあるから、之を「夒」と釋する王説は至確である。卜辭に〓(鐵100.2)・〓(佚995)・〓(乙4718)の如く頭上に角形を有するものがあり、これは孫詒讓の所謂「夒」であるから〓を夒とする説は誤である。

〓字の用法としては右の「其獲〓」・「網〓」は原義的用法であるが、「〓〓不〓〓〓〓」(前6.18.1)の用法について、郭沫若は毛公鼎の「我弗作先王〓」と同一語法として、毛公鼎の〓は舊釋「羞」とされて居り、詩小雅角弓に「猱」、樂記に「獶」に作られてゐるから「夒似假爲憂」と假借的用法としてゐる(通釋七六)。神名の用法も亦假借であつて、王國維が夒と嚳とは疊韻であり、禮記祭法には「殷人禘嚳」とあることを証として之を帝嚳に比定してより(古史新証)、諸家多く之に從つて居り、郭沫若は「王國維釋爲帝嚳、近人亦有疑之者、本書第三片有「夒〓上甲」之文、表明夒確是殷之始祖、王説無可易」(粹釋一葉)と王説を支持してゐる。然るに次の如く孫海波、唐蘭はこの説を疑ひ、陳夢家は之に從はず「四方神中の析」としてゐる。

孫海波ー王氏釋夒之説信矣、而獨謂夒即帝嚳、即未塙説、(文釋三六四)

唐　蘭ー余按殷世之稱高宗、後於大宗〓中宗、然則稱始祖、當爲大祖而高祖非始稱、夒之非嚳明矣、劉氏藏骨又云、夒〓上甲其即、則夒又必在上甲之前、而世次相近、豈夒即王亥、猶上甲之名微、大乙之名唐歟、(古史新証唐序)

陳夢家ー夒亥亦不必實有其人、蓋視夒亥爲天神也、(燕京學報一九期)

同　ー以上就形義上説明了頁、夒、頙、䪻、猱之同一的關係、就此諸字的對音、它雖可能相當於少皞摯、但卜辭中的摯應該是四方神中的析、(卜辭綜述三三八頁)

〓が「高祖〓」(粹1.2・佚645)と高祖と稱されてゐることと、祭法の「王者禘其祖所自出、殷人禘嚳」とを結合してゐる王説、及び「〓〓〓〓〓」(粹3)によつて始祖としてゐる郭説には飛躍があつて遽かに從ふことが出來ず、又〓が高祖と稱されてゐることを無視して天神としてゐる陳説は附會に過ぎない。

前記の如く高祖を以つて稱されてゐる者は〓と王亥以外にはなく、而して王亥は上甲の父とされて居り(殷本紀・山海經大荒東經)、卜辭に於いても「〓〓〓〓〓〓〓〓〓」(南明477)の如く直系祖神の筆頭に記されてゐて、その世次が上甲に近い高祖であり、從つて高祖〓も亦唐蘭のいふやうにその世次が上甲に近いと考へられる。然らば上甲に近い世次の高祖にして夒・柔・羞の字音を有する先公は何人に比定し得るであらうか。左傳昭公廿九年に

少皞氏有四叔、曰重、曰該、曰脩、曰熙、實能金木及火、使重爲句芒、該爲蓐收、脩及熙爲玄冥、世不失職、

とあつて、この「該」は王亥であつて、之に在ては蓐收の神とされて居り、而してその兄の「重」は句芒の神とされてゐる。王亥が高祖とされるならば「重」も亦高祖とされて然るべき者であつて、その字音は柔・羞と同聲であり、而して「重」は楚語下には「乃命南正重司天以屬神」、呂刑には「乃命重黎絕地天通」とあつて、重黎は左傳に於いては顓頊氏の子であり(昭公二九)、大戴禮の帝繫篇には顓頊の子に老童があるから重黎は老童であつて、重の音は童に近く「夒」と同聲であることが解り、從つて〓はこの「重」に外ならないのである。然らば殷本紀は之を世系に列してゐないのは何故であらうか。重黎は楚世家に「重黎爲帝嚳火正、能光融天下、帝嚳命曰祝融」と祝融とされてゐて、その神德は「能光融天下」とされてゐる者であり、司馬遷は「重黎」を神德の上から「昭明」として之を殷本紀に列してゐるのであつて、殷本紀の「昭明」は〓を謂ふのである。

要するに〓は「夒」であつて、左傳に王亥の兄とされてゐる「重」であり、呂刑は之を「重黎」としてゐて、楚世家は「能光融天下」とし、而して殷本紀は之を「昭明」として殷の先公としてゐるのである。

〓の卜辭に於ける神威は次の如く雨・禾に禍するか否かがトされてゐるに過ぎず、求祀を以つて祈雨(佚519)・祈年(佚886粹5 南明452 甲651 3512 後上22.4)が行はれてゐる點は自然神と異る所がない。

一　粹11　〓〓〓〓〓〓〓

金201・内〓〓〓〓〓〓・〓〓〓〓

第三項　〓・〓・〓・〓

〓は〓(粹1538)・〓(粹16)・〓(續1.51.5)・〓(甲562)・〓(南明423)に作られ、〓は〓(續1.51.6)・〓(佚327)・〓(續2.24.5)に作られてゐるが、こ

の両者はその文字の構造及び用法から考察せば次の如く同字である。

〓と〓とは一は于に从ひ一は亏に从つてゐるから、葉玉森は「疑非一字」(集釋一・三三)としてゐるが、次の用例によれば亏

簠雜56 ・于夕卜〓〓大亏米〓
・于夕卜〓〓大〓〓米〓

前7.11.4 ……〓冊大亏
庫1637 〓〓〓〓冊大〓

と〓とは同義であるから亏・〓は同義であり、于は〓の省文であるから亏・于は同義であつて〓・〓は一字である。

〓が亏・于(〓)に从つてゐるのと、〓が〓・〓に从つてゐるのとは文字の構成を一にして居り、且つ次の如く両者の用法が同一であるから〓・〓は一字である。

前6.7.7 〓〓〓〓〓〓
佚777 〓…〓〓

前6.18.3 〓〓〓〓
前6.18.5 〓〓〓〓〓〓

〓字は金文に於いては「〓曆」と用ゐられて習見であり、羅振玉(考釋下一四)・商承祚(類編四・六)・葉玉森(集釋一・三三)・王襄(簠釋人二七)・郭沫若(通釋五四一)・董作賓(乙編自序)は「蔑」と釋してゐるが、〓字については羅振玉は「伐」、葉玉森は「鉏」、郭沫若は「䤵」、于省吾は「〓」、唐蘭は「𢧵」と釋して居り、而して容庚は「非伐」とし、胡厚宣は「𠭯亦作䤵」とし、陳夢家は郭氏に從つてゐる。

羅振玉説—象人倒持戈、知人持戈亦爲伐者、其文曰乎伐〓、曰貞乎伐𢀛方、以是知之矣、(考釋中六八)

葉玉森説—手攜之〓〓並下著于地、或象農器之鉏、疑即古之鉏字、……如他辭又云貞乎〓苦方、即命誅鉏苦方也、(集釋六・一九)

郭沫若説—䤵字像一人倒執斧鉞之形、舊釋伐不確、此蓋人名、乃殷之先公、(粹釋一四)

于省吾説—卜辭〓字習見、……唐蘭釋䤵、……唐所釋已較羅葉爲進一步之追索、其謂夏即頁是也、䤵當即〓字、(駢枝一二六)

唐　蘭説—此字像人曳戉之狀、戉亦戈戉屬之兵器也、由其字形、當有戰勝者耀其威武之意、古文之倒書者、或改爲正書、如〓或作〓、則〓可變爲䤵、古文之從曰者、象有器盛之、如魯爲從曰魯聲、則戚爲曰中盛戉、當是從曰戉聲、然則䤵即戚字、夏即頁、戉即戚也、此云䤵𢀛方當讀如「戚劉厥敵」之戚、「克滅侯宣多」之滅、蓋䤵之本義、說文以頿爲「飲不飽面黃起行也」、則後起之義矣、(天釋五三)

容　庚説—意者〓爲猷勝之術、爲人持戈以禳之歟、疑與伐非一字、(卜釋七五)

胡厚宣説—𠭯亦作䤵、(殷代之農業三〇)

陳夢家説—郭沫若改釋爲䤵云……、糾正羅説之誤、並以爲是先公、都是正確的、(卜辭綜述三四五頁)

右の如く〓の字釋は歸する所がないが、次の二版を比較せば〓は〓と同義であつて羅釋が最も妥當であることが解る

前 6.18.6

前 6.5.7

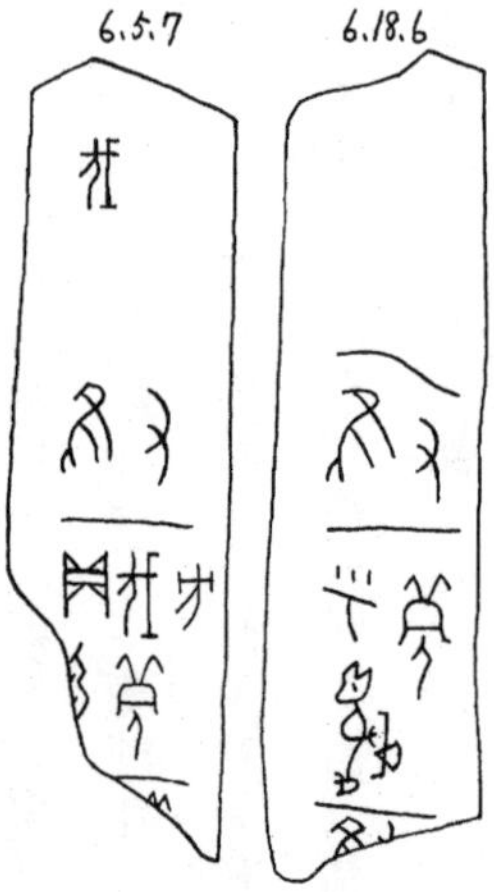

。前記の如く〓と〓とは一字であつて、〓は「蔑」であり、而して蔑字は例へば易剥初六「剥牀以足蔑」の象傳に「剥牀以足以滅下也」と「滅」と解され、又周語「蔑棄五則」の韋注に「蔑滅也」とされてゐるから、「〓」・「〓〓〓」(前6.18.5 續存569 570)の〓は「滅」の義に外ならず、〓も亦「蔑」と釋すべきことが解るのである。蔑は詩經板「喪乱蔑資」の毛傳に「蔑無也」と、又書經君奭「文王蔑徳」の鄭注に「蔑少也」とあつて、卜辭の「貞〓雨」・「貞〓雨隹有〓」・「貞雨其〓」(後上31.7)・「戊午雨〓」(後上32.7)の用法はこの義に外ならない。

神名としては郭沫若は「〓」を「女薎」として「薎名屢見、或作蔑、山海經有寒荒之國有二人、女祭女薎、女薎恐即此人」(通釋二六三)と謂ひ、「〓」を「先公」として「〓…此蓋人名、乃殷之先公」(粹釋一四)となし、于省吾は「〓」を「契」として「按蔑割契古韻並隷脂部、音近字通、例證至顯、蔑之讀割讀契、一字兩用、音義咸符、益可知蔑之當為契矣」(駢枝校補)とし、胡厚宣は「〓」を「〓」(殷代之農業一二〇)として居り、董作賓は于説に從つて「可備一説的、是蔑為契」(大陸雜誌四期八巻)とし、陳夢家は郭説に從つて「都是正確的」(卜辭綜述三四五頁)としてゐる。前記の如く〓・〓は一字であつて「蔑」字であり、左傳の「盟於蔑」(隱公元年)・「先蔑」(文公七年)の蔑は公羊・穀梁傳には「昧」に作られて居り、而して「昧」が「冥」と通用することは説文段注に「昧與冥古多通用」(説文「冥尚冥也」)とされてゐて、莫計切の蔑と莫經切の冥とは同聲であるから、神名としては殷本紀の「冥」とすべきである。

卜辭に「〓」の稱謂があり「季」と釋されてゐる。王國維は殷本紀に於いては「冥」が王亥の父とされて居り、楚辭天問に於いては「季」が王亥の父とされてゐるから、「冥」と「季」とを同一人となし、而して卜辭の「〓」は天問の「季」、殷本紀の「冥」であるとしてゐる。

王國維ー季亦殷之先公即冥是也、楚辭天問曰、該秉季徳、其父是臧、又曰、恒秉季徳、則該與恒、皆季之子、該即王亥、恒即王恒、皆見于卜辭、則卜辭之季亦當是王亥之父冥矣、(先公先王考 古史新証)

この説に葉玉森(集釋五四四)・郭沫若(粹釋七二)・董作賓(斷代研究例)・楊樹達(卜辭求義四五)が從つてゐるが、陳夢家は之に反對して「楚辭天問に「昏微遵迹」」とある昏は冥、微は上甲であり、天問の季は該・恒・昏・微の前に在つて冥ではない」(卜辭綜述三四一頁)としてゐる。これは殷本紀に「冥ー振(該)ー微」とされてゐるに拘らず、天問に「昏微」とあるによつて昏(冥)を微(上甲)の父とすることに固執してゐるものであつて妥當ではなく、王説は至確と謂はねばならない。

卜辭に「𧉮」の稱謂があり、次の一版に用ゐられてゐる。この辭は例へば「𠬝田𤰈」・「𠬝𡇒𤰈」と同一語法であつて𧉮は明かに神名として用ゐられてゐる。𧉮字は金文に習見の𡚬・𡚹、卜辭の𧉮・𧉮と同字であつて「姫」であり(祭儀𧉮字參照)、神名の用例はこの版以外にはないから同聲の神名の假借であつて、聲を以つて之を求むれば「季」に外ならない。

鄴3.39.1

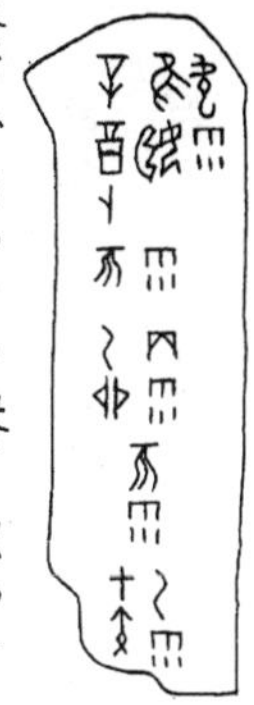

之を要するに𦅫・𦏧は「𡚬」であつて殷本紀の「冥」であり、楚辭天問は「冥」を「昏」と稱し又「季」と別稱してゐて、卜辭の𡩜・𧉮が之である。𦅫は第一期ー後下14.9 金405 甲2498 書道3.5・第三期ー粹16 甲779 1259 南明429・第四期ー後上24.8 佚376 甲562 南明448、𦏧は第一期ー前1.52.3 1.44.7 6.7.7 後下37.7 續1.51.4 2.24.5・第三期ー甲883、𡩜は第一期ー前5.40.5 卜609 粹74 京620 乙2596 2893 3684・第二期ー前5.40.4 7.41.2 明246 京3218 3219 續存下600、𧉮は第四期ー鄴3.39.1に用ゐられてゐる。

𡩜の神威としては「𡆥雨」・「𡆥王」・「祟王」の辭があり、𣎆祀を以つて祈雨(粹15 文119)・祈雨(續1.51.5 佚376 粹16)・孚蟲(粹14)が行はれてゐる。

乙2893 𡩜井𤰈太一　前5.40.5 𤔲亘卜㱿𠬝𡩜太一　鄴3.39.1 𤔲吾卜𠬝𧉮𤰈

第四項　太才・𡆥・太丁・太𠂆・𡆥・𠃊

(太才) 太才(續1.2.1 林1.9.3)・太才(後上12.10 23.16)・太才(前4.8.3 遺340)・太才(後上23.5)・太才(戩1.3 鐵265.1)・太𡚬才(佚888)・五𡚬才(掇1.455)・(太)𡚬才(明738)に作られ、又高自才(南明472 476 477 478 掇1.407 鄴3.37.2 續1.2.3)・高自太才(後上21.13 掇1.455)と稱されてゐる。次の版の「𠀠𡚬」は「上甲父𡚬」と解され、これは殷本紀の「振」(王亥)が上甲の父とされてゐることと符合して居り、又佚888・南明477二版によれば之を高

明738

佚888

南明477

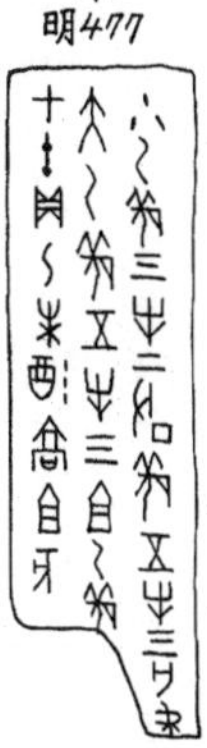

祖と稱するのは上甲以前の祖とされてゐることによることが解る。然るに陳夢家は「王亥爲殷之主要的始祖即契」(卜辭綜述三三九頁)としてゐるがこれは最も誤るものである。王亥については王國維の論考(觀堂集林九・二 古史新証)以來前人の說が多い(卜辭綜述三三八頁參照)。但だ右の太〓・王〓・(太)〓に作られてゐることによつて、山海經の「王亥兩手操鳥、方食其頭」の傳說が殷代以來のものであることが解るのである。王亥は卜辭に於いては又「〓」と稱されてゐて次の如くである。

(〓) 〓は〓(鉄98.4 通大龜3 乙1379)・〓(外312)・〓(京3111)・〓(鉄272.2)に作られて居り、孫詒讓は「女戊」(擧例下五〇)、羅振玉は「娥」(考釋中二三)と釋し、王國維(戩釋二葉)・王襄(類纂五五葉)・商承祚(類編三・五)・葉玉森(集釋四・六七)・郭沫若(通釋三六〇)は羅釋に從ひ、王國維・葉玉森は人名となし、郭沫若は次の如く「娥皇」に比定してゐる。

郭沫若ー許書云、娥、帝堯之女、舜妻娥皇字也、字于人名之外、古無他誼、則此妣名之娥、非娥皇莫屬矣、(甲骨文字研究釋祖六葉)

郭氏は右の如く人名の外には他誼なしとして、次の如き用法の〓をも娥皇と解し、林1.12.14版の辭を「言于〓之宮求年于娥」(通釋三五九)と、娥皇に年穀を求むることをトするものと解してゐるが、葉玉森はこの解釋を駁して「年娥二字似連文、郭氏謂求年娥、即求年于娥于〓、之于則訓與、徵之辭例亦未能信」(集釋四・六七)と「〓〓」を連文としてゐる。然しこの葉説は非であって〓〓の連文でないことは上揭の他例に見れば明かであり、而して次の如く郭説も亦誤である。上揭の佚387版の辭を次の文367・甲2949版と比較せば〓は〓・〓に作られて居り、〓字は金文に習見であって例へば「用〓眉壽無疆」(競〓)と用ゐられてゐて、羅振玉は「匄」(考釋中五三)と釋してゐる。而して叔家父段には「用害眉壽黃考」、詩七月には「以介眉壽」と害・介に作られてゐるから、その字音は我・娥と相近く、從って上揭の〓は〓の假借であって、人名ではなくして「匄る」の義である。〓字は〓字とは明瞭に異ってゐて「求」・「祈」の義ではなく、說文の〓字であって右の辭に於いては祟・災の假借であるから(〓儀參照)、これらの辭は「年に祟あり〓神に匄る」・「雨に災あり〓神に匄る」の意に外ならない。

林1.12.14 ……〓卜〓〓〓〓〓于〓

佚387 十〓卜〓〓〓〓〓于〓

續存下132 十〓卜〓〓于〓〓〓〓

佚387 〓〓〓〓〓于〓

文367 〓〓〓〓于〓

甲2949 〓〓〓〓于〓

斯くの如く「〓」は「匄」の假借として用ゐられて居り、從ってその神名としての用法も亦匄・害・介の字音に近い神名の假借であり、高祖王亥は又「高祖亥」(續1.2.3 鄴3.37.2 掇1.407 南明472 476 477 478)と稱されてゐて、匄・亥は同聲であるから〓は王亥を謂ふものに外ならないのであつて、之を娥皇となすのは妥當ではない。

王亥の稱謂は第一期・第三期・第四期に用ゐられて居り、之を〓と記する用法は第一期に限られてゐる。王亥の神威としては次の如く「壱雨」・「壱王」・「祟王」・「壱〓某」が謂はれて居り、〓祀を以つて祈年（後上1.1 戩1.3 京609）・〓〓方（前7.20.3）が行はれ、又〓祀に酌祀（續1.2.1 後上19.1）されてゐる。

粹75 〓太〓〓〓

乙5403 〓太〓〓〓（乙7602 7889 京1144）

乙3429 ・〓〓〓太（乙1183 5313）

・〓〓〓太（續存下434）

鉄66.1 〓〓〓〓

外312 〓〓〓〓〓（〓）

鄴3.35.16 〓（太）〓〓〓〓

（〓）〓（鉄199.3 後上9.10）・〓（前7.11.2 粹77 金449）に作られて居り、王國維は「王恒」と釋してより商承祚（類編三・五）・郭沫若（通釋三三）・董作賓（斷代研究例）は之に從つてゐる。

王國維－亙本當作亙、智鼎有〓字、从心从亙、與篆文之恆从亙者同、即恆之初字、可知亙亙一字、卜辭〓字从二从月、其爲亙字或恆字之省無疑、其作〓者詩小雅如月之恆、毛傳恆弦也、弦本弓上物、故字又从弓、亙〓確爲恆字、（先公先王考 古史新証）

王氏は楚辭天問に「恒秉季德」とあるによつて王亥と共に季即ち「冥」の子とし、而して「然則王亥與上甲微之間、當有王恒一世」としてゐる（同前）。然るに陳夢家は「詛楚文丕顯大神巫咸、當是巫咸、所以周禮司巫「國有大烖則帥巫而造巫恒」之巫恒、可能即是王恆」（卜辭綜述三四一頁）と巫恒としてゐるが、この論証には遽かに從ふことが出來ない。

（〓）〓（前4.33.4 甲253 乙5317）・〓（前1.45.3 續6.22.5 後下4.14）・〓（前1.45.3）に作られて居り、羅振玉は「矢」と釋して「説文解字矢傾頭也、此象傾頭形」（考釋中五五）となし、商承祚（類編一〇）・王襄（類纂四八）・陳夢家（卜辭綜述三四五頁）は之に從つてゐるが、柳治徵・郭沫若は次の如く「吳」と釋し、

柳治徵－般契有〓字一作〓、又有〓〓二字即吳字、蓋吳之初文本作〓、即大字象人形次演而爲〓、次二演而爲〓諸吳（集釋三四引）

郭沫若－此片（前1.45.3）上段之王吳字正作〓、左端口字稍晦、羅忽畧之而釋爲矢字、今知此分明吳字、則作〓若〓者、亦必吳字無疑矣、（通釋三三三）

と釋し、葉玉森は之に從つてゐる。吳字は金文に於いては〓（大敦伯顧鼎）・〓（王子吳鼎）に作られ、卜辭の〓字（佚915）は之に从ふものであり、前1.45.3𢼄には〓・〓に作られてゐて郭説は妥當である。この〓を郭氏は次の如く「曹圍」に比定して居り、

郭沫若－王吳者當即糧圍、史記殷本紀云、相土卒子昌若立、昌若卒子曹圍立、索隱曰、系本作糧圍也、糧王圍吳各爲疊韻

字、曹字古作𣍘、與糧形近、故譌也、(前同)

史記正義に「國音語」とあつて、聲韻上からせば郭説は妥當である。聲韵上からせば前記の「王恒」も亦「曹圉」と疊韵をなして居り、王恒王吳は同一人であつて殷本紀の「曹圉」に外ならないのである。

〓の卜辞は第一期以外にはなく(鉄199.3 前7.11.2 後上9.10 下7.8 明2369 福27 粋78 77 金449 乙1876)、〓の卜辞は第一期(前1.45.3 乙537 後下4.14 前4.33.4)・第三期(甲253)・第四期(續6.22.5)にあり、「〓〓于〓〓」(後上9.10)・「〓于〓〓二〓」(後下4.14)の辞が多く、祈雨・祈年の辞がなく、僅かに一版の「・〓〓〓〓〓三〓・〓〓于〓〓〓」(前1.45.3)によつて、〓即ち〓祀の戦舞が供され〓祀に配祀される者であることが解るに過ぎない。

(〓)　〓を孫詒讓は「𦊝」(舉例下九)、王國維は「昌」(戩釋九・十)と釋して居り、郭沫若(粋釋七〇)・陳夢家(燕京學報第十九期)は王氏に從つてゐる。

王氏は之を「人名」とし、陳氏は次の如く「相土」に比定してゐる。

陳夢家－昌疑是相、相土本名相、詳于下節、卜辞通例人名地名增口、以為字惟區別之用、見緒論注八、故昌實即人名、目之婷字、昌之誤作相、猶王亥之誤作胲垓核振、又卜辞省或作〓、省相本相通、而〓與昌極近、故爾相混、(燕京學報第十九期)

〓の卜辞上の用法は例へば次の如くであつて〓・〓・〓・〓・〓が行はれてゐるが、斯かる祭祀が記されてゐるものは

乙4915　〓〓于〓
佚491　〓〓于〓
續1.50.4　〓〓于〓

前6.3.6　〓〓〓
南誠17　〓〓〓〓〓〓三
乙6909　〓〓〓〓〓〓

必ずしも神名でないことは次の如くであり、〓は「至于〓」(前7.24)、〓

遺647　〓〓于〓
乙400　〓〓(于)〓

簠人26　〓于〓
京4152　〓〓于〓

粋851　〓〓〓于〓
庫133　〓〓于〓

は「田〓」(甲1626)、〓は「在〓」(天80)、〓は「在〓」(前2.41.5)、〓は「田〓」(林2.22.7)、〓は「田涉〓」(京4470)の如く地名であり、從つて〓が地名である可能性がある。〓に第一期以外の用例がなく、又主格の用法はない。而して「〓〓」(乙2614 3498 6909 庫1535)が「〓〓」(乙2421 3069 7845 7909 京2153)に、「〓于〓」(乙4915)が「于〓〓」(乙5311)に作られてゐて、〓は「〓〓〓〓〓」(乙5311)・「〓〓〓〓于〓〓〓」(鄴1.33.9)の如く地名として用ゐられてゐるから〓は地名であることが解る。從つて〓に主格の用例もなく他神と合祀の例もないのは當然であつて、之を人名となし相土となすのは誤であり、〓は神名ではないのである。

(〓)　〓を羅振玉は「蚰」と釋して居り(考釋中三三)、葉玉森(集釋四・六七)・郭沫若(粋釋七七)・陳邦福(殷契辨疑三葉)は之に從ひ、而して陳氏は

陳邦福－説文虫部云、虫一名蝮、博三寸首大如擘指、象其臥形、段注爾雅釋魚云、蝮虫今本虫作虺、…福因審卜辞之蚰與

虫、相假正湯左相仲虺也、（殷契辨疑三葉）と、これを「仲虺」に比定してゐる。卜辭の用例は例へば次の如くであつて、地名（乙3214）・人名乃至部族名（前4.55.4）として用ゐられて居り、金文にも「〓人」の用法があるから（金文餘釋之餘三十六葉參照）、その「〓〓〓」は〓人が我に仇するか否かをトするものであり、「〓于〓」・「〓于〓」は〓地に〓祀し或は雩祀することをトするものであつて神名ではない。

乙3214	口〓卜〓〓〓〓〓〓〓〓〓十一月	乙4683	・〓〓卜〓〓〓〓〓〓月
前4.55.4	……卜〓〓〓〓（〓）〓		・〓〓卜〓〓〓〓〓〓
乙1781	……〓〓〓〓	前4.52.4	〓〓卜〓十〓〓于〓〓〓〓
		乙5278	〓〓〓〓〓

之を要するに卜辭上の高祖神としては以上の如くであつて、之を殷本紀の先公と對比せば、〓は〓にして「契」、〓は〓にして「昭明」、〓・〓は〓にして「冥」、〓・〓は季にして「冥」の別稱、〓・〓は王亥にして「振」（該）、〓は王恒、〓は王吳にして「曹圉」であり、〓・〓は地名にして神名ではなく、而して殷本紀の「相土」・「昌若」は卜辭には存しない。

（殷本紀）　契——昭明——相土——昌若——曹圉——冥——振——微

（卜　辭）　〓——〓——〓〓・〓〓——〓・〓・〓・〓——〓〓・〓——〓

第四節　先臣神

第一項　〓〓・〓〓（〓・〓〓・〓〓・〓〓・〓〓・〓〓・〓〓・〓〓）

卜辭に「貞我家舊〓臣亡〓我」（前4.15.4）と、我家の舊臣が我に〓することなきかをトするものがあり、而して先臣を神格となすものには〓〓・〓〓・〓〓・〓〓・〓〓・〓〓・〓〓・〓〓・〓〓・〓〓・〓〓がある。

（〓〓）〓〓（鐵242.4 前1.51.5）・〓〓（前1.52.2 掇2.185）・〓〓（乙2941）・〓〓（卜377 乙6263）に作られて居り、「〓」は「寅」・「黄」と釋されてゐて、釋寅說をとる者は孫詒讓（擧例上三）・羅振玉（考釋上二）・王國維（古史新証）・葉玉森（集釋一・三九）・吳其昌（解詁續四九）・郭沫若（甲骨文字研究）・董作賓（斷代外編四二）

、釋黄説をとる者は王襄（簠釋八・六）・郭沫若（粹釋一九八）・唐蘭（天釋三九）・陳夢家（卜辭綜述三六四）・董作賓（乙編自序）であり、王國維は戩釋（九・九）に於いては「非寅」として古史新証では「寅」とし、郭沫若は文字研究に於いては「寅」として粹釋では「黄」とし、董作賓は集刊外編に於いては「寅」として乙編序では「黄」としてゐる。

釋寅説

孫詒讓説－□字似寅之省文、攷金文兮田盤寅作□、此疑即□之省、（舉例上三）

郭沫若説－于骨文作□若□、均象矢若弓矢形、有作□者象二手奉矢、當即古之引字、寅引聲近、漢書律暦志謂引達于寅、字與之同意、（甲骨文字研究釋干支）

葉玉森説－□・□象一人束帯形、初誼爲敬、束帯於廟堂之上、持身以示敬也、書堯典寅賓出日、舜典夙夜惟寅、史記五帝紀寅並作敬、知寅敬古通假、卜辭省作□□、束帯形並顯、再變作□从兩手、仍象約腰、至變作□□□□、再省作□□□□□、金文復由□之一体變作□（史懋壺）□（師𡍮父鼎）□（陳猷釜）、與許書寅下所出古文□近、古意全失矣、（集釋一・一九）

－森按卷三第六葉第三版之戊寅亦作戊□、似□□乃可讀寅、卜辭未見黄字、从黄之字如潢作□□□、其偏旁與金文同、無作□者、則□非黄、（集釋一・三九）

釋黄説

王國維説－卜辭寅字皆从矢、而人名之□尹皆从大疑非寅也、（戩釋九・九）

郭沫若説－□亦確非寅字、金文黄字有作□（師𩛥毀）若□（趞曹鼎）者、乃古佩玉之象形（説詳金文餘釋釋黄）、此□字亦即黄字、（通釋二三六 粹釋一九八）

商承祚説－□尹又作□尹乃人名、非十二支之寅、（類編）

□・□・□の一字であることは例へば□牛（粹545 乙5225）が□牛（續1.53.1 2.18.8）、□□（續4.3.2）が□□（前3.6.1）、□□（前6.21.3）が□□（東1533）に作られ、又「□□□□」（續1.49.2）が「□□□□」（乙6263）、「□于□□」（卜27）が「□于□□」（卜377）に作られてゐるに見て明かであり、從つて商承祚が□□と□□とを二人としてゐる（佚釋四六三）のは誤であり、潤緍が「此□字乃□之欠刻」（卜釋三七七）としてゐるのは是であつて、□□・□□・□□は同一人の異文である。金文に於いては「黄」は□・□・□・□に作られてゐて、卜辭の□（前2.5.7）・□（前2.6.1）は之に從つて居り、又「寅」は□・□・□に作られてゐて、卜辭の□（前3.6.1）・□（南明782）は之と同字であり、而して卜辭の干支の「寅」字は例へば丙寅(續4.3.3 粹1470 甲2394)・丙寅(簠干10)・丙寅(粹1473 前3.6.1)・甲寅(粹1463)・戊寅(林1.16.8)に作られてゐて、寅尹の寅・寅・寅と一字であるから寅尹は「寅尹」と釋すべきである。

この寅尹を王國維・董作賓は「伊尹」、郭沫若・陳夢家・唐蘭は「阿衡」・「保衡」と解してゐて次の如くであり、

王國維說—卜辭人名中屢見寅尹、古讀寅亦如伊、故陸法言切韻寅兼脂眞二韻、而唐韻以降仍□□(不清)亦謂伊尹也、(古史新証第四章)

董作賓說—王靜安先生謂古讀寅爲伊、其說甚是、今以時期証之、作寅尹多在武丁之世、至武乙則書伊尹、(斷代集刊外編四二頁)

郭沫若說—此寅字即黃字、字乃假爲衡、黃尹即阿衡伊尹也、此與大甲同卜、亦爲伊尹之証、(通釋二三六)

陳夢家說—金文之赤市幽黃、禮玉藻作赤韍幽衡、黃衡同音相假、故阿衡・保衡即黃尹、君奭曰、我聞在昔成湯既受命、時則有若伊尹、格于皇天、在大甲時則有保衡、一在成湯、一在太甲、明伊黃爲二人、(考古五期、卜辭綜述三六三頁)

唐　蘭說—然則黃尹必是黃尹、亦即保衡或阿衡、與伊尹爲二人、昔人混而爲一、非也、(天釋三九)

前記の如く寅尹は「寅尹」であつて「黃尹」ではないから、寅字を「黃」として「衡」の假借となし阿衡・保衡とする說は非であり、而して次述の如く寅尹は伊尹と同一人であるから、右の王・董二氏の說は是である。

寅尹は寅・寅亍・寅爽・寅𡿨・寅芀とも稱されてゐて次の如くである。

(寅)　寅尹が單に「寅」と稱されてゐることは次の用例を比較せば明瞭である。

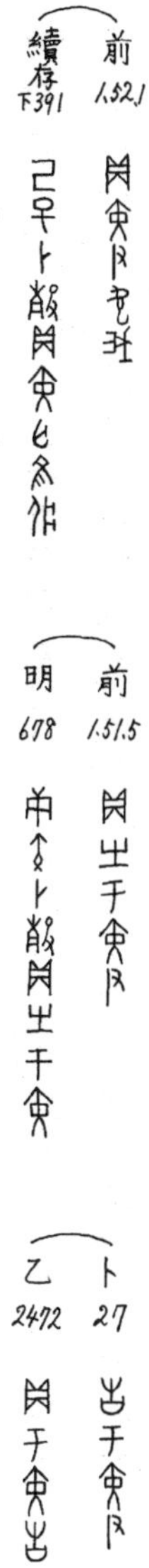

(寅亍)　次の前7.32.3・續5.9.2二版の記載形式・記載內容が略同一であり、前者の寅尹は後者に於いては「寅亍」と記されて

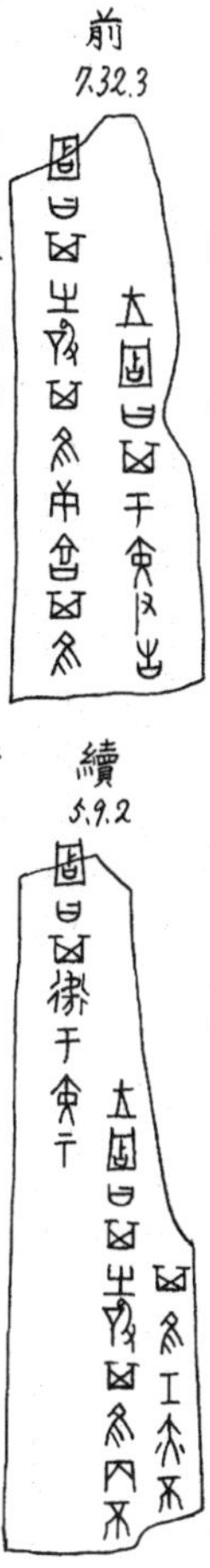

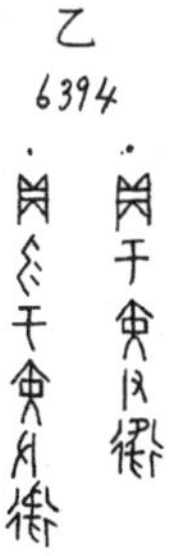

居り、又この續5.9.2版の「衛于寅亍」は乙6394版に於いては「于寅尹衛」と記されてゐるから、寅亍は寅尹に外ならない。

(寅爽)　卜辭に寅爽(續2.19.1)・寅爽(京640)・寅爽(乙3037)、及び伊爽(後上22.4)・伊爽(甲828)・伊爽(粹828)の用例があり、この爽・爽は例へば「□□□□□□□□□」(前1.5.8)・「□□□□□□□□」(前1.8.2)と用ゐられて居り、前述の如く(第二章第二節第一項)爽は𡿨と通

假の字であつて、その字音は「文甫切」乃至は「房六切」である。この〓〓・〓〓については郭沫若は「伊尹の配」、唐蘭は「黃尹・伊尹」として居り、而して陳夢家は或は「黃尹・伊尹」或は「黃・伊の配偶」としてゐて次の如くである。

郭沫若—「〓〓伊〓」、以上第二五五片「于妣庚〓甲〓」及戊辰彝「遘于妣戊武乙〓」、例之、足証殷人以〓(鳳)為伊尹之配、它辭言「〓于伊〓」、同是祭鳳之辭、鳳又稱帝史、曰「帝史鳳二犬」、又「王宜帝史」、此蓋殷人神話、或者以伊尹之配而為風師也、(粹釋八二八)

唐蘭—至卜辭之伊〓黃〓、皆在早期、與晚期之〓為妻者、自不同、且其禮甚隆、決非伊尹及黃尹之妻也、余意此〓字當讀為陟、君奭擧伊尹保衡伊陟臣扈等、暨有年所、舊訓陟為升未是、陟即上述諸臣、其本字當作〓、蓋〓象懷器之形、引申之自有〓輔之義也、卜辭伊〓與〓岳同祭、必伊尹無疑、然則黃〓必是黃尹、(天釋三六)

陳夢家—伊〓、黃〓很可能是伊尹・黃尹、但也可能是伊、黃之配偶、(卜辭綜述三六四頁)

〓〓・〓〓の卜辭例は次の如くであつて、〓〓には〓・〓・〓・〓・〓、〓〓には〓〓・〓〓・〓が用ゐられて居り、

續 2.19.1 〓〓于〓〓二〓

金 639 〓于〓〓二〓二〓(乙4642)

乙 7248 〓于〓〓(乙3037 4534 5317 7171)

前 6.21.3 〓〓〓二〓(林1.11.6)

庫 1533 〓从〓(于)〓〓〓〓

粹 828 〓〓〓〓一〓〓(甲828)

南 明422 〓〓于〓〓

後 上22.4 〓于〓〓

前述の如く〓・〓・〓〓・〓〓は上帝を對象とするものであるから、この〓〓・〓〓は配祀される神格であるか〓祀の行はれる地名であるか、この兩者の孰れかである。

上揭の庫1533版の「〓从〓于〓〓〓」に於いて、この「〓于〓」は他辭にも「〓〓于〓〓〓」(金189)とあつて、〓は前述の如く地名であり(第二節第四項)、而して「〓」は孫詒讓が「以」と釋し「用」と解して居り(擧例下三三)、之を卜辭に見るに「〓〓〓〓」(下235)が「〓〓〓〓」(粹81)、「〓〓」(前5.20.2)が「〓〓」(粹1178)に作られてゐるから〓・〓は一字乃至は通假の字であり、「〓」は「㠯」字であるから孫釋は至確であり、卜辭に於いては例へば「〓〓〓〓」(摭21)・「〓〓〓」(乙6839)・「〓〓〓〓」(乙7338)・「〓〓〓〓」(文337)・「〓〓于〓〓〓〓〓」(續存1500)・「〓〓〓〓」(粹227)・「〓〓〓于〓〓〓〓」(粹227)の如く「祀る」意に用ゐられてゐるから、「〓〓〓」は「〓〓を祀る」であり、右の辭は「〓地に〓祀して〓〓を祀る」の義であつて、「〓〓〓」と併せ考へれば〓地に〓祀を行ひ〓〓を配祀するものであり、從つて〓〓は神名に外ならない。然らば之は何如なる神格であらう

か。例へば金文の令彝に「明保」が又「明公尹」と稱されて居り、作册大鼎に「大保」が又「皇大尹大保」と稱されてゐて、「保」が「尹」　、「尹」が「保」と稱されてゐるから「寅尹」を「寅保」と稱し得るのであつて、第二期卜辭の寅父(文373)・寅父(後上6.2)はこの期に於いては神名を並記するのが例であるからこれは「寅尹」であり、之を陳夢家が「寅父可能是寅尹、父即傅保之傅」(卜辭綜述三六四頁)と「寅尹」としてゐるのは是である。前記の如く保は𡨦と通假の字であつてその字音は保と同聲であるから、寅保は「寅保」の假借であり、從つて寅尹の別稱に外ならず、而して次述の如く寅保は伊保であり、寅尹は伊尹であるから「伊尹」の別稱であつて、之は尚書君奭に伊尹が保衡と稱されてゐることと符合してゐるのである。斯くの如く寅保は伊尹の別稱であるから、之を伊尹の配としてゐる郭説は附會に過ぎず、又之を寅尹としてゐる唐説は當つてゐるがその立論は妥當ではない。

（寅父）　寅父(文373續存1481)・寅父(後上6.2佚846)と記されてゐて第二期にのみ用ゐられて居り、右の如く「寅保」の假借であつて、他期の「寅保」である。

（寅辥）　この稱謂は第一期の次の一版にあり、「辥」は孫詒讓が「辥」と釋してより(擧例上二)、諸家之に從つて異説がない。

乙1881・貞寅辥不㞢老・貞寅辥不㞢老　——史記正義に「帝王世紀伊尹名摯爲湯相」と、伊尹の名は摯であるとして居り、辥と摯とは同聲であつてこの辥は伊尹の名である。この寅辥の稱謂は寅尹が伊尹である一鐵証を成してゐるものである。

以上の如く寅尹は「寅」(寅)・「寅示」(寅示)・「寅保」(寅保)・「寅父」(寅父)・「寅辥」(寅辥)とも稱されて居り、之は次の伊尹と併せ考へれば伊尹を謂ふものに外ならない。

（伊尹）　伊尹(後上22.3粹535)は又[?](菁11.18前8.1.2)に作られて居り、羅振玉は「伊尹」と釋してより(考釋上一三)、諸家之に從つて異説がない。(王國維戩釋九・三・葉玉森集釋八・一・王襄簠釋人一・商承祚佚釋三七四・郭沫若通釋二四六・孫海波文釋三五九・陳夢家卜辭綜述三六三頁)

伊尹は「伊」・「伊示」・「伊保」と稱されてゐて次の如くである。

（伊）　伊尹が「伊」と記されてゐることは次の用例を比較せば明瞭である。

(寧1.114) 弜米于伊尹　(遺638) 十月卜又于伊尹　(後上22.3) 丙[?]貞又[?][?]于伊尹二牢　(南明459) 十[?]卜又伊尹五示

(京3892) 來米于伊　(南明493) □酉貞又于伊　(後上22.1) 癸[?]貞又[?][?]于伊[?][?]大乙彡　(南明507) 癸酉卜又伊五示

（伊示）　伊示は續存下766版に「乎□貞□伊示・□□伊示」とあり、黄示が黄尹であるから伊示は伊尹である。

（伊奭）　前記の如く黄奭が寅保であつて黄尹の別稱であるから、伊奭は伊保であつて伊尹の別稱である。從つて前記の如く郭沫若が「乎□伊奭一小宰」の辞を解して「此蓋殷人神話、或者以伊尹之配、而為風師也」としてゐるのは誤である。斯くの如く伊尹は「伊」・「伊示」・「伊奭」と稱されて居り、これは黄尹が「黄」・「黄示」・「黄奭」と稱されてゐるのと同様であり、而して黄□の□即ち辪が伊尹の名であるから黄尹と伊尹とは同一人であつて、前者は第一期・第二期に用ゐられ（但柏8版は第四期）、後者は第三期・第四期に用ゐられてゐるから、この兩者は用字の時代的相違に過ぎない。從つて寅・伊の古韻を同聲として寅尹・伊尹を同一人としてゐる王國維説は至確である。

伊尹の神威としては「它雨」・「它年」・「它王」・「求王」・「作」が謂はれて居り、

後下38.6　丁未卜求伊它雨 ── 乙2941　貞黄尹它王（前1.52.1 乙5311 6302）── 乙6263　貞黄尹弗求王（續1.46.9 1.47.2 1.47.6 遺4 南師2.66）

乙4524　貞黄(尹)弗(它)年 ── 南明57　貞□□□□黄尹它王 ── 續存下391　己巳卜殻貞黄尹□求作

祈雨・祈年・寧風が行はれ、尞祀に配祀されてゐて、自然神、高祖神と異らない。

南明422　□□□雨于伊奭 ── 摭2404　□□貞□□□于伊 ── 粹828　乎□伊奭一小宰（甲828）── 前6.21.3　尞黄奭二犬（林1.11.6）

第二項　咸戊・學戊・盡戊

（咸戊）　咸戊を羅振玉（考釋上三）・王國維（古史新証）は「咸戊」と釋してより、葉玉森（集釋一・二三・五）・郭沫若（通釋三八九）・陳夢家（卜辞綜述三六五頁）之に從ふ。王國維―周書君奭在大戊時、則有若伊陟臣扈、格于上帝、巫咸乂王家、白虎通姓名篇、殷家以臣民亦得以生日名子、何不使亦不止也、以尚書道殷臣有巫咸有祖己也、王氏引之據此謂今文尚書巫咸當作巫戊、今卜辞無巫咸有咸戊、疑今文當咸戊、書序作咸乂四篇、亦或當作咸戊四篇、猶序言作臣扈作伊陟也、（古史新証）

（學戊）　學戊（鉄157.4 前1.44.4）・學戊（京4836）・學戊（遺522）・學戊（後上8.4 乙753 2114 2507）・學戊（後下4.11 書道3.6）・學戊（前1.44.5 粹425）に作られて居り、羅振玉は「學戊」と釋してより（考釋中六一）、葉玉森（集釋一・四・五）・郭沫若（粹釋四二五）・陳直（殷契賸義六葉）・陳邦懷（拾遺三葉）・陳夢家（卜辞綜述三六五頁）は之に從つてゐる。

（盡戊）　盡戊（前1.44.6 1.44.7）・盡戊（前1.45.1）・盡戊（前1.45.2 乙3853 4529）に作られて居り、羅振玉は「盡戊」と釋してより（考釋中七四）、葉玉森（集釋一・四四・六）・

王襄簠釋人九一・郭沫若通釋七三六・陳夢家卜辭綜述三六五頁は之に従つてゐる。

これらの神格は次の如く〓祭をなすものであり、従つて「〓」(前1.43.5)・「〓」(乙753)・「〓」(前1.44.7) 南坊1.1 〓一遺522 〓一乙3853 〓(乙4529)一の如く祀られてゐるが、〓(禘)以外の用例はない。

第五節　自然神・高祖神・先臣神の祭祀

上帝の祭祀は前述の如くであるから、次に上帝以外の自然神・高祖神及び先臣神の祭祀を考察する。

(1)　〓祀

〓　乙5707　〓
〓　遺846　〓
〓　乙2844　〓(拾1.1 佚40 卜592 乙5278)

〓　乙5272　〓
〓　後上19.1　〓
〓　前1.45.3　〓

〓　前6.21.3　〓(林1.11.6)
乙7248　〓(乙3037 4534 5317 7171)

〓祀は上帝に行はれるものであつて、右は上帝の〓祀に配祀するものであることは前述の如くである。

(2)　〓祀

〓
〓　鉄216.1　〓(習見)
〓　乙6881　〓(習見)
〓　鉄216.1　〓

〓　前1.50.1　〓(鄴1.37.2 金631 南明448)
〓　佚886　〓(前7.5.3 粹589 甲651 3512)
〓　粹16　〓(佚376 續1.51.5 後上24.8 南明448)
〓　後上1.1　〓(戩1.3 京609)

〓　京3892　〓

〓
〓　乙8689　〓
〓　京435　〓(京434 佚40)
〓　佚40　〓

〓　南明420　〓(庫1141)
〓　佚519　〓
〓　粹15　〓
〓　文119　〓

〓南明422　〓

〔甲骨文〕 庫1553 〔甲骨文〕

〔甲骨文〕 續1.49.1 〔甲骨文〕（鉄90.3 戩22.11）

〔甲骨文〕 前5.18.4 〔甲骨文〕（書道9.1）

〔甲骨文〕 後上19.7 〔甲骨文〕

〔甲骨文〕 掇1.549 〔甲骨文〕

〔甲骨文〕 佚525 〔甲骨文〕（南坊4.54）

〔甲骨文〕 京3908 〔甲骨文〕

〔甲骨文〕 卜592 〔甲骨文〕

〔甲骨文〕 外1 〔甲骨文〕

〔甲骨文〕 前7.20.3 〔甲骨文〕

〔甲骨文〕 粹2 〔甲骨文〕

〔甲骨文〕 續存196 〔甲骨文〕（粹14）

〔甲骨文〕 粹607 〔甲骨文〕

〔甲骨文〕 粹828 〔甲骨文〕（甲828）

右の如く祈年・祈雨・祈〔甲骨文〕・寧雨・寧風・寧蟲・寧〔甲骨文〕が行はれて居り、〔甲骨文〕は又〔甲骨文〕と記され例へば次の如くであつて

後上17.3 〔甲骨文〕

遺707 〔甲骨文〕

、〔甲骨文〕は「匃」であり、上揭後上17.3版に於いては「〔甲骨文〕」をトしてゐる前日には「王勿逆伐〔甲骨文〕方下上弗（授祐）」をトしてゐるから、〔甲骨文〕方に對する戰勝を祈匃するものである。

(3) 㞢祀

〔甲骨文〕 佚525 〔甲骨文〕（南坊4.54）

〔甲骨文〕 京3908 〔甲骨文〕

〔甲骨文〕 遺840 〔甲骨文〕

〔甲骨文〕 遺177 〔甲骨文〕（庫1601 簠地42）

〔甲骨文〕 後上6.5 〔甲骨文〕

〔甲骨文〕 續1.36.3 〔甲骨文〕

〔甲骨文〕 掇續43 〔甲骨文〕

〔甲骨文〕 粹2 〔甲骨文〕

〔甲骨文〕 續存196 〔甲骨文〕（粹14）

〔甲骨文〕 南師1.19 〔甲骨文〕（遺340）

〔甲骨文〕 佚890 〔甲骨文〕

〔甲骨文〕 續存下599 〔甲骨文〕

〔甲骨文〕 後上29.4 〔甲骨文〕（前7.32.3 卜26 377）

右の如く𧖴(蟲)害・巛(水)害・[illegible]方の來寇・方國の侵略・征伐について告祀が行はれてゐる。この外に「[illegible]」(粹55)を郭沫若は日蝕あるに因つて河神に告ぐるものとしてゐるが、この説の誤であることは後述(祭儀·[illegible]參照)の如くである。

(4) [illegible]祀

甲2491 [illegible] (續1.38.2 粹[illegible])
撫續19 [illegible]
鉄14.3 [illegible] (粹20 遺839 撫續91)

乙4072 [illegible]
粹20 [illegible]
南明472 [illegible]
庫322 [illegible] (鉄272.2 續3.48.3)

前1.44.5 [illegible]

「[illegible]」は後述(祭儀·[illegible]參照)の如く禍害の禁禦を祈るものであつて、「[illegible]巛」は水害の禁禦であり、「[illegible]」は往來の禍の禁禦である。[illegible]巛が右の如く[illegible]神に行はれてゐて、春秋の「秋大水鼓用牲于社」(莊公廿五)はこの遺習である。

(5) 匚祀

卜371 [illegible] (鉄96.4 乙551 6409 8310)

庫1298 [illegible]
乙7799 [illegible]
乙5355 [illegible] (南明476 778)

佚846 [illegible]

匚は後述(祭儀·匚參照)の如く「報賽」の義であつて内、外の祭祀であり、「口」(上帝)に行はれるものは習見である。

(6) 合祀

一、自然神の合祀例

粹23 [illegible]
京292 [illegible]
乙7779 [illegible]
佚146 [illegible]

掇1.410 [illegible]
粹51 [illegible]
粹791 [illegible]
續1.36.6 [illegible]

後上20.10 [illegible]
前7.5.2 [illegible]
甲3610 [illegible]
粹53 [illegible]

二、自然神と高祖神の合祀例

庫1141 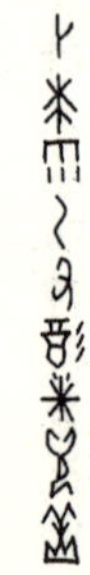

粹23 

三、自然神と先王の合祀例

佚888 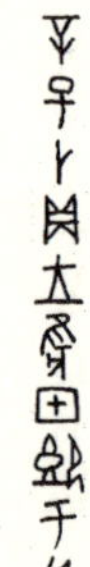

乙685 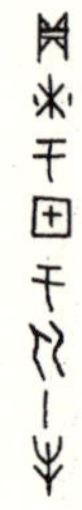

甲2622 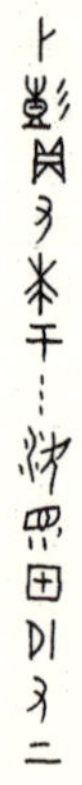

甲1250 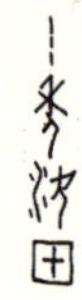

佚888 

甲3610 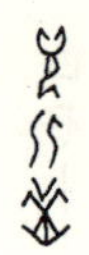

續1.5.4 

續1.36.1 

甲460 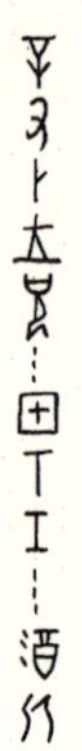

拾2.9 

乙5272 

前7.5.2 

明125 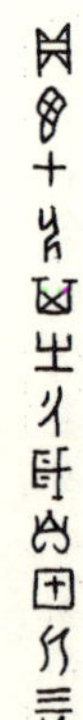

後上20.4 

甲3916 

四、高祖神と先臣神の合祀例

續1.47.5 

甲883 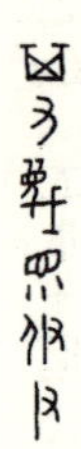

五、先臣神と先王の合祀例

南明513 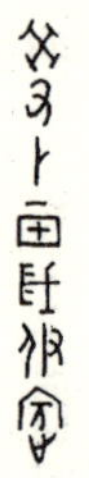

後上22.1 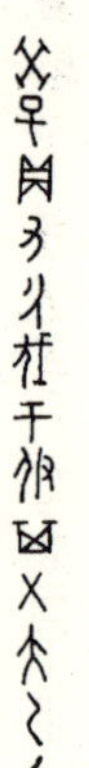

後上22.2 

上帝の[illegible]祀は[illegible]に賓祀して自然神・高祖神・先臣神を配祀するものであるから、右の如くこれら諸神の合祀が行はれるのである。

斯くの如く上帝・自然神・高祖神・先臣神を外祭に祀るの風習が、後世に及んでは次の如く上帝・天・地・山川・先古・五祀を祀るものとされて居り、

上帝―天子祀上帝（晉語）・我先王之有天下也…以供上帝山川百神之祀（周語）・祭帝於郊（禮運）・祈穀于上帝（月令）・事上帝（表記）・郊社之禮所以事上帝（中庸）・祀昊天上帝・旅上帝（周禮）

天―天子祭天（公羊傳僖卅一年）・天子祭天地（曲禮・王制）・天子無以祭天（禮器）・祭天地（祭法）・祀昊天上帝・祀天神（周禮）

地―天子祭天地（曲禮）・祭地（祭法）・祭地祇・祀地（周禮）・祀社於國（禮運）・王爲群姓立社（祭法）・祭社稷（周禮）

山川―天子祭天地名山大川（王制）・事天地山川社稷先古（祭義）・祭山川（曲禮）・供上帝山川百神之祀（周語）・祀山林川澤（月令）・祈祀山川百源・山川之祀（月令）・祭社稷五祀五嶽・祭山林川澤・祭山川（周禮）

先古―事天地山川社稷先古（祭義）・職先祖五祀（月令）

五祀―祭社稷五祀五嶽（周禮）・職先祖五祀（月令）・献子曰社稷五祀誰氏之五官也、對曰…重爲句芒、該爲蓐收、脩及熙爲玄冥、…此其三祀也、…犂爲祝融、…句龍爲后土、此其二祀也、（左傳昭公廿九年）

右の天は上帝、地は土、山川は岳・河であり、先古は祭義では「社稷先古」周禮では「社稷五祀」、而して月令では「先祖五祀」とされてゐるから、先祖である五祀を謂ふのであつて、左傳の五祀中には「重」（夒）・「該」（王亥）が含まれてゐるから、本來高祖神を謂ふのである。而して帝・天を祀ることが更に發展して「日月星辰を祀る」（祭法・祭義・郊特牲・周禮）・「五帝を祀る」（周禮）となり、これら諸神を祀ることが遂に「百物百神を祀る」（祭法・周語・楚語・周禮）と發展してゐる。これによつて後世の外祭は殷の外祭の基盤に立つものであることが解ると共に、その變化の大概を知ることが出來るのである。

董作賓の分派說に於いては新派（第二期第五期）は上甲以前の遠祖を祀らないとして、之を重要な根據の一として居り、

新派不祀上甲以前之遠祖、舊派則並祀高祖夒季王亥王恒也、（中略）祖妣之外、如河岳土等舊派有隆重之祭祀者、新派不及之、諸功臣如黃尹咸戊等、亦復如是、（殷曆譜卷三・一四葉）

と謂つてゐる。然るに次の如く所謂新派に於いてもこれらの諸神を祀つて居り、この說の成立し得ないことは前述（第一章第三節）と相俟つて愈〻明かである。

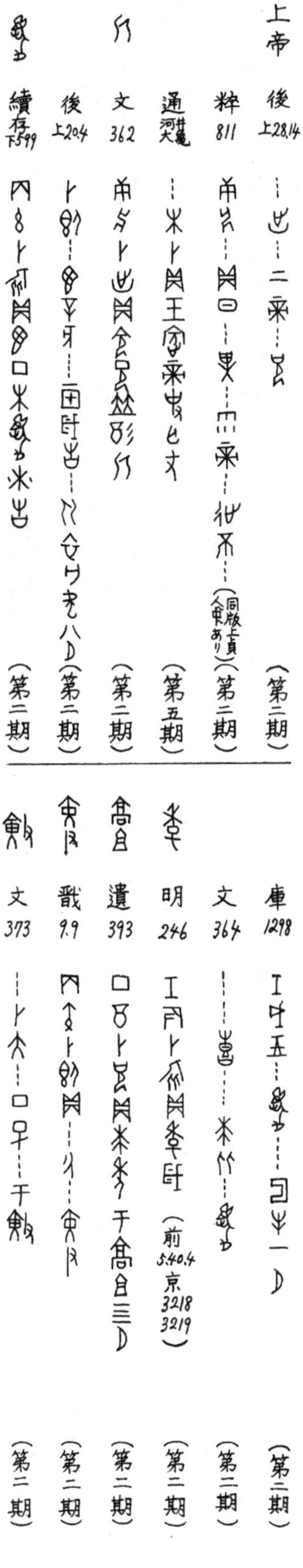

禮記表記に「殷人尊神、率民以事鬼」と殷人の特色を尊神事鬼に在るとして居り、外祭に於ける上帝・自然神・高祖神・先臣神に對する崇拜、及び內祭に於ける先王に對する五祀の祀典を見れば思半ばに過ぐるものがある。

第四章 祭儀

禮は祭儀より重きは莫しとされて居り（仕答遲・肆献裸饋食禮）、次に内外二祭の祭儀を考察する。

第一節 五祀の祭儀

先王・先妣に對する五祀の卜辭を檢するに、その祭儀は次の如くである。

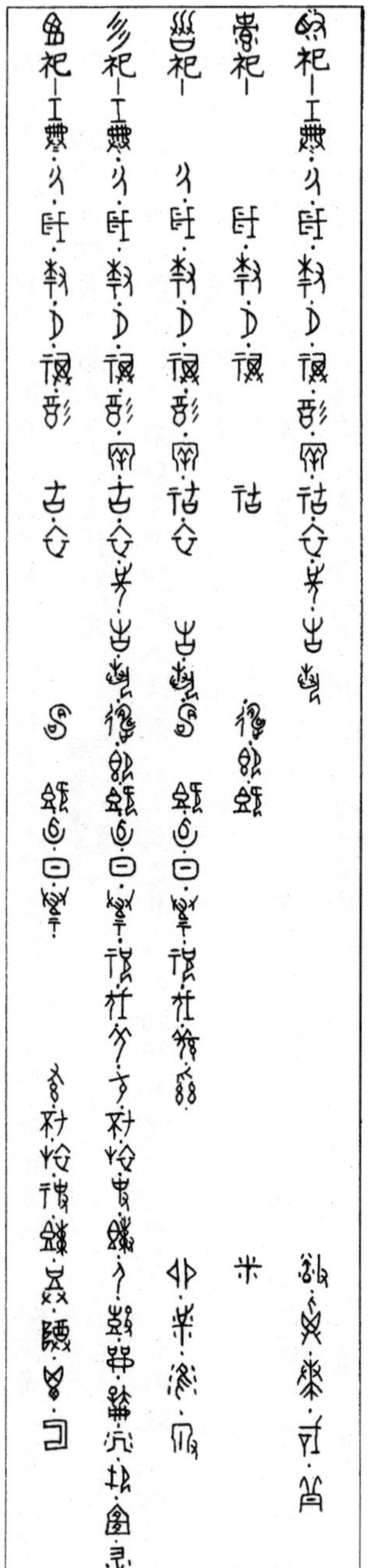

第一項 祭祀の祭儀

〓字は第一期〓（南誠30）・〓（乙5317）、第二期〓（粹137）・〓（林2.25.2）、第三期〓（寧1.1）・〓（林1.20.7）、第四期〓（掇1.468）・〓（乙5321）・〓（寧1.88）、第五期〓（前1.4.5）・〓（前1.5.4）に作られて居り、第一期には祭名としての用法がなく「〓方」・「在〓」の如く方國名（南誠30）・地名（寧1.346）として用ゐられてゐる。羅振玉は「祭」と釋して「象持酒肉於示前之形」、「月象肉」、「又持之」、「點形不一皆象酒也」（考釋中五）としてより諸家之に從つて異説がなく、右の地名としての用法は「祭」の假借であらう。

〓祀の祭儀としては工典・〓・〓・〓・〓・〓・〓・〓・〓・〓・〓・〓・〓・〓が用ゐられてゐて、その卜辭例は次の如くである。

(1) 工典　續1.5.1　・〓〓〓〓〓〓〓〓〓〓〓〓〓〓〓〓〓〓〓〓〓〓〓〓〓 ・〓〓〓〓〓〓〓〓〓〓〓〓〓〓〓〓〓〓〓〓〓〓〓 ―― (10) 〓　續1.32.4　〓〓〓〓〓〓〓〓〓〓〓〓〓〓

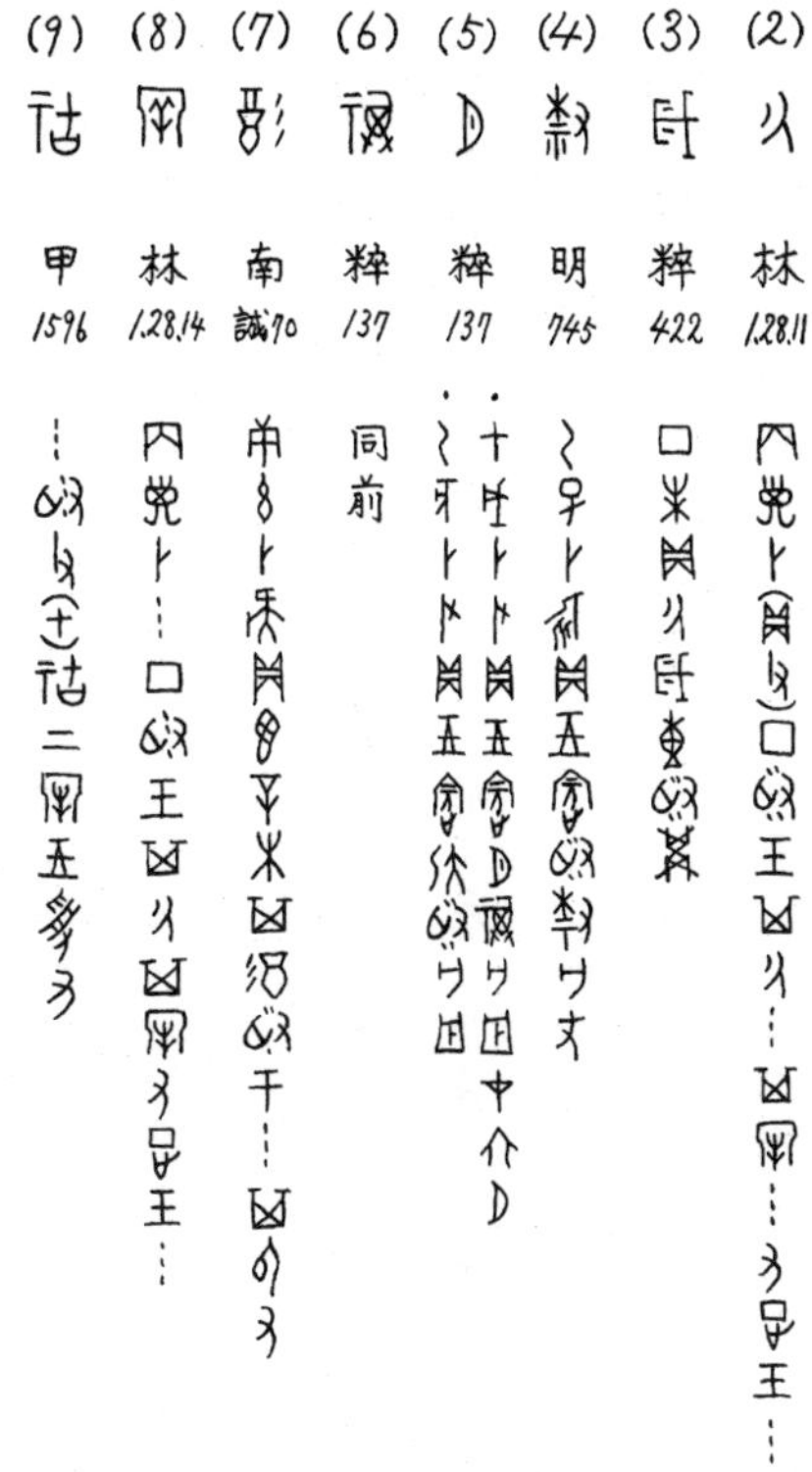

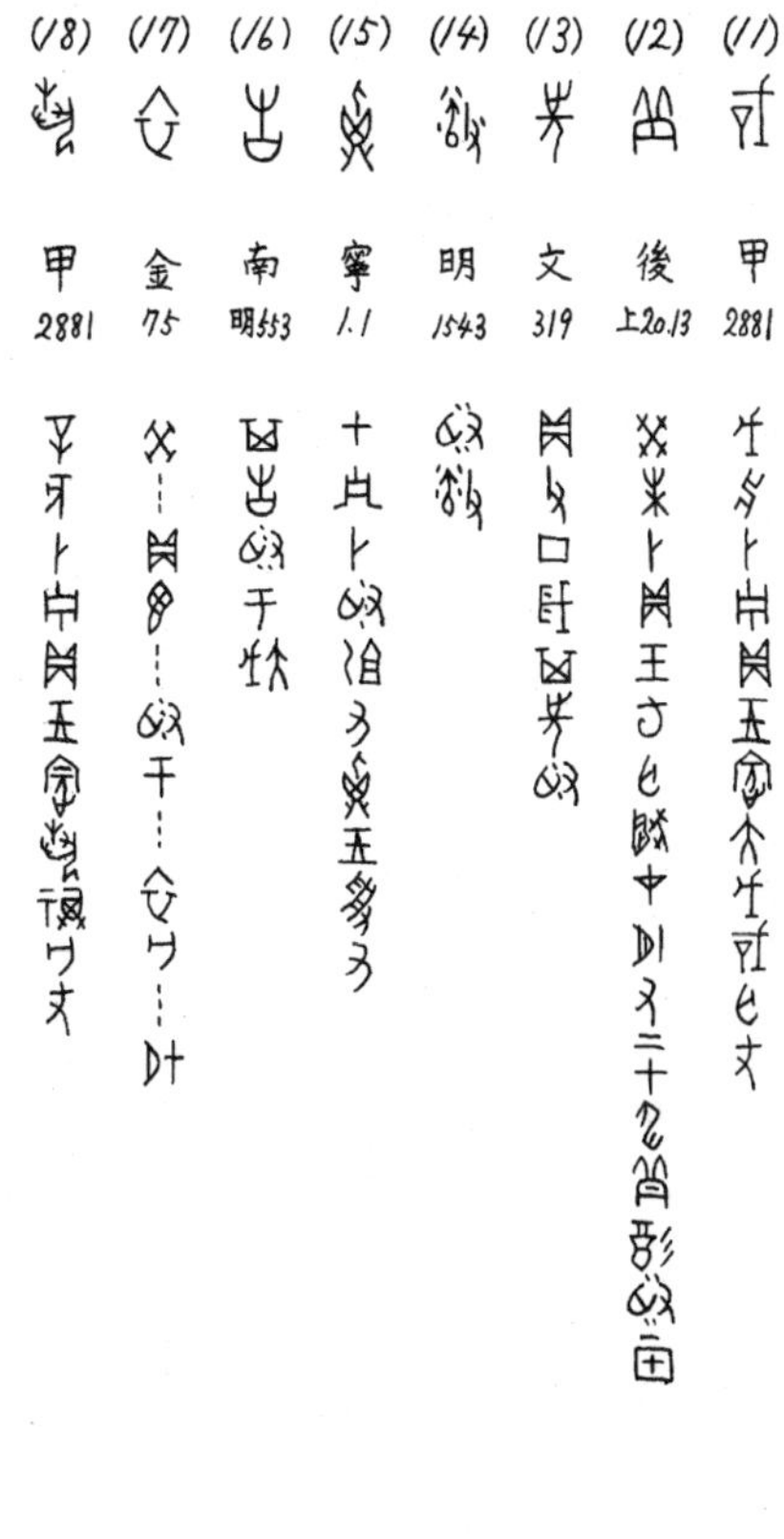

以下右の祭儀の各々について考察する。

(1)　工典・　工典は𢦏・彡・劦三祀に於ける前旬の甲日に行はれる行事であつて、翌・劦二祀には行はれないことは前述の如くである。工は第二期には𢀛に作られ(後上10.9 20.7 佚906 明789)、第五期には工に作られて居り(前3.28.5 4.43.4 續1.4.3 1.5.1)、工典には郭沫若(通纂六三)・葉玉森(集釋二・六九)の工冊説、于省吾の貢冊説(駢枝續編)、李旦丘の示冊説(殷契摭佚一葉)、戴蕃豫の諸侯助祭説(考古五期三三頁)があつて、陳夢家(燕京學報一九期九九)・唐蘭(天釋五四)は郭説を是とし、董作賓(殷曆譜上三・九)は于説を採つてゐる。

郭氏は矢令彝の「百工」の工字が「工」に作られてゐることを証として工・𢀛を「工」とし、葉氏は魯公伐郳鐘の攻字が「𢀛」に、壹鼎の攻字が「𢀛」に作られてゐることを証として𢀛は𢀛であつて「工」であるとしてゐる。攻字は金文では又「玫」(齊侯鎛)・「玫」(攻𩰫)に作られてゐて卜辞の「𢀛」(柏49)は之と一字であるから(唐蘭は天釋五四に於いて攻とする)、工・𢀛を「工」とする葉・郭説は至確であり、于省吾は「葉・郭二氏釋𢀛為工是也」、唐蘭は「郭以𢀛為工、至精至確」となしてゐる。然るに李旦丘は「三匚二𢀛」(遺628)が「𠥓二工」(粹542)に作られてゐるから𢀛・工を一字とし、而して三匚は匚乙匚丙匚丁、二工は丁工・丁父であるから工・𢀛を「示」として𢀛典を「示典」とし、「示」と「宾」とが通用されるとして「宾典」は納冊・藏冊の意であるとして居り、戴蕃豫は卜辞に「𢀛侯」(前6.29.7)の辞があるから𢀛は侯名であつて、𢀛典は𢀛侯が助祭することであるとなしてゐる。然し李氏の指摘してゐる「二古」は又「三工古」（乙8670 8671）に作られ、而して工典の工古が斯かる字形に作られてゐる例がなく、「𠮷二工」の工は丁の異文であつて工典の工が丁に作られてゐる例がないからこの説は非であり、又「古侯」の一例を以つて之を侯名として助祭の説を成すのは望文生義に外ならない。典は工典以外には用例がないが、又典（前7.6.1 京1380）・𢍰（鄴3.38.4）に作るものがあり、典を羅振玉は「象奉冊形」（考釋中四〇）として居り、從つて典・丁に从つてゐる𢍰は丁（示即ち示、神）前に冊を擱くの意であり、同様に典・こに从つてゐる典はこ（即ち上）に冊を奉ずるの意である。

工典の意義については郭氏は詩經楚茨の「工祝致告」の義としてゐるが（通釋三〇二）、于氏は祝告の辞を典冊に書して神前に献ずる義の貢典としてゐて次の如くである。

郭沫若引詩工祝致告爲說、不知工官也係名詞、典亦名詞、於文理實不可解、工應讀作貢、猶古文㓨之作賓、易繫辭、六爻之義易以貢、注貢告也、釋文、貢京陸虞作工、荀作功、是其証、廣雅釋言、貢獻也、獻與告義相因、契文言貢典、典即今典字、典猶冊也、貢典猶言獻冊告冊也、書祝告之辞於典冊、祭而獻於神、故云貢典也、（駢枝續編二一二）

董作賓は于說を是とし、且つこれを修正して典冊の内容を先王の名號、五祀の祭祀祭日の祀典として居り、

祭時貢獻典冊於神（駢枝）、其說是也、惟所獻者、非如于氏所謂書祝告之辞于典冊、乃爲殷人先祖先妣之名號、五種祭祀及祭日之祀典也、（殷曆譜下二・二）

工典が祭・彡・劦の三祀の前に行はれる行事であることからせば、董氏の修正は妥當であり姑く之に從ふ。之を要するに工典は祭・彡・劦三祀の祀典を作成して、これをそれぐ\の祭祀が行はれる前旬の甲日に神前に奉献する儀式である。

(2) 又・又は祭祀の外には𢀛（粹1160）・彡（粹84）・劦（南明522）、及び𢓊祀（續2.7.1）・𢀜祀（甲2502）・𣳾祀（續1.6.2）に用ゐられ、祖神の外には𠂉（粹1541）・𠁦（續4.27.2）・𡆥（戩9.9）に用ゐられて居り、從つて實質的な意義を有する語ではないことが解り、次の用例が之を証してゐる。

粹217 [illegible]	佚78 [illegible]	乙5306 [illegible]
甲903 [illegible]	甲732 [illegible]	林2.3.11 [illegible]

上掲三例の兩辞は同一内容であるが、一方には又を用ゐ、他方には之を用ゐず、又の有無は卜辞の内容に對して實質的な影響を持つてゐないから、又は特定の祭儀名ではなく

して祭祀上の一般用語である。□を陳邦福・柯昌濟は次の如く「升」と釋して居り、

陳邦福說—案□當釋升、蓋古之升祭也、儀禮覲禮云、祭山川丘陵升、祭川沈、證之、(中畧)小篆作□、漢谷口銅甬作□、好畤鼎作□、形誼畢肖、毓簡有別爾、(殷契辨疑五葉)

柯昌濟說—□□爲一字、疑即古升字、(補釋)

陳氏は山川丘陵を祭る升祭としてゐるが、□は山川のみに用ゐられる祭儀ではないからこの說は非であり、又柯氏は□・□を一字としてゐるが、□と□が一辭中に用ゐられてゐる例があるから(續2.7.1 前1.22.2)、この說も亦誤であるが、但だ之を「升」となしてゐる點は次の如く是である。

□は□(佚945 卜255 乙8892)・□(鉄227.1 乙6691)・□(鄴3.41.4)に作られて居り、而して金文の升字は□・□・□に作られてゐて、この兩者の字形が相近く、又兩者の意義を考察するに、金文の升字は晉敦には「□于厥文祖考」と用ゐられて居り、爾雅釋詁に「登陞也」とあるからこの辭は「文祖考に登喜する」の義であり、而して卜辭に於いては例へば「□□□□于□」(前1.47.3)と「□□□于□」(粹167)とを比較せば「□□」は「□」(陟字)に當ってゐるから登喜の意であり、而して詩經卷耳の毛傳に「陟升也」、釋詁に「陟陞也」とあるのは傍證であって、□は「升」に外ならず、之を升字としてゐる二氏の見は當ってゐるのである。要するに「□」は「升」字であって登喜の義であり、祭祀上の用語であって特定の祭名、祭儀名ではない。

(3) □・

□は第一期□(前7.28.2)・□(前5.4.7)・□(前7.20.2)・□(前5.4.7)・□(林1.20.3)、第二期□(習見)・□(粹438)、第三期□(續4.12.4)・□(甲1571)・□(粹311)、第四期□(粹217)・□(粹75)・□(戩23.7)、第五期□(續1.26.11)・□(續1.8.3)・□(續2.3.3)・□(林2.29.1)・□(明1413)に作られてゐる。この字釋としては王襄の「□亦殷帝祖先之名」(簠釋帝158・171)とする說は論外として、孫詒讓(舉例下一九)・吳其昌(解詁三續)・唐蘭(天釋二七)は「戉」とし、容庚(國學季刊一・四)・郭沫若(甲骨文字研究釋□)・于省吾(駢枝續編釋□)・商承祚(佚釋一三二)・明義士(柏釋三〇)・王襄(簠釋歲八)・孫海波(考古五期文字小記)は「歲」とし、羅振玉・王國維は未釋、葉玉森は「□」・「歲」の字釋を疑ってゐる(集釋一・一四)。

說文に「歲」の古文は「□」に作られてゐて、これは陳猷釜の「□」と一字であり、この陳猷釜の「立事□」は子禾子釜では「立事□」に作られ、又毛公鼎の「用□用政」は虢季白盤では「用□用政」に作られて居り、この□・□は卜辭に□

を〓(明1413林1.203)・〓(甲1571前5.4.7)・〓(佚309簠歳8)に作るものと同一であるから戉は「歳」であつて、第一期の〓(續5.1.1)は説文・金文の戉である。「戉」の用法として孫海波は「年歳」の用法があるとして、卜辞習見の「今戉」の戉を年歳の義として居り、卜辞紀年之法用ㇾ祀、與二爾雅之説一同、然亦有ㇾ稱二歳者一、劉氏所ㇾ藏有二一版一云、「癸丑卜貞今歳受年弘吉在八月隹王八祀」、則此歳字碻爲二年歳之歳一無ㇾ疑、(考古五期卜辞文字小記)

これより陳夢家は「歳或者指二太陽年一」(燕京學報四十期四〇頁)、董作賓は「以二一年一爲二一歳一」(殷曆譜上・三・二)としてゐる。然し後述の如く卜辞の「今戉受年」・「来戉受年」は「今の祭祀期間」・「来るべき祭祀期間」に受年があるか否かをトするものであつて(第二篇第七章殷の曆法)、今戉・来戉の戉は年歳の意ではなく、戉には年歳の用法がない。祭祀用語としての戉の意義については、次の如く羅振玉は「誼不ㇾ可ㇾ知」、唐・呉二氏は「牲を劌割する義」、郭沫若は「一歳一次の祭名」とし、楊氏は郭説に従つてゐる。

羅振玉―戉亦祭名、誼不ㇾ可ㇾ知矣、(考釋下二)

唐　蘭―戉當二讀爲一劌割一也、謂二割ㇾ牲以祭一也、(天釋二八)

呉其昌―戉者乃斧鉞之象形也、斧鉞可二以刑一ㇾ牲、故戉字引申之義爲ㇾ刑ㇾ牲、此徵ㇾ之以二卜辞群詞一、而可二以確知無一ㇾ疑者、卜辞曰

戉牛、曰戉一牛、曰戉二牛、凡此皆戉義爲二刑牲之碻証也、尤明顯者、曰戉苟卅卯三宰(林2.3.11)・戉羊卅卯十牛(前6.16.1)

、「戉狗」・「卯宰」對擧、卯義爲ㇾ殺、則戉義之亦爲ㇾ殺不ㇾ容ㇾ疑矣、蓋刀刑爲ㇾ卯、戉刑爲ㇾ戉也、(解詁二四三)

郭沫若―祭名曰ㇾ歳者、殆因二一歳擧二行一次一而然、(甲骨文字研究釋戉)

楊樹達―郭沫若云、墨子明鬼篇引ㇾ古云、「吉日丁卯、周代祝二社方一、歳二于祖若考一以延二年壽一」、殆所謂歳祭也、洛誥有二一事一、與二此等文例一全同、云「戊辰、王在二新邑一、烝祭歳、文王騂牛一、武王騂牛一」、此與二卜辞一可ㇾ爲二互証一、(卜辞求義一七葉に郭氏の釋戉八葉を引載す)

右の呉氏が擧げてゐる「戉苟」・「戉羊」の苟・羊字は「〓」に作られて居り、〓は後述(照參)の如く舞踊の類であるから刑割すべきものではなく、又戉は〓祀の外に〓・昔・彡・〓祀に用ゐられてゐるから一歳一次の祭名ではない。

戉は〓・〓(續存1599)・昔(粹438)・彡(前1.30.4)・〓(前1.1.7)に用ゐられ、又祖神の外には〓(明125)・〓(明246)・〓(京3950)・〓(後上22.1)に用ゐられてゐるから、祭祀一般に行はれるものであることが解る。而してその用法は例へば「〓〓戉」(乙7211)の如く動詞の用法があり、又「〓」・「〓」は例へば「〓〓〓〓于〓〓〓山卯三」(甲795)・「〓〓〓于田九〓卯〓」(後上21.13)と用ゐられてゐる

から、次の辞に於いて、(一)の旺と杜・分の關係は(二)の旺と杜・分の關係の略述であつて、「冎𠂤口旺凶ヨ杜」は「冎ヨ于自〜旺凶ヨ分」は「冎𠂤口旺幾网杜分幾人」、「冎自〜旺ヨ分」は「冎ヨ于自〜旺幾网杜分幾人」の省文であり、旺は「旺幾牢」・「旺幾牛」と記されるのが正しい記載法であることが解る。斯くの如く旺は動詞として用ゐられて居り、又牲についての用語であつて、爾雅釋天に「載歳也」とあるから旺は「載」の義であり、牲を供載することに外ならない。次の二辞に於いて歳が載牲の義であることが尤も明瞭であり、又墨子明鬼の「歳ニ祖若考ニ、以延ニ年壽ニ」、儀禮少牢饋食禮の「用薦歳事ニ于皇祖伯某ニ」の歳も亦載の義である。要するに旺は歳であつて載牲の義であり、内祭・外祭に用ゐられる祭祀用語である。

(一)
庫1054　冎𠂤口旺凶ヨ杜
明130　冎自〜旺凶ヨ分

(二)
甲732　ヨ杜区旺一网田
　　　𠂤口旺幾网杜分幾人
甲635　冎口ヨヨ𠂤口杜山分旺三网
　　　于自〜旺幾网杜分幾人

遺365　凶ヨ旺于𠂤弔88冊一𠂇
洛誥　烝祭歳ニ文王騂牛一武王騂牛一ニ

(4) 𣪊　第二期には𣪊、第五期には𣪊に作られ、その異体には𣪊(前8.6.3 甲2774)・𣪊(南明650)・𣪊(後上7.12)・𣪊(文472)・𣪊(林1.18.13 庫1179 前1.36.3)・𣪊(續2.9.8 卜29)・𣪊(前2.25.6)・𣪊(佚879 粹1538)・𣪊(續1.21.2)・𣪊(粹1539)・𣪊(乙5327 甲430)・𣪊(林1.10.10)があり、これらが𣪊と一字であることは次の用例に見て明かであつて、羅振玉は𣪊・𣪊を(考釋中八)、于省吾は𣪊・𣪊を(駢枝續編)、陳夢家は𣪊・𣪊・𣪊・𣪊を一字としてゐる(燕京學報十九期一〇五)。

續1.30.6　冎𠂤旺王凶𣪊
卜29　冎𣪊𠂤大凶𣪊
鉄47.4　冎王𣪊𣪊ヲ田
文472　冎王𣪊𣪊ヲ𠂇

續2.25　冎旺凶𣪊𣪊
甲2774　卜𣪊…王凶𣪊𣪊
續2.9.8　𣪊𣪊𣪊
前1.30.5 2.25.6　𣪊旺于𣪊𣪊𣪊

前1.36.3　凶𣪊口
卜29　凶𣪊口
林1.18.13　冎𣪊三小网
林1.10.10　𣪊山(网)𣪊三网

庫1216　王凶𣪊
粹1538　卜凶𣪊𣪊
粹1539　凶𣪊𣪊
遺402　卜凶𣪊三亍

これらの字形を見るに𣪊・𣪊・𣪊を基本とし、ヨ・𣪊、亍を加へてゐて、明義士が「象ニ手持ニ束柴於示前ニ而祭ニ上」(柏釋五五)としてゐるものは最も字形に當つてゐる。羅振玉・王國維が次の如く「𣪊」と釋してより吳(解詁二續六五九頁)・明(柏釋五五)・于(駢枝釋𣪊)・郭(通釋四四)の諸氏が之に從つて居り、而してその字義としては羅振玉は「卜ニ祭」、陳夢家は「禱祝」、于省吾は「報賽」としてゐる。

羅振玉ー叙即許書之𣪊、許書有ニ𣪊字ニ、注楚人謂ニ卜ニ問吉凶ニ曰ニ𣪊、然此字卜辞中皆祭名、豈卜ニ祭謂ニ之叙ニ與、(考釋中十八)

王國維ー古從ニ祟之字亦或從ニ柰、如ニ隸字篆文作ニ隸、古文作ニ隸、𣪊或作ニ𣪊或作ニ𣪊、知ニ𣪊叙亦一字ニ也、殷虛卜辞有ニ叙字ニ、叙似

古音同部、故以爲𠬝字」、（魏石經殘字考 三四葉）

陳夢家－叙𠬝同音相段、而𠬝于詩經通」匂、…卜辞叙柰皆祭名、即禱祝之類、（燕京學報 一九期 一〇五）

于省吾－説文叡塞也、…史記封禪書、冬賽禱詞、索隱賽謂報神福也、（駢枝 釋叙）

叙は𠬝祀の外に祟（庫1189）・𢀛（粹279）・彡（續1.9.2）・畐祀（明273）に用ゐられて居り、名詞として「𠕋叙」（柏57）と用ゐられてゐる外に「彡叙」（文288）と動詞として用ゐられてゐて、「王其叙」（下29 庫1216 七W63 甲2774）と王が行ふものとされてゐる。その字形は右の如く手に束柴を持して神前に供する祭儀であり、而して説文に「禋絜祀也」とあつて、絜を段注は「人部係下云、絜束也、是知絜爲束也」と束の義として居り、禋祀は詩生民には「克禋克祀、…我祀如何、…取蕭祭脂、…其香始升、…上帝居歆」、禮記郊特牲には「蕭合黍稷、臭陽達於牆屋」、故旣奠後焫」とあつて、蕭に黍稷を合せて之を束ね祭脂を染ませて祭壇に供奠し、之を焫いて馨香を牆屋に達せしむる祭儀であり、叙の字形は禋祀と同一である。又王國維は魏石經の春秋に「𠬝葛盧」の𠬝字が叙に作られてゐるに據つて叙の字音を𠬝と推定して居り、𠬝と絜とは同聲であるから叙は絜祀であり、而して叙の𠬝に作るものと禋の籀文の𠬝とは結構が相似てゐて、共に馨香の牆屋に達するを象るものと考へられ、卜辞の「其叙口於大室」（前1.36.3）・「𠕋米𢀛大𠬝叙口」（續2.9.8）の如く宗廟の大室に口（帝の假借）に叙祀するものは、詩生民の「克禋克祀…上帝居歆」と符合してゐる。斯くの如く叙と絜祀とは字義・字音に於いて一致してゐるから、叙は絜祀の本字であつて禋祀に外ならないのである。

(5) ☽・卜辞に於いては月と夕の字は混淆して居り、月を某月、夕を今夕・夕𢀛の用例によつて檢すれば次の如くである。

	第一期	第二期	第三期		第四期		第五期
月	☽ 前1.53.3 3.18.5 5.13.1 乙4628	☽ 續2.22.5 粹1436 1439 誠227	☽ 前1.47.3 粹1440 1443 甲2491 2622		☽ 粹1172 1177 1193		☽ 粹1460 庫1672 1779 續1.5.1 1.9.9 3.29.3 佚545
夕	☽ 粹1334 1335 1336 1338 1339	☽ 粹1376 天11 12 13 擄49	☽ 粹1378 1356 1383 1384 1385 1391	☽ 甲1111 1158 2692 前4.23.6	☽ 粹1393	☽ 甲885	☽ 粹1395 1396 1397 1398 1399

祭祀用語としての「夕」の用例は次の如くであつて、𢀛・彡・畐祀、及び方帝・𠂤・𢀛の祭祀に用ゐられて居り、

南明609 𢀛日叙又夕㞢王叙又 — 南明339 十㞢卜卜𠕋王賓叙彡夕亡囚 — 誠246 于𠂤夕彡

佚508 [illegible] ― 後上24.8 [illegible] ― 庫714 [illegible]

又「彡夕」(乙3335)・「彡夕𣎆」(乙6211)・「彡夕𥛄」(佚869)の如く夕𤎩・夕祀とも稱されてゐて、内祭・外祭に行はれるものである。卜辭に於いては「彡夕」の用例が習見であつて、郭沫若は「肜夕蓋肜日之異稱」(通纂七三)としてゐるが、吳其昌が次の如く彡祀の前夕祭となしてゐるのは妥當である(殷墟書契解詁二五三及二六四)。

彡夕之祭皆于所祭先祖生日之上一日舉行、在卜辭中絶無例外、蓋前夕祭也、而彡與彡日則于所祭先祖生日之本日舉行、

吳氏の謂ふが如く「王賓彡夕」の卜辭は盡く王名の前日に卜されてゐて例外はなく(前1.5.1 1.6.2 1.19.4 4.21.3 1.16.4 1.42.5 續1.19.1 1.25.5 1.32.3 林1.2.1 佚397 871 天26)、而してこれは王賓卜辭のみならず「貞夕于某王」の卜辭に於いても亦同樣であり、例へば次の佚404版では某乙名王に對して

佚404 [illegible] ―
庫714 [illegible]
粋393 [illegible] ―

前日の夕には十羊翌乙亥には十牛を用ゐ、庫714版では𢀛を祀るに夕祀には羊翌辛亥には牢を用ゐ、粋393版では「其れ妣庚に又するに叀に入り己の夕より𨡕酒す」と、庚日の妣庚の祀が前日の己日の夕から行はれてゐて、これらの「夕」はすべて前夕祭であり、從つて祭祀用語としての「夕」は「前夕祭」の意である。

「夕」は右の如く𠦪・彡・𢆶祀に行はれる外に、次の如く𢼄・祟祀にも行はれて居り、五祀全部に行はれるものである。

粋137

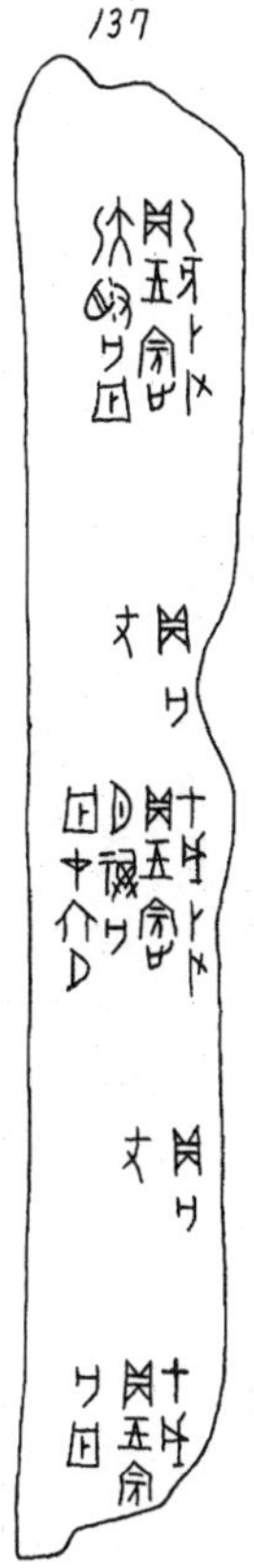

戩18.13

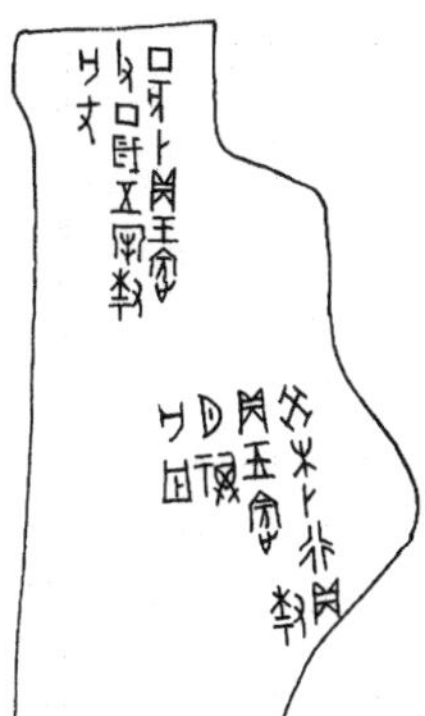

右の粋137版に於いては乙亥に大乙の𢼄祀、前日の甲戌に夕祼が卜されて居り、先王先妣祀序表によれば大乙の𢼄祀の前日には祟上甲が行はれてゐるが、夕祼は前夕祭の祭儀であるからこの上甲の祟祀に行はれるものではなく、從つて大乙の𢼄祀の前夕の祭儀としなければならず、之によつて𢼄祀に前夕祭のあることが解る。戩18.13版に於いては丁亥に父丁(武丁)の祭祀、前旬の癸未には夕祼を卜して居り、癸未の夕祼は明日甲申に祀られる甲名王の前夕祭であつて、甲申に甲名王、丁亥に武丁を祀る關係は、祀序表によれば陽甲の祟祀と武丁の𢼄祀以外にないから、癸未の夕祼は陽甲の祟祀の前夕祭であ

り、又甲2692版には「〓〓卜〓〓王賓夕〓亡尤」・「〓〓卜〓〓王賓〓〓〓亡尤」の二辞があり、この夕〓は示壬の祟祀の前夕祭であることは祀序表を按ずれは明瞭であつて、之によつて祟祀に前夕祭の行はれることが解るのである。之を要するに祭祀用語の「夕」は前夕祭の意であつて、内祭五祀及び外祭に行はれるものである。

(6) 〓・

〓の異体は甚だ多く王賓〓・夕〓・〓〓・〓亡の用例によつて異体を検出せば次の如くであり、

用例＼字体	〓・〓	〓・〓	〓・〓	〓・〓	〓・〓	〓	〓・〓	〓・〓
王賓〓	前4.23.8 王賓〓	明1363 王賓〓	南明356 王賓〓	鄴1.33.8 王賓〓	後下25.4 王賓〓		卜335 王賓〓	續1.19.1 王賓〓
夕〓	南師2.203 夕〓	續2.11.10 夕〓	甲884 夕〓	甲1562 夕〓	庫1390 夕〓	續2.5.10 夕〓	佚665 夕〓	續1.31.1 〓夕
〓〓		粹510 〓〓		拾3.17 〓〓	甲2698 〓〓			粹490 〓〓
〓亡	甲600 〓亡	前4.33.2 〓亡	林1.11.4 〓亡	金46 〓亡			甲600 〓亡	

〓—〓（甲268）・〓（寫195）・〓（南明556）・〓（卜335）・〓（南明418）・〓（南師2.203）

〓—〓（續2.11.4）・〓（鄴1.47）・〓（前4.33.2）・〓（粹510）・〓（庫1966）・〓（南師1.145）・〓（佚423）

〓—〓（乙1971 2103）・〓（續4.14.7）・〓（乙2103）・〓（乙1463）・〓（乙6235）・〓（文417）・〓（南無126）・〓（乙2862）・〓（佚773）・〓（續1.44.6）

〓—〓（前4.23.5）・〓（習覧）・〓（前4.23.6）・〓（甲2695）・〓（前5.43.1）・〓（前4.23.7）・〓（甲2684）・〓（前4.23.4）・〓（甲3259）・〓（甲3915）・〓（庫655）・〓（甲2418）・〓（甲2418）

〓—〓（庫1390）・〓（甲2698）・〓（粹493）・〓（乙854）・〓（乙58）・〓（後下22.10）・〓（乙5399）・〓（甲1850）・〓（後上14.11）

〓—〓（寧2.106）・〓（佚165）・〓（南明124）・〓（續2.5.10）・

〓—〓（前1.5.1）・〓（前4.21.3）・〓（前1.42.6）・〓（林1.19.9）・〓（續1.44.6）

更に右の字体の類字は左の如くであつて、之を斷代別に見れば次表の如くである。

第一期	〓（前4.23.8） 〓（乙2103）	〓（前4.23.3） 〓（佚793）	〓（續2.5.10） 〓（乙2296）
第二期	〓（粹245） 〓（南明356）	〓（甲2695） 〓（後下25.4）	〓（續2.11.10） 〓（甲2698）
第三期	〓（佚871） 〓（粹393）	〓（前4.23.6） 〓（後下14.11）	〓（明1363） 〓（續1.34.3）
第四期	〓（甲884） 〓（甲612）	〓（拾3.17） 〓（乙5399）	〓（乙58） 〓（續1.31.1）
第五期	〓（前1.5.1）	〓（續1.19.1）	〓（京5164）
金文	〓（御作父己鼎）	〓（右且丁尊）	〓（我方鼎）

右の諸体を通覧するに吳其昌が「□者古禮器中有流之尊壺之形也」（解詁三一）、葉玉森が「此字象酒器上有流形」（集釋一・四）と指摘してゐるが如く、この字の特色は流口のある尊壺の形に作られてゐるに在り、酒字が从つてゐる□・□・酉とは顯然と異つてゐる。然るに羅振玉・葉玉森は之を□・酉と同字と見做して、次の如く羅氏は「福」葉氏は「禪」して居り、王國維（戩釋廿五）・郭沫若（通釋六三）・王襄（簠釋天八一）・商承祚（佚釋三九七）・孫海波（文釋三八）は羅釋に從ひ、郭沫若（粹釋一三七）は又葉釋にも從つてゐる。

羅振玉―从二兩手奉一尊於示前一、後世之福字、（考釋中一七）

葉玉森―□之異体作二□・□・□・□・□等形一、說文□積火燎也古文作二□一、卜辭从二示从一酉疑即□字、□爲二繁文一、（集釋四・三）

右の二釋はこの字の特色に留意せざるに因る誤釋であり、而してその「□」に作るものについては羅振玉は「誼不レ可レ知」（考釋下八）、葉玉森は「礿」（集釋一・四二）、于省吾は「□」（駢枝三續釋□）としてゐるが、吳其昌は「至二于□字之本義一、蓋亦狀二雙手奉二有流之禮器一」（解詁二續六四二）としてゐるのは妥當であり、又□・□・□に作るものについては獨り郭沫若は「祼」（粹釋一九九・一三三一・四九三）としてゐるが、その理由を闕いてゐる。諸家の字說は右の如くであつて羅氏の釋福說が最も信ぜられてゐるが、福字は金文に□□□に作られて居り、而して□字の金文は右の如く□□□であるから、兩者の異字であることは判然としてゐて、楊樹達も□字について「字不レ識」としてゐるが「福」とはしてゐない（積微居金文說 我作父己甗跋）。從つて之を福と釋するのは妥當ではない。

□は次の理由から之を「祼」と釋すべきであつて、右の□・□・□を「祼」としてゐる郭釋は當つてゐるのである。

(1) □は流口ある尊壺を基本として居り、その流口より水滴を灌注する狀に作られてゐるものが多く、例へば次の如くで
□（前6.55.4）・□（後下17.12）・□（續4.14.7）・□（前4.23.6）・□（前5.43.1）・□（甲2695）・□（遺150）・□（乙2103）・□（乙6235）・□（續1.44.6）
□（甲2684）・□（前4.23.4）・□（甲1562）・□（乙58）・□（南無126）・□（粹520）・□（遺853）・□（乙7422）・□（佚622）・□（卜235）
あつて、之によつてこの字義には灌注の義の存することが解り、而して次の版には「□大乙酒□王晦」（大乙に□し酒灌す王晦あるか）とあつて、□（□の異文）に酒灌が行はれて居り、これは右の字体が「示」に灌注してゐるに作られてゐるのと正に符合してゐる。從つて□は酒灌の祭儀であつて、祼の祭儀と一致してゐる。

甲1850

(2) □には□（鬯）が用ゐられることは次の如くであり、之は詩大雅文王の毛傳に「祼灌鬯」とあるものと符合してゐる。

庫1253 □□□□

甲657 □□□

續1.44.6 □□□□□□□□□

寧1.190 卜□□□□□

續6.12.5 □□・于□□□□□□

(3) 祼は次の如く「祼告」(明1391 遺150 庫1172 甲600 乙3198 3468 7975 前4.33.2 5.3.2 續1.28.6 1.44.6 鉄34.4 後下16.10 佚524 林1.11.14 南明418)・「祼冊」(遺366 前4.28 續1.38.6 乙2296 8585)と用ゐられてゐて

乙3198	[illegible]	遺366 [illegible]
佚524	[illegible]	乙2296 [illegible]

告神の祭儀であり、これは尚書洛誥の傳に「祼鬯告神」とあるものと一致してゐる。

(4) 祼は「勿祼」(佚452 續存1588)・「不祼」(乙3468)の如く動詞として用ゐられて居り、而して「王祼」(後下27.6 卜730 南明369)・「王其祼」(甲612)・「王其夕祼」(文426)・「王祼于妣庚」(前4.28)の如く王自ら行ふものであり、又祼の異文は[illegible]・[illegible]に作られ(卜235 續6.12.5 佚622 乙7422)、或は「祼于宗」(粹322)・「祼告血室其歩」(前4.33.2)・「其祼告于大室」(金46)とあつて、之は宗廟・血室・大室に行はれてゐる。從つて祼は王が宗廟の大室に於いて行ふものであつて、次の如き「王入りて自ら祼す」・「ここに入りて自ら祼す」の辭は之

鄴1.42.6 [illegible]	粹393 [illegible]	・[illegible]
文678 [illegible]	庫1172 [illegible]	文438 ・[illegible]

を證するものであり、これは尚書洛誥に「王入太室祼」とあるものと正に符合してゐる。

右の四證の如く「祼」は正に「祼」に外ならないのであつて、祼字は第五期の「祼」、金文の「祼」の譌變である。

祼の祭儀の[illegible]・祟祀に行はれることは前記「[illegible]」の擧例粹137・戩18.13・甲2692に明かであり、又[illegible](甲2880)・[illegible](佚871)・[illegible](南明563)に行はれ、或は[illegible]祀(金46)・[illegible]祀(粹418)・[illegible]祀(乙854)に行はれてゐるが、外祭に用ゐられてゐる例は絶無である。

(7) [illegible]・ [illegible]は酒字であつて「祟祀」に用ゐられてゐる例が未見である外は内祭・外祭に用ゐられて居り、羅振玉は「嘗酎」の祭儀としてゐるが、單に酒を供する義である。

(8) [illegible]・ [illegible]を孫詒讓は次の如く「牢」と釋してより諸家之に從つてゐる。

説文牛部[illegible]、閑養牛馬圈也、从牛冬省、取其四周帀。金文貉子卣作[illegible]、此省作[illegible]與彼同、从羊者文之變也、(擧例上卌二 名原上二三)

[illegible]に作るものを揚樹達は「卜辭牢字从牛者謂大牢、从羊者爲少牢」(卜辭求義二六)と[illegible]を大牢、[illegible]を小牢としてゐるが、[illegible]は又「小[illegible]」(摭續78)、[illegible]は又「大[illegible]」(金466 鉄176.4 佚308 掇2.125)と用ゐられて居り、金466版には[illegible]と[illegible]・[illegible]を一字

としてゐる。從つ网を「文之變也」としてゐる孫説、「宰即牢」としてゐる王國維説（戩釋二二）は妥當である。牲として「百网」（續1.10.7）・「百小网」（粹20）・「牛三百」（前4.8.4）・「五百牛」（庫181）・「千牛」（乙5392）が用ゐられてゐる（史記秦本紀「秦德公用三百牢於鄜畤」）。

(9) 祜・ 祜は又古に作られて居り、この兩者の一字であることは次例に見て明かであつて、第一期古（鉄137.1）、第二期古（粹171續1.43.10）・估（甲1596）、第三期古（佚541戩6.12）・祜（甲1596寧1.195）、第四期祜（粹331甲829 1640南明605）、第五期祜（文660林1.19.2寧2.138）に作られてゐる。

（粹233 貞古自匚五网
同版 貞祜自匚）

（粹234 𠀠劦𠂤祜自乙卯
粹146 劦𠂤自古五多乙）

（京4089 古劦𠬝
粹331 自祜𠬝）

祜の字釋としては呉其昌が劦の省文としてゐる外には説がなく（解詁六）、祜が「…劦日十祜二网五多乙」（甲1596）と劦祀に用ゐられて居り、而して劦が劦祀に行はれる祭儀ではないから、祜と劦とは一字ではなく呉説は非である。祜は説文の「祜」と一字であつて、説文は「上諱」として解字を闕いてゐるが、爾雅釋詁に「祜福也」としてゐる。祜は劦祀の外には祟（明384 960甲2693）・劦（京4046）・彡（鄴3.42.5京3287）・𣪊（戩14.2南明582）、及び𠬝（甲1640）・𠂤（南明500）の如く内祭・外祭に用ゐられてゐて特定の祭儀ではなく、從つて福を求むる意の祭祀用語である。

(10) 𠦪・ 𠦪を羅振玉は「象兩手絜木形、當是許書之𠦪字」（考釋中六二）と釋し、王襄（簠釋典三一）・葉玉森（集釋三二）・孫海波（誠釋七七）は之に從つてゐるが、郭沫若は𠦪を「𣏟」（粹釋二一）、桼を「奏」（粹釋七四四）と釋してゐる。然し𠦪と桼とは次の如く通用されてゐるから、この二者を區別するのは妥當ではない。説文に𢍜・𠦪・𡙡に作るものがあつて、「𢍜、兩手共同械也从手共聲、𣐈、拲或从木」とあり、羅釋は之に據り、又「𠦪、疾也从夲卉聲」・「𡙡、奏進也从夲从廾从屮、屮上進之義、…登謌曰奏」とあり郭釋は之に據る。字形よりせば説文の𡙡が最も近く、從つて𠦪・桼は共に「奏」と釋すべきである。卜辭に桼𠦪の用法が習見であつて（前3.20.4簠典31拾7.15粹744 1314摭續219七T4金502甲3069京443 447 448 449 450）、説文に「登謌曰奏」とあるからこれは登歌舞雩の義であり、祭儀としての𠦪は登歌である。從つて桼の字形は兩手にて管樂器を持する貌と考へられるのである。

（京974 彡桼
乙6708 彡𠦪）

（鄴1.44.12 桼𠂤口𠙵（牛）
七W20 𠦪𠂤口牛）

（簠人21 卜桼𠂤
庫1803 貞彡𠦪𠂤）

(11) 戠　戠は又戠に作られてゐて、この兩者の一字であることは次例の如くであり、又戠は次の如く食と通假されて居り

戠（甲829 戠日（粹55 [illegible]（遺397 又戠（寧1.246 南師2.198 2.206 坊1.81）

（林23.7 戠日（後上29.6 [illegible]（佚253 又戠（京4301 寧1.331）

食（甲829 戠日（甲1416）（前8.5.7 [illegible]（粹55 [illegible]

（文131 食日（庫511）（鐵239.1 [illegible]（佚374 [illegible]

、食は「食」であるから戠は食と同聲である。

郭沫若は上揭粹55版の「日又戠」を「日蝕」と解して居り（粹釋五五）、又董

郭沫若—日戠若日又戠、當是日之變、因有此變、故卜告于河、卜告于父、以稽其禎祥、戠與食音同、蓋言日蝕之事耶、

作賓は右佚374版の「日月又食」を「日蝕」と解してゐて（殷曆譜・交食譜・日食一）、右の如く戠・食が通假されてゐることからせば郭説が妥當の如く考へられるが、次の如くこの説は非である。粹55版には次の三辭があり、この「日戠」・「日又戠」は次の

粹55 [illegible]

[illegible]

[illegible]

甲755版に於いては「[illegible]」と記されて居り、而してこの甲755版の「日又戠月出干田」が「[illegible]」と同時に行はれるものであることは、「日又戠月出干田」には「干支」が記されてゐないばかりではなく、例へば「[illegible]」（佚253）・「[illegible]」（南明680）に於いては「又戠」・「日」が「[illegible]」と一辭を成してゐるに見て明かである。「日又戠」は又「[illegible]」（南師2.206）とも記され、而して「又戠」は又「[illegible]」（遺19）・「卜又戠于[illegible]」（戩46）と記されてゐて、次述の如く「又戠」は「侑職」であるから「[illegible]日又戠」は「升日侑職」であり、日中に職を侑する義に外ならず、「戠日」（甲829 1416）・「[illegible]戠日」（林23.7）・「[illegible]日戠干十[illegible]」（佚384）と記されてゐるのは之が傍証である。從つて右の「日戠[illegible]」は「日中に職を侑して河神に告ぐる」の意、「日又戠月出干田」は「日中に職を侑め夕に上甲に告ぐる」の義に外ならない。假に「日戠」を日蝕とせば、例へば「十[illegible]卜[illegible]日戠干十[illegible]」（佚384）の卜辭は甲子の日に五旬後の甲寅に日蝕があるか否かをトするものとせざるを得ず、これは甚だ無稽なことであり、又次の二辭は共に武乙時に父康丁に告祀するものであつてその卜日は連續して居り、日戠を日蝕とせば日蝕が庚辰と辛巳にあることになり、日蝕が庚辰と辛巳に行はれ

甲755

後上29.6 [illegible]

粹55 [illegible]

る組み合はせが武乙一代に果して有り得るであらうか。斯くの如く「日戠」を日蝕と解することは困難であり、従つて粹55版の「⊞日又戠翌日㞢」も亦日蝕ではなく、これと略〻同文の「⊞日夕又食翌日㞢」(佚374)も日蝕でないことは明かであり、この後者を日蝕としてゐる董作賓の日食説、及び之に従つてゐる嚴一萍(續殷曆譜參照)・陳夢家(卜辭綜述二三九〜二四〇)の説は再檢討を要するものである。

右の如く「戠」・「𢦔」は通用、「戠」・「食」は通假されて居り、而して𢦔は金文に於いては「𢦔衣」(𣪘叔敦)・「𢦔衣」(趩尊)・「𢦔衣」(宂簋)、石鼓文には「𢦔」・「𢦔」に作られてゐて「織」・「熾」と釋さて居り、羅振玉は𢦔を「戠」と釋してゐる(考釋中五九)。卜辭に例へば「⊞必訶爯册冊𠂤才𤇈呂太𠂤𣎆𢀛出又」(遺1188)の如く「爯册冊」の語が習見であつて、これは簡册を奉じて王に告ぐるの意であり(後述「殷の方國」𠂤方參照)、この「爯册冊」の代りに「戠」が用ゐられて「⊞令𠂤𠂤必訶戠」(續5.12.2)と記されて居り、この「戠」は「爯册冊」の意であるからこの辭に於いては誌即ち「識」の義として用ゐられてゐるのである。

又卜辭に「戠牛」の用法が習見であつて(明1388 1427 1551 1663 1687 龜50 擴續100 簠典85)、羅振玉は「犆、當〻牛色」(考釋中二七)、郭沫若は「犆猶〻它辭言」犅言「牡矣」(通釋五三)としてゐるが、例へば「日牛⊠用于祖戠」(文307)・「㞢子又戠于卯牛」(粹252)の如く、祖・卯の戠に白牛・牝牛が用ゐられてゐてこの兩説は妥當でない。この戠牛は次の如く「我勿以〻戠牛」・「其戠牛茲用」と用ゐられて居り、而

乙6715　𢀛多叀戠牛

林2.3.9　⊠戠牛88用(明1687 南坊4.493)

遺397

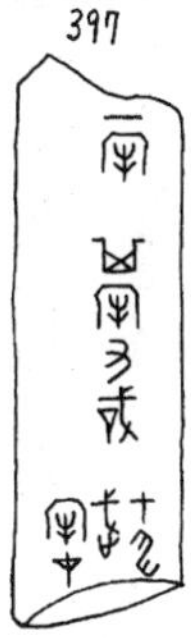

して「⊠戠牛88用」は「𠂤又戠88用」(南坊1.81)と記されてゐるから「又戠」は「又戠牛」の省文であり、上掲版には「又戠」が𠭯と並記されてゐて、牢と等しい供物とされてゐるのは之が証である。戠は内祭に於いては肉を以つて祀る字義の𠭯祀にのみ用ゐられてゐるものであり、而してこの字は「戠」であつてその字音は「食」であるから「膱」の意である。膱は儀禮郷射禮の「祭〻半膱」の鄭注に「古文膱爲〻戠」と大鬻とされて居り、「卜戠用一牛」(南師2.202)は膱に一牛を用ゐることをトするものであつて、これは全牛の膱であり、「戠⊠一牛不用」(寧1.246)は半膱を用ゐることである。從つて戠牛は膱牛であつて、又戠は侑膱(牛)、五𡧊𤆍戠廾文の戠は膱牛を以つて祀るの意である。

「戠」は王賓卜辭に於いては王名の日にトされてゐて例外はないから(佚173 564 庫1201 1860 甲2881)、王名の日に用ゐられるものであり、之が𠭯祀に用ゐられることは次の版に明かである。この版の四辭の關係を祀序表に按ずれば、甲午に上甲の𠭯祀、戊申

甲2881

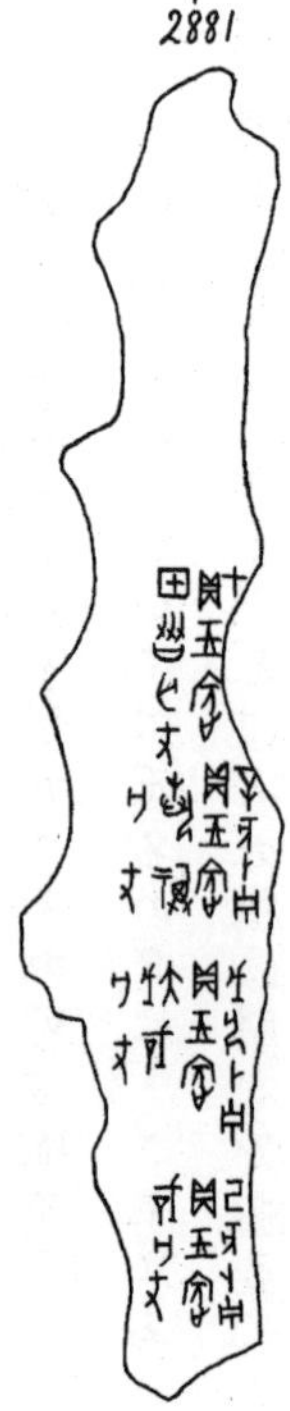

に大戊の㞢祀、辛亥に大戊の配妣壬の前夕祭、己亥に祖己の㞢祀が行はれることに相當して居り、これらの「〓」はいづれも㞢祀に用ゐられてゐるのである。〓は內祭に於いては㞢祀以外の用例は絶無であり、外祭に於いては〓(續6.21.2)・〓(乙5305 柏8)・〓(粹55 南師2.198)に用ゐられてゐる。

(12) 〓・ この字体は〓(後上21.3)・〓(續1.5.1)・〓(前4.19.3)・〓(續1.5.6)・〓(後上20.13)・〓(前6.59.3)に作られてゐて、次の如く㞢工典及び㞢田に用ゐ

續1.5.1 〓〓〓〓〓〓〓〓〓〓〓〓〓〓〓〓〓〓〓〓〓〓

られてゐる。この字形は方國名の〓方(佚276 甲2277)・〓方(前1.4.7 甲3115 續存634)・〓方(前4.44.6 6.6.1 6.6.3 6.6.7 6.18.6)の〓・〓・〓と一字であり、葉玉森は〓字の〓を冒字とし、于省吾は之に從つて

葉玉森—〓・〓為冃形、即帽之初文、冒為準初文、其上之〓為帽飾、〓〓即篆文蒙之旁、从〓所由孳、…〓覆人首曰蒙、易明夷以蒙大難、釋文蒙冒也、(集釋四・六。)

于省吾—卜辭〓象以羊角為飾之帽形、〓字之音必亦讀如冒矛毛、〓〓均應讀為詩閟宮毛炰胾羹之毛、傳毛炰豚也、(駢枝續編釋〓)

毛(炰豚)の假借としてゐる。祭祀用語としては㞢祀のみに用ゐられてゐて、㞢は肉を以つて祀る字義を持つてゐるから姑く于說に從ふ。

(13) 〓・ 〓は〓にも作られて居り、この兩者の一字であることは次の用例に見て明かである。從つてこれは〓或は〓と〓に從ふものであり、次の如く〓(往)と同義の用法があるから「往」の義のあることが解る。又これは金文の「〓」(盂鼎)・「〓」(毛公鼎)と同字であり、孫詒讓(名原上七)・羅振玉(考釋中六四)は「先」と釋して居り、說文に「先進也」とある。

前4.34.1 〓〓(戩45 林2.6.8 甲3587) 粹127 〓〓〓〓 前5.12.3 〓〓〓〓〓〓〓(鄴2.36.10)
乙1904 〓〓(掇1.462 甲514 乙2494) 甲658 〓〓〓〓〓 粹1229 〓〓〓〓〓〓〓〓(金709)
乙6988 〓〓〓 寧1.363 〓〓〓〓〓 明78 〓〓〓〓〓
乙6906 〓〓〓 寧1.367 〓〓〓〓〓〓 文447 〓〓〓〓〓

祭祀用語としては次の如く「〓〓」・「〓〓」の語法が最も習見であつて、「〓〓」は又「〓〓〓〓」(甲514)と記されて

乙1904	〓〓〓〓〓	(後上5.1 林2.6.8 金694 掇1.462 甲1265 3587 514 乙1904 2494 7267 南明427 471 京849 986 989)	
粋299	〓〓〓〓〓〓〓〓		
甲514	〓〓〓		
後上5.1	〓〓〓〓〓〓〓	佚878	〓〓〓〓〓〓〓
		續1.44.2	〓〓〓〓〓
南明471	〓〓〓〓〓	南明427	〓〓〓
掇1.462	〓〓〓〓〓	金533	〓〓〓〓〓

ゐるから酒を進める義であり、而して「〓〓」は次の如く「〓〓〓」及び「〓〓〓」と記されて居り、後者の「〓〓〓」は又「〓〓〓〓〓〓」(南師1.179)とあるから「日中に進むる」の意であり、又「〓〓〓〓〓」(佚878)とあるから酒を日中に進むる意であつて、〓〓の〓は酒を進むる義に外ならない。従つて祭祀用語としては「往」の義の外は薦酒の義であつて、内祭の外に上掲の如く外祭にも用ゐられる一般用語である。

(14) 〓・第一期〓(鉄176.1 續2.29.3)・第二期〓(文551 遺2)・第三期〓(甲803 2589)・第四期〓(粋520)・第五期〓(林2.1.16)に作られ、外451版には「〓」に作られてゐる。羅振玉は「改」(考釋中六二)、李旦丘は「𢼄」(摭佚一五)と釋し、葉玉森は「象持物撃水中蛇、不可辨認」(集釋六・二)、吳其昌は「今日不能曉」(解詁二〇九)、柯昌濟は「案古流字、象虫流于水中形、」(補釋下上)としてゐる。この字は〓と〓に従つてゐるから「𢼄」であり、「𢼄」は説文に「大剛卯以逐鬼魅也、从攴巳聲」と呪術によつて鬼魅を攘ふ義とされてゐるが、卜辞の用法は多岐であつてなほ後考に俟たねばならない。

(15) 〓・〓は又〓(前1.22.1)・〓(掇1.433)・〓(前5.3.6)・〓(甲2102)・〓(菁9.6)に作られて居り、これらが同字であることは孫・羅二氏が次の如く述べてゐる。

孫詒讓—説文醬醢也、从肉酉、酉以龢醬也、爿聲、古文作〓、金文亦未見、而有〓字甚多、説文未見、史頌鼎作〓、婦姑鼎作〓、則从〓右似从刀、日辛角又省作〓、則省爿从口、師湯父鼎作〓、又省夕从爿、皆一字也、从諸字偏旁推之、古文醬字、疑當从肉从刀、蓋以刀剉肉作醢、醬故以刀、(名原下一〇)

羅振玉—古金文有之、有〓史頌敦・〓王作〓鼎・〓日辛角諸形、从匕肉於鼎、爿殆所以薦肉也、此或加〓象有涪汁、或省匕、或省爿與肉、或省肉與匕、然為一字也、(考釋中三八)

〓は内祭に於いては〓祀のみに用ゐられて居り（寧1.1 京4243）、〓・〓の夕・〓は〓字の偏旁と等しく肉の象形、〓・〓の〓は刀（說孫）或は匕即ち匙（說羅）であつて、字形よりせば肉を煮て侑むることである。

(16) 告

告を孫詒讓は「古」（舉例下四八）としてゐるが羅振玉は「告」（考釋中五七）と釋して居り、告は例へば「〓告曰」（林2.7.5）の如く曰（〓）の上に用ゐられてゐるから羅釋が是である。告は内祭、外祭に行はれて居り、而して神に告ぐる内容は略〻方國の來寇・征伐・田遊・出歩・蟲禍・水害・疾病・王〓・祆孽がその主要なるものであつて、次の如くである。

・(一) 告方　方は〓方・〓方などの方であつて方國の意であり、例へば「十〓告方〓」（後上6.5）・「〓于大十告〓方〓」（後上29.4）は方國の來寇を神に告ぐるものであつて、この「告方」は次の如く祖神・自然神・先臣神に行はれてゐる。

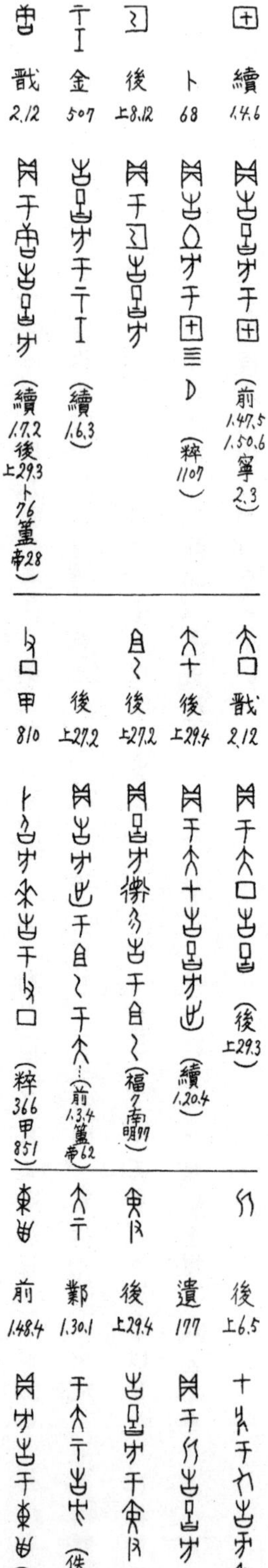

・(二) 告〓・告〓　次の辞は王が方國を征伐し、或は〓・〓・〓・〓を遣はして征伐せしむることを告ぐるものである。

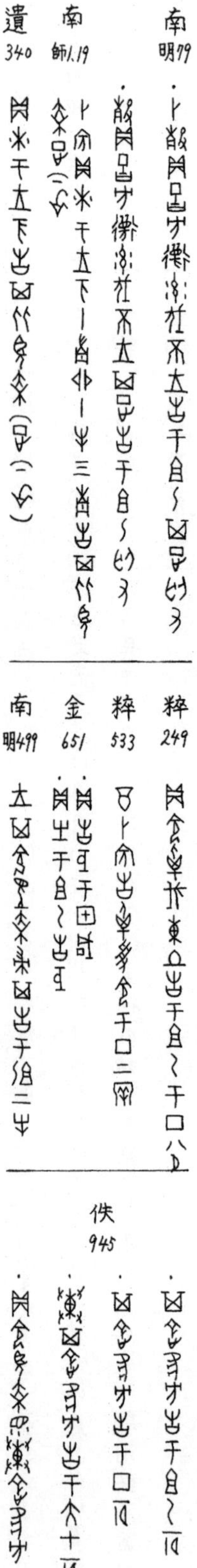

・(三) 告田・告〓　次の辞は田游・出歩を告ぐるものである。

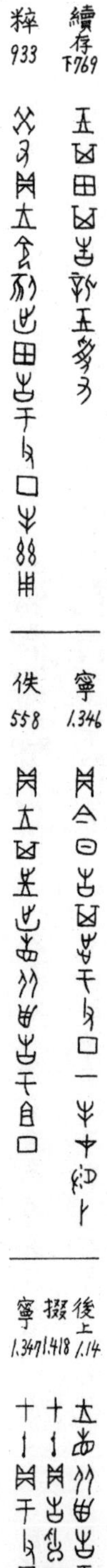

・(四) 告蠱・告水　前述の如く「寧蠱」は蟲禍の寧止を祈るものであつて告蠱は蟲禍を告ぐるものであり、之を郭沫若が「告一歳之收獲于祖也」（粹釋二）としてゐるのは妥當ではない。又告水は大水を神に告ぐるものである。

南 明466　[illegible]
佚 525　[illegible]
京 3908　[illegible]

粹 14　[illegible]
粹 2　[illegible]
南 明468　[illegible]（粹488 明7 續存196）

粹 148　[illegible]
遺 840　[illegible]

・(五) 告疒　疒を孫詒讓は「疒」（舉例上廿六）と釋し、王襄は之に從ひ（類纂七）、胡光煒は「癘」（甲骨文例）、葉玉森は「瘳」（集釋一六七）、郭沫若は「𤵸」（通釋一〇）、吳其昌は「痡」（解詁八七）、丁山は「疾」（集刊一本二分）と釋し、胡厚宣（商史論叢殷人疾病考）・楊樹達（甲文說下五八）は丁山說に從つてゐる。

丁　山說―「疒齒」猶言齒病、疒即周常見之疾字也、許君言疾從疒矢聲、而秦兩詔橢量刻辭「丞相斯去疾」、疾則從人作疒、與疒所從之人同也、又按…所從之∵皆象血液、則疒外之∵、亦可謂象血液形、爿本象大版、亦象斧依之人体流血、倚版寢息、此疒之全形、亦疾之初義矣、

楊樹達說―余去秋以來、三治甲文、釋此字爲疒、所以然者、說文七篇下疒部云、「疒倚也、人有疾病、象倚箸之形」、甲文从人倚爿、與說文解義相同、此一證也、篆文疒字右方横畫乃人字之省變、說文載疾字古文作𤼲、厂亦人字之譌、…玉篇疾或作𤺋、亦从人作、今甲文从人、與古文疾字及玉篇偏旁相合、此二証也、…疒既象有疾病倚箸之形、自含疾義、疒疾文雖小異、義實無殊、

右の丁・楊二氏の立論は異るが歸を一にして居り、疒は疾字、告疒は告疾であつてその例は次の如くである。

鉄 156.1　[illegible]
佚 373　[illegible]（續存下383）
京 1650　[illegible]（南師2.52）

擴續 300　[illegible]
南 師1.42　[illegible]（外15）
前 1.12.5　[illegible]

乙 5839　[illegible]
續 1.28.9　[illegible]
南 師2.52　[illegible]

庫 1957　[illegible]
續存 821　[illegible]
續 1.44.6　[illegible]

・(六) 告囚・告𡆥　告囚・告𡆥の辭は例へば次の如くであつて、又「告王囚」と記されてゐる。

續存 306　[illegible]
乙 7975　[illegible]

乙 1293　[illegible]
乙 3198　[illegible]

乙 3468　・[illegible]
・[illegible]

乙 4615　[illegible]
庫 1957　[illegible]

囗は次の如く囗と一字であり、孫詒讓は「形義未詳」(舉例下四六)、郭沫若は「囗字不識」(通纂釋九一)としてゐて、諸家は字釋を闕いてゐる。

(乙3933 大囗) (後下9.5 囗[illegible]) (乙690 [illegible]囗于[illegible])
(乙1954 大囗) (續2.25.6 囗[illegible]) (後上23.7 [illegible]囗于[illegible])

但だ郭沫若は「有作囗者、即牛髀骨之象形、ㄩ象骨臼、上有點者示臼上有刻辭也」(甲骨文字研究釋朮黄四)と囗を牛髀骨の象形とし、陳夢家は之に從つてゐるが(考古第五期釋囗)、唐蘭は郭説を反駁し且つ「按囗或囗仍是卣字、卜辭魄作[illegible]、其囗作[illegible]可証、卣以盛鬯、其爲倉則以盛米穀、故於囗或囗形中實以點、象鬯或米穀形也」(天釋十二)と、囗・囗は卣の象形であつて囗は卣に鬯或は米穀を盛れる貌としてゐる。卜辭に「[illegible]大囗」(乙842 1244 7721)が又「[illegible]大[illegible]」(京3080)と、囗が[illegible]に記されてゐるものがあり、[illegible]は鹵字(後述、參照)であるから囗は鹵聲の字であつて、鹵と卣とは同聲であるから囗を唐説の如く卣聲と做し得、又「[illegible]大囗」が「[illegible]大囗」(乙3468)と記されて居り、囗字は囗字を囗・囗と記してゐるものと一字であり(戩30.4 30.5習見)、次の例に於いては囗・囗が囗と記されてゐるから、囗・囗は一字乃至は通假の字であり、而して囗字は例へば「王囗曰」

(乙4823 [illegible]囗(孖)中囗) (遺172 [illegible]囗孖中囗)
(乙8072 [illegible]囗(孖)中囗) (續3.10.2 [illegible]囗)

「王囗曰」の囗(第二期)・囗(第五期)が之に從つてゐて、囗・囗字は王の卜兆の占辭を記する場合の用語で後世の「繇」字に當り(左傳閔二年注、繇、卦兆之占辭)、その字音は「繇由也」(易繫辭下注文辭之辭 釋文引章昭曰繇由也)、墨子耕柱には「兆之由之」とあつて「由」であり、從つて囗の聲は由であることが解り(陳夢家が囗を禍と釋してより考古第五期釋囗諸家多く之に從つてゐるが、この字釋の妥當でないことが解るのである。)、從つて囗・囗は由聲であつて右の囗を鹵聲とするものと一致して居り、唐蘭が「囗即象卣形無疑、……囗(囗)字象卜在卣中、當讀卣聲、……囗或囗仍是卣字」(天釋四一～二)とする説は是である。右の如く囗囗が通用されて居り、而して囗は次の如く「尤」(尤)と通用されてゐることは習見であり、囗の聲と尤の聲が同聲であるから囗は尤の假借であつて第五期の[illegible]字は囗の繁文にして尤の義であり、從つて「太囗」は「王尤」の義であつて、次の如くその禁衛が匃られてゐるのは之が傍証である。

(粹211 [illegible]囗) (粹214 [illegible])

この太囗は次の例の如く祖妣の致すものと考へられて居り、又太囗は次の如く上帝の致すものとされてゐて、尤(囗・囗)は鬼・神の致すものであり、而して「[illegible]囗[illegible]」(庫1957)に於いて

乙1244 [illegible]大囗
乙690 [illegible]囗于[illegible]
後上23.7 [illegible]囗于[illegible]

乙3933 [illegible]大囗[illegible]
乙4593 [illegible]大囗
庫481 [illegible]囗[illegible]

乙4861 [illegible]大囗 (乙3119)
金496 [illegible]
京1125 [illegible]囗 (佚36)

は疾病を〓として居り、又次の乙4823・遺172版に於いては方國の來寇を〓としてゐる。從って疾病、方國の侵寇は神の致せ

乙4823 〓〓〓〓(〓)
遺172 〓〓〓〓〓〓〓〓

乙4600 〓〓〓〓〓〓
乙4725 〓〓〓〓〓

金496 〓〓〓〓〓〓〓〓
南明57 〓〓〓〓〓〓〓〓〓

る神尤であつて、これらの神尤がある際には上掲例の如く之を致せる鬼・神をトしてゐるのである。特に後者の方國の侵寇を上帝の尤とする信仰は、後世に於いて方國の敎乱を「天畏」(大盂鼎)・「敃天疾畏」(毛公鼎)・「天疾畏降喪」(師訇𣪘)・「天降喪于上國」(成鼎)・「天降威」(大誥酒誥)・「天降矣」(大誥)とする思想の源泉である。以上に於いて太〓の意義が明かとなつたが、〓の用法にはなほ次の用例があり、(イ)の「〓〓」について唐蘭が天釋の本文に於いては〓を牲色に非ずとし、欄外に於いては「按〓〓犬之〓、釋為牲色為是」(天釋十三)として、之を牲色として黑字としてゐる郭沫若說(前同)に從ってゐるが、

イ、續2.18.8 〓〓〓〓〓〓〓〓〓〓〓〓(庫281 前6.3.6 續1.53.1 2.16.7 2.25.6 粹462 後下9.5)

ロ、鉄64.1 〓〓〓

ハ、菁6 〓〓〓〓〓〓〓〓〓〓

庫1987版に「〓〓〓〓〓〓〓〓〓〓〓〓〓〓〓〓〓〓」とあつて、この辭に於いては〓が〓・〓と相對する祭儀とされて居り、而して右の續2.18.8版に於いては「〓〓〓」と〓〓が〓について記されてゐるから、〓は〓に於ける祭儀である。〓は後述の如く〓と同字であつて「瘞」であり(參照)、說文に「瘞幽薶也」、爾雅釋言に「瘞幽也」とあつて、〓聲である〓と幽字とは同聲であり、從って〓(瘞)の祭儀である〓犬は幽犬に外ならず、この〓は幽の假借である。(ロ)の「〓〓」については唐蘭は卜辭習見の「〓〓」(天19林1.9.8)・「〓〓」(戩45.8文132)として「〓即逌字、〓雨疑與〓雨同、〓當釋〓、〓逌並段為脩、脩長也久也、蓋謂雨之緜長者」(天釋二四)と解して居り、〓・〓は逌字であつて逌・卣は同聲であるからこの說は妥當である。(ハ)の「王亦〓夕〓」については郭沫若は「〓字不識、在此當是悪意之動詞」(通釋九一)と動詞として居り、〓は「〓〓…」と王について謂はれてゐるから他辭の「〓〓」(乙1954)である。

之を要するに唐蘭が〓〓〓〓〓〓を字形上から卣の象形と見做してゐるのは卓見であつて、之が〓と通假されて「尤」の義に用ゐられ、又「幽」の假借、「卣・逌」と通用されて居り、「〓太〓」は「告王尤」であつて、王に對する神尤である疾病或は方國來寇を神に告ぐることである。(〓が又〓〓(乙五四〇八)に作られてゐることは〓が〓聲である明証である。)

(七)〓〓 〓は又〓(粹365)・〓(寧3.42)・〓(後下6.14)・〓(續存1714)に作られてゐて、「〓〓」の辭は例へば次の如くである。

粋365　□□□□□□□□□
寧3.42　□□□□□…
續存1714　□□□□

前述（第一章第一節第三項先王の稱謂□甲參照）の如く□甲（乙4507）・□甲（佚707）・□甲（粋272）・□甲（乙1463）・□甲（誠176）・□甲（續5.25.5）・□甲（前6.17.6）は「□甲」であり、□甲は殷本紀の沃甲であるから□・□の字音は沃聲である。□を羅振玉は「龍」と釋し（考釋中三三）、王襄・葉玉森・孫海波が之に從つてゐるが、唐蘭は次の如く「蟜」として龍に非ずとなしてゐる。

唐　蘭―□卜辭習見、或作□□□等作、自羅氏誤爲龍、學者咸承之、不知龍自作□等形、蚪曲而尾向外、此蟠結而尾向内、其形迥異、……實象蟜形也、（天壤・四〇〜四一葉）

唐氏の指摘してゐるが如く龍字（□）はその尾が外向してゐるが、□字はその尾が内向して居り、又龍には角冠があつて□（前2.28.7）・□（續5.14.5）・□（前4.53.4）・□（前2.13.6）・□（前2.28.7）・□（佚773）・□（綴14）・□（乙4516）の如くであるが、□には斯かる角冠がなく、從つて之を龍字に非ずとする唐説は妥當である。然しながら□字が□（乙7143）に作られてゐる一例があるから、□は□の類であることが解り、而して説文に虫に从つて□聲の「蚪」は「□、龍無角者、从虫斗聲」と角無き龍とされてゐて、その□は卜辭の□と一字であるから、□は蚪の本字である。從つて沃甲（□甲）を□甲・□甲と記するのは蚪（渠幽切）を假りて沃となすものであることが解る。□字は次の如く疾病・王尤について「其□」・「不其□」と卜されて居り、

乙960　・□□□□□□□　・□□□□□

乙3399　・□□□□□　・□□□□

乙3066　□□□□□□

乙3018　□□□□□

又「妣庚□王疾」・「王疾目毋其□」とされてゐるから、□の字音よりせば「祐」の假借であり、從つて「告□」は神尤・神祐とされてゐる疾病を告げて加護を匄るものである。

（八）其他　右の外になほ次の辭例があり、その内容は後考に俟たねばならない。

明2332　・□□□□□□　・□□□□□□□□□□□□（前4.40.6・4.40.7・卜41・586）
後上25.1　□□□□□□□
甲755　□□□□□□□□□□（後上27.6・南師2.198・粋55・寧1.149）
前4.4.6　□□□□□□□□□…□
金462　□□□□□□□

甲2127　□□□□□□□□□□
乙5408　□□□□□□□□□□□
後上24.3　□□□□□□□□（續存1202）
後下37.9　□□□□□□□□□□（粋369）
寧3.122　□□□□□□□□□□

乙3429　・□□□□・□□□□□
七W41　□□□□□□□□□□□□□□
京702　□□□□□□□□□□（金722）
卜383　□□□□□□□
卜380　□□□□□□□□□（南上89）

南明599　佚832　南上14

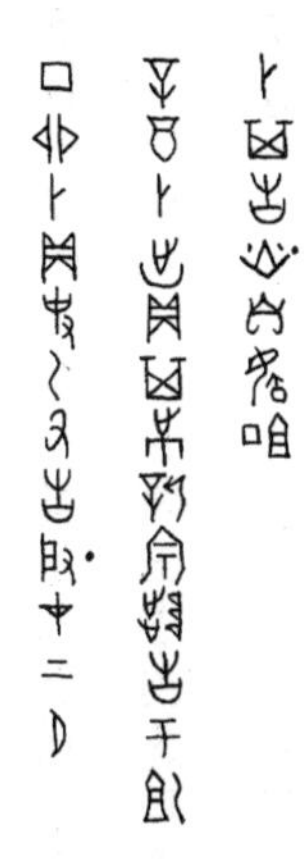

明220　續1.36.3　佚340

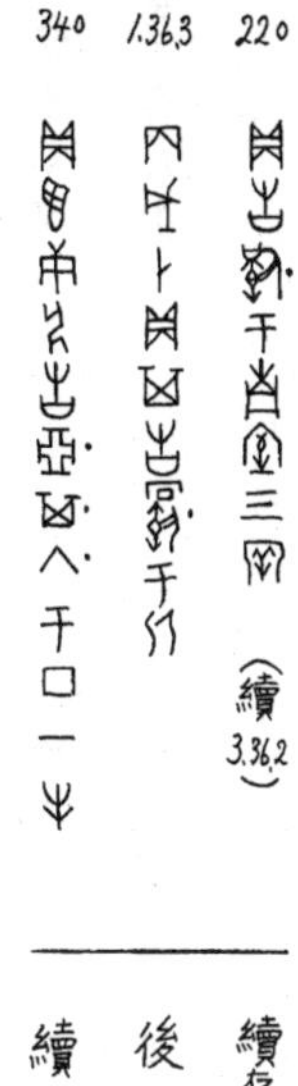

續存下630　後下16.10　續1.29.2

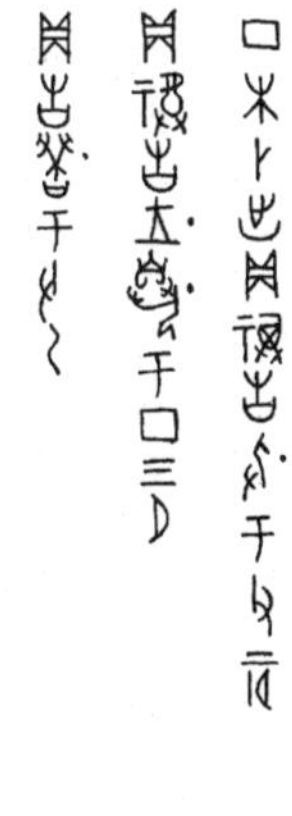

右の「〓」については郭沫若が「月令孟夏之月、農乃登麥、天子乃以彘嘗麥、先薦寢廟、此云告麥、蓋謂此」（通釋九八）と「告麥」と釋し、葉玉森が之に從つてゐるが（集釋四・五五）、この「〓」が鬼神に對して行はれてゐる例は絶無であるから、これは神に告ぐるものではなく、後上25.1版には「〓」と「〓」に作られ、而して次に「豕乎逐」と記されてゐるから、この辭は「來豕を告ぐるあり之に逐ふか」と訓み得るのであつて、〓は田獵用語であらう。又右の「〓」の日蝕でないことは前述（〓參照）の如くである。

之を要するに神に告ぐる主要な内容は「方國の侵寇」・「征伐」・「田遊・出歩」・「蟲禍・水害」・「疾病」、及び「王〓（方國の來寇と疾病をいふ）」・「〓（疾病をいふ）」である。

(17) 〓・〓を孫詒讓（舉例下一〇）・羅振玉（考釋中四三）は「衣」と釋して居り、祭祀用語としての〓を王國維が「合祭之名」としてより、王襄（簠釋典二七）・葉玉森（集釋一・一〇）・陳直（殷契賸義二）・郭沫若（通釋七五五）・吳其昌（解詁七續四八五頁）・陳夢家（卜辭綜述三九七頁）が之に從つてゐて異説がない。

王國維―卜辭屢言自上甲至于多后衣、或云自武丁至于武乙衣、則衣者合祭之名、古殷衣同音、則疑謂殷祭矣、（戩釋四五）

―衣爲祭名、未見古書、惟濰縣陳氏所藏大豐敦云、王衣祀于丕顯考文王、案衣祀疑即殷祀、殷本㐆聲讀與衣同、故書康誥殪戎殷、中庸作壹戎衣、鄭注齊人言殷聲如衣、呂氏春秋愼大覽親郼如夏、高注郼讀如衣、今兗州人謂殷氏曰衣、然則卜辭與大豐敦之衣殆皆借爲殷字、惟卜辭爲合祭之名、大豐敦則爲專祭之名此其異也、（殷禮徵文七）

右の如く王氏は「〓」が「自上甲至多后衣」（習見）・「自武丁至武乙衣」（後上20.6）と用ゐられてゐるから之を「合祭の名」とし、又衣と殷とは同聲であるから衣祭は殷祭であつて、殷祭を「魯禮三年喪畢、而後祫於大祖廟、明年春禘於群廟、自爾之年、五年而再殷祭、一祫一禘」（王制鄭注）と一祫一禘の合祀であるとして、卜辭の〓を殷祭・合祀之名と解するのであるが、大豐敦の「衣祀」を專祭之名としてゐるのは注意しなければならない。

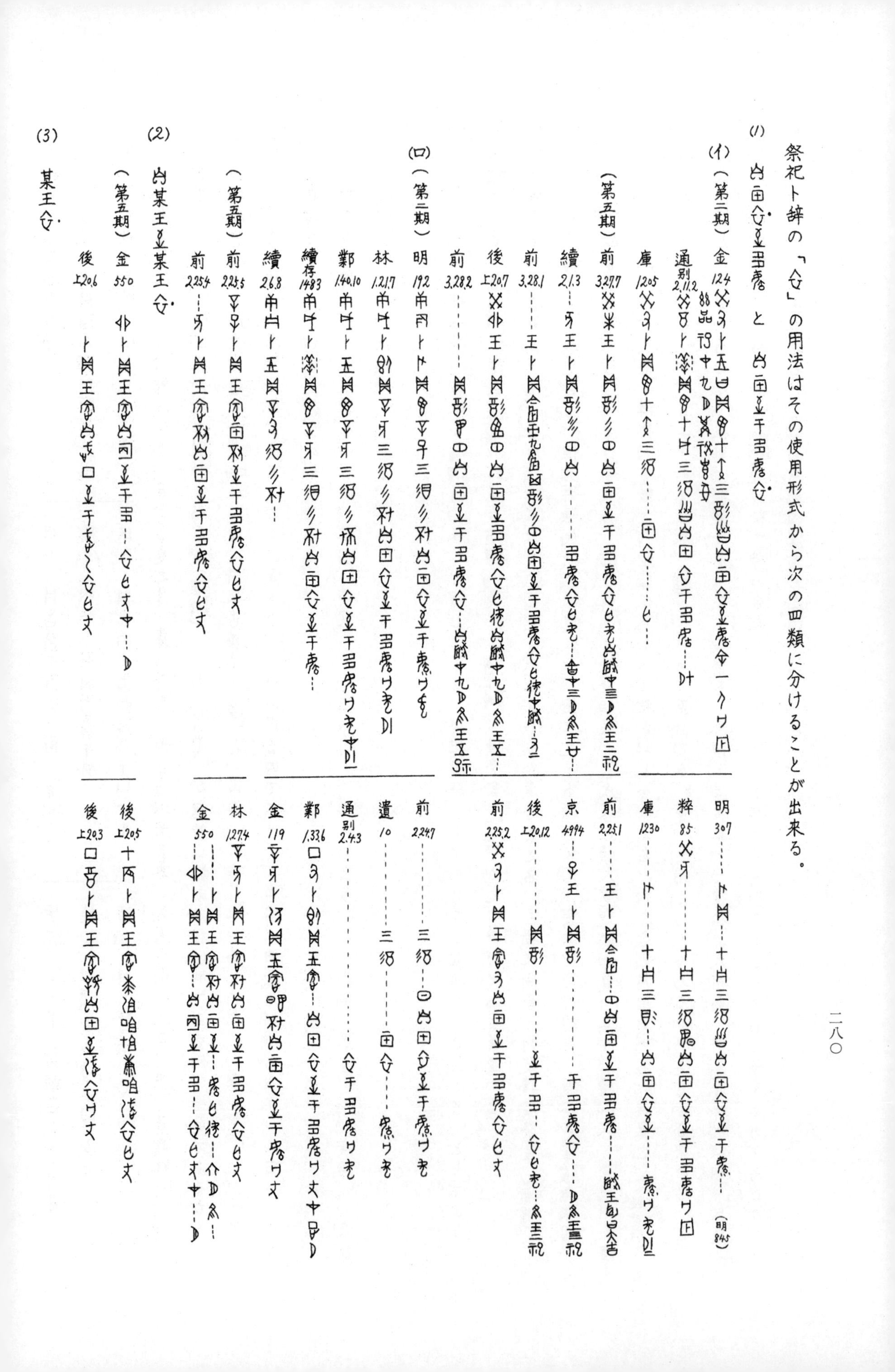

祭祀卜辞の「〓」の用法はその使用形式から次の四類に分けることが出来る。

(1) 〓〓〓〓〓〓 と 〓〓〓〓〓〓〓

(イ)（第二期）

金 124 〓……
通別 2.11.2 〓……
庫 1205 〓……
明 307 〓……（明845）
粹 85 〓……
庫 1230 〓……

（第五期）

前 3.27.7 〓……
續 2.1.3 〓……
前 3.28.1 〓……
後 上20.7 〓……
前 3.28.2 〓……
前 2.25.1 〓……
京 4994 〓……
後 上20.12 〓……
前 2.25.2 〓……

(ロ)（第二期）

明 19.2 〓……
林 1.21.7 〓……
鄴 1.40.10 〓……
續存 1483 〓……
續 2.6.8 〓……
前 2.24.7 〓……
遺 10 〓……
通別 2.4.3 〓……
鄴 1.33.6 〓……
金 119 〓……

（第五期）

前 2.25.5 〓……
前 2.25.4 〓……
林 1.27.4 〓……
金 550 〓……

(2) 〓某王〓某王〓

（第五期）

金 550 〓……
後 上20.6 〓……
後 上20.5 〓……
後 上20.3 〓……

(3) 某王〓

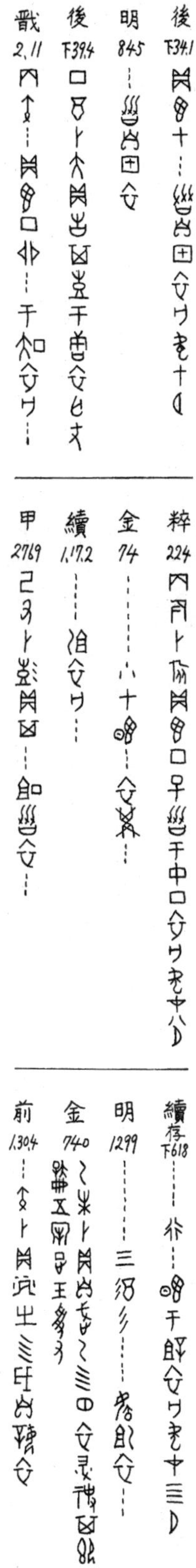

(4) 其他の用例

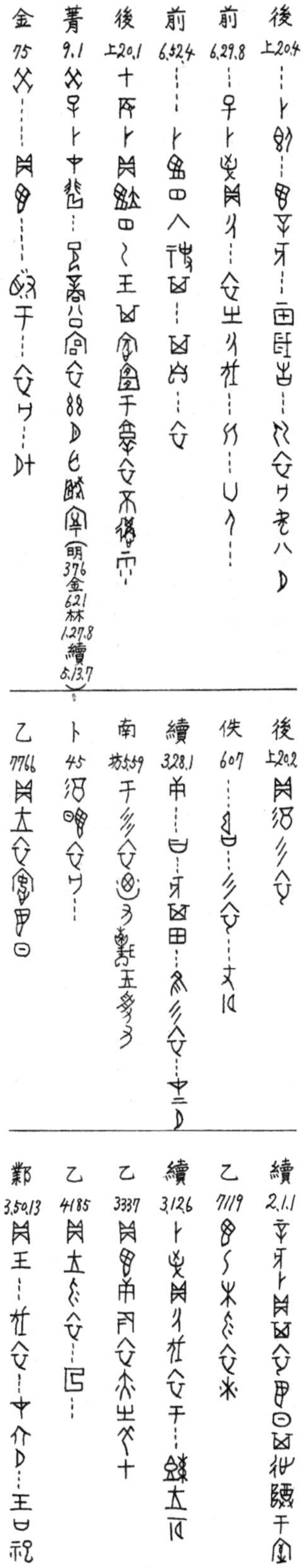

祭祀用語としての「〓」の用法は略、以上の如くであつて、右の(1)類の用例を通覧するに「〓〓〓〓〓〓」と「〓〓〓〓〓〓」の用法があり前者は第二期、後者は第五期である。又(イ)の卜日は癸日に一定してゐるが、(ロ)の卜日は庚日・辛日（庚日の場合は祀日が辛日）及び丁日であつて「〓」字が用ゐられて居り、從つて(イ)と(ロ)とは異類の卜辭であることが解る。

(イ)の卜日が癸日のものについて考察するに、「〓〓卜〓〓〓〓十〓三〓〓〓〓〓〓〓一〓〓〓〓〓〓九〓〓〓〓」（金124）に於いては、「〓〓〓〓」が行はれる甲寅の日は示癸の〓祀の明日とされてゐて、この關係は上甲の〓祀と示癸の〓祀との祀序に一致してゐるから、「〓〓〓〓〓〓〓」は上甲の〓祀の日に行はれることが解り、又右の前3.27.7版の「〓〓〓〓〓〓〓〓〓」・後上20.7版の「〓〓〓〓〓〓〓〓〓」は帝乙祀譜に於いて上甲の彡祀及び〓祀の日に行はれ、前3.28.1版の「〓彡〓(〓〓)〓〓〓〓〓」・續2.1.3の「〓彡〓〓(〓〓)〓〓〓〓」は帝辛祀譜に於いて上甲の彡祀の日に行はれてゐることは前述の如くである。斯くの如く「〓〓〓〓〓〓〓」は上甲の祀日に行はれるものであるが、然らば「〓〓〓〓」とあるから上甲の祀日に多后に合祀が行はれたものであらうか。第二期の辭は「〓〓〓〓〓〓〓」の如く、「〓〓

〓〓」とより成つてゐて、この「〓〓〓〓」がこれだけで完辞であることは次の如くである。後下34.1版の辞は例へば「〓口

後 下34.1　〓〓十…〓〓〓〓〓〓

佚906

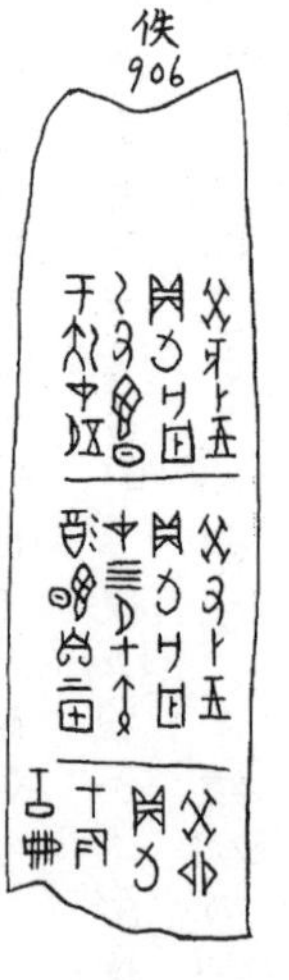

前 3.27.7　〓于〓〓〓〓〓〓〓（前3.28.2 後上20.7 庫1663）

前 3.28.1　〓于〓〓〓〓〓〓（前3.27.6）

明 307　〓〓十〓三〓〓〓〓〓〓于〓

續存 1485　〓〓十〓三〓〓于〓〓〓〓

後 下34.1　〓〓十…〓〓〓〓〓〓

粹 224　〓〓口〓〓于〓〓〓〓

牢〓于〓〓〓〓」（粹224）と同形式であり、又佚906版の辞は「〓〓〓〓〓〓〓」の省略でないことは、斯かる辞例が貞旬卜辞には絶無であることによつて明かであり、或は次の如く「〓」は「〓」（在）の假借として用ゐられ、更に「〓」の代りに「于」が用ゐられてゐるから、後下34.1・佚906の辞は「上甲より衣す」ではなくして「上甲に在りて衣す」・「上甲に衣す」であつて完辞である。「〓」字は前記(3)類に於いては例へば次の如く用ゐられてゐて、これらの〓字を先人の説を離れて合祭

後 下39.4　〓〓〓〓于〓〓〓〓

戩 2.11　〓〓口〓…于〓〓〓（〓）

粹 224　〓〓口〓〓于〓〓〓〓

前 1.30.4　〓〓〓〓〓〓〓

の名と解することは困難であり、これらの〓は大豊敦の「〓祀」が專祭であると同様に專祭であつて、卜辞に於いても〓が專祭に用ゐられてゐる。斯くの如く「〓〓〓〓」が完辞であつて「上甲に在りて衣す」であり（他辞に「〓〓〓〓〓〓〓十〓」（續1.32.4）の「在〓」と同じ）、而して「〓」が專祭に用ゐられてゐて後記の如く「殷盛」の義であるから、「〓〓〓〓〓于〓〓」は「上甲に在り多后に至るまで衣す」であり、而して之は上甲の祀日に行はれてゐるから「〓〓十〓三〓〓〓〓于〓〓〓」は「上甲に在りて衣し多后に至る」であり、又第五期の「〓〓〓〓〓〓〓于〓〓」・「〓〓〓〓〓〓〓〓于〓〓〓」の〓・〓祀を上甲に祀り、引き續いてこの祭祀が多后に及ぶの義に外ならないのであつて、〓は多后を合祀する意ではない。

次に(ロ)に於いては「〓」字が用ゐられて居り、而して〓字が用ゐられてゐる辞の祀日は「辛日」に一定してゐて例外がなく、辛日には上甲に五祀が行はれることがないから「〓〓〓三〓〓〓〓〓〓于〓〓〓〓」様式の辞は(イ)と類を異にするものである。「〓」は例へば「〓〓卜〓〓〓」（文359）と用ゐられて居り、〓〓には〓祀が行はれることがないから、これは某王の〓祀に伊尹を〓祀するものであつて、〓には「〓祀」の義がある（後述〓参照）。次の版を見るに祖辛の祀日は辛日であるから、上辞は「辛亥卜〓貞王〓祖〓〓〓〓」であつて、下辞の「〓〓卜〓〓王〓〓〓〓〓〓于〓〓〓」は祖辛の〓

祀に行はれるものであり、從つてこの「[illegible]」は上甲に對する[illegible]祀ではなくして、「[illegible]」は祖辛の[illegible]祀を

金
119

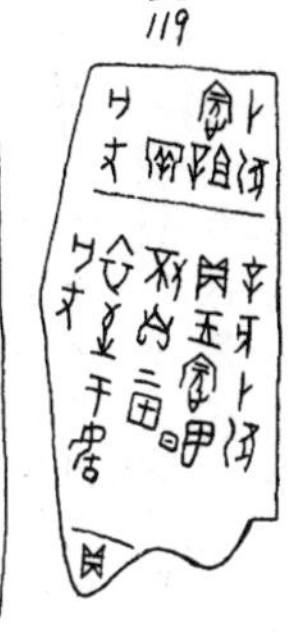

前
2.25.5

謂ひ、「[illegible]」は偶〻祖辛の[illegible]祀の日に附祀されるものであることが解る。又この「[illegible]」は第五期に於いては「口祀卜辞」版中に記載されてゐて例外がないから、これは口祀（禘祀）と關係があることが解り、而して春秋左氏傳に「魯將以十月上辛、有事於上帝先王」（哀公十三年）と、魯禮に於いては上帝先王に禘祀する日が辛日とされてゐて、これは「[illegible]」が辛日に一定してゐることと符合して居り、從つて之は口祀の祭祀である。鄭注に「魯禮三年喪畢、而後祫於大祖廟、明年春禘於群廟、自爾之年、五年而再殷祭」（王制注）と、禘禮は喪畢りて後に大祖廟に祫祀し次いで五世の親廟に禘祀するものとされて居り、之によれば右の金119版の辞は口祀即ち「[illegible]」の祀が行はれる辛日が偶〻祖辛の[illegible]祀の辛日に當り、祖辛の[illegible]祀に引き續いて「[illegible]」（在上甲衣至于后）と上甲廟に衣祀し次いで多后に及ぶことを謂ふのであつて、この辞に於いても「衣」は合祭の名ではない。鄭注は右の如くこれを殷祭とし、卜辞は「衣」として居り、而して「衣」は「[illegible]」（乙7766）が又「[illegible]」（乙3274）と記されてゐるから、衣の有無が祭祀の實質に關係するものではなく、又次の二辞に於いては「衣逐」が又「大逐」と記されてゐて「衣」には

前2.12.3　[illegible]

粹93　[illegible]

「盛大」の意のあることが解り、從つて「殷祭」は合祀の義ではなくして「大祭」の意であり、「衣祀」も亦殷盛に祀るの意に外ならず、爾雅に「禘大祭也」（釋天）、鄭注に「禘大祭也」（喪服小記注）、「大祭曰禘」（大傳注）とあるのは之が傍証である。

斯くの如く「衣」は「殷盛」の義であつて、(1)の「[illegible]」、(3)類の「[illegible]」の衣もこの義であり、又(2)類の「[illegible]」は「武丁廟に在りて祀り、次いで武乙に至る先王に殷祀する」の義、「[illegible]」はこれらの先王に祈祀し之を殷盛に祀るの義に外ならない。王國維は「衣」の用法に專祭の場合があることを無視し、「[illegible]」・「[illegible]」の「[illegible]…[illegible]…」を「より至るまで」と解して、鄭注の殷祭を合祀と誤解して之に結合し、遂に「衣者合祭之名」としてゐるのは誤である。

(18) 〓

〓が〓祀に用ゐられることは次の版に明かであつて、この版の四辞の關係を祀序表に按ずれば甲午に上甲の〓祀

甲2881

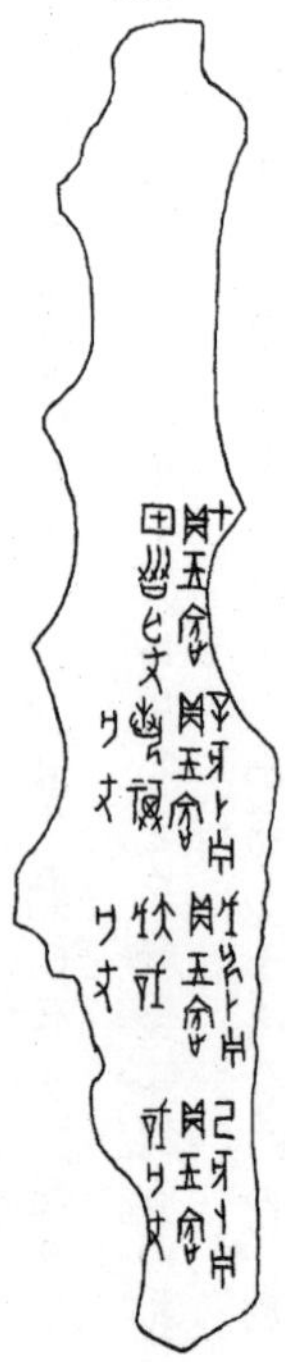

、戊申に大戊の〓祀、辛亥に大戊の配妣壬の〓祀の前夕祭、己亥に祖己の〓祀が行はれることに相當してゐて、〓〓は大戊の配妣壬の〓祀の前夕祭に行はれてゐる。〓〓は又〓祀・彡祀にも行はれてゐて次の如くであり、甲2880版の〓は武丁の配妣辛であつて、この祭祀は〓祀であることは前述(第一章第三節)の如くで

甲2880(…〓〓〓〓〓〓〓〓)

南明339(…〓〓〓〓〓〓〓〓〓〓〓)

書道10.6(…〓〓……〓〓〓〓〓〓〓〓〓〓)

書道10.6(…〓〓〓〓〓〓〓〓〓〓〓〓〓〓)

あり、南明339版には〓彡と明記されて居り、而してこれらの例に於いても〓〓は妣辛の〓祀の前日、大乙の彡日の前日に行はれるものとされてゐる。この南明339版に於いては「〓〓」と「彡〓」が同日に對貞されて居り、而して「〓〓」と「〓〓」が同日に對貞されてゐる例は習見であるから(明669 690 後下25.4 書道10.6)、〓は〓と同類語であることが解る。〓は〓・〓・〓に作られてゐて、これらの一字であることは次の用例に見て明かであり、羅振玉は〓

前4.23.5 〓〓	粹697 〓〓	京4310 田〓	京4545 田〓
佚369 〓〓	粹1001 〓〓	前2.27.4 田〓	京4571 田〓

・〓(後下37.5)を一字として説文の「莤」とし、「賁」と同義となし(考釋中五)、商承祚は〓・〓を「炬」、〓を「䙳」とし(類編一九及三九)、後に之を改めて「賁」と釋し(佚釋四八及三九七)、王襄は〓・〓を「䙳」、〓・〓を「蓺」、〓を「風」とし(類纂正三四七・五七)、葉玉森は〓を「䙳」、〓を「風」となして居り(集釋六五)、郭沫若は商氏の炬釋を是とし(通釋六三)、唐蘭は〓・〓・〓・〓を一字となし、炬莤説・風説・賁説を非として「䙳」説を是とし(天釋四五)、孫海波は唐氏に從つてゐる(誠釋二〇八)。

この字形は〓・〓・〓と〓・〓に從つて居り、この〓・〓は例へば〓字について見れば〓(林2.11.5)・〓(鉄181.2)・〓(粹465)・〓(粹465)に作られてゐるから、䙳を束ねて燒き火燄の上騰するものを坒して持する貌であり、而してその用法は次の如く

(イ)

書道10.6・〓〓……〓〓〓〓〓〓〓〓〓〓

書道10.6・〓〓〓〓〓〓〓〓〓〓〓〓〓〓〓

佚247・〓〓〓〓〓〓〓〓〓〓

・〓〓〓〓〓

・〓〓〓〓〓〓〓〓

(ロ)

寧1.370・〓〓〓〓〓〓

・〓〓〓〓

佚901・〓〓〓〓〓〓〓〓

・……〓〓〓〓〓

後上14.6・〓〓〓〓〓〓〓〓〓

・〓〓〓〓

(ハ)

佚603・〓〓〓〓〓

・……〓(〓)〓〓

粹697・〓〓〓(〓)〓(〓〓)

・〓〓〓〓〓〓〓〓

「☽」・「日」(イ)、「莫」(ロ)、「〓」(ハ)と對貞されてゐる。この☽は夕、日は日中の意であり、而して莫は例へば「〓莫于出〓不冓雨(それ莫に出にゆく雨に遘はざるか)」(續4.21.2)と、「王☽入于出不雨」(粹697)に於いては☽(夕)字と相對してゐて、説文の「莫、日且冥也」の「莫」字であり、又〓は〓(後上5.12續6.21.7佚79)・〓(簠人26甲2594)に作られて居り、後上5.12版には「〓〓」と「☽〓」、庫1689版には「〓〓」と「☽〓」が對貞されてゐて、説文の「〓冥也、從日在木下」の「杳」字である。斯くの如く〓字は夕・日・莫・杳と對用されてゐるから時刻を表はす用語であつて、唐蘭が之を「上燈時候」としてゐるのは是である。唐蘭「或以紀時、如云「〓入不雨、夕入不雨」、讀為熱入、殆如上燈時候矣」(天釋四五)従つて「〓〓」は上燈時に裸するの義であり、「〓〓」と「☽〓」が對貞されてゐるのは〓(裸)の時刻を〓にすべきか☽にすべきかをトするものに外ならない。但だ唐氏は之を「熱」字と釋して「卜王〓田〓」(前2.27.4)の〓を「當解為燒」とし、而してこの辭を「燒田」と解してゐるが、「〓工〓〓田」(寧1.371)の用法よりせばこれは非である。〓・〓に從ふ字は説文になく、後世の何字に當るかはなほ後考に俟たねばならない。

〓祀卜辭に用ゐられてゐる用語は以上の如くである。

第二項　𧯷祀の祭儀

𧯷は第一期未見、第二期〓(金124)・〓(前1.2.6)・〓(續存1599)・〓(續1.10.2)・〓(京4737)・〓(續存2243)、第三期〓(甲2693)、第四期〓(續1.31.6)、第五期𧯷(卜111)・〓(前1.5.7)・〓(林1.27.6)に作られてゐる。羅振玉は未釋、華學涑は「裸」(簠室類纂一・二)、商承祚は「裸」(類編待問一・一)、葉玉森は「索」(集釋一・八三)、吳其昌は「餾」(解詁六三五)、于省吾は「〓」(駢枝釋〓)と釋して居り、陳邦福は葉釋を是とし(殷契辨疑七葉)、董作賓は于釋に從つてゐる(集刊十三本殷曆譜後記)。金文に〓・〓に作るものがあり、「作〓𣪘」(〓〓敦𣪘)が「作〓𣪘」(〓〓惠𣪘)に作られてゐるからこの兩者は一字であつて、〓は𧯷と〓は〓と同字である。而して説文に「〓、設飪也、从丮食才聲、讀若載」とある〓は才・食・丮より成り、金文の〓は中・食・丮に從つてゐて、卜辭の中・金文の〓は才・在に用ゐられてゐるからこの兩者は一字であり、從つて𧯷を説文の〓と釋してゐる于釋は是である。

𧯷は説文に「〓、設飪也」とあり、飪即ち大熟を設けて祀るに因る祭名であることは𧯷が〓に从つてゐるによつて明瞭

である。この〓祀の卜辭中に用ゐられてゐる用語は〓・〓・〓・〓・〓・〓・〓・〓・〓であつて次の如くであり、

(1) 〓 庫1189 十〓卜〓貞王〓〓〓〓〓
(2) 〓 甲2692 ・〓〓卜〓貞王〓〓〓〓〓 ・十〓卜〓貞王〓〓〓〓〓
(3) 〓 甲2692 同前
(4) 〓 續存1599 〓〓〓〓…〓〓
(5) 古 甲2693 〓〓卜〓〓王〓〓古〓…
(6) 〓 戩33.16 …〓…〓
(7) 〓 甲2602 十〓卜〓〓〓〓〓〓〓〓〓
(8) 〓 庫1294 …〓〓〓…〓〓十〓〓〓〓…〓〓…
(9) 〓 續存1599 〓〓〓…〓

右の〓・〓が〓祀に用ゐられることは前記の如くであつて、(5)までの用語は前項に述べたから(6)以下を次に考察する。

(6) 既・ 〓(鉄161.1・前5.23.1・卜733)・〓(前7.18.1 鉄178.4 續5.4.1)・〓(續4.37.12 6.29.3)・〓(前8.10.3 掇2.280)・〓(乙6664 續4.29.1)に作られて居り、孫詒讓・羅振玉は「既」と釋してより諸家之に從つて異說がない。

孫詒讓—說文既字从皀旡聲、金文郘鐘作〓、師田父尊作〓、石鼓文作〓、可証、(擧例下七)

羅振玉—即象人就食、既象人食既、許君訓既爲小食、誼與形爲不協矣、(考釋中五五)

祭祀用語としては郭沫若が次の如く「〓」の省文として「餼」とする以外には說がなく、「餼」は段注に「聘禮、殺曰饔、生曰餼、餼有牛羊豕黍粱稻稷禾薪芻等」(注氣)と、生の牛羊黍稻の類を供する義とされてゐる。

郭沫若—既殆〓省、說文以〓爲餼之異、禮中庸「既稟稱事」、注云「既讀爲餼」、餼者以生物爲獻也、(粹釋三三)

〓は〓祀以外の内祭、及び外祭(粹33 鉄178.4 續1.1.5 1.36.1 甲174 南明478)に用ゐられて居り、その用例は次の如くである。

庫1287 〓〓〓〓〓二…一〓
甲2608 〓〓〓〓〓〓
續存1504 〓〓〓〓〓〓
甲174 〓〓〓〓〓

京4020 〓〓〓〓一〓
甲1280 〓〓〓〓〓
佚146 〓〓〓〓〓〓
南明478 〓〓〓〓〓〓〓

(7) 〓・ 〓は「彡日〓」(粹243 甲3652)が又「彡〓」(文516 前4.12.1)に作られてゐるから〓と通假の字であり、羅振玉は「〓」(考釋中八)と釋し、祭祀用語としては葉玉森(集釋七・二八・二)・吳其昌(解詁三 續二五〇)・郭沫若(粹釋二四三)が「禱」と解してゐる。

吳其昌ー「[illegible]疑為禱之本字」、亦省作「[illegible]」、蓋即壽之本字、亦即禱之本字、（解詁三續二五〇頁）

郭沫若ー「[illegible]殆疇之古文、此讀為禱」、（粹釋二四三）

説文に禱字の古文は「[illegible]」に作られてゐて、右の[illegible]に従つてゐるからこの説は是である。

(8) [illegible]・ [illegible]は又[illegible]に作られてゐて、孫詒讓・羅振玉は「米」と釋して居り（名原上五 考釋中三五）、祭儀としては次の如く郭沫若は「類」、于省吾は「敉」の假借としてゐる。

郭沫若ー「米蓋假為類、周禮大祝、一日類、注云類祭名也」、（粹釋三七）

于省吾ー「當為祭名、與彌弭敉字通、……契文之米祭、即男巫招弭之弭、弭為安凶禍之祭」、（駢枝三續釋米）

例へば「[illegible]」（粹227）・「[illegible]」（甲903）と用ゐられてゐるが、甲903版には又「[illegible]」と記されて居り、而して他辞に「[illegible]」（粹909佚663）とあるから、[illegible]は[illegible]（登）升すべき供物であつて祭名ではなく、從つて之を祭名としてゐる二氏の説は非である。この「[illegible]」は又「[illegible]」（粹1574鄴3.42.7京4025）に作られてゐて、[illegible]は[illegible]（禾）に[illegible]（説文「[illegible]、草木實垂[illegible][illegible]然、象形」とある[illegible]字である。後述[illegible]参照）の垂れてゐる貌であり、これは説文に「[illegible]、粟實也、象禾黍之形」と一致して居り、[illegible]は禾粟を登升する意である。[illegible]は五祀に於いては飪を以つて祀る祟祀にのみ用ゐられてゐる。

(9) [illegible]・ 説文に「[illegible]、即食也」とあり、羅振玉は「即象人就食」（考釋中五五）とし、祭儀としては郭沫若が「其即殆猶言其至其格、謂饗及上甲其來就嘗祀也」（粹釋三）と「來りて嘗祀に就く」の義と解し、商承祚は「饗」（佚釋八八）と釋してゐる。

[illegible]と[illegible]・[illegible]が通用されてゐる例があり、例へば「[illegible]」（南坊5.57七W41）が「[illegible]」（金729 730文629掇2.487京3221）に、「[illegible]」（京4399）が「[illegible]」（鉄161.1佚695）に作られ、又「[illegible]」（粹486）が「[illegible]」（甲2734）に、「[illegible]」（金673）が「[illegible]」（續存549）に作られてゐるが、全般的にはこの三者は區別されてゐる。

[illegible]には「[illegible]」の用法が習見であつて例へば次の如くであり（前5.21.5續1.21.2粹416 440 685 724鄴3.40.2甲717 1318雙劍附1南明484 493 676 724 725京2978續存1759）、

[illegible] —— 雙劍附1　[illegible] —— 南明676　[illegible] —— 續存1759　[illegible] —— 粹4　[illegible] —— 甲717　[illegible] —— 粹724　[illegible]

右の如く外祭神〓・〓・〓に對して「〓〓」が用ゐられて居り、〓〓は即〕宗であつてこれは宗廟に招致して〓祀することであるから、郭氏が〓を「其來就〓祀也」と解してゐるのは是であり、鉄59.4版に「・〓〓〓・〓〓〓」と〓即ち賓（外より至る者）に〓すとあるのは之が傍証である。従つて上掲版の「〓口」・「〓口〓于〓」は口即ち上帝を宗廟に招祀することに外ならない。之を要するに〓（即）は宗廟に招き祀るの義である。

鄴3.40.2

前5.21.5

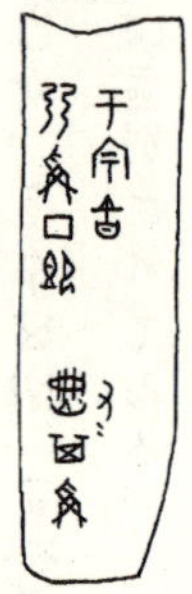

〓祀卜辞に用ゐられてゐる用語は以上の如くである。

第三項　〓祀の祭儀

〓は第一期〓（佚887）・〓（續2.28.5）、第二期〓（前1.17.5）、第三期〓（甲2692）・〓（南明609）・〓（粹1160）、第四期〓（粹422）、第五期〓（前1.17.1）に作られて居り、而して〓・〓の一字であることは例へば「〓〓〓〓〓〓〓」（掇2.158）が「〓〓〓〓〓〓〓〓〓」（乙4548）に作られてゐるに見て明かである。之を徐仲舒（甲骨學三）・柯昌濟（補釋）・葉玉森（集釋一・八）・陳夢家（燕京學報一九期）・郭沫若（粹釋）は「劦」と釋して居り、胡厚宣は右の掇2.158・乙4548版の辞が山海經の「東方曰析、來風曰俊」と語法が等しいことに着眼して、「〓〓」を周語の「協風」とし胡厚宣—夏小正曰、正月時有俊風、周語耕藉「先時五日、瞽告有協風」、亦與甲骨文東方「鳳曰劦」、大荒東經「東方來風曰俊」之説合、而俊風之必為協風、由此亦可以証明、黄模夏小正分箋言、俊風即協風、其説是也、（甲骨學商史論叢初集 甲骨文四方風名考証四葉）、楊樹達はこれについて「其説至確」として居り（甲文説 巻下五六）、之によつて〓・〓は劦・劦・協字であることが立証されたのである。祭名としての〓は周語韋昭注に「協和也」とあり、祖神の宥和を求むるの義に本づくものであらう。

〓祀の祭儀は次の如くであり、

(1) 〓　後上19.6　于〓口〓〓〓〓五〓〓
(2) 〓　粹438　〓于田〓〓〓〓〓二〓
(3) 〓　粹279　・〓〓卜〓〓五〓〓〓〓〓〓〓
・〓〓卜〓〓五〓〓〓〓十〓
(4) 〓　南明609　〓口〓十〓〓五〓〓

---

(5) 〓　甲2880　・〓〓卜〓〓五〓〓〓〓〓
・〓〓卜〓〓〓〓〓〓〓
(6) 〓　甲2880　同右
(7) 〓　佚887　〓〓〓于〓〓〓〓〓〓
(8) 〓　粹438　〓于田〓〓〓〓〓二〓

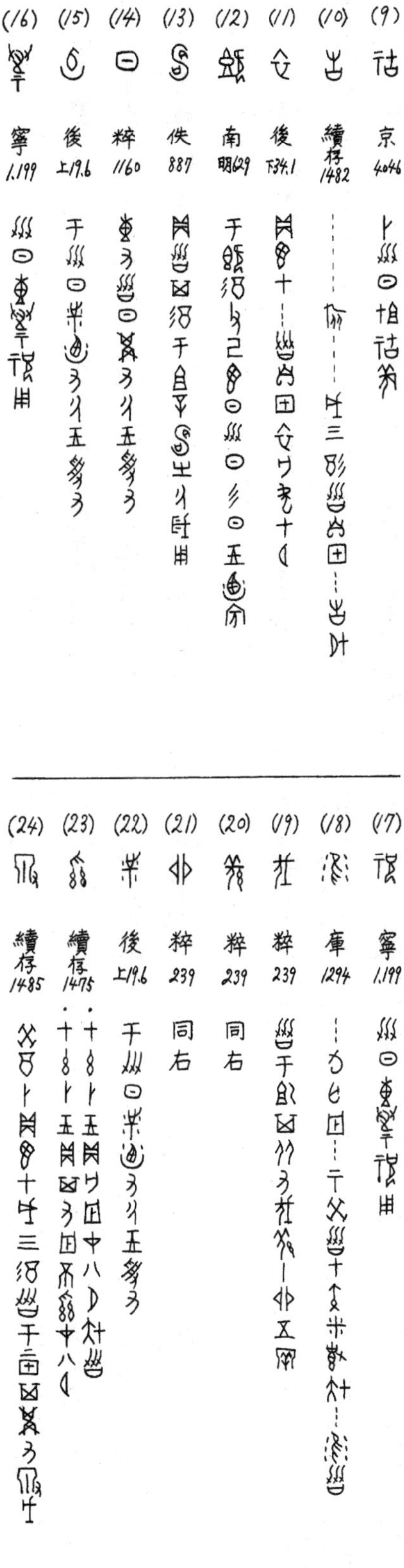

右の祓・[illegible]が劦祀に行はれることは前記の如くであつて、(13)までの用語は前述の如くであるから(14)以下を次に考察する。

(14) 日・

五祀中劦・彡・[illegible]の三祀は劦日・彡日・[illegible]日と日を以つて稱されて居り、日を以つて稱されない[illegible]・[illegible]が劦祀の前祭であることは前述の如くである。日の意義は例へば次の例に於いては、日字が夕字と相對してゐるから「日中」の意

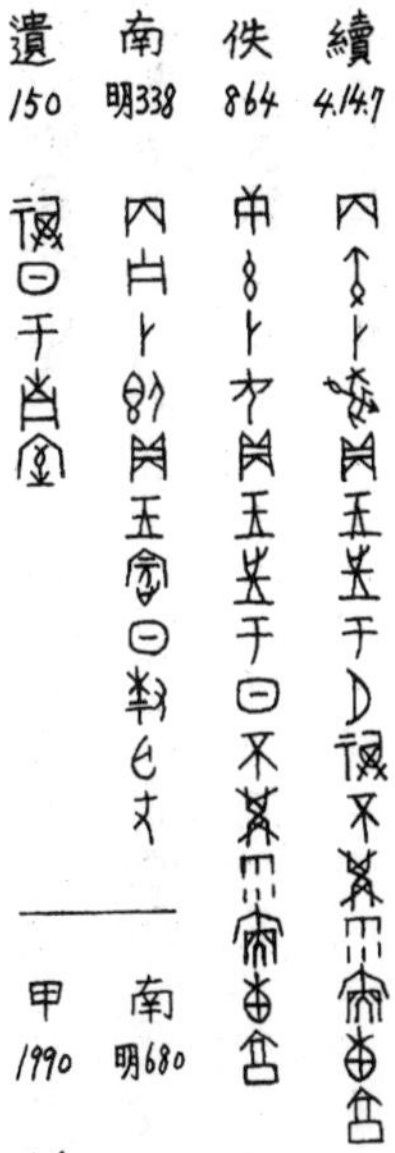

であることは最も明瞭であり、劦日は前夕祭に對する當日祭である。

日には次の如き用例があり、又「日中」の義に外ならない。

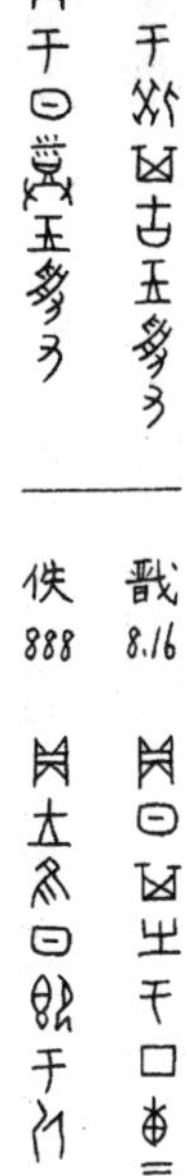

(15) [illegible]・

[illegible]は[illegible]・[illegible]・[illegible]・[illegible]・[illegible]・[illegible]・[illegible]に作られて居り、これらの一字であることは次の用例に見て明かである。

孫詒讓は[illegible]を卣、[illegible]を禋（擧例下廿三）、羅振玉は[illegible]・[illegible]を卣、[illegible]を「象皿水益出之狀」（考釋中九・三八）、王國維は[illegible]

を卣（戩釋二五九）、王襄は〓を卣（簠釋文四八）、葉玉森は〓を瑩（集釋一・六二）、余永梁は〓を卣、〓を盬（國學論叢一の四二頁〜六頁）、商承祚は〓・〓・〓・〓、〓・〓・〓を一字として卣（文字類編七・七）と釋してゐる。

卜辭習見の「〓一〓」・「〓一〓」は毛公鼎・吳彝には「秬鬯一〓」に作られ、書洛誥・詩江漢には「秬鬯一卣」とあるから、〓・〓を卣とする羅・王說は是である。卣は爾雅釋器に「卣器也」とあり、李巡は「卣者鬯之罇也」（左傳僖十八年注引）としてゐて、黑黍の鬯酒（江漢毛傳秬黑黍也）を盛る器であり、而して〓・〓は〓と〓或は〓に從ひ又水滴が加へられてゐて、その〓は例へば〓（粹1574）〓（前2.19.3）に用ゐられてゐるから、說文の「卤」であつて「卤草木實垂卤卤然、象形」とされてゐるが如く草木の實であり、〓（粹1574）は〓（京4025 3910 掇1.438 鄴3.36.5）・〓（甲3089 京3909）に作られて〓（朿）の實とされてゐるから秬實であつて、その〓或は〓は之を盛る器にして、その水滴は酒であるからこの〓・〓は黑黍酒を盛るに象るものである。從つて祭祀用語としては秬酒を供する義に外ならない。卜辭に例へば「〓〓田〓〓〓」（甲1626 532 鄴1.40）・「于工〓〓〓〓」（戩45.8 佚851 文132）・「〓〓〓〓〓〓」（天19 鐵193.4）の用法があり、毛伯彝に「無〓違」、石鼓文に「君子〓樂」の用法がある。この「〓田」は「〓于工〓田〓〓〓〓」（佚522）と「工〓〓田〓〓〓」（佚213）・「卜〓〓田」（前2.27.4）を比較せば〓は〓（循）・〓（往）の義であつて、これは段注に「卣攸通假」（注卣）とあるから「攸」の假借であり、從つて〓〓・〓〓は「攸雨」即ち「脩雨」、無〓違は「無攸違」、君子〓樂は「君子攸樂」である。〓は〓祀の外には彡・〓にも用ゐられ、又〓（鐵240.3）・〓（南師1.173）・〓（遺3）の外祭にも用ゐられてゐる。

(16) 〓・〓（林1.18.9）・〓（前5.1.3）・〓（京4030）・〓（後上19.13）に作られて居り、羅振玉は「𣎆亦祭名、以字形觀之、乃薦雞之祭矣」（考釋下八）となし、吳其昌（解詁三續二七）・郭沫若（粹釋一三五）・葉玉森（集釋一・五七）は之に從つてゐる。禮記雜記に「門夾室皆用雞」、周禮大司馬に「献禽以享礿」と用雞・献禽の禮があり、その字形よりせば献禽である。之は〓祀の外には彡祀（續1.14.3 前1.42.1）・〓祀（京4308）に用ゐられてゐる。

(17) 〓・〓（前4.18.7 南誠72）・〓（明48）・〓（掇23 佚257）・〓（甲3045）・〓（遺625）・〓（後上3.7）に作られてゐて、神を禮拜する貌であり、羅振玉が「祝」（考釋中一五）と釋してより諸家は之に從つてゐる。卜辭には「〓〓酉卜〓〓于〓己 〓酉卜〓彡〓于〓己」（甲3045）の如く「王祝」の用法が習見であつて、王の行ふものとされて居り（前4.18.7 續6.11.6 掇23 簠貞6 庫149 南誠72 甲460 3045）、祖神の外には〓・〓の外祭神にも用ゐられてゐる（粹1 54 852 庫1644）。

(18) 濩・濩（京5176）・濩（佚912）に作られて居り、羅振玉は「説文、濩雨流霤下貌、从水蒦聲、卜辞中為樂名、即大濩也」（考釋中六八）と大濩の樂と解し、葉玉森（集釋一・三四）・商承祚（佚釋九三）・吳其昌（解詁三）は之に従つてゐる。大濩の樂は湯王の樂とされてゐるものであるが、この用例は僅か九版に見るだけである（前1.3.5 5.36.2 5.36.3 佚912 918 庫1294 林2.16.21 續1.8.3 京5176）。

(19) 扗・扗は説文に「伐擊也」とあつて卜辞の「扗[glyph]」（習見）の用法は攻擊の意であり、而して祭祀用語の「扗」については羅振玉の「武舞」と解する説と、吳其昌の「伐人以祭」と解する説があつて、前者には葉玉森（集釋一・七四）・郭沫若（通釋九）・陳直・董作賓が従ひ、後者には唐蘭・陳夢家が之に従つて居り、その説は次の如くである。

羅振玉―伐殆以樂舞祭者也、禮記樂記「夾振之而駟伐」、注「一擊一刺為一伐」、湯以武功得天下、故以伐旌武功、伐當是武舞、卜辞言伐三十人、伐十人、猶左氏言萬者二人矣、（考釋下二三）

陳　直―詩秦風「蒙伐有苑」、毛傳云「伐中干也、苑文貌」、小爾雅廣器云「干盾也」、方言云「九盾自關而東或謂之干」、周禮樂師有舞干、是伐即干、干即盾、中干為九盾之一、蓋為殷人舞干之祭無疑、（殷契賸義五葉）

董作賓―山海經海外西經云、「大樂之野、夏后氏於此舞九代」、代為舞名可知、（獲白麟解下篇釋羌）

右の如く武舞説は樂記の「駟伐」、小戎の「蒙伐」、山海經の「九代」の伐が舞名であることを以つて証として居り、

吳其昌―「伐三十人」・「卯六牢」對擧、則此「人」與「牢」之地位必相等、……「伐廿」之文與「𢀛廿」「牢廿」對擧、皆謂殺二十人與三十𢀛三十牢同祭也、（清華週刊三七卷九期十期合冊殷代人祭考、及び解詁一三一頁）

唐　蘭―伐者、伐人以祭也、（天釋二九）

陳夢家―卜辞「又伐于上甲九羌卯牛」是「又」祭於上甲伐九羌卯一牛、卯・伐同為用牲之法、義同為殺、卯是劉之初文、爾雅釋詁「劉、殺也」、廣雅釋詁「伐、殺也」、知「伐」「卯」俱為用牲、則乙辛卜辞云「王賓武丁伐十人卯三牢」、其「伐十人」「卯三牢」相當於「伐羌十」「卯五牢」、所伐之人即所殺之人牲、……羅振玉以卜辞的「伐若干人」之伐為武舞、至吳其昌作殷代人祭考始駁正其說、（卜辞綜述二八一頁）

右の如く伐人説は「伐三十人」と「卯六牢」・「〓卅卣」とが對擧されて居り、伐は殺、卯は劉であるから伐幾人は卯幾牢と共に供物であつて、これは人を戮伐して牲とするものであるとしてゐる。

吳其昌が伐と卯・〓が對擧されてゐるとしてゐる辭は次の如きものであつて、「伐一人」と「卯一牢」・「〓一牢」が

前1.18.4 ・〓〓〓〓〓〓〓〓〓〓〓〓〓〓

・〓〓〓〓〓〓〓〓〓〓〓〓〓……〓

・〓〓〓〓〓〓〓〓〓〓〓〓〓〓……〓〓〓

連記されてゐるによつてこの說を為すのであるが、「伐」は「伐一人」の外に「伐〓五」(明740)・「伐〓二人」(粹272)と記されて居り、而してこの「伐〓五」は次の如く「伐于父丁〓三十」・

京3417 〓〓〓〓〓〓〓

甲795 〓〓〓〓〓〓〓〓〓〓〓〓

京4069 〓〓〓〓〓〓〓〓〓

「伐于父丁其十〓」と記されてゐるから、「伐〓二人」は〓二人を戮伐するの意ではなくして、「伐」の祭儀を行ふに〓二人の義であり、「伐幾人」と「伐〓幾人」の両者が一辭に併記されてゐる例が絶無であるから、「伐幾人」は「伐〓幾人」の省文に外ならない。〓は次述の如く「踊」の本字であつて舞者の義であるから、「伐〓二人」は伐の祭儀を行ふ舞者二人の意、「伐十人」は伐を行ふ舞者十人の義であり、従つて「伐」を「以樂舞祭者也」としてゐる羅說は至確である。

(20) 〓・　〓の字体を「〓甲」について見るに、〓(鉄70.3)・〓(後上3.18)・〓(甲1599)・〓(文370)・〓(粹258)・〓(甲583)・〓(乙7163)に作られて居り、その異体は次の如く〓・〓・〓・〓・〓・〓・〓・〓に作られてゐる。

乙3107 〓	鉄105.3 〓	甲2809 〓	前6.60.6 〓	前2.44.5 田〓
佚673 〓	ト646 〓	前8.8.2 〓	京2991 〓	前2.35.1 田〓
粹1167 〓	甲574 〓	乙3381 〓	甲507 〓	佚827 田〓

〓を孫詒讓は「羌」と釋し、王國維(觀堂集林九.九)・唐蘭(天釋三六)・孫海波(文釋三六九)・吳其昌(解詁七〇)・董作賓(羌釋)・于省吾(駢枝二四)・陳夢家(卜辭綜述二七九頁)は之に從ひ、羅振玉は「羊」と釋し、葉玉森(集釋一・七五)・王襄(簠釋帝八五)は之に從ひ、郭沫若は「芍」と釋し、李旦丘(聿釋一二)・楊樹達(卜辭求義二一)は之に從つてゐる。

孫詒讓―羌字皆作〓、說文羊部云、羌西戎羊種也、从羊人羊亦聲、此从〓从人即从羊省也、(擧例上卅八)

羅振玉―羊字變体最多、然皆為象形、……作〓者亦象帶索從、則視之狀也、(考釋中二八)

郭沫若―〓字乃芍字非羊字也、芍乃狗之象形文、亦即小篆〓字、（通釋一四〇、及び殷契餘論論狗甲）

右の如く〓は羌・羊・狗と釋されてゐて、祭儀用語としては羌釋に從つてゐる董作賓は俘獲の羌人をして樂舞せしめることと解し、陳夢家は俘獲の羌人を殺して祭ることとなし、羊釋に從つてゐる葉玉森は牲名とし、芍釋をとる郭沫若は祭牲となし、又用牲の法として磔狗と解してゐて、次の如くである。

董作賓―伐爲舞名可知、商人使俘獲之羌人樂舞以襄祭祀、并卜其所用人数、（獲白麟解下篇釋羌）

陳夢家―卜辞記用來羌、則來羌應是俘獲的活羌、…由於用羌之爲殺羌以祭、則卜辞中其它之辞亦當解釋爲殺生羌以祭者、、―關於卜辞用人牲祭先王的記載、應和安陽西北岡陵墓附近的成排的與零散的小墓相聯系、這些小墓當有一部分埋置了祭祀以後殺用了的人牲、（卜辞綜述二八〇～二八二）

葉玉森―「小乙〓三牛一、父丁〓五牛二七㞢」・「貞〓三羊三豕三犬」、羊與牛或牛犬並擧、則亦當爲牲名、（集釋一・七五）

郭沫若―〓字或作〓若〓、多用爲祭牲、（論芍甲）

―「芍百芍」與「卯十宰」對文、則上芍字當用牲之法、以聲求之、殆即副辜之辜、周禮春官宗伯「以副辜祭四方百物」、二鄭均訓辜爲磔、説文則磔爲辜、是則芍、芍即磔狗矣、（粹釋一九〇）

〓の字形は右の如くその〓に作られてゐるものは又〓（戩1.1）・〓（粹275）・〓（佚566）・〓（餘7）・〓（南輔71）・〓（京4383）に作られ、〓に作られてゐるものは又〓（卜13）・〓（續5.21.1）・〓（甲525）に作られて居り、この兩者を通覧するに〓・〓・〓に從つてゐて、〓（人）の頭上に〓を〓（糸）を以つて結ぶ貌であり、而してこの〓を地名の〓字に見れば、〓（前2.44.5）・〓（前2.15.2）・〓（前2.35.4）・〓（前2.35.1）の如く〓・〓・〓・〓に作られて居り、又〓が〓に作られてゐるから「〓〓〓」（前4.37.1）の〓も亦〓字と考へられ、これに於いては〓に作られてゐる。これらの〓・〓・〓・〓は〓・〓の〓・〓が〓（女）の頭上に在ると等しく首上の飾物と考へられ、葉玉森（集釋二・六二）・明義士（柏釋四七）も亦飾物として居り、從つて〓は飾冠を頭上に結んでゐる人の象形である。從つて「〓〓二〓」（粹272）の〓二〓は「飾冠を載いてゐる者二人」の意であり、而して禮記樂記に「干戚旄狄以舞之、此所以祭先王之廟也」と、先王を祭るに干戚旄狄の樂舞を用ゐて居り、この干戚旄狄は又「干戚羽旄」とも記されて「動以干戚、飾以羽旄」（鄭注、干盾也、戚斧也、羽翟羽也、旄牛尾也）と、干戚を執り羽旄を飾つて舞ふものとされてゐる。この「干戚羽旄」は大禹謨には「舞干羽于兩階」

と「干羽」に作られてゐて、これは秦風小戎の「蒙伐有苑」の蒙伐（毛傳、蒙討羽也、伐中干也、鄭箋、蒙厖也、討雜也）であり、干は伐、羽は蒙である。卜辭の「〓〓二〓」（粹272）・「〓〓干〓口〓一〓」（京4069）の「〓」は蒙伐の「伐」即ち「干戚」に當り、「〓」は「蒙」即ち「羽旄」・「旄狄」に當つて居り、而して〓の字形はこの羽旄を以つて飾る象形であるから、「〓〓二〓」は「伐舞を供するに羽舞者二人」、「〓〓干〓口〓一〓」は「父丁に伐舞を供するに十人の羽舞者を以てする」の意に外ならず、王名の沃甲が〓甲・〓甲と記されてゐて、〓字は「蚪」であるから〓字の聲は沃・蚪であつて、右の字形と勘考せば「踊」の本字である。

方國名に「〓〓」（前6.60.6）・「〓〓」（鄴3.44.10）があり、これは又「〓」・「〓」とも記されてゐてその地望は西方に在り（殷代の社會〓方）、右の如く〓・〓・〓は飾冠を首上に結ぶ貌であるから、この字は羊・儿に從ふものではないが、〓は〓・〓に從つてゐて、之は羊の省と見に從ひ、說文の「羌、西戎羊種、从羊儿、羊亦聲」の羌は羊と見の省に從つてゐて、この兩者は共に西戎であつて字の結構が同一であるから〓は羌であり、而して金文の鄭伯〓に羌が「〓」（〓は〓の省文）に作られてゐるのは之が傍証である。この〓と〓とは形・聲共に相近く、從つて方國名の〓・〓・〓は〓の假借であつて羌の意である。斯くの如く祭祀用語の〓・〓は踊者、方國名の〓・〓は羌であるから、〓を孫釋に從つて直に羌として「〓〓二〓」を「羌人に樂舞せしむ」・「羌人を戮伐して祭る」となすのは共に妥當ではない。

〓は内祭以外に外祭にも用ゐられ、〓〓（明718 乙683 2639）・〓（甲2491 乙4737 5227）・〓（鉄52.4）・〓（續6.21.2）・太〓（後上26.5 林1.9.1 京609）・〓〓（簠人18）に行はれて居り、五十〓（乙633）・百〓（佚413）・三百〓（佚570）・四百〓（南師1.40）が用ゐられてゐる。

(21) 卯・

卯には干支用語と祭祀用語以外の用法はなく、祭祀用語としては「〓十〓酒卯干〓」（南明478）・「〓〓〓〓卯〓〓〓」（甲3587）・「卯幾〓」（習見）・「卯幾〓」（習見）と用ゐられて居り、王國維は「劉」の假字として「殺」の義となし、葉玉森（集釋一・七六）・吳其昌（殷代人祭考及金文名象疏証）・陳夢家（卜辭綜述二八一頁）は之に從ひ、吳其昌は「雙刀」、郭沫若は「對剖」、陳邦懷は「㝏」としてゐる。

王國維—卯義未詳、與𡩜蕕沈等同爲用牲之名、以音言之、古音卯劉同部、柳留等字、篆文从丣者、古文皆从卯、疑卯即劉之假字、釋詁劉殺也、（戩釋五）

吳其昌―原始之形本作「〔…〕」、象雙刀對立之形、其後逐漸由「〔…〕」變成小篆之「〔…〕」字也、（殷代人祭考）

郭沫若―卯如爲劉、則僅是殺意、卜辞自有殺字、何必專用此卯字耶、余疑因卯之字形取義、蓋言對剖也、（通釋一六）

陳邦懷―說文窌窖也、卜辞之卯幾牛與他辞薶幾牛沈幾牢、誼正相若、（殷契拾遺一七）

(22) 𢆶・ 𢆶は〔…〕（續1.3.3）・〔…〕（拾2.14）・〔…〕（鄴3.43.4）・〔…〕（粹112）に作られ、又〔…〕・〔…〕・〔…〕・〔…〕・〔…〕と一字であり（彡祀の條參照）、孫詒讓・羅振玉は次の如く「系」と釋し、祭祀用語としては于省吾が「品物を繫屬する義」となしてゐる。

孫詒讓―說文系部、系籀文作「𦃃」从「爪」、此即絲之省、（擧例下一三）

羅振玉―說文解字、系繫也、从「糸」ノ聲、籀文作「〔…〕」、卜辞作「手持絲形」、與「許書籀文合」、（考釋中六一）

于省吾―契文言「系」、言「酒系」、言「酒系品」、言「系米」、系之意義、舊所「不」解、系經傳通作「繫」、（云々）禮記郊特牲云、籩豆之實、水土之品也、不敢用褻味而貴多品、所以交於神明之義也、契文祀典曰系、謂以品物繫屬以交接於神明也、（駢枝三續釋系）

𢆶は「〔…〕」（鐵72.3）・「〔…〕」（前7.4.1 後上8.14 粹398）・「〔…〕品」（粹112 甲3588）と用ゐられて居り、次の用例に於いては

粹112 〔甲骨文〕

前2.25.2 〔甲骨文〕

後者の「〔…〕」は前者の「〔…〕品」に當つて居り、「〔…〕品」とは上甲・大乙・大丁・大甲には各〻十、報乙・報丙・報丁・示壬・示癸には各〻三、大庚には七及び米三を用ゐるが如きを謂ふのであつて、于氏の「以品物繫屬」とする說は妥當である。𢆶が〔…〕祀に用ゐられることは「〔…〕」（續存1475）に明かであり、而して他辞に「〔…〕」（文77）・「〔…〕」（續5.26.6）とあるから「〔…〕」は「〔…〕」の省略であつて、「〔…〕品」すべきか否かを卜するものである。

(23) 米・ 米の用例は次の八辞以外にはなく、なほ後考に俟たねばならない。

後上19.6 〔甲骨文〕 ― 京4329 〔甲骨文〕 ― 遺679 〔甲骨文〕 ― 後上22.5 〔甲骨文〕

甲1343 [illegible] 一 寧1.107 [illegible] 一 遺680 [illegible] 一 續存2225 …[illegible]…[illegible]

(24) [illegible]・この用例は次の二例以外にはなく、なほ後考に俟たねばならない。

續存1485 [illegible] 一 粹845 [illegible]

第四項 彡祀の祭儀

第一期彡(文536 前5.34.1)、第二期彡(前1.2.2)・彡(續1.11.9)・彡(續3.28.1)、第三期彡(續1.5.7)・彡(甲2880)・彡(文381)・彡(南明589)、第四期彡(後上21.13)・彡(林2.6.10)・彡(文359)、第五期彡(前1.16.4)・彡(前1.5.1)・彡(前1.1.8)に作られてゐる。之を羅振玉は「肜」の本字として「肜肜不絶」を象るとなし、董作賓は之に從つてゐる。商承祚(文字類編)・葉玉森(集釋一・二)は之に從ひ、吳其昌は「伐鼓之記数」を象るとなし、

羅振玉―卜辭有彡日、或作彡彡諸形、正象相續不絶、殆爲肜日之本字。(考釋中一六)

吳其昌―按羅氏以彡爲肜日之本字是也、而據春秋宣公八年何休公羊解詁、以肜爲肜肜不絶之義則非也。彡之最初之義、殆爲伐鼓之記数也、所以知者、卜辭中「彡鼓」・「鼓彡」常得連文、(云々)是故「彭」字作彭、从壴从彡、壴爲鼓形、彡即「肜」字、亦即記鼓聲之「彭」「彭」「彭」也、故「彡」之初義、爲祭時伐鼓之記数、或彡或ミ者、其数或五或三也、由是而其義引伸焉、則爲伐鼓而祭之祭名。(解詁二五二)

董作賓―…故伐鼓而祭、即謂之彡矣、彡之次日有彡龠、奏管龠而祭、與鼓相和、亦其旁証也。(殷暦譜上三・四)

右の如く吳氏は彡祀に鼓の用ゐられること、及び鼓聲である「彭」字が彡に從つてゐることに着眼して、彡は鼓聲の彭彭たるを象るとし、董氏は之に從つて更に「彡龠」(彡龠)が彡祀の明日に行はれることを以つて旁証としてゐる。鼓(鼓)は彡祀にのみ用ゐられる祭儀であつて、鼓を用ゐることは彡祀の特色をなしてゐるから、彡を鼓聲の彭彭たるを象り、之を以つて祭名となすものとしてゐる吳説は至確であり、而して彡祀は前夕祭の彡夕に始まり「肜」字は之を表はすものであるから、彡を「肜」の本字としてゐる羅釋は妥當である。

肜祭についての後世の解釋としては、爾雅釋天に「繹、又祭也、周曰繹、商曰肜」(孫炎注「祭之明日、尋繹復祭、肜者相尋之意」)、

公羊傳に「繹者何、祭之明日也」(宣公八年)とあるから、尚書高宗肜日の僞孔傳には「祭之明日又祭、殷曰肜、周曰繹」とされて居り、これによれば肜祀は周に於いては「繹」と稱され、この祭祀は祭の明日又祭るものとされてゐる。次述の如く「彡祀」は前夕祭・肜日祭・明日祭の三祀の總名であり、而して「繹」はこの中の「明日祭」を謂ふものであつて、これは「籥」(翌)の假借であり、從つて右の爾雅の說は略〻當つてゐるのである。

次の版に於いては戊戌の日に父丁の彡翌と、兄己の彡夕がトされて居り、王賓卜辭の通例としてはト日が王名の日と一

佚397

致してゐて、先王は名の日に祀られるものであるから、この父丁は戊戌の前日丁酉に彡祀され、兄己は戊戌の明日己亥に彡祀されるものであり、而してこの戊戌の父丁の彡翌は丁酉の彡祀の明日の祭事であり、又戊戌の兄己の彡夕は己亥の彡祀の前夕祭である。「彡翌」のト日は王名の明日に一定して例外はなく(續1.9.2 粹220 226 254 京3253 3255 續存下611)、又「彡夕」は前夕祭であるから、之によつて彡祀は彡夕祭・彡日祭・彡翌祭の三祀より成つてゐることが解る。この「彡翌」の翌は「籥」であつて(後述)、彡日祭の明日には籥を用ゐる彡翌が行はれることは、春秋宣公八年の「辛巳有₂事于大廟₁、仲遂卒₂于野₁、壬午猶繹、萬入去₂籥₁」(杜注、萬舞名、籥管也)と一致してゐる。即ち穀梁傳に「萬入去₂籥、以₂其爲₁之變₁譏₂之也」とあつて、繹祭には籥を用ゐるのが常禮であるが、仲遂の急死によつて常禮を變じたことを譏るものとし、「繹」については「繹者祭之旦日之享賓也」(注、晶猶明也)として居り、公羊傳も「繹者何、祭之明日也」となし、而して爾雅には「繹、又祭也、周曰₂繹、商曰₂肜」としてゐるから、この籥が用ゐられる繹祭は「彡翌」であつて、右經文に於いては壬午に行はれ、その前日の辛巳の「有₂事于大廟₁」は繹祭の前日の「彡日」祀に外ならない。斯くの如く「彡翌」は即ち「繹」であるから、「繹」の祭名は「籥」を用ゐる所に興る名であつて籥の假借であり、この呼稱は周に始まるから爾雅に「周曰₂繹、商曰₂肜」とされてゐるのであり、又「繹」は彡日祀の明日の祭であるから、「祭之旦日之享賓也」・「祭之明日也」・「又祭也」とされてゐるのであるが、吳其昌は「彡與₂彡日₁、其初絕無₂祭之明日又祭之義₁、惟更後與₂彡夕₁相蒙而不₂別、始有₂祭之明日又祭之傳述₁」(解詁五二)と、彡夕が行はれるから彡祀は祭の明日又祭るものと見做されるやうになつたとし、楊樹達は之に從つて「前人所謂祭之明日又祭者、第一祭字蓋指₂肜夕₁言之、明日又祭則肜日言之也」(積微居甲文說五二)と述べてゐるのは、前夕祀が彡祀以外の祭祀にも行はれること、及び彡翌祀が彡日祀の明日の祭であつて

周は之を「繹」と稱したことを知らざるに因る誤謬である。

要するに彡字は鼓聲の彭彭たるを象るものであつて「肜」であり、この祭名は伐鼓して祀るに因るものであつて、彡夕・彡日・彡龠の三祀より成り、肜字は彡祀に彡夕祀が行はれるによる字であつて、その月に從ふは夕の譌變であり、彡龠祀を周は「繹」と稱してゐるが、之は龠(龠)の假借である。

彡祀の祭祀用語は次の如くであり、

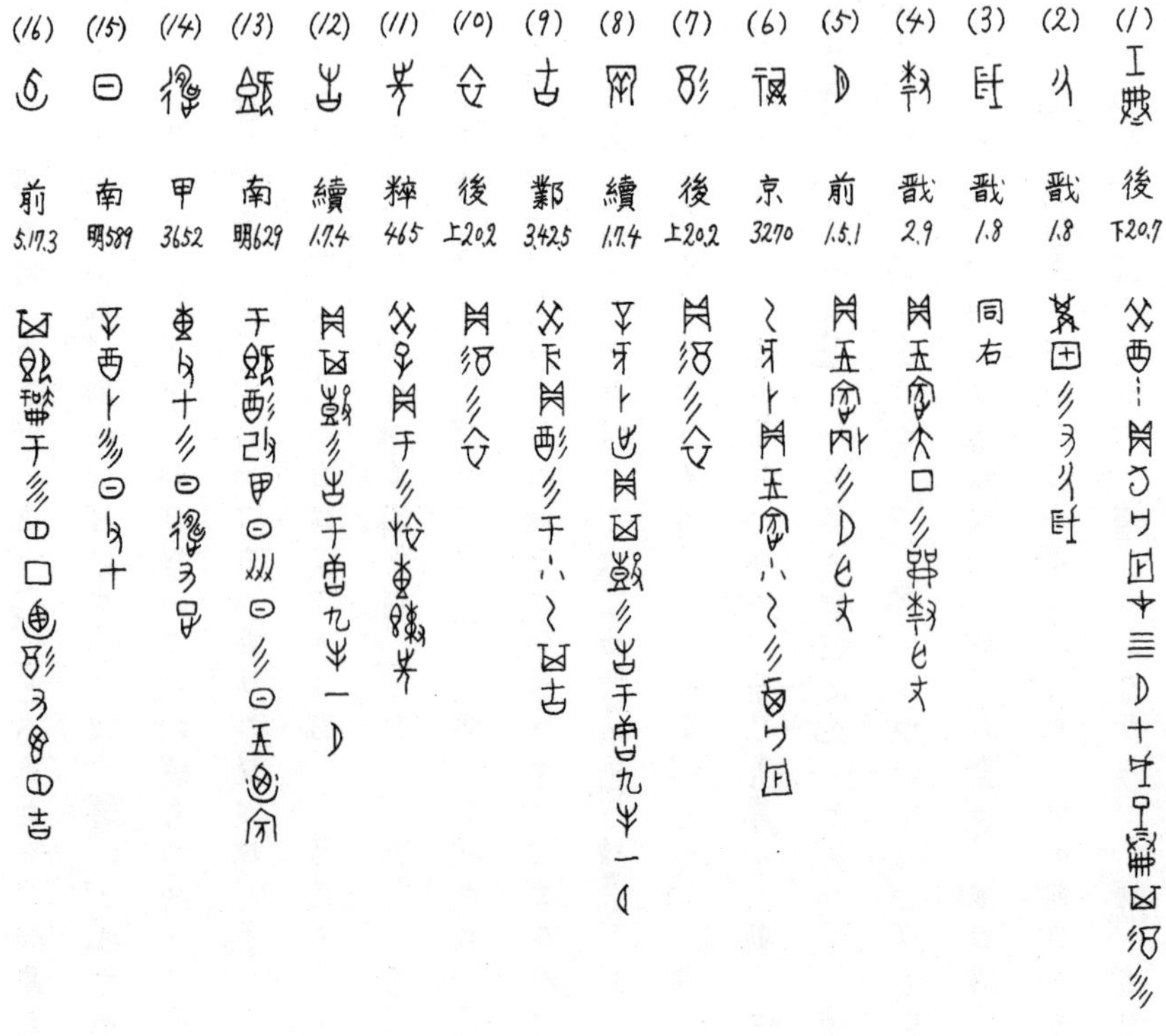

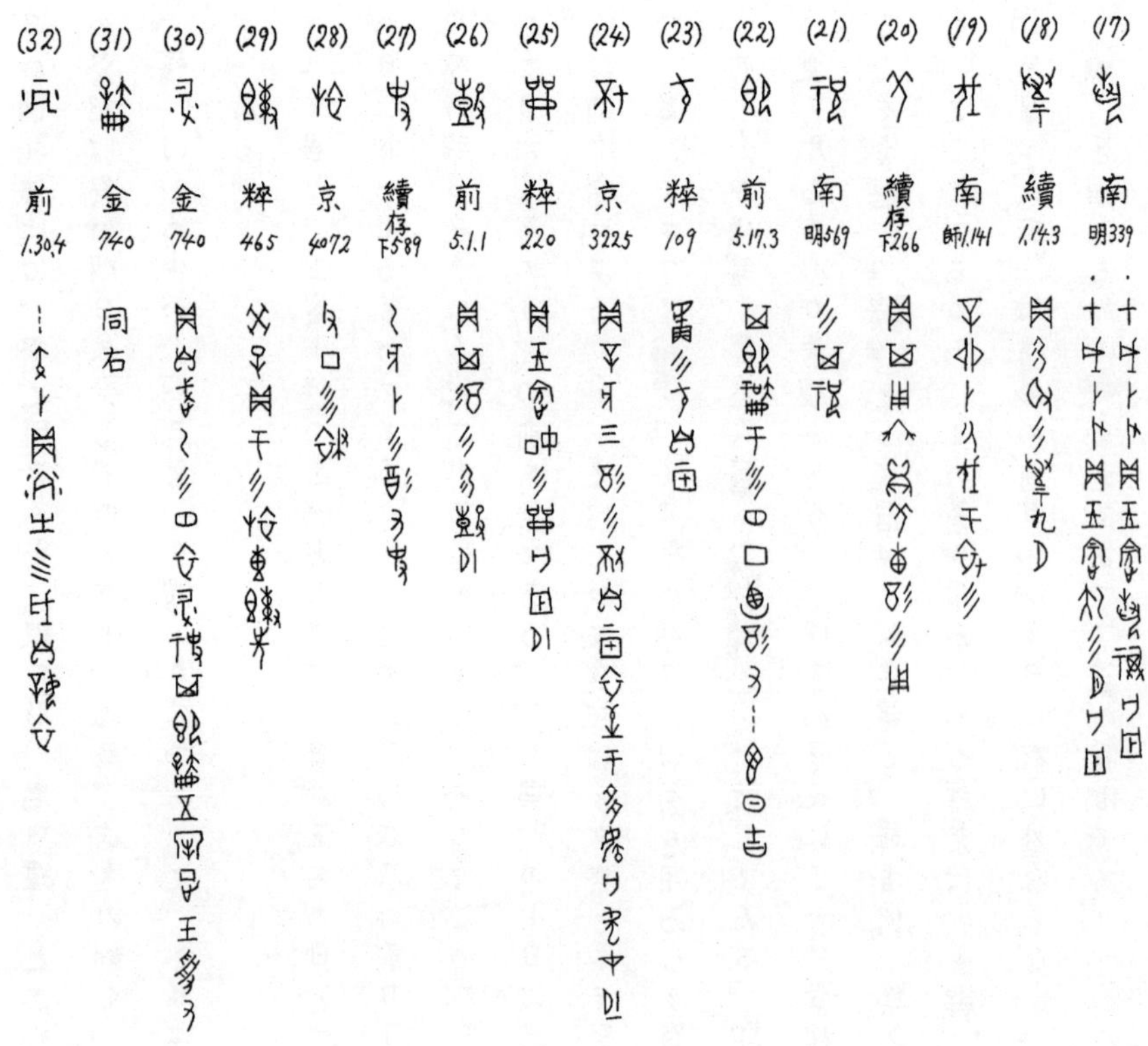

(33) 〓 南明681 〓

(34) 〓 乙3094 〓

(35) 〓 南師1.149 〓

(36) 〓 續1.14.3 〓

(37) 〓 南坊5.59 〓

(38) 〓 粹109 〓

(39) 〓 粹258 〓

(40) 〓 粹258 同右

(41) 〓 粹501 〓

(42) 〓 粹501 同右

(43) 〓 續存下266 〓

(44) 〓 續存下266 同右

右の(22)までの用語は前述の如くであるから、(23)以下について次に考察する。

(23) 〓・ 〓は貞人名(甲1338)の外には「〓」(乙7023)・「〓」(乙6956)・「〓」(甲3588)・「〓」(粹315)・「〓」(粹109)と用ゐられてゐる。〓は〓(下13)・〓(粹1167)に作られてゐて〓は〓に作られてゐるから、〓はナ・〓に從ふものであつて〓であり、從つて「〓」が「〓」(續4.41.5)に作られて居り、〓は〓・〓に從つて「〓」と一字であるから又「〓」(文77)に作られてゐる。從つて「〓」は他辭に「〓」(粹112)に作られてゐて〓は「糸」字であり、祭儀としては前記の如く品物を繫屬する義である。

(24) 〓・ この字体は〓(前2.25.5 林1.27.4 鄴1.40.10)・〓(明192 前2.25.4 5.37.6)に作られてゐて不・〓に從つて居り、陳邦福が「當釋杯」(辨疑一二)としてゐる以外は諸家はこの字釋を闕いてゐる。〓は例へば次の如く用ゐられてゐて、

文359 〓

金119 〓

前2.25.5 〓

文359版に於いては〓即ち伊尹が彡祀を享ける者ではないから、この彡祀は伊尹に對して行ふものでないことは明かであり、而して伊尹は他辭に「〓」(南明513)の如く上甲の祭祀に賓祀され、又「〓」(後上22.1)の如く大乙の彡祀に〓祀(〓は交の義)されてゐるから、この「〓」は伊尹を某王の彡祀に配祀するものであつて、この〓の義は右の〓・〓と同義であり、〓が不・〓に從つて「杯」字であるから「衬」の本字である。これは更に上掲の二辭について見ても同

様であつて、前述(〓項の〓)の如く金119の辞は祖辛の〓祀に祔祀して上甲を祀り多后に及ぶものであり、前2.25.5の辞は上甲に祔祀し多后に及ぶものであつて、この兩者は共に口祀(禘祀)の「喪畢而後祫於大祖廟」の祫を卜するものである。

(25) 〓・ 〓(林2.7.4)・〓(前5.19.2)・〓(前5.19.4)に作られて居り、郭沫若は次の如く「龠」と釋して禴祭となして居り、商承祚(佚釋三九七)・陳邦福(辨疑四)・葉玉森(集釋五・三)・陳夢家(燕京學報一九期一二二)・李旦丘(零釋二〇)・楊樹達(卜辞求義三二)は之に從つてゐる。

郭沫若—由上数項之推證可知龠當爲編管之樂器、其形轉與漢人所稱之箫相類、……字在卜辞乃祭名、當即禴祭之禴、(甲骨文字研究釋龢)

〓には彡〓・〓〓以外に他の祭祀祭儀と連文を成してゐる例はなく、彡祀にのみ用ゐられてゐるものである。前記の如く「彡〓」は彡日祀の明日の祭事であり、而して彡日祀の明日の祭である「繹」祭には「籥」が用ゐられるのが常禮であるから、〓は正に籥であつて郭説は是當である。但だ郭氏は「禴祭之禴」としてゐるが、この禴祭を禮記王制の「春曰禴」の禴とするならば、これは非である。

(26) 〓・ 〓は〓と通用されてゐて、例へば「〓〓〓彡〓于〓」(續1.7.4)は又「〓〓〓〓彡于〓〓」(佚233)に作られてゐる。孫詒讓は〓を壴、〓を鼓(擧例下廿)と釋し、羅振玉は〓を樹、〓を鼓(考釋中二四・四〇)と釋してゐるが、郭沫若は次の如くこの兩字を同字として鼓となして居り、葉玉森(集釋五・五)・楊樹達(卜辞求義二)は之に從つてゐる。

郭沫若—泉屋清賞有古銅鼓一具、上有飾而下有脚、與此字酷肖、〓乃鼓之初文也、象形、又此片(後下39.4)與上片(餘10.2)之内容文例均相同、而一作鼓、一作壴、尤鼓壴爲一之明証、(通釋二五八)

〓には彡祀以外の用例がなく彡祀獨特の祭儀であつて、彡祀の祭名の生ずる所以のものである。

(27) 〓・ 卜辞に〓・〓・〓に作られてゐるものがあり、この三者の通用されることは例へば「〓〓」(佚503甲1636)が「〓〓」(前7.31.3續5.15.6)に、「〓〓」(粹101)が「〓〓」(粹91)に作られて居り、而して第五期には「〓」・「〓」(前1.2.1金740)に作られてゐる。羅振玉は〓を「事」・「史」として「卜辞事字與史同字同意」(考釋中一九・六〇)となし、陳夢家も「卜辞史事相通、金文亦然」(考古五期史字新釋)

としてゐるが、郭沫若は〓を「史・事」（通釋四三 粹釋一四二）、〓を「史・吏」（通釋七六八 粹釋三六）、〓を「吏」（粹釋九一）と釋してゐる。

祭祀用語としては例へば次の如く内祭・外祭に用ゐられて居り、而して「〓」（續2.6.3）に於いては、〓が下文の其酒告南室を指してゐるから特定の祭儀ではなく、又上掲の「〓」の「〓」（續存下六九 散にもあり）は經傳習見の「有事」と同一語法であつて、易震卦の「无喪有事」の虞注には「事謂祭祀之事」と、又尚書大傳の「天子有事」の鄭注には「事謂祭祀」とあり、春秋宣公八年の「辛巳有事于大廟」は前記の如く彡日祀を謂ふものであるから、〓は祭事ありの義に外ならない。

南明44	〓	後下43.7	〓
庫56	〓	前6.52.4	〓

從つて右の「〓」・「〓」の〓も亦同義に外ならず、「〓」（通別2.2）は上帝に事有りの義である。

卜辭に次の用法があり、

粹36 〓（林2.6.17 卜669 粹46）

粹31 〓（鉄23.1 前1.50.6 4.33.1）

郭沫若は「當是以人爲牲」（粹釋三一）と解してゐるが、これは「〓」（佚41）・「〓」（乙4550）・「〓」（乙7575）と同一語法であつて、〓・〓・〓は地名であるから（殷代の社會 地名參照）、〓は使人であり、〓・〓を祀るために人を派遣するの義に外ならず、郭説は非である。

要するに〓・〓・〓は通用されてゐて「事」・「使」の義に用ゐられて居り、「有事」は殷以來の語法である。

(28) 〓・ 〓は又〓・〓に作られて居り、諸家はこの字釋を闕いてゐる。次に全辭例を記して後考に俟つ。

南師1.141 〓（外64）	粹368 〓	南明617 〓	粹285 〓
粹465 〓	甲1303 〓	庫1022 〓	金381 〓
京4072 〓	粹140 〓	金392 〓	京4360 〓
京3942 〓	佚880 〓	後下37.5 〓	甲2118 〓

(29) 〓・ 「〓」（鄴1.32.7）は又「〓」（京4221）・「〓」（前4.1.3 遺632 甲188 795）・「〓」（鉄181.2）に作られてゐて、その異体は〓（庫1769）・〓（粹468）・〓（粹465）・〓（粹138 鉄182.3）に作られて居り、而して「〓」は又「〓」（林2.11.1 前6.57.2）に、「〓」は又「〓」（後下22.13）に作られ

てゐるから〓も亦異文である。〓を孫詒讓は「饙」、王國維は「𩜾」、商承祚は「鼓」(佚釋三三)と釋し、孫海波は王釋に從ひ(誠釋二八二)、葉玉森は孫釋・王釋を共に非として居り(集釋五二〇)、而して〓を王國維は「茜」と釋し郭沫若は之を是としてゐる(青銅器銘文研究二五)。

孫詒讓—饙作〓、變𠬞為〓、此省从ヌ、篆意略同、唯金文變𠬞為〓、而此變為〓、則古文之異也、(舉例下廿)

王國維—王徵君釋𩜾、說文解字𩞁鼎實、从𩰲速聲、或作餗、與此同、許書之𩞁、疑後起字、(類纂三・八)

王國維—此字从酉从廾束、殆即無以茜酒之茜、文曰「〓豐」(後編下八)說文解字茜禮祭束茅加于裸圭、而灌鬯酒、是為茜、像神歆之也、从酉艸、此象手奉束于酉(即酒)旁、殆茜之初文也、(甲骨文字編文四)

卜辭の用法は次の如く祖神に用ゐられてゐる外に、王に對しても用ゐられて居り、而して右の如く〓・〓が一字であつて、〓或は〓と〓に從つて居り、〓は或は〓・〓・〓・〓に作られてゐて〓と同義であるから、火𤆸の上騰する束葦を捧ずる貌であり、從つてこの字義は上燈時候に酒食を供する意であつて、「〓〓〓」(前6.16.2)・「〓〓〓〓〓〓〓」(簠帝202)の如く、「〓」・「〓」と用ゐられてゐるのは之が傍証である。之が王に用ゐられる場合は例へば「〓〓〓〓〓…〓〓」(佚945)と、祭祀に於いて用ゐられてゐるから、祖神を祀つて王に食酒を供する祭儀である。

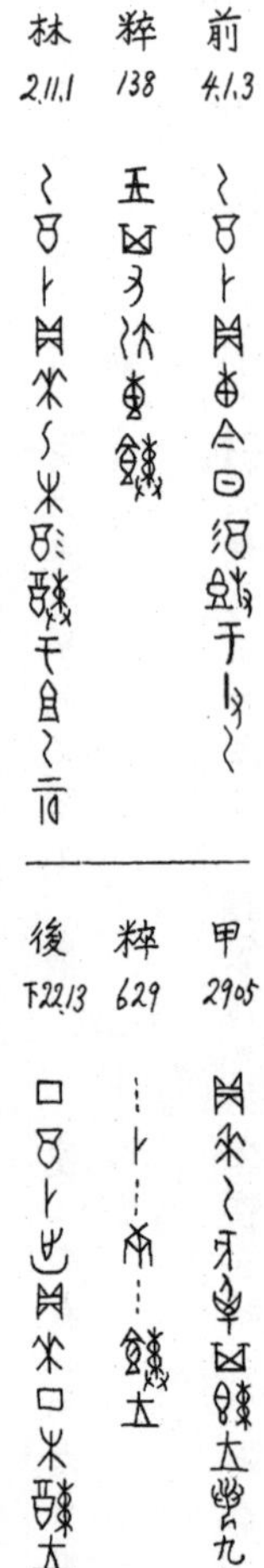

(30) 〓・ 〓は〓(後下7.1)・〓(前4.44.5)・〓(粋337)・〓(明1406)・〓(粋153)・〓(寧2.107)・〓(擬14)・〓(甲2082)・〓(甲2391)に作られて居り、王國維は「勺・礿」と釋し、郭沫若(通纂五七九)・吳其昌(解詁三續三三七)は之に從ひ、于省吾は「必・祕」、葉玉森は「升」と釋し、楊樹達は葉釋を是とし(甲文說上四)、陳夢家は于、葉二說を折衷して「升は祭祀が行はれる建築物」としてゐて次の如くである。

王國維—疑古勺字、〓象勺形、一其實也、習敦云、拜稽首〓于厥文祖考、彼〓字與此〓字、正同、彼為夏祭、當假借為礿祭之礿、此云〓二〓一卣二、則當挹〓之勺、卣所以盛〓、勺所以挹之、故二者相將、(戩釋二五・一〇)

葉玉森—友敦升作〓、漢臨菑鼎作〓、前編卷四第二十葉之〓、與鼎文同、(鉤沈六)

于省吾—〓即必、當為祕之初文、金文必字休盤作〓、寰盤作〓、其遞衍之迹、為由〓而〓而〓而〓而〓、(古々)廣雅釋器、秘柄也、（云々）祕卣「用鬻于乃姑宓」、言用將享于汝之姑之神室也、子卣、子作婦姑彝「女子母庚宓祀障彝」、宓祀謂於宓室祭祀也、宓从宀、其為宮室之義尤顯、（云々）粹三三。「祝才父丁必」、通別二・八・六「其祝于祖丁父甲才必」、輔大藏契有辞云「才必用王受又」、余所藏明義士墨本有辞云「其㕽于祖丁必、其至于妣癸必」、必言才言于、尤可為神宮之證」、（駢枝三續釋必）

陳夢家―升、于省吾釋必、疑當為禰、即親廟、説文禰或作祢、從示、禰和省是相通的、禮記玉藻注「省當為禰、禰秋田也」、明堂位注「省讀為禰、禰秋田名也」、省・升古音同、乙辛卜辞日祭康丁至帝乙諸王、某某宗與某某升互見、則宗與升當屬於同類的、皆是祭祀所在的建築物、（卜辞綜述四七〇頁）

王國維は習敦の〓字を「勺」としてゐるが、これについては郭沫若が「王國維疑勺、案當是升」（金文餘辞之餘六三）、于省吾が「段〓形乃升字」（駢枝三續）、葉玉森が「友畝升作〓」と「升」として王説に反對してゐる。勺字は篆文には「〓」に作られ、禦作父己鼎には「征〓〓」と「〓」（杓）に作られてゐるから、〓を勺とする王説は非であり、又「升」字は前述の如く「〓」であるから、〓を升とする葉釋も非であり、又〓字は〓・〓に作られてゐる例がないから、〓を必とする于説も非である。

次の用例に於いては「二〓」と「一〓」とが相對してゐるから、〓は卣と等しく新鬯を盛る器である。その字形は〓（明1406）・〓（明557）・〓（粹337）に作られてゐて、〓を基本とし散落する水點を伴ふ字であつて

戩25.10　〓〓〓〓二〓一〓五……――

粹525　〓〓……二〓一〓五〓〓――

、これは金文の斗字の〓（丘関釜・漢嘉量）を基とし、斗柄を斜にして鬯酒の散落する貌を象るものであり、于省吾も「从〓象某種量器、米點散落」、としてゐて、〓は鬯を盛る斗の象形であり、從つて上掲例は新鬯二斗一卣を〓（登の義）する義である。この用法は名詞であるが「〓〓〓」（南明410）の如く動詞の用法があり、又〓・〓・〓の如く〓・〓に從つてゐるから、「〓〓〓」（寧2.107）・「〓〓〓」（甲2391）の「暮〓」・「夕〓」の用法は「登」の假借と考へられ、「〓〓〓〓〓一〓」（續存1520）の〓一〓は「登一牛」である。〓の用法には次の如く「于某〓」・「中〓」の用法があつて、于省吾は「用鬻于乃姑宓」（〓卣）・「母庚宓祀障彝」（〓卣）の宓の用法より之を「宓室」・「神宮」の義として居り、而して陳夢家

續存下772　〓〓口〓〓〓〓于〓――　粹337　〓〓〓〓〓〓〓于〓〓五〓〓　前1.20.7　〓〓〓〓〓王〓〓〓于〓〓〓王〓〓

粹330　〓中〓〓――　通別2.8.6　〓〓〓〓〓于〓〓中〓――　南輔71　中〓〓五〓〓――　摭續158　十〓卜〓中〓――　甲515　中〓五〓〓

は習見の「〓〓〓〓口〓〓」(前1.18.1)と「〓〓〓侑口〓〓」(下267)、「〓〓〓〓口〓〓」(前1.18.1)と「〓〓〓侑口〓〓」(續1.25.8)に於いて彡は侑に當ってゐるから、彡は宗廟と同類の「祭祀所在的建築物」としてゐる。これらの説は妥當であって、これらの彡は「斗」聲の祠室の假借であらう。

要するに彡は鬯酒を盛る斗の象形であって、祭儀としては斗鬯を献ずる義であり、動詞として「登升」の義に用ゐられ、又「斗」聲の祠室の意に用ゐられてゐる。

(31) 〓・ 〓は又〓・〓・〓・〓・〓とも記されてゐて、例へば「〓〓」(後下34.8 南明433 京3907)は「〓〓」(南明454)・「〓〓」(南明484)に、「〓〓」(金740)は「〓〓」(前5.17.3)に、「〓用」(後下34.8)は「〓用」(粹1027)・「〓用」(粹472)・「〓用」(南明569)に作られてゐる。〓〓は又「〓〓」(文539 粹517 庫1770 甲536 南明605 623 寧1.314)に、〓〓は又「〓〓」(後上24.2)に作られてゐるから、〓・〓は一字乃至は通假の字であり、而して〓〓は又「十〓〓〓〓」(京4852)・「〓〓用」(遺655)とも記されてゐるから、〓・〓は册を神前に捧じて册告する義である。

(32) 𠘧・ この字は𠘧(甲724)・𠘧(甲690)・𠘧(南明525)・〓(前7.32.4)・〓(前6.67.3)・〓(遺655)に居られて居り、商承祚は「祭字之省」(類編待問一・四)としてゐるが、葉玉森は「似非祭字」(集釋六・三)とし、吳其昌は「𠘧之與用義殆不異」(解詁七續四五)と「用」と同義としてゐるが、「𠘧用」(甲59 前6.67.3 7.32.4 南明525)の用例が習見であるから之は非であって、次の如く于省吾は「盞」、楊樹達は「貴」と釋してゐる。

于省吾—𠘧字从數點、象血滴形、从几乃几字、象俎案形、當即説文盞之初文、𠘧盞古今字、(云々)説文盞以血有所刏涂祭也、(云々)𠘧字象薦血於几上、从宀从几、几亦聲、从宀象血形、猶盞之从血也、从几聲、猶盞之从幾聲也、𠘧爲𠘧牲或人獻血之祭、周代經傳作幾刏祈者借字也、(駢枝續編釋𠘧)

楊樹達—甲文有𦥑字、或作𠘧、治甲文者無説、余按説文十二篇下女部妻字重文作𡜊、許君云、古文妻从𦥑女、𦥑、古文貴字、甲文之𦥑與古文之妻所从之𦥑形同、然則是貴字也、殷契六版、甲編七一二、辭二辭同記大示用牛小示用羊之事、一作𠂤羊、一作𠘧羊、(云々)故甲文之𠂤羊可作貴羊也、(甲文説上・四)

楊氏は「𠘧羊」が「𠂤羊」であるとしてゐるが、例へば「〓〓〓〓𠘧〓…」(南明527)・「〓〓用〓〓〓〓」(遺655)の如く、一辞中に〓・叀が用ゐられてゐるから之は妥當ではないが、〓を說文妻の古文〓の〓と一字としてゐるのは是である。即ち卜辞の地名に「中〓卜」（粹1578）と〓に作るものがあり、これは說文の〓と同字であつて、〓は〓の〓（遺655）・〓（前7.32.4）に作られてゐるものと一字である。〓は說文に古文貴字としてゐるから〓は貴聲であり、これは于氏が〓を「从〓、从几、几亦聲」とする說の妥當であることを証するものであつて、「〓字象薦血於几上」とする字說は是であり、「〓〓〓〓」（乙1209）の用法によれば「〓〓卜〓〓〓〓〓」（南明524）・「于〓〓〓〓〓」（續存1824）の〓は動詞であつて、「〓〓〓于…」（京4764）・「〓〓〓〓」（京652）の如く〓（祈）・〓（匄禁禦）と共に用ゐられてゐるから祈匄の義があり、之を說文の盤の初文とする于說は是である。

(33) 〓・ 〓字の用例は次の如くであり、諸家この字釋を闕いてゐる。記して後考に俟つ。

粹315 〓〓〓〓〓叀〓〓〓 ― 甲2769 〓〓 ― 南明681 〓〓卜〓〓〓〓〓于三〓

甲2589 〓〓〓叀〓〓〓〓〓〓 ― 寧1.73 叀〓〓 ― 粹845 〓〓〓〓〓〓〓〓〓〓〓

(34) 〓・ この字は金文にも習見であつて舊來「宜」と釋されて居り、郭沫若は之に從つて「宜」（粹釋一八）とし、又「房俎之房本字也」（殷周青銅器銘文研究）となしてゐるが、孫詒讓が始めて「俎」と釋してより羅振玉（考釋中三八）・王國維（戩釋一・一）・商承祚（佚釋一四六）・王襄（簠釋典八）・葉玉森（集釋一・九三）・吳其昌（解詁二六六）・楊樹達（卜辞求義四）は之に從つてゐる。

孫詒讓―疑即俎字、說文俎禮俎也、从半肉在且上、此似即以半肉著橫間、（舉例下一 名原下三）

羅振玉―卜辞作〓、則正象置肉於且上之形、（考釋中三八）

王國維―此象二半肉在俎中、殆周語所謂房烝、詩閟宮傳所謂大房半體之俎也、（戩釋一・一）

(35) 〓・ 卜辞に於いては人・妣・尸の三字が一字であり、唐蘭は習見の「〓〓」の〓を「妣」と釋し、郭沫若は「〓酒〓〓冊〓」（粹519）の〓を「此似可為殷人用尸之証」としてゐる。この〓が彡祀に用ゐられて「〓酉卜〓〓〓彡」（南師1.149）と記されてゐるが、この〓を匕・尸のいづれに解すべきかは必ずしも容易ではない。

唐蘭は「〓〓〓〓〓〓〓〓〓」(天28)に釋して「〓或當釋〓、則癸巳〓祭當爲妣祭與」と「〓〓」を「妣祭」としてゐるが、この版にはこの辞の外に、甲午に〓甲の祭祀をトしてゐる辞があつて右の「〓〓」はその前日にトされてゐる。之を祀序表に檢するに〓甲の前日には妣の祭祀が行はれることがないから、「〓〓」は妣を祀るものではなく、從つてこの〓を妣と解するのは非であり、而して次の如く「尸」が殷代に用ゐられてゐるから「〓〓」は「尸〓」とすべきである。〓の用法を見るに次の如く「用〓」・「立〓」の用例が多く、又〓・〓・〓の場合に用ゐられて居り、〓には侑・酒が供されてゐて、〓〓・〓司と稱されてゐるから、〓は當に尸であつて、〓〓・〓司は尸を立てて祀ることに外ならない。

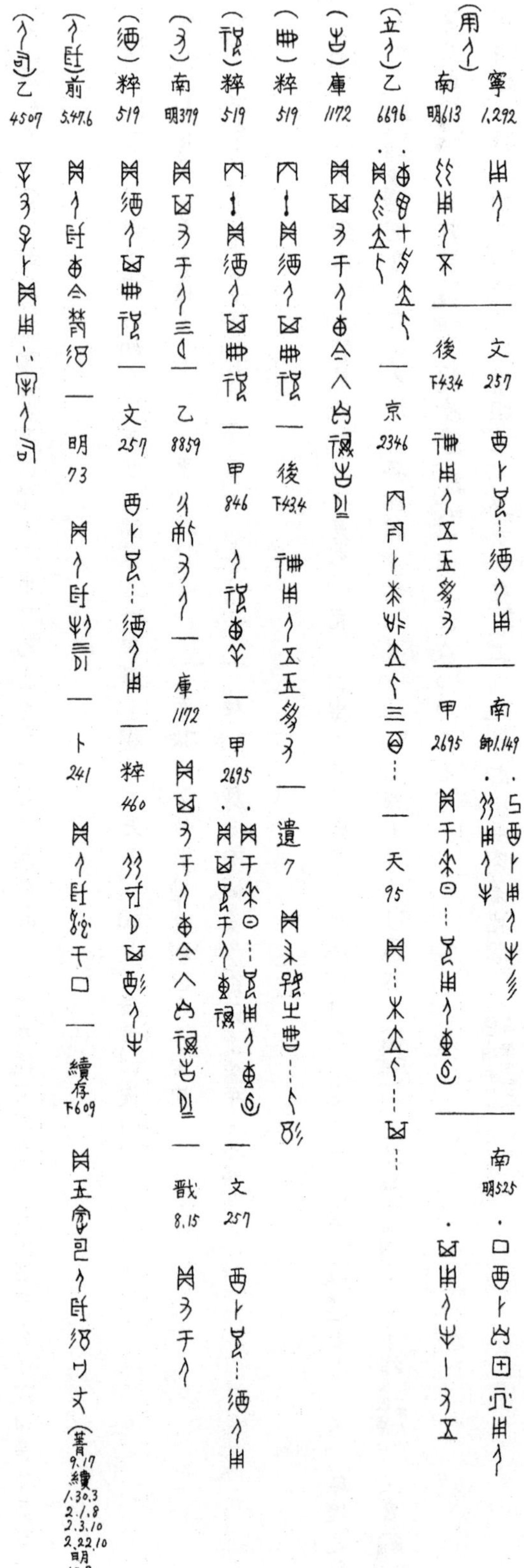

金文の尸字は〓(〓鼎)・〓(宗周鐘)に作られてゐてト辞の〓と一字であり、「〓〓〓〓〓〓」の〓は彡祀の尸である。

(36) 〓・ 〓を孫詒讓は「氏」(擧例下廿七)、商承祚は「取」(殷虚文字考)、葉玉森は「攻」(集釋一、五五)と釋し、而して祭祀用語としては葉玉森は「攻祭」、郭沫若は「〓」(粹釋九下)、楊樹達は「取蓋假爲奏」(卜辞求義二二)と解して居り、陳夢家は郭説に從つてゐる(卜辞綜述三五五頁)。〓のト辞上の用法は多岐に亘つてゐて、なほ後考に俟たねばならない。

(37) 〓・この字の用例は次の如くであり、諸家未釋、なほ後考に俟たねばならない。

南坊5.59 干彡〓〓〓〓王〓〓 ― 佚625 卜〓〓〓〓（外404） ― 甲2031 〓〓卜…〓王〓〓〓〓〓〓〓〓〓 ― 粹342 〓〓

後下3.37 〓〓卜〓〓〓〓干〓 ― 京4115 〓〓〓〓…… ― 甲1569 〓卜…〓王〓…〓〓〓 ― 掇1.430 〓〓〓

(38) 〓・〓（甲2194）・〓（粹144）・〓（鄴3.41.9）・〓（甲886）などに作られて居り、郭沫若は「盧」（粹釋一〇九）と釋し、于省吾は之に從って「旅祭」と解してゐる（駢枝續編釋盧）。なほ後考に俟つ。

(39) 〓・(40) 〓・ 粹258 ……卜〓十彡〓〓 と用ゐられてゐる外には用例なく後考に俟つ。

(41) 〓・(42) 〓・ 粹501 十〓卜〓〓三〓彡……〓〓 後考に俟つ。

(43) 〓・(44) 〓・ 續存下266 〓〓〓〓〓〓〓〓彡〓・外20 〓〓〓〓〓（南師2.156） 後考に俟つ。

彡祀卜辭の祭祀用語は以上の如くである。

第五項 〓祀の祭儀

第一期〓（前7.3.3）・〓（前5.4.7）、第二期〓（續1.13.4）、第三期〓（甲1268）・〓（甲2648）、第四期〓（佚875）・〓（續1.8.4）、第五期〓（前1.9.3）・〓（續1.5.6）に作られて居り、孫詒讓は「〓」（擧例上・三）、王國維は「〓」の初文にして「昱（翌）」の假借とし（戩釋二七）、葉玉森（説契一葉）・唐蘭（殷契卜辭釋文二）は羽翼の象形として「翼」の本字となし、于省吾は刀形の象形にして假借して「昱」とされてゐる（駢枝二〇）としてゐる。祭名としては王襄は「臘祭」（簠釋典三）、羅振王は「翌日者卜之明日祭也」（考釋下二）、王國維は「蓋翌日既訓明日、殆與彤日同、爲又祭之名矣」（戩釋二七）、吳其昌は「翌之義又爲祭之明日又祭、在經典則謂之繹、繹蓋即翌之同聲假字矣」（解詁二三九）、唐蘭は「翌・繹皆喩母字」（古文字學導論）とし「卜の明日の祭」・「又の祭」・「彤と同じ」・「繹祭」とされてゐる。然し繹祭は彡祀に於ける明日の〓祭であり、〓祀は五祀に於ける〓・彡二祀に次ぐ第三の祭祀であるからこれらの説は皆妥當ではない。

〓は之を羽翼の象形とする説が最も字形に當つて居り、而して之を借りて翌日の義に用ゐる例は習見であつて、例へば「〓〓〓〓〓于〓〓〓」(鄴1.45.10)の〓はこれであり、又書經にも「翼日癸巳」(武成)と翼を以つて翌の假借としてゐる。祭名としては〓日・〓日・〓日と記されてゐるが、これは必ずしも翌日の義ではなく、この日は〓日・彡日の日と同じく〓祀の當日祀の意であり、而してこの祭名は〓祀が彡祀終了に次いで行はれるものであるから、彡祀に次ぐ意味に於いて翼を借りて翌祀となすものか、或は祖神の翼輔を匄る意味に於いて翼祀となすものであるかは、なほ後考に俟たねばならず、前者ならば假借であり、後者ならば轉注である。

〓祀の祭儀は次の如くであり、

(1)	〓	遺 244	〓
(2)	〓	南 明522	〓
(3)	〓	南 明522	同右
(4)	〓	明 273	〓
(5)	〓	誠 246	〓
(6)	〓	南 明563	〓
(7)	〓	卜 45	〓
(8)	〓	南 明582	〓
(9)	〓	卜 45	〓
(10)	〓	南 明629	〓
(11)	〓	寧 3.29	〓
(12)	〓	京 3258	〓
(13)	〓	南 明629	〓
(14)	〓	京 4308	〓
(15)	〓	金 119	〓
(16)	〓	甲 1303	〓
(17)	〓	前 6.52.4	〓
(18)	〓	續存 1600	〓
(19)	〓	後 下19.11	〓
(20)	〓	京 2323	〓
(21)	〓	乙 3323	〓
(22)	〓	續 2.1.1	〓
(23)	〓	南 明594	〓

右の(18)までの用語は前述の如くであるから、(19)以下について次に考察する。

(19) □・ □（後下19.11）・□（後下35.1）・□（續4.41.5）・□（京4105）に作られて居り、諸家はこの字釋を闕き、但だ董作賓は「系之義意不可知」（殷曆譜上三・九）、陳夢家は試釋して「幼」（卜辭綜述三九四頁）としてゐるに過ぎない。次の辭を比較せば□の□であることは明瞭であり、□は前記の如く「系」字であつて「以品物繫屬」の義である。ここに於いて卜辭に於ける「系」字は□・□・□・□に作られてゐることが解るのである。

續4.41.5 ・□□□□□□□□
・(□)□□(□□)□□(□)□□(□)

文77 □□□□□□□□□□

(20) ヨ・ ヨの字釋は次の如くであつて、祭名としては唐蘭・吳其昌は「祊」としてゐる。

孫詒讓―說文匚部、匚受物之器、象形、讀若方、籀文作□、金文女姬□作□、此與彼同、□方字通、或作□者方之異文、此蓋謂就方神而卜之也、（擧例上一九）

王國維―コ者或取匰主及郊宗石室之誼、然不可得考矣、（戩釋五）

葉玉森―口象盛主之匰、故作口作凵、並可象匰、說文匚受物之器也、段注器蓋正方、如此作者横視之耳、直者其底、横者其四圍、右其口也、是則コ亦不失爲匰象、（集釋一・二九）

唐　蘭―案ヨ爲祭名、即祊祭也、說文匚受物之器、象形、讀若方、□籀文亦象形、□即□字、又說文鬃門内祭先祖、所以彷徨、从示彭聲、祊或从方聲、コ即祊亦即鬃矣、（卜釋四一）

吳其昌―口或コ乃郊宗壇墠石室之形、居中南向者爲口形、居兩旁左右向者爲匚及コ也、口即方亦即祊、（解詁一四）

「祊」は說文に「門内祭先祖」とあり、然るにヨは次の如く□室・□室・□室に行はれてゐるから之を「祊祭」とするのは妥當ではない。ヨは例へば「三ヨ」（粹120）が「三コ」（京3971）に作られてゐるからコと一字であつて、三コはヨ・丙・丁を謂ふのであり、これは史記の報乙・報丙・報丁であるからコは報聲であつて、說文にコを「讀若方」としてゐるのと符合してゐる。次の例に於いてはヨが神祐に對して行はれてゐて、「示祐すれば王ヨするか」と「示祐せざるも王ヨするか」、「王示祐にヨ裸せざるか」と「示祐せざれば王裸せざるか」とが對貞されて居り、字音が報、方であつて神祐に對して行はれてゐるから「報賽」の報であり、魯語の「上甲微能帥契者也、商人報」

鉄50.1 □□ヨ□□□□□

文379 □□□ヨ□□□□□□

佚413 □□□□□□□（通𩲃3）

乙4983 ・□□□□□(ヨ)
・□□□□□ヨ

乙3468 ・□□□□□□□
・□□ヨ□□□□

祭、－凡禘郊宗祖報、此五者國之典祀也」の報祀に外ならない。□祀は内祭以外に外祭にも行はれ、最も多く□（上帝）に行はれてゐる（𠂤－鉄96.4 乙551 6409 8310、大下－乙5355 南明478、□－前4.34.1 5.3.1 林2.11.1 簠帝201 佚50 413 甲2127 書道5.5）。

(21) 𢍚・𢍚は𤼷・𥙊に作られてゐて、例へば「𢍚𦉪」（甲2407）が「𤼷豕𦉪」（京4230）・「𥙊𦉪」（掇1.457）に作られてゐる。この字釋は孫詒讓－𤼷即登之省、說文癶部登从癶豆、象登車形、籀文作𤼷从廾、此即𤼷字之省、又豆部𢍚禮器也、从廾持肉在豆上、讀若鐙同、下半从豆从廾、此𠀠即豆、說文豆古文作𠁩、此其省變也、𢍚亦𢍚之變体、𠁩即𠁩形小異、（舉例下廿一）羅振王－此殆即爾雅瓦豆謂之登之登字、卜辭以兩手奉豆形、不从肉、由其文觀之、乃用爲烝祀字、（考釋中三九）王國維－此𢍚殆即𢍚字、說文𢍚禮器也、（戩釋三八）と、孫、羅二氏は「登」、王氏は「𢍚」としてゐる。第一期に𧯞（前5.2.1 續2.27.4 4.34.2 卜582 金ｘ4 林1.29.15）・𧯞（下664）に作るものがあり、𧯞は籀文の登、𧯞は篆文の登と一字であつて、𢍚を𧯞の省体とする孫説は妥當であり、揚樹達も「𧯞、省𦥑形則作𢍚、舊釋分𧯞・𢍚爲二文、別釋𢍚作𢍚非也」（甲文說上・二）としてゐる。𢍚は例へば「𠬝𢍚」（乙8157）・「□𢍚𦉪于𠂤」（甲2409）の如く動詞して用ゐられて居り、而して「𢍚𦉪」（戩25.10 甲657 2407 掇1.457 寧1.308 南明700 京4230）・𢍚𩰫（掇1.438 京3909 3910 4025 明716 庫1061 鄴3.42.7 甲353 3089 粹166 1574 寧1.128 2.106）・𢍚米（佚663 粹909 後下23.5 29.15 甲903）の如く𩰫・米を𢍚すと用ゐられてゐて、「□王□𢍚□𢍚𠂤□」（庫1021）の如く牲を供載する意の𢍚と對用されてゐるから、𢍚は𩰫・米を捧登するの義であり、從つて之を「烝祀」としてゐる羅説は非である。

(22) 𨡹・𨡹（佚870）・𨡹（前5.4.5）・𨡹（後下7.5）、及び𨡹（前5.4.7）・𨡹（前5.4.6）・𨡹（後下27.10）に行られて居り、金文習見の「寶𨡹彝」が又「寶𨡹彝」に作られてゐるからこの兩者は一字であり、說文に「𨡹、酒器也、从酋廾以奉之」とあつて、羅振玉が「尊」と釋してより（考釋中三六）諸家之に從つてゐる。動詞として「勿𨡹」（續2.8.10 摭續112）と用ゐられて居り、段注に「鄭注禮曰、置酒曰尊」としてゐる。

(23) 𦉪・𦉪（續4.15.1）・𦉪（前5.1.6）・𦉪（京996）に作られて居り、𦉪一𠃉（寧3.232）は金文の「𦉪一𠃉」（鼎𥁰）と同例であつて、羅振玉は「𩰫」（考釋中三七）と釋してゐる。

劦祀卜辭の用語は以上の如くである。

以上五祀の祭祀用語五十八について考察したが、[illegible]・[illegible]・[illegible]・[illegible]・[illegible]・[illegible]・[illegible]・[illegible]・[illegible]・[illegible]・[illegible]・[illegible]・[illegible]・[illegible]の意義についてはなほ後考に俟たねばならないが、その他は次の如く要約することが出來るのである。

祭儀／五祀	準備	時刻	儀禮	樂舞	供物	祭祀目的	祭祀用語
	工典	前夕祀 前上曁時祀 當日祀	裸 禋 尸 共 食	登 伐 羽 歌舞 舞 鼓 籥 大濩	酒 薦 酒 置 酒 鬯 鬯 斗 卣 生 饎 粟 賓 繫 品 殺 牲 牢 牲 載 血 薦 禽 薦 豚 炰 鬻 肉 膱 俎	報 賽 祐 禱 告 冊 告 祝	升 登 祭 事 般 盛 祀 祔 祀 饗 亯
祭祀	工典	夕 翌	[illegible]	[illegible]	[illegible] [illegible] [illegible] [illegible] [illegible]	[illegible] 告	又 [illegible]
𠷎祀		夕	[illegible]		[illegible] [illegible]	[illegible]	[illegible]
翌祀		夕 翌 日	[illegible]	[illegible] [illegible] [illegible]	[illegible] [illegible] [illegible] [illegible] [illegible] [illegible] [illegible]	[illegible] [illegible] 告 [illegible]	又 [illegible]
彡祀	工典	夕 翌 日	[illegible] [illegible]	[illegible] [illegible] [illegible]	[illegible] [illegible] [illegible] [illegible] [illegible] [illegible] [illegible] [illegible] [illegible]	告 [illegible] 告 [illegible] [illegible]	又 [illegible] [illegible] [illegible] [illegible]
劦祀	工典	夕 日	[illegible] [illegible]		[illegible] [illegible] [illegible] [illegible] [illegible] [illegible]	[illegible] 告 [illegible]	又 [illegible] [illegible] [illegible] [illegible]

祭儀より見ても五祀中「日」を以つて稱されてゐる翌・彡・劦の三祀が重く、就中彡祀が最重の祭祀であつて五祀の中核であることが解り、五祀は翌(祭・𠷎)祀・彡祀・劦祀の順に行はれたことが愈〻明かである。

今後發表される甲骨版によつて右の祭儀は更に補足されねばならないが、現在までの資料による祭儀は右の如くであり、五祀祭儀の大略を窺ふことが出來る。

第二節　王賓卜辭の祭儀

王賓卜辭は第四期未見の外は各期に存し、第二期・第五期に最も習見であり、このト辭中に記されてゐる祭祀用語は後記の如く五十字あり、その中には前述以外の用語があるから之について考察しなければならない。

先づ「王賓」とは何か、このト辭は何をトするものであるかについて考察するに、羅振玉は「[illegible]」を「賓」、「[illegible]」を

「嬪」と釋して居り(考釋中二一)、而して「賓」字の貝に從つてゐることについては、王國維が「為从貝乃後起之字、古者賓客至、必有物以贈之、其贈之之事謂之賓、故其字从貝」(觀堂集林・與林浩卿博士論洛誥書)としてより、諸家羅・王説に從つて賓となして居り、洛誥に「王賓殺禋」とあるから王〓を王賓に當てるのは妥當である。

〓は又〓・〓・〓・〓・〓・〓・〓に作られてゐて、これらが通用されることは次の如くであり、

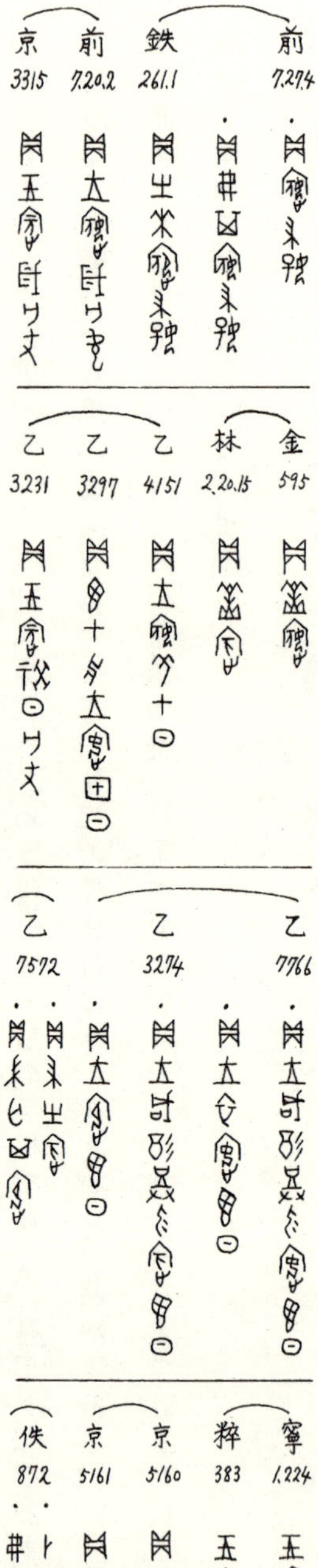

第一期には「太〓」が習用されて〓以外の各字体が用ゐられ(〓は貞人名として用ゐらる)、第二期以降は〓・〓に一定して居り、從つて「〓・〓」が原始形であつて、〓を省いて〓に、〓を省いて〓に、〓を省いて〓に作られ、〓は〓の繁文であることが解る。〓は又〓に作られてゐて、例へば貞人名の〓は「〓」(文594簠天45)に、又「于〓〓」(鉄257.4)は「于〓〓」(前1.39.7)に作られてゐるから、〓は〓・〓に從ふものであり、從つて之は「〓」の〓・〓に從ふのと同義と考へられ、〓が家字であるから〓も亦同類のものを謂ひ、而して「〓〓」(文548)が「〓〓」(佚115)と、又「于〓〓」(前1.30.7)が「于〓〓」(後上7.11)と記されてゐるから〓には家室乃至は祠廟の義のあることが解る。〓の〓に從ふことについては羅振玉は「〓之从〓、亦象人自外至」(林泰輔・支那上代之研究 林博士に對するの答書)となし、葉玉森は「〓、象足跡在室外、主人跽而迎」(集釋一・九)と、外より至るを象るものとして居り、從つて〓の原義は「外より家室或は祠室に至る」の意であり、而して之は〓が次の如く〓(往)・〓(入)・〓(歩)・〓(格)・〓(征)と同義に用ゐら

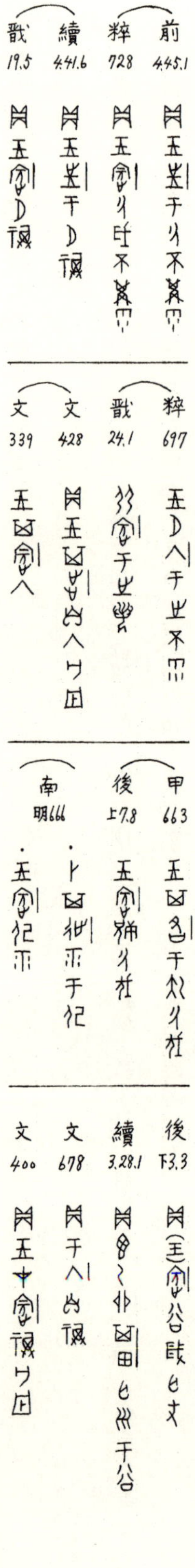

れてゐることと符合してゐる。右の用例を見れば説明を用ゐずして𡧊に之・へ・㞢・各・祉の義の存することが明かであるが、最下段の「⿵王𡧊谷戠弗又」の谷は地名であつて（前2.5.4 2.45.1）、之は谷地に於ける𡧊祀に「王𡧊」するものであり、「く卜⿴田㠯𡿧于谷」の辭、及び𡧊に往・征の意のあることからせば、これは王が谷地の𡧊祀に往くの義であり、又「⿵王中𡧊祼」の中は⿱と通用の例があつて（中戠（前3.28.1）が⿱戠（前3.27.7）に作る）「⿵于入自祼」の辭よりせば、これは「⿵王自𡧊祼」であつて𡧊はへに當つてゐる。斯くの如く𡧊は字義に於いても又用例に於いても「外よりそこに至る」の義であるから、王𡧊は「王が祭場に至る」の義に外ならない。

然るに「王賓」の意義については次の如く解釋されて居り、羅・王・郭三氏の説は歸を一にしてゐて郭説が最も明瞭であり、吳其昌は「郭説是也」（解詁二六）、孫海波は「郭説甚塙」（文釋二六）とし、揚樹達も之に從つてゐる（卜辭求義五二）。

羅振玉―凡卜辭稱所祭之祖曰王賓、（考釋下五九）　祭者是王、則所祭者乃賓矣、（戩釋五所載）

王國維―王賓謂文王武王、死而賓之、因謂之賓、（觀堂集林洛誥解）

郭沫若―蓋从止丏聲若丏聲、从止當為儐導之儐、説文、儐導也、从人賓聲、或从手作擯、止乃趾之初文、从止、示前導也、故𡧊當為儐若擯之古字、禮運、禮者所以儐鬼神、即卜辭所用𡧊字之義、（通釋一五葉 粹釋四三四片）

右の説に從へば次の如き王賓卜辭は、王が大甲を儐して歲祀を行ふ可否を卜するものであつて、卜が吉を得れば行ひ、

續1.10.2　⿴古卜王⿵⿴十⿻王⿴𡧊𣂔歲弗𠂤

―卜が吉を得なければ之を行はないものと解さざるを得ない。然し先王の祭祀は客觀的に固定してゐる祀序と五祀の順序に從つて行はれるものであることは前述の如くであるから、この辭を儐祀すべき先王を卜し、或は祀るべき祭名を卜するものと解することは無意味であり、從つてこの辭は「王⿴𡧊」そのものを卜するものとせざるを得ない。而してこの解釋の正しいことは次の諸例が之を証してゐる。即ち(1)・(2)に於いては「王𡧊亡尤

(1) 南 明666　・王𡧊亡尤　・⿴卜⿴祉尤于亡
(2) 寧 1.218　・⿴卜⿴祉尤于亡王𡧊　・⿴卜⿴尤于亡
(3) 明 69　・⿵卜⿵⿴王⿴𡧊　・⿴𡧊
(4) 南 明356　⿵⿴十⿱⿴⿱于𣂔⿱王𡧊祼弗又

亡尤」が又「⿴尤于く亡王𡧊」と記されてゐるから、之に從へば右の「王⿴𡧊𣂔歲弗𠂤」は「歲于𣂔王⿴𡧊弗𠂤」とも記し得、又(3)・(4)の記載法に從へば「𣂔歲王⿴𡧊弗𠂤」・「⿱于𣂔⿱王⿴𡧊歲弗𠂤」とも記し得るのであつて、「王⿴𡧊」の目的語が𣂔でないことは明瞭であり、從つて之を大

甲を儐するものとなすのは誤であり、而して(3)に於いては「[illegible]」と記され、「[illegible]」と「[illegible]」とが對貞されて居り、(5)に於いては「王賓[illegible]」と記され、(6)に於いては「太賓[illegible]」の卜辭に對して王の繇辭は「曰吉賓」とあり、更に「允賓」と賓を行つたことを記してゐるから、「王賓」そのものをトするものであることは明白である。斯くの如く王賓の卜辭は「王其賓」自体をトするものであり、而して右の如く賓の字義・用法が「外よりそこに至る」の義であるから、王賓は王が祀室に入つて祭祀に與ることに外ならず、例へば右の(4)は「兄庚を祀るに王が祀室に入つて祼すべきか否か」をトするものである。然らば祭祀毎に王賓をトするのは何故であらうか。次の卜辭は「王が賓せざれば祐なきか」・「王が前夕祀に賓するなければ祐せざるか」とトして居り、之によれば王賓は神の喜ぶ所であつて授祐と關係があることが解る。然し王一人の身を以て頻繁な定例の祭祀及び臨時の祭祀毎に祭祀に與ることは、到底その煩に堪へざる所であるから、祭祀毎に王賓の必要を祖神に問ひ、その必要がある場合にのみ王が祭祀に與つたのであつて、王賓卜辭はその祭祀についての王賓をトするものである。

(5) 寧 1.203 [illegible]

(6) 乙 3297 [illegible]

林 2.1.12 [illegible]

前 7.30.2 [illegible]

王賓卜辭上の祭祀用語は次の如くであり、

1 [illegible] 南 明423 [illegible]

2 [illegible] 續 2.4.3 [illegible]

3 [illegible] 粹 509 [illegible]

4 [illegible] 後 上20.6 [illegible]

5 [illegible] 前 1.15.4 [illegible]

6 [illegible] 佚 557 [illegible]

7 [illegible] 甲 2693 [illegible]

8 [illegible] 前 1.3.5 [illegible]

9 [illegible] 南 明338 [illegible]

10 [illegible] 明 1413 [illegible]

11 [illegible] 佚 48 [illegible]

12 [illegible] 文 421 [illegible]

13 [illegible] 前 5.19.2 [illegible]

14 [illegible] 遺 388 [illegible]

15 [illegible] 前 1.20.1 [illegible]

16 [illegible] 前 1.22.1 [illegible]

17 [illegible] 前 2.25.4 [illegible]

18 [illegible] 前 4.3.6 [illegible]

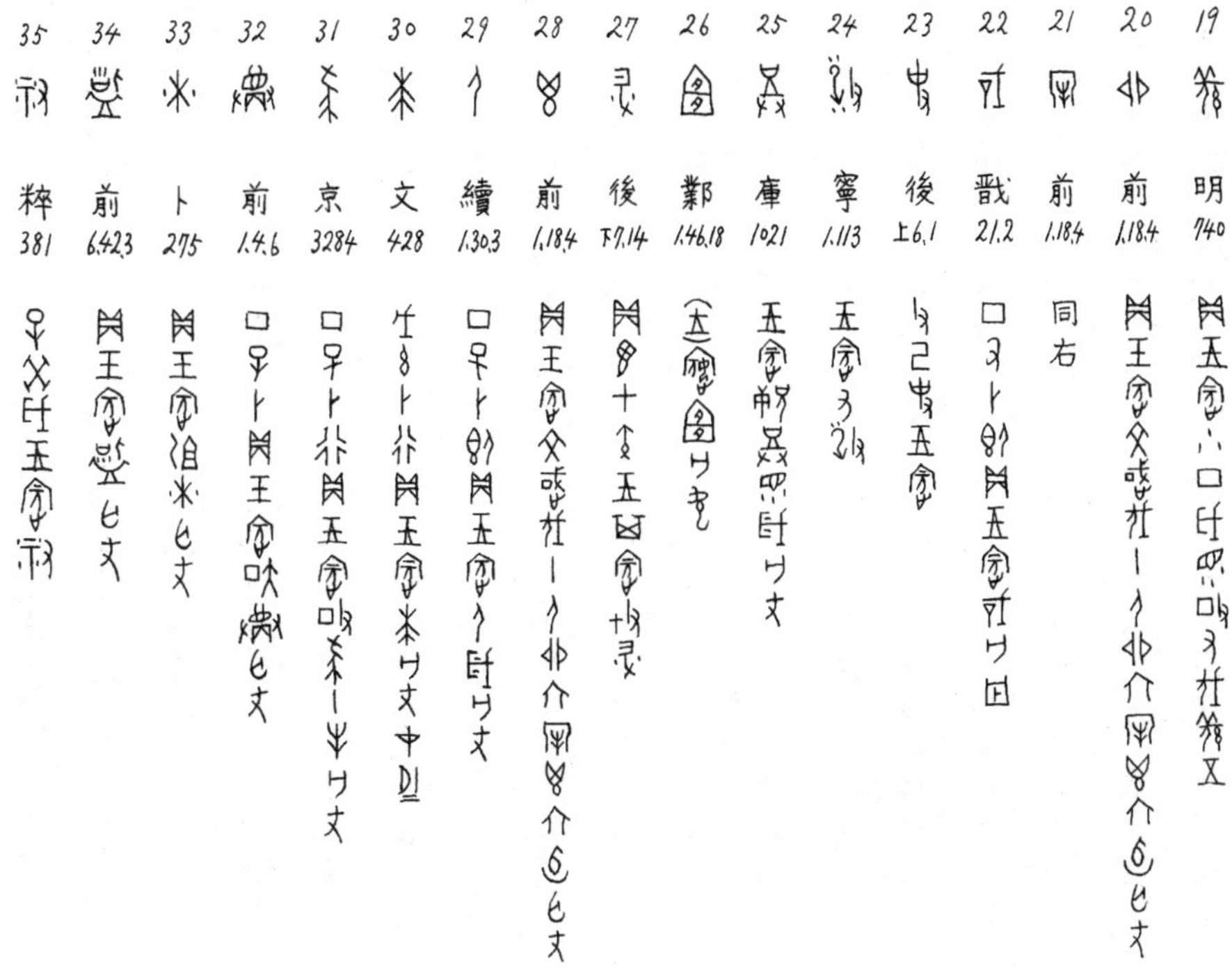

19	明 740	
20	前 1.18.4	
21	前 1.18.4	同右
22	戩 21.2	
23	後 上6.1	
24	寧 1.113	
25	庫 1021	
26	鄴 1.46.18	
27	後 下7.14	
28	前 1.18.4	
29	續 1.30.3	
30	文 428	
31	京 3284	
32	前 1.4.6	
33	卜 275	
34	前 6.42.3	
35	粹 381	

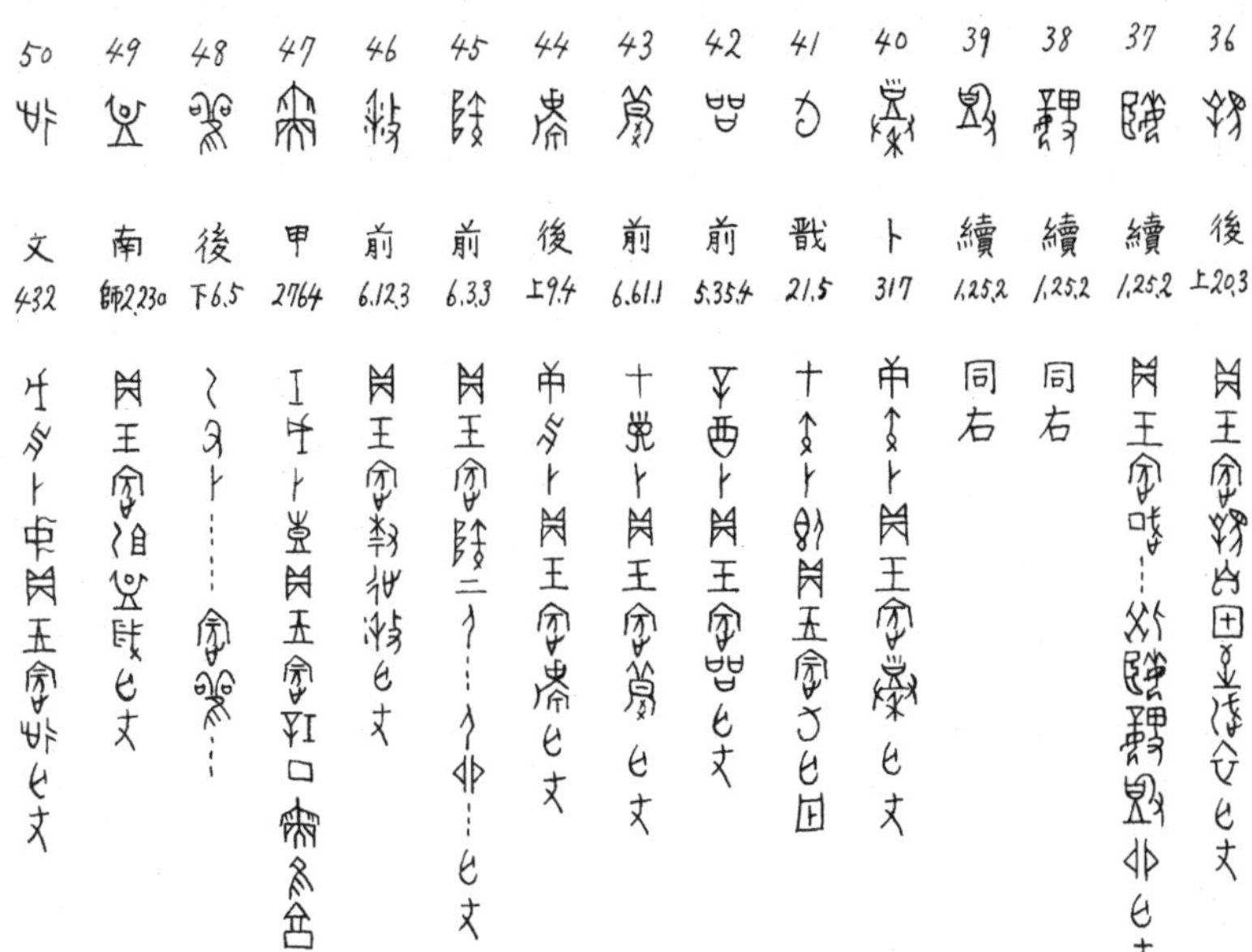

36	後 上20.3	
37	續 1.25.2	
38	續 1.25.2	同右
39	續 1.25.2	同右
40	卜 317	
41	戩 21.5	
42	前 5.35.4	
43	前 6.61.1	
44	後 上9.4	
45	前 6.3.3	
46	前 6.12.3	
47	甲 2764	
48	後 下6.5	
49	南 師2.230	
50	文 432	

右の(29)までの用語は前節に詳述したから、(30)以下について次に考察する。

(30)　(明547)・(林2.19.3)・(前6.43.2)・(續1.49.1)に作られて居り、孫詒讓は「求」と釋し、羅振玉(考釋中四三)・葉玉森(集釋一、一〇七)・吳其昌(解詁一七九)は之に從つてゐるが、王國維・王襄は之を疑ひ、而して郭沫若は孫釋に從はずに「桒」と釋し、商承祚(佚釋一四三)・唐蘭(

天釋三〇）・孫海波（文釋一四一）・楊樹達（卜辭求義四五）は之に從つてゐる。

孫詒讓―說文𠦪部、古文𠦪、石鼓作「𠦪」、此與彼略同、（舉例下一九）

王國維―𠦪字未詳、余曩釋爲「求字」、然於「此可」求年、於「他處」不可通、…𠦪象「立木形」、殆所謂升或廢縣者與、（戩釋二～三）

王　襄―𠦪字釋「求于」文誼亦安、然于「他卜辭」有「不」盡「可通者」、存「之以備」一說、（簠釋歲一七）

郭沫若―𠦪年羅振玉釋爲「求年」、案此年上一字作「𠦪」分明𠦪字也、杜伯𥂴用𠦪壽匄永命、𠦪亦猶「匄也」（通釋一六四）𠦪年猶「祈年」（粹釋五）

𠦪に祈求の義のあることは次の如く𠦪年・𠦪禾・𠦪雨が、それぐ受年・受禾・有大雨のために行はれてゐるに見て明

南明433　□𠦪年于河叀今辛亥酢　多年　――　續4.17.6　己亥貞𠦪禾于□多禾　――　粹786　𠦪雨叀□□□□

かであり、杜伯𥂴の「用𠦪壽」は師旦鼎に「用𠦪眉壽」、邾公釛鐘に「用旂年眉壽」、鄀公諴鼎に「用气眉壽」に作られ、而して師𡍬父鼎には「用匄眉壽」に作られてゐるから、𠦪（說文「𠦪疾也从」本卉聲）は卉聲にして匄の意を有してゐて後世の「祈」の義であることが解り、從つて𠦪を𠦪として「祈」としてゐる郭說は妥當である。

𠦪は𠦪年・𠦪禾・𠦪雨・𠦪生・𠦪田・𠦪又・𠦪□・𠦪□・𠦪□・𠦪□と用ゐられてゐて次の如くである。

(一)　𠦪年・𠦪禾

年を孫詒讓が「年」と釋してより（舉例上四〇）諸家之に從つて居り、「年」は說文に「秊」に作られて「穀熟也从」禾千聲」とされてゐるが、卜辭の年は千に從はずに「年」（誠262佚928甲1275 1516）の如く人に從つてゐる。卜辭に受年の語は習見であり、これは又「受又年」とも記されて居り（前4.7.4 4.53.4 8.10.3 粹892 乙3212 3290 7750 7960 摭續114）、この「又年」（有年）は春秋の「有年」（桓公三年）・「大有」年」（宣公十六年）と同文例であつて、穀梁傳には「五穀皆熟爲」有年」」・「五穀大熟爲」大有年」」とあり、而して說文は「年穀熟也」としてゐて、これらは年字が「人が禾を荷つて收穡する」の意を示してゐるのと符合してゐる。𠦪年は後期の卜辭には𠦪禾に作られてゐることも、𠦪年は稼穡の豐穰を祈るものであることを示してゐる。然るに郭沫若は「古之祈年、不」限」於稼穡」矣」、（通釋一〇〇）としてゐるが、これは理解に苦しむ。𠦪年は次の如く自然神・高祖神・祖神に對して行はれて居り、特に口（上帝）・□・□に行はれてゐる例が多い。

口　佚126　貞𠦪年于口□□□□□□　――　太甲（?）　後上1.1　貞于太甲𠦪年　――　自乙　京3895　于自乙𠦪五多年

□　續1.37.1　𠦪年于□□三□□三□□□　――　□　掇2.404　□□貞□𠦪禾于□　――　自口　甲1275　□𠦪年□□□□□□

[illegible] 甲2029 [illegible]
[illegible] 鄴1.37.2 [illegible]
[illegible] 粹16 [illegible]
[illegible] 鉄216.1 [illegible]
[illegible] 佚886 [illegible]

[illegible] 遺393 [illegible]
[illegible] 續1.3.1 [illegible]
[illegible] 寧1.122 [illegible]
[illegible] 遺668 [illegible]
[illegible] 後上27.6 [illegible]

[illegible] 通 [illegible]
[illegible] 續存下747 [illegible]
[illegible] 甲2905 [illegible]
[illegible] 甲712 [illegible]

[illegible]・[illegible]の卜辭は数百版に及び、稔穀の豐凶に對する關心の大なることが示されてゐる。

(二) [illegible]　例へば「[illegible]」(前6.7.4)に於いては、雨の降らざるによつて受年の有無を卜してゐるから、祈雨は禾穀の豐穰のためであつて、次の如く自然神・高祖神及び祖神に行はれてゐる。

[illegible] 佚40 [illegible]
[illegible] 乙8689 [illegible]
[illegible] 佚40 [illegible]
[illegible] 佚40 [illegible]

[illegible] 南明420 [illegible]
[illegible] 粹15 [illegible]
[illegible] 佚519 [illegible]
[illegible] 遺923 [illegible]

[illegible] 京3959 [illegible]
[illegible] 金523 [illegible]
[illegible] 佚986 [illegible]

詩經の雲漢に祈雨が「自郊徂宮、上下奠瘞」と郊祀及び廟祀に行はれてゐて、この「郊」は卜辭の[illegible]に自然神を配祀することに當り、「宮」は卜辭の上甲以下の祖神を廟祀することに當つて居り、從つて「上下」の上は上帝、下は祖神を謂ひ、卜辭習見の「[illegible]」はこの「上下」に外ならない。

(三) [illegible]　卜辭に「[illegible]」(前6.28.6)・「[illegible]」(後上16.7)の辭は習見であつて、掇1.425版には「[illegible]」とあるから、「[illegible]」は方國の來寇に當つて安泰を祈るものであり、之は又「[illegible]」(句方)とも用ゐられて「[illegible]」(南坊2.97)・「[illegible]」(遺707)とも記されて居り、この[illegible]・[illegible]は次の如く上帝・自然神・先臣神・祖神に行はれてゐる。

[illegible] 鉄51.4 [illegible]
[illegible] 庫1583 [illegible]
[illegible] 後上17.3 [illegible]

[illegible] 戩22.11 [illegible]
[illegible] 前7.20.3 [illegible]
[illegible] 前1.3.1 [illegible]

[illegible] 南明79 [illegible]
[illegible] 甲3652 [illegible]

(四) 𠦪㞢

㞢を羅振玉は「之」と釋してより、王國維（戩釋四一）・葉玉森（集釋一・一〇八）・吳其昌（解詁三二四）・唐蘭（天釋五五）は之に從つて居り、而して葉氏は「貞𠦪㞢于高妣」を「貞其求、句當讀斷」として、それ求む高妣庚に之くを貞ふと訓み、又唐氏は「後編下一辭云、癸未卜貞茲夕又大雨茲𤰈夕雨、同片云、于㞢夕又大雨、是㞢茲通用之証」と「茲・㞢通用」としてゐる。然し葉氏の訓法によれば「其𠦪求于□」は「それ求む□に求す」と訓まねばならず、その妄なることは言を要せず、又例へば「茲夕至㞢夕又大雨」（庫998）には茲と㞢とが區別されてゐるから唐說も亦非である。之に反して郭沫若は「㞢亦確是生字、作冊大鼎既生霸字作㞢、其証、𠦪生猶大雅生民、克禋克祀、以弗無子也」（通釋三四）、又「𠦪生者當是求生育之事」（粹釋三七六）と、㞢を「生」として「產生」・「生育」の事と解し、胡厚宣は之に從つてゐる（殷代婚姻家族宗法生育考一七）。金文の既生霸の生は㞢に作られてゐるから之を「生」と釋するのは妥當であるが、例へば「貞𠦪大㞢□于□于丙」（遺30）の如く「王㞢」とあるから、𠦪㞢は王の長生を祈ることであつて生育の事ではない。然るに胡厚宣はこの辭を「𠦪王生、當為王𠦪生之倒語」と解してゐるが、「大𠦪㞢」の用例が絶無であるから臆說に過ぎず、而して胡氏が斯くの如く解するのは次の如き用例があつて、この辭の帚好を董作賓の武丁の婦となす說に從つて婦となし、㞢を婦の事となすによるので

南師1.80　□□卜㱿貞帚好出受㞢
南師1.81　大□日□其出受㞢

あるが、後述（殷代の社會參照）の如く帚は武丁の婦ではなくして職名であり、この辭は帚職に在る好が㞢を受けるか否かをトするものであつて、却つて㞢の長生である傍證をなしてゐるものである。

斯くの如く𠦪㞢は王の長生を祈るものであつて、次の如く先妣に對してのみ行はれてゐる。

遺30　貞𠦪大㞢□于□于丙　　前1.33.3　癸𠦪貞其𠦪㞢于高妣丙　　後上26.6　…丙貞其𠦪㞢于自□□乙
拾1.10　□□貞其𠦪㞢于妣丙妣丙□□□　　南師1.172　癸𠦪貞𠦪㞢于□妣丙

(五) 𠦪田

田は「貞田□□𠦪□□王□□□□□□一□十」（遺121）に於いては田獵の義であり、「貞乎田于□□」に於いては耕田であつて、「□𠦪五其田□」（甲2608）の□地は田獵地であるから、これは田獵に於ける王の無恙乃至は收獲の多きを祈るものであり、「卜𠦪求田」（粹858）・「𠦪□□」（南師1.130）は耕田の受年を祈るものである。

父甲　南明606　癸酉卜其𠦪田□十一月　　南明631　癸酉卜于□十𠦪田

(六) 𠦪□

□は「貞𠦪于□□□」（乙3325）の如く「神祐」であつて、自然神・祖神に行はれてゐる。

盜　佚871　口酉卜囟来ヨ于盜　—　大〻　粹140　囟来ヨ大〻　—　大口　甲2278　己子来ヨ大口出(生)

(七)　来殸　殸を孫詒讓は「啓」と釋して居り(擧例上四五)、例へば「来㱿朋出日㞢」(早大・會津會館所藏)と、「㱿朋」即ち盛㱿が祈られてゐて、之が㞢と對して用ゐられてゐるから、来殸は天の啓開晴明を祈るものである。

甲268　己ヨ卜〻来㱿日来殸　—　(早大・會津會館所藏)　十㠯卜大㞢甲〻来来㱿朋出日㞢ヨ㱿(朋)

(八)　来牛　牛は牛であつて来牛は牛の繁殖を祈るものであらう。

祖庚　乙8406　内㞢卜来牛于自中

(九)　来…　…は前述の如く「秩」の假借であるから(參照)、来…は秩のないことを祈るものであらう。

粹483　来…　—　甲754　来…

(十)　来す　すは「㞢す曲囟杏邑ヨ」(南明162)・「㞢す…ヨ」(寧2.58)と用ゐられてゐて、後述の如く般の諸侯の一人であり、而して「㞢邑ヨ曲ヨ…す」(前7.8.1)の如く邑方がすを𢦏傷するか否かを卜してゐるから、来すはすの安泰を祈るものである。

祖乙　金651　・㞢来す于自〻　・㞢出于自〻出す

以上の如く来祀は祈年・祈雨・祈方・祈生・祈田・祈祐・祈晴・祈牛・祈秩、祈すについて行はれて居り、就中「祈年」は全来祀卜辭の殆ど九割を占めてゐて、稔穀の豐凶に對する關心の大なることが解るのである。

(31)　𡉚　𡉚が王賓卜辭に用ゐられてゐる例は前揭の一例以外にはなく、祭儀名としての用例も次の如きに過ぎず、從つてこれらの用法は假借と考へられる。

福26　…𡉚于〻中　—　掇1.71　…𡉚彡　—　粹1572　五…𡉚…　—　南無24　…𡉚…

𡉚の字釋については王國維の「釋𡉚説」と孫詒讓の「釋希説」があり、羅振玉(考釋中四三)・商承祚(佚釋一四三)・王襄(簠釋帝一八)・葉玉森(集釋三・二四)・吳其昌(解詁三二四)・孫海波(文釋三六七)は前者に從ひ、郭沫若(通釋四二六)・唐蘭(天釋八四)・楊樹達(卜辭求義一七)は後者に從つてゐる。

釋𡉚説　王國維—説文𡉚古文省衣作「𣏟」、卜辭中又有作「𡉚」者、王君國維謂「亦𡉚字」、其說甚確、(考釋中四三)

葉玉森—似「来𡉚塙爲」一字、應「並釋「求」、(集釋三・二四)

商承祚ー𣎆爲求、米爲𣏟、此（佚143 [甲骨文]）作求、于文義當讀𣏟、乃筆誤、（佚釋一四三）

吳其昌ー此以同一專詞比較推之、而知米𣎆之決然無別、（解詁三二四）

右の如くこれらの諸家は米・𣎆を一字となして居り、商氏は佚143版の𣎆を米の筆誤としてゐる。

釋𣏟說　孫詒讓ー𣎆爲古文𣏟字、說文𣏟部𣎆脩豪獸、一曰河内名豕也、从彑下象毛足、讀若弟古文作𣏟、此文略簡耳、（舉例上廿六）

郭沫若ー案此即說文𣎆古文殺之殺字也、說文𣏟下又云𣎆古文𣏟、其字一字、魏石經春秋蔡人之蔡、古文作𣎆、左傳昭元年蔡蔡叔、釋文云、上蔡字說文𣝗、蓋以蔡若𣝗爲竄、而尚書竄三苗、孟子引作殺三苗、說文𥨍字下又引作𥨍三苗、卜辭多見𣎆字、或作𣎆即爲祟、孫詒讓釋𣏟、識其字而未明其通叚之義、余曩已証知𣎆𣎆等實爲一字、以脩豪獸𣏟爲其本義、象形、用爲祟、竄蔡殺者均其引伸若叚借之義也、（金文餘釋之餘六一・通釋三八七及び四二六）

郭沫若ー當讀爲祟、卜辭云不𣎆者、與言不𢀛同例、即莊子天道篇所謂其鬼不祟者是已、𣏟祟同在脂部、又爾雅作𨽻、釋文作肆、肆祟均齒頭音、許讀若弟者、蓋音之變、𣏟之爲祟、猶蛇之爲它、有害於田圃、準古人艸居問蛇之例、此則問𣏟之有亡、化而爲有祟不祟、（甲骨文字研究釋𢦏）

揚樹達ー按𣎆爲殺之古文、與歲字音同、此假爲歲、此知祭名亦用假字也、（卜辭求義一七）

右の如く孫氏は𣎆を說文の「𣏟」となし、郭氏は𣏟が殺、蔡、祟に假借されるとして「祟」とし、楊氏は祭名の用法を「歲」の假字となしてゐる。

𣎆の用法には次の用例が習見であつて、(1)の用法は例へば「[甲骨文]」（乙4516）或は「[甲骨文]」（習見）と同例であるから、

(1)		(2)	
掇1.179	[甲骨文]	寧1.121	[甲骨文]
林2.3.5	[甲骨文]	林1.21.14	[甲骨文]
乙2589	[甲骨文]	佚389	[甲骨文]
甲1222	[甲骨文]	續存下132	[甲骨文]

𣎆が𢀛（𢀛）・[甲骨文]（尤）と同義であることは明かであつて、之を祟と釋する郭說は是であるが、(2)の用法は習見の「[甲骨文]」・「[甲骨文]」と類似してゐるから、𣎆と米と一字乃至は筆誤としてゐる王・商說が是なるが如く考へられ、郭沫若はこの𣎆については「年上一字確是求字、與他辭言𣎆年者、字異而義同」（通釋三五九）として「求」となす說を承認して居り、而して右の林1.21.14の辭を「言于𠂤之宮、求年于𡚤上」と、𠂤宮に於いて年を𡚤神に求むるものと解してゐる。然しながら次の例によれば

佚387 〓〓〓〓〓于〓

文367 〓〓〓〓于〓

甲2949 〓〓〓〓于〓

𠭯は神名ではなくして、〓・〓とも記されてゐるから「匄」の假借であり、𠭯于〓・𠭯于〓は〓・〓に祈匄する意であることが解り、從つて「〓〓」・「〓〓」の〓を假に「求」とせば「雨(年)を求む、〓に祈匄す」となつて、文意に於いては通ずるけれども、この字釋は(1)の場合には通用しないから妥當ではなく、假に「祟」とせば「雨(年)に祟あり、〓に祈匄す」となつて、文意に於いて通ずるばかりではなく、この字釋は(1)の場合と一致し、而して「〓〓〓〓」(誠101)は又「〓〓〓〓〓〓」(遺454)とも記されてゐて、〓〓は〓〓〓(雨不足)を謂ひ、雨に祟ありて雨降らざるの意である。從つて「〓〓〓于〓」は「雨に祟ありて雨降らず、〓神に祈匄する」の意であり、「〓〓于〓」は「祟禾于〓」(〓は地名)である。

〓は右の如く〓・〓と同義語であり、而して次の如く「有〓」は不吉とされてゐるから、之を「祟」の假借としてゐる

通別2.3 〓〓〓〓〓〓〓

庫1609 〓〓〓〓〓〓〓〓〓〓

郭說は妥當であつて、〓は殺の古文〓、彖の古文〓と一字である。彖は脩豪獸の象形であつて、淮南子本經訓に「封豨脩蛇皆爲民害」とある豨であり、その民害を爲すことから引申して災害の義に用ゐられ、更に假借されて殺と用ゐられて說文は之を殺の古文ともしてゐるのである。卜辭の用法は祟・災の義であり、祭儀名としては楊樹達が「歲」の假字としてゐるが「〓〓〓〓〓〓」(南無24)と用ゐられてゐるからこれは非であつて、祭に假借されてゐるから「祭」の假字であらう。

(32) 〓 第三期〓(佚925)・第五期〓(習晁)に作られて居り、羅振玉は牲首を薦むる祭儀としてより葉玉森(集釋一・三六)・吳其昌(解詁一續四八)・于省吾(駢枝三續釋盡)は之に從つてゐる。

羅振玉「〓象兩手薦牲首於且上、案周禮夏官小子職、掌珥于社稷、鄭司農曰、珥社稷以牲頭祭也、又羊人、祭祀割羊牲登其首、觀此字知升首之祭殷已然矣」(考釋六八)

(33) 〓 〓は又〓(粹366)・〓(佚841)・〓(誠349)・〓(甲2262)に作られて居り、孫詒讓は「甲文禾字又多作〓」(名原上五)と「禾」と釋してゐるが、羅振玉は「此字實从木在火上、木旁諸點象火燄上騰之狀」(考釋中六)と「尞」としてより諸家は羅釋に從つてゐる。

尞は説文に「燒柴尞祭天也」とあり、又爾雅釋天・儀禮覲禮・禮記祭法に燔柴を祭天の祭儀として居り、而して卜辞に於いても尞は外祭の祭儀とされてゐる。然るに祖神を祀るに尞を用ゐてゐる例があつて次の如くであり、

田（甲2905 續1.3.1 南明432 470 寧1.92 簠貞12 柏30 粹93 105 拾1.3 甲10 乙685 2103）・于工（前1.1.1 戩2.2 續存下177）・大乙（鉄224.2 遺668 甲10 乙3336 南師1.135 續存1128 下753 外57）・大口（後上23.8 續存下753 外57）・大十（零1 後上23.8 23.1 甲387 南明432 外57）・且乙（南明80 卜275）・且十（甲729）・且己（續存1458）・匕口（寧1.207 南明481 617 續存1458）

これは元来自然神に對して行はれる祈雨・祈年が、前述の如く祖神に對しても行はれてゐるのと同様であつて、これらの尞祀は外祭に於いて自然神に配祀して祖神を祀る場合のものであり、次の例に於いて自然神に配祀する場合、或は祈年の場合に祖神に尞を用ゐてゐるのはその明証である。從つて王賓卜辞の尞祀（卜275 前1.2.1 南上124 三例のみ）は宗廟に用ゐてゐるのではなく、外祭の尞祀に王の臨御を卜するものである。

乙685 [illegible]

甲2905 [illegible]

(34) 𥁕は又𥁕（前6.42.5）・𥁕（前6.42.4）に作られて居り、羅振玉は「鬻」、余永梁は「𩱧」と釋し、葉玉森は羅釋を非としてゐる。

羅振玉―此从匕从肉、有湆汁在皿中、當即鬻字、从皿與从鬲同、（考釋中廿六）

余永梁―與𩱧盲之𩱧同誼、从皿與鬲同義、其與𩱧同字與否、則未可定矣、（殷虚文字考）

葉玉森―羅釋鬻似于字形不合、（集釋六・三九）

之を鬻・𩱧と釋するのは字形に合はず、𥁕は肉（肉）・匕（匕）・皿（皿）に從ひ説文の盌「盌、小盂也、从皿夗聲」と一字であるから、これは「盌」字であつて、祭儀としては小盂に肉汁を盛つて供する儀であらう。

(35) 𥙄 次の如く示・示・𥙄・𥙄・𥙄・𥙄・𥙄に作られて居り、王國維は「衩」（戩釋三九）、商承祚は「示」（佚釋一四）、王襄は「祐」（簠釋帝三五）、郭沫若は「祭」（粹釋三八一）と釋してゐる。この字は示・ヨ・水滴に從ひ、「勿𥙄」（佚666）・「勿𥙄」（乙2001）と動詞として用ゐられて居り、祖神の外に「𥙄𢆶」（續1.4.5 佚140 粹237 南明440）と𢆶にも用ゐられてゐるから特定の祭儀ではなく、その字体からせば「祐」字であつて「侑」の義であらう。

南輔38 [illegible] ― 金28 [illegible] ― 續1.4.5 [illegible] ― 寧1.179 [illegible]

寧1.9 [illegible] ― 乙8860 [illegible] ― 粹237 [illegible] ― 南明634 [illegible]

(36) 〓 この字は「□未卜貞王賓〓〓亡尤」(續1.27.3)・「□吾卜貞王賓〓〓〓〓亡尤」(後上20.3)の例以外にはなく、王襄が「𧻵」と釋してゐる外には諸家字釋を闕いてゐる(簠釋帝三)。記して後考に俟つ。

(37) 〓 〓(粹386)・〓(前1.31.2)・〓(前1.35.6)に作られて居り、吳其昌は「𦣞」、孫海波は「姫」と釋してゐる。

吳其昌―𦣞為殷代之祭名、但其制未聞、(解詁二四一)

孫海波―〓字从臣从每即姫字、說文姫黃帝居、从女臣聲、此从每者、卜辭母每女三字無別、知姫字亦可以每作矣、(誠釋一六一)

鄴3.39.9版に「辛酉卜〓〓〓〓」と〓に作るものがあり、これは金文の姫字の〓(鄭姫仁高)・〓(遣小子敦)・〓(晉姫敦)に作られてゐるものと一字であつて、于省吾は之を姫としその从ふ所の〓を櫛の象形となしてゐる(駢枝三續釋臣)。〓・〓が通用されることは、例へば「〓〓」(習見)が「〓〓」(林1.24.6 甲1333)に作られて居り、從つて〓・〓は一字であつて右の孫釋は妥當である。この「辛酉卜〓〓〓〓」は「〓〓〓〓」(乙6299)・「〓〓〓」(乙920)・「〓〓〓〓」(粹792)と同文例であるから〓は神名であり、神名としての用例はこれ以外にはないから、同聲の神名の假字であつて聲を以つて之を求むれば「李」の假借である。

祭儀としての用例は例へば次の如くであつて、先妣に對してのみ用ゐられて居り、〓・〓は後述の如く樂舞と考へられるから、〓は女樂であらう。なほ後考に俟つ。

粹386 〓〓〓〓〓
前1.31.2 〓〓卜貞王賓〓〓亡尤
續1.25.2 〓〓卜貞王賓〓〓〓〓〓〓亡尤
京5080 ・〓〓卜貞王賓〓〓〓〓〓二人〓二人〓二〓亡尤・十〓卜貞王賓〓〓〓〓〓二人〓二人〓二〓亡尤

(38) 〓 この用例は次の如くであつて、「〓二人」と「〓二人」が並稱されて居り、〓は次の如く舞樂と考へられるから、「〓二人」も亦同類であつて、後述(第三節第二項)の如く〓・〓は巫の假字であるから、〓は巫舞の義であらう。

續1.25.2 〓〓卜貞王賓〓〓〓〓〓〓〓亡尤 ― 京5080 ・〓〓卜貞王賓〓〓〓〓〓二人〓二人〓二〓亡尤・十〓卜貞王賓〓〓〓〓〓二人〓二人〓二〓亡尤 ― 寧1.231 〓〓〓〓〓

(39) 〓 この字は又〓(甲549)・〓(寧1.231)に作られて居り、羅振玉は「𢻶」、吳其昌は「𣪊」と釋してゐる。

羅振玉―古金文有「作」〓・〓「者」、與「此畧同、从」「〓持」り、殆象「勺形」、所「以出」納於散中者、非「从」攴也、（考釋中三八）

吳其昌―「殷二人」・「卯二牢」、「殷一人」・「卯一牢」對擧、則「殷」亦「刑」人以祭、（解詁二四一）

〓は「〓王〓〓〓〓〓〓〓〓〓」（續1.25.2）・「〓王〓〓〓〓〓二〓〓二〓〓二〓〓〓」（京5080）・「〓一〓」（前1.35.6）の如く「人」を以つて稱されて居り、又「〓〓〓」（甲549）・「〓〓〓五多〓」（寧1.231）の如く、羽舞の〓と併稱されてゐるから〓と等しく樂舞の類であり、「刑」人以祭」としてゐる吳説は妥當ではない。

(40) 〓　第三期には〓（甲1990遺646）・〓（甲2779）、第五期には〓（前4.20.6）・〓（卜712）・〓（前1.15.6）・〓（前4.20.2）に作られて居り、羅振玉は「烝」と釋してより陳邦懷（小箋一〇）・吳其昌（解詁四續七〇二）・葉玉森（集釋四・二六）が之に從つてゐる。

羅振玉―說文解字、烝火氣上行也、段先生曰、此烝之本誼、今卜辭从「禾从」米在「豆中」以「以進」之、盂鼎與「此同而省」禾、春秋繁露四祭冬曰「烝、烝者以」十月「進」初稻也、與「卜辭从」禾之旨「正符、此爲」烝之初誼」、引「申之」而爲「進」、許書訓「火氣上行」亦引伸之誼、段君以爲「本誼」殆失「之矣、（考釋中一五）

大盂鼎の「有祡〓祀」の〓は右の〓と一字であり、大師虘豆の「〓」はこの省文であつて、金文家は之を「烝」としてゐるが、烝字は說文に「〓」、石鼓文に「〓」に作られてゐて〓とは字形を異にして居り、且つ烝祭は爾雅釋天、禮記祭統には冬祭とされてゐるが、卜辭に於いては〓が一月（甲3089）・四月（庫1280）・五月（明456）・十月（佚568）に用ゐられてゐて必ずしも冬祭ではなく、從つて〓を烝と釋するのは妥當ではない。右の字体を見るに〓・〓、〓・〓、〓・〓・〓に從つてゐて、

遺646　ト〓〓	甲899　彡〓	甲2779　〓〓〓〓
粹909　大〓〓〓	甲3089　彡〓〓	鄴3.42.7　ト〓〓〓〓
甲903　大〓〓〓〓	佚877　彡〓〓	粹269　〓〓〓〓〓〓

上揭例を比較せば〓は「〓〓」、〓は「〓〓」、〓は「〓〓」が固定化して一字と成つたことが解り、從つて〓字は「粟米を登薦する」の義であつて前述の「〓」の繁文である。

(41) 〓　〓を孫詒讓は「〓」（擧例上廿五）・「它」（名原上一三）、羅振玉は「勻」（考釋中六六）、王國維は「旬」（戩釋四九）と釋して居り、諸家は王說に

從つてゐる。その祭儀名としての用例は次の如くであるが、その意義については後考に俟たねばならない。

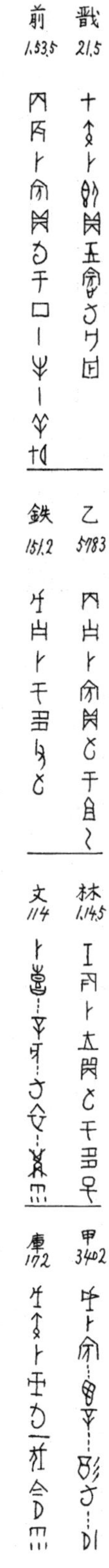

(42) 〓 〓は又品に作られて居り、羅振玉が「品」と釋してより(考釋中五八)諸家之に從ひ、祭儀としては陳直(殷契賸義二葉)・于省吾(駢枝三續釋系)が「籩豆之祭」としてゐる。

陳　直―卜辭有品祭、於古無徵、案禮記郊特牲云、鼎俎奇、而籩豆偶、陰陽之義也、籩豆之實、水土之品也、不敢褻用、而貴多品、所以交於神明之義也、(云々)、卜辭品祭疑為籩豆之祭、

卜辭の用例は次の如くであつて〓・〓祀に用ゐられ、又「品司」(司は祠字 考釋中二〇)・「品〓」・「品〓」・「〓品」と用ゐらる。

(43) 〓 これは「十〓卜貞王賓〓亡尤」の一例以外にはなく、〓祀の祭儀の「〓」の異文であらう。

(44) 〓 これは「〓〓卜貞王賓〓亡尤」の一例以外にはなく、羅振玉は「熊」(考釋中三〇)と釋してゐる。何の假字か後考に俟つ。

(45) 〓 次の用例によれば〓・陵は一字であり、孫詒讓は「陵」(舉例下廿六)、葉玉森は「陵」(集釋五二〇)と釋してゐるが、金文には陵字が「〓」(陳猷釜)に、夷字が「〓」(守敦)に作られてゐるから葉釋が妥當である。祭儀名としては葉氏は次の如く

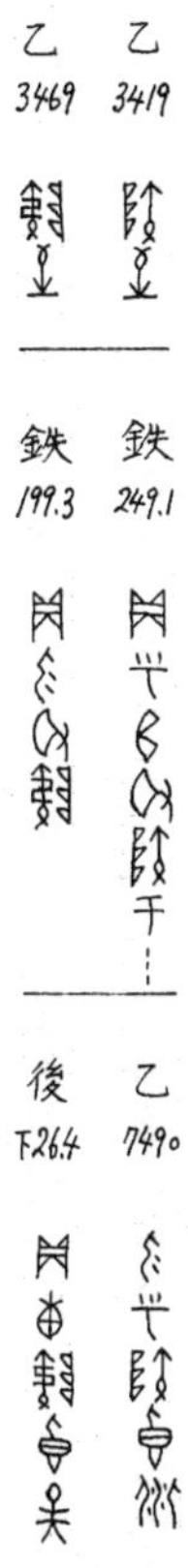

葉玉森―陵二人猶言羊十人・羊五人、羊即羊方、殆並用以代牲者、(集釋五二〇)

と、人牲として居り、これは葉氏の所謂「羊十人」が「〓十人」であつて之を「〓方の俘十人」と解して人牲とし、而して「陵二人」は之と同文例であるから「陵方の俘二人」として人牲となすのであるが、「〓十人」の人牲でないことは前述の如くであつてこの説は非である。次の辞を比較せば「陵二〓」が「〓二〓」に當つて居り、〓は前記の如く巫舞と考へられるから、この陵も亦樂舞の名であらう。

前 1.35.6 〓…〓〓陵二〓……〓一〓……〓〓〓（前6.3.3）

京 5080 〓王〓〓〓〓陵〓二〓〓二〓〓二〓〓〓

(46) 〓 次の如く「〓〓」と記されて居り、これは「〓〓〓」（前2.28.3）と同例であるから〓・〓は一字であり、〓は又「〓〓」（前6.12.2）と用ゐられてゐて、之は第三期には「〓〓」（習見）と記されてゐるから、〓・〓・〓は一字である。然し〓〓・〓〓についてはなほ後考に俟たねばならない。

前 6.12.3 〓王〓〓〓〓〓〓

續 2.1.7 …王〓〓〓〓〓〓

林 2.19.9 ……〓…〓〓〓〓

(47) 〓 〓の異体は〓・〓・〓・〓・〓・〓に作られ、これらの一字であることは次の如くである。この字を商承祚が「〓」と同字として「燕」と釋してより（類編巻十二）、王襄（簠釋天十一）・郭沫若（粹釋五三七）・孫海波（文釋三八七）・楊樹達（卜辭求義一九）は之に從つてゐる。然るに葉玉森は前6.43.6版に「〓」と「〓」とが連文をなしてゐるとして之を異字となして居り（集釋六・四二）、葉氏の指摘してゐる版には「〓〓〓〓〓〓」とあり、〓・〓が一辞中に記されてゐる例にはなほ次のものがあつて、之を連文となすのは誤であるがこの二字を異字となすのは是である。

京 4810 〓五〓〓〓不〓〓

京 4811 …（五〓）〓…不〓（三）

續 4.28.8 〓〓〓〓

林 1.20.16 〓〓〓〓〓

林 2.19.12 〓五〓〓〓〓

南 師2.76 〓〓〓〓〓〓

粹 212 五〓〓〓

京 4816 〓〓

甲 2436 〓〓

南 師2.76 〓〓〓〓〓〓八〓

東大考古 〓〓〓〓

明 1731 〓〓〓〓用

〓は次の如く〓・〓・〓〓・〓祀に於いて「〓〓〓」とトされて居り、之は又「〓〓〓」（甲2764）とあるから〓は〓の義であつて「〓」についての吉・不吉を貞ふものであり、

前 4.51.1 ・〓〓卜〓〓〓〓〓不〓〓
・〓〓卜〓〓〓〓〓〓〓不〓〓

佚 864 〓〓卜〓〓〓〓〓〓不〓〓〓〓

續 4.14.7 〓〓卜〓〓〓〓〓〓〓不〓〓〓〓

佚 48 〓〓卜〓〓〓〓〓〓〓不〓〓

而して「王〓」の用例が習見であるから王の行ふ祭儀であつて、その字形の〓に作られてゐるものは臺上に舞する貌であるから、王自ら舞する祭儀であり、〓〓〓は祭祀に於いて王が舞することの吉否を貞ふものである。〓にはなほ次の用例

續3.26.2 〓〓卜〓〓〓〓〓〓〓〓〓于〓(前7.12.3 金630 福7 庫1630 簠典108 南明79) ― 粹537 卜〓〓〓于〓〓〓〓〓…(粹538)

がある。

(48) 〓 〓と〓とが通用されてゐて次の如くであり、孫詒讓は〓を「雈」、羅振玉は〓を〓の省文として「雚」と釋し、

後下6.6 王〓〓	粹452 洒〓	佚680 〓〓	後下6.8 〓〓	南明543 〓〓
後下28.16 王〓〓	續1.33.4 洒〓	甲3420 〓〓	甲2386 〓〓	南輔72 〓〓

・商承祚(佚釋三九)・郭沫若(粹釋一四七)・胡光煒(說文古文考)・葉玉森(集釋一ノ七二)・楊樹達(卜辭求義一九)は「雚」とす。

孫詒讓―說文雈部雈鴟屬、从隹从丫、有毛角、所鳴其民有旤、讀若和是也、(舉例下卅五)

羅振玉―說文解字雚小爵也、从雈吅聲、卜辭或省吅、借爲觀字、此字之形與許書訓鴟屬之雈字似、然由其文辭觀之則否矣、(考釋中三三)

卜辭上の意義としては羅氏は右の如く「借爲觀」とし、胡光煒は次の如く「觀」となし楊樹達は之に從つてゐるが、葉玉森は之を非として「釋風仍未安耳」(集釋一ノ七二)としてゐる。

胡光煒―周禮大宗師風師作飌師、飌本止作雚、傳者恐人不識、故于其旁注風、後寫者誤將注文與本字合書、遂成飌字、

今以卜辭証之、古本有以雚爲風之例也、

〓字の「彡〓五〓」(甲1850)・「〓〓卌二〓」(庫1770)の用法は「觀」を以つては解し得ず、又「五〓〓」(後下6.6)・「〓〓〓于〓り〓」(佚680)の用法は「飌」を以つては解することが出來ない。〓・〓には「彡〓」・「彡〓」の用法が習見であり、而して「〓〓」(粹147)は次の版には「〓〓彡〓五〓」と記されて居り、〓は前述の如く「祼」字であるから、この〓は當に「灌」と解して「大乙に祼す洒灌す王悔あるか」と訓むべきであり、從つて祭儀の〓・〓は「灌」である。

甲1850

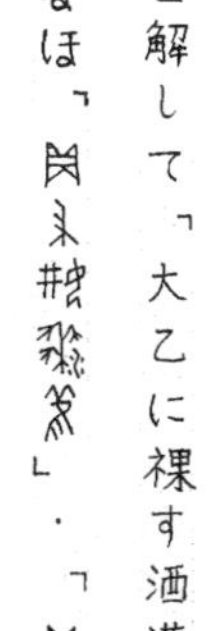

なほ「〓〓〓〓〓」・「〓〓〓〓〓〓〓」の〓も灌の意であるが、これは次節(〓〓解參照)に詳述する。

(49) 〓 〓を羅振玉は「血」と釋し「說文解字、血祭所薦牲血也、从皿一象血形、此从○者血在皿中、側視之則爲一、俯視之則成○矣、」(考釋中三二)としてゐる。卜辭に於いては多く地名として用ゐられてゐて(前2.6.3 4.33.3 明1330 續6.1.6 甲26 京5274)、祭祀卜辭には

「〓王〓〓〓〓〓」の一例以外にはない。この「〓〓」は「血歳」とも考へられるが、例へば「〓(王)〓〓〓〓〓」（後下3.3）の〓が地名（前2.45.1 佚113）であるのと同例であるから、この〓も亦地名であらう。

(50) 〓　〓を孫詒讓は「征」、羅振玉は「延」、王襄は「延延古通」として居り、諸家之に從つて征・延と釋してゐる。

孫詒讓—說文辵部延行也、从「辵正聲」、或作「征」、从「彳」此與「說文或体同、但以「〓」爲「正」、字畫微省耳、（舉例下二〇）

羅振玉—延說文解字延步延延也、从「廴」从「止」、師遽敦及盂鼎作「〓」、與「卜辭」同、（考釋中六七）

王襄—古延字、孫仲容先生云、延延相通、說文古籀補彳下收「入延字」、（類纂二八）

卜辭に於いては「〓〓田〓〓」（佚390）は「〓大〓于田〓〓」（前3.26.4）、又「〓〓〓〓田〓」（通別2.12.2）は「〓大〓于田〓」（續3.35.2）と記されてゐるから、〓は〓(往)と同義であり、而してこれが祭祀用語として用ゐられる場合は「往きて祀る」の義である。

乙44 〓〓〓〓	前1.1.7 〓〓……〓〓〓…〓〓〓〓〓〓〓〓	前6.12.3 〓王〓〓〓〓〓〓
續2.28.3 〓〓〓〓〓〓	庫1220 〓〓〓〓〓〓〓〓〓〓〓〓	文432 〓王〓〓〓〓

第三節　其他の祭儀

五祀卜辭・王賓卜辭上の祭祀用語によつて内祭の祭儀の大略を窺ふことが出來るが、これ以外の祭祀卜辭に用ゐられてゐる用語にはなほ次の如きものがある。

〓 後下8.2 〓〓〓〓〓〓〓〓〓〓〓	〓 甲641 〓〓〓〓	〓 前3.23.3 〓〓〓〓〓〓〓〓〓
〓 乙3153 〓〓〓〓〓〓〓〓〓〓〓〓	〓 粹282 〓〓〓〓〓〓	〓 甲3374 〓〓〓〓〓〓〓〓
〓 後上5.5 〓〓〓〓〓〓〓〓〓〓	〓 遺637 〓〓〓〓〓〓〓〓〓〓〓〓	〓 乙3468 〓〓〓
〓 文447 〓〓〓〓〓〓〓〓	〓 後上31.1 〓〓〓〓〓〓〓〓	〓 粹374 〓〓〓〓〓〓〓〓〓〓〓
〓 粹161 〓〓〓〓	〓 乙3387 〓〓〓〓〓	〓 卜235 〓〓〓〓〓〓〓〓〓〓
〓 粹541 〓〓〓〓〓	〓 佚126 〓〓〓〓〓〓〓〓〓〓〓〓	〓 粹237 〓〓〓〓〓〓〓

文 303
前 6.16.1
前 6.53.3
粹 322
粹 322 同前
金 637
佚 964
佚 964
鄴 3.34.7
佚 401
卜 279
佚 909
南 明670
前 5.4.7
南 坊3.29
拾 5.14
續 1.12.1
寧 1.193
佚 255
佚 573
乙 3387
粹 232
遺 848
前 5.8.4
乙 3164
粹 234
甲 2123
鉄 50.1
佚 843
文 379
粹 1251
甲 624
寧 1.20
續 2.19.3
寧 1.192
戩 2.8
南 坊5.60
粹 173
遺 864
粹 430
掇 1.400
南 明503
粹 237
佚 884
粹 388
遺 881
乙 554
南 輔6
前 1.29.3
粹 227
粹 79
前 2.45.2
寧 1.73
續 1.21.2
續 1.7.3
金 462
後 下10.6
佚 843
乙 6664
乙 6664
乙 6664
佚 233
佚 199

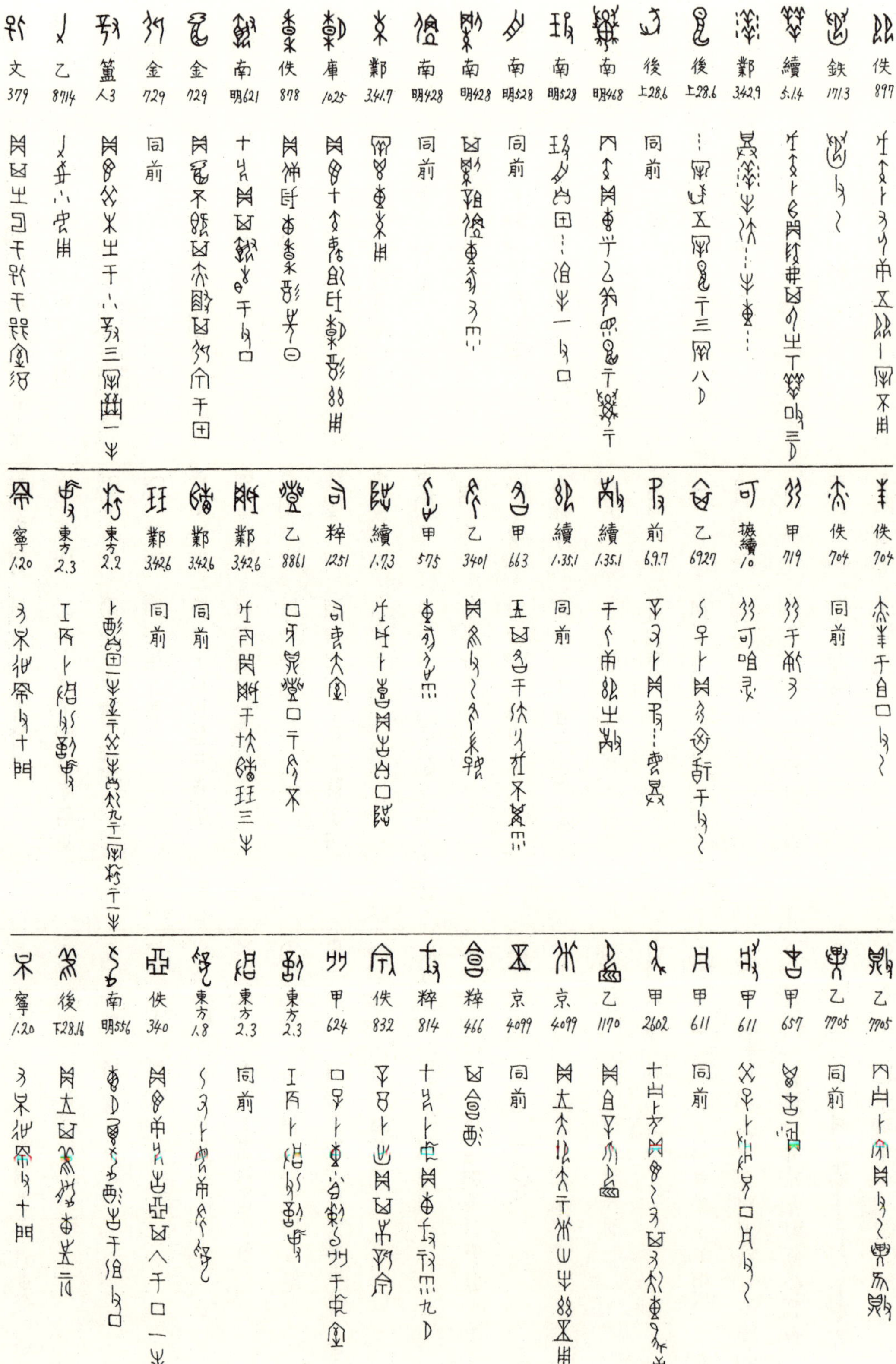

右の字釋について考察することは稍々煩瑣に失するから、二・三の重要なものについて次に詳述する。

第一項　卸祀

卸・〓字は最も習見であつてその用例は五百版を超えて居り、之を孫詒讓は「紹」、羅振玉は「御」と釋し、王國維(戩釋二)・葉玉森(集釋一・三八)・王襄(簠釋帝二五)・明義士(柏釋二七)・郭沫若(通釋一一)・吳其昌(解詁一續四八)・聞宥(孳乳研究)・楊樹達(甲文說一八)は羅釋に從つてゐる。

孫詒讓—以字形攷之、當爲从卩从糸、疑紹之省、(舉例上一五)

羅振玉—說文解字、御使馬也、从彳从卸、古文作馭、从又从馬、此从彳从卸、〓與午字同形、殆象馬策、人持策於道中是御也、(考釋中七〇)

「御」字は遹毁には「〓」、頌敦には「〓」に作られてゐて、これは卜辭の「〓」(續5.25.9)・「〓」(京4359)・「〓」(後下12.9)の繁文であり、而して「〓」(續5.25.9)は「〓」(前5.11.7後下41.16下42.9甲3539)に作られてゐるから、卸を御と釋する羅說は妥當であるが、但だその溯義については聞宥が羅說を修正して「〓實不象馬策、〓與〓體析離、亦無持意、此午實爲聲、〓象人跪而迎迓形、〓道也、迎迓于道是爲御、詩百兩御之、箋曰、御迎也、」(殷虛文字孳乳研究)としてゐる。

祭祀用語としての意義については王國維が說文の「禦祀也」とし、葉玉森・王襄・明義士・郭沫若・吳其昌・胡厚宣は之に從つてゐるが、吳其昌は「進食享養」の義とし、聞宥・董作賓は「迎尸」となし、楊樹達は「攘除の祀」してゐる。

王國維—假爲禦字、說文禦祀也、(戩釋一二)

吳其昌—「御亦養也」(左昭廿九御龍氏服虔注)「御享也」(孟子惠王御于家邦趙注)「御進食也」(左襄廿八御者知之杜預注)而祭祀之誼、亦本不過進食以享養先人、(解詁一續四八)

聞宥—卜辭所出御字多言迎尸之事、積久則爲祭之專名、(同前)

董作賓—御必有爲尸之意、(斷代研究例三八二)

楊樹達—佚存一八一甲片「丁丑卜穷貞子雝其卸王于丁敏二匕己〓粉三羌十」、戩壽堂七・一六「卸婦鼠子于妣己」、此蓋王與婦鼠子有疾或他不幸之事、祀于丁與妣己、以攘除之也、(甲文說上一八)

禦字は禦乍父己鼎には「〓」に作られてゐて、卜辭の「〓」(文312鄴3.37.8)はこれと一字であり、而して「〓」(鄴3.37.8)は又「〓」(鐵204.2)に作られてゐるから卸を「禦」としてゐる王說は至確である。卸祀は自然神(續1.38.2摭續19粹20)・高祖神(粹20乙4072摭續7)・先臣神（林1.13.16）・祖神（林1.22.19 佚873 續1.28.2）に行はれてゐるから一般的な祭祀であつて、その目的は略〻次の三類に要約することが出來る。

一、王・王𡆥・王𤉲のための𢼸祀……（例）前3.22.4 貞𢼸王〔illegible〕于〔illegible〕・乙842 貞𢼸王𡆥于〔illegible〕・乙4472 王𤉲〔illegible〕𢼸

二、〔illegible〕・子〔illegible〕・〔illegible〕等のための𢼸祀……（例）林1.22.11 貞𢼸〔illegible〕于〔illegible〕・鉄124.2 貞𢼸子〔illegible〕于〔illegible〕・甲3078 𢼸〔illegible〕于〔illegible〕

三、𤉲・〔illegible〕・〔illegible〕等のための𢼸祀……（例）乙6344 貞𢼸𤉲〔illegible〕于〔illegible〕・庫1684 貞𢼸〔illegible〕于〔illegible〕・鉄14.3 𢼸〔illegible〕于〔illegible〕

これらの目的を明かにせば𢼸祀の意義が自ら明瞭となるから、次にこれについて考察する。

㈠𢼸王 「𢼸王」（前3.22.4 續1.5.3 佚181 甲909 3201 乙1098 摭續64 京3081）は又「𢼸王𡆥」・「𢼸王〔illegible〕」・「𢼸王𤉲」・「𢼸王〔illegible〕」と記されてゐるから、王

粹100	貞𢼸王于〔illegible〕	乙4472	王𤉲〔illegible〕𢼸
乙842	貞𢼸王𡆥于〔illegible〕	乙4720	𢼸王〔illegible〕于〔illegible〕
京3082	〔illegible〕……𢼸王〔illegible〕		

𢼸王は王𡆥・王〔illegible〕・王𤉲・王〔illegible〕について𢼸祀することであつて、𡆥は王𡆥でその實質は方國の來寇と疾病であり（參照）、王〔illegible〕の〔illegible〕は𠧞字でその字音は𡆥と等しいから（參照）𡆥の假字であり、王𤉲は王疾、王〔illegible〕は「貞王〔illegible〕〔illegible〕」（乙3018）が「貞〔illegible〕〔illegible〕〔illegible〕」（乙960）と記されてゐるから、王𤉲〔illegible〕の省略であつて王の眼疾であり、從つて𢼸王は王尤・王疾のために𢼸祀するものである。

㈡𢼸〔illegible〕 「𢼸某」・「𢼸子某」・「𢼸某」の例は次の如くであつて、「𢼸〔illegible〕」は又「𢼸〔illegible〕𡆥」・「𢼸〔illegible〕〔illegible〕」・

（〔illegible〕）〔illegible〕	林1.22.11	貞𢼸〔illegible〕于〔illegible〕十	（子）子〔illegible〕	鉄124.2	貞𢼸子〔illegible〕于〔illegible〕	（〔illegible〕）〔illegible〕	鉄145.3 〔illegible〕𢼸〔illegible〕于〔illegible〕
	乙6425	（于）〔illegible〕𢼸〔illegible〕𡆥	子〔illegible〕	前6.19.6	貞𢼸子〔illegible〕于〔illegible〕十		甲3078 𢼸〔illegible〕于〔illegible〕
	乙3661	貞于〔illegible〕十𢼸〔illegible〕〔illegible〕	子〔illegible〕	後上22.6	貞𢼸子〔illegible〕于〔illegible〕		京762 𢼸〔illegible〕于〔illegible〕
	乙4626	貞〔illegible〕𢼸〔illegible〕	子〔illegible〕	後下11.10		〔illegible〕	通大龜2 貞𢼸〔illegible〕于〔illegible〕
〔illegible〕	柏9	貞𢼸〔illegible〕于〔illegible〕	子〔illegible〕	乙3401	貞𢼸子〔illegible〕于〔illegible〕	〔illegible〕	續1.44.6 貞𢼸〔illegible〕于〔illegible〕三〔illegible〕
〔illegible〕	簠帝237	貞〔illegible〕𢼸〔illegible〕于〔illegible〕	子〔illegible〕	卜288	貞𢼸子〔illegible〕于〔illegible〕	〔illegible〕	前1.24.2 〔illegible〕……𢼸〔illegible〕（于）〔illegible〕
〔illegible〕	前1.33.7	𢼸〔illegible〕	子〔illegible〕	前6.19.5	𢼸子〔illegible〕于〔illegible〕		林1.12.4 ……〔illegible〕𢼸〔illegible〕（于）〔illegible〕十〔illegible〕

「𢼸〔illegible〕」と記されてゐるから、〔illegible〕の𡆥（尤）・〔illegible〕（他辭に〔illegible〕とあるから齒疾）・〔illegible〕（祟）について𢼸祀するものであり、「𢼸子〔illegible〕」は他辭に「貞子〔illegible〕𡆥〔illegible〕」（庫481）・「貞子〔illegible〕〔illegible〕」（前5.44.2）・「貞子〔illegible〕𤉲〔illegible〕于〔illegible〕」（佚524）と、子〔illegible〕に𡆥・𤉲のあることが記

されてゐるから、〓〓の〓・〓について〓祀するものであり、「〓某」は他辞に「〓〓〓〓〓」（前7.22）・「〓〓〓〓〓」（林2.24）・「〓〓〓〓〓〓〓」（續1.44.6）とあるから、〓・〓・〓の〓について〓祀するものである。從ってこの場合に於いても〓祀は〓・〓・〓のために行はれてゐて（一）の場合と同樣である。

（三）〓〓　この類に屬するものには次の如き例があり、〓・〓・〓は「尤」の假字、〓は「疾」であって〓〓は疾齒、〓〓は

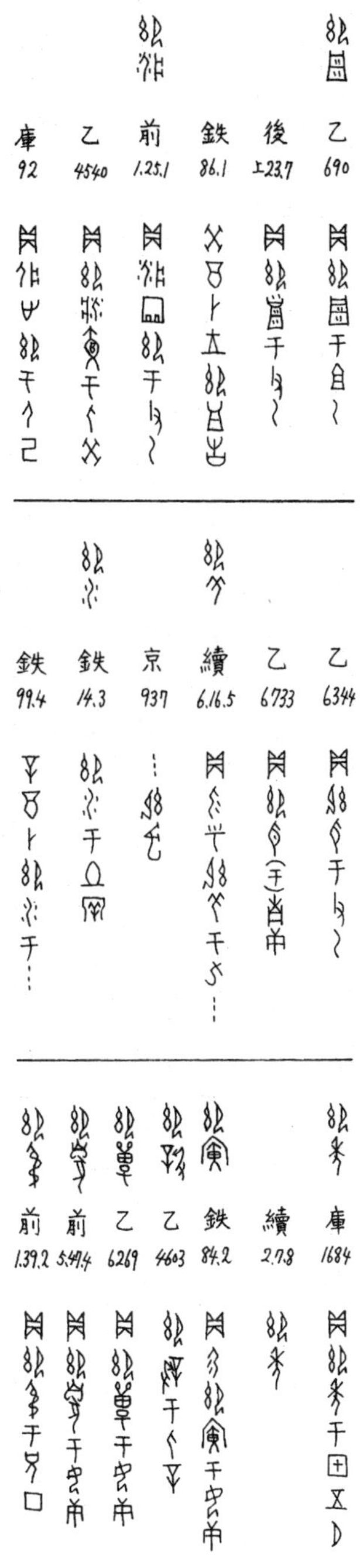

疾腹、〓〓は疾足、〓字は身字であり、〓・〓は「祆」の假字、〓は「大水」、〓は「穀熟」であって、〓・〓・〓・〓・〓はなほ後考に俟たねばならないが、この場合に於いても〓祀は〓・〓・〓及び大水、穀熟のために行はれてゐる。

以上の三類の用例に見るが如く〓祀は〓・〓・〓のために行はれるものであって、王・〓・〓・諸臣のそれについて〓祀が行はれて居り、又大水・穀熟についても行はれてゐる。爾雅に「禦禁也」とあり、從って〓祀はこれらの害患の禁禦を祈る祭祀に外ならないのである。

第二項　人牲説の検討

般に「人牲」が用ゐられたとする説があり、これは卜辞の〓・〓・〓・〓・〓・〓・〓・〓・〓・〓・〓を人牲と解するに據るものであって、その説は次の如くである。

（〓）　吳其昌「殷代人祭之確証」、則在「甲骨」前編巻一頁十八片四、其文如下「丁酉卜貞王宜武丁伐三十人卯六牢鬯六卣亡尤」、以「伐三十人」・「卯六牢」對擧、則此人與牢之地位必相等、而伐與卯之意思必相同、卯之意義爲殺、已經羅

王諸先生所考定、而為古史學者所公認、卯牢與伐人並擧以祭先公先王、則伐人之為殺人意義了然矣、(清華週刊殷代人牲考)

(〓) 董作賓―卜辭有〓字、近時董作賓復改從孫釋、用牲之例解為人牲、(郭沫若著、古代銘刻彙考、論巧甲)

陳夢家―羌應是俘獲的活羌、…「又伐于上甲九羌卯牛」可見羌與牢牛同屬於犧牲、…常以羌族之人為人牲、(卜辭綜述二六〇～二八二)

(〓) 葉玉森―〓即𠬝乃服之古文、當與〓・〓為同字、从〓與从〓同、前編七卷二葉、廿二葉並言俘𠬝某國、(前7.2.1 〓〓〓〓〓 前7.32.2 〓〓〓〓〓)

則此言用𠬝用二𠬝(拾1.13「用二〓」をいふ)、或即俘𠬝之人、僇以代牲耶、(拾釋一・三)

郭沫若―「戊辰卜又〓妣己一〓妣庚一〓」(粹720)に釋して「又𠬝者以俘為牲、兩言一女、明所用乃是女奚」とし、又「癸未卜〓妣庚伐廿〓卅牢〓三〓」(通781)に釋して「𠬝服也義同俘、與牢〓並擧、乃用人為牲」とし、或は「貞〓〓〓」(粹1241)に釋して「知帚𠬝者言禦婦以俘也」としてゐる。

(〓) 郭沫若―「乙巳自祖乙〓〓〓〓〓」(粹218)に釋して「妾乃女奴、蓋謂以女奴為牲」とし、又「王其〓母戊一〓〓〓受又」(粹380)に釋して「郭舊釋嬖、殆係人牲」としてゐる。

(〓) 明義士―「乙丑卜王㞢三〓于父乙三月」(柏8)に釋して「按从〓象繩索、从〓象人跽、背其二臂、為繩索所繫之形、卜辭中人頭上着索形者為奚奴字、以示其為俘來也、如奚之作〓是也、前編一・一六・五「酒萑至口御小辛三牢又〓二」二〓與三牢用於小辛、則〓如非俘虜、最低限度亦當為待刑戮之罪人、方可與牲同為祭品也、前編六・一九・二「壬子口貞隹我〓不足」、則為感覺〓不足、而卜之刻辭、則〓於祭祀上既不足、其為俘虜來可知矣、予意〓・〓・〓乃一字、為俘虜品之用作犧牲者、故本片用三〓祭於父乙也」としてゐる。

(〓) 于省吾―「貞小母〓」(前1.33.3)に釋して「釋詁矢陳也、矢奚謂陳列奚奴以祭、以人為牲」、(駢枝三續釋〓)

(〓) 葉玉森―「小辛三牢又〓二」(前1.16.5)に釋して「象索繫子或女之首、反縶其手、臨以斧鉞之形、疑即古文繫字、本辭云三牢又繫二者、疑三牢而外又繫二牲備用、或二繫即所俘之寇與牢並用、戮人以祭也、(集釋一・七一)としてゐる。

(〓) 葉玉森―〓〓並俘省、其所从之〓〓為孚省、卜辭有若干〓字、或作〓〓〓〓決其非巳者、應並讀為俘、乃仔之又省也、曰〓某或某〓、某字即被俘者之地名、或國名、「貞〓〓〓之于祖乙」、即命以漁之俘虜献祖乙廟、(集釋一・九〇)

(〓) 葉玉森―「〓于母辛〓〓酒」(前1.30.7)に釋して「疑卜辭之〓與俘為一字、本辭俘于母辛上有闕文、殆為之俘猶云献俘」、(集釋一・二〇四)

（〓）　葉玉森—「〓〓〓于妣乙」（前1.38.3）に釋して「卜辭中之〓字、諸家釋好、曾無異言、惟以讀各辭、每感窒礙、嗣悟〓為〓之變体、猶〓之作〓、从人者或純為男性、或不分男女性、从女者則純為女性、歸好即歸俘、猶經言齊人來歸衞俘也、（左莊六年）本辭御為祭名、蓋以來歸之女俘獻于妣己廟也、殷代用來歸之俘獻于祖廟、僇以祭祖也」とす。（集釋一・二四）

（〓）　郭沫若—「〓〓于〓」（粹31）に釋して「當是以人為牲」としてゐる（粹釋三一）。

（〓）　吳其昌—「辰卜貞…室妣庚…二…〓一人…一牢」（前1.35.6）に釋して「殷二人・卯二牢、殷一人・卯一牢對擧、則殷亦刑人以祭、刑人而謂之殷者、殆即金文中之臺、經典中之敦、宗周鐘臺伐其至、不嬰殷女及戎大臺敦、詩閟宮敦商之旅、常武鋪敦淮濆、諸臺敦字、蓋皆從此殷字衍出者、又臺伐同義、故疑此即伐二人・伐一人之異撰矣」（解詁二四一）

（〓）　葉玉森—「〓王〓…〓二〓…」（前6.3.3）に釋して「陵二人猶言羊十人、羊五人、羊即羊方、殆並用以代牲者」とす。（集釋五・二〇）

斯くの如く用語の解釋から人牲の存することを主張して居り、これは例へば左傳に「秋七月平子伐莒、取郠獻俘、始用人於亳社」（昭公十年）の如く、春秋時に人牲が用ゐられてゐるから、古代の殷代にも行はれたとの推測に本づくものであらうが、果してこれらの説は妥當であらうか。次にこれを檢討する。

（〓・〓について）

〓は干舞、〓は羽舞であることは前述の如くであり、例へば「今夕用三百〓于口」（卜245）・「三百〓于口」（佚570）の如く口（上帝）に三百〓を用ゐて居り、これが人牲ならば信に殘酷野蠻と謂はねばならない。商承祚も亦吳説に反對してゐる。案統觀卜辭之伐人、或省畧曰伐、若謂用人而祭、由二人至三十人、無乃殘酷太甚、商世行政百官俱備、不能仍謂為野蠻時期、邾之用鄫子、楚之用隱太子、乃對待敵人殘暴行為、不能視為習尚也、（佚釋二一〇）

（〓について）

〓を羅振玉は「艮」、王襄は「抑」（簠釋帝一九七）と釋して居り、葉玉森（集釋四・八二）・商承祚（福釋二九）・吳其昌（解詁三三四）・郭沫若（粹釋七二〇）・唐蘭（天釋四八）・孫海波（文釋五四〇）・楊樹達（卜辭求義三八）は羅釋に從つてゐる。

羅振玉—說文解字艮治也、从又从卩、卩事之節也、此象以又按跽人、與印从〓从〓同意、盂鼎服字作〓、趩尊作〓、並从〓、與此同、（考釋中五九）

服字は周公㲃に「𦨈」に作られてゐて卜辭の「𠬝」(林1.24.5)は之と一字であり、𠬝を「𠬝」と釋する羅説は至確である。葉玉森は前記の如く𠬝・〓を一字としてゐるが、「不〓𠬝」(林1.24.4)の如くこの兩者が異字とされてゐるから之は非である。𠬝字の意義については前記の如く葉・郭二氏が「俘」として人牲となす外には、吳其昌が「牲を伐刑する」義とし、楊樹達は「副」としてゐて次の如くである。

吳其昌―蓋𠬝雖本爲刑人之義、其後亦得引申通假以稱刑牲也、(解詁三一四)

楊樹達―按𠬝字當讀爲副、𠬝聲畐聲音同字通、匍匐或作扶服、是其證也、(卜辭求義三八)

例へば「〓」(掇2.478)が「〓」(見習)に、「〓」(前5.18.1)が「〓」(見習)に作られてゐるから𠬝は〓と一字であつて、「冊𠬝」(庫1701)が「冊〓」(京2761)と、「冊〓己𠬝」(乙3387)が「〓〓冊〓〓」(粹488)と記されてゐる。〓は〓・〓と通用されてゐて、例へば「〓」(菁6)が「〓」(乙105)に、「〓〓〓〓〓〓」(乙1916)が「〓〓〓〓〓」(甲460)・「〓〓〓〓〓」(後上1.7)に作られて居り、この妣名の上の〓・〓は「婦」の假字であるから(第一章第二節)〓即ち𠬝の字音は「婦」であり、而して之は𠬝即ち𠬝が房六切であることと一致してゐる。次に𠬝の用法を見るに數詞を以つて稱されてゐて、三𠬝・十𠬝・𠬝二人・𠬝〓二・𠬝一〓

庫1641 〓千〓〓三𠬝
前5.29.5 〓〓千口𠬝〓二
粹720 〓丙〓𠬝〓己一〓〓〓一〓

明1925 冊一𠬝(乙2023)
佚218 冊𠬝二〓
乙1670 〓…〓〓〓〓〓一〓〓

と記されて居り、而してこの𠬝が〓の祭儀を行ふことは次の如くであつて、「𠬝〓」(前1.34.9 乙3387 5265 掇2.303 天48 遺1文540 續存下269)の用語は習見であり、「〓𠬝千〓〓〓」が「〓千〓十〓〓〓」と

前1.34.9 〓千〓〓己〓二〓冊𠬝〓
乙2491 〓〓冊〓〓𠬝一〓〓〓
乙5386 〓𠬝千〓〓〓

遺1 〓千〓〓己〓〓冊三〓〓〓
乙6732 〓〓〓〓〓〓〓千〓〓〓〓冊𠬝三〓〓〓
乙7750 〓〓千〓十〓〓〓〓

も記されて居り、而して右の「冊一𠬝」・「冊𠬝二〓」は「冊三〓〓」・「冊𠬝三〓」と記されてゐるから、𠬝幾人は〓を行ふことが解り、𠬝〓は次の版に「〓〓」と記されてゐるから〓は〓であつて、柯昌濟が〓を「舞」と釋してゐるのは

乙2181

是であり(釋補)、從つて𠬝は冊(冊告)に當つて𠬝幾人をして舞せしむることである。〓は御乍父己鼎には次の如く「二〓咸と遺とをして祼してここに〓せしむ」とあり、右の如く𠬝は〓と通用の字である

御乍父己鼎―我乍御〓祖乙妣乙祖己妣癸祉礿𧝓二〓咸與遺祼于〓―からこの二〓は卜辭の𠬝二

人に當り、而して銘文は二〓の名を記して咸・遣として居り、咸は巫名として習見のものであるから二〓は二巫であり、從つて〓二人は巫二人に外ならず、〓は巫の假字である。〓が「俘」の義に用ゐられてゐる例は卜辞には絶無であり、之を俘虜を人牲となすものとしてゐる葉・郭二氏の説は固より臆説に過ぎず、又これを牲を伐刑する義としてゐる吳説、及び副と讀んでゐる楊説も亦非である。

（〓・〓・〓・〓について）

〓を孫詒讓は「妾」と釋してより諸家之に從つて異説がなく、郭沫若は「妾乃女奴、蓋謂以女奴爲牲」（粹釋三八）としてゐる。

孫詒讓―説文䇂部妾有罪女子給事之得接於君者、从䇂女、此从䇂省字例同、（擧例下廿九）

然るに次の用例によれば「〓〓〓」が「〓〓」、「〓〓〓」が「〓〓〓」に作られて居り、而して「〓〓〓」は又「

(1)		(2)	
續 1.6.1	〓〓〓〓〓〓	鉄 206.2	〓〓〓〓〓
甲 460	〓〓〓〓〓〓	乙 6404	〓〓〓〓〓〓〓
乙 1916	〓〓〓〓〓〓	後上 6.3	〓〓〓〓〓〓
		南 明483	〓〓〓〓〓…

〓〓〓」に作られてゐるから、〓は〓・〓と通用の字であり、「〓〓」（乙5689）が又「〓〓」（乙5849）に作られてゐて、〓は〓（婦）・〓（〓）と同聲通假の字である。而して(1)の用法は〓・〓即ち婦の義であつてこれより引申して後世之を「妾」とするものであり、(2)の用法の「〓〓〓」・「〓〓〓」は「王亥の妾」・「〓の妾」ではなくして、「〓〓に〓す」・「〓に〓す」であることは「〓〓〓〓〓〓」・「〓〓〓〓…」（粹8〓三〓）の用例に見て明かであり、〓・〓は〓と通假の字であるから、これらに於いては〓舞を用ゐることに外ならない。

右の「卜于〓〓」は又「〓〓于〓〓〓〓」（後上23.4）と記されてゐて〓は〓に當り、而して〓は例へば「三〓」（掇2.408）・「〓〓」（粹387）・「〓〓」（續存下765）と用ゐられて居り、これは〓が「三〓」（乙2375）・「〓〓」（乙8585）・「〓〓」（後下7.12）と用ゐられてゐるのと同例であつて〓も亦〓の義である。又「三〓」・「〓〓」は「〓〓」（佚897）・「〓〓〓〓〓」（乙2210）と記されてゐて〓も亦〓の義であり、「〓王〓〓〓〓〓〓二〓二〓二〓〓〓」（京5080）の〓二〓も「三〓」・「〓二〓」と同義である。

斯くの如く〓は〓・〓と通假の字であつて、卜辞に於いては妣名上に用ゐられて「婦」、祭儀として巫舞の義に用ゐられて居り、この繁文・異体として〓・〓・〓に作られてゐる。これらの用例に於いて女奴として人牲とされてゐると解し得るものが絶無であるから、郭沫若の〓・〓を「人牲」とする説は妥當ではない。

（〓・〓・〓・〓について）

これらを明義士・于省吾・葉玉森が人牲としてゐることは前記の如くであり、これらの字釋は次の如くであつて、

〓　明義士は「人頭上着〝索形〟者、〝為〟奚奴字〟」（柏釋八）と「奚」と釋す。

〓　王襄は「奚」と註す（簠釋帝七一）。

〓　羅振玉は「説文解字奚大腹也、予意罪隷為奚之本誼、故从手持索、以拘罪人、其从女者與大同、周官有女奚猶奴之従女也」（考釋中二三）と奚と釋し、葉玉森（集釋三・三三）・于省吾（駢枝三續）は之に從ひ、呉其昌は「象手爪捕一女子之狀、當亦為俘虜之屬」（解詁二〇）とす。

〓・〓　羅振玉は「奚」（同前）、商承祚は「奚之異体」（類編）、明義士は「如非俘虜、最低限度亦當為待戮之罪人」（柏釋八）、王襄は「奚戊」（簠釋人九六）、郭沫若は「䋣」（粹釋三三八）・「以罪隷為本義」（通釋四八五）、葉玉森は「繫」（集釋一・七）としてゐる。

右の如くこれらを罪隷或は俘虜を拘繫する象形として、祭祀用語としては罪人、俘虜、奚奴を人牲とするものと解するのである。然しト辞上の用法には原義に於いて用ゐられてゐる例がなく、例へば次の二版に於いては「〓」が又「〓」に

乙 7741
乙 6733

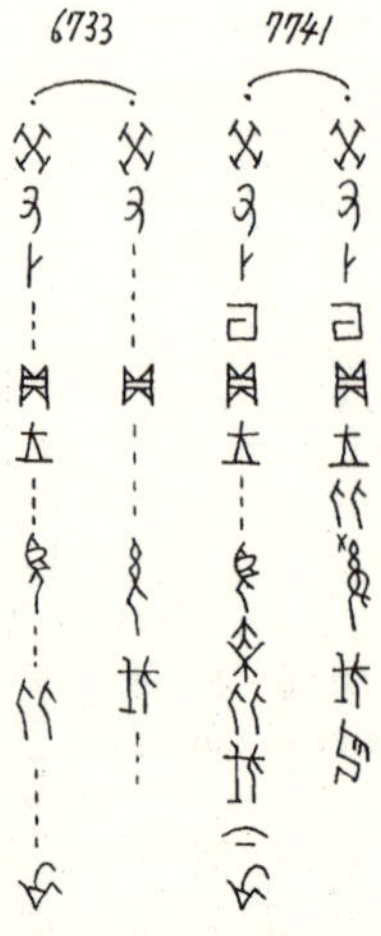

作られてゐて、人名の〓と對稱されてゐるから人名であり、又〓・〓・〓が京4535・前2.43.3・甲703版に於いては地名として用ゐられて居り、從つて祭祀用語としての用法も必ずしも原義に於いて用ゐられてゐるのではなく、その用例が次の如く僅かに数例に過ぎないことも亦假借的用法であることを示してゐる。

柏 8
甲 2278
續 1.19.3
前 1.3.4
後 下33.9
前 1.16.5（粹338 續1.33.4 林2.5.9は一骨の折）

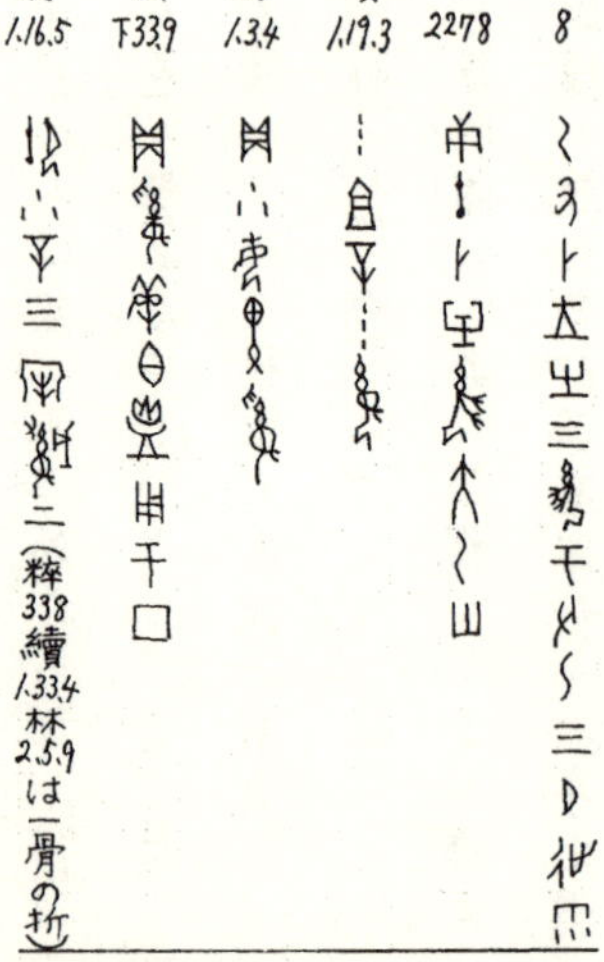

右の如く〓が〓に作られて居り、而して〓・〓・〓が地名として用ゐられてゐるから〓・〓・〓は一字の異文であり、〓・〓・〓も亦異文に外ならず、而して〓が又〓（甲1134）に、〓が又〓（前6.19.1）に、〓が〓（前6.19.2）に作られる例に從へば〓・〓は一字であり、從つて次の〓・〓・〓も亦異文である。

南 明529
寧 1.118
寧 1.186
粹 1268

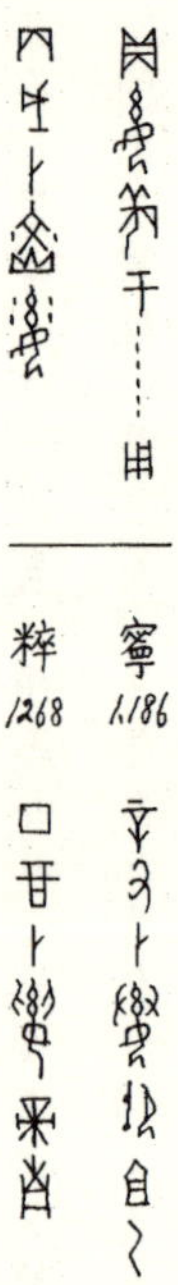

〓は「〓〓〓〓〓」（寧1.118）と用ゐられてゐて、同版上に「〓〓〓〓〓」と又「〓」と記されて居り、而して續存下744版には「

〓〓卜囟〓三〓」と「三〓」と記されてゐて、「冊〓」（林1.24.6 甲1333）が「冊〓」（京4475 甲1264）と記されてゐる例によれば「〓〓」と「〓三〓」とは同字であり、從つて〓の字音は「〓」である。又〓は同版上に「〓〓卜〓〓〓」と又「〓」と記されてゐて、〓は䍃であるから（〓參照）〓の字音は「䍃」であり、〓・〓は同聲であるか〓・〓は「〓」聲である。次の用例に於いては〓・〓が〓の假字として用ゐられてゐるから、〓聲の〓・〓及び〓・〓・〓・〓は〓即ち巫の假字に外ならない。

續存1787 十〓卜〓〓〓〓〓〓〓 ——甲2278 〓〓卜〓〓〓〓山 ——柏8 〓〓三〓〓〓 文303 〓〓〓〓三〓

後下7.12 〓〓卜〓〓〓〓 ——粹720 〓〓〓〓〓一〓 ——庫1641 〓〓〓〓三〓

從つてこれらの字音は母・䍃、巫であつて、その字形と相待つてこれらの字は「俘」の象形であることが解る。

之を要するに〓・〓・〓・〓・〓・〓・〓・〓・〓・〓は一字であつて「俘」の象形であり、人名・地名に用ゐられて居り、祭祀用語としては巫の假字であつて、俘虜を人牲とするものではないのである。

（〓・〓・〓について）

葉玉森は前記の如く〓・〓・〓を人牲としてゐるが、例へば「〓〓〓于〓〓」（後下11.10）・「〓〓〓于〓〓」（前1.38.3）の〓は禍の禁禦を祈るものであるから、これは〓〓・〓〓の禍の禁禦を父乙に祈るものであつて之を人牲となすものではない。又〓は大盂鼎・宗周鐘の「〓」と一字であつて「保」字であり、次の如く用ゐられて居り、これらの辭はいづれも「保」を以

林1.3.3 〓〓〓〓 ——文272 〓〓〓〓〓 ——乙1189 〓〓〓〓〓

庫1593 〓〓〓〓 ——卜744 卜〓十〓〓 ——京1199 〓〓〓〓〓

て解し得るのであつて、「〓に保あるか」・「〓〓に保あるか」・「大甲は〓せず我を保するか」・「大甲は〓を保するか」・「伊尹は我が使を保するか」・「〓〓は王を保するか」であり、加護保護の義に外ならない。

（〓〓について）

〓〓を郭沫若は人牲としてゐるが、この用法は「〓〓于〓」（粹36）・「〓〓于〓」（前1.50.6）の外に次の如く用ゐられて居り、

乙4550 〓〓〓于〓 ——佚41 〓〓〓于〓 ——續6.10.4 〓〓于〓

乙7575 〓〓〓〓于〓 ——天42 〓〓〓于〓 ——戩26.10 〓〓〓于〓

〓・〓・〓・〓・〓は地名であるから（殷代の社會地名參照）、これらの〓〓は使者或は軍隊を派遣するの意であり、從つて右は〓・〓の祭祀に人を遣はす義に外ならない。陳夢家が「或以爲使人乃殺人以祭、是不確的」（卜辭綜述三五九）と人牲說

を「不確的」としてゐるのは妥當である。

（〓・〓について）

呉氏は「〓二人」を、葉氏は「〓二人」を人牲としてゐるが、前述（王室の祭儀）の如く舞名であつてこの説は妥當ではない。

以上之を要するに諸家が人牲としてゐるものは、字釋上からの臆説に過ぎず、卜辞の用法から確証を求めて之を証明してゐるものではなく、又陳夢家が「關於卜辞用人牲祭先王的記載、應和安陽西北岡陵墓附近的成排的與零散的小墓相聯系、這此小墓當有一部分埋置了祭祀以後殺用了的人牲」（卜辞綜述六二）と、輓近發掘された小墓内の人骨を人牲を埋置したものとしてゐるが、これも亦推測の域を出づるものではないのであつて、殷に人牲が用ゐられた証明は存しないのである。

第三項　〓〓

前4.39.4

卜辞に「〓〓」の辞が習見であつて「黍觀」・「黍禍」・「黍茂盛」と解されてゐるが、いづれも正解を得てゐるものではなく、これは殷に於ける耤田の禮を卜するものに外ならない。

〓は〓に作られてゐて「〓〓〓」（續2.29.1）が「〓〓〓」（前4.40.2）に、又「〓〓〓」（續4.25.3）が「〓〓〓」（金645）に作られてゐるからこの両者は一字であり、羅氏が黍と釋してより諸家之に従て居り、

羅振玉—説文解字引孔子曰黍可爲酒、禾入水也、仲䱷父盤亦作〓、此或省水、黍爲散穗與稻不同、散作〓〓之狀以象之。（考釋中三四）

仲䱷父盤に「黍粱來麥」の黍は「〓」に作られてゐて、これは卜辞の〓が「〓」（乙4055）に作られてゐるものと一字であるから羅釋は至確である。この〓〓は次の如く「黍觀」・「黍禍」・「黍茂盛」と解釋されてゐるが、

羅振玉—〓「借爲觀字」。（考釋中三三）　〓井〓〓「觀黍歸井」（考釋下五三）

郭沫若—雚説文云雖屬从隹从𦫳、有毛角、所鳴其民有旤、讀若和、在此疑即爲禍、它辞有單言黍雚者（前四三九、四）與征伐之事同契於一片者、亦有單言年雚者（前四四三、五）似均不吉之意、羅振玉以雚爲雚字、更讀爲觀、讀帚井黍雚爲觀黍歸井大謬（通釋九五）

胡厚宣—説文雚艸多貌、増韻雚一名蓷説文欝也、故雚有茂盛之義、此貞所種之黍茂盛不茂盛也、（甲骨學商史論叢殷代之農業八三葉）

〓は前述（〓參照）の如く〓と通用の字であつて「灌」であるから、〓〓は正に「黍灌」と釋すべきものである。

〓〓は次の如く「田〓」とも記されてゐて、この兩者は同文例であるから〓と田とは同義に用ゐられて居り、而して〓

前4.39.4 〓〓
戩25.1 〓〓〓〓
後下40.15 ・〓〓〓〓〓 ・〓〓〓〓〓〓〓

乙6031 田〓
甲3001 〓〓〓田〓
書道5.2 〓〓〓田〓〓〓

は動詞として「〓〓」(前4.39.8)・「〓〓」(續1.53.3)と用ゐられ、又「〓〓〓〓〓〓」(續2.30.3)・「〓〓〓〓」(前3.29.7)の如く〓について受年がトされてゐるから、之は豊穰を求むる行爲であつて、胡厚宣が〓を「種黍」(殷代之農業三葉)と解してゐるのは妥當であり、右の如く〓は田とも記されてゐるから種黍耤田の義である。この〓は次の如く〓〓が行ふ外に王が行つて居り(前4.30.2「〓〓〓〓〓〓〓〓」と小臣に行はしめてゐる一例もあり)、これらの辭例によれば〓は

(〓〓)

續4.27.4 〓〓〓〓〓〓
後下40.15 〓〓〓〓〓〓
續4.26.1 〓〓〓〓〓〓
京563 〓〓〓〓〓
南坊3.17 〓〓〓〓〓〓〓……
續4.27.6 〓〓〓〓〓……〓……

(王)

續1.53.3 〓〓〓〓〓
七T16 〓〓〓〓〓〓
乙6964 〓〓〓〓〓〓〓〓
ト492 〓〓〓〓〓
後上18.11 〓〓……〓〓……〓〓……
前5.20.2 〓〓〓〓〓〓〓〓

次の如く之を要約することが出來る。

(1)〓は王自ら主宰するか或は〓〓又は小臣に行はしめる。

(2)「〓〓〓」(續2.30.3)・「〓〓」・「〓〓〓」・「〓〓〓」・「〓〓〓」(摭上)の〓〓〓は地名であつて(後述地名參照)〓は地方に行はれ、「〓〓〓〓〓〓〓〓」(乙4055)の例では王が侯領に於いて行つてゐる。

(3)〓〓〓〓・〓〓〓の如く衆を率ゐて行ふものである。

(4)次の三辭の闕文を相補へば「〓〓〓〓〓〓〓〓」となり、

ト492 〓〓〓〓〓〓……
乙5535 ……〓〓〓〓〓
乙5834 ……〓〓〓〓

之を「〓〓〓〓〓〓」と比較せば、後者は「〓〓〓〓〓〓〓〓」の省略であり、〓には〓即ち祀が行はれることが解る。

要するに〓は王(或は王臣)が衆を率ゐ、地方に於いて祭祀を行つて種黍耕田することである。

次に「〓」は「〓〓」(後下28.16 文366 京1557 南師1.62)・「〓〓〓」(庫1685)・「〓〓〓」(續5.19.7 林2.16.20 甲3420 乙1719)の如く王の行ふものとされて居り、前述の如く〓と一字であつて灌酒迎神の祭儀であり、而して右の如く〓・田に行はれてゐる外には次の如く〓・〓・〓に

南明454 〓〓〓〓〓〓〓
南明484 〓〓〓〓〓〓〓〓〓

前4.54.3 〓〓……〓〓〓〓〓〓
南明481 〓〓〓〓〓〓〓

後上28.16 〓〓〓〓〓〓〓〓
甲1369 〓〓〓〓〓〓〓

行はれてゐる。之が〓・〓祀に用ゐられるものであるから、例へば「〓〓〓〓〓〓〓〓」(南師1.62)は〓方の來寇によつて王が灌酒迎神して之を祈匃するの意であり、同様に

「〓〓」・「田〓」は種黍耕田に當つて灌酒迎神してその豊穰を祈る意に外ならず、これは「〓〓〓〓〓〓〓」の〓(祀)に當つてゐるのである。

斯くの如く〓〓は種黍灌酒、田〓は耕田灌酒の義であり、而して次の版には〓は〓・〓と並記されて居り、之は次の如

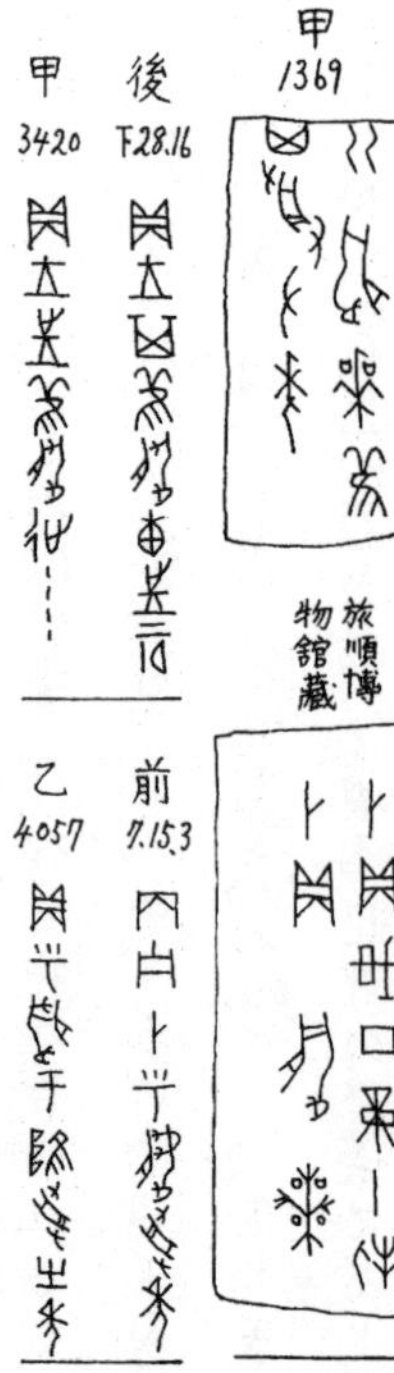

く王が〓と共に行ふものとされてゐて、その目的は受年にあるから、〓〓に於いて王の行ふものである。羅振玉は〓を「掃」(考釋中四八)、陳邦懷は「耒」(殷契拾遺四葉)としてゐるが、郭沫若が「象人持耒耜操作之形」とし耤〓の〓と一字としてより(甲骨文字研究釋耤)、余永梁(箇本後記跋)・徐仲舒(耒耜考)・葉玉森(集釋六・八)・胡厚宣(殷代之農業三四葉)は之に從つて「耤」と釋して居り、從つて〓〓・田〓は後世の耤田に外ならないのである。

耤田は周語に「及期鬱人薦鬯、犧人薦醴、王祼鬯、饗醴乃行、百吏庶民畢從、及藉、后稷監之、膳夫農正陳藉禮、大史贊王、王敬從之、王耕一墢、班三之、庶人終于千畝」と説明されて居り、この「百吏庶民」は呂氏春秋には「率三公九卿諸侯大夫」(孟春紀)と記されて居り、又「后稷監之」は詩經瞻卬の毛傳には「以事天地山川社稷先古」とされ、或は「王耕一墢」は呂覽には「躬耕帝籍田」、禮記には「躬秉耒」(月令)されてゐて多少異るが、耤田は「率衆」・「王祼」・「王耕」の三事がその中核を成してゐるものである。この「百吏庶民畢從」は「〓〓〓〓〓」(王往以衆黍)に、「王祼鬯」は「〓〓〓」(王往灌)に、「王耕」は「〓〓〓〓」(王往灌耤)に當つてゐて、耤田の内容と卜辞とは正に符合してゐる。更に周語には王耕の禮が終つた後に「庶人終于千畝」とあり、周禮甸師には「帥其屬而耕耨王藉」とあつて、衆庶をして千畝を耕耨せしめて居り、之は卜辞に「〓〓〓〓〓〓〓〓」(前4.30.2)・「〓〓〓〓〓〓〓〓〓〓」(續2.28.5)と、「衆をして〓せしむ」・「衆人をして田に協せしむ」とあるものと一致してゐて、〓・田の耤田であることが愈々明かであり、而してこの〓は周語の「百吏庶民」、呂覽の「三公九卿諸侯大夫」であるが、郭沫若は「所謂衆、所謂衆人、就是從事農耕的生産奴隸」(奴隸制時代九頁・八一頁)、「小臣即是奴隸、此為小臣所命令之衆亦為奴隸無疑」(中國古代社會研究二六八)となしてゐるのは大いに謬るものである。

之を要するに〓〓・田〓は種黍灌酒・耕田灌酒の義であつて、王が衆を率ゐ地方に於いて神を祀り耤禮を行ふものであり、後世の耤田に外ならない。之は祈年卜辞と共に農耕が社會基盤をなしてゐることを示してゐるものである。

第四節　外祭の祭儀

外祭の祭祀用語は次の如くであつて略ゝ内祭と異らないが、但[illegible]などの若干の用語は之を内祭に見ることが出来ない。

自然神

前 1.48.5	[illegible]
前 1.50.3	[illegible]
粹 40	[illegible]
南 明457	[illegible]
ト 232	[illegible]
乙 5393	[illegible]
甲 909	[illegible]
佚 40	[illegible]
南 明488	[illegible]
前 6.29.8	[illegible]
粹 17	[illegible]

高祖神

乙 5318	[illegible]
後 下14.5	[illegible]
前 1.49.3	[illegible]
京 611	[illegible]
續 5.26.7	[illegible]
南 明448	[illegible]
甲 3512	[illegible]
粹 15	[illegible]
遺 340	[illegible]
寧 1.138	[illegible]
書道 8.7	[illegible]
乙 5317	[illegible]
前 4.52.2	[illegible]
南 無1	[illegible]
乙 3684	[illegible]

先臣神

前 1.51.5	[illegible]
粹 197	[illegible]
掇 1.201	[illegible]
後 下4.11	[illegible]
前 1.45.1	[illegible]
乙 6111	[illegible]
乙 611	[illegible]
粹 196	[illegible]
粹 196	[illegible]
乙 8024	[illegible]
佚 210	[illegible]

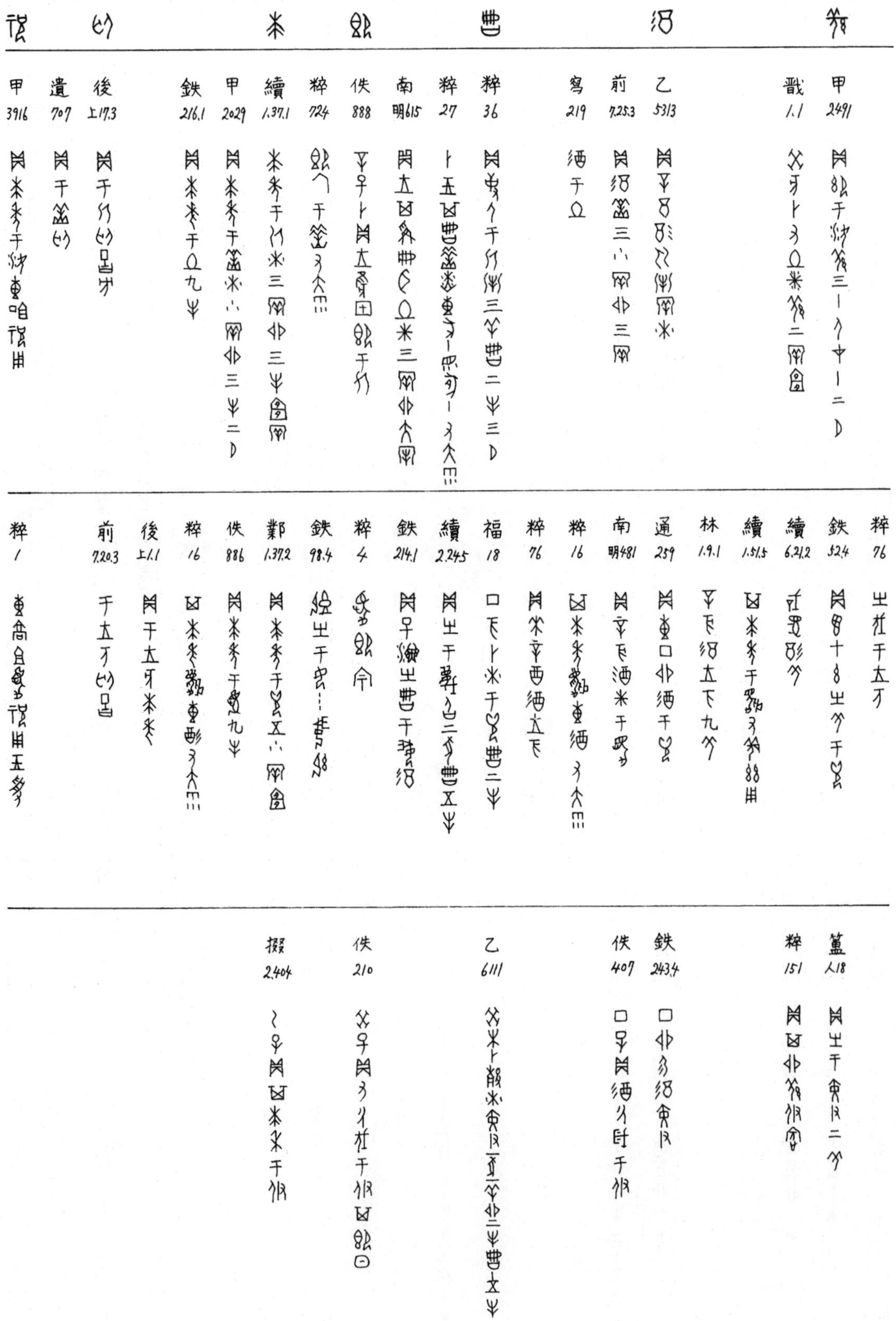

甲 2491
戩 1.1
乙 5313
前 7.25.3
寧 219
粹 36
粹 27
南 明615
佚 888
粹 724
續 1.37.1
甲 2029
鉄 216.1
後 上17.3
遺 707
甲 3916
粹 76
鉄 52.4
續 6.21.2
續 1.51.5
林 1.9.1
通 259
南 明481
粹 16
粹 76
福 18
續 2.24.5
鉄 214.1
粹 4
鉄 98.4
鄴 1.37.2
佚 886
粹 16
後 上1.1
前 7.20.3
粹 1
簠 人18
粹 151
鉄 243.4
佚 407
乙 6111
佚 210
掇 2.404

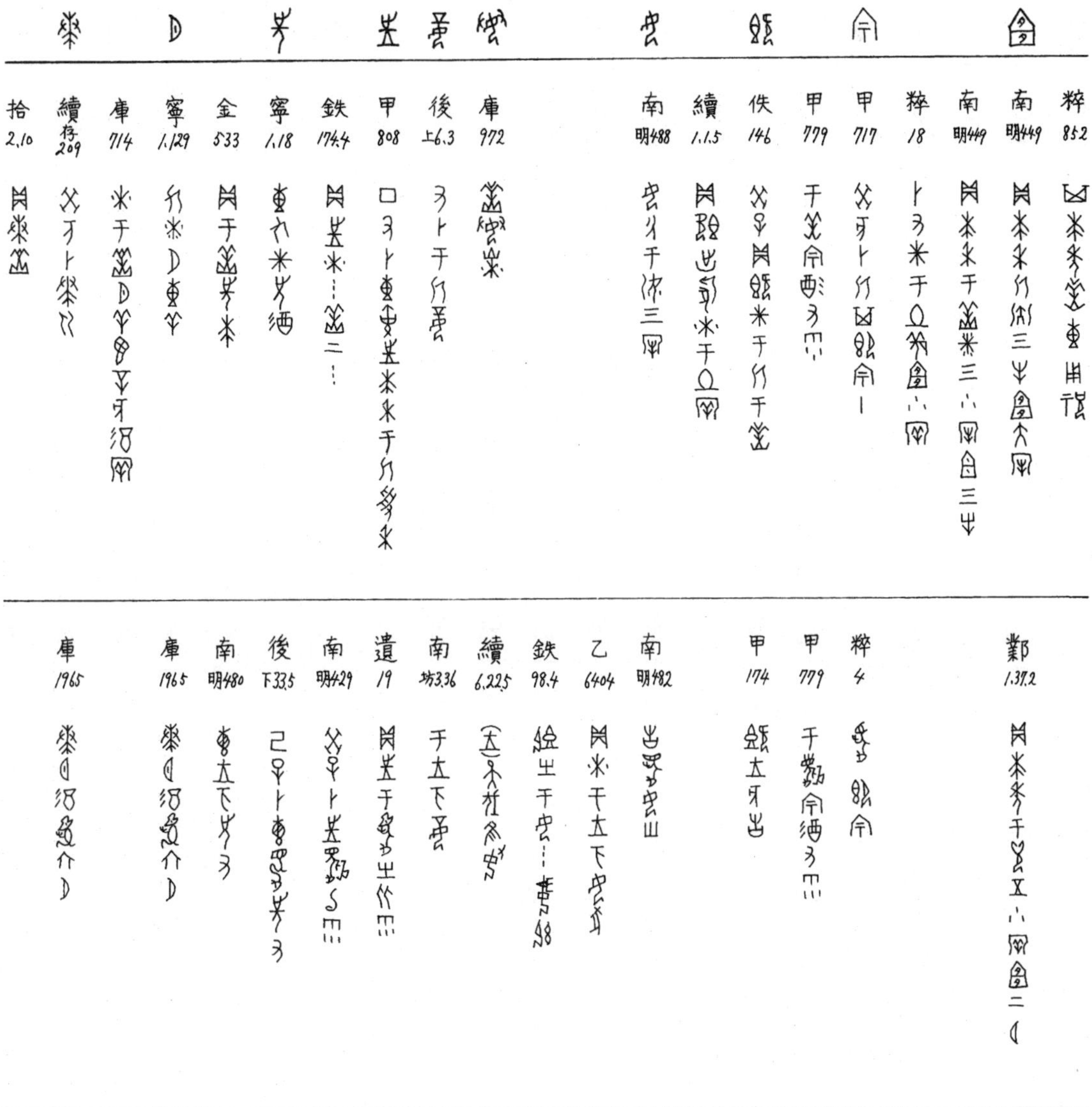
粹 852
南 明449
南 明449
粹 18
甲 717
甲 779
佚 146
續 1.1.5
南 明488
庫 972
後 上6.3
甲 808
鐵 174.4
寧 1.18
金 533
寧 1.129
庫 714
續 存209
拾 2.10
鄴 1.37.2
粹 4
甲 779
甲 174
南 明482
乙 6404
鐵 98.4
續 6.22.5
南 坊3.36
遺 19
南 明429
後 下33.5
南 明480
庫 1965
庫 1965

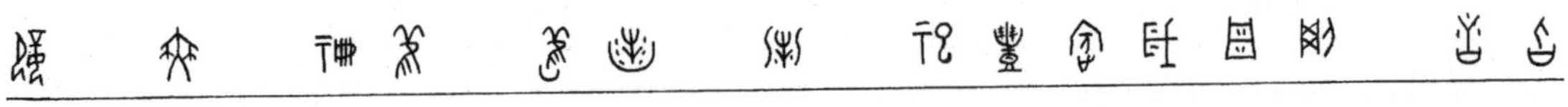

乙	鉄	寧	甲	京	林	前	乙	乙	金	前	前	南	寧	文	南	後	乙	乙	後
5272	94.4	1.134	2550	3950	2.20.18	5.5.4	2587	6889	717	1.24.3	1.32.5	明493	1.314	366	明454	上24.2	3899	3449	上23.4

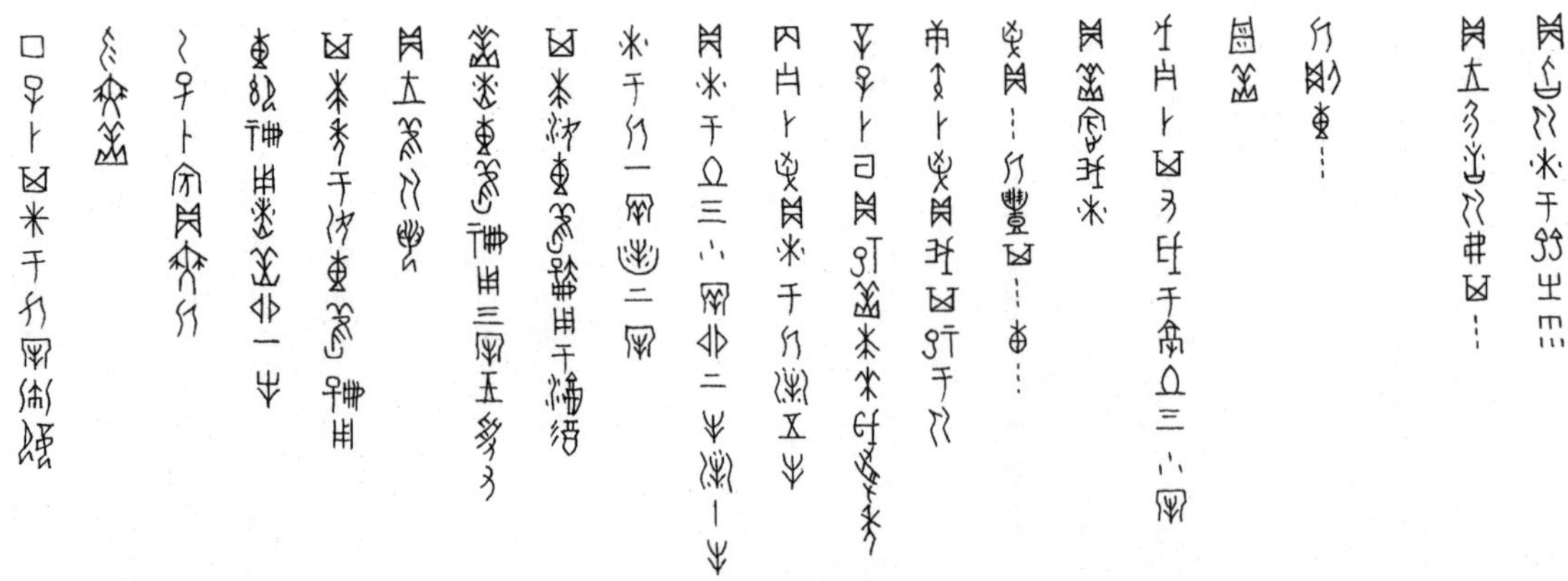

續	續	遺	寧	京
2.24.5	6.10.6	790	3.40	609

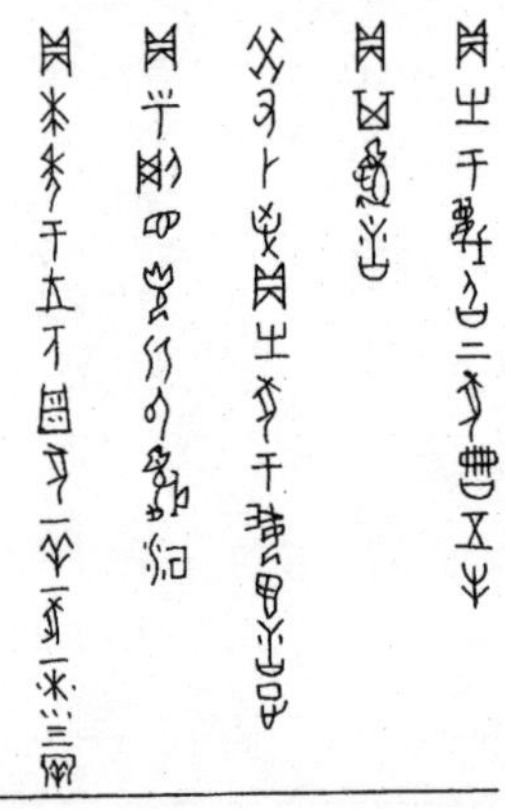

續	前	乙	林	寧	寧	菁	粹	後	南	南	續	乙
6.21.2	1.45.3	986	1.22.3	1.110	1.110	9.12	1538	上21.13	師1.19	師1.19	1.21	6738
										同右		

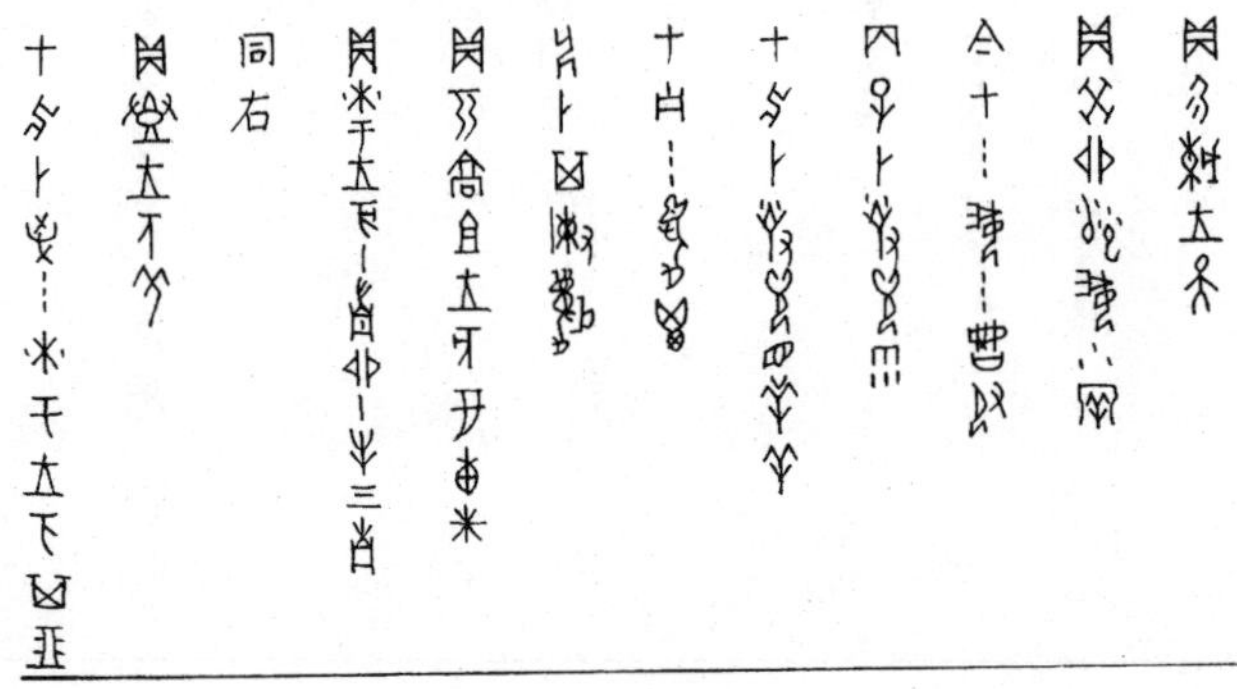

南	粹	粹	乙	乙
明505	151	540	5305	2572

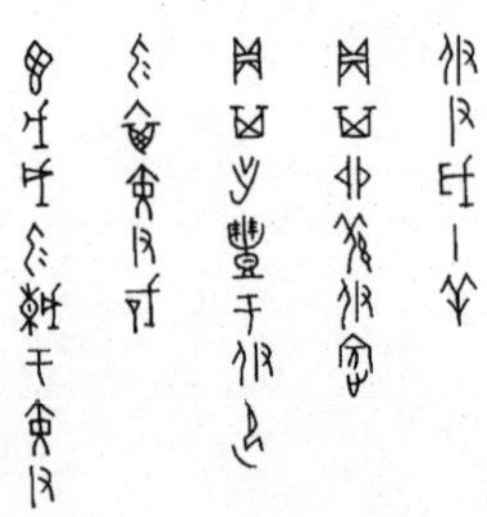

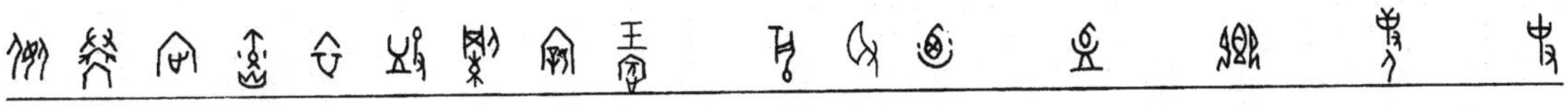

庫	南	粹	前	甲	甲	乙	明	遺	遺	戩	戩	甲	續	後	寧	後	粹	粹	後	鉄
56	明44	36	1.50.5	2773	2689	8077	144	3	3	34.8	34.8	3916	6.10.5	上15.4	3.40	上20.4	655	60	下30.2	127.2

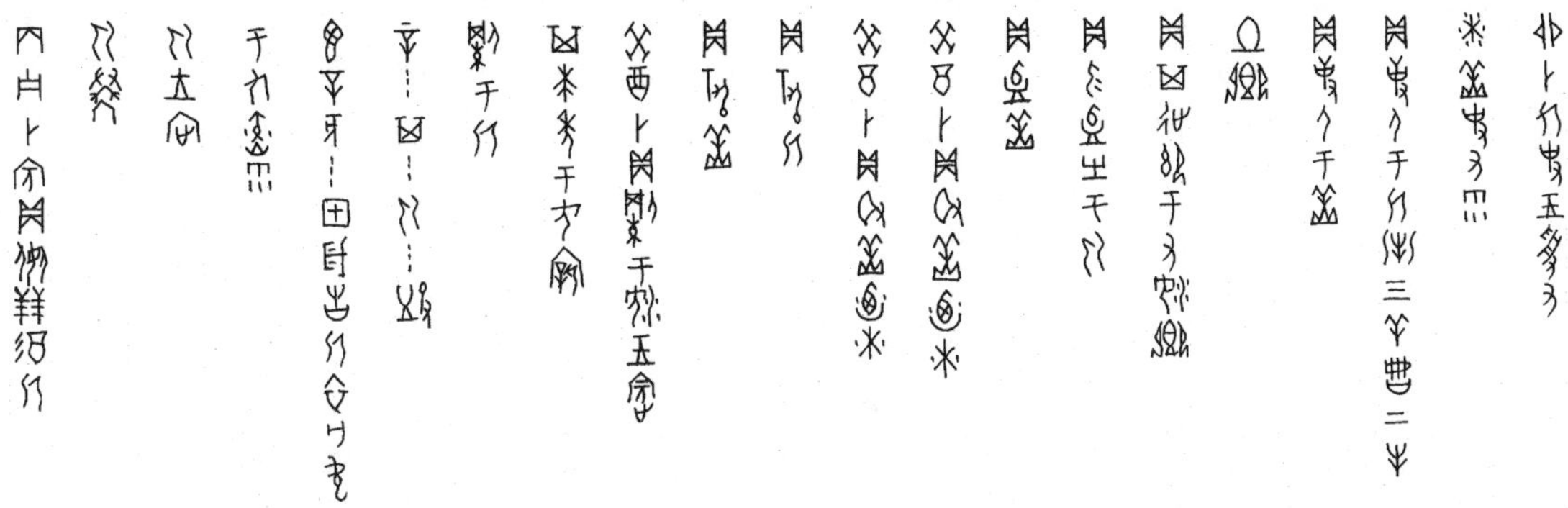

粹	乙	柏	乙	南	寧	戩	佚	佚
540	5305	8	6394	明504	1.54	9.2	114	210

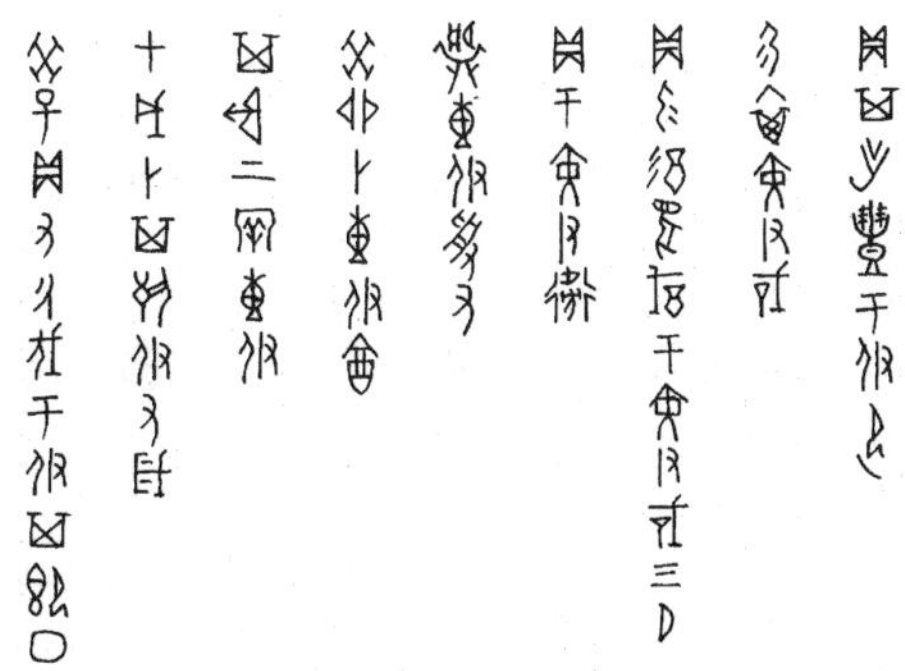

〓 續1.1.5 〓〓〓〓〓于〓〓

〓 後下33.7 〓〓〓〓〓〓〓于〓

〓 鐵141.1 〓〓〓

〓・〓 羅振玉は〓を沈、〓を貍と釋し、唐蘭は〓を汼と釋してゐるが(天釋四三)、諸家は羅釋に從ってゐる。

羅振玉「〓此象沈牛於水中、殆即貍沈之沈字、此爲本字、周禮作沈乃借字也、又據禮經柴燎所以事天、貍沈以禮山川、〓周禮大宗伯以貍沈、祭山林川澤、此字象掘地及泉、實牛於中、當爲貍之本字、貍爲借字」(考釋中一六)

〓は又〓(續存下283)・〓(佚521)・〓(乙3035)に作られ、〓三牛(寧1.119)・〓三羊(粹36)・〓三〓(佚521)・〓二牛(乙3035)・〓〓于〓〓(甲2091)と用ゐられて居り、〓は又〓(前7.33)・〓(續2.18.8)・〓(甲823)に作られ、〓二〓(前1.32.5)・〓三〓(前7.33)・〓〓〓(續2.18.8)と用ゐられてゐるが、この兩者は上揭例の如く同一祭祀に於いて同一祭神に用ゐられてゐて、兩者が一辭中に併用されてゐる例がないから同一祭儀に外ならない。次の庫1987版に於いては〓が

掇1.550 〓〓于〓〓三〓〓三〓〓

粹42 〓〓于〓(〓)…〓〓…

庫1987 〓〓于〓〓一〓一〓〓三〓三〓〓二〓一〓〓二

〓・〓と相對する祭儀とされて居り、又續2.18.8版に於いては「〓〓〓」と〓〓が〓について記されてゐるから〓は〓の祭儀

續2.18.8 〓〓于〓〓〓〓〓三〓〓〓〓

であって〓・〓・〓・〓を〓する義である。〓・〓の字形は羅釋の如く薶に當り、而して〓は前述の如く卣字であって同聲の尤字に假借されてゐるから(〓參照)、この用法も亦假借と考へられ、説文に「瘞幽薶也」、爾雅に「瘞幽也」とあって、〓は「瘞」に當り〓は「幽」の假借であることが解り、〓〓〓は瘞埋の祭儀に〓を幽するの義である。

瘞は「祭地瘞」(禮覲)・「祭地曰瘞埋」(爾雅釋天)と祭地の祭儀とされてゐるが、卜辭に於いては〓神にのみ用ゐられて居り(前1.32.5 後上23.6 粹38 42 庫543 七T8 南坊4.55)、而して「沈」は「祭川沈」(禮覲)・「祭川曰浮沈」(爾雅釋天)と祭川の祭儀とされてゐるが、卜辭に於いては〓は〓神に習用されると共に〓神にも用ゐられてゐる(前1.24.3 續存下182)。〓・〓は右の如く同一祭儀であり(周禮大宗伯に「以貍沈祭山川林澤」と、貍沈を同一祭儀としてゐる)、牲を河川に投ずる場合は之を〓と記し、瘞埋する場合は之を〓と記したのであって、これは祀る場所による相違に過ぎず、川澤に祀れば〓、山林に祀れば〓を用ゐたのである。然るに後世この兩者を區別して前者を「沈」として「祭川」、後者を「瘞」として「祭地」としてゐるのである。要之に〓・〓は同一祭儀であって「瘞」に外ならない。

第二篇　殷代の社會

第一章　殷の地域

第一節　卜辭の地名

卜辭の地名を「在☒」・「田于☒」・「☒受年」の用法を基準として集收せば五四二を数へることが出來る。之は陳氏が「卜辭記載的地名約在五百名以上」（卜辭綜述二四九頁）としてゐるものと略〻等しく、所在の版名と共に列記せば次の如くである。

地名	版名
	鉄 94.1 97.3 111.4 214.1 260.1 前 1.11.2 2.1.1 2.1.2 2.1.3 2.2.1 2.2.2 2.2.3 2.2.6 2.3.5 2.3.7 2.5.3 2.11.7 3.30.6 4.18.1 4.15.2 4.27.3 4.37.5 5.23.3 6.33.1 7.19.4 8.10.3 8.11.1 菁 9.1 9.7 後 上9.12 13.7 18.2 下1.1 10.14 31.15 41.16 林 1.23.1 1.26.5 1.26.8 1.27.2 1.27.8 2.15.9 2.16.1 明 311 1834 戩 9.11 9.12 9.13 25.12 37.7 43.8 47.5 餘 8.1 續 2.28.2 3.1.3 3.14.1 3.14.3 3.14.4 3.14.5 3.14.6 3.24.1 3.28.5 3.47.4 4.26.1 5.4.6 5.13.6 5.14.2 6.20.10 6.25.3 簠 地1 2 人52 游60 雜124 卜 239 240 402 493 692 佚 348 493 687 693 853 902 938 987 天 74 通 大龜2 3 粹 41 144 230 907 1064 1068 1069 1070 1239 1297 1302 1298 誠 347 348 349 文 686 687 遺 15 113 114 263 418 603 庫 17 167 273 522 646 981 1003 鄴 2.35.2 七 T24 金 621 728 掇 1.299 1.294 2.300 2.483 摭續 153 甲 727 1225 2121 2291 2325 2337 2378 2365 2416 3558 3576 3652 3690 乙 98 484 946 1779 1786 2212 2311 3331 3428 3669 4518 4983 5265 5362 5805 6169 6300 6432 7751 8346 8639 8821 8659 9078 寧 1.16 3.91 南 無4 師1.192 2.48 2.88 2.98 明217 坊4.103 京 1220 1558 1581 1584 1585 1586 1587 1588 1589 1592 2220 2250 2330 2480 2924 3001 3002 3008 3144 3240 3940 4380 4890 書道 5.8 東方 2.5 續存 526 739 1158 1209 1228 1298 1371 1385 1463 1618 1803 2216 1962 下5 136 150 162 189 286 312 361 463 476 529
	京 3722 4843
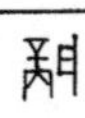	鉄 138.3 南 無264 乙 861
	前 5.2.3 6.1.5 後 上15.8 下19.10 簠 游34 續 3.44.3 6.10.11 庫 133 粹 950 1549 鄴 3.45.8 文 682 甲 623 896 936 1966 乙 7336 掇 1.384 1.385 1.370 寧 1.115 1.123 南 無95 京 4470 4578
	後 下7.15
	續存 1852
	鉄 14.4 93.4 262.1 前 2.43.6 4.10.5 4.31.6 4.45.5 5.6.2 5.8.4 6.35.1 戩 10.1 餘 12.1 林 2.1.16 2.2.17 明 99 1545 後 上5.5 下39.11 卜 52 53 417 續 3.43.6 4.26.2 拾 12.7 簠 游99 佚 250 366 374 990 庫 508 遺 93 粹 796 877 天 76 鄴 1.33.11 金 512 569 文 758 甲 1124 2132 3510 乙 1215 掇 2.111 2.187 2.313 寧 3.13 南 明739 師2.104 京 472 2048 2451 3217 書道 10.3 厦 4 續存 779 下486 外 437
	前 1.29.4 2.24 2.25 後 上6.4 9.12 下14.10 佚 928 粹 20 21 22 金 584 甲 1640 掇 2.59 摭續 189 南 無40 明567 775 京 3950 3951
	前 2.12.2 2.12.3 2.12.4 2.32.7 續 3.31.10 簠 典86 卜 383 拾 11.21 粹 657 乙 1906 佚 937
	前 6.1.5 後 下20.15 南 無477 京 576
	菁 9.10 後 下31.17 甲 3940 掇 2.24 京 3456
	前 2.15.1 後 下5.1 明 2291 京 2769
	明 642
	前 5.19.1 後 下21.17 25.14 28.9 林 2.2.10 2.19.6 明 1411 拾 12.5 12.7 續 5.10.2 簠 雜59 庫 1805 佚 601 遺 211 乙 539 掇 2.362 鄴 1.33.5 3.40.7 南 坊2.197 京 1570 2168 2220
	前 2.6.7
	前 6.2.1 乙 3071
	後 下39.5
	前 6.1.8 佚 936 林 2.2.11 鄴 3.45.10 京 2855
	鉄 113.1 前 4.21.4 菁 10.15 後 上21.6 林 2.4.14 明 1910 2248 卜 47 續 1.28.6 佚 284 524

庫 1002 甲 2161 乙 1215 1511 4247 掇 2.130 金 407 南 上139 師2.53 坊4.281 4.292 寧 2.71 京
2090 2630 續存 下846 外 262
前 2.38.3 2.38.4 2.42.2 2.42.3 2.42.4 2.42.5 6.30.6 7.14.2 明 395 630 1364 林 2.2.6 2.2.18 2.6.15 續 3.21.2 3.23.3 3.23.4
3.23.5 佚 184 粹 363 410 鄴 3.44.1 遺 8 七X13 金 549 590 721 京 2730 5295 2813
前 6.1.6 菁 9.7 後 下27.18 續 3.30.4 甲 2121
前 5.25.1 6.1.7 後 下12.9 35.6 35.9 上13.11 甲 3402 南 明794 寧 1.207 2.45
外 221
寧 1.14
鐵 57.2 169.1 175.2 196.1 255.2 前 1.19.1 1.48.1 2.5.3 2.15.1 2.16.1 2.26.4 2.26.5 2.31.3 2.36.3 2.38.5 2.43.1 3.24.2 4.34.6 4.34.7 4.35.1
4.42.1 5.19.1 6.10.5 6.27.3 6.29.2 6.34.2 7.1.3 7.2.3 7.13.3 7.19.2 7.25.1 7.27.1 8.12.2 後 上9.7 12.9 12.10 20.1 下1.2 17.2 21.18 42.3 戩
1.9 9.4 9.15 26.1 明 146 191 449 941 1132 2330 拾 4.12 林 2.2.10 2.13.9 2.14.5 2.14.7 2.14.9 2.19.1 卜 88 128
通別 2.6.17 槐1 續 1.2.4 1.10.6 1.36.1 1.38.5 1.52.1 2.28.6 3.3.3 3.5.5 3.10.1 3.16.7 3.18.2 3.26.1 3.28.4 3.38.1 4.45.8 5.23.3 5.29.2 5.29.5
5.31.1 5.32.1 5.35.5 6.7.8 6.9.6 6.9.8 6.20.6 簠 地27 50 59 帝33 人40 67 69 征3 21 游13 14 20 74 75 典98 102
歲23 雜35 48 102 129 佚 4 6 51 470 884 890 927 997 鄴 1.33.5 1.42.16 3.40.5 庫 512 719 709 1094 1559
1811 1900 粹 421 863 1043 1046 1048 1173 1175 1176 金 493 526 531 616 665 673 739 甲 206 261 709 907
2617 3328 乙 766 2498 3134 4080 4406 4628 4631 4776 4806 4919 5163 5507 6471 6590 6671 6692 7576 7751 7767 8081
摭續 146 148 掇 1.250 1.505 2.170 南 無5 誠1 39 輔7 明765 師1.66 2.104 2.252 坊2.34 2.191 2.197 寧 1.426
3.73 京 207 1048 1230 1326 1340 1368 1369 1518 1540 1541 1570 1576 2220 2504 2588 2812 2815 3135 3136 4397 書道
3.3 續存 186 662 663 664 789 796 下178 206 293 319 371 513 外 47 50
鐵 221.4 前 4.10.6 4.11.1 4.50.5 5.6.2 5.8.4 5.30.6 7.1.4 7.2.3 8.10.1 後 下25.8 27.14 34.5 戩 40.12 40.13 明 224 林
1.9.9 2.7.6 簠 典33 卜 201 681 鄴 3.49.7 庫 508 1507 1562 佚 720 粹 652 717 715 1246 遺 418 金

715 甲 547 1353 3510 乙 905 4761 5640 5760 5765 6164 7981 8935 寧 1.8 1.69 南 上47 京 1275
2316 續存 337 1375 2238 下846
前 2.8.3 2.8.4
前 2.3.7 2.20.5 2.22.1 2.29.7 2.30.1 2.30.2 2.30.3 2.30.5 2.31.3 2.31.4 2.34.1 2.34.2 2.34.3 2.35.6 2.39.5 2.41.2 2.42.1 2.43.7 4.15.3 4.15.2 6.13.2
6.23.5 後 下9.9 戩 10.3 11.9 46.14 續 3.15.6 3.15.7 3.15.8 3.16.2 3.16.3 3.16.5 3.16.6 6.27.6 林 1.27.8 2.1.2 2.1.6 2.28.14 明 376
1683 卜 388 簠 游52 70 73 佚 56 68 183 295 434 903 951 987 庫 23 67 135 1030 1319 粹 802 966
969 976 981 982 990 1013 1015 1016 1018 1021 1024 1026 1027 1561 誠 320 321 天 78 鄴 1.43.8 3.40.12 遺
117 406 416 669 670 677 金 192 208 452 621 甲 445 506 537 767 1391 1721 2119 摭 64 掇 1.403 南
明749 799 師1.68 1.171 坊2.193 寧 1.381 1.412 1.418 京 1440 2850 3820 4419 4420 4425 4426 4427 4428 4429 4430
4540 4568 4569 4570 5284 5287 5294 書道 10.2 續存 1733 1734 1736 1977 1978 1979 1984 1985 1986 1987 1992
1993 2366 下818 922 外 62 73
前 2.3.5 2.20.5 2.20.7 2.20.8 4.19.8 後 上13.12 戩 9.17 10.2 10.10 續 3.15.3 2.15.2 3.15.5 2.15.3 2.15.4 鄴 1.33.1 遺 677
917 金 192 588 粹 973 975 976 977 983 1011 1016 1017 1022 1030 1067 1456 甲 506 573 1651 乙 5402
摭續 134 掇 1.460 寧 1.373 1.419 南 誠84 師1.168 京 4421 4423 續存 1969 下497 917 外 73
前 2.23.1 2.31.2 2.31.5 2.31.4 後 上13.7 13.13 14.2 14.6 林 1.8.10 庫 139 粹 957 980 977 987 996 1199
1568 誠 313 摭 78 遺 121 甲 653 867 1183 1565 1798 掇 1.368 1.460 寧 1.373 1.378 南 師1.164
龜卜 9 七X11 京 5641 續存 2016 2253
甲 3536 京 4464
前 4.10.4 後 上11.3 林 2.1.18 佚 244 甲 3588 乙 1188 6921 寧 1.340 1.517 2.26 京 2825
後 上5.6 卜 383 佚 220 菁 1 庫 1002 1288 1543 粹 142 281 541 誠 299 312 文 555
909 乙 731 鄴 3.41.6 南 明677 坊3.139 京 772

鐵 127.2 前 6.27.6 佚 994 甲 3816 南 師2.159 2.161
林 2.1.16 前 4.31.6 續 3.28.7 簠 人54 佚 295 粹 1212 遺 537 文 182 234 694 771 京 3316
前 2.4.5 6.24.6 佚 992 粹 1456
前 6.30.7 6.31.1 後 下23.1 粹 1456
後 上11.1 前 2.18.1 3.25.4 4.15.2 5.18.3 林 1.27.8 2.1.13 續 4.36.1 4.36.2 5.13.7 簠 征50 51 金 519
621 京 5350 5351 5352 5353 5356 5357 5358 5359
後 上9.13 明 142 簠 雜92 拾 10.16 10.17 續 5.6.1 福 68 佚 847 鄴 3.44.8 遺 523 誠 271
乙 2090 2478 5158 6432 6690 金 477 京 4436 4581 續存 415 1072
後 14.5 佚 249 粹 1569 甲 1468 掇 2.398 南 師1.130 乙 6438 京 4446 4447 外 146
前 2.5.2 6.29.2 6.29.4 林 2.1.11 2.8.7 明 1280 簠 典102 佚 148 庫 181 乙 1046
續 3.31.1 3.31.2 簠 地26 佚 915 南 明579 寧 1.517
後 上15.3
前 6.29.8
粹 960 明 387
粹 1196 京 4829
前 2.13.4 2.13.5 明 1017 續 6.24.5 佚 106 甲 208 掇 2.273 2.427 南 無500 坊3.95 京 188 2094 3130
續 5.34.4 簠 歲22
乙 7143
鐵 12.3 前 5.12.3 7.30.4 後 上9.3 明 1900 續 6.13.11 佚 578 鄴 2.36.10 粹 1214 1229
乙 664 1405 2895 4516 6043 6667 金 709 寧 3.74 京 88 89 90 1977
前 4.53.4 粹 945 續存 632 下302 外 453

前 1.30.5 2.13.6 4.28.7 4.29.3 4.30.1 7.31.4 續 5.6.6 簠 人9 拾 6.4 佚 580 670 942 庫 652
金 200 565 694 摭續 105 南 明362 無497 乙 5403 續存 455
簠 地4 乙 4524
甲 1808 2229 京 4477
粹 192 金 189
粹 1571 京 5348
甲 840 1180 1928 3630 續存 1967
庫 1593
前 8.6.3 8.12.4 林 2.22.1 佚 727 南 輔90 續存 下586
續 2.1.5 5.4.3 簠 地24 文 676
前 2.24.2 2.35.5 2.36.1 2.36.2 2.36.4 2.36.5 2.36.6 林 2.2.6 2.20.10 2.22.6 明 1457 續 3.20.5 3.22.7 3.22.8 3.22.9 3.22.10
簠 游43 44 45 福 9 金 463 452 549 721 甲 478 寧 3.271 南 明791
林 2.4.19 寫 100 天 46
鉄 227.2 後 上24.5 續 1.53.3 2.23.9 3.30.3 3.30.5 5.9.3 6.24.4 通 大龜1 簠 地36 37 佚 180
612 647 文 707 鄴 3.39.9 甲 623 乙 575 5061 7490 8151 南 無410 師1.43 京 1561 1563 1731
2197 外 35 續存 241 1300 1967 外 306
前 6.63.5 6.63.6 佚 926 粹 1286 文 639 天 80 誠 356 鄴 3.45.2 甲 1089 3919
摭續 133 京 1616 4855 續存 1967
前 2.3.3 續 6.10.4 簠 游50
前 1.5.7 2.4.6 2.4.7 2.6.2 林 2.20.8 續 3.27.4 簠 游35 佚 277 南 師1.201 外 97 續存 下28
前 5.13.5

粹 1456
鉄 241.3 250.1 前 2.3.5 2.20.8 5.5.1 5.5.2 後 下7.7 7.8 7.9 7.10 7.11 5.15 林 2.6.13 簠 游109
佚 42 乙 305 390 4508 4835 鄴 3.38.4 掇 2.436 南 輔40 京 419 856 2461
前 2.5.7 2.6.1
前 2.7.8 2.16.3 2.24.5 林 2.1.8 鄴 2.37.3 金 574 京 5300
前 2.12.5 2.12.6 2.12.7 2.13.1 林 2.15.16 續 3.29.5 簠 征52 游50 卜 613 佚 559 通 別2.11.5 遺 192 南 上152 安陽
前 2.17.3 2.17.4 2.17.5 後 上15.14 京 5428
前 2.16.5 金 574
菁 10.5 後 下24.1 京 4369 續存 下776
後 上15.11 掇 1.66 2.120 乙 7751 摭續 149 京 4830
後 上14.11 戩 11.4 鄴 1.33.9 粹 957 980 甲 892 京 4468 書道 10.2
前 2.28.8 戩 11.4 續 3.25.6 林 2.20.9 明 57 卜 642 庫 1006 粹 935 986
南 坊4.115 京 1543 續存 下810 823
前 2.28.7 甲 3639 乙 3334 7205
前 2.42.6 2.43.1 2.43.3 2.43.4 摭續 135 南 師1.79
京 4535 甲 703
前 8.9.4 粹 996 文 734 金 371 摭續 121 京 4281 4469 3455
南 師2.189
粹 23
前 2.3.4 後 上13.6 下27.15 遺 581 京 1567 3364
文 878

前 2.19.3 2.19.5 4.25.8 鄴 3.43.11 金 544
前 2.27.6 2.27.7 續 1.47.3 金 501 鄴 1.33.7 甲 807 京 5291
佚 957 甲 1551
寧 1.372
續 3.22.3 3.27.3 簠 游108
後 下26.8 甲 2208
掇 1.401
前 8.7.1 續 6.22.16 甲 2591 南 師1.131
粹 154 534 1548 寧 1.121 京 3865 3947
前 2.18.6 2.19.1 外 209
前 2.19.2
甲 1603 1626 摭續 121
後 上10.7
前 2.18.3 後 上11.8 菁 10.12 林 2.18.12 續 6.3.2 卜 109 續存 下983
前 2.11.5 5.31.4 5.31.5 乙 8075
前 3.30.5 乙 3208 7680 續存 633
寧 1.384 遺 575
續 3.28.6
前 2.11.7 2.12.4 後 上12.12 續 3.18.6 金 123 甲 242 寧 1.393 1.394
前 2.10.3 林 2.18.12 菁 10.12 遺 465 後 下10.14
前 2.17.5 後 上15.14 續 3.28.6 庫 1655

前 2.7.3

前 4.40.4 4.40.5 4.40.6 4.40.7 戩 10.8 續 3.25.3 後 上25.1 佚 426 518 通別 2.4.13 遺 107 404 誠 309 明 2332 南 師1.200 2.252 京 567 2236 3457 3458 4911 卜 41 外 93

南 師1.200 寧 3.279 外 93

後 上15.13 續 3.28.7 簠 人54 前 2.15.6

前 2.32.3 2.32.4 林 2.26.8 遺 127 誠 367 京 5301

前 2.16.3 庫 1672

粹 1321 1426 乙 5520 5804

後 上14.10 文 666 679 683

文 180 561

粹 1211 文 681 682 京 3640

甲 1613 2819 乙 5355

續 3.30.7

前 2.6.3 續 6.1.6

林 2.20.11

續 5.31.4

續 3.29.3

前 2.8.1 明 376 續存 1999

續 3.27.6

前 2.21.1

續 3.30.5

文 667

前 4.13.6 京 2656

佚 807

前 2.4.8

前 8.6.2

前 2.28.4

甲 346 寫 108 續存 下974

金 544

前 2.6.5 續 1.4.6 簠 游19

文 680 700

乙 4518

佚 200

續 6.13.9 佚 242 餘 15.4

掇 2.106

鐵 168.3 卜 724 粹 697 1013 甲 1553 乙 5823 摭續 133 141 金 544 京 4608

林 2.22.7 續 2.28.3 4.22.9 明 947 鄴 1.33.11 粹 851 955 七 X11 甲 539 357 金 182

續 4.22.9 甲 274 1978 乙 8502 通新14 寧 1.397 南 師1.124 外 65 370 寧 1.40 南 師2.104 京 3871 3899 3900 4913 續存 744 1968 2235 外 173

摭續 175 菁 10.10

續 3.30.7 簠 游37

粹 1034 鄴 3.40.10 後 下22.15 26.5 乙 4057 4631 南 上99 明280 京 4602

粹 918 1200 佚 240 533 南 明395 乙 5265

後 下8.18 粹 72 鄴 3.40.10

鐵 55.2 遺 25

續 5.24.1 簠 人76 南 明748 佚 244

前 2.21.3 4.48.4 6.43.5 6.65.6 後 上15.1 15.12 下40.14 明 1908 續 5.19.8 拾 2.16 佚 737

前 4.42.6 粹 1326 1539 1540 後 下39.9 文 72

林 2.28.14 寧 1.395

前 2.12.3 2.7.8 2.15.2 2.26.1 2.35.4 2.34.4 2.35.1 2.35.2 2.35.3 2.44.5 後 下15.1 明 2 卜 25 續 3.24.3 佚 827 簠 游107 貞5 遺 120 金 182 甲 3941 南 明789 書道 12.7 續存 1971 2233

前 2.16.2

前 2.6.4

戩 34.6 佚 351 南 無17

後 上15.6 下23.10 39.14 戩 41.10 續 3.44.4 6.10.7 粹 970 1006 1200 1181 佚 72 436 891 904 鄴 1.43.10 金 189 371 甲 532 698 1626 掇 2.167 京 4366 4748 續存 1969 下809

前 2.16.1 金 511 續存 下817

前 6.40.7 粹 339 南 明766

誠 230 粹 968 後 下23.10

前 2.11.2 2.15.1 2.19.5 續 3.18.5 簠 游90 遺 121 1130 甲 600 2770 2959 3510 南 師1.50 坊2.161 京 3486 續存 下638

粹 72 1034 後 下22.15 南 明280 京 4602

前 1.6.6 4.41.4 後 上11.10 11.11 菁 10.4 續 3.31.9 林 2209

前 2.19.3 2.19.4 2.19.5 乙 2081

鉄 1.3 185.3 前 2.20.5 2.21.5 2.27.8 2.30.1 2.31.4 2.33.1 2.35.6 2.36.6 2.41.1 2.41.2 2.41.3 2.41.4 2.41.5 2.41.6 2.41.7 2.41.8
2.42.1 2.42.4 2.46.3 2.47.1 6.2.5 6.39.6 6.53.7 7.28.1 8.11.4 8.14.1 菁 10.15 後 上12.1 12.3 下35.1 戩 10.5 10.6 明
62 67 林 1.9.11 1.30.5 2.18.15 2.18.16 2.19.7 2.25.16 拾 6.2 福 68 續 3.16.7 3.16.3 3.17.1 3.17.2 3.17.3 3.17.4
3.17.5 3.18.1 3.28.5 3.45.3 5.23.7 簠 游82 83 84 85 86 佚 87 102 254 434 487 519 523 549 605
606 639 800 901 鄴 1.33.1 1.4.1 1.43.8 柏 22 庫 989 1090 粹 119 470 967 968 969 973 974
975 976 978 1013 1014 1015 1016 1018 1020 1025 1027 1028 1253 文 372 遺 122 128 263 412 419 574
594 671 676 677 679 900 天 77 78 誠 317 318 319 摭 70 七 B45 金 192 453 464 569
583 甲 381 537 580 573 617 737 765 767 809 837 893 907 1099 1511 1826 寧 102 乙 393 3693
4130 5397 6420 4919 7927 7955 9027 摭續 168 掇 1.403 1.460 南 無246 498 上101 誠84 明191 796 師1.120
師1.168 1.169 2.103 坊4.119 4.506 寧 1.373 1.375 1.382 1.412 1.417 1.419 3.42 京 1408 2155 2352 2659 3748 4152 4421
4422 4423 4424 4431 4432 4433 4434 4435 4576 4583 4585 4607 4627 5284 書道 10.2 厦大 29 旅順 1 續存
733 925 1013 1210 1358 1958 1959 1969 1970 1975 1976 1980 1978 1985 1988 1989 1990 1991 1993 2002 2366 下337
下463 818 824 828 825 923 外 73 74 237

前 5.1.2 菁 10.3 後 上10.4 10.5 續 3.28.5 遺 263 金 583 掇 2489 南 坊5.63

前 4.13.7

前 2.29.3 2.23.1 2.30.4 2.32.6 2.33.3 2.33.4 2.33.5 2.33.6 2.33.7 2.34.3 2.36.7 2.39.1 2.44.6 3.32.7 7.28.1 後 上10.15 12.3
林 2.16.10 2.18.19 2.26.6 明 55 1121 1992 續 3.17.1 3.23.8 3.23.9 3.23.10 3.24.2 簠 游100 101 佚 102
庫 1608 粹 977 978 979 1015 1017 1019 1022 1025 誠 314 遺 122 125 676 金 353
492 549 580 742 甲 537 582 907 3350 南 明790 師1.165 坊2.194 摭續 120 168 寧 1.374 1.412
1.413 1.417 掇 1.403 京 4463 4831 書道 11.3 11.5 續存 2367 2368 2373 外 54

文 721 723 724 735 續存 2001

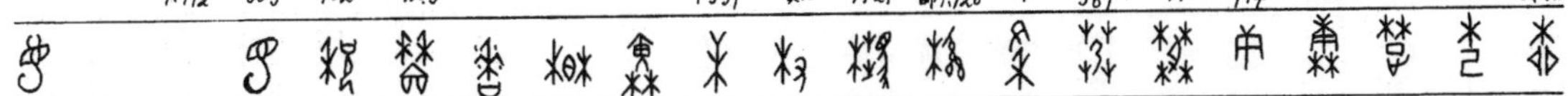

續 3.31.6 簠 游109 地50

前 2.8.7 後 上13.1 下37.5 乙 8895

前 6.24.7 粹 73 450 842 1315 1547 京 4207

後 上18.9 粹 1457 金 493 前 2.4.1

佚 996 後 上9.3

菁 9.7 續 3.30.4 庫 1655

續 3.28.6 庫 1672 摭續 106

後 上10.8

林 2.18.12

遺 121

鄴 3.46.5

後 上15.2

明 376

鄴 3.46.15 誠 293 粹 985 甲 653

前 4.53.4 6.51.2 林 2.25.16 續 3.28.5 遺 263 金 583

拾 12.2 卜 2 庫 1844 乙 3431 4529 4615 4926 5227 5393 6235 6273 7490

前 2.32.3 2.32.5 遺 120 掇 1.366 南 坊4.551

鉄 217.4 前 1.51.6 後 上9.7 下27.7 30.10 林 1.7.19 2.17.6 明 571 2330 卜 628 續 1.52.1 粹
1175 庫 981 993 1096 1110 龜卜 125 金 451 乙 1010 1049 1811 4518 5280 6092 6422 8859 9039
9044 南 上78 明613 續存 下584

前 6.51.6 7.23.1 7.38.2 後 下38.1 林 2.30.6 續 5.6.5

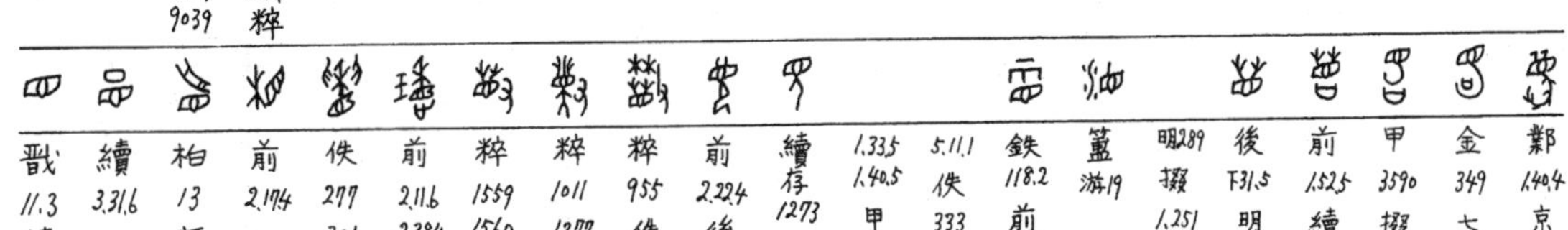

鄴 1.40.4 京 1919

金 349 七 P50

甲 3590 掇 1.449 寧 1.349 1.493 京 4883

前 1.52.5 續 4.15.7 佚 712 摭續 162 金 623 京 2231 4480

後 下31.5 明 322 柏 33 甲 2364 2575 乙 514 718 990 2267 3212 3331 5854 6882 7336 8013 南
明289 掇 1.251 京 1552 續存 616 617

簠 游19

鉄 118.2 前 2.7.2 3.23.3 5.34.1 6.7.2 後 下20.3 42.9 林 1.25.1 1.25.2 2.25.16 明 1015 1515 2053 續 3.14.6 3.29.6
5.11.1 佚 333 900 簠 地29 征46 人70 佚 382 833 982 庫 293 天 93 遺 263 鄴 1.26.2
1.33.5 1.40.5 甲 2907 南 師1.63 2.86 京 2374 2220 續存 1041 1179 下332 334 462 外 107

續存 1273

前 2.22.4 後 上13.4 摭續 164 續 6.10.4 京 1546

粹 955 佚 297 金 182 370 甲 357 498 703 寧 1.380

粹 1011 1277 摭續 133 京 4407 書道 10.2 續存 下751

粹 1559 1560 遺 655 402 甲 573

前 2.11.6 2.38.4 2.38.5 林 2.19.1 3.32.1 簠 游112 卜 591 書道 11.5

佚 277 301 粹 1561 庫 1660 甲 1252 京 4420

前 2.17.4

柏 13 七 B28

續 3.31.6

戩 11.3 續 3.25.4 京 4468

文 225 472
掇 1.437 寧 1.422
鉄 77.3 前 2.20.4 2.27.8 4.7.6 4.25.4 5.2.8 5.32.1 6.8.4 後 上11.5 11.16 戩 33.2 明 1922 2096 林 2.2.14
續 3.21.1 5.29.12 5.30.14 6.24.5 佚 185 605 840 鄴 1.42.20 1.46.8 龜卜 29 庫 350 506 1259 1548 乙
1185 1874 2267 3008 3334 6313 南 無433 京 4922 續存 下740 940
粹 1204 前 2.13.2 2.13.3 乙 7402
前 2.11.1 2.11.2 2.28.1 後 上30.8 下20.12 京 4368 4412
佚 792 文 669 670 671 672 673 674 摭續 169 南 坊4.422
前 2.42.3 續 3.30.1 簠 游76 金 580 甲 783
前 2.28.5 2.36.6 2.36.7 續 3.18.3 簠 游77 佚 547 995 粹 976 1562 甲 1909 南 明787 京 4455 4456 5283
後 上15.2 明 142 拾 6.6 粹 979 1020 掇 1.403 文 608 寧 1.374 1.411 1.412 京 4425 5322
前 2.11.7 8.7.2 後 上15.4 15.5 下14.18 林 1.23.16 續 5.35.3 佚 273 粹 1194 甲 673 2387 3534 3584
乙 6264 文 716 720 掇 1.507 京 1436 3328 3386 3393 金 477 續存 1524
摭續 131
前 2.7.4 2.8.3 2.8.5 卜 198 續 3.30.8 簠 游113 遺 293 417 乙 1428 8812 8896 掇 1.119 2.6 京 428
前 6.16.8 7.5.3 後 下30.4 佚 751 金 507 590 掇 2.158 乙 655 658 730 2156 2211 4814 5222
7481 京 520 續存 1339
鉄 28.1 前 3.20.3 4.44.4 7.32.2 林 2.19.16 2.19.17 續 2.24.1 3.26.3 3.27.1 5.31.3 簠 雜58 佚 1 粹 1088
1155 1588 庫 425 1670 1679 遺 482 天 59 甲 2258 乙 2907 4335 4912 4658 5269 南 無160 京
2184 2352 2862 續存 162 667 1124 下135 外 236 358 458
前 7.8.2 8.7.1 菁 2 林 2.19.15 續 5.10.1 簠 地31 庫 306 甲 2249 書道 5.6 續存 600 1188 下200

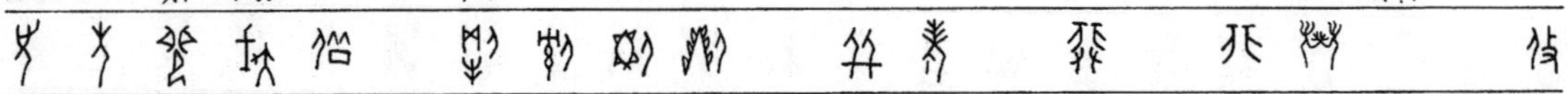

前 2.16.5 2.16.6 2.17.1 2.17.2 4.30.4 5.30.1 6.9.2 林 2.3.18 續 3.29.5 3.30.7 6.1.5 簠 地19 貞16 游37 征38 遺 466
通 別2 4.15 粹 1282 金 544 495 597 甲 214 562 南 明504 786 京 2450 5495 5553 東方 4.1 乙 7746
續存 68 451 2604
前 2.9.2 2.9.4 5.41.7 鉄 181.4 粹 1324 南 師2.144 坊3.102 甲 1092 1157 3461 乙 433 6988 續存 205 下174 416
前 6.63.4 戩 42.10 明 166 卜 794 拾 11.20 續 1.19.3 3.30.10 6.20.8 戩 42.10 簠 帝71 地20 庫
1884 粹 1256 甲 799 南 明576 京 1616 4760 文 717 續存 193 2042 下444
前 2.10.4 7.10.4 後 下23.8 林 2.22.11 卜 730 續 5.11.6 6.13.10 簠 天1 38 雜108 佚 374 507 927
粹 55 1157 1158 1159 1262 續 1464
前 2.2.6 2.32.1 後 下35.2 林 1.26.7 佚 620 遺 393 乙 428 8712 8896 8893 南 坊1.73 掇 2.151 京 1562
鉄 59.2 後 下34.3 36.3 戩 33.14 續 5.18.7 佚 95 遺 914 甲 298 774 778 乙 3429 4934
京 1415 續存 1466 1916
後 上13.2 下15.14 明 132
前 5.42.6 文 780 後 下32.14 南 坊5.44 掇 2.457 乙 771 1044 1410 7811 京 1569 2181
前 2.8.7 後 上14.3 南 明388 395
前 2.7.1 2.17.6 2.17.7 2.17.8 2.18.1 2.18.2 2.18.3 林 2.13.9 2.22.2 明 360 續 3.29.1 簠 地8 庫 1569
寧 2.147 2.148 京 5356 5357
前 2.7.8
庫 383 乙 2439 5798 7475 8144
前 2.37.1 乙 8728 8814 8981
前 2.4.3
南 坊2.195

後 上10.6 掇 2.307 京 1331 1332
佚 581 乙 423
前 2.4.3
續 3.27.5 簠 游106 佚 937 京 5329
粹 613 933 乙 909 1057 1420
遺 264
金 545 掇 1.476
續 3.25.2 前 6.30.4
後 上15.7 甲 637
後 下20.10 續 3.30.6
甲 1252
甲 2121
庫 589
林 1.24.5
佚 995
前 2.37.1 簠 雜138 遺 564 565
粹 13 文 722 755 寫 150 甲 361
金 477
寧 1.228
粹 1578 京 4841
南 明587 京 3895

1. 佚943
2. 前2.8.7 2.9.1 2.9.3 續3.31.4 遺264
3. 前2.9.6 2.19.6 6.13.4 林1.28.1 後上13.1
4. 七T6 庫308 乙605 675 1201 3154 3155 3184 3212 4306 4636 6951 7009 7236
5. 後上10.3 續3.29.4 3.31.4 掇2.130
6. 鐵25.2 前3.22.5 3.22.6 4.32.4 4.32.5 林2.28.11 明1370 1905 續1.39.9 佚667 725 粹1571 甲752
7. 乙1376 3416 5290 8101 金544 南輔71 掇1.235 2.13 京1086 2557 2180 2997 5348
8. 前2.4.1 續6.1.7 簠地7
9. 寧1.346
10. 京1566 4359
11. 京4453 4454 後上10.2
12. 南明492
13. 鄴1.40.8 京3641
14. 甲346
15. 明1494
16. 前2.8.5 2.11.5
17. 前2.34.7 2.35.1 粹653
18. 後上18.11 南坊3.17 京1509
19. 前2.9.5 2.9.6 6.35.1 續2.9.9 3.43.6 佚318 366 990 天76 文474 卜647 寧3.13
20. 南師1.162 林1.26.16
21. 前2.11.4 3.29.1 6.12.5 6.13.4 林1.28.1 2.6.19 2.16.17 金583 728 京3860 4310

---

1. 前5.45.2 5.45.4 5.45.5 林2.18.1 佚926 鄴3.42.2 甲1085 寧1.331 2.41 3.108 南明682 乙7191 京1571 3512
2. 前2.7.6 2.7.7 2.7.8 2.8.2 2.12.4 續3.28.6 3.30.2 後上12.12 13.2 卜681 簠游39 粹1296 京1560 3484 4462 5366 5552
3. 前2.43.5 2.43.6 2.43.7 2.44.1 2.44.3 4.10.5 7.42.1 戩10.1 續4.4.5 4.26.2 簠天91 通別2.12.4 佚719 庫77
4. 文758 掇1.453 2.111 金211 寧1.395 南坊1.36 京1598
5. 前2.3.5 2.21.1 後上13.10 菁10.15 粹972 鄴1.33.9 摭續266 南明623 京4468
6. 文100 710 711
7. 前4.36.7 5.9.3 6.34.1 明256 佚298 庫412 七B79 P68 柏52 掇1.317 乙
8. 163 3517 5330 5906 南師1.58 坊3.90 京1329 1330 外227
9. 前2.5.1 2.8.6 2.7.8 遺466 通別2.4.15 金574 南明828 續5.14.5 佚441 續存下947
10. 前2.6.6 2.4.8 後上13.2 林1.9.12 粹300 金448 京3282
11. 前2.9.7 2.19.5 5.8.4 鐵36.3 金584 續存下529
12. 前2.9.6 後上9.12 續3.31.7
13. 文398 京3483
14. 前2.15.7 5.35.5 菁9.5 續3.29.3 3.29.4 3.31.4 簠南146 地9 佚559 遺493
15. 明1913 南輔85
16. 林2.16.19 佚157 323
17. 明682 前1.48.1 1.48.2 南明439 鐵271.2 京2619
18. 後上14.8 下42.8 續3.25.1 甲615
19. 甲1908 粹883 通別2.12.2 京4441 4442 4443 4444 4457
20. 京4523
21. 前2.5.5 後上11.9

---

1. 後上11.2
2. 後下3.8 粹1566 七P92 南師1.89
3. 前5.31.3 6.58.3 乙7680
4. 林1.26.16
5. 前2.44.6
6. 前8.10.1 林2.26.9
7. 京4471
8. 前5.46.3
9. 南明834 坊3.22 前4.47.3 乙4548
10. 前2.15.1
11. 續存723
12. 寧1.416
13. 乙3214
14. 佚123 鐵53 甲3340 乙1847 2618 7436 金723 京1295
15. 甲806
16. 菁10.4 後上10.4 11.11 續3.31.9 簠地5
17. 後下36.8 甲390 393 621
18. 前5.47.1 後上14.8 下23.13 25.10 續3.25.1 3.40.4 卜669 718 天81 粹55
19. 927 972 973 鄴3.36.6 甲615 1301 1762 2148 掇1.401 寧1.379 京4464
20. 粹991 992 993 文749 甲672
21. 粹1571 鄴3.49.13 京3648 5296 5348

前 1.51.4 7.36.1 遺 938 佚 21 303 庫 1755 乙 5311 續存 551

續 4.25.3 鄴 3.34.9 3.38.2 乙 2947 6948 南 明466 坊1.13

前 2.6.4 2.12.1 4.25.3 簠 游102 鄴 3.34.9 佚 631 乙 4298 南 輔37 京 71

續 3.24.4 龜卜 20

乙 7285

前 2.6.3 4.33.3 明 1330 續 6.1.6 簠 地6 甲 26 京 5274

前 2.37.8 3.24.4 佚 121 乙 8935 續存 383

鄴 1.32.2 粹 1352 文 121 京 3475

前 2.27.1 2.27.2 2.27.3 6.41.7 林 2.11.6 續 3.25.5 簠 游81 佚 232 甲 1163 1508

1895 1950 金 511 588 京 4450 4451 4452

前 8.9.4 鄴 3.36.7 粹 986 掇 1.402 1.404 寧 1.376 1.391

前 2.20.4 2.20.5 2.31.6 2.37.3 2.37.4 2.37.5 2.38.1 2.38.2 後 上9.13 13.9 13.12 下9.9 戩 11.6 11.8 林 2.6.12

2.22.17 2.28.14 拾 6.2 續 3.18.6 3.23.6 3.23.7 3.25.5 3.25.6 3.33.10 6.20.9 簠 游51 78 79 80 佚 68 183

254 288 289 292 442 800 971 880 庫 23 鄴 3.48.11 粹 779 780 835 929 966 968 969 972 974

975 979 981 983 1003 1015 1016 1023 1026 1028 1067 1547 遺 123 124 670 677 誠 304 305 文 735

金 192 366 甲 357 360 394 405 445 505 506 537 653 692 767 793 837 1354 1476 1650 1782 1955

1967 3919 摭續 1 137 寧 1.4 1.99 1.115 1.373 1.383 1.391 1.412 1.417 1.418 1.419 3.270 南 無498 明744 790

師1.163 1.168 1.171 2.207 坊3.142 4.507 5.63 掇 1.374 1.385 1.402 1.403 1.460 2.30 2.217 2.426 2.489 京 3819 3857 4421 4422

4424 4426 4437 4439 4440 4569 4575 5297 書 12.7 續存 1734 1970 1972 1973 1977 1978 1979 1981 1982

1984 1986 1988 2369 2370 2374 下228 812 820 821 822 828 外 62 73 416 434

前 2.16.4 菁 10.10 庫 1672 文 714 715 716 乙 2592

前 2.44.7

鐵 168.3 前 1.24.3 1.27.3 2.15.2 4.36.7 4.36.3 5.23.3 6.57.6 6.66.1 7.21.4 7.29.4 後 下24.1 34.3 36.3 明 1763

林 2.7.3 2.11.16 2.12.8 拾 10.2 續 2.16.1 4.12.5 4.46.6 5.3.1 5.5.1 5.10.1 簠 地24 31 33 文 3 雜68 104

佚 163 190 358 923 983 庫 1807 粹 305 1059 1192 1285 遺 163 577 984 鄴 3.45.2 金

349 507 728 摭 91 甲 2464 3510 乙 116 676 1078 1102 1926 1979 2245 2424 2601 2665 2836 2840

2914 3197 3403 3423 3443 3444 3810 4065 4085 4280 4539 4543 4736 4737 4761 4793 4809 4934 4973 5191 5407 5524

5330 5348 6045 6264 6724 6729 6739 7268 7772 8417 8461 掇 2.180 2.386 摭續 143 183 南 無100

師1.20 京 544 1000 2209 2223 3286 4254 續存 1 3 773 1464 下213 323 458 外 9

前 2.3.5 2.4.5 2.4.1 2.5.3 2.13.7 2.14.1 2.14.2 2.14.3 2.14.4 2.20.8 林 2.15.16 明 944 1565 卜 602 續

3.19.3 3.19.4 3.19.5 3.19.6 3.19.7 3.19.8 3.19.9 3.20.1 3.20.2 3.20.3 3.20.4 6.6.8 簠 地10 11 12 13 14 15 16

通別 2.8.6 粹 1456 佚 177 金 458 578 627 龜卜 15 掇 2.44 南 坊4.518 京 5389

前 2.11.2 2.24.4 2.29.5 2.27.8 2.29.3 2.29.4 2.29.6 2.29.7 2.30.1 2.30.3 2.30.4 2.30.5 2.30.6 2.31.1 2.31.3 2.33.1 2.33.2 2.34.3

2.34.4 2.35.1 2.35.5 2.36.4 2.37.5 2.41.4 2.43.5 2.44.6 2.42.4 菁 10.12 10.15 後 上5.2 11.7 13.11 下36.6 明 1 1041

1159 1400 林 1.28.16 1.30.4 2.6.12 2.16.10 2.18.16 2.20.6 1.27.7 卜 50 111 續 3.16.10 3.17.1 3.17.9 3.17.10 3.18.1 3.18.2 3.18.3

3.18.4 3.18.5 3.18.6 3.18.7 3.19.2 3.23.8 3.24.1 3.24.2 3.30.1 簠 游53 91 92 93 94 95 96 97 98 104 105 117

佚 987 粹 956 1410 庫 1536 遺 115 116 118 121 122 123 128 1127 1128 1129 金 453 464 549

742 甲 102 327 3350 摭續 123 掇 2.216 2.217 2.424 南 明789 790 798 808 師1.203 2.252 坊4.502 4.503

4504 寧 1.413 3.269 京 5287 5286 5288 5289 書道 11.5 續存 925 2369 2370 2374 下922 924 937 983

前 2.24.4 2.27.1 2.36.1 2.39.2 2.39.4 2.42.4 2.40.1 2.40.2 2.40.3 2.40.6 2.40.7 2.40.8 2.41.2 2.44.4 2.44.5 後 上12.3 林 2.20.1 2.26.12

卜 111 續 1.4.4 3.15.6 3.16.10 3.18.3 3.18.4 3.18.5 3.19.1 3.24.1 簠 游52 104 105 庫 1608 粹 1031 佚 56

987 遺 116 121 金 448 549 摭續 259 南 師1.165 2.236 京 5326 續 下983 外 54

京 5298

佚 910

前 2.24.3 2.24.4 2.27.8 2.30.1 2.30.2 2.30.6 2.32.7 2.34.3 2.35.5 2.38.6 2.39.3 2.39.4 2.39.5 2.39.6 2.39.7 2.39.8 2.40.4 2.40.5 2.41.2 2.41.6 2.42.3

菁 10.15 明 1121 續 3.16.9 3.17.7 3.17.8 3.17.9 3.18.1 3.18.2 3.18.3 3.24.1 簠 游86 87 88 89 90 佚

434 987 粹 1196 庫 1536 天 77 鄴 1.31.6 1.43.8 金 580 遺 123 125 131 1127 摭續 136

京 4473 4829 5292 5285 5284 書道 11.3 續存 2236 2363 2368 2374 下939

前 2.20.3 2.21.5 2.22.3 2.22.5 2.22.6 2.23.1 2.23.2 2.23.3 2.24.1 2.23.4 2.23.5 2.23.6 2.24.2 2.26.7 2.32.5 2.40.5 後 上12.2 林 1.16.8

2.23.11 2.29.2 明 3 1542 卜 46 47 通別 2.8.1 續 3.15.8 3.20.5 3.20.6 3.21.1 3.21.2 3.21.3 3.21.4 3.21.5 3.21.6

3.21.7 3.21.8 3.21.9 3.21.10 3.22.2 3.22.3 3.22.4 3.22.6 3.22.8 3.22.9 簠 游45 46 47 48 49 71 72 福 8 9 文

9 688 誠 332 佚 185 345 庫 1548 遺 132 133 134 135 136 411 413 1122 1123 1124 1125 1126

金 469 599 721 龜卜 12 19 摭 74 160 163 掇 2.45 2.425 寧 2.146 南 明797 京 5330

5331 5332 5333 5334 5335 續存 2377 2378 下931 932 933 934

前 2.22.1 2.22.2 2.22.4 續 3.22.5

續 3.22.1 林 2.29.1 通 2.8.2 龜卜 10 金 615

前 2.23.1 續 3.20.6 續存 2357

後 下8.15 佚 269 掇 2.399 摭續 125 161

鄴 1.32.2 京 3475

簠 地17

續 3.30.6

前 2.18.6

前 2.16.3 2.16.4 2.16.5 2.16.6 續 3.31.11 庫 1672 金 574 南 明786 坊4.519

前 2.8.3 佚 273
鉄 76.2 粹 1557 乙 8526 南 師1.76 京 2928 3038 外 24
前 2.7.5 續 3.27.5 簠 游106 佚 937
前 2.5.3
摭續 1
粹 971 乙 4718
庫 383 掇 1.68
乙 4522
後 上14.12
前 2.10.1 林 2.5.7 金 544
前 2.44.2 2.44.3 2.44.4 2.44.5 2.44.6 後 下20.11 戩 11.3 11.5 42.1 林 2.28.14 拾 6.3 續 3.25.4
3.44.6 佚 442 776 粹 931 949 950 1003 鄴 1.33.1 3.36.7 遺 119 摭續 118 132
金 366 370 掇 1.75 甲 1550 南 師2.207 京 4447 4448 4449 4606 續存 1971 1972 外 434
後 下42.3
前 6.34.4 後 下25.5 25.11 通 別2.6.19 佚 424 鄴 1.39.9 粹 1208 1209 1210 文
123 190 230 275 442 559 689 690 691 692 693 694 695 696 697 698 699 701 遺 948
甲 1152 京 3283 3317 3641 3642 3643 3644 3645 3646
前 6.34.3 7.25.1 續 3.5.5 簠 征3 佚 689 掇 1.20 廈大 15 外 315 七 T7
續存 797 下293
後 上10.1 明 1928 天 9 甲 816 摭續 122 南 明534 670 續存 下982
前 2.5.6

前 2.12.4
後 下39.14 粹 700 702 庫 268 金 381 甲 185 404 840 1494 1647 摭續 197 京 1230 4309 4450
簠 雜54 佚 292 粹 717 715 寧 1.70 京 4450
遺 758 通 別2.7.7
鄴 3.42.3
遺 263
後 下3.8
佚 271 581 甲 2854
乙 3290 7809
前 6.16.3 粹 882
前 2.27.4 粹 984 1001 寧 1.369 1.370 1.371 京 4310 4545 4546 4547 4571
續存 179 外 457
前 4.33.6 7.29.1 文 557 685 甲 3510 乙 5305 5350 寧 2.52 京 1479
甲 653
簠 地34
前 5.24.8 鉄 76.2 佚 613 粹 1318
京 4184
甲 2371 乙 926 掇 2.33
林 2.25.6 鄴 1.33.8 粹 1037 文 675 702 京 3326 3479
前 3.31.1 4.11.2 4.30.2
後 上8.12 22.5 戩 43.2 林 1.20.15 續 1.4.6 3.1.3 乙 4658 4659 6519

鄴 1.33.10
前 2.8.7 4.36.3 8.6.3 庫 144 鄴 1.34.1 乙 1834
佚 935 粹 192 989 庫 1090 寧 3.278 文 352 京 3977
後 下2.16
後 上11.6 15.5
後 上14.4 15.8 明 99 396
文 709
前 2.24.6
後 上9.3
前 2.8.1 28.2
前 1.9.7 25.3 4.27.5 4.33.6 後 下9.13 10.1 續 3.40.4 天 81 簠 人8 佚 891 粹 1200 1551 文 573
摭續 19 乙 2041 5854 7818 掇 2.484 寧 1.231 1.519 1.521 京 3488 續存 1648 1838 下485 589
前 2.18.4 2.18.5 4.41.1 7.12.1 後 上13.4 13.5 通 別1 卜 418 684 粹 1125 1426 七 B35 甲 447 乙
6111 摭續 164 京 161 568 安陽 10.4 續存 550 下255 外 292
鉄 2.2 72.3 前 5.36.6 7.4.1 7.7.2 後 上8.14 明 929 林 2.12.10 續 1.3.3 5.26.6 6.8.9 簠 人69
拾 2.14 佚 85 遺 93 279 粹 112 376 398 446 495 文 77 遺 279 585 鄴 3.43.4 甲
1300 2260 3510 乙 1598 2592 3526 6089 6708 8110 8370 摭續 181 京 2286
乙 5257
鉄 55.2 191.2 前 6.8.3 6.42.7 後 下25.8 27.11 37.4 續 3.28.3 簠 游22 征38 佚 223 庫 365 684 1214 粹
1352 文 144 582 金 609 遺 1012 甲 845 1925 2029 2327 3310 3510 乙 409 580 南 明104 152 師1.64
掇 2.226 摭續 268 京 1248 1328 1544 2227 2486 2684 3093 3141 續存 726

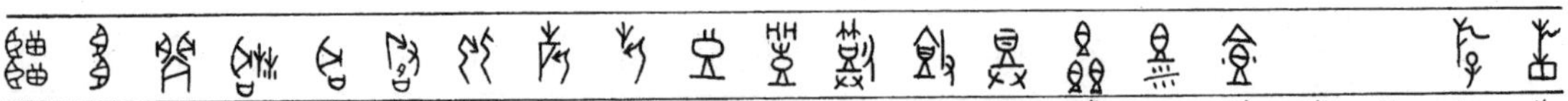

前 2.8.3 續 3.30.10 簠 游110
鐵 132.1 前 2.26.6 2.26.7 2.29.1 2.29.2 2.31.2 2.41.7 後 上13.13 14.1 明 1720 續 3.19.1 簠 游103 121 雜47
佚 149 245 422 庫 1033 鄴 1.33.1 1.47.3 粹 979 1010 1019 1286 遺 674 甲 1796 1991 乙 1760
7661 掇 1.451 摭續 121 南 坊4.505 師2.28 寧 1.409 京 1545 4419 4457 4458 續存 2001
粹 700 1426 遺 28 380
文 94 403 424 安陽 8.7
續 3.28.2 簠 游41
林 1.26.16
粹 987
後 上13.12
後 上10.9
南 坊3.16
京 1565
佚 858
乙 6753 續存 下463
菁 10.3 後 上10.4 30.8 續 3.31.9 簠 地5
甲 3536
粹 927 京 4464
前 2.4.2 6.24.8 後 上11.2 明 570 901 1518 1541 續 3.27.2 3.31.3 佚 181 續存 1380
京 2561
續 3.24.4 簠 田110

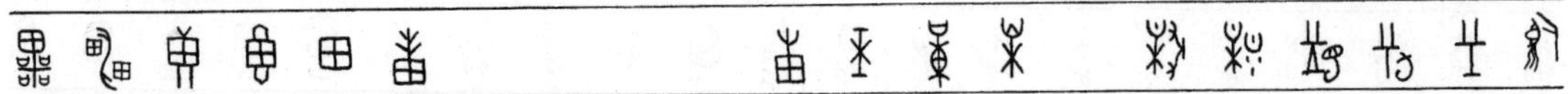

甲 3939
前 2.11.3 2.11.4 後 下3.16 林 1.9.9 拾 2.9 佚 374 粹 715 717 甲 547 690 2572 2542 南 明423 京 3948
庫 1644 掇 1.550 摭續 2 寧 1.119
後 下36.3
後 上13.12
前 6.63.8 6.67.3 後 上10.12 10.13 10.14 10.16 菁 9.2 明 449 續 3.30.7 5.13.4 簠 地7 游37 佚 228
987 粹 983 乙 1042 3401 寧 1.413 京 3869 4459 4460 續存 下945
甲 2262 乙 5520 5760
前 2.17.3 6.36.4 後 下41.2 林 1.25.14 簠 文70 金 544 乙 3478 3869 4505 4719 京 2690 書道 1.7
乙 5804
鐵 141.3 144.2 172.2 193.1 230.4 前 1.32.8 2.8.4 4.4.2 4.55.6 4.55.7 6.22.3 6.22.6 6.32.1 6.60.6 6.62.7 菁 10.7 後 上31.1
31.2 下12.10 明 102 862 1629 2286 林 1.30.9 2.3.4 拾 3.2 卜 621 續 3.7.2 3.44.2 6.14.8 簠 典60 佚 13 96 97
642 鄴 3.38.4 庫 1055 1104 1145 粹 1269 遺 572 940 文 576 七 P72 96 金 406 甲 179 3510 3576
乙 105 109 407 2407 3154 3155 3212 4306 4638 5579 6513 6519 6622 6978 摭續 262 掇 2.195 京 1658 1811 2998
3044 3097 3098 3176 續存 176 1168 1447 下465 外 135
前 4.17.3 簠 歲17 18 24
南 明729 外 273
通別 2.4.8
掇 2.239 京 5493
粹 1570 南 明395 京 3493
前 2.8.7

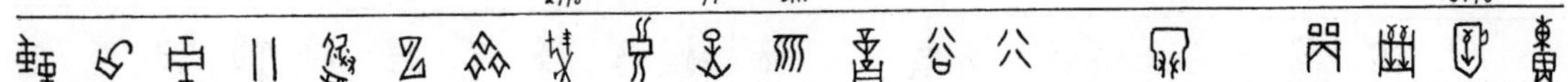

續 6.24.6
後 下22.5 22.6 粹 1564 京 4466 4467
乙 7009
續 5.15.10 5.23.10 簠 人79 80 拾 14.5 乙 2307 4605 9020 掇 1.28 2.160 2.316 乙 47 7134 文 703
718 續存 下85
鐵 186.1 前 6.14.7 續 3.14.7 庫 308 395 簠 雜94 鄴 1.31.7 甲 3344 3847 乙 531 668 930 1360 3803 4509
4536 4549 4858 5897 7751 京 1628 續存 下90
前 2.45.1 5.28.1 戩 45.11 林 2.21.10 2.22.17 續 4.16.11 甲 346 京 4472
佚 113 725 續 3.28.1 前 2.5.4 4.12.5 後 下3.3
前 2.8.7 林 1.25.18 佚 941 金 728 掇 2.354 續 3.30.5
鐵 191.3 前 6.59.7 戩 33.10 續 5.20.4 後 下37.7 簠 人26 掇 2.56 天 80 粹 260 乙 2948 京 711
前 2.34.5 2.34.4 2.34.6 後 上11.7 卜 387 明 1930 遺 128 誠 326 摭續 121 寧 1.384 1.392 京 4461
前 2.21.3 七 T22 乙 2510 7673 摭續 288 續存 下768 外 319 442
前 2.10.2 2.12.3 林 2.1.3 2.3.6 續 6.1.7 簠 地7
前 2.15.3 2.15.4 2.15.5 後 上15.12 遺 308 明 1794
前 2.21.2 掇 1.111 2.71 七 S21 乙 4357 7009 8187 8287
前 2.3.6 2.20.3 續 3.30.9 簠 地22
前 1.53.2 5.14.7 後 上5.10 林 1.24.2 文 35 誠 152 粹 235 甲 2018 2476 京 2203
前 2.7.1 菁 9.4 甲 346 庫 1569 續存 2356
前 2.19.5 2.19.6 卜 391 續 3.30.7 金 621
粹 1426 1448 庫 981 993 1110 鄴 3.48.2 寧 1.427 京 1376 4183

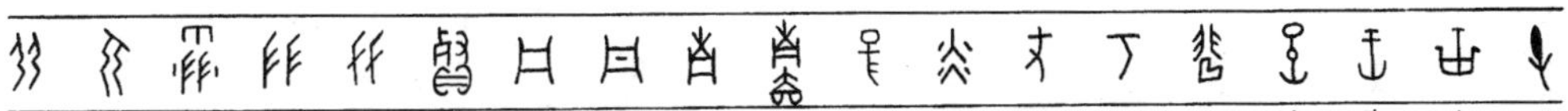

前 8.11.2 後 上13.12 林 2.25.6 遺 193 粹 1190	前 2.38.1 2.38.2 粹 1190 文 602	前 2.13.5 誠 11.5	前 2.15.1	前 2.3.7 菁 9.1 續 5.13.7 金 621	前 2.7.4 掇 1.420 續存 下340	甲 224 786 寧 1.430	後 上13.5 下9.4	前 6.56.6 續 5.8.3 京 4485	前 4.11.5 5.6.2 簠 人35	京 3485 4482	文 713 京 3478 3649	粹 960 1017	甲 1650 1700 2158 寧 1.70	續 4.17.7 簠 地3 歲4 前 4.43.1 粹 863	粹 863 簠 歲4 續存 下70	金 189 京 3115	前 3.1.2 粹 890 續存 下163	佚 217

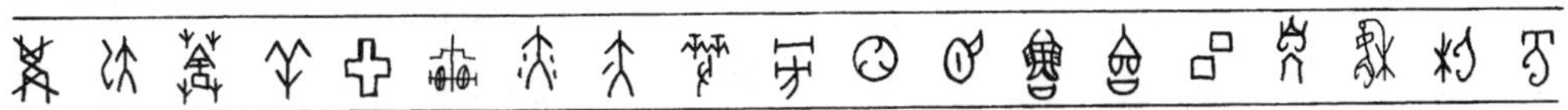

鄴 3.48.6	鄴 1.38.11 佚 430	林 2.21.13	佚 430 鄴 1.38.11	乙 1980 5321 粹 984 佚 734	佚 532 庫 631 乙 7672	前 4.55.7 後 上31.2 續 5.6.10	前 2.32.2 戩 46.4 續 6.27.6 遺 912	前 5.20.2 後 下10.9 摭續 106	前 2.3.2 文 631 林 1.17.15	續 3.31.8 簠 地25 游18 掇 2.427	文 456	鉄 5.4 京 2209	佚 980 乙 8081	甲 3050 乙 8172	乙 6753 續存 1767	佚 995 京 5283	後 上10.8 文 9	乙 4518

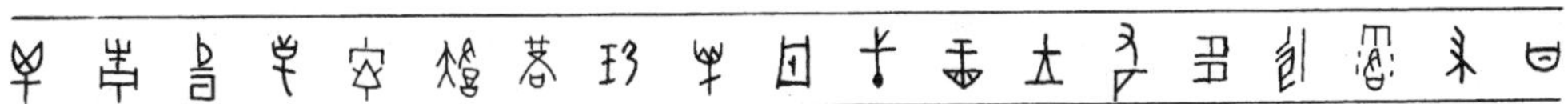

南 師2.133	乙 941	文 677	粹 1220	甲 3098	寧 1.115	乙 4445	七 W46	前 2.27.5	乙 8072	續 3.28.6	前 2.11.5	金 584	金 458	後 上10.15	前 5.26.5	前 2.8.7	後 下24.1	乙 5670

京 541	林 2.15.16	續 3.18.7	乙 7233	庫 713	前 2.6.5	京 4465	文 61	南 明738	續 3.31.2	佚 152	後 上10.10	林 2.1.9	金 721	簠 游99	京 2478	簠 游98

第二節　地名の位置

王國維（觀堂集林別補三～四）・林泰輔（支那上代之研究二〇三～二三七）は卜辭の地名を古書の地名と對比してゐるが、卜辭地名の正讀は既に容易ではなく、假に正讀し得たとしても同名異地があり地名の改更があつて、古書の何地に當るかを決定することは甚だ困難であり、之を地圖上に表示することについては董作賓が「雖然在卜辭中載有許多地名、但是無人能夠把它們一一都畫在地圖上」（大陸雜誌六之一）と、これを不可能としてゐる。然し地名相互の關係を考察せば兩地間の行程日數或はその方向の解るものがあり、その地名は一〇五を數へることが出來る。詩經六月の毛傳に「師日行三十里」とあり、又次述の如く商・亳の間は二日行程とされてゐて、この間は六十公里（卜辭綜述二五八頁「商」丘南距亳縣約六〇公里）であるから一日の行程距離は三十公里であつて、略〻毛傳と一致して居り、これを基準とせばその地名の大体の位置を推定することが出來る。次に一〇五地名について之を殷墟安陽を中心として東南・殷東・河南・殷西の地域に分けてその位置を推定する。

第一項　東南地域の地名

(一)　殷都・攸地間の地名

武丁時より殷末までの首都が今日の安陽であることは、甲骨版の出土・宮趾及び陵墓の發掘に見て明かであり、安陽は洹水に臨んでゐて、次の如く〓（洹水）が〓（茲邑）に〓をなすか否か、或は〓（洹水）が弘漲して〓に〓（迫）るか否かが卜されて居り、この〓・〓は殷都を謂ふことは明瞭であり、第一期には殷都を〓と稱する例は次の如く習見であるが、この外に殷都が何と稱されたかは明かでない。

續 4.28.4 ・〓（董地47 掇2.476）
遺 393 〓
庫 134 〓
續 5.22.10 〓
乙 5507 〓（乙6594）

拾 4.9 〓（續3.1.3 董地51）
乙 3190 〓（七B32 柏28）
乙 7171 ・〓（乙4534）

佚 191 〓
續 4.34.1 〓（粹1117 1118 1119 前4.4.3）
佚 67 〓（董雜76 卜192）

い。卜辭に「〓」があり、孫詒讓は「商」と釋して「蓋指商都」（契文舉例上卅二）として居り、「商」を羅振玉（考釋序及下五四）・王國維（觀堂集林一二・二）は安陽となし、林泰輔（支那上代之研究二〇四）・胡厚宣

(殷代之農業四二葉)は之に従つてゐるが、董作賓は「今河南商邱縣」(殷暦譜日譜五 大陸雜誌六・一)とし、又陳夢家は「商—今商丘附近、大邑商—今沁陽附近、天邑商—朝歌之商邑、中商—可能在今安陽」(卜辞綜述二五八頁)となしてゐる。

〓は第一期・第二期に地名として用ゐられてゐて次の如くであり、鉄111.4版の〓は次述の如く〓附近の地名であつて、これは〓より〓に行くことを卜するものであり、前2.11.7版は〓地に在つて〓より東南の〓地に至ることを卜するもの、後上13.7版は「〓(王〓)〓(〓)〓(〓干)〓(〓)〓」であつて、〓附近の〓地(次述)より〓に至ることを卜するものである。従て〓は地名であつて國名ではなく、「十〓卜〓〓〓〓〓大人干〓」(前2.1.1)は王が〓地に入ることを卜するものであつて、方國から殷の地域に入るものではない。〓の位置としては陳夢家の〓を商丘、〓〓〓を沁陽、〓〓〓を朝歌、中〓を安陽とする説は問題外として、羅・王二氏の安陽とする説と董作賓の商邱とする説とがある。第五期の〓方征伐卜辞に用ゐられてゐる地名には〓(前3.27.6 甲3652 續3.28.5 摭續153)・〓(金584)・〓(前2.16.6 遺466 南明466 786 續存2604)・〓(前2.5.1 遺466)・〓(京5552)・〓(前2.15.3)等があり、後述の如く〓は三日行程にて〓に至る地(金574)、〓は一日行程にて〓に至る地(前2.7.8)であるから、〓方は〓・〓・〓・〓・〓に圍まれてゐる地域であつて、〓は「淮」、〓は「齊」、〓は「攸」であるから、〓方は「淮」を中心として北は齊、南は長江に及ぶ東南夷であり、之を征伐するために王が〓・〓に出御してゐるのであるから、〓の安陽でないことは明かであり、従つて第一期の〓は〓〓(安陽)を謂ふものではない。

篕地1

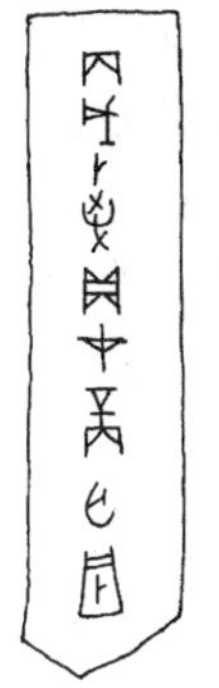

鉄111.4

前2.11.7

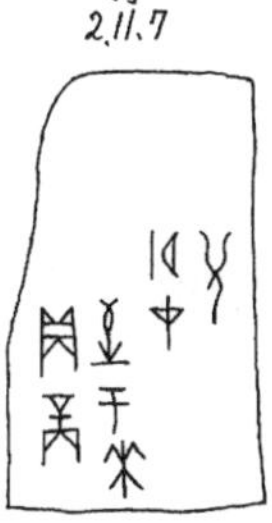

後上13.7

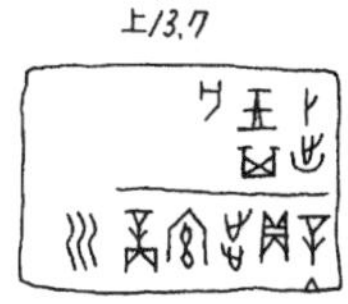

〓を羅振玉は「亳」とし、王國維は之を北亳(左傳莊公十一年、杜注云、梁國蒙縣西北有亳城中有湯冢、其西又有伊尹冢)となし(觀堂集林說亳)、林泰輔は南亳(括地志云、宋州穀熟縣西南三十五里南亳故城即南亳湯都也)・西亳(括地志云、河南偃師為西亳、帝嚳及湯所都)に當て(支那上代之研究)、董作賓は南亳としてゐて(殷暦譜日譜五)、陳夢家は之に従つてゐる(卜辞綜述二五七頁)。次の版に於いては〓より〓に行つて居り、董作賓はこの闕けてゐる干支を「壬寅王卜在〓」(殷暦譜閏譜五)とし、又商・亳の間を二日行程としてゐる(大陸雜誌六巻一期)。殷の東南に在つて二日行程の間隔に在る〓と〓とを董氏が謂ふやうに「今河南商丘縣」と「今安徽亳縣」とするのが最も妥當であり、陳夢家も「商為商丘的這是正確的」(卜辞綜述二五五頁)としてゐる。第一期に次の如く「〓〓」(乙4518 5265 京1220)の地名があつて上帝を祀る祭儀の〓(戟舞)が行はれて

後上9.12

・己未卜〓貞〓于〓〓三月
・貞〓〓〓于〓〓

乙5265
・壬〓卜〓貞〓〓〓〓〓〓〓〓〓
・貞〓〓〓〓〓〓〓〓〓

居り、同版上に又「雨降らずここにこの〓に尤を作すことあるか」とトしてゐて、雨の降らないことが記されて居り、この〓祀は之によつて上帝に行はれてゐることが解り、從つて〓祀が行はれる〓〓は尤の有無がトされてゐる〓と同一地であり、陳夢家も「丘商應是商丘」（同上三五七）として、〓が又「〓〓」（丘商）と稱されてゐることは〓が商邱である明証である。〓は第四期には又「大〓」・「中〓」、第五期には「大〓〓」（前4.18.1 後上18.2 佚987 甲2416 3652）、「〓〓〓」（前2.3.7 4.15.2 菁9.1 林1.27.8 續5.13.6 粋1302 金621 甲3690）とも稱されてゐて次の如くであり、前8.10.3版に於いては「〓〓〓」が又「〓中〓

粋1297 于…大〓

乙9078 〓〓卜〓中〓（前8.10.3 佚348 京1558）

前8.10.3

甲2416 〓〓〓不〓〓……于〓大〓〓〓〓〓〓

甲3690 （〓）〓〓不〓〓……〓〓〓〓〓……

〓」と稱されてゐるから、中〓は〓に外ならず、甲2416・甲3690兩版の同文例に於いて一は大〓〓、一は〓〓〓に作られてゐて、〓が大の義に用ゐられてゐる例が他にもあるから（前述帝説餘論參照）、この兩者は同一地であり、第四期の「大〓」は第五期に「大〓〓」と稱されたことが解る。これらはいづれも商邱の異稱であるが、陳夢家が之を區別して〓を商邱、大〓〓を沁陽、〓〓〓を朝歌、中〓を安陽としてゐるのは妥當でない。

斯くの如く安陽は〓〓、商邱は〓・〓〓・大〓・中〓・大〓〓、南亳は〓と稱されてゐることが明かとなつたから、次に〓と安陽間の地名を考察する。

〇〓・〓・〓・〓・〓・〓〓・〓・〓〓・〓

次の七版上の右の地名は殷都安陽と商邑間の往還途上に在つて、次の圖の如き關係に在る。

續3.28.5

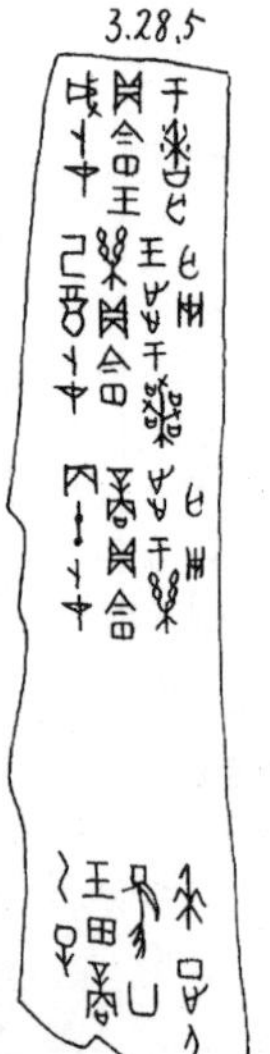

金583

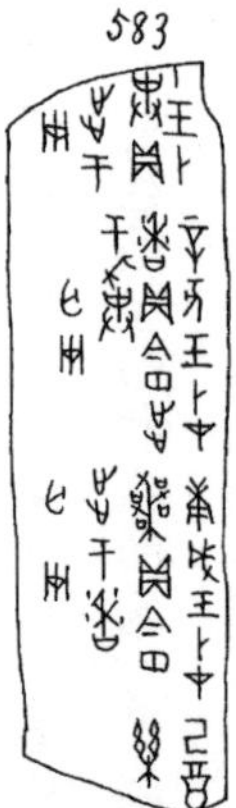

前2.11.4

遺263

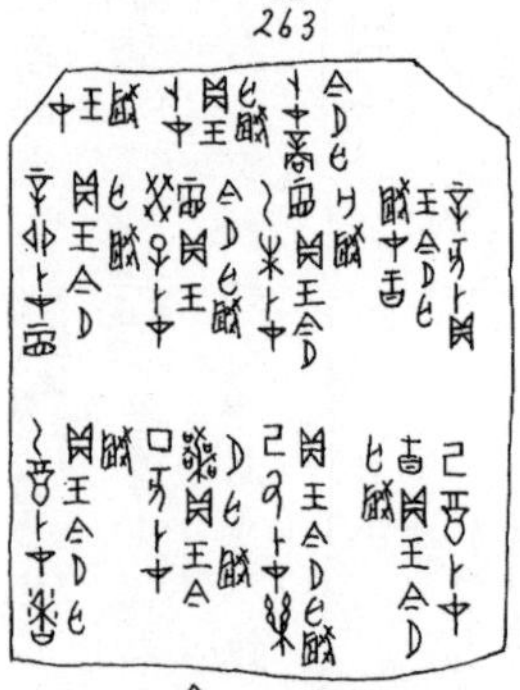

金728

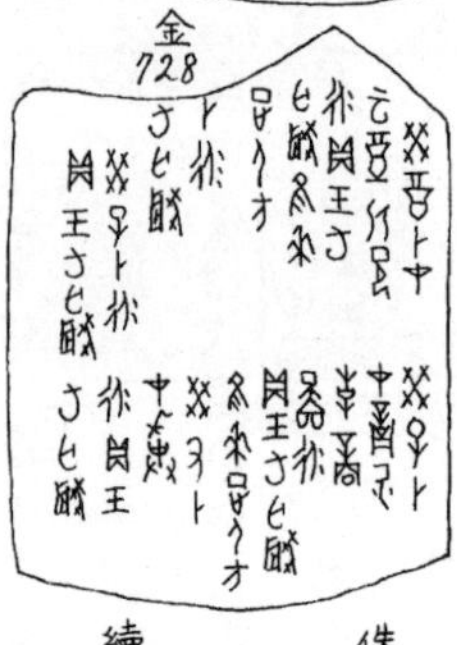

佚374

續3.29.6

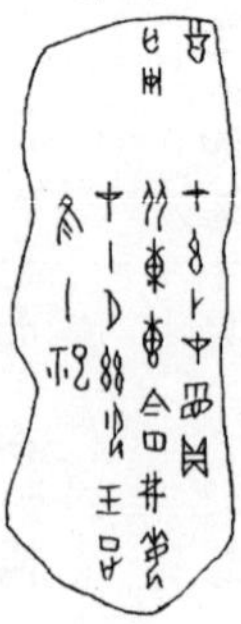

右の版によれば〓より三日行程を以つて〓(續3.28.5)、〓より一日行程を以つて〓(續3.28.5金583)、〓より一日行程を以つて〓(續3.28.5

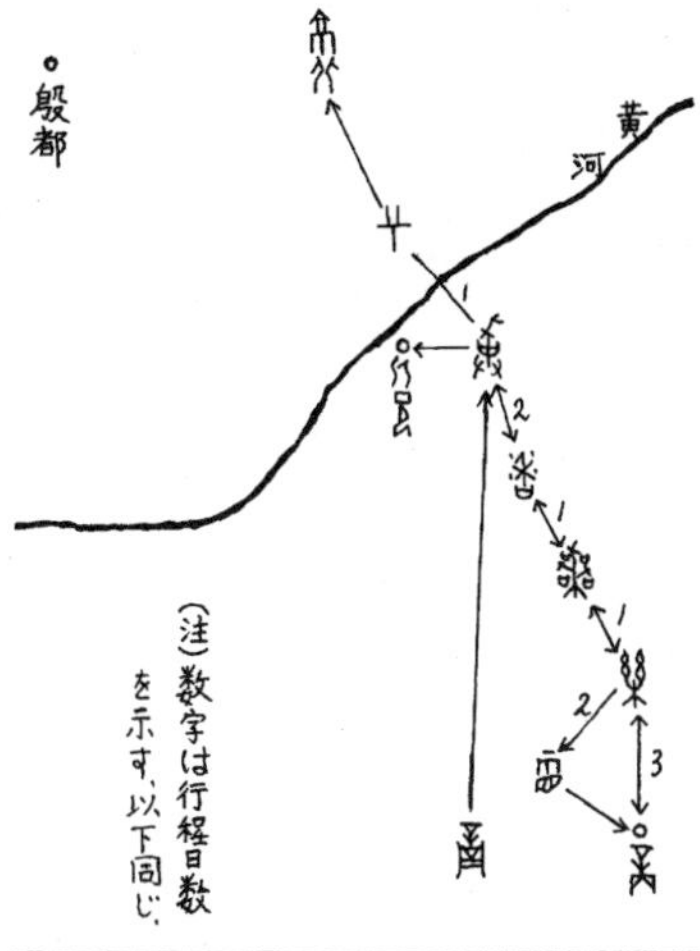

金583)、〓より二日行程を以つて〓(金583)に至つて居り、この經路が略〻固定してゐることは續3.28.5・金583・遺263版が之を示してゐて、遺263版に於いては右とは逆に〓より二日を以つて〓に、〓より二日を以つて〓に、〓より二日を以つて〓に、〓より〓に入つてゐる。從つて〓よりは直接に〓に入る道と(續3.28.5)、〓を經て至る道とがあることになり(遺263)、而して續3.29.6版に於いては〓に在つて「从東叀今日弗悔」と東方に行くことを卜してゐて、これは後述(夷方征伐參照)の如く〓に行き更に夷方征伐のために東方に行くことを卜するものであるから、〓は〓の西方に在ることが解る。この〓より〓に行く方向が北行して黄河沿岸に向ふものであることは金728版に明かであつて、この版に於いては癸巳に〓(商の鄙郊)に在る〓に、癸丑に〓に、癸酉に〓〓(〓河邑)に行つて居り、この行程は商邑の郊に在る〓より〓を經て〓〓に至るものであり、〓〓の〓は自然神の〓と同字であつて、水名としては黄河を謂ふものであるから、この〓〓は黄河沿岸の都邑の意であり、從つて〓より〓に、〓より〓〓に行く方向は北行して黄河に向ふことが解る。前2.11.4版・佚374版によれば〓・〓の間は一日行程であつて、〓は〓と遠くないものと考へられ、又この〓↓〓間の地名が殷都より商邑に至る間に在ることは後述の帝辛王十祀の夷方征伐日譜歷譜に詳述するが如くである(第二章〓方參照)。次に〓・〓附近の地名を考察する。

○〓・〓・〓・〓・〓・〓

次の三版(林1.28.1・前2.9.6・後上9.12は一骨の折である)の地名〓・〓・〓(〓・〓)・〓は上圖の如き關係に在る。

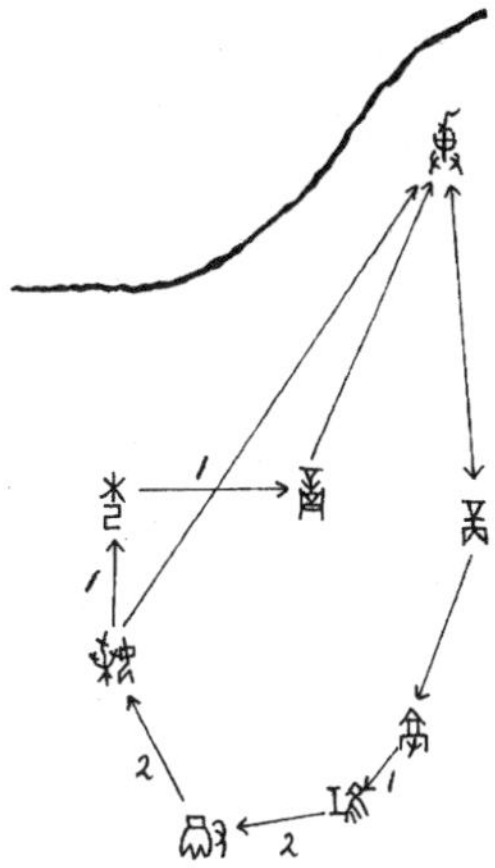

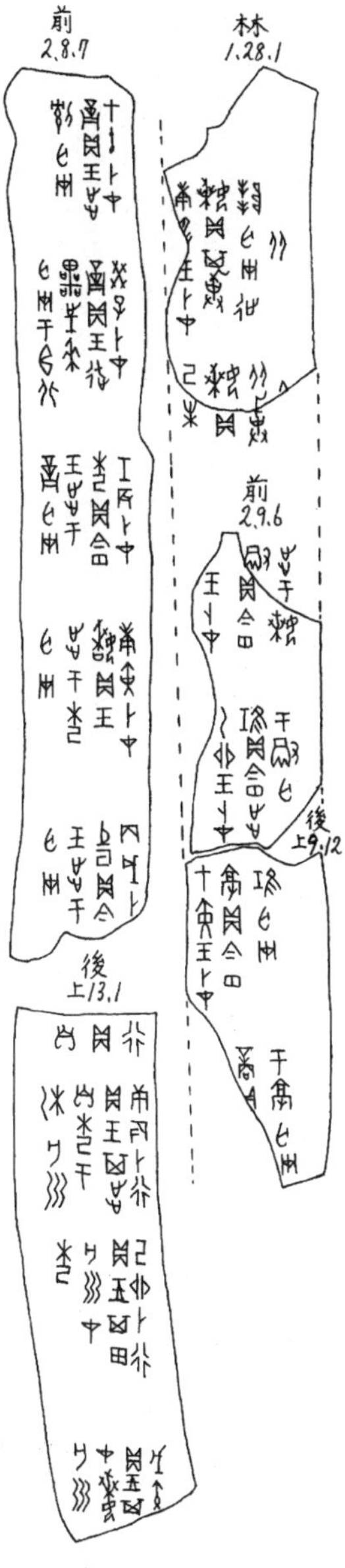

右の接合版に於いては〓より〓に行き、〓より一日行程にて〓に至り(後上9.12)、〓より〓に行き、〓より〓に至り(前2.9.6)、〓よりは前記の〓に向つて居り(林1.28.1)、この間の日数は甲寅に在〓、己未に在〓であるから、〓・〓間は五日行程であつて、〓・〓間は一日行程であるから〓・〓間及び〓・〓間は各〻二日行程である。次の前2.8.7版に於いては〓(〓の異文)より二日行程にて〓に行つてゐるが、第二期の後上13.1版に於いては〓(〓の異文)より一日行程にて〓に至つてゐるから、〓・〓間は一日行程であり、〓よりは一日行程にて前記の商邑の鄙郊に在る〓に行き、〓よりは〓及び〓に行つてゐる。前記の如く〓よりは〓に行つて居り、又右の如く〓よりも〓に向つてゐるから、この〓↓〓↓〓↓〓↓〓↓〓↓〓↓〓の經路は迂回するものであり、この迂回は〓の位置により、〓・〓を軸として東西の兩樣に考へられる。〓を王國維・林泰輔は「杞」として、「杞、續漢志陳留郡雍邱、本杞國今河南開封府杞縣是也」、(觀堂補遺四地名考)となして居り、董作賓は之に從つてゐるが、陳夢家は之を疑つてゐる(卜辭綜述三〇八頁)。然し〓・杞は一字であつて、〓の位置が略〻杞縣の附近に想定されるから、之を同一地とする說は妥當であり、之に從へば右の經路は西方に迂回するものであつて、これらの地名は略〻右の圖の如き位置に在ることが解る。次に〓より東南に在る〓に至る地名について考察する。

○〓・〓・〓・〓・〓・〓・〓

次の四版の地名〓・〓・〓・〓・〓・〓は上圖の如き關係に在る。

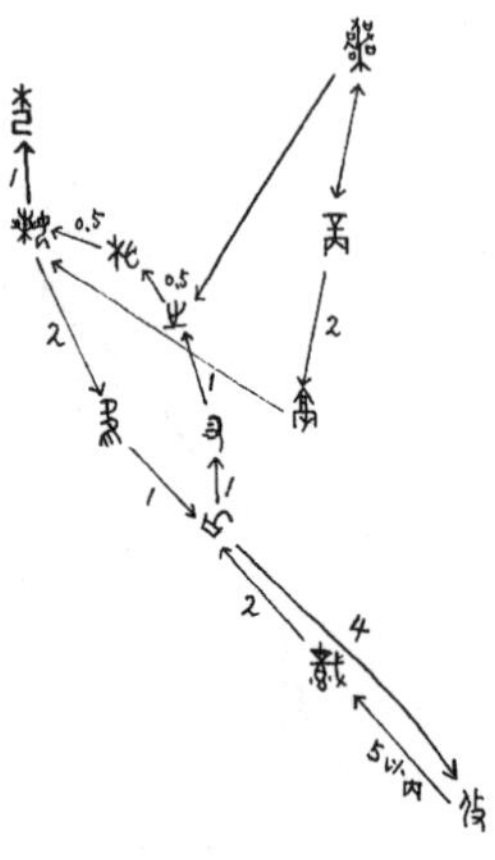

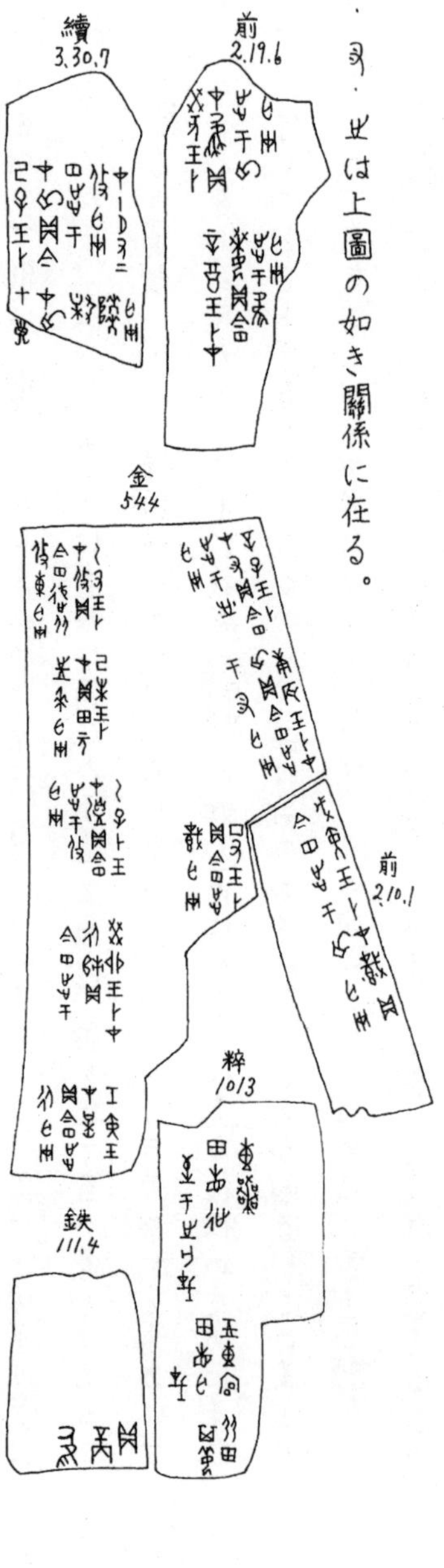

右の前2.19.6版と續3.30.7版とは接合するものであり、之によれば前記の〓より二日行程にて〓に行つて居り、〓が〓と遠くないことは第一期の鉄111.4版に「〓(王〓〓)〓(〓〓)〓」とあることが之を証してゐて、〓よりは癸亥に〓に出發し(前2.19.6)翌甲子に〓に在るから(續3.30.7)、この間は一日行程であり、〓よりは〓に出發してゐる(續3.30.7)。この〓↓〓↓〓↓〓とは逆に金544版に於

いては乙丑に攸に在り、十三日後の戊寅に鼔に在り、同日𠂤に出發して二日後の庚辰に𠂤に在り、𠂤よりは一日行程にて叉に、叉よりは㞢に出發して居り、而して後述（第二章・人方・夷方征伐日譜曆程）の如く㞢よりは更に杞を經て前記の粯に至つてゐて、この攸↓鼔↓𠂤↓叉↓㞢↓杞↓粯の行程は右の行程とは逆行である。右の如く攸・鼔間は十三日、鼔・𠂤間は二日であるから、攸・𠂤間は十五日を要してゐるが、後述に証明してゐるやうに攸↓鼔の行程は五日以内、𠂤↓攸の行程は四日であり（夷方征伐日譜曆程）、而して右の如く鼔・𠂤間は二日行程であるから、攸↓鼔間は二日行程であつて鼔は𠂤・攸間の途上に在ることが解る。從つて黄河沿岸の杏より攸に至る日数は、杏・粯間一日、粯・馬間二日、馬・𠂤間一日、𠂤・攸間四日であつて、八日を以つて杞縣より攸に到り得るのである。㞢の位置は粹1013版に於いては亯に田することをトし、次いで芮北に在る前記の齊に田して更に㞢に往くことをトしてゐて、亯は後述の如く齊北に在つてこの行程は南行であるから㞢は齊南に在り、而して後述の如く㞢・粯の間は一日行程であるから（人方征伐日譜曆程）、その位置は略〻芮・粯間に在ることが解り、又𠂤・攸間の往還の經路は後述の如く人方（淮夷）征伐のために淮に至る途上に在り、攸・淮間は七日乃至十二日行程であるから、攸は商・亳と淮陰（淮）間の宿縣・蒙城間に想定されるのであつて、董作賓が「攸之地今已無可考、觀于由商至攸、所經之地凡八、所需之時、在二旬以上、除去沿途勾留之日、亦須十餘日」とし、又「攸、殷之侯國、在江淮之間」（殷曆譜日譜三）としてゐるが、これは行程日数の算定に於いて誤つて居り、從つて攸を江淮の間に在りとする説も亦妥當ではない。

攸を商承祚・王襄が「攸」と釋し、王襄は之を「條」の省文としてより郭・董・胡・陳の諸家が之に從つて居り、

商承祚―説文解字攸行水也、从攴从人水省、……秦嶧山石刻作𣲖、毛公鼎作𢓊、頌敦作𢓊、此省…疑亦攸字、（類編三・一七）

王　襄―攸古攸字、許説从攴从人水省、此不从水省、亦即條之省文、漢畫何篠題字、篠作攸、攸即條之省、从竹从匸誼同、説文解字其或从竹或从匸可証、攸或即鳴條歟、（簠釋地四一）

郭沫若―攸字王襄謂條省、疑即鳴條、案其説近是、天問「何條放致罰」、鳴條正省稱爲條、夏本紀「桀走鳴條、遂放而死」、集解引孔安國曰「地在安邑之西」、鄭玄曰南夷地名、二説不同、攷魯語言「桀奔南巢」、南巢故城在今安徽桐城縣南六十五里、與鳴條、縱非一地、亦必相近、則鄭説是也、（通釋五七四）

董作賓―攸殷之侯國、在江淮之間、余舊作甲骨文斷代研究例、從王襄氏説以爲即鳴條、……攸國在殷代爲其東南重鎮、可能

即古之所謂鳴條與條也、（殷曆譜日譜三）

胡厚宣―攸者王襄謂條省、疑即鳴條、其説甚是、天問何條放致罰、鳴條正省稱為條、孟子離婁舜生於諸馮、遷於負夏、卒于鳴條、東夷之人也、以鳴條為東夷之地、與卜辞征伐夷方而次于攸者合、（殷代封建制度考二〇葉）

陳夢家―攸是攸侯之地、左傳定四、分魯公以殷民七族、其中條・徐・蕭・索之徐・蕭・索當在今徐州・蕭縣・宿縣一帯、條亦應近此三處、…孟子滕文公下引書曰、徯我后、后來其無罰、有攸不惟臣、東征、綏厥士女、…孟子之有攸、卜辞之攸、左傳殷民七族之條、當是一族、…正文方歸途中、二月癸酉在攸侯鄙永、四日後戊寅已在宿縣東北六十里之甾丘、則攸當在今永城之南部、宿縣之西北、攸之永、即今永城、（卜辞綜述三〇六頁）

右の如く地名として王襄が鳴條としてより郭・董・胡氏が之に從ひ、而してその位置を郭氏は桐城附近とし、董氏は江淮の間としてゐる。然し𢓊は齊より𣲙（淮陰）に行く途上に當つてゐるから、桐城附近或は江淮の間とするのは妥當ではなく、これに反して陳氏は魯公に分與された殷民中の條氏の邑地として宿縣の西北に想定してゐるが、漢書周勃傳に「周勃封條侯」とあつて顔師古注に「縣在勃海」とあり、又陳氏は前2.16.6版の「癸酉卜在𢓊永貞」の𢓊永を「攸永」として永を永城としてゐるが、例へば「・癸亥卜寅貞・癸酉卜在𢓊寅貞」（續6.1.5）の寅と同様に貞人名であるから、永を地名として永城とするのは妥當でない。

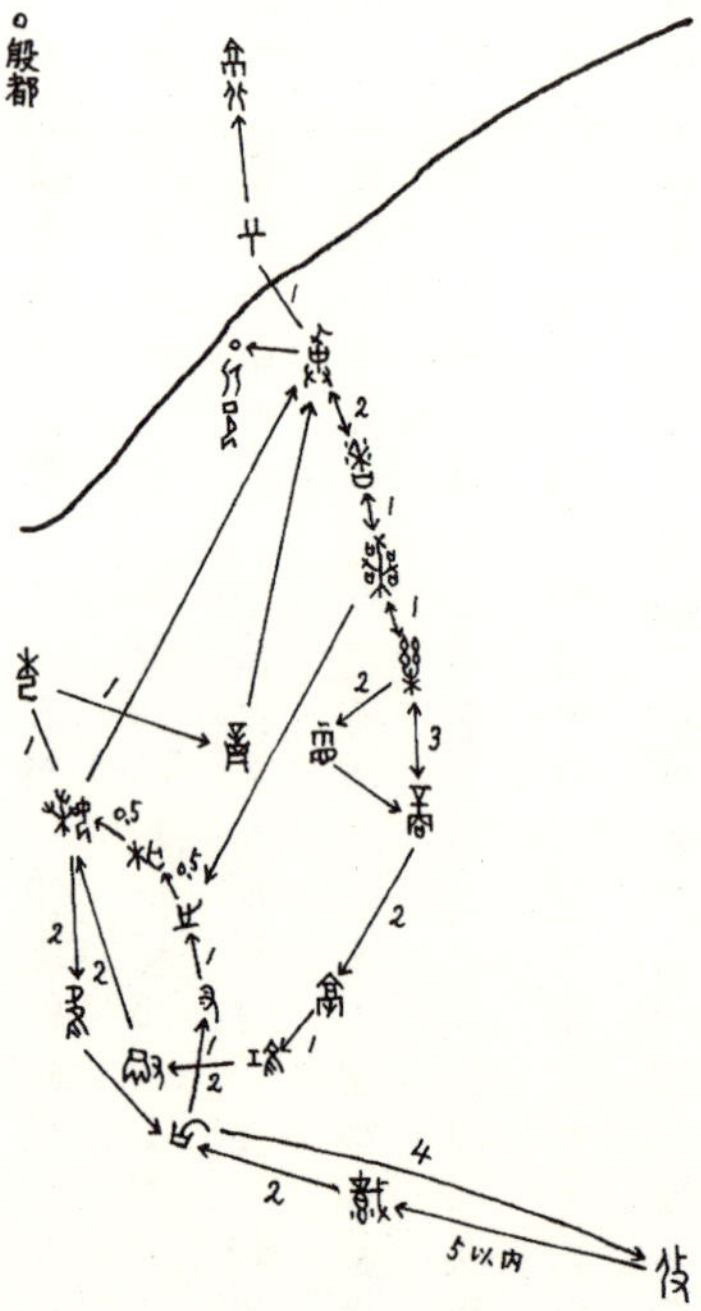

右の如く杞縣より𢓊に至るには八日、𢓊より淮陰（𣲙）に至るに七日乃至十二日を要してゐるから、𢓊は杞縣と淮陰の中間に在り、その位置はなほ考究を要するが略〻宿縣・蒙城間に考へられるのである。

以上分説せる地名の相互關係を綜合せば上掲の如くである。

（二） 𢓊・𣲙間の地名

𣲙は「淮」であつて董作賓は「即今之淮河、在淮必為淮水附近之地」（日譜三）と淮水附近の地名とし、陳夢家は「淮為古四瀆之一」、金代黄河奪淮入海、其後河復更道、洪澤湖以東淮水遂至於塞、湖以西的淮水、可能與古代的沒有很大的差別」として淮陰附近の地としてゐる（卜辭綜述三〇七頁）。卜辭に於いては淮夷（〓方）征伐のために、〓を經て〓に往來してゐるから〓は〓東に在り、而して次述の如く〓・〓の間は七日乃至十二日以内の行程であるから、その位置は略ゝ淮陰或は淮安の地に當り陳説は妥當である。次に〓・〓間の地名及び〓附近の地名を考察する。

○〓↓〓↓〓の地名〓・〓・〓・〓・〓・

次の諸版によれば〓↓〓↓〓↓〓の行程は十二日以内であつて、右の地名は上圖の如き關係に在る。

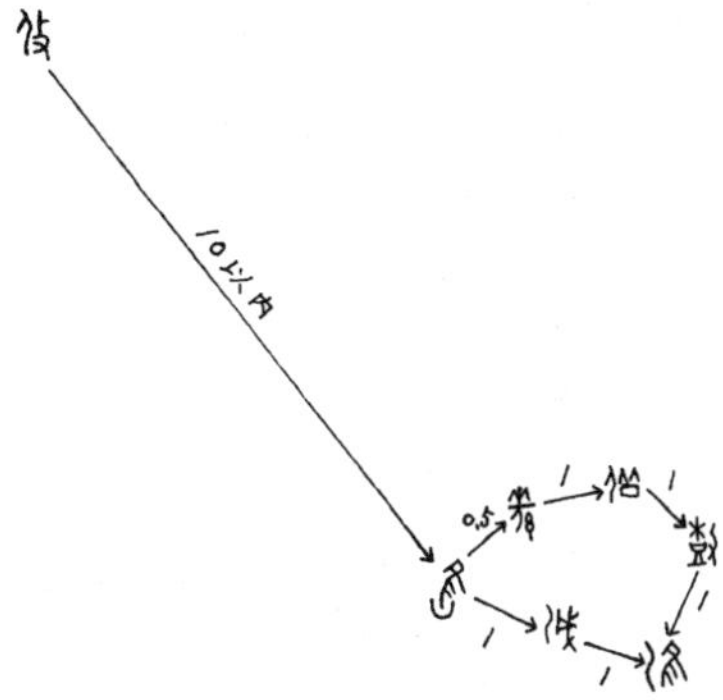

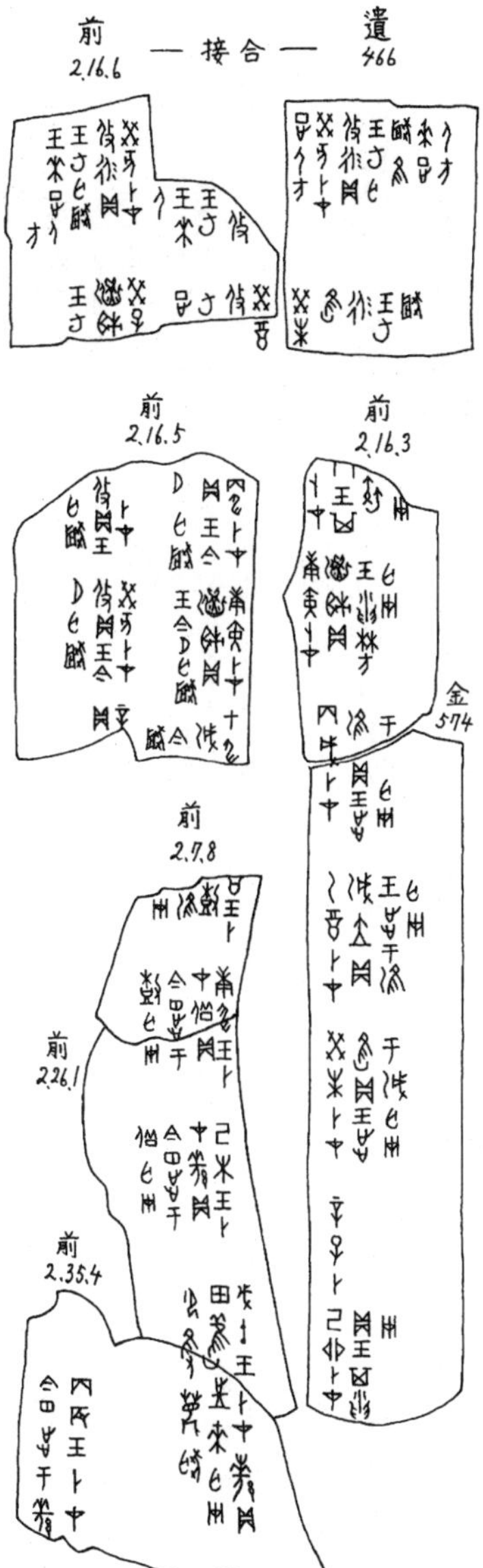

右の遺466版と前2.16.6版とを董作賓が接合して居り、これによれば癸酉に〓に在り癸未に〓に在るから、この間は十日以内の行程であり、次に前2.16.3・金574接合版によれば〓より〓を經て〓に到つてゐて、〓・〓間は二日、〓・〓間は一日を要して居り、從つて〓・〓間に十三日以内を要してゐるが、この接合版の在〓の干支が前2.16.5版の在〓の干支と一致してゐるからこの兩者は同時卜であり、前者に於いては癸未に「在〓」であつて二日後の乙酉には「在〓」であるが、後者に於いては甲申に「在〓」であるから、癸未に〓を發して翌甲申に〓に在ることになつてこの間は一日行程であり、從つて〓−十日以内↓〓−一日↓〓−一日↓〓の行程は十二日以内である。次の前2.7.8・2.26.1・2.35.4接合版に於いては、〓より〓に一日を以つて往復して居り、〓よりは一日にて〓に、〓よりは一日にて〓に、〓よりは〓に至つてゐるから、〓は〓より三日半の行程の位置に在り、而して〓は右の如く〓より二日行程の位置にあるから〓・〓は同一地であり、從つて〓（〓）より〓に至る經路は〓−

一日↓〓一一日↓〓の外に〓一〓↓〓一一日↓〓一一日↓〓一一日↓〓の道があり、前者は二日行程後者は三日半行程であるから後者は迂回の經路である。この迂回經路中の〓が後述の如く〓より北方の〓・〓に行く經路に當つてゐるから、この迂回は〓↓〓↓〓の北側を通るものであつて、これらの〓・〓・〓は〓北に在ることが解る。

〇〓↓〓↓〓の地名〓・〓・〓・〓・〓

次の諸版によれば〓↓〓間には〓・〓・〓・〓・〓の地があつて、略〻七日を要して〓に至つてゐる。

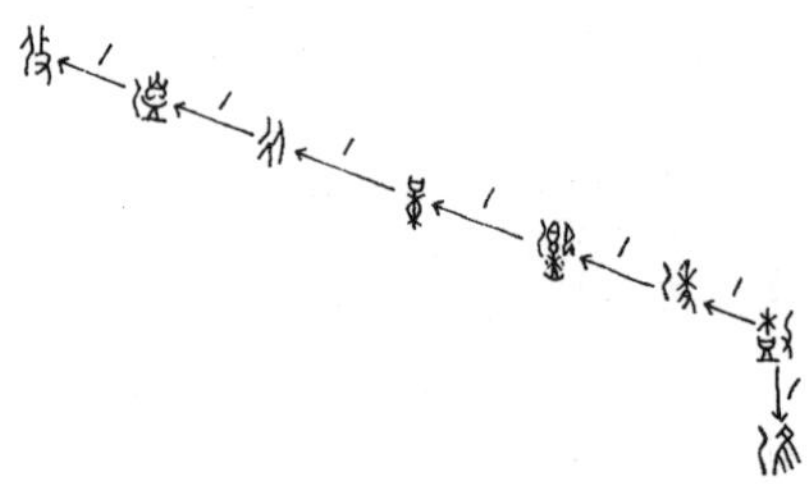

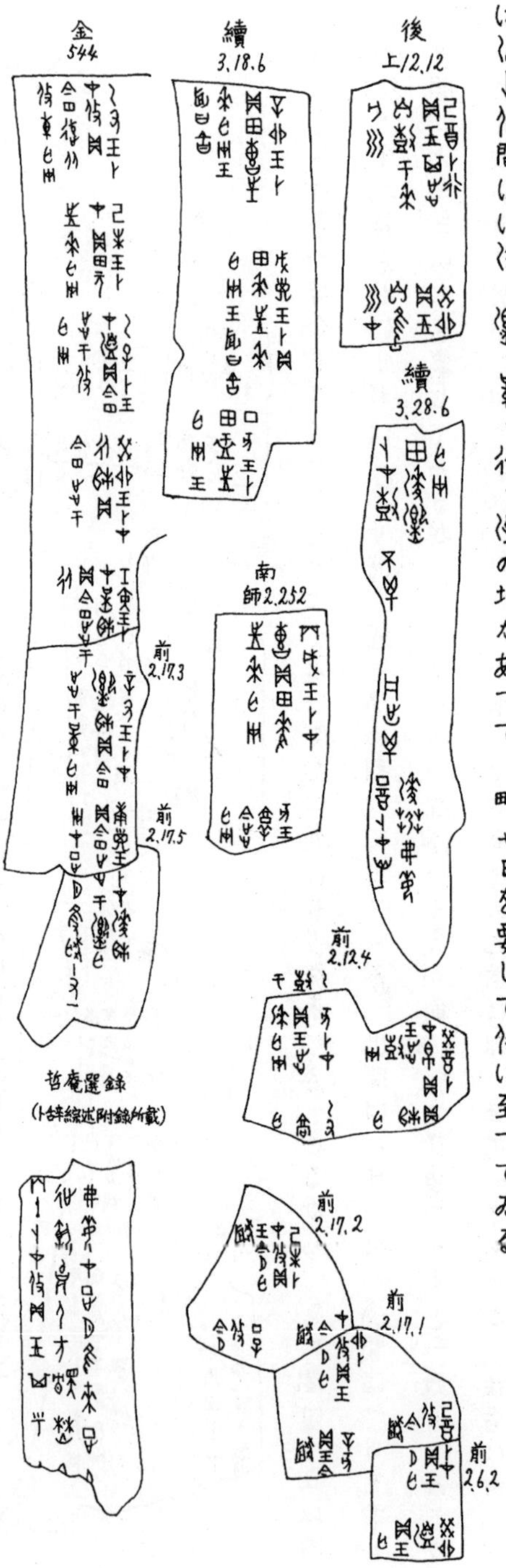

前記の如く〓より〓に入つてゐて〓は〓北一日行程に在り、この〓よりは〓（後上12.12）・〓（前2.12.4）・〓（續3.28.6）に行つて居り、而して續3.18.6版に於いては戊子に田〓、辛卯に田〓、又南師2.252に於いては〓に在つて田〓をトしてゐるから、〓・〓・〓・〓は同一地であつて、〓より一日行程に在り、〓・〓には〓（續3.18.6）・〓（南師2.252）より往來してゐて、〓・〓は後述の如く殷東の田獵地域に屬する地であるから、〓は〓の北に在ることが解る。金544前2.17.3 2.17.5接合版に於いては〓より一日にて〓、〓より一日にて〓、〓より一日にて〓に行つてゐて、癸卯には〓より〓に行き乙巳に〓に在り、然るに前2.6.2 2.17.1 2.17.2接合版（この版は金544版と同時トである（東方征伐參照））に於いては癸卯には〓に在るから〓・〓間は一日行程であつて、乙巳まで〓に滯在したことになり、而して哲庵版に於いては正月丙午に〓に在るから、正月乙巳に〓を發し翌丙午には〓に在るのであつてこの間は一日行程であり、從つて〓より〓を經て〓に至る日數は七日であつて、〓より北行七日にして〓に至ることが解る。

○〓↓〓↓〓の地名〓・〓・〓・〓・〓

次の諸版によれば〓以南の地名と行程日数は上圖の如き關係に在る。

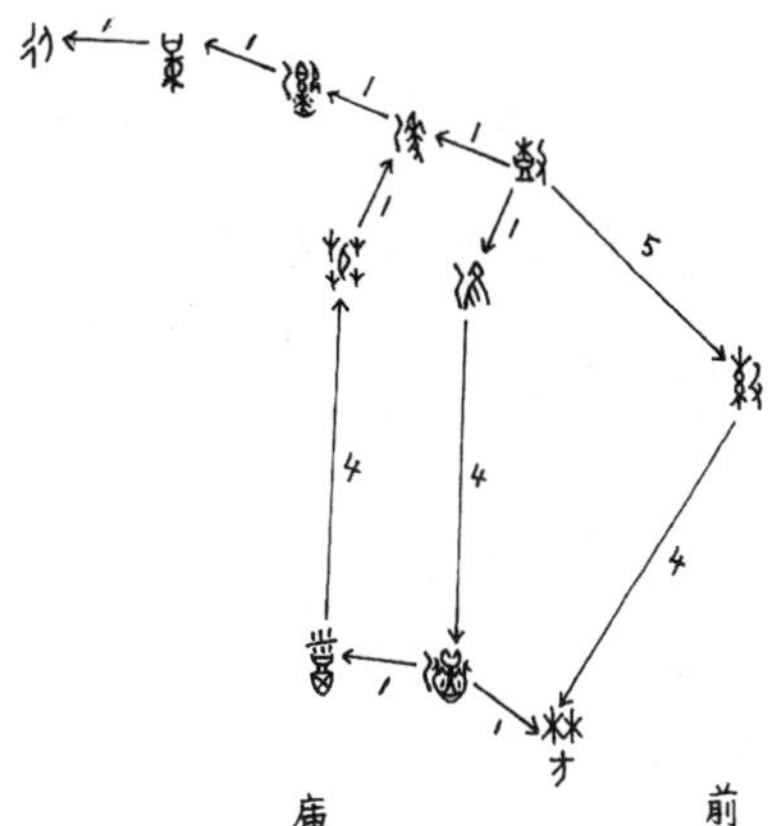

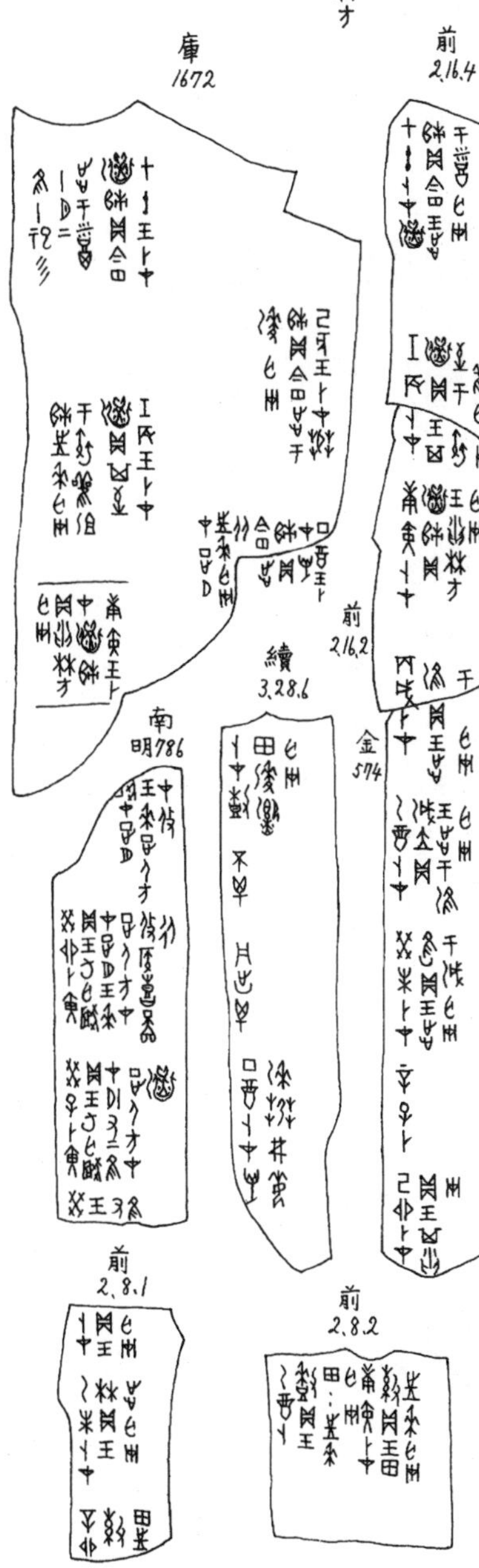

右の前2.16.4 2.16.2金574接合版と庫1672版の干支が一致して居り、又庫1672版の甲午在〓以下の干支・月份が南明786版の癸巳在〓と癸卯在〓の間の干支、月份に當つて居り、又續3.28.6版の干支・旅程もこれらと符合してゐるから、これらは同時卜である。前2.16.4接合版に於いては〓より四日行程にて〓に至り、〓に在つて林方・〓に往來し、又〓より〓に行つて居り、庫1672版に於いては〓に行くの後五日にして〓に在り、〓よりは前記の〓↓〓↓〓路上の〓に行つて居り、これより〓（續3.28.6）・〓（南明786）に行き〓（南明786）に至つてゐる。この間の行程日数を考察するに右の如く〓・〓間は四日行程であり、甲午に在〓（前2.16.4 庫1672）、癸卯に在〓（南明786）であるからこの間は九日行程であつて、〓↓〓↓〓間に十三日を要してゐる。〓・〓間は九日行程であつて〓・〓間は前記の如く三日行程であるから、〓・〓間は六日行程であり、而して右の如く〓・〓間が五日行程であるから（庫1672）、〓・〓間は一日行程である。又庫1672版に於いて〓より〓を經て三日後には〓に在るから、〓・〓間は一日乃至二日行程であり、従つて〓・〓間は四日乃至三日行程である。〓よりは一日行程にて林方に行き（前2.16.4 2.16.2）、而して前記の〓より五日行程にて〓に至り（前2.8.2）、〓よりは四日行程にて林に至つてゐるから（前2.8.1）、林方は〓よりは一日行程、〓よりは九日行程に在ることが解る。斯くの如く〓より〓・〓・〓・〓を經て〓に至るには十三日を要して居り、而して前記の如く〓よ

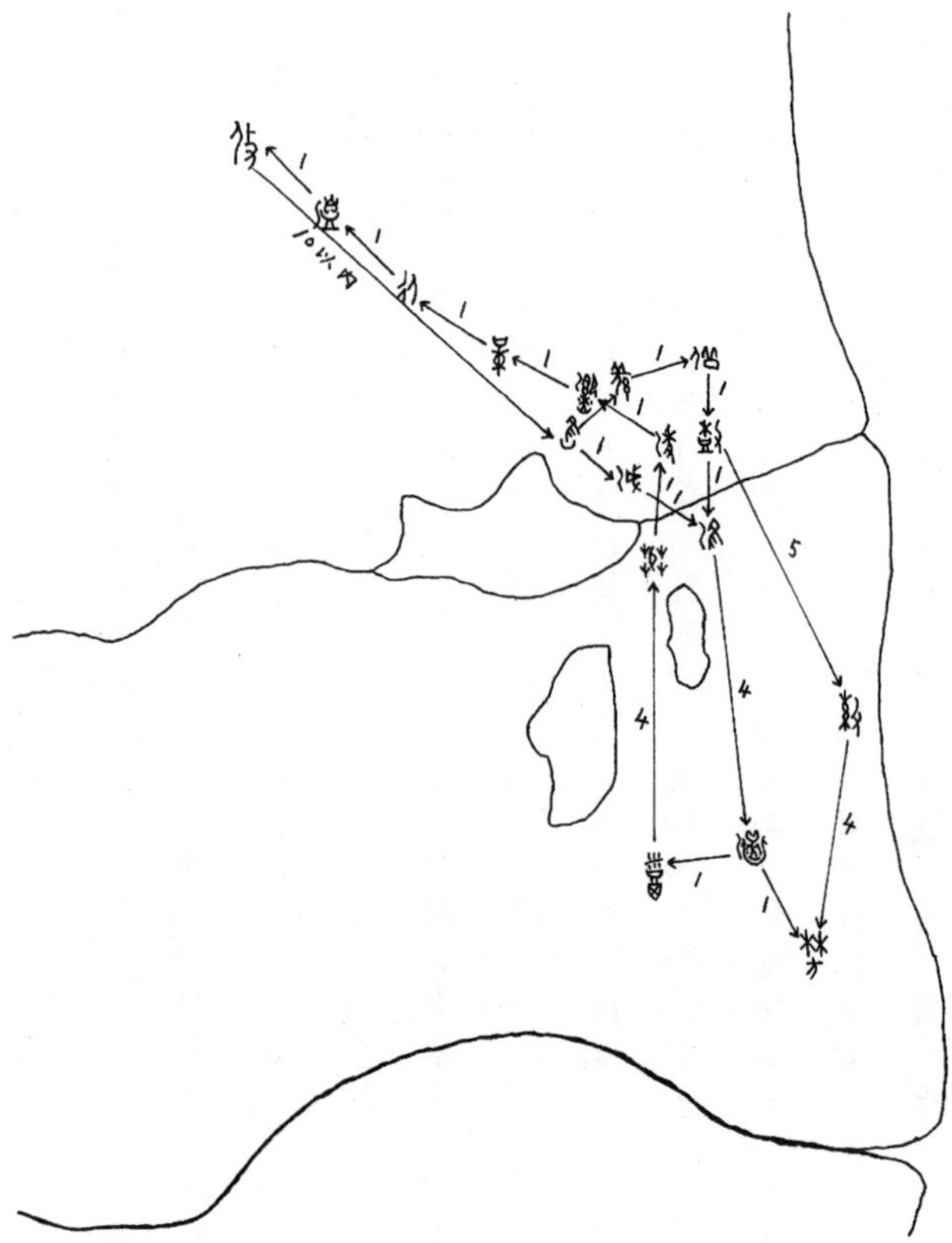

り〓・〓を經て〓に至るには五日を要してゐるから、前者は大迂回の行程である。この迂回が〓・〓の線のいづれの方向かを考察するに、假に〓が〓北に在るとせば〓よりの行程日數よりして當然に〓より北に在る筈であつて、淮北殷東の田獵地との關係が見られる卜辭が存する筈であり、然るに斯かる一例も存しないことは〓が〓南の僻邊に在ることを示してゐる。郭沫若は之を「安徽霍山縣東北三十里の灊城」としてゐるが（通釋五七四）、霍山には淮陰より四日を以つて至り得ず、陳夢家もこれを非として「此説恐不可靠、…淮水以南的川流」（卜辭綜述三〇七頁）としてゐる。

以上分説せる〓・〓間の地名、及び〓南の地名の關係は略〻上掲圖の如くである。

(三)　〓・〓間の地名

前記の(一)の〓・〓の線と(二)の〓・〓の線の間にある地名について考察する。

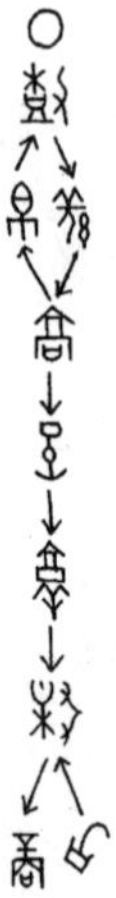

次の諸版によれば〓より〓と〓の中間に行く經路があつて、上圖の如くである。

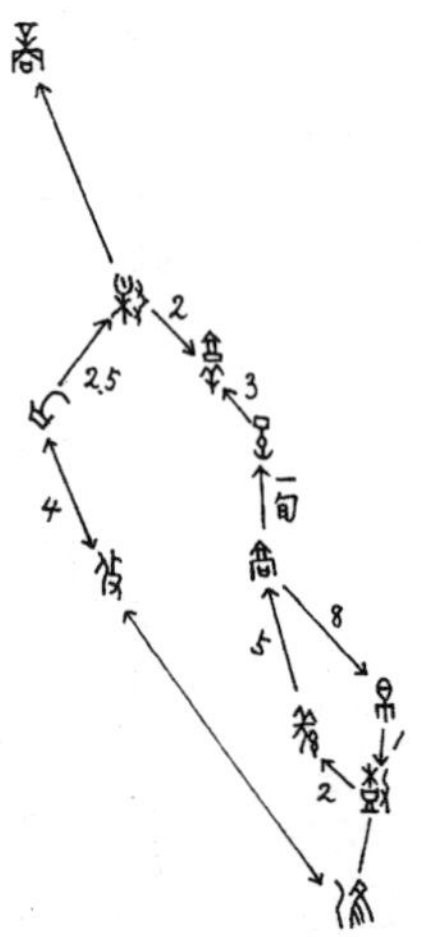

前 2.12.3

前 2.12.4

前 2.15.1

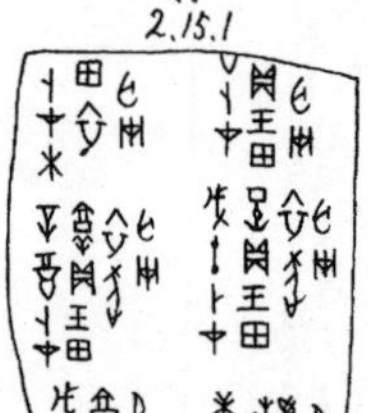

明 449

續 3.30.7

佚 987

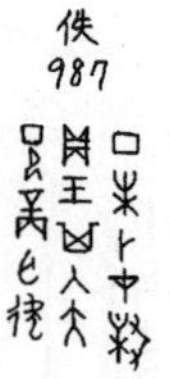

前記の如く□の西北二日行程に□（□(前二・二三・三)・□(佚八〇七)に作る）があり、右の前2.12.3版によれば□より略ゞ五日行程に□があり、前2.12.4版に於いては□↓八日↓□↓一日↓□の行程は九日を要してゐるから、□は□よりは七日乃至九日、□よりは五日、□よりは八日行程の西北に至ることになる。□よりは十日行程に□、□より三日行程に□があり（前2.15.1）、而して明449版の□・□の關係は、卜夕甲骨版の通例として右側の辞は左側の辞の二日後がその卜日であるから（文字が左行の場合は之と逆であり、右の前二・一五・一版の□と□とは之である）、□・□の間は二日行程である。□よりは大邑□に入つて居り（佚987）、又□より五日を以つて□に往復してゐるから、□は□と□との東方に在り、従つて□は□の東方に在るのであつて、胡厚宣が□を「在殷之東或東南」（殷代之農業四葉）としてゐるのは當つてゐる。以上の地名は右圖の如き關係に在つて、殷の田獵地域の南限をなしてゐる。

次の諸版によれば□・□・□・□は□北に在つて、上圖の關係に在る。

○□＜□↓□ / □↓□↓□↓□

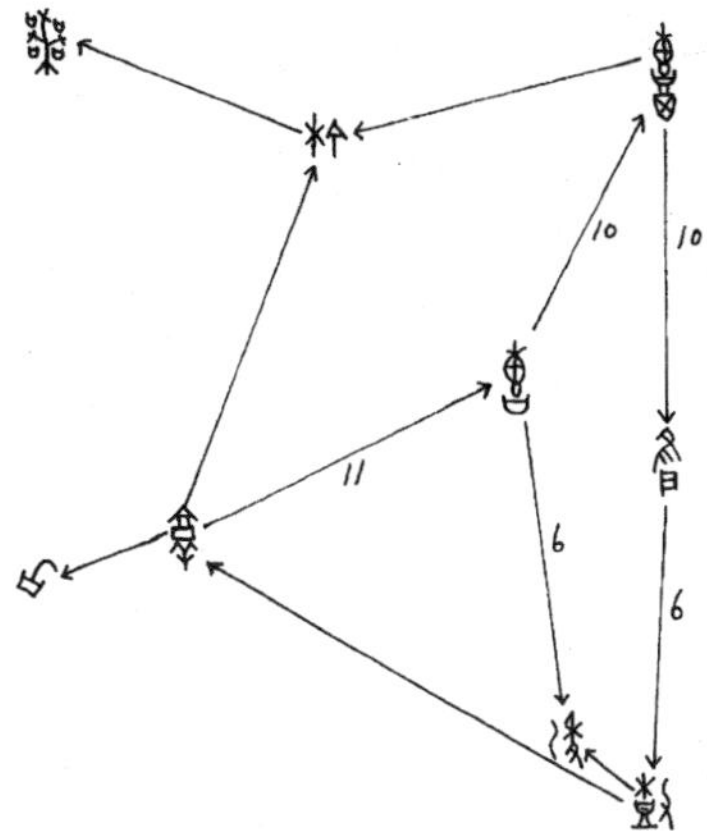

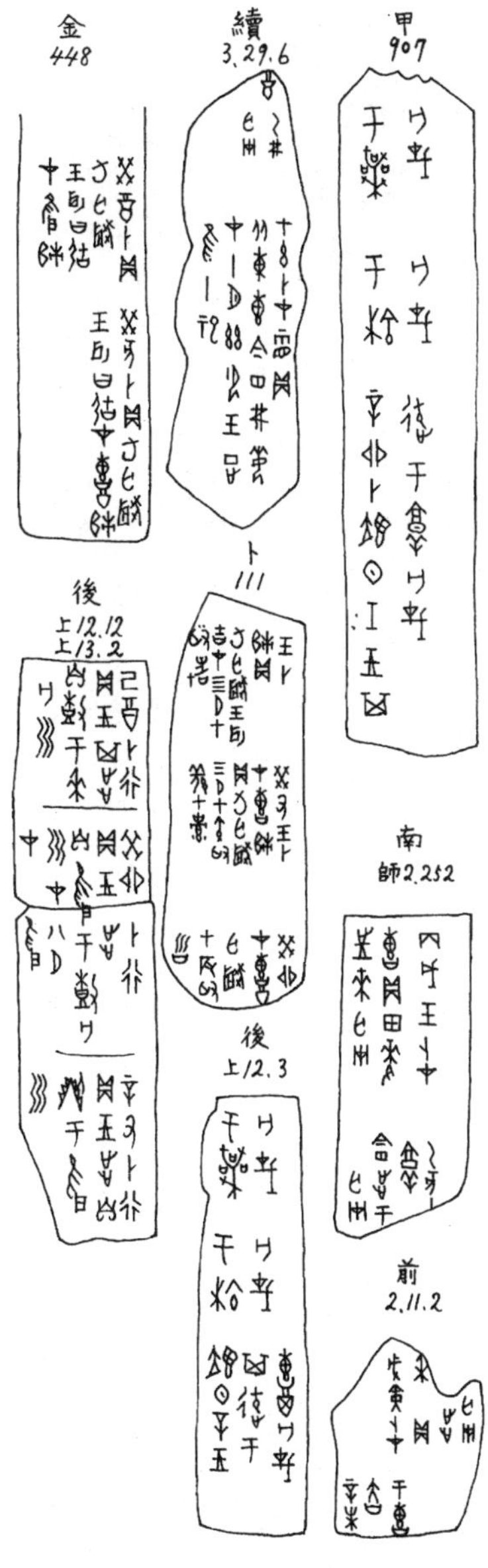

前記の如く□は□・□線上に在り、右の甲907版に於いては□より□を經て前記の□に行つて居り、□は□北の地であるからこの經路は□より北行するものである。又南師2.252版に於いては□より十一日後には□に在り、□よりは□に行つてゐて、□・□の行程日數は、前2.11.2版に於いては□より□に行き七日後には□(即□)に至つてゐるから略ゞ六・七日行程であり、從つて□の位置は□よりは十一日、□よりは六・七日行程に在つて、この行程日數よりせば□・□の北方に在つて稍ゞ東方に偏してゐることが解る。卜111版に於いては□に在るの前旬には□に在り、而して後上12.3版に於いては□よりは杵・□に

行つてゐる〓は〓の東方に在り、又〓に在るの次旬には〓に在り（金448）、〓は〓より六日行程に在るから（後上12.12）、〓は〓より〓を經て十数日行程の北方に在り、從つて〓は〓の東方、〓の北方一旬以内、〓の北方十数日行程に在ることが解る。以上の地名は右圖の如き關係に在る。

○〓↑〓↑〓↓〓↓〓↓〓↓〓↓〓↓〓↓〓↓〓

次の諸版によれば〓より田獵地域を通過して〓に至る經路があり、上圖の如くである。

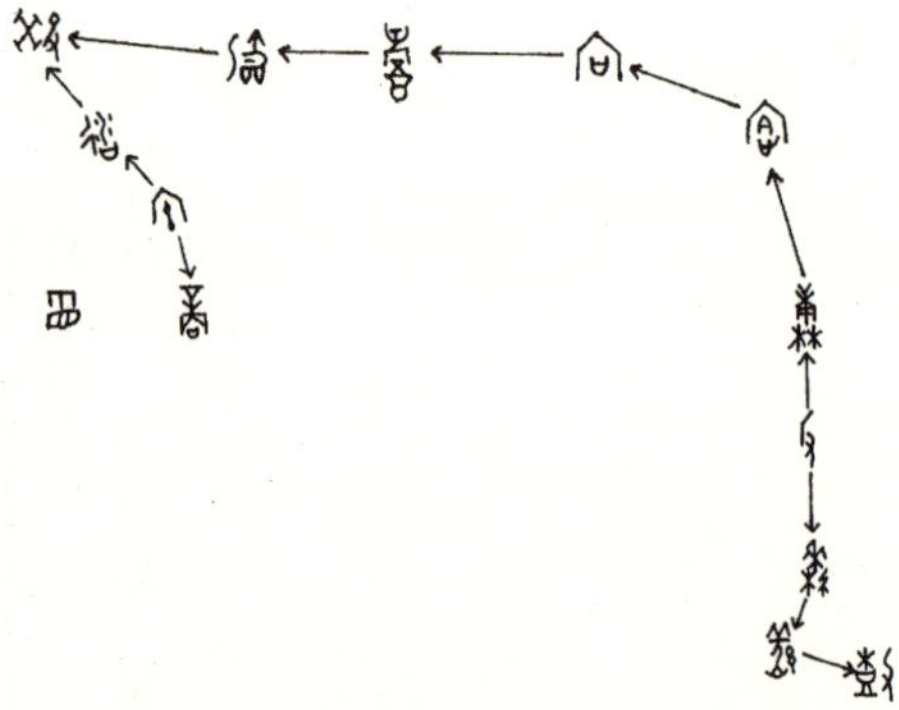

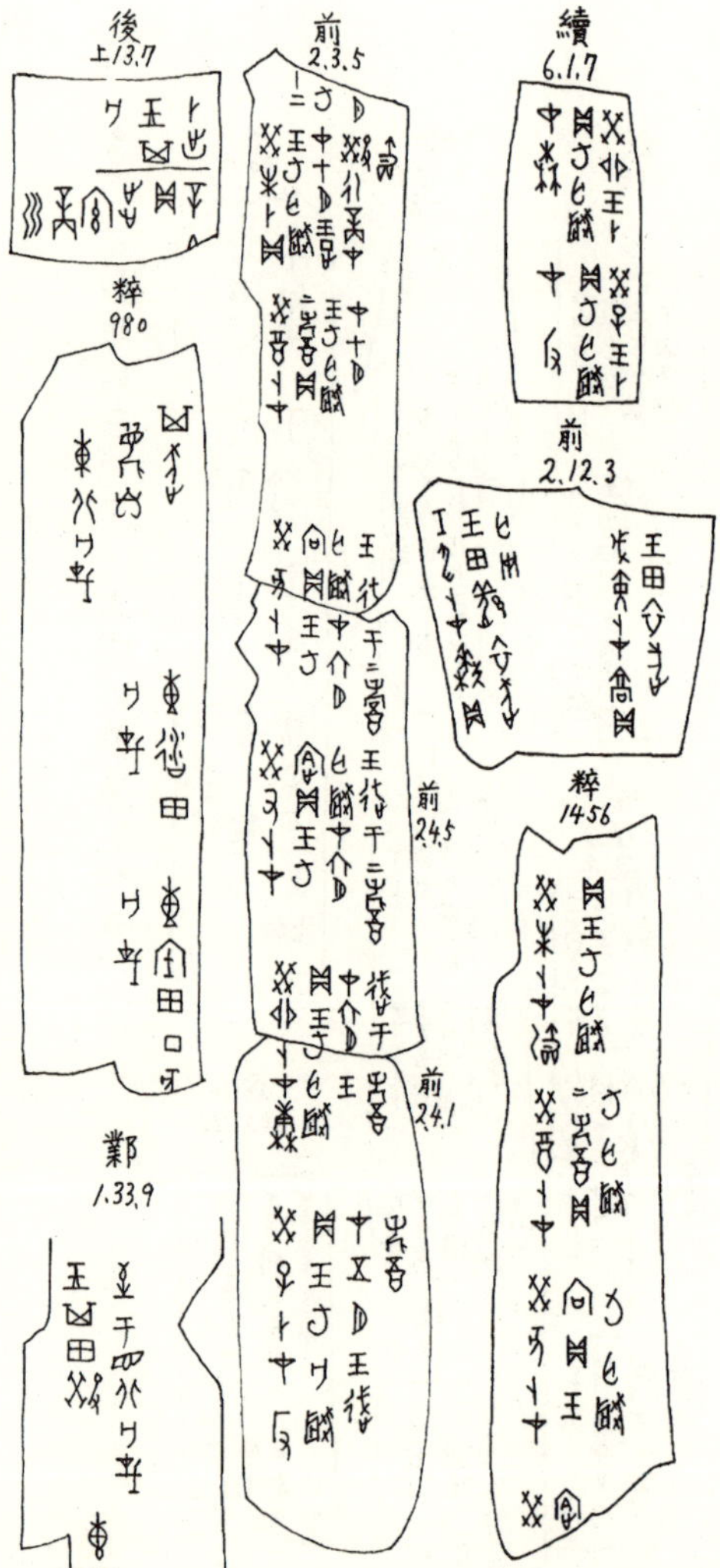

右の續6.1.7版に於いては〓より〓に、前2.13.3版に於いては〓より〓に行き、前2.3.5 2.4.5 2.4.1接合版に於いては〓より〓に、〓より〓、〓より〓、〓より〓、〓より〓に、〓より〓・〓に行つてゐて、この間は略〻二ヶ月を要してゐる。而して〓・〓間にはなほ〓・〓があり、後上13.7版に於いては〓より〓に行き、粹980版に於いては〓より〓に行き、鄴1.33.9版に於いては〓より〓に行つてゐるから、〓・〓は〓・〓附近の地である。〓を陳夢家は「近於沁陽」（卜辭綜述二六〇頁）としてゐるが、春秋の「齊桓公會諸侯於葵邱」（僖公九年）の葵邱は歸德府考城縣附近であるから商邑に近く、〓は商邑附近に在つて葵邱に當つてゐる。之は鄴1.33.9版では〓より〓北に至り、續3.31.6版では〓より〓を經て〓に行つてゐて、〓・〓は右の如く〓附近の地であるから〓・〓も亦〓附近に在り、而して前記の如く〓附近に〓があつて、〓附近の〓・〓・〓は同一地と考へられ、〓より〓北に至るこ

とをトしてゐて□は□北即ち商北に在ることが之を傍証してゐる。又□を郭沫若は「在今河南濟源縣南」（通纂六四〇）と孟津の對岸附近としてゐるが、右の如く□→□→□→□の經路は淮陰附近より殷東の田獵地域を經て商邑に入るものであるから、□は商東に在つて之を商西とするのは妥當ではない。

○□→□→□→□→□

前記の□より□・□・□を經て前述の□附近の□に到る經路がある。

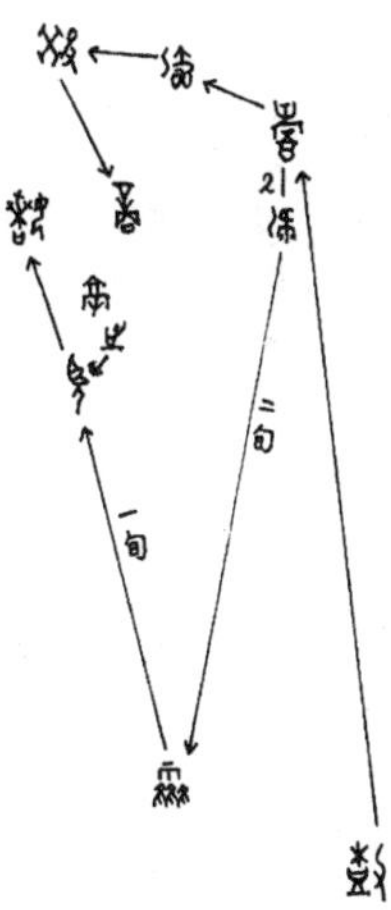

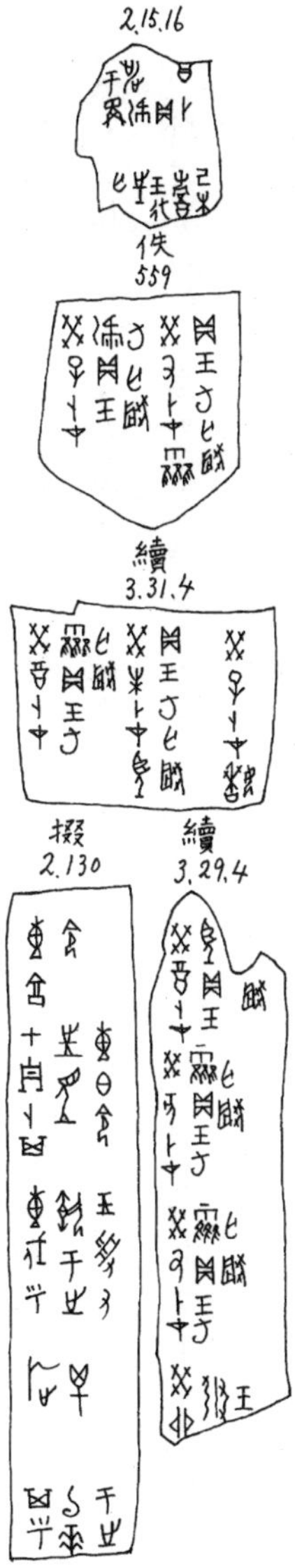

林 2.15.16　佚 559　續 3.31.4　掇 2.130　續 3.29.4

右の諸版によれば□より二日行程を以つて□を渉り（林2.15.16）、□より二旬後には□に在り（佚559）、□より一旬後には□に在り、又一旬後には□に至つてゐる（續3.31.4）。前述の如く□の東方には□があり、掇2.130版に於いては□より□（□の異文）に行つてゐるから、□は□の附近に在ることが解る。

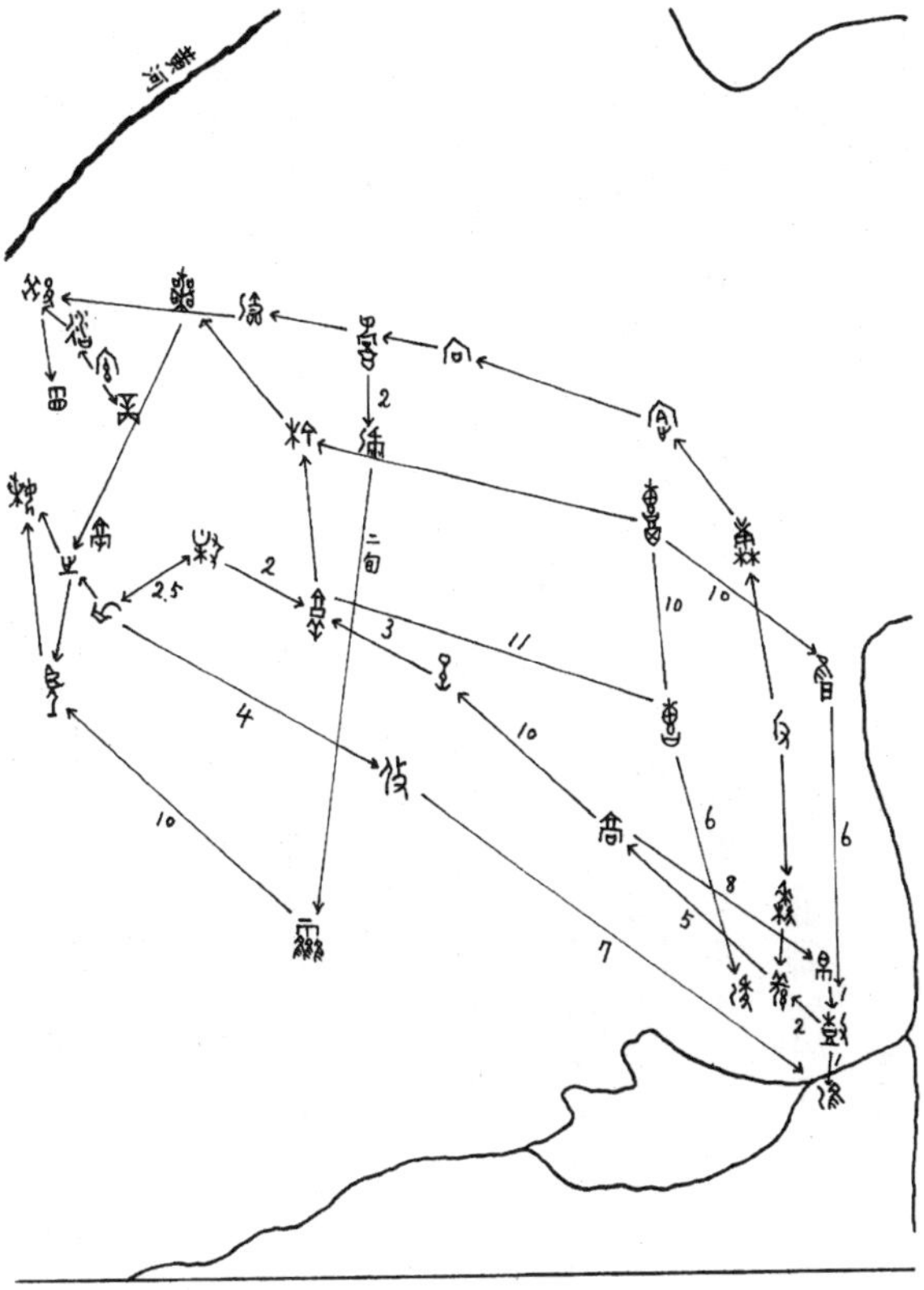

以上の如く淮陰より商邑附近に至る經路としては、□より□・□・□・□を經て□に至るもの、この途中の□より北行して□に至り或は□・□に行き、又□より南下して□を經て□に至るもの、□より□・□・□・□・□・□・□・□・□・□・□の田獵地域を通つて□に入るもの、この途中の□より□・□・□を經て□西の□に至るものがあり、これらの地名の位置は更に研討を要するが、略〻上揭圖の如き關聯に在るのである。

第二項　殷東地域の地名

殷東の地は田獵地域であつて前記の〓・〓・〓の線はその南限であり、その中心は〓・杵・〓であつて次述の〓・〓は北限である。次にこの殷東の地名を考察する。

○杵・〓・〓・〓・〓・〓

田獵卜辞に於いては杵より〓に行き（後上12.3 甲907 掇1.403）、〓より〓に行き（掇1.403 拾6.2 甲837）、〓より〓に行く（掇1.403 甲445 537 767）の例が多く

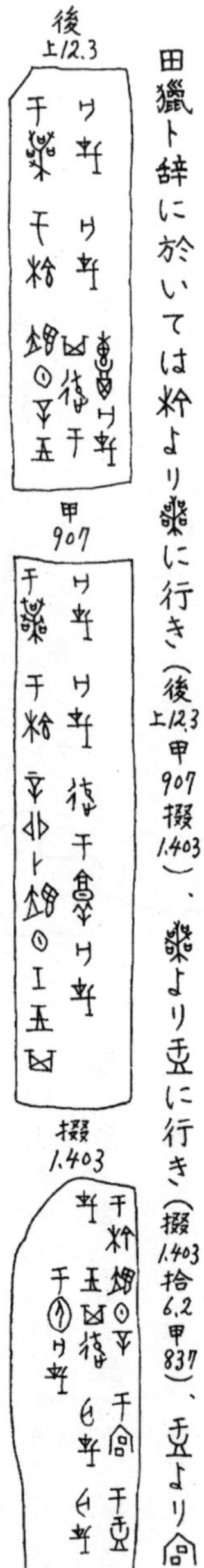

、この杵・〓・〓・〓は田獵地域の據點である。右とは逆に〓→〓（甲506）・〓→〓（佚800 甲505）・〓→〓（南師1.168）、或は〓→〓（粹1018）・〓→〓（粹1013 1027）・〓→〓（南師1.168）・〓→〓（金192）・〓→〓（甲506 南師1.168）の行き方があり、又〓より〓を經ずに〓に往復し（粹1018 1013）、〓より〓を經て〓に行き（南師1.68 粹976）、〓より直ちに〓に行き（南師1.168 甲506）、〓より〓を經て杵に行き更に〓に行く（甲537）などの例があり、これらの行程からこれらの地は一線上に在るのではなくして四方に散在してゐることが解る。

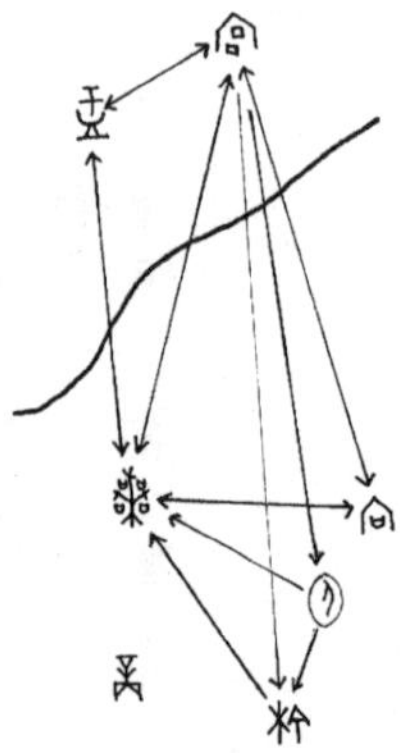

杵―前記の如く〓及び〓より〓に至る經路上に在るから（後上13.3 甲907）、その位置は〓の東南に在る。

〓―〓は前述の如く〓北四日行程に在り、杵は右の如く〓の東南に在るから、杵より〓に行く方向は北行であり、從つて右の掇1.403版の如く杵より〓を經て〓に行き、〓に至る方向は北行である。他地との關聯は〓・〓の場合は甚だ多いが、〓は之に比して少く、從つて〓・〓は田獵地域の中心に在るが〓はその北限と考へられる。〓の北方に當る宮名の地としては冀州西南に南宮縣があつて、この西北に南宮舊城があり、〓は略〻この邊の地と考へられる。

〓―次の粹1067版には「从〓歸先于〓」（〓に從ひ行き歸りて〓に進む）とあるから、〓は〓とは異る方向に在り、而して前記の如く〓北の〓より〓に至るには〓を經て行く例からせば略〻殷都の東北に在り、次の書道12.7版に於いては〓と淮陰附近の〓との間には十六日を要して居り、又掇2.489版に於いては〓北三日行程に在る〓と〓との行程に一旬以内を要して

ゐるから、略〻〓と〓の中間の殷東に在りと考へられる。

粋
1067

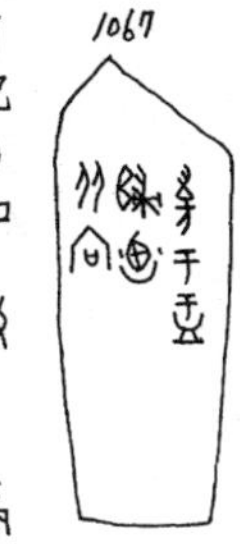

書道
12.7

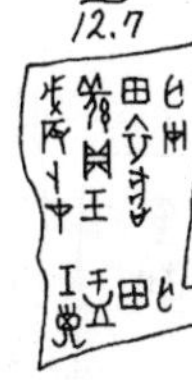

掇
2.489

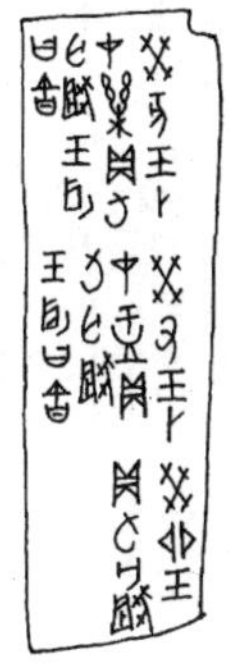

〓—〓は前記の如く〓より〓に至る經路上に在つて殷東に在り、而して〓と他地との關聯は〓より〓に行く例が最も多く（前2.20.5 遺677 金192 粋1016 寧1.419 南誠84 京4423）、〓に行く例が之に次ぎ（粋976 南師1.168 甲506）、〓に行く例が一版も存しないから、〓とは最も近く〓とは最も遠いと考へられ、略〻泰山の西南に在りと考へられる。

〓—〓→〓（粋1020）・〓→〓（掇1.403 寧1.412）・〓→〓（京4425）の如く〓・〓・〓との間を往來してゐるが、〓と往來してゐる例のないことは〓と同樣であつて、略〻〓・〓間に在るものと考へられる。

右の如く〓〓と〓・〓・〓・〓・〓との關聯は前掲圖の如くである。

○〓・〓・〓・〓・〓・〓

〓—〓は又東〓（前6.63.6 後上24.5 佚647）・南〓（續1.53.3 5.9.3 粋1286 甲623 3919 京4855）と稱されて居り、東〓の用例は例へば次の如くであつて

佚
647

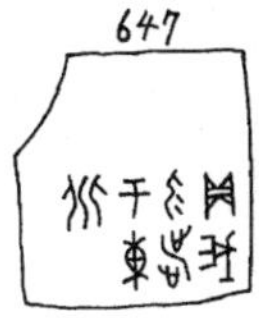

前
6.63.6

鄴
3.45.2

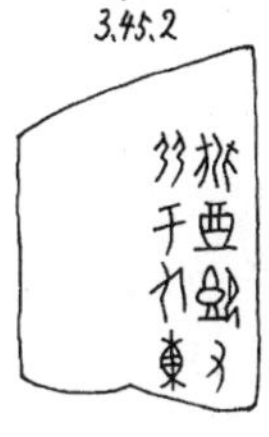

「我勿涉于東〓」・「〓方其涉〓東〓其〓」・「从〓于〓東〓夷即又」と用ゐられてゐて、東〓は〓即ち黃河を涉つて行く地であるから黃河の東に在り、又南〓は東〓と區別する稱であつて、これを「南」と稱するのは殷都の南に在るからであり、而して〓の地名は水と北とに從つてゐて水北の地の意によるものと考へられ、從つてこの南〓は東は黃河を距てて東〓に接し、北に殷都があつて南は黃河に臨む地であつて後世の「邶」の地に當つてゐる。これによつて殷代の黃河は衛輝府汲縣の南を通つてゐて、邶の地は二分されて東〓と南〓に分れてゐたものと考へられる。

〓—次の甲573版に於いては〓より〓に行き、摭續133版に於いては〓より〓に行つてゐるから、〓（〓）は〓・〓間に在る。

甲
573

摭續
133

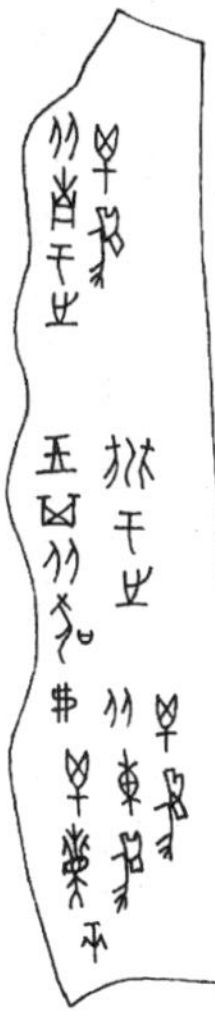

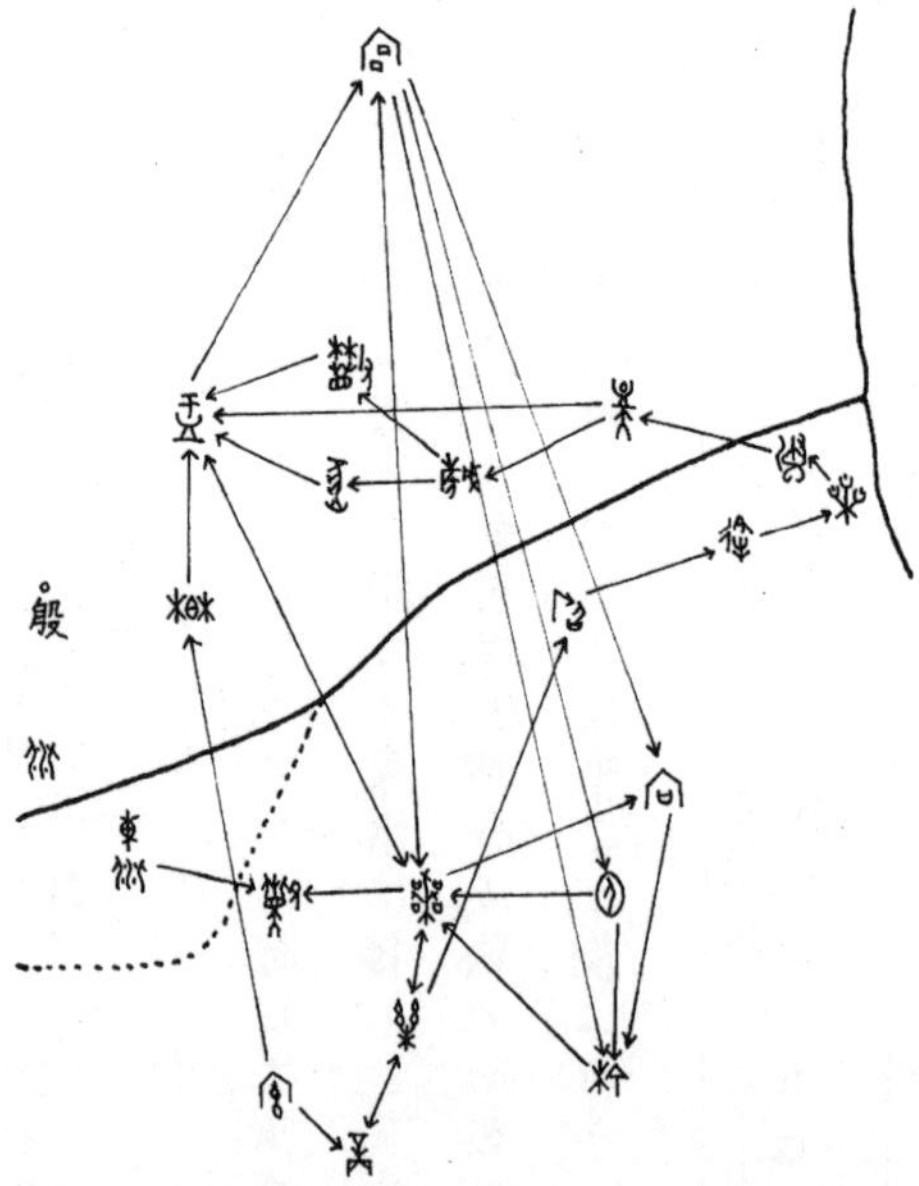

〓ー次の版に於いては〓には〓(佚442・金366)・〓(林2.28.4)・〓(〓戩11.3)・〓(鄴3.36.7)より行つて居り、このうち〓は粹986版に於いては次述の如く臨淄附近の〓より至つてゐるから東邊の地であつて、〓は〓の東方に在つてこれら〓・〓・〓・〓の中央に在ることが解る。〓附近に〓があり(京4470 粹950)、〓より〓に至る經路には〓より〓〓に行き(金370)、〓〓より〓に至る道と(甲357)、〓より〓を經て〓に至る道とがある(林2.28.14)。

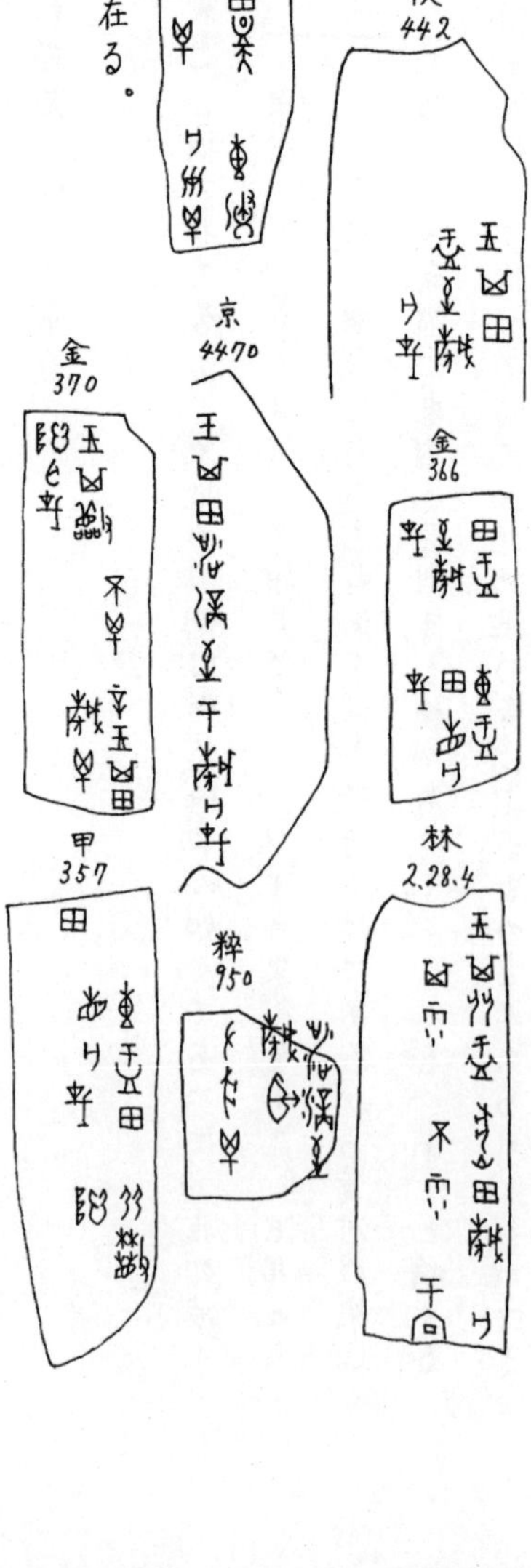

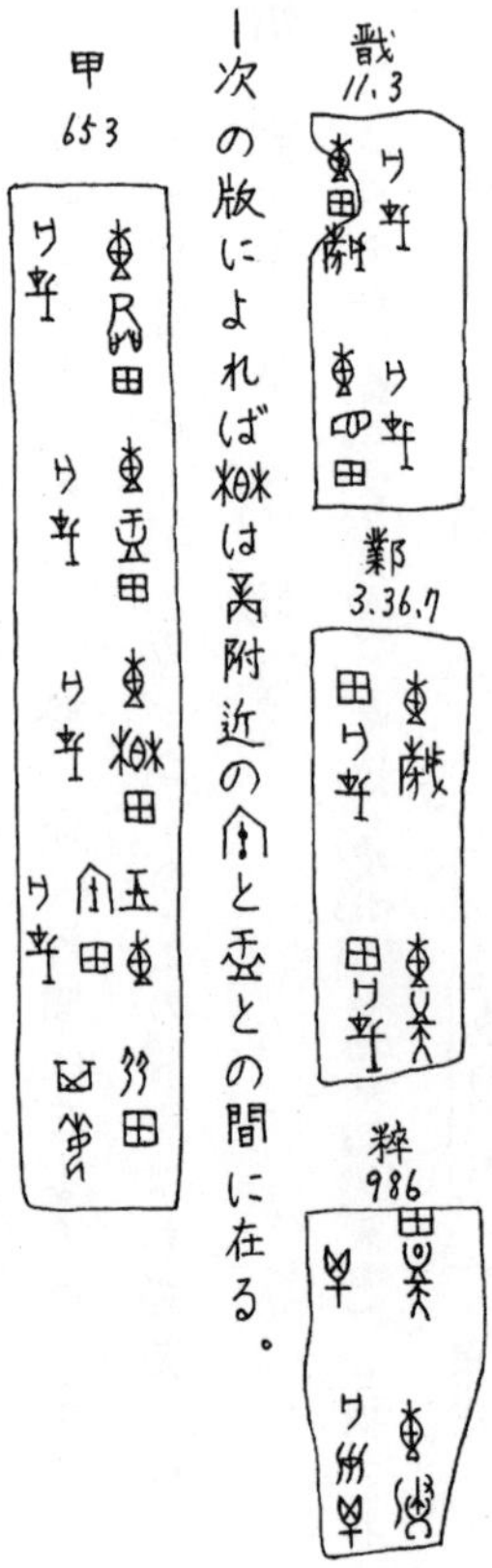

〓ー次の版によれば〓は〓附近の〓と〓との間に在る。

○〓・〓・〓・〓・〓

次の諸版によれば右の地名は臨淄附近の地名である。

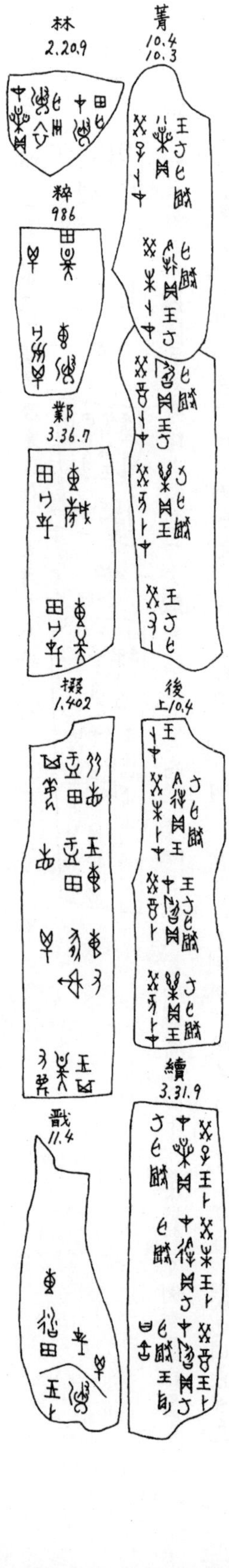

右の菁10.4 10.3接合版・後上10.4版・續3.31.9版によれば、前記の𠂤北三日行程に在る〓を發して一旬後には〓に、〓より一旬後には〓に、〓より一旬後には〓に在り、而して〓よりは〓に行き(林2.20.9)、〓よりは〓(粹986)及び〓(戩11.4)に行つてゐる。〓よりは前記の〓(鄴3.36.7)及び〓(掇1.402)に行つてゐるから、〓は〓と〓及び〓との間に在る。次の版の「三日乙酉有來自東〓〓〓〓

後下37.2

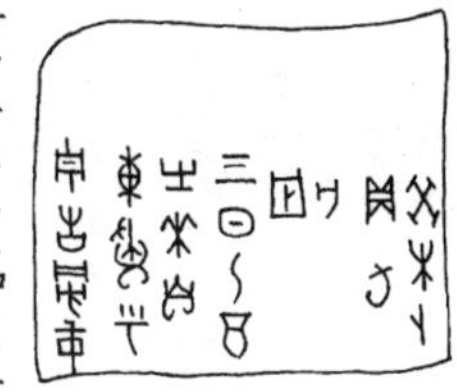

」は例へば「五日丁酉允有來艱自西〓〓告曰…」(菁2)と同文例であつて、之によれば〓の封地の西にあると同樣に(後述參照)〓の封地の東に在ることが解り、これは〓が東方に在る明証である。この〓より〓・〓を經て殷北の〓に至る經路は從つて東から西に向ふものであり、而して〓より〓・〓・〓を經て〓に至る經路は西より東に向ふものである。〓を王國維は「澅」(觀堂補遺)と釋し、董作賓は「澅水在齊臨淄附近」(禹貢半月刊六二東畫與澅)として居り、而して〓を林泰輔は「逢」と釋して、左傳の晏子が齊侯に對へた語「昔爽鳩氏始居此地、季萴因之、逢伯陵因之(杜注、逢伯陵、殷諸侯)、蒲姑氏因之、而後太公因之」(昭公二〇)を証とし、臨淄は殷代に於いては逢伯陵の封地であるから〓は臨淄であるとしてゐる(支那上代之研究)。右の如く𠂤附近の〓より〓に至るに略〻二旬を要してゐて、〓の東方二旬行程に在る〓は臨淄附近に當るから、〓を臨淄とし〓を臨淄附近とする說は妥當である。

以上の殷東の地名の相互關係を圖示せば前掲の如くである。

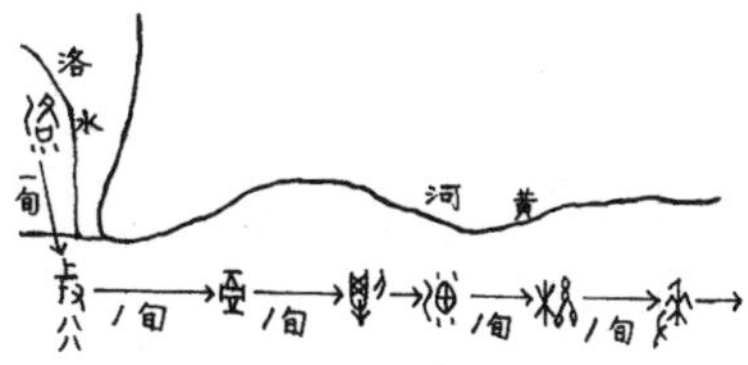

第三項　河南の地名

次の諸版の〓・〓・〓・〓・〓・〓は黄河の南岸に連なる地である。これによれば〓より一旬後には〓に、その次旬には〓に(甲346續存下974)、〓より一旬後には〓に(庫1569)、〓よりは〓に行き(前2.18.3)、〓より一旬後には〓に、その次旬には〓に(林2.18.12)、〓よりは五旬後に前記の〓に行つてゐる(菁10.12)。〓は僅かに二版以外に

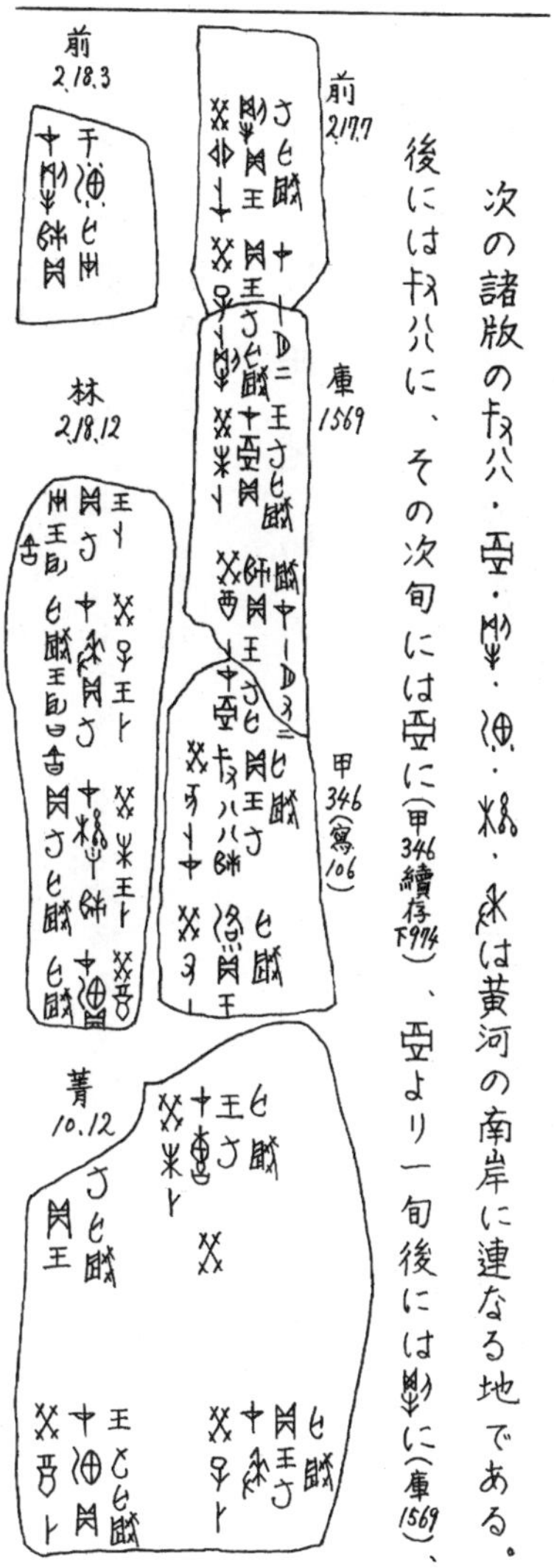

は存しないから他地との關聯を詳かにし得ないが、この字体は説文の洛と一字であり、説文に「洛水出左馮翊歸德北夷畍中、東南入渭、从水各聲」とある。又〓よりは五旬後に東南地域の〓に至つてゐるから、この經路は渭水の北西の洛水附近から黄河に沿ふて東行し、東南の〓に至るものである。

第四項　殷西地域の地名

○〓・〓・〓・〓・〓・〓・〓

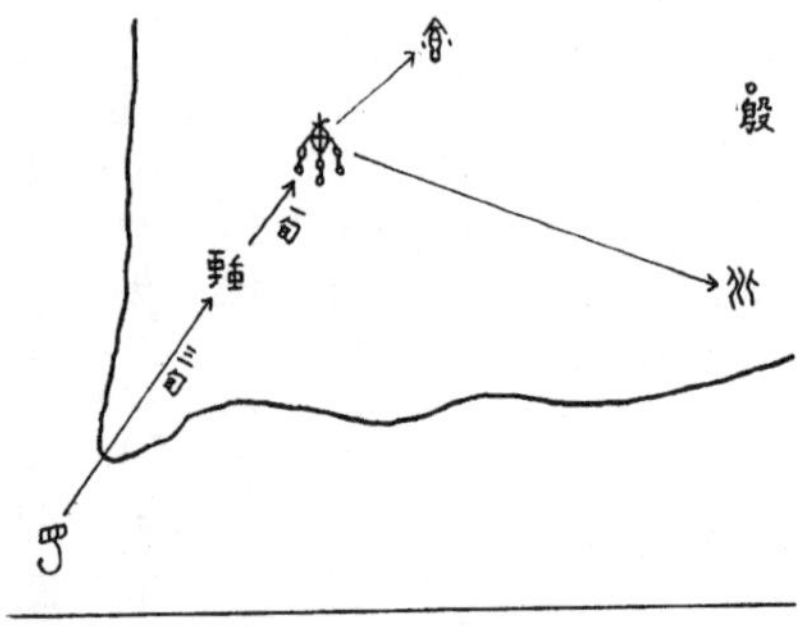

地名に〓・〓(續3.30.10 前2.10.4)があり、その用例は例へば「〓」(卜794)と「〓」(後下23.8)、「〓」(拾11.20)と「〓」(佚507)、「〓」(粹1256)と「〓」(粹1157)の如く用ゐられてゐるから、この兩者は一字乃至は通假の字であり、前記の〓は〓(前6.63.6)・〓(佚926)に作られてゐて、〓と〓とは水に从ふと否とであり、且つ〓の附近に〓(續3.30.5)、〓の附近に〓(續3.30.10)があつて、この兩者は一字であるから〓・〓は同一地であつて〓であり、〓を王襄が「〓古北字即邶之媘」(簠釋地五)と邶としてゐるのは妥當である。

次の版に於いては〓より〓に行き(摭續164)、又〓↓一旬↓〓↓一旬↓〓↓一旬↓〓と進んでゐるから(粹1426)、〓よりは殷都の南の〓に行く經路と殷北の〓に行く經路のあることが解る。後述の如く〓方は西北乃至西方より殷の邊境を侵してゐる方國であつて、次の續存550版によれば〓は〓方の侵略を受ける懸念のある地であるから殷西に在り、而して次の粹1125・寧1.427版によれば〓・〓は〓方に行く經路に當つて居り、〓方(召方)は周の召公奭の采地の召城(陝西の雍城の東)附近の地方と考へられるから、〓・〓は殷西の河曲邊に在りと考へられる。

次の諸版によれば〓と〓とは相近くして、乙4518 6422版には兩者が對貞されて居り、又次の庫981版によれば〓・〓間は三旬

摭續164

粹1426

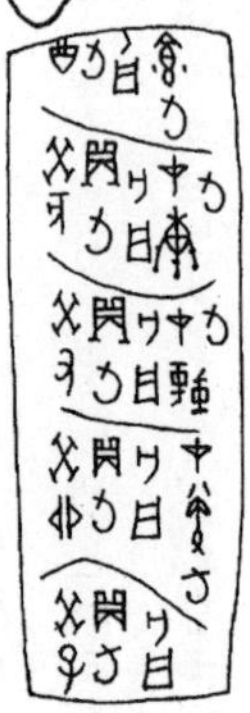

續存550

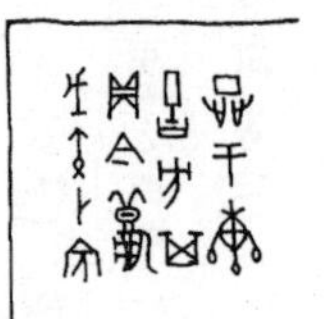

粹1125

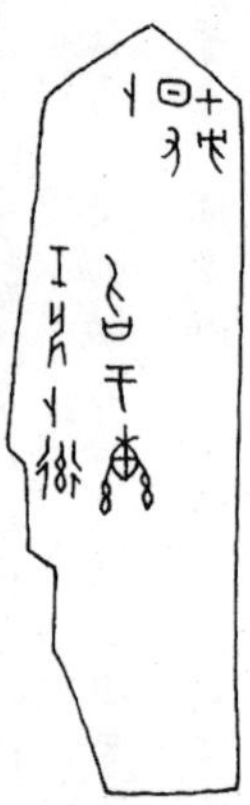

寧1.427

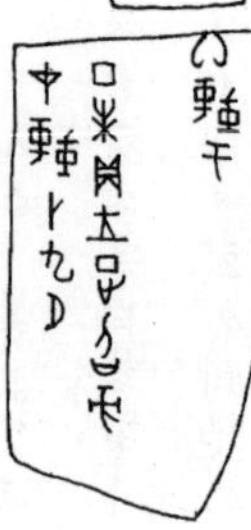

行程、庫993・庫1110版によれば六旬行程である。即ち庫993・1110両版に於いては〓より〓に至るに六旬を要してゐるが、庫981版の闕文を補足せば次の如くであつて、之によれば癸巳に〓に在り癸亥に〓に在るからこの間に三旬を要して居り、更に七旬後の癸卯に〓に入つてゐて〓より〓に至る間は十旬を要してゐる。

乙6422

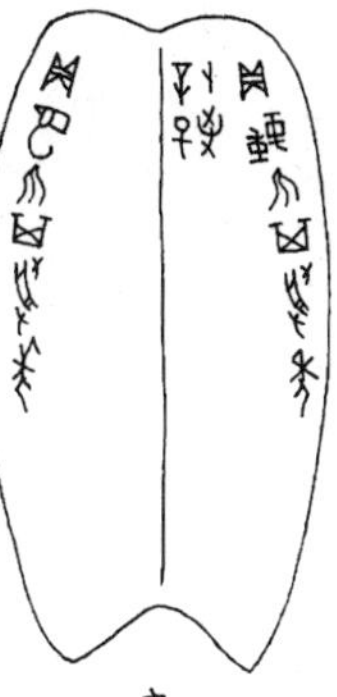

乙4518

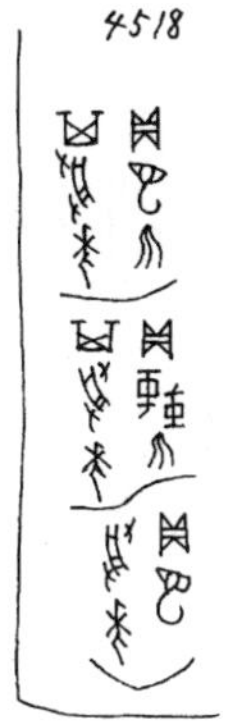

庫981

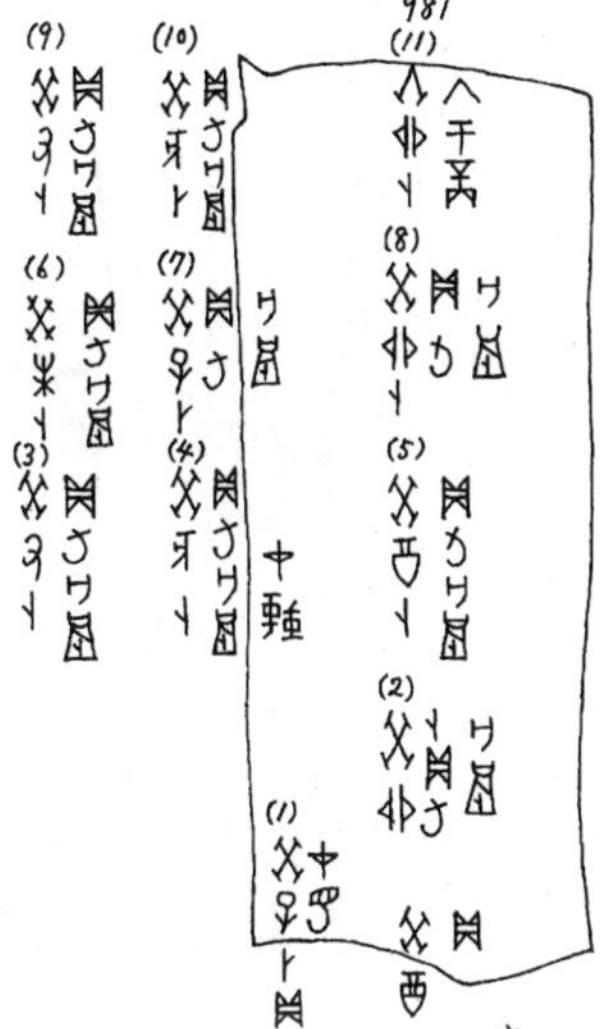

庫993

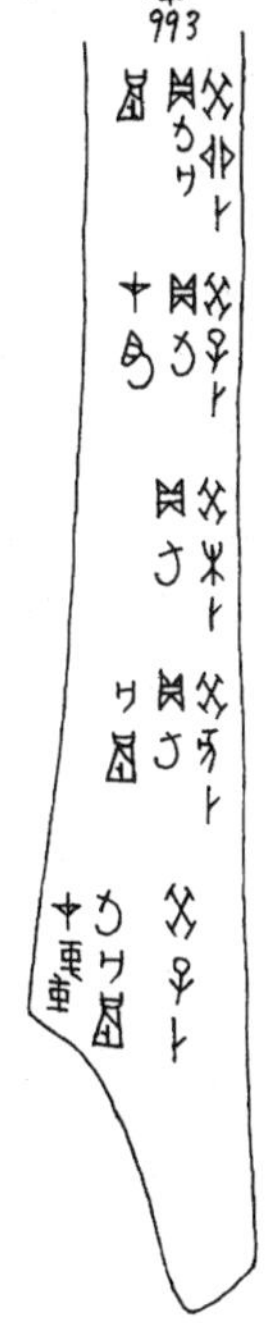

庫1110

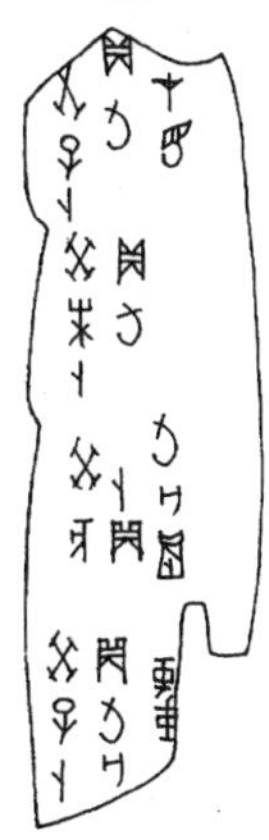

〓を孫詒讓は「説文虫部蜀葵中蠶也、从虫上目象蜀頭形、中象其身蜎蜎、此省虫、于字例得通」と説文の〓となして居り(舉例下九)、葉玉森(集釋二·四)・商承祚(類編十三·三)・郭沫若(粹釋一二五)は之に従つてゐるが、陳夢家は説文の「旬」として後世の筍國とし山西省の新絳縣の附近として居り(卜辞綜述二九五頁)、又胡厚宣は「自今之泰安南至汶上、皆蜀之疆土」(殷代之農業 叢四葉)と殷東の地としてゐる。右の如く〓・〓の間は三旬以内の行程であるから〓の位置は巴蜀の蜀ではなく、又〓・〓が對稱されてゐて〓の殷東の地でないことは明かである。次の如く般は〓を〓に敦伐して居り、而して〓は〓方(郭沫若は基方と釋す。通五三六)に屬してゐて〓方は〓に郭を作つ

後上9.7 〓〓〓〓〓〓〓〓〓 (明2330 粹1175 續1.5.21 5.35.5)

乙2108 〓〓〓〓〓〓〓〓〓 (乙6692)

乙5765 〓〓〓〓〓〓〓〓〓〓〓〓 (乙905 5761 5790 7981)

てゐる。〓を陳夢家は禹貢の冀州として山西省河津縣とし、〓を陶と釋して永濟縣(蒲州府城)となし、〓を右の如く新絳縣としてゐるが、〓は河曲に在るのではなくしてこの附近に在りと考へられる。

○〓・〓・〓・〓・〓・〓・〓

前記の如く〓は西方に在り、又〓は東方に在る。〓より一旬後には〓に在り(粹1426)、而して〓には〓よりも至つてゐる(粹700)。一方〓よりは〓に至り(粹715 717)、而して〓には〓よりも至つて居り(京4450)、從つて〓は〓よりは〓を經て、〓よりは〓を經て至る位置に在る。この〓には〓(京4450)、及び〓(後下39.14)より至り、而して〓よりは〓にも行つてゐるから(金511)、〓・〓・〓

は三方に在ることが解る。〓には〓より至り(掇2.16.7)、而して〓は例へば「〓〓〓〓〓〓」(續1.4.6)の如く〓方の侵略する懸念のある地であり、又「〓〓〓〓〓〓〓〓(〓)」(前5.17.7)の如く〓方の動靜が解る地であるから〓方に近く、從つて略〻西北の邊境に在るから、〓も西北に在り、〓・〓も亦西方に在ることが明瞭である。〓よりは〓に行つて居り(金371)、この〓よりは殷東の〓・〓に行き(粹996)、又〓には〓よりも至り(摭續121)、〓には〓より至つてゐるから(京4419 摭64)、〓は〓を經て殷北の〓に通ずる位置に在つて略〻殷都の北に當ることが解る。以上の諸地の關聯は左の如くである。

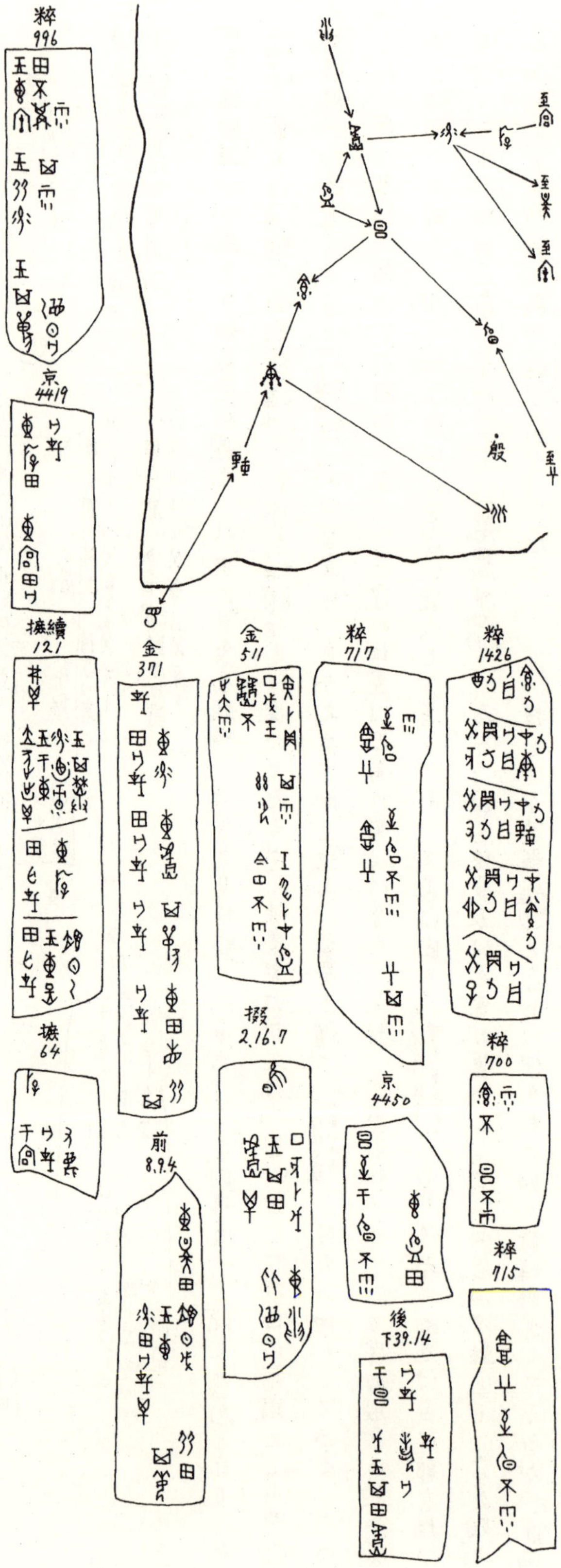

〇〓・〓・〓・〓・〓・〓・〓・〓

前記の如く〓は西方、〓は西北に在り、而して次の如く〓・〓の受年をトする版に〓の受年がトされて居り(乙6519)、又〓が〓方の侵略に遘ふか否かがトされてゐるから(續3.7.2)、〓が西方に在ることは明かである。〓は〓・〓と釋されて居り、

羅振玉ー御尊蓋有〓字、吳中丞釋〓、此作〓象田中有蔬、乃〓之最初字、後又加〓形已複矣、(考釋中八)

胡厚宣ー〓、說文男子之美稱、从用父、父亦聲、林義光曰、用父非義、古作〓、从田父聲、即〓之本字、說文云、〓、

種菜曰圃、从囗甫聲、今案林説甚是、惟卜辭之甫、乃象「種禾于田」之形、非「从父聲」、（殷代之農業三四頁）

西方に在つて𢀛方の侵略を受ける懸念のある甫聲の地であり、前記の[illegible]も斯かる懸念のある地であるから相近いと考へられ、略〻蒲河沿岸の蒲縣がこれに當るのである（陳夢家は之を苗と釋して、濟源縣の附近としてゐるが是に非ず（綜述二六〇））。次の諸版によれば甾より河を溯る經路があり

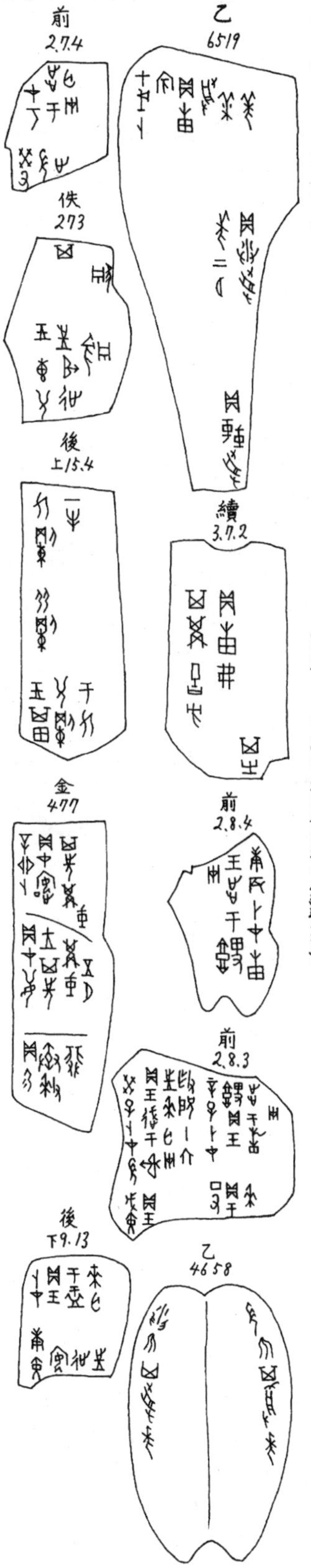

、甾より[illegible]に（前2.8.4）、[illegible]より[illegible]に行き（前2.8.3）、庚辰甾を發して辛巳に[illegible]に行つてゐるから（前2.8.4 2.8.3）甾・[illegible]間は一日行程であつて、[illegible]より十二日後には[illegible]に在り、[illegible]よりは[illegible]に行つてゐる（前2.8.3）。この[illegible]の受年が[illegible]の受年と對貞されて居り（乙4658）、又例へば「[illegible]」（菁2）・「[illegible]」（殘26）の如く[illegible]・[illegible]が𢀛方の侵略を告げてゐるから、[illegible]は[illegible]と共に𢀛方の壓迫を受ける地であつて西北に在り、從つて甾↓[illegible]↓甾↓[illegible]↓[illegible]の經路は蒲縣より北行するものである（胡厚宣は[illegible]を「長即長、疑即後來之張」として河東の地とす（封建制度考））。[illegible]には[illegible]より行く外に[illegible]よりも行き（佚273）、[illegible]に於いては[illegible]神が祀られてゐるから（後上15.4）この地は黄河沿岸と考へられ、[illegible]（又[illegible]に作る）よりは[illegible]に行つてゐる（金477）。[illegible]は例へば[illegible]（乙6732）が[illegible]（乙1192）・[illegible]（乙2090）に作られてゐるから地名の[illegible]と同地であつて[illegible]侯（乙7476）の邑地であり、[illegible]よりは某地を經て殷北の[illegible]に行つて居り（後上9.13）、以上の行程は蒲縣より黄河沿岸を溯り[illegible]より東行して[illegible]を經て[illegible]に至るものである。

以上に於いて考察した一〇五地名の綜合的略圖は次の如くであつて、之によつて地名の位置の大概を知ることが出來ると共に、殷王の馳驅し得た地域の全貌を窺ふことが出來る。陳夢家は殷の地域を「北約在緯度40°以南易水流域及其周圍平原、南約在緯度33°以北淮水流域與淮陽山脈、西不過經度112°、在太行山脈與伏牛山脈之東、東至於黄海渤海」（卜辭綜述三一一頁）としてゐるが、東は臨淄、西は河東、南は淮水、北は常山（史記孫吳列傳「殷紂之國、左孟門、右太行、常山在其北、太河經其南」）の範圍が殷室の威令の及ぶ所である。

卜辭地名關聯略圖

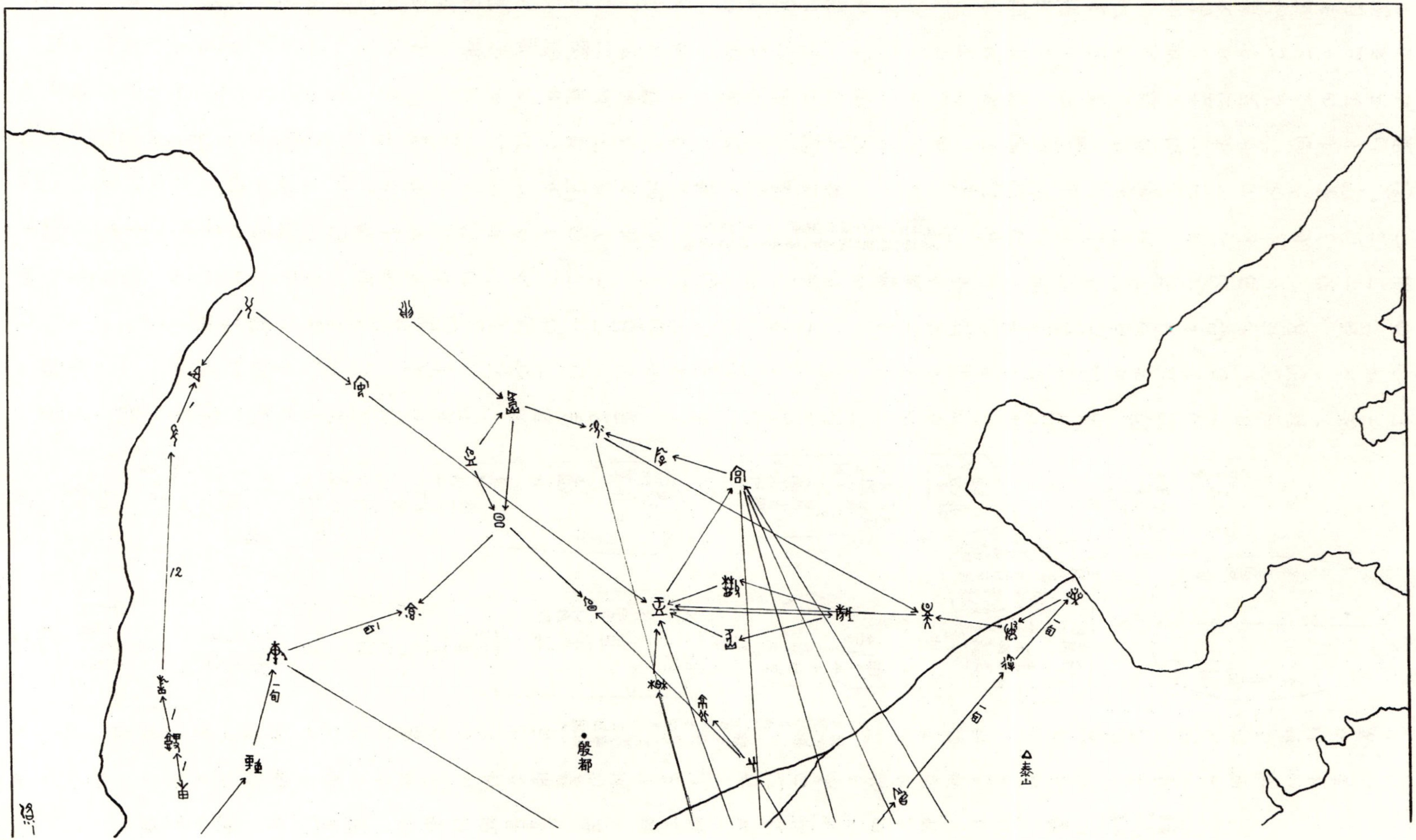

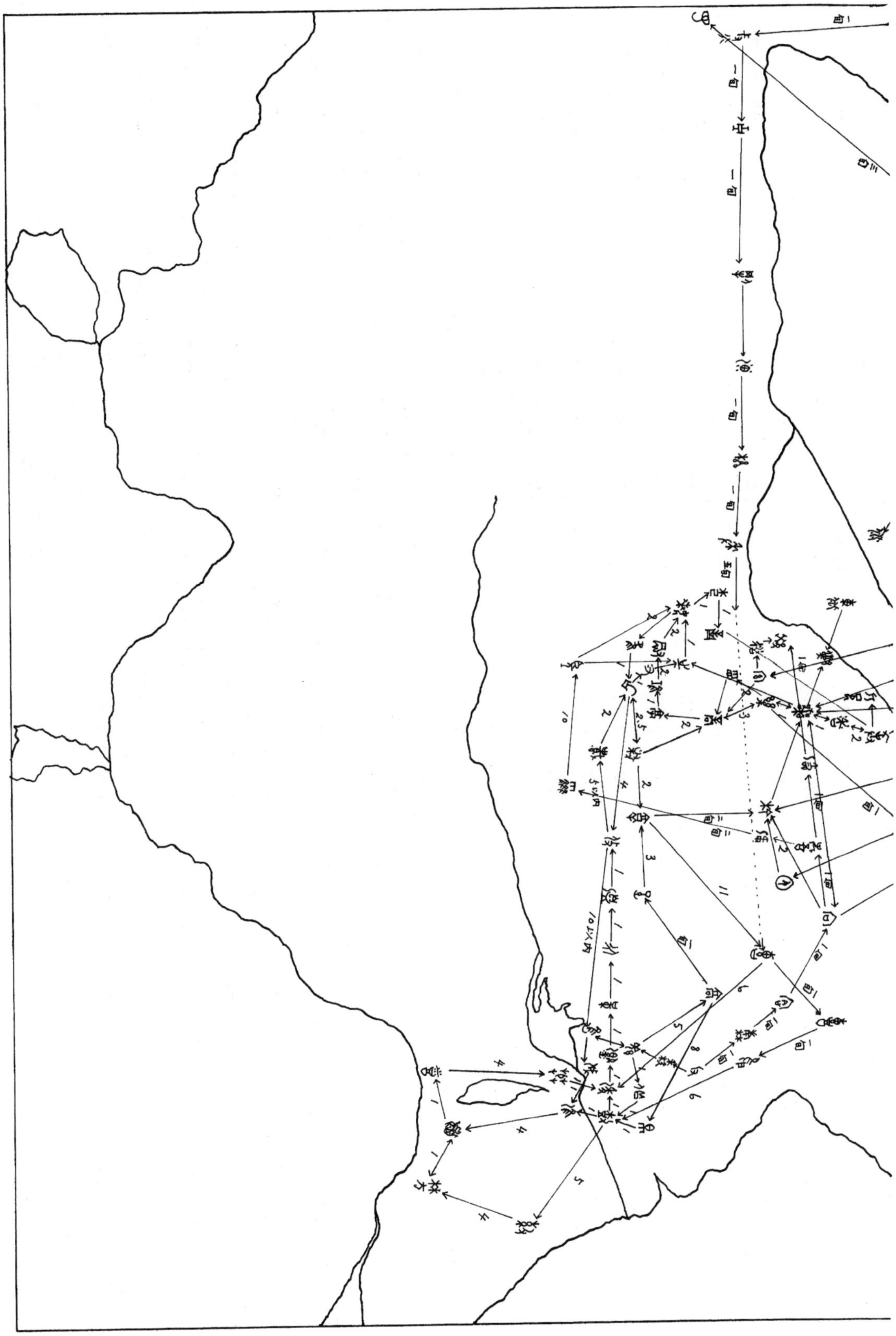

第二章　殷の方國

方字は才(前1.3.4)才(京4378)才(粹1143)に作られてゐて、次の如く方向・方地・地方の義に用ゐられて居り、又[illegible]才(粹1162 乙9082 金590)及び才[illegible](粹1316 甲1978 寧1.441)と用ゐられ、[illegible]才は周書の「告爾四國多方」、才[illegible]は禮記の「千里之外設方伯」(王制)と同語である。

(1) 粹1252 ・于[illegible]于東[illegible](于西方東嚮)
・于東于[illegible][illegible](于東方西嚮)

(2) 續2.29.7 ・北才[illegible][illegible](乙4423 北土受年)
・[illegible]才[illegible][illegible](乙3409 西土受年)

(3) 鄴3.43.7 [illegible]才(粹1426 在[illegible])
粹144 [illegible]才(續3.28.5 在[illegible])

殷の方國は次の如くであつて或は殷室に屬し或は敵國であり、次に方國の地望及び殷との關係について考察する。

第一期	第二期	第三期	第四期	第五期
[illegible]方（四六版）	[illegible]方（一版）	[illegible]（一版）	[illegible]（一版）	
田方（三版）	[illegible]（二版）		[illegible]（七版）	
[illegible]方（三版）		[illegible]方（一版）	[illegible]方（六版）	
[illegible]方（一〇版）		[illegible]（一版）	[illegible]方（一二版）	[illegible]方（二八版）
[illegible]方（五版）		[illegible]方（五版）	[illegible]方（二版）	[illegible]方（三版）
[illegible]方（二版）		[illegible]方（一版）		[illegible]方（一版）
[illegible]方（六版）			[illegible]（一版）	
[illegible]方（一二版）			[illegible]方（二版）	
[illegible]方（三版）			[illegible]方（三版）	
井方（三版）			井方（三版）	
男方（三版）			[illegible]方（一版）	
[illegible]方（一版）				[illegible]方（八版）
[illegible]方（九二版）				

第一期	第二期	第三期	第四期	第五期
（一[illegible]（七一版）				
[illegible]方（二七版）				
[illegible]方（一版）				
中方（一〇版）				
[illegible]方（八版）				
[illegible]方（二版）				
[illegible]方（二〇版）				
[illegible]方（二版）				
[illegible]方（一版）				
[illegible]方（三版）				
[illegible]方（一版）				
[illegible]方（一版）				
[illegible]方（一版）				
[illegible]方（一版）				
[illegible]方（三版）				
[illegible]方（一版）				
[illegible]方（一版）				

		計
于方(一版)　羊方(一版)　𦍌方(一版)		三三
		二
𢀛方(二版)　㚔方(一版)　羌方(一版)　丁方(一版)　𠦪方(一版)　畐方(一版)　向方(一版)　北方(一版)		一三
𢀛方(二版)　𠙵方　司方	沚方(二版)　𢆉方(二版)　𠂇方(四版)　𦧞方(三版)　木方(一版)　宁方(一版)　𢓊方(一版)　大方(五版)　𢆶方(一版)　汩方(一版)	二三
𢀛方(三版)　㚔方(一版)	林方(二版)　𡆥方(一版)	八

(一)　𢀛方

𢀛は又𢀛に作られて居り(鐵121.4 前5.23.4 7.4.2 佚17 粹1081 1088 1089 乙113 1417)、孫詒讓は「昌」(擧例上三二)、王國維は「吉」(戩釋二・二)、葉玉森は「苦」(鉤沈二)、郭沫若は「吕」(古代社會研究二四五頁)、林義光(國學叢編一期二冊一葉)・于省吾(駢枝三續、五)・傅東華(卜辭鬼方𢀛見說四)は「凷」、陳夢家(燕京學報一九期九八)・唐蘭(天釋五八)・董作賓(殷曆譜武丁日譜)・胡厚宣(殷代⿱工口方考)は「⿱工口」と釋し、而して孫氏は「徐方」、郭氏は「玁狁之部族」(通釋二二)、林・于・傅氏は「鬼方」、陳・唐氏は「卭地」、董氏は「鬼方」としてゐる。唐・陳・董・胡氏が𢀛を⿱工口字となすのは𢀛の口を「⿱工口豐」(後上10.9)の⿱工口と同字とし、⿱工口が工字であるから(祭儀工豐)从口工聲となすのである。然し𢀛が⿱工口に作られてゐる例の絶無であることはこの説の難點であり、大盂鼎に古字は「古・𢀛」に作られて居り、之は𢀛と一字であるから𢀛は古字の初文であつて、古方は即ち胡方である。

𢀛方の地望を王國維が次の卜辭に據つて「殷西」に在りとしてより諸家之に從ひ、郭沫若は「𢀛方或更在河套附近」と

菁2　五日丁酉允有來艱自西沚戛告曰土方征于我東鄙𢦏二邑𢀛方亦侵我西鄙田

河套(鄂爾多斯)に在りとし、陳夢家は「其地望亦正在殷虛之西」(燕京學報)・「卭在中條山、東界沚而西隣唐、卭與沚界於安邑與濟源

西之間」（卜辭綜述二七四頁上）と河内に在りとし、唐蘭は「其地略當四川之邛縣」と四川に在りとし、董作賓は郭説に從つてゐる。然るに胡厚宣は郭氏の河套説については「辭多臆測亦難信也」とし、陳氏の河内説については「夫河内之去殷、不過三百餘里、在三百餘里之内、安能容如此許多之國家」、陳氏之説似難信也」とし、唐氏の四川説については「則又未免太遠」、倘𢀛即邛笮之邛、則以邛殷三千里之遙、重以劍門潼關山川之險、時々内侵、爲絶不可能之事」、してこれらを却け、「𢀛者必在今山西省以西陝西省之地、可知也」と陝西の地に在りとしてゐる。斯くの如く𢀛方の殷西に在ることは諸家の一致してゐる所であるが、河套・河内・四川・陝西のいづれに在るかは𢀛方が侵略してゐる地名より歸納しなければならない。𢀛方の侵略を受け、或はその懸念のある地は次の如く〓・〓・〓・〓・〓・〓・〓・〓・〓である。

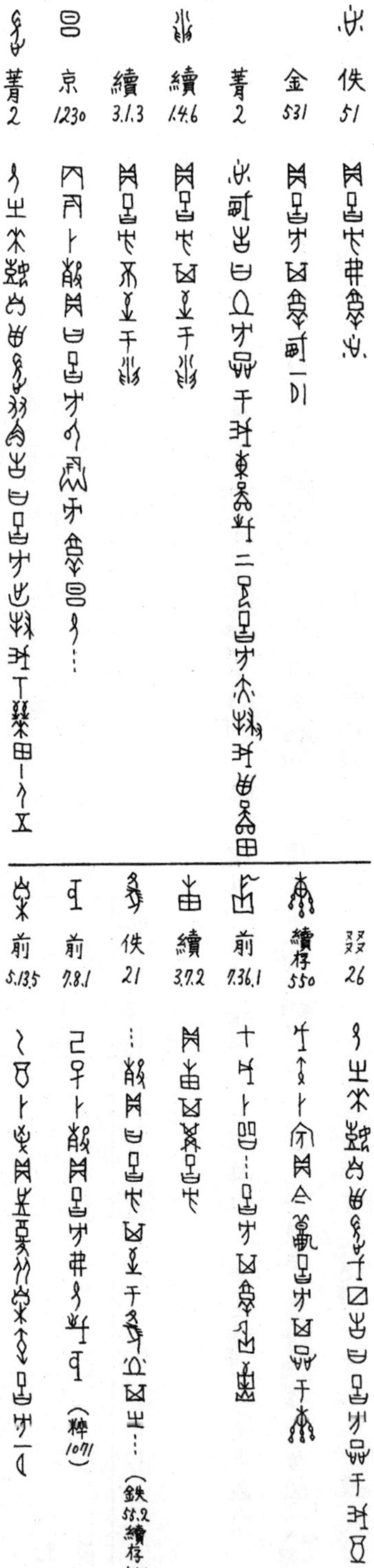

右の〓は地名として「〓〓〓〓一〓二十〓卜」（文685）・「〓〓〓〓」（戩48.3）・「〓〓于〓」（京1479）と用ゐられてゐて、習見の〓〓の邑地であり、辭中の〓字は之を王國維が「𦎫戟皆迫也伐也」（觀堂古金文考釋）、郭沫若が「𦎫者撻伐也」（粹釋二六）と釋して居り、例へば「〓〓〓〓〓〓〓」（續4.28.4）と「〓〓〓〓〓〓」（遺393）によれば、〓〓は〓〓（作戈）を致すものであつて（楊樹達は「此貞洹水盛漲不至敦迫商邑否也」となしてゐる（卜辭求義五四））、〓は迫り侵すの義であるから右の辭は𢀛方が〓〓の邑地に迫るか否かをトするものであり、而して〓〓の邑地の西方に在ることは例へば次の如くであつて、乙7826版の二辭は同時トで一は某方の來寇に關する〓〓の報告に從ふべきか否かをトし、一はこの報告に基づいて西に行くことの可否をトしてゐるから、

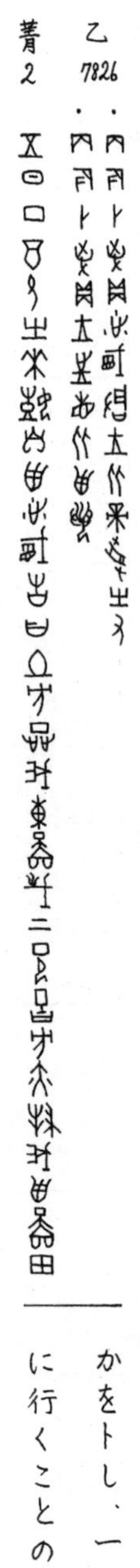

沚戛の邑地は西方に在り、又菁2版に於いては西方に來襲があつて沚戛が之を「土方が我が東鄙に𢦏し、𢀛方が我が西鄙を侵す」と報告してゐるから、沚地は東に土方、西に𢀛方を控えて居り、土方は後述の如く殷の北方にあるから沚地は西北の邊境に在ることが解る。□地は前述の如く□の北方に在つて殷の西北に當り、□地は前述の如く□の南方に在るが殷の西北に在り、□は□地と同一地であつて（地名の□地（鄴一・三三・八）が又□（粹一〇三七）に作られてゐるのと同様）前述の如く□より十三日行程の北方に在り、□は□北・□は□地と同一地であつて□北二日行程に在り、□は河東の蒲縣であつて、□・□の位置は未詳であるが、これらの地名によれば𢀛方は西北より西方に亘つて侵略するものであり、而して「貞□□□□□𢀛方□」（前5.13.5）に於いては殷は之を□地より攻撃することをトしてゐて、□は次の如く□附近に在り、□は□附近の地であるから、この攻撃は北方よりするものであり、從つて𢀛方は殷の西北に當る地に在り、略〻陝西の北部乃至は河套の地に在ることが解る。

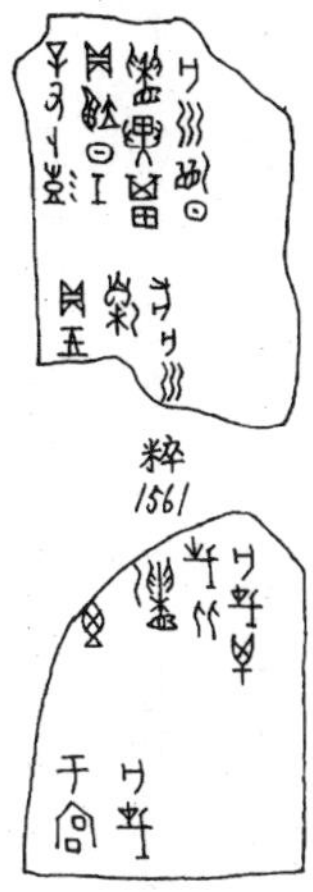

續3.10.1 貞□□𢀛方出□□□…□□□□□
菁2 沚戛告曰𢀛方□□□□□□□□□□□□□
京1230 丙午卜𡧊貞□□𢀛方□□□□□…
續存351 癸卯卜□…𢀛方□□□

第一期武丁時に於いては𢀛方は土方と共に二大外患であつて、上掲例の如く土方と提携して共に殷に迫り、或は□方・□方を率ゐて侵略して居り、殷は之を自然神・先臣神・祖神に報告祈願し、王自ら親征する外に□・□・□・多臣

（祀告）遺177 貞于□□𢀛方
（祀）後上29.4 □𢀛方于□□
前1.47.5 貞□𢀛方于□
後上29.4 貞于大十□𢀛方出
（祈）後上17.3 貞于□□𢀛方
（祀）續1.49.1 □𢀛方于□
前7.20.3 于大甲□𢀛
庫1649 貞□𢀛方于□

王 柏28 己卯卜𡧊貞𢀛方出王自□（二）□□（□□□）（同辞例三七版）
□ 後上16.10 貞□□□□伐𢀛方（同辞例九版）
羽 金522 □□卜貞□□羽□□伐𢀛方□□
□ 南明162 貞□□□伐𢀛方
多臣 前4.31.3 乎多臣伐𢀛方（同辞例三版）
多尹 林2.27.7 貞□乎多尹伐𢀛方□…
多□ 續3.2.3 □□卜𡧊貞乎多□伐𢀛方□□（同辞例六版）
登人 前7.2.3 □□卜□貞登人□□伐𢀛方□□□

・多尹・多□を遣はして之を伐たしめて居り、而して𢀛方征伐のための登人をトする例は甚だ多く、登は例へば□□□・貞登大□□（續1.2.1）・貞□登□□于□（乙6723）の如く用ゐられてゐて□（登）と一字であり、董作賓は登人の登を「殆即徵兵之義」（殷曆譜下九・三九）と解し、楊樹達は之に從つて「登蓋當讀爲徵」（甲文說上・二二）としてゐるが、登人は□□・□□と同例であるから人を登

す即ち兵を登途せしむる義であり、而してこの登途の兵力は次の如く一千乃至六千がトされてゐる。

登人一千ー卜135 佚324
登人五千ー前7.15.4 林2.28.13 續1.13.5 鐵卜2 後上31.6 39.1 下1.3
登人三千ー鉄258.1 前6.38.4 續1.10.3 5.13.7 5.11.1 粹1078 1299 遺777 1186 庫310 1649 掇2.152 林1.25.1 乙6581 金498 524 南師1.63 京1361 續存564 下292
登人六千ー佚438

第二期に於いても次の如く卓が呂方を攻略してゐるが、第三期、第四期には各〻一版、第五期には未見であって、武丁の討伐が成功して殷末に至るまで再び侵略することがないものと考へられる。

第二期 文637 囗呂卜出冎卓卓呂才
第三期 續5.31.6 呂
第四期 乙113 冎令…呂
第五期 未見

(二) 土方

土方の土は神名の土と一字であって「土」であり、次の菁6版に於いては「有來艱自北」と土方の場合には「自北」とされてゐるから、土方は北方に在り、又菁2版に於いては沚馘が土方は沚地の東鄙に、呂方は沚地の西鄙に侵入して來たことを告げてゐるから、土方は呂方の東に在り、從って土方は殷の北邊、呂方の東部に在ることが解り、陳夢家が土方を杜國としてその地望を沁陽の西北に在りとしてゐるのは妥當でない(卜辭綜述二七二頁)。

菁6 王固曰有祟其有來艱三至七日己巳允有來艱自北𢦏妻告曰土方侵我田十人

菁2 癸巳卜殻貞旬亡禍王固曰有祟其有來艱乞至五日丁酉允有來艱自西沚馘告曰土方征于我東鄙𢦏二邑呂方亦侵我西鄙田

沚馘の邑地は右の如く呂方及び土方の侵略の衝に當ってゐるから、來寇があれば之を王に報告し、王はこの報告によって之を征伐すべきか否かをトしてゐる辭が習見であって、例へば次の如くである。董作賓はこの「爯冊𠕋」を沚馘を封冊するものとして「上冊字名詞、乃簡冊、所以冊封之文書、爯冊猶言奉冊、蓋奉冊以往呂、下𠕋字動詞、冊命冊封之義、…迨苦戰三年、土呂屈服、仍命沚馘奉冊以封土方呂方之君」(殷曆譜武丁日譜三八)と解してゐるが、「爯」は說文に「爯並擧也」、「偁揚也」とあって原義は「あぐる」意、「冊」は簡冊であるから爯冊は簡冊をあぐる義であり、又「𠕋」は說文に「𠕋告也」とあるから「𠕋土方」は土方を告ぐる意である。從

續3.10.2 …卜貞沚馘爯冊王从伐土方受有又
續存下293 沚馘爯冊𠕋呂方王从(下上)若…
遺1188 沚馘(爯)冊𠕋土方(下上)呂王从伐…
(イ)卜85 貞沚馘爯冊王从
(ロ)乙7826 貞沚馘𠕋王从伐…
(ハ)續5.12.2 己卯卜王貞令…沚馘伐

つて「沚𢦔爯冊〓土方」は沚𢦔が簡冊を奉呈して土方を告ぐる義であり、「王从伐」はこの報告に從つて王が之を伐つの意である。この解釋の正しいことは(ロ)・(ハ)の用例が之を証してゐて、(イ)・(ロ)を比較せば爯冊は𢼄に當り、𢼄は啓字であるから（乙三三六二 貞沚𢦔𢼄王从〓…　林二・八・三 貞𢦔𢼄王〓〓〓〓…）爯冊は冊による啓告であり、又(ハ)には「沚𢦔𠬝」とあり𠬝は羅振玉が𢦏と釋し（考釋中五六）、ここに於いては識字で「誌」の義であつて、沚𢦔が簡冊に誌して報告するの義である。斯くの如く爯冊が𢼄・𠬝と記されてゐるから簡冊による報告であつて、董作賓の所謂「奉冊以往告」ではなく、前記の菁2・佚60版の「沚𢦔告曰土々」の辞はこの爯冊の内容に外ならない。これらの辞はこの爯冊に王が從ふべきか否かをトするものであつて、「王从」はこの報告に從ふの意であることは(イ)(ロ)(ハ)の例に明かであり、從つて次の場合も「沚𢦔に從つて」であつて「沚𢦔を從へて」でないことは留意しなければならない。

續3.9.4	貞〓从〓伐土方	甲948	〓三〓从沚𢦔伐土方	鉄249.2	貞〓〓王从〓〓伐〓〓〓〓
後上17.5	貞王从沚𢦔伐土方受有又	乙2948	貞王〓〓〓从〓〓伐〓	乙7741	貞王从〓伐〓

土方の侵略に對して殷は(1)之を祖神に告げ、(2)王自ら親征し或は三族・〓〓・〓を遣はし、(3)兵三千乃至五千を以つて之を討伐してゐて次の如くである。土方は後期には一版もなく、再び殷を侵すことのないのは武丁の力によるのである。

(1)
天60 貞告土方于〓
天61 貞告土方于〓

(2)
王伐 林2.7.9 王伐土方受有又
三族 甲948 〓三族从沚𢦔伐土方
〓〓 庫237 王〓…〓〓伐〓土方
〓 續3.9.5 貞〓〓〓〓土方

(3)
前6.34.2 〓人五千…伐…〓…土方
後上31.6 貞〓〓王〓人五千〓土方受有又

(三) 〓・〓方

第一期に〓征伐が土方征伐と同時にトされてゐて次の如くであり、〓を孫詒讓は「台」（擧例上卅四）、郭沫若は「勺」（中國古代社會研究三五五）、林義光は「旨」（國學叢編一期二冊）、葉玉森は「椒」（集釋四・二）、于省吾は「危」（駢枝二・二）と釋してゐるが、その地望については見るべき説がない。

續3.9.1 ・貞〓王〓〓伐〓受有又（庫1558）
・〓貞〓王〓伐土方受有又
續3.8.9 ・〓〓卜〓貞〓王〓从〓〓伐〓受有又
・〓〓卜〓貞〓王〓〓〓土方

〓は第一期に習見であるが他期にはなく、而して〓方の稱謂は次の如く第一期（甲1269 乙6382）・第三期（南明669）・第四期（佚387 913 粹196 鄴3.44.6 南明499 京4386）にあり、又地名の〓は第二期・第五期に見ることが出來る。〓方は例へば〓・〓が〓方（粹144）・〓方（鄴3.43.7）と稱されてゐる例に從へば〓地

〓方　第一期　乙6382　〓〓〓〓〓〓〓〓

第三期　南明669　〓〓〓〓〓〓〓

第四期　南明499　〓〓〓〓〓〓〓〓〓〓〓〓

地名〓　第二期　卜391　〓田〓〓〓〓

第五期　金544　〓〓王卜〓〓〓〓〓〓〓〓〓

前2.10.1　〓〓王卜〓〓〓〓〓〓〓〓〓〓

方を稱するものであり、〓地は前章にその位置を推測してゐるが如く亳南・淮陰間に在つて、右の如く第二期より既に田獵地とされてゐる地であり、又〓方が敵國とされてゐる一例もなく（陳夢家が綜述三〇一頁にあげてゐる釗二三版は〓方に作らず且つこの辭は征伐を卜するものとは限らない）、却つて第一期の「〓〓〓〓〓〓」の如きは「〓〓〓〓〓」（鄴3.43.8）と同例であつて、〓方に〓があるか否かを卜するものであるから第一期より殷に屬してゐる地方であり、從つて第一期に征伐が行はれてゐる〓〓とは同一地ではない。然し〓〓・〓方は共に〓と稱されてゐるから同一地方に在り、而して〓（下）を以つて稱されてゐる〓〓は〓方よりは更に遠方に在るものと考へられ、この推測の誤らないことは例へば「〓〓〓〓〓〓〓〓〓〓」（鉄249.2）の辭が之を證してゐる。即ちこの辭は「〓〓〓〓〓〓〓〓」（後上17.5）と同文例であつて、〓〓の場合は前記の如く王が〓方を伐つの意であるから、右は〓〓についての〓〓の報告に從つて之を伐つ可否を卜するものであり、〓〓の〓は又〓（拾3.4 鄴3.38.1 金586 乙6733 寧2.57 南明499）に作られてゐて、地名の〓（續3.29.4 3.31.4）と同字であり、〓地は前述の如く亳南の地であつて〓地と同一地望に在り、而して〓〓のみが〓〓の報告を行つてゐるから〓〓は〓〓の邑地に近く、從つて〓〓は亳南の〓方と同一地方に在ることが解る。要するに〓地・〓方・〓〓は同一地望に在り、〓地・〓方は第一期より既に殷に屬して居り、武丁はこの〓方にある〓〓の鎭定を、西北の〓方、北方の〓方征伐と同時に行ひ、次の如く(1)帝に祈り、(2)王亥に告げ、(3)多〓を遣はしてゐる。〓〓征伐は第一期以降にはなく、この期を以つて終焉を告げてゐる。

(1) 京2294　〓〓…〓〓〓〓〓〓〓

(2) 南師1.19　〓〓〓〓〓〓〓〓〓〓〓〓〓〓〓〓〓〓〓

(3) 後上31.9　〓〓〓〓〓〓〓〓〓〓〓〓〓〓〓〓

(四) 〓方・〓方

〓方征伐と〓〓征伐が次の京1266版に於いては同版上に在り、乙7741版に於いては同日卜となつてゐるから、この兩者は同時に行はれたものと考へられる。この〓方が〓方であることは、例へば〓（佚257）が〓（佚166 518）・〓（乙8697）に、〓〓（乙5598）が〓〓

京1266・[illegible]
・[illegible]

乙2948・[illegible]
・[illegible]

乙7741・[illegible]
・[illegible]

(乙2591 2678)に作られてゐて[illegible]・[illegible]は一字であり、又[illegible]は前記の如く西北の諸侯であるから、上揭版の「[illegible]」は「[illegible]」に外ならず、[illegible]方が又[illegible]と記されてゐるに見て明かである。[illegible]方の[illegible]が又[illegible]に作られてゐて次の如く

であり、而して[illegible]・[illegible]が金文の夷字であつて、例へば小臣謎毀の東夷の夷は[illegible]に、仲偁父鼎の淮夷の夷は[illegible]に作られてゐるから、[illegible]方・[illegible]方は夷方に外ならない。從つて王襄が[illegible]を「[illegible]古乳字」(簠釋征四)とし、陳夢家が[illegible]方を人方、[illegible]方を尸方としてゐる(卜辭綜述二八四頁三〇一頁)のは妥當でなく、郭沫若が[illegible]方を「儿」として「儿方當即夷方」(粹釋一三〇)としてゐるのは是である。

乙7818・[illegible]
・[illegible]

乙2948 [illegible]

粹1187 [illegible]

[illegible]方は後記の如く殷東にあるが、[illegible]方の殷東に在ることは次の二辭が之を示してゐる。即ち乙7741版の「[illegible]」は

乙7741 [illegible]

乙7818 [illegible]

「[illegible]」(乙3322)と同文例であつて、この「[illegible]」は上揭例の「[illegible]」に對して王が從ふことであるから、「[illegible]」の[illegible]は[illegible]と同じく奉冊者であり、而して[illegible]は又[illegible](乙1215)に作られてゐて地名の[illegible]と一字であり、[illegible]地は次の如く殷東の[illegible]・杵と同版上に記されてゐる

續 3.30.1

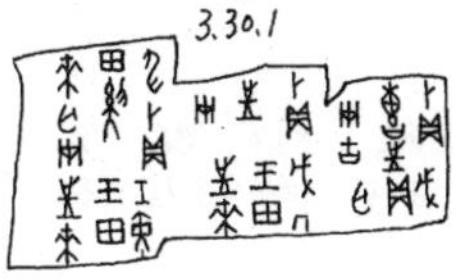

金 580

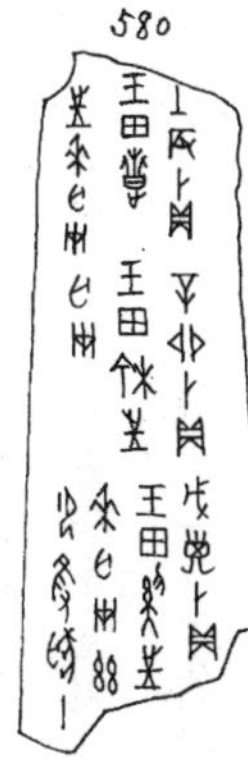

から殷東に在つて、奉冊者の[illegible]はこの地の太守と考へられ、この[illegible]が[illegible]方について報告してゐるから[illegible]方は殷東に在り、又乙7818版に於いては[illegible]が[illegible]について報告してゐて、王が之によつて[illegible]より二日行程の[illegible]に行く可否を卜してゐるから、[illegible]方の東方に在ることは明かである。從つて陳夢家が武丁時の[illegible]方を西方に在りとし、第五期の[illegible]方を東方に在りとして之を區別してゐるのは妥當ではない(卜辭綜述二六五・二〇一)。

夷方征伐は次の如く第二期に未見の外は第一期より第五期に亘つて行はれて居り、就中殷末には「紂克東夷而殞其身」(左傳昭十一年)・「商人服象、爲虐於東夷」(呂氏春秋古樂篇)とされてゐて、紂王は次述の如く

第一期 續存625 [illegible]
乙2948 [illegible]

第三期 後下22.5 [illegible]

第四期 南明617 [illegible] (粹1183 1188)
佚187 [illegible] (粹1184 1185 1186 1187 續存下804)

第五期 前2.26.6 [illegible]

王八祀・王十祀・(王十五祀)に之を攻略してゐる。次に第五期の夷方征伐について考察する。

第五期卜辭に於いて王が夷方征伐のために駐在してゐる地名は次の如くであり、

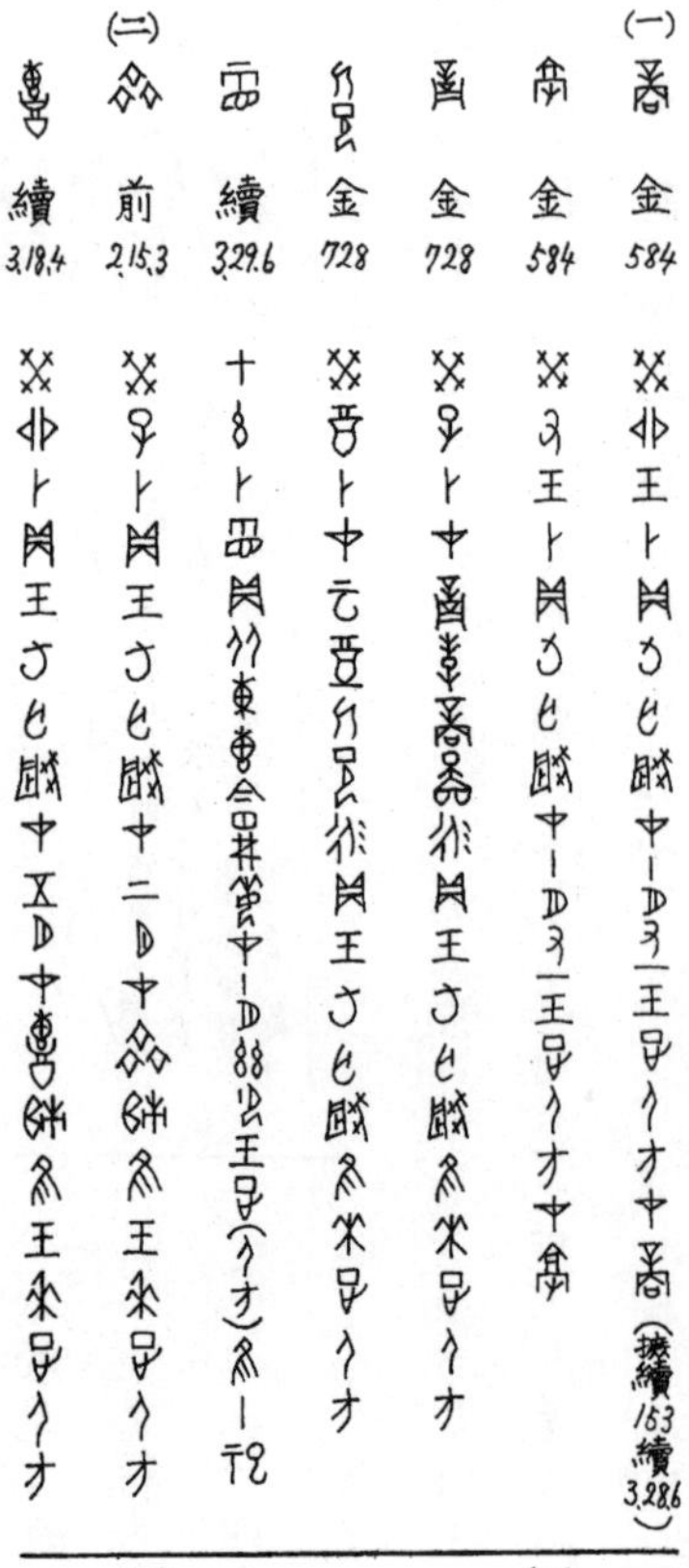

(一) [illegible] 金584 [illegible] (𢹂續153 續3.28.6)
[illegible] 金584 [illegible]
[illegible] 金728 [illegible]
[illegible] 金728 [illegible]
[illegible] 續3.29.6 [illegible]
(二) [illegible] 前2.15.3 [illegible]
[illegible] 續3.18.4 [illegible]

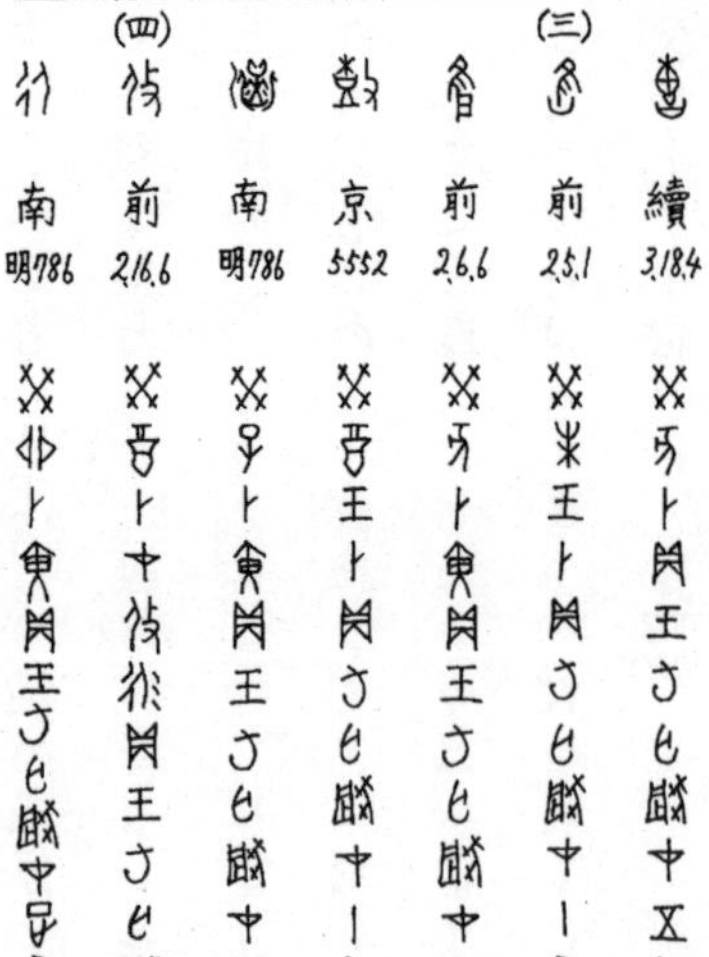

[illegible] 續3.18.4 [illegible] (右と同版)
(三) [illegible] 前2.5.1 [illegible] (遺466)
[illegible] 前2.6.6 [illegible] (林1.9.12)
[illegible] 京5552 [illegible]
[illegible] 南明786 [illegible]
(四) [illegible] 前2.16.6 [illegible] (遺466)
[illegible] 南明786 [illegible]

右の地名は前述の如く(一)は殷都・南亳間の地名、(二)は山東の地名、(三)は淮陰附近の地名、(四)は南亳・淮陰間の地名であり、之によれば夷方は[illegible](齊)・[illegible]・[illegible]・[illegible]・[illegible]を結ぶ線より以東の地域であって、山東半島の基部より長江に及ぶことが解る。紂王はこの夷方を攻略するために王八祀に十ヶ月、王十祀に八ヶ月を費してゐて、その跡を卜辭に留めてゐる。

一、帝辛王十祀夷方征伐日譜歴程

次の接合版に於いては王十祀の九月甲午に「侯喜」の報告に從って夷方を親征すること、及び同日に又西宗に對して王について奏することを卜してゐる。この「[illegible]」は例へば「[illegible]」(後上17.5)と同文例であり、後者は[illegible]の爯册に從って[illegible]方を伐つの意であるから、前者は[illegible]喜の爯册によって[illegible]方を征する義であって、侯喜を從へて征するの意ではなく、而して[illegible]喜は南明786版に「侯[illegible]喜」とあるから、南亳・淮陰間の侯を邑地としてゐる諸侯であり、この侯侯の報告に從ふものであるからこの夷方征伐は淮夷に對して行はれたのである。而してこの卜日は上甲の祭祀の日とされてゐるから、これを祀譜表に檢すれば帝辛王十祀九月上旬甲午であり、從ってこの版及び下記の月份・干支が接續する夷方征伐卜辭

前4.18.1 3.27.6
明154

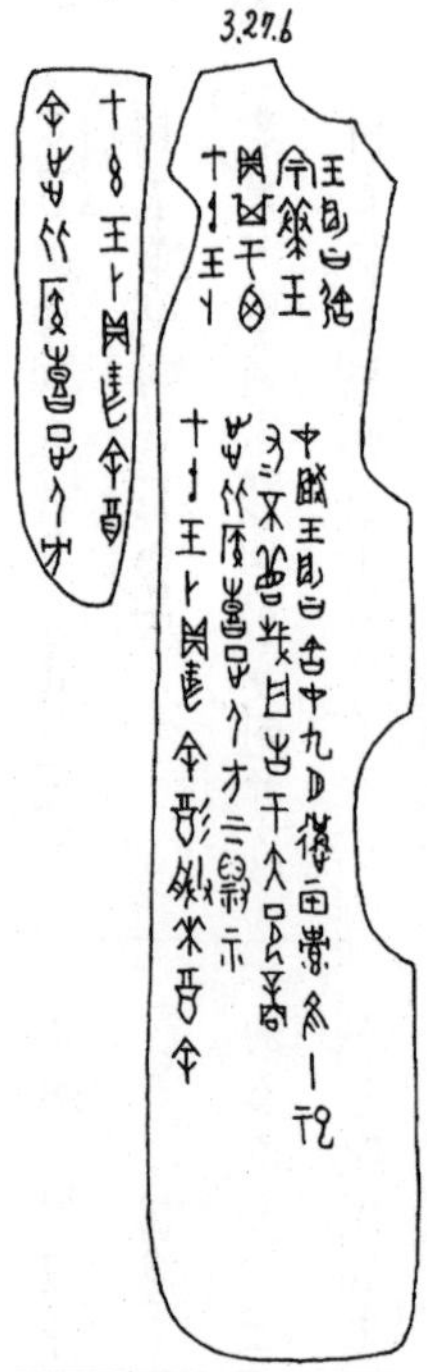

は帝辛王十祀のものであることが解り、又この甲午に西宗に王事を奏告することをトしてゐるから、この版は殷都に在つてトして居り、而して「〓〓〓〓」とト後三日の丁酉に出發が豫定されてゐることが解るのである。次の金文には「在九月隹王十祀〓日五隹來東」とあつて、この月份・干支・祭祀は帝辛王十祀の祀譜に符合して居り（祀譜の檢討參照）、之によれば進發

己酉戌命彝（薛氏鐘鼎款識）

豫定日の九月中旬丁酉（下記の庫一六七二版に於いては王十祀の十二月と正月の交替が乙未或は丙申に行はれて居り、之を基準とす。以下同じ）より十二日後の九月下旬己酉には「隹來東」とあるが如く殷東の地に在り、この地は下記によれば「〓」であつて、その位置は未詳であるが辞中に「障祖于〓」とあるから、この行程は「〓」の方向に在ることが解る。〓は「〜卜〓王徃于〓〓〓〓〓」（前2.22.1）の如く第五期習見の「王徃」の地であり（田の用例なし）、同版關係にある地名としては〓（前2.21.5）・〓（前2.22.1續3.15.8）・〓（前2.26.7）・〓（佚185庫1548）・〓（前2.32.5）・〓（文9）、及び〓（前2.24.2續3.20.5 3.22.8福9）・〓（前2.20.3）・〓（金599 721）・〓（卜47續3.15.8）があつて、これらの地名よりせば略〻、即ち〓・〓・〓・〓はなほ後考に俟たねばならないが、〓・〓・〓は前章の如くであり、〓・〓・〓が近隣してゐて〓附近

前2.20.4

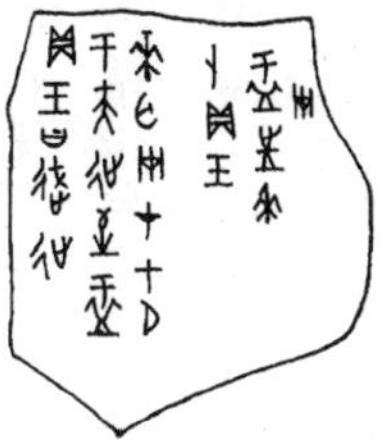

續6.24.5

鉄77.3

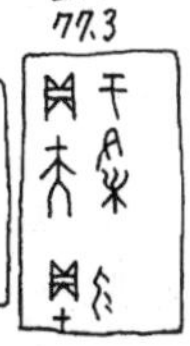

前2.32.3

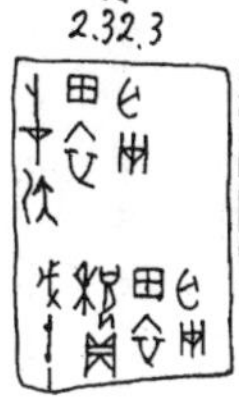

後上10.8

に在ることは上掲版の如くである。前2.20.4版に於いては〓に行き更に〓に行つて居り、〓の附近には〓があり（鉄77.3）、後上10.8版では〓より〓に行き、前2.32.3版では〓より〓に行つてゐるから、これらの地は〓附近の地である。斯くの如く同版上の地名の半数が〓・〓附近の地名であるから〓も亦この間にあることが解り、從つて殷都を出發した紂王は直ちに東南の淮夷の地に向つたのではなく、反對に東北に進んでゐるのである。次の版に於いては王十祀の十月甲午には商邑附近の〓に在り、この版

續3.29.6

が帝辛王十祀のものであることは前述の如くであつて、右の九月下旬己酉よりこの十月甲午（帝辛王十祀の十月には一旬の閏があり、この十月は閏十月である。後述の殷の曆法參照。）までの四十五日間の動靜を明かにし得る資料は未だ發見されてゐないが、右の行程の方向が東北に向つてゐるから、後述の王八祀の夷方征伐の場合と同様に先づ齊に行つて東夷を討ち、更に軍を返して商邑の西の〓に至り、このために四十餘日を費したものと考へるのである。董作賓（殷曆譜日譜三）は前2.6.6版に「〓〓卜〓〓王〓〓〓〓〓九〓〓〓〓〓〓」（林1.19.12同例）とあつて、この九月癸亥を夷方征伐をトしてゐる右の九月甲午

に接續するものとし、殷都より昝に行き、昝より右の畕に至つたものとして居り、而して昝の位置を殷・商間の黄河の附近に定めてゐる(陳夢家は之に從つてゐる(綜述三〇二))。之によれば殷都より東南に向ひ昝を經て畕に至るまでに五十七日(自九月丁酉發殷至十月甲午在畕)を費したことになる。然し昝は殷、商間の地名ではなく、次の如く〓北一日行程に在る〓より六日行程に在る淮陰附近の地であるから

後
上12.12
上13.2

、この說に從へば九月丁酉殷都を發して、二十七日を要して九月癸亥に淮陰近くの昝に到り、三十一日後の十月甲午には商邑附近の畕に在り、而して次述の如く又引き續いて淮陰に向つたことになる。これは理に合はないばかりではなく、右の己酉戍命彝の記事(殷都より東北行し、十二日後に舌附近の〓に在ること。)と相違して居り、從つてこの九月癸亥在雇を王十祀のものとして在畕前にあげるのは妥當ではなく、この版は後述の如く王八祀の夷方征伐に屬するものに外ならないのである。

右の續3.29.6版の在畕は閏十月甲午であつて、甲午の前日は十月癸巳であるから、これは次の金584版〃在商の前旬の十月癸巳と符合して居り、從つて金584版の夷方征伐の日程は王十祀のものであることが解り、之によれば十月癸巳・甲午には畕に在り、而して次の遺263版に於いては辛卯・壬辰・癸巳・甲午・乙未に畕に在りとしてゐて之と符合してゐる。又次の續3.14.6版に於いては丙申に畕に在るから右の乙未の明日丙申にはなほ畕に在り、而して遺263版では五日後の辛丑には商に在り、引きつづき壬寅(續3.14.6)・癸卯(金584)には商に駐在してゐることが解る。

金
584

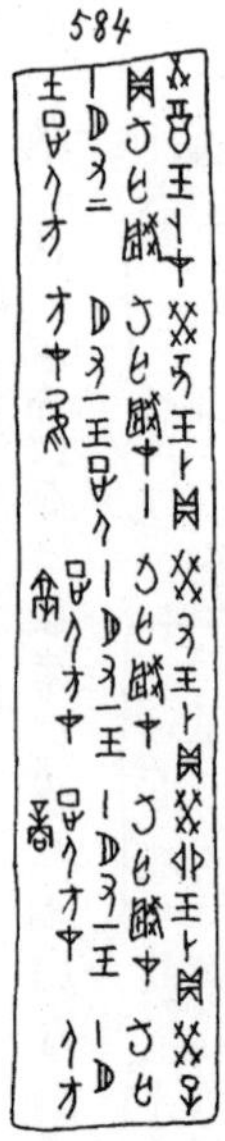

遺
263

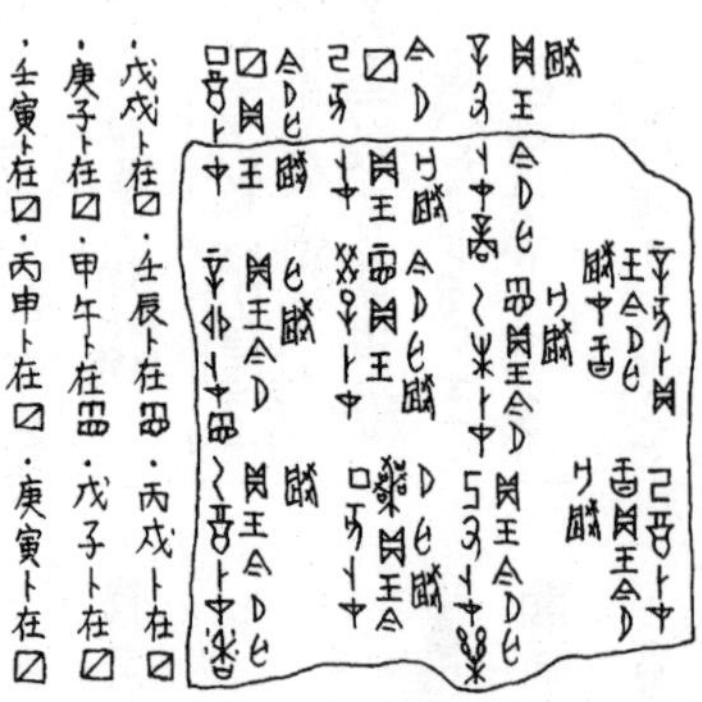

續
3.14.6

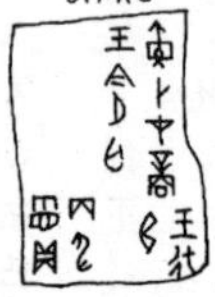

この遺263版には在畕以前の地名が記されてゐて辛卯在畕の二日前には己丑在桑、この二日前には丁亥在樂、その二日前には乙酉在〓、これより三十六日前の己酉には舌に在つたことが解り、この在舌の己酉は在畕の閏十月甲午よりせば九月下旬に當り、前記の己酉戍命彝の己酉が九月下旬であることと符合してゐて、銘文はこの在舌のものであることが解る。從つて董作賓がこの己酉在舌を次述の商・亳間の歷程のこととし(殷曆譜日譜三)、陳夢家が之に從つてゐるが(卜辭綜述三〇二頁)、これは妥當ではない。

之を要するに九月上旬甲午に夷方征伐を卜してより、三日後の丁酉に殷都を進發して東北に向ひ、十二日後の九月下旬己酉には𠂤に在つて辛亥まで(遺263)止まり、これより三十四日後の十月下旬乙酉には亳邑北方の𪉹に至り、丁亥には𣗥、己丑には𣗥、辛卯には雷に至り丙申までここに止まつて、十一月上旬辛丑には亳邑に入り癸卯にはなほここに在るのであつて、この間在𠂤と在𪉹の三十四日間の歴程が明かでないが、進發の方向より推測せば齊に行つて東夷を攻略し、三十数日を費して軍を商邑に返したものと考へるのである。

亳邑に駐在せる日数は明かでないが次の諸版によれば、亳よりは舍に行き(金584後上9.12)、十一月中旬癸丑には舍に在り(金584)、明日甲寅には舍より𢇍に(後上9.12)、翌乙卯には𢇍より𡧊に(前2.9.6)、𡧊よりは𥹳に(前2.9.6)行き、己未に𥹳に在るから(林1.28.1)この間は四日であつて、辛酉まで𥹳に止まり(前2.19.5)、辛酉に𥹳より𢀛に行き、癸亥には𢀛に在り(前2.19.5金584)、この癸亥は十一月下旬であつて(金584)、癸亥に𢀛を發して翌甲子には𢎗に在り(前2.19.5續3.30.7)、十二月己巳まで五日間𢎗に在つて、この間に𠦪・隣に往來し、己巳に𢎗を發して攸に向つてゐる(續3.30.7)。

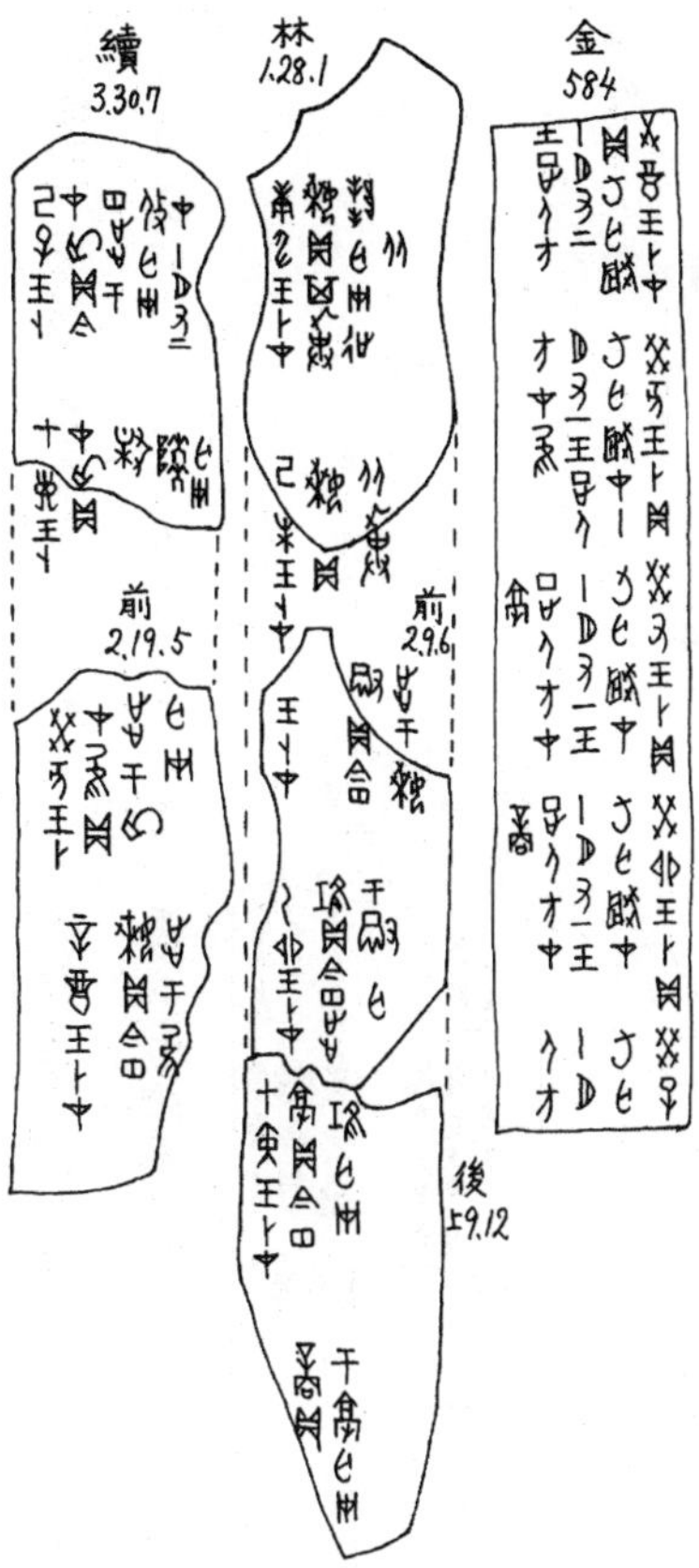

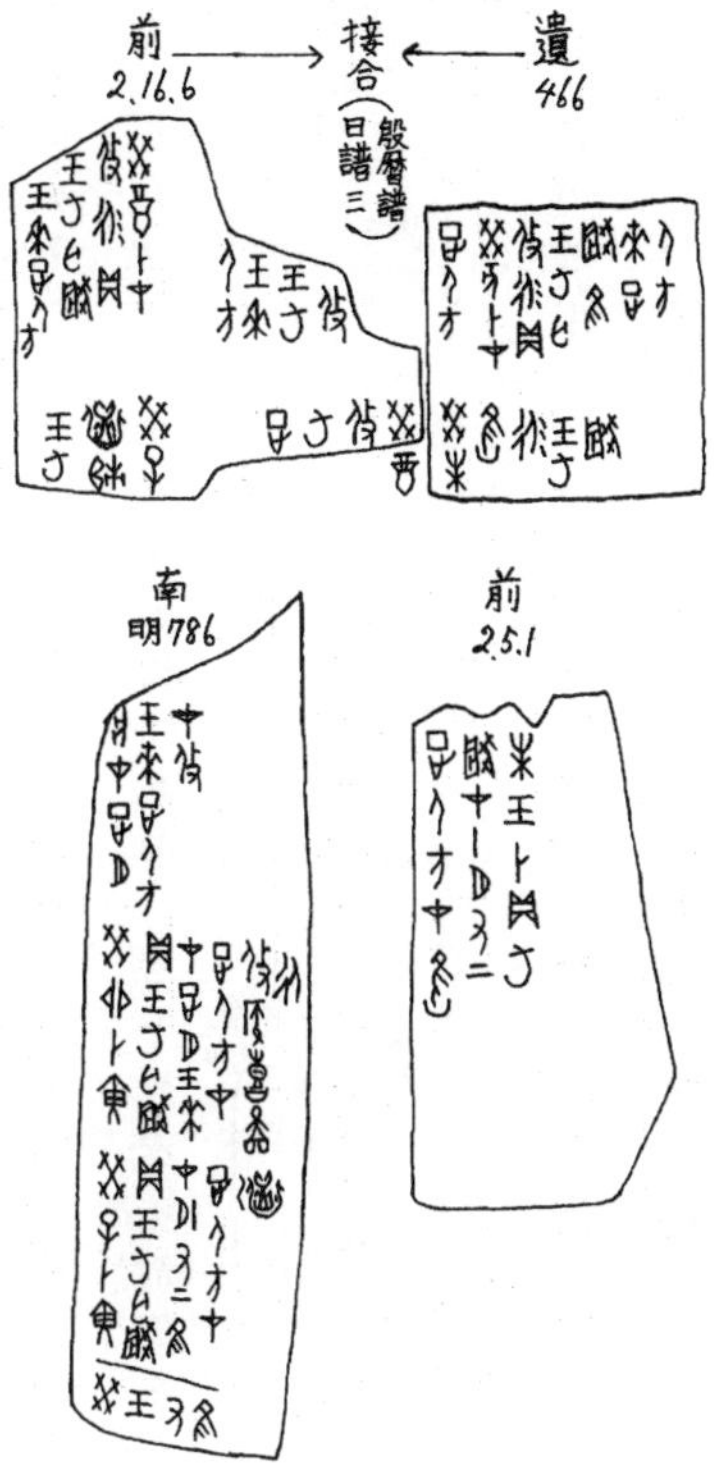

この十二月己巳は金584版の十一月癸亥在𢀛と十二月癸酉在𣪊の間に當つて居り、この缺けてゐる地名は次の如く攸であるから、己巳に𢎗を發して癸酉には攸に在り、從つてこの間は四日行程である。上揭の董作賓が接合してゐる版に於いては「癸[?]…攸(貞)」の干支が癸酉であつて癸酉には攸に在り、次旬の癸未には𢇛、次旬の癸巳には𣶒に在り、而してこれらが十二月であることは前2.5.1版の十二月癸未在𢇛、南明786版の十二月癸巳在𣶒が之を証して居り、從つて十二月癸酉に攸に在ることが明かであり、十二月己巳發𢎗・十二月癸酉在攸である。

右の如く十二月上旬癸酉には〓に、次旬の癸未には〓に在り、この癸未在〓は次の金574版の癸未在〓と符合してゐるから、この版は王十祀のものであり、而して南明828版に於いては癸未の前日壬午に在〓とされてゐる。金574版に於いては〓に

入る前の己卯に、〓・〓間の某地に在つて「王〓〓」をトして居り、この〓は右の前2.16.3版に於いては「王〓林才」と用ゐらてゐて、林義光は「叀」(文源)、王襄は「关」(簠釋)としてゐるが、郭沫若は「舂」として「舂亦可省作〓、如毛公鼎二舂字、字均作〓、則〓固舂之初字、〓與〓之別在「倒」提杵末作」勢前進之意、疑即撞之初字、从「八」作者當是一字、八示分破之意」(甲骨文字研究釋綮)と撞の初字としてゐる。この郭釋に從へば「王〓林方」は林方を攻撃するの意であつて、「王其〓」が〓地に入る三日前にトされてゐるから、この邊から淮夷攻撃が行はれたものと考へられる。

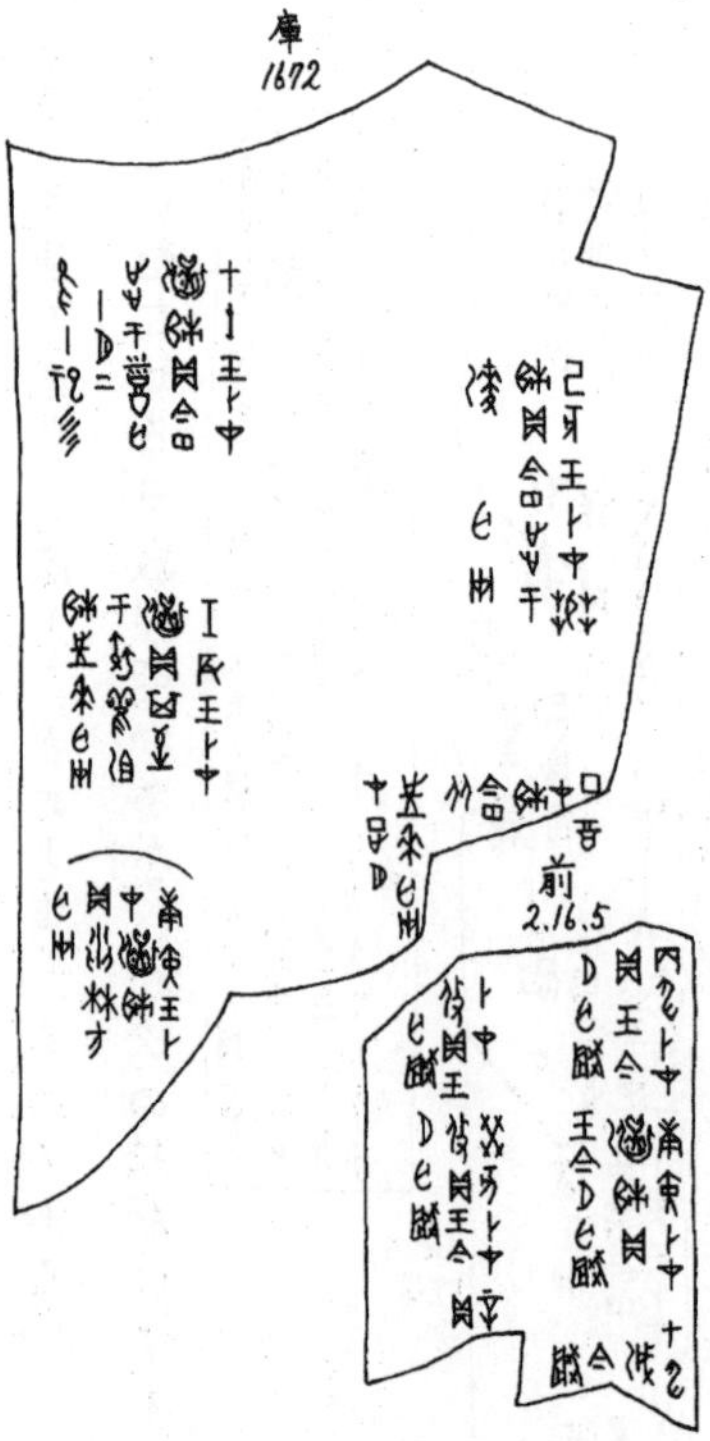

〓よりは〓に行き、乙酉に〓より〓に行き(金574)、明日丙戌に〓より〓に向ひ、四日後の庚寅に〓に至り(前2.16.3 2.16.5 庫1672)、ここに於いて王は林方を攻撃して居り(前2.16.3 庫1672)、十二月下旬の甲午まで四日〓に在り、この間に壬辰には〓に往來してゐる(前2.16.4 庫1672)。この〓を越えて〓に行き林方の淮夷を討伐するのがこの王十祀の征夷方の目的であつて、これよりは歸途に就いてゐるのである。

庫1672・前2.16.4兩版に於いては甲午に〓を發して〓に向つて居り、この日は王十祀十二月彡祀の甲午とされてゐるから、之を祀譜表に檢すれば帝辛王十祀十二月下旬上甲彡祀の甲午であり、これによつて右の諸版が帝辛王十祀のものであつて、以上の接續の正しいことが解る。十二月下旬甲午に〓より〓に向つて三日後の丁酉に某地(地名缺損)に至つて居り、この丁酉は正月とされてゐるから、十二月と正月の交替がこの甲午と丁酉の間に行はれて居り、更に二日後の己亥には〓に在つて〓に向つてゐる。而して次の金544・前2.17.3 2.17.5 2.10.1接合版に於いては己亥

の明日庚子に湲に在るから𣳾・湲は一日行程であり、更に又庚子は正月とされてゐるから、この版の歴程は右に接續することが解る。この接合版及び次の諸版によれば正月庚子に湲を發して㴱に、翌辛丑に㴱より𣎵に、翌壬寅に𣎵より𠂤に行つて、翌癸卯には𠂤に在り(金544南明786掇189)、この日に𣈲に出向して(金544)、この日は𣈲に泊し(前2.6.2)、𣈲に二日駐在して乙巳に攸に出向し(金544)、翌丙午(正)に攸に在り(哲庵)、これより二月上旬癸酉まで二十七日間この攸に駐在してゐて(正月中旬己酉在攸(前2.17.1)・癸丑在攸(掇189)・乙卯在攸(前2.17.1)・正月下旬丁巳在攸(前2.17.2)・己未在攸(前2.17.2金544)・癸亥在攸(掇189南明786遺466)・乙丑在攸(金544)・二月上旬癸酉在攸(掇189前2.16.6))、この間に於いて正月己未には亏に田獵し、乙丑には攸東に出遊してゐる(金544)。

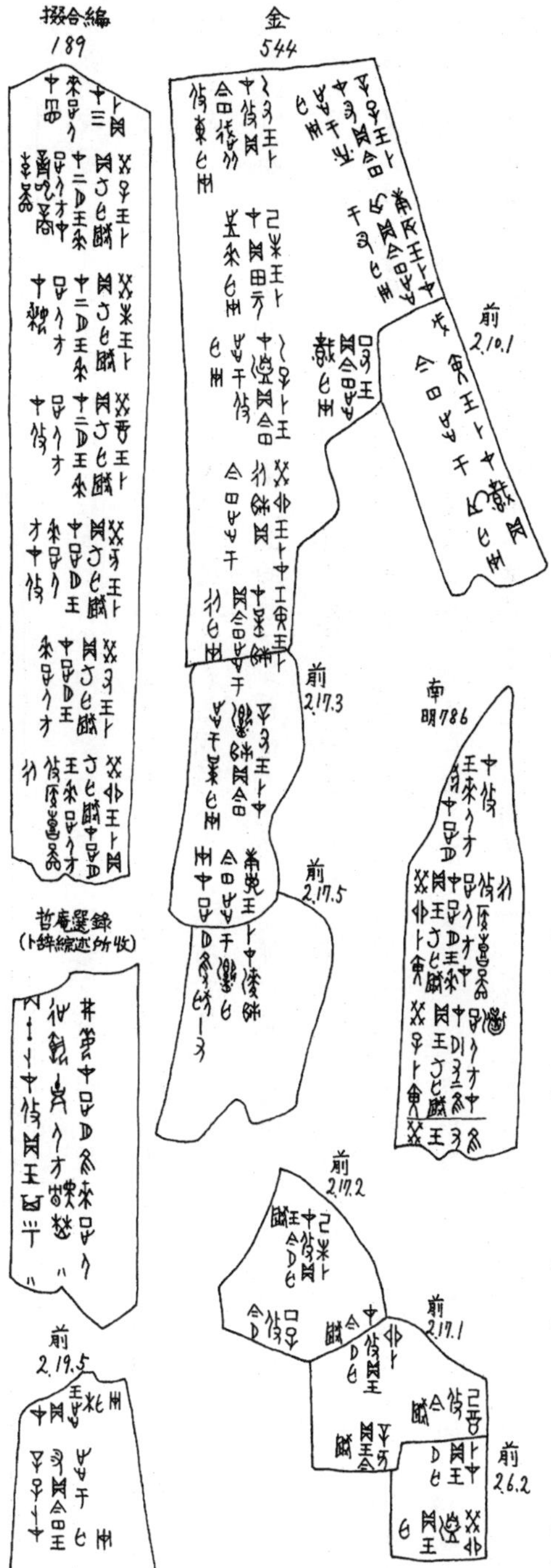

攸を出發した干支を示してゐるものはないが、二月癸酉には攸に在つて、これより四日後の丁丑には某地(地名缺損)より𢦏に行き、翌戊寅には𢦏より𠧟に、二日後の庚辰には𠧟より㠯に行つてゐるから(金544前2.10.1)、假に癸酉に攸を出發したとせば𠧟に至るまでに七日を要したことになるが(攸↓𢦏五日、𢦏↓𠧟二日)、この攸・𠧟間は前記の如く往路には四日行程であり、之を基準とせば二月丙子に攸を發したことになる。これより右の如く某地・𢦏・𠧟を經て、庚辰に㠯に出向し、翌辛巳には㠯より𣥂に向つてゐる(金544前2.19.5)。然るに次の前2.19.3版には二月某日に㠯より𣶒に行つて居り、而して前2.19.4版は𣶒に行つた日を庚辰としてゐるから、二月庚辰に㠯より𣶒に行つてゐることが解り、この二月庚辰は右の如く𠧟より㠯に出向してゐる日で

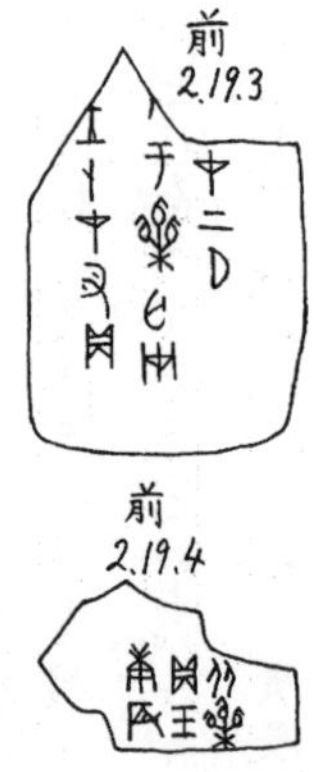

あるから、この日に〓に到り〓より〓に往復して翌辛巳に〓より〓に出向したことが解る。而して翌壬午には〓より〓に行き(前2.19.5)、翌二月中旬癸未には〓に到達してゐて(攝189)、この〓・〓間の行程日数三日は往路の場合と一致してゐる。

攝189版の癸未在〓の次旬は癸巳在〓であつて、これは次の金728版及び前2.8.7版の癸巳在〓と符合してゐるからこれらは同時のものであり、前2.8.7版に於いては癸未在〓の三日後の丙戌には〓より〓に行つて庚寅には〓に在るから、癸未より庚寅に至る七日間は〓に在つて附近に出遊してゐることが解り、庚寅に〓より〓に出向し、壬辰に〓より〓に出向し、翌癸巳

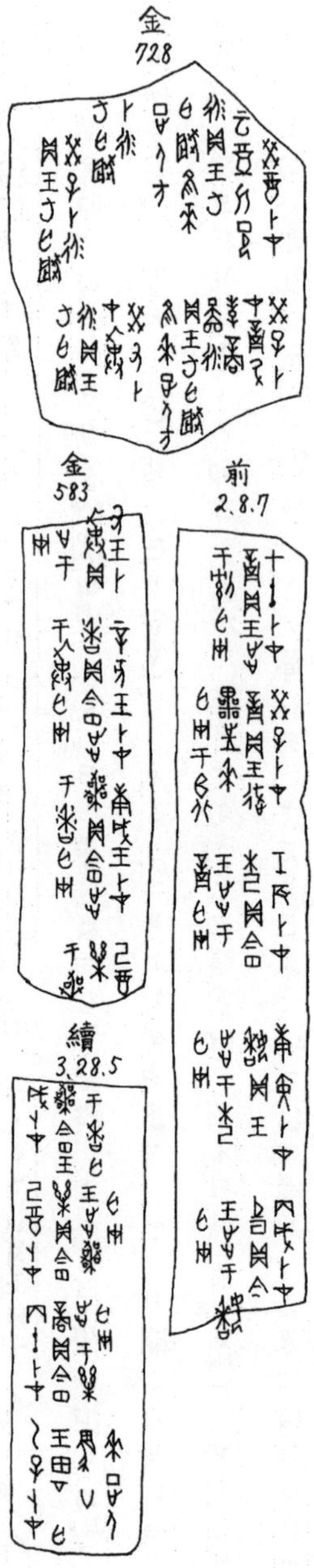

に〓より〓に出游し、翌甲午に〓より〓に出向して居り、而してこの甲午は二月下旬に當つてゐて、右の攝189版に於いては在〓の次旬の三月上旬癸卯には在〓としてゐるから、甲午に〓を發し〓を經て〓に至つたことが解る。癸卯在〓の次旬の癸丑には金728版は在〓としてゐて、これは金583版の癸丑在〓と符合してゐるからこの版は同時のものであり、從つてこの版と干支・在地名を等しくしてゐる續3.28.5版も亦同時のものであつて、これによれば癸卯在〓以後は乙巳に田獵を行つて丙午には〓に在り(續3.28.5)、同日〓に出向して三日後の己酉には〓に在り(續3.28.5 金583)、同日〓に出向して庚戌には〓に在り(續3.28.5 金583)、同日〓に出向して辛亥には〓に在り(金583)、同日〓に出向して二日後の癸丑には〓に在り(金583 728)、これより二旬後の癸酉には〓に在り(金728)、更に次旬の癸未及び二旬後の癸巳には習見の「王來征夷方」の辭が記されて居らず(金728)、征伐中の貞旬卜辭には例外なくこれを記してゐるが、ここに至つてこれを記してゐないから癸未以前に殷都に歸還してゐるのである。從つて董作賓が右の〓より更に〓に進攻したとし、陳夢家が〓より更に〓に進攻したとしてゐるのは妥當でない(王八祀參照)。

帝辛王十祀の夷方攻略の歴程は略〻以上の如くであつて、九月上旬甲午に之を卜し三日後の丁酉に出發してより、明年四月中旬殷都に還るまで八ヶ月を費して居り、この日程及び經路を要約せば次の如くである。

帝辛王十祀征夷方日譜

王十祀 九月上旬	甲午	在般	卜[illegible]才	前4.18.3 3.27.6・明154
(九月中旬)	丁酉	在般	王步	同右
王十祀 九月下旬	己酉	在舌		遺263・己酉戊命夒
(九月下旬)	辛亥	在舌		同右
(十月下旬)	乙酉	在[illegible]		同右
(閏十月)	丁亥	在樂		同右
(閏十月)	己丑	在[illegible]		同右
(閏十月)	辛卯	在雷		同右
(閏十月)	壬辰	在雷		同右
(閏十月)	癸巳	在雷		同右
王十祀 閏十月	甲午	在雷		同右・續3.29.6
(閏十月)	乙未	在雷		同右
(閏十月)	丙申	在雷		同右・續3.14.6
(十一月上旬)	辛丑	在[illegible]		同右
(十一月上旬)	壬寅	在[illegible]		續3.14.6
十一月上旬	癸卯	在[illegible]		金584
十一月中旬	癸丑	在[illegible]		同右
(十一月中旬)	甲寅	在[illegible]	步[illegible]	後上9.12
(十一月中旬)	乙卯	在[illegible]	步[illegible]	前2.9.6
(十一月中旬)		在[illegible]	步[illegible]	同右
(十一月下旬)	己未	在[illegible]		林1.28.1
(十一月下旬)	庚申	在[illegible]		同右
(十一月下旬)	辛酉	在[illegible]	步[illegible]	前2.19.5
十一月下旬	癸亥	在[illegible]	步[illegible]	同右・金584
(十一月下旬)	甲子	在[illegible]	从[illegible]	續3.30.7
十二月上旬	己巳	在[illegible]	步攸	同右
十二月上旬	癸酉	在攸		金584・前2.16.6
(十二月中旬)	己卯	在囗	王其[illegible]	金574
(十二月中旬)	壬午	在[illegible]	王其不[illegible]	南明828
十二月中旬	癸未	在[illegible]	步[illegible]	金574・遺466・前2.5.1
(十二月中旬)	甲申	在[illegible]		前2.16.5
(十二月中旬)	乙酉	在[illegible]	步[illegible]	金574
(十二月中旬)	丙戌	在[illegible]	步[illegible]	前2.16.3
(十二月下旬)	庚寅	在[illegible]	王[illegible]林方	前2.16.3・2.16.5・庫1672
(十二月下旬)	壬辰	在[illegible]	至[illegible]	庫1672・前2.16.3 2.16.4
十二月下旬	癸巳	在[illegible]		南明786・前2.16.6
王十祀 十二月下旬	甲午	在[illegible]	步[illegible]	庫1672・前2.16.4
正月上旬	丁酉	在囗	从囗	同右
(正月上旬)	己亥	在[illegible]	步[illegible]	同右

正月上旬	庚子	在[illegible]	步[illegible]	前2.17.3 2.17.5
(正月上旬)	辛丑	在[illegible]	步[illegible]	同右
(正月上旬)	壬寅	在[illegible]	步[illegible]	金544
正月上旬	癸卯	在[illegible]		同右・南明786・掇189
(正月上旬)	癸卯	在[illegible]		前2.6.2
(正月上旬)	乙巳	在[illegible]	步攸	金544
正月上旬	丙午	在攸		晢庵
(正月中旬)	己酉	在攸		前2.17.1
正月中旬	癸丑	在攸		掇189
(正月中旬)	(乙)卯	在攸		前2.17.1
(正月下旬)	丁巳	在攸		前2.17.2
(正月下旬)	己未	在攸		同右
(正月下旬)	己未	在(攸)	田[illegible]	金544
正月下旬	癸亥	在攸		掇189・南明786・遺466
(正月下旬)	乙丑	在攸	[illegible]攸東	金544
二月上旬	癸酉	在攸		掇189・前2.16.6
(二月上旬)	(丙子)	(在攸)		
(二月中旬)	丁丑	在囗	步[illegible]	金544
(二月中旬)	戊寅	在[illegible]	步[illegible]	同右
(二月中旬)	庚辰	在[illegible]	步[illegible]	同右・前2.19.5
(二月中旬)	庚辰	在[illegible]	从[illegible]	前2.19.3 2.19.4
(二月中旬)	辛巳	在[illegible]	步[illegible]	金544・前2.19.5
(二月中旬)	壬午	在[illegible]	步[illegible]	前2.19.5
二月中旬	癸未	在[illegible]		掇189
(二月中旬)	丙戌	在[illegible]	步[illegible]	前2.8.7
(二月下旬)	庚寅	在[illegible]	步[illegible]	同右
(二月下旬)	壬辰	在[illegible]	步[illegible]	同右
(二月下旬)	癸巳	在[illegible]	[illegible]	同右・掇189・金728
(二月下旬)	甲午	在[illegible]	步[illegible]	前2.8.7
三月上旬	癸(卯)	在雷		掇189
(三月上旬)	乙巳	在[illegible]	王田囗	續3.28.5
(三月上旬)	丙午	在[illegible]	步[illegible]	同右
(三月中旬)	己酉	在[illegible]	步[illegible]	同右・金583
(三月中旬)	庚戌	在[illegible]	步[illegible]	同右
(三月中旬)	辛亥	在[illegible]	步[illegible]	金583
(三月中旬)	癸丑	在[illegible]	步囗	金583 728
(三月下旬)	癸亥	在囗		
(四月上旬)	癸酉	在[illegible]		金728
(四月中旬)	癸未	在般		同右

帝辛王八祀・王十祀征夷方歷程

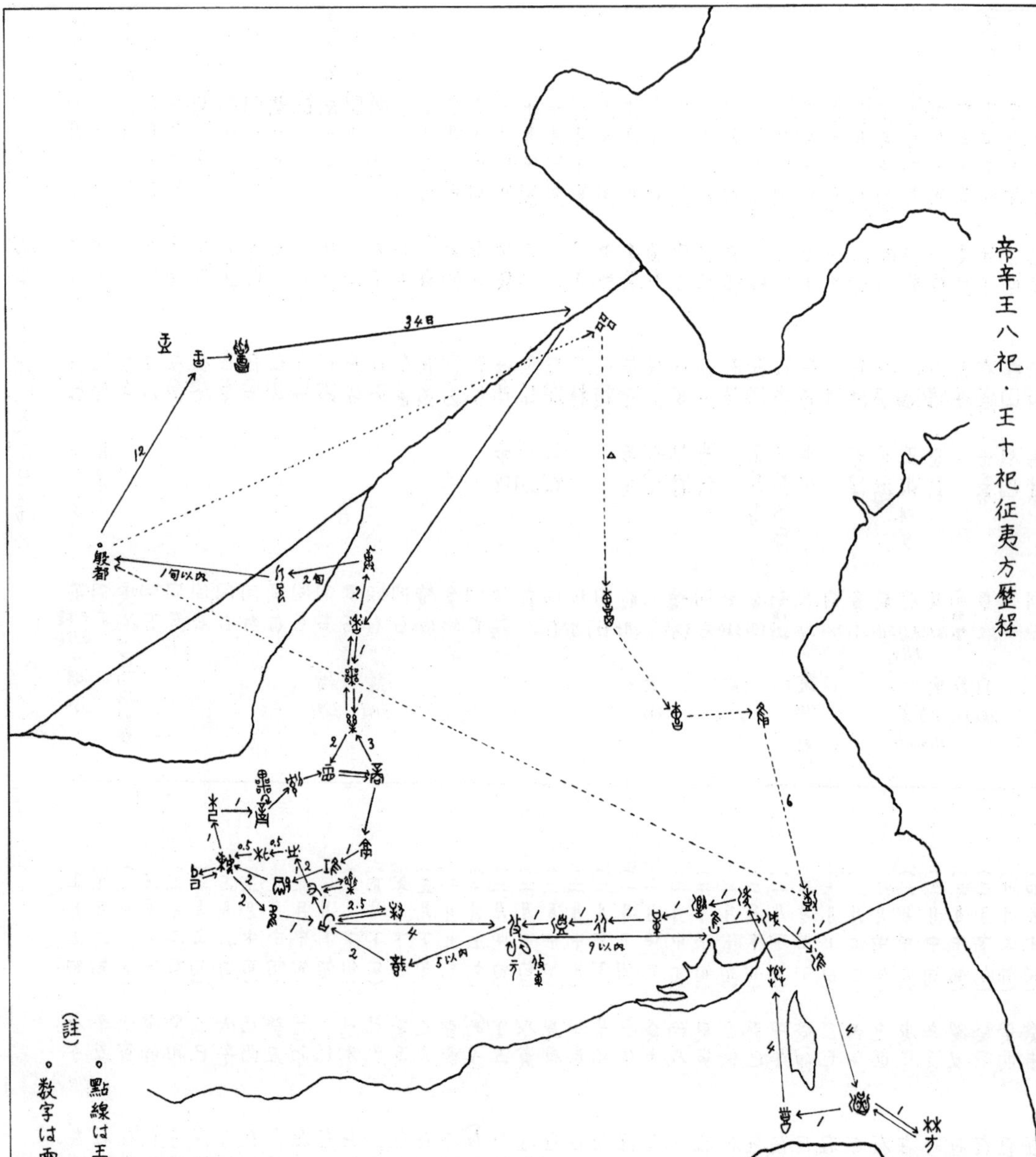

(註) ◦點線は王八祀、實線は王十祀の經路
◦数字は両地間の行程日數、

二、帝辛王八祀東方征伐歴程

董作賓は次の前2.15.3 2.15.5 2.6.6 林1.9.12版を王十祀のものとし、東方征伐が九月甲午に卜されてゐるから、前2.6.6 林1.9.12版の「九月癸亥在𠂤」を歴程の初期に屬せしめて居り（殷暦譜日譜三）、陳夢家は之に從ひ、且つ京5552版（哲庵三三五版と同辭）の「十月癸酉在𣪊」を王十祀のものとしてこれによつて董説を補足してゐる（卜辭綜述三〇一頁）。この説によれば九月上旬甲午に征夷方を卜してより、九月下旬癸亥には𣲖北七日行程に在る𠂤に、次旬の十月癸酉には𣲖北一日行程に在る𣪊に至り、而して前記の如く「十月乙酉在𦍒」であるから、在𣪊の十二日後には𣲖北に在る𦍒に在つて、これより又𣲖に向つて攻進したことになる。之は殷都より𣲖附近に直行した後に𣲖北に還り、再び𣲖に向つて進んだことになり、この不整合を救ふために兩氏は𠂤の位置を黄河沿岸とし、陳氏は𣪊を「地當在大河之南、鄭州附近」（同前三〇六）としてゐる。然しこれは妥當でないから（前述地名の位置參照）、右の説は非であつて「九月癸亥在𠂤」・「十月癸酉在𣪊」は王十祀の歴程とは相容れないものである。又王十祀の歴程に於いては「二月癸巳在𦍒𢓊𣪊」であるが、董氏は之を四月に配して次の前2.15.3版の「二月癸巳在𣪘」を以つて之に代へて、𣪘より𣪘・𣪘を經て𣪘に行き更に南下して𣪊・𣲖に至り、四月中旬に𣪘に在つて四月下旬癸巳に「在𦍒𢓊𣪊」として居り、從つてこの間に次の前2.40.7 續3.18.4版を容れることが出來ないからこの二版を無視してゐる。「二月癸巳」に在𦍒𢓊𣪊と在𣪘とは兩立しないから、董氏は前者を四月癸巳と曲解してゐるのであるが、陳氏はこの撞著を救ふために𣪘（齊）を臨淄とする董説を非として𦍒附近に在りとし、而して董氏が無視してゐる續3.18.4版の「五月癸卯在𦍒」・「五月癸亥在𦍒」を𦍒より殷都に至る間のこととし、𦍒・𦍒を同地として沁陽に當ててゐる（同前三〇四）。董説は日譜に於いて、陳説は地名の位置に於いて誤り、これらの説は固より非であるが、畢竟王十祀の歴程と相容れざるものを王十祀のものとして、その歴程中に容れんとするに因る誤謬である。

前 2.15.3
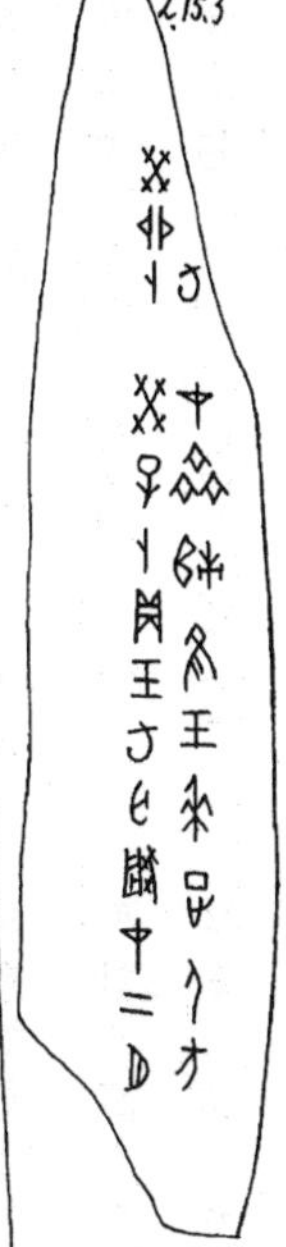

前 2.15.5
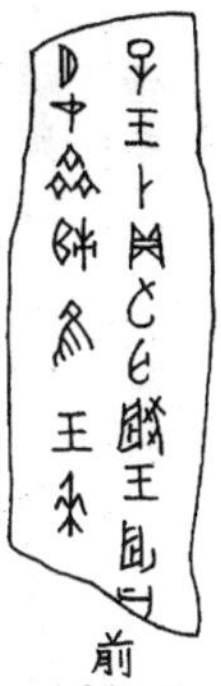

前 2.40.7
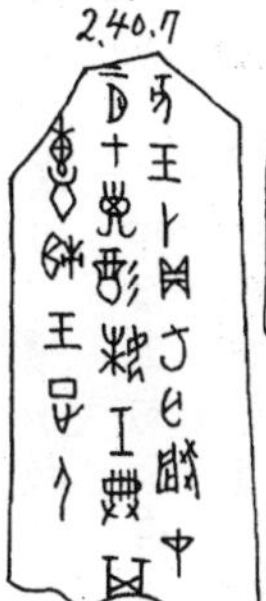

續 3.18.4
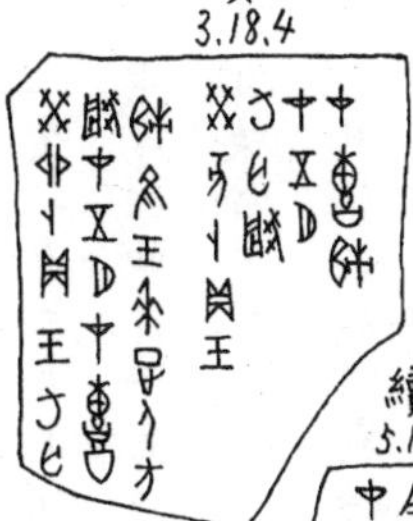

續 5.15.2

林 1.9.12
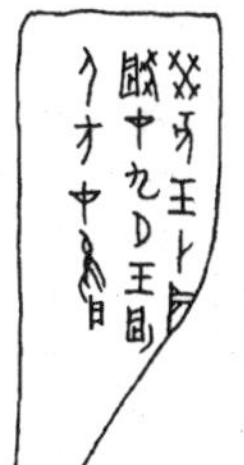

前 2.6.6
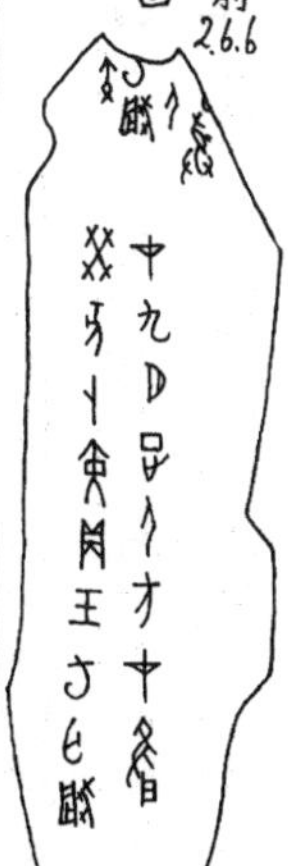

京 5552

右の諸版は次の如き歴程を成して居り、續3.18.4版に於いては癸卯が五月上旬であるから、之を基準とせば續5.15.2版の四月丁

（帝辛王八祀歴程）

二月下旬	癸巳	在亝	（前2.15.3 2.15.5）
(四)月上旬	甲子	在叀	（前2.40.7）
四月上旬	丁卯	在[?]	（續5.15.2）
・五月上旬	癸卯	在叀	（續3.18.4）
五月下旬	癸亥	在叀	（同右）
九月下旬	癸亥	在𠂤	（前2.6.6 林1.9.12）
十月上旬	癸酉	在數	（京5552）

卯は上旬、前2.40.7版の甲子は四月であつて上旬、前2.15.3版の二月癸巳は下旬、前2.6.6版の九月癸亥は下旬、京5552版の十月癸酉は上旬に當り、これらの月份・干支は整然と一歴譜を成してゐる。これによれば前2.49.7版の甲子は四月上旬であるから、この闕字を補足せば「(癸)亥王卜貞旬亡𡆥在(四)月甲子酒妹工𠦪其( )(在)叀師王征夷(方)」となり、四月甲子に工𠦪が行はれてゐるから祀譜について之を檢すれば、帝辛王八祀の𥁕工𠦪以外にはなく（帝辛王廿七祀・卅一祀にも適合する可能性があるが、週期・置閏を假定することによるからこれは不確實）、而して祀譜表はこの四月甲子を四月中旬としてゐるが、「祀譜表の檢討」に於いてはこの四月甲子を上旬と修正してゐるから右の歴程と符合して居り、従つてこの歴程は王八祀のものであることが解るのである。これによれば二月下旬癸巳に亝に在り、亝を郭沫若は「齊」として「殷代之齊當指齊國首都營丘附近、今山東臨淄縣也」（通纂五七三）と臨淄として居り、これより南下して四月上旬甲子には叀に在つて、五月上旬癸卯までここに駐在し、、五月下旬癸亥には更に南下して叀に在り（𠂤より北行八日行程に在り）、三ヶ月後の九月下旬癸亥には叀附近の𠂤に移つてゐるから（𠂤は叀より北行七日行程）、、この間の四ヶ月は叀・𠂤の間に在ることになり、従つてこの征夷方の目的はこの邊の攻略に在つたことが解る。次旬の十月上旬癸酉には𠂤より六日行程の南の數に移つてゐて、これよりは王十祀の場合の經路によつて歸還したものと考へる。・この在亝より在數までの間は七ヶ月に餘り、殷都より亝に至り、數より殷都に歸る日数（王十祀の際には略三ヶ月を要す）を加算せば殆ど十ヶ月を要してゐるのである。

夷方征伐の歴程を徴し得る卜辭は以上の外にはないが、金文にはなほ次の辭があり、擽二・三・四六には王十五祀に夷方征伐を行つたことが記されてゐる。陳夢家は「卜辭與二金文一年與二祀李一都不二相合一」（同前三五）と獨斷して、これらをすべて帝辛王十祀のものとしてゐるが、、この王十五祀夷方征伐の辭中の丁巳彡日祀は

擽二 三・四六　丁巳王省夔且王易小臣艅夔貝隹王來正夷方隹王十祀又五彡日

擽二 二・八六　王圓夷方無敄咸王商作册般貝

三代八 三三・二　令伐夷方𦉢…在十月彡日

三代一三 四二・二三　…在十月月隹子曰令望夷方𦉢

帝乙、帝辛の兩者に行はれ得るから、これはいづれとも定め得ないが、次の十月彡日祀は帝乙祀譜に於いては王十二祀以降に行はれ、又帝辛祀譜に於いては王五十祀以降であるから、これは帝乙時のものと考へられる。然しこれは更に新資料によつて檢討しなければならないものである。

東方征伐は第一期武丁時より累世之を行つて居り、就中紂王は王八祀に略十ヶ月を要して[甲骨文字]・[甲骨文字]附近を攻略し、王十祀に八ヶ月を要して淮南の林方の攻略を行ひ、之に克つことが出來たが「殞其身」と稱されてゐるが如く、為に國力を傾け遂に西方の周の乘ずる隙を生じて、國を亡ふに至つてゐるのである。

(五) 旨方・召方

卜辭に旨方と召方があり、羅振玉はこの兩者を一字として「旨」(考釋中廿六)としてより、葉玉森(集釋七・二)・郭沫若(粹釋二二七)・孫海波(文編四・七)・于省吾(駢枝二二)・胡厚宣(封建制度考八)・楊樹達(甲文說下四六)・陳夢家(卜辭綜述二九六頁)・李旦丘(撥續一四四)はこれに從つてゐるが、兩者は次の如く異字である。旨方は第一期に一例(續3.9.6)、旨字は「…[甲骨文字]…[甲骨文字]…旨…」(文498)の用例以外にないが、第一期の人名に「旨」は習見であつて、殳季良壺の「旨」が齊侯甗に「旨」に作られてゐるに從へばこの兩者は一字である。旨は匕・日に從つてゐて匕は偏の匕であるから匕であり、從つて說文の「旨美也、从甘匕聲」の旨字であつて、旨方は人名旨の封地と考へられる。然るに召方は第四期以外の用例がなく(佚520 粹1124 1126 1127 掇1.450 後下24.13 甲810 寧1.423 1.425 1.426 1.427 1.429 南明616 撥續144 京4387 書道10.5 續存1946)、召(粹1127)・召(粹1126)・召(粹1124)に作られてゐて刀・口に從ひ、𩰫生𣪘の「召」、召父鼎の「召」はこれと一字であつて、刀は刀であるから召字である。斯くの如くこの兩者は字形を異にし、用例の時期が異り、更に次の如く前者は與國であるが後者は敵國であるから異る方國である。

第一期の「旨」は例へば次の如く用ゐられてゐて、その「[甲骨文字]」・「[甲骨文字]」は旨の尤禍の有無を卜するものであり、又

乙4536 [甲骨文字]

續327.1 [甲骨文字]

「[甲骨文字]」は殷に屬する者についてのみ用ゐられるものであるから、旨は殷に隸事するものであり、陳夢家は之を「者」の假借とし「旨當是者國」として、殷西に在りとしてゐる(綜述二九六)。

第四期の「召方」は例へば次の如く用ゐられてゐて、召方の侵略を父康丁に告げ、王族又は[甲骨文字]に命じて追はしめ或は伐たしめてゐる敵國である。その地望は次の

甲810 [甲骨文字]

寧1.424 [甲骨文字]

南明616 [甲骨文字]

撥續144 [甲骨文字]

辭によつて殷の西南に在ることが解り、粹

粹1125 〓〓〓〓〓〓〓

寧1427 〓〓〓〓〓〓〓〓〓〓〓〓

1125版に於いては〓及び〓に〓(〓の省文にして御字)することをトし、寧1427版に於いては〓に在つて〓方を征伐することをトしてゐるから、〓方は〓・〓の方面に在り、而して〓・〓は前述の如く殷の西南に在るから〓方も亦西南に在つて、殷の西南に當る召名の地としては周の召公奭の采地(陝西の雍城の東にある召城)の召城がこれに當るから、殷の召方はこの邊を謂ふものと考へられる。要するに〓方(旨方)は殷の與國であつて〓の封地であり、その地望はなほ後考に俟たねばならないが、〓方(召方)は敵國であつて、その地望は西南の召城附近である。

(六) 〓方

〓・〓・〓・〓・〓・〓・〓は同字の異文であるから(〓祭儀)、〓方・〓方・〓方・〓方は同一地方であり、次の如く第一期(前6.60.6 續存596 597 598 599)・第三期(續3.41.7 3.44.10 粹144 甲507 574)・第四期(後下13.5 京2991)・第五期(續3.13.1 甲1948)の各期に之を伐つてゐる。

(第一期) 前6.60.6 〓〓〓〓〓〓〓〓〓〓〓〓

乙4598 〓〓〓〓〓〓

(第三期) 鄴3.44.10 〓〓〓

後下42.6 〓〓〓〓〓

(第四期) 京2991 〓〓〓〓〓〓

粹1167 〓〓〓〓〓〓〓〓〓

(第五期) 甲1947 〓〓〓

諸家は〓方を孫詒讓の釋羌說に從つて「西戎」としてゐるが、羅振玉の釋羊說、郭沫若の釋芍說があるから、字釋上から西戎と定めるのは必ずしも妥當な方法ではない。

地名に〓があるから〓方はこの地方を謂ふものとも考へられるが、假に之を謂ふものとせば〓地は前述の如く淮北三日行程に在るから東南に在ることになり、而して「〓〓〓〓〓〓〓〓〓〓」(前6.60.6)・「〓〓〓〓」(書道3.2)の如く〓〓に命じて之を攻伐せしめてゐて(〓〓方(前五・二三・五)〓〓方(習見)の用例によれば〓に伐の義があり、郭沫若は攻と釋してゐる(文字研究釈工))、西北の諸侯である〓〓に正反對の東南の地の攻伐を命ずることは理に合はず、且つ粹1170版に「〓〓〓〓〓」と〓が〓地を侵すか否かをトしてゐるから、〓方は〓地に近く西北に在ることが解り、從つて〓地の附近を謂ふものではない。この粹1170版の辭によつて〓方が西北に在ることが解るが、次の三版に「〓」に作るものがあり、この三版は同時トであつて次の如くこれらの辭を綜合せば「王繇曰…四日丙午…友唐告曰〓方征我甸入于〓亦〓〓」となり、この「〓〓」は他辭の「〓〓〓」(前7.8.2)であつて、〓〓〓・〓〓〓と共に〓侯の一族であり、次の菁2版に於いては〓〓〓

が、又簠地31版に於いては[illegible]が𢀛方の侵略を告げてゐるから、[illegible]地は西北の𢀛方が侵寇する路に當つてゐることが解り、而してこの辞に於いても[illegible]が𢀛方の侵略を告げて「我が甸に侵入し[illegible]に入つて[illegible]を傷らんとす」と謂つてゐるから

前7.17.1

前4.29.5

續存下297

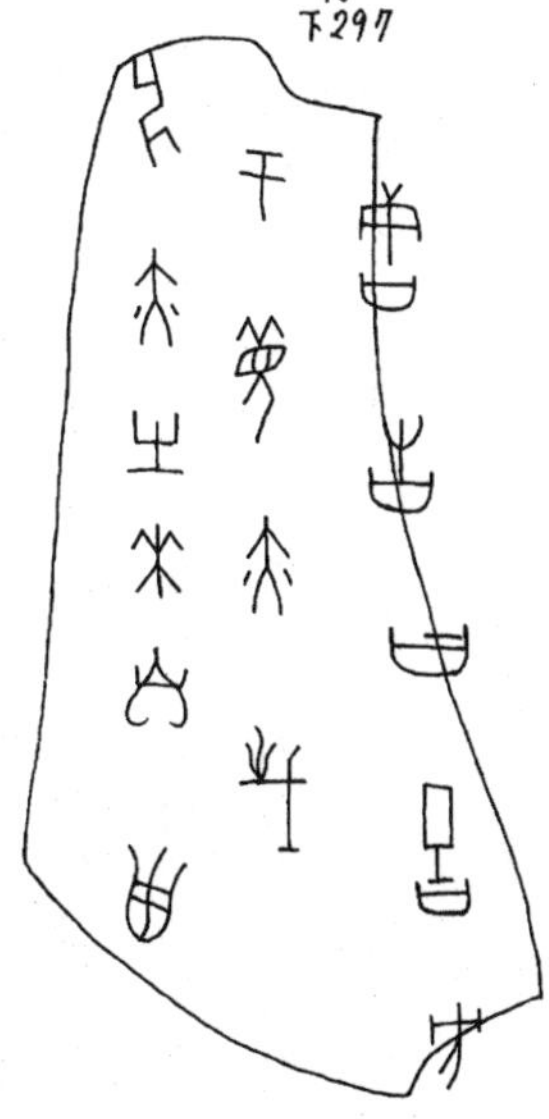

前7.17.1 ……𢀛[illegible]……[illegible]
前4.29.5 [illegible]……[illegible]……[illegible]……[illegible]
續存下297 ……[illegible]……[illegible]
(綜合) [illegible]

菁2 [illegible]
簠地31 ……[illegible]……[illegible]

、[illegible]・[illegible]・[illegible]は近隣してゐて[illegible]は𢀛方と[illegible]との間に在り、從つて西北には[illegible]と[illegible]とがあつて、[illegible]は[illegible]に近く[illegible]は[illegible]に近いことが解る。[illegible]と[illegible]とは近隣の地であるから[illegible]と[illegible]とは近いことになり、而して両者の字形の相近いことからせば同一地である。果して然らば[illegible]方は[illegible]・[illegible]と相近く、而して𢀛と[illegible]との間に在るから𢀛方の南に在ることになるのであつて、陳夢家が之を「或在晉南、或在河内附近太行山的區域」（卜辞綜述二八一頁）としてゐるのは妥當でない。

この西戎である[illegible]・[illegible]と、鄭伯羗の羗字の[illegible]、及び説文に「羗西戎羊種、从羊人羊亦聲」とされてゐる羗とは字形が相近く、從つて[illegible]が羗字の本字であり、[illegible]は省文であつて、説文は之を羗に作つてゐることが解り、而して[illegible]は[illegible]と字形相近きによる假字、乃至は[illegible]の羗と[illegible]の沃、蚩聲とが相近きによる假借であつて、[illegible]方・[illegible]方は西戎の羗である。

(七) [illegible]方

[illegible]方（龍方）には第一期（戩49.5 續4.26.2 文628 乙3797 5340 續存下302）・第四期（庫1001）に於いて之を征伐してゐる龍方と、第一期・第三期・第四期に殷に屬してゐる龍方とがあつて次の如くである。

（第一期）乙5340 〓〓〓〓〓〓
續4.26.2 〓〓〓〓〓〓〓〓
卜590 〓〓〓〓〓〓〓〓〓〓
鉄105.3 〓〓〓〓〓〓〓
（第四期）庫1001 〓〓〓〓〓〓〓〓〓

上掲例の如く〓・〓・〓・〓が伐つことを卜して居り、又降暵・受年・田獵・有〓を卜してゐて、前者は敵國後者は與國である。前者に在つては「〓往きて〓を追ふ」・「〓をして衆を率ゐて〓を伐たしむ」とあるから、その地望は西北の〓地に近く、又次の如く〓・〓が併記されてゐるから、〓方に近いことが解る。

乙4073 〓〓〓〓〓〓（乙2972 3017）
鉄105.3 〓〓〓〓〓（卜646 掇1.520 拾5.5）

乙7810 〓〓〓〓〓（文626）
京1292 〓〓〓〓〓

（第一期）文628 〓〓〓…〓〓…〓〓
遺163 〓〓〓〓〓〓〓〓〓〓
京1839 〓〓〓〓〓
乙5409 〓〓〓〓
（第三期）遺407 …〓〓田于〓
佚219 …〓〓田〓〓…
粹945 〓〓〓〓田〓〓〓〓〓〓…〓
（第四期）前4.53.4 〓〓〓〓〓〓〓〓〓〓

後者に於いては「…〓田于〓」とあるから、東北に在る〓に近いことが解り、従つてこの両者は異る方向に在るのであつて同一地方ではない。

要するに〓方には西北に在つて〓方と近隣してゐて殷がこれを征伐してゐる龍方と、東北に在つて降暵・受年・有〓を卜し、又田獵してゐる龍方があり、この両者は同名異地である。

（八）〓方

〓方は第一期にのみ稱されてゐて（前7.15.4 後上18.4 下13.4 34.7 續3.12.4 誠355 掇2.461 簠游68 庫1517 遺276 續存627）、武丁は兵五千を遣はして之を伐つてゐる。

前7.15.4 〓〓〓〓〓〓〓〓〓〓…
續存627 〓〓〓〓〓〓〓〓〓〓
簠游68 〓〓〓于〓〓〓〓〓…

鉄二四五・二を「王从望乘伐中方」としてゐるが（綜述二九〇）、これは「王从〓乘〓（〓中〓〓）」を誤讀してゐるものである。

その地望は上掲の簠游68版によれば王が〓地（甲2830 中〓）を經て中に行つて居り、而して〓は例へば「〓〓〓…」（前6.54.1）の如く〓地と併稱されてゐるから〓の近くに在り、従つて〓方は西北に在つて、〓方・〓方と遠くないことが解る。（陳夢家が

（九）〓方・〓方・〓方

〓方は第一期（前4.44.6 6.6.1 6.6.3 6.6.7 6.18.6 林2.14.13 續3.12.4 3.12.5 乙1986 3264 續存626 627）、〓方は第四期（佚276 甲2277）・〓方も第四期（前1.4.7 甲3115 續存634）にあり、各期に於

いて之を征伐してゐる。次の前4.44.6版の辭は「[illegible]」(鉄122.2)と同文例であつて、前記の如く斯かる辭は𠂤侯虎の

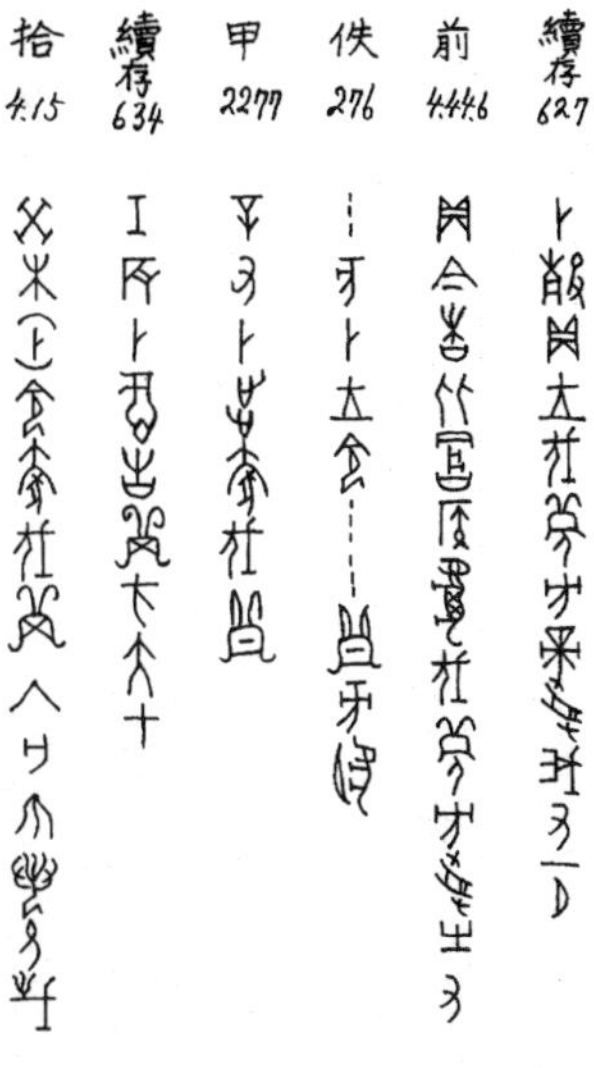

報告に從つて𢀛方を伐つことの可否をトするものであるから、𢀛方は𠂤侯の封地に近いことが解る。𠂤侯は「[illegible]」(前7.31.4)・「[illegible]」(乙7312)の如く「[illegible]」を進言してゐるから、その封地は[illegible](周)に近く、而して[illegible]は「[illegible]」(續3.28.3)と[illegible]地に往くことを命ぜられ、或は「[illegible]」(乙7312)と[illegible]を率ゐることの可否がトされてゐるから、[illegible]・[illegible]に近いことが解り、[illegible]地は前述の如く[illegible]と同一地であつて甶(蒲縣)の北方二日行程に在り、又[illegible]は嫀字であつて秦地と考へられるから[illegible]は[illegible]・[illegible]の間に在り、從つて𠂤侯の封地は略〻河曲附近に在りと考へられ、𢀛方は西南方に在ることが解る。

𢀛を王襄は「羌」(簠釋 征三四)、丁山は「曹之鄸邑」(𠂤釋)としてゐるが、羌は前記の如く𢀛方であつて、鄸邑は殷東の地であるから西南の𢀛方ではない。葉玉森は次の如く「蒙」と釋して居り、于省吾は葉氏に從ひ、𦣞を冒字として矛聲とし、尚書牧誓に「庸蜀羌髳微盧彭濮」とある「髳國」としてゐる。髳國は巴蜀に在つて姚府以南は古の髳であり、𢀛方の西南に在ることと一致してゐるから姑く于說に從つて髳國とする。

葉玉森—冃・冃爲冖形、即帽之初文、冒爲準初文、其上之[illegible]爲帽飾、𦣞𦣞即篆文蒙之旁、从𦣞所由孳、篆文蒙下从豕、卜辭𢀛𢀛下則从人、疑即蒙字、猶卜辭[illegible](㕦)从大象人形、而篆文則譌變从犬、冖覆人首曰蒙、易明夷以蒙大難、釋文蒙冒也、(集釋 四·六〇)

于省吾—卜辭𦣞象以羊角爲飾之帽形、𦣞字之音必亦讀如冒矛毛、……其稱𢀛方或𢀛、𢀛後世譌爲矛、矛當即髳、字亦通髦、書牧誓及庸蜀羌髳微盧彭濮人、……契文稱𢀛或𢀛方、即書牧誓之髳、从髟者爲繁文、經傳亦作髦者借字、(駢枝續編釋𢀛)

右の擧例の甲2277版及び拾4.15版に於いては[illegible]が𦣞方・𢀛方を伐つてゐるから、この兩者は同一地方であり、而して右の葉于說に從へば第一期の𢀛方に外ならない。

(十) 𦣞方

〓を羅振玉は「洗」と釋し（考釋中六七）、楊樹達は之に從つて説文の「姺、殷諸侯爲亂」の姺としてゐるが（甲文説四五）、郭沫若は「湔」と釋し（通釋五四）、陳夢家は之に從つて「湔方」としてゐる（卜辭綜述二九〇頁）。〓方は第一期（鉄162.4 193.3 前7.42.1 續4.29.1 5.7.7 粹1123 掇1.382 續存611）以外にはなく、次

鉄193.3 〓…〓〓〓〓

續4.29.1 〓〓卜〓〓〓〓〓

掇1.382 〓〓〓〓〓〓〓（鉄162.4 前7.42.1 粹1123 續存611）

の如く殷は之を伐つてゐる。〓〓征伐には〓が從事して居り、續4.29.1版の〓〓は〓〓方（説文〓傷也）であり、又掇1.382版の辭は「〓〓〓〓〓」（林2.7.9）と同文例であつて、〓が〓方征伐に當つて神祐を受けるか否かをトするものであり、從つて〓の封地が〓方に近いことが解る。次の諸辭によれば〓の封地（戩23.12版に〓方の稱あり）は西北に在ることが解り、甲2239版

甲2239 …〓〓〓〓〓〓〓〓〓…

前7.8.1 〓〓〓〓〓〓〓

文568 〓〓〓〓〓

戩12.14 十〓卜〓〓〓〓〓〓〓

續1.17.1 〓〓〓〓

續5.3.2 十〓卜〓〓〓〓〓〓

の辭は「〓〓〓〓〓〓」（菁2）・「〓〓〓〓〓〓〓」（後下37.2）と同文例であつて、これによれば〓の封地が西に在り、或は〓方が〓を侵し（前7.8.1）、〓が〓方を伐ち（文568）、又〓が〓方を征伐する（戩12.14）ことをトしてゐるから、その封地は〓・〓に近く、更に〓に命じて〓地に〓（林二.九.一七「〓〓〓〓」前四.三一.二「〓〓〓〓」）せしめ（續1.17.1）、〓に命じて〓地に从はしめてゐる（續5.3.2）から、〓・〓に近く、從つて〓の封地は西北に在つて〓・〓及び〓・〓の間に在り、この〓のみが〓方を伐つてゐるから、〓方は西北に在るものと考へられるのである。

（十一）〓方

〓方は第一期の次の二辭以外にはなく、京1230版に「〓方は〓方を以ゐて〓に迫るか」とあるから、〓方は〓方の盟國で

京1230 〓〓卜〓〓〓〓〓〓〓〓〓…

佚680 〓〓（文624同版）

あり、而して〓地は前述の如く殷北の地であるから、その地望は略ゝ〓方と〓地の間に在るものと考へられる。

（十二）〓方

〓方（馬方）は第一期（前4.46.4 乙5408 京1681）・第四期（前4.46.1 4.46.3 摭續152）にあり、兩期に於いて之を伐つて居り、次の前4.46.1版の辭は前記の如

（第一期）乙5408 十〓卜〓〓〓〓〓〓〓〓〓

（第二期）前4.46.1 〓〓〓〓〓〓〓〓〓〓〓

く〓方征伐に當つて神祐を受けるか否かをトするものである。その地望は例へば林2.15.18版の「〓〓卜〓〓〓〓〓〓」が前記の「

〓」と同文例であつて、王が〓方と〓方を伐つことを卜してゐるものであるから、〓方は〓方に近く、又次の版

前4.46.4

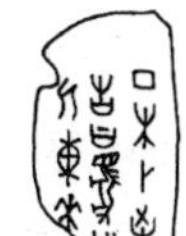

には〓方が河東に侵入して來たことを告げてゐる辭があり、〓方が〓方に近いことからせばこの河東は後世の魏の安邑附近を謂ふ河東であり、從つて〓方は〓方の南に在つて河西の地に在ることが解る。

(十三) 〓方

〓方は第一期（前5.12.5 5.13.1 粹1174 庫604 佚125 354 乙905 2065 2108 5582 5591 5761 5765 5790 6692 7981 續6.28 629 630 下631）以外にはなく、次の如く殷は〓・〓を遣はして〓方の〓地

乙5582 〓

乙6692 〓

乙2108 〓

（第一期）後上9.7 〓（明2330 粹1175 續1.52.1 5.35.5）

（第四期）粹1176 〓（甲261）

を攻撃してゐる。〓は次の如く第一期・第四期に之を〓（伐敦）して居り、而して例へば「〓」（乙373）・「〓」（掇1.274）の如く「〓に往く」と用ゐられてゐるから地名であつて、〓は〓方の〓地である。上揭の如くこの〓地を〓に敦伐することを卜してゐるから〓は〓に在り、〓は前述の如く河曲附近乃至は巴蜀の地と考へられるから〓はこの間に在り、從つて〓方の地望は河曲・巴蜀間に在ることが解る。

〓を羅振玉は「𦳝」（考釋中四七）としてゐるが、郭沫若は「基」と釋して「當是基之異、从土其聲、𦳝方疑即箕子所封之箕」（通釋五三六）として居り、陳夢家はこの字釋に從ひ且つ「基方或是𦳝方」（卜辭綜述二八八頁）としてゐるが、𦳝方と〓方の地望は異るから妥當ではなく、又郭氏が〓を从土其聲としてゐるが、第一期に土字が⊥に作られてゐる例が絶無であるから（第一期の〓が〓→△→⊥と演變して第五期に⊥に作る）、この字釋に遽かに從ふことは出來ない。

(十四) 田方・〓

田方は第一期の次の二版（乙2170 3536）にあり、田方は單に田とも稱されてゐて、田が〓と一字であることは次の如くであり、

乙3536 〓	乙3081 〓	京1269 〓
乙2170 〓	乙3142 〓	鉄36.1 〓

〓は第一期（鉄26.1 36.1 128.2 前4.32.1 5.36.4 5.36.5 6.63.1 6.63.2 6.51.6 7.31.4 後下15.2 下37.4 林1.26.18 續5.2.2 5.16.6 5.22.3 5.28.3 5.31.7 簠文34 35 游22 卜641 明886 984 1759 佚63 129 660 文635 636 通別2.8.5 遺602 甲3536 乙4063 5329 5452 5882 6015 6349 7163 7312 7461 7801 鄴1.46.15 掇2.70 2.279 京1267 1268 1269 1270 1271 1272 1273 1274 續存607 1327）・第二期（通別2.5.3 遺90）・第四期（拾4.12 掇2.82 2.164 南明137 甲436 乙8810 8894）に稱されてゐる。

〓を孫詒讓は「周」、王襄は「𠧪」（類纂三・五四）、葉玉森は「金」（集釋四・四三）と釋してゐるが、郭沫若（甲骨文字研究釋寇）・商承祚（佚釋六三）・孫海波（

文釋六三五）・董作賓（新獲卜辞寫本考釋）・胡厚宣（殷代封建制度考三四）・陳夢家（卜辞綜述二九二頁）は孫釋に從つて居り、金文の周字は〓（無重鼎）・〓（史頌鼎）・田（公仲鼎）・〓（邾侯尊）に作られてゐるから、右の田・田は周であつて田方は周方である。

孫詒讓－田即周之省文、金文冗敲周作〓、周文旁尊省作田、周公作文王鼎周公字作田、公中鼎宗周作田並誤（舊釋魯、此省口

與彼同、周即周國、（契文舉例上卅二）

陳夢家は周の地望について「周人蓋起於冀州、在大河之東」（卜辞綜述二九二頁）としてゐるが、第一期のものに「〓〓田大于〓」（續3.28.3）・「口〓卜〓〓田〓〓」（乙7312）の辞があり、前者は田に命じて〓地に往かしむることを卜するもの、後者は田に〓を率ゐしむることの可否を卜するものであるから、周は〓・〓と相近いことが解り、而して〓地は第五期には〓に作られてゐて〓（蒲縣）の北方二日行程に在り、又〓は嫀字であつて秦地と考へられるから、周は略〻蒲縣と秦州を結ぶ中間邊に在りと考へられる。これは詩大雅公劉に「篤公劉、于〓斯館」、魯頌閟宮に「實維大王、居岐之陽」と、公劉時には岐山の北の〓に居り、十世後の大王時には岐山の南に從つたとされてゐて、岐山附近を周の故地としてゐることと略〻一致して居り、從つて田方は岐山を中心とする地方に外ならない。

胡厚宣は殷と周との關係について次の〓周・〓周・〓周・周〓の辞例を証據として「本爲殷之勁敵、武丁之世終曾被殷征服、而成爲殷之所屬」（封建制度考二四）と、周は元來殷の勁敵であつたが、武丁に征服されてより殷に歸したとしてゐるが、この説の妥當でないことは次の如くである。「〓田」の〓を郭沫若は「寇」（甲骨文字研究釋寇）、葉玉森は「〓」（集釋四・四）、林義光は「璞」（〓即〓〓説）、唐蘭は「𢧢」（殷虚文字記三四）と釋して居り、胡氏は唐説に從ひ「伐」と解して周を伐つ意としてゐるが（陳夢家は之に從ふ）、郭沫若は十批判書に於いて「我從前釋爲寇、那是不正確的、按照字的構成、應該是從〓玉由（缶也盛玉之器）〓（古兵字）聲、説爲聘字、較爲合理」（十頁）と「聘」となして居り、之を「伐」と解するためには更に確証が必要である。「〓田」の〓は説文に「〓傷也」とあつて攻伐する義であるが、この辞に於いて周を攻伐してゐるものは殷ではなくして〓であり、〓は他辞に「〓〓〓〓」（庫546）とあつて、この

前 7.31.4 〓〓〓〓〓〓〓田

前 4.32.1 〓〓卜…〓〓〓〓田由大〓

續 5.2.2 〓〓〓〓〓〓〓〓〓田由大〓

明 984 大〓〓〓田不〓〓〓

後 下37.4 〓〓〓〓〓〓田

鉄 26.1 〓〓〓田〓

拾 4.12 口〓卜〓〓〓田

乙 7161 田〓〓〓

辞は「〓〓〓〓〓」(林2.7.9)と同例であり、殷將〓が〓征伐に當つて神祐を受けるか否かをトするものであるから、〓は殷の敵國であり、從つて〓周は敵國〓が周を侵すか否かをトするものである。「〓周」の〓は敦伐の義であり、而して周を敦伐するものは〓(この字は明晰でない)であつて、之が殷の侯將であるか否かは証明を必要とし、且つこの辞は第四期であつて武丁時のものではない。「周〓」の〓は田獵卜辞に習用されてゐて「網擒」の義であるが、胡氏は之を「讀爲擒、此貞伐周之是否有所擒獲」と、周を伐つて擒獲する所あるか否かをトするものと解してゐる。然し他辞に「卜〓〓周…己未…〓」(乙5329)・「〓〓周〓〓〓〓」(乙7461)とあつて周に田獵が行はれてゐるから、胡氏の説は曲解に過ぎない。斯の如く胡氏の証據としてゐるこれらの辞は一例として武丁が周を伐つた証とするに足るものはなく、又以上の外に武丁時に周を伐つてゐる辞がないばかりではなく、却つて次の辞は周が殷に屬してゐることを示してゐるから、第一期に殷が周を征伐したとする説は妥當でない。この胡説とは反對に次の諸辞は第一期に於いて周が殷に屬してゐることを証してゐる。

乙3536　〓〓〓〓〓〓　(乙2170)
鉄36.1　〓〓〓〓周〓〓〓　(京1269 續存607)
乙3142　〓〓〓〓〓　(乙3081)
續3.28.3　〓〓周〓〓〓
林1.26.18　〓〓〓〓〓周〓〓〓〓
鉄128.3　〓〓〓…〓周…〓〓
佚129　周〓〓〓〓
後下15.2　〓〓〓周
乙7461　〓〓周〓〓〓〓

「〓〓・〓〓」は有尤・無尤であつて、これは殷に屬してゐるものについてのみトしてゐて例外はないから、尤の有無がトされてゐる周方・周の殷に從ふことは明かである。「〓周」は周が殷の命令を受ける者であることを示してゐる。「〓〓〓〓」は例へば次の如く殷の

前7.2.2　〓〓〓〓〓〓
文853　〓〓(〓)〓〓
乙7163　〓〓〓〓〓〓
林2.2.4　〓〓〓〓〓〓
續存下392　〓〓〓〓〓〓〓
後下37.5　〓〓〓〓〓〓〓〓

諸侯諸將についてのみ用ゐられてゐるから、之がトされてゐる周は殷の侯將である。「〓〓周」は周に於いて祈雨・祈年のために上帝に郊祀するものであり(上帝の祭祀參照)、「周〓」は周に田獵するものであつて、これは周地が殷に屬してゐることを示してゐる。斯の如くこれらの辞は第一期に於いて既に周が殷に隸屬してゐることを示して居り、而してこれは武丁の征服による結果であるとも見做し得るが、卜辞には右の如く武丁が周を征伐してゐる証據はなく、又詩經に於いても「實維大王、居岐之陽、實維翦商」(魯頌閟宮、鄭箋曰始斷商)と、古公亶父時(殷の第三期康丁時乃至第四期武乙時に當る)に殷と交を斷つ以前に殷・周間に抗爭のあることを謂はず、從つて武丁による征服の結果であるとはなし得ず、次の第四期の「周侯」の稱

と相俟つて武丁時に於いては殷の諸侯に外ならないのである。

陳夢家は「武丁以後不見有關周的記載」(卜辭綜述二九二頁)としてゐるが、第三期・第五期に未見の外は次の如く第二期に二版(通別2.5.3・遺90)、第四期に七版あり、陳氏はこれらを總て武丁時のものとするのであるが、これには從ふことが出來ない。

通別2.5.3

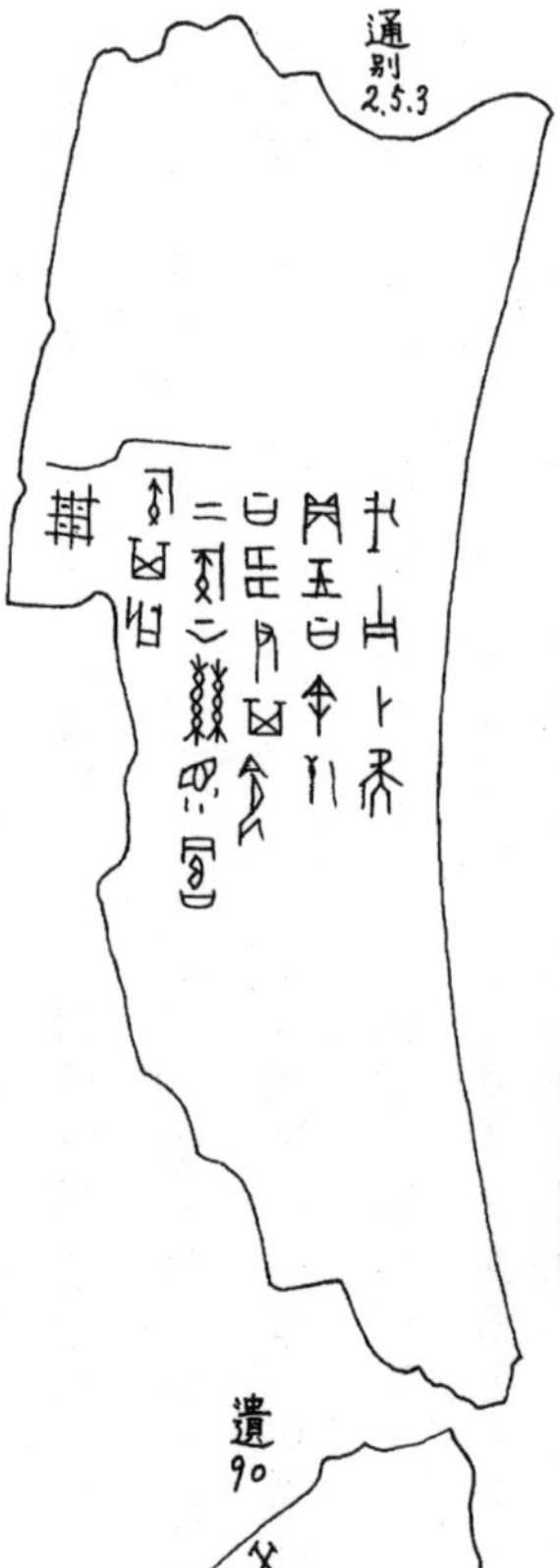

遺90

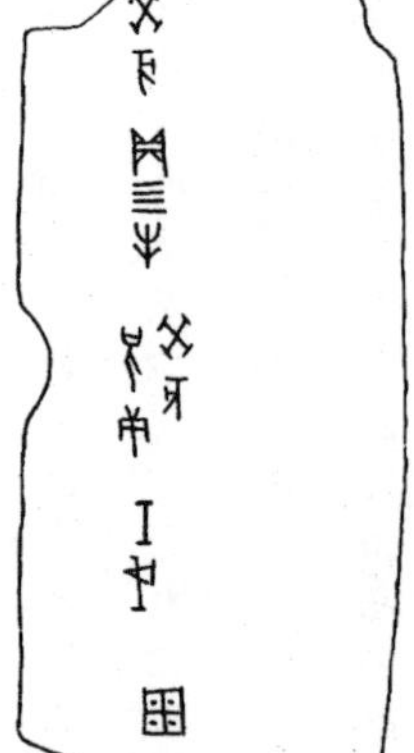

(第四期)

甲436　拾4.12　掇2.164(續存下317)　乙8810　掇2.82(摭續184)　乙8894(鄴1.46.15)　南明437(同版に貞人𡧊の署名)

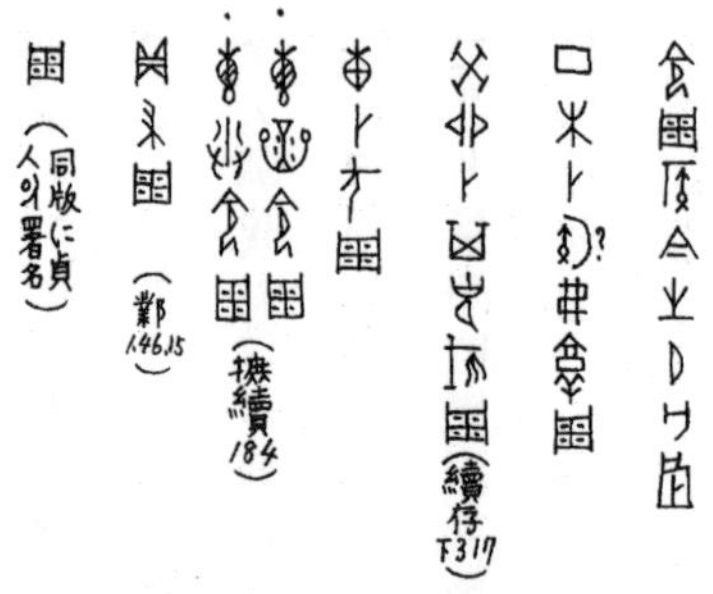

甲436

(古本竹書紀年)

武乙　三十四年周王季歷來朝、武乙賜地三十里、

三十五年周王季伐西落鬼戎、

文丁　二年周人伐燕京之戎、周師大敗、

四年周人伐余無之戎克之、周王季命爲殷牧師、

七年周人伐始呼之戎克之、

十一年周人伐翳徒之戎、文丁殺季歷、

帝乙　二年周人伐商、

帝辛　六年周文王初禴于畢、

周武王十一年周始伐商、王率西夷諸侯伐殷、

(殷世系)—武丁—祖甲—康丁—武乙—文武丁—帝乙—帝辛

(周世系)—高圉—亞圉—公叔祖類—古公亶父—王季——文王—武王

第四期は武乙・文武丁時であつて、この時期は周に於いては古公・王季の時代に當つてゐる。上掲の甲436版を董作賓の「命周侯今月亡囚」(新獲卜辭寫本考釋)と讀むに從へば、第四期武乙時に於いては周が周侯と稱されて居り、これは竹書紀年の「周王季歷來朝、武乙賜地三十里」(太平御覽八三)、及び詩經大明の「摯仲氏任、自彼殷商、來嫁于周、曰嬪于京、乃及王季、維德之行」と共に、武乙時には周が殷の諸侯であることを示してゐる。次の掇2164版の「〓」は第

南師2121(續存1087)　庫1602

一期に上掲の如く〓と稱され、又〓と併稱されて居り、〓も亦「〓〓〓〓〓〓〓〓〓」(粹1178)と〓〓と稱されてゐて、〓は後述(第四章三節の〓參照)の如く世襲される將率の官名であり、第四期文武丁時に「〓〓三〓」(掇2468)と用ゐられてゐるから、この辭の〓は殷將の名

であり、「〓」は「〓」(庫1750)が「口〓」(庫1014)に、又「〓」(乙6692)が「〓」(南師1.66)に作られてゐるから「〓」と一字であり、從つてこの辭は殷將〓が周を傷ることを卜するものである。次の乙8810版の「〓」の〓は〓の闕筆であつて、次の例も亦同類であり、從つてこの辭は殷が周を伐つことを卜するものである。斯くの如くこ

乙2000・卜〓 ── 乙1986・〓 ── 粹249 〓

の二辭は明かに殷が周を伐つことを卜するものであり、而して前者は「〓卜〓」と對貞されてゐて、〓字が〓に作られてゐるから文武丁時のものであり、又後者は同版上に例へば「己未卜〓」・「口〓卜〓三〓」とあつて、この版の字体は文武丁時のものであり、從つて文武丁時には殷・周間に隙を生じてゐることが解り、これは竹書紀年の「文丁殺季歷」(晉書東晳傳引)と一致してゐるのである。第五期帝乙・帝辛時の甲骨版には周に關する卜辭は一例もないが、竹書紀年には「帝乙二年周人伐商」(太平御覽八三)とあつてこれは父季歷が殺されたことによる文王の反擊であり、これより文王は「密人不恭、敢距大邦、侵阮徂共、…以伐崇墉」(詩經皇矣)、或は「明年伐犬戎、明年伐密須、明年敗耆國、殷之祖尹聞之、懼以告帝紂、明年伐邘、明年伐崇侯虎、而作豐邑」(史記周本紀)とあるが如く、西方諸國を伐つて強大を計り、遂に「我西土惟時怙冒」(書經康誥)の如く西方諸侯の盟主として重きをなしたのである。この間殷に於いては帝乙時には後記の如く王九祀に東方の〓侯の叛乱があり、帝辛時には前記の如く王八祀・王十祀・(王十五祀)に東方征伐を行つてゐて、殷の關心は專ら東方に向けられて居り、第五期に周についての卜辭が一例もないのは周に關心を持たなかつたことを示して居り、武王は殷の疲弊に乘じ遂にこの大國殷の命を革めたのである。之を要するに周は武丁より武乙時までは殷の諸侯であるが、これより殷・周間に隙を生じて文武丁は周を伐ち王季を殺してより、文王は鋭意強大を計り、武王は殷の東方攻略の疲弊に乘じて之を殪したのであつて、武王の帝辛の屍に對する處置は王者に對するものではなくして、私讐を晴す趣があるのは之がためである。

(十五) 〓方

〓方は第一期(文631)以外にはなく、その辭は次の如くである。この「〓」は例へば「〓」(鉄81.3)と用ゐられて居り

文631 〓 ──

、而して〓は「〓」(鉄87.2)・「〓」(遺481)の如く殷の敵國であるから、

敵國が患を作すの意であつて、葉玉森は「𢦏」と釋し「説文訓殘也、即殘之古文、與𢦏訓傷正同」(集釋四・六)として居り、從つて「〓」を作してゐる〓方は殷の敵國である。次の二辭は同文例であつて、前者の「〓〓〓」は「〓〓〓〓」であつて後

後下37.2 〓〓〓〓〓〓〓三〓〓〓〓〓〓〓〓〓〓〓〓〓〓

菁2(省略) 〓〓〓〓〓〓〓〓〓〓〓〓〓〓〓〓〓〓 (庫1596略同) ——

者の「〓〓〓〓」と對し、「〓〓〓〓」は「〓〓〓」と對し、「〓〓」は「〓〓〓〓」であつて「〓〓〓〓〓〓」と對してゐて、これに於いては〓方の場合は「〓〓〓〓」とされてゐるから殷東に在ることが解り、而して之を告げてゐる〓〓〓の〓地は前述の如く臨淄附近に在るから、〓方は殷東の邊僻に在つて渤海に臨む地と考へられる。第五期には「〓〓王〓〓〓〓〓〓〓王〓〓吉」(前2.3.2)の如く王が〓地に駐在してゐるから、この間に於いて〓方は殷に歸してゐることが解る。

(十六) 〓方

〓方は第一期(甲3404)・第五期(前1.41.7 5.5.6 後上18.6 18.7 粹1189 1190 遺193 甲2416)に稱されて居り、而して〓地は第二期(文735)・第三期(𥃝)・第四期(甲692)・第五期(𥃝)に田獵地とされてゐて、その地望は前述の如く殷都の東北に在り、次述の如く〓方は〓地を中心とする地方である。〓方は第一期には次の如く殷に屬して居り、この辭は例へば「〓〓〓〓〓」(鄴1.27.4)と同文例であるから、〓方は〓

甲3404 〓〓〓〓〓〓〓〓〓〓 —— 侯と同じく〓方の侯伯の義であつて、「〓方をして歸らしむ」とあるから殷命を奉ずる者である。斯くの如く第一期より殷に屬し各期に於いて田獵地とされてゐるが、第五期帝乙時に反乱を起して居り、帝乙は王九祀十月より王十祀九月に至る滿一ヶ年の日數を費して之を鎭定してゐて、次の如くである。

甲3939

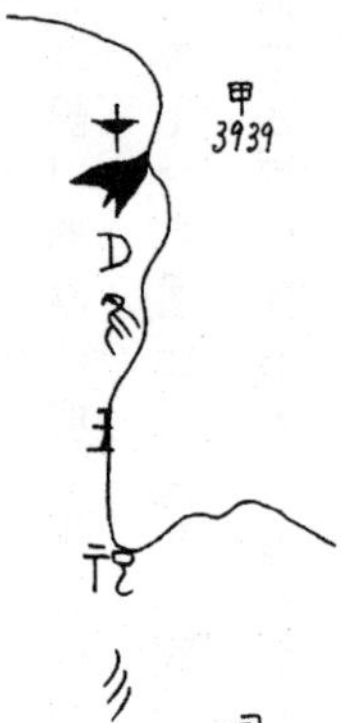

林2.25.6

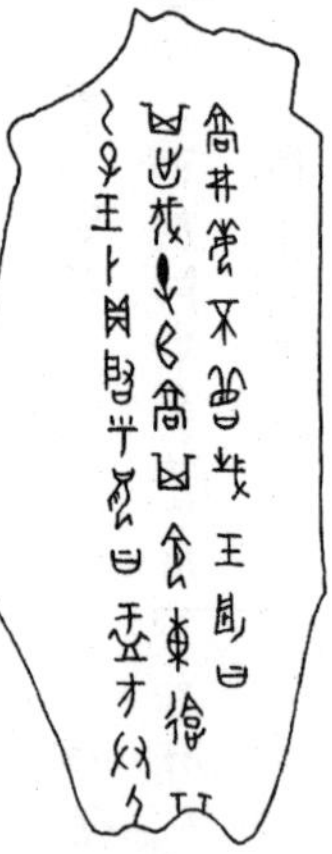

甲2416

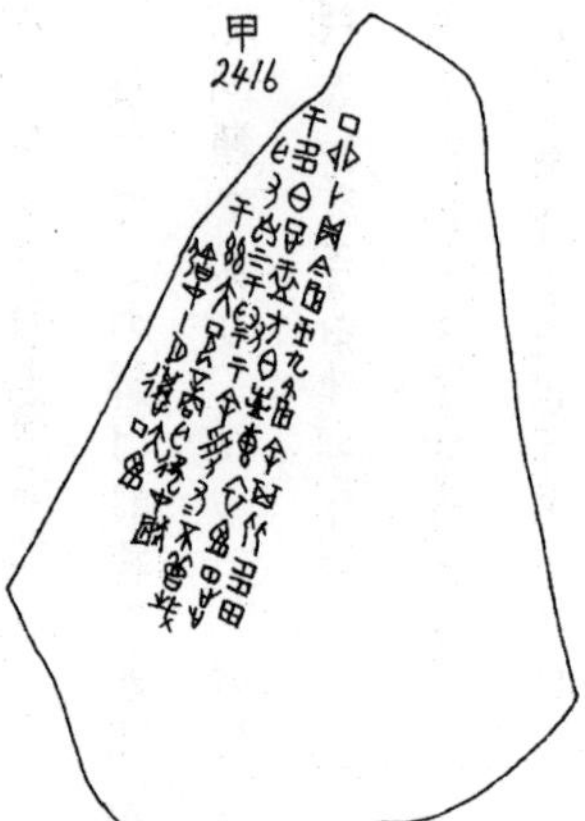

後上18.6

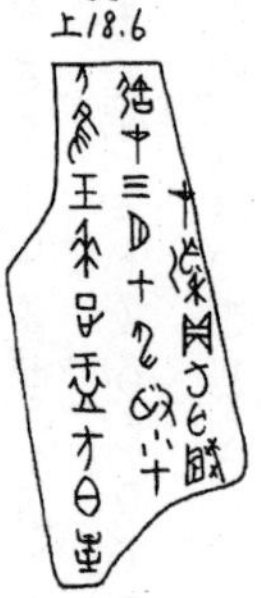

後上18.7

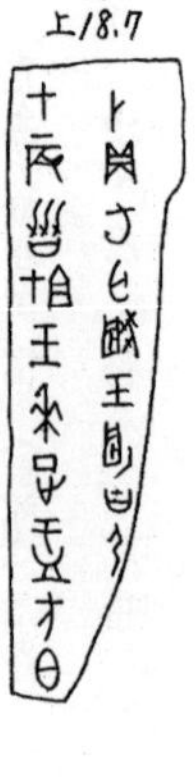

右の林2.25.6版に於いては𢀛方が叛乱して殷の〓地を伐つて居り、この版の干支は乙巳であつて、これより二十二日後の丁卯には、甲2416版によれば多田・多伯を率ゐて𢀛方を征伐することをトしてゐる。この丁卯の日は十月であつて大丁の〓祀の日とされて居り、この祭祀が帝乙王九祀十月中旬であること、及び次の後上18.6 上18.7 甲3939 三版の祭祀がそれぞれ王十祀三月甲申・五月甲辰・九月であることは帝乙祀譜の如くであつて、之によれば𢀛方の叛乱は九月下旬であり、十月中旬に帝乙は多田・多伯を率ゐて之を征伐し、翌年の三月には𢀛方征伐のために〓に在り(後上18.6)、五月になほ之に從ひ(後上18.7)、九月には田獵を行つてゐるから、𢀛方が略ぼ鎮定したことが解り、この間一ヶ年を費してゐるのである。右の地名〓は次の版によれば

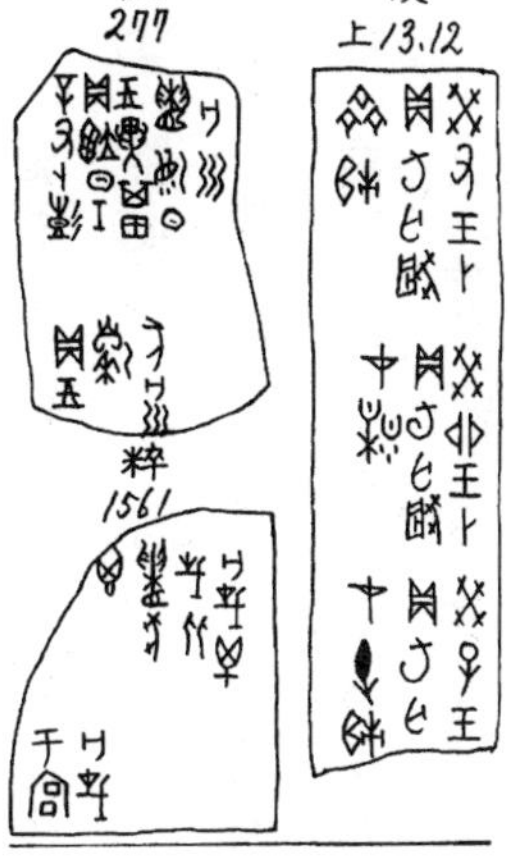

後上13.12　佚277　粹1561

〓に行く途中に在り、又〓地は次の佚277版によれば〓地に近く、〓地は〓の附近に在るから、〓地は殷都の北に在り、從つて𢀛方の叛乱は殷都の東北地域に起つてゐることが解り、これは田獵地𢀛の位置と一致してゐるから、𢀛方は𢀛地を中心とする地方であつて、殷都に至近の地である。

前記の諸版は帝乙祀譜に整然と系聯するものであるが、董作賓はこの𢀛方征伐を帝辛王十祀二月(甲3939)、王四十祀十月(甲2416)、王四十一祀三月(後上18.6)六月(後上18.7)の事件としてゐるのは妥當でない(殷曆譜帝辛祀譜參照)。

(七) 井方

井方は第一期(後上18.5 卜624 甲308)・第四期(粹1163 後下39.6)にあつて次の如くであり、兩期に於いて之を征伐してゐる。その地望を胡厚

(第一期) 甲308 ……〓〓井方
卜624 〓〓〓……〓〓〓?井方
後上18.5 〓〓〓〓〓〓井方〓〓〓

(第四期) 粹1163 〓〓〓〓井方
後下39.6 〓……井……〓〓

宣は「井方當在散關之東岐山之南」(封建制度考三一)とし、又陳夢家は「今山西河津縣」(卜辭綜述二八八頁)としてゐるが、上揭例の如く〓司(〓〓の子孫)が之を報告してゐるから、〓地に近く西北に在りと考へられる(三代四・一〇・三 才〓師…隹王正井方の辭あり、記して考に備ふ)。

(八) 〓方

〓方は第一期以外にはなく、その辭は次の如くである。例へば乙3412版に「〓〓〓〓〓」と〓が爯冊報告を行つて居り、これは次の例の「〓〓〓〓〓」が「〓〓〓〓〓」と同文例であつて、〓の爯冊報告と同樣に〓方が爯冊報告して

乙5159 〓〓〓〓〓〓

乙5075 〓〓〓〓

乙1462 〓〓〓〓〓〓

ゐることと符合して居り、従って〓方は殷に屬するものである。その地望は〓〓について報告してゐるから〓〓に近く、〓〓は前記の如く亳南の〓の南に在りと考へられるから、〓方も亦亳南の地方である。

(十九) 〓方

〓方は第一期以外にはなく、次の如く殷將〓が之を征伐してゐる。〓は後述(第四章第二節〓〓の項參照)の如く將帥の名であつて、次の如く〓に田獵し、〓に至り、或は〓方・〓方・〓(〓〓〓〓(鉄26.1)によつて〓は周に近いことが解る)を征伐して居り、これらの地名はすべて殷西に在るから、〓の封地は殷西に在り、従つて〓が征伐してゐる〓方も亦西方に在りと考へられる(胡厚宣は〓方を鄭の管城となして居り(殷代農業三六)陳夢家は之に従つてゐる(綜述二八八))。第四期の辞に「〓〓〓〓〓〓〓〓〓〓〓〓〓〓〓卜」(寧1.346)と「在〓卜」とあるから、この期には殷に歸してゐることが解るのである。

南誠30 〓〓〓〓〓

乙5317 〓〓〓〓〓〓〓〓〓〓〓

掇1.516 〓〓〓

續存1372 〓〓

鉄191.2 〓〓〓〓

前7.12.1 〓〓〓〓〓〓〓〓

粋1167 〓〓〓〓〓〓〓

乙5582 〓〓〓〓〓〓

庫546 〓〓〓〓

(廿) 〓方

〓方は第一期(甲3510續存351)・第三期(鄴3.43.7)・第五期(續3.13.1)にあつて次の如くである。第一期には殷は〓方に衆人を入れて〓田即ち開墾(第五章參照)せしめ、又「〓〓〓」(後下22.12下33.9)と〓伯を置いてゐるが、〓方は〓方を率ゐて殷に侵略して居り、第四期には「……〓……干一〓〓〓〓〓〓〓〓」(鄴1.40.2)の如く、又第五期には上揭の如く之を征伐してゐる。従つて〓方は殷と〓方との間に介在する地方であつて、殷と西戎との係争の地と考へられるのである。

(第一期) 甲3510 〓〓〓〓〓〓〓〓〓〓〓〓〓〓

續存351 〓〓〓〓〓

(第三期) 鄴3.43.7 〓〓〓〓〓〓〓〓〓〓〓〓

(第五期) 續3.13.1 〓〓〓〓〓〓〓〓〓〓〓〓〓〓〓〓〓〓〓〓〓〓〓

(廿) 〓方・〓方

〓方は第一期(乙3343 6684 國5.2)に、〓方は第四期(殷曆譜旬譜六)にあつて次の如くであり、〓・〓は例へば〓・〓・〓・〓・〓が一字であるから同字であり、又葉玉森は〓・〓を同字として「〓字作側跽形、〓則作正立形」、从〓與从〓同」(集釋六・二)として居り、男・畟・果は一字であつて諸家は「鬼」と釋して異説がない（王襄簠釋雜六五・郭沫若通釋四三。葉玉森集釋四・二五・董作賓殷曆譜武丁日譜・胡厚宣封建制度考三・陳夢家卜辭綜述二七四頁）。畟・畟方が殷に侵略してゐる例はなく、又殷も亦之を征伐してゐる例は絶無である。

乙6684　[甲骨文]卜[甲骨文]男[甲骨文]早[甲骨文]

乙3343　[甲骨文]卜[甲骨文]…男才早…[甲骨文]

國學季刊五・二　[甲骨文]卜……男才……[甲骨文]

殷曆譜旬譜六　[甲骨文]畟才[甲骨文]…

林義光が呂方を「鬼方」と釋してより于省吾・傅東華・董作賓は之に従つて居り（呂方參照）、就中、董作賓は「論呂方即鬼方」（殷曆譜武丁日譜）に於いて呂・男を同音假借・先後異文とし、且つ武丁時には呂方征伐に三年を要したと計算して、易經の「高宗伐鬼方三年克之」に當るとなし、而して王國維の推定してゐる鬼方の地望が呂方の地望と一致することを傍証として、呂方を鬼方として居り、陳夢家は之に從つてゐる。然し右の例の「[甲骨文]」は敵國について卜されてゐる例がなく、殷及び殷に屬するものについてのみ卜して居り、而してこの早は次の如く地名であつて、殷はここに早伯[甲骨文]を封じてゐるから、男方早は殷に屬する地であり、從つて男方が殷を侵し又殷が男方を伐つの辭例の無いことと相俟つて、男方と呂方とは異ることが解る。その地望を考察するに「[甲骨文]中早[甲骨文]」の[甲骨文]は「[甲骨文]…太…」

遺758　十[甲骨文]卜[甲骨文]中早[甲骨文]

乙2871　[甲骨文]太[甲骨文]早[甲骨文]（前4.34 遺571）

南師2.148　[甲骨文]太[甲骨文]早[甲骨文]（前4.10.2 5.11.6 明2327 庫1637 京1335）

（下589）と用ゐられて居り、これは「[甲骨文]」と同文例であるから、[甲骨文]と同じく殷の侯將であり、而して「[甲骨文]」は例へば「[甲骨文]」（乙7795）に於いては殷將[甲骨文]が[甲骨文]方の[甲骨文]地を獲得するか否かを卜するものであるから、この辭は男方の早地に在る[甲骨文]が[甲骨文]方を獲るか否かを卜するものであり、次の例と相俟つて男方早が[甲骨文]方に近いことが解る。鬼國は山海

乙865　・[甲骨文]卜[甲骨文]果[甲骨文]
　・[甲骨文]卜[甲骨文]果[甲骨文]

經には「鬼國在貳負之尸北」・「貳負之尸在太行伯東」（海内北經）と太行の東北に在りとされて居り、左傳には「狄人伐廧咎如、獲其二女叔隗季隗」（僖公廿三年杜注「廧咎如赤狄之別種也、隗姓」）とあつて、太原附近にゐた廧咎如は隗姓であり、又小盂鼎には盂が鬿方（鬼方）を伐つた戰果を記して居り、從つて鬼方は盂方の西に在つて太行、太原より陝西に及ぶ地方であつて、これは右の男方早が西北の[甲骨文]方（羌）に近いことと一致してゐる。之を要するに男方早は武丁時に既に隷屬してゐる地であつて、殷は早伯[甲骨文]を封じて居り、その地望は羌方に近く太行・太原より陝西に及ぶ地域が鬼方と考へられる。この方面には前述の呂・[甲骨文]・[甲骨文]があり、而して卜辭には鬼方征伐の辭がないから、易既濟の「高宗伐鬼方」（禮記の喪服四制には高宗者武丁也とあり）の鬼方は男方を謂ふのではなくして呂・[甲骨文]を指すものであらう。

(廿二)　〓方

〓方は第一期の次の一版以外にはなく、商承祚は「虎方」(佚釋九四五)とし、陳夢家は「豸方」(卜辭綜述二九〇)としてゐる。この辭は〓

佚945　・…〓〓〓〓〓〓〓〓〓
・〓〓〓〓〓〓〓〓〓〓〓〓

――〓及び〓に命じて〓方に赴かしめ、之を祖神に告げてゐるものであつて、前記の〓方・〓方征伐を祖神に告げてゐる例に從へば、これは〓方征伐を告げてゐるものであり、而して〓〓の封地は亳南に在るから、〓方も亦淮水附近に在りと考へられる。

(廿三)　〓方

〓方は第一期(林2.29.4 前6.28.8 續存下300)以外にはなく、次の如く三千の兵を以つて之を征伐してゐる。他辭に「〓〓〓〓〓」(京1162 拾11.12)

續存下300　〓〓…〓〓〓〓〓〓〓〓〓〓

――とあるから〓方は〓子の封地であり、而して「〓〓」は上揭例の「〓〓〓」と同義であつて、殷に𢦏する義であるから殷に叛いたものである。その地望は後考に俟たねばならない。

(廿四)　〓方

〓方は第一期に次の一例があり、又第一期に「〓〓〓」(前1.53.2)、第二期に「〓〓〓〓」(誠152)、第五期に「〓〓〓〓〓〓」

前5.14.7　…〓〓…〓〓…

――(後上15.10)と用ゐられてゐるから、殷に屬する地方である。

(廿五)　〓方

〓方は第一期の次の一例にあり、他辭に「…〓〓〓〓〓〓〓」(鐵264.2)と「侯〓」の稱があるから〓侯の封地であり、從つて

前1.32.3　…〓〓〓

――上揭の〓は他國がこの地を侵すものであらう。

(廿六)　〓方

〓方は第一期の次の一版にあり、〓は地名として「〓〓〓〓〓〓〓〓」(粹971)、子族名として「〓〓〓〓〓〓〓」(京3147)

續存533　〓〓〓〓〓〓〓

――と用ゐられて居り、上揭例の辭意よりしても殷命を奉ずる地方である。

(廿七)　〓方

〓方は第一期の次の一版にあり、〓は例へば乙4518版に「〓〓〓〓〓」が「〓〓〓」・「〓〓〓〓〓」と併記されて

續存下305　〓〓〓〓

――ゐるから、〓・〓と共に殷西に在つて殷命を奉ずる地である。

(卅八) 〓方

〓方は第一期の次の二版にあり、その地望は河東の〓の附近にあると考へられる。

前6.63.6 貞〓〓〓〓〓〓東〓〓〓 — 甲1379 〓〓

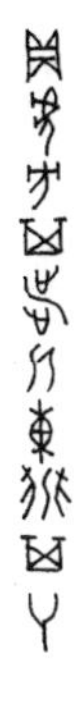

(卅九) 〓方

〓方は第一期の次の一版にあり、この地に行くことをトしてゐるから殷に屬する地方である。

續5.9.3 〓〓〓 (同版上に貞人〓の署名)

(卌) 〓方

〓方は第一期の次の一版にあり、「不隹我〓」と殷に〓するか否かがトされてゐるから敵國である。

(卌一) 〓方

〓方は第一期の次の三版にあり、又「〓〓」とも稱されて居り、殷が〓方を伐し、方〓が殷を侵してゐるから敵國であり、〓〓が之を征伐してゐるから、その地望は西北の〓地に近いことが解る。

乙2503 卜〓貞〓〓〓〓〓〓三〓〓…日〓〓〓〓〓
乙4069 〓〓〓〓〓〓〓〓〓〓〓〓 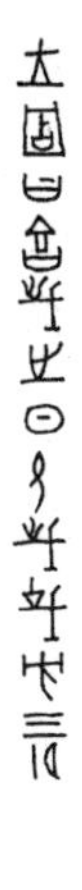
乙4701 〓〓〓〓〓三〓〓〓〓〓〓〓〓

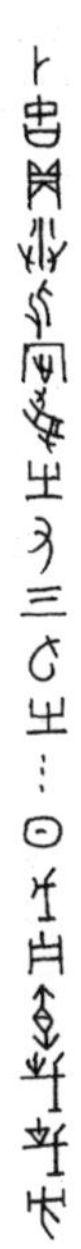

金496 貞〓〓〓〓〓〓〓〓〓三〓
鉄262.3 〓卜〓…〓〓…〓〓…
乙768 貞〓〓〓〓〓〓〓

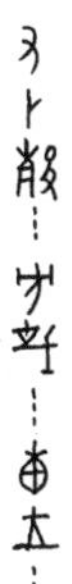

以上は第一期に現はれてゐる方國である。

(卌二) 〓方・〓方・〓方

〓方は第三期に、〓方・〓方は第四期に、〓方・〓方は第五期にあつて次の如くである。

(第三期) 鄴3.43.7 〓〓〓〓〓〓〓〓〓〓〓〓 
京4385 貞〓〓…〓〓…〓

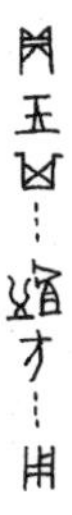

(第四期) 鄴3.43.4 〓〓〓〓 
甲807 〓〓〓〓〓〓〓〓〓

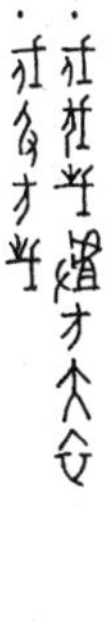

(第五期) 續3.13.1 〓〓王卜貞〓〓〓〓〓〓〓〓〓〓〓〓〓〓〓〓〓〓〓〓〓〓三〓〓
後上18.9 …〓〓貞…〓〓〓〓…王〓曰〓〓

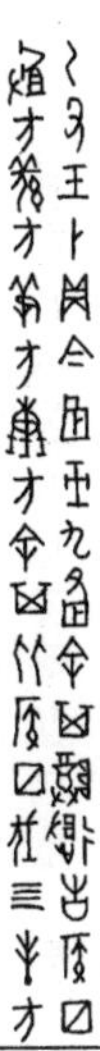

鄴3.43.7版と續3.13.1版に列記されてゐる方國名は略ゝ同じであつて前者には〓方後者には〓方とされてゐるから、この兩者は同一地方であり、又鄴3.43.4版の〓方の辭と甲807版の〓方の辭、及び後上18.9版の〓方の辭と金493版の〓方の辭がそれぞれ略ゝ同じであるから一字であり、従つて〓・〓・〓・〓は一字の異文であつて同一地方である。殷との關係は第四期及び第五期に之を征伐してゐる

金493 〜〓王卜中〓〓〓〓〓〓〓〓〓〓〓〓〓〓 ── から殷の敵國であり（甲807 金493）、而して金493版に於いては東南地域に在る〓地に於いて〓方敦伐をトしてゐるから、その地望は〓地に近くして東夷の地であり、金文の小臣謎毀に「〓東夷大反」とあるのは之が明証である。然るに楊樹達は之を「詩大雅皇矣篇之徂也」（甲文説下四六）と「徂」としてゐるが、徂は周附近の西邊の地であるからこの説は妥當でない。

(廿三) 〓方　〓方は第三期の次の一版にある。〓は第一期に例へば「(〓)〓〓〓〓(〓〓)」（甲2239）・「〓〓〓〓〓〓〓」（南明162）

戩23.12 …〓卜…〓〓…〓〓〓 ──・「〓〓〓〓〓〓〓」（戩12.14）の如く〓・〓を伐つてゐる侯將である。然るに第一期・第五期には次の如く〓を伐つてゐる辭があり、「〓〓〓〓」の〓には地名の用法があるから列記されてゐる〓と亦地名であ

（第一期）續存609 〓〓卜〓〓〓〓〓〓〓（掇1.382）

（第五期）哲庵316 〜〓王…〓〓〓…〓〓〓…〓〓〓…（卜辭綜述附図参）

── つて、この〓は〓〓、〓は殷將〓ではなく、「〓〓〓」の〓〓（西〓）と考へられる。從つて西北の〓方には殷將〓の封地と殷に服せざる西〓のあることが解る。

(廿四) 〓方　〓方は第三期の次の一版にあり、この辭は〓方をして〓方を傷らしめることをトするものであつて、これ

粹144 〓〓〓〓〓〓〓〓〓 ── は啇邑附近の兵を〓方（羌）に派遣するものであり、その「〓于大乙」はその爲に大乙を祀つて、その祭祀に參列せしむるの意であらう。

(廿五) 〓方　〓方は次の如く第三期・第五期にあり、〓は前述の如く殷西に在つて、第一期には「〓于〓」（乙B35）・「〓

鄴3.43.7 〓〓〓〓〓〓〓〓〓〓〓

續3.13.1 〜〓王卜〓〓〓〓〓〓〓〓〓〓〓〓〓〓〓〓〓〓〓

── 于〓」（前7.12.1）、第四期には「〓〓」（後上13.5）・「〓〓于〓」（摭續164）の如く殷に屬する地であるが、上揭例に於いては並記されてゐる他の方國は敵國であり、又續3.13.1版に於いては之を伐つことをトしてゐる。從つて〓方も亦敵國であつて、これは〓以西を謂ふのであらう。

(廿六) 〓方　〓方は第三期の次の一版にあり、〓は例へば「〓〓〓」（戩49.9）・「〓〓卜于〓〓〓」（掇1.459）の如く地名として用

後上24.7 〓〓〓〓 ── ゐられて居り、上揭例の如く〓方に於いて〓祀を行つてゐるから殷に屬してゐる。

(廿七) 〓方　〓方は第三期の次の一版にあり、前述の如く地名に〓があつて「〓田〓」（見〓）の如く殷北の田獵地であり、

續存1947 〓〓〓 ── この〓方はこの地方を謂ふものであらう。

(卅六) 〓方　第三期に「叀〓方」(佚221)の一版あり。

(卅七) 〓方　第三期に「〓〓卜〓方〓〓」(續存下755)の一版あり。

(卅八) 〓方　第四期の次の二版にあり、この「〓及亘方」は例へば「〓〓亘方出及」(乙5311)によれば「〓〓亘方出及」であ

粹193　…〓…〓〓 ――つて、般の侯將〓が亘方を追つてゐるから亘方は敵國である。

甲申卜貞〓及亘方 (卜辭綜述二七六頁所載) ―― 〓は例へば「〓〓〓〓于〓〓〓〓中〓〓」(後上31.1)によれば西方の〓地(〓縣)に近く、西方の邊僻に在り、又「〓〓〓出〓」(乙6698)・「〓〓〓〓」(乙2443)の如く有〓・亡〓が卜されてゐるから、般に屬するものである。然るに次の如く第一期・第四期に於いて般將〓が〓を伐ち、〓も亦般を侵して居り、これは右の〓が〓方を追ふてゐること

(第一期)乙6310 〓〓〓〓〓〓〓 ―― 乙5303 〓〓〓〓〓〓 ――(第四期)庫1151 卜〓〓〓〓〓(庫1118略同)――と一致してゐ

京1324 〓〓〓〓〓 ―― 乙5234 〓〓〓〓〓〓 ―― 續存638 〓〓〓〓〓

る。從つて〓には般を侵してゐる〓方と、般に屬してゐる〓とがあることが解る。

(卅九) 〓方　第四期の次の一版にあり、〓及び〓(〓は同版上に「〓〓〓〓」とあるから般に屬してゐるものである)が之を征伐してゐるから敵國であつて、〓

粹1535 〓〓〓〓〓〓〓〓(寧1.431)――が伐つてゐるから西北に在ることが解る。

(四〇) 〓方　第四期の次の五版にあり、般の敵國である。

南坊3.61 〓〓卜〓〓〓〓〓、粹801 〓〓〓〓〓〓、文646 〓卜〓…〓〓、乙121 229 〓〓卜〓〓〓〓〓、粹1152 〓〓〓〓〓〓〓〓〓〓〓〓…

(四一) 〓方　第四期の次の二版にあり、〓は前述の如く西北に在り、〓方はこの地方を謂ひ般に屬するものである。

續5.28.8 〓〓〓　庫501 〓〓〓…〓〓

(四二) 〓方　第四期の次の四版にあり、般將〓をして之を率ゐしめてゐるから般に屬するものである。

後下34.3 〓〓〓〓〓〓〓〓〓〓〓(後下36.3續存1916同例)　京3089 〓…〓〓

(四三) 〓方　第四期の次の一版にあり、〓方は般命を受ける地方であるから、〓〓(佚195)即ち伯〓の封地であつて、前述

甲600 〓〓〓〓〓〓〓〓〓 ―― の如く〓地は東南にあるからこの地方であらう。

(四四) 〓方　第四期の次の一版にあり、〓は地名として「…卜〓〓…〓于〓〓〓〓〓」(摭續181)・「〓〓〓〓〓」(續1.33)・「

鄴3.43.4 「〓才〓〓才〓〓　一　〓〓」（京2286）と用ゐられてゐる殷の地であつて、〓方は殷に屬する地方である。

（卌七）〓方　第四期に「〓才〓〓〓〓〓」（摭1.415）の一版あり。

（卌八）〓方　第四期に「己〓〓〓〓」（乙8502）の一版あり。

（卌九）汩方　第四期に「其〓汩方」（卜辭綜述三〇五所載）の一版あり。

（五〇）林方　第五期の次の二版にあり、林方は前述の如く〓南に在り東方に屬する地方である。

前2.16.3 〓〓卜中〓〓〓王〓林才〓〓（庫1672略同）

（五一）〓方　第五期の次の一版にあり、〓に在つて〓方征伐をトしてゐるから、殷西の邊僻に在る敵地である。

前2.8.5 己〓卜中〓〓王〓〓〓〓〓〓才〓〓〓中一〓〓…

以上の方國と殷との關係、及び推定位置は次の如くである。

殷に隷屬する方國

第一期	〓・〓・田・〓・〓・〓・〓・川・〓・〓・〓・〓・〓・〓・〓・〓				
第二期	田				
第三期	〓			〓・〓・〓・〓	
第四期	〓・田	〓		〓・〓・〓	〓・〓
第五期					

（未詳）

第一期	〓・〓・〓・〓・〓・井・〓・〓・〓・〓・〓・〓・〓・〓・〓・〓・〓・〓				
第二期	〓				
第三期	〓	〓	〓・〓	〓・〓・〓	
第四期	〓	田	〓・井・〓・〓	〓・〓・〓・〓	〓・〓・〓・〓・汩
第五期		〓	〓・〓・〓	〓・〓	林・〓

殷に敵對する方國

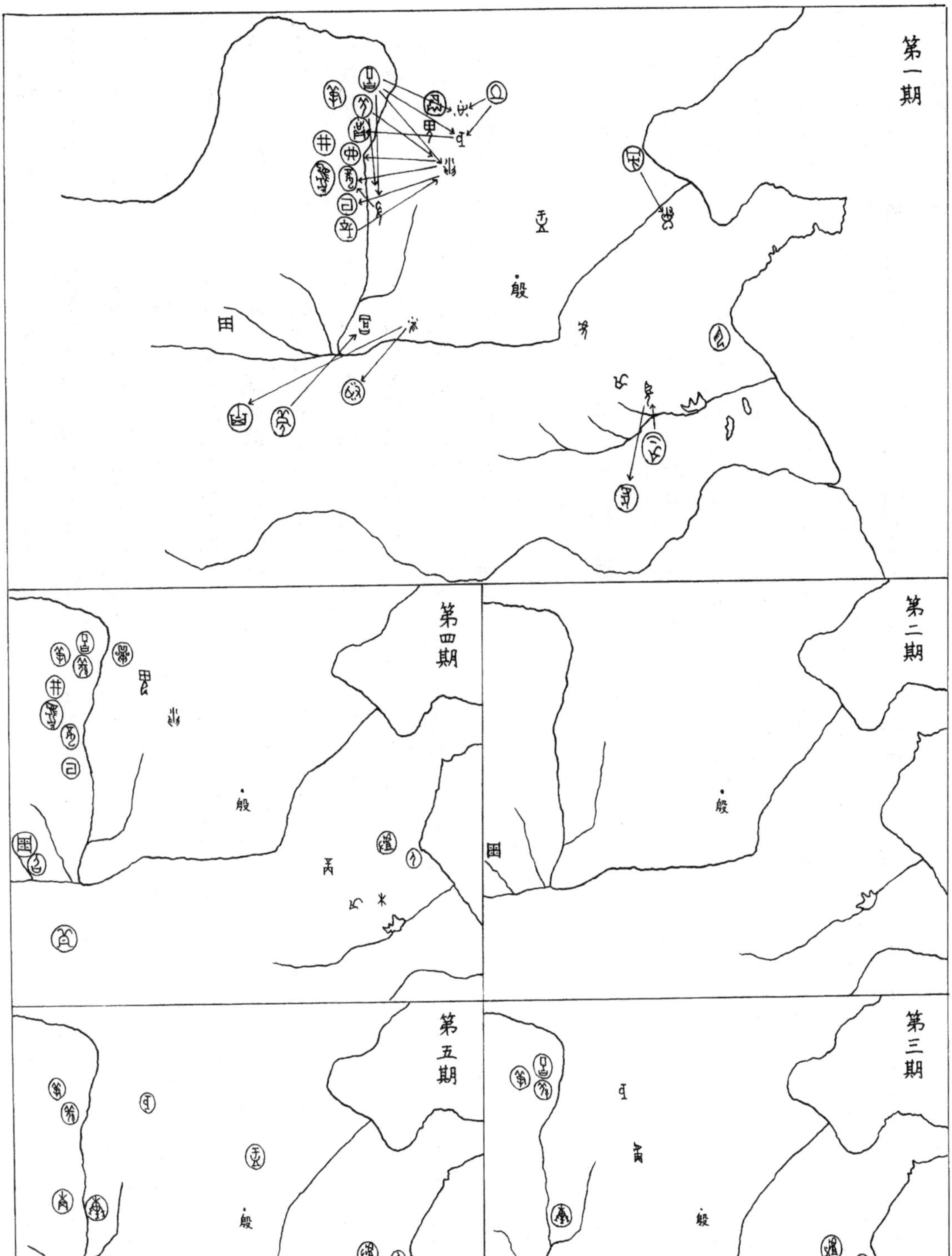
第一期
般
田
第四期
般
田
第二期
般
田
第五期
般
第三期
般

第一期武丁時に於いては西方の〓、北方の〓、東方の〓、南方の〓〓の征伐を同時に行つて居り、禮記に「武丁者殷之賢王也、…當此之時、殷衰而復興」、(喪服四制)と復興の賢王としてゐるのは、克くこの四國の侵略を制し、その他の十八國を伐つて殷室を興し、その謚號に負かぬ英主であつたが爲であらう。〓方は武丁征伐後には第二期に殷將〓が之を伐つてゐるが、これより後は再び侵略することがなく、第三・第四期には殘字を見るに過ぎず、又〓方・〓〓は殷末に至るまで再び殷を侵すことはないが〓方は第二期以外の各期に征伐してゐる。この四方國以外の〓・〓方征伐は第五期までつづき、又〓・井・〓・〓・〓方征伐は第四期に、〓〓征伐は第五期にも行はれてゐるが、〓・〓・〓・〓・〓・〓・〓・井方征伐はこの期以外には行はれてゐない。第二期には〓以外の方國の卜辭はなく、第三期には第一期以來の〓・〓・〓方征伐を行つてゐる外に〓・〓・〓方の侵略を防ぎ、この〓・〓方征伐は第五期にも行はれて居り、第四期には前期以來の〓・〓・〓・〓・井・〓・〓・〓・〓方征伐の外に、〓・〓・〓・〓・〓・〓方征伐を行つてゐて、同一地方の〓・〓・〓征伐は周の離叛によるものと考へられる。第五期には前期以來の〓・〓・〓・〓方征伐の外に、〓〓・〓方を伐ち、又帝乙時には王九祀に〓方の叛乱を親征し、帝辛時には王八祀・王十祀に〓方を親征してゐるのである。

第三章　殷の封建

禮記の王制には「王者制祿爵、公侯伯子男凡五等」、孟子には「天子一位、公一位、侯一位、伯一位、子男同一位、凡五等也」、(萬章下篇)と、五等爵を王者の制爵としてゐるが、書經の召誥には「命庶殷侯甸男邦伯」、酒誥には殷制として「在外服侯甸男衛邦伯、越在内服百僚庶尹惟亞惟服宗工」、と、侯甸男邦伯衛をあげてゐるが公・子のあることを謂はず、之を卜辭に見るに侯伯子田衛はあるが公・男はなく、この三者は互に齟齬してゐる。次に卜辭の公男衛田について考察する。

(公)　公字は「〓」に作られてゐてその用例は次の如くであるが、封爵名としての用法は無く、董作賓は「卜辭中所有之公字、尚無作五等爵中公侯之公解者」、(集刊六本三分五等爵在殷商)として居り、又胡厚宣も「知殷代之公字絶無用爲封爵之稱者」(殷代封建制度考)としてゐて、殷には公爵がないとしてゐる。

金621・粹538・京4254・粹405・鄴3.47.4・粹404・粹406・京4111・後下28.11・甲628・甲2546・寧1.140・甲1778・明1343

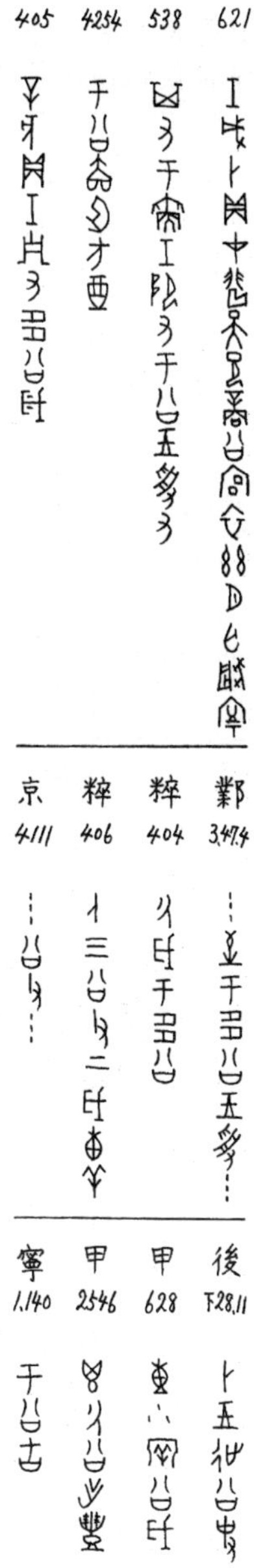

(男) 男字は「𤰈」に作られてゐてその用例は次の八版以外にはなく、董作賓は「𠦪田」(林2.22.12)・「𤰈」(前8.7.1)の用例を封爵名となし(同前)、胡厚宣は之に從つてゐるが(同前及殷代農業五四葉)、この𠦪・𤰈は例へば「卜𠦪」(京541)・「𤰈」(甲2591)によれば人名乃至地名であるから、右を封爵名となすのは必ずしも不當ではないが、「男」が封爵名とされてゐるならば後述の侯、伯ぐらいの用例があつて然るべきであり、この二例によつて男爵を認めるのは妥當ではない。

林2.22.12

京2.1.22

前8.7.1

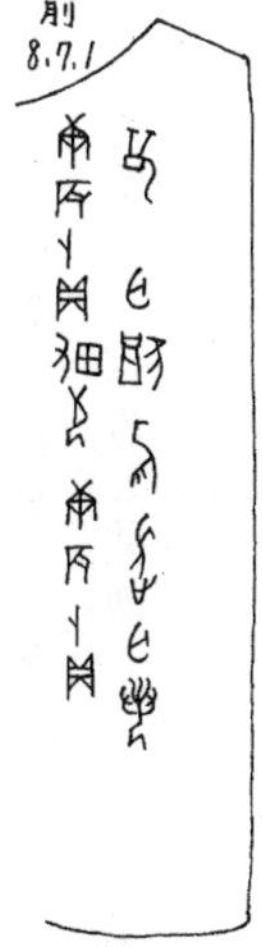

鉄132.2

拾續129

續存下466

乙363

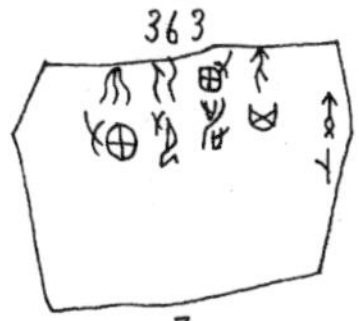

乙954

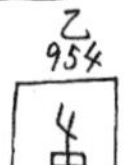

(衛) 衛字は「衛・衛」に作られてゐて「卜五…衛」(戩40.1)・「卜五…衛」(京4787)によれば二者は一字であり、衛父卣には「衛」に作られてゐる。衛は例へば「…衛…」(乙745)・「…衛…」(續5.23.10)の如く用ゐられてゐて、官名の如く考へられ、而して侯伯の如く人名と共に稱されてゐる例がないから、侯、伯と等しく爵名と見做すことは出來ない。

(田) 次の例に於いては「多田」が「多𠂤」(多伯)と並稱されてゐるから、この田は伯と同類であるが、「田」には「𠂤」の

甲2395 …多田于多𠂤…

甲2416 …多田于多𠂤…

大盂鼎 殷邊侯田(侯甸)雩殷正百辟率肄于酒

如く人名を冠して用ゐられてゐる例がないから爵名ではなく、而してこの「伯」と並稱されることは「侯甸男邦伯」・「侯甸男衛邦伯」の侯甸が邦伯と並稱されてゐるのと同樣であつて、侯甸が大盂鼎には上揭の如く侯田に作られてゐるから、多田は多侯甸即ち多侯(鄴1.38.3)に外ならず、陳夢家が「多田實即多侯」(卜辭綜述三二八頁)としてゐるのは是である。

斯くの如く殷に於いては公・男・衛・田(甸)が爵名ではなく、而して「邦伯」は禮記の「千里之外設方伯」(王制)の方伯であるから、五等爵に於いては「侯・伯・子」のみが爵名であり、侯甸男邦伯・侯甸男衛邦伯に於いては「侯・伯」のみが爵

名であつて、後者は侯伯を引伸した稱謂に外ならないことが解る。「侯」を「侯甸男」と稱することは二誥に於いて一致してゐるが、「伯」は「邦伯」・「衛邦伯」（康誥に於いては「邦采衛」と稱さる）と稱されて居り、而して「侯甸男」の甸には「治」（毛詩、維禹甸之、傳曰、甸治也、）の義があつて、男は「言男子力于田也」（説文解字）の義であるから、甸男には「治田」の意があり、又「衛邦伯」の衛は例へば「[illegible]令多射衛」（甲1167）・「令郭以多射衛」（後下25.8）と用ゐられてゐて防衛の義があるから、衛邦には「邦を防衛する」の意があり、從つて「侯」は方國の治田を主とし「伯」は方國の防衛を主とするものであつて、右の稱謂は侯伯の職責上よりの引伸に外ならない。要するに周初の召誥・酒誥に於いて殷の封爵としてゐるものは「侯・伯」に過ぎず、五等爵中の「公・男」は卜辭に於いては未だ爵名とされてゐない。卜辭にはなほ人名を冠して稱してゐる爵階には「子・帚」があり、侯・伯・子・帚が殷の封爵である。

第一節　侯

卜辭中の侯名を董作賓（五等爵在殷商）・胡厚宣（殷代封建制度考）・陳夢家（卜辭綜述三二八頁）の檢出してゐるものと對記し、又これを時期別に整理せば次の如くである。この侯名を陳夢家は私名と見做して「其理由是我們還未曾發現不同朝代的卜辭有同名侯某者的例子」としてゐるが、同一侯名が時期を異にして用ゐられてゐるから私名ではなくして氏族名である。

董作賓	蒙侯虎	攸侯喜	杞侯[illegible]	[illegible]侯彈	[illegible]侯[illegible]	周侯	丁侯	犬侯	禾侯	雀侯	先侯	[illegible]侯	[illegible]侯
胡厚宣	侯虎	攸侯喜	[illegible]侯	[illegible]侯	侯晳	周侯	丁侯	犬侯	禾侯		先侯	[illegible]侯	[illegible]侯
陳夢家	㠯侯虎	攸侯喜	杞侯[illegible]		侯晳			犬侯	禾侯	雀侯	先侯	[illegible]侯	

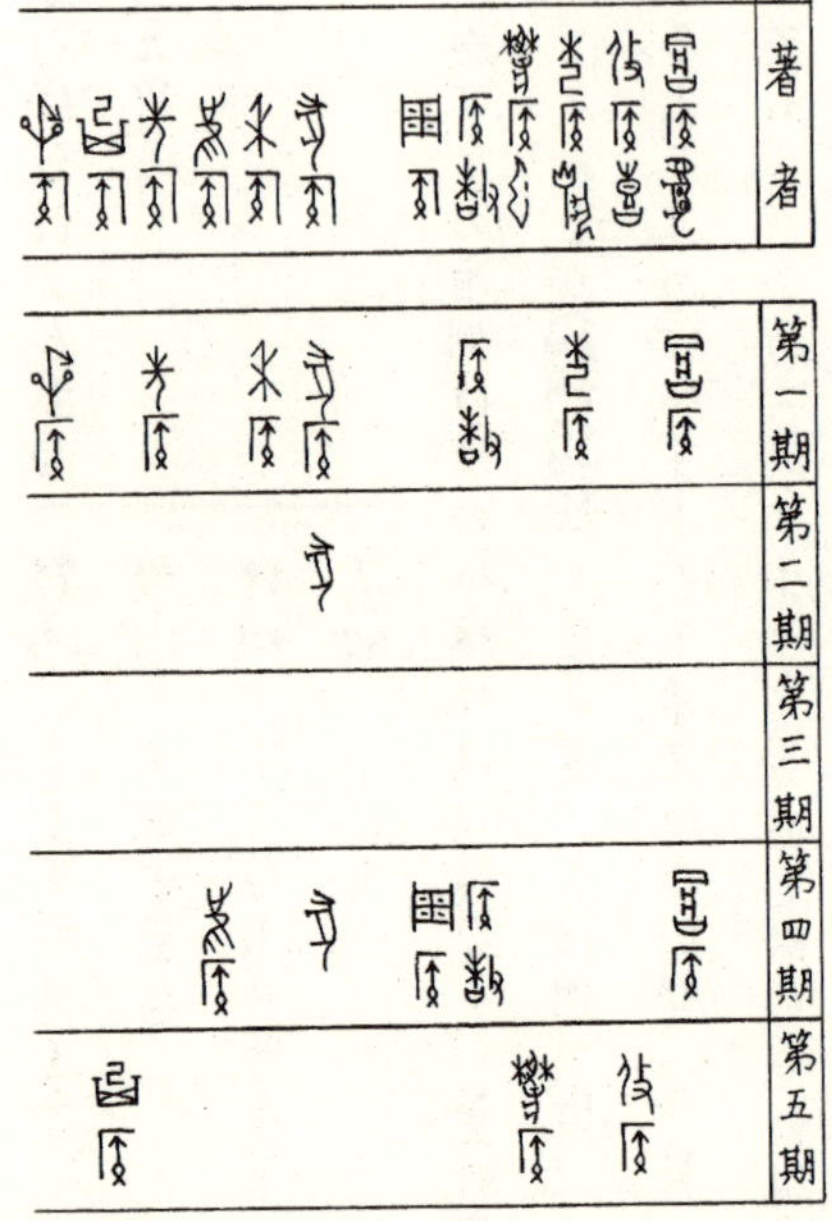

（一）、㠯侯（鉄100.4 94 400 前4.44.6 6.25.7 7.31.4 7.36.1 庫1762 遺276 455 菁ト641 天91 拾3.1 金642 戩7.15 甲3510 簠人40 人50 乙6940 7393 7342 7586 鄴1.27.4 1.35.2 掇1.465 佚93 續存458）

㠯を孫詒讓（擧例上卅六）・王國維（戩釋廿七）は「庸」、丁山（集刊一本三分釋㠯）は「蒙」、郭沫若（通釋別二、五、三）は「匡」、唐蘭（天釋九一）は「牄」と釋してゐる。㠯侯は次の如く第一期及び第四期に稱されて居り、

第一期　續存458　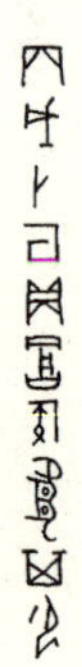

第四期　金368　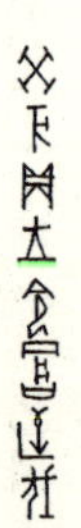

第一期の㠯侯の名は虎であるから單に「侯虎」（菁

番	侯名
二四	〓侯 〓侯 〓侯 〓侯　侯光 侯妻 侯告 侯知 侯綿 侯〓 侯〓
二九	〓侯 〓侯　数侯 〓侯 示侯 繼侯 伊侯　侯光 侯専 侯告 侯知 侯綿 侯〓 侯〓 侯雀 侯唐 侯昌
二五	〓侯 〓侯 数侯 〓侯　仪侯　侯光 侯専 侯告 侯知　侯侑 侯申　侯唐　侯涟 侯化 侯叶　上絲
三五	〓〓 〓〓 〓〓 〓〓 〓〓 〓〓 〓〓 〓〓 〓〓 〓〓 〓〓 〓〓 〓〓 〓〓 〓〓　〓〓 〓〓 〓〓 〓〓　〓〓 〓〓 〓〓 〓〓　二絲
一八	〓〓 〓〓　〓〓　〓〓 〓〓　〓〓　〓〓　〓〓　〓〓　〓〓 〓〓　二絲
四	〓〓 〓〓　二絲
一	〓〓
一八	〓〓 〓〓 〓〓 〓〓 〓〓 〓〓 〓〓 〓〓 〓〓 〓〓 〓〓 〓〓 〓〓
五	〓〓　〓〓

（佚3.75 前7.36.1）とも稱されてゐる。〓侯は次の如く

前4.44.6 〓〓〓〓〓〓〓〓〓〓〓〓 （戩13.5）

前7.31.4 〓〓〓〓〓〓〓 （卜641 通別2.8.5）

〓方征伐及び〓周を進言してゐるから、その封地が周に近いことが解る。

（二）、〓 侯 （通別2.5.3）

〓侯は第二期の次の一版にあり、

通別2.5.3 〓〓〓〓〓〓〓〓〓〓〓〓……〓〓〓〓〓二〓二……〓

これによれば周に使してゐるからその封地は周に近いと考へられ、郭沫若が「〓侯當即它辭所習見之〓侯」としてゐるのは、兩者の字形及び封地よりして妥當である。

（三）、〓 侯 （前3.27.6 明154 南明786）

〓侯は第五期にあつて名は〓であるから、單に「侯〓」（前4.18.1 明154）とも稱されてゐる。帝辛

南明786 〓〓〓〓〓〓〓〓〓〓〓〓〓〓〓〓〓〓〓〓〓〓

王十祀に〓侯〓の進言に從つて東夷及び南夷を征伐して居り、その日譜、歴程及び〓侯の封地は前述の如くである。

（四）、〓 侯 （林2.3.18 金597 掇2.132）

〓侯は第一期及び第四期にあり、第四期の〓侯の名は〓である。次の如く地名に「〓」があり、

（第一期） 金597 〓〓〓〓

（第四期） 掇2.132 〓〓〓〓〓〓〓〓〓〓〓

乙7746 〓〓〓〓〓〓〓〓〓 （第一期）

前5.30.1 〓〓〓〓〓〓〓 （第五期）

〓侯はこの地の封侯であるが、その地望は未詳である。

（五）、〓 侯 （後下37.5）

〓侯は第一期の次の一版にあり、これによればその名は〓であつて、〓侯の〓（疾）の有無が卜され

後下37.5 〓〓〓〓〓〓〓〓〓月〓〓

て居り、〓地は商郊の〓より一日行程に在る春秋時の杞國である。

(六)、〓侯 (前4.5.1後下4.3粹367 1273七P119甲844南輔26續存下463)

(第一期) 後下4.3 〓〓〓〓〓〓〓〓

(第四期) 粹367 〓〓〓〓〓〓〓〓

〓侯は次の如く第一期(後下4.3續存下463)及び第四期(粹367甲844)にあり、これによれば殷將〓が〓侯に使を立てて居り、又王が〓侯に従ふことを神に告げてゐるから殷に屬するものである。第四期には又〓侯・〓侯に作られてゐて(粹1273七P119鄴3.43.9)、例へば「〓…〓…〓〓」(前4.5.1)が「〓〓〓〓〓〓〓〓〓」(鄴3.43.9)に作られてゐる。第五期の地名に〓(前2.7.1菁9.4甲3.46)・〓(庫1569)があつて、この地は前記の如く河南に在り、この地名の字体と〓・〓・〓とは相近く、この兩者は同一地であつて〓侯はこの地の封侯であらう。

(七)、〓侯 (前6.51.6續5.2.2) 〓侯は次の如く第一期にあつて〓周を進言して居り、従つてその封地は同じく〓周を進言し

(第一期) 續5.2.2 〓〓〓〓〓〓〓〓〓〓〓〓〓〓

前6.51.6 ・〓〓〓〓〓〓〓〓〓〓〓〓〓

・〓〓〓〓〓〓〓〓〓〓〓〓

てゐる前記の〓侯と共に周に近く、胡厚宣が周の犬郎(長安・岐陽の間に在り)をその故地としてゐるのは概ね妥當である。〓侯は上揭例の如く又單に〓とも記されてゐるから、次例の第二期・第四期の〓も亦〓侯に外ならない。

文15.2 …〓〓〓〓〓〓… (第二期) 粹934 〓〓〓〓〓 (第四期)

林2.26.6 …〓〓〓…〓〓〓… (第二期) 通別2.12.2 〓〓〓〓〓〓〓〓 (第四期)

(八)、〓侯 (鉄251.1前5.39.5佚465乙4761 5394 8406京2114續存66) 〓侯は次の如く第一期・第二期・第四期に稱されて居り、〓を孫詒讓は「共」(舉例上卅六)、柯昌濟は「舞」(補釋)、葉玉森は「垂」(集釋五四)と釋してゐるが、乙5394版には「〓〓」に作られてゐて、これは〓を〓

(第一期) 續存66 〓〓〓〓〓〓〓〓〓〓〓〓〓〓〓〓〓〓〓

(第二期) 前5.39.5 〓〓〓〓〓〓〓…〓二〓

(第四期) 乙8406 〓〓〓〓〓〓

(鄴1.40.5)に作るものと一字であるから柯釋の舞が是である。上揭の續存66版に於いては多馬に命じて〓侯の地に至り更に〓川に従ひ〓侯の地に行かしめてゐるから、〓侯の封地は〓侯の地と相近いことが解る。

(九)、〓侯 (前2.28.2明620掇續325乙2000) 〓侯は次の如く第一期に稱されてゐて、〓・〓は一字であるから(參照祭儀)又〓侯に作られて居り、乙2000版によれば〓侯の名は〓であるから、次の如く「侯〓」とも稱されてゐる。これらの例に於いては、〓侯の

(第一期) 前2.28.2 〓〓〓〓〓三〓〓田〓〓〓〓
乙2000 〓〓〓〓〓〓〓〓〓〓
京1667 〓〓〓〓〓〓〓〓〓〓〓 ─ 粹1304 〓〓〓〓
前5.9.2 〓〓〓〓〓〓〓〓〓 ─ 鉄133.4 〓〓〓…〓〓

地に田せしめ(前2.28.2)、〓侯をして〓を伐たしめ(同版上に「〓令〓〓〓」とあり〓は〓の假借にして代の意。)てゐるから殷に屬するものであり(乙2000)、而して乙2000版に於いては「〓〓〓〓」と〓字を〓侯の上に冠してゐて、〓は〓と通假の字であるから(祭儀參照)、これは「〓の〓侯」の意であり、從つて〓侯の封地は〓方に近く、地名の〓(前2.4.3)はその采邑であらう。

(十)、〓侯 (後下8.6)

(第一期) 後下8.6 …〓…〓…二〓〓〓〓…

〓侯は第一期の次の一版に稱されて居り、これを「〓五〓〓…〓〓〓〓〓二〓二〓〓〓〓〓…〓」(通別2.5.3)と較ぶれば、〓侯の封地は〓侯と共に周に近いことが解る。

(十一)、〓侯 (戩44.11)

(第一期) 戩44.11 〓〓 ─

〓侯は次の一版にあり、地名の〓は第一期に「〓〓〓〓〓」(乙8165)・「〓〓〓〓」(前1.47.6)・「〓〓〓〓〓」(續1.52.3)、第四期に「〓〓〓〓〓〓〓」(粹934)とあつて、〓侯はこの地の封侯であらう。

(十二)、〓侯 (南明104 甲845)

(第一期) 南明104 〓〓〓 ─
(第四期) 甲845 〓〓〓十…〓〓 ─

〓侯は次の如く第一期・第四期に稱されて居り、〓は地名として「〓〓」(粹1352)・「田〓〓」(文144)・「〓田〓」(鉄191.2)・「〓〓(〓〓)」(京1544)と第一期より殷に屬し、その地望は「〓〓〓〓〓〓」(鉄55.2)によれば〓方の侵略を蒙る懸念のある地であり、又「〓〓〓〓〓〓」(續3.28.3)に於いては周に命じて〓に往かしめてゐるから周と近く、而して第五期の地名に〓(前2.8.3)があつて、〓・〓の字形が相近く、又〓は前述の如く西邊の蒲縣より二日行程の北に在る地であるから、この兩地は同一地であつて、〓侯はこの地の封侯である。

(十三)、〓侯 (乙2641 7476)

(第一期) 乙7476 〓〓〓〓〓 ─
乙2641 〓〓〓〓〓〓〓〓〓 ─

〓侯は董・胡・陳三氏が之をあげてゐないが、次の如く第一期に稱されて居り、〓は例へば「〓〓」(乙1192 南師2.106 京2083)が「〓〓」(誠271 乙2090)・「〓〓」(乙6732)に作られてゐるから〓・〓と通用の字であり、從つて〓侯とも記されてゐる。地名に〓(金477)・〓(後上19.3 明142 福68)があつて前述の如く殷の西北に在り、〓侯はこの地の封侯である。

(十四)、〓侯 (乙4645)

(第一期) 乙4645 〓〓〓〓〓 ─

〓侯は董・胡・陳三氏が之をあげてゐないが、次の如く第一期に稱されて居り、例へば「〓〓〓〓」(乙2774 6736)・「〓〓〓〓〓〓〓〓」(京2177)の如く單に「〓」とも謂はれてゐる。〓字は又「□□□□□」（林2.5.14）・「登人□□□」（前6.38.4）の如く□字の代りに用ゐられて居り、説文「戔賊也从二戈」の戔である。

（十五）侯戔（後下5.10）　侯戔は第一期の次の一例に稱されて居り、戔字の用例もこの一例のみである。この辭に於いては侯

（第一期）後下5.10　…田□□□□□——□に從ふことを卜してゐるから、殷に隸屬してゐる者である。

（十六）侯□（鉄264.2）　侯□は董、胡、陳三氏が之をあげてゐないが、第一期の次の一版にあり、この辭に於いては侯□を

（第一期）鉄264.2　…□卜□□□□——率ゐることを卜してゐる。方國に「□方」があり、これは侯□の封地である。

（十七）侯豆（林2.7.3）　侯豆は董、胡、陳三氏が之をあげてゐないが、次の第一期の版に稱されてゐる。豆は地名として中

（第一期）林2.7.3　□□□□豆——豆（前2.15.2）・□豆（後下24.1）・□豆（遺577）・□豆（林2.11.16）と用ゐられてゐて、孫詒讓は「酉」（擧例上十二）、

羅振玉は「奠」（考釋中七三）と釋してゐるが、金文の鄭義父簋の鄭字が「豆」に作られてゐるから「鄭」に假借されるものである。

（十八）二□（後下8.6 8.7 通別2.5.1）　二□は第一期・第二期に稱されてゐて次の如くであり、通別2.5.3版に於いては二侯として□侯と

（第一期）後下8.6　…□…□……二□□□□——並稱されてゐるから侯名であつて、その封地

（第二期）通別2.5.3　□□卜□□五□□…□□□□□二□二□□□□□□——は周に近いことが解る。

（十九）□侯（前5.9.3 七P68 南坊3.90）　□侯は次の如く第四期に稱されてゐて、□は地名として例へば「□□」（南師1.58）・「□□□

（第四期）前5.9.3　□□卜□□□□□——于□」（乙5330）・「□□□□□…」（乙5906）と用ゐられて居り、□侯は□の封侯である。

（廿）□侯（佚604 甲183）　□侯は第四期の次の版に稱されて居り、「□に命じて□侯を伐たしむるか」と、殷將□をし

（第四期）甲183　□…卜□□□□□——て伐たしむることを卜してゐるから（□は□即□字にして伐と同義であることは前述の如し）、□侯は殷に敉いた侯で

佚604　十□卜□□□□——ある。□の釆地よりせば西方の諸侯と考へられる。

（廿一）丅侯（甲57）　丅侯は第四期の次の一版にあり、董、陳二氏は之をあげず、胡氏は「示侯」としてゐるが、丅は示

（第四期）甲57　丅□□□□□□——の丅・丅に作られてゐるのとは異る。第五期の地名の丅（前2.7.4）と同字であつて、地名丅は前述の如く□より行く地であるから西邊に在り、丅侯はこの地の封侯である。

（廿二）□侯（庫1670）　□侯は董、胡、陳三氏が之をあげてゐないが、次の如く第四期に稱されてゐる。前述の如く地名に□があつて、河東の蒲縣（□）より北行十三日行程に在り、□侯はこの地の封侯である。第一期に□方が□を侵略し、□□□

(第四期)庫1670

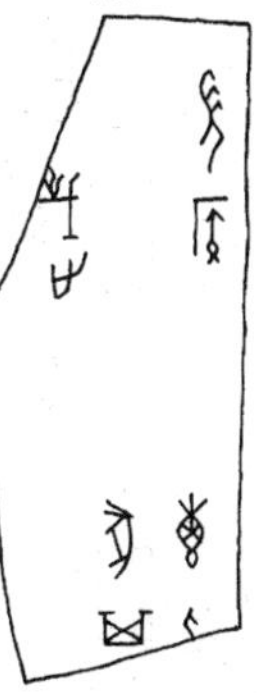

が之を告げて居り(菁2)、〓が〓と一字であることは例へば地名の〓(鄴1.338)が〓(粹1037)に、〓(乙7476)が〓(金477)に作られてゐるのと同様であり、後述の如く第一期に〓伯があつて〓〓はこの〓伯の名であり、第四期には〓侯とされたのである。

(廿三) 〓侯 (南明253) 〓侯は董、胡、陳三氏が之をあげてゐないが、第四期の次の版にあり、後述の如く「〓〓」(〓伯)

(第四期) 南明253 〓…〓〓…日中…

——の例によればこの〓〓は侯名である。

(廿四) 〓侯 (甲436) 〓侯は第四期の次の一版にあり、董作賓はこの版を次の如く讀んでゐる。

(第四期)甲436

此版應分四段讀之、一為上缺父缺衛、二即本条(命周侯今月亡〓)、三為〓之于洓从東衛、四為上缺目缺亡下缺、蓋錯綜書之、皆右行、(新獲卜辭寫本考釋二〇三頁)

周侯の地望及び殷、周の關係は前述周方の項の如くである。

(廿五) 侯〓 (前6.11.1 簠人72 甲3482) 侯〓は次の如く第一期、第四期に稱されてゐるから、〓は人名ではなくして侯名であり、從

(第一期) 簠人72 〓〓〓〓〓〓〓〓〓〓〓

前6.11.1 〓〓〓……〓〓〓〓

——つて董作賓が「〓侯〓」としてゐるのは妥當ではない。甲3483版の〓字は前記の「〓〓〓〓〓〓〓〓〓〓」の〓と等しく「〓方の侯〓」の義であるか、

(第四期) 甲3483 〓〓〓〓〓〓〓

或は「侯〓に〓(叔の假借)あるか」の意であるかは後考に俟たねばならない。

(廿六) 侯〓 (鉄268.4 粹149) 侯〓は次の如く第四期に稱されて居り、これは第一期の「〓侯〓」が〓に作られてゐるのと

(第四期) 粹149 …九〓〓〓〓〓〓〓〓〓〓…

——は異る。從つて「侯〓」と「侯〓」は同一人ではない。

(廿七) 侯〓 (林2.3.16 庫1103) 侯〓は次の如く第四期に稱されて居り、又「侯〓」に作られてゐて、「…〓〓〓〓〓〓〓」

(第四期) 林2.3.16 〓〓〓

——(庫1103)の如く王が侯〓の進言に從ふべきか否かを卜してゐる。

(廿八) 侯〓 (甲3322) 侯〓は次の第四期の辭に於いては〓を率ゐるか否かが卜されて居り、〓は〓方(夷方)であるか

(第四期) 甲3322 〓〓〓〓〓〓〓

——ら、侯〓は殷に叛いて夷方と提携せる者である。

(廿九) 侯〓 (前4.41.6 卜597) 侯〓は第四期の「〓〓〓〓〓〓〓〓〓〓〓」(前4.41.6)に稱されてゐる。

(卅) 侯〓 (續5.5.6) 侯〓は第四期の「〓〓〓」(續5.5.6)に稱されてゐる。

(卌) 侯[illegible]（庫1009・1053・1128・1132・1781・卜37） 侯[illegible]は第四期に「[illegible]」（庫1009）・「[illegible]」（庫1132）と稱されてゐる。

(卌一) [illegible]侯（前2.2.6） [illegible]侯は第五期の次の版に稱されて居り、董作賓は「彝器中有亞父乙𣪘、亞形中有[illegible]侯二字作[illegible]（松五・十）

（第五期） 前2.2.6 ……[illegible]……[illegible]……[illegible] ―

、又父乙𣪘亞形中有[illegible]（松五・七）、即此國、有省其聲但作[illegible]者、如傳世之[illegible]侯鐘（窓二・八）、[illegible]侯貉子𣪘（窓十一・二五）等器是、亦即春秋之紀侯」（五等爵在殷商）と春秋時の紀侯としてゐる。之に從へば紀侯は「夏四月公會紀侯于成」（桓公六年）とあつて齊、魯間の諸侯であるから、殷の[illegible]侯の封地も亦殷東と考へられる。

(卌二) [illegible]侯（前4.37.5） [illegible]侯は第五期の次の版に稱されてゐる。

（第五期） 前4.37.5 [illegible]……[illegible]……

(卌三) [illegible]侯（外83） [illegible]侯は第五期に「[illegible]……[illegible]……[illegible]……[illegible]……」（外83）と稱されてゐる。

(卌四) 侯[illegible]（前5.36.7） 侯[illegible]は第五期に「……[illegible]……王……[illegible]……[illegible]……[illegible]……[illegible]」（前5.36.7）と稱されてゐる。

○ 丁侯（鄴1.38.3） 董・胡二氏が丁侯としてゐるものは次の如くであり、この「[illegible]」は「[illegible]」の殘字とも考へられ、果

鄴1.38.3  ― して侯名であるか疑問があり、陳氏は之をあげてゐない。

○ 侯告 董・胡・陳三氏が「侯告」をあげてゐて、董氏は「[illegible]」（續5.31.5）、胡氏は「[illegible]……」（庫1637）・「[illegible]」（遺632）、陳氏は右の續5.31.5・庫1637版の[illegible]を侯名としてゐるが、「[illegible]」の例は習見

粹1187 [illegible]	乙2871 [illegible]	粹1325 [illegible]
乙5612 [illegible]	乙7246 [illegible]	庫1637 [illegible]

（續5.31.5・粹1187・1325・庫1637・遺632・甲186・乙892・1039・2871・2948・3860・5612・5802・6417・6806・7246）であつて例へば上揭の如くであり、これは「侯告ぐ」の意であつて侯名となすのは妥當でない。

○ 侯雀・侯[illegible]・侯唐・侯[illegible]・侯[illegible]・[illegible]

甲440

庫379

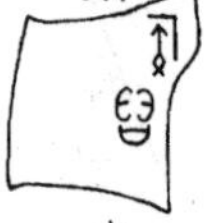

庫200

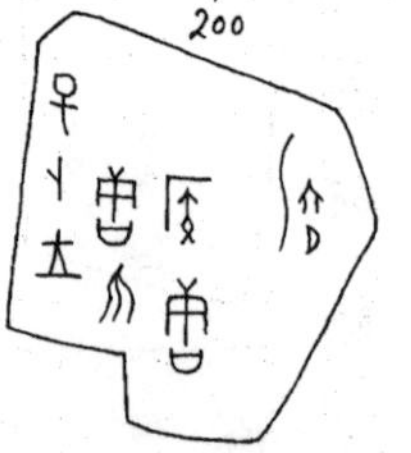

林2.3.18

乙948

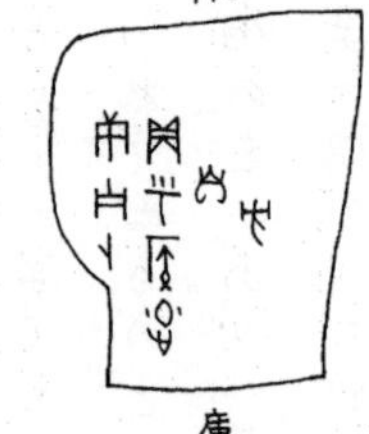

庫1809

前6.29.7

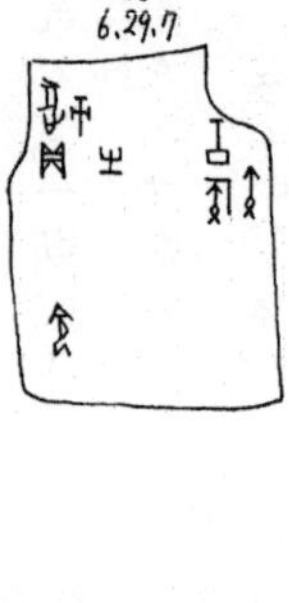

胡氏は右の甲440版によつて「侯雀」、庫379版によつて「侯〓」、庫200版によつて「侯唐」を、陳氏は庫200版によつて「侯唐」、乙948版によつて「侯〓」、庫1809版によつて「侯〓」を指摘して居り、又前6.29.7版には「〓侯」があるが、これらが侯名であるか否かはなほ後考に俟たねばならない。

之を要するに卜辭所見の侯名は三十五、之を時期別に見れば第一期十七（〓侯〓と侯〓とは同一）、第二期四、第三期一、第四期十八、第五期五である。このうち〓・〓・〓・〓・〓・〓・〓・二〓は二期乃至三期に亘つて稱されて居り、又〓・〓・〓・〓・〓・〓・〓・〓・〓・〓・〓・〓の諸侯は地名を以つて稱されてゐるから、諸侯の封地は定置されてゐることが解り、その位置を推定し得るものは略〻次の如くであり、これらの諸侯の大部分は殷命を奉じてゐるが、第四期には〓侯・〓侯・侯〓が殷に叛いてゐるのである。

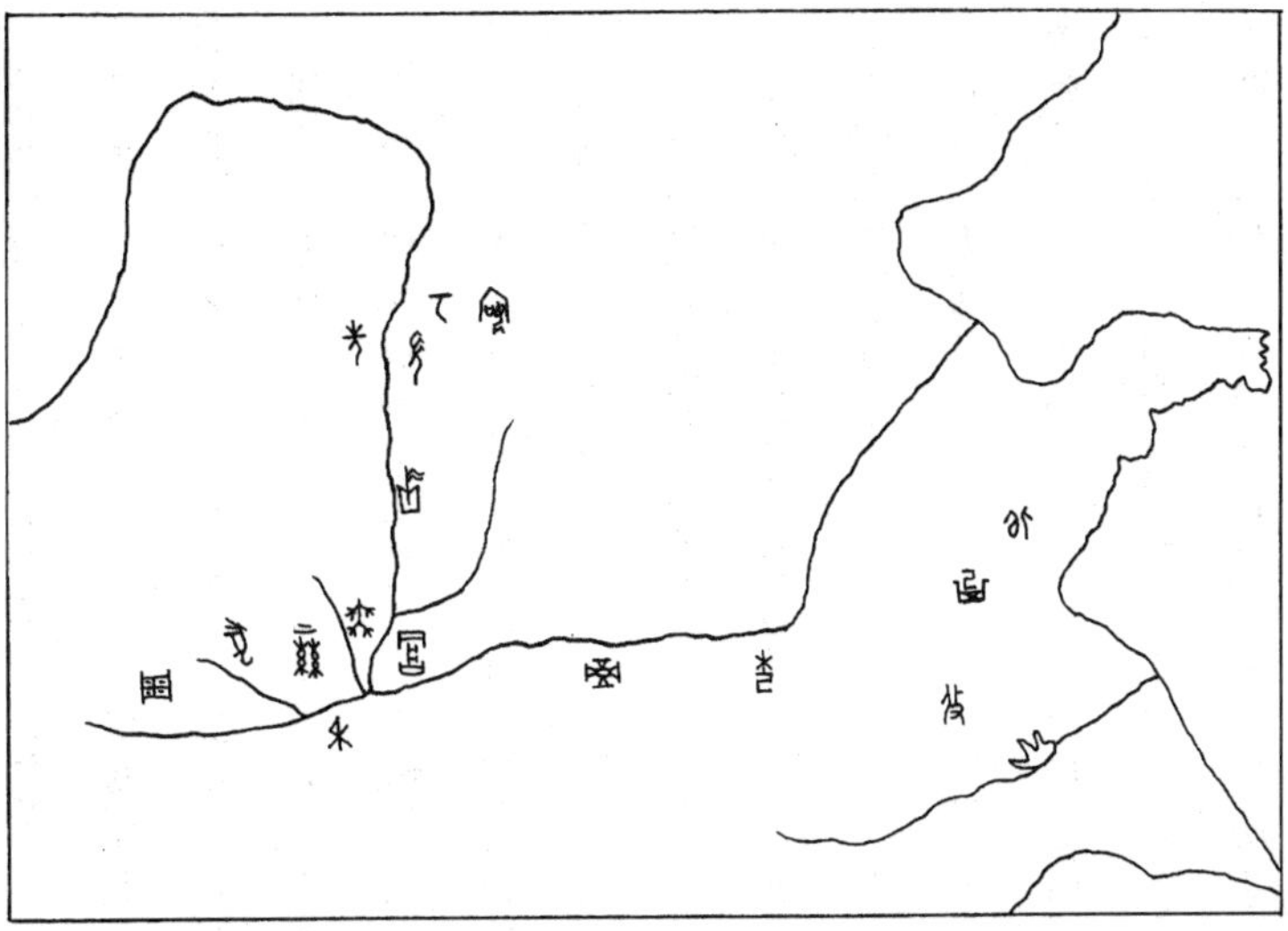

諸侯が一定の土地を管理してゐることは、次の如く或は王が耤田を行つて侯が

乙4055 〓 ｜ 前3.1.2 〓 ｜ 拾10.2 〓
乙4658 〓 ｜ 粹883 〓 ｜ 續2.28.5 〓

黍年を受くるか否かを卜して居り（乙4055）、或は〓侯・〓侯・〓侯・侯〓・〓侯〓の地の受年を卜してゐるに見て明かであり、又武力を有することは、次の如く攻伐する辭があり、例へば前4.45.1版に「〓」と〓侯〓が〓に事があることを報告してゐるのに對して、次の甲3510版には〓侯に命じて〓を征せしめてゐるのは最も明かである。諸侯の任務は征伐に從事する外に次の如く方國の動靜

甲3510 …〓 ｜ 前5.9.3 〓 ｜ 京1339 〓
掇2463 〓 ｜ 寧3.73 〓 ｜ 乙2000 〓

を殷に報告して居り、例へば卜辭には「〓」・「〓」の語が習見であつて、

乙5612 〓（〓—續5.31.5 遺632 庫1637 粹1187 1325 甲186 乙892 1039 2948 3860 5612 5802 6417 6806 7246 續存694 1462）

前4.44.6 〓（〓—前7.31.4 續5.2.2 庫1109 通592 前5.9.2 續5.31.5 遺632 粹149 367 通別2.5.1 乙2871 2948 4645 5222 5802 6417 7246 南輔26 續存694 1462 下46.6）

「〓〓」は「〓〓〓〓〓〓〓」(庫1637)・「〓〓〓〓〓〓〓」(粹1325)・「〓〓〓〓」(京1380)・「〓〓〓〓〓〓〓」(前4.45.1)とも記されて居り、これは前述の「〓〓〓〓〓」と同例であるから諸侯が簡冊によつて報告するものであり、又「〓〓」は「〓〓〓〓〓」と同例であるから諸侯の報告に從ふの義であつて(第二章〓方參照)、この兩者が次の如く一辭を成して居り、乙2871版は王が諸侯の報告に從つて〓方を征することをトするもの、乙2948版は王が〓〓に命じて諸侯の報告に從つて〓方を伐たしめることをトするものであり、〓〓は諸侯の報告、〓〓は諸侯の報告に從ふことである。諸侯の報告は次の如く殆ど方國・征伐に關することであるから、諸侯は方國の動靜を監視してゐることが解り、而して例へば「〓〓〓〓〓〓〓〓〓」(簠征40)は「〓〓〓〓〓」(佚380)・「〓〓〓〓〓〓」(粹1095)と同文例であつて、後者は〓方の侵略について神祐の有無をトするものであるから、前者は方國の侵略に當つてその方面の諸侯に神祐があるか否かをトするものであり、これによつて諸侯は邊境に配置されてゐることが解る。

續存694 〓〓〓〓

乙7246 〓〓〓〓〓〓

乙2871 〓〓〓〓〓〓〓〓〓〓

乙2948 〓〓〓〓〓〓〓〓〓

粹1187 〓〓〓〓〓

前4.44.6 〓〓〓〓〓〓〓〓〓〓〓〓

乙2871 〓〓〓〓〓〓〓〓〓〓

庫1109 〓〓〓〓〓〓〓……

乙2948 〓〓〓〓〓〓〓〓〓

通592 〓〓〓〓〓〓〓〓

乙3860 〓〓〓〓

前7.31.4 〓〓〓〓〓〓〓〓

乙5612 〓〓〓〓

前4.45.1 〓〓〓〓〓〓〓〓

斯くの如く諸侯は封地・武力を所有し、征伐に從つてゐる外に方國を監視して殷に報告して居り、殷は之を邊境に配置して國家の藩屏としてゐるのである。

第二節　伯

〓字は次の如く(1)色名、(2)地名、(3)爵名として用ゐられて居り、

(1) 〓〓(續1.10.1) 〓〓(後上5.7) 〓〓(續2.20.7) 〓〓(續1.15.1) 〓〓(前7.29.2) 〓〓(前4.51.4) 〓〓(誠263) 〓〓(林2.15.14) 〓〓(粹958) 〓〓(乙1654) 〓〓(佚427) 〓〓(粹956) 〓〓(卜245)

(2) 〓〓〓〓〓〓〓(後上10.1)　〓〓〓〓〓〓〓〓(南明534)　〓〓〓〓〓〓〓(摭續122)

(3) 〓〓〓〓〓〓〓〓(寧1.441)　〓〓〓〓〓〓〓〓〓〓(庫1602)　〓〓〓〓〓〓〓〓〓〓〓(甲2416)

	第一期	第二期	第三期	第四期	第五期	未定
董作賓	易伯[illegible]、兒伯、羊伯	段伯	[illegible]方伯	宋伯歪、伯[illegible]、伯紳、伯弘	盂方伯、叡伯、人方伯	
胡厚宣	易白、兒白、井白、歸白、雇白、[illegible]白、杏白、白戠	段白、叶白		宋白、白[illegible]、白紳、白弘、[illegible]白、白[illegible]	盂方白、叡白、夷方白	
陳夢家	易白[illegible]、兒白、奚絆白、井白、歸白、雇白、白[illegible]、長白、而白亀、[illegible]白、[illegible]白	段白、由白、[illegible]白	虎方白[illegible]、可白、虘白	宋白歪、[illegible]白、埔白、帚白、[illegible]白	盂方白炎、叡白、人方白	羌方白
著者	早白[illegible]、兒白、[illegible]白、[illegible]白、[illegible]白、[illegible]白、[illegible]白、杏白、白[illegible]、[illegible]白、[illegible]白[illegible]、[illegible]白、[illegible]白、白米、白[illegible]、[illegible]白、[illegible]白	段白、山白、[illegible]白	[illegible]方白[illegible]、可白、[illegible]白、[illegible]白、[illegible]白	宋白[illegible]、白[illegible]、白[illegible]、白弘、[illegible]白、白[illegible]、[illegible]白、[illegible]白、[illegible]白、[illegible]白、白[illegible]	盂方白、叡白、人方白	[illegible]二方白

爵名としての白は「方白」(粹1316 甲1978 寧1.441 1.442 京4034 5281)・「多白」(粹1189 庫1602 甲2395 2416)・「盂方白」(後上18.6 18.7 20.9 甲2416 3939)と用ゐられてゐて、「方白」は禮記王制の「千里之外設方伯」の方伯であり、「多白」は右に於いては殷將[illegible]・[illegible]が之を率ゐ、又「多田」(多侯)と並稱されて居り、「盂方白」は盂方・盂地が前述の如く殷に屬する地であつてこの地方の君長である。

董作賓・胡厚宣・陳夢家及び著者の檢出せる伯名を對記し、且つ之を時期別に配列せば上揭の如くであつて、第一期十七、第二期三、第三期五、第四期十一、第五期三、未定一、計四〇であり、次にこれらの諸伯について考察する。

(一) 早伯[illegible] (前4.34 4.10.2 5.11.6 明2327 庫1637 遺571 南明2148 乙2871 7246)

早伯は次の如く第一期に稱されてゐてその名は[illegible]であり、これらの語法は下記の如く「[illegible]」・「[illegible]」の場合と同文例であつて、この[illegible]は早伯の報告に從ふの意であり、又[illegible]・[illegible]は[illegible]の假借である。

南明2148	貞大[illegible]早白[illegible]	乙1710	貞大[illegible][illegible][illegible][illegible]
前4.34	貞[illegible]早白[illegible][illegible] (遺571 乙2871)	乙1923	貞大[illegible][illegible][illegible][illegible]
庫1637	貞大[illegible]早白[illegible][illegible] (前4.10.2 4.11.6 明2327)	乙1710	貞[illegible][illegible]冊大[illegible][illegible]
		乙892	[illegible][illegible][illegible]
		續5.31.5	貞大[illegible][illegible][illegible][illegible]
		庫1637	貞[illegible][illegible][illegible]冊大[illegible]

早は次の如く地名として用ゐられて居り、又男方早と稱されてゐるから殷に屬する鬼方に在ることは前記の如くであつて、早伯はこの地の封伯であり、右の如く西邊の情勢を殷に報告してゐるのである。

遺759	十[illegible]卜[illegible]貞[illegible]早[illegible][illegible][illegible]	乙6684	己[illegible]卜[illegible]貞男方早[illegible][illegible]
佚509	貞早[illegible][illegible][illegible]	甲3343	己[illegible]卜[illegible]…男方早…[illegible]

(二) [illegible]伯 (後下4.11 前7.40.2)

〓伯は第一期の次の二版に稱されて居り、これらの辭の〓は第一期の他辭に「三日〓〓〓〓〓〓〓〓〓〓」（後下39.2）と

後下4.11 ……〓〓〓〓〓〓……

前7.40.2 十〓〓卜〓〓〓〓〓〓〓〓〓〓〓〓三日〓〓〓〓〓〓〓〓〓〓〓〓〓〓〓……

〓方の患を報告してゐる〓〓〓であり、〓地は前述の如く臨淄附近に在つて、この辭は〓〓〓が〓伯について報告してゐるものであるから〓伯の地も亦東方に在り、而して「〓〓……〓〓」は「有𢦏……來襲」の義であり、敵國の侵略について謂ふものであつて、この辭の〓〓は〓伯について謂つてゐるから〓伯は殷に叛いた伯である。第一期に「〓〓卜〓〓〓〓〓……」（前7.16.2）とある「〓〓」は「〓東」或は「〓人」であり、この地は第四期には「卜〓〓〓〓」（摭續182）・「〓〓〓」（京1341）と殷命を奉じ、「〓〓」の采地となつてゐる。

(三) 〓伯〓（後下33.9・22.12） 〓伯は第一期の次の二版にありその名は〓である。〓方は前記の如く第一期に殷は衆人をこ

後下33.9 口〓……〓〓〓〓〓〓〓〓〓

後下22.12 ……〓〓〓〓……

こに入れて〓田せしめて居り、又〓方が〓方を率ゐて侵寇するか否かをトしてゐるから、殷・〓間の係爭の地であり、殷はこの地に〓伯〓を置いてゐるのである。

(四) 𠀠伯（乙3387） 𠀠伯は第一期の次の一版に稱されてゐて、この辭は𠀠伯に從ふべきか否かをトしてゐるから殷に屬

乙3387 ・〓〓𠀠〓

・〓〓〓𠀠〓

するものである。第二期の地名に𠀠（文713 京3649）、第三期の地名に〓（粹960 1017）があり、この兩者は同一地と考へられ、而して〓は〓地と〓地との間に在るから殷東の地であつて王も滯在して居り（粹1017）、𠀠伯はこの地の封伯と考へられる。胡・陳二氏は𠀠を「井」としてゐるが、「井方」は前述の如く殷西の敵國であり、𠀠伯を井方の伯としてゐる陳説（卜辭綜述二八八頁）は妥當でない。

(五) 〓伯（粹1180） 〓伯は第一期の次の一版に稱されて居り、この辭に於いては〓伯を伐つ可否をトしてゐるから殷に

粹1180 〓〓〓〓〓

叛いた伯である。その地望について郭沫若は「歸當即後之夔國、其故地在今湖北秭歸縣境、水經江水注、于「又東過秭歸縣之南」下云、「縣故歸鄉」、地理志曰、「歸子國也」、樂緯曰、「昔歸典叶聲律」、宋忠曰「歸即夔」、歸鄉蓋即夔鄉矣、金文有歸〓伯𣪘、銘稱其先王輔翼文武、有席于大命、足證歸國實自殷代以來所舊有矣」と、歸國を湖北の秭歸縣境に在りとしてゐる。

(六) 〓伯（南師1.80） 〓伯は第一期の次の一版に稱されて居り、〓は〓（外141）・〓（佚736）・〓（前2.4.8）に作られてゐて、第二期

南師1.80 〓〓〓〓〓（外141同版）——には「〓〓〓〓〓〓〓〓〓〓〓〓〓〓〓〓」（京3282）の如くこの地に在つて父武丁の祭祀を行つて居り、又この地は前述の如く淮北の〓より六日行程に在る殷東の地であり、〓伯はこの地の封伯である。

(七) 〓伯（乙3328）

〓伯は次の第一期の版に稱されて居り、〓〓〓の〓は例へば〓〓・〓〓が又〓〓・〓〓に作られて

乙3328 ・……〓〓〓〓〓〓〓〓〓〓〓〓〓…〓

・〓〓〓〓〓〓〓〓〓〓〓

——ゐるから〓と同義であつて派遣するの義であり、この辞は〓伯を派遣することをトするものであるから殷に屬するものである。

(八) 〓伯（乙4536）

〓伯は次の第一期の版に稱されて居り、この辞の〓は地名として「〓〓」（甲3847）・「〓〓〓」（庫308）

乙4536 〓〓〓〓〓〓——と用ゐられてゐて、乙7009版に於いては「〓〓〓」が「〓〓〓」・「〓〓〓」と同版上にあるから〓・〓は西土に在り、而して乙930版には「〓〓〓〓」と方國の來襲の有無がトされてゐるから邊境に在ることが解る。〓伯はこの〓地の封伯か或はその附近の伯であらう。

(九) 伯〓（天90）

伯〓は第一期の次の版に稱されて居り、第一期に習見の〓〓は〓は地名、〓は名であつて、單に「

天90 〓〓〓〓〓〓——〓」と稱されてゐる例は習見であり、伯〓はこの〓〓に外ならず、胡厚宣が「知〓〓者且封爲伯爵」（同上）としてゐるのは妥當である。〓〓は例へば「…〓〓〓〓…」（乙696）・「…〓〓〓」（前6.36.1）の如く「臣」を以つて稱されて居り、而してその封地は西北に在つて〓・〓の侵略を蒙り、之を殷に冊告してゐることは前述の如くである。第四期に「〓可」の人名があつて次の如く用ゐられて居り、或は王は〓可の報告に從つて〓方を伐つことをトし（寧1.429）、或は

甲695 〓〓〓〓〓〓〓可（戩33.13 45.12）	粹1164 〓〓〓〓〓〓〓可〓〓〓〓	後下39.6 〓…〓…〓〓可（京2004）
鄴339.9 〓〓可〓〓〓〓	寧1.429 〓〓……可〓〓〓〓〓〓	南坊2.192 〓〓〓〓〓可
掇1.452 〓〓〓〓〓可〓〓〓〓	京4395 〓〓〓〓〓〓可〓…〓	後下38.6 〓〓〓〓〓

誠320

〓可を率ゐて〓を伐つことをトしてゐる（粹1164）。〓方は前述の如く西方に在り、〓は右の誠320版によれば〓地の方面に在るから北方に在り、從つて〓可の采地は西北に在ることが解り、〓〓の地と同一地望である。又〓可は〓〓と同樣に方國の情勢を報告してゐるから兩者の任務も同一と考へられ、而してその名は共に〓に从ふ字を名としてゐるから同一氏族であつて、この伯〓の封地は世襲されたものと考へられるのである。

(十) □伯 (乙2156) □伯は第一期の次の版に稱されて居り、次の二辭に見るが如く□は□と一字であり、□地は前述の如く蒲縣北方十三日行程に在つて、□伯はこの地の封伯である。前記の如く第一期にはこの地に「□羽□」・「□羽□」・「□□□」(參照)があるから、□伯はこの□氏を謂ふものであり、第四期には「□侯」と稱されてゐる。

乙2156 卜□□□□□□

掇2158 ……(□□□□□□□□□)

掇2.6 乙4548 □□□□□□□□□□□□

(十一) □伯□ (乙2948) □伯は第一期の次の版に稱されて居り、この版に於いては上下の辭が「伐□方」を卜してゐるから、この缺字も亦「□」であり、王が□伯の報告に從つて□方征伐を卜するものであるから□伯は殷東の封伯である。□は地名として「□□」(天80)・「□□□」(簠人26)と用ゐられて居り、唐蘭は「□」と釋してゐる(天釋八〇)。

乙2948 ·□□□□□□□…□
·□□□□□□□□□

(十二) □伯 (乙5253) □伯は第一期の次の版に稱されて居り、この辭に於いては殷に屬する□(參照)が之を伐つことを卜してゐるから、□伯は殷に叛いた伯であり、前記の如く□の地が西方に在るから□伯の地も亦西方に在ると考へられる。□字は前述(參照)の如く「□」と通假の字であるから、その字音は「從」である。

乙5253 □□□□□□□

(十三) 伯□ (佚195) 董・胡・陳三氏は伯□をあげてゐないが、第一期の次の版に稱されて居り、□は地名として第一期に「□□□三□三□」(南師1.50)、第二期に「□□□卜」(南坊2161)、第五期に「□□王卜□田□□□□□」(簠游90)と用ゐられてゐて、次の版に於いては□より□に行き(前2.11.2)、又□より□に行つてゐるから(簠游90)、□地は東南田獵地域の□・□間に在り、而してこの地方は第四期卜辭には「□方」(甲600)と稱されてゐる。又右の「□」は田獵用語として次の如く用ゐられてゐて、孫詒讓は「□」(擧例下四)・羅振玉は「□」(考釋中八四)・葉玉森は「納」(集釋四一〇)と釋して居り、乙4858版に於いては「獲」字と對用されてゐる。從つて右の辭は□伯の地に於ける田獵の收獲の有無を卜するものであつて、□伯は殷に屬し東南田獵地の封伯であることが解る。

佚195 □…□□□□□□□

前2.11.2

簠游90

鉄132.3 □□□□□□

卜234 □□□□□

乙4858 □□□□□□二

(十四) 伯□ (前1.46.2 卜685) 董・胡・陳三氏は之をあげてゐないが、第一期の次の二版に稱されてゐる。前1.46.2版の他辭に「□□□□□」とあつて、□は例へば「□□□□□□」(乙6966)・「□□…□□□□□」(乙3428)

前1.46.2 □□□□□□三□

卜 685 [illegible]——と用ゐられてゐて殷に屬する者であるから、[illegible]が率ゐてゐる[illegible]伯も亦殷命を奉ずるものであり、第一期に「…[illegible]」(前7.28.4)の如く「[illegible]」(前5.26.6 7.28.4 天6.2)とあるものは伯[illegible]の封地であらう。

(十五) [illegible]伯 (第一期) 後下24.9 [illegible]…

(十六) [illegible]伯 (第一期) 乙970 [illegible]

(十七) [illegible]伯 (第一期) 乙4297 [illegible]

(十八) [illegible]伯 (第二期) 前1.26.5 [illegible]…于[illegible]

(十九) [illegible]伯 (第二期) 庫1551 [illegible] (同版貞人出)

(廿) [illegible]伯 (第二期) 金413 [illegible]

(廿一) [illegible]伯 (第三期) 甲1978 [illegible]

(廿二) 可伯 (第三期) 鄴3.43.7 [illegible]

(廿三) 寅伯 (鄴3.36.9) 寅伯は第三期の次の版に稱されて居り、前述の如く地名に[illegible]があつて殷の西北に在り、又方國名

鄴3.36.9 [illegible]——に[illegible]方があり、[illegible]伯[illegible]はこの地の伯である。

(廿四) [illegible]伯 (寧1.380) 董、胡、陳三氏は之をあげてゐないが、第三期の次の版に稱されてゐる。この辞は[illegible]伯[illegible]を從ひ

寧1.380 [illegible]——て狩獵することをトするものであつて、[illegible]地は前述の如く殷東の[illegible]・[illegible]間に在る田獵地であり、[illegible]伯[illegible]はこの地の伯である。

(廿五) 林伯 (鄴3.46.15) 董、胡、陳三氏は之をあげてゐないが、第三期の次の版に稱されてゐる。第五期に林方があり、

鄴3.46.15 [illegible]——林伯はこの地の伯であらうか、姑く疑問を存す。

(廿六) 宋伯 (佚106 粹1593) 宋伯は第四期の次の版に稱されて居り、宋は宋公鐘の宋、宋牛鼎の宋であつて宋字である。

佚106 己卯卜[illegible]——胡厚宣は宋の地望について「宋之地域蓋與今河南商邱縣微子所封之宋地合」、(封建制度考六)と商邱縣としてゐるが、次の續6.24.5版に於いては[illegible]地に行き更に宋地に行くことをトしてゐるから[illegible]地と宋地とは相近く、而して前2.20.4版に於いては[illegible]地に行き更に[illegible]地に行くことをトしてゐるから、[illegible]・宋は[illegible]の附近にあることが解り、宋伯はこの地の伯である。

續6.24.5

前2.20.4

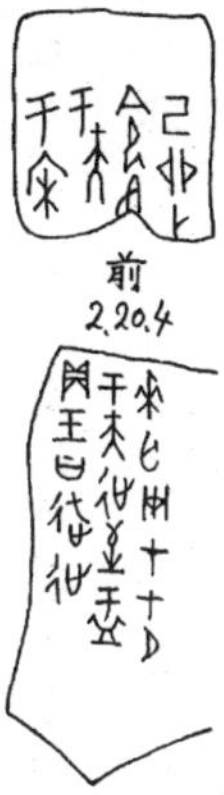

(廿七) 伯[illegible] (前3.1.1 後下25.7 明1599 佚91 續3.34.1 京2123 2124 外350) 伯[illegible]は次の如く第四期に稱されてゐる。第一期に[illegible]の稱謂があり(續1.29.1 庫504 乙3522)

佚91 [illegible]——、例へば「[illegible]」(庫504)・「[illegible]」(乙3522)・「[illegible]」(續1.29.1)

外350 [illegible]——の如くであつて、或はその來朝をトし、その[illegible]の有無をトしてゐるから殷に屬する

者であるが 第四期の伯□・□は次の如く「□□」(作患)・「□□」(敦伐)と般を攻撃し来るか否かがトされ、般も亦之を伐

續3.34.1 □□□□ ――前6.29.2 □□□□ ――南無175 □□□□□□□□ ――つことの可否をトしてゐるから

後下38.4 □□□□□……□□ ――簠典102 □□□□□□□□□ ――京1325 □□□□□□□ ――、この期には般に敉いてゐるこ

とが解る。而して□の攻撃する懸念のある地は右の如く□地と□地(前2.5.2□□)であつて、□は前記の□侯の封地であるから

伯□の地は□よりも更に西邊に在ることが解る。斯くの如く伯□は第四期に般に敉いてゐる西邊の伯である。

(廿六) 伯□ (佚966) 伯□は第四期の次の版に稱されて居り、この辭は伯□の地に於ける□(藉田祭儀參照)に往く可否をト

佚966 □□□□□□□□□□□ ――するものであるから、伯□は般に屬するものである。□字は般東の「□方」の□

と相近く、伯□はこの地の伯であらう。

(廿七) □伯 (庫1108 佚627 京3078) □伯は第四期の次の三版に稱されてゐる。前記の如くこの期には「□侯」の稱謂があり、

庫1108 □□□□□□□ ――佚627 ……□……□□□ ――京3078 □□□□□ ――この兩者の關係は後考に俟たねばならない。

(廿八) □伯 (乙409) □伯は第四期の次の版に稱されて居り、□は地名として「□□□□」(遺901)・「□□□□」(乙3935)と

乙409 □□ ――用ゐられてゐるから、□伯はこの地の伯である。

(廿九) 伯□ (後下20.17 乙9085) 伯□は第四期の次の二版に稱されて居り、乙9085版には「□□□」とあるから□□は次述の「□□

乙9085 □……□□□□□□ ――後下20.17 □□□□□□ ――」の名である。

(卅) 伯□ (第四期) 前6.67.6 □□ 乙8809 □□□□□□□(乙8858)

(卅一) □伯 (第四期) 粹1579 □□□□□□

(卅二) 伯□ (第四期) 南明447 □□□(金205同例)

(卅三) □伯 (前2.8.5) □伯は第五期の次の版にあり、この辭は□地に在つて□伯の報告に從つて□方を伐つことをトす

前2.8.5 □□□□□□□……□□□□□□□□□□□□□□ ――るものであるから、□伯は般に屬する西邊の伯である。

(卅四) □方伯 (後上18.6 18.7 20.9 甲2416 3939) □方伯は第五期に般に敉いた□方の伯であることは前述□方の如くである。

○ □方伯 陳夢家は「……□□……□□□□□□□……□□」(京4034)を「羌方伯」となし、又「□□□□□□□」(粹1316)を羌方伯

(卅五) □伯 (第四期) 續1.8.8 □□□□□□□……□□□□□(明489)

(卅六) □伯 (第四期) 南明472 □□□□□□□……□□□□□□

(卅七) □方伯 (第五期) (卜辭綜述圖版十三所載) □□□……□□……

の残字としてゐるが（卜辭綜述三二六頁）、いづれも確証となすことは出來ない。

之を要するに卜辭所見の伯名は卅九、第一期十七、第二期三、第三期五、第四期十一、第五期三であつて、諸侯の總数卅五と略〻相近く、その地望を推測し得る十九伯の位置は左圖(一)の如くであり、これに更に前記の諸侯及び侵寇せる方國を合載せば(二)の如くなり、これによつて方國と侯伯との關係を想見することが出來る。

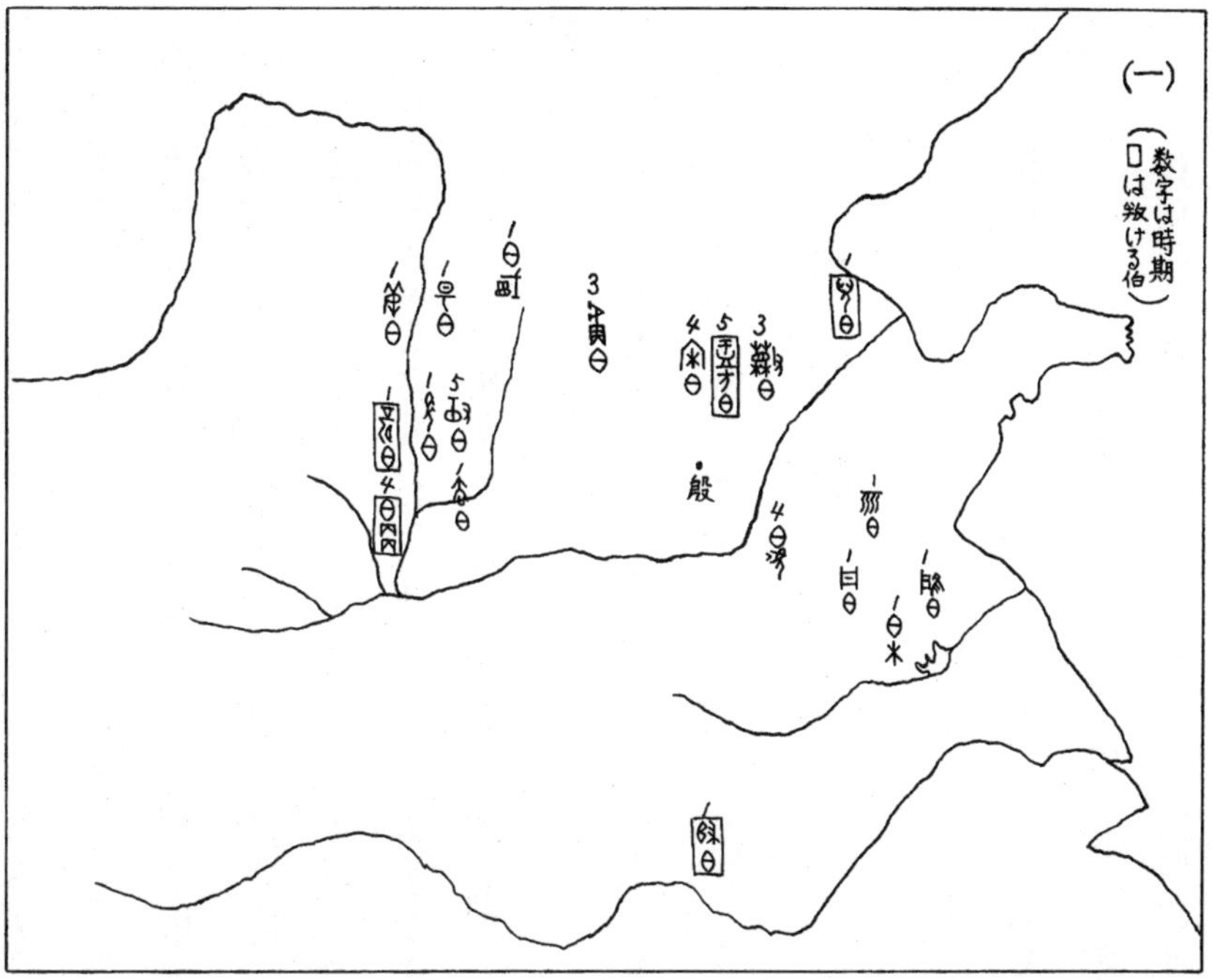

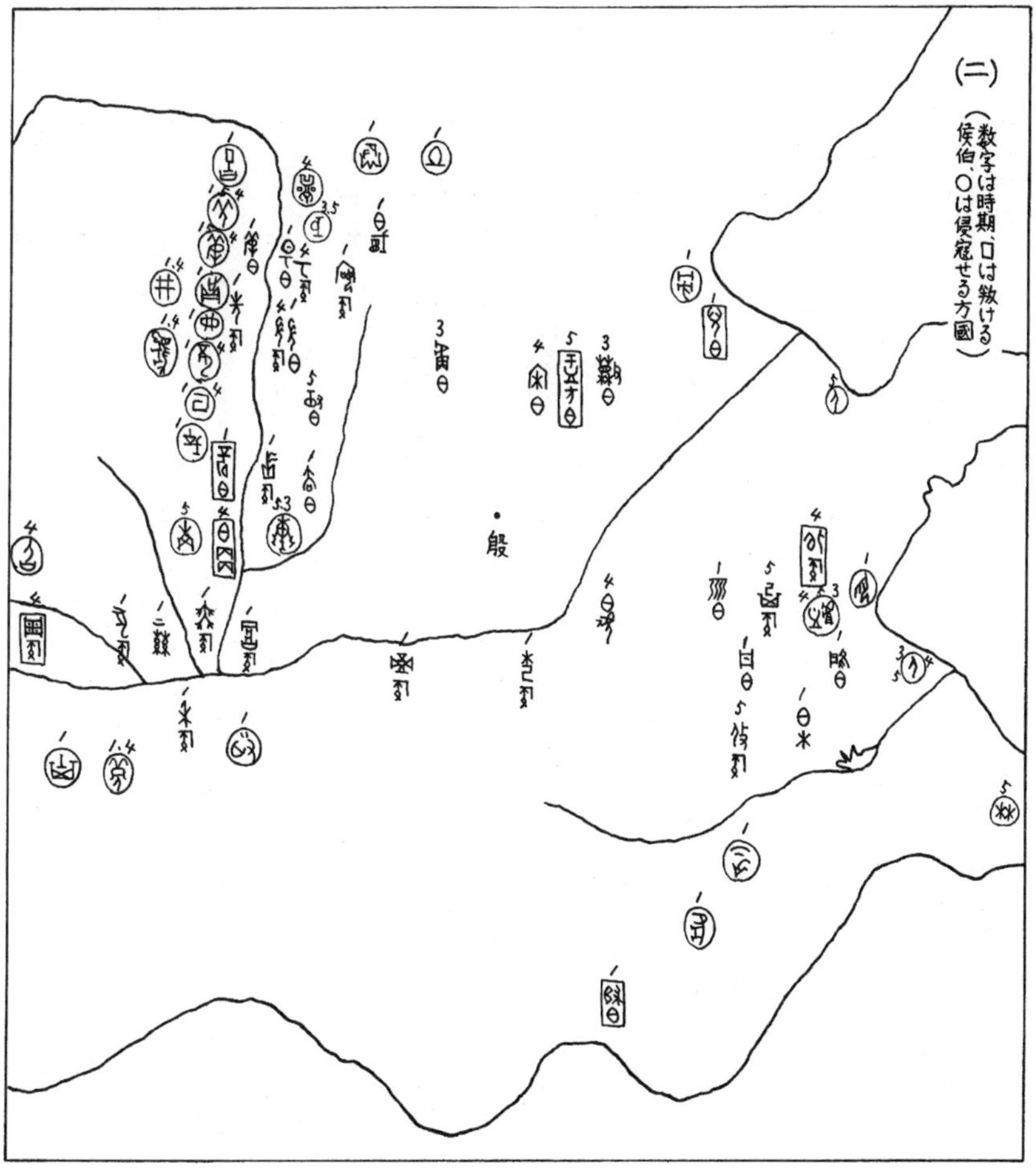

諸伯が土地を領有してゐることは例へば旱・[illegible]・[illegible]・[illegible]・[illegible]・[illegible]・木・[illegible]・[illegible]・[illegible]・[illegible]・[illegible]・[illegible]・[illegible]の諸伯が地名を以

つて稱されてゐて、「〓〓〓〓〓」（乙4658）・「〓〓〓〓〓」（佚509）・「〓〓〓〓」（前4.33.6）の如く〓伯・〓伯・伯〓〓の地の〓年がトされて居り、或は「〓〓〓〓〓〓〓〓〓〓〓〓」（佚966）の如く伯〓の地に於ける耤田に往く可否をトし、「〓〓〓〓〓〓」（佚195）の如く伯〓の地に於ける狩獵の收獲の有無をトしてゐることに見て明かであり、又諸伯が兵力を有することは例へば「〓〓〓〓〓〓〓〓…」（書道3.2）・「〓〓〓〓〓〓〓〓」（前6.60.6）の如く伯〓〓が〓方を攻撃し、「〓〓〓〓」（續3.34.1）・「〓〓〓〓〓〓」（簠典102）の如く伯〓が攻撃し来るか否かをトし、「〓〓〓〓〓〓〓〓〓〓」（庫1602）の如く殷將〓及び〓が多伯を率ゐる可否をトしてゐることが最も明かであり、更に諸伯が方國の情勢を報告してゐることは例へば「〓〓〓〓〓〓」（南明2.148）・「〓〓〓〓〓〓〓〓〓〓」（續3.10.2）・「〓〓〓〓〓〓〓〓〓〓」（乙2948）の如くであつて、殷は諸伯を邊境に配して國家の藩屏としてゐることが解るのである。然るに第一期には東邊の〓伯、南邊の〓伯、西邊の〓伯、第四期には西邊の伯〓、第五期には殷北の〓方伯が叙いてゐる。

斯くの如く諸伯は諸侯と等しく戎狄に對する藩屏であり、從つて董作賓が「伯與侯均為殷代封建之制、似已毫無疑義」としてゐるのは妥當であつて、殷は次述の如く更に同姓を四方に配置して居り、周の封建は殷に倣ふものに外ならない。

第三節　子

〓・〓・〓・〓は子字であつて兒子の貌であり、董作賓は卜辭の「〓」の用法を「地名・婦子・王子・封爵」とし、而して封爵の子については「在卜辭中、子上有國名、下有人名、或省人名、但稱國名者、疑皆子爵表號、此與諸伯之稱謂畧同」として、〓子寅・畢子〓・〓子肅・〓子・〓子・盟子・〓子・〓子・羊子・爵子の「子」を爵名としてゐる（五等爵在商殷一三〇頁）。然しこれらの「子」上の字が國名である証明を行つてゐないから、この說には遽かに從ふことが出來ないのであつて、胡厚宣は之に從はずに子畫・子宋・子奠の畫・宋・鄭が地名であり、又子〓・子漁にも封地が考へられるとして、この五子を武丁の王子にして封爵されたものとなしてゐる（殷代封建制度考）。

胡厚宣がこの五子を武丁の王子となすのは董作賓の王子說に本づくのであつて、董氏は曩に「断代研究例」に於いてこの說を提唱し、次いで「五等爵在殷商」に於いて武丁の王子を二十人として居り、胡氏は之に從つて次の如く五十三人となしてゐる（殷代婚姻家族宗法生育制度考）。然し第一期の「子某」は二氏が指摘してゐる外になほ次の如く存し、又胡氏があげてゐる五十三人中には第一期以外の者も含まれてゐて、その盡くは武丁の王子でないばかりではなく、同一子某の稱謂が兩期に亘つて用ゐられてゐるものがあるから、これらを盡く武丁の子と見做すのは妥當でなく、この子某は次述の如く四方に封ぜられてゐる殷の同族であつて、後世の子爵の淵源をなしてゐるものである。次にこの「子某」・「某子」について考察する。

董作賓・胡厚宣及び著者の檢出せる子某・某子を對記し、且つその卜辭例を掲ぐれば次の如くである。

董	胡	著者 第一期	著者 第二期	著者 第三期	著者 第四期	出典	卜辭例
子弓	子弓	[illegible]	[illegible]			後下30.4	[illegible]
						遺393	[illegible]
子漁	子漁	[illegible]			[illegible]	佚524	[illegible]
						粹1263	[illegible]
子央	子央	[illegible]			[illegible]	鉄196.1	[illegible]
						京3974	[illegible]
[illegible]	[illegible]	[illegible]			[illegible]	續1.28.9	[illegible]
						前8.10.1	[illegible]
子亦	子汏	[illegible]			[illegible]	乙7751	[illegible]
						前6.19.5	[illegible]
子畫	子畫	[illegible]			[illegible]	卜16	[illegible]
						寧1.494	[illegible]
子效	子效	[illegible]			[illegible]	鉄224	[illegible]
						甲786	[illegible]
子喜	子喜	[illegible]			[illegible]	前7.14.2	[illegible]
						粹410	[illegible]
	子宋	[illegible]			[illegible]	明1017	[illegible]
						京2094	[illegible]
		[illegible]			[illegible]	乙4817	[illegible]

董	胡	著者			出典	卜辭例
					續4.12.5	[illegible]
子戠	[illegible]	[illegible]			鉄254.2	[illegible]
子衛	子衛	[illegible]			後下11.10	[illegible]
子春	[illegible]	[illegible]			續1.30.4	[illegible]
子美	子美	[illegible]			前1.29.2	[illegible]
[illegible]	[illegible]	[illegible]			菁5	[illegible]
子妌	子妌	[illegible]			餘3.1	[illegible]
[illegible]	[illegible]	[illegible]			續3.26.1	[illegible]
子吉	[illegible]	[illegible]			菁4	[illegible]
子雝	子雝	[illegible]			前4.29.4	[illegible]
[illegible]	[illegible]	[illegible]			後下8.1	[illegible]
[illegible]	[illegible]	[illegible]			菁1	[illegible]
子定	[illegible]	[illegible]			鉄78.4	[illegible]
[illegible]		[illegible]			掇2.155	[illegible]
	子不	[illegible]			前4.32.2	[illegible]
	子商	[illegible]			粹1239	[illegible]
	[illegible]	[illegible]			前6.26.5	[illegible]
	[illegible]	[illegible]			乙6909	[illegible]
	[illegible]	[illegible]			續5.12.7	[illegible]
	[illegible]	[illegible]			南明175	[illegible]
	子奠	[illegible]			乙8417	[illegible]

子妥 子室 子敉 子希 子寅 子宮 子曹 子壱

乙 4074
乙 6732
乙 3401
乙 2575
菁 1
佚 122
乙 2575
金 611
乙 3069
卜 288
乙 1920
京 2083
後 下37.5
寧 2.45
京 2090
乙 2494
乙 4951
乙 3094
乙 1056
乙 5451
乙 2904
鉄 31.4
庫 1511
乙 8035
乙 375
南明 111
南上 66
京 2093

子朋 子僮 子侖 子咸 子及 子御 子攸 子[illegible] 子[illegible] 子取 子呐

京 2086
鉄 242.3
甲 3510
續存 111
乙 3423
林 2.1.5
明 247
乙 6273
卜 628
簠雜 69
京 2081
南明 748
續存 1334
庫 328
佚 921
南坊 5.61
前 6.4.4
拾 9.6
甲 280
甲 278
甲 2001
乙 8728
乙 8696
後 下29.4
前 6.5.1
（胡氏の據れる版は不明、卜辞に子呐なし）
後 下18.2
乙 9091

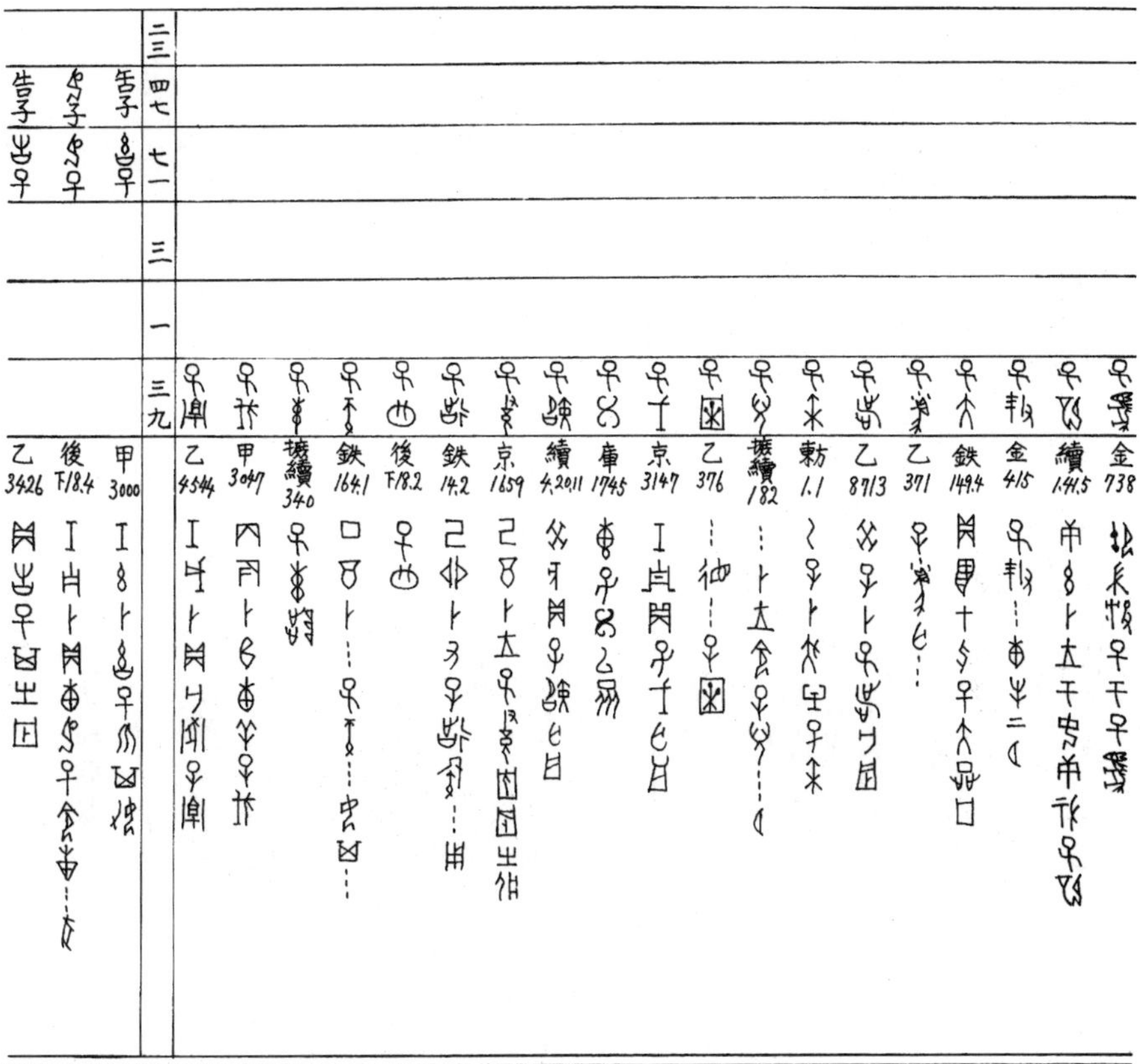

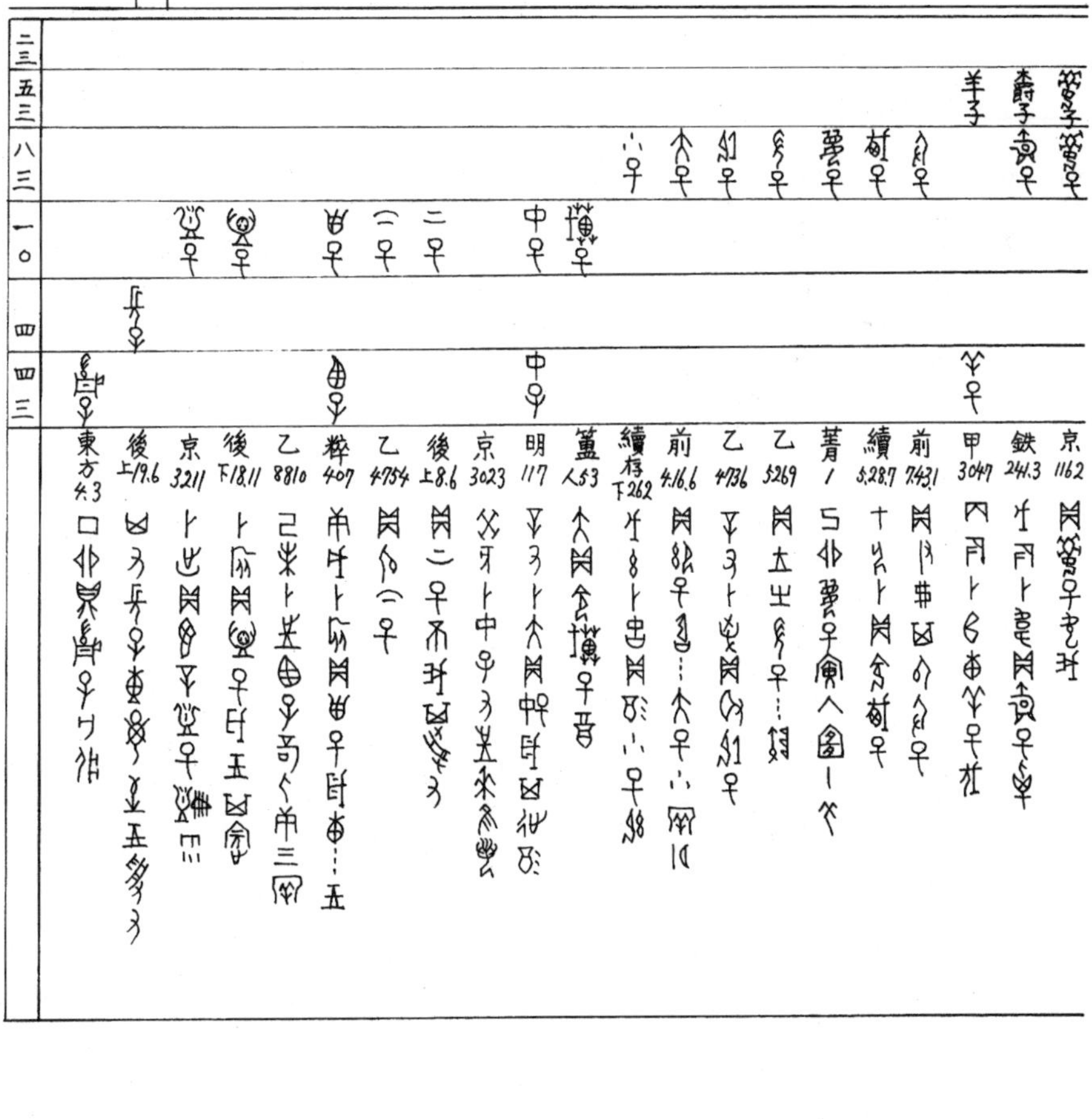

董氏はその二十三子某を「稱子某者共二十三人皆爲王子」となし、このうち子僕・子㐭・子𠂤については第一期である確證がないとして「尚未能定是否武丁子」とし、その他の二十人を武丁の王子と定めてゐるが、胡厚宣は子某を更に検出して右の如く五十三人となし、これを盡く武丁の王子となしてゐる。然し胡氏の揭げてゐる五十三人中には右の如く第二期・第四期の子某、及び董氏が子爵の稱號としてゐる某子を含んでゐるから、これを直に武丁の王子となすのは妥當でな

い。この五十三子某中より後期のもの、及び某子を除き、これに更に捜收せる第一期の子某を加へれば、第一期の子某は右の如く七十一となるのであつて、これが武丁の王子であるか否かは更に考覈しなければならない。

子某は次の如き特色を持つてゐる。

(1) 子某の稱謂の或るものは兩期に亘つて稱されてゐる。子□・子□・子□・子□・子□・子□・子□・子□・子□・子□の稱謂は次の如く兩期に稱されて居り、

（子□）

佚524（第一期版）

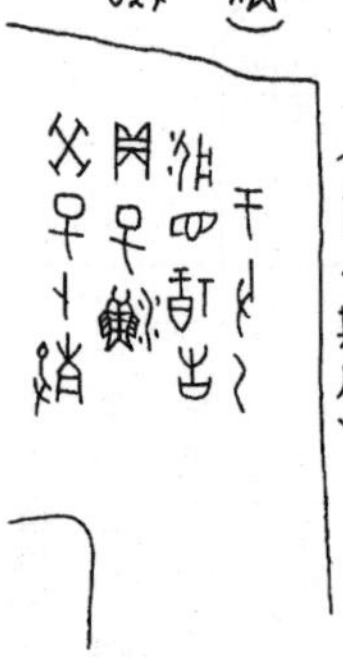

粹1263（第四期版）

（子□）

甲3512（第一期版）

京3974（第四期版）

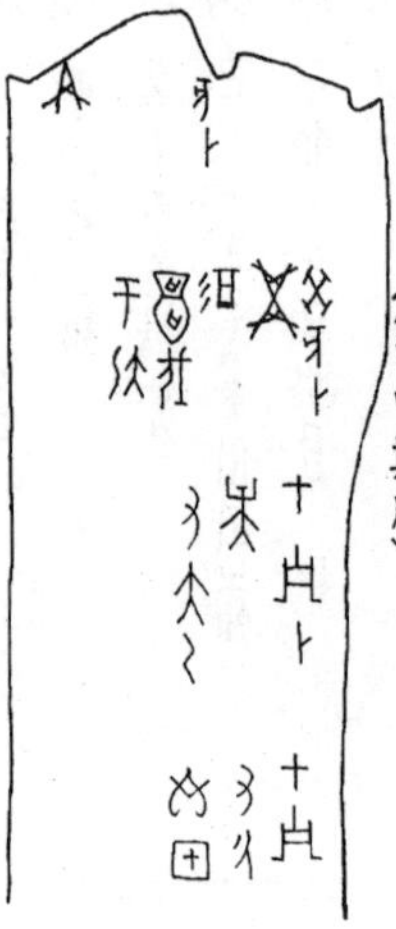

（子□）

乙7751（第一期版）

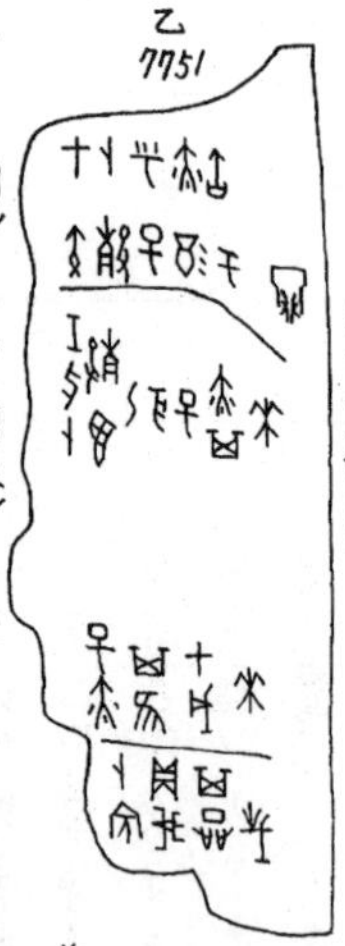

前6.19.5（第四期版）

京2069（同上）

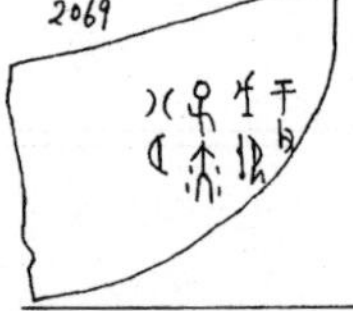

（子□）

鐵22.4（第一期版）

甲786（第四期版）

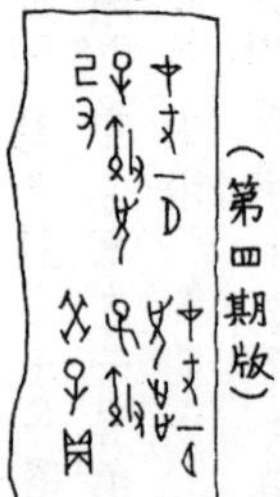

佚524版には貞人㱿の署名があつて第一期であるが、粹1263版の卜貞形式・字体は第四期である。この版には□に作られてゐるが、例へば「□」が「□」（續1.49.2）に作られてゐるのと同例であつて□・□は一字である。

甲3512版には貞人□の署名があつて第一期であるが、京3974版の卜貞形式・字体は第四期に屬す。□字には子□以外の用法がないから固有名詞であつて、京3974版の□は子□に外ならない。

乙7751版は貞人名よりして第一期であるが、前6.19.5版の貞人□は第四期文武丁時に屬し、京2069版の父戊の稱謂が第一期に存しないことは序論の如くであり、子□は兩期に稱されてゐる。

鐵22.4版には貞人□の署名があるから第一期であるが、甲786版の卜辞形式は第四期に屬し、子□はこの兩期に稱されてゐる。

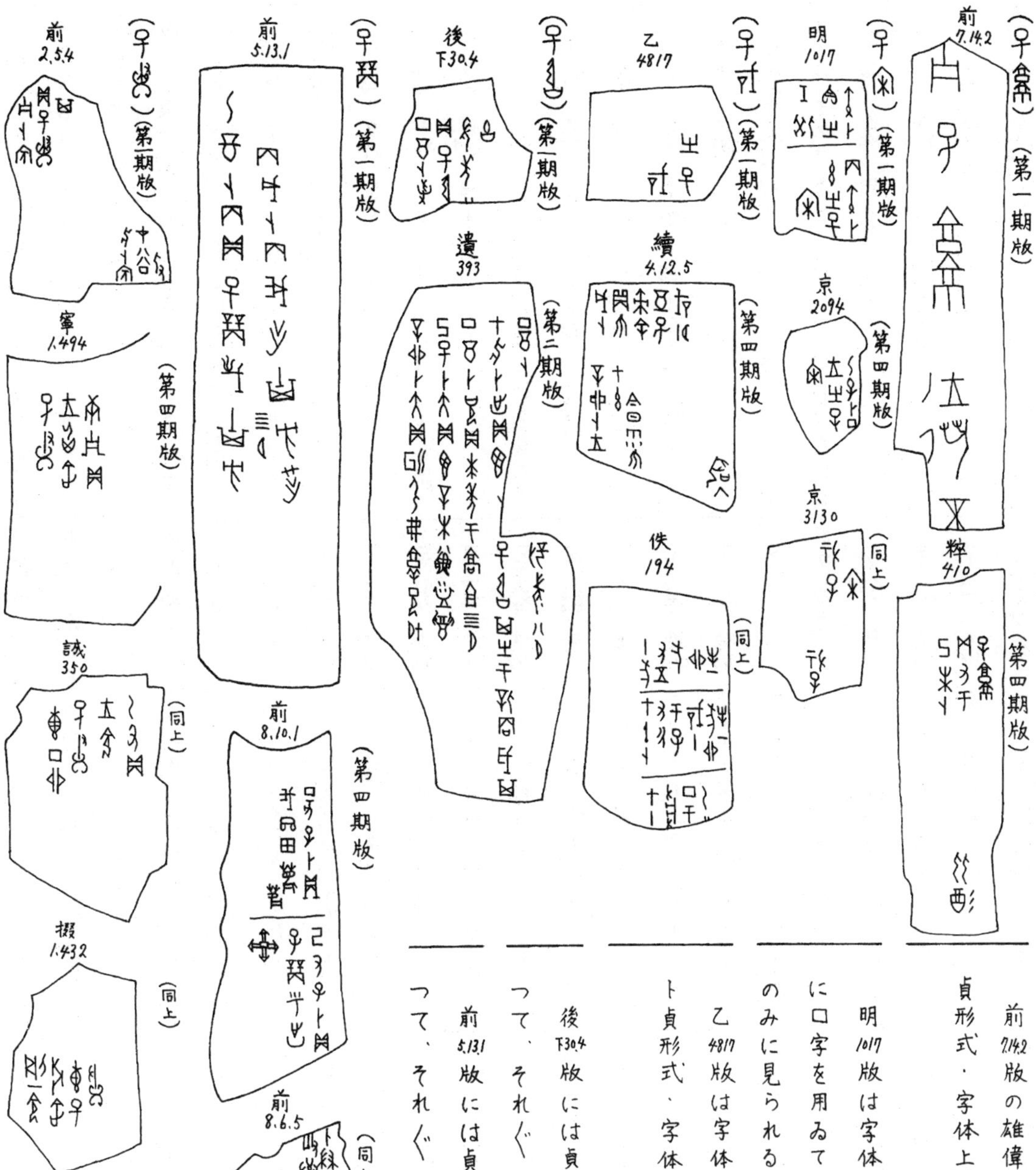

前7.14.2版の雄偉な書風は第一期、粋410版はト貞形式・字体上第四期である。

明1017版は字体上第一期、京2094版は〓の代りに口字を用ゐてゐて、これは第四期文武丁時のみに見られるものである。

乙4817版は字体上第一期、續4.12.5・佚194両版はト貞形式、字体上第四期である。

後下30.4版には貞人〓、遺393版には貞人〓があつて、それぐ第一期、第二期である。

前5.13.1版には貞人〓、前8.10.1版には貞人〓があつて、それぐ第一期・第四期である。

前2.5.4版には貞人〓の署名があり、他の三版はト貞形式、字体上第四期である。

斯くの如く第一期に稱されてゐる子某が後期にも稱されてゐて、これは子某の稱謂の或るものは世襲されてゐることを示して居り、從つて第一期の子某中には前代以來のものが含まれてゐる可能性があるのであつて、之を盡く武丁の王子と見做すのは獨斷に過ぎない。

(2) 子某の名に地名が用ゐられてゐるものがある。　この例は次の如くであつて全子某の略〻1/3に及んでゐる（引用例は地名例である）。

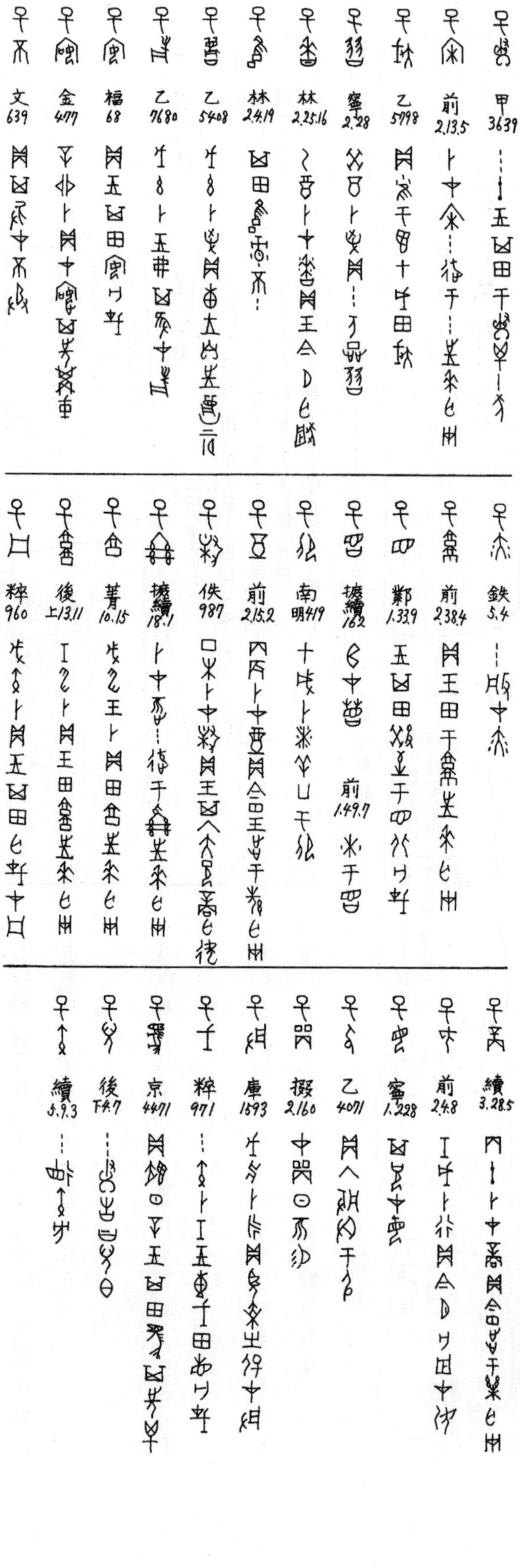

右の子某は地名を以つて稱されてゐて、これらの子某はそれぞ〳〵の土地と關係があるものと考へられる。

(3) 子某の或るものには侯伯名が用ゐられてゐる。　この例は次の如くであり、

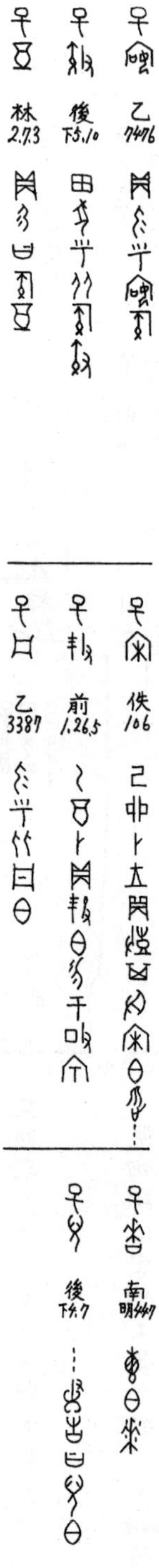

第一期に子〓・子〓・子〓・子〓・子〓・子〓があつて、第一期に〓侯・侯〓・侯〓・〓伯、第四期に〓伯・伯〓がある

から、子□・子□・子□・子□・子□が第一期に侯伯、子□・子□が第四期に伯を以つて遇され、又第一期に子□伯、第二期に子□伯があつて第四期に子□・子□があるから、子□・子□は第四期に伯を以つて稱されたものと考へられる。

(4) 子某が征伐に從事してゐる。この例は多くないが、子□が□方を攻撃することを卜する例は次の外に粹1194佚786乙2108 5349 5582 7981

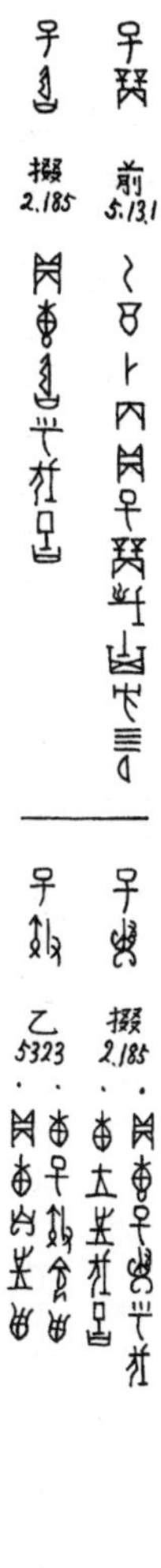

版にあり、子某の或るものは征伐に從事してゐる。

(5) 子某の疾病を卜してゐる。この例は次の如く多く、これは子某が殷室の眷顧を受ける者であることを示してゐる。

(6) 子某が祭祀に與つてゐる。この例は次の如く多く存し、祭祀の與り方を例へば子□について見れば次の如くであり

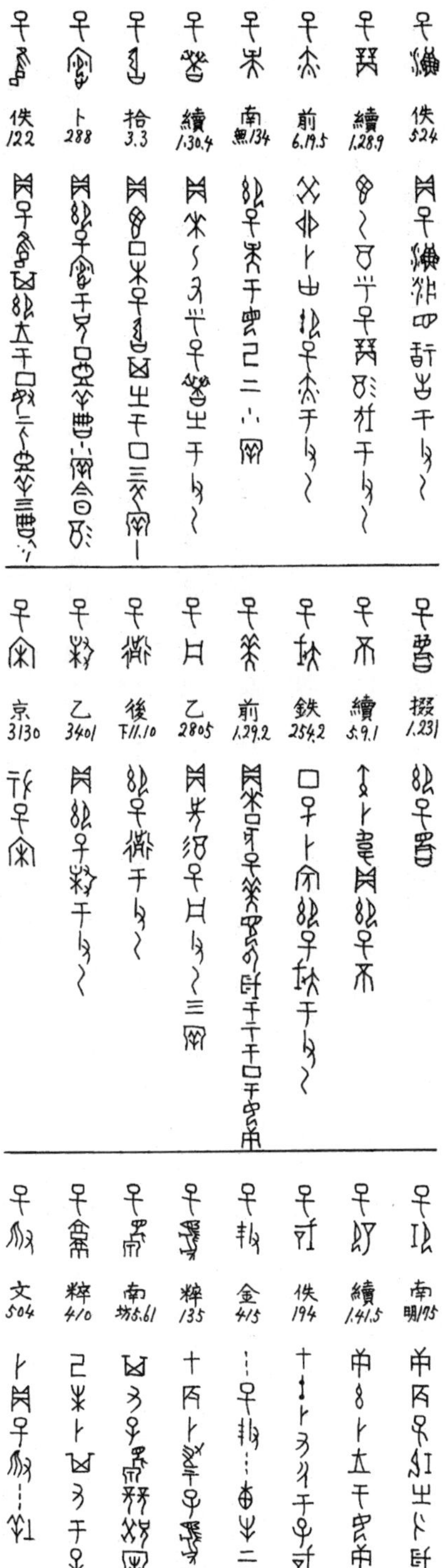

子畫 南明175 貞御子畫于□　一 子畫 拾9.6 御子畫于□□□　一 子𠬝 外262 貞㞢于子𠬝

或は子漁の目疾を父小乙に裸告し、或は子漁の患の禁衛を父小乙に匂り、或は子漁を呼んで父小乙に禘祭し、或は子漁

佚524 貞子漁疒目祼告于父乙（庫1680）

鉄124.2 貞御子漁于父乙（前7.13.3 續2.7.4 佚770 鄴1.44.8 寧2.48 京2088）

拾2.5 貞□乙□乎子漁㞢于父乙（續1.29.1 前1.25.2 5.44.4 鉄184.1）

鉄264.1 貞子漁㞢冊于□彡（鉄231.1 續3.48.3）

續348.2 子漁㞢□于□…

鉄167.3 貞（子）漁㞢于且丁

が□（王亥）に冊告し、兄某・祖丁に禘祭してゐる。子某が祭祀に與つてゐる場合を見るにこの子漁に於いてもその他の子某に於いても、その患害・疾病の禁衛を匂る御祀が最も多く、又例へば子漁・子某・子畫・子𠬝の全卜辭数とその中の祭祀卜辭数の比率は略〻二對一であつて（子漁一全四祭二五・子某一全二五祭一三・子畫一全一二祭七・子𠬝一全一六祭六）、これを侯伯將臣の場合に見れば祭祀卜辭数は諸侯には二（前4.7.6 5.39.5 全卜辭数二三二）・諸伯には一（後下33.9 全卜辭数一六八）・□には十五（全卜辭数二一五）・□には八（全卜辭数二一三）・□には一（全卜辭数一二六）・□□には三（全卜辭数一六三）・□□には零（全卜辭数三〇九）であり、これによつて子某と侯伯將臣との間には殷室の祭祀に與る比重の異ることが解る。斯くの如く子某の場合は侯伯將臣に比して祭祀卜辭が多く、その中に於いて患害・疾病の禁衛を匂る御祀の多いことは、子某が殷室と特に親近の關係に在ることを示してゐるものである。

右の如く子某の稱謂が兩期に亘つてゐることは、第一期の子某が盡く武丁の王子とは限らず前代以來のものが含まれてゐること、その稱謂に地名或は侯伯名が用ゐられてゐることは、その地に封ぜられ或は侯伯を以つて遇されてゐること、その征伐に從事してゐることは防衛の任に當つてゐる者のあること、その疾病の有無が卜され、その患害・疾病の禁衛が匂られてゐることは、殷室と親近の關係に在ることを示してゐる。就中、殷室の祭祀に與かつてゐる例の多いことは殷室の一族であることを思はせるものであり、次の例証と相俟つて子某は殷室と同氏姓の同族に外ならないものである。次の

乙5322
貞叀王自往西
叀子□往西
叀子□往

乙5322版には「王自ら西に行くか」と「子□をして西に往かしむるか」・「子□をして往かしむるか」が對貞されてゐるから、子某は王の代理をなし得る者であり、佚122版には「子□其れ王を□に御す」と子□が王の患害の禁衛を□（帝）に匂つてゐるから、子某は王の近親者であり、而して

佚122 貞子□其御王于□□二□□三冊□一

左傳の殷民六族中の蕭氏を(四・定公)殷本紀の索隱は系本を引用して殷と同姓となしてゐて、卜辭の子〓を董釋に從つて子蕭とせば蕭氏はこの子〓に當り、論語に「殷禮吾能言之宋不足徵也」(八佾)、中庸に「吾學殷禮有宋存焉」とあつて、殷の後とされてゐる宋は卜辭の子宋に當り、又史記殷本紀には殷を「姓子氏」としてゐて、これは「子某」が子を以つて稱されてゐることと一致して居り、子某は殷と同氏姓の一族に外ならない。この子某が藩屏として封ぜられてゐることは、例へば次

卜16 〓〓〓〓〓子〓

寧1.494 〓〓〓〓〓子〓

後下37.2 三日〓〓〓〓〓〓〓〓(庫1596)

菁5 三日〓〓〓〓〓〓〓〓〓〓十〓〓〓〓〓〓〓〓〓

菁6 〓日〓〓〓〓〓〓〓〓〓〓〓〓田〓〓

の卜16・寧1.494版に於いては〓・〓を子〓の地に遂かしめてゐるから子〓は殷都に在る者ではなく、而して後下37.2版に於いては〓〓が〓方の來寇を告げてゐるから、第一期の子〓はこの〓〓であつて殷東に封ぜられてゐることが解り、又菁5版に於いては子〓は〓方が〓地を侵して十五人を俘としたことを告げて居り、而して菁6版に於いては〓地の〓〓は〓方が郊甸を侵して十人を俘としたことを告げてゐるから、子〓は北方の〓地附近に封ぜられてゐることが解り、更に粹1162版には「口酉卜〓〓〓〓〓〓〓」と「多方の子・〓を率ゐるか」とあつて、子は〓と併稱されて居り、而して〓は例へば「〓〓」(乙696前6.36.1)の如く伯〓、「〓〓」(掇1.343)の如く將帥〓が之を以つて稱されてゐるから伯將を謂ふものであつて、ここに「多方の子」と稱されてゐるから子が多方に封ぜられてゐることが解るのである。

要するに「子」は武丁の王子乃至は爵名ではなくして、殷と同氏姓の一族の稱であり、多方に封ぜられてゐる者であつて、後世の子爵の爵名の淵源をなすものである(「某子」を董氏は子爵、胡氏は武丁の王子としてゐるが、前掲表の如く諸種の用例があり、これはなほ後考に俟つ)。

第四節 〓

卜辭に〓〓・〓〓の如き〓某の稱謂は次述の如く八十あり、この〓を羅振玉は「歸」、郭沫若は「婦」と解してゐる。羅振玉は〓を「帚」として「卜辭中帚字皆假爲歸」(考釋中四七)と歸字の假借としてより、余永梁は之に從つて右を「歸妹」と解し(卜辭寫本後記跋)、溫丹銘は「歸嫁」と解して殷代の婚制を論述してゐる(中大・文史月刊一・五「殷卜辭婚嫁考」)。溫氏は「〓〓〓〓〓」(明274)の〓字を聞宥の

「迗」釋(殷虛文字孳乳研究)に從つて迎迗と解し「言御歸好([illegible])、就易歸妹解、當爲嫁女、然若云嫁女、上下不應、云御于某、蓋嫁女於人、固曰婦、來歸於我、亦可言歸、此歸好當釋來歸女、好字從女子、故借爲女字」としてゐるが、この説に從へば「[illegible]」(戩8.12)・「[illegible]」(林1.22.11)の如きは沃甲・妣甲に迎嫁することをトすることになり、この説は立説の根柢に於いて誤つてゐるから爾餘の選后迎后の説はすべて鑿空に過ぎないものである。これに對して郭沫若は帚を「婦」と解して「案其下大抵乃从女之字、實當讀爲婦、婦某乃人名」(通釋三〇七)とし、又「故妣」と解して「御妣己帚鼠一牛一羊・一牛御帚鼠妣己(前一・三・七)帚乃婦省、婦與妣同祀、蓋殷王稱其故妃曰婦也」(通釋四三五)となし、遂に帚好・帚姘を武丁の婦として「帚好乃武丁之婦、毎有從事征戰之事、此足徵殷代之女權」(粹釋一三六)・「姘若帚姘亦武丁之婦、此與帚好二人最習見、亦毎參預内治外攻、死則列在祭典」(粹釋一三二四)として居り、胡厚宣はこの説に從つて「蓋武丁之妃、以寵與不寵、或不全在宮中、其不獲寵者、則封之一地、或命之祭祀、或命征伐、往來出入於朝野之間、以供王之驅使、無異親信之使臣也」(殷代封建制度考四)とし、陳夢家もこの説を是として「以帚爲婦、以帚某爲生稱、都是十分正確的」(卜辭綜述四九二頁)となしてゐる。然しこの説も次の如く妥當ではなく、而して次述の如く帚は「服」の假借であつて、四方に配置されてゐる王の親任の大官に外ならないのである。

胡厚宣(婚姻家族制度考)及び著者の檢出せる帚某を對記し、且つその卜辭例を掲ぐれば次の如くである。

胡氏	著者 第一期	第二期	第三期	第四期	出典	卜辭例
帚姘	[illegible]				後上31.10	[illegible]
姘帚	[illegible]				林1.3.4	[illegible]
帚井	[illegible]			[illegible]	鉄210.1	[illegible]
					寧3.238	[illegible]
帚好	[illegible]			[illegible]	佚527	[illegible]
					寧1.491	[illegible]
好	[illegible]				庫1517	[illegible]
帚鼠	[illegible]			[illegible]	庫469	[illegible]
					前8.12.3	[illegible]
帚妌	[illegible]			[illegible]	林1.20.7	[illegible]

胡氏	著者 第一期	第二期	第三期	第四期	出典	卜辭例
					乙105	[illegible]
帚妹	[illegible]			[illegible]	鉄247.1	[illegible]
					甲3177	[illegible]
帚[illegible]	[illegible]			[illegible]	文743	[illegible]
					乙5825	[illegible]
帚[illegible]	[illegible]			[illegible]	續4.27.8	[illegible]
					書道8.3	[illegible]
帚[illegible]	[illegible]			[illegible]	前4.1.6	[illegible]
					後下34.4	[illegible]
	[illegible]			[illegible]	粹1238	[illegible]
					乙4856	[illegible]

帚媟	續4.28.4
帚葉	前4.41.5
姷	庫308
帚弁	續5.5.3
帚龐	簠典42
龐	（胡氏は甲2985版を誤讀せるに非ざるか）
帚㠯	粹1480
㠯	前6.27.4
帚喜	南坊2.1
喜	林1.2.6
帚汝	福35
帚杏	後上33.10
帚良	乙2510
帚問	乙7134
帚竹	（胡氏は甲3146版を誤讀せるに非ざるか）
帚啚	林1.25.18
帚豊	林2.1.18
帚豐	南師1.22
帚皇	後下18.3
帚八	續存下62
帚姘	乙6758（鉄19.4）
帚羊	續6.24.9
帚延	明2349
帚楚	明2364
帚杏	林2.18.11
帚負	續6.9.4
帚見	甲2815
姓	佚737

帚嫩	甲38
帚媄	拾11.6
帚娃	佚752
帚妹	鉄168.1
帚宅	南師2.22
帚女	續3.39.2
帚妏	乙496
帚姻	乙6395
娵	菁7
嫂	粹1237
如	鉄13.1
帚妓	（重出）
帚霾	未見
帚膏	未見
帚嫀	未見（乙7312）
奷	未見
	續存下28
	續存1043
	乙2081
	乙6716
	佚732
	乙5286
	簠雜89
	鉄78.4
	明788
	庫1583
	掇1.342
	乙6716

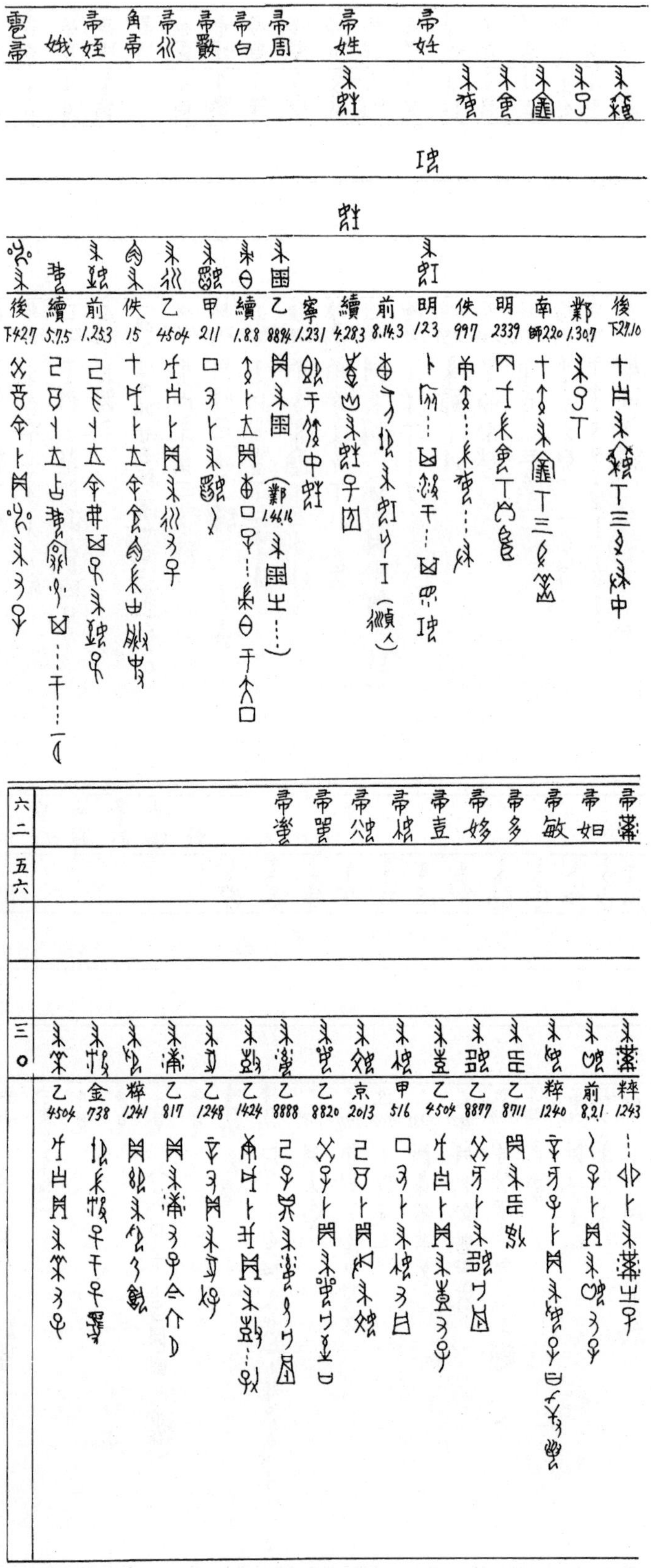

胡氏のあげてゐる帚某中帚字のないもの、同名異記、重出を除けば六二となり、胡氏は之を盡く第一期としてゐるが、これを時期別に分け更に遺漏を補足せば第一期五六、第四期三〇となり、兩期に重出するものを除いて通算せば八〇帚某となるのである。第一期の五七帚某が果して郭、陳、胡氏の謂ふが如く王婦であるか次に之を考察する（丁山も「帚讀爲婦、今成定論、無待辭費」とす。甲骨文所見氏族及其制度三）

郭氏の説は前記の如くであり、而しこの説は次のト辭を傍証としてゐて、郭氏は(1)を「帚好有子、卜生育也」、(2)を「此言『帚好有子』、『將分娩』、『卜其凶吉也』」、(3)の「[illegible]」を「冥」として「娩」の假借となし「此亦卜其分娩事」と解してゐる。然しこれらの解釋が果して妥當であるか、先づ之を檢討しなければならない。

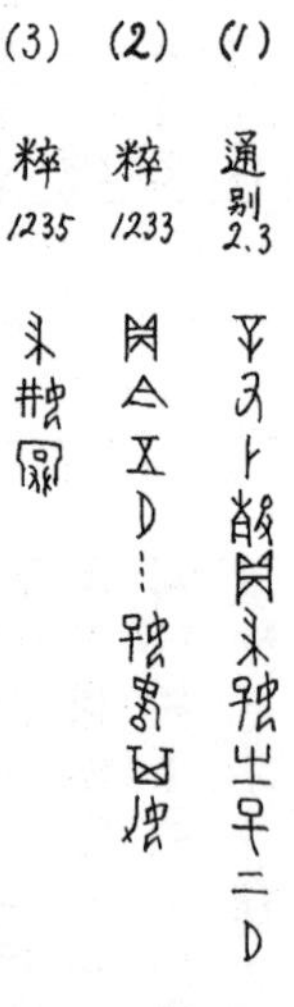

(1) 通別2.3

(2) 粹1233

(3) 粹1235

(1)の「[illegible]帚[illegible]出子」の「出子」を「有子」と解してゐるが、「出子」・「[illegible]子」のト辭上の用例は次の如くであつて、

（帚某の場合）

鉄 127.1	[illegible]（遺620）
前 3.33.8	[illegible]
粋 1234	[illegible]
乙 4786	[illegible]
乙 5286	[illegible]
粋 1243	[illegible]

京 3014	[illegible]
前 8.3.5	[illegible]（乙4504）
後 下42.7	[illegible]
乙 817	[illegible]
乙 4504	[illegible]
乙 4504	[illegible]

（帚某以外の場合）

鉄 49.1	[illegible]（前4.25.8 京2038 2039 2040 3018）
續存 下462	[illegible]
遺 324	[illegible]
東方 4.7	[illegible]
七 P75	[illegible]
乙 8424	[illegible]

明 387	[illegible]
乙 105	[illegible]
乙 1201	[illegible]
京 4176	[illegible]
乙 3431	[illegible]
前 4.25.8	[illegible]

帚某の場合は之を女性と假定することによつて㞢子を有子と解することが出来るが、帚某以外の場合は例へば「[illegible]」の[illegible]が地名であるから有子とは解し得ず（第一章地名参照）、而して次の乙3431に於いては「㞢子」が「[illegible]」と對貞されてゐる

乙 3431 [illegible]

乙 2510 [illegible]

前 1.25.3 [illegible]

鄴 1.40.5 [illegible]

遺 620 [illegible]

から㞢子は「㞢[illegible]子」であつて、乙2510版に「[illegible]」とあるのは之が証であり、従つて㞢子は有子の意ではない。この「[illegible]子」は上掲の如く「[illegible]」・「[illegible]」と用ゐられてゐて或る字の假借乃至は省文であり、果して上掲の遺620版には「㞢子」が「㞢[illegible]」と記されてゐて、子は實に[illegible]の省文に外ならないことが解る。卜辞に於いては[illegible]と[illegible]とは通用の字であつて、例へば[illegible]（粋450）が[illegible]（鉄76.3）、[illegible]（前6.53.3）が[illegible]（鉄172.4）、[illegible]（南師1.59）が[illegible]（粋1292）に作られてゐるから、[illegible]は[illegible]と一字であつて「㞢[illegible]」は上掲例の「㞢[illegible]」に外ならず、而して[illegible]は大盂鼎・宗周鐘の[illegible]と一字であつて「保」である。[illegible]は㞢[illegible]の外には「[illegible]」（甲1021 乙1172 金618）と用ゐられて居り、又上掲の如く「大甲は[illegible]（[illegible]）を保するか」・「伊尹は我が使を保するか」・「大甲は[illegible]せずに我を保するか」と加護の意に用ゐられてゐるから、右の「[illegible]」は王が[illegible]に加護がありと[illegible]言してゐるものであり、従つて「帚[illegible]㞢子」の方は[illegible]の加護の有無を卜するものに外ならず、之を「有子」と解するのは

林 1.3.3 [illegible]

庫 1593 [illegible]

遺 524 [illegible]

卜 744 [illegible]

乙 1189 [illegible]

文 272 [illegible]

妥當ではないのである。

(2) の「〓〓〓〓」の〓は「〓〓」(乙2004)・「〓井〓」(佚967)に於いては〓・〓に作られてゐて、王國維は「〓〓〓」の〓に釋して「〓字从女从〓(倒子形、即說文㐬字)、或从母从〓、象産子之形、其从〓者、象産子時之有水液也、或从〓者、與从母从女同意、故从〓字形言、此字即說文育字之或體毓字」(戩釋三・三)として居り、郭氏は「王釋毓字至精確」(通釋一七)として之に本づいて右の辭を「有〓將分娩」となすのである。然し〓が右の辭に於いては王釋の意に用ゐられてゐないことは次の辭を見れば明かであ

前2.11.3 …〓王卜中〓〓〓〓〓〓〓〓
乙7845 〓〓〓〓〓〓〓(乙7909)
簠雜69 〓〓〓〓〓〓〓

つて、〓は〓の省文に外ならず、胡厚宣が〓を「象〓女人産子、接生者持襁褓以待之」(同前二二)と解してゐるが固より望文生義に過ぎない。〓は〓某に用ゐられる外には次の如く「〓〓」・「〓〓」にも用ゐられて居り、又「〓〓〓〓〓〓」(乙4815)・「〓〓〓〓」(簠征15)の如く「〓せざれば祐を受くるか」・「〓して曰く吉なり〓せ」と用ゐられてゐて、これらを「分娩」を以つて解し得ないことは言を要しない。斯くの如く「〓〓」の〓は「〓」の省文であり、〓の義は未詳であるが〓が分娩の意に用ゐられてゐる例は卜辭には存しないのである。

(3) の「〓井〓」の〓を郭氏は「冥」と釋して「娩」の假借とし、胡厚宣は之に從つてゐるが(殷代之農業生育制度考)、〓は上揭の如く

乙6909 卜〓〓〓〓〓〓〓
乙3069 〓〓〓〓〓
掇2.478 〓〓〓〓〓
乙6803 〓〓〓〓〓〓〓〓〓

〓〓・〓〓・〓・〓〓についてもトされてゐて、これらの語法は「〓〓〓〓〓」と同例であるから、これらをも分娩と解さねばならず、就中、乙6803版には「〓〓」をトして王の繇辭に「ここに丁の日に〓せよ」とあるものを分娩と解することは最も困難であり、〓を分娩と解するのは妥當ではない。

斯くの如く郭氏の解釋は「其下大抵乃从女之字、實當讀爲婦」と、〓下の字を女名とする前提に立脚するものに過ぎず、而して郭氏は〓下の字は大抵女に從ふとしてゐるが、前表に見るが如く女に從ふものは略1/3、女に從はないものが略2/3であるから、之を女名と見做すのも亦獨斷に外ならず、從つて右の三例は〓を婦と解する傍証とはならないのである。ここに於いて更めて〓について考察しなければならない。

〓某は次の如き特色を有してゐる。

(1) 子某の稱謂の或るものは兩期に亘つて稱されてゐる。子〓・子井・子〓・子〓・子〓・子〓は第一期及び第四期に稱されてゐて次の如くであり、又子〓・子〓・子〓・子〓は第一期に稱されてゐると共に、その名は第四期にも稱されてゐることは前表の如くである。

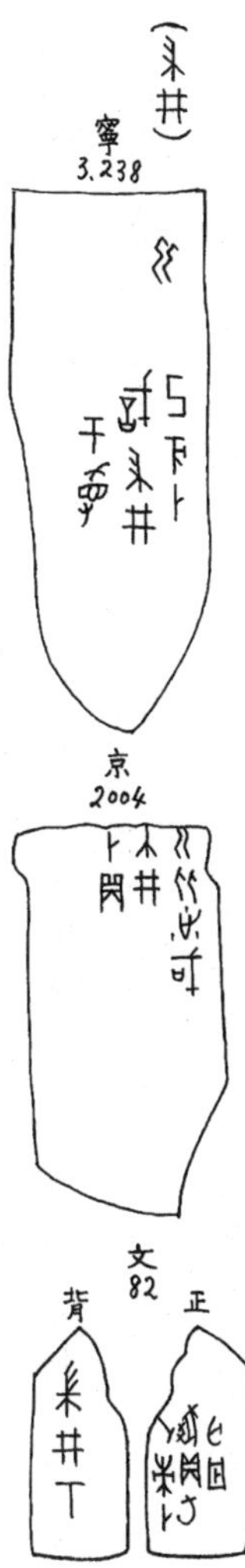

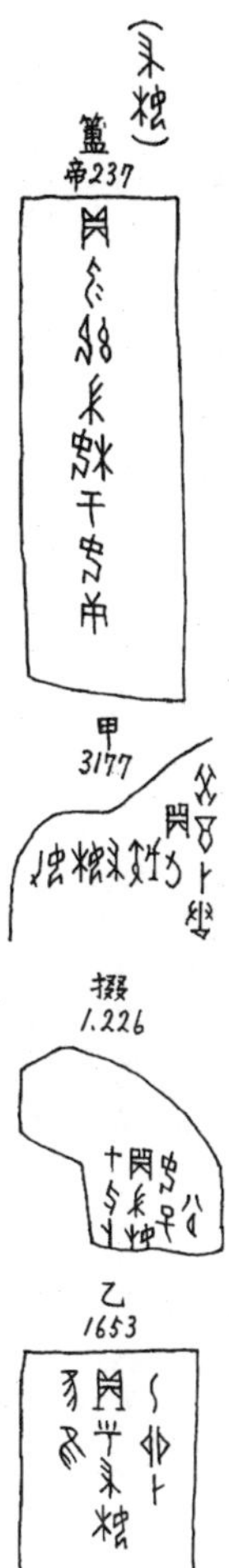

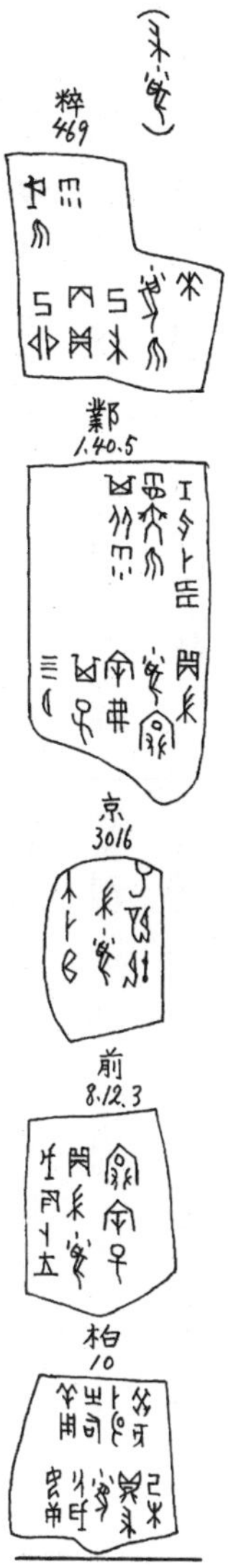

○子〓は第一期習見、右の如く第四期の諸版にも稱されてゐる。

○子井は第一期習見(庫565甲2911金630福7鉄210.1)、上揭の如く第四期の版にも稱されてゐる。

○子〓は篮帝237版に於いては第一期に、その他に於いては第四期に稱されてゐる。

○子〓は前4.1.6・後下34.1版では第一期に、その他では第四期に稱さる。

○子〓は粋469版の貞人〓署名の辭に於いては第一期に、その他の諸版に於いては第四期に稱されてゐる。

○〓・〓は例へば〓〓が〓〓に、又〓〓が〓〓(掇2.478)に作られてゐるから同字であつて〓は〓の省文であり、粋1238版に於いては第一期に、乙4856版に於いては第四期に稱されてゐる。

斯くの如く子某の或るものは兩期に亘つて稱されてゐて、侯・子の場合と同様であり、従つてこれらの稱謂は個人の名ではなくして世襲される稱謂とせざるを得ない。

(2) 子某の名に地名が用ゐられてゐるものがある。　この例は次の如くであつて全子某の1/4に當つてゐる。

子□　掇2.160　[illegible]
子□　金728　[illegible]
子□　前221.3　[illegible]
子□　前219.3　[illegible]
子□　甲2869　[illegible]
子□　甲653　[illegible]
子□　粹72　[illegible]

子□　甲3098　[illegible]
子□　乙3536　[illegible]
子□　金477　[illegible]
子□　前2.12.4　[illegible]
子□　續6.10.4　[illegible]
子□　寧3.74　[illegible]
子井　後上18.5　[illegible]

子□　佚430　[illegible]
子□　乙6753　[illegible]
子□　粹1211　[illegible]
子□　後下40.14　[illegible]
子□　前24.7　[illegible]
子□　後上11.1　[illegible]
子□　後上10.1　[illegible]

斯くの如く子某の名が地名を以つて稱されてゐて、これらの子はそれぞれの土地と關係があるものと考へられる。

(3) 子某は征伐に從事してゐる。　この例は多くないが次の如くこれを見ることが出來る。

子□　乙2948　[illegible]（續4.30.1 前4.38.1 庫237 310 簠征30 乙961 粹1230）
子□　續4.26.3　[illegible]

(4) 子某の疾病について之が神によるか否かをトし、又疾病の有無をトしてゐる。

子□　乙4098　[illegible]（鉄72.1 前6.8.5 後下11.8 甲3596 乙2297 3164 3596 4703 5456 5192 7163）
子井　遺516　[illegible]

子□　乙8816　[illegible]
子□　乙8893　[illegible]

(5) 子某が祭祀に與つてゐる。

子□　庫1701　[illegible]（習見）
子□　遺371　[illegible]（續4.27.1 鉄210.1 柏9 南師1.21 庫647）
子□　前7.17.1　[illegible]（後上27.1 乙3359）

子□　前1.33.7　[illegible]（戩7.16 庫1606 柏10 金357 京919 2005 拾9.6）
子□　前8.14.3　[illegible]
子□　簠帝237　[illegible]

以上の外に□某について「□」・「□」を卜してゐる辭が習見であるが、この兩者はなほ後考に俟たねばならないから姑く擧例を闕く。右の如く□某の或る者は兩期に稱され、その名に地名が用ゐられ、征伐に從事し、疾病についてトされ、祭祀に與つてゐて、これらは子某の場合と類似して居り、而して□は次の如く王の親任の「服」に外ならないのである。□は□(乙4098)・□(乙9085)に作られてゐて、前記の如く羅氏は「歸」郭氏は「婦」としてゐるが、次の例に於いては□・□

□□(簠帝237 甲3177 乙1653)ー□□□□□(乙3429)

□□(續4.27.8)ー□□□□□□(乙3345 書道8.3)

□□(林1.20.17)ー□□□□□□□□(乙105)

ー□□□□□□□□□□(菁6)

□□(前1.25.3 續4.28.2)ー□□□□□□…(粹1275)

(1) 鄴1.37.4 □□于□□(下610 京2032 2024)

(2) 續1.44.6 □□□于□三□(通大龜2)

(3) 乙8897 □□卜ー□□□

(4) 遺530 □卜□□□□□□

□が□・□、□が□・□、□が□の如く、□某が□某・□某・□某と作られて居り、前述(第一篇第四章第三節第三項)の如く□・□・□は通假の字であり、又舞・巫とも通用されてゐるから、(1)(2)の□は例へば「□□□□□」(續1.41.6)・「□□□□□」(甲3078)の如き□の假借であり、(3)の十□(4)の牲と併記されてゐる□は巫・舞の假借であり、從つて□の字音は母・巫・舞である。この字音は郭氏の婦釋に有利であるが、□某の稱謂が兩期に稱されてゐるから個人名ではなく、從つて之を王婦とするのは妥當でない。□の名に地名が用ゐられてゐるものはそれ〴〵の地と關係があるものと考へられ、而して例へば「□于□田」(京969)の如く「□田」に□祀することを卜して居り、又次の菁6版に於いては□□(□□)が「我田」と言つてゐるから□は土地を領有してゐる

菁6 □□□□□□□□□□□□□□□□□□□□□□田ー□

簠雜89 □□□□□□

ることが解り、簠雜89版に於いては□□が□地の情勢を冊告することについてトされてゐるから□□が殷東に居ることが解る。從つて例へば□□・□□は商邱附近の□・□に、□□は殷北の□に、□□・□□は殷東の田獵地□・□に、□□・□□は西邊の□・□に領地を有する□と考へられる。□の任務は征伐と耤田に在り、□□・□□の征伐に從つてゐることは右の如くであつて「□□□□□□□□□□」(庫310)の如く□□の兵力三千と旅(爾雅釋言 旅衆也)一萬を派遣して伐つことを卜してゐるから兵力を有することが解り、又次の如く□□は耤田(祭儀第□參照)に當つてゐて□・□・八の地に行つて居り(□□について三十數例あり)、この

甲3001 □□□田□ ー 續4.25.4 □□□□□ ー 金645 □□□□□□□□ ー

□□の征伐に當ると□□の耤田に當

續4.26.1 〓氺〓〓〓（王〓）一 前2.45.1 〓〓氺〓田于〓一 南坊3.17 〓〓〓氺〓〓〓〓一 るとは氺の二大任務の觀を呈してゐる。氺の地位は王がその疾病をトし或は患害の禁禦を匄つてゐるから王の親任を得てゐる者であり、而して次の如く氺〓

氺〓（前8.2.1）一〓〓ト〓〓〓（乙2451）

氺〓（前1.25.3）一〓〓〓〓〓〓（粹1275）

拾9.6 〓子〓于氺〓〓〓

の名は小臣を以つて稱され、氺〓（〓〓）は小臣〓〓と稱されて居り、又拾9.6版に於いては氺〓が子〓と共に患害の禁禦を匄られてゐるから（この辭の「于」は「〓〓〓〓田于〓〓〓〓〓」（甲2.12.6）·「惟般遘侯田雩=般正百辟=率肄于酒」（大盂鼎）の于·雩と同例であつて「與」の義であり、氺〓〓は氺〓が氺〓〓（乙四七六六）·氺〓が氺〓〓（乙六六九一）と稱されてゐるのと同例であり、この辭は子〓を氺〓の母に〓祀するものではない。）、氺は小臣〓の如き將師、般と同族の〓と並ぶ者であることが解る。

斯くの如く氺は土地を領有し、征伐·藉田を行つてゐて、その地位が將師·同族に比肩する者であるが、更に氺の用法を檢すれば次の如く「王勿氺」·「令〓〓氺」と動詞として用ゐられて居り、「〓〓〓氺」（第四期版）は同期の他辭には「〓〓

京2030·〓〓ト〓〓〓氺

粹506 〓〓〓〓〓〓〓〓一〓〓〓一〓（南明499）

乙6691·〓〓ト〓〓氺〓〓〓〓·〓〓〓〓〓〓〓

〓〓〓〓〓〓（京4386）とあつて、〓字は例へば「〓〓〓〓〓」（寧1.495）と「〓〓〓〓〓〓」（卜16）とを較ぶれば〓字であつて「途」字であり、從つてこの辭は〓〓氺をして〓方に途かしめることであるから、「〓〓〓氺」は〓〓に〓方に往つて之を治めしめる意であり、而して氺の字音が母·巫であるから、この氺は爾雅の「服整也」（釋詁）·「服事也」（釋詁）の「服」に相當してゐて、氺某はこの氺即ち服治を任とするものであることが解り、これは酒誥に般制を述べて「在外服侯甸男衛邦伯、越在内服百僚庶尹、惟亞惟服宗工」と、亞（將師を謂ふ次章參照）と併稱されてゐる「服」に當つて居り、而して第四期には「氺圉」（乙8894）と周が氺を以つて稱されてゐて、これは古本竹書紀年の文武丁四年に「周王季命爲般牧師」と、周が牧師に任ぜられてゐることと符合して居り、氺（服）はこの「牧師」に外ならないのである。

之を要するに氺の字音は母·巫であつて、酒誥の所謂「服」、竹書紀年の「牧師」であり、その地位は將師及び般の同族の〓と比肩する者であつて、般はこれを四方に配置して治安と營田に當らしめて居り、王がその患害の禁禦を祈るほど王の親任を得てゐる直屬の臣である。

以上の如く般は「侯伯」を邊境に配して外寇に當らしめ、「同姓」を各地に封じて藩屏となし、「服」を四方に置いて治安と營田に任じて居り、從つて諸侯を封じ藩衞を建つる意味に於いて封建國家である。然るに東世澂は次の如く般王的王妃(講ふを)和王子(指すを)們是「有土地的」、那只能看做賞賜或贈予的采地、也不是分封、采邑制和分封是有距離的、甲骨文上的伯、也稱方伯、就是書經上的邦伯、邦伯是國王派出去管治畿內的地方長官、甲骨文里也有侯、基本上是邦畿外隷屬殷王而叛服不定的一些氏族、部落的酋長、也不是封建、眞正的分封諸侯、确實可以証明、是从西周开始、(中國的封建社會及其分期一八頁)としてゐるが、この説は卜辭の精密な研討に本づく説ではなく、後述の如く殷代の侯伯を殖民部落の建置とする郭沫若説の布衍に過ぎないものである。

第四章　殷の官僚

尚書酒誥に殷の官僚として「在外服侯甸男衛邦伯、越在内服百僚庶尹惟亞惟服宗工、越百姓里居」と、外服には侯・伯、内服には百僚・庶尹・亞・服・宗工・百姓・里居をあげて居り、このうち侯・伯・服については前章に詳述したから、次に内服の官僚について考察する。

殷の官僚を検討する手懸りとして卜辭の「多[illegible]」の用例を検すれば次の如くであつて、多侯・多田・多白・多[illegible]・多子・多[illegible]・多亞・多尹・多[illegible]・多工・多[illegible]・多[illegible]・多[illegible]・多[illegible]・多[illegible]・多[illegible]・多[illegible]・多[illegible]・多[illegible]・多[illegible]・多[illegible]・多[illegible]・多[illegible]・多[illegible]・多卜・多[illegible]・多[illegible]・多[illegible]・多[illegible]・多[illegible]
（多[illegible]、多[illegible]・多[illegible]・多[illegible]・多[illegible]・多[illegible]・多[illegible]・多[illegible]・多[illegible]・多[illegible]・多[illegible]）

右の多[illegible]・多田は諸侯甸、多白は諸伯、多[illegible]は諸侯伯、多子は諸子、多[illegible]は諸服を謂ふことは前述の如くであり、多亞・多尹・多工は酒誥の惟亞・庶尹・宗工に當ると考へられるから、次に多亞以下について考察する。

(1) 多亞

亞は次の如く後世の文献に於いては侯伯或は司馬司空の次に列し、大亞・亞旅・亞卿(左傳文公六年昭公五年)・亞大夫(左傳昭公七年)と用ゐられて居り、爾雅には「亞次也」、説文には「亞醜也、象人局背之形」とされてゐる。

酒誥―在外服侯甸男衛邦伯越在内服百僚庶尹惟亞惟服宗工、

周頌―侯主侯伯侯亞侯旅侯彊侯以、(載芟)

𩰫毁―諸侯大亞

卜辭の亞の用法は次の如く貞人名・地名・祀室名・祭

牧誓―王曰、嗟我友邦冢君御事司徒司馬司空亜旅師氏、
立政―司徒司馬司空亜旅夷微盧烝、
左傳―司馬司空輿師侯正亜旅、皆受一命之服、（成公二年）
左傳―其敢辱君、請承命於亜旅、（文公十五年）

（貞人名）
佚825 [illegible]
拾掇1.22 [illegible]

（地名）
甲3050 [illegible]
乙8172 [illegible]

（祀室名）
後下27.1 [illegible]
文312 [illegible]
摭續91 [illegible]

儀名・侯名・及び官名として用ゐられて居り、侯名の亞は「[illegible]」を「[illegible]」（前4.5.1）と較ぶれば[illegible]の異文であることが解り、官名の亞は[illegible]、[illegible]、[illegible]に稱されてゐる。

（祭儀名）
乙2348 [illegible]
京1615 [illegible]
摭續167 [illegible]
乙8852 [illegible]
乙8897 [illegible]
南明445 [illegible]
卜253 [illegible]

（侯名）
鄴3.43.9 [illegible]

（官名）
前8.13.2 [illegible]
前8.9.3 [illegible]
粋1178 [illegible]
鄴3.44.1 [illegible]
南師2.121 [illegible]
甲2464 [illegible]

官名の亞の用例は次の如くであつて、亞は(1)多亞と稱され、(2)[illegible]（館）・田（田即侯田）と併稱されてゐて、(3)大[illegible]・[illegible]を率ゐ

(1) 多亞
鉄51.3 [illegible]
乙1848 [illegible]

(2) [illegible]田
後下5.16 [illegible]
寧2.16 [illegible]
甲2695 [illegible]
甲3913 [illegible]
前5.6.5 [illegible]（粋1290 京1617）
續存66 [illegible]
粋1545 [illegible]

(3) 大[illegible]の[illegible]
誠356 [illegible]
續存下377 [illegible]
前7.3.1 [illegible]
粋1178 [illegible]
南無505 [illegible]

(4) 征伐
前2.8.5 [illegible]
前7.3.1 [illegible]
後上30.5 [illegible]
甲3913 [illegible]

(5) 往來
前7.39.2 [illegible]
續6.27.6 [illegible]
遺440 [illegible]
續6.15.5 [illegible]

(6) [illegible]
遺316 [illegible]
前5.6.5 [illegible]

(7) [illegible]
前4.18.3 [illegible]
南師2.121 [illegible]

(8) [illegible]
鉄37.1 [illegible]

(9) 〓〓

粋1178 〓〓〓〓〓〓〓〓〓
鉄51.3 〓〓…〓〓〓
前7.3.1 〓〓〓…〓〓〓〓〓〓〓〓〓〓
庫1028 十〓〓〓〓〓〓〓

(10) 〓〓
鄭3.44.1 〓〓〓〓〓〓〓〓〓〓〓〓〓
佚340 〓〓〓〓〓〓〓〓〓〓〓〓
遺31 〓〓〓〓〓〓〓

(11) 其他
前8.13.2 〓〓〓〓〓〓〓〓
南輔40 〓〓〓〓〓〓〓〓
前6.8.6 〓〓〓
後下25.9 〓〓〓〓〓〓〓〓〓〓
林2.12.14 〓〓

て、(4)征伐に従事して居り、而して王は(5)亞の往來の災害の有無、(6)尤禍の有無、(7)疾病の有無、(8)帝諸の有無、及び(9)王を保翼することに成功するか否かを卜し、又(10)その無事を祈り、これを口(帝)に告祭してゐる。從つて亞は多馬・多田と共に王事に從ふ者であつて、近衛軍である大〓(後記(5)參照)及び衆人を率ゐて王を保翼するに任じてゐる者であるから將帥に外ならず、右の如く後世「亞旅」(旅は爾雅に「旅衆也」とあり軍旅也)と稱されてゐるのは之が傍証であり、これは亞の職に在る〓・〓・〓・〓を検討せば更に明白である。

(〓) 前八・一三二 〓〓〓〓〓〓〓〓〓〓
前八・九・三 〓〓〓〓〓〓〓〓

右の如く〓は第四期に〓を以つて稱されて居り、〓が〓と一字であることは、例へば「…〓〓〓〓〓〓〓〓〓」(乙6702)の如く〓が〓に作られてゐるに見で明かである。第四期に〓を以つて稱されてゐる〓は次の如く〓・〓・〓・〓・〓侯を征伐して居

續存633 〓〓〓〓〓〓
後下19.3 〓〓〓〓〓〓〓〓〓〓
粋1553 〓〓〓〓〓〓
續存638 〓〓〓〓〓〓
粋1167 〓〓〓〓〓〓〓〓〓
續1.9.7 〓〓〓〓〓〓〓〓〓〓〓
佚604 十〓〓〓〓〓〓
甲183 〓…〓〓〓〓〓〓

り、就中、〓侯を伐つことを命ぜられてゐることは〓が王に直屬してゐる將軍であることを思はせるものである。

〓は第一期にも習見であつて、次の如く出でては〓方・〓方・〓・〓・〓・〓・〓・〓・〓・〓・〓を伐ち、入りては王に代つて祭祀に當つて居り、王は〓の安泰を父乙・母庚・兄丁に〓祀し、又その尤・疾の有無を卜してゐる。

(征代) 乙5582 〓〓〓〓〓〓〓(乙6692)
南誠30 〓〓〓〓〓(乙5317)
林2.15.11 〓〓〓〓〓〓〓〓〓
佚961 〓〓〓〓
乙4380 〓〓〓〓〓〓〓〓〓
乙6310 〓〓〓〓〓〓〓〓(京1324 續存638)
外279 〓〓〓〓(甲206)
乙4869 〓〓〓
天98 〓〓〓〓〓
掇1.252 〓〓〓〓〓〓〓〓〓(南誠32)
庫546 〓〓〓〓(「〓〓〓〓〓」と同文例である)
乙5311 〓〓〓〓

（祭祀）鉄176.2 〓 —— 乙3230 〓（乙3229）—— 乙2065 〓
乙3353 〓 —— 乙840 〓
（〓祀）京762 〓（文314）—— 甲3078 〓 —— 鉄145.3 〓
（〓）前5.41.8 〓（乙2343 南坊3.92 京1843）—— 南無218 〓
（狩）京1668 〓

右の征伐卜辞中の「〓」は例へば「〓」（乙4615）が「〓」（乙4502）に、「〓」（佚604）が「〓」（甲183）に作られてゐるから「伐」の義であつて、説文には「戈傷也」とされてゐるものであり、〓については征伐をトするものが最も多く、右の第四期の場合と相俟つて〓の任務はここに在りと断ずることが出来るのである。その〓方征伐に當つては〓を率ゐてゐるから、その地位は殷の同族の「子」の上に在り、又「〓」（乙5311）の如く〓を呼び来るか否かがトされてゐるから、近衛軍の〓を指揮し得る者であつて、これは前記の如く〓が〓を率ゐてゐることと相俟つて、〓が近衛の將軍である証である。斯くの如く〓は王の親任を得てゐる者であるから、王に代つて〓神・兄丁を祀り得（先臣伊尹は殷室の祀典に列してゐる）、又王が〓の尤禍疾病の禁禦を祈り、その有無をトしてゐて、これは次の〓の場合に於いても同様である。

之を要するに〓の稱謂は第一期、第四期に稱されてゐるから氏族名であり、〓氏は殷の近衛の將帥であつてその職を世襲して居り、而して次の如く〓の受年がトされてゐるから領地を有し、殷西の地である〓に至り、〓に田してゐるから、その所領は西方に在ると考へられる。

京541 〓（京542）—— 前7.12.1 〓 —— 甲447 〓 —— 鉄191.2 〓 —— 乙5761 〓

（〓）粹二七八 〓
鄴三・四四・一 〓

〓は右の如く〓と共に第四期に〓を以つて稱されて居り、而して〓は「〓」と一字であることは次の用例に見て明かであつて、〓・〓が第一期・第四期にそれぞれ通用されてゐるが、第一期は〓、第四期は〓に作られてゐる例が多い。

ト52 〓（第一期）
佚250 …〓（第四期）
粋1224 〓（第四期）

乙5782 〓（第一期）
南明624 〓（第四期）
鄴3.402 〓（第四期）

後下9.4 〓（第一期）
甲896 〓（第四期）

第四期の〓には次の如く衆を率ゐて征伐に從つてゐる辭が多く、〓方を征伐して居り、又〓が〓を率ゐて歸り來れば王は之を迎へてゐる。之を第一期の〓に見るに、〓は衆を率ゐて〓方・東土を伐ち、〓戎を驅逐して居り、〓を率ゐて歸り來れば王は之を門に迎へてゐて、〓と〓の任務は同一であり、但だ征伐の對象を異にしてゐるだけである（〓には伐〓はなく、〓には伐〓はない）。

（第四期）
南明731 〓
南明531 〓
寧1.348 〓
後下27.14 〓
。粋1124 〓

（第一期）。
掇續140 〓
後上16.10 〓
粋1082 〓
續存580 〓…〓

粋1129 〓
書道10.5 〓
掇續144 〓
粋1178 〓
南明478 〓…

林2.24.5 〓…
佚17 〓
佚862 〓…
粋1072 〓

。甲896 ・〓 ・〓 ・〓

。粋249 〓
。南師2.95 〓
前5.27.1 〓
。後下9.4 〓

〓・〓が右の如く征伐に當つて「衆」を帥ゐる外に、第一期には次の如く「〓」・「〓」・「二百〓」・「三百〓」を率ゐるの辭があり、「〓」は諸伯、「〓」は〓伯〓、「三百〓」は他辭の「多射」であつて「〓」は戰車一輛の射士を單位とする編軍の單位である（戰車はM20車馬坑の發掘によつて、既に殷代に用ゐられてゐることが明となつた）。

庫1602 〓…〓
後下17.5 〓
乙7661 〓
乙4299 〓（乙2803 2900）

斯くの如く〓は征伐に當つては衆・諸伯・三百射を指揮する者であり、而して「〓」（前6.52.1）に於いては〓の上位に記されて居り、又右の如くその歸還に當つては王が之を迎へてゐる者であるから正に三軍の將帥に外ならず、殷には三軍があつて例へば「〓〓〓〓〓〓〓〓〓〓」（粹597）・「〓〓〓〓〓〓〓〓〓〓〓〓〓〓」（前3.31.2）の如く左・右・中の三軍があり、而して「〓〓〓〓〓〓〓」（粹87・摭2.189・京4781）と、〓を〓たらしむかの辭があるのは之が傍証である。

〓は三軍の將帥であるから次の如くその出征に當つては、(1)〓の受令（王命を受けたること）を〓神に告げ、(2)置酒して〓の成功を〓神に祈り、(3)〓の患害の禁衛を〓神に祈り、(4)〓〓（上帝）が〓に〓を致すか否か、又〓に〓（尤）・〓（災）・及び疾病の有無を卜して居り、斯くの如く親任を受けてゐる者であるから前記の〓と同様に王に代つて、(5)〓神・〓・王亥・上甲・上示・宗に祭祀を致してゐる。

(1) 粹533 〓〓〓〓〓〓〓〓〓〓〓〓
遺1051 ……〓……〓〓〓
(2) 續存下216 〓〓〓〓〓〓〓〓〓〓〓
前5.4.7 〓〓〓〓〓〓〓〓〓〓〓
(3) 續1.38.2 〓〓〓〓〓〓〓
甲3338 〓〓〓〓〓〓〓〓〓〓〓〓〓
甲2121 〓〓〓〓〓〓〓〓〓

(4) 粹1265 〓〓〓〓〓〓〓〓
續存1114 〓〓〓〓
前6.45.3 〓〓〓〓
前4.14.2 〓〓〓〓（續存下371）
林2.2.4 〓〓〓〓〓〓〓〓〓〓
(5) 文341 〓〓〓〓〓〓〓〓〓〓〓〓（續1.45.1・南上34）
續存56 〓〓〓〓〓〓〓〓〓〓

續4.15.1 〓〓……〓〓……〓〓〓……〓〓
甲1147 〓〓〓〓〓〓
遺338 〓〓〓〓〓〓〓
南明71 〓〓〓〓〓〓
前7.32.4 〓〓〓〓〓〓〓〓〓〓
林2.3.11 〓〓〓〓〓〓〓〓〓〓〓〓〓〓〓〓

〓の稱謂は右の如く第一期・第四期に稱されてゐる外には、次の如く第二・第三・第五期にも稱されてゐるから個人名ではなくして氏族名であり、而して「〓〓〓〓〓〓〓〓」（鉄241.3）に於いては「〓」族の如く考へられるが、他辭に「〓〓〓……〓……〓……〓〓……」（前5.5.2）とあり、又「〓〓」の稱謂は他に存しないから〓族と見做すことは出來ず、例へば「〓〓」（京263・2157）・「〓〓〓」（摭1.343）と小臣を以つて稱されてゐて、〓族は臣を以つて稱されることがないから〓は王族で

（第二期）文637 〓〓〓〓〓〓〓〓
（第三期）續存2206 〓〓〓
（第五期）簠征38 〓〓〓〓〓〓〓〓〓〓〓……

はない。次の辭に「〓〓〓〓〓」と「〓」の地の方面より外敵の來襲があるか否かを卜してゐるから、〓に領地のあるこ

甲2123・〓〓〓〓〓〓〓・〓〓〓〓〓〓〓〓〓
續4.32.1 ……〓〓〓……〓〓〓〓……（餘2.1）

とが解る。以上の如く〓氏は殷室の將帥であつて、この職は世襲されてゐることは〓の場合と同様であり、第四期には亞を以つて稱されてゐるのである。

（〓・〓）

〓は第一期には「〓〓卜〓〓〓〓〓〓〓」（庫1602）と〓と共に多伯を帥ゐて居り、又第四期には「〓〓卜〓〓〓〓」（續存下317）と周を伐つてゐる。〓の用例には〓〓（前2.3.2）・〓〓（文631）・〓〓（庫1596 後下37.2）・〓〓（林1.17.15）・〓〓（拾5.10）以外にはなく後考に俟つ。

（南師二・二二 工〓卜〓〓〓〓〓〓 甲二四六四 〜〓卜〓〓〓〓〓〓〓〓）

斯くの如く亞を以つて稱されてゐる〓・〓は共に殷の將帥であつて、この職は世襲されて居り、從つて亞官は將帥の職であり、前記の如く亞は「旅」と共に「亞旅」・「侯亞侯旅」と稱されてゐて旅は軍旅であり、又「多馬」と併稱されてゐて鄭子産が「朔（人名）于敝邑、亞大夫也、其官馬師也」（左傳昭公七年）としてゐるのは之が傍証である。

(2) 〓〓

多臣は次の如く〓方及び〓の征伐に從つて居り、〓は「〓〓〓〓〓〓〓」（乙2108 5765 5790 6692 7981）の如く〓方に屬する地であり、〓方

簠征5 〓〓〓〓〓〓〓（前4.31.3 林2.27.7 庫1574）

征伐には〓（前 出）・〓（金525 南明162）・〓（金522）・〓（前7.2.1）・〓〓（續3.2.3 3.4.1）・〓〓（林2.27.7）・〓〓（金522）・

乙2000 〓〓〜〓〓臣〓〓

〓（粹1082）が當つて居り、又〓方征伐には〓（乙5582）・〓〓（前5.13.1 乙2108）・〓〓（續存下301）が當つてゐるから、多臣はこれらの總稱である。

「臣」の種別としては次の如く王臣・小王臣・小臣・〓臣・耤臣・舞臣があり、

（王臣）鉄1.1 〓〓〓〓〓太臣	（小王臣）京2099 〓小太臣	（〓臣）前4.15.4 〓〓〓〓〓〓〓	前6.17.5 〓〓卜…〓〓…〓臣
寧3.71 〓太臣	（小臣）掇1.343 小〓〓	庫1516 …〓〓〓	（舞臣）乙2373 〓〓〓〓臣
乙6386 ・太臣〓…〓〓 ・太〓〓…	前4.30.2 〓〓小臣〓〓〓〓	（耤臣）前6.17.6 〓〓〓小〓臣	乙3108 〓〓〓〓〓〓臣

右の如く「太臣」は王と共に卜の繇辞をなしてゐるから、王の側近に在つて樞機に參與してゐる重臣であり、「小臣」は「小太臣」であつて前記の〓が之を以つて稱されて居り、又「…臣〓〓」（前6.36.1）・「臣〓出〓〓…」（乙696）と〓〓が臣を以つて稱されてゐるから、將帥・諸伯を謂ふものであり、王臣と小王臣（小臣）との別は王の側近に在ると地方に在るとによるものであらう。「〓臣」は〓即ち耤を司る臣、「〓臣」は祭祀を司る臣、「〓臣」は譜代の臣の義であらう。而して〓は「〓〓〓〓〓太臣」の如く樞機に參與する王臣を指揮し、「〓〓〓小〓臣」の如く耕耤を司る臣を左右してゐるから、内政の長官即ち冢宰の位置に在る者と考へられる。

（〓）

次の辞に於いては〓に命ずるか〓に命ずるかをトしてゐるから（續存下251）、〓は〓と共に重臣であり、而して〓も亦〓を率ゐ

續存下251 ・〓〓〓〓〓〓〓〓
・〓〓〓〓〓〓〓〓

南坊4.113 〓〓〓〓（林2.3.10 京1524）

鉄105.3 〓〓〓〓〓〓〓（卜646 掇1.520 續存46）

（南坊4.113）、〓・〓の征伐に従つてゐる（鉄105.3）。然し前記の如く〓の辞例に於いては征伐に關するものがその大半を占めてゐるのに比して、〓の辞例に於いては征伐に關するものはこの外になく、寧ろ次の如く(1)王臣を率ゐ、(2)耤臣を指揮し、(3)〓（多〓）を〓し、(4)牛・羊を供給し、(5)地方を巡察するなど、その任務は内政に在るのが特色である。

(1) 鉄1.1 〓〓〓〓〓〓

(2) 前6.17.6 〓〓〓〓〓〓〓〓〓

前6.17.5 〓〓〓…〓〓…〓〓

續存下476 〓〓〓〓〓〓〓

(3) 南明90 〓〓〓〓〓〓

金495 〓〓〓〓〓〓

(4) 鉄26.2 〓〓〓〓〓（佚669 續存365）

鉄3.3 〓〓〓〓〓

南坊3.94 〓〓〓…〓〓…〓〓…〓…

續存下332 〓〓〓〓〓〓〓〓

(5) 掇1.277 〓〓〓

乙8033 〓〓〓

前5.6.2 〓〓〓〓〓〓〓〓（京2148）

甲3422 〓〓〓〓〓（寧3.74）

遺16 〓〓〓〓〓〓〓

林2.7.6 〓〓…〓〓…〓〓…〓〓〓〓

後下36.3 〓〓〓〓〓〓〓〓〓〓〓（後下34.3 續存1916）

摭續143 〓〓〓〓〓〓〓〓

王は次の如く〓の〓禍・疾病の有無をトして居り、又〓の疾病に當つては之を〓神に告げ、王親ら〓の所に行つて〓神

南師2.150 〓〓〓〓

續存下392 〓〓〓〓〓〓〓

續存821 〓〓〓（〓）〓

及び妣神に〓祀してゐる（「〓〓〓〓〓」は「〓〓〓〓」（甲二一二）と同文例であり、この〓は〓の假借であることは〓の項の如し）。斯くの如く王の親任を得てゐる者であり、「〓〓〓〓〓〓（〓）…〓〓」（南明547 これは第四期であるが、〓氏の地位を知るに足る）の如く王室の祭祀を營み、又右の如く王臣・耤臣を支配してゐる者であるから、その地位は後世の冢宰に在る者と断ずることが出來る。

續1.44.6

林1.22.20

〓に所領のあることは「〓〓〓〓〓」（天42）・「〓〓〓〓〓」（續存下332）・「〓〓」（林1.22.20）に見て明かであり、而して〓の稱謂は次の如く第二期・第四期にも稱されてゐるから氏族名であつて、第

（第二期）文622 〓〓〓〓〓〓〓〓〓〓〓

―四期の〓の辞例には次の如く第一期と略同一辞例が

（第四期）後下34.3 [illegible]（其他後下36.3 粹1247 430 南明547 摭續143 寧1.504）——あり、又「[illegible]」（南明547）の如く王

林2.7.6 [illegible]（第一期）——室の祭祀を營んでゐるから、この職は世襲されてゐ

後下36.3 [illegible]（後下34.3 續存1916）（第四期）——ることが解る。

之を要するに[illegible]氏は後世の冢宰の任に在る者であつて、この職は世襲されて居り、[illegible]・[illegible]が「[illegible]」（亞次）を以つて稱されてゐるのはこの[illegible]氏を補佐するの義によるものと考へられ、而してト辭上に於いては伯[illegible]の外は[illegible]・[illegible]・[illegible]の三者の辭例が最も多く、それだけに重要且つ親任の厚い氏族であつたことが解るのである。

(3) [illegible]・[illegible]・[illegible]

多[illegible]（君）・多[illegible]（尹）の用例は次の如くであつて、多尹は第五期以外の各期に稱されてゐるが、多君は第二期以外には未見であり、「[illegible]」と「[illegible]」とは同語法であつて、前者は多君、後者は多尹とされてゐるから、多君は多尹と同一と考へられる。

（[illegible]）後下27.3 [illegible]　（[illegible]）南師1.83 [illegible]
第一期

後下13.2 [illegible]　後下29.11 [illegible]
ト28 [illegible]　林2.27.7 [illegible]
續存1507 [illegible]　乙867 [illegible]
七P108 [illegible]　京3309 [illegible]
第二期

第三期　通別2.5.3 [illegible]
京1872 [illegible]
甲752 [illegible]
第四期　續6.17.1 [illegible]
書道10.3 [illegible]

多尹は右の如く「[illegible]」・「[illegible]」・「[illegible]」・「[illegible]」と、征伐に從事し、祭祀に當り、王寢を作り（[illegible]は例へば「宅新[illegible]」（前1.30.5）・「宅東[illegible]」（前4.15.1）と用ゐられ、羅氏は寢と釋してゐる。）、田圃の開墾（[illegible]田は第六章參照）に從つて居り、而して尹の種類としては次の如く[illegible]尹・[illegible]尹・[illegible]尹・三尹・中尹・[illegible]尹・[illegible]尹・[illegible]尹がある。

林2.7.6 [illegible]　掇1.408 [illegible]　林2.26.4 [illegible]　甲635 [illegible]
前6.37.4 [illegible]（前5.8.1 林1.26.18 續存233 掇1.431）　拾3.4 [illegible]　後上22.5 [illegible]　南明67 [illegible]

これらの尹の職域はなほ後考に俟たねばならないが、「[illegible]尹」の[illegible]は後記の如く軍團であるからこれは「右軍の尹」

の義であり、又「〓〓」は次の「〓〓〓」とも稱されて居り、而して乙8897版には・〓〓〓〓〓〓〓〓と〓が又〓に作られてゐ

前5.8.1　〓〓〓〓〓〓〓

前4.11.5　〓〓〓〓〓〓〓〓〓

南明479　〓〓〓〓〓〓

るから〓・〓は一字であり、從つて〓〓・〓〓は同一であつて、上掲例の〓〓・〓〓の尹である。〓字を孫詒讓は「癸之異文、冊父己鼎癸、父乙卣癸、並作〓可證」（擧例上三）とし、羅振玉は「顧命鄭注戣瞿、蓋今三鋒矛、今〓字正象三鋒、下象箸地之柄、與鄭誼合、〓爲戣之本字、後人加戈耳」（金文編十四巻〓字下所引）と、顧命の「一人冕執戣立于東垂」の戣の本字として居り、この二氏の説は至確であつて右の〓〓は三鋒戟の兵士であり、而して〓〓はその隊長である。

右の「〓〓」・「〓〓」は次の如く〓（郭）・羽（羽）・〓（鷄）によつて帥ゐられてゐるから、〓・羽・〓の指揮を受けるも

林2.7.6　〓〓〓〓〓〓〓〓〓〓〓

菁11.7　〓〓〓〓〓〓〓〓〓〓

前7.23.1　〓〓〓〓〓〓〓〓〓〓〓〓〓

のであり、而してこの三者は上掲の前7.23.1版には羽・〓が併稱されて居り、又「〓羽〓〓〓〓〓〓」（前2.21.4）には羽・〓が併稱されてゐるから略〻同一の地位に在る者であり、亞〓の如き大〓・〓〓を帥ゐるの辭例がなく、例へば「〓〓〓〓〓…〓〓…」（乙8935）の如く〓は〓の下位に記されて居り、又「〓〓〓〓〓〓〓〓〓〓」（後下27.14）の如く〓が〓に命令してゐるから將帥〓・〓の下位に在る者であつて、右の如く「〓〓」（右軍）を帥ゐてゐるから裨將であり、從つて〓・〓・〓〓の關係は次の如くなるのであつて、これによつて「〓」が何如なる地位に在るかを想見することが出來る。多尹は

王―〓―亞〓〓―〓―羽―〓〓―〓〓

――右の如く征伐・祭祀・建築・營農に當つて居り、それぐ〻の職域を擔當する尹があつたものと考へられ、その地位は裨將の下位に在ることが解るのである。

（〓・羽・〓）

この三者の辭例の見るべきものは略〻次の如くであつて、〓・〓・〓に比すれば遙かに少い。

（〓）前2.21.4　〓羽〓〓〓〓〓〓

金715　〓〓〓〓〓

前4.10.6　・〓〓〓〓・〓〓〓〓〓

前5.30.6　〓〓〓〓〓〓〓〓〓〓

後下25.8　〓〓〓〓〓〓

甲3510　〓〓〓〓〓〓

明224　〓〓〓〓

乙4761　〓〓〓〓〓〓〓

乙8935　・〓〓〓〓〓〓・〓〓〓〓〓〓〓〓〓〓〓

後下27.14　〓〓〓〓〓〓〓〓〓〓〓

續存下846　〓〓〓〓〓〓〓

鄴349.7　〓〓〓〓〓〓〓…

(羽) 前7.23.1 〓〓羽〓〓〓〓〓〓〓〓〓

前2.21.4 〓羽〓〓〓〓〓〓

金522 〓〓羽〓〓〓〓〓〓〓〓〓

(〓) 前7.23.1 〓〓羽〓〓〓〓〓〓〓〓〓〓〓

鄴1.33.5 〓〓〓〓〓〓〓(簠人70)

菁11.7 〓羽〓出〓〓〓

續2.19.1 〓〓羽〓〓

粹1245 〓〓卜〓羽〓〓〓

前5.46.5 〓〓卜〓〓〓〓〓〓

明1433 〓〓〓〓

粹863 〓〓〓〓

簠歲4 〓〓卜〓〓羽〓〓

前4.4.3 〓〓卜〓〓羽〓〓〓

金733 〓〓〓〓〓〓〓〓〓三

前5.46.4 〓〓卜〓〓〓〓〓〓

右の如く〓は第一期以外に第四期にも稱されてゐるから(後下27.14 續存下846)、氏族名であり、羽は受年がトされてゐるから所領を有することが解る。〓字は右の用例以外にはなく、人名に〓があつて同一人と考へられ、又「〓〓卜〓〓大〓〓〓〓」(乙7741)の人名〓と同聲であるから同一人であらう。

(ム) 大族・小大〓・出族・三族・五族・〓〓族

族字は又〓(鉄93.1 京2102)・〓(南明616)に作られてゐて説文の「族」であり、説文は〓を「㫃所以標衆」、〓を「矢鋒(鏃)也束之族族也」と解して居り、丁山は「族字从㫃从矢、矢所以殺敵、㫃所以標衆、其本誼應是軍旅的組織」(甲骨文所見氏族及其制度三三頁)と、本義は軍旅の組織であるとしてゐる。族は次の如く征伐に從つて居り、又「〓〓〓〓族〓〓〓〓〓〓」(後下38.1)と「〓〓羽〓〓〓〓〓〓〓〓〓」(前7.23.1)とは略同辞であつて、「〓〓族」は「羽〓〓〓〓〓」と同類語であり、後者は前記の如く裨將羽及び〓が三鋒戟隊長を帥ゐる意であるから、〓〓族も亦軍隊であつて族を軍旅組織とする丁山説は妥當である。

南明616 〓〓〓〓〓〓〓〓〓〓〓…

京4387 〓〓〓〓三族大〓〓〓〓〓〓〓

後下42.6 〓〓五族〓〓

族の種類には次の如く大族・小大族・出族・三族・五族・〓〓族があり、「大族」は次の如く亞・〓・〓が之を帥ゐて

誠356 〓亞〓大〓〓〓(省)

前5.7.8 〓〓〓…大族

前7.38.2 〓〓大〓〓〓〓〓〓

ゐて、亞〓は殷室の將師であり、又大族は「〓〓卜大族〓〓〓族〓〓〓」(南明224)の如く〓祀に侍立してしてゐるから王の近衛軍であり、「〓族」(林2.25.18 鉄14.2 甲273 3047)は又「〓〓族」(前6.51.6 後下38.1 續5.2.2)と稱されてゐて、次の如く右の大族を帥ゐてゐる〓が

誠356 〓亞〓大〓〓〓(省)

鉄93.1 〓卜〓〓〓〓小大〓

菁11.7 〓卜〓〓〓〓出族〓〓

甲948 〓卜〓〓〓三族〓〓〓〓〓

鄴3.39.10 〓五族〓〓〓五…

遺309 〓〓〓族〓…(林2.25.18)率ゐて居り、又右の如く大族と共に〓祀に侍立し

林 2.25.18 [illegible]

後 下38.1 [illegible]

てゐるから殷室に屬する軍であつて、その名稱よりせば同族の多子の軍である。「[illegible]大[illegible]」は太子の手兵、「[illegible]」は左右中三軍（粋597 [illegible]）の右軍、「三[illegible]」・「五[illegible]」は三軍團・五軍團の義と考へられるが、なほ後考に俟たねばならない。

(5) [illegible]

（[illegible]）
後 上31.9 [illegible]
乙 5395 [illegible]

（[illegible]）
續 3.23 [illegible]
粋 1074 [illegible]（簠征11 ト70 前7.35.1 續3.4.1 京1356 續存下291）

（[illegible]）
鉄 232.1 [illegible]
ト 90 [illegible]
甲 1167 [illegible]（粋15）
後 下25.8 [illegible]
前 5.42.6 [illegible]
續 3.46.5 [illegible]
金 200 [illegible]
續存 705 [illegible]（簠游130 [illegible]）（卜659 林2.30.2 後上30.15 明1014 京2110 續存1081）
乙 4615 [illegible]

（[illegible]）
續 5.25.9 [illegible]
前 4.45.5 [illegible]
粋 1290 [illegible]

續存 66 [illegible]（粋1554 南師2.155 京4771 續存下380）

（[illegible]）
乙 5329 [illegible]
簠 雜118 [illegible]
續 2.24.1 [illegible]

（[illegible]）
乙 4761 [illegible]
乙 4973 [illegible]（乙2424）
乙 8461 [illegible]

（[illegible]）
乙 4212 [illegible]
乙 4208 [illegible]

（[illegible]）
拾 14.7 [illegible]
粋 1284 [illegible]
乙 3317 [illegible]

（[illegible]）
前 4.48.1 [illegible]（庫198）
續存 下107 [illegible]（南明170 簠游132）
續 4.29.2 [illegible]（林2.15.15 乙5327）

（[illegible]）
乙 3442 [illegible]

乙 7128 [illegible]
京 2071 [illegible]

（[illegible]）
鉄 118.2 [illegible]
乙 4119 [illegible]（南坊3.56）
前 6.7.2 [illegible]
鄴 1.40.5 [illegible]
後 下42.9 [illegible]

（[illegible]）
前 7.35.2 [illegible]

（[illegible]）
續 1.4.5 [illegible]
佚 929 [illegible]

（[illegible]）
前 4.10.3 [illegible]

（[illegible]）
乙 8892 [illegible]

（[illegible]）
京 1418 [illegible]

（[illegible]）
甲 940 [illegible]

（[illegible]）
京 4825 [illegible]

（[illegible]）
粋 1280 [illegible]

右の「多〓」は又「〓五百〓用」(京1255・前7.9.2)の如く五百〓と用ゐられてゐて右の如く征伐に從つて居り、又「〓〓〓〓〓〓」(續存下804)の如く〓方を攻伐してゐる〓が「〓〓〓〓の〓」(前6.6.6)の如く之を率ゐてゐるから軍隊であり、而して「卜〓〓衛の〓〓用」(乙749・5288)の如く「衛」が之を率ゐて居り、衛は次の如く「射衛」即ち射であるから多射に隷屬する者である。

「多射」は又「〓〓〓〓三百射」(乙2900・2803・4299・4475・4615)の如く三百射と用ゐられてゐて、例へば「〓多射衛〓〓〓」(前5.42.6)の如く「射衛」とも稱されて居り、而して「〓多射〓〓〓」(續3.46.5)の如く攻伐に從つてゐるから軍隊であつて、「射」は戰車一輛の射士を單位とする編軍の單位と考へられる。射は例へば「〓〓〓〓の射」(林2.3.10)・「〓〓の二百射」(乙7661)・「〓〓の多射衛」(後下25.8)の如く〓・〓・〓が之を率ゐてゐる。

「多馬」・「多〓」は例へば「〓多馬〓〓〓」(乙4615)と「〓多〓〓〓〓」(續4.29.2)とが同文例であるから、この兩者は同類であり、從つて「〓多馬〓〓〓」(續5.25.9)の多馬〓は多馬と多〓とを併稱するものである。馬は例へば「〓〓馬〓〓」(佚378)の如く「馬を遣はしてここに滅す」(〓は「〓〓〓〓〓〓〓」(後上31.6)の〓であつて供の意、〓は「〓〓〓〓〓」(續存五七〇)の〓であつて滅の意である)と用ゐられてゐるから軍に屬するものであるが、多〓・多射の如き攻伐するの辞例がなく、而して「〓馬」(後下5.16)・「馬亞」(前5.6.5)或は「〓〓馬〓〓」(粹1291)の如く、亞・〓と併記されてゐるから將官の類であり、從つて之と併稱されてゐる多〓も亦同様であつて、例へば「〓〓の〓〓〓〓〓」(後下9.4)・「〓〓〓〓〓〓」(甲896)・「〓〓〓〓」(乙3793)の〓はこの多〓を謂ふものに外ならず、之を羌俘とするのは非である。

「多〓」は例へば「〓〓…〓の〓〓…」(京1620)・「〓〓卜〓多亞〓〓」(寧2.16)・「〓〓〓〓〓田」(金715)の如く、亞・〓が率ゐて居り、而して「〓田」に從つてゐるから營田に當るものであらう。

「多〓」は例へば「〓〓〓〓〓〓」(叕26)と「〓〓〓〓〓〓田」(菁2)とを比較せば、〓は田の假借として用ゐられてゐるから、多〓は「多田」の假借であつて諸侯の義である。

「多箙」即ち多箙の箙は多〓の〓と雙聲であるから、多箙は多〓の假借であらう。

「多〓」の〓は「〓〓」の〓であつて「工」である。

「多〓」・「多〓」には右の如く「〓」(舞)が謂はれてゐるから、この兩者は祭祀の職に當るものと考へられる。

以上の外の多〓・多〓・多〓・多〓・多〓・多〓・多卜・多〓・多〓はなほ後考に俟たねばならない。

之を要するに外服には侯、伯、子、服、内服には(冢宰)・多亞・多馬・多尹・多工があり、酒誥に「在外服」侯甸男衛邦伯、越在「内服」百僚庶尹、惟亞惟服宗工、越百姓里居」とある般制は略、史實を傳へてゐて、之を圖示せば次の如くである。

○統屬關係卜辭

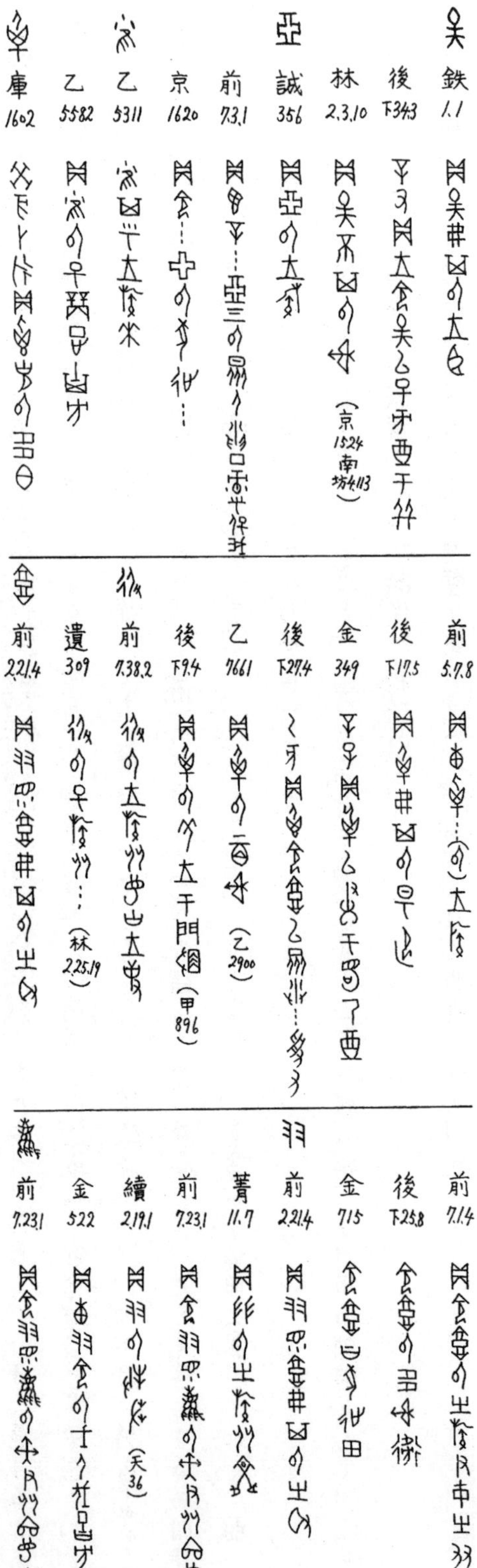

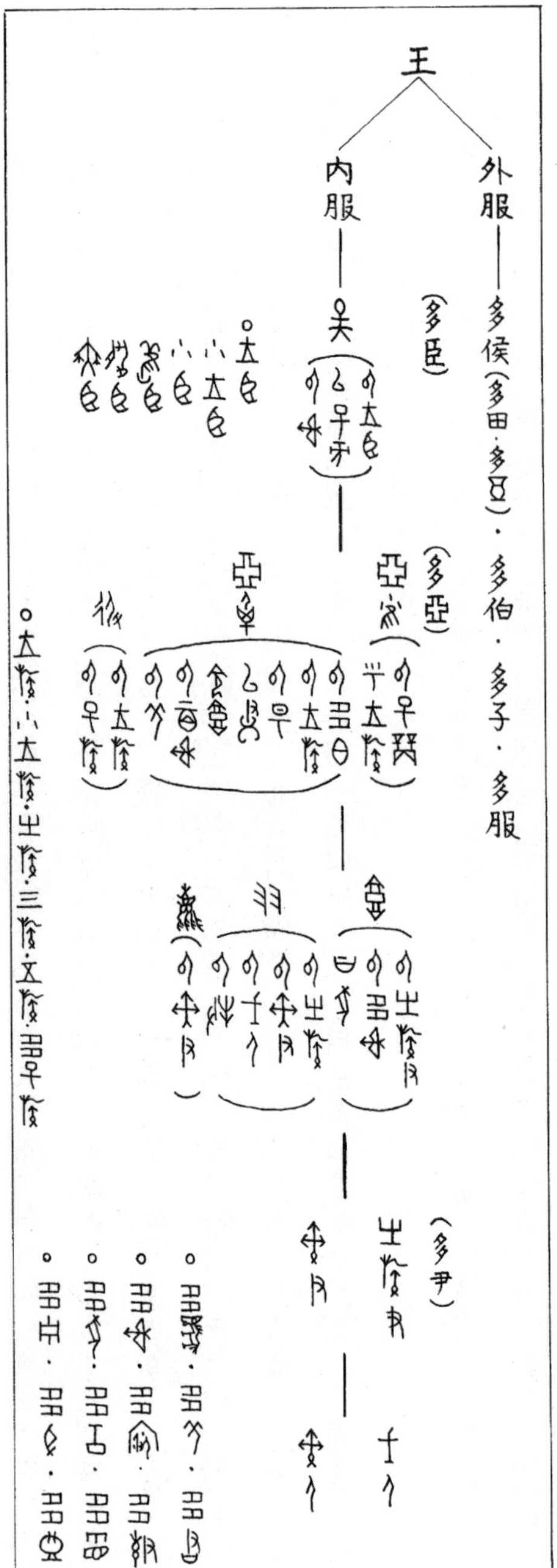

右の侯伯子服及び吳宋皐龠羽の氏姓官職は世襲されて居り、殷代は氏族社會であつて封建國家である。

第五章　殷の社會

殷代が何如なる社會かの問題は、郭沫若が中國古代社會研究（一九二九年）に於いて殷代を金石並用的時期・牧畜主要的生產・原始公社制的氏族社會（自八頁至九頁）と說くことによつて提起され、爾後郭氏は「沫若近著」（一九三七年）に於いては殷代為氏族社會的末期（二頁）、十批判書（一九四五年）に於いては前說を改めて農業主要的生產・奴隸使用社會（一六頁一九頁）、奴隸制時代（一九五二年）に於いては青銅器時代・奴隸社會（八五頁）としてゐる。斯くの如く郭說は氏族社會說より奴隸社會說に變じて居り、而してこの間に於いて殷代を氏族社會となすものには程憬の部落的氏族社會說（中山大學週刊四・四二殷民族的社會八七頁）、姜蘊剛の氏族聯盟時代說（中國古代社會史二〇頁）、胡秋原（中國社會史論戰）・陶希聖（中國社會形式發展的新估定）の氏族社會說があり、奴隸社會となすものには呂振羽（中國社會史綱）・翦伯贊（中國史綱第一卷）・吳澤（古代史）・何幹之（中國社會史問題論戰）・李亞農（殷代社會生活）・束世澂（中國的封建社會及其分期）の說があり、封建社會となすものには董作賓（五等爵在殷商）・束世澂（中山大學月刊二・四殷商制度考）・胡厚宣（殷代封建制度考）の說があり、亞細亞的生產社會となすものには李季（中國社會史論戰批判）・王漁邨（中國社會經濟史）の說がある。これら諸說を比較檢討することは煩雜であるから、奴隸社會說が他說を何如に批判してゐるかを觀察し、次に奴隸社會說の論據を檢討する。

郭沫若は曩に原始公社的氏族社會說を提出したが、自ら之を次の如く批判して居り、

○從社會發展方面來看、我認為殷代是原始公社的末期、周代是奴隸社會的開始、……這見解到現在都還在相持、但其實都是由於演繹的錯誤、（十批判書六頁）

○殷代確已使用大規模的奴隸、是毫無問題的、因此我在十幾年前認為殷代是原始公產社會的那種看法、當然要修正才行、（同右一九頁）

○我在二十多年前開始研究中國古代社會的時侯、那時我很魯莽地下出了殷代是金石併用時代的一個錯誤的判斷、……由這一錯誤又引出了別的錯誤、便是把殷墟文化看得很原始、說殷代是原始共產社會的末期、這些錯誤、我自己早就糾正了、……已有充分高度的文化、尤其生產狀況、決不是所謂原始共產社會所能含孕的了、（奴隸制時代八〇頁）

右の批判の基礎については問題があるが、殷代が殷王室による統一國家であつて、原始共產的氏族社會・部落的氏族社會・氏族聯盟社會でないことは略〻明かである。

郭沫若は封建社會説を批判して、殷代の侯伯を殖民部落の建置であり、今日の所謂封建社會ではないとしてゐる。

○卜辭裏面已經有所謂「諸侯」的痕跡、例如屢見「多田與多伯」、又有周侯亞侯兒伯盂伯等稱謂、周初的大盂鼎也稱「維邊侯田」、故如孟子王制周官等所説的五等諸侯、禹貢職方等所説的五服九服等所用的一些字面、至少有一部分、在殷代是已經出現了、……古時所謂「國」本是等於部落的意思、所謂「封建藩衛」也不過是建置大小不等的各種殖民部落而已、異姓之國大抵是原有的部落、同姓之國則多係從新建設的、（十批判書十三頁）

○舊時的所謂「封建制」是封諸侯、建同姓的意思、那在實際上只是建立一些比較原始的殖民部落、有的是同姓的分支、有的是異姓的聯盟、但在社會經濟的本質上、和我們現今所用的封建制、這個術語是完全不同的、（奴隷制時代三頁）

然し殷代に於ける侯伯は單なる殖民部落の建置ではなくして、外寇を防衛する意圖に本づくものであり、侯伯の外には同族の「子」及び「服」を四方に配置して防衛治安に當らせて居り、これらの侯伯子服が國家の藩屏として封建されてゐることは前述の如くであるから郭説は妥當ではない。郭氏が殷代の侯伯を殖民部落の建置と見做すのは、殷代が馬克思主義の所謂封建制社會ではないから封建社會ではないとして（十批判書十五頁參照 奴隷制時代三頁參照）殷の封建を否定し、之を殖民部落と説明してゐるに過ぎないのであつて、事實に立脚する説ではない。

郭沫若の亞細亞的生產社會説に對する批判は未見であるが、同じく奴隷社會説を持してゐる李亞農はこの説を批判して

○殷代是高級階段的奴隷制社會、那麼、請問反對論者、倆們到底根據什麼資料、説殷代的奴隷數量比較地不大、社會的主要的勞動者"公社成員"而不是奴隷呢、……殷代的社會就在這樣的環境中、發展成爲高級階段的奴隷制、總之在我們看來、把所謂「古代東方奴隷制」的一般特點、搬到中國歷史上來硬套、實未見其可、（殷代社會生活一三六頁）

○殷墟出土的甲骨、迄今達數萬片之多、而竟沒有一片談到水利、不但沒有談水利、連水災也沒有貞問過一次、當然這不是説殷代沒有發生過水災、凡是有河川的地方、都有發生水災的可能、而甲骨文災字作巛、象洪水横流氾濫之形、又或作𡿧、象水壅河川之形、其意蓋謂川壅則爲災也、既有這樣的字、則必有這樣的事、但這一定是小事、所以絲毫未引起殷代統治者關心、自盤庚以後的二百七十年間、大量卜辭中竟沒有貞問水災的記錄、（同前一三二頁）

と、殷代を高級階段的奴隷社會とする説を立て、而して亜細亜的生產方式の一般的特點とされてゐる水利治水の問題につ

いては、甲骨版に水利水災を貞問してゐる一例もなく、これは統治者がこれに絲毫も關心を持たなかつた証であるとして、殷代を亜細亜的生産社會ではないとしてゐる。然し後述の如く卜辞には水災を卜し（前4.13.5 後下3.4 遺395 金377）、水害の禁禦を祈つてゐる辞例があり（鉄99.4 遺835 粹148）、更に亜細亜的生産社會の有する特質を卜辞に見ることが出來るから、右の李説には信を措くことは出來ない。

斯くの如く奴隷制社會説をとる郭・李氏の他説に對する批判は卜辞の事實に立脚するものではなく、公式論の域を出でないものであり、而して郭沫若の「殷代確已使用大規模的奴隷、是毫無問題的」とする説は前記の如く追従されてゐるから、次にこの奴隷社會説の根據について檢討しなければならない。

郭氏が「卜辞の研究は新興の學問であつて常に變遷して居り、前に認識されなかつた事が後に認識されたり、前の誤謬が後に訂正されたりしてゐる。これを社會史料の根據となすためには當然眞正面から立ち向ふ方法をとり、最も進歩してゐる線を基點として再出發しなければならない。今日多くの新史學者は好んで卜辞を引用してゐるが、卜辞の全研究過程を經てゐないから、屡、依然として誤謬を沿用したり、甚しい者は錯誤の舊説を引用して改正の新説を攻擊したりしてゐる。これでは絶對に正確な結論に到達することは望まれない」（十批判書六頁）と謂つてゐるのは時弊の鍼言である。郭沫若が卜辞によつて殷代に奴隷の存する説を提唱してより、近時多くの學者は卜辞の全研究過程を經ずに之に盲從し、甚しきは卜辞を恣意に解釋して論據として居り、呂振羽・翦伯贊・范文瀾はこれであり、呉澤の「古代史」・李亜農の「殷代社會生活」はその甚しいものである。右の諸家が奴隷としてゐるものは次の如くであり、これは郭説に盲從するものに過ぎない。

呂振羽―甲骨文字所載、其奴隷中有𠬝奴・鄙人・羌人・人方牧・土方牧・臣呂方・𠂤奴…等、均冠以族名、然亦有不冠以族名之普通稱謂者、如藉臣・小臣・僖・漁有衆、以卦爻辞中之小人等、因為在殷人的國境周圍的異族甚多、由戰爭手段去獲得奴隷的來源甚廣、他們把那由戰爭得來的俘虜、便編製為奴隷勞動的隊伍、但是戰爭是由貴族所領率的、所以奴隷的獲得、便無異成了貴族的特權、例如前揭甲骨文字中之所謂「帚姘𠬝奴」・「帚婐𠬝奴」的記事、便是這種内容、（殷周時代中國社會、九七頁）

翦伯贊―殷代的奴隷、有各種的名稱、甲骨文中所謂小臣・奚・奴・童・僕・妾・役・牧・御等皆屬之、這些奴隷、完全

失掉了身体的自由、成為奴隷所有者搾取的對象、而構成一個龐大的被統治者集團。（中國史綱二一〇頁）

范文瀾－甲骨文有臣・多臣・小臣・牧臣・耤臣・小耤臣・宰・臧・僕・奴・奚・童・妾等字、全是奴隷的名稱、這些人如耤臣、是管農業奴隷頭領、牧臣是管畜牧奴隷的頭領、宰是手工業和厨下奴隷、臧是執武器護衛王和貴族的親信奴隷、其餘大都是一般的家内奴隷、数量最大的奴隷是萬民、主要用途是從事農業與畜牧業生產、沒有萬民、其他種類的奴隷、也就不能生存。（中國通史簡編三九頁）

右の甲骨文字が果して奴隷の存在を立証するものであるか否かを次に検討する。

(1) 奴（〓）

郭沫若は次の版を証として殷代の牧畜が奴隷を用ゐて擔任せしめた痕跡があるとし、この辞を

・戊戌卜大占奴
・癸巳卜令牧坐

と釋して

戰
33.14

二事相隔僅六日、且同在一片、一條言牧、一條言奴、二者應係同樣的性質、牧在春秋、成為最下等的奴隷、在殷代雖不必如此過甚、但用奴民牧畜是有存在的可能性的、牧畜用奴隷經營、

と、兩辞を關係あるものとして一辞には「奴」、他辞には「牧」の字があるから、奴民を用ゐて牧畜を經營せしめたと断じてゐる（中國古代社會研究二三〇頁）。

この「〓」字を郭氏が奴隷と解釋してより程憬・呂振羽はこれを例へば「〓〓〓〓〓」の如き辞の〓に適用して、

程憬－拾8.2「貞汝〓不其〓」、奴字卜辞作〓、從又從女、疑為女奴、但從卜辞文看出、實為奴隷的總稱。（殷民族的社會八七頁）

呂振羽－戰爭是由貴族所領率的、所以奴隷的獲得、無異成了貴族的特權、例如前揭甲骨文字中之所謂「帚賜（領）姘弇奴」・「帚婐弇奴」的記事、便是這種内容。（殷周時代的中國社會九七頁）

と、程氏は「〓」を奴隷の總稱、呂氏は「姘弇奴を頒賜す」と解して居り、而して呂氏は「邶奴」（同前九七頁）なるものをあげてゐる。呉澤は呂氏の「邶奴」を襲いで「甲骨文中有「邶奴」的記載、邶是方國的名稱、「邶奴」當即由邶方俘虜來的奴隷」（古代史三五五頁）と説明してゐるが、甲骨文には「邶奴」の辞は存在せず、呂氏の指摘してゐる邶奴は「〓〓」と考へられる。

斯くの如く郭沫若が〓を奴隷としてより、卜辞の〓の用例を奴隷と解する風を馴致してゐるが、「〓」を「奴」と釋するのは孫詒讓・羅振玉が「〓」を女・又に從ふ字と見做すことに始まつてゐる。

孫詒讓―此疑即奴字、説文奴婢皆古辠人、从女又聲、古文作〓、此从〓即从又也、（舉例下廿九）

羅振玉―説文解字奴古文作〓、从又、與許書篆文合、（考釋中三）

郭氏の字釋はこれらの説に從ふものあり、而して孫・羅二氏が〓を「又」としてゐるが、〓は例へば〓・〓の〓であつて葉玉森の「〓所从之〓・〓・〓並爲耒形」（集釋一・八）とする説が是當であり、從つて「〓」は女・力に從ふものであつて、之を女、又に從ふとして奴と釋するのは妥當でないのである。〓は例へば「〓〓〓」の如き用法が習見であつて、この〓は又「〓〓」（掇2.478）に作られて居り、又單に「卜〓〓〓八〓」（甲211）・「（〓）〓〓」（乙8712 8898 乙八八九六には〓〓とあり）・「〓〓〓〓」（乙5405）の如く「〓」とも記されてゐるから〓に音義の存することが解り、而して「〓〓」（乙1810 林1.13.6 遺1324）・「〓〓〓」（乙4250 4957 6318）の如く動詞として用ゐられてゐる。郭氏も粹編考釋に於いては前説を改めて「妫」と釋し「妫乃妿省、讀爲嘉」と解して居り、爾後郭氏は「〓」を以つて奴隷存在の證據とはしてゐないのである。然るに奴隷社會説をとる諸家が依然として之を以つて證據としてゐるのは、郭氏の所謂「錯誤を沿用する」ものに外ならない。

(2) 牧（〓・〓）

郭沫若は前記の〓と一版上に在る〓を「牧」として次の如く奴隷として居り、

牧在春秋成爲最下等的奴隷、所謂「天有十日、人有十等、…王臣公、公臣大夫、…僕臣臺、馬有圉、牛有牧（昭公七年）、在殷代雖不必加此過甚、但用奴民牧畜是有存在的可能性的（同前三一頁）、

これより前記の如く翦伯贊・范文瀾は甲骨文に「牧」・「牧臣」があつて奴隷があると倣し、范氏は更に「牧臣是管畜牧奴隷的頭領」と説明してゐる。郭氏の字釋は次の羅振玉の説に從ふものであるが、

羅振玉―〓・〓、説文解字牧養牛人也、从支从牛、此或从牛从羊、牧人以養牲爲職、不限以牛羊也、（考釋中七〇）

卜辭に於ける〓は「〓〓」（乙409）と伯名、「〓干〓〓」（乙3935）と地名、「〓二〓…〓〓…〓〓…」（甲1131）・「〓…〓〓」（乙8693）と人名として用ゐられて居り、又〓は「〓〓〓〓〓…」（卜589）・「〓中〓〓〓〓」（通462）・「〓羽〓〓」（續2.19.1）・「〓〓〓〓〓干口」（後下12.13）と人名として用ゐられてゐて、裨將羽に率ゐられ、又「〓〓〓」は他辭の「〓〓〓」（後下9.4）と等しく〓〓（〓馬の類）を率ゐる義であり・「〓干口」は他辭の「〓〓〓〓干口〓」（前5.8.5）であるから、多〓を率ゐて口宗に往つて居り、或は殷に册告し、〓方の〓

地に在つて〓方征伐に従つてゐるから奴隷でもなく牧人でもないことは明瞭である。斯くの如く〓・〓には牧人の意の用法は存しないのであつて、郭氏の論文中初期に屬する右の一例以外には〓を牧として奴隷存在の証としてゐる説はなく、従つて翦・范二氏は錯誤を沿用するものに外ならず、范氏の指摘してゐる「牧臣」なる辞例は卜辞には存しない。

(3) 奚(〓)

郭沫若は次の二版を「壬子卜貞隹我奚不足」・「隹我奚不足」として〓を字形上から俘虜の奴隷と見做して居り、

前
6.19.2

前
6.191

○奚奴之従俘虜而來、於字形已顯著、(中國古代社會研究二六七頁)
○二奚字均呈縲絏之象、羅振玉云「罪隷為奚之本誼、故从手持索以拘罪人、其从女者與从大同、周官有女奚、猶奴之従女矣」、案以字形而言、乃所拘者跪地反翦二手之形、實非从女、然謂當以罪隷為本義、則固明白如畫也、此字足徴奴隷之來源、(通釋一〇五頁)

これより程憬はこの説を襲ぎ(殷民族的社會八七頁)、前記の如く翦伯賛・范文瀾は「奚」字のあることを以つて奴隷存在の證とす。

この字は字形よりせば俘虜の象形と考へられるが、前述の如く〓・〓・〓・〓は同字であつて、その卜辞上の用法は祭祀用語としては「〓」と同義に用ゐられてゐて「巫」であり(祭儀人牲説批判参照)、又次の辞は「〓〓〓〓」(乙2248)と同文例であつて

乙7741 〓〓〓〓〓〓〓〓〓〓 ——、「〓〓〓〓」は王が〓〓の報告に従ふ義であるから(〓方参照)、この辞は王が〓の報告に従ふことを卜するものであり、従つて〓は〓〓(伯〓)と同類の身分に在る人名であつて罪隷若くは俘虜ではない。斯く卜辞の用法は本義を離れて假借されてゐるから、右の「奚」を俘虜の奴隷と解する為には更に確証を必要とする。

(4) 僕(〓)

郭沫若は次の一版の〓を「僕」と釋して施黥して箕帚の賤役に従事せしめる奴隷として居り、

後
上20.10

骨文僕字、作〓象人形、頭上負辛、辛者天也黥也、黥形不能表示、故以施黥之刑具以表示之、辛即古之剞劂、人形頭上有黥、臀下有尾、手中所奉者為糞除之物(箕中盛塵垢之形)、可知僕即古人所用以司箕帚之賤役、(中國古代社會研究二六七頁卜辞通纂一七一頁略同)

これより呂振羽は右の施黥を更に敷衍して「意在黥額以為記號、示奴隷與自由之區別、蓋防其逃去」、(殷周時代的中國社會九八頁)と説明し、

又前記の如く翦伯贊・范文瀾はこの僕字を以つて奴隷存在の証としてゐる。然るに郭氏は之を人名として「金文父辛盤有」此字」作」〓、亦繫」尾頁」辛、特手中所」奉之器銷泐耳、父辛盤乃人名、卜辞此字亦當」是人名」、恐與」父辛盤之作者」為」一人」也」（通釋一〇頁）として居り、既に本義を離れて人名であるならば、これを以つて直に斯かる奴隷の存する証とはなし得ないのである。

(5) 宰（〓）

郭沫若は次の〓を「宰」として奴隷となし、范文瀾は宰字をあげて奴隷存在の証としてゐる。

鉄116.4

此例與」「貞其射鹿獲」、又「逐鹿獲」等同例、用」知」為」〓者有」逃亡之事」、貞」呼追捕」之而及也、由」上二片（貞弗〓伐呂 貞弗多臣伐呂）知」〓之用與」臣同」、則此亦分明為」奴隷之類」、余釋為」宰之初文」、説文宰罪人在」屋下」執」事者、此正象」有」人在」屋下」執」事」、其必為」罪人」、則由」辞意」可」以知」之、（通釋一四葉）

然るに葉玉森は郭釋を非として「寇」の初文となして居り（集釋四・三）、又卜辞に「〓」字があつて（佚518 乙8688）商承祚は「宰」と釋してゐる（佚釋五八）。既に宀・辛に從ふ宰字があるから〓を宰と釋することには疑問があり、又〓は次の如く呂方征伐に從つて

續3.23

乙749

居り、或は〓（多〓をいふ）が之を率ゐてゐるから、右の辞は〓が敵を追捕することをトするものである。從つて之を以つて奴隷存在の証とするのは妥當でない。

(6) 僖（〓）

郭沫若は習見の「來〓自西」の〓を「僖」と釋して戎卒と解し、「僖即豎字、由」後義」以推」之、則殷人已用」奴隷」為」戎卒」」（中國古代社會研究二六八頁）と、奴隷を用ゐて戎卒となすとしてより、前記の如く呂振羽は「僖」をあげて奴隷存在の証としてゐる。然るに郭氏は後に説を改めて「鼓字必與」希字」相貫、而含」凶咎之意」」（通釋八七葉）として居り、「來〓」は又「來〓」に作られ外敵の來襲についてのみ用ゐられる用語であるから、〓（僖）は襲の意であり、呂氏は錯誤を沿用するものである。

(7) 妾（〓）

郭沫若は「乙巳自祖乙又〓」（粹218）の〓を「妾乃女奴、自祖乙又妾、蓋謂」以」女奴」為」牲」」と女奴を牲とするものと解して居り、これより程憬は次の二辞の〓を「女奴を妻とするもの」と解し、李亞農は之を敷衍して「女奴の忠誠と勞績によつて後代これを尊崇して祀るもの」として居り、翦伯贊・范文瀾は「妾」をあげて奴隷存在の証としてゐる。

續1.6.1　冈木弔卜出于丁工妾——○程憬—女奴曰妾、案左傳十七年「女爲人妾」、又案易遯九三「畜臣妾吉」、書費誓「馬牛其風、臣妾逋逃」、又云「竊馬牛、誘臣妾」、將臣妾與馬牛對擧、足見臣妾的身分與地位之低賤、說文妾條云、有辠女子給事之得接於君者、卜辭有「王亥妾」、「示壬妾」、大概古代人以女俘爲妻、稱爲妾、（商民族的氏族社會再續三頁）

鉄206.2　于太下妾

李亞農—我們從這兩條卜辭中、可以看出示壬固然有妾、而上甲微的父親王亥已有了女奴隸、奴隸制最初一個時期的特點、就是此時奴隸主不但把奴隸當作牲畜殺、反而把奴隸當作寶貝…奴隸的這種忠誠和勞績、不但取得了當時主人的寵愛和信任、並且取得了奴隸主的後代兒孫的尊崇、王亥、示壬的妾之所以見於祀典、其理由在此、（殷代社會生活一六頁）

然しながら「于太下妾」が王亥の妾ならば、同文例の「〔〕于〔〕妾」（後上6.3）は〔〕神の妾としなければならず、これは甚だ無稽と謂はねばならない。この妾は前述の如く〔〕と同義であつて「巫」であり（祭儀・人牲說批判參照）、之を「妾」と釋して奴隸となすのは一片の臆說に過ぎない。

(8)　臣（〔〕）

郭沫若は金文の「臣」を奴隸と解して「金文には"姜賞令貝十朋臣十家鬲百人"の如き用例が多く、弓矢田貝等と等しく賜與されてゐる臣は奴隸の明證（釋臣宰）であつて、奴隸でないとせば何であらうか（沫若近著）、左傳には「男爲人臣、女爲人妾」（僖公十七年）、微子篇には「今殷其淪喪、我罔爲臣僕」、詩小雅正月には「民之無辜、并其臣僕」とあるのがその證據である（古代社會研究卜辭通纂）。又臣字は說文に「臣牽也事君也、象屈服之形」とあり、而して金文の臣字は一竪目の形に作られて居り、人が首を俯して屈服すれば目が竪になり、說文に屈服の形に象るとするのは之を謂ふのであり、屈服した敵囚の柔順な者は之を懷柔して服御の用に供して臣としたのであつて、「臣」は俘虜の奴隸である（釋臣宰）。」と說明して居り（甲骨文字研究・釋臣宰・古代社會研究二六八頁・卜辭通纂一〇四、沫若近著・奴隸制時代九頁・青銅時代九七頁）、この見地から次の如く卜辭の「臣」を奴隸としてゐる。

前6.30.1　貞叀小臣令衆黍一月　（郭釋）小臣即是奴隸、（古代社會研究二六八頁）

前6.31.3　乎多臣伐𢀛方　（郭釋）此以多臣從事戰爭、亦用奴隸爲軍警之一例、（古代社會研究二六九頁・釋臣宰・通釋一〇四）

これより程憬は「〔〕」（前4.31.3）の多臣を「臣奴是在戰爭時、所得來的俘虜」（殷民族的社會八七頁）、「〔〕」（前4.27.6）の小臣を「臣是一種男奴」（同前續三頁）、「貞令吳小耤臣」（前6.17.6）の耤臣を「耤臣即是耕奴」（同上）と解して居り、呂振羽は郭氏の多臣の解釋を敷衍して次の如く説明し、又小臣・耤臣をあげて奴隸となして居り、翦伯贊は「小臣」を、范文瀾は「多臣・小臣・耤臣・小耤臣・牧臣」をあげて奴隸存在の証となしてゐることは前記の如くである。

呂振羽―奴隸之參加戰爭、甲骨文字中關於這種記載、尤不勝列擧、例如（乎多臣伐𢀛方の類例）、人口的減少、纔漸次用奴隸去參加軍事、在殷代原先似亦不讓奴隸參加戰爭、至多亦只讓其參加軍事上之防衛方面的事情、（殷周時代的中國社會一〇〇頁）

右の臣・耤臣を奴隸と見做す説について董作賓・胡厚宣が反論を提出して居り、これに對して郭沫若・李亞農は次の如の應答してゐる。董氏は殷代の文字の使用法には假借が行はれてゐるから、字形の解釋に根據を置いて社會の背景を推測することは危險であるとして次の如く論じて居り、

殷代不是創造文字的時代、我們就不能根據甲骨文字來研究殷代的社會背景、譬如在遠古造字的時代、如字是男的俘虜、兩手是背綁着的、女字是女俘虜、兩手綁在前面、殷代男女囚犯的形具、還保存着這種古風（見陶俑）、可是殷代用如字與若字同義、已沒有俘虜之意、――同樣的我們不能據字形說民是刺瞎眼睛、臣是俯首聽命、民與臣是奴隸、殷代的臣民也就是奴隸、因而斷定殷代是奴隸社會、這是很有問題的、臣、民兩字、創造時的用意是否就是如此？即使如此、是否又經過了假借？而殷代的人民、也稱人、也稱衆、衆是一塊地方下有三人、又何嘗又有奴隸的痕跡呢、（小屯甲編自序十一頁）

と、假借的用法についての郭氏の見解を求めてゐる。これに對して郭氏は次の如く應酬して居り、

殷代誠然不是開始創造文字的時代、而文字本身卻在不斷創造之中、就在今天也還在創造、何能一口說盡「不能根據文字來研究社會背境」？據我所知道、甲骨文中就還沒有發見民字或從民之字、我說民字是盲的初文、象目中着刺、是據周代的金文來說的、其用為人民之民、可能就是古時候的生產奴隸曾經被盲其一目、盲目為奴的殘忍行為、一直到今天都還有、請聯想一下廣東所有的盲"妹"吧、我說殷代是奴隸社會、而周代也是、並不是單拿臣民兩個字來判斷的、我說臣民是奴隸、也並不是單根據臣民的字形、我的頭腦幸好還沒有那麼簡單、我所列擧的証據、其他還很多、董先生卻僅僅抓到一兩個字、根據自己的敵愾來隨便邏輯一下、便想把臣民是奴隸的本質否定了、把殷代是奴隸社會的說法否定了、這根本就不是學者的態度、就是這種非學者的態度、逼得董先生在今天跑到台灣去準備殉葬、這一層、我倒是能夠充分諒解的（奴隸制時代七〇～七二頁）

この論爭について李亜農が「郭先生對董説的反駁、我們認爲完全正確」（殷代社會生活六六頁）と評してゐるが、郭氏の應答は董氏の提出してゐる問題點を「盲妹」の説教を以つて躱し、遂に個人攻撃を以つて終つてゐて、この重要問題について學究的な見解が示されなかつたことは遺憾と謂はねばならない。次に胡厚宣は「耤臣」が奴隷でないことを次の如く論じて居り、

卜辭有「夨小耤臣」、論者謂即殷代之農奴、然由卜辭觀之、夨在武丁時、或採集卜亀、或主事祭祀、或出師征討、或省察邊防、是其内掌國典、外討叛逆、……卜辭又毎貞「呼夨來」、「呼見夨」、夨或有疾、武丁即令大臣禱告於先祖、則其在王室、所居之地位、及爲武丁所親信之程度可知、且小臣之官者、在卜辭及殷金石文字中、或覲謁殷王、或從王田獵、或禱告王疾、殷王或傳小臣、或令小臣、或呼小臣、或令小臣祭祀、或令小臣田獵、……知其職位甚高、必爲居王左右之近臣、今夨者實爲小耤臣、耤之義實爲耕、則其必爲殷王左右一重要之農官、又可見也、卜辭或言「夨氏射」、或言「夨氏王臣」、氏之義爲挈、爲致、射與王臣、皆爲殷之官、今言夨氏射與王臣、是小耤臣之官、必尚較射與王臣爲大、然則謂「夨小耤臣」、爲殷代農奴一説之無稽、更不待煩言而解矣、（商史論叢最初集殷非奴隷社會論）

この説は略〻妥當であつて、李亜農は次の如く之に服し、耤臣・小臣は奴隷ではないとしてゐる。

胡先生又指出小耤臣必爲殷王左右一重要之農官、而卜辭中習見之小臣、職位皆甚高、決非農奴、當然更非奴隷、胡先生説得對、這些人的確不是奴隷、（殷代社會生活六八頁）

卜辭の臣・小臣・王臣の奴隷でないことは次の諸版に明瞭であり、

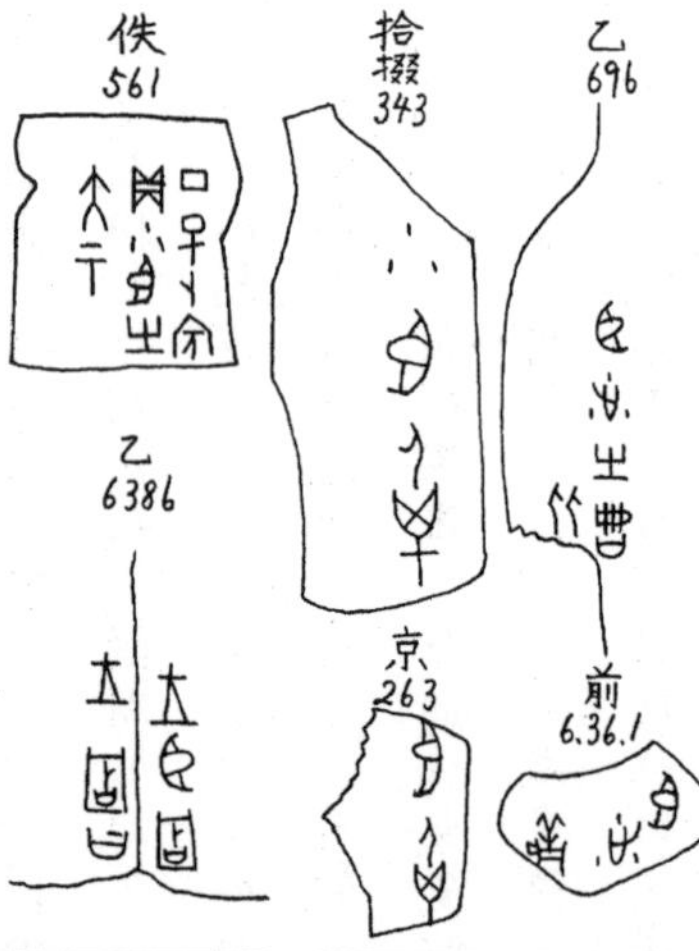

[illegible]は單に[illegible]（前7.28.3 7.29.1）・或は[illegible]（前6.2.1 7.7.4）と稱されてゐるから、「[illegible]」・「[illegible]」（天90）は[illegible]であり、伯である臣[illegible]の奴隷でないことは明かである。

[illegible]は「[illegible]」（庫1602）・「[illegible]」（前5.7.8）の如く多伯・王族を率ゐてゐる小臣であり、小臣の奴隷でないことは言を俟たない。

[illegible]は殷室の直系先王を謂ひ、之を祀つてゐる小臣は奴隷であらうか。卜に於ける繇占の重大性は言を俟たない。この繇辭をなしてゐる王臣は樞機に參與してゐる者であつて奴隷と見做すことは困難である。

然らば郭氏が引用してゐる「貞叀小臣令衆黍一月」・「乎多臣伐𢀛」の小臣・多臣は獨り「奴隷」であらうか。前者については郭氏は「古代社會研究」に於いては「即奴隷」としてゐるが、「青銅時代」に於いては「這小臣就等於周代的田官」とし、王家の官吏にして農夫を管率する者となして（九八頁 九九頁）、廿年來の説を一擲して居り、之を田官となす根據を示してゐないが、下文に「令衆黍」とあるから自明のこととなすが爲であらう。ここに於いて吳澤は「卜辭云貞叀小臣令衆黍、這裏的小臣、是受殷王的叀（即傳）、去命令奴隷（衆）耕作（黍當作動詞解）的」と敷衍し、小臣を「貴族の奴才にして奴隷を管理する小牙爪」（古代史 三五八頁）としてゐる。然し「令衆黍」は衆人即ち奴隷をして耕作せしむる意ではなくして、前述の如く衆即ち百吏庶民をして耤田に協力せしむる意であり（祭儀攷參照）、この辭は小臣をして王に代つて耤田を行はしむることの可否をトするものであるから、この小臣は田官でもなければ又奴隷を管理する小牙爪でもなく、王の側近の大官である。次に「多臣」を郭氏は奴隷としてゐるが、卜辭通纂以降の著書には再びこの説を掲げてゐないのはこの説の非を自認したものと考へられる。

斯くの如く卜辭の「臣」には奴隷の用法が一例もなく、却つて王の側近の大官であることを示してゐて、郭氏も遂にその説を改めるに至つて居り、從つて之を以つて奴隷存在の證となすのは錯誤を沿用するものに外ならない。

(9) 射（）

郭沫若は次の如く「射」を奴隷として居り、呂振羽は前記の如く之に從つてゐる。

林 2.30.2　癸亥卜貞乎多射衛　　（郭釋）以多臣多射、從事征伐、用知商人以奴隷服兵役矣、

多射は二百射・三百射とも稱されてゐて、次の如く王は三百射に命じて祖先十示に王尤の止まざるを告げしめて居り、

乙 4615　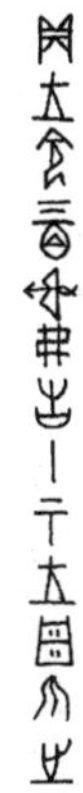

又多射は「多射衛」（甲1167 粹15 後下25.8 前5.42.6）とも稱されてゐて多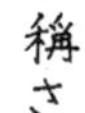を率ゐてゐるから、これを奴隷とするのは妥當ではない。

乙 749　

(10) 衆（）

郭沫若は次の諸辭の「衆」を奴隷となして居り、この説は前記の「臣」と共に郭氏の奴隷社會説の二大支柱である。

前 4.30.2　

○小臣即是奴隷、此爲小臣所命令之「衆」亦爲奴隷無疑、（中國古代社會研究二六八頁）

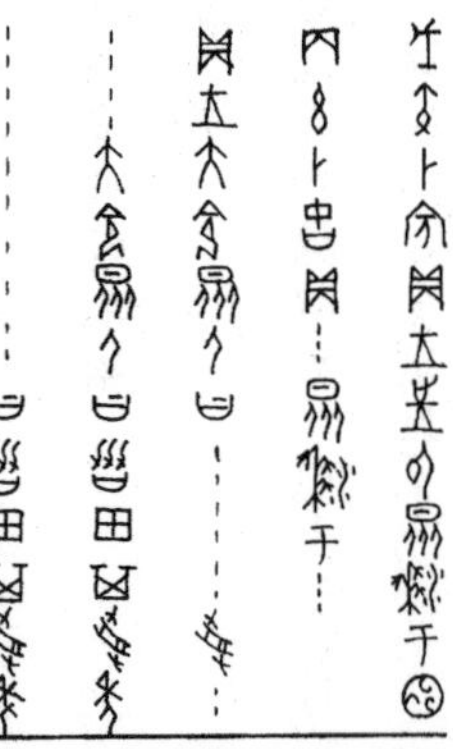

前 5.20.2 ……○衆者衆庶之意…大抵殷人産業以農藝牧畜爲主、且已驅使奴隷、以從事於此等生産事項、（通纂一〇三）

通 474 ……○所謂「衆」、所謂「衆人」、就是從事農耕的生産奴隷、（奴隷制時代八一頁）

前 7.30.2 ……○在周初庶人都還是最下等的人、可見殷代的衆也必然是最下等了、（奴隷制時代一二頁）

續 2.28.5 ……○主要的生産是農業、而從事農耕的衆人是畜民中的最下等、故殷代是奴隷社會是不成問題的、（同右）

粹 866 ……○「衆人」呢不用説也就是農夫了、（青銅時代九九頁）

右の如く「衆」を農夫とし、又その身分を奴隷とするのは、次の如く(1)農具の原始的であることは必然的に大規模な奴隷生産を必要としたこと、(2)「衆」の字形が太陽の光底に勞作してゐる人の象形であること、(3)金文の曶鼎・毛詩臣工・及び尚書盤庚の「衆」が奴隷であることを以つて根據と做してゐる。

(1)要説用這樣原始的耕具爲什麽發展出相當高度的農業、我看這也不難於説明、因爲用多量的奴隷作過分的搾取、是可以達到這個目的的、無寧是工具的原始性發揮着奴隷制的制約性、或保障作用、不然便會用不着大規模的奴隷生産了、（十批判書十七頁）

(2)卜辭衆字作日下三人形、如□或□、象多数的人在太陽底下從事工作、再從發音上來説、童・種・衆・農・奴・辱等字是聲相轉而義相襲的、又因爲用來耕田的這樣的人很多、故衆字被引伸、爲多数的意思、而原義便完全佚掉了、（奴隷制時代一〇頁）

(3)周初的詩裏面耕種者依然叫着衆人、如周頌臣工、「命我衆人、庤乃錢鎛、奄觀銍艾」、便是明証、又有名的「曶鼎」是穆王以後的器皿、銘文的第三段載有名叫匡李的、在一次饑荒年辰、搶刼了曶的禾稲十秭、曶控訴匡李於東宮、匡李自願以田五田、衆一夫、臣三人、來賠償、可見衆與臣是同性質的東西、而是可以任意轉移物主的物什、衆或衆人就在周穆王以後、都還是奴隷、在殷代的情形便可以由這兒逆推了、（十批判書十七〜一八頁 奴隷制時代九頁・八一頁）

(4)了解了「衆」或「衆人」的本義、讀商書盤庚中篇、便可以增加領會、那是盤庚將要遷於殷的時候向民衆的告誡、裏面説着「奉畜汝衆」、「汝共作我畜民」、可見這些人的身分是和牲畜一樣的、這些人假聽話、那就可以好好活下去、假使不聽話、那就要「劓殄滅之、無遺育、無俾易種于茲新邑」、這就是所謂「當作牲畜一樣來屠殺」了、（奴隷制時代一〇頁）

右の(1)は馬克思理論の適用による推測に外ならず、實証的論証に當つては斯かる觀念論は姑く問題外に措き、(2)の□字については董作賓の「殷代的人民也稱『人』、也稱『衆』、衆是一塊地方下有三人、又何嘗又有奴隷的痕跡呢」、（甲編自序十三頁）とする反對説があり、郭氏は之に酬へて「正像農民在日下苦役之形、誰能説沒有「奴隷的痕跡」」（奴隷制時代一七頁）としてゐるが、畢竟衆の巛が奴隷であるか否かは字形上からは決定し得ない。(3)は詩臣工の衆人、舀鼎の衆を奴隷となし、これより類推して前掲卜辞に「令衆黍」・「令衆人曰𦔮田」とある衆、衆人を農耤奴隷としてゐるが、例へば呂方征伐に從事してゐる者は次の如く、衆・多臣・多尹・多𠂤・二百射・千人・人三千と記されて居り、ここに兵士三千の場合は「人三千」と稱されてゐるから、この衆（衆人）は羣衆の意ではなくして右の總稱に外ならず、而して斯かる衆字の用法は「令衆黍」・「令衆人曰𦔮田」の衆、衆人の用法と同一であつて、後者は前述（祭儀參照）の如く周語の「百吏庶民」、呂氏春秋の「三公九卿諸侯大夫」を謂ふものであり、多臣、多尹を含めての衆庶の義であつてこの兩者は一致してゐる。

後 上16.10 

篁 征5 

林 2.27.7 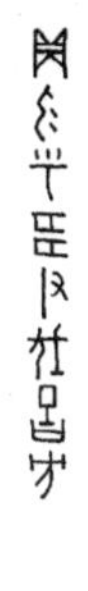

續 3.2.3 

乙 7661 

金 222 

續 1.10.3 

南 162 

卜辞の「衆」は斯くの如く百官、庶尹を含めての衆庶の義であるから、次の辞に於いては巛即ち災の有無を卜して

前 5.45.5  ——

ゐて、郭氏の所謂「當作牲畜一樣來屠殺」ものでないことは明瞭であり、從つて卜辞の「衆」・「衆人」は奴隷ではない。(4)の書經盤庚の「衆」については、范文瀾が郭氏の奴隷説を敷衍して「數量最大的奴隷是萬民」としてゐるが、萬民が奴隷ならば奴隷は存在しないとしなければならない。この郭説に對して胡厚宣は

此其義皆爲民衆或衆庶之稱、乃國家之主要分子、其身分極高、故殷王命其悉至於庭、而相與討論遷都之事、（殷非奴隷社會論四葉）

と反對して居り、右の卜辞の衆の概念からせばこの胡説は妥當であり、李亜農は次の如く胡説を承認して、遂に殷代に自由農民の存在を認め、又呂振羽・吳澤も次の如く之を自由民として郭説に從つてはゐない。

李氏—盤庚篇中的衆、的確不是奴隷、但要殷王親自下命令來進行的大規模的集體農耕必然是奴隷勞動、而參加這種集體勞動的衆或衆人則必然是奴隷、因爲自由農民是不會去參加集體勞動的、而參加集體勞動的也就不成其爲自由農民、（殷代社會生活六九頁）

呂氏—盤庚篇中却有「惰農自安、不昏作勞、不服田畝」的記載、這雖屬一方面反映自由民之怠於參加農業勞動、一方面却又正在說明在農業生產勞動的領域中、還有自由農民的存在與參加、（殷周時代中國社會五三頁）

吳氏—如盤庚篇中所說畜民、是受政府供養的自由民、盤庚搬家時、自由民反對搬家、盤庚勸說自由民、（古代史三六〇頁）

斯くの如く郭氏が「衆即奴隷」・「農耕に從事する衆人は畜民中の最下等であつて、殷代が奴隷社會であることは問題とならない」としてゐるが、卜辭の戰争、耕作に從つてゐる衆、衆人の奴隷でないことは右の如くであり、丁山も亦「衆人在日下、應作受日神保護的民衆解釋、其地位與羅馬帝國時代的公民相等、至少也該是自由民、可能是公卿大夫的子弟」となして居り（甲骨文所見氏族及其制度三八頁）、この「衆即奴隷」説は郭氏の獨断に過ぎないものである。

(11) 人牲（〓・〓・〓）

郭沫若は次の辭の「〓」を奴隷を人牲となすものと解し、李亜農は更に「〓」・「〓」を俘虜の奴隷を人牲となすものとしてゐて次の如くである。

前8.12.6 〓三卜〓〓三〓〓〓〓〓〓〓〓〓二……于〓
前4.8.2 〓〓卜〓〓〓〓〓〓〓〓三

郭沫若—俘虜於殺戮之外、卜辭中多有用為犠牲之記錄、此所謂「〓二」「〓三」之艮字與古孚字同意、服字從此、此與牢羍之数同列、自為人牲無疑、（郭氏補註 殷契粹編七二〇片「戊辰卜有艮妣己一女妣庚一女」足證艮乃女俘、所謂奚也、「伐廿」云々、所伐當是男俘、此二例所記者為妣庚亦是女性、故於男牲之外、復以女奚為牲、）（古代社會研究二六七頁）

李亜農—「卜貞𦎫尊歳羌卅卯三牢箙一牛于宗用」・「乙丑卜王侑三奚于父乙」、這些跟牲畜一般被屠殺來祭祖先神祇的羌人和奚、毫無問題、都是俘虜或奴隷、（殷代社會生活六三頁）

然し〓・〓・〓の俘虜の奴隷でないことは前述（儀祭）の如くである。

(12) 殉人

殷代に大量の殉人のあることは革命後に郭寶鈞の郭沫若に與へるの書（十批判書改版書後奴隷制時代六七頁）、及び「記殷周殉人之史實」（光明日報學術副刊）によつて明かにされ、次いで董作賓は「殷代的宮室及陵墓」（大陸雜誌一巻九期）に於いて、石璋如は「殷虚最近之重要發現」（中國考古學報四冊）に於いて稍詳細に發表し、胡厚宣の「殷墟發掘」はこれらの報告を手際よく纏めてゐる。

郭沫若は次の如くこの事實を以つて殷代は奴隷制社會である鐵証となして居り、

。前中央研究院在安陽小屯及侯家莊、曾發掘到殷代宮殿遺趾及殷王陵墓、均以大量的活人、埋藏於地、以供地下的保衛、以墓而言、一墓的殉葬者多至三四百人、這是前史所未有的、……這樣大規模的用人遺跡、自然是奴隷制的鉄證、（十批判書改版書後）

○大規模的殷王陵墓之外、有一些小型簡陋的墓葬、也有殉人的遺跡、有的墓葬竟有以小児為殉者、可見殷代確已有私人奴隷存在了、（奴隷制時代一〇頁）

○或者是得全首領的生殉、或者是身首異地的殺殉、毎一大墓的人殉有的多至三四百人、殉者毎毎還隨身帶有武器、這些驚人事跡的發現、足以證明殷代是有大量的奴隷存在的、更把甲骨文字和其他資料的研究参合起來、我們可以断言殷代確實是奴隷制社會了、（奴隷制時代五頁）

と、殉人を大量の奴隷存在の證據とし、甲骨文字其他の資料と相俟つて殷代は確實に奴隷制社會であるとしてゐる。

然しこの殉人が奴隷であるか否かについては問題があり、曩に郭寶鈞の書信には「推想奴隷居多、近身者或親信」と奴隷多しとしてゐるが、「殷周殉人之史實」に於いては「此一段史實對於古代史研究、究能説明何事、所殉之人、是否皆奴隷、是否皆從事生産之奴隷、作者未敢一歩推断」と、奴隷と断定することを保留してゐる（奴隷制時代所收「申述一下關於殷代殉人的問題」参照）。ここに於いて郭沫若は次の如く少数の親近者の外は首を保全する自由もなき奴隷であるとし、又奴隷社會に於いては工農兵の分化が十分ではなく武器を執る者も奴隷であり、假にこれらが生産より脱離してゐるとしても、生産に從事してゐる者に養はれてゐる譯であるから毫も自由のない奴隷であり、殷代の奴隷社會であることは疑ふべきものがないとしてゐる。

這些毫無人身自由、甚至連保全首領的自由都沒有的殉葬者、除掉可能有少数親近者之外、必然是一大羣奴隷、有何可疑呢、奴隷社會裏面、工農兵是沒有十分分工的、耕田時是農、服役時是工、有事時被堅執鋭便是兵、所以這些帶武器的殉葬者、也可能都是生産奴隷、即使是已經脱離了生産的、有如此多的脱離生産者拱衛死的國王、必然還有更多的脱離生産者拱衛活的國王、靠誰的力量來養活這些脱離生産者呢、當然要靠從事生産的人、脱離生産者都還是這樣毫無自由的奴隷・從事生産者應該更賤、難道還不會是奴隷嗎、因此這一段史實、正説明殷代是奴隷社會、又有何可疑呢、（奴隷制時代七四頁）

その後楊紹萱が「關於殷周殉人的問題」を學術副刊に載せて、殉人を奴隷社會の証となし得ないことを主張したのに對して郭沫若は次の如く「殉人の盡くが奴隷でないとせば殉人の説明の仕様がない。氏族社會の成員とせんか斯く多数の成員を犠牲とする道理がなく、他民族の俘虜とせんか臨時に斯くも多量に獲られる筈がない。從つて平時養つてゐるものとせざるを得ず、然らば彼等を何處に、又誰人が生産して養つてゐるか、奴隷以外にはないではないか」と反駁してゐる。

殷墟的「殉葬者除掉可能有少数近親者之外、必然是一大羣奴隷」、我始終認爲是正確的断案、但我須得聲明、我並不曾如楊先生所指責的、把「殷墟殉人遺骨全部引爲殷代奴隷社會之証據」、「不全是奴隷」、早就不成爲問題的、「全不是奴隷」那才成爲了新的問題、要說殷墟的殉人「全不是奴隷」、實在是沒有辦法來說明、是氏族社會的成員嗎？當然不會拿這麽多的成員來犧牲、是别民族的俘虜嗎？這俘虜是臨時去拉來的呢？還是平時養畜在那兒的？臨時去拉那麽多俘虜來殉葬、道理說不通、平時養畜在那兒的、誰生產來養畜他們？（同前）

これらの應答によつて殉人を奴隷とする説の大略を知り得るのであつて、郭氏は殉人によつて奴隷制社會であることを立証してゐるのではなくして、奴隷制社會説に合するやうに殉人の身分を判断してゐるに過ぎないのである。この後陳夢家はこの遺骨を羌族の俘虜を人牲として祭祀終了後に埋置したものとしてゐるが（卜辞綜述二八一頁）、これは單に卜辞の「羌幾人」を羌人を人牲と解する説とこの殉人とを結合したまでであつて、固より論ずるに足るものではない。

奴隷制社會に於いては奴隷の多寡が生産を決定する譯であるから、果して斯かる大量の殉殺が行はれるかは疑問であり、却つて王權の強大な封建社會に於いては大量の殉葬が行はれて居り、例へば史記秦本紀に武公の従死者は六十六人、繆公の従死者は百七十七人としてゐるのは之である。又殉葬が行はれる所以を考察するに、殷人は死後の神靈が常に現世と交渉を持つものとして、例へば王亡・王疾・王壱がどの祖先の致せるものかを卜してゐる例が習見であり、人は死によつ

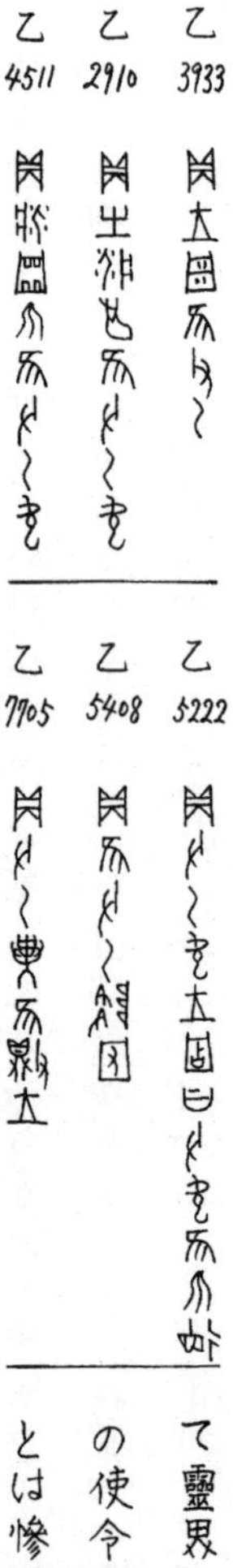

て靈界に生きるものとしてゐるから、靈界に於ける王の使令に供する侍衛として三四百人を殉死せしめることは慘酷ではないのであつて、従つて殉人は俘虜や奴隷ではなくして王の側近及び侍衛に外ならず、秦の繆公には子輿氏の三良が従死し、武官村大墓内の西側廿四体の殉人が女性であることは之を物語つてゐる。假に俘虜或は奴隷を殉死せしめたものとせば、そこに何如なる意義が存するのであらうか、又供牲は神靈に饗する所以であるが、俘虜或は奴隷を殺して供する人牲は神靈の喜び享くるものであらうか。斯くの如く殉人を奴隷とするのは、殷代を奴隷制社會とする前提に立つものであるから、殉人は奴隷制社會である鉄証ではなく、却つて王權の強大な封建國家である証を提供してゐるのである。

以上十二の証據は郭氏の殷代奴隷社會説を構成してゐるものであるが、一として確証となすに足るものがないのである。郭氏は自ら「草鞋不ㇾ合適、別外換ㇾ一雙、有ㇾ一雙合脚的新草鞋」、便是殷代是青銅器時代和ㇾ殷代是奴隷社會」」（奴隷制時代八五頁）と謂ふてゐるが如くに、奴隷社會なる新草鞋に合するが如く史料を解釋する演繹法に據つて居り、殷代の奴隷社會であることは馬克思史觀からここには問題がなく、史料を何如に説明するかに郭説が成立してゐるのである。

然り而して殷代に奴隷の存在することは、卜辞に「[illegible]」・「[illegible]」の字があることから推測することが出來る。「[illegible]」は

菁5　三日[illegible]…

と用ゐられてゐて、仲偁父鼎の「[illegible]金用作寶鼎」の[illegible]は俘獲の義であり、又「俘」は説文に「軍所ㇾ獲也从ㇾ人孚聲」とあるから、[illegible]は俘の初文であつて「[illegible]」は[illegible]地に侵入せる[illegible]方（菁6「[illegible]」と、[illegible]方が[illegible]を侵してゐる）が十五人を俘獲したの意であり、[illegible]方が殷の俘虜を獲てゐるから殷も亦外敵の俘虜を獲得したことは容易に考へられ、而して俘虜を奴隷とすることは古代の通習であるから、斯かる奴隷の存在したことは當然であり、又[illegible]・[illegible]・[illegible]・[illegible]・[illegible]は既に本義を離れて假借使用されてゐるが、その字形は羅振玉の所謂「罪隷」であつて、古代に在つては罪囚を沒して奴婢としたから、斯かる奴隷の存在も亦可能である。然し斯かる俘虜・罪隷が殷代の農業牧畜生産の主体を成してゐるとは到底考へることが出來ないから、奴隷社會と見做し得ないことは言を俟たない。然るに曩に「殷非奴隷社會説」を主張した胡厚宣は「甲骨續存」の自序に於いて、次の如くその説を棄てて「衆人」を奴隷として「吳」を奴隷を管理する小臣として、農業生産に多くの奴隷が從事したとしてゐる。

甲骨文稱ㇾ小臣和ㇾ衆人ㇾ者常見、本書下編四七六説「貞由吳乎小衆人臣」、合ㇾ小臣衆人ㇾ而稱ㇾ小衆人臣ㇾ、這樣的例子、在ㇾ過去少ㇾ見、「由吳乎小衆人臣」即「呼吳小衆人臣」、猶下前六・一七・五和ㇾ前六・一七・六ㇾ、「己亥卜貞令吳小耤臣」的「令吳小耤臣」上、吳爲ㇾ人名ㇾ、小耤臣和ㇾ小衆人臣ㇾ是他的職位、小耤臣是耤小臣、是管ㇾ農業生產ㇾ的官、小衆人臣就是衆人小臣、是管ㇾ理衆人ㇾ也就是管ㇾ理奴隷ㇾ的官、合ㇾ此兩辞ㇾ看來、吳在ㇾ殷代ㇾ是管ㇾ理着大批奴隷ㇾ以從ㇾ事於農業生產ㇾ的一個小臣之官、就很明白了、（四頁〜五頁）

胡氏の斯かる錯誤は郭氏の「衆即奴隷」説の非を説破し得ないことと、「[illegible]」の[illegible]を官名と誤解せるに因るものである。「衆人」の奴隷でないことは前述の如くであり、而して胡氏は「[illegible]」の「[illegible]」を官名と

して、これに従つて「[甲骨文]」(續存476)の「[甲骨文]」・「[甲骨文]」の位置を改めて「[甲骨文]」と理解し、これに本づいて右の如き断案に到達してゐるのであるが、この解釋の妥當でないことは次の用例を比較せば明瞭である。即ち(イ)

(イ) 續存476 [甲骨文]
(ロ) 前6.17.6 [甲骨文]
(ハ) 前4.30.2 [甲骨文]
(ニ) 前5.20.2 [甲骨文]
(ホ) 續2.28.5 [甲骨文]

の[甲骨文]は(ハ)(ニ)(ホ)の[甲骨文]・[甲骨文]であり、又(イ)の[甲骨文]は(ロ)の[甲骨文]であつて、(イ)の[甲骨文]は(ロ)の[甲骨文]と等しくこれらの辞に於いては動詞であるから、(イ)は「[甲骨文]をして耤田に參與する衆人(周語の百吏庶民、呂覽の三公九卿諸侯大夫を謂ふ)及び耤臣の数を減少せしむる」の意であり、前記の如く冢宰の職に在る[甲骨文]が斯かる王命を受くることは容易に考へることが出來る。從つて[甲骨文]・[甲骨文][甲骨文]を奴隷を管理する官と解するのは曲解に過ぎないことは很だ明白である。

斯くの如く殷代を奴隷制社會と証し得る甲骨文乃至はト辞は存しないのであつて、之を奴隷社會と見做すのは先入觀念による臆測に過ぎない。然らば殷代は何如なる社會と規定し得るであらうか。

前述の如く侯・伯・子・服・冢宰・將帥は土地を領有し、その稱謂・職位を世襲してゐるから、氏族社會の跟跡を存してゐるが、旣にこれらは王によつて統制されてゐる封建國家である。氏族社會の解体以後、資本主義社會に入る前の亜細亜の封建社會は亜細亜的生産社會とされ、この社會は(1)土地が國有であり、(2)全國は多数の共同社會より成り、(3)灌漑治水の如き公共事業の承擔者は國家であり、(4)共同社會の統治は中央集權的專制の支配形態をとる、ものとされてゐる。この立場から殷を考察せば、(1)王は四方の豊凶、諸侯の領地をも含めて各地の受年をトして居り(第六章參照)、又地方に於いて上帝を祀つて祈穀を行ひ、耤田の禮を行つてゐるから、土地は全体として國有であり、(2)邊甸に侯・伯を置き、四方に同姓の子を建置してゐて、多数の共同社會より成り、(3)灌漑治水が行はれたか否かは明かでないが、「不水」・「其水」のト辞は習見であつて、例へば次の如く大水の有無をトし、又大水を祖神に告げ、或は土神に禁禦を祈つてゐて、これは王が

(大水) 前4.13.5 [甲骨文]
遺395 [甲骨文]
後下3.4 [甲骨文]
金377 [甲骨文]

(禁禦) 粹148 [甲骨文]
遺835 [甲骨文]
鉄99.4 [甲骨文]
乙1577 [甲骨文]

公共のために行ふものである。然るに李亜農は「大量ト辞中竟沒有貞問水災的記錄」として殷の統治者が水災に絲毫も關心を有しなかつたとしてゐる(殷代社會生活三三頁)が、

これは問題にならない曲説であり、(4)侯伯子服が王命を奉じ、冢宰・將帥が王家に勤勞してゐて、中央集權的專制の支配の行はれてゐることは前述の如くであり、右の特質と符合してゐる。從つて殷は封建國家であつて、亜細亜的生産社會であると規定することが出來るのである。

第六章　殷の産業

一、農業

吳其昌は「田」字を野獸の棲息する方區の象形と解して「商代的田不是種稻用的、而是打獵用的、田形是表示這一方區的地面有野獸、可以供給畋獵、不是劃方來種五穀的」(甲骨金文中所見之殷代農稼情況)となし、而して「〓〓于田〓〓〓〓〓三」(林2.22.10)の如く田には「獲豕三」と獲物が記されてゐる例が習見であるから、殷代を田獵游牧時代としてゐるが、例へば「〓」(前4.53.4 7.20.1 七5186)・「〓」(明2286)・「〓」(前4.41.3 後下7.2 續5.30.8)は田圃に萊禾の有る象形であつて、耕田の存する証であり、郭沫若は「殷代的牧畜生產還相當旺盛、但農業的生產却已經確實地成為主流了」(奴隷制時代六頁)、陳夢家は「殷代以農業為主的社會」(卜辭綜述五三三頁)と農業時代としてゐる。

(1) 耕田

卜辭の「田」には次の如く耕田・耤田・𡉚田・田祀・田獵・省田・郊田の用法があり、

(一) 耕田　次の用例の田が耕田の意であることは、辭末に受年・受禾の語があることによつて明かである。

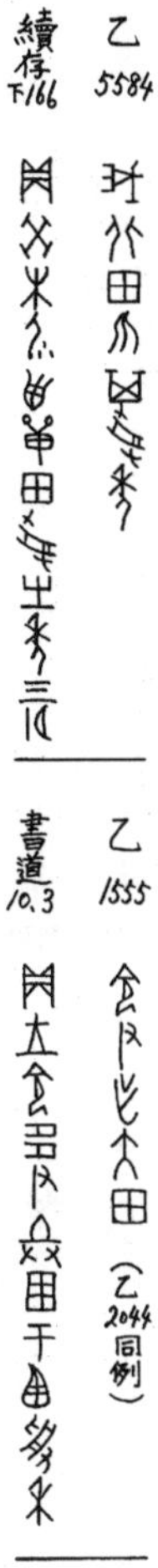

(二) 耤田　次の用例の田が耤田であることは前述の如くである(祭儀・耤參照)((2)は「〓〓〓〓〓〓〓」と同文例であり、(4)は「〓〓〓〓〓〓〓〓」と同文例である)。

㈢圣田　次の如く⑴□田・⑵□田・⑶□田・⑷□田の用例があり、⑴□田は又□田・□田・□田に作られてゐて、佚323版

には「□田」が又「□田」に作られてゐるから、郭沫若が「由字形而言、蓋田圃之象」（粋釋三三）としてゐるのは是であつて、田・□・□・□は田と一字であり、又□田は「□田」・「□田」とも記されてゐて、□を郭沫若は「圣」、□を余永梁は「圣」とし、□を丁山・陳夢家は「叁」として居り、

郭沫若―从□从土、當即圣、説文云、汝潁之間謂致力於地曰圣、从又土、讀若兔鹿窟、从又與从□同意、（粋釋三二）

余永梁―説文圣汝潁之間云々、此與篆文略同、从□兩手致力于地會意、篆文省、又从□與从□同、（殷墟文字考）

丁　山―□、篆作□、□、篆作□、當是説文土部所謂「□掃除也、从土弁聲、讀若糞」、叁字初文、淮南本經「糞田而種穀」、孟子滕文公上「凶年糞其田而不足」、糞田者、除田之穢也、（甲骨文所見氏族及其制度三八頁）

陳夢家―□象壅土之形、疑即糞字、周禮草人「凡糞種」釋文作叁、説文「叁掃除也、…讀若糞」、叁是叁的譌形即叁字、月令季夏「可以糞田疇」、正義云「糞、壅苗之根也」、□从□即共、音與壅同、（卜辭綜述五三八頁）

□・□は又□に作られてゐてこれは「圣」字であり、董作賓の「確是致力於地之義、蓋包括耕種墾殖之事」、（殷曆譜卷四日至譜）とするのは最も妥當である。⑶□田・□田について董作賓は「疑是□之繁文、从用當為農具、農具乃人所常用、故以為用字、此字从□从土、與□同、中增農具、亦非耕殖之事莫屬」（同前）と耕殖に關する用語として居り、例へば「□井□□」（後下41.15 京4495）と□について「受年」を卜してゐるから董説は妥當であり、而して□の□・用・□に從ふは墉の□・用・土に從ふのと相等しく、説文に「墉、城垣也、从土庸聲」、とあつて墉・埔・場は同聲にしていづれも築

地を原義として居り、従って㘰は地を築くを原義とし(4)の𤰈田の𤰈と同義と考へられ、𤰈は土を積みて境界を作る象形であるから、㘰田は田間に境界の築地を作る殖拓の意である。然るに陳夢家は次の二辭を証として「㘰則爲田獵」(卜辭綜述五三八頁)としてゐるが、

前2.5.7 卜……

前2.11.1 ……

この二卜辭に於いては王の爲すものとされてゐて、この兩辭は第五期に屬して居り、他辭に「省……」(後下22.16)と㘰に作るものがあり、右の二辭の用法は假借であらう。なほ前掲例の前7.3.2版、甲3510版には五月・六月の月名があり、これに因つて董作賓は「般六月、夏五月也、時當「麥秋」之後、其所「致力」者當即種麥之田」(同前)としてゐるが、右の例には十二月に㘰田が行はれてゐるものがあるから、この説は妥當でない。

(四)田獵　次の「田」には𨸏(擒)・𤞑(狩)・……(逐)、及び牧獲が記されてゐるから田獵の意であることは明瞭である。

甲2765 ……　　甲1656 ……　　佚990 ……

南明732 ……　　書道12.7 ……　　簠游86 ……

(五)省田　次の「𢀛田」の用例は習見であつて、𢀛は例へば「……」(續3.32.3)・「……」(佚4)・「……」(下49.3)・「……」(前3.23.3)の如く用ゐられてゐて、王が出御して𢀛することであり、𢀛を孫詒讓は「當是省字」(舉例下八)、羅振玉は「説文解字相省視也从目从木」(考釋五六)と、省・相と釋して居り、

前5.26.1 ……　　庫1090 ……

鉄114.4 ……　　寧1.382 ……

後上30.6 ……　　續3.23.6 ……

誠310 ……　　佚800 ……

金文の庚午父乙鼎の「王令寢農省北田」の省字は𢀛に作られてゐるから孫釋が妥當であつて、𢀛田は省田であり、王が地方に出御してその狀況を視察する意であつて、後世の巡狩に當るものと考へられる。なほ𢀛字を用ゐる場合には語序を倒置するのが通例であるから、……田𢀛は𢀛田、……田𢀛は𢀛……田に外ならない。

(六)田祀　次の如く田に於いて……・……・……・……の祭祀が行はれてゐる。

京969 ……　　七B35 ……　　粹23 ……　　掇1.385 ……

續3.16.4 ……　　乙4471 ……　　甲2608 ……　　鄴3.40.12 ……

(七)郊田　次の「〓〓田」・「〓田」の田は甸の意、又「〓田」は諸邊侯であつてこの田も甸であり、而して粹968版に於いては〓地に〓祀して雨を祈れば二田〓・〓に大雨があるか否かを卜してゐて、〓・〓兩地が二田と稱されて居り、この田も亦甸の意である。これによれば右の〓田・〓于〓田の田も甸の義に外ならない。

菁2　〓〓〓〓〓〓〓于〓〓〓〓〓〓〓〓〓〓田
菁6　〓〓〓〓〓〓〓〓田一〓
甲2416　〓〓〓〓田于〓〓〓〓〓〓〓〓
粹968　〓〓二田〓〓〓〓〓

之を要するに「田」の用法は、名詞としては「耤田」・「圣田」の用例に在つては耕地の義、「省田」・「田祀」・「郊田」の用例に在つては郊甸の義であり、動詞としては耤田・田獵の意に用ゐられてゐる外に、「〓〓〓田于〓」(下5.2)と「〓〓〓田于〓」(下41.7)によれば「圣田」の義に、又「〓三〓〓田于〓〓」(前2.28.2)と「〓〓〓〓田于…〓」(前7.3.2)によれば「墉田」の義に用ゐられてゐて、この二者は畢竟「拓田」であり、從つて名詞としては耕地・郊甸、動詞としては耤田・田獵・拓田の意であつて、吳説の「商代的田不是種稻用的、而是打獵用的」の妥當でないことが解る。

(2) 作物

卜辭に〓・〓をトする例は數百版に及び、これは又「受㞢年」・「受〓年」・「受〓年」・「受來年」・「受〓年」とも記されてゐて次の如くである。

(一)受㞢年・受又年　㞢年・又年は有年であつて、穀梁傳に「五穀皆熟爲有年」(桓公三年)とある有年である。

續存下166　〓〓〓〓〓〓〓〓〓〓田〓㞢〓三〓 ― 甲1369　〓〓〓〓〓〓又〓

(二)受〓年・受〓年　受〓年の〓は又〓(甲2999)・〓(甲3034)・〓(鐵241.1)・〓(乙4638)・〓(乙6519)に作られて居り、受〓年の〓は〓(下49.1)〓(乙2734)・〓(乙6725)・〓(續1.49.2)・〓(乙4055)に作られてゐて、この兩者の一字であることは例へば「〓〓」(續4.25.3)が「〓〓」(金645)に、「〓〓」(後上18.11)が「〓〓」(南坊3.17)に、「〓〓」(續2.23.16)が「〓〓」(續5.23.5)に作られてゐるに見て明白であり、從つて陳夢家が〓を〓と區別して之を「粱」としてゐるのは妥當でない(卜辭綜述五二六頁)。

鐵248.1　〓〓〓〓〓〓〓〓〓〓
續1.7.1　〓〓〓〓〓

〓を孫詒讓が「來」の象形としてゐるが(擧例上四一)、羅振玉は次の如く「黍」と釋してゐる(考釋中三四)。

羅振玉ー説文解字引孔子曰黍可爲酒、禾入水也、仲𠭯父盤亦作〓、此或省水、黍爲散穗、與稻不同、散作〓〓之狀以象之、

仲䱷父盤の「黍粱來麥」の黍が𣲖に作られてゐるのと、乙4055版の「受黍年」の黍とは同文であつて黍は黍字であり、従つて受黍年・受黍年は黍の稔熟を受ける意であり、而して受黍年の辞が最も多いから黍は代表的穀物である。

(三) 受〓年

受〓年(後上31.11)の〓は又〓(佚400)・〓(續2.29.3)・〓(粹870)・〓(卜491)に作られて居り、羅氏は「酋」と釋し(考釋中七二)、葉

續存180

——王森は之に従つて「年豊則醞酒多、歉則否、故卜辞云不受酋年也」(研契枝譚受年の項)と、酋は酒熟の意であるから、醞酒を多量に作り得る豊稔を受ける意に解してゐるが、受〓年が受黍年と對貞されてゐて穀名とされてゐるから(後上31.11佚400林2.11.2續2.29.3天56卜491)、唐蘭は次の如く穀名として「䆃」と釋し、「稻」と解してゐる。

唐　蘭—〓自羅振玉釋酋、後人咸襲其誤、不知其與酋形迥異也、余釋䆃、詳殷虛文字記、䆃當是穀名、(天釋四八)

䆃字象米在㫗中之意、或从米从㫗、以象意字聲化例推之、當讀㫗聲、從米㫗聲、當即説文之穤字、……當讀如䆃

、説文「䆃禾也」……朱駿聲疑「䆃實與稻同字」、特有見地、……卜辞之受䆃年當受稻年、故與受黍年並重也、(殷虛文字記二六葉)

然るに陳夢家は「説文䆃禾也、從禾道聲、司馬相如曰䆃一莖六穗、這種穀物、在河北省中部稱為雞爪穀、福建莆田凡多穗的小米叫做tai即䆃、由此知䆃是禾(小米)的一種不是稻」、として之に反對し、次の如く「秬」と暫定してゐる。

陳夢家—這個字的下半是厚字所從、我們今暫時定為秬字、其理由如下、一、厚與巨古音相近、二、秬和黍並卜於一辞、

兩者當屬相近的穀物、三、卜辞祭祀用鬯、而秬是製鬯時不可缺少的主要原料、所以當時一定已經種秬了、(卜辞綜述五二七頁)

〓の字釋はなほ後考に俟たねばならないが、〓は地名としても用ゐられてゐて(前2.16.4文714庫1672)、前述の如く淮陰の南方四日行程に在り、この地名は〓を多く産するによるものではあるまいか。

(四) 受來禾

來は黍を「𣲖」に作るものとは異つてゐて水點がないから「來」であり、「來」は説文に「周所受瑞麥

粹887

——來麰也、二麥一夆象其芒朿之形」、とあり、又廣雅釋草に「大麥麰也、小麥來也」、とある

甲651

から小麥である。來は「〓」・「〓」(甲3587)の如くその豊稔が祈られてゐるから、小麥が既に生産されてゐることが解る。地名に來・麥・𥜳があり淮陰の西北に在り、この地名は來麥を産するによるものではあるまいか。

(五) 受畗年

畗を陳夢家は「畬」と釋し「稷」と解してゐるがなほ後考に俟たねばならない。

乙771 [illegible] ——字從田從夊、疑是說文「穄稻也」、或體作粢、爾雅釋草「粢稷」注「今江東呼粟為粢」、左傳

乙1209 [illegible] ——桓二正義引舍人曰「粢一名稷、稷粟也」、

(六) 受[illegible]　受[illegible]が受[illegible]の合文か、或は受[illegible]の繁文かなほ後考に俟つ。

前6.64.1 [illegible] —— 金589・[illegible]・[illegible]

要するに受年は[illegible]・[illegible]・[illegible]・[illegible]についてトされてゐて、これらは殷代の主要農作物と考へられ、[illegible]は黍、[illegible]は小麥であるが、[illegible]・[illegible]は後考に俟たねばならず、受黍年をトする例が最も多いから、黍が主食であつたことが解るのである。

(3) 地域

受年及び圣田をトしてゐる地名は次の如くであり、これによつて農業地域の大体を知ることが出來る。

地名	ト辭例		地名用例	
[illegible]	續2.28.2	[illegible]	前2.2.2	[illegible]
[illegible]	前8.10.3	[illegible]	京1558	[illegible]
[illegible]	粹899	[illegible]	後上18.2	[illegible]
[illegible]	ト47	[illegible]	金584	[illegible]
[illegible]	書道10.3	[illegible]	ト52	[illegible]
[illegible]	前2.37.6	[illegible]	前2.37.8	[illegible]
[illegible]	乙7205	[illegible]	甲3639	[illegible]
[illegible]	拾10.2	[illegible]	前2.15.2	[illegible]
[illegible]	後下40.14	[illegible]	前6.43.5	[illegible]
[illegible]	乙4658	[illegible]	續3.27.1	[illegible]
[illegible]	乙4658	[illegible]	續3.1.3	[illegible]
[illegible]	乙6519	[illegible]	京3176	[illegible]
[illegible]	佚509	[illegible]	遺759	[illegible]
[illegible]	前4.33.6	[illegible]	文557	[illegible]
[illegible]	乙6422	[illegible]	粹1426	[illegible]
[illegible]	乙4518	[illegible]	乙1811	[illegible]
[illegible]	前4.43.1	[illegible]	續4.17.7	[illegible]
[illegible]	續存1973	[illegible]	後上13.9	[illegible]
[illegible]	乙4631	[illegible]	鉄255.3	[illegible]
[illegible]	前4.53.4	[illegible]	粹945	[illegible]
[illegible]	佚578	[illegible]	寧3.74	[illegible]
[illegible]	前3.1.2	[illegible]	南師1.58	[illegible]
[illegible]	京3895	[illegible]	南明587	[illegible]
[illegible]	乙4631	[illegible]	乙4057	[illegible]
[illegible]	乙7009	[illegible]	前2.21.2	[illegible]

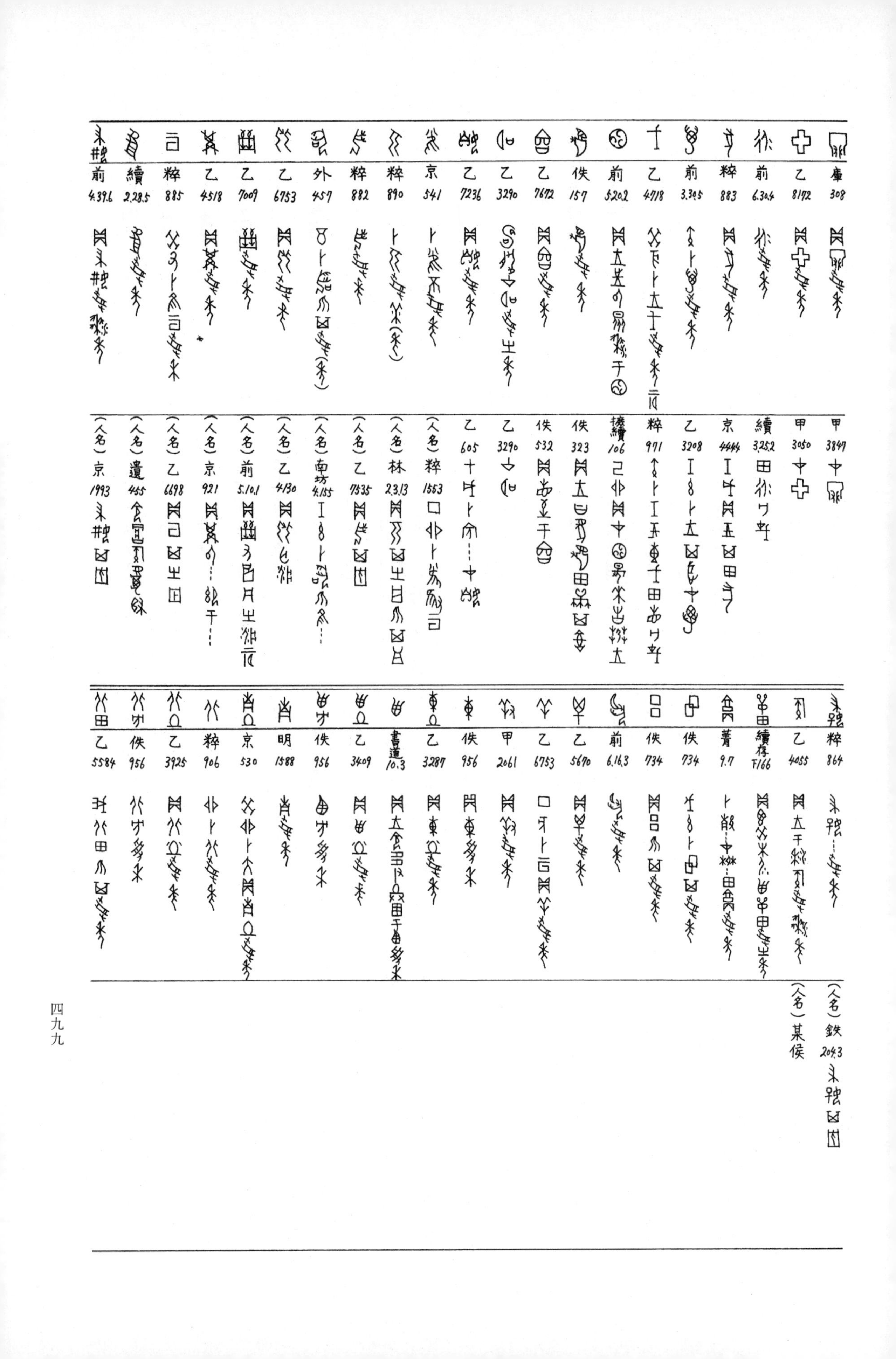

庫 308
乙 8172
前 6.30.4
粹 883
前 3.30.5
乙 4718
前 5.20.2
佚 157
乙 7672
乙 3290
乙 7236
京 541
粹 890
粹 882
外 457
乙 6753
乙 7009
乙 4518
粹 885
續 2.28.5
前 4.39.6

甲 3847
甲 3050
續 3.25.2
京 4444
乙 3208
粹 971
摭續 106
佚 323
佚 532
乙 3290
乙 605
(人名) 粹 1553
(人名) 林 2.3.13
(人名) 乙 7535
(人名) 南坊 4.155
(人名) 乙 4130
(人名) 前 5.10.1
(人名) 京 921
(人名) 乙 6698
(人名) 遺 455
(人名) 京 1993

粹 864
乙 4055
續存 下166
菁 9.7
佚 734
佚 734
前 6.16.3
乙 5670
乙 6753
甲 2061
佚 956
乙 3287
書道 10.3
乙 3409
佚 956
明 1588
京 530
粹 906
乙 3925
佚 956
乙 5584

(人名) 鉄 2043
(人名) 某侯

一 □東 南師2.46 □□東□□□ 一
＝ □ 續137.1 □□□□ 一

右の諸例中「□□□」・「□□□□」の例が最も多く殆ど百版を超えて居り、而してこの「□」は「□□□□」(乙4455)の例からせば殷室を謂ふものであつて、次の如く「王は有年を受くるか」・「王は稔を受くるか」・「稔を王に授くるか」

佚928 □□□□□
摭續114 □□□□□
南師2.47 □□□□□

とあるのは之が傍証である。

前表を通覧するに□は商邑、□は亳邑、□は殷東の臨淄附近、□は臨淄の北に在り、□は淮陰の北、□は淮水流域に在り、□・□は西北の邊境、□は蒲縣、□・□は西南の邊境に在つて、これらの地に圍まれてゐる地域が殷室の勢力範圍と略〻一致してゐることは前述の地圖に照して明かであり、從つて王は全地域の豊歉に關心を抱いてゐることが解り、次版に商邑及び四方の受年を卜してゐるのは端的に之を示してゐるものである。

粹907

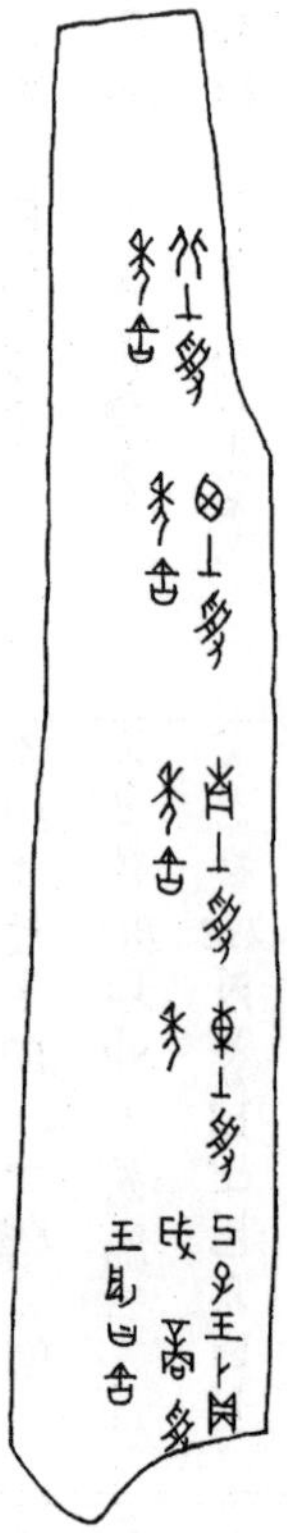

要するに王畿のみならず諸侯の地を含めて全地域の受年を卜してゐるから、農耕が全地域に行はれてゐることが解る。

(4) 農　法

農耕が殷の全域に行はれてゐて既に農耕時代に入つてゐるが、その農法が何如なる狀態であるかはなほ明かではない。

(□・□)　卜辭に□・□の字があつて前者は耤、後者は㠯であり、徐仲舒は耒耜考(集刊二・一)に於いて□を耒、□を耜として居り、□は耒を執つて耤す貌であるから耒が用ゐられたことは明瞭であるが、□は卜辭に於いては原義を離れて假借使用されてゐるから、耜が用ゐられたか否かは明かではない。

(□)　卜辭に地名として□(前5.47.1)・□(卜718)・□(粹927)があり、胡厚宣は之によつて犬耕が行はれたとしてゐるが(卜辭中所見之殷代農業)、この貌は犬耤に似ず、まして地名であるからこの説は疑問である。

(□)　卜辭に□字が習見であり、郭沫若は「犂」の初文として「殷人已經發明了牛耕、卜辭中有很多犂字、作□或□、□即象犂頭、一些小點象犂頭啓土、□在牛上、自然就是後來的犂字」(奴隸制時代八頁 粹釋四四〇畧同)と□・□を犂字とし、之によつて牛耕が行はれたとしてゐるが、[甲骨文]は「[甲骨文]」(乙2373)・「[甲骨文]」(京3436)・「[甲骨文]」(乙5303)・「[甲骨文]」・「[甲骨文]」(佚203)と用ゐられてゐるから、この説には遽に從ふことが出來ない。

(焚・[甲骨文]) 卜辭に焚字があつて「焚」と釋されてゐる(鉄87.1 佚983 前1.33.1 乙2507 4995 5500 京1437)。李劍農はこれを以つて燒田火耕が行はれたとして「甲骨卜詞有貞焚卜焚數條、焚何須用貞卜、必以耕作爲目的、毎當耕稼之時、預先選定草木繁殖之地、縱火焚之、然後以次起土播種、由此可推想殷人之農作方法、尚爲火耕」(中國經濟史講稿五頁)となしてゐるが、例へば「[甲骨文]」(乙2507)の如く、焚は田獵の方法として用ゐられてゐるが、火耕を証し得る辭例は未だ發掘されてゐない。又唐蘭は「王其田[甲骨文]」(後上十四・二)の[甲骨文]について「卜辭用於田某地之下者、當解爲燒、火烈俱擧也」(天釋四四葉)として燒田が行はれたと見做してゐるが、この説の妥當でないことは前述(參照)の如くである。

(尿) 卜辭に尿字があり(前4.28.7 5.27.6 5.30.13 5.42.6 後下12.7 35.7 遺405 卜634 佚745 京2728 續存177 下166)、胡厚宣はこれを「尿」と釋し、次の辭を証として施肥

續存下166 [甲骨文]

農法が行はれたことを主張してゐるが、なほ後考に俟つ。

(5) 儀禮

殷代の農耕は未だ幼稚の域を脱せず自然に依存してゐたから、年穀の豊歉は鬼神の致すものとして、上帝・自然神・高祖神・先臣神について年穀に禍するか否かを卜してゐて次の如くであり、又前述の如くこれらの諸神に對して祈年し、高

上帝	乙7456	[甲骨文]
自然神	庫407	[甲骨文]
	安陽3.1	[甲骨文]
高祖神	粹11	[甲骨文]
先臣神	乙4524	[甲骨文]

祖神、祖神に對して患害の禁禦を匄つて居り、王が天下の為に降雨・寧風・寧蟲を上帝に祈り、[甲骨文]・[甲骨文]の祭祀を以つて上帝を祀ることは王の重大な任務とされてゐる(上帝・自然神・參照)。更に受年のために耤田の禮を行つてゐて、次の[甲骨文]・[甲骨文]・[甲骨文]・田はいづれも之であり(參照)、而して耤田は次の如く地方に於いて行はれて居り、之は成王時器の令鼎に「王大耤農于諆田」と王が諆田に耤農してゐるのと同様であつて、周の耤田

前7.15.3	[甲骨文]	乙4057	[甲骨文]	明682	[甲骨文]	前5.20.2	[甲骨文]
乙8151	[甲骨文]	乙3212	[甲骨文]	續5.34.4	[甲骨文]	續2.28.6	[甲骨文]
乙3290	[甲骨文]	鉄262.1	[甲骨文]	續2.30.3	[甲骨文]	菁9.7	[甲骨文](續3.30.4)

（戩殷「官司耤田」は殷に倣ふものであり、又「[illegible]」（乙4055）と王の耤田によって侯が黍年を受くるか否かをトしてゐるから、王の地方に於ける耤田は天下の為に豊穣を祈るものであることが解る。呂覽には孟春の月に耤田を行ふものとしてゐるが、卜辞に於いては次の如く十一月・十二月・十三月・一月・二月・三月に之を卜して居り、月名が一定してゐないが略〻春の候に行ふものの如くである。

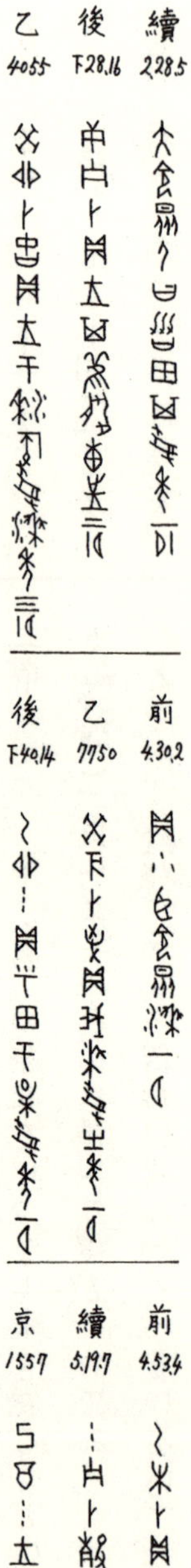

之を要するに殷代には耤田があって黍・麥・[illegible]・[illegible]が生産されて居り、全地域に亘って受年を卜し、王が天下の為に上帝に祈年し、又耤田の禮を行って豊穣を祈ってゐるから、農耕が殷代社會の基盤をなしてゐることは明白である。

二、牧畜

殷代に牧畜の旺んであったことは祭牲に[illegible]が用ゐられて居り、一祭祀に十牛・十宰を用ゐることは習見であって、次の如く百牛・百羊・百豕・百犬・百宰・三百牛・三百宰・五百牛・千牛が用ゐられてゐることによって窺ふことが出來る。之を秦の德公の「以犠三百宰祠鄜時」に比すれば思半に過ぎるものがある。

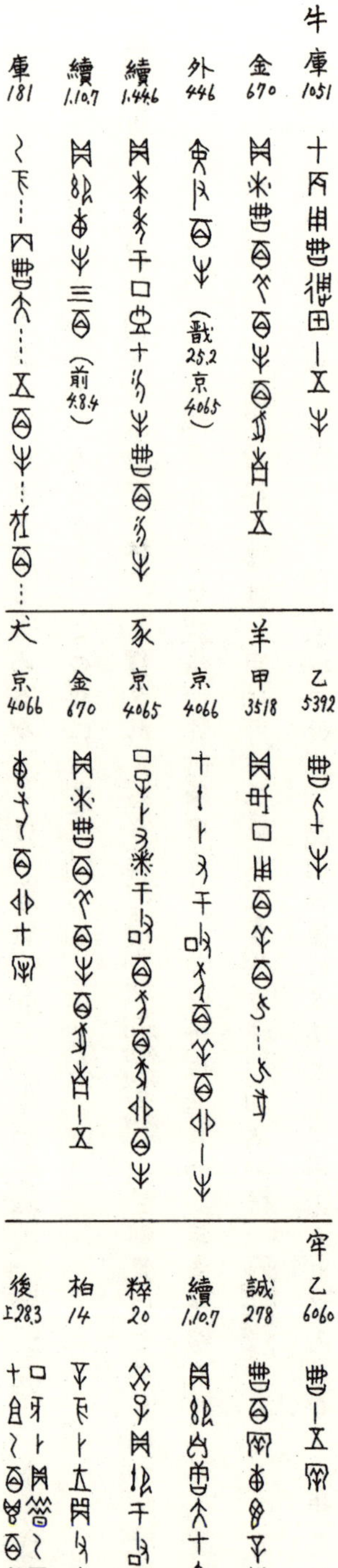

三、田獵

前述の如く田獵の辞には〓・〓・〓及び收獲が記されてゐて、各期に習見であり、例へば第一期に於いては次の如き收獲が記されて居り、而して最高の記録は第四期の「〓〓卜〓〓〓〓〓〓〓〓〓八」(後下41.12)の三百四十八である。

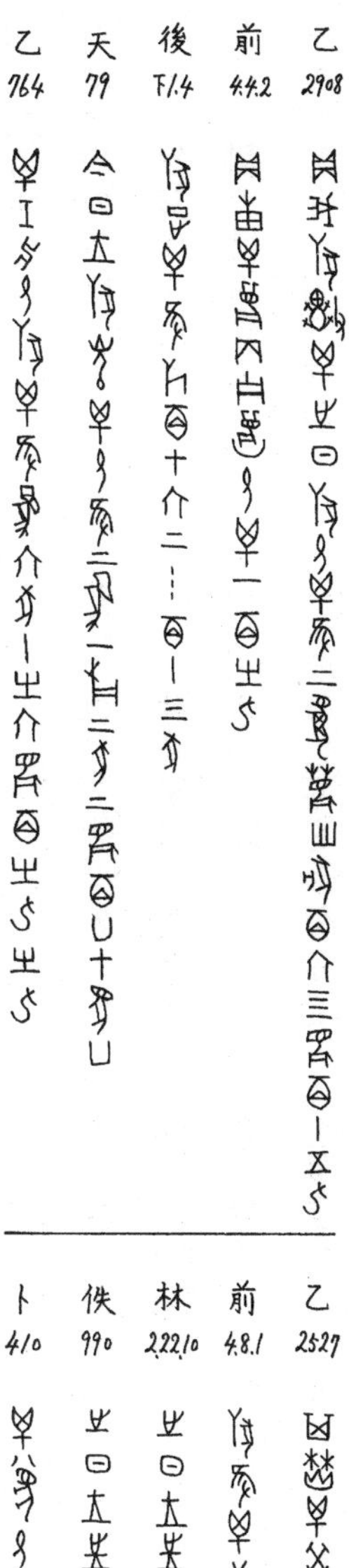

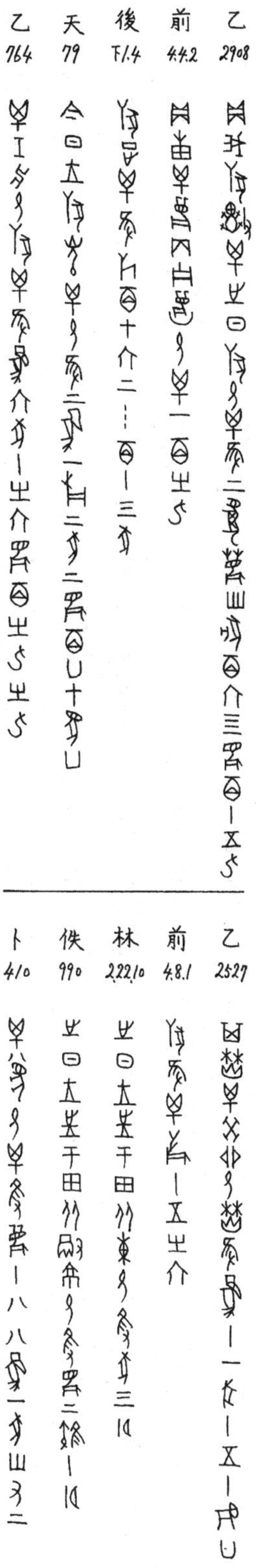

然し一祭祀に牲三百、五百、乃至は一千を供してゐることに比すれば、田獵による收獲の如きは問題ではなく、而して前述の帝辛王十祀征夷方歴程に見るが如く、夷方征代の歸途に攸及び〓に於いて田獵を行つてゐるから、田獵は兵を訓練する手段であることが解り、從つて陳夢家の「卜辞中所有關於田獵的記載、都是時王爲逸樂而行的遊田」(卜辞綜述五五二頁)とする説、及び吳其昌の「田獵游牧時代」とする説は妥當ではない。

四、漁撈

卜辞に漁撈の辞は甚だ少く次の数例に過ぎない。次の「〓」は〓〓が〓〓(粹1263)に作られてゐるから〓字であつて「漁」であり、又「〓」は郭沫若が字形上から「象兩手張網以捕魚、之當即漁之異」(粹釋三九)としてゐるのは是であつて、上揭例の如く〓は〓水に行はれ「〓〓」(〓は系字 祭儀〓〓)と用ゐられてゐるから魚網をかける意であり、而して斯かる漁撈が田獵途上に行はれたことは、前1.29.4・佚656両版に〓(狩)と一辞をなしてゐるに見て明かである。魚に從ふ字に〓があり魚を釣る貌であるが地名であり、この外に〓・〓・〓・〓・〓・〓・〓・〓・〓・〓・〓に作るものがある。

第七章　殷の暦法

一、紀　年

殷代の紀年用語として「祀」・「年」・「歳」が用ゐられてゐることを董作賓が述べてゐるが（殷暦譜上・三・一）、次の如く「年」・「歳」は未だ用ゐられて居らず、「祀」が第五期に及んで始めて用ゐられてゐる。

(1)　年（年）

卜辞に次の用例があり、これらの用法を董作賓が紀年とし（同前）、胡厚宣は之に従つてゐるが（甲骨學商史論叢二集 殷代之農業二六葉）、陳夢家はこ

續1.44.5 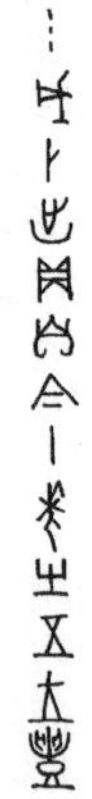

粹1279 

遺465 

佚19 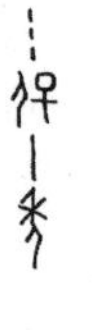

れに反對して「此年字意義甚不明、至少它們與西周金文中的『惟王幾年幾月』不同」（燕京學報四〇期 斷代學三九頁）としてゐる。「年」の用法には祭儀乃至は祭品として「小牢卯十牛年用十二月」（前4.7.8）・「年三十牛」（誠262）・「年卯三牢」（林2.13.3）・「南年」（京528）の用例があり、これらは後考に俟たねばならないが「穀熟」の義の年ではなく、假借的用法と考へられる。從つて右の四辭の用法も亦假借の可能性があり、數詞を以つて稱されてゐることによつて紀年とするのは妥當でない。

(2)　歳（歳）

卜辭に次の用例があり、董作賓はこの「一歳」を「稱十年為十歳」とし、「今歳」を「是又以一年為一歳」として居り

金571 

卜493 

甲2961 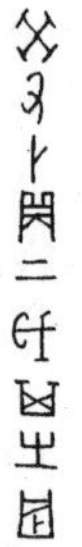

乙8658 

、陳夢家は「歳或者指太陽年」（燕京學報四〇期四〇頁）としてゐるが、後に之を改めて上掲例の一歳・二歳・三歳については「在卜辭中、歳既不作紀時的年歳解」となし、今歳については殷は一年を禾季（四・五・六月）と麦季（九・十・十一月）の兩歳としてゐるとする假説を立てて「今歳」は「今の半季」、「來歳」は「來るべき半季」、「今來歳」は「當指最近的下季」（卜辭綜述二二九頁）としてゐる（同上二二四頁・二二六頁参照）。卜辭に「今歳」・「來歳」・「今來歳」の辭は次の如くであつて、この歳は又歳（乙4229 文547 京530 4828）・戉（粹896 907）・戉（佚309）・戉（甲1493）に作られて居り、祭祀卜辞の歳・戉と同字である。

今歳　卜493　〓〓卜〓〓〓〓〓〓〓

來歳　乙6881　〓〓〓〓〓〓〓

今來歳　乙979　〓〓〓〓〓

この今歳の辞の卜月は二月（文687 京530）・八月（粹896）・十二月（乙7811）、來歳の辞の卜月は六月（鄴3.39.5）・八月（簠歳9）であつて、例へば次の

乙7811　〓卜〓〓〓〓〓〓〓〓〓〓〓〓一　（前8.3.7 鉄269.2 誠4 499 佚309 金377 甲3298 乙4229 7811 粹896 907 文547 687 卜126 493 摭103 京530 546 547 548 550 4828）（遺815 簠歳9 鄴3.39.5 甲1493 乙1394 2219 5898 6881 安陽4.16）（續6.8.5 乙979 1732 京545）

如く十二月に今歳の受年を卜してゐるものがあり、歳を年と同義とせば收穫を畢へた十二月に今年の受年を卜してゐることになつてこれは甚だ理に合はず、ここに於いて陳説の如き假説が生ずるのである。卜辞の「受年」を卜してゐる月名を檢するに、次の如く殆ど各月に於いて之を卜して居り、之を第一期に就いて見

一月　佚550 金648 掇1.476 1.477 續2.29.16 京571 後下40.14 乙7750 續存188
二月　後上31.11 31.12 續1.37.1 乙4518 4977 6519 粹890 天24 京530 遺936 寧3.25
三月　前3.30.3 粹894 庫1029 遺456 乙3154 7009 後下38.3
四月　遺167 乙6725
五月　未見
六月　未見
七月　戩26.5 京577
八月　粹896 遺1177
九月　前4.6.6 粹885 乙6275
十月　前8.10.3 續2.28.2 粹883
十一月　續2.28.5 遺1179
十二月　甲2999 乙4718 7811 8349
十三月　卜91 乙4055 續存下166

れば次の如くであつて、董作賓の「以建丑之月為歳首、亦當始於商初」（殷暦譜）、及び胡厚宣の「殷之八月相當於今所行夏曆之七月、陽曆之八九月」（殷代之農業）の説に從つて觀れば、禾黍の收穫を畢へた以後になほ之を卜してゐて右と同様であり、而してこの表の「受黍年」の段を見れば、陳氏の

ト辞の内容	某受年	某受黍年
一月	佚550	乙7750
二月	乙6519	遺936
三月	乙7009	前3.30.3
四月	遺167	乙6725
五月		
六月		
七月		
八月		遺1177
九月	乙6275	
十月	續2.28.2	
十一月	遺779	
十二月	乙4718	甲2999
十三月	卜91	乙4055

所謂禾季・麥季の説にも遽かに信を措くことが出來ない。然らば十二月に今歳の受年を卜し、或は各月に受年が卜されてゐるのは、何如なる譯であらうか。

前述の如く〓は祭祀用語として「載」即ち犧牲を供載するの義であり、載牲は「祀る」ことであるから「〓」を以つて祭祀の意を表はし得るのであつて、例へば明

明740

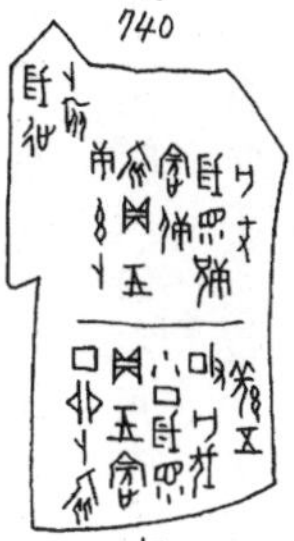

七P80

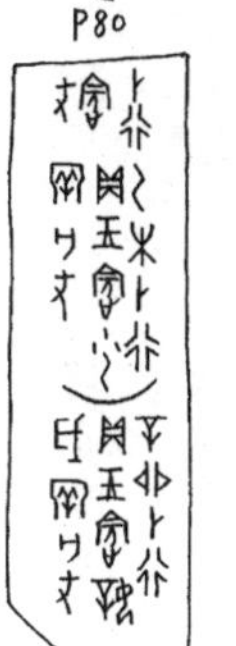

740版の〓〓〓は小丁の〓祀、〓〓は妣庚の〓祀、七P80版の〓〓は母辛の〓祀であることは前述の如くである。從つて「〓〓」・「〓〓」は「今の載祀」・「來るべき載祀」の意にして、「〓〓〓〓」は「今の載祀期

間に年穀の幸を受くるか」、「來歳受年」は「來るべき載祀期間に年穀の幸を受くるか」、「今來歳受年」は「今の載祀より來るべき載祀の期間に年穀の幸を受くるか」の意に外ならない。前述の如く五祀週期は例へば第一期に於いては三十旬であるから、一祭祀期間と一自然年との間には六旬の差があり、且又時王の第一祀は必ずしも一月に始るとは限らないから、五祀の始終と自然年の交替とは一致せず、從つて一祭祀(五祀の一週)が一自然年内に終る場合と二自然年に亘る場合とが生ずるのであつて、例へば第何祀かが二月に始るとせば、この祭祀は三十旬であるから十一月を以つて終り、一自然年内に畢るが、次回は十二月に始まつて翌年の九月を以つて終り、二自然年に亘るのである。ここに於いて一載祀期間中にその年の稔熟期が存する場合と、稔熟期が存しない場合とが起り、又稔熟期が二載祀に亘る場合が生ずるのであつて、「今歳受年」・「來歳受年」・「今來歳受年」のトが行はれる所以はここに存するのである。今假に「受年のト」を祭祀期間の初頭に行ふものとし、稔熟期を十月と假定し、時王の第何祀かが二月半に始るとせば、この祭祀は十二月半を以つて終り、十月の稔熟期がこの間に存するから、この場合には二月に「今歳受年」をトすることになり、次回は十二月半に始つて十月半に終り、この間に十月の稔熟期が存するから、十二月に「今歳受年」をトすることになり、前記の「十二月に今歳受年をトしてゐるもの」は斯かる場合であり、又次回は十月半に始つて八月半を以つて終り、この場合には稔熟期が存せず、十月の稔熟期は來るべき載祀期間にあるから、十月に「來歳受年」をトすることになり、十月の稔熟期が今歳と來歳の間に存する場合は「今來歳受年」をトすることになり、斯くして殆ど各月に受年のトが行はれ、又十二月に今歳の受年がトされる結果となるのである。

斯くの如く「今歳」は「今の載祀期間」の義であつて、「歳」を「年」と同義とする說、「今歳」を「今の半季」とする說は妥當ではなく、又「歳」が数詞を以つて用ゐられてゐるが、紀年であることを証し得る用例は存しないのである。

(3) 祀 (祀)

祀は動詞として「祀る」の義に用ゐられ、例へば「其祀于[glyph]」(乙2587)・「貞祀[glyph]祈來歳受年」(乙6881)・「王繇曰大吉其酒[glyph]日隹王祀[glyph]」(續2.6.2)の如くであるが、第五期習用の「隹王三祀」(續1.5.1)の用法は紀年であり、第三期の「[glyph]祀用五[glyph]」(續2.31.7)、第四期の「一祀…九[glyph]」(甲260)は紀年ではなく、紀年の用法は第五期に始る。これは前述の如く第五期の五祀週期を三十六旬乃至三十七旬として太陽年と略〻等しくしたから、五祀の回数を以つて年数を表はし得るやうになつたからである。然し「王何祀」は時王によつて行はれた五祀の回数を謂ふのであつて、これは直に後世の「王何年」ではなく、從つて陳夢家が「祀是一年」(卜辭綜述二三五頁)としてゐるのは誤謬であり、又「祀は巳の月の祭りを目印にして歳を数ふる」(新城新藏著暦と天文三九)によるものではない。王廿祀は又「王廿司」(續2.14.4)とも記されてゐて、この「司」は祀の假借である。

二、日食・月食

(1) 日食　王襄は佚374の「日月又食」を「此記日食之貞」(簠釋天一)とし、董作賓は林1.10.5・佚374を日蝕とし(殷暦譜交食譜)、陳夢家は林1.10.5版については「讀法恐有問題」としてゐるが、佚374版は之を日食としてゐる(殷虚卜辭綜述二四〇頁)。

林1.10.5

佚374

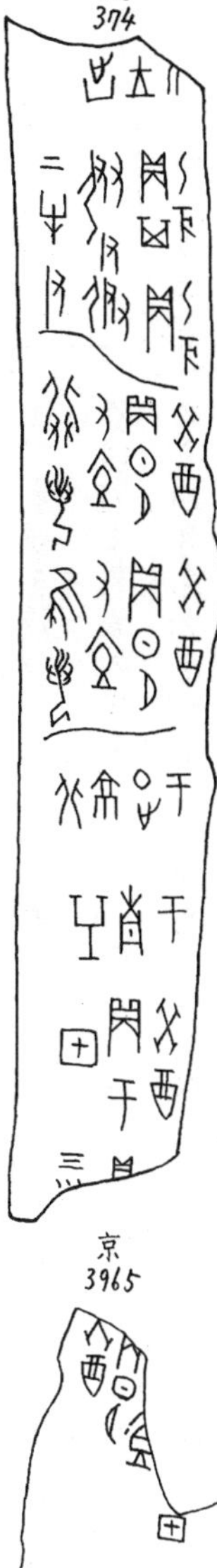

京3965

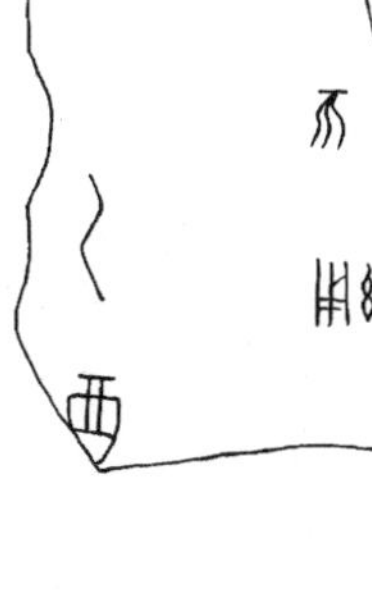

卜辭に於いて「食」・「戠」が通假されることは前述(祭儀)の如くであり、而して右の佚374版の辭を粹55版の辭と對比せ

佚374

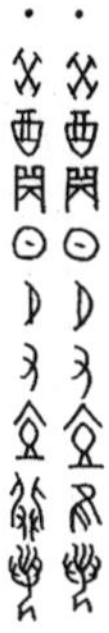

粹55

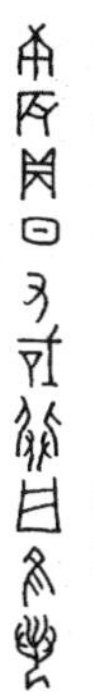

ば、兩者の用字が相等しいから同一内容であることが解り、後者について郭沫若は「日戠若日又戠、當是日之變、因有此變故卜告于河、卜告于父、以稽其禎祥、戠與食音同、蓋言日蝕之事耶」と日蝕とし、陳夢家は「日又戠、讀若識誌或痣、乃指日中黑氣或黑子」(卜辭綜述二四〇頁)と日斑としてゐる。粹55版には次の三辭があり、これを甲755版の「[illegible]」に比すれば、右の佚374版

粹55

後上29.6

の「日月又食」は「日・夕又戠」か「日又戠月(出)…」のいづれかであつて日蝕のことではなく(祭儀戠參照)、例へば「[illegible]」(佚384)を甲子に五旬後の甲寅に日蝕の有無を卜するものとすることは無稽であり、又次の後上29.6と粹55とは共に武乙時に父康丁に告祀するものであつて、この兩者の卜日は連續して居り、この日又戠を日蝕とせば日蝕が庚辰と辛巳の日にあることになり、日蝕が斯かる組み合はせに生ず

ることは武乙一代に果して有り得るだらうか。斯くの如く「日ヲ寸」・「日Dヲ食」を日蝕と解することは困難である。

(2) 月食

乙3317

鉄239.1

甲1289

卜632

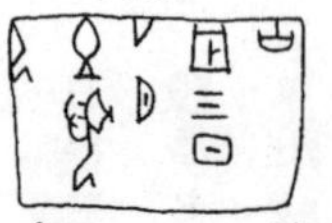

庫1595

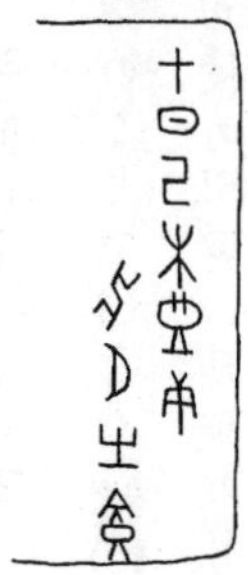

簠天2

金594

王襄は簠天2の「D出食」を「月食」となし、董作賓は上掲の七版のそれを月食としてゐるが（殷曆譜・交食譜及び集刊二三殷代月食考）、平盧氏は乙3317版の月食は武丁時に存しないとして、

甲午月食、也是一個難題、…據美國德效騫博士所推算的西元前一千年至一千四百年安陽能見的月食表、在甲午之夜的、只有西元前一三七三年和一二二九年、前者當殷庚二十六年、後者當康丁六年（大陸雜誌一二〇）

續存下149

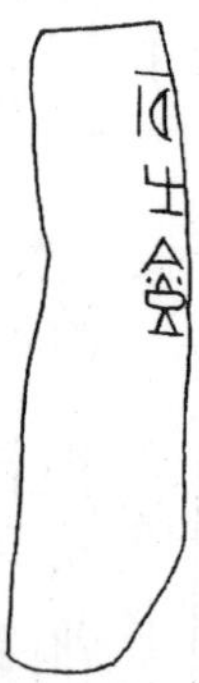

と、董説を疑つて居り、陳夢家は之に從つて董説を反駁してゐる（卜辭綜述二四〇）・前記の如く食は寸と通假の字であつて「日Dヲ食」は日食ではなく、又上掲版には「D出食」とあつて、これに於いては「D出食」のDが月名となつてゐるから、右七版の「D」は某月の意であつて、これを月食とすることには疑問があり、又乙3317版には「D出食」を豫言してゐるが、次述の如く當時の曆法が甚だ幼稚であつて、日蝕・月蝕を豫定し得る筈がないのである。

三、置閏

董作賓は殷曆譜に於いて殷代は一年を三六六日とし、冬至を知つてゐて建寅の月を正月となし、完備の古四分術が行はれてゐて、無節置閏による十九年七閏法が用ゐられてゐると做してゐる。この説は十九年七閏法が春秋中期に土圭法により、冬至が知られるに及んで完成されたとする説（新城新藏博士説）、或は春秋時代には置閏の規則が未だ全く定められてゐないとする説（飯島忠夫博士説）、及び節氣を禮記月令に於いてすら、なほ發展途上にありとしてゐる説（能田忠亮博士説）と著しく異つてゐる。董説の如き進歩した暦法が殷代に既に存したことは甚だ疑問であつて、之を置閏の面から考察せば、第五期の帝乙時には太陰暦を用ゐてゐて、平年を三五〇日とし、初期には暦年を太陰年に合致せしめる置閏を行つてゐるが、王十一祀以後は暦年を三五〇日に一定して置閏せず、帝辛時には太陰太陽暦を用ゐてゐて、平年を三六〇日とし、暦年を太陽年に合致せしめる置閏を行つてゐて、王十七祀までは兩者を略〻合致せしめてゐるが、それ以降の置閏は當を失つてゐて未だ正確な閏法が成立して居らず、從つて帝乙時以前は太陰暦時代に屬し、帝辛時に至つて漸く太陰太陽暦時代に入つて居り、未だ董説の如き暦法は存しないのである。

㈠、第一期より第四期までの置閏

殷代の月份に大小のあることは、董作賓が甲2122版に次の如く九個の干支・月名があつて（括項のものは順序を按じて加へたもの）、十二月の第三旬は癸酉、二月の第一旬は癸酉とされてゐるから、十三月と一月とが占める日數は五九日であつて、この二ヶ月は三十日と二十九日であるとし（安陽發掘報告三卜辭中所見之殷曆）、又更に三例を擧げて之を証してゐる（殷曆譜一・九朔譜・月譜）。次の

甲2122

十月　癸酉
十一月　（癸未）・癸巳・癸卯
十二月　癸丑・（癸亥）・癸酉
十三月　（癸未）・癸巳・[癸卯]
（一月）　[癸卯]・（癸丑）・（癸亥）
二月　癸酉・癸未・（癸巳）
三月　（癸卯）・（癸丑）・（癸亥）
四月　癸酉・（癸未）・癸巳

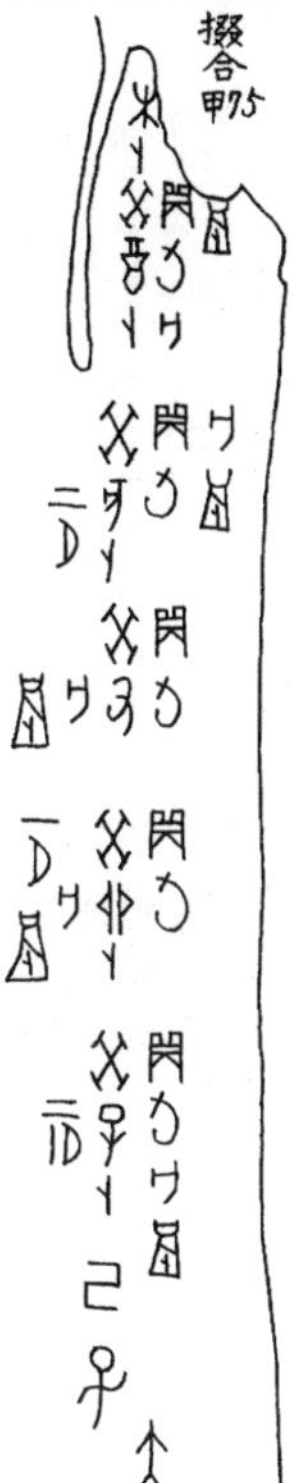
掇合甲75

版に於いては癸巳が十二月、癸亥が二月であるから、この間の一月は甲午より壬戌までの二十九日であつて小月であり、甲2122版は第一期（貞人𡆥の署名あり）、掇甲75版は第四期であつて、後述の如く第五期帝辛時に於いても同樣であるから、第一期より殷末に至るまで月份に大・小のあることが解る。而して暦日は祀譜表に見るが如く連續干支を用ゐてゐるから、月の交替が一定の日干（例へば甲日或は癸日）に行はれないのは當然であつて、次の續4.40.11版（第三期）では甲申が三月・明乙酉が四月、文55版（第三期）では庚午が十一月・明辛未が十二月、佚949版（第四期）では壬辰が四月・明癸巳が五月とされて居り、又庫1672版に於いては甲午が十二月・三日後の丁酉が正月とされてゐて（第五期）、乙未・丙申・丁酉のいづれかが正月の朔日であり（後述によれば丁酉が朔である）、乙日・辛日・癸日・丁日が朔日とされてゐて、朔日は一定の日干に固定してゐないのである。

續4.40.11

佚949

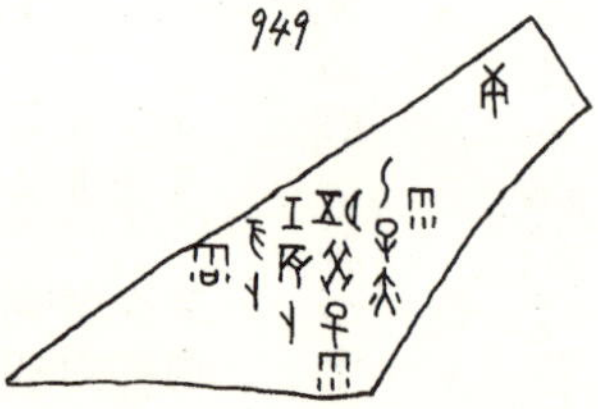

庫1672

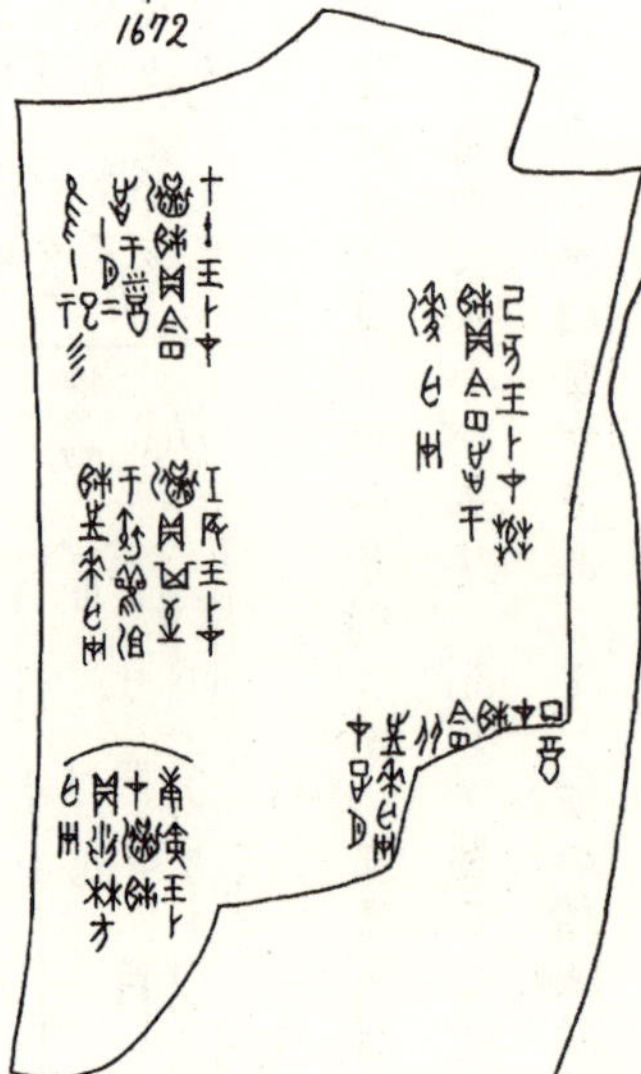

文55

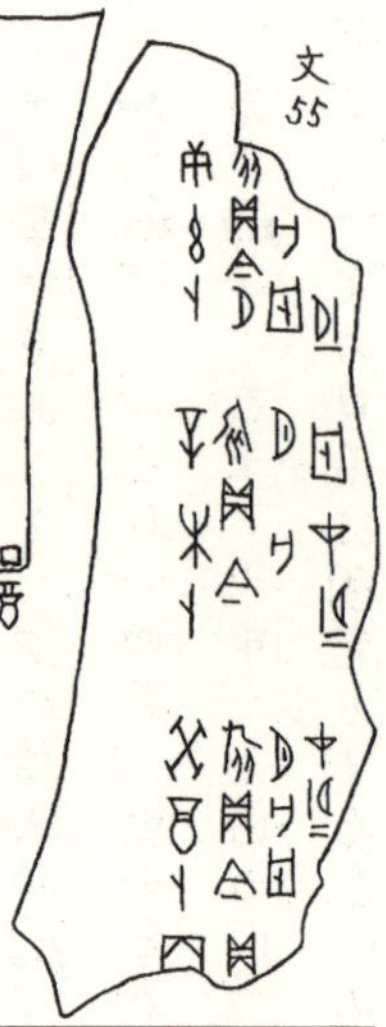

置閏法には年末に十三月を置く十三月法、年間に一ヶ月を置く閏月法、月末に一旬を置く閏旬法が行はれてゐて、各期の置閏法は次の如くであるが、董作賓は閏月法・閏旬法の存することを認めず、陳夢家は武丁時には十三月法、祖甲より帝辛時までは年間閏月法が用ゐられたとしてゐて(卜辭綜述二二八)、閏旬法の行はれてゐることを知らないが、これらの置閏法は次の諸版に

	十三月	閏月	閏旬
第一期	十三月	閏月	
第二期	十三月	閏月	閏旬
第三期	十三月		
第四期武乙	十三月		
第四期文武丁			
第五期帝乙			閏旬
第五期帝辛			閏旬

見ることが出来る。

○年末十三月

(第一期)

粹1423

(第二期)

佚47

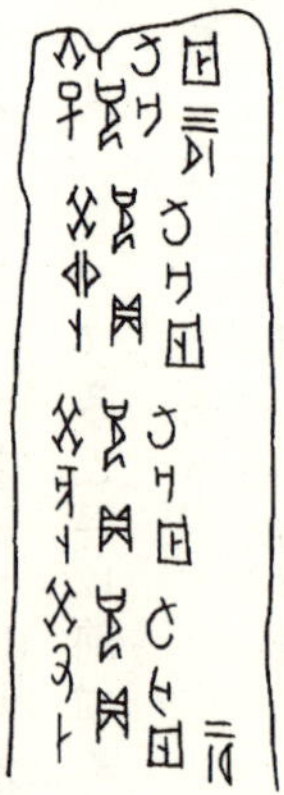

(第三期)

續存1754

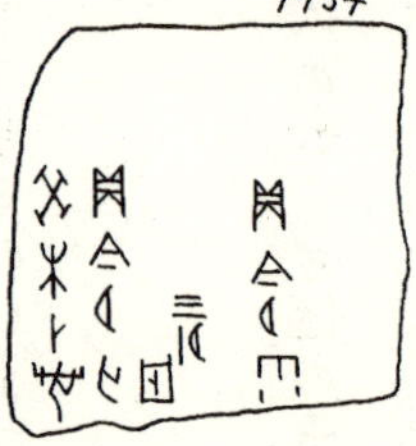

(第四期武乙時)

寧1.430

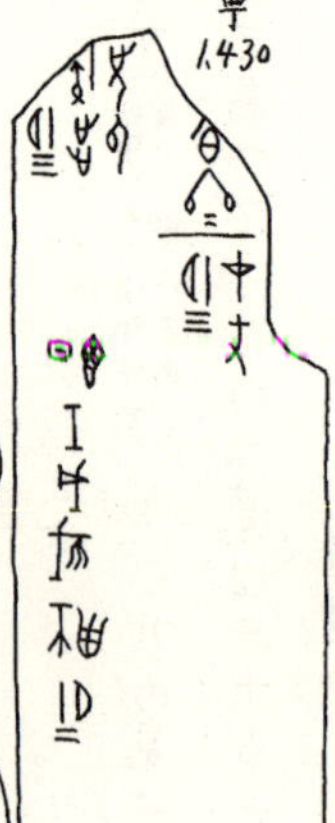

(第四期文武丁時)

前8.11.3

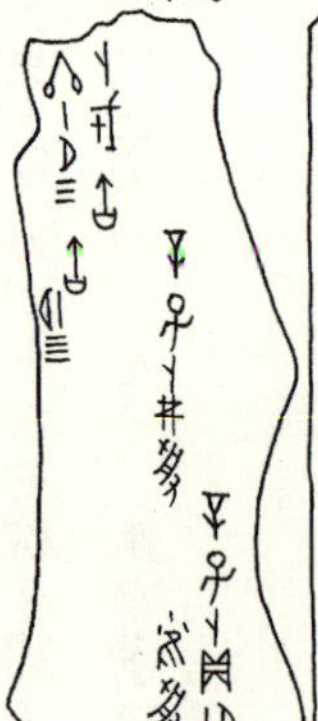

右の如く十三月は第一期より第四期に亘つて用ゐられてゐるが、第五期には一例も存しない。

○年間閏月

(第一期)

遺199

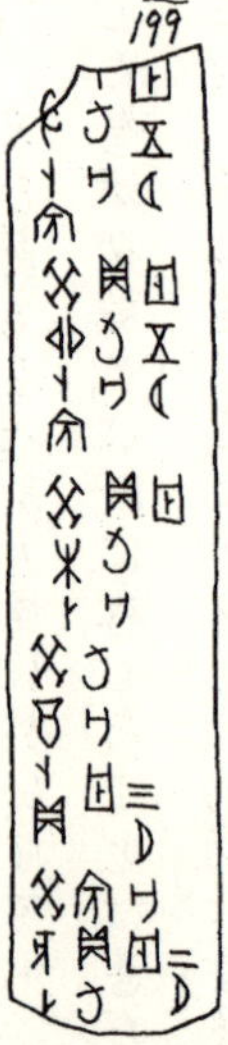

・癸丑五月 ┐閏月
・癸卯五月 ┘
(癸巳五月)
(癸未五月)
(癸酉五月)
(癸亥四月)
(癸丑四月)
(癸卯四月)
(癸巳三月)
・癸未(三月)
・癸酉三月
・癸亥二月

三月初旬の癸酉より推算せば五月癸卯・癸丑は閏月に當る。董氏が三月と五月とは年を異にすとしてゐる(閏譜)のは是に非ず。

（第二期）

甲2410

・癸丑五月
（癸卯五月）閏月
（癸巳五月）
（癸未五月）
・癸酉五月
（癸亥五月）
（癸丑四月）
（癸卯四月）
（癸巳四月）
（癸未三月）
（癸酉三月）
・癸亥三月

この版に於いては癸酉・癸丑が五月であつて両者の間は四旬であり、而して癸亥が三月とされてゐるから、以上の三辞は上掲の如き關係に在つて、五月癸丑は閏月の下旬に當るのである。

京3572

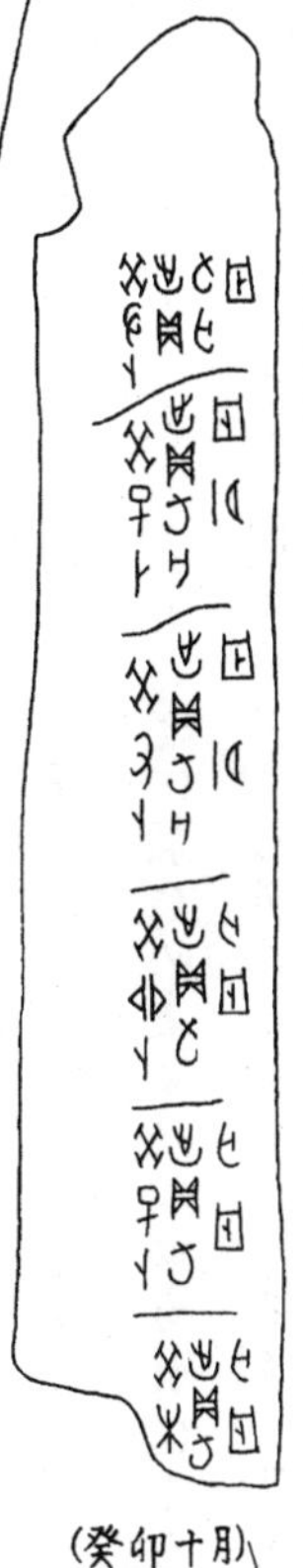

（癸卯十月）
・癸巳十月 閏月
（癸未十月）
（癸酉十月）
（癸亥十月）
・癸丑十月

この版の癸丑・癸巳が十月であつて両者の間は四旬であり、従つて十月癸巳は閏月の中旬に當る。

續存下687

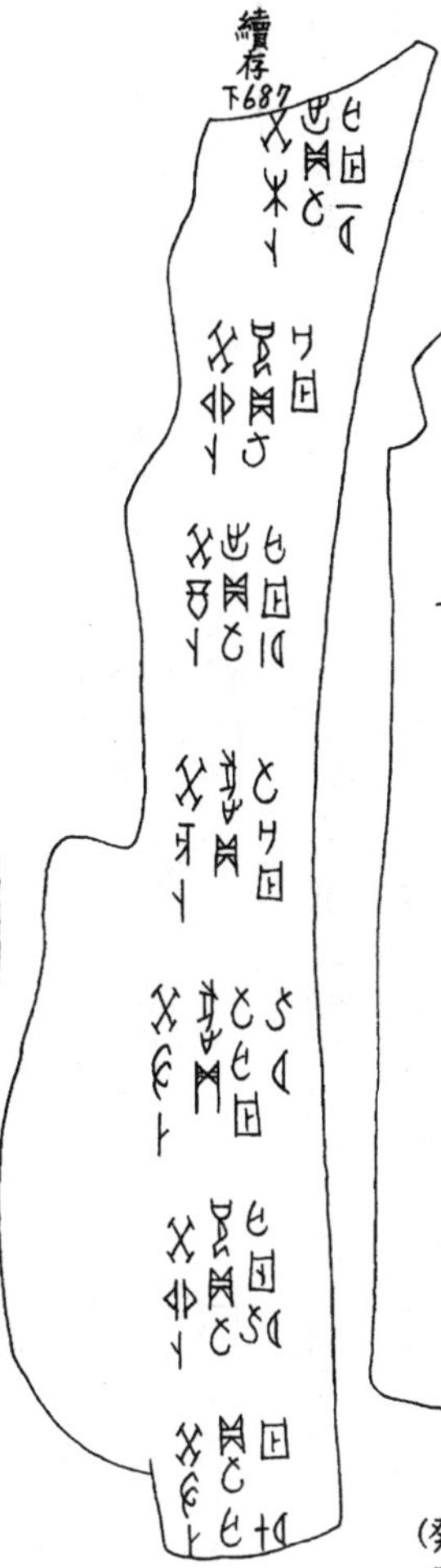

・癸未一月
（癸酉）
（癸亥）
（癸丑）
（癸卯）
（癸巳）
（癸未）
（癸酉）
（癸亥）
（癸丑）
（癸卯）
（癸巳）
（癸未）
・癸酉十月
・癸亥
・癸丑九月
・癸卯九月
……
癸丑七月

この版の癸卯が九月、癸未が一月であるから、この間のいづれの月かに閏月がある。

佚399

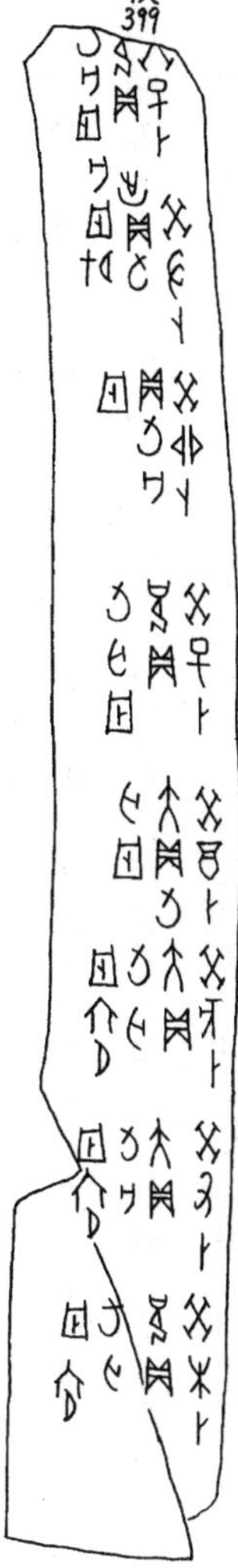

・癸丑七月
・癸卯（六月）
・癸巳（六月）閏月
（癸未）
・癸酉（六月）
・癸亥六月
・癸丑六月
（癸卯）
（癸巳）
・癸未六月

この版の癸丑・癸亥が六月であるから、六月癸未は閏六月の初旬に當る。

○月末閏旬（第二期）

明687

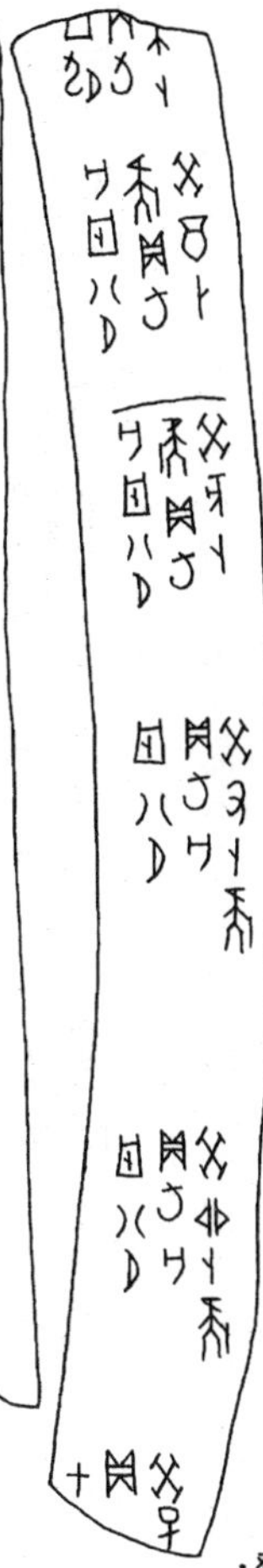

この版の八月は四旬に亘つてゐて、八月に一旬の閏が置かれてゐる。

佚47 簠雜36

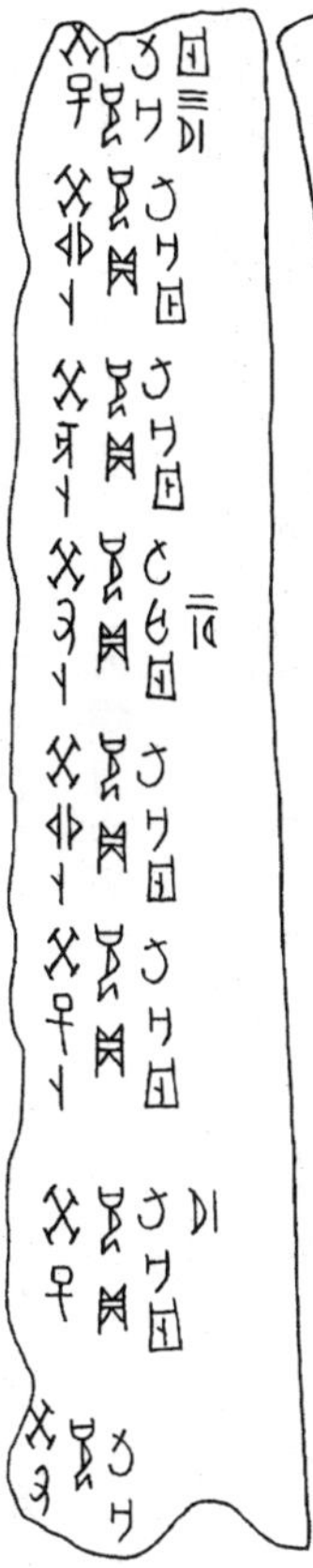

・癸巳十三月
（癸未）
（癸酉）
・癸亥
・癸丑十二月
・癸卯十二月
・癸巳十二月
（癸未十一月）
（癸酉十一月）
（癸亥十一月）
（癸丑十月）
（癸卯十月）
・癸巳十月

右の版の癸巳が十月・癸丑が十二月であるから、この關係は癸巳が十月初旬、癸丑が十二月下旬以外にはなく、癸丑が十二月下旬に當るから十三月癸巳との間は四旬であつて、十三月の外に更に一旬の閏が置かれてゐることになる。

（第五期）　庫1661

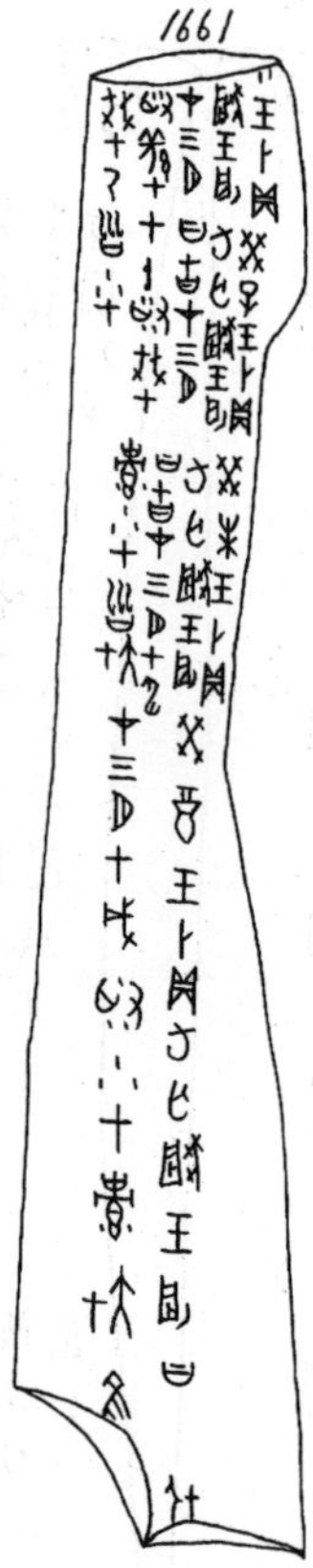

この版は前述の如く第五期帝乙王八祀のものであつて、方法斂氏の摹寫に誤がなければ、三月が四旬に亘り一旬の閏がある。

この外帝乙及び帝辛時に閏旬法の行はれてゐることは、前記の祀譜の如くであり、又後記に再述する。

斯くの如く殷代の置閏法には十三月・閏月・閏旬が用ゐられてゐて、十三月は第一期より第四期に行はれてゐるが、第五期には行はれず、閏月は第一期・第二期に用ゐられてゐるが、第三期・第四期には之を知り得る版がなく、而して第五期には用ゐられず、閏旬は第二期・第五期に行はれて居り、就中、第五期にはこの置閏法のみが行はれてゐる。

なほ次の版には「十四月」の月名があつて、これは周金文の雝公緘鼎に「隹十又四月既生霸壬午」とある十又四月と同様であり、第二期・第四期に用ゐられてゐる。

（第二期）　明1568

續存1492

（第四期）　前8.11.3

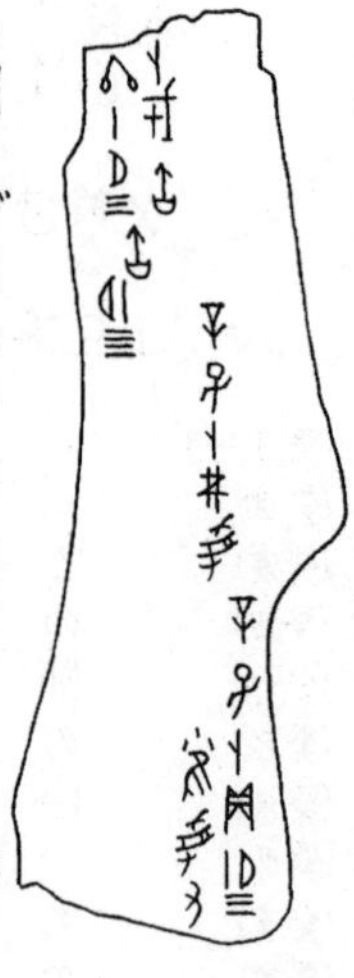

右の如き置閏法が行はれて居り、而して第五期には十三月の閏月が用ゐられてゐないにも拘はらず、董氏は殷代の置閏法は第一期より第五期に至るまで、十三月法のみが行はれたと做し、且つ次の版を証として殷人は冬至を知つてゐて、太陽年を三六五・二五日としてゐるとし、遂に殷代の置閏法は四分暦による十九年七閏法であると断じてゐるのである。

乙15

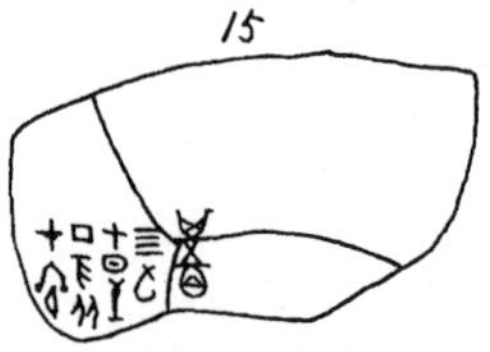

この文武丁時の版の「□五百…四旬…七日至?…丁亥从…在□月…」を、董氏は次の如く解し、

文武丁時計算日数、不及開始之一日、例見前章、正計始日五百四十八日也、適合於古四分術之歳實一年、即一年三六五・二五日、半年一八二・六二五日、一年半合計五四七・八七五日、則此五百四十八日者、實當起算於文武丁十二年一月庚辰之冬至、下至十三年六月之夏至日、乃有五四八之積日、此殷人知一歳之長爲三六五・二五日之確証也、（殷曆譜巻一・一〇）

と、五百四十七日として一年半の日数となし、「日至」を「夏至日」、「[illegible]」を「六月」と解して、文武丁の十二年一月の冬至より十三年六月の夏至に至る一年半の續日としてゐる。然し「日至」の用例は他になく、これは「七日至(于)丁亥从……」とも考へられ、又「六月」とされてゐるものは「[illegible]」であつて六月ではなく、この不明確な一版上の数字が適々一年と半年の合計日数に合するを以つて、殷人は冬至、夏至を知つてゐて、太陽年を三六五・二五日としてゐるとなすのは武断であり、後述の如く帝乙時に於いてすら、太陰年及び太陽年の日数がなほ不明であるから、文武丁時に既に之を知つてゐるとなすのは妥當でない。

董氏の謂ふが如く殷代には冬至・夏至・太陽年を知つて居り、月份に大小があつて十三月の置閏が用ゐられてゐるとせば、この暦法は四分暦であつて十九年七閏法が用ゐられたと推測するのは尤であり、假に斯かる閏法が行はれてゐるならば、卜辞の月が季節と略〻一致してゐる筈であるから次に之を検討する。卜辞に降雨を卜するものが甚だ多く、孟子に「七八月之間雨集溝澮皆盈」と、黄河沿岸の雨季を七八月として居り、卜辞の降雨を卜する月を検すれば次の如くであつて

	第一期	第二期	第四期
一月	續一・二七・九 [illegible] 佚七九六 [illegible]		
二月	前七・一六・四 [illegible] 天二二 [illegible]	前三・二二・三 [illegible] 前三・一九・二 [illegible]	續存二・二三・四 [illegible]
三月	京三九三 [illegible] 前三・一八・五 [illegible]	續四・二〇・一〇 [illegible] 京三四二 [illegible]	外二一一 [illegible]
四月	佚四〇二 [illegible] 乙三〇九〇 [illegible]	文一〇〇 [illegible] (同版[illegible]署名) 誠一三二 [illegible]	外二二四 [illegible]
五月	拾掇一・二四〇 [illegible] 前三・一六・二 [illegible]	續四・一九・九 [illegible] 續存一四六九 [illegible] (同版[illegible]署名)	續四・一四・一 [illegible]
六月	續四・二〇・五 [illegible]	續存一二七 [illegible]	
七月	前三・一八・四 [illegible] 京三四一 [illegible]	文九九 [illegible] 鉄一二一・二 [illegible]	
八月	誠一一九 [illegible] 粹七二一 [illegible]	粹七六八 [illegible]	
九月	鉄六六・三 [illegible] 前三・一六・六 [illegible]	京三二二五 [illegible]	
十月	續五・六・七 [illegible]	續存一四七四 [illegible]	續四・九・三 [illegible]

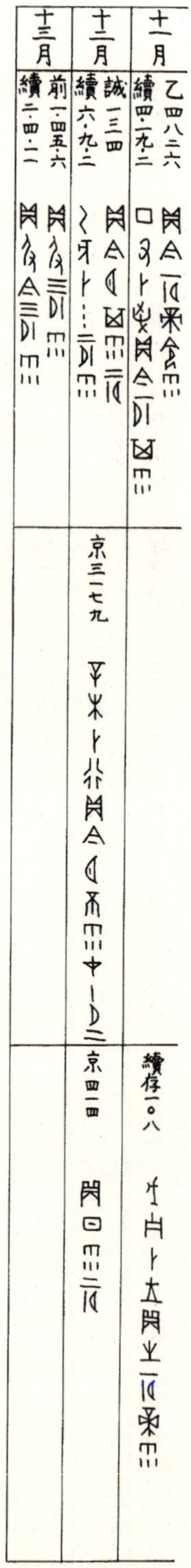

十一月
乙四八二六
續四・二九・二
十二月
誠一三四
續六・九・二
京三一七九
續存一〇八
京四四
十三月
前一・四五・六
續二・四・二

右の如く降雨が各月に卜されて居り、假に月が季節と略〻相即してゐるとせば、降雨の可能性の少い乾燥期に於いて、なほ之を卜してゐるのは甚だ奇異である。降雨が各月に卜されてゐるのは各月に降雨の可能性があるからであつて、これは月份が季節と遊離し、各月が雨季に當る曆法が行はれてゐることを示して居り、又旱暵([illegible]・[illegible])について見ても同樣であつて、例へば次の如く十二月・二月・三月に之を卜してゐる。雨季が各月に際會することは太陰曆に於いては起り得るが

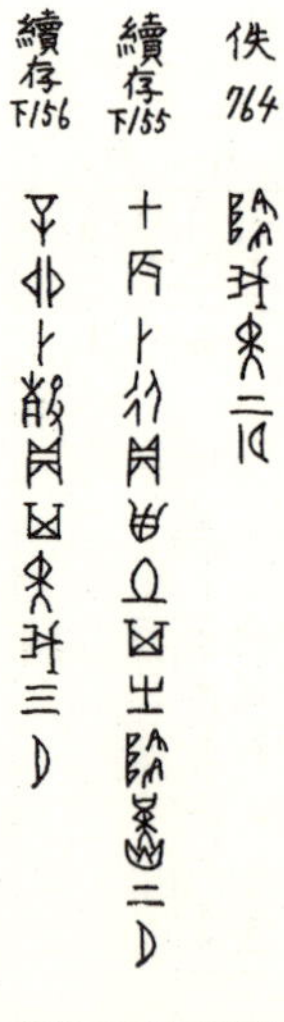

、太陰太陽曆(董說に從へば殷代は太陰太陽曆である)を用ゐながら、なほ之を免れ得ないとせば、その曆法は甚だ幼稚であつて、四分曆は用ゐられて居らず、置閏法も試行の域を出でないものとせざるを得ず、董説の如き曆法の存することは認め得ないのである。更に第一期より第四期までの曆法が幼稚であつて、未だ規則的に置閏する曆法が成立してゐないことは、次の例から之を窺ふことが出來る。卜辭に「某月某日」の例が甚だ少く、例へば「[illegible]」(續4.14.1)・「[illegible]…」(外224)の如きはこれであるが、一般に將來の某日を謂ふ場合には某月某日と謂はずに、その日を起點として幾日後の某日といふ表現を用ゐて居り、これは甚だ習見であつて例へば次の如くである。

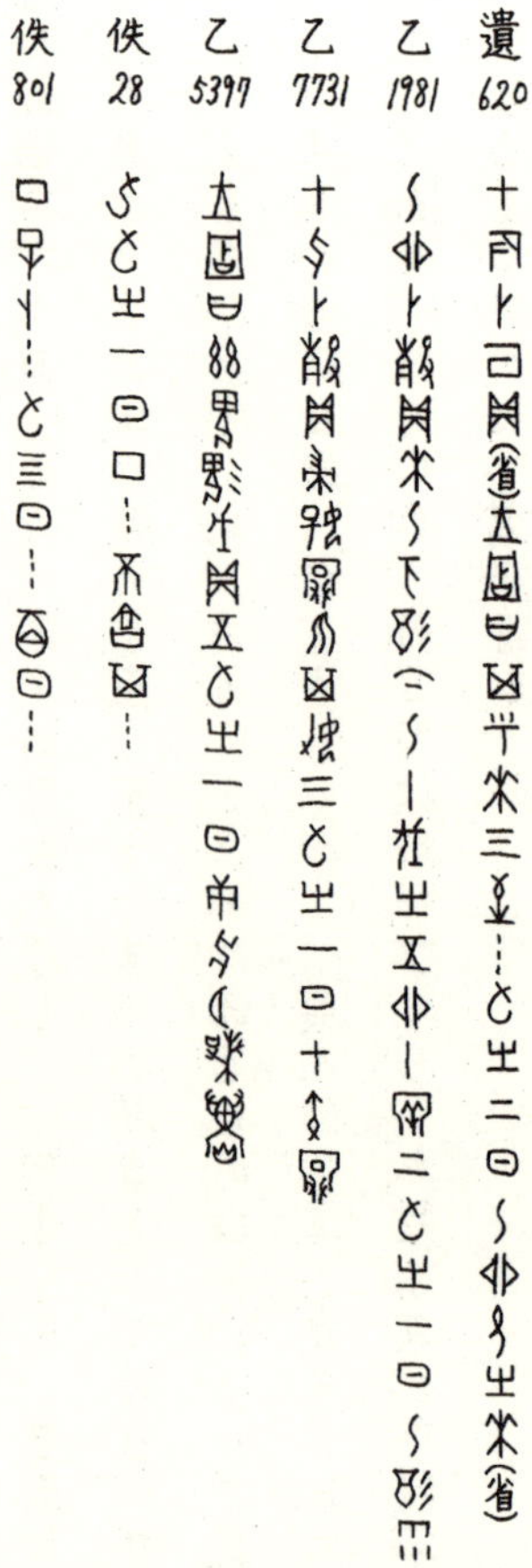

上掲例の如き三旬・五旬・九旬・十旬後には月が替つてゐる筈であるから、斯かる表現の代りに某月と稱する方がより簡明であるが、某月と稱し得ないのは將來の月名を適確に謂ふことが困難であるからに外ならず、而してこれは置閏が規則的に挿入されないが爲である。斯くの如くこの期の

暦法は未だ幼稚であつて、規則的な置閏が行はれて居らず、置閏を行つてゐるに拘らず、各月が雨季に際會する暦であるから、これは太陰暦を出づるものではなく、從つてこの置閏は次述の帝乙時の場合と同様に、暦年を太陽年に合致せしめるためのものではなくして、太陰年に合致せしめるためのものと見做さねばならず、帝乙時に於いては暦年を三五〇日として二年に一旬の閏を置くことによつて、太陰年に合致せしめんとしてゐるが、この期には閏月が用ゐられてゐるから、暦年は更に三五〇日以下とされてゐることが解るのである。

之を要するに第一期より第四期までは、月份に大小があり、十三月・十四月・閏月・閏旬の置閏が用ゐられてゐることが明かであるが、暦年・太陰年・太陽年が幾日とされてゐたかはなほ明かではなく、董説の如き暦法は未だ成立して居らず、閏月が用ゐられてゐるがその暦は太陰暦を出づるものではなく、暦年は三五〇日以下とされてゐるのである。

(二)、第五期帝乙・帝辛時の置閏

第五期の帝乙時に於いては、第四期に於ける五祀週期と、太陽年の回歸との關係から、遂に太陽年が卅六旬乃至卅七旬であることを知つてゐることは、次の表によつて明瞭である。第二期の理論上の五祀週期が三十二旬であり、實際に於いても卅二旬の週期が用ゐられてゐるから、武乙時・文武丁時にはそれ〲卅五旬・卅八旬の週期が實施されたとするのは不當ではなく、果して然らば武乙時には五祀の週期が太陽年の週期よりも進み、文武丁時には五祀週期が太陽年の週期よりも遅くれた筈である。帝乙時・帝辛時には理論上の五祀週期がそれ〲卅八旬・四十一旬であるが、實際にはこれを卅六旬乃至卅七旬として實施して居り、これは前期の武乙・文武丁時の經驗によつて、太陽年が五祀週期の卅五旬と卅八旬の間にあることを知つて、一應これを卅六旬乃至卅七旬とし、一祭祀期間をこれに合致せしめんとする意圖によるものに外ならず、これによつて帝乙・帝辛時には太陽年を卅六旬乃至卅七旬としてゐることが解るのである。

時期	置閏法	理論上の五祀週期	實施上の五祀週期
第一期	十三月・閏月	三十旬	未詳
第二期	十三月・閏月・閏旬	三十二旬	卅二旬
第三期	十三月	三十五旬	未詳
第四期武乙時	十三月	三十五旬	未詳
第四期文武丁時	十三月	三十八旬	未詳
第五期帝乙時	閏旬	三十八旬	卅六旬・卅七旬
第五期帝辛時	閏旬	四十一旬	卅六旬・卅七旬

次に帝乙時の暦年を考察するに、次の諸辭は帝乙祀譜に詳述せるが如く、王二祀より王廿祀までの祀譜を構成してゐる

ものである。前述の如くこれら諸辞間の月份の推移を、三旬を一ヶ月とし、三六〇日を一年とする基準を以つて計れば下記の如くであつて、卜辞の月份が三六〇日一年の月份と一致してゐる場合と、卜辞の月份が三六〇日一年の月份よりも早く進んで前移してゐる場合とがあり、王二祀四月より王四祀七月までの間、及び王八祀三月より王九祀十一月までの間の月份の推移は三六〇日一年の月份の推移と一致して居り、王四祀七月より王八祀三月までの間、及び王九祀十一月より王廿祀十一月までの間の月份の推移は三六〇日一年の月份の推移よりも前移してゐる。月份が前移するのは一年間の日数が三六〇日より少いからであり、而してこの二十祀間に於いては前移する場合が一般であつて、三六〇日一年の月份と合致してゐる場合が異例であるから、帝乙時の平年の暦年が三六〇日以下であつて、三六〇日一年の月份と合致してゐる場合は置閏されてゐるのである。

前 3.27.7　癸未王卜貞酒彡日自上甲至于多后衣亡尤自畎在四月隹王二祀

（この間は三六〇日一年の月份と合致してゐる（置閏二旬））

續 1.5.1　癸酉王卜貞旬亡畎王囚曰吉在十月又一甲戌妹工冊其𠷎隹王三祀

續 1.23.5　癸巳王卜貞旬亡畎王囚曰吉在六月甲午彡沃甲隹王三祀

續 1.51.2　癸丑王卜貞旬亡畎王囚曰吉在七月甲寅(彡)陽甲隹王四祀

（この間は三六〇日一年の月份より一旬前移してゐる）

後上 20.7　癸卯王卜貞酒翌日自上甲至多后衣亡尤自畎在九月隹王五(祀)

（この間は三六〇日一年の月份より二旬前移してゐる）

佚 545　癸未王卜貞(旬亡畎)王囚曰吉在五(月甲申)𢇛祖甲隹王七(祀)

（この間は三六〇日一年の月份より一旬前移してゐる）

庫 1661　癸酉王卜貞旬亡畎王囚曰𠰏在三月甲戌祭小甲𢇛大甲隹王八祀

癸未王卜貞旬亡畎王囚曰吉在三月甲申𢇛小甲𠂤大甲

癸巳王卜貞旬亡畎王囚曰吉在三月甲午祭戔甲𠂤小甲

(癸卯)王卜貞旬亡畎王囚曰吉在三月(甲辰)祭沃甲(𢇛)戔甲

（この間は三月が四旬に亘つてゐる（置閏一旬））

遺 391　丁未卜貞父丁丁其牢在十月又一𢆶用隹王九祀

（この間は三六〇日一年の月份と合致してゐる（置閏一旬））

戊辰彝　王廿祀十一月戊辰𠂤武乙𠂤妣戊

（この間は三六〇日一年の月份より十一旬前移してゐる）

戊辰彝
（殷文存上十九・一）

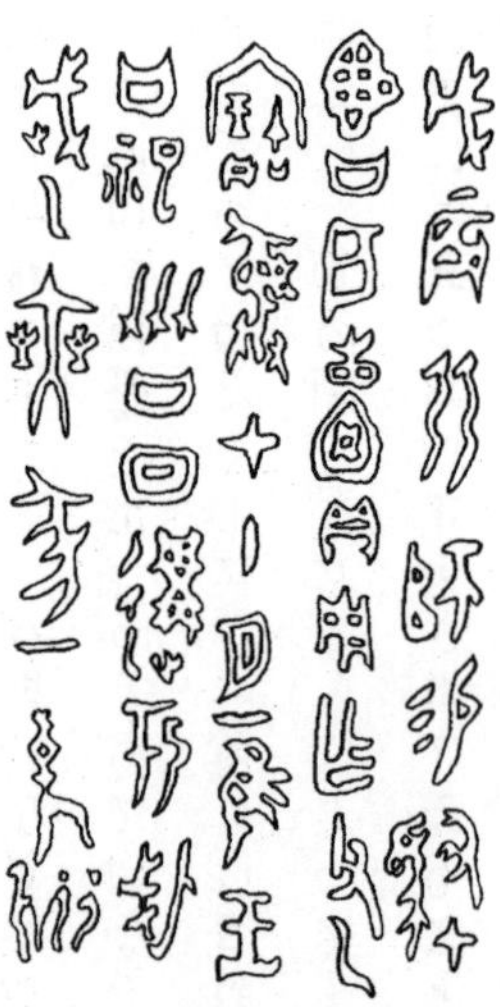

前述の如く王十祀と戊辰彝の王廿祀との十祀間に於いては、月份が三六〇日一年の月份よりも十旬前移し、この間の一年は三五〇日とされて居り、從つて之を基準として右の場合を計れば（祀譜の檢討参照）、月份が三六〇日一年の月份と合致してゐる王二祀と王四祀間には置閏二旬、王八祀と王九祀間に

は置閏二旬であり、又月份が三六〇日一年の月份より前移する右の諸辞はこの月份に合し、更に帝乙時に屬する祭祀卜辞は、一例外の外はすべてこの月份に符合してゐるから、帝乙時には平年の曆年を三五〇日としてゐることが解る。而して右の置閏は王二祀四月と十月の間に一旬、王四祀七月と十月の間に一旬、王八祀三月に一旬、王八祀四月と九月の間に一旬であつて、王八祀の曆年が三七〇日となつてゐる外は、王二祀・王四祀の曆年が三六〇日を超えてゐないから、この置閏は帝乙時に卅六旬乃至卅七旬としてゐる太陽年に合致せしめる爲のものでないことは明瞭であり、この王二祀より王九祀までの八祀間に四旬の置閏は、畢竟二祀に一旬の閏であつて、三五〇日の曆年を三五五日とするものに外ならず、この置閏の結果は曆年を太陰年に合せ得てゐるに過ぎないのであつて、斯かる目的のために行はれたものと考へるのである。

之を要するに帝乙時は曆年を三五〇日として居り、この期には漸く太陽年の日数が卅六旬と卅七旬の間に在ることが明かとなつたが、未だ太陽年に合致せしめる爲の置閏が行はれて居らず、太陰年に合致せしめるために八祀間に四旬の置閏を行つてゐるに過ぎず、而して王十一祀以降王廿祀に至る間は、この置閏すらも之を行はずに三五〇日の曆年に一定してゐるのである。斯くの如く帝乙時に於いてすら、なほ太陰曆が用ゐられてゐるから、これ以前に既に太陰太陽曆が行はれて、董說の如き曆法の存することは到底考へることが出來ない。然るに次の帝辛時に至つて、曆年を太陽年に合致せしめるための置閏が行はれるやうになり、ここに初めて太陰太陽曆が行はれてゐるのである。

次の帝辛王十祀の版に於いては、甲午が十二月、三日後の丁酉が正月とされてゐるから、正月の朔日は乙未・丙申・丁酉のいづれかであり、假に丁酉を正月朔日として次に王十祀・王九祀・王八祀の曆を考察する（後述によれば丁酉が正月朔日である）。

庫1672

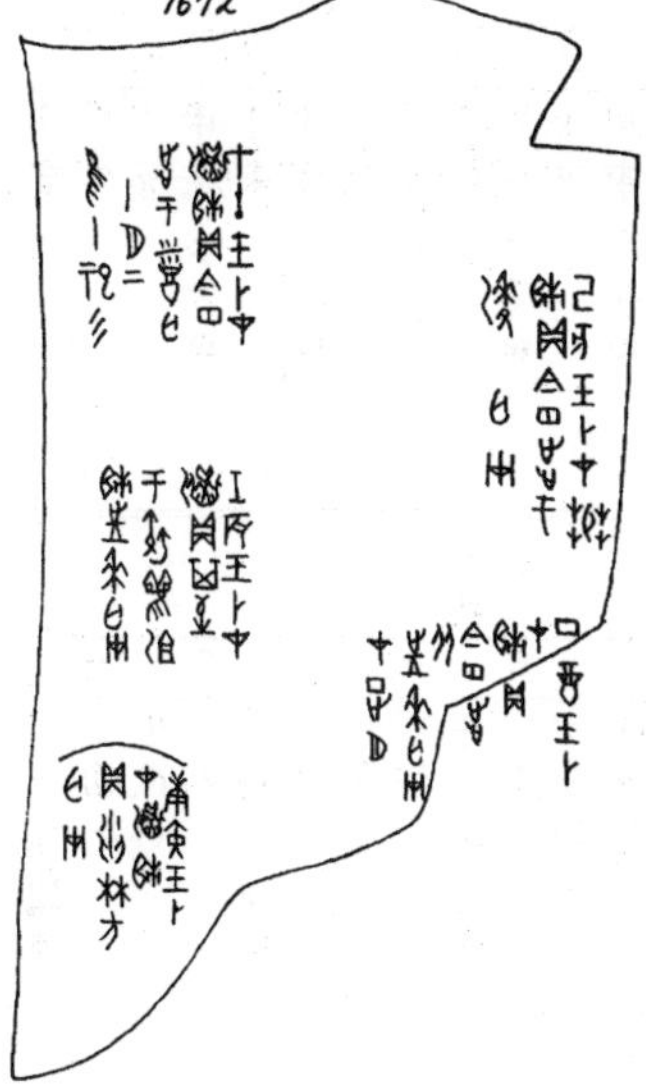

次の三辞が緊密に連續してゐて、王九祀・王十祀の祀譜を構成してゐることは前記の如くであり、次に王十祀の祀譜と王十祀の征夷方歷程とを併記し、これによつて王十祀の置閏を考察する。

明 61
前 3.27.6 4.18.1
續 3.29.6

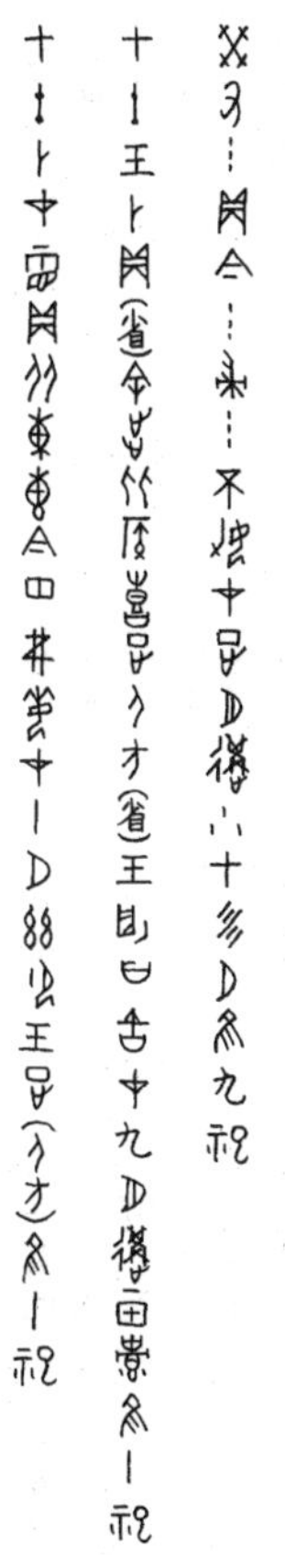

月・旬	干支	祀典	在	出典	上部注記
正月	丁亥				
正月	甲午				
正月	丁酉				
正月	甲辰	彡大甲			
正月	丁未				
正月	甲寅	彡小甲		明61	王九祀正月
二月	丁巳				
二月	甲子	○			
二月	丁卯				
二月	甲戌	彡戔甲			
二月	丁丑				
二月	甲申	彡沃甲			
二月	丁亥				
三月	甲午	彡陽甲			
三月	丁酉				
三月	甲辰	○			
三月	丁未				
三月	甲寅	彡祖甲			
四月	丁巳				
四月	甲子	○			
四月	丁卯				
四月	甲戌	劦工典			
四月	丁丑				
四月	甲申	劦上甲			
四月	丁亥				
五月	甲午	○			
五月	丁酉				
五月	甲辰	劦大甲			
五月	丁未				
五月	甲寅	劦小甲			
六月	丁巳				
六月	甲子	○			
六月	丁卯				
六月	甲戌	劦戔甲			
六月	丁丑				
六月	甲申	劦沃甲			
六月	丁亥				

月・旬	干支	祀典	在	出典	上部注記
七月	甲午	劦陽甲			
七月	丁酉				
七月	甲辰	○			
七月	丁未				
七月	甲寅	劦祖甲			
八月	丁巳				
八月	甲子	○			
八月	丁卯				
八月	甲戌	祭工典			（王十祀）
八月	丁丑				
八月	甲申	祭上甲			
八月	丁亥				
九月上旬	甲午	壹上甲・□〆才		前4.18.1	王十祀九月
九月上旬	乙未				
九月上旬	丙申				
九月上旬	丁酉				
九月中旬	戊戌				
九月中旬	己亥				
九月中旬	庚子				
九月中旬	辛丑				
九月中旬	壬寅				
九月中旬	癸卯				
九月中旬	甲辰	祭大甲			
九月中旬	乙巳				
九月中旬	丙午				
九月中旬	丁未				
九月下旬	戊申				
九月下旬	己酉		在舌	遺263	王十祀九月
九月下旬	庚戌				
九月下旬	辛亥		在舌		
九月下旬	壬子				
九月下旬	癸丑				
九月下旬	甲寅	祭小甲			
九月下旬	乙卯				
九月下旬	丙辰				
九月下旬	丁巳				
	戊午				

（董氏は閏九月とす）

月・旬	干支	祀典	在	出典	上部注記
十月上旬	己未				
十月上旬	庚申				
十月上旬	辛酉				
十月上旬	壬戌				
十月上旬	癸亥				
十月上旬	甲子	○			
十月上旬	乙丑				
十月上旬	丙寅				
十月上旬	丁卯				
十月中旬	戊辰				
十月中旬	己巳				
十月中旬	庚午				
十月中旬	辛未				
十月中旬	壬申				
十月中旬	癸酉				
十月中旬	甲戌	祭戔甲			
十月中旬	乙亥				
十月中旬	丙子				
十月中旬	丁丑				
十月下旬	戊寅				
十月下旬	己卯				
十月下旬	庚辰				
十月下旬	辛巳				
十月下旬	壬午				
十月下旬	癸未				
十月下旬	甲申	祭沃甲			
十月下旬	乙酉		在□		
十月下旬	丙戌				
閏十月	丁亥		在□		
閏十月	戊子				
閏十月	己丑		在□		
閏十月	庚寅				
閏十月	辛卯		在□		
閏十月	壬辰		在□		
閏十月	癸巳		在□		
閏十月	甲午	祭陽甲・在□		續3.29.6	王十祀十月
閏十月	乙未		在□		

月・旬	干支	祀典	在	出典	上部注記
	丙申		在□		
十一月上旬	丁酉				
十一月上旬	戊戌				
十一月上旬	己亥				
十一月上旬	庚子				
十一月上旬	辛丑		在□		
十一月上旬	壬寅		在□		
十一月上旬	癸卯		在□	金584	
十一月上旬	甲辰	○			十一月
十一月上旬	乙巳				
十一月上旬	丙午				
十一月中旬	丁未				
十一月中旬	戊申				
十一月中旬	己酉				
十一月中旬	庚戌				
十一月中旬	辛亥				
十一月中旬	壬子				
十一月中旬	癸丑		在□	金584	
十一月中旬	甲寅	祭祖甲・在□			十一月
十一月中旬	乙卯		在□		
十一月中旬	丙辰				
十一月下旬	丁巳				
十一月下旬	戊午				
十一月下旬	己未		在□		
十一月下旬	庚申		在□		
十一月下旬	辛酉		在□		
十一月下旬	壬戌				
十一月下旬	癸亥		在□	前2.19.5	
十一月下旬	甲子	○	在□		十一月
十一月下旬	乙丑				
十一月下旬	丙寅				
十二月	丁卯				
十二月	戊辰				
十二月	己巳		在□	續3.30.9	十二月
十二月	庚午				
十二月	辛未				
十二月	壬申				

月・旬	干支	祀典	在	出典	上部注記
十二月上旬	癸酉		在□	金584	十二月
十二月上旬	甲戌	○			
十二月上旬	乙亥				
十二月上旬	丙子				
十二月上旬	丁丑				
十二月中旬	戊寅				
十二月中旬	己卯				
十二月中旬	庚辰				
十二月中旬	辛巳				
十二月中旬	壬午				
十二月中旬	癸未		在□	金574	十二月
十二月中旬	甲申	彡工典・在□			
十二月中旬	乙酉		在□		
十二月中旬	丙戌		在□		
十二月中旬	丁亥				
十二月下旬	戊子				
十二月下旬	己丑				
十二月下旬	庚寅		在□		
十二月下旬	辛卯				
十二月下旬	壬辰		在□		
十二月下旬	癸巳		在□		十二月
十二月下旬	甲午	彡上甲・在□		庫1672	王十祀十二月
十二月下旬	乙未				
十二月下旬	丙申				
正月上旬	丁酉			庫1672	●正月
正月上旬	戊戌				
正月上旬	己亥		在□		
正月上旬	庚子		在□	庫1672	
正月上旬	辛丑		在□		正月
正月上旬	壬寅		在□		
正月上旬	癸卯		在□	金544	正月
正月上旬	甲辰				
正月上旬	乙巳		在□		
正月上旬	丙午		在□		
正月上旬	丁未				
	戊申				
	己酉		在□		

右の表は庫1672版によつて王十祀正月丁酉を朔日としてゐるものであり、明61版に於いては王九祀の彡小甲が正月甲寅に行はれ（癸丑は小甲の彡夕祀の日であり、彡祀は甲寅に行はる）、前3.27.6 4.18.1版に於いては王十祀の壹上甲が九月甲午に行はれてゐて、この両者の關係は前者が正月下

旬、後者は九月上旬以外にないことは前述(帝辛祀譜)の如くであり、従つて王十祀の彡祀が甲午に行はれるのは正月上旬である筈であるが、庫1672版は之を十二月としてゐるからこの間に置閏のあることが解る。これは前3.27.6 4.18.1版と次の續3.29.6版の關係に於

續3.29.6

いても同様であつて、前3.27.6 4.18.1版に於いては甲午が王十祀九月であるから、六十日後の次の甲午は十一月でなければならぬ筈であるが、續3.29.6版はこれを王十祀十月としてゐるから、この間に置閏のあることは最も明顯である。ここに閏のあることは董作賓が既に之を指摘してゐて、董氏はこの閏を右の表の九月己亥より十月丁卯に至る間を閏九月とし、「此閏九月爲無節置閏法之重要基點」と董氏の置閏説の重要基點をなしてゐるものである(殷曆譜・帝辛日譜 帝辛祀譜・參照)。假に董氏の謂ふが如く閏が九月にあるとせば、前3.27.6 4.18.1版の九月甲午祟上甲は九月下旬のこととなり、従つて明61版の王九祀正月甲寅彡小甲は二月中旬でなければならず、この間に小月のあることを考慮しても明61版に謂ふが如く正月とはならないから、ここに閏九月を假定するのは卜辭の事實と合致しない(董氏は明61版の彡小甲を正月甲辰としてゐるがこれは全く不可解である。)。然らばこの王九祀正月甲寅彡小甲に影響を與へない閏月の在り方として之を十月に假定せば、庫1672版の王十祀十二月甲午が十二月上旬のこととなることは表を一見せば明かであり、これは庫1672版に於いてはこの三日後の丁酉が正月とされてゐることと抵觸する。斯くの如く王十祀の九月・十月の間に置閏のあることは明瞭であるが、閏月を九月に假定しても十月に假定しても、卜辭の事實と合致せず、従つてこの閏を董氏の如く閏月とするのは妥當でなく、閏旬としなければならない。之を一旬の置閏とせば九月・十月のいづれにあつたとしても、卜辭の事實と一致することは言を要せず、而して王九祀正月甲寅は彡小甲、王十祀十二月甲午の三日後の丁酉は正月であるから、この閏旬が一旬以上であつてはならなず、この間に一旬の小月を假定するか、二旬の小月が二回あるものとしない限り、一ヶ月の閏を置くことは不可能である。ここに一旬の閏が置かれてゐることは、帝辛時の置閏法が閏旬である明証である。右の閏旬が九月・十月のいづれであるかを決定し得る資料がないのは遺憾であるが姑く之を十月とし、而して庫1672版によつて丁酉を正月朔日と假定して、月の大小を考慮せずに王十祀の月份を考察せば右表の如くなり、王九祀の彡小甲は正月下旬の甲寅となるのである。

右の如く王十祀の祟上甲は九月上旬甲午、王九祀の彡小甲は正月下旬甲寅であるから、王九祀の月份の推定は容易であり、而して次の夷方征伐卜辭は緊密に曆譜を成してゐて、これは帝辛王八祀のものであることは前述(第二章夷方)の如くであるか

ら、次に王九祀・王八祀について考察する。

前2.15.3　前2.40.7　續5.15.2

續3.18.4　前2.6.6　京5552

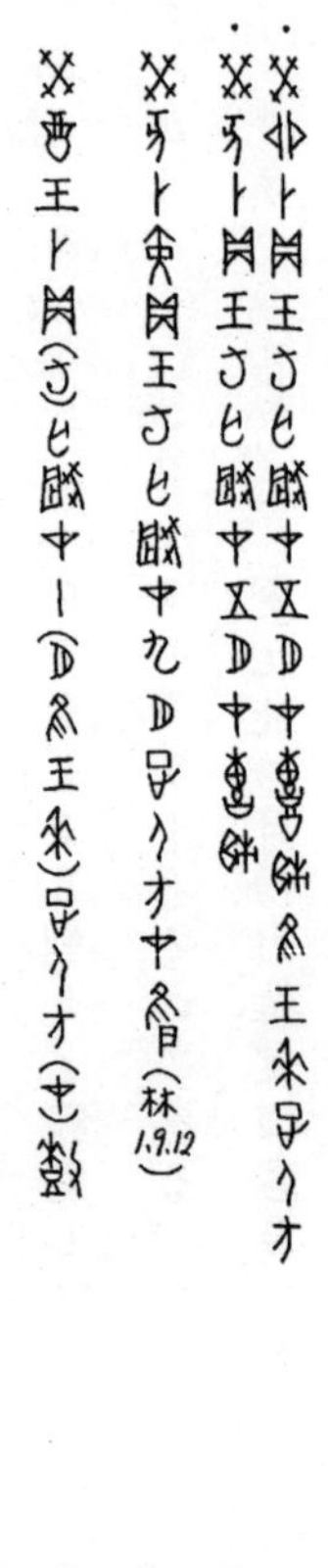

（王八祀）

月	日	祀	備考
二月	癸巳		前2.15.3 癸巳二月在…
三月	甲午	○	
	癸卯		
	甲辰	彡祖甲	
	癸丑		
	甲寅	○	
	癸亥		
四月	甲子	祭工典	前2.40.7 甲子四月祭工典在…
	癸酉		
	甲戌	祭上甲	續5.15.2 丁卯四月
	癸未		
	甲申	○	
	癸巳		
五月	甲午	祭大甲	
	癸卯		續3.18.4 癸卯五月在…
	甲辰	祭小甲	
	癸丑		
	甲寅	○	
	癸亥		續3.18.4 癸亥五月在…
六月	甲子	祭戔甲	
	癸酉		
	甲戌	祭沃甲	
	癸未		
	甲申	祭陽甲	
	癸巳		
七月	甲午	○	
	癸卯		
	甲辰	祭祖甲	
	癸丑		
	甲寅	○	
	癸亥		
八月（王九祀）	甲子	翌工典	
	癸酉		

月	日	祀	備考
八月	甲戌	翌上甲	
	癸未		
	甲申	○	
	癸巳		
九月	甲午	翌大甲	
	癸卯		
	甲辰	翌小甲	
	癸丑		
	甲寅	○	
	癸亥		前2.6.6 癸亥九月在…
十月	甲子	翌戔甲	
	癸酉		京5552 癸酉十月在…
	甲戌	翌沃甲	
	癸未		
	甲申	翌陽甲	
	癸巳		
十一月	甲午	○	
	癸卯		
	甲辰	翌祖甲	
	癸丑		
	甲寅	○	
	癸亥		
十二月	甲子	○	
	癸酉		
	甲戌	彡工典	
	癸未		
	甲申	彡上甲	
	癸巳		
正月	甲午	○	
	癸卯		
	甲辰	彡大甲	
	癸丑		
	甲寅	彡小甲	明61 正月甲寅彡小甲王九祀

月	日	祀
二月	丁巳	
	癸亥	
	甲子	○
	丁卯	
	癸酉	
	甲戌	彡戔甲
	丁丑	
	癸未	
	甲申	彡沃甲
	丁亥	
三月	癸巳	
	甲午	彡陽甲
	丁酉	
	癸卯	
	甲辰	○
	丁未	
	癸丑	
	甲寅	彡祖甲
	丁巳	
四月	癸亥	
	甲子	○
	丁卯	
	癸酉	
	甲戌	祭工典
	丁丑	
	癸未	
	甲申	祭上甲
	丁亥	
五月	癸巳	
	甲午	○
	丁酉	
	癸卯	
	甲辰	祭大甲

（王十祀）

月	日	祀	備考
五月	丁未		
	癸丑		
	甲寅	祭小甲	
	丁巳		
六月	癸亥		
	甲子	○	
	丁卯		
	癸酉		
	甲戌	祭戔甲	
	丁丑		
	癸未		
	甲申	祭沃甲	
	丁亥		
七月	癸巳		
	甲午	祭陽甲	
	丁酉		
	癸卯		
	甲辰	○	
	丁未		
	癸丑		
	甲寅	祭祖甲	
	丁巳		
八月	癸亥		
	甲子	○	
	丁卯		
	癸酉		
	甲戌	翌工典	
	丁丑		
	癸未		
	甲申	翌上甲	
	丁亥		
九月	癸巳		
	甲午	…上甲	前3.27.6 4.18.1

右の表は三旬を一ヶ月として、王十祀九月上旬甲午と王九祀正月下旬甲寅彡小甲との間は、前表に從つて丁日を朔日とし、又王九祀彡小甲より以前は帝辛祀譜表に從つて甲日を朔日と假定し、これに王八祀の叀方征伐曆譜を配したものである。叀方征伐の續3.18.4版に於いては五月癸卯在𠂤は上旬、癸亥在𠂤は下旬であり、而して前2.40.7版に於いては五月癸卯より四十日前の甲子在𠂤は四月とされてゐるから、この兩者は五月癸卯が五月上旬末日、四月甲子は四月上旬初日であり、從つて王八祀の月の交替は甲日に行はれて表の如くであり、而して前2.6.6版に於いては癸亥が九月、京5552版に於いては癸酉が十月であつて、癸亥は九月下旬であり、この間に小月があれば癸亥は十月でなければならないから、四月甲子より九月癸亥までの間には小月の存しないことが解る。然るに前記の如く王十祀の十二月と正月の交替が乙未・丙申・丁酉のいづれかに於いて行はれてゐるから、王九祀十月より王十祀十二月末までの十五ヶ月間には小月の存することは明かであつて、王十祀正月が丁酉に始るとせばこの間に廿九日の小月が七回、乙未に始るとせば九回あることになる。斯くの如く小月が或る期間には置かれ、又或る期間には置かれてゐないのは奇異であるが、これによつて帝辛時の月份は必ずしも月面の虚盈に從つてゐないことが解るのである。更にこの表を帝辛祀譜表王八祀と比較せば、この表に於いては四月甲子𢀛工典が上旬であるが、祀譜表に於いては四月甲子𢀛工典が中旬とされてゐて、この兩者の間には一旬の齟齬がある。然し前述の如く帝辛祀譜に於いては、王八祀・王九祀間に在りと考へられる一旬の置閏は王九祀十月に假定されてゐるが、この表によればここに置閏を假定することが出來ず、而して「祀譜表檢討」に於いてはこの置閏が王八祀五月以前でなければならないとして居り、この表に於いては前2.15.3版によれば癸巳が二月であるから、この置閏は三月以前としなければならない。之を三月以前とせば祀譜表の四月中旬の𢀛工典が四月上旬となつてこの表と符合し、この表によつてこの置閏が王八祀三月以前であることが解る。

斯くの如く王八祀の四月より九月までの間には小月がなく、月份は甲日を以つて始まつて居り、而して右の如く王八祀の置閏が三月以前であつて二月に癸巳があるから、一ヶ月を三十日とする月份は三月にも行はれ、これより九月まで行はれてゐることが解る。然るにこれより王十祀十二月までの十五ヶ月間に於いては、王十祀の十二月と正月の交替が乙未・丙申・丁酉のいづれかであつて甲日ではないから、小月が置かれてゐて、その回数は七回乃至九回である。王九祀の九月以降もそれ以前と同じく、三旬を一ヶ月とする月份が用ゐられたか、或は廿九日の小月が行はれたかを確定する資料の無いのは遺憾であるが、次の接合版の月份によつて之を推測することが出来るのである。

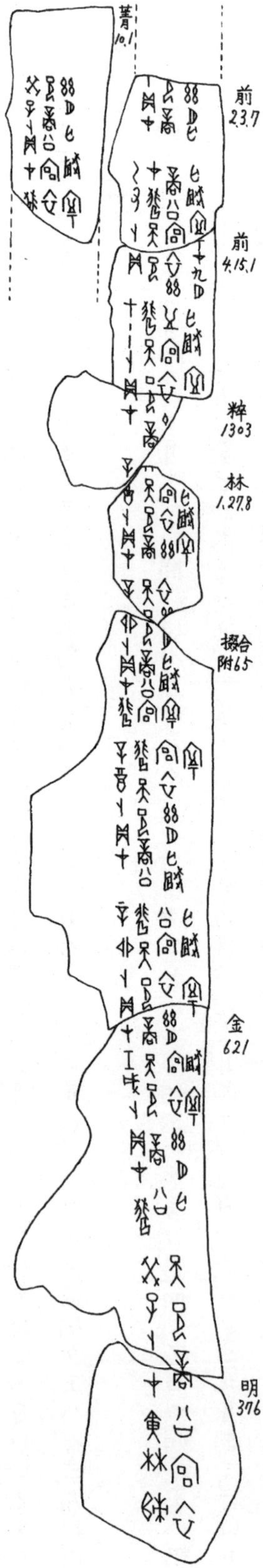

癸巳（二月）（菁10.1）
↑30日↓
（癸亥）（正月）
↑30日↓
（癸巳）（十二月）
↑29日↓
（甲子）（十一月）
↑29日↓
（乙未）（十月）
↑30日↓
乙丑・九月（前2.3.7）
↑31日↓
甲午（八月）（前4.15.1）
↑33日↓
辛酉（七月）（林1.27.8）
↑30日↓
辛卯（六月）（掇附65）
↑30日↓
辛酉（五月）（掇附65）
↑30日↓
辛卯（四月）（掇附65）
↑29日↓
壬戌（三月）（金621）
↑29日↓
癸巳（二月）（金621）

右の前2.3.7版と菁10.1版との間に入るべき版は未だ發見されてゐないが、この接合版に於いては「𢆶月亡戠」（茲月亡尢）をトしてゐるト日とト日との間隔は、廿九日或は卅日が一般であり、從つて前2.3.7版の乙丑トと菁10.1版の癸巳トとの間は廿九日が二回、卅日が三回であつて、そのト日は略〻右の如くであることが解る。これによれば明376版の癸巳より菁10.1版の癸巳までの間は三六〇日であつて、前4.15.1版に於いてはト日乙丑を九月としてゐるから、之を基準とせば右の如き月份となつて「茲月亡尢」は毎月の初頭にトされてゐることが解り、この間には廿九日の月が四回、卅日の月が六回、卅一日の月が一回、卅三日の月が一回置かれてゐる。前述の如く帝乙時の平年は三五〇日であるが、右は三六〇日としてゐるから（菁十一版にはト日を癸巳としてゐるから、三五〇日の曆年とすることは不可能である）、これは帝辛時の某年の月份であり、帝辛時は平年の一年を三六〇日としてゐて、廿九日の月を四回、卅日の月を八回置き、更に端数の四日を三日と一日として、之を二つの卅日の月に加へてゐることが解るのであつて、東世澂が殷の曆法は一ヶ月を三十日に一定して、三六六日を一年としてゐると做してゐる（中央大學半月刊第二巻第四期殷商制度考）のは臆説に過ぎず、又董作賓が殷曆は一年を三六六日としてゐるとしてゐるのは誤である。

右の月份の日數によつて王八祀より王十祀までの月份を解釋せば、王八祀三月より九月までの七ヶ月の各月が卅日であるのは、偶〻この間に八回あるべき卅日の月が集まつたのであつて、なほ一回の卅日の月と四回の廿九日の月、及び端数の四日はこの前後の月に在るものと考へられる。又王九祀の正月甲午より王十祀の十二月甲午までの十二ヶ月間は三六〇日を超えてゐるから、この間に置閏のあることは前述の如くであり、而して王十祀の十二月甲午の三日後の丁酉が正月とされてゐて、王九祀の十月よりここに至るまでの十五ヶ月間に小月が七回乃至九回あることは前記の如くである。右の如く一年に小月を四回置くのが帝辛時の暦法であるから、この四回の小月は王九祀正月より王十祀十二月までの一年間に在り、更に右の如く前年の末即ち王九祀の十月・十一月・十二月が小月と考へられるから、この十五ヶ月間には小月が七回あることになつて、右の推測と符合し、而してこの間には七回以上の小月はあり得ないから、七回乃至九回の小月（王十祀の正月が丁酉に始る場合は七回、丙申の場合は八回、乙未の場合は九回である）の七回の場合が妥當であつて、王十祀の正月は丁酉に始まることが解り、従つて王九祀の正月は甲午の三日前の辛卯に始まり、十二月は王十祀の十二月丙申を以つて終り、この一年は閏年であつて三六六日であり、六日の閏が置かれたことが解るのである。以上によつて帝辛時は平年を三六〇日としてゐることが、明白となつたのである。

第五期の祀譜の考察に當つては、三六〇日を一年・三旬を一ヶ月と假定し、斯かる場合の月份の推移を基準として、帝乙・帝辛兩期の月份の推移及びその間の置閏を考察したのであつて、これによれば帝乙時の月份は三六〇日一年の月份よりも前移し勝であり、帝辛時の月份は三六〇日一年の月份よりも後移し勝であるから、帝乙時は暦年を三六〇日、或はそれ以下とし、帝辛時は暦年を三六〇日、或はそれ以上としてゐることが解る。これは前記の如く帝乙時には平年を三五〇日としてゐて、太陰年に合致せしめるために置閏してゐるが、未だ太陽年に合致せしめるための置閏が行はれてゐないからであり、又帝辛時には平年を三六〇日としてゐて、更に置閏を行つてゐるからであつて、この置閏は帝辛時に假定してゐる太陽年との差を補正するための閏であり、卜辭の月份の推移からこの置閏を考察せば、太陽年に合致せしめるための閏が解り、又帝辛時に考へられてゐる太陽年の日數を明かにし得るのであつて、次に之について考察する。

前記の如く王九祀に於ける小甲の彡祀が正月下旬の甲寅であるから、この前旬に行はれる大甲の彡祀は正月中旬の甲辰であり、又この旬の丙午には大乙の配妣丙の彡祀が行はれることは祀序表に見て明かである。斯くの如く王九祀の大乙配妣丙の彡祀の月日が明かであつて、次の金文には王二祀の大乙配妣丙の彡祀を正月丙辰としてゐるから（この金文が帝辛時のものであることは祀譜參照）、王九祀と王二祀の間に於ける太陽年に合致せしめる置閏を推測することは容易である。

（商周金文録遺二七四・三）

月	10			11			12			正		
干支	甲子	甲戌	甲申	甲午	甲辰	甲寅	甲子	甲戌	甲申	甲午	甲辰	甲寅
王二祀						•					↑	
王九祀							彡工𧯛		彡上甲	○	彡大甲	彡小甲

王九祀に本づいて王二祀の祭祀が行はれる干支を推測するに、兩者の間に三十六旬週期のみが用ゐられたとせば、王二祀の彡大甲は甲辰に行はれ、又三十七旬週期のみが用ゐられたとせば、甲午に行はれたことは上揭表から容易に推測することが出來る（帝辛祀譜參照）。大乙妣丙は大甲と同旬の丙日に祀られるものであつて、金文は王二祀に於ける祀日を丙辰（甲寅の旬）としてゐるから、右の甲辰と甲午の間の丙辰を求むれば十一月甲寅の旬にある。この表の十一月は王九祀の月份であつて、王二祀に於いては之を正月としてゐるから、この間には四旬乃至六旬の閏が置かれてゐることが解る（この閏はこの表が三六〇日を一年としてゐるから、三六〇日一年と太陽年との差を補正するためのものであり、以下同樣・）。更に次の版には王二祀の彡上甲が十

前3.28.1

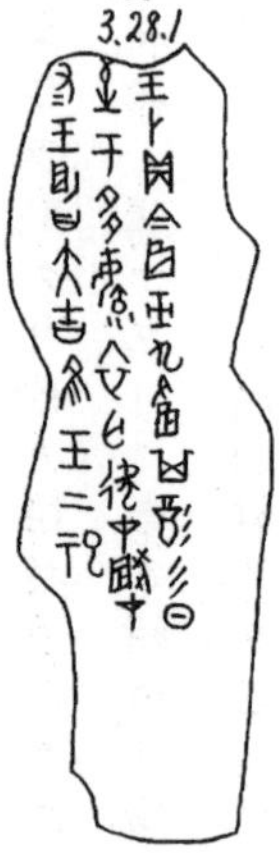

二月某日に行はれて居り、祀序表によれば上甲は大甲の二旬前の甲日に祀られるものであつて、右の如く王二祀の彡大乙妣丙（大甲と同旬）が丙辰（甲寅の旬）であるから、彡上甲は甲午であり、上揭版はこの甲午を十二月としてゐる。右の如く王九祀と王二祀との間に四旬の置閏があれば、王二祀の彡大乙妣丙が正月上旬甲寅の旬であるから彡上甲は十二月中旬甲午であり、又五旬の置閏があれば、彡大乙妣丙は正月中旬であるから彡上甲は十二月下旬甲午であつて、この兩者の場合はいづれも可能であるが、六旬の置閏があれば彡大乙妣丙は正月下旬であるから彡上甲は正月上旬となり、從つて六旬以上の置閏の場合は妥當しないことが解る。次に四旬・五旬のいづれの置閏が正しいかを考察しなければならない。

右の如く王二祀に於ける大乙妣丙の彡祀は正月甲寅の旬の丙辰であり、而してこの正月甲寅が王二祀と王九祀の間に四旬の置閏がある場合は正月上旬、五旬の置閏がある場合は正月中旬であるから、祀序表によつて大乙妣丙の彡祀以前に行はれる祭祀を補足して之を一表とせば次の如くである。次の如く王三祀に於いては十月辛酉（甲寅の旬）に劦祀を行つてゐるから

骨之文化.圖一　辛酉王田……在十月隹王三祀劦日（卜辭綜述三三四頁）——、これによつて右の四旬の置閏と五旬の置閏のいづれが妥當であるかを判斷することが出來る。祭祀週期には三十六旬と三十七旬の場合があり、次の表によつて王三祀の十月甲寅の旬辛酉に、祭祀の第三祀である劦祀が行はれる場合を推測するに、表に於いては十月に甲寅がないから、十月に最も近い甲寅

を求むれば𢼄祖甲の日が得られ、この祖甲の𢼄祀が行はれる甲寅の旬の辛酉には小辛の劦祀が行はれることは祀序表に明

置閏五旬	九月		十月			十一月			十二月			正月		
置閏四旬	九月			十月			十一月			十二月			正月	
王二祀	甲寅	甲子	甲戌	甲申	甲午	甲辰	甲寅	甲子	甲戌	甲申	甲午	甲辰	甲寅	甲子
	𢼄小甲	○	𢼄戔甲	𢼄沃甲	𢼄陽甲	○	𢼄祖甲	○	○	彡工典	彡上甲	○	彡大乙妣丙	彡小甲
王三祀							𢼄祖甲(三十六旬週期)	𢼄祖甲(三十七旬週期)						

かであるから、この𢼄祖甲の甲寅が王三祀に十月であれば、右の辞と一致することになる。王三祀に三十七旬週期が用ゐられたとせば王二祀の𢼄祖甲が王三祀に於いては甲子に行はれ、從つて十月甲寅の旬辛酉に劦祀が行はれないから、この週期の場合は適合しないが、王三祀に三十六旬週期が用ゐられたとせば王二祀の𢼄祖甲が王三祀に甲寅に行はれ、この旬の辛酉には小辛の劦祀が行はれる。而して王二祀と王九祀の間の置閏が四旬の際の月份は、右の如く彡大乙妣丙が正月上旬であるから、𢼄祖甲は王二祀に於いては十一月上旬であり、王三祀に於いては王二祀と王三祀の間に一旬の置閏を假定せば十月となる。又王二祀と王九祀の間の置閏が五旬の際は、王二祀の𢼄祖甲は十一月中旬であつて、王二祀と王三祀の間に二旬の置閏を假定しなければ、王三祀に於いて𢼄祖甲が十月に行はれない。三十六旬を一年としてゐる表上に於いて一祀中に二旬の置閏を假定することは妥當でないから、一旬置閏の場合を採らねばならない。斯くの如く王三祀に三十六旬週期が用ゐられ、王二祀と王九祀の間に四旬の置閏があつて、王二祀と王三祀の間には一旬の置閏がある場合には王三祀に於いて十月辛酉に劦祀が行はれるが、これ以外の場合は成立しないことが解るのであつて、これにより王二祀と王九祀間の置閏は四旬(三六〇日(一年)と太陽年との差を補正)であることが解るのである。

右によつて王九祀と王二祀の間の置閏を明かにしたから、次に王二祀と王一祀間の置閏の有無を考察する。王二祀の大乙妣丙の彡祀は正月上旬甲寅の旬であるから、同じく王二祀の沃甲の𢼄祀が十月上旬甲申であることは右の表の如くであり、この𢼄沃甲に本づいて王一祀に𢼄沃甲が行はれる月份・干支を推測するに、王二祀に三十六旬週期が用ゐられた場合は王一祀の𢼄沃甲は甲申、三十七旬週期の場合は甲戌であつて、この間に置閏がなければ甲申は十月、甲戌は九月であることは上揭表に見て明かであり、而して次の版(帝辛王二祀祀譜參照)には𢼄沃甲が十月甲戌に行はれてゐるから、王二祀に三十七旬週期が用ゐられてこの間

月	九月			十月		
干支	甲寅	甲子	甲戌	甲申	甲午	甲辰
王一祀			↑	↑		
王二祀				𢼄沃甲		

續 1.50.5

に一旬の置閏のあることが解るのである。

以上によつて王一祀より王十祀十二月までの間に置かれた、三六〇日暦年と太陽年との差を補正するための閏が解るのであつて、この閏旬は次の如く置かれて居り、王一祀・王二祀の間、王二祀・王三祀の間に各〻一旬、王三祀・王九祀の

王一祀—(置閏)—王二祀—(置閏)—王三祀—(置閏)・(置閏)・(置閏)—王九祀—王十祀—(置閏)—王十一祀

間には三旬、王十祀・王十一祀の間に一旬であり、而して祀譜によれば王六祀・王七祀間の閏旬は王六祀五月以前にあり、王八祀、王九祀間の閏旬は前記の如く王八祀三月以前にあり、王十祀、王十一祀間の閏旬は王十祀九月乃至十月にある。従つて王六祀と王八祀の両閏の間は略〻二十一ヶ月、王八祀と王十祀の両閏の間は略〻二十ヶ月であつて、略〻二十ヶ月に一旬の割合となつてゐるから、これに準ずれば右の六回の閏旬は次の如く置かれたものと考へられる。斯くの如く十祀間に六旬の

(王祀) 王一祀↓王二祀↓王三祀↓王四祀↓王五祀↓王六祀↓王七祀↓王八祀↓王九祀↓王十祀

(置閏) (五月)↑—二十ヶ月—→(一月)↑—二十ヶ月—→(九月)↑二十ヶ月↓(五月)↑—二十ヶ月—→(三月)↑—二十ヶ月—→(十月)

閏が置かれてゐるから、この十祀間の日数は(360日×10ヶ+60日=3660日)三六六〇日であり、而してこの間の太陽年の日数は三六五二・五日であるから、この両者の差は七日半であつて、この置閏によつて殷暦が僅かに進んでゐるが、略〻自然年に合せ得たことが解るのである。次に王十一祀より王廿祀末までの置閏を考察しなければならない。

次の版は帝辛王廿祀のものであつて(祀譜参照)、下記の如き祀譜を成してゐる。前記の如く王十祀の十二月下旬甲午に上甲の

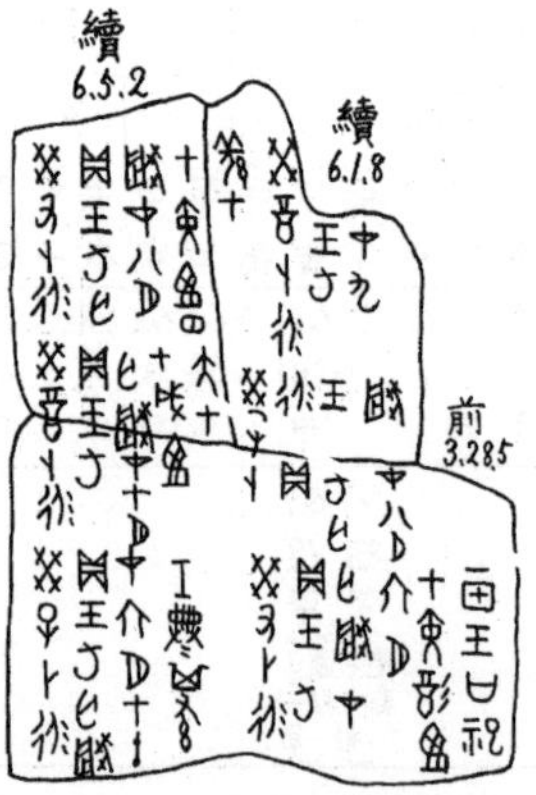

六月	甲午	翌工典
	甲辰	○
	甲寅	翌上甲
七月	甲子	○
	甲戌	翌大甲
	甲申	翌小甲
八月	甲午	○
	甲辰	翌戔甲
	甲寅	翌沃甲

彡祀が行はれてゐるから、上甲の翌祀が四月下旬の甲午に行はれることは明かであり、これに本づいて王廿祀に上甲の翌祀が行はれる月份・干支を推測するに、王十祀と王廿祀の間に三十六旬週期のみが用ゐらた場合は、王廿祀に於いては翌上甲が甲午に行はれ、三十七旬週期のみが用ゐられた場合は翌上甲が甲戌に行はれることは次の表に見て明かである。然るに右の版に於いては王廿祀の翌上甲が甲寅に行はれてゐるから、右の三十六旬週期の場合の甲午と、三十七旬週期の場合の甲戌との間の甲寅を表上に求むれば、五月甲寅と七月甲寅とが得られ、このいづれかに行はれてゐるのである。

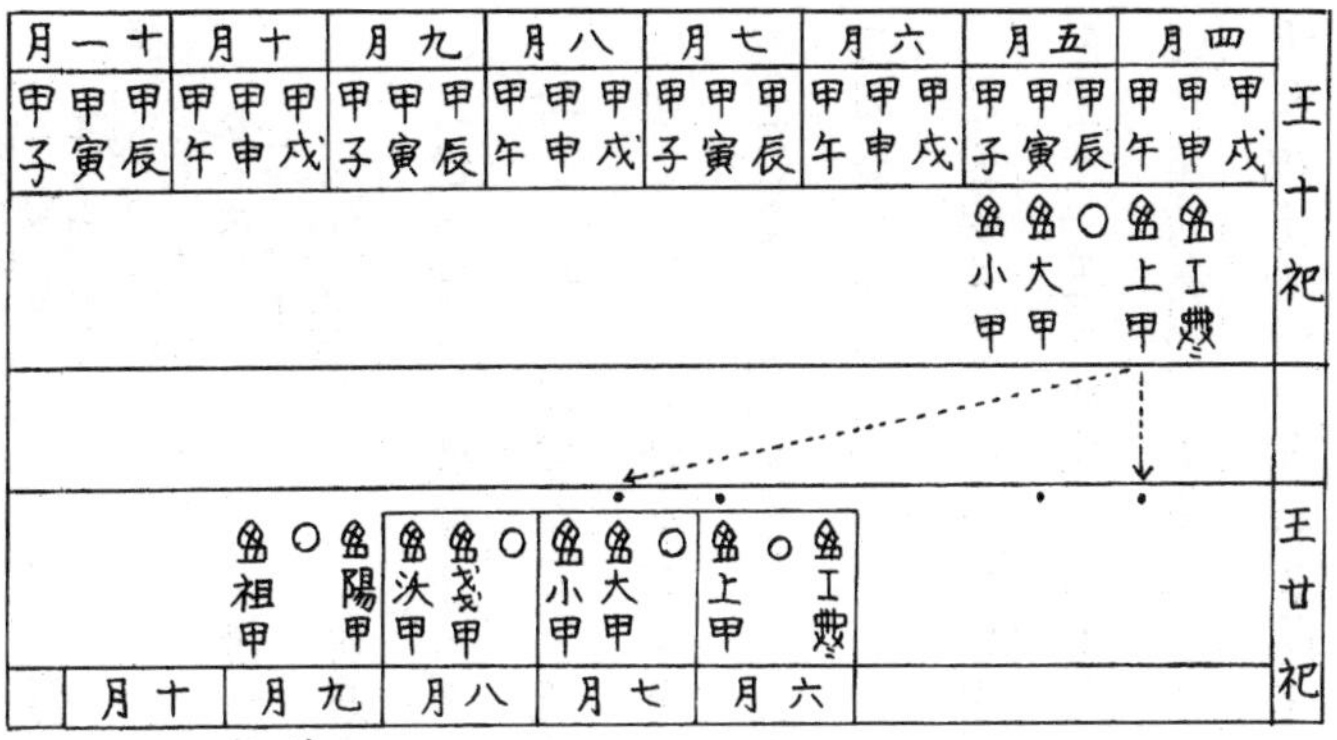

王十祀
四月 五月 六月 七月 八月 九月 十月 十一月
甲戌 甲申 甲午 甲辰 甲寅 甲子 甲戌 甲申 甲午 甲辰 甲寅 甲子 甲戌 甲申 甲午 甲辰 甲寅 甲子 甲戌 甲申 甲午 甲辰 甲寅 甲子
工典 上甲 大甲 小甲
王廿祀
工典 上甲 大甲 小甲 戔甲 沃甲 陽甲 祖甲
六月 七月 八月 九月 十月

王廿祀に於いてはこの甲寅を六月下旬として居り、右の五月甲寅が王廿祀に於いて六月下旬であるためには王十祀と王廿祀との間に三十一旬の置閏が必要であり、又七月甲寅の場合は二旬の置閏が必要である。王十祀と王廿祀との間に三十一旬の置閏が有り得ないから五月甲寅の場合は成立せず、從つて七月甲寅の場合を採らねばならず、十祀間に二旬の置閏は必ずしも不當ではないからこれは成立し、これによつて王十祀四月下旬と王廿祀六月との間には二旬の置閏があつて、王十祀の七月甲寅は王廿祀に於いては六月下旬であることが解る。この推測の正確であることは次の版が之を証して居り、この二版は卜を行つてゐる地名が相等しく、共に癸卯が十月とされてゐるから同時卜であり、而して前2.14.4版には王廿司(司は祀の假借)、簠地10

前
2.14.4

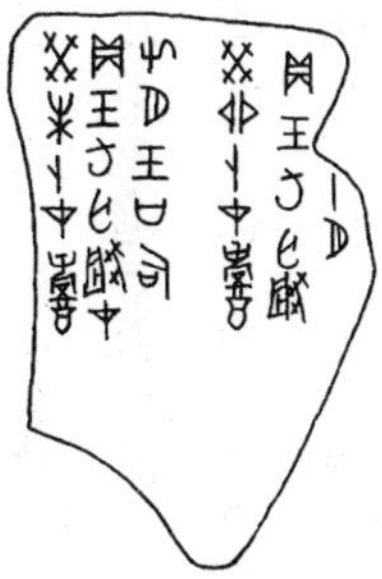

簠
地10

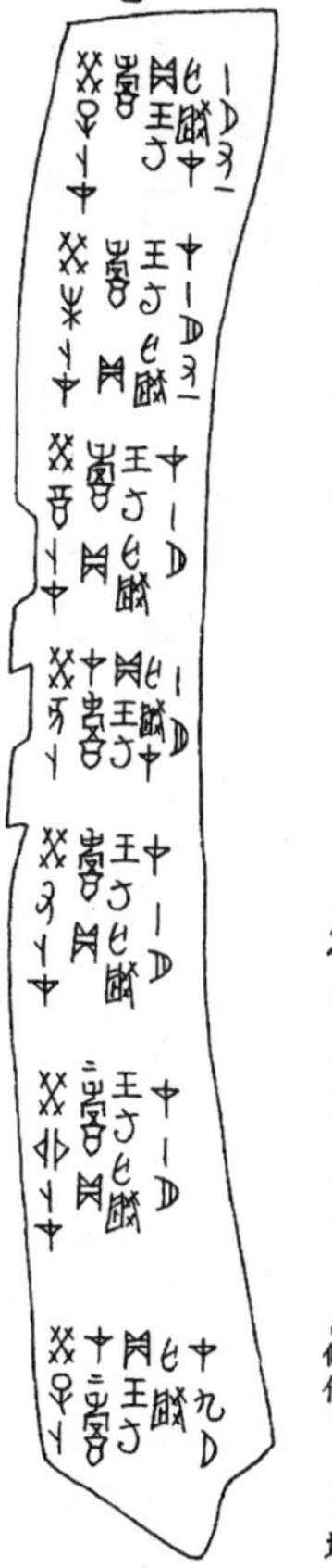

版に於いては癸卯(甲午の旬)が十月上旬とされてゐるから、王廿祀の十月上旬は甲午ー癸卯の旬であり、これは右の表に見るが如く王廿祀に於いて甲午ー癸卯が十月上旬であることと正に符合して居り、從つて王廿祀の上甲が六月下旬甲寅であつて、右の推定の正しいことが解るのである。

この簠地10版に於いては十月が四旬に亘つてゐるから、王廿祀末の十月には閏があつて、癸卯・癸丑・癸亥・癸酉が十月である。然しながら次の二版は右の簠地10版と同一地の二□に於いて卜されて居り、假に簠地10版の癸酉を十一月とせば、十一月は癸酉・癸未・癸巳、正月は癸酉・癸未・癸巳となり、金627版の正月の癸酉・癸未・癸巳と一致するから、この兩者は同時卜と考へられ、簠地10版の癸酉は十

前
2.14.2

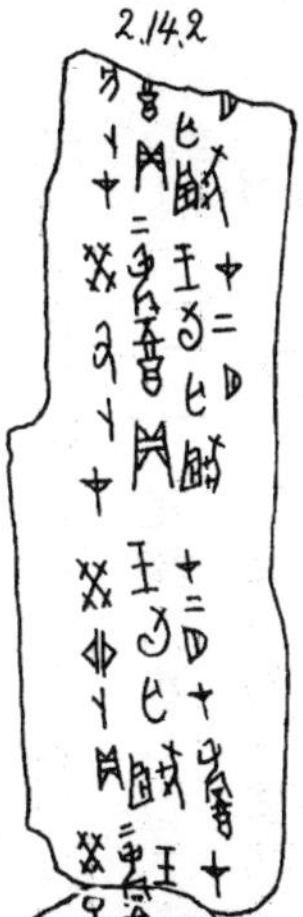

金
627

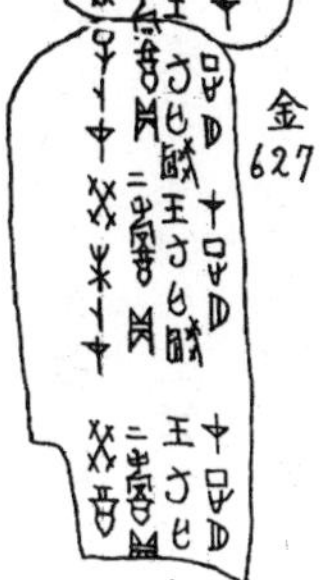

續
3.19.7

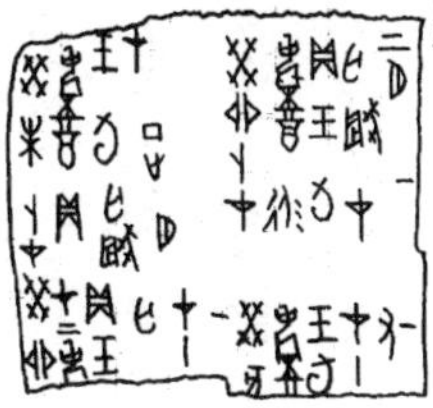

月ではなくして十一月であり、この版の癸酉卜の辞は「中ー𝔇ヨ一」の「ヨ一」を缺損してゐることが解るのである。

次の版は王廿一祀のものであり(帝辛祀譜検討参照)、この版に於いては五月上旬の甲戌に陽甲の彡祀が行はれてゐて、之を王廿祀の祀譜に基づいて考察せば、王廿一祀には三十六旬週期が用ゐられ、王廿一祀の𢀛工典と彡陽甲との間には一旬の置閏のあることは、前述の如くであり、従つて王十祀末より王廿一祀末までの置閏は、前記の二旬とこの一旬の三旬に過ぎないのである。これより王卅祀末までの置閏は、次の如く二旬であつて、王十祀末より王卅祀末までは五旬の置閏である。

林 1.11.16

次の版は王卅一祀のものであつて、これを王卅祀の祀譜に基づいて考察せば、王卅祀と王卅一祀の間には三旬の置閏があり、而してこの三旬のうちの一旬は右の如く王卅一祀に在るから、王卅祀末までは二旬の置閏であることは帝辛祀譜の検討の如くである。第五期卜辞には王卅一祀以降に屬する祭祀記事がなく、而してこの版の月份は次の漢書律歴志所引の周書武成の伐殷の月と符合してゐて、王卅一祀以降に於いて

惟一月壬辰旁死霸若翌日癸巳、武王廼朝歩自周、于征伐紂、
粤若來二月既死霸、粤五日甲子、咸劉商王紂、

、一月に壬辰、二月に甲子のあるのは王五十祀以降であるから、帝辛時は王卅一祀以後数年ならずして滅亡したことが解るのである(帝辛祀譜検討参照)。

後 上21.3

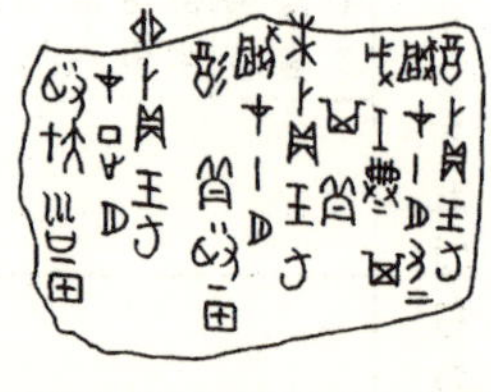

斯くの如く置閏が王十祀末より王廿一祀末までは三旬、更に王卅祀末までは二旬であるから、これは王十祀までの六旬に比して、その頻度が半分となつて居り、而して王廿一祀末に於いては九旬であるから、暦年は太陽年よりは二十日遅くれ(365.25×21−360×21+90=20.25)、王卅祀末に於いては十一旬であるから太陽年よりは四十七日半遅くれ(365.25×30−360×30+110=47.5)てゐるのである。

之を要するに帝辛時は平年を三六〇日とし、閏年には一旬の閏を置き、王十祀までは略〻二十ヶ月毎に置閏してゐて六旬を置き、王十祀末には暦年が太陽年よりも七日半進んでゐるが、王十祀以降はその頻度を半分としてゐて、王廿一祀までは九旬であつて太陽年より二十日遅くれ、王卅祀までは十一旬であつて太陽年よりは四十七日半遅くれてゐる。従つて王十七祀までは八旬の置閏であつて、暦年と太陽年が略〻一致して居り、而してこの二祀に一旬の閏によつて、三六〇日の曆年と太陽年との差を補正してゐるのであるから、太陽年を略〻三六五日前後と考へてゐることが解る。然し王十七祀以降は置閏を半分に減じてゐて、王廿祀末には四十七日半の齟齬を生じてゐるから、未だ正しい曆法が存しないのである。

以上これを要約するに、殷代には月份に大小があり、その置閏は十三月と閏旬とに大別することが出來て、前者は第一期より第四期まで行はれ、後者は第五期に行はれてゐる。前者は曆年を太陰年と太陽年とのいづれに合致せしめるためのものかは明確を缺くが、帝乙時すら太陰曆を用ゐてゐて、未だ太陰太陽曆を用ゐてゐないから、第一期より第四期まではなほ太陰曆が用ゐられてゐて、十三月は太陰年に合致せしめるためのものと考へられ、この期の月份は自然年の季節と遊離してゐて、雨季が各月に當る曆が用ゐられてゐるのは之が傍証であり、又將來の月名を適確に豫定し得てゐないのは曆法の幼稚であることを示してゐる。第五期には十三月法を一擲して閏旬法を用ゐて居り、帝乙時には前代に於ける五祀の週期と太陽年の回歸との經驗から、太陽年は略〻卅六旬と卅七旬の間にあることが漸く明かとなつたが(これ以前には太陽年を明かにする契機が存しない)、未だ曆年を太陽年に合致せしめることは行はれず、その初期には平年を三五〇日として、太陰年に合致せしめるために置閏してゐるが、王十一祀以降はこの置閏すらも行はず、曆年を三五〇日に一定して王廿祀に至つてゐる。然るに帝辛時に及んでは置閏が太陽年との合致のために行はれて居り、この期には平年を三六〇日とし、王十七祀までは略〻二祀に一旬の閏を置いてゐて、太陽年と略〻合致せしめ得て居り、之により太陽年が三六五日前後とされてゐることが解るが、これより王廿祀末に至る間には失閏があつて、太陽年との間に四十七日半の差を生じてゐる。

斯くの如く殷曆は帝辛時に及んで漸く太陰太陽曆期に入り、纔かに太陽年と合致せしめ得てゐるが、王廿祀末には四十七日半の差を生じて居り、又大小月の配置にも一定の規則がなく、更に卅一日・卅三日の月份すら用ゐられてゐるから、未だ曆法が成立してゐないと見做さねばならず、董作賓氏が殷曆譜に述べてゐるが如き曆法は存してゐない。從つて堯典の「咨汝羲暨和、期三百有六十有六日、以閏月定四時成歳」と、太陽年を三六六日とし閏月によつて四時を定める曆法が、殷代以降のものであることは明かであるが、春秋中期の土圭法以前に太陽年が三六五日前後と考へられてゐることは留意すべきであり、周代には十三月が用ゐられてゐるが(中鼎(嘯堂一・一〇)・趞尊(三代一一・三四・三)・受尊(三代一一・三六・三)・小臣静彝(攈古二・三・五八))、既に太陰太陽曆期に入つてゐる以後の十三月は、殷代の十三月でないことは言を要しない所である。

一九五八・二・廿六　風雪の日　擱筆

索引

頁
[illegible] 三
[illegible] 三
[illegible] 三
[illegible] 三・二〇一・三一二
[illegible] 四
[illegible] 四
[illegible] 四
[illegible] 四
[illegible] 四
[illegible] 四
[illegible] 四
[illegible] 四
[illegible] 四
[illegible] 五・一三
[illegible] 五・八
[illegible] 五
[illegible] 六
[illegible] 六
[illegible] 六
[illegible] 六・一五
[illegible] 六
[illegible] 六
[illegible] 六
[illegible] 六・三一
[illegible] 七
[illegible] 七
[illegible] 七
[illegible] 七
[illegible] 七
[illegible] 七
[illegible] 七
[illegible] 七・一一・三〇
[illegible] 七
[illegible] 七・一〇
[illegible] 七・一〇
[illegible] 七
[illegible] 七
[illegible] 八・三〇
[illegible] 九・三〇
[illegible] 九
[illegible] 九
[illegible] 九・一四・一七・二九
[illegible] 九
[illegible] 九・二〇
[illegible] 九・一五
[illegible] 一〇・三〇
[illegible] 一〇・一四・一六
[illegible] 一〇・一五・一六
[illegible] 一〇・二〇
[illegible] 一二・二〇
[illegible] 一二・一九
[illegible] 一二・一九
[illegible] 一二・一九
[illegible] 一二
[illegible] 一二
[illegible] 一二
[illegible] 一二
[illegible] 一三・一九
[illegible] 一三
[illegible] 一三
[illegible] 一三・一六・一七
[illegible] 一三
[illegible] 一三
[illegible] 一四
[illegible] 一四・一八
[illegible] 一四
[illegible] 一四
[illegible] 一五・三三
[illegible] 一五
[illegible] 一五
[illegible] 一六
[illegible] 一七
[illegible] 一七・二一
[illegible] 一八
[illegible] 一七・一八
[illegible] 一七
[illegible] 一七
[illegible] 一八
[illegible] 一八
[illegible] 一七・二九九
[illegible] 一八
[illegible] 一八
[illegible] 一八
[illegible] 一九
[illegible] 二〇
[illegible] 二〇
[illegible] 二一・二九
[illegible] 二一・二九
[illegible] 二二・二九
[illegible] 二二
[illegible] 二九
[illegible] 二九・四一
[illegible] 二九
[illegible] 二九
[illegible] 二九
[illegible] 二九
[illegible] 二九
[illegible] 二九
[illegible] 三〇
[illegible] 三〇
[illegible] 三〇
[illegible] 三〇
[illegible] 三〇
[illegible] 三〇
[illegible] 三〇
[illegible] 三一
[illegible] 三一
[illegible] 三一
[illegible] 三一
[illegible] 三三
[illegible] 三三
[illegible] 三三
[illegible] 三三
[illegible] 三三
[illegible] 三七
[illegible] 三七
[illegible] 三九
[illegible] 四〇
[illegible] 四〇
[illegible] 四〇
[illegible] 四〇
[illegible] 四〇
[illegible] 四二
[illegible] 四二
[illegible] 四三
[illegible] 四三
[illegible] 四四
[illegible] 四四
[illegible] 四六
[illegible] 四六
[illegible] 四七
[illegible] 四七
[illegible] 四七
[illegible] 四七
[illegible] 四七
[illegible] 五〇
[illegible] 五一
[illegible] 五一
[illegible] 五一
[illegible] 五一
[illegible] 五一
[illegible] 五二
[illegible] 五三
[illegible] 五三
[illegible] 五三
[illegible] 五六・二五八
[illegible] 五六・二八五
[illegible] 五六・二八八
[illegible] 五八・二九六
[illegible] 五九・三〇七
[illegible] 七〇・七八
[illegible] 七一・七八
[illegible] 七一・七八・八五
[illegible] 七二・七九・八六

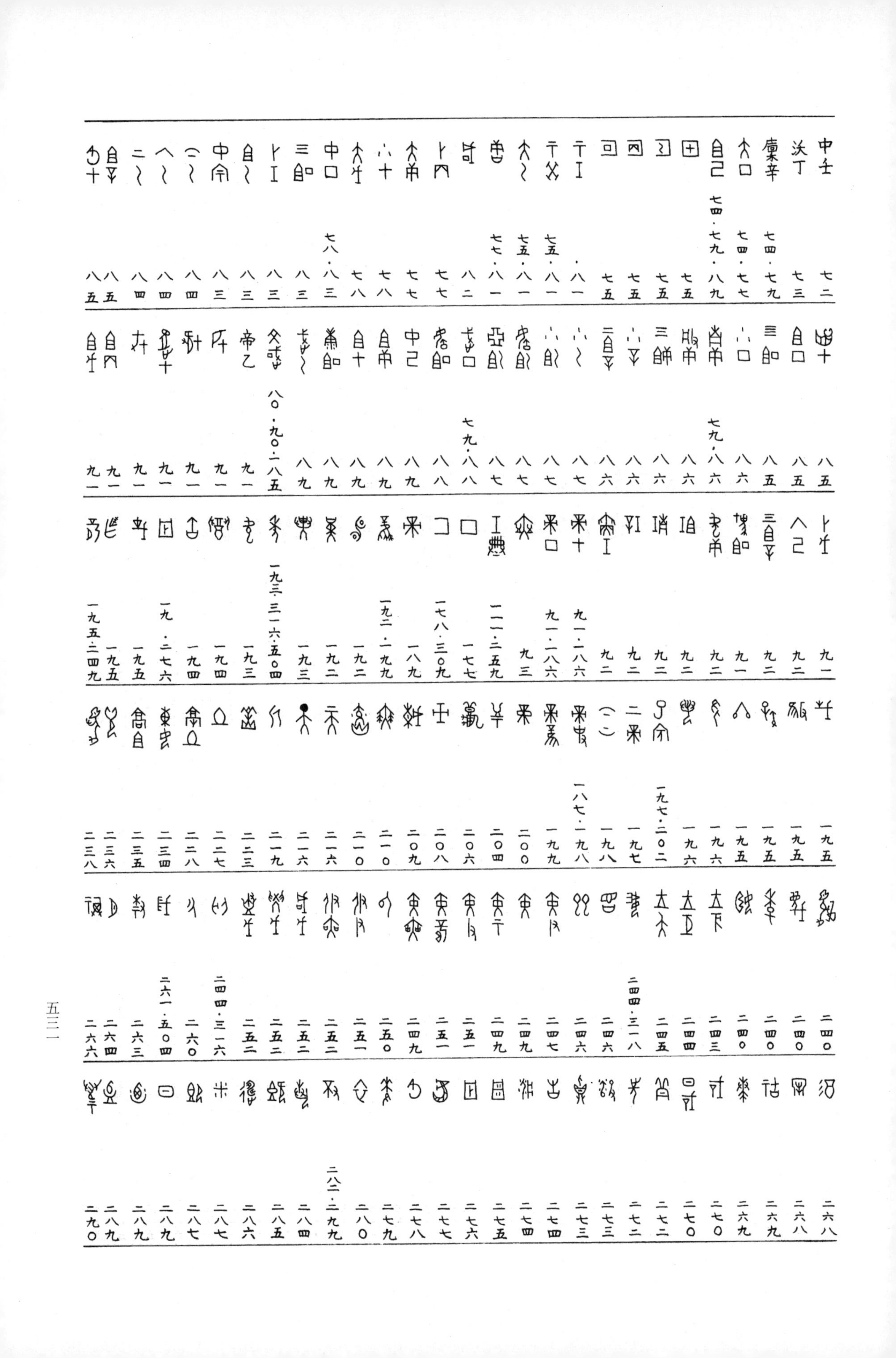

七二
七三
七四・七九
七四・七七
七四・七九・八九
七五
七五
七五
七五
・八一
七五・八一
七五・八一
七七・八一
八二
七七
七七
七八
七八
七八・八三
八三
八三
八三
八四
八四
八四
八四
八五
八五

八五
八五
八五
八六
七九・八六
八六
八六
八六
八六
八七
八七
八七
八七
七九・八八
八八
八九
八九
八九
八九
八九
八〇・九〇・二八五
九一
九一
九一
九一
九一
九一
九一

九一
九二
九二
九一
九二
九二
九二
九二
九二
九一・一八六
九一・一八六
九三
一一・二五九
一七七
一七八・三〇九
一八九
一九二・二九九
一九二
一九二
一九三
一九三・三一六・五〇四
一九三
一九四
一九四
一九・二七六
一九五
一九五
一九五・二四九

一九五
一九五
一九五
一九五
一九六
一九六
一九七・二〇二
一九七
一九八
一八七・一九八
一九九
二〇〇
二〇四
二〇六
二〇八
二〇九
二一〇
二一〇
二一六
二一六
二一九
二二三
二二七
二二八
二三四
二三五
二三六
二三八

二四〇
二四〇
二四〇
二四〇
二四三
二四四
二四五
二四四・三一八
二四六
二四六
二四七
二四九
二四九
二五一
二五一
二四九
二五〇
二五一
二五二
二五二
二五二
二五二
二四四・三一六
二六〇
二六一・五〇四
二六三
二六四
二六六

二六八
二六八
二六九
二六九
二七〇
二七〇
二七二
二七二
二七三
二七三
二七四
二七四
二七五
二七六
二七七
二七八
二七九
二八〇
二八二・二九九
二八四
二八五
二八六
二八七
二八七
二八九
二八九
二八九
二九〇

二九〇 二九一 二九一 二九二·三七〇·三九八 二九四 二九五 二九五 二九六 二九七·三〇〇 一七·二九九 三〇〇 三〇〇 三〇一 三〇一 三〇二 三〇四 三〇四 三〇五 三〇五 三〇五 三〇五 三〇六 三〇七 三〇七 三〇七 三〇七 三〇七 三〇九

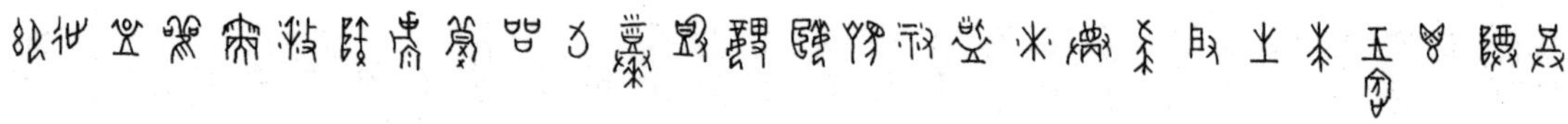

三一〇 三一〇 三一〇 三一一 二〇四·三一五 三一八 三一九 三一九 三二一 三二一 三二二 三二二 三二三 三二三 三二三·三三七 三二三 三二四 三二四 三二五 三二五 三二五 三二五 三二六 三二六 三二七 三二七 三二八 三三一

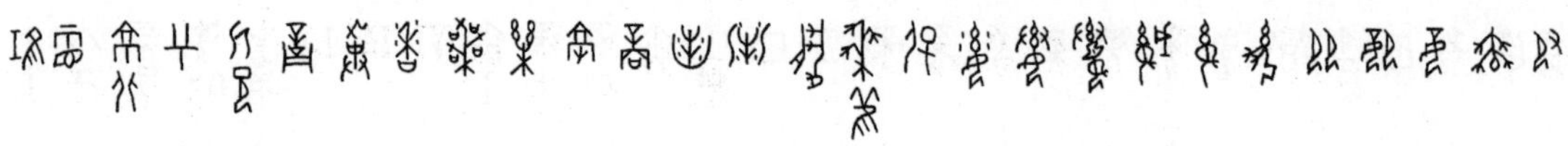

三三五 三三六 三三七·四八一 三三七 三三七 三三八 三三八 三三八·四六〇 三三八·四八〇 ·三三八 三三八 三三九 三四〇 三四一·五〇〇 三四八 三四八 三六〇 三六一 三六二 三六二 三六二 三六二 三六二 三六二 三六二 三六二 三六二 三六三

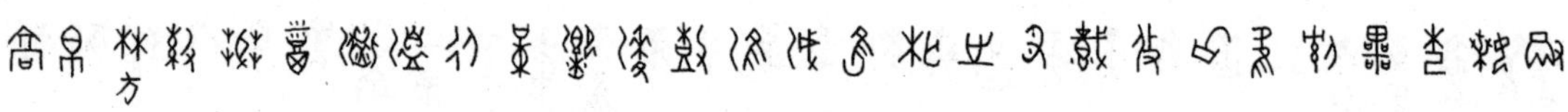

三六三 三六三 三六三 三六三 三六三 三六四 三六四 三六四 三六四 三六四 三六四 三六四 三六七 三六七 三六七 三六八 三六八 三六八 三六八 三六八 三六八 三六九 三六九 三六九 三六九 三六九·四二二 三七〇 三七〇

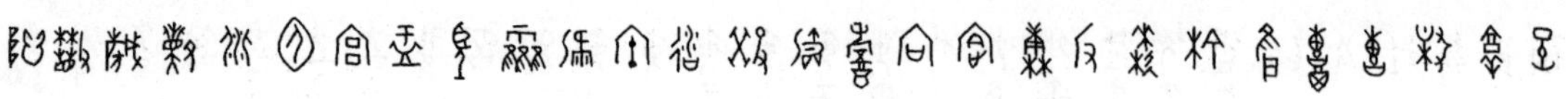

三七〇 三七〇·三八六 三七〇 三七一 三七一 三七一 三七一 三七二 三七二 三七二 三七二 三七二 三七二 三七二 三七二 三七二 三七二 三七三 三七三 三七三 三七四 三七四 三七四 三七五 三七五 三七五 三七五 三七五

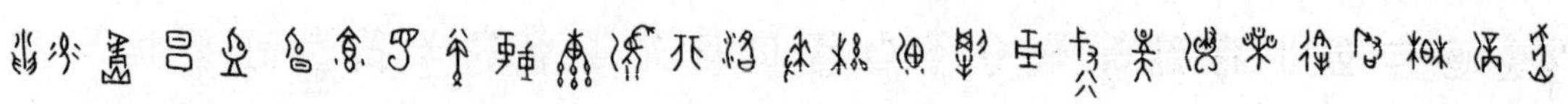

三七五 三七五 三七五 三七六 三七六 三七六 三七六 三七六 三七七 三七七 三七七 三七七 三七七 三七七 三七七 三七八 三七八 三七八 三七八 三七八 三七八 三七九 三七九 三七九 三七九 三七九 三七九 三七九·三九六

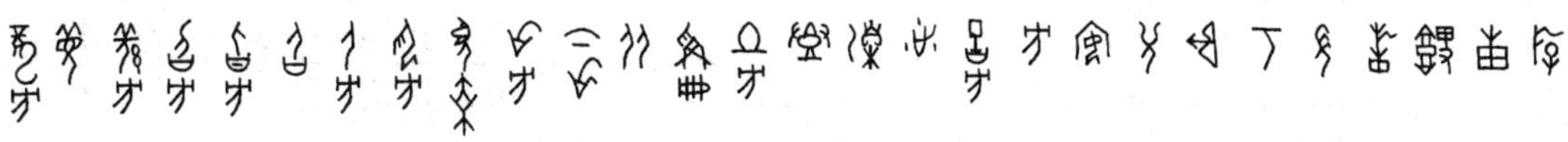

三七九 三八〇 三八〇 三八〇 三八〇 三八〇 三八〇 三八〇 三八〇 三八四 三八五 三八六·三八七 三八六 三八七 三八八 三八八 三八九 三八九 三八九 三九〇 三九〇 三九〇 四〇三 四〇三 四〇三 四〇四 四〇四 四〇五

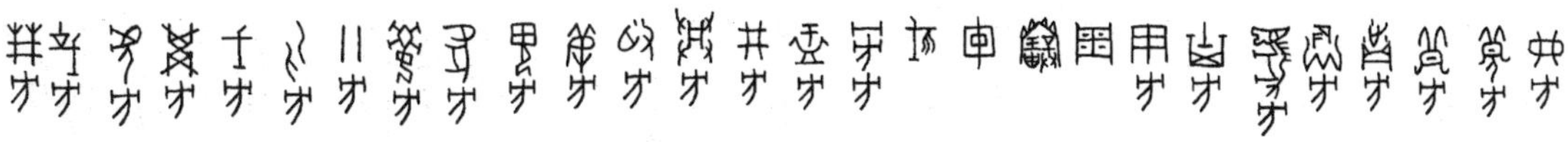

四〇六 四〇六 四〇六 四〇七 四〇八 四〇八 四〇九 四〇九 四〇九 四一〇 四一〇 四一三·四七六 四一三 四一四 四一五 四一五 四一六 四一六 四一六 四一八 四一八 四一八 四一八 四一八 四一八 四一九 四一九 四一九

四一九 四一九 四一九 四二〇 四二〇 四二〇 四二〇 四二〇 四二一 四二一 四二一 四二一 四二一 四二一 四二一 四二一 四二二 四二二 四二二 四二二 四二四 四二五 四二五 四二五 四二六 四二六 四二六 四二七

四二七 四二八 四二八 四二八 四二八 四二九 四二九 四二九 四二九 四二九 四三〇 四三一 四三〇 四三〇 四三〇 四三一 四三二 四三二 四三二 四三〇 四三一 四三〇 四三〇 四三一 四三一 四三一 四三一 四三一

四三二 四三二 四三〇 四三四 四三五 四三五 四三五 四三五 四三六 四三六 四三六 四三六 四三七 四三七 四三七 四三八 四三八 四三八 四三八 四三八 四三九 四三九 四三九 四三九 四三九 四三九 四三九 四三九

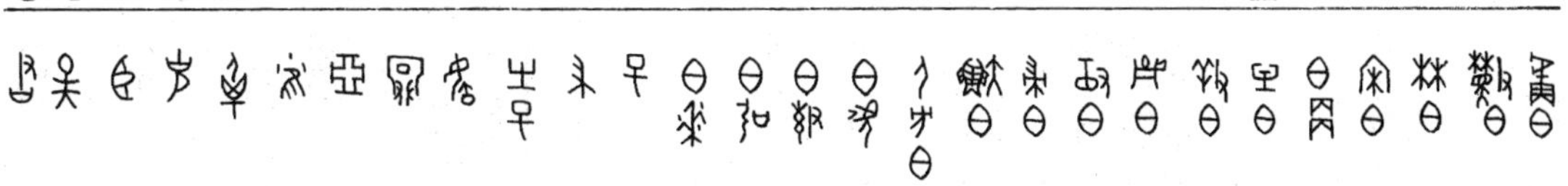

四三九 四三九 四三九 四三九 四三九 四四〇 四四〇 四四〇 四四〇 四四〇 四四〇 四四〇 四四〇 四四〇 四四〇 四四〇 四四二 四五一 四五五 四五六 四五六 四六一 四六三 四六四 四六七 四六七·四八二 四六八 四六九

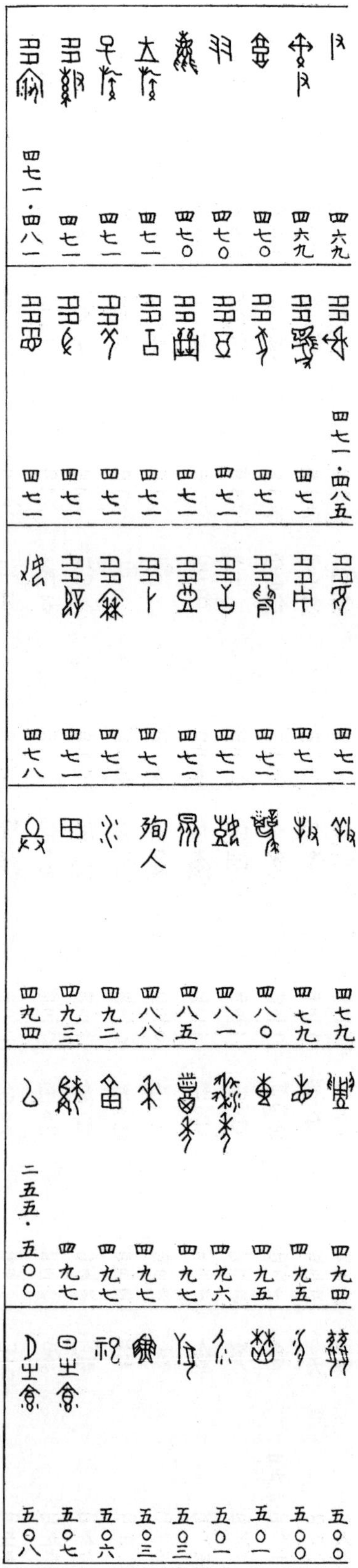

第二期・第五期先王先妣祀序表

祀日	甲	乙	丙	丁	戊	己	庚	辛	壬	癸
第一旬	工典									
第二旬	上甲	報乙	報丙	報丁					示壬	示癸
第三旬		大乙		大丁			示壬妣庚			
第四旬	大甲 示癸妣甲		卜丙 大乙妣丙		大丁妣戊		大庚	大甲妣辛	大庚妣壬	
第五旬	小甲				大戊	雍己			大戊妣壬	
第六旬				中丁		中丁妣己			卜壬	中丁妣癸
第七旬	戔甲	祖乙				祖乙妣己		祖辛	祖辛妣壬	
第八旬	沃甲 祖辛妣甲			祖丁		祖丁妣己	南庚 祖辛妣庚 祖丁妣庚			
第九旬	陽甲 祖丁妣甲						盤庚	小辛		
第十旬		小乙		武丁		祖己 小乙妣己	祖庚 小乙妣庚	武丁妣辛		武丁妣庚
第十一旬	祖甲			康丁	武丁妣戊 祖甲妣戊			康丁妣辛		
第十二旬		武乙		文武丁	武乙妣戊					文武丁妣癸

書後

曩に一九五三年七月に「祭祀卜辞の研究」を油印刊行した当時には、董作賓氏の「殷暦譜」が我國に将来されて居らず、この年の九月京都大學人文科學研究所に於いて始めて之を見る機會を得た。これによって既に董氏が五祀を研究して祀譜を成してゐることを知り、その五祀の祀序が拙著の結論と略々一致してゐることに少からず驚いた。其後董氏も亦拙著を見て、期せずして同一結果に到達してゐることに、驚き且つ喜んで次の如く述べてゐる。

○「祭祀卜辞之研究」著者是島邦男氏、島邦男氏是未見過殷暦譜的、但是他用了断代法、分為五期之後、所得結果、關于五種祀典部分、幾乎和我的祀譜相同、這種深入鑽研的精神、令人驚佩、（大陸雑誌九巻四期）

○前年接到一厚冊島邦男所著的「祭祀卜辞之研究」、我披覧之下、非常驚喜、覚得我的断代研究法、在東瀛已被普遍採用了、驚的是島邦男氏捜輯材料的豊富、研究工夫的精勤、喜的是他於第二期和第五期卜辞中的祀典、理出的「祭壹劦彡翌」五種祀典、竟和我的祀譜、不謀而合、他幾乎把全部卜祀之辞、分為五期、都整理過、其間很多是我打算做而没有做的工作、対於我将来的研究是很有幫助的（中日文化集、甲骨学在日本）

○關于祀典、根拠分期研究而全部整理卜辞者、僅有日本島邦男氏一人而已、他曾下過很大的工夫、尽力于分類分期工作、成「祭祀卜辞之研究」一書、成績是斐然可観、（大陸雑誌十四巻九期）

○去歳日本島邦男氏発表其専著祭祀卜辞之研究、材料豊富、功力勤謹、鑽研精密、乃利用分期研究法之結果、其成績卓越、至堪驚佩、其中五祀之祭儀、真与余殷暦譜祀譜之研究結果、暗相契合、所異者但未能拠以譜列殷代暦法耳（金匱論古綜合刊・今日之甲骨学）

爾来潜心研鑽を重ねて前著の所論を改訂し、更に貞人・祀譜・社會・暦法などの研究を、ここに脱稿することを得たのは誠に喜びに堪へない。

著者識す

and an intercalated month at its end. But this is proved to be false, since, even in the reign of King Ti-I of the Fifth Period, the lunar calendar was still in use. It is known that the solar year has something 360 and 370 days, but Yin's calendar year had 350 days with an intercalation adjusting it to the lunar and not to the solar year. In the reign of King Ti-Sin Yin's calender was reformed so as to have 360 days with an intercalation adjusting it to the solar year, which was counted to be 365 days. It was, therefore, in the reign of King Ti-Sin that the luni-solar calendar came into use in China.

Conclusion

The excavation of Yin's royal tombs and palace at the place where the oracle bones had previously been relieved, has furnished material evidence that those bones belong to the age of Yin. It follows that the Yin Dynasty should no longer be looked upon as a prehistoric one but as the beginning, at least, of the Chinese history. It is sincerely hoped that the present research will throw some light upon the Chinese history at its dawn.

Kunio Shima

especially its conquests of U (盂) and I (夷) and its hostilities with Chou (周), are verified here.

Chapter Ⅲ Warlords of Yin

There were four orders of warlords under the king of Yin, comprising Hou (侯), Pê (伯), Tzu (子), and Fu (帚). The Hou numbered 35, the Pe 40, the Tzu 71 (in the First Period), and the Fu 57 (also in the First Period). Investigations concerning the localities the Hou and the Pê were stationed in, show that they were intended to be a bulwark against surrounding enemies. The Tzu and the Fu reveal their respective relation with the royal family. The former, related to the royal blood, were invested with local fiefs, and the latter, being high officials under direct control of the king, were stationed in various districts.

Chapter Ⅳ Officialdom of Yin

The Officialdom set up around the king, and also the government organization represented by it, are revealed here.

Chapter Ⅴ Social Organization of Yin

So far, there have been produced by scholars 12 data, upon which it is generally believed that Yin's society was built upon slavery. Those data are here examined one by one, and proved to be unworthy of evidence. On the other hand. the evidence collected by the writer from the oracle bones shows that Yin's was an industrial society of the Asiatic type.

Chapter Ⅵ Industry of Yin

Agriculture, stock-farming, hunting, and fishery in the age of Yin are traced in the oracle letters. The Chinese people had already outlived the hunting life then, and the chase of wild animals was merely practiced for the purpose of training soldiers. Fishery was no more than a recreation incidental to hunting. Agriculture prevailed throughout the country, even in the First Period, constituting Yin's leading industry, with kaoliang and wheat as its principal crops. There existed in this age a ritual of the king's praying for a heavy crop by personally handling a piough in the field Stock-farming is also known to have been a prosperous industry.

Chapter Ⅶ Yin's Calendar

There is a theory that Yin used the luni-solar calendar, in which the solar year had 365.25 days and particularly to the late king as the foremost among them. It was significant of filial piety on the part of the present king. At the foundations of the Chinese morality, there is a sentiment which holds the paternal will to be almighty. Upon this sentiment, too, was founded the ritual in question. That is why it is of interest to us.

Chapter Ⅲ Rituals Outside Mausoleums

The oracle letters enable us to find as objects of worship Ti (帝), the supreme Being; Such nature deities as Gods of Earth, Mountains, and Rivers; and remoter royal ancestors and eminent loyal subjects. But it was not until later ages that the sun, moon, and stars and even the gate or furnace of a house were deified. It has been disputed for many years by scholars interested in the oracle letters whether the worship of Ti existed under the Yin Dynasty. In this Chaper are given four points of evidence which answer in the affirmative. Here will also be found the significance of Ti worship and the ceremonials observed in it, both induced from the oracle letters; the relationships between Ti represented in the oracle letters and T'ien (天) of later ages, and the ritual of Ti worship as compared with that of T'ien worship. The traditional theories concerning the nature deities and the ancestral and the loyalist ones are here largely corrected, and it is made clear that they, as objects of worship, are appendant to Ti.

Chapter Ⅳ Ceremonials of Worship

This Chapter treats of the ceremonials observed in worship, with emphasis on the falsity of the theory that the humnan sacrifice was employed under the Yin Dynasty, and on the Practice of cultivation by a king of a rice field, invoking bountiful crops all over the land.

Part Ⅱ Social Organization of Yin

Chapter Ⅰ Territory of Yin

543 place-names as well as the oracle bones bearing those names are enumerated. As 105 out of those oracle bones indicate days required in travelling from one known place to another and the bearings of the places to one another, it is possible to reproduce Yin's territory and locate each place in it, upon a map.

Chapter Ⅱ Enemies of Yin

Of the enemies surrounding Yin, 33 are named in the oracle letters of the First Period, 2 in those of the Second, 13 of the Third, 23 of the Fourth, and 8 of the Fifth. Yin's relationships with them, been in use till the time of King Ti-I (帝乙), but that in the era of his successor, King Ti-Sin (帝辛), the luni-solar calendar was adopted.

Introduction

(1) Five Periods and their Oraculists Adjusted

After the theories of Mr. Tung Tsuo Pin and Mr. Chen Meng Chia have been criticized, the rule of the Yin Dynasty is divided into five periods, to each of which is assigned an adjusted number of oraculists; the First Period claiming 36, the Second 24. the Third 24, the first half of the Fourth Period 5, the second half of the same 19, the first half of the Fifth 2, and the second half of the same 6.

(2) Five Periods and their Royal Families

Besides the oraculists, the names of the kings' parents, brothers, and children are another essential factor in determining the times of the oracle letters. Those names belonging to each period are clarified here.

Main Discourse

Part I Rituals of Yin

Chapter I Rituals inside Mausoleums

The rituals inside mausoleums, comprising five orders of ceremonials, were dedicated to all the successive kings, from the first to the last, and their spouses. Those rituals were observed in honour of every king and queen on the day of the king's namesake. There were, however, more than one king who adopted particular one of the twelve names, and they were honoured one by one in order of the lineage on their related day coming round in every twelve days. So it took as many as 300 days in the First Period, and 360—370 days in the second, for the entire schedule to be gone through. This Chapter will throw light on the actual procedure of the ceremonials; on the successive king and queens of the Yin Dynasty; on their enthronement; and on the order in which the deceased kings and queens were worshipped. As to the Second and the Fifth Periods, the actual circumstances in which the rituals took place are restored, and, according to them, the reign of King Ti-I is decided to have been 20 years and that of King Ti-Sin 31 years.

Chapter II Ti (禘), Ritual for the Late King

In the age of Yin, there was, as already said, a ritual devoted to the last five successive kings,

A Study of Oracle Letters Rescued from the Ruins of Yin's Capital

Preface

As the oracle letters unearthed at the site of the ancient capital city of Yin contain dates and interpretations of oracles, constituting some whole records of oraculations in the age of Yin, it may be possible to clarify by those letters some historical facts related to that age.

The present treatise consists of two parts, the Introduction and the Main Discourse, of which the former is an attempt to confirm the names of oraculists and to identify tue king, as well as his parents, brothers, and children, of each era; for those people will supply clues to determining the dates of oraculations performed at various times.

The Main Discourse is again divided into two parts. The First Part deals with the rituals of Yin: i.e., with (1) the rituals performed inside ancestral mausoleums, (2) those taking place outside them, and (3) the ceremonials of worship. Of the rituals inside mausoleums, there were two kinds: one consisting of five ceremonials regularly devoted to all the royal predecessors, from the first to the last, and the other regularly performed to honour the last five. The former was to invoke the whole ancestral line to grant their help to their offspring, while the latter was held, in honour particularly of the late king, by his son, who thus manifested his filial piety to his own father. The rituals performed outside mausoleums were the worship of Ti (帝), the Supreme Being of the universe, and of such nature deities as Gods of Earth, Mountains, and Rivers, or of remoter ancestral divinities and loyal subjects of the past, praying for a plentiful crop or a victory in war. Ceremonials to be observed in either kind of the rituals were numerous and complicated, but each one of them had resulted in a function magnificently well-ordered.

The Second Part treats of the society under the Yin Dynasty, with respect to (1) its territory, (2) its surrounding enemies, (3) its warlords, (4) its government officials, (5) its social organization. (6) its industry, and (7) its calender. (1) The range of Yin's territory may be decided by numbers of days required in traveling from one known place to another. (2) The hostile countries are located beyond the border, and their relations with Yin studied. (3) Mention is made of the warlords, who were stationed near the border to fight against the surrounding enemies. (4) The government system centering around the king is explained. (5) The theory that Yin's society was founded upon slavery, is closely examined. and proved to be ungronnded, while it's society is shown to have been an industrial one of the Asiatic type. (6) It is confirmed that the basic industry of Yin was agriculture, which prevailed throughout the country. (7) It is revealed that the lunar calendar had

A Study of Oracle Letters Rescued from the Ruins of Yin's Capital

Kunio Shima

1 9 5 8

Chiugokugaku Kenkiukai

殷墟卜辭研究

1958年7月1日　初　版發行
1975年8月20日　影印版發行
2004年8月20日　新　版發行

著　者　島　邦男

發行者　石坂叡志

印　刷　富士リプロ

發行所　汲古書院
〒102-0072　東京都千代田區飯田橋2-5-4
電話 03（3265）9764　FAX 03（3222）1845

ISBN4-7629-2238-2 C3020